政企合作（PPP）
王守清核心观点
（2017—2020）

上册

王守清 ◎ 著

中国电力出版社
CHINA ELECTRIC POWER PRESS

内 容 提 要

本书精选并收录了王守清2017—2020年有关 PPP 的微博、研讨与论坛发言、媒体专访报道、媒体文章和专业论文，可帮助读者更好地了解和把握 PPP 的内涵与精髓、发展与趋势、法规与政策、实务运作要点与教学研究方向等各方面内容。

本书适合基础设施和公用事业 PPP 模式的相关从业人员和教学与研究人员阅读使用。

图书在版编目（CIP）数据

政企合作（PPP）：王守清核心观点：2017—2020：全2册 / 王守清著. —北京：中国电力出版社，2021.5

ISBN 978-7-5198-5221-4

Ⅰ．①政… Ⅱ．①王… Ⅲ．①政府投资－合作－社会资本－研究 Ⅳ．①F830.59②F014.39

中国版本图书馆 CIP 数据核字（2020）第250932号

出版发行：中国电力出版社
地　　址：北京市东城区北京站西街19号（邮政编码100005）
网　　址：http://www.cepp.sgcc.com.cn
责任编辑：李　静（1103194425@qq.com）
责任校对：黄　蓓　郝军燕
装帧设计：九五互通　周　赢
责任印制：钱兴根

印　　刷：三河市百盛印装有限公司
版　　次：2021年5月第1版
印　　次：2021年5月北京第1次印刷
开　　本：787毫米×1092毫米　16开本
印　　张：50.5
字　　数：926千字
定　　价：198.00元

序

在《项目管理评论》编辑部同仁的鼓励和支持下，在王盈盈的大力帮助下，2017年5月出版了《政企合作（PPP）：王守清核心观点》（上、中、下三册），上市后出乎意料地大受欢迎，3个月印刷3次，至今共印刷5次，打消了我原来担心出版这类专业书会赔钱的顾虑。

相对于2014—2017年我国PPP应用的兴起、火爆甚至冒进，2017—2020年则是规范、理性甚至冷却；相对于2014—2017年我国PPP领域更多的是PPP理念与知识的传播与学习，2017—2020年则更多是对PPP实务包括政策法规问题的研讨与争论。作为20多年来一直专注于PPP教学、研究与推广的我，不可避免地主动或被动卷入其中。因此，这4年里我发的PPP相关微博/微信更多、更专业和更具体，很多观点也体现在有关内部或公开研讨会和论坛的发言、媒体采访、科普文章和专业论文中。到了2019年下半年，我国PPP已进入比较理性和规范的阶段，《项目管理评论》编辑部同仁和我都觉得很有必要再汇总、编辑这4年的核心观点，作为2017年那三册之后的补充，也算是对极有特点且非常重要的这4年的总结。

碰巧的是，新冠肺炎疫情出现的2020年春节前后是值得大家铭记的一段特殊时期，于我，则是一个可以集中精力、更高效和更细致地梳理编辑本书的机会，而且完全是由我自己挑选、排序、通读和微改完善。经过几个月与《项目管理评论》编辑部同仁特别是王兴钊和李静等密切配合的两轮工作，本书得以快速成稿。

在撰写本序前，我特意翻看了2017年那套书中分别由王盈盈和我写的序，发现几乎全部适用于本书，因此，本序不再赘言。

但是，我还要再次感谢《项目管理评论》编辑部及李静、王兴钊、司凡等本书编辑团队成员，感谢本书涉及的所有弟子、记者、编辑和相关机构，感谢清华大学PPP

研究中心领导和同仁，感谢相关培训班、研讨会和论坛的组织者、学员或听众，感谢PPP 各界人士特别是我的微博、微信和公众号读者，感谢我的家人和亲朋好友。本书中的一些结论与成果来源于国家自然科学基金资助项目（71772098 和 71572089）和其他课题，特此一并感谢。

清华大学建设管理系教授、博士生导师
清华大学 PPP 研究中心首席专家
中国高校 PPP 论坛学术委员会主任
2021 年 2 月 24 日于北京

目　录

序

微博篇

发言/采访篇

微博篇

第1章

概念与内涵

1 国际上对特许经营与 PPP 没有统一的定义，多数国家的特许经营是指使用者付费的 PPP 项目，要求政府付费部分的合同则由特定的 PPP 法律进行调整；而有些国家（如智利）则指多种 PPP 类型，要求所有 PPP 项目都按特许经营法实施，包括政府付费的。广义/主流/狭义 PPP/私有化的框架与要素如图 1-1 所示。

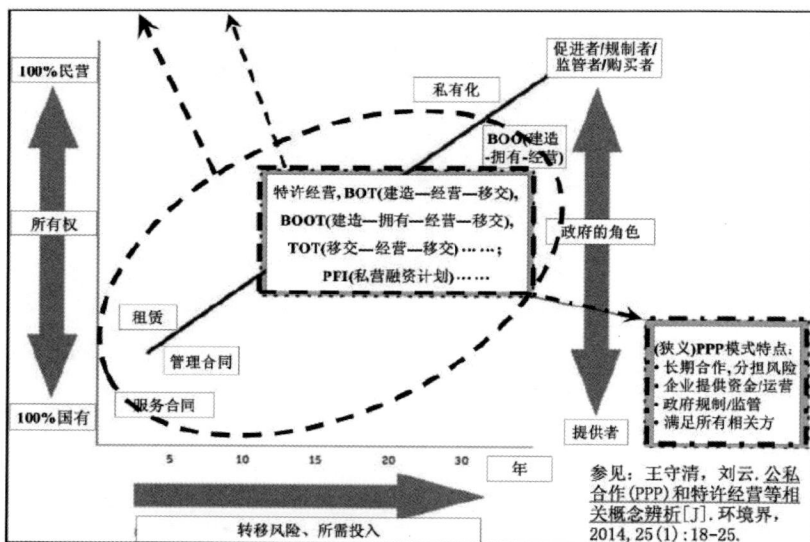

图 1-1　广义/主流/狭义 PPP/私有化的框架与要素

2 PPP 的翻译是个问题，我 2003 年回国后一直意译为"政企合作"：①简洁；②考虑中国现在国情；③考虑以后可能变化（如民企比例增加和/或国企改制甚至混合制/私有化）；④易于国际交流（社会资本直译成英文会把老外整晕）。后来中央 1 800 亿元那个基金也叫"中国政企合作基金"而非"中国政府和社会资本合作基金"，不知是否类似考虑？

3 "所谓公私合营，即对资本主义工商业进行社会主义改造"，这就是为什么 PPP 不能翻译成"公私合营"的原因之一，而是翻译成"公私合作""公私伙伴关系"，我译作"政企合作"，官方则叫"政府和社会资本合作"，因为在我国，央企、与政府脱钩的国企也可做第二个 P。

4 Delmon 2010 年用 5 个特点对 PPP 模式进行分类：①新建或存量；②企业的建造责任；③企业的融资参与程度；④企业提供产品/服务义务性质，批量或零售；⑤收入来源，使用者或政府付费或资源补偿。我清华博士大弟子柯永建 2018 年则用太阳花模型定义 PPP，如图 1-2 所示。

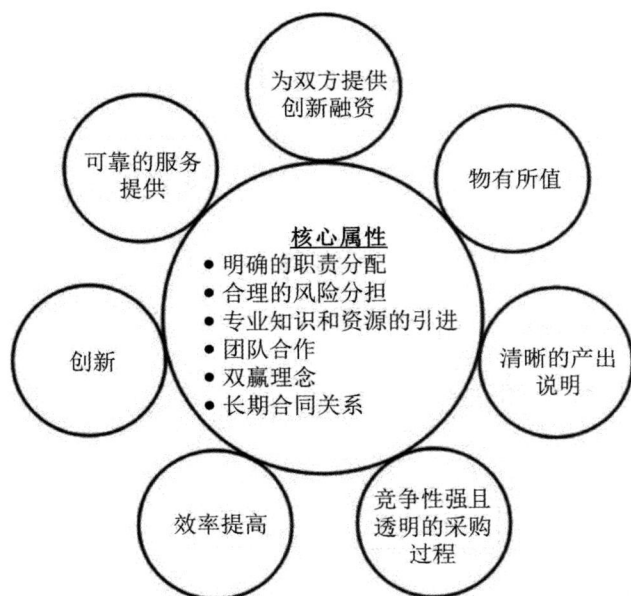

图 1-2　PPP 定义太阳花模型

5 不管用什么模式，还是要回到本质：提高效率（物有所值），促进经济（GDP），造福百姓（生存质量），可持续发展（财政承受能力）。凡是不符合这些目标的"创新"本身都很难持续，我国数年的 PPP 实践已不断在证明这一点。

6 应用 PPP 的目的之一就是发挥投资者能动性和创新性、集成投建管营、分担风险、提高效率，政府放管服精兵简政，可惜很多人尤其是官员与既得利益者还是用传

统模式思维碎片化地去实施 PPP，和尚累死，寺庙壮大，但水还不足。（评论《三个和尚是怎么被改革折腾死的》）

7 PPP 项目的经济影响主要包括直接影响（与资金/运维成本、项目总值相关的）、间接影响（与分包/供应商相关的）、诱发影响（与直接/间接雇员收支相关的）和催化影响（对使用者的好处和区域的效应）。PPP 的经济影响常用指标包括就业机会、雇员收入、GDP、经济产出等。

　　@王守清：很多人（含地方政府）还是把物有所值意思理解片面了，不是只看绝对值，更应看相对值（是否比传统模式值得）；不是只看直接价值，还应看其他价值，因为 PPP 项目的经济影响主要包括直接影响、间接影响、诱发影响和催化影响。

8 不理解图 1-3 特别是图（a）和（b），就不能理解 PPP 的重要性，不能理解项目交付模式发展与项目控制力的关系，更不能理解大企业应发展全过程能力以集成优化全过程提高效率的内涵。天天琢磨着退出的 PPP 投资者很难长远成功！不愿意让渡控制权且不加强对产出监管、不考虑长远的政府很难做好 PPP！

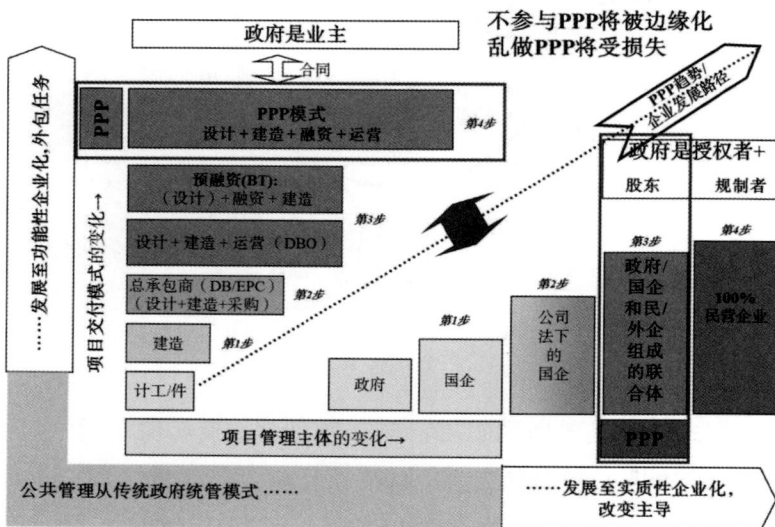

PPP的趋势/企业发展路径/政府改革方向

（a）

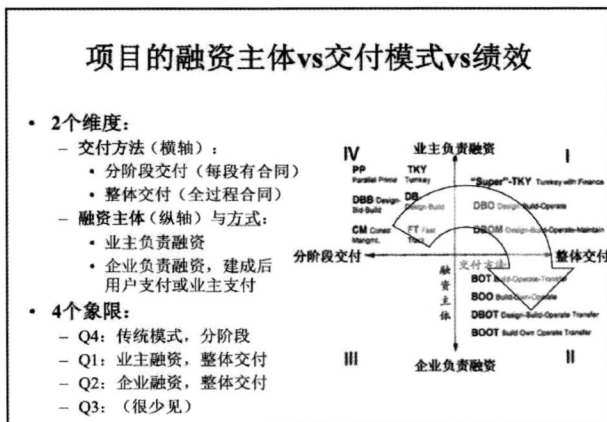

（b）

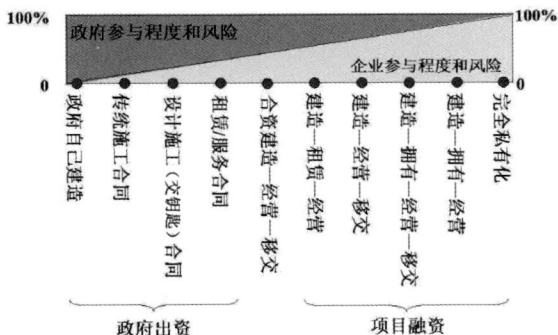

（c）

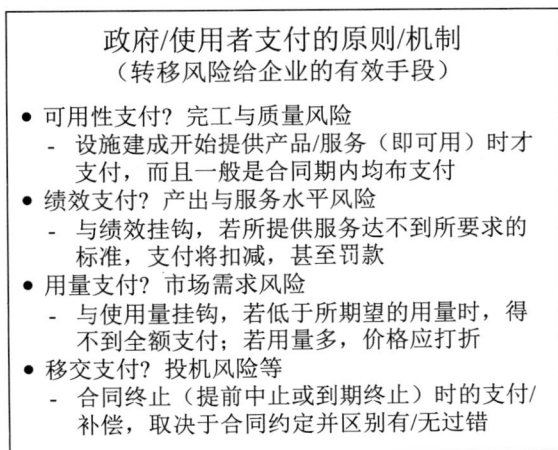

（d）

图 1-3　PPP 内涵相关图

@熊伟：发现国内 PPP 政府舍不得不关注过程（对项目的控制权），不太懂怎么关注结果（产出绩效不知道怎么监督）。理论上政府不需要对建设过程安排监理，可是实务中很多专家认为中国这么干会出现大问题，不放心。

@王守清：也有国内政企互相不信任、对结果的奖惩制度难落实、既得利益者不愿意放弃利益等原因。

@红烧肉与自助餐：理论没毛病，但是绩效考核量化很困难……回报没有指导性的量化指标，地方政府也很为难。

@王守清回复@红烧肉与自助餐：区别项目类型，分阶段，即优先做好电厂、水厂、污水、垃圾项目的绩效指标（可定量），然后是公路、桥梁、隧道、轨交等项目的绩效指标（有规范和标准），再做好难确定绩效指标的项目。这些绩效指标都应找相应行业专家借鉴传统模式项目定。

9 PPP 的一个关键特征是，政府所需要的公共产品或服务是根据产出而不是投入确定的，即政府主要是确定需要什么，而不是如何去做，后者是投资者的事。

10 按目的，PPP 可分为两大类：引进社会资本解决项目融资需求，利用社会资本技能提高效率/降低成本。我国过去 5 年多还停留在第一类，现在开始要在第二类上发力，还要控制地方债，后者似乎不能完全怪咨询，他们是听政府的。（评论《2019 年全国财政系统 PPP 政策培训会在京召开》）

11 这可能是地方政府第一个鼓励真正民间资本（不是笼统的社会资本）参与 PPP 的文件（我提了些建议），回归 PPP 原意"公私合作"，这对民营经济极其发达的台州市（含有很多 PPP 项目的主城椒江区）乃至浙江省和全国都很有意义。（评论《台州市政府与社会资本合作（PPP）项目推介册》）

@王守清：对了，里面有政策全文，还有所有 PPP 项目清单可供下载，包括比较适合民营企业的。我是 4 月有幸借去台州市及椒江区 1 天和半天两次讲课、两次各半天研讨会、一次晚上小范围业务与休闲沟通聚会，提了一些建议，出点绵薄之力。

@Woody 牧笛：王教授，请问您对于 PPP 在解决我国目前房地产行业的一些问题是如何看待的？

@王守清回复@Woody 牧笛：PPP 仅对公租房和经济适用房（公共或准公共产品）有点用。

12 PPP，也因人而异，很多项目看起来一样，但目的、性质、做法、结果等不一样。

@清清流水有欢歌：老师，最近国家出台的财金〔2018〕23 号文，该规定，国有金融机构资金已经难以作为资本金进入 PPP 项目，并且对 PPP 项目贷款的政策也进一步收紧。那么，我们国企想做 PPP 业务在融资方面还有出路吗？

@王守清：量入为出，自己没钱或找不到人做真股权投资就没法做了。

13 不是所有公共产品项目都适合 PPP，也不是所有适合 PPP 的项目都能够做成。

14 PPP 的各种称呼是在不同国家、不同阶段、不同情况下出来的，有不同内涵和适用条件，各国还不断演绎发展，现在趋于叫 PPP（广义/狭义都有），其实又有 PSP、PPI、P5 等，抠字眼没有太大意义，关键是在法规政策框架下由合同界定，故我现在讲课只强调：不管白猫黑猫（叫什么），能抓住老鼠（实现 4 个原则）就是好猫（见图 1-4）。

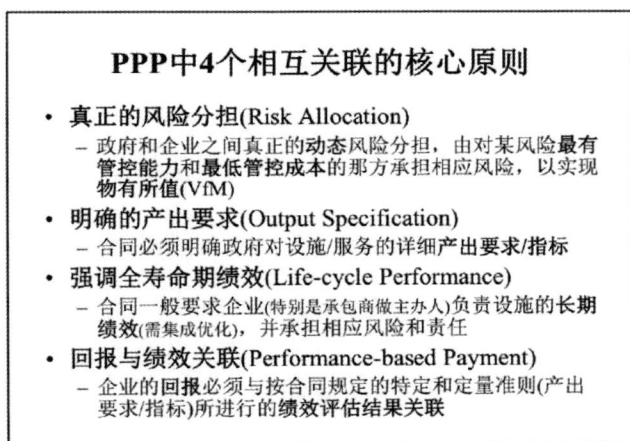

PPP中4个相互关联的核心原则

- **真正的风险分担(Risk Allocation)**
  - 政府和企业之间真正的**动态风险分担**，由对某风险**最有管控能力**和**最低管控成本**的那方承担相应风险，以实现物有所值(VfM)
- **明确的产出要求(Output Specification)**
  - 合同必须明确政府对设施/服务的详细产出要求/指标
- **强调全寿命期绩效(Life-cycle Performance)**
  - 合同一般要求企业(特别是承包商做主办人)负责设施的**长期绩效**(需集成优化)，并承担相应风险和责任
- **回报与绩效关联(Performance-based Payment)**
  - 企业的回报必须与按合同规定的特定和定量准则(产出要求/指标)所进行的**绩效评估结果**关联

图 1-4　PPP 中 4 个相互关联的核心原则

15 BOT 与 BOOT 的区别在于建设与运营期的设施产权归属，与 BTO 的主要区别是建设完工后的设施产权归属，以及合同终止时如何管理资产转移事宜（含会计与

统计等）。

16 PPP 之存量 TOT 也是统称，主要分为两类：①完好或新建成项目，政府把经营权卖给投资者，拿到钱后去建新项目或还政府欠债，实现为新建/还债引进资金，为现有项目引进管理；②老旧项目，政府引入投资者修复改扩建并运营，向使用者或政府收费，期满再移交政府。类似于 BOT，解决政府没钱或一次性拿不出钱的问题。

@夜梵的微博：请问王教授，TOT 不转让产权仅转让经营权的话，转让对价如何确定呢？可否根据资产评估机构对于资产全部成本的评估来设置？

@王守清回复@夜梵的微博：可以，跟政府谈，但还要看合同期收入。

@夜梵的微博回复@王守清：谢谢王教授的解答！

@南陌复东阡_：第二个是 ROT 吧。

@王守清回复@南陌复东阡_：对，都归入广义 TOT。

@南陌复东阡_回复@王守清：我们在做体育场馆的 ROT 项目，期望能够推动制度改革，盘活国有资产。

@啊啊啊啊啊啊说点什么好呢：请教王教授，TOT 也是可以转让所有权的吧？和 TOOT 转让产权最大的区别体现在什么地方呢？

@我爱学习学到地老天荒：请教王教授，TOT 也是可以转让所有权的吧？和 TOOT 转让产权最大的区别体现在什么地方呢？

@王守清回复@啊啊啊啊啊啊说点什么好呢@我爱学习学到地老天荒：如字母所示，TOT 不转让产权，TOOT 才转让。如果把 TOT 当成统称，则包含 TOT、TOOT、ROT 等，故关键不在于名称，在于合同中约定。

17 @网友：王教授好，我在做一个城市道路的 TOT 项目（其实是政府购买服务转 PPP），在转让这个问题上遇到难题，按照财政部 113 号文件定义的转让应该是资产所有权的转让，但城市道路所有权交给项目公司又不太合适，如果仅转让经营权，城市道路的经营权又太空泛，没有什么实际意义，望您在百忙中赐教！

@王守清：城市道路产权的确不能给投资者，这里的经营权只能是道路维护、清扫和绿化，而清扫和绿化本来就有国企在干，若不能跟使用者收费，只能跟政府收费，而运营成分太小，绩效考核也难，与绩效关联的政府支付以提高效率也难。也就是说，这种项目做 PPP 意义不是很大，主要就是解决政府的融资问题（一次性拿不出一大笔钱，改十几二十年分期支付）。

　　@用余生等你爱你念你伴你在一生：王老师，请教您一个问题？这个 TOT 项目如何做资产评估？因为所有权不转移，没有收费权，只对道路的维护、清扫、绿化等经营权做资产评估？如果要是只做经营权资产评估，那政府借 PPP 也融不了多少钱！

　　@王守清回复@用余生等你爱你念你伴你在一生：如果只是经营权转让，似乎不必做资产评估，只需做经营收入评估，的确也许没有多少钱，但也许很多（如每年几百万元，30 年！）。我也不懂转让与评估的政策等细节，问问律师和评估师吧。

18 PPP 之 TOT 项目的资产评估，不是只评估所涉固定资产的价值，无形资产特别是经营权、品牌、专利、期望收入等的价值也要评估！

19 以下是第三届 PPP 学术高峰论坛就 PEP 研讨时我的发言要点。①PEP 不是新词，我国本来就是政府和社会资本合作（政企合作，PEP），是我们简称时用错英文缩写了。②而 PPP 是与国际接轨的，世行统计 PPP 项目是排除了央企/国企占股大于 25%的，"一带一路"要用 PPP 而非 PEP 概念。③要理解中央推广 PEP/PPP 的意图和立法争论后导向：投融资体制改革、减地方债、提效率、打造综合能力企业促"一带一路"。④不必太在乎名称和主体，更应在乎哪种模式、哪个主体干得更好、效率更高？⑤过去 4 年 PEP 结果差，中央才规范，是去杠杆的一部分，不是因为名称、模式、主体。⑥重温诺贝尔奖得主弗莱德曼的理论：谁出钱？给谁干活？几种组合，结果不同。

20 这是另一个 5P，也适用于 PPP。摘自项目管理国际大咖、IJPM 主编、IPMA 终身成就奖获得者罗德尼·特纳教授 2017 年 9 月 23 日在 PMI（中国）项目管理大会上的报告。应该是 7P，因为最后一行是 3P，加前面 4 行的 4P，共 7P（见图 1-5）。

21 家庭也是类 PPP，丈夫（政府）负责挣钱，老婆（企业）负责持家，子女（百姓）能按兴趣选择专业/职业快乐成长；结婚简单也不简单，找彼此喜欢、信得过的对方，共同培育子女，三方共赢就能可持续发展；各方不能仅从自己的角度去看问题，要有智商也要有情商，要学会沟通与妥协，就能和睦相处。

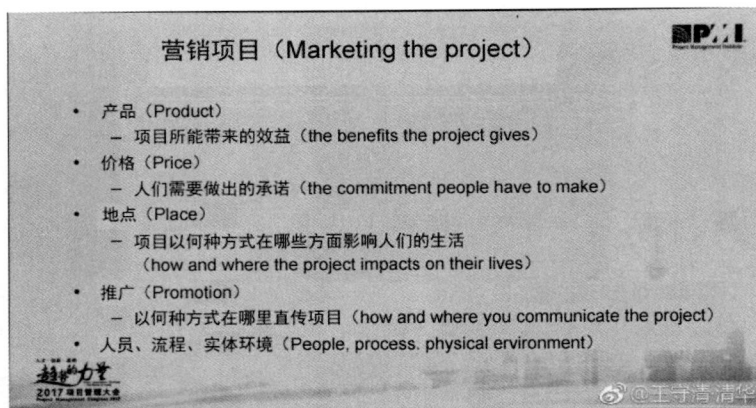

图 1-5　特纳的 7P

22 这也是婚姻论。马云说过，员工离职不外乎两点：①钱没到位；②心委屈了。而婚姻的解散，原因也不外乎是这两点，只是顺序发生了变化，排在第一位的，永远是：心委屈了。近期规范 PPP 政策，中央自有道理，因为近几年做歪了，但就怕规范会让有关人的心委屈了。

　　@Skhizein_：王教授，关于现在的物有所值评价，我发现很多项目 VfM 值仅仅 2% 以内，而 PPP 项目前期所花费的精力确是传统项目的几倍，您说这样的物有所值到底"值"在哪里了？可能仅仅省下来 1 000 万元。难道真的是为了减债，为了做 PPP 而 PPP 吗？

　　@王守清回复@Skhizein_：物有所值不是光看前期成本，而是看 PPP 是否比传统模式好，含合同期所有成本和效益等。

23 我研究哲学/社会学的二哥说，恋爱时间最好是一年左右：时间太短，了解不深，若婚易散；时间太长，失去激情，成本太高。嗯，我 2015 年写的"PPP 婚姻论"解释了 PPP 与婚姻的类似性，而财政部统计又提供了论据：PPP 三批示范项目的平均落地时间是 11 个月。

24 气候变化趋势如此（虽然证据还不够充分，见图 1-6），但 PPP 趋势不会这样（证据已经充分，特别是从全世界视角）。

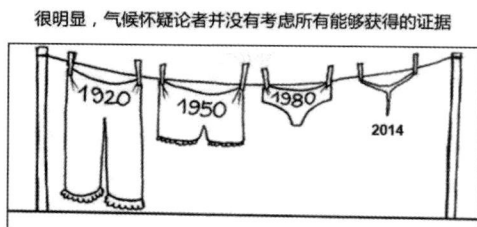

很明显，气候怀疑论者并没有考虑所有能够获得的证据

图 1-6　1920 年以来世界气候变化对内裤的影响

来源：Petlt Bateau；Playtex；Aubade；Princesse Tam Tam。

@guoanzzaa：王老师，TOT+BOT=ROT 吗？对于这个概念，我一直不是很清楚，希望您能帮忙解答一下，谢谢！

@王守清回复@guoanzzaa：不是，BOT 是新建，TOT 是存量，ROT 是存量修复。不要太在意这些名称，只是概括强调特点，但都是 PPP，可以演变（编造）几十种形式（名称）。

25 "智慧的增长可用痛苦的减少来精确衡量"，我似乎该学哲学去了。PPP 不是哲学，顶多就是哲学的一点点应用，"PPP 婚姻论"只是尼采"近视者坠入情网"论之皮毛。

26 "美国人靠好莱坞大片输出理念……如果通过餐馆来输出我们的文化，那一定事半功倍。慕尼黑有个很受外国人欢迎的中餐馆，菜式是很传统的中国菜，但其布局和上菜方式非常西化。"PPP 也是西方人输出理念，但我们国人的包容性很大，而且也不断改变自己，其实是先让它进来，然后再悄悄改变它。（评论《马未都：到处都称老师，妓女也都叫嫖客为老师了》）

27 @DreamHolder 飞啊飞：王老师，请教你一个问题，在配电网建设运行 PPP 项目中，国家电网是 public 还是 private？

@王守清回复@DreamHolder 飞啊飞：目前国内电网接近于垄断（就两家央企），一般而言，就电厂 PPP 项目而言，国家电网是代表政府作为购电方，是 public；但在电网项目中，取决于国家电网在项目中的角色，可以是 public（代表政府做出资和监管代表），也可以是 private（投资建设运营）。

28 项目资本金与项目公司注册资本不是一个概念，按我国规定，前者是总投资的

20%～25%，后者可很少；政府和银行一般是要求投资者在建设期先或至少是同步使用项目资本金，然后才是贷款，以避免投资者投机。故项目资本金一般不存在运营期减资或退出的问题，建设期已用了；注册资本则可以转让但不得抽回（退出）。

　　@宇宙公司菜总：世界范围内，在项目建设过程中是否也对资本金有一定比例的要求，银行在执行信贷时是否也要求自有资金到位？

　　@王守清 回复@宇宙公司菜总：是的，特别是如果做到有限追索的话，否则对放贷机构风险太大，对政府也不利。

　　宇宙公司菜总回复@王守清：谢谢王老师！如果现在还研究项目贷款及自有资金的问题，有哪些关键词值得去关注？

　　@王守清回复@宇宙公司菜总：资本金结构、贷款结构、资金结构、ABS……

　　Linhe_1988：顺着您提的这个问题，我想请教一下，项目公司的注册资金（小）与项目资本金（大）之间的缺口，如何来补充呢？

　　@王守清回复@Linhe_1988：股东用自有资金补足，若符合政策和银行同意，有时也可投资者去贷款补足（我国财办金〔2017〕92要求自有资金）。

29 角马和斑马常在一起，因角马擅觅食、斑马擅认路（类似 PPP 合作），不过，斑马比角马聪明/狡猾，危险活动（如迁移时）都是让角马往前冲，像 PPP 中的优先保底基金。

30 凑热闹编的，供周末一乐（见图 1-7）。最喜欢第一张，从投资者角度，反映目前 PPP 两大痛点：融资难和政府信用。

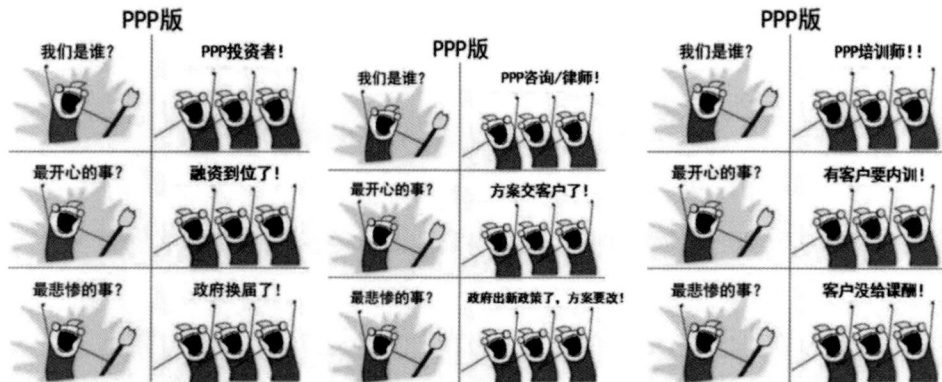

图 1-7　"我们是谁"PPP 版

31 最近很多 PPP 投资者都有类似的疑问，多数是因为没有理解 PPP 内涵、中央推广 PPP 的目的和政策本意，个别是因为政策没有说细和说清楚（倒不是语法与用词问题）。

> @站立的土拨鼠：关于政策本意，生意人总能解读出阴谋论的味道。到底政府本意是咋样的，王老师能提点一下吗？还是我们想复杂了，仅仅做好 PPP 就好呢。
>
> @王守清回复@站立的土拨鼠：中央政府推广 PPP 的主要目的，一是减少地方政府负债；二是专业的人做专业的事，提高效率，管理机制创新；三是打造全过程、全方位、有竞争力的企业，以利于"走出去"。

32 交付项目的每一种模式对特定的地方、特定的阶段、特定类型的项目、特定的主体和客体等，是有不同的适用条件的，政企之间控制力的配置也不同。理解这一点对何时及如何应用 PPP 等模式很重要！

> @王守清：PPP 是提供公共产品，政府应有控制力，但政府的控制力，除了适用于公共产品所有模式的法规政策，就是通过合同约定，这是商业的方法；但 PPP 合同长达 10～30 年，不可能完备，故政府还可通过在 SPV 做股东，以有知情权和治理权，也可约定一票否决权，但原则上不干预投资者的具体经营，这还是商业的方法。

33 虽不那么严谨，我也不喜欢，但我国基本已成现实：PPP=BOT 为代表的特许经营（使用者付费为主的基础设施）+PFI 为代表的 PPP（政府付费为主的基础设施和公用/社会事业）。中央近年规范清理 PPP 的主因在后者做太多了，地方债翻倍。

> @withwind_2013：老师预测下 PPP 项目未来的走向吧，是会向第二个 P 发展，还是继续政府付费投资模式？两种模式取决于什么？
>
> @王守清回复@withwind_2013：各种模式并存，取决于政府有没有钱、哪种模式效率更高，你看有关 PPP 驱动力（driver）、障碍（obstacle）和关键成功因素（CSF）的很多中英文论文。

34 中国式 PPP=国家发展改革委+财政部=特许经营+PFI/PF2=法国+英国=使用者付

费为主+政府付费为主。英国 2018 年 10 月宣布不再使用 PFI/PF2；我国财政部 2019 年 3 月 10 号文宣布"财政支出责任占比超过 5%的地区，不得新上政府付费项目"（评论《英国 PFI/PF2 重大调整调查报告》）

35 2019 年 5 月 19 日上午召开"政府投资条例"研讨大会，下午"清华 PPP 投融资专委会"成立小会。参会者对条例与 PPP 理解更深，我则抛出谬论：把央企/国企逐出 PPP 而主做政府投资项目，回归 PPP 第 2 个 P 的本质。过去 5 年 PPP 实践已证明，央企/国企主导 PPP 不能说都未做好，但多未实现初心：减债、提效、培育具全方位/全过程能力的企业。

36 PPP 的定义与分类其实无所谓，关键还是地方政府做 PPP 的动机、懂行业与项目的部门密切配合、主导者的专业与能力，可惜学过且做过 PPP 的官员因力不从心/焦头烂额/心灰意冷几乎都换完了。（评论《现阶段 PPP 的困境之政府篇》）

37 转自@王盈盈：政治学里，权衡政治和民生时，多是考虑前者，属于理性决策。唯有政策让他们利益一致，才可行。政策设计、政策过程、政策评估、政策扩散或竞赛，有必要在 PPP 里应用起来。

38 所谓旅行，就是在自己的地方待腻后去体验别人待腻的地方；所谓 PPP，就是企业花自己及借来的钱按要求去提供本该由政府提供的公共服务。

39 符合我一直提的"通过旅行决定是否确定恋爱关系论""通过到对方家过一周决定是否结婚论"，前者检验两人是否匹配，后者检验两家是否匹配（除非婚后与对方父母不住一起）。PPP 也类似。

@王守清：PPP 也类似，与对方接触及洽谈可能合作就是"旅行"，尽职调查与谈判就是"居住"，签约就是"结婚"……

@joni 雅龄：注意生命周期的不同，项目只有三四十年，还有的更短；但无论多长多短，一个周期就是"一生一世"的意思。

40 凡是应对政策进行的研究不是学术研究，最多是应用研究；凡是不具备普适性的研究不是学术研究，最多是特例研究。

41 兴趣研究主要带来快感和心理满足，由自己决定；功利研究主要带来金钱和地位满足，由他人决定。

42 为提高 PPP 项目绩效，政府应转变为项目的领导者、合作者及监管者，"重产出而非行为与过程"，避免过多参与项目实施过程中的具体事务，而应将更多的精力放在为社会资本提供支持、规范自身行为及有效监管项目等方面。

43 政府在 PPP 项目过程中，应减少对社会资本或项目公司的直接控制（如行为控制/过程控制），更应该通过机制设计实现投资者的"自我控制"（self-control），发挥企业能动性和创造性。按效付费就是这么一种重要机制。

第 2 章

发展与趋势

1 不是危言耸听，建筑业企业和个人都必须转型升级，特别是大企业和现在三十几岁以下的个人，大企业得做 PPP，个人得成复合型；若不改变，大企业二三十年后、年轻人后半生的职业发展会成问题。就图 2-1 而言，十几年前美国斯坦福大学对美国建筑业的统计结果类似（但波动性没那么大），建筑业生产效率几乎没啥提高。（评论《麦肯锡：建筑业瓦解时机已经成熟》

劳动生产率、每工时总增加值、固定价格（基于2010年）
指数：100=1995年

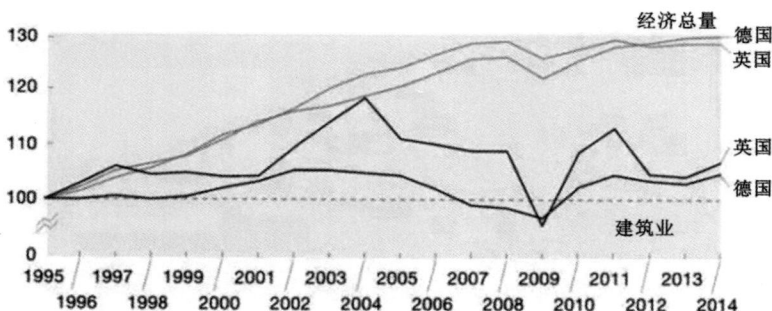

图 2-1　建筑业劳动生产率未跟上整体经济生产率的步伐

2 一般而言，"没有会死掉的行业，只有会死掉的企业"。若一个企业在一个行业里能做到前几名，就能立于不败之地。对央企和其他大型工程公司来说，若没有 PPP 业务可以活得好，可以不碰 PPP；若没有 PPP 业务就活不好，就必须做 PPP，以转型升级。

3　"PPP 运动结束，PPP 模式永生"，"PPP 高峰已过，PPP 理念留存"，类似于"只有会死掉的企业，没有会死掉的行业"。

4　对大企业而言，要不要参与 PPP，就是战略管理问题，如何做好 PPP，就是项目管理问题。

5　工程企业角色要相应转变：PPP 项目合同往往是"固定总价，固定工期"；不再是施工单位，而是投资人+施工单位；承包商转变为综合服务商或方案解决者，须了解客户的真实需求和目标；为项目的成本、质量和工期等负全责，出现问题就会受惩罚；要兼顾所有环节，施工只是其中一环，须有全生命周期思维和能力。

6　国际顶级承包商法国万喜（Vinci）的主要业务营业收入占比（利润占比）分布为：工程承包 81.6%（28.9%）、PPP17.2%（61.5%）、房地产 1.2%（9.6%）。如图 2-2 所示。

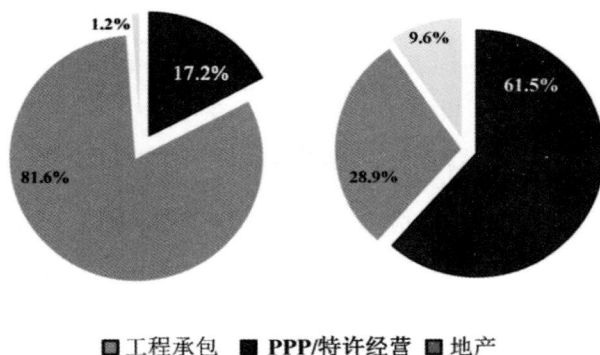

图 2-2　法国万喜主要业务和利润分布

7　世界在变，但 PPP 中好的做法一直未变（国际惯例），可惜国内忽视，过去几年还是重复犯了一些国际上已经犯过的错误。

有人总结，遇新政策、新模式如力推 PPP 时：别人在讨论时，自己先做起来；别人开始做时，自己已经做成了；别人大干快上时，自己已经转型了；等清理整顿时，自己已经退出了。

> @王守清：虽然不能完全怪这类企业，但至少缺少社会责任，因为利用政策不完善乱做，自己是赚了，但让政府与老百姓吃亏了，把新模式整死了，把后来者害惨了。

8 根据世界银行私营部门参与基础设施数据库（Private Participation in Infrastructure Database，2015），中国内地在东亚和太平洋地区的 PPP 投资最多。更重要的是，自 1990 年以来，这些区域高达 33% 的 PPP 投资来自中国内地。

9 发达国家 PPP 做得好的除了加拿大、澳大利亚、英国、日本，其实荷兰做得也不错；发展中国家则是南非、西班牙（或者算准发达国家）。不管怎么样，多数还是英联邦国家或关系密切国家，英国人最擅长就是建立长效制度/机制/规则，如各种体育项目规则。

10 中央近几年力推 PPP，除了顺应国际 PPP 趋势（联合国/世行/亚行/APEC 等国际多边机构都在推广），在国内方面，与化解地方债、改革供给侧、完善法律/金融/信用体系和政府/国企管理机制等密切相关，在国际方面，与"一带一路"和亚投行等密切相关。有这些大局看法，就不会对我国 PPP 的发展过于乐观或悲观。

11 发达与发展中国家道路建维的成本占比差距巨大。例如，德国 2012 年主要路网的维护成本占全国交通行业总预算的比例已超过 65%，这对发展中国家也提示了不同业务（BOT/TOT 等）机会的变化。

12 据 Iacobacci 2010 年对加拿大第 1 波(1990—2004 年)和第 2 波(2004—2018 年)PPP 项目的比较，主要差距在项目好坏、VfM 分析和项目选择动机三个方面，第 2 波比第 1 波进步很大。

13 图 2-3 为 2007 年的全球 PPP 市场成熟度。我国的 PPP 还很不成熟，经过几年力推，活跃度大大提高。但据图 2-4，我国 PPP 还处在第 1 阶段，2017 年以来的规范仅是第 2 阶段，已进入第 3 阶段，故不要过喜过悲，算是大浪淘沙！

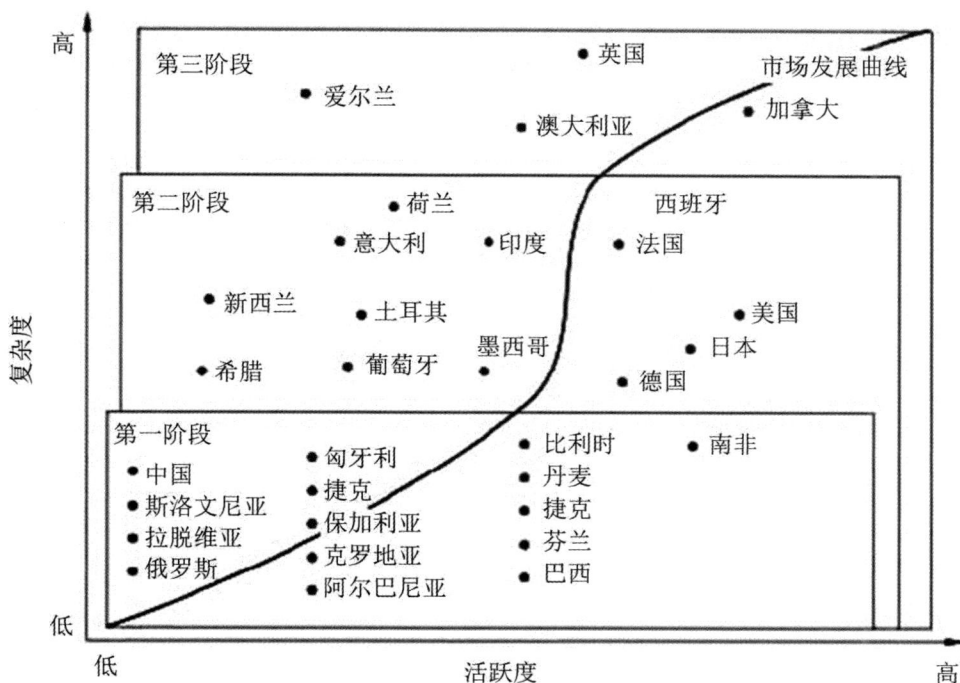

图 2-3　部分国家或地区 PPP 发展阶段及活跃程度

来源：Matti Siemiatycki. Public-privale partnerships in Canada definitions and debates. PowerPoint presentation.

第 1 阶段	第 2 阶段	第 3 阶段
定义政策框架	开始法制改革	清除法律障碍
分析法律可行性	发布政策和实操指南	进一步完善PPP模式
确定项目来源	建立专门管理机构	完善风险分担
提出基本概念	完善PPP模式	维持政治/社会稳定性
经验推广	培育新市场	全方位利用各类资金
开发PPP市场	扩大项目和资金来源	繁荣的PPP投资市场

图 2-4　PPP 不同发展阶段的任务和特征

来源：德勒，2007 年。

14 美国 Gartner 咨询公司提出的技术成熟度曲线（Hype Circle）（见图 2-5）也可以解释我国 PPP 的发展，分为 5 个阶段：萌芽期、超出预期的顶峰期、泡沫破裂的低谷期、复苏期、成熟期。2014 年是萌芽期，2015 至 2017 年上半年是超出预期的顶峰期，2017 下半年至今是泡沫破裂的低谷期，希望很快进入复苏期和成熟期。

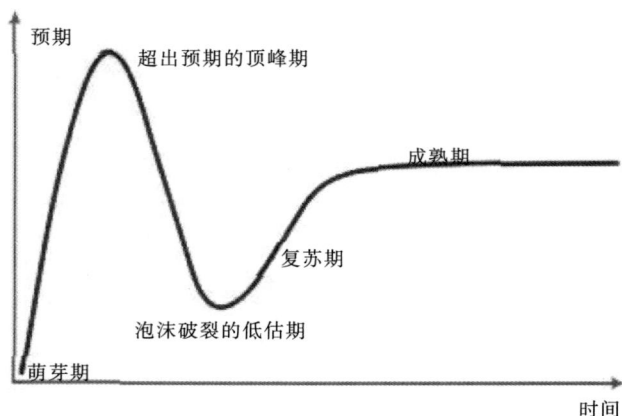

图 2-5　技术成熟度曲线

@你笑一点一点一滴漾开的主场：王老师，现阶段 PPP 处于低谷期，有什么好的方法尽快走出这一时期吗？

@王守清回复@你笑一点一点一滴漾开的主场：中央对项目合规性和地方隐性债务管得严，而且地方财政承受能力已基本达上限，只能多做使用者付费和资源补偿的规范 PPP 项目，除了中央调整政策，没有人有办法。本来 PPP 就只是公共项目交付的一种补充模式，不能包打天下。

@你笑一点一点一滴漾开的主场：王老师，PPP 为什么要商业模式创新？有些搞不懂。

@王守清回复@你笑一点一点一滴漾开的主场：PPP 本身就是一种模式（项目交付模式）创新，要求投资者能发挥能动性和创造性、集成全过程、挖掘项目潜力、提高效率（比传统模式干得更物有所值）……

@你笑一点一点一滴漾开的主场回复@王守清：规范的 PPP 项目若是能被鼓励创新，尤其是商业模式创新，尽量不通过政府付费补缺口，这样有可能减轻政府负担，只不过社会资本不愿创新，这就难办了。

15 谈规范 PPP，不要像过去那样盲目乐观，现在也不要盲目悲观，PPP 是国际上经过实践验证的公共产品/服务最佳交付模式之一，大浪淘沙后的就是好项目/做法/投资者/金融机构/政府。

16 财政部过去 PPP 政策正面引导作用有限,故 2017 年年底起开始用负面清单严控,不管用什么名词什么"创新",凡是违反政策精神的,都清理整改。要求地方政府和投资者量入而出,没有钱、没有实力、干不好就不要 PPP。故要理性看待 PPP,不能再像过去 4 年那样大干快上,公共产品项目不可能都 PPP,我估计只有 20%~30%。

17 项目不适合采用 PPP、风险分担不合理、相关方(含政府)能力不足和动机不当会导致 PPP 项目的失败,我国过去 4 年的经验再次证明这几点。但少数项目的失败并不意味着 PPP 的大规模失败,关键是要不断总结经验,规范提高,PPP 是全球趋势!

18 经过这轮 PPP 热,我对国内 PPP 应用前景不盲目乐观,因大目标(减债/提效/VfM)都难实现,不要期望太高,要理性/规范,PPP 最多是公共产品的 20%~30%。当然,只有会死掉的企业,不会有死掉的行业,对培训/咨询尤其如此,以后就是拼能力/品牌;对投资者/金融机构,关键在选对地方政府/项目/合同和自身有能力。

@冯珂:最近接触市场和政府比较多,感觉中国政府的决策制度有很大的改善空间。一些政策的制定没有经过充分论证,一些政策的执行者也不了解政策的本意。归根结底是政府的决策权力太大,相应的能力建设和人才储备不足,导致很多政策执行走样。

@王盈盈:PPP 概念已宽泛到契约精神,这是一个趋势。因其他模式更差,只能多权相害取其轻。如果内涵扩大,理念接受,PPP 理念和知识体系可以传承下去,并和以后的新体系有很好的衔接。

@冯珂:如果从广义 PPP 的概念来看,PPP 所代表的政府投融资机制改革的方向是不会变的。要想提高公共产品的供给效率,以往单纯依靠政府的投资决策机制不可持续,必须要借助市场和企业的力量来提高效率。中国 PPP 市场发展历程如图 2-6 所示。PPP 理念和知识体系以后仍大有用武之地。

图 2-6　中国 PPP 市场发展历程

19 在中国目前的体制下，期望在短期内就把 PPP 做好是不现实的，但逐步做规范、进而做好是有希望的。对于企业来说，没有会死掉的行业，只有会死掉的企业。也就是说，如果一个企业在一个行业里能做到头几名，就能立于不败之地。所以，一定要坚定信心，尽量去做好。

20 随着越来越多的 PPP 项目建成并投入运营，以及 2017 年下半年起中央对 PPP 的规范，2018 年和 2019 年会有越来越多的争议，政府对产出要求/绩效指标的监管也会越来越规范。过去和现在都做得好的投资者、咨询和律师也许有更多机会，不规范的则机会逐步减少。

21 据统计，PPP 在回暖，但政府已不太可能大放水，因为财政部严控 10%，一些地方已接近额度，只能多做使用者付费和资源补偿项目；经过整改，投资者和金融机构更理性；5 年培训、实践与交流，咨询和律师多已学会，有名者已开始注意品牌；政府性基金预算的使用将收紧，以后没多大空间。

22 2019 年 4 月 16 日在 PPP 学堂与弟子对话谈 PPP 近期与远期热点的提纲：①融资与再融资；②整改与退出；③争议解决；④绩效评价与支付；⑤物有所值与可持续发展；⑥以人为本……

@安大胖子：王老师，PPP这两年马上进入还款期了，政府的信用能兜住吗？感觉PPP有点悬啊，我们银行支持了400多个项目了，实在是有点担心政府履约风险。

@王守清回复@安大胖子：你们得分析投资者的实力、地方政府的财政承受力、合同对风险的分担等，财政部的规范就是为了限制投资者和地方政府不顾实力乱上PPP。

---

23 明显感觉，近来银行开始对合规（注意是合规）PPP项目感兴趣，估计是因为财金10号文和政府投资条例等严格控制地方政府和未与地方政府脱钩的国有公司借PPP违规举债，加上房地产不景气、实体经济不好等，银行可放贷业务减少。

24 人口特别是年轻人口的净流出，标志着建筑与房地产业的夕阳已经出现、住房价格的拐点已经到来（特别是还没走的人的刚需住房已经解决后），基础设施建设与新建PPP项目的需求也将逐步衰落……（评论《北上广深已现人口净流出：京东数科通过大数据发现他们去了哪》）。因此，相关企业要开始转型升级，向上游和下游发展、"走出去"本地和本国；40岁以下的员工要成为复合型，向上下游发展、向相关行业发展；40岁以上的在10~30年中逐步退休。

25 大脑容量有限，不可能什么都装进去，所以有选择性记忆，喜欢的东西就会被选择；人的精力有限，不可能什么都做，所以要先做重要的，擅长的东西就容易做好；政府/企业的资源有限，所以做PPP也类似。

26 就像村上春树所说："喜欢自然可以坚持，不喜欢怎么也长久不了。"其实，不管喜欢与否，我国公共产品20%~30%是PPP模式，工程公司50%业务是传统模式，工程公司的主营业务在一二线城市还能干10~20年，要考虑20年以后咋办。

27 中央力推工程担保是建筑业（含房地产）近年继中央力推PPP、EPC和全过程咨询之后又一大模式变革，可以说，国内建筑业现在就是按国际惯例发展，死守过去模式者再过几年、十几年就玩完了，相关咨询与律师又一个赚钱机会，谁能抓住？（评论《重磅：终于来啦！建筑业重大利好！六部门力推工程担保！》）

@涛声依旧之夜：住建部门十几年前就推行担保，但一纸保函效果很不理想，违约赔付太困难。

@王守清回复@涛声依旧之夜：是的，但现在中央还是想走国际惯例（以减少企业资金负担，也为应对中美贸易战和建筑业/房地产业夕阳化，有利于"走出去"和"一带一路"等），之前已发文取消保证金，必须有新的担保模式替代。虽然有些国际上好的做法到国内可能走样，但会不断整顿完善，让乱做者倒霉，就像过去几年乱做 PPP 者。

28 图 2-7 是诸大建教授报告提到的可持续城镇化框架，除了需要 PPP，还需要另一种 PPP（People，Profit，Planet）。

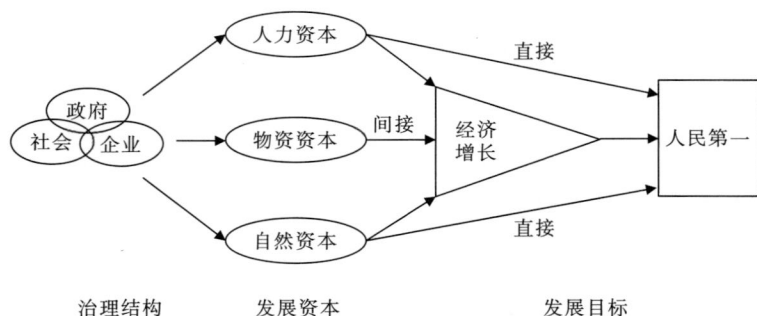

图 2-7　可持续城镇化框架

29 @王守清：因为政策鼓励，政府出钱的传统模式项目会多一些，关键看钱的流向（区域、城市、行业）。

2020 年的最近还总有人问我 PPP 是否会再火，我说会好一点但不可能回到 2017 年的高峰，因为 PPP 不是万能钥匙，天上不会掉馅饼，关键看项目现金流，并建议他用常识依次想想：你公司有钱做资本金吗？能贷到款吗？若都能的话，项目建成后能向公众收费够回本赚钱吗？若不能，靠政府支付/补贴的话，政府有钱吗(财政承受力够吗)？若政府没钱，能给其他资源补偿吗？当然，如果是央企/国企高管问，我就不啰唆这么多了，只建议，公司没活干就投 PPP 吧，如果能借到钱，至少还有活干,能收回与否不重要,关键是决策者别独自担责,要集体决策一起担。

@爱生活的流浪的太阳:PPP 融资成本比传统的采购方式借贷成本高多了，如果 PPP 的额外收益没有抵消这些负面因素，还不如做传统政府借钱开发项目，毕竟政府从银行拿钱利率还是比较低的。

@潮落月回复@爱生活的流浪的太阳：碰到有的政府人都说社会资本要求回报率比银行贷款要高，不希望社会资本占股比多及资本金比例高。

@爱生活的流浪的太阳回复@潮落月：而且我们财政部入库的 PPP 项目70%~80%都是政府付费项目，不值得这么做。

@爱生活的流浪的太阳回复@潮落月：这里有个合同结构设计的杠杆比，APMG 和世行联合编写的教材推荐为 1:4 到 1:5。过高的杠杆比，社会资本没有有效承担风险和责任；过低的杠杆比则政府和社会资本权利又不对等，容易造成毁约情况，而且社会资本拿钱的成本比政府要高。2014 年欧洲的统计数据显示，PPP 项目拿钱成本是政府传统借贷开发项目成本的 2 倍。

爱生活的流浪的太阳回复@潮落月：PPP 是政府开发项目的一个主要工具，但是不是最优工具，要经过成本效应分析、PSC 比较分析、政府财政承受力等多方位分析和专业机构尽职调查才能确定。

@潮落月回复@爱生活的流浪的太阳：有想法的政府是搞 49:51 股比，压着银行贷款比例最大化。只想上项目不管死活的官员都是说政府股比 10%或5%，1%也有不少。

@爱生活的流浪的太阳回复@潮落月：那就不存在社会资本运用其力量借贷融资了……两家开公司算了。

30 看各国抗疫情表现，忽然悟出西方国家为什么要应用 PPP（引入私营资金/技术/经验并转移风险），因为他们是小政府、大社会，政府只是制定规则能力强，但干活不行。

31 澳大利亚悉尼一个出了问题的 PPP 医院的听证会后建议，新南威尔士州不再建PPP 医院，主因是私营资本的逐利性所造成的后果。故 PPP 的物有所值（提供同样产品/服务时价格与传统模式持平）与绩效监管很重要，投资者盈利靠效率！

@王守清：PPP 是好模式，但结果取决于运作：菲律宾是亚洲少有的有PPP/BOT 法的国家，但 2010—2017 年实施的 56 个 PPP 项目中，52 个延误；澳洲 2010 年发现，之前所有 PPP 项目中，12%的项目成本严重超支，13%工期延误，有的项目引起极大争议，甚至新州医院不再 PPP。

@中年大叔欢乐多：国内承揽 PPP 项目的社会资本方目前主要集中在央企和地方大型国企，而这些企业在前期策划时，每次都是甩出几个"不"：不并表，不担保，不增信；合同谈判时想尽办法处理建设期完成后的股权转让事宜，运营基本不想搞运营（大部分也没能力搞运营），或者运营方面在合同中留缺口想办法外包。

@中年大叔欢乐多：大搞什么施工利润覆盖出资，为了不并表，催生出各种有问题的资本结构，搞什么均股出表、章程出表、平层基金、产业基金，这些大都是在没有金融或者律师等专业人员支持下搞出来，后期风险很大。

@王守清回复@中年大叔欢乐多：所以自2017年起我公开呼吁：央企/国企还是退出PPP，去做传统模式，回归PPP第二个P的本质……

中年大叔欢乐多回复@王守清：唉，道阻且长。

急速火炮1234回复@王守清：国企之外，即使项目整合做，能力跟得上，民企有这么强的融资能力去撬动大型项目吗？

@王守清：融资未遂是投资者的责任，也许项目就不具备可融资性，不应PPP。

@王守清回复@急速火炮1234：民企融资有进步但困难仍大，其实央企/国企融资比政府也贵，故核心在物有所值，不管谁干，不管采用什么模式，核心是物有所值，要考虑提供同样产品/服务时的全过程所有成本，而不是仅考虑上项目。所以后来中央让地方发更多债了，因为过去那几年的PPP，并不一定比传统模式好。

Terzaghi：问题是国企真退出了，还有人做PPP吗？

@王守清回复@Terzaghi：有能力的民企/外企做，本来PPP就不是万能钥匙，也不是谁都能做的，也不是什么项目都能PPP的，也不是什么项目谁做都能做成功的。

法治天下2020：但是现在的PPP项目基本上都是国企在做，目前的投资环境下，真正的民间资本不想也不敢和政府合作。

@Lawyershy2015：国内的PPP项目可是一哄而上，什么效率、物有所值都抛在一边，甚至有些地方连PPP本身是什么都没搞懂。

32 在某类事务火爆时积极参与的不一定是真爱和真能（可能是敏锐），但在冷清时还在的，要么是真爱，要么是活下来的真能，我国PPP发展也证明这点，而且，婚姻有"七年之痒"，PPP也有，2014年至今。

33 建筑业作为全球最大的生态体系，产能却严重落后。随着市场环境的不断变化，技术的进步，现有的建筑生态体系被破坏后再重组，已经成为必然趋势。2020年全球产业都受到新冠病毒的冲击，这也加速了建筑生态体系的破坏与重组。（摘

自《麦肯锡对建筑业未来发展的趋势的预测》）

34 图 2-8 为各国建筑业能力相对领先系数，英国归功于其政府领先于其他国家而提出的 PFI/PPP 模式、可持续发展理念、数字化等前瞻性的改革措施，特别是 PPP，迅速传播到其他一些发达国家、发展中国家用，也为其带来很多有形/无形收益，包括咨询收入。

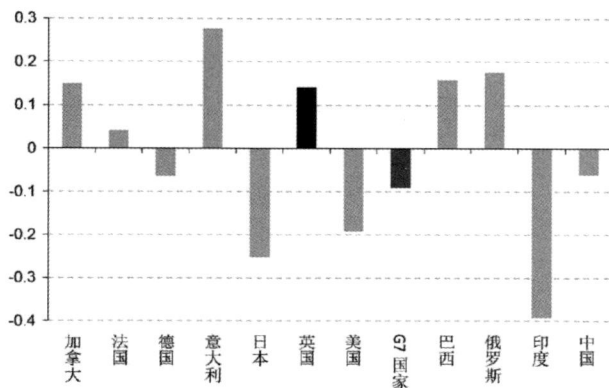

图 2-8 国际建筑业技术相对领先系数对比

数据来源：欧洲专利局（European Patent Office）2008-2012。

35 全球各国建筑业面论的问题基本类似，只是阶段不同。英国政府成立的由 Michael Latham 爵士领导的英国建筑业调查小组报告（Constructing the Team，1994）建议：①政府应在促进建筑相关行业相互合作、进行资源整合方面做出表率；②建筑设计应考虑运营后物业管理的可持续性；③建筑业各功能单位应在创新方面合作，提高整体的产业竞争力；④加强合同管理的效力；⑤建筑相关的各行业应建立论坛以促进交流；⑥在建设施工项目中应采取其他合作与融资手段。

36 英国政府成立的由 Michael Latham 爵士领导的 Constructing the Team（1994）和 John Egan 爵士领导的 Rethinking Construction（1998）这两个调研报告中提出的共同建议，如更强调团队、价值、合作、全过程，对 PPP 模式的形成提供了最初的重要原则。

37 由于过多的法规政策阻碍了 PPP 的应用，英国财政部在 1997 年修改了 16 项规章；另外，政府方角色的转变使得一些政府部门对 PPP 产生了不满，因为决定权转到了财政部，其他部门和地方政府认为它们在 PPP 中并没被当作合作伙伴。

38 第 5 届中国 PPP 论坛，我的"四新"结语：PPP 的应用极大促进了公共产品供给新理念，基建产业在新阶段进入了新格局，但也要看到，过去 PPP 应用存在一些问题，迫切需要创新 PPP 的应用方式和领域，实现可持续发展。

第 3 章

能力建设

1 PPP 只是一种模式/工具，项目做得好或差的关键在于用 PPP 的人，正如枪一样。

2 PPP 的成功需要政府至少具备三大关键能力：①真正支持 PPP；②有效的项目管理，有合理和透明的 VfM 分析和期望产出，合同期内严格监管产出；③专业经验，能理解 PPP 相关法规、技术和融资等。政府没有能力时，就必须依赖于靠谱咨询的帮助，靠谱的！

3 建立激励机制，实现项目交付效率的提升并保证公众获得达标产品/服务，要求政府有能力在 PPP 实施过程中进行有效的框架设计、公平招标采购、签订公平合同、制定合理的绩效指标并进行监管，实现竞争、风险转移，否则很难成功。

> @王守清：Shah 2015 年的研究发现，若不加强对地方政府问责和透明度建设，而将权力直接下放地方政府，很难提高效率和 VfM，却易造成地方债和加剧腐败。我国过去几年的 PPP 实践被他说中了。

4 国际经验显示，基础设施项目规模越大，成本超支和工期延误的可能性越大，影响因素可分为三类：技术挑战（包括范围变化、交接问题、不可预见事件和项目延误）；乐观偏见（如过于乐观预测需求、自己和相关方能力与信用）；战略失误（发起人的强烈动机所导致，项目预算审核不到位就批准）。

> @王守清：国际经验提供了 5 个应对措施：①通过信息共享和公开，提高

监管效率；②政府对表现突出的公司和承包商进行跟踪和奖励；③政府提供相关培训，增强公司的管理能力；④政府利用基于大数据的预测技术，提高结果的可测性；⑤PPP能够更容易控制基础设施建设的成本和工期，保障按时、保质交付。

5 PPP对投资者的要求很高，我国目前尚缺具备全过程、全方位能力的企业，故应以优势互补、强强联合的股东组成项目公司干，不能把运营包袱甩给政府及其未脱钩国有企业和不具备运营能力的第三方，因为项目出问题，还是项目公司对政府负责、股东对政府承担连带责任（股东之间、项目公司与分包商之间则靠合同），如图3-1所示。

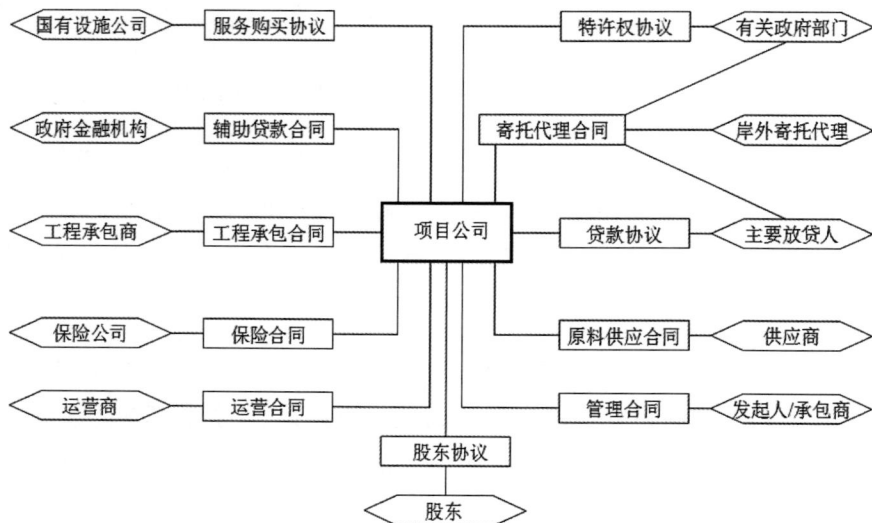

图3-1　PPP项目的合同机制

@王守清：业主和工程公司等做EPC的思维（如业主应更着重项目结果而非过程）和能力（如优化设计并与施工集成）还没有转变，更不用说做PPP了（EPC本来就是PPP项下的最常规做法，项目公司代替政府管更多专业的事并承担更多风险）。

@QAQ_乔：对政府的要求也不低，什么都想管，只想别人出钱，自己还走老路子。

@姚卓_遥望雪影：如王教授所言，触类旁通，是否意味着PPP+EPC目前在中国还难以真正良好落地？

　　@秋窗疯语系：企业关起门来开会的时候都觉得自己挺牛的，到政府去办事就怂了。

6　据 Scopus 数据库，1987—2016 年以 PPP 为关键词的论文作者共 2 368 人，其中 87.5% 的人只发表过 1 篇论文（估计多是学生）。结合之前联合国欧经会 PPP 中心主任汉密尔顿说的，全球真正懂 PPP（不限于学术界）的不超过 2 000 人，故 PPP 对学术界和实务界而言都是极小众，间接说明，快速大规模运动式力推 PPP 必然遭遇人才和能力不足。

　　@吴亚平-投资所：从我国 4 年来的 PPP 实践看，虽然存在很多问题，但制约 PPP 可持续发展的最大短板恐怕是各级政府的 PPP 专业人才和管理能力不足。有的地方出台 PPP 文件一看就是外行人写的，甚至不符合国家相关政策；有的 PPP 项目一看就是外行的政府实施机构操作的，主要交易结构违背了国家相关政策甚至违法违规。

　　@王守清：这也说明，与其他相对成熟的如公共管理、项目/建设管理与经济、项目融资等研究相比，PPP 相关研究还很年轻，而且因跨很多学科，需要不同学科人才合作，其中（狭义）项目融资和财务相关研究对 PPP 的影响会越来越大，做好则靠合同、成本管理和项目管理。

7　据 Scopus 数据库，1987—2016 年以 Public-Private Partnership（PPP）为关键词的学术期刊论文（基于研究的，而非科普文章）共 1 354 篇，出现在 605 份同行评议学术期刊中，发表数最多的年份是 2015 年，共 175 篇，每年增长率达 43%。

　　@王守清：PPP 论文越来越多是有关医养/城镇化/公共管理的（因生活水平提高），且因这类论文刚开始热，每篇被引用率都比较高，具体内容则是合同/风险/CSF/VfM/绩效/规制/可持续/相关方管理/项目治理/项目组合管理等（此即国际研究热点）。发表论文多的前 5 份期刊都是项目/建设管理类，IJPM 发表量和引用率都是第一。

8　据我的学习与工作经历发现，项目管理和 PPP 是最有意思的两个领域（当然 PPP 更有意思些，因为是提供公共产品/服务，涉及面更广、时间更长、挑战更大），掌握了这两个领域，再加上行业知识，几乎可以把所有工作和人生都悟透（见图 3-2）。

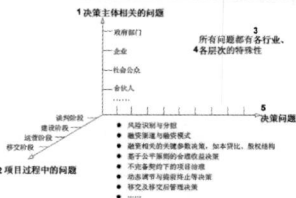

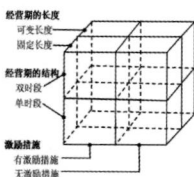
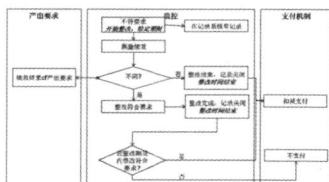

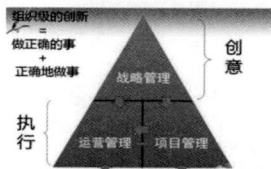
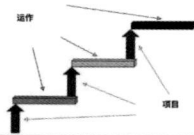

（a）

（b）

图 3-2　项目管理和 PPP

9 我建议学习 PPP 路径是：听课、看书、看政策、研读案例（尤其是失败案例，因为通过做项目学习来不及，且万一失败代价太大，如果能避免他人犯过的错误，就容易成功）、实践、交流与自悟！但失败案例难找，原因你懂的，我团队也仅有我国污泥、CNG、电厂和英法隧道等少数几个案例。（评论《印度德里机场快线 PPP 项目的失败原因与启示》）

10 在系统学过 PPP 理论与政策后，积累 PPP 经验的最快、最佳方法之一就是研究案例特别是失败案例，学习失败经验可以丢掉幻想，选好项目，规范运作，实现可持续。（评论《PPP 五年｜失败案例大反思：远离这 6 种幻想》）

11 我们说 PPP 复杂，不是说有多深奥，而是涉及面广、相关方多、周期长、政策法规变化多……需要志同道合伙伴关系，需要复合型操盘人才！

12 PPP 最需要的是复合型人才；要求一个人成为复合型很难（不是不可能），但组成一个复合型团队就容易：每个人懂一方面为主、另一方面为辅，组合起来就所向披靡！故对政府而言，联审联评机制非常重要,仅靠实施机构做 PPP 很难做好。

> @王守清：从一个人问的 PPP 相关问题，就可以判断其 PPP 知识与经验多少，再酌情建议他去听课、看书、学法规政策后再问，不必跟他争论，以免浪费彼此的时间并伤和气。
>
> @项目管理评论回复@王守清：发现问题比解决问题更重要。

13 做 PPP 也不例外，最需要"三大核心能力：思维力、学习力、人脉力"。尤其是 PPP 涉及面太广，过去没有 PPP 课程，全靠自学成才，把自己打造成为复合型！（评论《如何让 10 年后的你，不后悔现在的职业选择》）

14 不仅是经济学有此问题，管理学也类似。所以我一直劝年轻人，本科还是学硬一点，如理工科；研究生再学软一点，如经济/金融/管理/人文/法律。前者了解一个行业，学微观做法；后者学从宏观看问题，以更好地做微观的事，万一混不好还能回到行业去。中国目前金融界做 PPP 缺懂行业懂项目的人才。

> @笨的没名字：王老师对大数据+PPP 有什么看法，PPP 涉及太广，怎么处理共性和个性之间的关系？
>
> @王守清：我没有研究大数据，但觉得区分行业、地区和用户群，找出单价、绩效等个性数据还是可能应用 PPP（若是公共服务类大数据项目）或其思维（非公共服务类）的。
>
> @骓灵马行：王老师，本硕都学了工科可以直接进入 PPP 咨询行业吗？
>
> @王守清：可以，但得学 PPP 和相关政策等。
>
> @王守清回复@桃李春风 1 杯酒：也许，但得补财务、会计、金融、法律、管理等方面知识，取决于做 PPP 的哪方面咨询（因为 PPP 涉及面太广了），PPP 咨询不是一个人能做的，需要一个复合型团队。
>
> @哈库玛依娜玛塔塔：本科也学不到什么，在工科。
>
> @王守清：理工本科主要学逻辑思维、方法论、知识。

@小汤圆儿旗舰后援会-会长：我就是典型的理工院校理工专业，现在做了研发技术管理，加入了项目管理的队伍，而且还很有兴趣做这个。理工专业知识也并不是没有用，最起码逻辑思维的方式和一些方法论都是通用的。

15 很多年轻人和毕业求职学生问 PPP 及相关职业（如咨询）前景如何？答：我 20 多年专注于 PPP 教研与推广，是因为喜欢且坚信 PPP 是趋势；我国 PPP 及咨询最火爆时期已过去，但高水平企业与人才可持续；而且各类咨询本来就是互通的，尤其是涉及面广的 PPP。真正掌握了 PPP 咨询，做啥都行，东方不亮西方亮。

16 有人问 10%财承用完后 PPP 咨询前景。我答：PPP 不仅有政府支付，还有使用者支付；不仅有前期咨询，还有中后期咨询（如管理/绩效/交易等）；PPP 咨询涉及面广且复杂，能做好则也能做其他相关咨询；有学习能力的人不愁衣食……

17 "学习知识也是一样，必然是要全身心地扑到上面，一步一个脚印，由上及下，触类旁通。如果一门知识需要花 80 小时才能学完，花 200 小时才能学精，那么只花 2 小时的人就必然学不好。"管理学科尤其如此：读博士的没有精读 100 篇英文文献，很难悟出；学 PPP 不看懂 10 本书并实操项目，很难学精。（评论《为什么越是真正的高手，越爱下笨功夫？》）

18 美国华人教授长文，值得真正做/管（而非混）学术的看，很多令人深思，如"报告中关于科研选题的两个标准的说法是'跟踪国际热点、争取弯道超车'，'走产学研结合道路……'。我觉得……如果在科研选题上被功利因素牵制，那就必然落于下风，而且，总是处于一种追赶的位置。"研究 PPP 也是如此。（评论朱松纯《文章千古事，得失寸心知 ｜ 学术人生》）

19 特纳教授（见图 3-3）说的金句："不同相关方以不同方式评判项目的成功，重要的是获取这些不同标准之间的平衡，符合不同相关方的需要"。所以我总说：做 PPP 得懂项目管理！懂（PM+PPP+行业）=成功。

20 国家发展改革委和财政部分别于 2016 和 2017 年建立了 PPP 专家库及其微信群，发挥专家作用，促进交流，有利于 PPP 规范发展，各专家贡献不一。我想，动态考核专家方法也许可以看专家入库后两年的个人业绩（项目、教研、论著）、口碑和作为专家后的贡献与影响等，不再那么看其入库前个人历史和机构业绩。

图 3-3 与特纳教授（左）合影

21 PPP 项目对咨询（含律师）的要求很高，要就特定项目的各个风险具体分析，并在合同中约定分担和调节机制（不是目前不少项目合同中笼统的写法）。例如，英法之间英吉利海峡隧道 PPP 项目对建设（含地质）风险的分担，地上和地下就不同：地上引桥部分是固定工期固定总价 EPC 合同，地下隧道部分是目标成本合同。

@危机债：地下隧道是目标成本合同？请王教授解读一下！

@王守清：就是事先说好一个总价，节约有奖，超出有罚，事先约定奖罚规则。这么做就是各方分担一些风险，否则就是固定工期固定总价，承包商风险更大。

22 运动式 PPP 已经告一段落，估计咨询特别是律师还能干好几年，至少还可以挣第二轮（解决过去 3 年来项目中出的问题），所以今年仲裁研讨火爆；大规模科普培训基本上达到高峰，以后仅有更小规模、更具互动性、更专业的培训；投资者和金融机构逐步进入能否收回投资和贷款的忐忑阶段。总之，PPP 将进入理性和规范阶段。

@王守清：对官员的PPP培训依旧很重要，但地方政府一把手、二把手不听课，仅干活的官员听课没啥大用。因此，如果中组部举办对地方政府一把手、二把手的培训才最有用、对一把手、二把手的政绩评价指标完善与改变才起作用，因为他们日理万机、压力巨大，没空听、没心思听，听了也不用啊！

23 姜还是老的辣，王强博士十几年前英国读硕至今一直研究和实践特许经营/BOT/PPP。又想起那个故事：地方官员被PPP评审专家惹得搓火，便问"3年前你们都是干什么的？（潜台词：不要以为这3年听了些科普课、看了些科普书、干了几个不规范项目、有些虚头衔，就以为自己真是PPP专家了）"（评论《为什么在PPP大背景下还要讨论与考虑特许经营？》）

24 越来越多的地方开始联审联评制、采用大咨询（既想做好PPP，也想推卸责任，还不得罪其他部门）。这对大咨询是个机会，但如果大咨询做不好，市场也会做烂。希望大咨询坚持底线，建立品牌，可持续发展。

@德尔汉姆：所谓的大咨询就是全过程咨询吧。

@王守清回复@德尔汉姆：全过程是纵向，大咨询除了全过程，还有全方位（横向），如跨部门协调、全城投融资规划等。做大咨询，政府各部门之间的协调最难，再就是签约后从政府角度如何去合同管理与绩效评估考核监管。

25 PPP不能泛化；交易成本要通过学习曲线、知识管理和提高全过程效率等找补回来……

26 PPP咨询尤其是律师现在应特别关注项目公司治理、绩效评估考核、争议解决（谈判/调解/仲裁/诉讼）与退出等问题，需求会越来越大，特别是如果之前流程与合同不细致、不严谨的话。

27 与PPP全过程咨询不同，PPP综合咨询（简称"大咨询"）是针对某个特定地区/城市，或某个特定领域，整体的多个PPP项目的包装策划、合规分析、投融资和运营进行系统研究，并向政府提供能力建设、体系建设等的综合咨询服务。（评论《PPP综合咨询正当时》）

28 云南云岭的全生命周期咨询的确给业界留下深刻印象，"PPP+BIM+造价"是核心！没有准确的建设/运营成本测算和市场需求预测、没有 BIM 的辅助，PPP 的财务测算与 VfM 等都难准确，随后的招标评标、谈判与合同、监管与奖惩等也难靠谱。（评论：《建筑经济》杂志刊发云岭咨询 PPP 全生命周期管理与咨询研究系列论文之一：《PPP 项目全生命周期预算管理研究》）

29 2019 年注册咨询工程师实务科目考了 PPP 模式的适用性和特征，要注意的是，案例中答案不一定是对或全面的，我觉得该项目不一定适用 PPP（没有推广 PPP 之前，这种项目常有），但 PPP 理念可以借鉴。

【案例】

某企业为所在地区国有大型制造企业。目前，该企业产品已定型，成本呈下降趋势，利润较高，市场需求逐渐满足，所处行业增长速度减慢，竞争日趋激烈。

该企业所在地区实施"退城入园"，企业必须对现有产品生产线进行搬迁改造。该企业搬迁改造项目选址涉及 3 个村庄 1 203 户 5 209 人搬迁。企业在决策前委托咨询公司进行可行性研究。因该项目选址涉及搬迁人口较多，咨询公司在社会评价中进行了相关者分析。

问题 1：该企业产品处于产品生命周期哪个阶段？企业结合本次搬迁拟采用差异化战略，有哪些差异化战略可以选择？

答：因该企业产品已定型，成本呈下降趋势，利润较高，市场需求逐渐满足，所处行业增长速度减慢，竞争日趋激烈，所以该企业产品处于生命周期中的成熟期。

差异化战略可以选择产品质量差异化战略、销售服务差异化战略、产品性能差异化战略、品牌差异化战略等。

问题 2：在编写生产技术与财务方案时，应考虑哪些内容？

答：生产工艺技术选择考虑的主要因素：先进性，适用性，安全性，可靠性，经济合理性，符合清洁生产工艺要求。

财务方案应考虑：盈利能力分析，偿债能力分析，财务生存能力分析，不确定性分析。

问题3：咨询公司在社会评价时，应按哪些步骤进行相关方分析？

答：相关方分析一般按照下列步骤进行：①识别相关方；②分析相关方的利益构成；③分析相关方的影响力；④为重要的相关方制订相应的参与方案。

问题4：是否适宜采用PPP模式，说明适宜采用PPP模式项目特征。

答：本项目适宜采用PPP模式。

PPP模式项目特征：PPP投资项目主要适用于政府负有提供责任又适宜市场化运作的基础设施和公共服务类项目。该企业搬迁改造项目选址涉及3个村庄1 203户5 209人搬迁。本项目涉及片区开发及保障性安居工程，属于政府负有提供责任又适宜市场化运作的基础设施和公共服务类项目。

30 我国绝大多数企业家还不懂如何做论坛报告：①本来发言时间就很有限，但套话和虚话多；②广告宣传自身企业太生硬；③无趣且超时。当然，也许业界参加论坛就是宣传和社交，故应更严格控制学生参加非学术论坛。PPP相关论坛至今还是PPP青年学者论坛水平最高，最适合高校师生参加。

31 转自马旭晨：虽然工程与项目的关系在争鸣，但不听取项目管理学者和实践者的声音，一群弄不清项目与工程的关系但又踞高位有权人的历史错误认知，后患无穷！您看图3-4（a）和（b）这两个图哪个更符合实际些？

32 职业生涯要发展，就要懂行业、懂项目管理、懂PPP：打好基础，就要学一个行业；成为复合型，就要学PPP；"有梦想，就要学项目管理。"如图3-5所示。

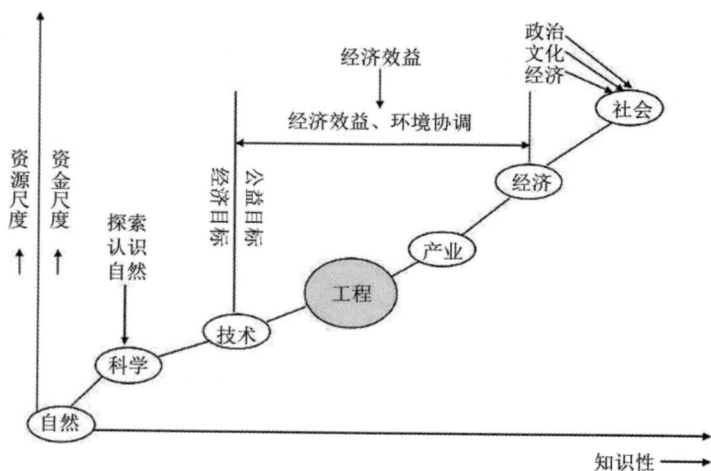

（a）

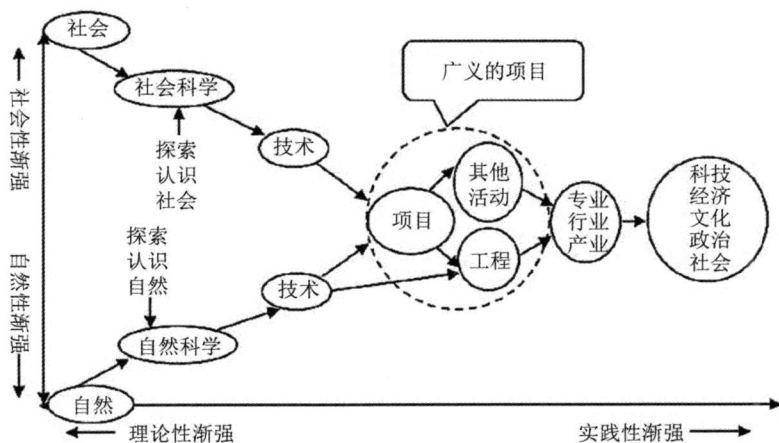

（b）

图 3-4 工程与项目的关系

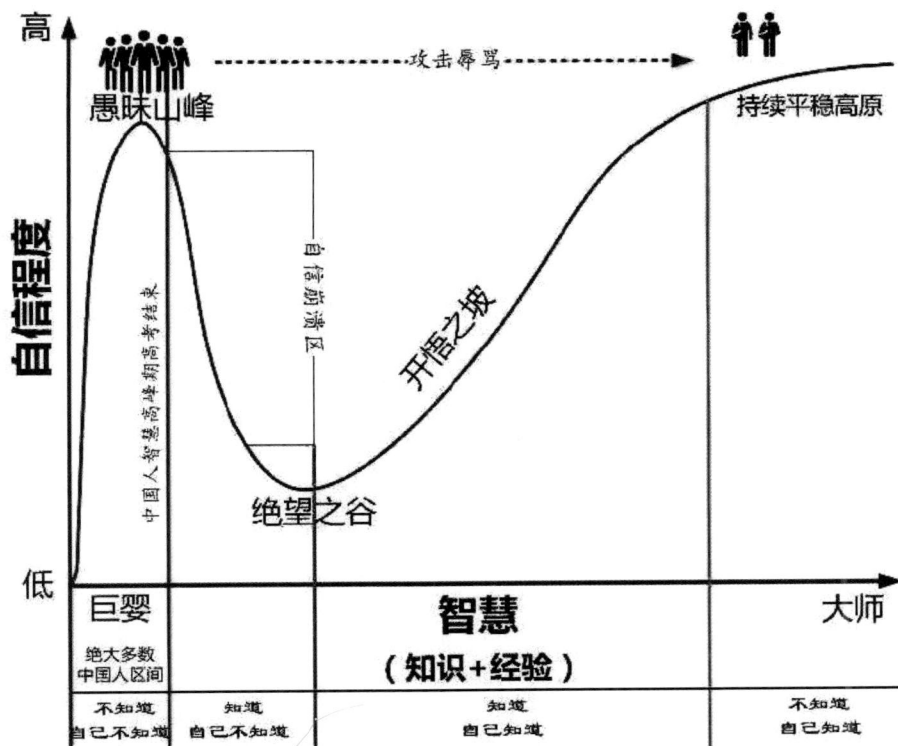

图 3-5 邓定-克鲁格心理效应（Dunning-Kruger effect）

33 个人与企业发展既有相同点也有不同点：个人往往向复合型发展（如行业+PM+PPP）；大企业则向全产业链全方位综合型发展（如 PPP 特别是产业新城类 PPP），

小企业则在某方面做到精致（如某行业的技术/设备/设计/建设/运营，甚至 PPP）。（评论《PPP 项目需要复合型项目经理》）

34 项目计划与控制或政府和社会资本合作（PPP）这类理论与实践、前沿与应用、个人与团队属性皆强的课程，一定要做个人练习和团队基于真实项目的大作业，以免听着都明白，干起来却糊涂。

第 4 章

法律与制度体系

1 成熟法律框架、公平风险分担、政企责权利明确、治理结构清晰、政府能力足等是 PPP 项目成功的关键因素。治理准则包括可问责性、透明度、参与性、有效性、公平度、愿景与计划、可持续性、关系和安全等。

2 我看到一个外国人的结论：PPP 项目各个阶段中都很重要的成功因素是"适当的法律框架，稳定的政治经济环境，成熟的金融市场，有效的公众参与。"与我提到的我国推广 PPP 的五大关键类似。

3 一个国家的 PPP 要做好，关键是：稳定的项目需求、高效的采购方式、激烈的投标竞争、支持的政治环境、成熟的金融体系、公平的合同与履约……（摘自清华 PPP 研究中心国际系列丛书《加拿大 PPP 研究》）

4 国外经验表明，不同的政治体制对 PPP 的法规政策形成有深刻的影响，从中央和地方政府关系而言，单一制国家强调中央集权，主要依靠中央推动 PPP 发展，更强调政府的主导、政府对项目拥有所有权和控制权、将 PPP 合同视为行政合同、中央政策变化对 PPP 影响巨大。

5 据国外研究，与融资、策划启动、信息公开和可问责性相关的指标是发展中国家 PPP 项目绩效评估中最重要的，与我国过去 4 年的经验教训几乎一致！但与发达国家更重视 PSC 相关的成本、时间和质量（效率与服务）略有不同，因为发达国家中融资、启动、信息和问责方面都比较成熟了。

> @lqyycscd 不相信眼泪：老师，因为在做 PPP 成功因素的论文，翻到您这条微博，想问一下 PSC 是什么意思？
>
> @王守清回复@lqyycscd 不相信眼泪：Public Sector Comparators（公共部门比较因子）。

6　新兴市场中政府只有在全国/行业 PPP 市场中建立成功的信用记录和连贯的风险分担政策才可能吸引更多投资者和放贷方、更充分竞争、以更合理的风险对价转移更多的风险给投资者、更易实施成功 PPP 项目。

7　看图 4-1，可以理解要推广应用好 PPP 不容易，4 个层面（规制背景、制度环境、治理、资源配置与利用）的环境都涉及；也不要灰心，我们在前进的路上。图 4-2 中只列了技术工作组专业人员，此外还有律师、会计、财务、税务、融资、保险、市场预测等（咨询）。如图 4-3 所示，做 PPP 需要复合型人才，我国各方能力建设与知识管理、自学/应用/创新知识与发现/分析/解决问题能力、集成项目管理能力很重要，也是 PPP 咨询公司差距与发展方向。

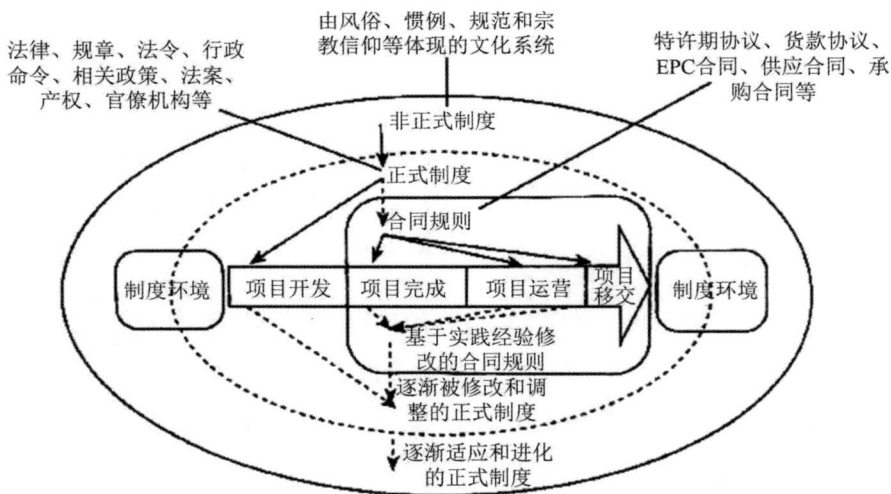

图 4-1　制度与 PPP 项目相互影响的逻辑框架

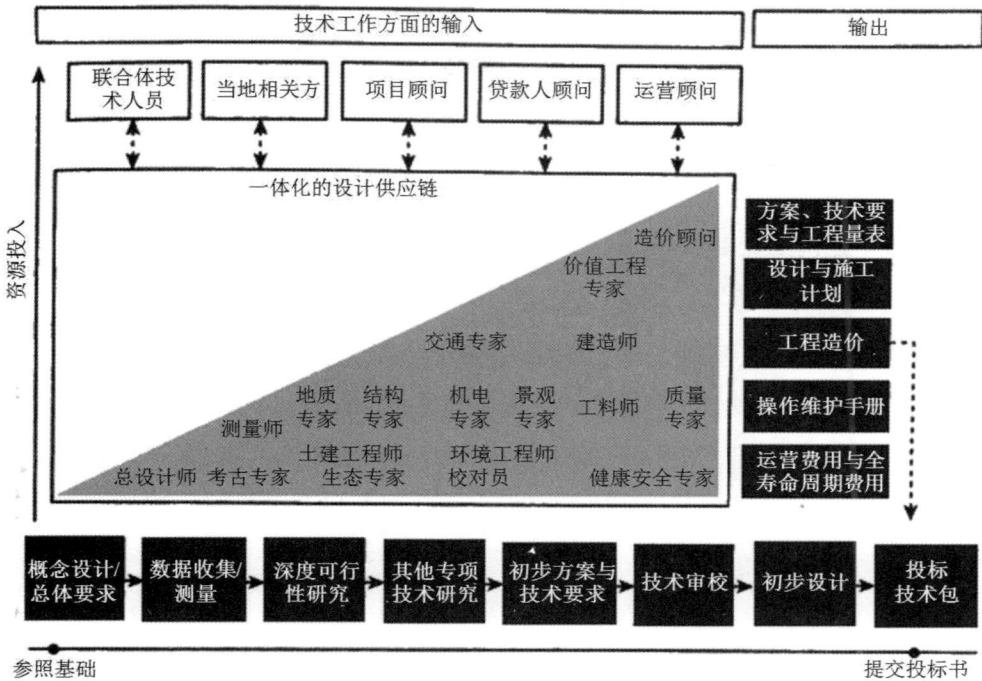

图 4-2　技术工作组投标报价阶段的资源输入与输出结果示意图

来源：张水波，高颖. 国际 PPP 项目合约治理研究[M]. 北京：法律出版社，2019.

图 4-3　PPP 需要复合型人才

8　任何一个国家的 PPP 框架（含法规/政策/流程/制度/规则等）都是不断演进的，开始推广 PPP 时试点几个项目，当这些项目进入实施，对 PPP 财政风险的关注就会成为政府完善 PPP 框架的重要原因，对 PPP 发展加强控制、提升对 PPP 项目的财政管理。南非和我国就是典型例子，只不过我国开始几年做太多、太猛了。

9 人在不同的年龄段应该主做不同的事情。推广 PPP 似乎也是这样，起步阶段：造势、立章、建库、雄起；规范阶段：调查、查因、清库、建制、下滑；稳定阶段：理性（最多 1/3 为 PPP）、本质（民企/PF）、绩效、监管、滚动……

10 智利 1991 年 164 法令和 2010 年特许经营权法构成 PPP 框架，明确了机构职责和流程：规划部审批项目的技术和经济分析，公共工程部负责实施，其领导的特许经营委员会（含特聘顾问和高校土木/经管/法律/建筑系 4 位教授）负责批准项目，财政部则审批招标文件、招标过程中的任何变更及已签署 PPP 合同的任何重大变更。

> @王守清：很值得中国政府借鉴，如发展改革委管规划、可研和立项等，行业部委管物有所值评价、招投标和监管等，财政部管财政承受力评估和绩效付费，各部委都可以聘真懂 PPP 和行业与项目的咨询顾问和不做咨询的高校教授。

11 政企双方在 PPP 项目中的控制权可至少分成 3 类：法律法规政策赋予的权力、PPP 合同约定的权力、体制/文化/信息/地位/信任/关系/面子等影响的权力。前两者是显性的，后者是隐性的，难点在后者，尤其在我国。

12 PPP 政策还是比较连贯的，是政府各部门（含财政部内部，如同意政府购买服务用于棚户区改造）、各地、各方对预算法、43 号文和 PPP 内涵（特别是政策导向）的理解有偏差甚至有意为之（如故意扩大政府购买服务范围或用之绕过 PPP 流程）。正如常说的，政策管不了动机和道德。

> @一撇笑无奈：那之前的举债怎么解决呢？
> @王守清回复@一撇笑无奈：一般是谁违规谁负责协调解决。

13 PPP 条例最应该解决的是各相关部委的责权利划分，实施 PPP，如果不发挥专业部委的作用，让管钱的管项目确实容易出问题，但管钱的必须有一票否决权，否则 PPP 很容易造成地方债，因为地方政府更多是短期政绩目的，投资者也多是短期目的。

14 若中央一开始就成立跨部委 PPP 中心或协调机制，PPP 推广中的问题可能较易解决，特别是短期内难解决的几大矛盾：中央和地方政府之间、部委之间、央企和国企之间、央企/国企和民企/外企之间、央企/国企与地方政府之间。

15 政信能力建设的重要性体现在以下方面。宏观：①政府的示范性；②执政公平、公正、公开，取信于民；③国际关系和谐，营造有利发展环境等。微观（对 PPP）：①利于长期投资，减少各方短期投机；②降低交易成本，提高效率；③利于可融资性，风险分担靠合同；④利于专业性，投资环境、各主体、合同等。

16 住建部过去在特许经营/PPP 是最有经验的，2014 年也积极，但不知何故，后来就低调了，甚至退出了 2016 年 20 个部委的 91 号文，所主管的综合管廊/特色小镇/海绵城市等，也因与其他 PPP 项目类似的原因，结果不尽如人意。

　　@王守清：财政系统的人都严谨，但谨慎，可能不懂行业/项目；经建司倒是财政部最懂项目的，与各行业主管部委也熟，2014 年积极参与推广 PPP，但后来部里定金融司负责后，他们就退出了。

　　@饭困困困困：老师，能分析下为什么 PPP 就不在风口了？

　　@王守清回复@饭困困困困：这 5 年实践表明，没有实现中央的目的：减少地方债（结果是翻倍）、提高效率（流程复杂了、成本增加了，难说物有所值）、打造全过程全方位大企业（还是重建设、轻运营）、促进民企参与（结果是国进民退）……

17 过去（有的是很久以前）发布的法律没有考虑 PPP 的特殊性，必须进行修订，否则有些 PPP 相关事项很难解决，仅出台级别更低的 PPP 条例和政策很难有实效。

　　@王守清：PPP 是由目的和动机不同的多个参与方长期合作提供公共产品的复杂安排，政府需要提前协调各部门做好相关制度安排（含流程与合同），一窝蜂地大规模推广很难成功。

18 罗桂连博士说的绝大多数有道理：

（1）PPP 与政府信用。市政基础设施投融资是政府责任，应当依托政府信用。

1）地方政府承担当前大规模投资市政基础设施的政治责任。

2）市政基础设施的经济寿命和投资回收期长，仅靠市场主体的商业信用无力支撑。

3）依托政府信用支撑商业信用，可以显著提升项目的可融资性并实质性降低融资成本。

（2）政府购买服务与特许经营。市政基础设施领域实施 PPP 模式，政府购买服务为主，特许经营为辅，但不可偏废。

1）如果缺乏清晰的付费机制和可预测的项目现金流，则项目不具备可融资性。

2）在市政基础设施领域，大部分项目无法建立起足够水平的对应于单个项目的使用者付费机制。

3）政府付费是市政基础设施 PPP 项目的主要付费模式，使用者付费只是补充。

（3）当期财政与长期综合财力。政府付费能力并不依托当期财政，而是依托以土地财政为主体的长期综合财力。

1）城市发展的不同阶段，面临不同的市政基础设施投入产出模式。

2）国内大部分地区的当期财政还是吃饭财政，但是持有巨量有增值潜力和市场化运作价值的公共资源，长期综合财力的增长潜力可以预期。

3）规划权利和土地资源是政府最宝贵的公共资源，土地财政是支撑市政基础设施投资回收的主流模式。

4）土地财政包括土地出让金、核心地块的增值收益和未来普遍征收的房产税。

5）土地财政是综合能力要求很高的专业性、系统性、长期性工作，需要专业平台承接。

（4）融资平台与 PPP。融资平台是当前财税管理体制下，实现包括土地资源在内的公共资源价值的合适主体。

1）融资平台的核心能力是集聚、整合、培育和实现包括核心土地资源在内的公共资源的价值，这是融资平台的体制优势。

2）融资平台需要做实、做强、做规范，与具有机制和管理优势的市场主体合作。

3）强融资平台对 PPP 模式的行稳致远起到主导、支撑和促进作用，做不好融资平台和土地财政的地方，很难做好 PPP。

（5）主要政策建议如下。

1）给 PPP 减负，实现行稳致远，形成多元协同、共生比选的投融资新格局。

2）夯实政府付费责任，规范政府购买服务类的 PPP 模式，取消一刀切的政府付费限额。

3）理顺使用者付费机制，挖掘项目综合收益，积极推进特许经营类的 PPP 模式。

4）明确融资平台的法定地位，授予其实现公共资源价值的基本职能。

5）对前几年的 PPP 政策进行全面清理，重新构建 PPP 模式的政策法规体系和工作机制。

19 我国 TOD、开发性 PPP 等做不起来或做不好的原因是政府、投资者、咨询等还没有集成的思维与能力，尤其是法规政策、制度、行政等还是条块分割/碎片化。当然不可能一蹴而就，但应是努力方向，尤其是政府。这一轮力推 PPP 的教训之一是，仅靠任何单一部委力推 PPP 很难，应有国务院直管的 PPP Unit 或部际协调委员会……

> @首席 PPP 咨询师：这轮做完之后是不是就没有 PPP 了。刚入行就要出行了。
>
> @王守清回复@首席 PPP 咨询师：涉及面这么广、这么复杂的 PPP 都会规范地做，还有什么咨询不会做的？何况 PPP 是国内外趋势。我专注于 PPP 教研一件事 20 多年，现在也还忙着……

20 我 2014 年起就一直说的"任何单一部委推广 PPP，都很难成功"，这篇文章又提供了强有力论据。我还是正面说吧："PPP 只是项目交付模式的一种选择，最多只是公共项目的 1/3、最多只是最高峰 2017 年的 1/3。"（评论《最高法发布审理行政协议案件的司法解释（附全文）》

21 图 4-4 是我在财政部 PPP 专家群就"目前 PPP 市场环境存在哪些问题？有哪些优化 PPP 营商环境的建议？"研讨发表的观点。

22 地方政府的 PPP 知识和能力有限，还会因换届和转岗等产生经常性人事变动而更严重，加上信用和财承能力不足，故我国 PPP 的实施应在县级及以上且有联审机制，最好还有上一级政府或国企的增信（如入库、PPP 基金投贷、安慰信、领导站台等）。

23 制定分行业 PPP 项目评标指标、合同模板、绩效指标和监管方法等是目前我国提高实施效率、降低交易成本、避免过程与结果失误、解决各方动机不当/能力不足与中介不专业等的紧迫任务之一。

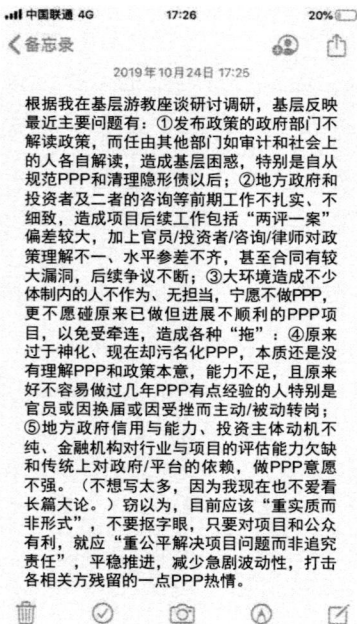

图 4-4　观点截图

24 PPP 项目特别是国际 PPP 项目中，确定"适用法律"的主要原则是要明确投资者必须遵守的法律责任，包括：①相关法律（本身也要明确）；②判例法；③法令/命令；④国际人权或环保协议；⑤行业强制规范；⑥国际协定等。

@王守清：适用法律还可以包含税法，虽然税法也可以作为单独一个 PPP 合同条款，但适用法律不得包括政府批准/准证，批准/准证应在 PPP 合同中用单独条款处理，除非这种批准/准证是嵌入特定法律而受该法律变更影响的。适用法律也可以排除一些特定法律，如有关回收利用、可再生能源或气候变化措施相关的环保立法或与人权相关的社会立法，判断准则是这些变化是否也会影响商业或其他私营合同。

25 发达国家和发展中国家的法律体系成熟度不同，投资者能分担的法律变更风险程度也不同，政府在考虑该风险的分担时，要在承受力、可融资性和风险转移度等之间寻求最佳平衡。

@王守清：在发展中国家，即使投资者仅承担一般法律风险（非 PPP 项目中投资者也承担的），其他法律变更风险全由政府承担，也可能可融资性不足。

@映象·芦苇荡：国内投资者最担心的是政府换届和机构职能调整，说白了就是领导人变更。

26 法规政策应该新老划断，区别对待：PPP 合同违反之前法规政策的，投资者会倒霉，不违反的，以合同为准；新法规政策出台后再签的合同，就须符合新法规政策。"两评一案"出的问题，要具体情况具体分析，若是政府变更或不能履行合同，政府负主责；若是投资者瞎投标报价，且合同明确投资者负责的风险，则投资者倒霉。总之，PPP 非常复杂，要具体情况具体分析，按法规政策与所签合同具体分析各方责任，没有找靠谱咨询/律师的都会吃亏，不管是哪个主体。

27 PPP/特许经营的定义和程序等是主管部门之间协调的事，2016 年起地方上多是联审联评，任何单一部门单独推都很难，因为较少完全是 0（完全发改负责，使用者付费）或 1（完全财政负责，政府付费）的事，政府股权（0 ~ 50% 都行）和 REIT 也类似，要重实质而非形式（名称）。

28 因担心地方政府能力不足，英国中央政府专门成立了一个独立管理机构，集中管理 PPP 项目中政府参与的投资部分的管理。该机构都是具有专业知识的专家，实行商业运行的投资操作。从英国实践中可看出，中央政府对 PPP 项目采取集中的规范化管理很必要，若无集中管理的机构、统一的管理流程、完善和统一的评价体系、标准化的合同形式，很难实现物有所值，甚至会导致项目失败或提前终止等。我国建筑服务业不及欧美成熟，更需要国家层面制定规范化的管理体系，指导并监督地方政府的实施。

29 相对于传统模式，PPP 项目中政府的参与程度较低，合同规定了设计/建造/安装/调试/运行/维护和设施的最终性能都由投资者负责，故政府不对这些工作中的风险负责。我国是政府想管事但又不想担责任，而投资者则多听政府的，出事也总想让政府负责，很多争议由此而生。

@你懂什么 le：王老师，工程上有个"敞口"一词，这是什么意思？

@王守清回复@你懂什么 le：就是没有说清楚，例如，出了风险谁负责？

@王小宾的微博：王老师这句话形象生动，又高度概括，与实际项目中的双方心态一样。

第 5 章

模式与项目选择

1　政府在决定是否以 PPP 模式实施一个项目时，应该考虑：①项目的技术和经济可行性；②商务可行性；③物有所值；④财政承受力；⑤项目管理（实施机构是否有权力、能力和财力进行招标并合同期管理）。过去几年我国在这些方面做得都不够好，所以中央自 2017 年下半年起整顿。

> @王守清：英国 2010 年制定了适用所有项目（无论是否 PPP）的五维评估方法：战略（项目范围和目标符合战略和政策）、经济（政治/经济/社会/技术/法律/环境/成本-效益/VfM）、商业（可融资性/合同/风险）、财政（承受力）、管理。

2　转发 JH：PPP 引入私营部门（企业）的技术和管理经验，可以提高效率。提醒：正确，但是企业追逐利润、企业融资成本（贷款利息）一般高于政府、PPP 交易成本也更高，可能抵消一部分提高效率的优势。

> @王守清：补充说明，后一句话是对前一句话的提醒；如果 PPP 不能抵消更高的融资和交易成本，不能实现物有所值的临界点，则 PPP 的政府支付净现值会超过传统模式。
>
> @观山狐：粗暴地理解，就是像选择一次性付款还是分期付款一样。

3　对 PPP 项目，政府及其咨询应尽职调查，验证最佳价值原则（BVM）：项目的成本收益性；满足各方约定的项目设计、技术、建设与运营要求；项目的可持续性等。可持续性指项目可研分析所体现的经济和社会效益，能实现政府的目标，且这些效益能公平分配。BVM 是评估项目"4E"（效率、经济、效能和公平）的公认方法。

4 选择一个项目交付模式的流程（图 5-1）与找一个女朋友的流程类似。

据毕马威 2010 年调研发现，加拿大的 PPP 项目从发布招标到融资结束（不是我国的签约）平均时间是 16 个月，澳大利亚是 17 个月，英国是 34 个月，交易时间长，但成功率高。我国财政部 PPP 示范项目从立项到签约，平均时间是 11 个月，看起来快，但不少项目融资出问题，特别是 2017 年规范以后，比找女朋友难。

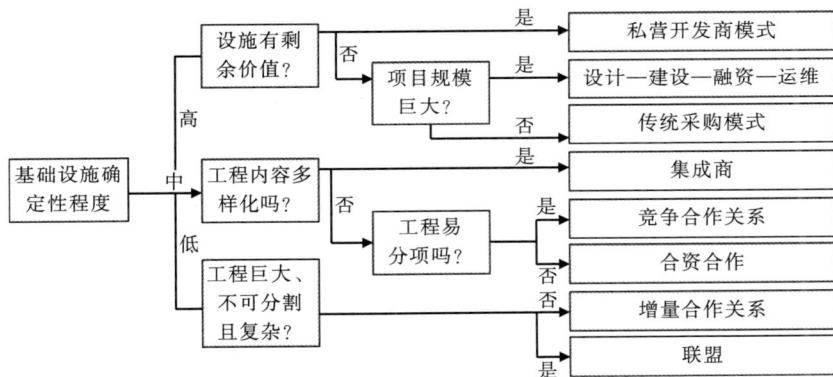

图 5-1　选择一个项目交付模式的流程

来源：Building Flexibilty：New Delivery Models for Public Infrastrcture Projects，Deloitte Research，2005.

5 PPP 项目的巨额投资、长建设运营期造成不确定性大，政企双方长期合作降低了交易频率（故不太容易通过重复建立可靠机制），交易相关投资不太可能分期实施（否则损失巨大），因此，PPP 的交易成本很高且合同不完备。

6 PPP 和婚姻都是长期项目、自己和对方投入大、不确定性大、相关方多、没有完全控制力、对方和相关方可能不遵守承诺，故要有适当期望、共赢理念、伙伴关系、动态调节、退出与补偿机制等。

7 对政府、投资者、金融机构等，做 PPP 项目的关键第一步：选择项目。我一个做投资的弟子说，他过去一年之内，大概看了 100 个项目，但能入他法眼的不过 10

个，能落地的只有一两个。政府推介的 PPP 项目若不当，交易成本太高（会转化为社会成本）、效率太低！

8 选择项目时要考虑，无论是政府或使用者付费的 PPP 项目所产生的社会效益应尽量造福于更多的公众，而不仅仅是直接使用项目的人。例如，某个 PPP 项目可以带来就业、周边房地产升值、增加 GDP 与税收、提高生活质量等。

9 如果项目本身不可行，运用 PPP 也会变成空中楼阁，因此，对拟运用 PPP 的项目要先进行与传统模式一样的技术和经济等可行性研究。我国过去几年的 PPP 项目也犯了与传统模式一样的可研不严谨等错误，规范整改也应含可研等整改。

_____

@王守清：在项目早期如可研阶段就尽早让相关方参与，能使政府尽早介绍项目及期望，有利于吸引投资者，构建信任；但细节要在评估后期才明确，对污水/垃圾处理等邻避项目，此间易误传信息和谣言，难让相关方放心，也难回应公众质疑。

10 投资 PPP 不能违背常识，选择有稳定现金流且有能力管控的项目很重要：优先做有市场需求的使用者付费项目；政府付费/补贴项目则依赖于地方财政承受力及信用；政府没钱且不能跟使用者收费的项目，投资者要能利用资源补偿把市场需求做起来且财务自我平衡。没有金刚钻就不揽瓷器活，没有人拿枪逼做 PPP。

11 投资 PPP 的利润主要来自资本金投资回报、施工利润、运营利润，不同类型股东侧重点不同，靠 PPP 协议、股东协议和分包合同等约定；再融资利润是锦上添花，股东之间及与政府分享；政府则应更重视 PPP 是否比传统模式更物有所值。

12 瑞典 Skanska 选择 PPP 项目的标准：选择擅长的项目类型和规模，了解项目收费模式与稳定性，项目的可复制性，项目的产出要求明确，市场价值与潜力，风险公平分担机制，合理合同期限和退出机制，成熟的法律框架、行业政策法规和政府支持力度。

13 投资是规避通货膨胀的手段之一，通货膨胀也是盈利的来源之一，关键是要投资优良资产。有稳定现金流收入或能升值的基础设施就是优良资产，PPP 就是要投资这类项目，哪怕现在利润率不一定高。当然，凡事都有风险，关键是风险管理与控制力和承受力。

14 "投融资 PPP 模式改革的红利……凡是特别大的投资项目，比如地铁项目，没有条件以采购方式推进运作的，政府就应配置土地等相应资源使其平衡。"机会再来，尤其要关注使用者付费/TOD/RCS 的 PPP！（评论《黄奇帆：做好这几点准备，抓住未来中国经济真正的九大红利》）

> @杜继锋：如果 PPP 项目本身无法做到财务平衡，再搭土地等资源，不是最好的选择。而应分包，最好把其他资源市场化、私有化。市场化的收益，比 PPP 效率高，比政府直接投资效率更高。

15 PPP 项目应该比专项债项目靠谱，因为有政府、投资者和金融机构等多方参与审核，当然，缺点是流程慢，交易复杂；专项债项目流程快，交易简单，但政府短期咋还钱呢？（评论《多地 PPP 项目踩油门 下半年有望再次驶入快车道》）

16 财政部这样回应专项债与 PPP 融合才比较合理，专项债结合 TOT 和 A+B 是可以的，不可以做 PPP 项目资本金和贷款等。（评论《财政部回应 PPP 与专项债融合：防控风险前提下允许地方探索》）

> @王守清：呼吁过多次，不同部委特别是两个部委的协调不容易。就是这么长时间，比国外还是快多了，而且 2014—2017 年做得不规范，故 2017 年开始清理整顿。
>
> @wyr1994：谢谢分享。
>
> @丁常祁丁佑祁：王教授，PPP 流程太复杂，好好一个项目从立项到实施，至少 8～9 个月，长则无底，这能呼吁一下相关部门，效率高点，不必要环节减少点。
>
> @王守清回复@丁常祁丁佑祁：主要是各部门之间应该协调得更好一些，特别是去除重复和走形式的环节，再区分一下项目规模和类型等。

17 PPP 项目中的工程并非必须采用 EPC 总承包模式实施，EPC 总承包模式的应用也并非仅限于 PPP 项目。但当 PPP 遇上 EPC，其中蕴含的机遇与风险却值得每一个项目参与方都应重点关注。（评论《当 PPP 遇上 EPC，承包这片"鱼塘"你需要注意》）

第6章

行业特点与应用要点

1 发达国家 PPP 做得最多的是医养教等社会事业，其次是公安和司法设施，因为他们的基础设施已经完善或之前已经市场化了，而发展中国家则主要是基础设施，加一点公用事业项目。公共产品/服务不在于能不能 PPP，关键是如何做、如何做好（物有所值、提高效率和服务水平），参见图 6-1 PPP 的适用性。（评论《英国社会保障部物业管理 PFI 案例分析》）

2 由于地铁投资大、公益性强、盈利性差、建运维复杂等，地铁 PPP 项目涉及的最重要的三大政策是：定价与调价方法，土地溢价回收方式，产业链集成或切分方式。其实最难的是这 3 个政策是相互关联和影响的，造成地铁 PPP 项目的复杂性。

3 人口密集城市的地铁有三大特点：①价格弹性小（价格变化对客流量影响不很大），应用 PPP 的核心是考虑公众可负担性、防止投资者滥用垄断性；②沿线土地升值大，应用 PPP 的核心是高效回收和公平分享溢价；③垂直结构（上下游是否同一企业干）优化，实施 PPP 的要点是合理切出做 PPP，竞争、协调各线与监管。还有水平结构优化问题（不同地铁线不同模式+不同投资者负责某线全产业链）和混合结构（不同线路不同模式+某线部分产业链 PPP），各有优缺点。英/日主要是水平（也有垂直）结构切分；欧/新加坡主要是垂直结构切分；京铁 4 号线对其他线路而言是水平结构，但 4 号线本身又有垂直切分（政府负责洞体+租给企业运营）。

4 英国铁路私有化于 1995 年正式实施，变成 1 家私营铁路轨道公司+4 家持牌私营货运公司+25 家特许经营客运公司，后来出现 3 次重大事故（主因是轨道公司疏于维护），2001 年轨道公司破产，2002 年政府接管，回归国有化。

PPP对各类项目的适用性

		设施数	技术复杂	收费难易	消费规模
教育		2	4	2	1~4
健康		2	5	2	4
国防		2	3~5	1	1
社会安全		1	3	1	2~5
司法		1	4	1	4
文化		2	3	4	4
交通运输	航空	2	5	5	4
	道桥	5	3	4	4
	轨交	4	4	5	3
	水路	2	2	5	3
	海运	3	3	5	4
	城运	4	4	2	5
通信		5	5	5	2~5
电厂		5	4	5	3~5
供水		5	4	5	5
水/物处理		5	4	1	5
路灯		5	2	1	5
娱乐		4	4	2	5
邮政		1	2	5	3~5
宗教		2	4	2	2~5
科研		2	5	1	5

注：其中1分表示指标值最低，5分表示指标值最高

结论：

最适用于：
- 需求大
- 投资大
- 技术可靠
- 收费容易
- 区域性强
- 要求明确的项目，电厂/交通/水/物处理最适用

（a）

易于融资的PPP项目

- 收益为**硬货币**，如美元、欧元、日元等
- **设备**资金比例高，如电厂(易于采用出口信贷)
- 对项目有迫切**需求**，如缺水、缺电、缺路地区
- 有可靠的用户，一般有**政府支付**(可给现金或资源补偿)、用户支付或二者混合
- **技术**可靠，如污水处理
- 建造/运营**工期**和**成本**可控
- 所在国**法律**、**税收**、**金融**、**信用体系**较成熟

（b）

图 6-1　PPP 的适用性

@王守清：铁路/地铁的建设投资巨大，很难收回成本，而将建设成本转移给乘客又可能导致不可承受的乘客分流到公路/公交，故现在欧洲国家多是由政府建设和持有铁路设施，但运营做 PPP，跟乘客收费，美国/中国则并非如此……

@王守清：由于铁路网的垄断特征，尽管一些已实施形式上的私有化，但多数由国有企业运作。欧洲有些运营公司与路网公司分离，以利于运营竞争和引进私营投资即PPP，但效果没期望的好。

5 荷兰 HSL-Zuid 的 125 千米高速铁路线（不含附属设施）是 30 年（含 5 年建设期，2006 年建成）的建维 PPP，按可用性付费，投资者须达到线路 99.46% 的可用性；若未达，支付额将扣减；若低于 90%，就会终止合同。运营则是 2008 年起的 15 年特许经营 PPP。

6 国外的铁路，整体（投建+营运）做自负盈亏无政府补贴无资源补偿的 PPP 几乎没有成功的，客流量是主要因素；国内客流量大的线路应该有前途。（评论《铁路局盈亏榜：沈阳铁路局亏 113 亿 上海局赚 17 亿》）

　　@王明月要减肥 VV：王教授您好！对此我的观点是按照目前轨道交通发展规律，客流量大的线路会在车辆架大修周期前有几年盈利，只要进入车辆和设备大中修和更新周期，没有政府补贴会产生巨额亏损。只有真正能实现轨道加物业的 TOD 开发模式应用到 PPP 项目中，才可能做到可持续盈利。

　　@王守清回复@王明月要减肥 VV：是的。

7 PPP 养老毕竟是提供公共服务，区别对待硬设施、软服务、核心服务及辅助性服务，政府和社会资本才比较容易合作成功。（评论《"PPP 模式"搅动养老行业变革挑战仍存》）

8 虽然我不是完全同意表 6-1 中的廉价房和公租房 PPP 项目的绩效指标（因为有些偏离了绩效，叫 CSFs 重要成功因素可能更好），但其中很多值得参考。国外有这么做的,将来住户出项目资本金的一定比例,加强公众参与、提高满意度和透明度等。

表 6-1 确保 PPP 住房物有所值的关键绩效指标

主要分类		PPP 住房的关键绩效指标
与项目相关的	项目范围	项目规模，交易成本
	资金	基于年金的模型
		高比例资本金
		通过政府贷款（鼓励联合贷款）降低利率
	融资机制	税收抵免
		住房信托基金
		激励私营部门，政府支持
		用商业补贴公共服务并使之可负担
	采购策略	竞争性磋商/谈判流程
		采购周期与要求细节程度关联

续表

主要分类		PPP 住房的关键绩效指标
与项目相关的	创新范围	基于产出的要求 减少要求细节以给私营部门更多自由
	支付机制	绩效关联的支付
	项目效率	严格的审计程序 有效的再谈判 变更管理
	合同结构	公私单一合同 确保长期维持 柔性合同
	要求和需求	过高估计，乐观偏见
与相关方相关的	官方	当地团体、住房协会和 NGO 参与 利用当地技术和专业 设立专门 PPP 机构/项目公司
	相关方的兴趣	公开性 透明沟通 可问责和参与度
	风险分担	分配风险给最有控制力的参与方 设计、建设风险由私营部门承担 运营/维护风险由私营部门承担/分担 通胀风险由公共部门承担/分担 需求风险由公共部门承担 共同承担责任
与治理相关的	治理和规制	规制私营部门开发可负担住房的法律
	标准和指南	制定一套适用的 PPP 标准 兼顾所有相关方的利益
	租金和价格	基于可行的融资方案而非政治决策
	用户参与	终端用户和社会参与项目开发

9　从全球范围看，PPP 廉价房/公租房尚少，仅英/美/澳/意/爱尔兰/罗马尼亚/尼日利亚/印度等有些，罗马尼亚甚至有相关法律，但以后会更多含中国（"房住不炒"），但 PPP 住房比其他 PPP 更难：①住户对其住房有更大控制力，要以人为本；②PPP 的标准化与住房的个性化冲突更大，要更灵活；③各方观点更不同，要更透明和可问责。

@王守清：在奥地利，住房PPP项目的30%～50%资金来自商业银行贷款，30%～50%来自政策银行低息贷款，10%～20%来自投资联合体资本金（多数来自联合体投资者，最多10%来自将来住户）。

@王守清：西方研究和实践表明，使用者参与到PPP过程中（如参股、提设计建议和产出要求、监管），有利于提升PPP的价值和保证PPP项目的成功。

@籴枭：PPP项目是否成功可能要等三五年后才能被验证，操作者届时都可能已经离任了。公众参与让权力不自由，这却是现实的。非不懂也，是不为也。

@杨学平：公众对PPP参与度基本是零，首先是做什么项目问题。一个地方财政支撑是有限的，如何将有限的资金做真正服务于公众、服务于经济发展的PPP项目，百姓没有话语权，都是领导拍脑袋决策，好多项目就是形象工程。其次，对项目规划，公众更缺乏知情权，项目规模、建设内容、项目产出都是领导定，有很大的盲目性。

10 @越龙147：王老师，想请教一下，建设产业园区的PPP建设项目，项目的投资回报在哪里体现？公司正在跟地方政府洽谈一个类似的项目。但是不太清楚投资回报的方式。

@王守清回复@越龙147：你的问题几句话说不清楚，用图6-2来回答。

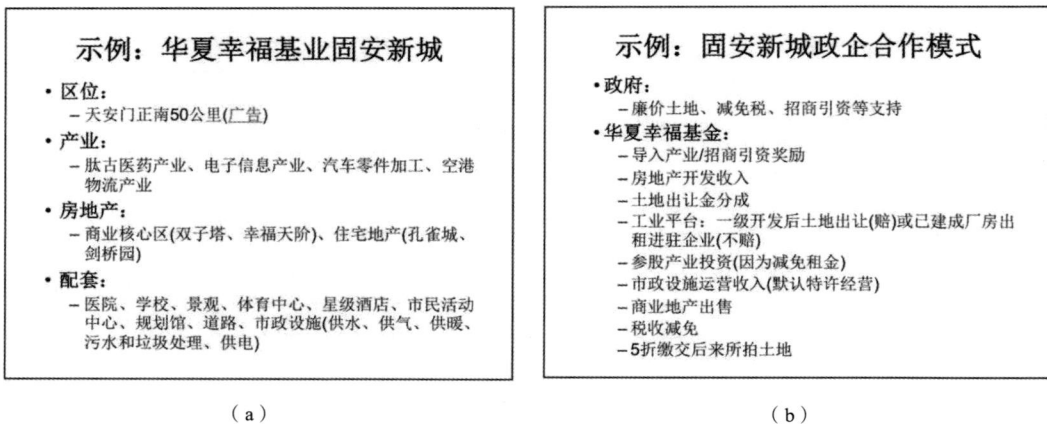

图 6-2　图片答复提问

11 每种模式都有利有弊，华夏模式是至今为止产业新城/综合开发/特色小镇等城镇化发展最好的模式之一，但具体项目能否成功取决于当地房地产和经济发展等，因该模式靠房地产销售收入、产业导入奖励、土地溢价和运营收入等。（@POCO_核桃分享了@南方周末的头条文章《华夏幸福：有 100 个招商局长的地产商》，王教授您好，在目前新政策大幅度控规条件下，这个还可以是 PPP 方式的探索吗？）

　　@PenicillinSean：感觉还是很吃土地财政。

　　@王守清回复@PenicillinSean：穷地方政府没钱，没法快速城镇化，没法发展产业；没有城镇化，生活水平不能提高，没有产业，土地财政难以为继。能自我造血的城镇化发展模式才是可持续的。

12 张书峰说："PPP 项目中的社会资本从政府那获得的支付，应该来自社会资本为政府带来的税收和其他收入增长。"这就是 PPP 项目的自我造血功能，英文叫 self-finance 和 value capture，这对财政能力和自身开发能力不足的地方政府是非常重要的。

13 PPP 在这类项目的应用，最需要突破的政策。①土地能否成片给？目前政策不允许但现实在做。②产业导入算不算公共产品/服务？目前模糊但现实在做。③土地溢价与增长税收的分成合规与否？目前模糊或违规但现实在间接做。问题：这类项目除了政府投资和华夏模式，没钱的地方政府还有其他更好、更快的模式吗？

14 此文很值得做特色小镇（含 PPP）的认真阅读与领悟，不是跟风照搬。"一个旅游产品，第一要领导说好，不管是谁的领导，董事长、投资者还是股东，领导不说好就没有钱；第二要专家说好，专家不说好，写文章骂死你；第三，当地群众要说好，不然你日子难过；第四，也是最重要的是市场要说好。"（评论《陈向宏：我是如何从投资角度操盘乌镇和古北水镇的》）

15 特色小镇/产业新城等 PPP 项目都涉及"PPP 项目采购和商用土地获取"合并操作，相关政策除了《基础设施和公用事业特许经营管理办法》《PPP 项目政府采购管理办法》《招标拍卖挂牌出让国有土地使用权规定》等，最重要的还有财金〔2016〕91 号文和国土〔2016〕38 号文。

　　@张佳运气好：商业开发太多，地产圈地嫌疑太重。

@王守清回复@张佳运气好：所以用于商业开发的土地必须招拍挂，看后续微博，看91号文和38号文，非常明确。

@王守清：《基础设施和公用事业特许经营管理办法》规定 PPP 项目采购方式为招标/竞争性谈判；《PPP 项目政府采购管理办法》规定 PPP 采购方式为公开招标/邀请招标/竞争性谈判/竞争性磋商/单一来源采购；《招标拍卖挂牌出让国有土地使用权规定》规定商用土地获取方式是招拍挂。故"PPP 项目采购和商用土地获取"合并操作合规方式是招标。

@02 年秋：有效市场和有为政府取长补短才能攒出可复制的可持续发展（小镇）模型。公私合作不是公公合作。

16 因为"PPP 项目采购和商用土地获取"合并操作涉及 PPP 项目采购和土地获取，因此招标人最好由国土资源管理部门和 PPP 项目实施机构共同担任，并经相关政府部门联审同意。

@Excellent_venc：请教王教授，医养结合 PPP 项目通过参与建设医院获取养老用地可以不走土地挂牌程序吗？

@王守清回复@Excellent_venc：中央对医养土地的获取有优惠政策，符合条件可以划拨，但医养项目的获取要走招投标采购程序，细节看有关政策或问政府或律师，我不做咨询，不记得这些细节。

@awuuuuuuu217：请问王教授，产业新城项目中，社会资本可以进行土地整理服务工作吗？

@王守清回复@awuuuuuuu217：严格说，不可以，但现实中，有人打擦边球做。

@王守清：工程招标、政府采购与土地招标各有不同交易平台，"PPP 项目采购和商用土地获取"合并操作若采用招标（建议公开招标）应同时在工程招标或政府采购平台（二选一）、土地交易平台同时发布招标公告（资格预审公告）。因二者系统不可能专门为 PPP 调整，故在各系统的备注栏分别补充对 PPP 项目或招拍挂的额外要求。

17 "PPP 项目采购和商用土地获取"合并操作的"评标方法"非常重要，要合理设置各指标权重，综合考虑对 PPP 项目的要求和商用土地价格的要求，而且，商用土地开发的市场需求等风险必须由投资者承担（与 PPP 项目的市场需求风险往往由政府承担或与投资者分担不同）。而且，"PPP 项目采购和商用土地获取"合并操作项目存在实施机构和国土部门两个招标人，标的性质完全不同，中标后宜由实施机构与中标社会资本方签署 PPP 协议，由国土部门与中标社会资本方签署国有土地出让合同。

18 目前城镇化进程中地方政府特别是没钱的应该考虑采用，中央政府也应细化相关政策并鼓励，本质上就是 RCP（资源补偿项目）。（评论《"XOD+PPP"模式简析及相关政策建议》）

19 这其实是 NGO 做投资主体的捆绑 PPP，2014 年《基础设施和公用事业特许经营法》立法时有考虑这两点：NGO 和捆绑。（评论《一座城市的智商，成就一座城市的颜值》）

20 2015 年在薛大炮组织的"大气治理与 PPP"研讨会上，我从另一角度说了，几个边界（如范围/内容/产出/绩效/收益）难明确的项目，很难直接应用或用好 PPP，雾霾治理属于这类；只有边界明确的公共项目才能用或用好，2016 年年初在 700 人论坛上就海绵/智慧城市也表达了类似观点。总之，要区分项目。（评论《薛涛：环保公司靠 PPP 迎治霾万亿市场？不要那么扯！》）

21 智慧城市和海绵城市等应用 PPP 是很难的，因为产出要求难明确、边界难定清楚、回报机制难清晰、技术发展极快、五六年就更新换代，签 10 年或 20 年的长期合同很难完备，政企双方易有很多争议。

　　@王守清：若政府有现钱，智慧/海绵城市/高科技等公共项目可能还是传统模式较适合；若应用 PPP，要从中找出一个边界清晰、产出和绩效要求明确、回报机制清晰的具体项目（不是笼统的项目群）去做，而且最好找央企或国企做社会资本，有争议也容易解决、承受力也强；各方面都明确的才找民企或外企做社会资本。

22 北京正式叫停了工业、研发类项目的分割销售，打着园区开发旗号搞房地产的受影响，但整体开发不分割销售的（含 PPP）受影响不大，但开发主体可能将是平台公司唱主角了。（评论《北京产业地产已死》）

23 私营医院本来就没有承担公共服务的义务，不能用道德绑架；公立医院是承担公共服务义务的，不能用盈利去要求；PPP 医院是公立医院，也是承担公共服务的，但私营方要通过政府或使用者付费获得合理利润（若发生不可抗力等风险，要按合同约定公平分担）。

因此，PPP（含医院）项目的物有所值（提供同样产品/服务时价格与传统模式持平甚至更低）与绩效监管（以法规/标准、同地同类国有项目绩效、PPP 合同约定的产出要求为基准）很重要。

24 美国私人监狱问题的核心在政府的管制不够、投资者利益至上/富人优先，其实，其他 PPP 项目都可能出问题，特别是教/医/养等，关键在政府，PPP 也不是灵丹妙药，只是公共产品交付模式的一种补充，要 VfM。2016 年清华 PPP 研究中心成立典礼上我就 10 分钟发言时间，主要就强调 PPP 本质是 5P（PPP+People 和 Politics）。联合国也一直提 People-first PPP。（评论《特朗普的杰作，一本万利的美国私人监狱》）

25 对政府没钱、国企没能力的地方，找央企/民企/外企进行资源补偿（RC）/溢价分享（VC）式 PPP 开发是园区类项目少数可行路径之一。（评论《新城开发类 PPP 项目实践应用中的思考与建议》）

26 这篇 EOD 比较中肯，特别是说了痛点，类似于以前我说的万能句子（把 PPP 换成 EOD 或其他也对）：大企业不做 PPP 就会被边缘化，乱做 PPP 就会损失；小企业还是以专业化傍大款为好。下面是薛涛补充的难点：文章写得很好，EOD 推进受人关注，补充以下问题难解。

（1）土地收益捆绑当前法律障碍还是很多，从政策松绑的方向还要反向考虑推演被恶意或无意却也玩坏的可能（比如 PPP），因此当前不太可能大规模松绑。

（2）这几年盯上土地这块"唐僧肉"的很多（比如刚割给了农村），而地产趋弱是大势所趋（地产本身还是要看产业）。

（3）说到 EOD 核心的产业，则还是要看整个中国经济的发展趋势和部分地区的差异化，前者大家都知道已经进入慢速区间，后者则是富到不必做 EOD（比如珠三角治水不屑于 PPP 直接 EPC），穷的土地收益更难匹配修理成本（所以最终都是少量区位优势好的城市棕地土壤修复和极个别好矿山打捆项目能先落地）。

（4）产业比土地更难把握。现在产城一体和文旅生态一体的两种模式成功概率很低，EOD 需要直面这个难题。

（5）作为推动主体，EOD 的房地产大佬、矿业土豪哪个会和环保公司精诚协作？和这波人合作被矮化可能性大，环保公司自己全来做必然变成四不像送钱机。玩产业本质上是园区招商的风险和难题不必多言，好多其实还是卖住宅不可持续。那么环保公司就剩下和各地城投一起玩？可以试试，先解决城投公益属性和利益分配机制再说。这有很大挑战。

（6）EOD文件的提出者是环保部，方向非常好，但文件发出时没有自然资源部会签，确定性相对较高的地票和矿票都在他们家……

总之，可以努力，对难度、适用面、普及性和可复制性等需要高度谨慎有充分思想准备。如果有自然资源部参与的生态产品价值实现的超大顶层设计突破（还是大尺度、大区域、大金融的地票、矿票流域补偿等政策大变革），也许会更乐观，而且这将是世界级的了，不过那个要等深改组的下一步石破天惊了。(评论《EOD模式下：环保产业的发展与变革》)

27 西方认为，除了特殊项目，如医疗和国防对设计方案有严格要求，在投资者提供产品/服务之前，政府不得设置任何中间环节以使其保有任何对详细设计或竣工验收等审批的权利，也不对建设过程进行阶段性的审查，因为如果政府方有这些权利，就有可能把已经转移给投资者的某些风险又转回给政府。

第 7 章

合规运作

1   PPP 推广至今，中央部委在保增长和规范中压力极大，恐因力推 3 年，2 个核心目的没有实现：①减债和透明化债务；②提高效率，只好下猛药。其实我比较反对 PPP 相关法规政策用正面或负面清单，因为形势和市场等一直在变化，对 PPP 这种长期合同模式，不宜用正面或负面清单，应动态发展。（评论《财政部司长内部培训：透露 PPP、87 号文、土储等方向》）

2   2017 年，我指出我国推广 PPP 的五大关键：依法治国、地方政府信用、土地获取、金融体系、公众参与。3 年过去了，情况有些改善，但问题依然存在。

    @木糖醇 ni：老师，PPP 跟土地获取有啥关系？

    @王守清回复@木糖醇 ni：政府没钱，又要上不能跟公众收费的 PPP，只能打包商业性项目给投资者补偿，而商业性项目的土地需要招拍挂。

    @Woody 牧笛：教授，请问 10 个百分点是如何得出的。

    @王守清回复@Woody 牧笛：我国财政部最早是参照韩国定了 5%，征求地方政府意见时大家反映 5%做不了几个项目，后来就改为 10%。应该是根据国内外经验认为控制在 5%～10%，就不会出现系统风险，但没有严格测算。

    @我不管我不管我就要换名字：王教授，请问政府购买服务和 PPP 究竟是交叉关系还是包含关系？"政府采购法实施条例"中的服务包括政府向社会公众提供的公共服务，是不是就是说 PPP 本身就是政府购买服务的一种？

    @王守清回复@我不管我不管我就要换名字：不同政府部门用词不严谨造

成的混淆。合规政府购买服务：不能购买工程，只能购买服务；必须先有预算才能购买；期限少于 3 年。PPP 可以使用者付费、政府付费（走 PPP 程序的政府购买服务："两评一案"、列入预算，所有项目不能超一般公共开支的 10%、使用者支付加政府补贴）。

3　做 PPP，也不要太强调中国的特殊性，过去 3 年力推 PPP 实践表明，不按国际经验的 PPP 很难可持续/成功！哈维："我进入学术界的时间很早，那时候，一个人写书，超过 2 本，就算是浪费纸张了。当时写一本书，要花很多年的时间。而现在，如果你两年还没出一本书，人们就以为你死了。"（评论《大卫·哈维：天下资本一般黑，中国没有特殊性》）

4　我国过去 4 年的 PPP 也类似，不管怎么包装，本质还是依赖于财政，不仅是债，连股也是。发达国家 PPP 主要是政府支付，发展中国家主要是使用者支付，但我国是发展中国家，70% 多的 PPP 居然是政府支付，穷地区还更多！物有所值评估和财政承受力评估多作假，所以财政部要规范 PPP。

5　我现在有点担心，如果放任不规范 PPP（含 BOT 和 PFI 等）继续做下去，会不会有一天财政部再出个文严禁 PPP？就像 2012 年出 463 号文严禁 BT 一样（其实 BT 本身没有错，是做 BT 的人乱做的错）。难怪财政部一官员说，政策是管不了动机和道德的。的确，装睡的人是叫不醒的。

@籴粜：规范 PPP 对实权部门和经办官员是一种削权威胁，少了工程发包、设备采购、人事安排的机会，当然有反对的动机，这种反对动机甚至是联合性的。另外，政府的动机和政府部门的动机可能不一样，政府（含部门）的动机和官员的动机又可能不一样，即使是官员，市长和处长的动机也肯定不一样。

@一面镜子 V1：规范 PPP，需要更多的有志青年去实现。

@拉姆穿 18 号：经常有北京的咨询公司来地方做 PPP 咨询，背后存在利益关系，不管方案可不可行，收了钱便走。

6　越来越对做好 PPP 失去信心，但无能为力很难过。我知道不该悲观，因为力推 PPP 已有很大成绩，但专注于 PPP 教研与推广一件事 21 年，总希望越做越好，否则我一把年纪了，光为了课酬才不愿那么辛苦昨天回到北京，今天却在兰州，明天课后当晚又滚回京为国家会计学院再讲课。（评论《强龙难压地头蛇，两家

环保上市公司尽败 PPP 资格预审》）

———————————

@九姑娘 S：老师，我又来问问题了，看到很多高速公路项目特许经营期都超过了 30 年，根据国家发展改革委的 2015 年 25 号令是可以的，政府是否需要出具批复？

@王守清回复@九姑娘 S：中央只是说原则上不超过 30 年，如果财务测算需要超过，只需实施机构同意在合同中约定。

@九姑娘 S 回复@王守清：王教授，看到一些轨道交通项目在突破 30 年期限的时候，用的理由是特许经营期和项目合作期是两个概念，项目合作期 33 年，其中建设期 3 年，特许经营期 30 年。您怎么看这两个概念？有必要这么区分吗？

@王守清回复@九姑娘 S：无所谓，只要合同中明确概念即可，估计他们刻意强调"运营"是他们理解的"30 年"是刚性的，怕超过。

@是一个锚：老师我现在在从事一个国家第二批重点 PPP 项目，现在 PPP满地开花，我一直有个担心，第一批 PPP 交付后，运营期开始政府分批支付的时候，支付风险会不会集中爆发，会不会一下把银行和企业全部坑进去

@王守清：所以财政部发 87 号文啊！之前也有财政承受力评估要求，除非地方政府作假。

@远山那：3P，政府债务怎么还？

@王守清回复@远山那：要量入而出。

7 《财政部关于请依法问责部分市县政府违法违规举债担保问题的函》财政部继续逐省规范 PPP。其实有些时候，不是地方官员不懂，是心存侥幸，故意为之，特别是一把手想出政绩时。可怜的是替罪羊（很多时候是财政系统的），因为怕一把手说不换思路就换人而丢官，不过被问责时还是可能会丢。

8 我们不缺做 PPP 项目的人员与方法，是缺做 PPP 项目的正确动机和专业性。政企银咨都想为 PPP 而 PPP，中央有再多政策，大家也是各种"创新"，直至中央不得不出一刀切负面清单。

9 @王守清回复@快乐的阿秋 AQ：就是按 PPP（TOT）走程序：如果"两评一案"通过，列入预算；如果人大通过，则进行招投标或竞争性磋商谈判，回报与绩效关联，没有固定或最低回报担保……

@快乐的阿秋 AQ 回复@王守清：王老师，存量的按审批制立项的政府性还贷高速公路项目，如何转 PPP？因还贷公路收费期 15 年，而转 PPP 项目需延长收费期限，必须改为经营性公路，政府资金只能以补助形式，且审批方式为核准制。

@快乐的阿秋 AQ：我问的重点是此类高速公路项目要转性，从审批制改为核准制，从还贷公路改为经营性公路，公路收费期限也要改为 15 年以上，相关操作如何？

@王守清回复@快乐的阿秋 AQ：我也不了解，但不管什么性，必须走 PPP 流程。

10 理解 PPP 的理论与内涵，就能理解 PPP 的政策本意，加上正确的动机和能力，就能真正做好 PPP（见图 7-1）。对 PPP 新政悲观的，往往是 PPP 做得不那么规范的！

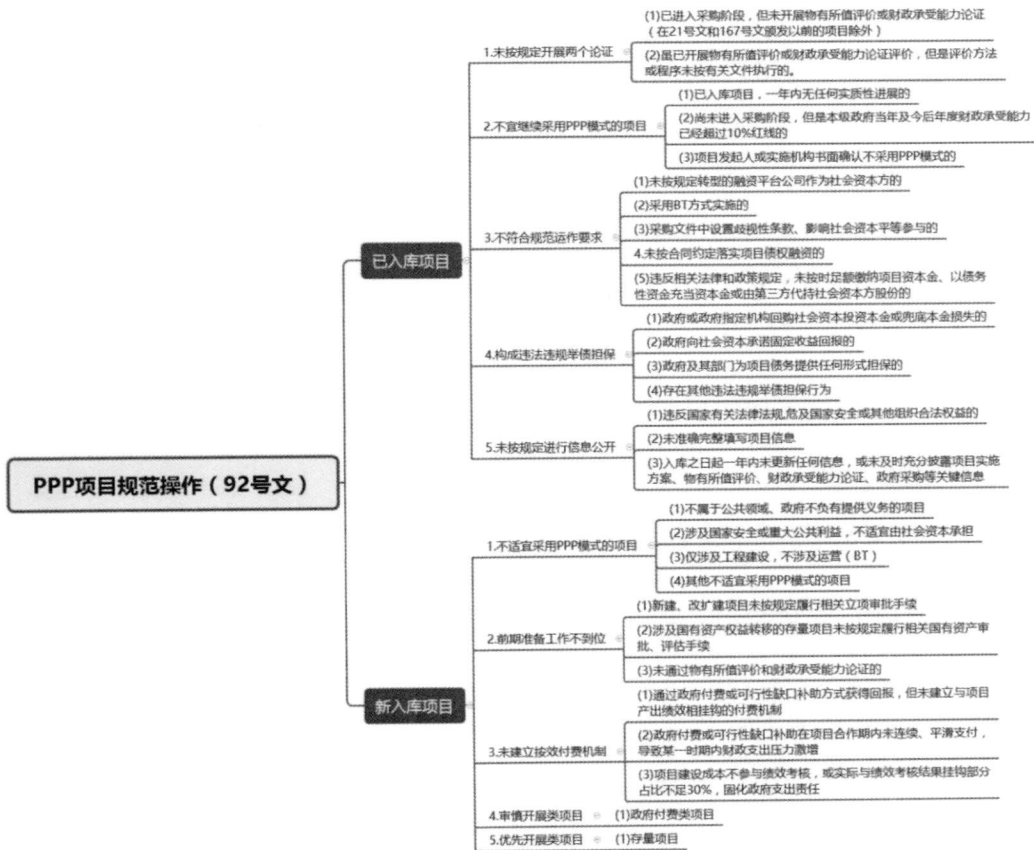

图 7-1　PPP 项目规范操作（92 号文）

11 记者王晓霞等采访了众大咖金永祥、张燎等，观点几乎一致，仅有一点点差异。有关我的观点仅有资本金一处表达不十分准确但无大碍。（评论《PPP 严监管时代开启》）

@Skhizein_：王教授，现在一些PPP项目的主要建设内容为工业园区建设附带一些基础设施的建设，建设完成后引入企业入住，这样的项目是否为招商引资的项目？从本质上看这类的项目基本没有涉及公共性和公益性的内容，更加涉及不到公共服务的内容啊？这样的项目是否可以做PPP？

@王守清回复@Skhizein_：基础设施部分是公共产品，单独可以做PPP，但需政府支付。基础设施加导入产业加商业项目等打包，也可以做PPP，做得好可以不必政府支付，这就是固安模式的核心。

@王守清回复@Skhizein_：对，减债与可持续等要兼顾，故规范做PPP很重要。还有，你最后一句话很对，提供公共产品的终极责任是政府的，故下一步政府将强化绩效指标、监管和奖惩！

@我不太玩微博：王老师，对于没有实质性运营的项目不适宜采用PPP模式，第三届融资论坛上副部长也说，比如市政道路就没有实质性运营。那以后市政道路就不能再采用PPP了吗？

@王守清回复@我不太玩微博：不是不能做。维护及大修小修、清洁和绿化等就是运营，只是运营成分多少、绩效指标及监管考核的问题。

12 虽然只是征求意见稿，但反映了国资委也开始规范央企做PPP了，民企似乎有更多机会，总算回归PPP第二个P的Private本质。（评论《国资委政策新趋势，央企参与PPP收紧》）

13 中央政策是鼓励民企/外企积极参与PPP，我觉得还不如直接回归第二个P的本质。因为，国资委对央企/国企的一年一评估、一个任期一考核，央企/国企特别是工程公司很难不重建设轻运营；地方官员的评估和提拔制度，必定只重上项目，不太在意财政承受力；何况央企/国企/地方政府都不会倒闭；中国的人情关系，使得许多需要专家评审的都变成走形式，想问责咨询和专家也难。

14 动机不对、问责机制不完善和风险后果承担不到位，什么模式也难做好，因为政策与合同永远不可能完善，更何况法治、信用、金融、监管、公众参与、咨询体系不成熟与各方经验/能力不足时。中央很难管地方政府与投资者的合作，就像父母很难管子女的婚姻一样，在结婚的时候就想着离婚的婚姻，靠婚姻法和婚前约定是很难幸福的，还是得当事人自己认真谈恋爱、决定是否结婚和如何过日子。婚姻法与婚前约定也就起一点点保护作用，万一婚姻失败时受害方获一点直接损失补偿，间接损失基本上难获补偿，而且法规政策与合同管不了动机与道德。

> @thankxu："中央很难管地方政府与投资者的合作"，教授，这是伪命题，中央当然不会参与到地方具体事务上，但大政方针、纲领性管理确需必要且及时。例如，加强审计与问责，就是一条很好的措施。
>
> @王守清回复@thankxu：我说的就是你的意思。

15 千万不要用短期项目思维做长期的 PPP 项目，短期项目不合规还有侥幸机会，长期项目侥幸不得。好好学习 PPP 理论、正确理解 PPP 政策本意、规范实施 PPP 项目，才能可持续！结婚的时候就不打算好好过日子甚至想离婚，结婚干吗？（评论《靴子落地——PPP 项目最严新规来了》）

16 大家做短期项目投机惯了，套用到长期项目难免出问题。我讲课时一再提醒：千万不要用短期项目的思维去做长期的 PPP 项目。灰色或违规的做法不是中央政府过去不想管，是管不过来，问题积累严重了，再忙也会管。

> @去看大海微博：投资和投机本质上没区别，如果认为"时间长的叫投资，时间短的叫投机"那就错了。所谓投资看起来安全，实际风险更大，因为你可能坚守到颗粒无收；所谓投机看起来风险大，实际你及时止损会很安全。投资和投机都是把握一定的机会，一定要区分的话，前者是普通话，后者是广东话。
>
> @王守清回复@去看大海微博：你说的是对的，但我说的"投机"是指投资者打政策擦边球甚至违规(参见财政部87号文)，我本条微博重点在后一句。
>
> @去看大海微博回复@王守清：投资、投机本质上都是把握一定的机会，如果这种机会是违规的，既不能叫投资也不能叫投机，因为这种机会是以违法作为成本的，是实际上并不存在的机会，完全是赌博了。
>
> @thefirst 最初：这样讲是不是说像国家开发银行这样的中长期贷款银行更适合 PPP。
>
> @王守清回复@thefirst 最初：PPP 贷款是各种来源、期限、利率等贷款的优化组合。

@惠慈医疗：合规。

@去看大海微博：我年轻时人们称我投机客，以后是投资家，后又敬我为银行家，现在称我为慈善家，其实从始至终，我做的都是相同的事。——伯纳德·巴鲁克

17 PPP 全过程咨询云南云岭出品，对 92 号文的解读与对策详尽精细。（评论《【独家】92 号文之后，PPP 项目如何做到规范透明》）

    @ssnu10hj364lopn：王老师，借此文章跟您请教一下，确实是纯政府付费的市政道路不能做 PPP 了吗？那二级路呢？

    @王守清回复@ssnu10hj364lopn：你说的项目，都不是不能做。中央是要求规范做，如流程合规、"两评"通过、政府支付列入预算且未超过 10%财政承受力红线。如果地方政府没钱或已超过 10%，就的确没法做了。有些省厅规定上述不能做，是他们省财力不行或过去不合规太多，故简单粗暴一刀切，当然，这也是他们的权力。

18 财政部于 2018 年 4 月 27 日发布 PPP 示范项目规范管理文件 54 号文（30 个退出示范库和项目库、54 个退出示范库但保留在项目库、89 个整改），图 7-2 是明树数据和万方咨询统计的各批示范项目退库/整改比例和相关原因比例。

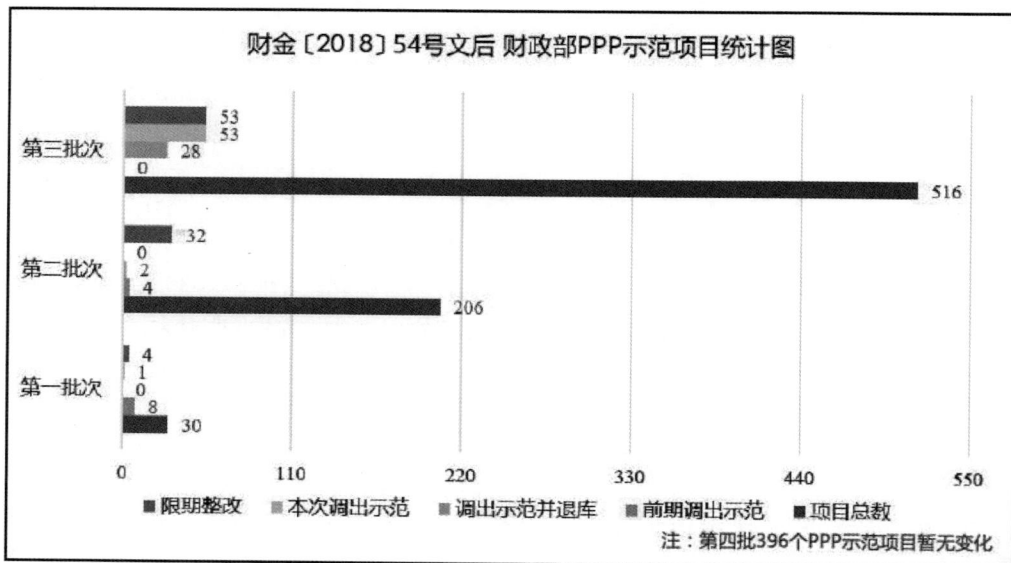

财金〔2018〕54号文后 财政部PPP示范项目统计图

第三批次：53、53、0、28、516
第二批次：0、32、2、4、206
第一批次：4、1、0、8、30

坐标轴：0　110　220　330　440　550

■限期整改　■本次调出示范　■调出示范并退库　■前期调出示范　■项目总数

注：第四批396个PPP示范项目暂无变化

（a）

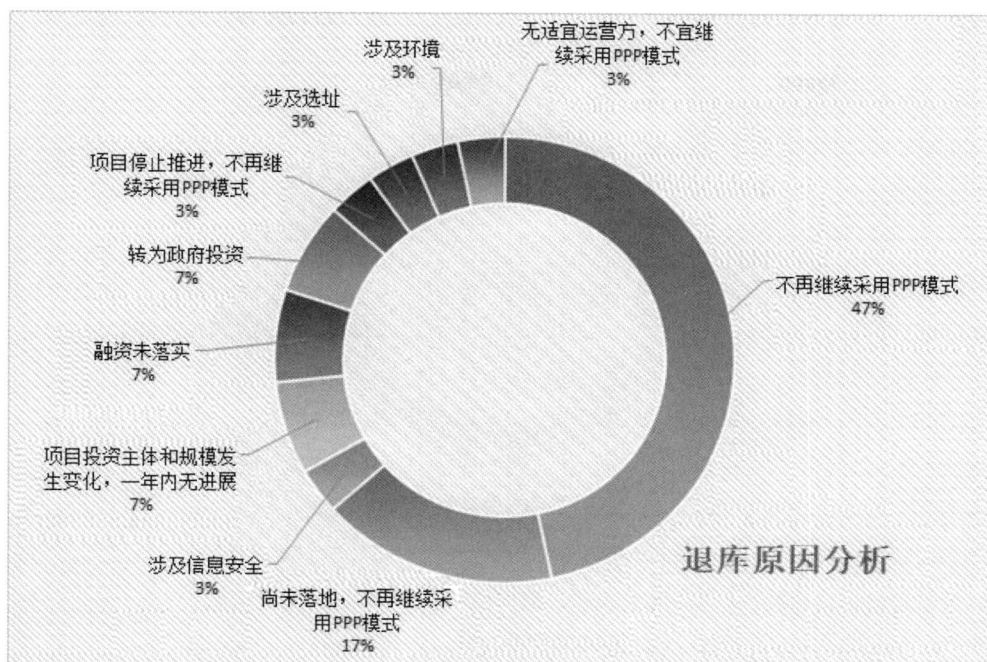

涉及环境
3%

涉及选址
3%

项目停止推进，不再继续采用PPP模式
3%

转为政府投资
7%

融资未落实
7%

项目投资主体和规模发生变化，一年内无进展
7%

涉及信息安全
3%

无适宜运营方，不宜继续采用PPP模式
3%

不再继续采用PPP模式
47%

尚未落地，不再继续采用PPP模式
17%

退库原因分析

（b）

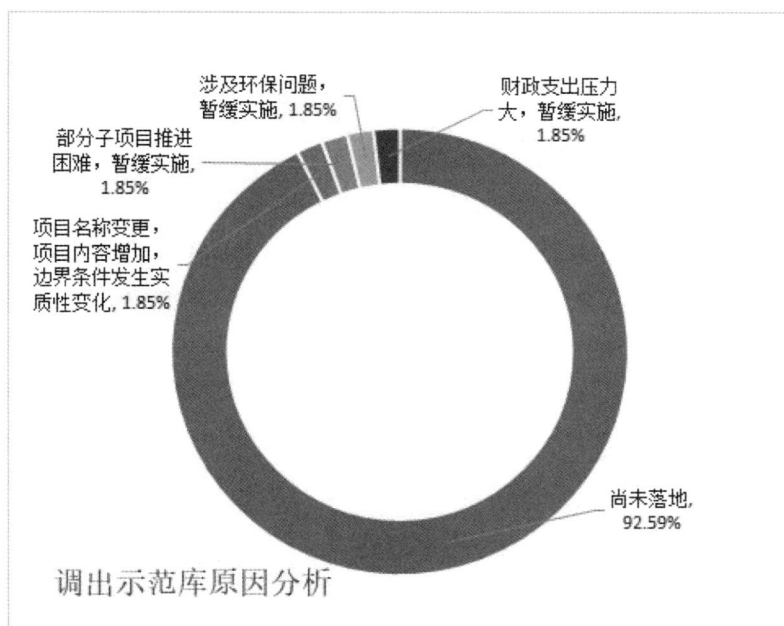

涉及环保问题，暂缓实施, 1.85%

财政支出压力大，暂缓实施,
1.85%

部分子项目推进困难，暂缓实施,
1.85%

项目名称变更，项目内容增加，边界条件发生实质性变化 1.85%

尚未落地,
92.59%

调出示范库原因分析

（c）

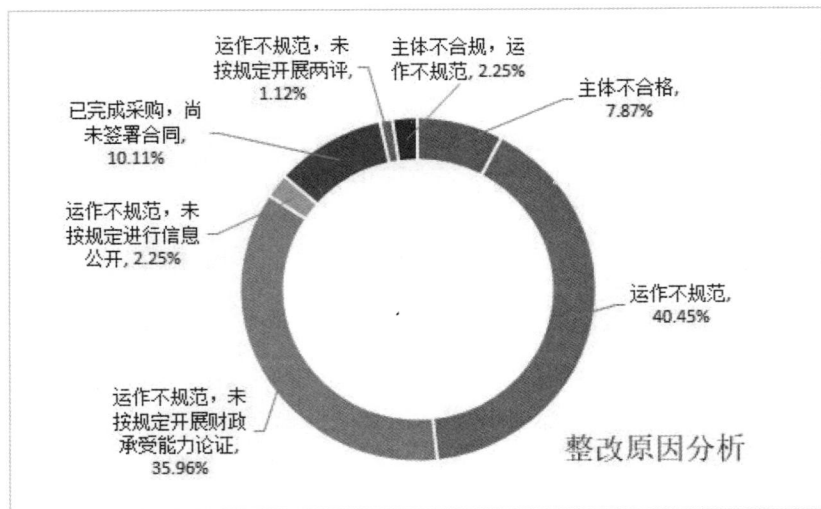

（d）

图 7-2　各批示范项目退库/整改比例和相关原因比例

19 2018 年 8 月财政部再次清退 477 个 PPP 项目，总投资额 0.52 万亿元；同时新增入库 426 个 PPP 项目，总投资 0.48 万亿元。PPP 项目在大力合规清理的同时，不断有新项目入库，PPP 整体发展态势呈积极上升状态。在政府债务严格监管的背景下，合规的 PPP 项目不增加地方政府债务，将获得更大的发展空间。（评论《【独家】退库总数超 5 000 个，9 地区超半数 PPP 项目退库》）

20 凡是建成后需要财政支付或补贴的项目，不管叫什么，必须听财政部/审计署的，防止隐性债；凡是有政府投资、注入资本金的，2019 年 7 月起必须听《政府投资条例》（发展改革委主导）的；按单一部委要求去做，很容易就卡壳或违规了，最好联审联评。

@王守清：这个结论是我 2014 和 2015 年到地方政府（一富一穷两地），分别与各职能部门背对背调研后得出的，故之前就建议、之后更强烈建议联审联评。

@旁观也好：王教授，从财务视角，是否可以把政府采用 PPP 与个人和家庭采用分期付款等同视之？有了带"提前透支"属性的平滑支付，是否会诱发个别地区过度配置滥用 PPP？例如，特色小镇、旅游城市的雷同和过剩。

@王守清回复@旁观也好：可以，但政府权力和信用比个人高，故负债可比个人高。2017 年下半年起中央开始规范 PPP，是因为地方政府财政承受力评估作假，做了太多 PPP，负债太多，中央恐地方财政承受力恐出问题。

　　@banyab5：说到根上去了。

21 勿错怪科技，世界从未改变。不要以为有什么中国特色的 PPP，做得好的 PPP 一定要提高效率。

　　@如日中天的豆子：王老师，新疆的 PPP 有什么良药？

　　@王守清回复@如日中天的豆子：在新疆做 PPP，更多应考虑政治（稳定）、中央转移支付、各省支持……

　　@aaa123456_54953：对 PPP 项目资本金的"中基金模式""后基金模式"，王老师怎么看？

　　@王守清回复@aaa123456_54953：可以解决一点资本金问题并分担一点风险，但层次越多结构越复杂手续越多，融资成本越高，而且如果政府也参与且合同与担保不当，有可能有违规嫌疑。

　　@王守清评论@汪小金博士：这 3 个关键词是对的，但应细化，如政府测算时可以但实际上不能确保投资者一定赚钱（如果比政府投资项目贵，即没有实现物有所值），政府可以分担市场需求和价格风险等；投资者也要承担风险，如投资者所提供的产品和服务不符合要求，可能血本无归；如效率比传统模式低，可能也不挣钱；等等。

22 复杂的 PPP 再吵 20 年也吵不清楚，关键是各方坚持初心，合作共赢。中央力推 PPP 的初心就是减债、提高效率、创新管理、发展经济……。不能为了 PPP 而乱做 PPP 或乱了 PPP 初心与流程，各方乱做就逼国家发展改革委和财政部用重典！不能全怪国家发展改革委和财政部，怪各方没有坚持初心与流程！

23 政府支付的 PPP 项目不是不能做了，财政部是要求规范做，如流程合规、"两评"通过、政府支付列入预算且未超过 10% 财政承受力红线。若地方政府没钱或已超过 10%，就的确没法做了。有些省厅规定不能做，是他们省财力不行或不合规太多或一刀切。

24 中央很多政策包括 PPP 政策就是类似地一步步被地方政府在金融机构、各种咨询机构的指导下玩坏了，欺骗中央、祸害机构和散户投资者、破坏国民经济和政府信用等。类似问题一再重复，主因在于问责不够！（评论《城投债项目见闻思——一

场华丽的包装盛宴和政府兜底的借贷游戏》）

25 有些东西看着挺美但不能乱碰：近几年中央与地方政府+投资者/金融机构（后二者在咨询配合下）做 PPP 是个博弈，笼统而言前 3 年中央赢了（PPP 热了），现在中央有赢（政府负债变企业负债，经济发展等）有输（未实现减债/提高效率/机制改革等），地方政府/投资者/金融机构也有赢有输（理性与合规做的赢，冒进和乱做的输），培训/咨询都赢了。

26 鉴于一些地方政府因达到一般公共预算 10%红线后将基金性预算用于支付/补贴 PPP 项目的违规情况越来越多（如项目类型与基金性预算用途不匹配，甚至用基金性预算置换已用的一般公共预算），造成新增政府债务，财政部迟早会发文规范。不要怪我没有提醒：不管怎么"创新"，凡是可能造成政府负债的做法都有危险。

@姚卓_遥望雪影：不过，我始终认为疏堵结合才是正道，政府总在赌窟窿，可立法缺位下 PPP 本就漏洞层出不穷，因此引导疏通才是当前最应该着手解决的事情。

@王守清回复@姚卓_遥望雪影：是的，我一直反对一刀切，各种模式各有优缺点。如果政府举债比 PPP 好，就传统模式吧，干吗非用 PPP，这就是物有所值的理念。

@今夜微醉的小心情：不客气地说，聪明的地方政府，早就不玩 PPP 了，而是关注国资委平台建设。玩地方政府账外债务，变相地玩与土地、产业、经营权及产业担保质押相关的 EPC 或 FEPC 或变种拨改租。国家法律法规不彻底，PPP 和任何形式改革都有问题。

@王守清回复@今夜微醉的小心情：政府有钱或项目收益好则什么模式都可玩，否则，不管什么"创新"，违规造成政府债务严重的迟早要倒霉，无论是官员还是投资者，除非通天的。

@带刀的熊：地方政府想方设法要搞"创新"的根本原因在于：现在这种财税体制下没有"创新"每年基建连保在建和保民生都做不到。我国经济还处在上升期，需要大量的基础设施建设做保障，我国的城镇化任务还很重，大部分城市的建成区承载力还不够，这种情况下一刀切的要断然削减债务，对经济的打击恐怕比"创新"还大。

27 地方主官认为，只要大搞 PPP，基础设施就能完成 80%，经济和生活水平都会提高。我觉得这个官员很靠谱，但投资者回报从哪里来呢，主官没考虑。

28 是否投资 PPP 项目，是投资者的事，没有人逼；所签合同是否合规，是投资者与地方政府的事，不合规是双方担责；签了合规合同后地方政府是否遵守，是政府信用的事，投资者要有对策；但政府遵守合同后投资者是否挣钱，多数是投资者的事（见图 7-3）。

对资产负债表的影响

政府资产负债表

资产	负债
非金融类资产	**短期债务（1年内）**
基础设施	应付账款
土地	短期票据（T-bills）
矿产资源等	长期债务到期部分
金融资产	**长期债务（1年以上）**
现金	银行贷款
应收账款	债券（T-bonds）
证券	对非金融机构债务
国企股份	**净资产/所有者权益**
总资产	**总债务+所有者权益**

企业资产负债表

资产	负债
非金融类资产	**短期债务（1年内）**
基础设施	应付账款
土地	短期票据 (bills)
无形资产	长期债务到期部分
金融资产	**长期债务（1年以上）**
现金	银行贷款
短期应收账款	债券 (bonds)
长期应收账款	对非金融机构债务
证券	**净资产/所有者权益**
总资产	**总债务+所有者权益**

图 7-3　政府资产负债表和企业资产负债表

29 PPP 是发挥市场配置资源能力，若投资者/金融机构没有其他更好的项目做，就会做 PPP；若有更好的项目做，就不做 PPP。中央推广 PPP 的目的（与地方政府略有不同）是：能做好（如物有所值、减地方债、打造综合企业等）的项目就 PPP，否则就不做。此所谓理性对待 PPP。

什么是规范 PPP 或“做真 PPP”？就是近几年中央文件一直强调的：流程合规（如规划和可研等获批正式立项、土地获取合规、“两评一案”通过才 PPP、招标采购合规且有竞争、建设运营有监管等）；主体合规；实现物有所值、提高效率和服务、风险分担、利益共享；严控政府债务、禁止拉长 BT、防止明股实债；投资设计建设运营全过程集成优化；严格监管与考核、支付与绩效关联……最应关注的是结果。另外，动机决定很多做法，故“真做 PPP”更重要！

30 市场上出现一些号称所谓的“创新”模式，如 F+EPC，关键要看政府支付承包商的钱是如何安排的，本质上有可能是中央禁止的 BT 或垫资承包，属于地方政府

变相举债,可能被中央特别是财政部清理!（评论《【PPP系列专题】如何防范F+EPC
模式实施风险？》）

　　@eva-瑜心：企业之间的垫资施工建成后按约定周期支付的 EPFC+F 类 BT
项目，有什么法律风险呢？

　　@王守清回复@eva-瑜心：企业之间的 BT 合规（除非业主企业是未与政
府脱轨的国企），风险与传统模式无异（如对房地产开发商的垫资承包），就看
你信不信业主了。

　　@王守清：虽然从学术上，我是认同做得好的 BT 的，反对一刀切禁止 BT，
此文观点和我的评论是基于中央 2012 年 463 号文、2014 年 43 号文、新预算法
和近年 PPP 相关政策（禁止 BT，防范地方政府变相举债）。

31　看了国内外很多 PPP 流程，觉得亚开行与德国国际机构等资助的 CDIA 的更全面
　　与合理（见图 7-4），其在 2014—2015 年培训中国 12 期官员时就讲这个，我参讲
　　了 10 期并认识很多中央和地方官员（第 1 轮），之后在国家会计学院（第 2 轮）
　　和国家发展改革委轮训全国（第 3 轮）讲课时认识更多地方官员。讲课是宣言书，
　　是宣传队，是播种机，是生产力，是知名度，也是贡献。

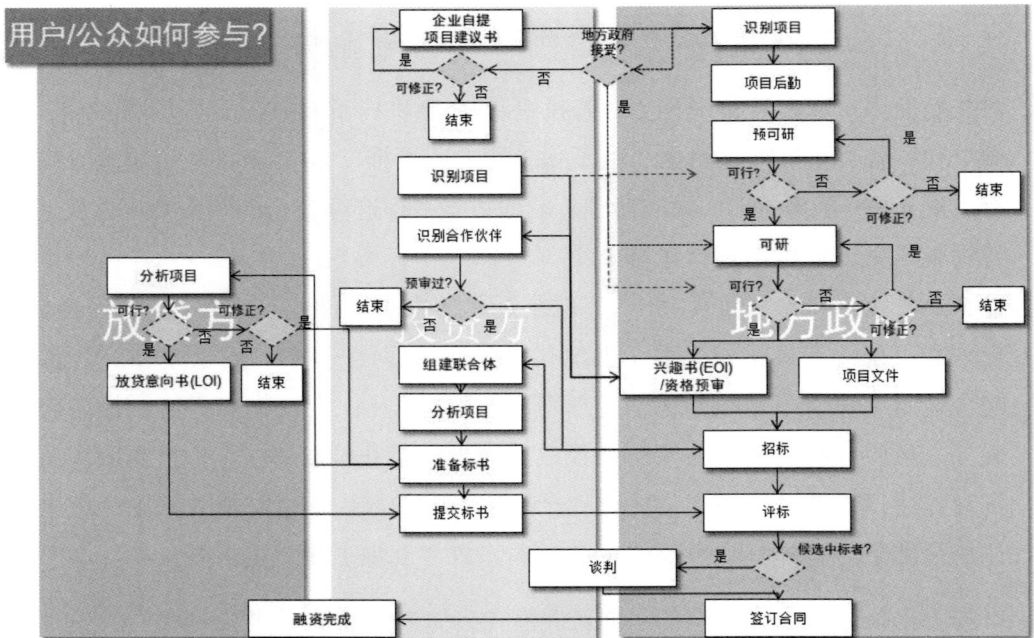

图 7-4　PPP 项目主要参与方的主要工作与流程

32 对单个 PPP 项目而言，全国财政承受力平均数没有价值，关键是要知道空间在哪里？在哪一年？明树数据建立了全国财承数据风险模型（见图 7-5），可以反映各地财承空间，并可与绩效考核系统挂钩动态监测支出，还可预测拟投资项目对未来财承的影响及年度变化，帮助项目优化交易结构设计和现金流财务模型变化。

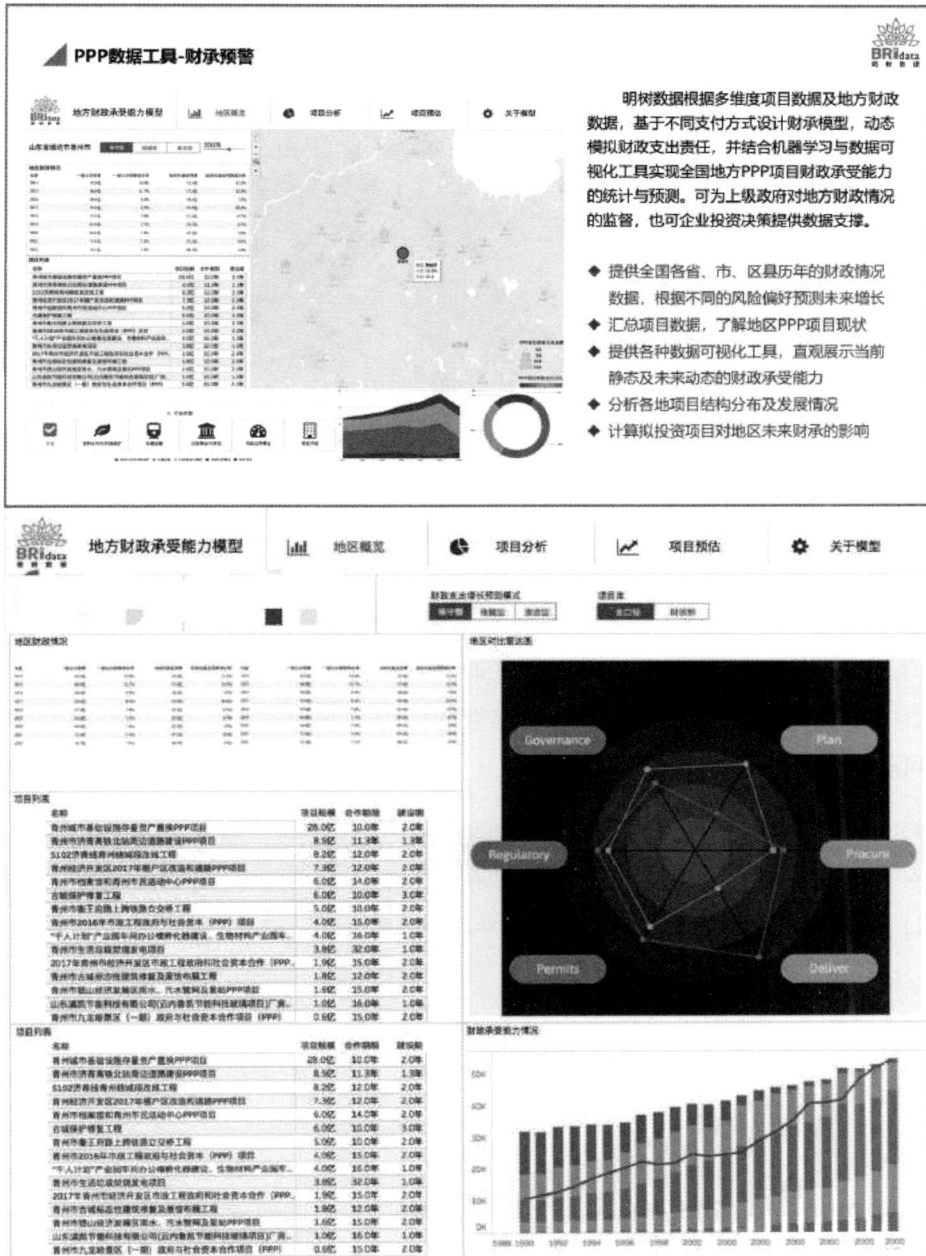

图 7-5　全国财承数据风险模型

33 个别央企二级单位从业人员反馈：不规范的 PPP 项目现在已经开始收获恶果（见图 7-6），去要回购款，政府就以各种理由不给或者少给。

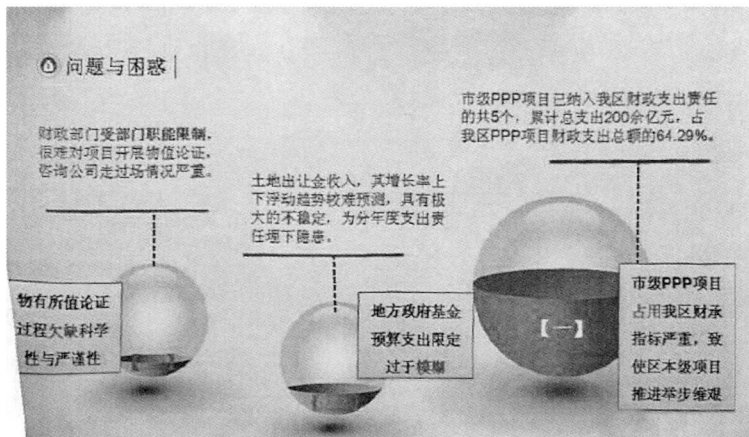

图 7-6　PPP 问题与困惑

34 要让还在做不合规 PPP 项目的尝到苦头，才能让做合规 PPP 项目的尝到甜头，无论是政府、投资者、金融机构，还是咨询、律师。（评论《财政部、发改委核查万亿级 PPP 项目库多地半数项目被清退》）

35 经过这四年半 PPP 的大规模实践，各方对可研、流程、"两评一案"、财务测算、融资、招投评标、合同等的要求已经越来越严格，特别是可研与"两评一案"的结合、融资与测算的结合、合同与监管的结合越来越紧密，这都是我国 PPP 实践的可喜进步。

36 我有点不理解的是，为什么投资者和金融机构一直在说地方政府信用不好，但为什么他们又一直倾向做依赖于地方政府支付甚至是明知政府财政承受不了的 PPP 项目，而不是依赖于使用者付费的 PPP 项目呢？

　　@王守清：我还不理解的是，发达国家是政府付费的社会事业 PPP 项目多，发展中国家是使用者付费的基础设施 PPP 项目多，而中国有发达地区和发展中地区，但政府付费或补贴的 PPP 项目近 80%？

37 不真懂 PPP，不理解政策本意，不筛选好项目，不调研政府财政能力，不了解银行放贷条件，不顾自身实力，在没人拿枪逼的时候就乱签 PPP 合同，再耗几年，结果也不容乐观,其实财政部 PPP 政策 2017 年的明确变化只有绩效关联 30% 支付。

38 PPP 做不好主要怪投资者自己（没人拿枪逼他乱做），为了公平和全面，现摘登两个人的评论：一怪有些政府不守信用，二怪投资者慌不择路，都是短期思维。

> @我是老陕 V：贫不择妻、饥不择食、慌不择路、死不足惜。

39 按 IRR、ROI、ROE 等报价并写入 PPP 合同中有保底回报违规嫌疑。投资者的回报率取决于招投标竞争和投资者自身的效率。政府政策中建议的回报率是给政府及其咨询做测算和 VfM 评估用的，不是给投资者和签合同用的。

> @张燎：根据 PPP 按效付费的基本原理，政府方需要采购的是效果，给出的对价是项目公司获得收入的服务费／产品价格，投资人能够实现的 ROI、ROE、IRR 是建设投资、运营成本、融资成本、管理效率和风险管控结果的综合体现，投资回报率等指标是投资人"管理"出来的，不应该是政府"保证给予"的。

> @王守清：行业基准收益率是统计的结果，是供各方测算用的，不是签合同用的；政府支付固定额费用不是担保固定回报率；政府担保固定回报率会造成投资者不去提高效率而会故意做大成本；不是谁都能做 PPP 的，不是谁做 PPP 都能挣钱的，只有效率高（比同行高，至少比国企高）的才能做好 PPP，才能挣钱；固定回报率合同既不利于政府（把风险返回政府了），也等于把效率高的投资者挣更多钱的机会灭了，劣币驱良币。

40 并不是中国女人更爱出轨，只是中国女人更急不可耐地想找一个所谓的老公，更害怕从婚姻这座围城中跳出来，即使城里面是地狱。这和人品无关，和观念有关。中国男人要对中国女人婚外情比例高涨负有很大一部分责任。（评论《中国女人婚外情比例世界第一：将就的女人，最后都出轨了》）

> @王守清：这话套在 PPP 上太吻合了。最近接触很多待整改的 PPP 项目，多是投资者更急不可耐地想找一个项目，更害怕被清库，即使有违规。不是投资者人品问题，是观念问题（对 PPP 内涵和相关政策理解有误），地方政府要对投资者不规范负有很大一部分责任。

@籴粜：婚外情"出轨"至少努力维系了婚约，保全了第三方（孩子）的利益；而 PPP 项目"出轨"则往往是毁约，伤害第三方（公众）利益。这是私人问题与公众问题的区别。

第 8 章

物有所值

1 物有所值(VfM)在公共服务中,最早是英国政府在 1989 年《为病人工作》(*Working for Patients*)白皮书中对医疗部门政府采购提出的, 次年, 国家审计署也发布了《从政府采购中获得物有所值:审计人员的责任》白皮书,将物有所值的要求扩大到所有政府采购含 PPP。

物有所值的通俗解释就是性价比, 主要是通过竞争, 比较不同方案、不同模式、不同投标者满足产出要求的报价(全生命周期成本和利润等)实现的。应用到 PPP 也基本如此:项目不同方案的成本收益比较、PPP 与传统模式比较、对不同投资者的比较等。

英国政府采用了定性与定量相结合的方式,形成了对 PFI 项目物有所值特有的三阶段/层面的评估:项目集层面、项目层面和招标采购层面。

2 同意文中所有建议和几乎所有观点。PPP 只是公共产品供给的模式之一,且发达国家多是政府付费,发展中国家多是使用者付费;过去 5 年我国正好反了:发展中城市政府付费 PPP 项目做得太多且难说物有所值。(评论《罗桂连 ｜ 政府信用、政府财力及市政基础设施 PPP 模式应用》)

3 目前国人大多还是没有关注 PPP 是否比传统政府投资模式更有效率（见图 8-1），提供符合要求产品/服务的全过程成本更低,即物有所值,还是基于"成本+回报"的思维谈和签 PPP 合同,没有激励如何创新和集成优化去降低成本,而太关注回报（政府希望降低,投资者希望抬高）。

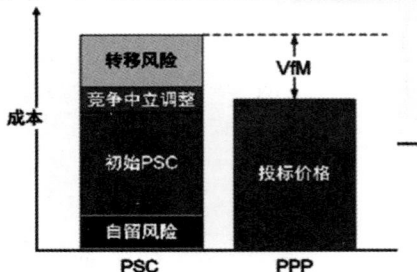

图 8-1　效率的提高：VfM 和 PSC 的概念

4 对很多项目而言，PPP 的目的之一，是发挥企业的能动性和创造性，准确预测市场和用户需求，挖掘项目的更多商业价值，改善运营，提供更佳服务，获取更多收益，而不是仅依赖于政府的兜底需求与支付。

5 英国 PPP 的 VfM 定性评价主要看 PPP 适合性。适合准则：有长期可预测需求、投资者分担风险能力、稳定政策和实施机构、竞争性招标等；不适合准则：项目规模太小或太复杂、需求有变化风险、设备/技术有过时风险、政府无足够管理能力等。

6 潘达（Panda，2016）认为，创造价值是 PPP 项目是否成功的最好证据，其衡量指标有：利用未充分利用的资源、公众和政府觉得物有所值、质量和产出达标、价格与传统模式持平或更低、过程中的低风险和低损失。

　　@清水白菜头：在实操中真正实现物有所值的案例挺多，也有一大部分其实还是政府自己干更加物有所值，中国的实际情况是招标阶段不能充分竞争（各种因素），社会资本瞅准了政府没钱又不能借钱，开的条件也高，远超政府自己干花的钱，政府也没办法。只有在招标阶段真的能实现充分竞争，物有所值才会有保障。

7 钟（Chung）和亨舍尔（Hensher，2018）、奥利（Ole）等（2016）都认为，PPP 价值创造以实现各方共赢的来源是，政府在合法性上的优势/权力与投资者的全过程集成优化能力特别是风险管控能力的结合，影响因素包括互相信任、政府决策、各方参与程度、合同管理等。

8　目前我国 PPP 项目物有所值评价走形式，主因是地方官员做项目的动机问题、咨询机构的独立性与专业性问题、央企用的不是自己的钱的问题等。现在重温我 2015 年的旧文"杂谈 PPP 的物有所值"，依然觉得不需要修改，经过时间考验。（评论《杂谈 PPP 的物有所值（VfM）》）

9　项目的各种交付模式各有优缺点，在特定阶段特定地方特有各自的适用范围。物有所值是一种理念，即政府要比较各种交付模式的优缺点，采取最合适的模式。若没有物有所值的理念，一刀切运动式都搞 PPP 是不合适的，这也是近 3 年地方政府只重 PPP 的融资而不考虑管理机制创新和提高效率等的原因之一。

> @02 年秋：PPP 在中国如此"火"，运营时丑态百出，如何收场？
>
> @王守清回复@02 年秋：肯定是大家都倒霉"共输"，除非投资者已通过建设基本收回投资了。
>
> @02 年秋回复@王守清：投资者侥幸获利离场。可怕。
>
> @手机用户 2948411633：又是地方政府的错？除了 PPP，还有其他交付模式吗？
>
> @王守清回复@手机用户 2948411633：政府有钱时，交付模式为 DBB、DB、EPC、代建、公路和公租房等的 BT；政府没钱或没足够钱时，交付模式为中央同意的举债、中央出钱、发项目债、政府购买服务，ABO、PPP 等。

10　过去 3 年力推 PPP 更多只考虑融资，未考虑物有所值（各种模式比较），未重视提高效率，忽视财政承受能力等各种不规范，才 3 年中央就收紧了，而 BT 还火爆了十多年呢！当然也因为 BT 的寅吃卯粮造成巨额地方债和短期行为未重视效率，2012 年被中央灭了。现在我最怕大企业和金融机构问 PPP 还能火爆几年？

> @戴维 F117：疯狂的年代！这种隐忧是非常必要的！但有什么办法和措施来刹车和规范呢？
>
> @王守清回复戴维 F117：书生也只能呼吁和宣讲规范做法，他们听不听，书生也没有其他办法。
>
> @夜航僧：制度都有，照做了吗？其实地方政府根本不关心什么模式只要

政绩，投资者根本不会运营只要拿下项目赚建安费，咨询公司根本不管咨询只想促成买卖做个掮客，甚至出现由地方政府要求咨询找来投资者做好两评再和政府一起往上面报（蒙骗）的事。本来是大好事，结果成了大歪瓜。

@王守清：2017年中央已在规范PPP，回归理性，达到10%的地方要量入而出，多做使用者付费的经营性项目，财政部不太可能提高10%。PPP是一种国际趋势，会一直延续下去，但不可能再像过去那3年的运动式。

11 财政部专家群热议如何完善物有所值评价，我的观点是不能起作用的流程（如过去5年已证明无效的定性物有所值评价）最好取消，这本身也是为了提高效率。

@王守清：要么完善定性物有所值评价方法，并开始统计5年落地项目的数据，分行业逐步强制定量物有所值评价要求，否则再过5年、10年、20年，还会在原地踏步。当然要开始大幅提高评审专家待遇并严格问责，组织和审批单位也要调整……

12 挣值管理的发展，做项目管理的必看，做PPP的也可受启发。就基础设施而言，什么模式都各有利弊，关键是在特定环境和条件下找到最物有所值的模式，PPP做好了，有很大优点，但绝不是万能钥匙。

13 政府有了传统模式的全过程数据，就可与投资者的PPP报价去比较，看是否VfM；投资者有了传统模式的数据，就可精准投标报价PPP项目。在产出要求一样时，效率高的企业才能中标（有利于政府和公众）、利润就高（有利于企业），效率低的就会逐步被边缘化……当然，前提是各方合规、理性、公平、诚实……

14 有建设和运营成本数据的咨询，加上市场需求预测等能力，才能做好PPP财务测算与VfM评估，光靠过去那样提供走形式文本，难持续发展，我原希望造价咨询能搜集运营成本数据分PPP咨询一杯羹，看来也难。

@Super杨要飞：我们自己运营自己的项目，慢慢积累才有真实数字。

@withwind_2013：建设成本目前比较成熟，运营成本取决于社会资本是否具备行业运营经验，市场预测最难处理。

第 9 章

财政承受能力

1 PPP 项目的政府财政支付责任可以是定期付费（构成了对投资者的全部或部分补偿），也可以是一种风险分担方式，或二者皆有。政府财政支付责任包括直接负债（我国规定在一般公共开支的 10%之内不算负债，即财政承受能力评估通过）和或有负债（我国仅规定政府不能违规担保和保底回报率但未考虑或有负债）。

@王守清：政府的直接负债不取决于未来不确定性（尽管负债金额本身存在不确定性）发生与否的支付责任，包括可行性缺口补助（VGF）、可用性付费、影子付费或基于产出的付费。

@王守清：政府的或有负债是指其发生、时机和金额大小需根据未来某些不确定性事件而确定的支付责任，包括 PPP 合同中政府提供的有关担保/增信（我国不许政府给债务担保）、分担风险（不可抗力/外汇/法律变更等）或终止时的补偿（我国不许给保底回报率）或接管费用、诉讼成本等。

@王守清：PPP 项目中政府的或有负债是很难管理的，因为款项额的支付不可预期，如果以后发生地方政府无法承担，就只能指望中央财政救了。我国应开始建立相应的制度，如在预算中设定或有债务的额度，可针对一类或几类或有负债，建立或有负债基金（或担保基金），如哥伦比亚、巴西圣保罗、印尼、韩国等。

@王守清：秘鲁 2015 年规定，PPP 项目政府总财政支付责任的现值不能超过 GDP 的 12%；匈牙利 1992 年规定，对 PPP 项目的多年支付责任的名义总价值不得超过政府收入的 3%；巴西 2004 年规定，与所有 PPP 合同相关的支付限额为年度净收入的 1%，2009 年提高到 3%，2012 年再提高到 5%；我国规定是不得超过一般公共预算的 10%。

2 按照国际公共部门会计准则（IPSAS），PPP 项目的资产所有权对于会计和统计而言并不重要，在确认某项资产是否应该合并到政府的资产负债表时，关注的是谁控制相关的资产及其收益，而不是谁拥有该项资产。

　　@王守清：按照欧盟统计局《PPP 统计处理指南》，资产的所有权不影响统计分类，但 PPP 合同终止后，该资产的所有权可能影响统计分类。

3 2011 年的国际公共部门会计准则（IPSAS-32）是采用权责发生制，即无论是否存在现金交换，在产生收入和支出项目时即记录，PPP 资产和负债要记录在政府的资产负债表上，但政府控制和规范投资者使用 PPP 资产提供服务，合同终止时政府控制资产的剩余价值。因此，政府付费的 PPP 项目会出现在政府的资产负债表上，使用者付费的 PPP 项目则取决于 PPP 合同。

　　@王守清：国际货币基金组织（IMF）的政府财务统计手册规定了 PPP 资产与负债以统计为目的的分类标准，如果政府承担了项目大部分风险与回报，则 PPP 资产与负债要并入政府的资产负债表内，如考虑政府对设施的设计、质量、规模和维护的控制程度，并承担建设、需求、剩余价值和残值风险，以及分担了可用性风险。

4 大多数国际统计与报告准则都认为，即使不将 PPP 的政府支付责任确认为负债（我国财政部已明确,财政承受能力在 10% 之内合规 PPP 的政府支付不属于债务），这些支付也应在会计与报告的附注中披露（我国则未完全公开）。

　　@王守清：审计部门对 PPP 的审计应包括：①常规审计，主要是政府方的财务报表、流程的合规性与廉洁性；②绩效和 VfM 审计，主要是政府和项目的成果和效率。为了提高效率，审计部门需补上 PPP 培训（最近常听见地方抱怨审计部门对 PPP 的无知）。

> @王守清：PPP 中政府的直接负债，若政府想，容易公布；但公布或有负债则很难，因取决于合同及其中所涉事件的发生。政府可尝试每年评估、预测并公布或有债务报告，提高财务透明度。

5　使用者付费的 PPP 项目也可能带来政府财政风险，如：①政府担保了市场需求或分担了不可抗力风险；②合同终止时，按补偿条款政府需支付；③SPV 破产时，为满足公众需求而不得不接管；④企业利用政府承担不起项目失败责任时的"敲竹杠"……

> @王守清：财政风险还可能因为政府的短期政绩观（只考虑上项目而不考虑财政承受能力和代际公平）或乐观偏见决策（有意或倾向高估市场需求、隐瞒补贴数额、上不可持续项目）而叠加。

6　PPP 的会计准则，核心在于"收付实现制"与"权责发生制"的争论，关键是财政部内部、审计署和地方政府得统一思想，并借鉴 IMF 等国际多边机构的建议，严格执行。（评论《关于征求〈政府会计准则第 10 号——政府和社会资本合作安排〉及应用指南意见的函》）

7　发达国家 PPP 项目多是政府付费，发展中国家多是使用者付费。过去 5 年 PPP 实践证明，我国还是发展中国家，PPP 项目还是应以使用者付费为主，特别是穷地方，政府付费的 PPP 项目做多了会造成寅吃卯粮。财金〔2019〕10 号文和《政府投资条例》算是纠偏，算是审计署和国家发展改革委赢了一回合。（评论《一图读懂《政府投资条例》》）

> @GINtama87：王教授您好！请问目前在什么运营模式下，PPP 地下综合管廊可以实现社会资本与政府进行收益分配。我查阅知网文献，鲜有 PPP 地下综合管廊的收益分配研究！
>
> @王守清回复@GINtama87：项目公司有盈利，政府股东就有分红；项目公司有超额收益，政府也可分享，取决于合同。很多 PPP 项目都有类似安排，可借鉴。

8　PPP 项目与收入到底算固定资产、金融资产还是无形资产？金准咨询的这张图告诉你（见图 9-1）。

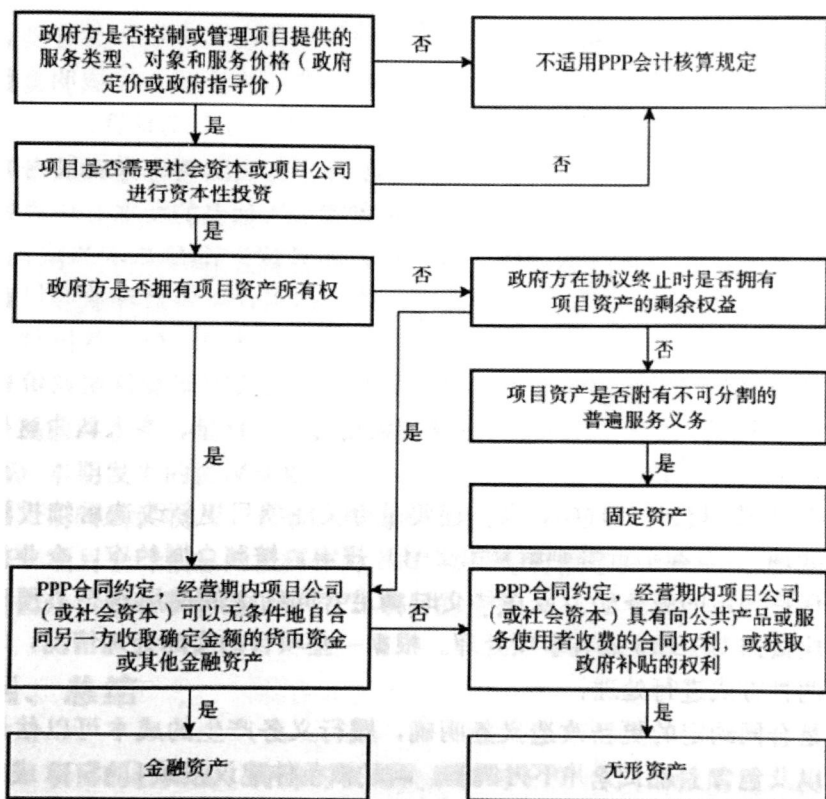

图 9-1　PPP 项目资产确认判断流程

9 居家过日子，家长一般不会太冲动消费、过度负债；地方政府为什么总是投资冲动、变相融资负债？原因很简单：考核机制、问责机制、公众参与机制、信用体系、信息公开机制，何况投资与放贷者用的不是自己的钱……。（评论《一些地方通过异化 PPP 等方式变相融资》）

10 问：您 2017 年出版的《政企合作（PPP）：王守清核心观点》里为什么没有"财承"呢？答：因为我的学生没人感兴趣，故没有研究；另外，财承是政府和大家都比较清楚也很少争议的概念（就像自己知道自己是否分期付款买得起房子一样），没有太多学术价值/研究价值，故全国似乎也没有财承的学术论文。

11 对"为什么财承是政府一般公共预算的 10%？"的最强回答：基于我国政策要求 PPP 项目最短 10 年合同期，政府一般干两届，每届 5 年，刚好 10 年，所以 1/10=10%。

———————————————

@eva-瑜心：如果政府财政在未来年份里持续下行，而审批通过执行中 PPP

项目需资金与当年预算不匹配时，如何保障优先支付？（政府有跳票预期时怎么办）

　　@王守清回复@eva-瑜心：这是或有债务的概念，但如果严格执行10%（财承不做假），问题不大，因为政府还有别的科目的钱，还有省和中央，还可贬值，还可借新还旧，关键是政府想不想拖欠与违约，总之是能力与信用问题。

12 这一轮PPP，如果按过去3年的做法做下去，估计国企自身倒是不会有太大损失，但给地方政府和纳税人造成的损失（地方债增加、效率不如传统模式）可能也不小；不过，国内做砸了，肉还是烂在锅里，"一带一路"项目做砸了，肉包子打狗了。（评论《触目惊心：国家审计署开出国企损失清单，决策……》）

　　@籴粜：这一轮PPP里国企（特别是央企）是稳赚不赔的，因为他们的角色主要是"工程管理＋投融资中介＋担保"，做的第三产业。但他们赚钱靠的恐怕不是提高了公共项目的供给效率，而是对复杂的交易结构的熟悉，以及与政府、银行之间的共生或裙带关系。

13 看来中央特别是财政部对地方政府违规举债的问责不是开玩笑的，各地政府相关官员还是规范做PPP项目吧，对官员，不违规是第一位，效率高低是第二位，虽然我不完全认同一刀切做PPP（因各种模式各有优缺点，效率不同）。（评论《向劲牌相关公司借款1.1亿元湖北黄石经开区主任被开除公职》）

14 看到这个新闻，我的第一个念头就是政府已签约用于支付/补贴 PPP 项目的支出不能减少，特别是已经建成投入使用的，否则就违约了。估计投资者会问政府，到底占了你百分之几？（评论《政府的紧日子要更紧，财政部要求压减一般性支出10%以上》）

　　@李昂达：有没有地方政府拿中央文件当不可抗力想违约不赔偿的？
　　@王守清回复@李昂达：肯定会有，要看合同约定。一般而言，会约定，法律和上级法规政策变化，政府承担主要风险，投资者承担次要风险；本级政策变化，政府承担完全风险。

15 吸取香港教训，估计"房住不炒"理念会加快贯彻；开拓地方政府收入来源将是

挑战；房地产开发商也应转型升级，以应对夕阳产业。当然，只有会死掉的企业，很少有死掉的行业，看谁能活下去了。（评论《一勺言 | 地产商突然开始内部反腐了》）

16 达利欧三原则，这时对企业和个人都很有用："第一，不要让债务增长超过收入；第二，不要让收入增长超过生产率；第三，尽一切努力提高生产率。"（评论《如果股市崩了，钱都跑哪去了？》）

@土豪铲沙土：教授您好！PPP 项目在财承报告时未超 10%，项目已启动，实施过程中财承部分时间段超 10%，行业是污水处理，在做项目贷款时银行提出了问题，超 10%肯定放不了款，请问有什么办法解决吗？谢谢您。

@王守清回复@土豪铲沙土：很难办，只能试试让政府：调整项目规模和内容，减少政府所需支付；调整超过 10%年份的政府支付额；减少甚至停掉其他需要政府支付的 PPP 项目；增加政府股权投入，减少所需政府支付；让投资企业提供抵押担保等其他方式说服银行放贷、自己垫资继续、暂停该项目。

第 10 章

招投评标

1 PPP 是涉及面很广的项目，需要共赢。对政府和银行而言，选对 PPP 投资者的重要性，不亚于选对项目。

2 政府选择正确的招标程序、确定合适的评标准则将决定竞争的质量、影响投标者的参与（特别是私营投资者，只有在觉得过程公平和透明、合同责权利平衡时才会投标，不过我国投资者过去几年有点饥不择食，因为传统模式项目奇缺，不得不 PPP）。

3 绝大多数国家规定，直接谈判只有在物有所值、透明度、问责制和公共利益得到适当保证和实施后才能采用。因为没有竞争，就难提高效率；没有透明，就可能腐败；没有问责，就可能损公众利益。

4 招标采购阶段（可细分为招投评标、谈判签约和融资关闭）最重要的前 3 个成功因素：透明和高效的招标采购程序，可获得融资的市场，项目的经济/财务可行性。

@空谷传响 98：想请教王教授，外包类的 PPP 项目运作方式里面，O&M（Operations & Maintenance）和 MC（Management Contract）有哪些具体的区别呢？感觉看书上说的不大清晰。

@王守清回复@空谷传响 98：MC 是 Management Contracting（管理承包）的缩写，只是代业主管理施工（分阶段以缩短工期），通常签固定酬金加管理费合同。严格说，MC 不是 PPP，至少在我国不是，因为没有运营，与 O&M 不一样。

5 竞争性选择投资者是 PPP 合同采购的较优做法，主要优势是透明度和利用竞争选择最好的方案（最有可能实现物有所值的机制和投资者）。与此相对应的是直接与一家投资者进行谈判（对于成本已知的较小项目，若采用竞争性程序，交易成本过高；还适合于不存在竞争性利益时，如既有合同项下的小规模改扩建）。图 10-1 为实现 VfM 的方法和基于 PSC 的 VfM 评价方法。

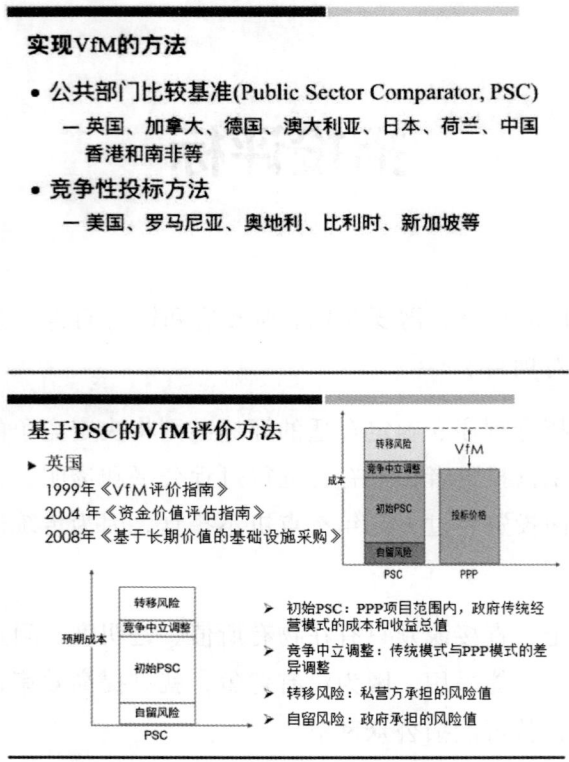

实现VfM的方法

• 公共部门比较基准(Public Sector Comparator, PSC)
— 英国、加拿大、德国、澳大利亚、日本、荷兰、中国香港和南非等
• 竞争性投标方法
— 美国、罗马尼亚、奥地利、比利时、新加坡等

基于PSC的VfM评价方法

▶ 英国
1999 年《VfM评价指南》
2004 年《资金价值评估指南》
2008 年《基于长期价值的基础设施采购》

➤ 初始PSC：PPP项目范围内，政府传统经营模式的成本和收益总值
➤ 竞争中立调整：传统模式与PPP模式的差异调整
➤ 转移风险：私营方承担的风险值
➤ 自留风险：政府承担的风险值

图 10-1　实现 VfM 的方法和基于 PSC 的 VfM 评价方法

6 PPP 要求政府转变观念：对产出要求能明确和定量的如电/水厂、污水/垃圾处理厂等，应强调对质量/服务/价格的明确要求，不要太干预过程，以鼓励投资者用最高效技术和手段。目前政府还是用传统交付方式思维，干预全过程，甚至连详细设计都做好（当然，这思维对产出要求不能明确的如社会事业项目是必需的）。

7 对政府而言，合格 PPP 产品/服务的价格是竞争出来的，不是算出来的，即使是算，也是基于传统模式去算，作为与 PPP 模式的比较基准。而每个投资者是根据自己的各种成本、效率、期望利润等按自己的财务模型去博弈竞争，最终价格是博弈竞争的结果。可惜不少人看不懂这一条，因还是用传统思维/方法做 PPP。

8 为啥央企/国企敢低价投标 PPP？除了有实力/融资成本低/原定额水分大，还有：①产出要求难/未明确，难说合格与否；②合同不完善（买的没有卖的精），留下空间；③政府没法让央企/国企真正负责，因除了缺控制力，更要考虑社会和谐等，④都是公家的，易协商；⑤吃亏的是纳税人和公众，公众参与机制不健全……

9 中央政府说的 PPP 回报率宜在 8%～12%，这是给地方政府及其咨询公司做物有所值评价等用的，不是让投资者用的，更不是用来签合同用的；投资者投标做测算时采用的回报率取决于市场、竞争、期望、风险等，其实施 PPP 后的真实回报率取决于其自身的效率！

10 政府股东分红，有利于 PPP 项目公司治理，但地方政府支出增加（因分红交税分给中央）；政府股东不分红，能减少地方政府对项目的支出，但政府总支出可能增加。本质是财务模型与测算，有在线系统就方便多了。（评论《在线财务测算平台》）

11 因为很多 PPP 项目中政府的招标文件与合同对现金流、回报、产出要求与监管等的约定是简单、粗略的，体制内的社会资本就很胆大，先抢到项目再说，以后再商量，甚至敲竹杠；体制外的就慎重许多。故我愈来愈觉得应回归 PPP 中第二个 P 的本质，否则体制内的做第二个 P 貌似能落地很多项目，但效果难理想。

12 央企/国企应该退出 PPP，只做传统模式，或民企干不了的项目，或政府的战略项目，即使允许，仅限有全过程能力的央企/国企，回归 PPP 第二个 P 的本质。

　　@小木子广：从个人参与的 PPP 项目经验来看，民营企业有时候在追求更大收益时做得太过分，到最后相互之间信任所剩无几。

　　@王守清回复@小木子广：充分竞争，重视合同，物有所值，严格监管，按效付费。反正是他们出钱借钱，效率不高于国企不发包，产品/服务不达标不付费，违反合同就惩罚。这也是倒逼各方真正做适合做 PPP 的项目、把 PPP 项目做好。

　　@行走的十三：可是，现实不容许……金融条件苛刻。

　　@王守清回复@行走的十三：资产荒时，好项目银行会放贷的，倒逼政府和投资者别乱上项目，也倒逼金融机构改革……

13 若银团承担建运维风险（他们会再转移），而非政府和国企完全承担，银团可以做投资者（但我国银行法目前不允许银行直接投资），关键看能否提高效率。济贵武三项目体现了中国式聪明。应公开所有合同，让中央看是否违规并叫停和问责，否则……。本来就是资本金银团贷款，平台公司干得了，何必玷污 PPP？（评论《三家银行联合中标某市轨道交通 8 号线一期 PPP 项目》）

14 越来越多的 PPP 投资者特别是工程公司在组成联合体投标时都号称有钱，但中标后在成立项目公司时都不出资或资金迟迟落实不了，这完全是欺负政府。建议政府借鉴国际惯例，在合同中明确，如果投资者在给定融资期（一般是 3～6 个月）内股份和贷款不能到位，政府就取消其中标并没收履约保函，再重新组织招标！

@gmaumug：王老师，产业发展服务费用为当年入区项目新增落地投资额的 45%计算，怎么理解啊，求解答！

@王守清回复@gmaumug：以投资到位为准，具体细节由双方签合同。

@gmaumug：那这个 100 亿元是指落地投资额吗？哪个时间点算是落地呢？落地投资额又包括哪些呢？有什么具体规定吗？非常感谢您的回复！

@王守清回复@gmaumug：就是投资者导入其他产业投资（招商引资）100 亿元并真实到位后，政府支付投资者 45 亿元，如果是分期到位，政府也分期支付。

@苏梅_aprilsmile:PPP 项目资金募集类项目八成都是中标后募集资本金，名为股实为债。

@王守清回复@苏梅_aprilsmile：越来越多政府明白过来后，会在资格预审或招标书中可以设置有关资金的前置条件（如有出资实力的证明和银行的放贷意向书）；也可以按我微博原文说的做。

@伞枭：履约保函相关条款很成熟，中标单位迟迟不能落实资金的情况下，政府的"通融"对其他竞标者不公平，也不排除官员和中标单位联手用苛刻条款排他"先把蛋糕拿到手再慢慢吃"的可能。

15 作为一种导向，以及作为解决国内签约但融资难落地的现状，应鼓励甚至要求投标和融资同步考虑（对资本金的要求更要明确）。国际上对贷款融资的两种常用做法，各有优缺点：①要求投标者投标时附上银行的放贷意向书，否则废标，虽然放贷意向书不一定最后肯定放贷，但至少逼投资者投标时考虑融资；②不要求放贷意向书，但招标文件明确，中标者若不能在给定融资期内融资到位，将被惩罚，如取消中标、没收履约保函。

@杜继锋：国外常见两阶段定标法。如美国加州：第一阶段，中标后，政府与中标人签订独家谈判权协议；第二阶段，待融资合同签订后，政府再正式授予特许权合同。第二阶段有期限，若融资在限期内完不成，则独家谈判权协议失效，双方合作解除，互不承担违约责任。

@王守清回复@杜继锋：该法鼓励投资者参与竞争但融资未遂会耽误政府。

16 因企业融资未果而被取消 PPP 中标的情况会越来越多，因企业没钱，即使有钱也必须融资且最好出表；而企业选择项目与合作伙伴不当，与政府和其他各方合同谈得不好；可能又不懂融资渠道/产品和银行放贷流程/条件，事先又不跟银行沟通好；加上 87 号文对银行过去依赖政府做法的限制……（评论《成都路桥 82 亿 BOT 项目终止 公司：主要因融资困难所致》）

@DGJGDt：王老师您好！我前段时间看了您写的书，受益颇深，但我现在有一个关于资产权属的问题，想请教您一下。如果把资产权属转移到项目公司，那么就会产生一笔很大的税费（房产税、增值税），但是资产权属不移交到项目公司的话，社会资本方就无法合并报表，导致资产负债率增加，我想问一下王老师应该怎么解决？

@王守清回复@DGJGDt：产权一般是政府的，投资者靠项目收益权与合同权益等融资，以分隔风险，一般做有限追索项目融资，不合并报表。

@不疾而速888：根据会计准则，BOT 业务所建造基础设施不应作为项目公司的固定资产，而应当区分情形确认为金融资产或无形资产。

@王守清转发@白博主 |信贷白话：成都路桥这条 BOT 公路项目，经我行了解，14 年前项目和各金融机构开始谈的时候，我行认为此公路造价太高，和其他平行高等级公路和铁路比没有优势，不太看好，我行没有提供融资，其他金融机构情况不详。后又出现郑董事长出事儿，估计融资难度更大，导致后来放弃此项目，500 万元公司认赔。

@02 年秋：如此说来，放弃是赚了。//@王守清：@白博主 |信贷白话：14 年前项目和各金融机构开始谈的时候，我行认为此公路造价太高，和其他平行高等级公路和铁路比没有优势，不太看好，我行没有提供融资，其他金融机构情况不详。后又出现郑董事长出事，估计融资难度更大，导致后来放弃此项目，500 万元公司认赔。

17 知己知彼，百战不殆；吵架如此，投标 PPP 也如此，了解自己和竞争对手很重要，太低的投标价虽能中标，但中标的后果也很严重，会被取消中标、没收履约保证金的。（评论《关于取消〈PPP 项目合作协议〉的公告》）

18 天上不会掉馅饼，PPP 不是万能钥匙，十几年或二三十年不是都可预测，风险不是都可分担与控制，合同不是可尽善尽美，金融机构不会雪中送炭，法规政策不是永恒不变，政府不会都守约如期支付，投资者一定要适时量力而行。（评论《354."假 PPP" 金诚集团倒下 真 PPP 企业成色几何？》）

19 转发@汪小金博士：PPP=Power+Payment+Payback。我有权但没钱做一个必须要做的项目，所以就找一个有钱者来为项目付钱；要让他出钱，就要确保他能在项目投入运营后超额收回所出的钱。

20 M. Ahadzi & G. Bowles（2004）通过研究英国 PPP 融资项目发现 PPP 项目前期谈判成本较非 PPP 项目多 25%~200%，因而公私双方达成 PPP 协议的交易成本相较于传统融资方式要高，并且公私双方很可能由于谈判中的互相扯皮而延误工期，致使基础设施的公共服务功能不能得到很好发挥，降低政府方采用 PPP 模式的可能性。

21 据毕马威 2010 年调研，加拿大 PPP 项目中标者的投标成本为项目总投资的 0.5%~1.5%，澳大利亚是 1%~2%，英国是 5%~6%，未中标者的成本则分别是 0.35%、0.5%~1.2%、2%~3%。我国数据只能等投标者公布、明树数据去统计了。

22 Dudkin and Välilä 通过研究欧洲投资银行的相关数据获得了 PPP 项目在投标阶段的平均交易费用高于 10%。Farajian 对两个美国公路 PPP 项目的交易费用进行案例分析，得到项目在招投标阶段的交易费用分别占总投资的 1.1%和 3%。

23 在有些国家（含中国），PPP 项目的政府采购或竞争招投标规则中可谈判的空间是严格受限的，不允许对已有合同做实质性修改。在这种情况下，政府应保证在 PPP 合同中保有适当修改条款的权力。

第 11 章

融资与交易

1 PPP 应主要基于项目融资而非企业融资或政府融资,银行应懂行业,能分析项目,选择好的项目(有稳定现金流)、好的投资者(能运作好项目),签订好的合同(以分担风险)……。不是所有项目都适合 PPP,不是所有投资者/银行都能做 PPP。图 11-1 为企业融资与项目融资的图示比较。

特点、优点和缺点:完全追索vs有限追索

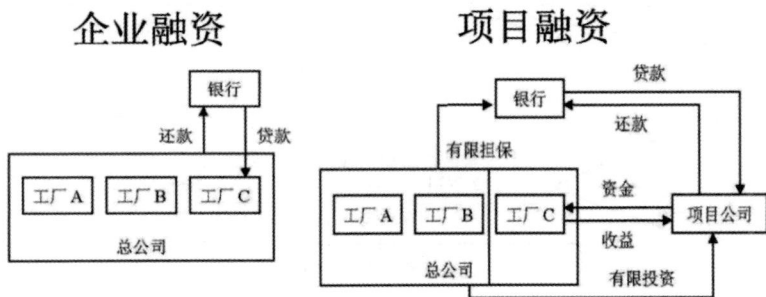

要点:通过有限追索项目融资实现项目风险与母公司的隔离!

图 11-1　企业融资与项目融资的图示比较

2 PPP 期限长,很难预测和控制 10~30 年合同期内能发生的事情;合同不完备;涉及强势且可能不守信用的政府;提供产品/服务又是给光脚不怕穿鞋的百姓;投资者应尽量实现有限追索项目融资,以与各方(含金融机构)公平分担风险,否则项目失败就可能如龙卷风一样卷走投资者。

@刚开始亲：PPP 还有很长的路要走。

@看透也没用-律师：水土不服，严重不服。

@02 年秋：大家都不是来做事的，是来赚快钱的。这种情形下，即使瑞士再保也难以保项目顺利交接。

@今夜微醉的小心情：PPP 之路是充满坎坷和矛盾的一条血路。全国各地都在这条道路上越有越远了……越快刹车越好。不然国民经济必然大滑坡！

3 结构化融资是针对不同投资者需求/期望，混合运用债权（高/低级、短/长期）和股权（普通/从属）及其他融资工具，利用不同相关方信用档次和能力等进行的融资安排，分别满足收益/期限/信用型导向投资者。

@王守清：结构化融资在资产证券化、并购融资和项目融资中得到广泛应用，对 PPP 项目的融资也非常重要，如项目资本金常由股本资金、次级债务资金、高级债务资金构成，项目收益债券可以设计成不同期限和信用的债券。图11-2 为英国 PFI 升级模式 PF2 的治理结构。

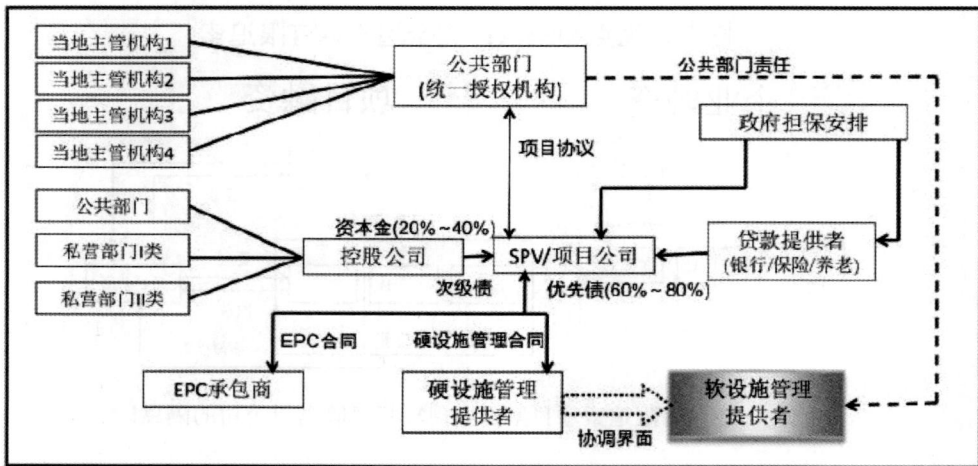

图 11-2　英国 PFI 升级模式 PF2 的治理结构

4 我国有固定资产投资项目资本金制度（目前比例是总投资的 20%～25%），但西方国家政府一般没规定 PPP 项目资本金比例，而是由市场/银行决定。资本金对放贷方而言就是缓冲垫，资本金越高，放贷风险越小，利率可越低。

5 先不说合理与否，但国发〔1996〕35 号文早就限制资本金融资，但为啥前几年不规范 PPP 资本金融资？我们不是没有法规政策，而是不细、不严格执行，事大了才收拾：项目资本金是投资者认缴的出资额，是非债务性资金，项目法人不承担这部分利息和债务，投资者可以按出资比例享受权益，可以转让，但不得抽回。

6 吴亚平主任摘出的有关项目资本金的几个政策，值得 PPP 从业者重温。西方国家多没有项目资本金制度，但因信用体系、金融体系、法制体系、公众参与制度等成熟，投资者出总投资 5%～15%资本金，PPP 项目多能实现有限追索项目融资，发展中国家则需出 10%～30%！

根据《国务院关于固定资产投资项目试行资本金制度的通知》（国发〔1996〕35 号）的规定："二、在投资项目的总投资中，除项目法人（依托现有企业的扩建及技术改造项目，现有企业法人即为项目法人）从银行或资金市场筹措的债务性资金外，还必须拥有一定比例的资本金。投资项目资本金，是指在投资项目总投资中，由投资者认缴的出资额，对投资项目来说是非债务性资金，项目法人不承担这部分资金的任何利息和债务；投资者可按其出资的比例依法享有所有者权益，也可转让其出资，但不得以任何方式抽回。"

《中国银监会关于印发〈项目融资业务指引〉的通知》（银监发〔2009〕71号）："第八条　贷款人应当控照国家关于固定资产投资项目资本金制度的有关规定，综合考虑项目风险水平和自身风险承受能力等因素，合理确定贷款金额""第十五条　贷款人应当根据项目的实际进度和资金需求，按照合同约定的条件发放贷款资金。贷款发放前，贷款人应当确认与拟发放贷款同比例的项目资本金足额到位，并与贷款配套使用。"

《关于信托公司开展项目融资业务涉及项目资本金有关问题的通知》（银监发〔2009〕84号）："对股东借款（股东承诺在项目公司偿还银行或信托公司贷款前放弃对该股东借款受偿权的情形除外）、银行贷款等债务性资金和除商业银行私人银行业务外的银行个人理财资金，不得充作项目资本金。"

7 政府可以向 PPP 项目提供部分资金（股和债，我国是政府占股<50%），但降低投资者的资本金投入比例会减少风险转移给投资者的程度，削弱对投资者实现 VfM 的激励，当项目出现问题时也使得投资者更轻易放弃项目。

@王守清：政府在 SPV 中占少数股份，主要是获得知情权、商业方法参与决策而非行政干预（解决合同不完备问题）、提升投资者和放贷方信心、分享股权回报、提高 VfM，但恐带来利益冲突（可通过区分股权职能、设计合同激励与明确职责等解决）。

@王守清：有些外国政府可在 PPP 投资者违约时为商业贷款的偿还提供担保，但只担保偿还部分贷款，且要区分贷款来源，以免减弱政府向投资者转移风险，如韩国（提供即时贷款）、哈萨克斯坦（担保养老金）和印尼（成立了IIGF）等；我国不允许地方政府提供融资担保，但中央于 2018 年 9 月已成立国家融资担保基金，仅是为小微企业和"三农"的，不是为 PPP 的。

8　《清华大学学报》最新一期我弟子的论文是从中立角度，考虑社会成本最低下的PPP 股权配置优化，研究 PPP 的学者或 PPP 实务经验丰富的实操者可看看，不必怕公式，重点看结论。（评论《基于多方满意的 PPP 项目股权配置优化研究》）

9　加拿大 PPP 项目的融资的一大特点就是养老基金的大量参与，主要方式有两种：一种是以股权形式，另一种是持有 PPP 相关债券。截至 2011 年，加拿大有 4.5%的养老金投资于基础设施，远高于世界平均水平的 1%，为 PPP 项目提供了大量低成本、长期稳定的资金。"

80% 的加拿大投资者是通过未上市的基金投资基础设施的，通过上市基金投资的只占 15%，而且 51% 是通过直接投资的方式。养老基金则是 75% 直接投资，这是全世界比例最高的，大大降低了融资成本，形成独特的"加拿大模式"。

10　这次推广 PPP 的目的之一，除了官方一直说的，就是要倒逼国有企业和金融机构改革，完善法律体系、金融体系和公众参与机制等，虽然官方后者说得不那么多。（评论《金融界个个西装革履，其实就做两件事：套利和做通道!》）

11　中央力推 PPP、国资委要求央企降负债率、财政部严控地方政府和平台公司举债、"一行三会"加强监管等政策，倒逼银行进行改革，有些银行已开始主动和提前介入 PPP，即银行做投资者的"三陪"（3P）：陪同一起共选项目，陪同一起共同投资，陪同一起共担风险（见图 11-3）。

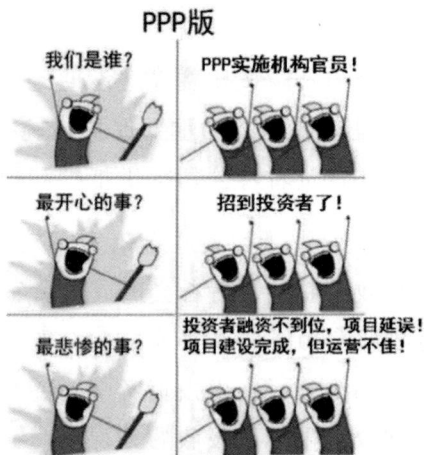

图 11-3 银行参与 PPP

12 银行对 PPP 谨慎，一是因为非 PPP 业务利润更大且风险小（80%～85%利润来自利息差，即所谓躺着挣钱，自中华人民共和国成立以来）；二是因为根本没有能力判断 PPP 项目本身是否可行，只能依赖于政府信用、央企/国企信用，没法做国际上通行的基于项目融资的 PPP。（评论《【独家】中铁投资刘新平、清华 PPP 研究中心王守清：推动 PPP 融资规范发展》）

　　@王守清：真希望这次整改 PPP 能倒逼各方进步，特别是 PPP 项目相关政府管理体系（很少人提及的 PPP 的一个功能就是可以避免政绩项目上马、减少无效投资）和金融体系改革（除了依赖于政府或投资者信用，还能判断项目本身、各主体及其之间合同的优劣等）。

13 银行不关注项目本身收入、不关注投资者全过程能力、不关注项目相关方（含银行）之间的合同对风险的公平分担，中国的 PPP 永远不可能做好！只有银行关注有限追索项目融资的这些核心而不是完全依赖于政府或企业担保，所有政绩 PPP、不合规 PPP 项目才可能不上马。

14 财政部严禁地方政府提供融资直接担保、要求投资者资本金穿透，国资委限制央企为项目公司提供抵押和担保，除了让投资者和地方政府量入而出等目的之外，就是回归 PPP 本质之一：实现有限追索项目融资。（评论《重磅：项目资本金监管再升级！财政部 23 号文要求穿透核查资金来源》）

15 如果实现有限追索或无追索项目融资（无追索在西方国家也极难实现），放贷方会要求投资者的项目资本金与贷款按比例在建设期先或同步支出，项目资本金在建设期基本上花完了。这是对放贷方的重要保护措施之一（除非放贷方傻），或投资者有其他增信措施，如投资者母公司提供抵押和担保。

16 我觉得，项目落地的概念应该是，项目资本金落实、贷款合同签约且第一笔到位，不是现在通行的投资者与政府签约，后者会造成大量签约项目因资金不到位而延误甚至取消，尤其是财政部〔2016〕92号文之后。现在越来越多官员被理论与实践教育明白了并在采取合同措施：要求投资者中标签约后，在给定期限（如3个月）必须融资到位，否则取消中标、没收履约保函。

@王守清：20世纪90年代中后期来宾二期电厂、成都第六水厂等发展改革委试点项目就是规定融资期限的，做成了；而长沙电厂就是因为英国投资者中标后未能如期融资到位（因发生我驻南斯拉夫大使馆被炸等原因），被取消中标了，英国人极不服，在国际业界引起很大争议，因为他们认为这是不可抗力，而我们认为不是。

@王守清：亚洲开发银行资助的CDIA（亚洲城市发展中心）在2014年2月至2015年12月培训12期中国官员时建议的是：要求投资者投标时提交自有资金实力证明和放贷方放贷意向书（LoI），否则废标。

@王守清：两种方法都是政府要求投资者尽可能保证"资本金和贷款"如期到位，各有优缺点。但国内过去几年政府招标与签约时对资本金和贷款没有太多要求，很多项目延误甚至取消，造成前期工作大量浪费。

@王守清：没有标准做法，需要咨询公司量身定做。过去4年对投资者的投融资未严格要求，有利于鼓励参与，但不良后果已显现。PPP不会天上掉馅饼，故我一直说：发达国家PPP不过是公共产品的10%～20%，中国再怎么特殊也就30%左右。财政部库里1万多个项目这4年的签约（不是融资到位）率是20%左右，也证明这一点。

@莱文Arthur：王老师，发达国家剩余80%都是什么方式建设呢？

@王守清回复@莱文Arthur：政府投资，即传统模式。

@莱文Arthur回复@王守清：在我国看来短时间内没法再出现传统模式了吧。

@王守清回复@莱文Arthur：一直在用啊，特别是有钱的地方。

17 我国一些已签约的 PPP 项目后来出现资本金和债务融资问题，主要是之前政府和投资者都未考虑 PPP 合同生效和融资交割的条件。融资交割条件通常是循环的：只有资金可提取时，PPP 合同才生效（资金可用是合同生效的先决条件），反之亦然。故国外有草签（有条件生效）与正式签署合同一说，草签时就要求投资者交履约保函。

  @王守清：这些在国际上都是常规实务，国内则是动机不纯、不懂装懂地把专业性极强的 PPP 做成了地摊货。

  @王守清：欧洲 PPP 中心 2011 年为政府列出了确定 PPP 合同和融资交割的检查清单：确认项目的所有合同，确保相关政府部门的批准，确保规划和各种许可证的批准，开始或完成征地。这些工作需要政府和投资者大量细致工作。

18 国际上有一种惯例是，投资者中标后与政府草签 PPP 协议并据此去贷款，是有条件中标，该条件就是融资完成：若中标者在给定融资期内，资本金和贷款不能到位，政府有权取消中标并没收履约保函；若融资完成，就正式签约。国内没有这个做法，就造成近年不少 PPP 项目签约后投资者融资不到位，坑了政府，最后也坑了投资者自己，特别是 2017 年开始规范以后。

  @王守清：来宾二期电厂就是这么做的，法电和阿尔斯通联合体在原给的 3 个月融资期内未能如期融资，后来申请延长到 6 个月，政府批准了。但同期稍晚一些的湖南某电厂中标者某英国公司就是在给定的融资期内没有如期融资，政府就取消了中标并没收了履约保函，在国际上引起一些争议。

  @杜继锋：草签协议不是法律术语。签就是签了，没签就是没签。要么应理解为附条件生效的合同，那也是正式签署，等待生效而已。

  @王守清回复@杜继锋：是的，我主要强调有条件中标的意思。

  @载福致远：我所知道的很多的 PPP 都是投资方垫资在干，因为融资没有到位就开工了。

  @王守清：他们是为了先抢项目，有活干，但若后续融资不到位，就会有麻烦。

19 PPP 如果实现有限追索项目融资，银行除了关注项目现金流、项目产权、相关方及其之间的合同（见图 11-4），还要关注介入权。介入权通常都包含在银行、政府和项目公司的三方协议中（见图 11-5），银行的介入方式有 3 种：纠正、介入和更替。PPP 项目的风险分担主要靠这些合同。

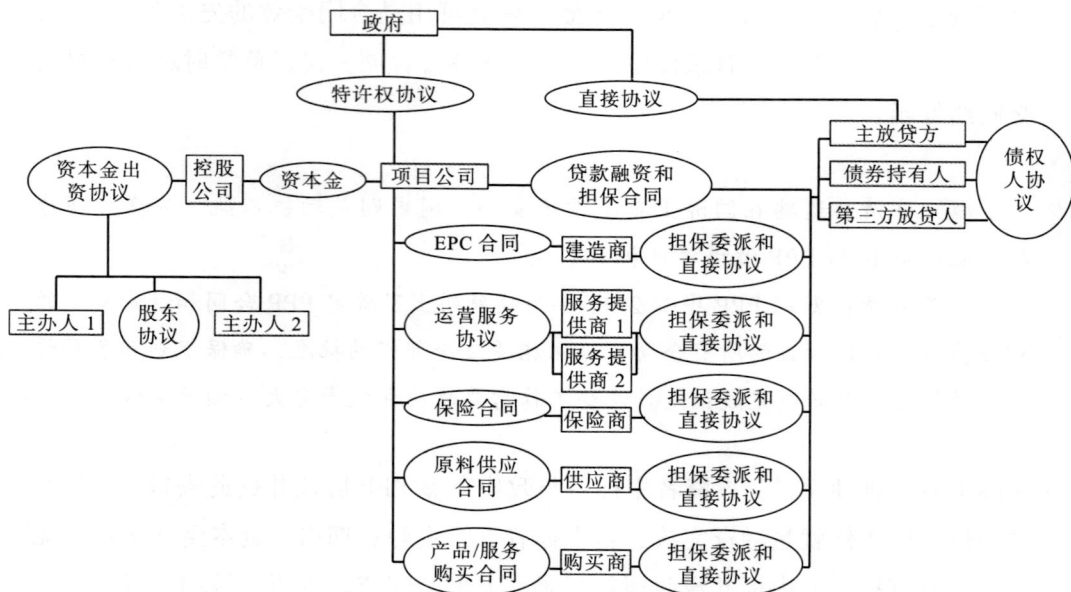

图 11-4　通过合同结构分担 PPP 项目风险

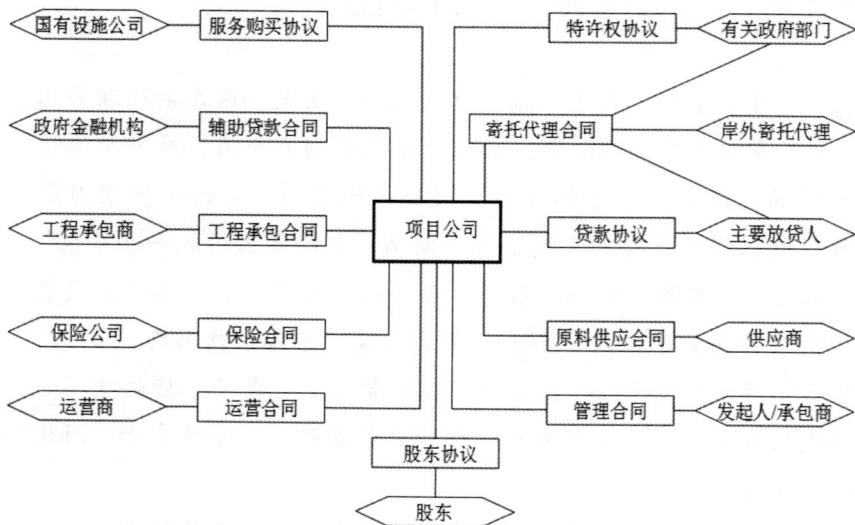

图 11-5　PPP 项目结构/合同结构

@王守清：更替（novation，合同权利和义务的一并转让）：这涉及项目公司的权利和义务一并转让给另一个替代的法律实体，该替代实体将完全接受项目公司的角色，而项目公司也将完全卸下项目责任，更替协议需要重新谈判和签署。

> @王守清：介入权（step in rights）：若项目公司（SPV）违约且项目参与人决定终止协议，放贷人有权介入项目、纠正违约行为。虽然 SPV 未从项目协议的责任中释放出来，但项目的其他参与者必须替代 SPV 履行协议项下的义务。放贷人将选择退出，不再承担任何责任。而 SPV 在放贷人介入发生时或退出后仍然承担相关责任。

> @王守清：纠正权利（cure rights）：在借款方违反项目协议条款的情况下，该权利允许贷款方介入项目并纠正该违约行为。每个项目参与者都需要将违约行为通知给贷款方，并允许贷款方介入予以纠正。一般而言，除非该违约行为可通过付费来予以纠正，否则贷款方都非常不愿意实施纠正行为.

20 PPP 中的直接协议是政府和放贷方（及私营投资者）之间的协议，主要涉及放贷方的介入权，以保证项目公司不能还本付息时放贷方的利益。

21 介入权是根据合同或一国法律赋予政府或放贷方在某些情形下采取行动控制项目的权力。政府的介入权一般在项目存在严重的健康和安全风险、危及国家安全或要求政府接管项目时发生。若 SPV 没有满足义务，政府还可终止合同并接管项目，这对投资者而言，就是被动退出，政府的补偿可能不给利润，还会罚款。

> @王守清：放贷方的介入权要求除了贷款合同规定外，还需要直接与政府签署协议，规范要求和实施这些权利的流程。

> @王守清：我讲的是国际惯例（特别是实现有限追索项目融资时），我国没有专门政策讲金融机构介入权，但《基础设施和公用事业特许经营法》立法研讨时有共识；而且介入权不是改变发包方，不违反招投标法；另外，金融机构的介入权要事先获得政府认可。这些都是项目融资的系统考虑。

22 国内 PPP 项目融资难，除项目现金流因市场需求（使用者付费类）或政府财政承受能力（政府付费或补贴类）不靠谱，合同结构也有缺陷（见图 11-6，并对比图 11-4），缺少放贷方与政府和分包商之间的直接协议，无法让放贷方安心。

> @王守清：世界银行认为，政府参股的 PPP 比政府不参股的 PPP 更不适用

于新兴 PPP 市场，特别是法律和政治环境不那么稳定的市场，因为私营投资者觉得这种股权结构会带来更多的不确定性，如政府干预。

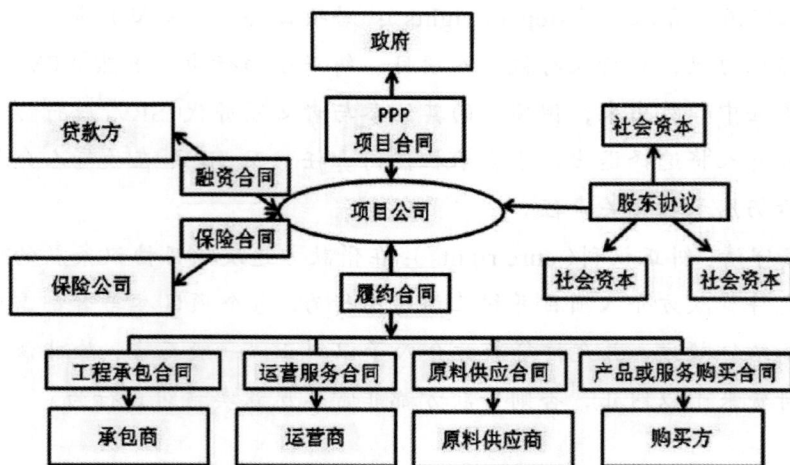

图 11-6　我国 PPP 项目典型合同结构

23 放贷方的介入权对 PPP 项目实现有限追索项目融资非常重要，我们 2014 年起草《基础设施和公用事业特许经营法（征求意见稿）》时有考虑，可惜基于此稿的国务院 25 号令《基础设施和公用事业特许经营管理办法》删除了，2017 年《基础设施和公共服务领域政府和社会资本合作条例（征求意见稿）》也没有考虑。现在规范 PPP，此文恰逢其时。（评论《【独家】PPP 合同中的融资方介入权初探北控水务》）

24 项目融资（基于项目的融资）对我国工程企业的重要性：第三世界国家，资金普遍紧缺；带资谈商务成功率高；商务合同与贷款协议各占 50%；中国承包商的优势：资金；国家配套政策鼓励；风险隔离，特别是对 PPP 项目。

25 作为 PPP 特别是债权的退出机制之一，国家发展改革委和财政部的第一批 PPP-ABS 产品已经分别发行。我弟子的此文探讨：PPP-ABS 产品的定价为何差别很大？它与其他融资方式比较，是否具有绝对的成本优势？在什么情况下，PPP-ABS 才是 PPP 项目的最优选择？（评论《PPP-ABS 产品如何定价》）

@王守清：权益型 ABS 可以，但必须受约束、透明和监管，否则击鼓传花后项目若出问题，政府和散户就背锅了。

26 中央近来的几个文件都是回归国际 PPP 本质，如穿透资本金、鼓励民企但规范央企做 P2、长期合作、绩效导向等，这个收益权质押则是地道的项目融资三要素之期望收入。不学透项目融资/国际 PPP 本质与内涵的，就没法理解政策本意与趋势，做着擦边球 PPP 的说不定哪天又被规范。（评论《解读 | 央行明确基础设施和公用事业项目收益权可质押附《应收账款质押登记办法》全文）

27 中国国际工程咨询公司团队最近有关基础设施发展研究报告中的这个有关全过程投融资金融（不仅仅是 PPP）关键的幻灯片（见图 11-7）非常全面，大家一起努力全面实现吧！

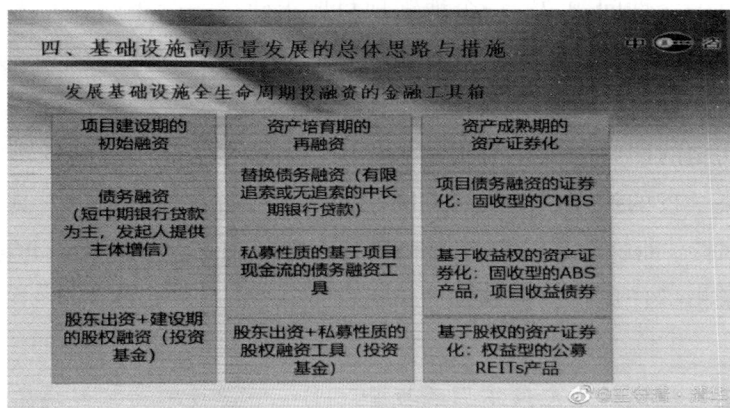

图 11-7　发展基础设施全生命周期投融资的金融工具箱

28 PPP 项目可融资性问题 1：一个公共市场项目有 14% 的内部收益率，与之有类似风险水平的其他项目有 16% 的内部收益率。这个项目可融资吗？
答（提示：在现实中是要考虑很多因素的，这里是作为练习，最简化和仅考虑关键且相对重要的因素。以后的问题类似）：它也许是可融资的，但前提是市场上有充足的资金，否则它将很难融资（因为竞争性项目提供了更好的选择）。

@晓军 1974：内部收益率是个很不稳定的水平指标，长周期不稳定现金流项目用净现值更靠谱。14%也好 16%也罢都高得像镜花雪月了，貌似骗老头、老太太的理财产品，需要进一步验证假设前提，逐条核实假现金流。

@王守清回复@晓军1974：你说得对，但问题中数字是假设的，问题的核心不在收益率本身，关键看相对性。

@晓军 1974 回复@王守清：比较公共市场项目与类似风险水平的其他项目风险概率的差异？公共市场项目需求和支付相对刚性要好，风险概率小。做风险概率和2%收益差的比较？

@VO2Max48：风险水平与之类似，就假设两个方案用同一个基准收益率计算。这时，在基准收益率小于两种内部收益率的一般情况下，则需要计算增量投资内部收益率。因融资额大小和现金流量不同，最后14%的方案不一定就比16%的方案差。

回复@晓军1974：单纯从收益比选，首先要明确是效益最大化还是效率最大化，再根据机会成本做增量比选。

29 PPP 项目可融资性问题 2：一个地铁项目要求建设一个车站，并需要为此拆除一所公立学校。拆除学校的决定极具争议，遭到了公众的强烈反对。这个项目的可融资性如何？你敢投资这个项目吗？

答：这个问题的回答因国情而定。从我国而言，多数认为，地铁很重要，政府会有办法解决学校的拆迁；但从西方国家而言，多数认为该项目不具可融资性，有比较大的风险，而这个风险投资者和放贷方都承担不了，如果一定要做这个项目，得让政府承担拆迁风险，最好等政府拆迁完再说。

@籴巢：学校拆迁应该不影响投资：①一所学校不大可能决定一个地铁项目；②公众反对主要是教育供给减少或降级（如学位少离家远）了，只要解决供给问题阻力就不大；③学校只影响站点的话，完全可以先建通道不开站口，等待公众诉求变化，或者站口避开学校；④约定拆迁风险由政府承担。

@范桃李：公众反对无效，学校的搬迁选址是政府决定的，相反新校址的选址、征地才是难题。

@月刊胖子 ShiroTyann：把这个地铁车站和新建学校打包作为一个 PPP 项目。

@小小幸福裙子：一是如果非迁不可，要和附近社区居民及学生家长做好解释和安抚，一方面说明必要性，可以联合社区做好工作；另一方面妥善解决，建议是将学生迁进临近学校，保证教育水平不下降，或者学生可以在几所学校间自由选择择校，充分考虑到部分学生小升初的学区问题。二是学校现状，学校是小学、中学、高中，属于重点还是一般学校，在校学生规模、建成时间、教育部门近期是否对学校有装修和迁址规划，学校附近是否有其他同类型学校，预计未来 3 年新生规模等。个人认为这个问题得具体问题具体分析。三是地铁站选址的科学性，为啥一定要选在学校的位置，是否有充分的理由，是否可以把地铁站建在学校对面，在学校门口增设一个出口，用这种方式变通处理。

30 PPP 项目可融资性问题 3：一个 PPP 学校项目，私营主办方将负责融资、建设和维护学校的建筑。公共管理部门将使用有关设施，并向私营主办方按月支付费用。当地政府有大额财政赤字（支付当前的费用都很困难）并且有沉重的债务。这个项目可融资性如何？可以投资吗？

答：该项目的问题在于，政府是否能够支付应给项目主办方的费用（用来偿还项目贷款本息和获得适当利润），很令私营主办方和放贷方质疑，因此，这个项目是不可融资的。

@thankxu：王教授，能不能换一个角度看？这个 PPP 学校项目为新建项目，因政府财力不足而不可融，但我们可以打包呀，将本项目与弃用的老校或其他文化体育类存量项目打包，采用 TOT 等方式运作，用存量项目的转让资产等费用为新建项目筹措资金，用以弥补政府财力的不足，同时盘活存量项目。

@籴粜：如果是义务教育，经费主要由三块组成：基建经费、人员经费和公用经费。中央财政主要补贴人员经费和公用经费（越穷的地方补贴比例最大），基建经费主要靠地方财政承担。这个 PPP 项目投资主要是用于基建，所以要看当地财政承受能力，仅针对校舍的话很难做。

@张华欣律师：同意，仅负责建设，没有其他经营性收益，项目做了，政府没钱，最后吃亏的还是社会资本。

@thankxu：发挥 PPP 化不可能为可能的魔力。基于当地政府财政赤字、债务沉重，为避免突破 PPP 年度支出超过一般公共支出预算的 10% 这个红线，采用灵活的 PPP 运作模式，如本案例采用 BLOT 模式，运营期内政府部门或学校租赁使用，合作期内赋予项目公司学校餐饮、住宿、招待、印刷等经营权，并适当设置合作期限 30 年或更长一些。

@定-风波：由于是义务教育阶段学校，可盈利项目只有物业保洁、耗材印务等小额业务，感觉覆盖不了成本啊。

31 PPP 项目可融资性问题 4：一个有巨大需求风险的收费公路项目，近期的需求预测系统性地高估了需求，所有这类项目都遇到了财务问题。你觉得这个项目可融资性如何？你敢投资吗？

答：项目投资者和放贷方不愿意独自或主要承担需求风险，特别是难以准确预测需求的，尤其是他们没有能力对过去的错误预测进行评估。也许可以要求政府担保最低市场需求，但政府可能也不同意，因为需求风险大，若实际需求远低于担保需求，政府若财力不足也很难承担。

@五陵探丸小黑屋：公路都能高估需求……听起来不太科学的样子。

@王守清：这是常事，欧洲某国统计：高速公路需求预测误差在 15%～80%，准确数我几年前微博有提，所以有个词"乐观偏见"。

@王守清回复@五陵探丸小黑屋：国内相关企业和政府不公布数据，我们学术界难研究。你上网搜搜，也许有。

@飞过丛林 man：国内有市场风险，但有时候有政策性红利。

@thankxu：投资？首看项目是否政府已立项，项目投资内部收益率是否可行、财务生存能力分析是否满足？其次审慎评估测算采用的基础数据模拟、选用的 PPP 运作模式。如果作为纯经营性的项目，风险大都自行承担，当然放弃；如果准经营性或政府付费类型的，最低需求风险由政府方承担，并给予政策优惠、财政补贴及税收减免，可以投资。

32 PPP 项目可融资性问题 5：一个深陷债务的地方政府需要用 PPP 模式来建设、运营和维护一个污水处理厂。潜在的放贷方对地方政府能否兑现支付的能力表示怀疑。地方政府如何才能吸引贷款呢？

答：地方政府获取有关信用担保和/或上级政府的支持等，如入中央或省级政府示范项目库，或吸引中央或省级 PPP 基金投资和/或放贷等，可以提升地方政府的信用，从而提升放贷方对项目可融资性的信心。

@籴巢：政府没钱打底就要用需求量和用户支付意愿来说服投资放贷，缺一不可（如村镇居民支付意愿低）。工业排污易限易禁，生活和作坊排污则难（涉及基本人权），污水不处理好还会影响食品和下游，负外部性强，经济上实在不可行应考虑向上级政府申请一次性建设补助，缺水地区还可以考虑尾水出售变现。

@杨裕华SZ：有收益类和现金流的污水厂项目，很多环保上市企业愿参与。

@秋窗疯语系：先筑巢引凤，再关门打狗。

@thankxu：BOOT，可以用项目土地、资产注资或引资，增强项目本身的造血功能。

@thankxu：对本例中的政府来说，想方设法增信；结构与产业转型，培育新的经济与税收增长点，提高银团的投资信心。但对本污水处理厂，选择更好的运作模式，采用经营性的BOT或BOOT，以项目自身的收益（如污水处理、中水回用、污泥利用等）与上级财政补贴来吸引投资者，如引入设备租赁，并打好股权和债券投资组合拳。

@彼特201708：王教授，您的学生认为这是一个国家政府信用问题，没什么好办法啊。

@王守清回复@彼特201708：还是有办法的，而且中央政府信用比地方好，何况投资者还可以不跟政府玩（不投资）。

33 PPP项目可融资性问题6：判断以下哪些是PPP项目特有的：技术可行性，环保可行性，财务可行性，社会经济可行性，风险管理（识别、评估与分担），物有所值评估，财政承受能力评估。

答：就基础设施等公共产品项目而言，财务分析、物有所值和财政承受能力评估是PPP特有的，其中财务分析对投资者是最重要的，物有所值和财政承受能力评估对政府是最重要的，风险管理对各种项目特别是PPP项目、对各方都很重要。

@王守清：应该说，财务分析不应是PPP特有的，但我之所以强调财务分析，是因为我国基础设施，传统模式基本不做财务测算（做也多是糊弄）；现在投资者投资PPP，很多时候财务分析没有考虑PPP特点；银行放贷还是以企业融资为主，还没有太考虑项目本身。

@ssnu10hj364lopn：财务、风险、财政承受能力。

@金嗣泓：财务、物有所值、财政承受能力。

@BenedictusLiu：风险管理。

@铅笔头wwei：都是必需的啊。

@18的橙汁妹：物有所值评价。

@罗伊世界：想问下，现在的美丽乡村，休闲农业适合PPP吗？怎么把政府投资和农民的内生因素发挥出来？

@王守清回复@罗伊世界：公共产品属性不强，实在要做 PPP，很勉强，但政府很难过多干预和分担什么风险，最多给些不疼不痒的政策，还是得靠投资者偏商业化运作。

@ssnu10hj364lopn 回复@罗伊世界：是的，如果强行包装成 PPP，在收入无法得到保障的情况下实际上是增加了政府的负担，对各方都是不利的。

@罗伊世界回复@黯渔：的确，经济消费潜力，是否近郊，这都是核心问题。我在海南，空气好应该是优势。

@罗伊世界回复@王守清：谢谢您！商业化运作，逐利，有最大化激发因地制宜的潜力、避免同质化、提高服务质量等优势，目前政府的角色是对征地、土地政策把控、基本设施如截污纳管、上改下、电信等的改善了！怎么把农民融入这个城市反哺农村的运动中去需要多实践努力了！

@ssnu10hj364lopn：但上述都是在比较理想情况下才能实现，具体问题实操的时候还要考虑当地经济发展程度、客流量、是否在发达城市近郊等。

@ssnu10hj364lopn：可以尝试以特色小镇或者观光旅游的方式来操作，但是注意不要把房地产开发等商业开发内容打包进去。如果后期项目能落地，项目公司负责整体的运营，可以再雇用农民进行农作物的种植或者牲畜养殖等，或者前期涉及土地征占，后期还可以给农民分红，实现双赢。

34 PPP 项目可分成建设期和运营期，建设期中实质控制股东不能转让股份，因为没有建成的设施没有什么价值的，也没有任何收入，如果允许转让，对政府和放贷银行风险太大。

@王守清：国际上 PPP 多基于项目融资，银行是要求投资者在建设期提供完全追索或完工担保的；建成之后，实质控制股东特别是工程公司股东，则有不能转让股份的锁定期，过了锁定期可以转让，但必须获得政府和银行同意。

@王守清：可能还有其他限制，如核电 PPP 项目，要求工程公司股东合同期内都不能转让股份或转让后必须有最低股份保有额；另外，若是转让股份给散户投资者，也会有上限约束。运行期中的实质控制股东如设备供应商和运营商也要有限约束。但财务投资者或金融机构的股权或债权转让就不必施加太多约束，只要有人接盘即可。

35 为了避免 PPP 合同签署后 SPV 融资没法实现，政府可以要求投资者投标时交保函或银行的放贷意向书，但这可能增加交易成本、吸引不到足够投资者，造成竞争不充分，故也许可考虑另一种方法，即在招标时政府制订预定的融资方案，提供给投标者，中标方可以采用但非必须。

36 PPP 常有再融资（用新债还旧债）：一是因为可能无法获得长期贷款，只好短期贷款，这样会带来再融资风险（如短期贷款可能无法以同样条件再融资）；二是项目建成后风险减小，更容易获得更便宜贷款。

37 PPP 项目合同期限长，合同中应考虑资金结构调整/再融资：①用更少的资金取代之前更贵的；②避免因项目风险过大而破产；③缓解原有资金使用约束过严；④增加原有资金结构的弹性；等等。

38 据我 2009 级硕士弟子李佳嵘对当时国际上 25 个 PPP 再融资的案例分析发现，PPP 项目再融资原因有投资环境和项目原因两类 6 个，其中最主要是资金紧张和建成后运营风险降低。

39 再融资有很多具体方式（见图 11-8），ABS 属于 C、H。再融资对原放贷方也有好处，可以把资金释放到新项目中，资本市场（特别是养老金和保险资金）则很适合提供再融资贷款，因为期限更长，且项目建成后风险降低，利息可能更低。

编号	再融资方式	项目个数
A	延长特许经营期	3
B	延长还款期限	3
C	资金提供者变更	4
D	减少决定应付利息的息差	4
E	低息固定利率(贷款/债券)替代原贷款	5
F	偿还私营部门股东全部或者部分的股份或次级债务(通常从其他途径为项目引入新的融资来偿还)	3
G	对股息分配的限制取消或减弱	1
H	改变融资安排，减少或取消储备金账户中	0

图 11-8　PPP 项目的再融资方式

40 PPP 再融资也有风险（见图 11-9），降低再融资风险的一种方法是接管融资，即有第二放贷方承诺在某个时间接管贷款，从而鼓励第一放贷方提供比原来更长期限的贷款。

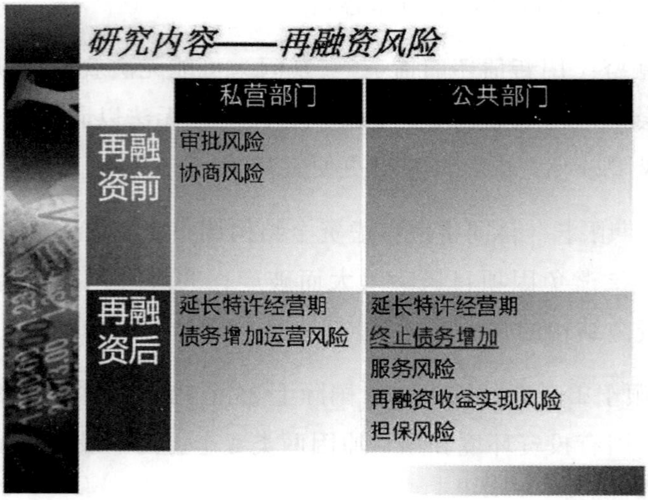
研究内容——再融资风险
私营部门
公共部门
再融资前
审批风险
协商风险
再融资后
延长特许经营期
债务增加运营风险
延长特许经营期
终止债务增加
服务风险
再融资收益实现风险
担保风险

图 11-9　PPP 再融资风险

41 政府需要事先考虑如何处理 PPP 再融资带来的利益：①允许投资者从再融资中获得更多利益；②将利益分享给股东和使用者或政府；③政府有权要求对债务进行再融资的权利。图 11-10 是英国 PPP 再融资案例利益分配的一些做法，分计划内和计划外再融资。

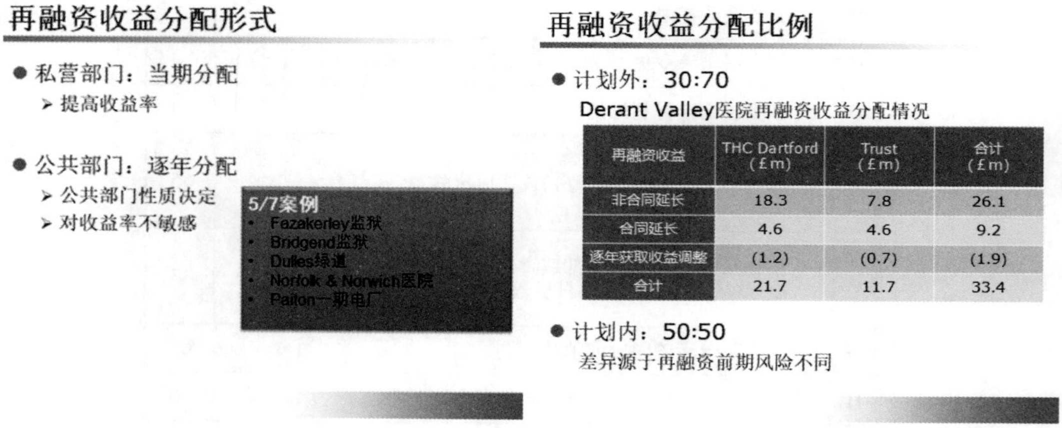
再融资收益分配形式
● 私营部门：当期分配
➢ 提高收益率
● 公共部门：逐年分配
➢ 公共部门性质决定
➢ 对收益率不敏感
5/7案例
• Fazakerley监狱
• Bridgend监狱
• Dulles绿道
• Norfolk & Norwich医院
• Paiton一期电厂
再融资收益分配比例
● 计划外：30:70
Derant Valley医院再融资收益分配情况
再融资收益 | THC Dartford (£m) | Trust (£m) | 合计 (£m)
非合同延长 | 18.3 | 7.8 | 26.1
合同延长 | 4.6 | 4.6 | 9.2
逐年获取收益调整 | (1.2) | (0.7) | (1.9)
合计 | 21.7 | 11.7 | 33.4
● 计划内：50:50
差异源于再融资前期风险不同

图 11-10　英国 PPP 再融资案例

42 如果我们国家 PPP 数量到了一定规模，就可以发展二级市场；项目运营与收入稳定了，投资者只要能找到更便宜的钱来替代之前更贵的钱（主要是债）就行了，这就是二次融资或再融资，含 ABS，PPP 相关合同事先要约定，主动或被动再融资风险与收益分担还不同。

43 PPP 的二级市场有利于一级市场并检验一级市场，一级市场决定了二场市场并需要二级市场。很有幸参与了几次交易规则的研讨。（评论《重磅解读丨打造新规则，开启 PPP 资产交易新阶段》）

44 "王守清表示，近年来世行向我国部分 PPP 项目提供贷款，至少有三大好处：一是有利于提升国内外投资者对我国 PPP 项目的信心，因为贷款不仅部分解决了项目的资金来源，更重要的是为项目提供了增信；二是有利于我国 PPP 项目借鉴世行经验和国际惯例更规范地运作，实现 PPP 的初心；三是有利于相互交流，有利于 PPP 参与各方共同提高，也有利于我国企业"走出去"实施"一带一路"沿线国家的 PPP 项目。"（评论《世行助力！中国 PPP 模式在交流中发展》）

@项目管理评论：清华大学 PPP 研究中心首席专家王守清告诉记者，"世行一直倡导和推广 PPP 的应用，还成立了专门的公私基础设施咨询机构，分享各国 PPP 相关信息和经验并为发展中国家提供服务"。

45 项目公司的功能可以分为 3 类：法律构架（签约、集成和联营、共享和投资、交易、约束、隔离、避税），合同关系主体（转移风险与责任、交易资产和资金、转化风险、串联与制度化相关方），组织（实施、管理活动、管理合同、治理）。

46 在不可能或没必要获得长期贷款（如 PPP 的 10～30 年）时，投资者一般要获得一些最低期限贷款（mini perm financing），如 3～7 年的，在到期前再获得其他贷款，否则放贷方会提高利率。

47 再融资后融资成本降低造成投资者更多收入或更高回报率叫再融资收益，越来越多共识是，都由投资者独享是不公平的，若他未完全负责更佳融资条件的获得，特别是政府付费/补贴的 PPP 项目，而且其基于再融资的还是公共设施。政府要牢记的是，不管是投资者的主动再融资（以降低融资成本）还是被动再融资（以挽救项目），只有不会对项目或政府造成负面影响前提下（含项目中止后的政府支付责任）才能同意投资者的再融资。

48 如果计划在 PPP 项目建成后把原来的贷款置换为债券融资，即过桥债券融资贷款，以利用项目建成后风险降低的优势降低融资成本，属于主动再融资（相对于项目出现困境时的补救或被动再融资）。

@王守清：在有些国家如美国，如果补救再融资所造成的投资者未偿还贷款不超过一定比例时，可能是不需要政府事先同意的，若投资者能提供足够的证据表明其债务不超过该 PPP 合同市场价值的一定比例。

@Lorewalker 柯梵：王老师，那这样的话对社会资本方是否要根据合同约定的违约条款或其他约定条款进行相应补偿？

@王守清回复@Lorewalker 柯梵：合同有约定即可。

49 政府在批准投资者再融资之前要认真计算再收益，若需聘请外部法律和财务咨询（以达到投资者及其咨询相当的专业水平），其咨询费应由投资者承担（若再融资实施，从投资者分享的再融资收益中扣除）。

@王守清：政府与投资者分享再融资收益的方式可以是五五分享或在不同的收益范围不同比例分享。澳洲和南非的 PPP 指南中的原则是五五分享，但也允许不同比例（如政府分享更高比例）。英国 PF2 指南中则区别优先贷款和其他贷款的再融资收益，前者政府分享90%，后者政府根据再融资收益大小分级分享50%~70%。分级分享不同比例也是荷兰的常规做法。

@王守清：再融资收益一般是根据签约时的原基准情形确定的，要考虑：IRR 和分红的增加、融资成本的降低、股票的兑现、从属贷款的支付降低、各种收入的增加、资产合规处置的收入等。

@王守清：投资者支付政府的再融资收益方式可以是：①再融资实施时支付一笔总额；②再融资收益实现时支付总额或分期支付（适用于使用者付费项目）；③扣减可用性付费额（适用于政府付费项目）；④降低使用者付费额；⑤根据不同回报机制，组合上述。

50 PPP 项目考虑债券融资补充银行贷款的主要原因是，银行贷款额度有时无法满足投资大的 PPP 项目，银行贷款期限也很难匹配 PPP 合同的长期性，有时贷款利率还偏高（因 PPP 项目的风险），债券融资可补充或完善投资者合同期的现金流、降低融资成本和资金不确定性、提高资本金回报率等。债券融资对 PPP 的缺点是：不太适合小项目，更适合大项目；债券融资需要时间，故在招投评标时很难确定是否成功和融资成本，除了看项目本身，有时需要发行者增信，公开债券融资还要达到一定信用级别，并受政府债券主管部门监管。

51 国际 PPP 项目债券融资的增信措施有:（银行或多边机构）担保,（单一保险公司）保险,（政府觉得 VfM 时给）主权担保,（多边机构如 WB/MIGA/IFC 对特定风险的）担保、（EIB 的）债券增信担保等。

52 完全追索的企业融资有时也可用于 PPP 项目,特别是资产负债表很好的单一投资者投资的项目,融资成本和交易成本都更低,融资和流程更快,对外有出口信贷等支持时。

53 PPP 项目也可以是企业融资和项目融资的结合,但有关招投标流程和文件要相应调整,且总体上要视为企业融资。

54 英国 PPP 金融创新:英国 PFI 模式中采用过平行贷款合同:项目公司与分包商签署基于/平行于两者之间服务合同的贷款合同,例如,某分包商提供给项目公司一定的服务,项目公司应支付该分包商相应的费用;若项目公司未收到政府的支付而无法支付给分包商,则可认定该笔费用为分包商向项目公司提供的无息贷款,项目公司应在平行贷款合同规定的期限内（如服务合同截止日或项目结束日）之前将该笔贷款返还给该分包商。

55 我曾提醒学员:投资 PPP,不能仅关注项目层面,还要关注投融资政策/行业发展/公司战略/合作政府等宏观中观;不能仅从自己角度,还要设身处地从银行角度看可融资性。

第 12 章

风险与合同管理

1　风险是一个事件发生的可能性（概率）和该事件发生后所造成结果的函数（如乘积关系）。若某事件发生只有坏处没有好处，就是纯风险（如地震）；若可能有好处也可能有坏处，就是投机风险（如汇率变化）。

2　风险管理贯穿整个项目过程，涉及前期谈判签约时的风险分担、建设和运营时的风险监控与应对、涉及所有相关方……。2016 年年底至今对全国发展改革委系统等官员的轮训，让我讲的主要就是 PPP 的框架与风险管理，已经圆满结束。

3　PPP 项目的合理风险分担需要遵循一定的原则，这些原则必须具备两个功能：①分配的结果可以减少风险发生的概率、风险发生后造成的损失及风险管理的成本，使 PPP 项目对各方都具有吸引力，任何一方都不需要为另一方没解决好他应该承担的风险而付出代价；②在项目周期内，分配的结果可以培养各方的理性和谨慎的行为，这意味着各方要有能力控制分配给自己的风险，并为项目的成功而有效地工作。根据上述原则落实到合同中。

4　PPP 合同管理主要有 4 个方面工作：建立合同管理机构，界定责任和建立沟通机制等；监控 PPP 交付和风险，有效履行合同职责，及时和健全的报告机制等；处理变更，含合同调整、争议解决、重新谈判与合同终止等；管理合同到期和资产交接，确保到期后符合资产的交付标准和约定清算条件等。

5　PPP 是项目公司对政府和银行负责，至于项目公司股东之间及其与分包商之间如何分配责任，由他们自己商量。当然，商量的结果还是得政府和银行认可，否则项目公司还是拿不到项目，拿到项目也难得到贷款。总之，得具体考虑各股东和分包商的控制力与承受力等，有福同享、有难同当（可分阶段有所不同）。

6 最近很多人问有关招标建设/运营/供货/监理等分包商的问题，我不是官员，只能从 PPP 内涵方面回答：如果政府及其咨询对项目产出要求和绩效指标都能明确确定，可以由项目公司招标，政府相关部门参与监管，以利于项目公司集成优化设计/采购/建设/运营全过程，也简化流程，让渡控制力（见图 12-1），提高效率，因为投资和贷款是投资者出和借的，如果产出和绩效不达标，政府可以拒绝或扣减支付，投资者将倒霉（当然，前提是政府没有为投资者的贷款提供担保）。

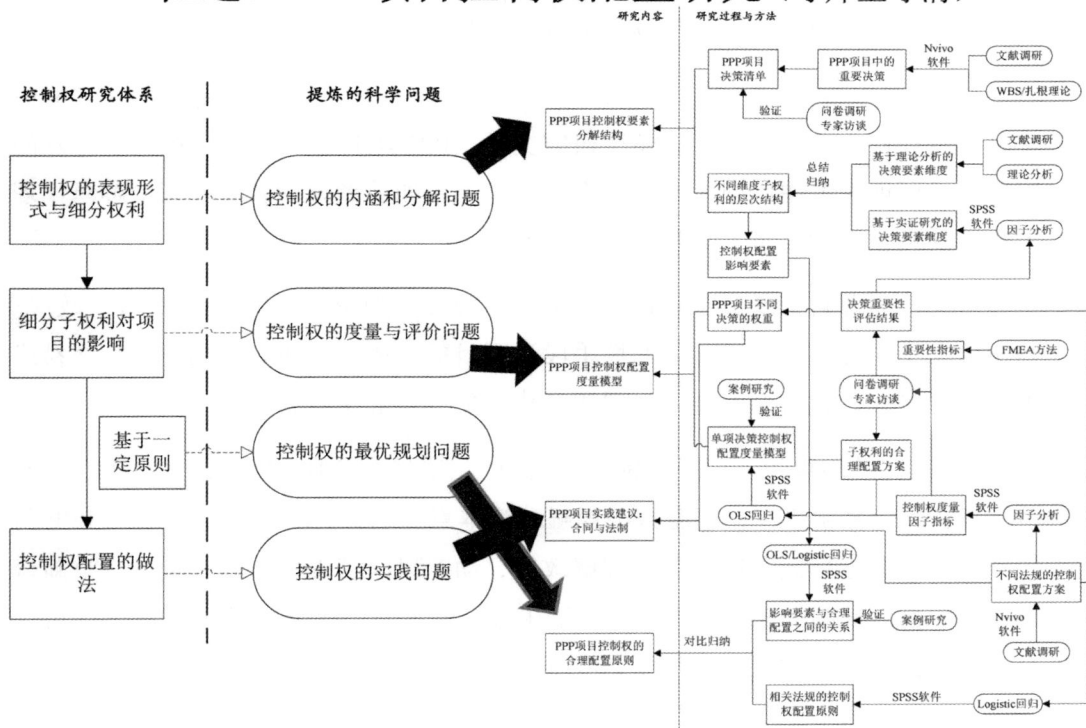

图 12-1　PPP 项目控制权配置研究

7 对 PPP 项目而言，重点不在于资产的所有人是谁，而是该资产的收益权是谁！各国法律不同，再根据不同项目，有的 PPP 合同允许项目公司利用资产为抵押物去贷款或利用资产的收益权所带来的现金流去质押贷款，辅以一系列合同去分担风险。

8 不要指望有简化的 PPP 合同，因为期限长，不确定性大，合同必然复杂，交易过程必然长。尽管如此，合同仍然不能完备。因不少人不喜欢这些流程与合同，政府自然会依次偏好地方国企、央企、民企、外企做公共产品/服务，本质是信任度和可控度。

9 代理理论关注代理人和委托人之间的关系（如前者替后者做决策），解释代理人自己的利益会影响决策。应用到 PPP，就是公众与政府、政府与项目公司、项目公司与股东之间的关系。

10 国际经验：使用者付费的 PPP 项目是不计入政府负债的；但对政府付费/补贴的 PPP 项目，是否计入政府负债，取决于当地政策（如会计准则）和 PPP 合同中对建设风险、可用性风险与市场需求风险的分担，即具体情况具体分析，不能一刀切。

11 交易成本理论主要从合同结构角度研究交易，PPP 项目公司为交易提供了特殊的职能；代理理论关注代理人和委托人之间的关系如前者替后者做决策，解释代理人自己的利益影响决策，导致委托人吃亏。

12 机会主义行为源自交易成本理论，指某一参与方（如 PPP 项目的投资者或政府）利用信息不对称，通过欺诈等恶性手段达到目的，损害其他方的利益，是交易成本的来源之一，包含两个要素：侵犯合作方的利益和主观蓄意。

13 "PPP 不是比谁跑得快，而是谁能活到终点。"这是我 2016 年说的话，现在终于被验证。真正理解 PPP，才能真正理解政策本意与趋势，因为长期合同的 PPP 与短期合同的其他模式不同，除了理解政策，动态风险管理（如调节机制、重新谈判机制、退出机制等）极其重要，同年在清华第 1 届中国 PPP 论坛的报告就讲这个，主持人说我讲的以后很重要，我插话说现在就很重要。

14 无论是讲 PPP 或项目管理，我都强调：不冒风险挣不到钱，但冒风险，最怕的不是已知的未知/风险，而是未知的未知/风险（故识别风险很重要）；一定要考虑对风险的控制力（最有控制力的去承担相应风险）和承受力（尽量别承担不在承受力之内的风险）。经过这几年宣贯 PPP，越来越自觉这几条说得很好。

15 人们宁愿冒已知的未知，不愿冒未知的未知；倾向忽视潜在的好处，夸大潜在的风险。这也解释了企业/银行更愿做短期的 BT 或 F+EPC，不愿做长期的 PPP；期望政府给担保，不愿分担风险……

16 人们宁愿冒已知的风险，不愿冒未知的风险；但是，人们未知风险时最容易冒风险，已知风险时最不易冒风险。抗疫如此（1 月 20 日是拐点），做 PPP 亦如此（92/192/54 号等文件是拐点）。

17 PPP 合同期长短的影响因素：①最重要的是财务测算，太短则支付额大，政府或公众承受不了；②考虑人、设施、技术和艺术的寿命；③必须足够长才能激励投资者在设计阶段就集成优化全过程，以降低全生命期（建设、运维、资金）成本。

18 对从事 PPP 操盘的律师和法务很有参考价值。其实很多条款实践中已在用但更多、更细（故不能简单套用，可惜我没空，要不可以从理念角度解读有关条款后面的原理、意图、应用效果与案例，使大家知其然也知其所以然才能应用更好。（评论《关于发布〈世界银行 2017 年版 PPP 合同条款指南〉翻译稿的说明》）

> @王守清回复@快乐的阿秋 AQ：就是按 PPP（TOT）走程序：如"两评一案"通过，列入预算，人大通过，招投标或竞争性磋商谈判，回报与绩效关联，没有固定或最低回报担保……

19 作为 PPP 项目的任何一方，风险管理的起步：①学好 PPP 理论和内涵；②正确理解政策本意，不违规；③第一个项目不单干，要找有经验的合作，不愿跟人合作就找有经验的咨询（含律师、价造财税、技术、市场等）；④尽职工作，如调研、谈判与实施等。

> @站立的土拨鼠：王老师，想咨询个问题。一个海绵城市建设的 PPP 项目，主要是政府付费的项目。上级政府对于这个项目有 1 000 万元的建设补贴，这个补贴进入项目公司以什么形式进入比较好呢？如果以项目公司建设期收入的形式，那需要交税吗？
>
> @王守清回复@宋文清·青岛：那就只好作为政府在运营期的补贴，建设期支付似乎不符合财政部对 PPP 项目"补运营，不补建设"的精神。其实，就是财务测算模型的问题和上级对这笔钱的使用限制问题，不管这笔钱何时给投资者，后期的政府支付必须相应减少。
>
> @站立的土拨鼠：好的，谢谢王老师。①因为一开始对于这一块补贴不明确，招标时就没有考虑。现已招标完成进入建设阶段，补贴也申请下来要进入项目公司，只能按规定交税了。②如果招标前扣除建设补贴，那招标后，这个

款项以什么形式进入呢？

　　@王守清回复@站立的土拨鼠：因为这笔钱是一次性的，可以作为政府在项目公司的股份，也可以把总投资中扣去这笔钱再招标，作为建设期的收入则可能要交税（我也不很清楚，问税务专家）。

20 不能用工程承包短期合同的思维做长期合同的 PPP，要特别重视流程合规、尽职调查与预测、风险识别与管控、谈判与合同等，特别是对投资者而言，因为投资者钱没有砸进去之前还有谈判地位，砸进去之后就很难有了。

21 有些金融机构认为地方政府不会破产也不敢破产，存在财政兜底幻觉，加上政府背景项目融资规模大、利率弹性小，容易快速提升单位经营业绩和个人绩效奖励，对这类项目趋之若鹜，没有按照市场化原则严格评估政府背景项目风险，放松风险管控要求，大量违规提供融资。（评论《财政部揭地方违规举债四大成因|关于坚决制止地方政府违法违规举债遇到隐性债务增量情况的报告》）

22 问：政府付费无保障怎么破？答：分两种情况。①若政府没钱付费，就用别的资源补偿（打包 2 个或多个项目），或不做政府付费/补贴项目，只做使用者付费项目。②若怕政府有钱不付不守合同，没有特别有效方法，此时更要保证流程及做法合规特别是入库、拉中国 PPP 基金投资和放贷、拉对地方政府有影响力的更多股东、让政府出更多股份和提供更多支持、获取上级支持、合同中约定争议解决和退出与补偿机制、把风险转移或分担给分包商、报价更高、认命或不做政府信用不好地方的项目等。

23 即使是完全使用者付费的 PPP 项目，虽可把额外成本转嫁给使用者，但政府因公共政策或保护消费者等也会限制涨价，何况涨价还可能降低市场需求，减少项目收入（取决于项目的垄断情况）。

24 在悬崖峭壁建房盖楼，需要对基础有透彻的了解并采取相应的设计与施工；在中国的市场实施 PPP，需要对体制有深刻的理解并选择适当的战略与方案。

25 由于 PPP 项目涉及很多目标不同的利益方，合同期限又长，实施过程中的冲突必然比传统模式多很多，作为风险管理、合同管理和公司治理等的一部分，冲突管理特别是事先建立机制尽量避免冲突尤其重要。

@王守清：PPP 项目的冲突管理不仅要考虑项目的直接参与方，如政府、投资者、金融机构、分包商、供货商、保险公司等（内部相关方），也要考虑相关社会团体、工会、项目使用者、行业协会、反对党等（外部相关方）。

26 明确的 PPP 项目目标、产出要求、公平风险分担、责权利划分、有效沟通机制、"共赢"实施方案、及时支付、透明申诉机制等是避免冲突的有效手段。

27 几年前，《工程新闻纪录》（ENR）与英国某咨询公司的联合调研发现，应对工程风险的三大方法是：复合型团队、建筑信息模型（BIM）、公私合作（PPP）（见图 12-2)!

减轻项目风险的不同实践和技术

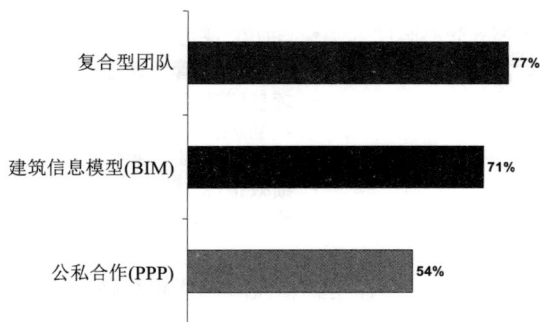

图 12-2　应对工程风险的三大方法

28 图 12-3 反映的是承包工程由于绩效问题而引起的争议，以及解决争议的主要方法（谈判与诉讼）。可以预测，包含建设与运营的 PPP 项目与绩效相关的争议会更多，解决争议的过程和方法会更复杂，特别是 PPP 相关合同签得不好、绩效指标与监管机制未明确的。

29 评估和减轻工程风险的常用方法，居然包括项目团队外部人员（含高层，融资机构和律师等咨询机构）参与（见图 12-4）。但这些人得靠谱，似乎就是批评我国过去 4 年不合规的 PPP：官员/银企高管 PPP 动机不适当、融资乱象且成本高、咨询（含律师）把关不严！

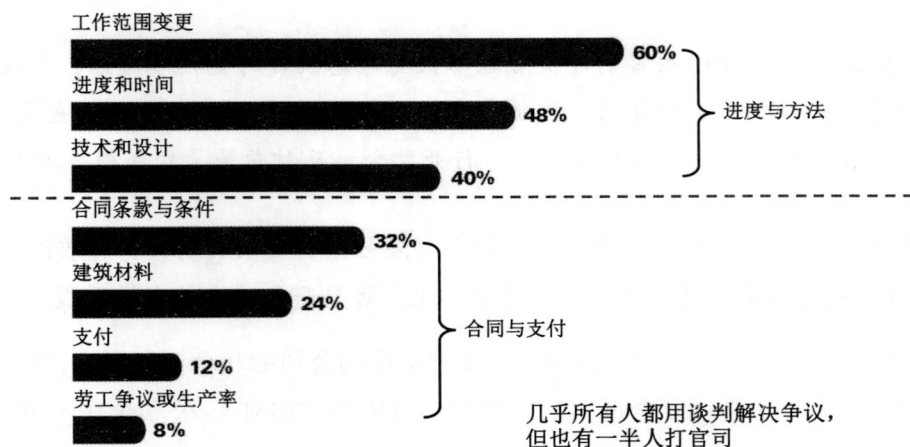

图 12-3 绩效问题最容易引起承包争议的常见原因

" 你唯一能做的就是通过严谨的成本测算和风险评估过程降低未知风险。 "

- **量级方法**
  - ✓ 仅对大项目进行统计模拟
- **"进/停"评估**
- **风险登记/管理计划**
- **项目团队外人参与**
  - ✓ 独立评审
  - ✓ 高层、融资、律师
- **绩效指标**
  - ✓ 成本和进度最常用

图 12-4 最佳实践：风险评估和减轻方法

30 如果是政府负责设计的 PPP 项目，其范围、规模、标准、功能、工艺的变化都应纳入工程变更范围，政府提出的变更或投资者提出但经政府批准的变更所产生的成本和工期变化，由政府承担责任，施工组织和施工方法变化等导致的变更则由项目公司承担。

@王守清：如果是投资者负责设计的 PPP 项目，在满足政府的产出要求（含范围、规模、标准、功能等）时，其他如工艺、设备特别是施工组织和施工方法等的变化所导致的成本和工期变化，主要由投资者承担，除非合同中另有约定。

@积少成多 PPP：甲方负责设计的 PPP 项目，严格意义上不是真 PPP 项目，因为失去了设计施工一体化的完整性。

　　@王守清回复@积少成多：是的，但PPP是个统称，有四五十种模式，投资者仅运营如TOT（政府已建好，不需要修复的TOT；需要修复的叫ROT）也是PPP。

31 超概算时，在PPP项目签约之前与之后的处理不同，招标之前超概算是政府的事，超10%得再报批；签约之后超概算，得看合同约定、超概算原因和谁造成的等。PPP项目一般是固定工期固定总价合同，若是政府提出变更引起的超概算，则由政府负责；若不是，则一般是项目公司负责（项目公司再转移给承包商）。

　　@王守清：对产出要求明确且能定量的电厂、水厂、污水和垃圾处理厂，政府应根据国有企业过去的经验和水平，提出产出要求（范围、质量、服务等），投资者投标报价每度电、每立方米水多少钱（单价），中标后建设和运营成本超支、产出不达标等主要就是投资者的责任，当然还有事先约定的调节/调价机制。

　　@秋窗疯语系：施工企业牵头的项目公司，不愿意将风险转嫁给总承包的，因为通常都是施工企业自己干总承包。项目公司就是个牺牲品，项目公司管理人员多头受气，政府方嫌你什么都做不了主，总承包嫌你跟传统业主一样管这管那诸多要求不拿总承包当自己人，社会投资人揽权不放有事就把项目公司推出去"背锅"……

　　@秋窗疯语系：有时候已签约但概算还没出来核准报批也还没办完……

　　@王小宾-王：EPC多数情况下是可研估算价报下浮率招的标，中标后才初步设计定概算，政府往往用以前作的可研，因为材料涨价时间差因素，中标后概算超估算。

32 政府对投资者在PPP项目建设期的利息一般不干预（但投资者投标时会计入成本），以发挥投资者的融资能力，融资成本高则投资者承担相应成本，低则享有收益。但对采用竣工决算审核计算回报的PPP项目，则需在合同中约定对建设期利息的计算规则，以投标时确定的利率作为计算基础，不建议按实际融资成本计算。

33 随着我国PPP数量的增加与数据的积累，PPP项目在不确定情形下的财务测算将越来越靠谱，常用的风险定量评估方法有：敏感度分析、情景分析、蒙特卡罗模拟分析等。

34 降低 PPP 项目未来的不确定性有利于实现物有所值（VfM），因为不确定性会导致投资者要求更高的风险对价，故政府若不担保最低市场需求（特别是政府控制管网的电厂/（供/污）水厂项目），就很难吸引到投资者，即使吸引到，也难 VfM。

35 有人应用 Real Option 研究表明：在政府提供最低需求担保且分担超额收益的排他性 PPP 项目中，政府的担保成本与担保需求量正相关（正确的废话）、规模小的项目对市场需求更敏感（有意思）、政府参股能增强投资者信心（但比例应情景/模拟分析）。

@小 Q 小 P 宝宝：这结论是简单逻辑都能推理出来的，为何都能称为研究。

@王守清：是的，这种研究创新性不强，只是应用另一种方法得出或验证其他方法得出的结论，但其分析过程和模拟方法可启发思路与方法，有利于政企之间谈判，就一些关键指标如政府担保水平、参股率、补偿额等更有依据达成共识。

---

36 谁对长期的市场需求风险都没有完全控制力，故 PPP 国际惯例是分担市场需求风险。即使政府担保最低需求量或给排他性担保，合同还有很多细节，如最低需求担保量是按国企效率，只保证投资者不亏本，不保证赚钱；有动态调节机制、封顶措施（对称原则）、例外情况、激励措施、再谈判与退出机制等。

@积少成多 PPP：保障不亏，是不是有点不对等，毕竟盈利亏损都要一样风险才对等？

@王守清回复@积少成多 PPP：注意，是按国企的效率保证投资者不亏。如果社会资本的效率低于国企，投资者已经亏了；如果社会资本的效率高于国企，对政府已经物有所值了。而且这是一般惯例，根据项目的市场反应，政府还可以制定更严的条件（担保更少、要求更高等）。

---

37 在 PPP 项目特别是销售渠道（如电/水网）是政府控制的，政府一般提供最低需求担保（如电/水厂签照付不议合同）、最低收入担保、调价担保（一般是"协议价+多退少补"机制，而非使用者支付价）、排他性担保。在我国，政府提供最低或固定回报率担保是违规的。

@王守清：政府在 PPP 项目中提供排他性担保是保护投资者利益（长期合同有很多风险），以在政府由于公众需要而建设类似设施而构成竞争时（属于政府违反排他性担保）给投资者必要补偿，而非恶意限制竞争。

38 销售渠道（如电/水网）政府控制的如电/水厂/污水/垃圾处理项目，政府应提供最低需求担保；销售渠道不是政府控制的（如路桥隧项目），政府应给最低需求量或排他性担保。故财金 10 号文是有问题的，如果对"保底回报"理解与上述不符，则不公平，投资者的风险太大了，没有太多人敢做 PPP，除了不怕死的。表12-1 为被国企收编或参股的民营环保企业。

表 12-1 被国企收编或参股的民营环保企业

时 间	环境企业	国 资
2018.5	盛运环保	川能集团
2018.8	凯迪生态	中站华信
2018.8	三聚环保	海淀国投
2018.1	环能科技	中建启明
2018.1	永清环保	金阳投资
2018.1	天翔环境	四川铁投
2018.1	兴源环境	两家国有资本平台
2018.11	东方园林	盈润汇民基金
2018.11	神雾环保	南昌市政府
2018.11	中金环境	无锡市政
2018.11	美晨生态	潍坊城投
2019.3	启迪桑德	雄安集团
2019.4	碧水源	中国城乡
2019.4	清新环境	国润环境
2019.5	博世科	广西环保产投
2019.6	锦江环境	浙能集团

39 车流量预测非常难，Flyvbjerg 等调研了 200 多个交通项目，发现超过 50% 的项目的车流量预测误差都超过 20%，故 PPP 项目的车流量风险要动态分担并应用上下限对称等原则。

40 PPP 合同中涉及某种情况的"实质"变化时，最好定量化（如图 12-5 所示车流量高于或低于一定量），更好是定量为财务模型中的某个金额值（如月收入高于或低于多少，或利润率高于或低于某个数），以避免将来对"实质"的理解不同而扯皮。

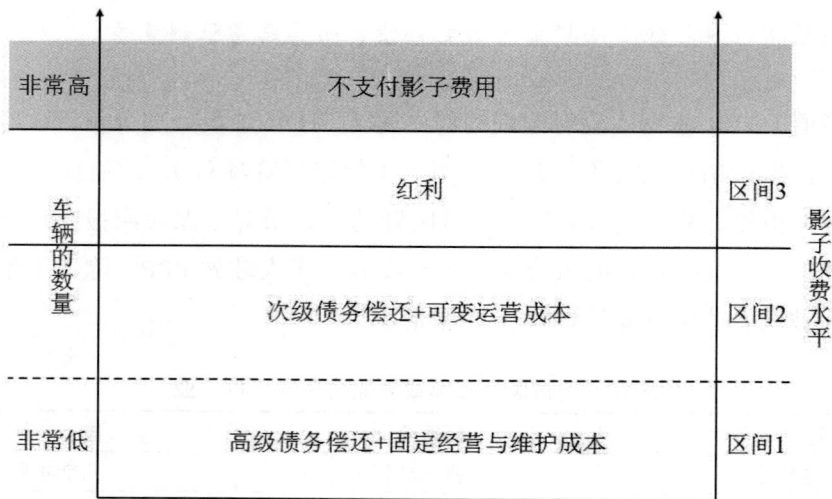

图 12-5　上下限示例：公益公路的影子价格 vs 流量

41 不管是不是 PPP 项目，EPC 固定工期/固定总价合同并不是不能调整工期/成本，关键看引起变化的原因（如法律变更、通胀和不可抗力等引起的是可以调的）与合同的约定，故对合同双方及其咨询和律师的能力要求很高，一分钱一分货。

42 法律变更是个统称，通常包括发布或修改法规/法令/条例/规范，会造成履约成本增加、更难甚至无法履约，其后果取决于一系列因素，特别是在不确定性下如何投标报价、合同中如何定价调价，以及合同期限长短等。

　　@王守清：PPP 合同应约定，发生法律变更风险时应如何补偿投资者，这取决于回报机制可包括：①政府增加可用性支付；②使用者付费价格提高；③减少投资者应付额；④政府支付一笔补偿总额；⑤延长合同期。

　　@王守清：法律变更的实例：有更高要求的安全或环保标准（含有关应对气候变化的立法）、强制提供残疾人设施、新的税收或税率变化等。

43 PPP 合同中的法律变更条款并不能防止法律变更，因为法律变更是有关政府或立法部门的特权，如为了履行国家或国际有关环境、人权或气候变化等的职责与承诺而发布或更新法律。

44 法律变更也可能对投资者有利，故 PPP 合同中的相关条款必须是互惠与对称的。在成熟市场，最好就法律变更订立单独的合同条款，同时加上一条有关政府所承担风险的对投资者补偿/免职的单一机制条款，澳大利亚、荷兰和美国一些州就是就法律变更和其他一些类似事件这么订立条款。

45 因为法律变更还会影响所提供的服务，故建议 PPP 合同中应包含在什么情况下各方可协商变更哪些内容的条款。PPP 合同中对法律变更的应对，应避免投资者对其分包商做出超过 PPP 合同一般情形下的过多保护（分包商也应分担法律变更的一些风险）。

> @王守清：有的 PPP 合同把法律变更归入政府负面行为，若合同对政治风险与政府负面行为是同样处理的，这也是合适的，特别是在立法变化是较大的真实风险因素的不成熟市场。
>
> @美丽心灵-2012：我现在正在执行一个 PPP 项目，请问，这样的项目政府参与工程质量控制和工序验收吗？
>
> @王守清回复@美丽心灵-2012：取决于项目类型和政府想法，一般会参与，毕竟是提供公共产品或服务，不能出事。
>
> @美丽心灵-2012 回复@王守清：该项目位于南美洲，运营期 25 年，建设期 5 年。

46 PPP 项目投资者和放贷方认为，法律变更类似于政治风险，是他们不能控制或管理的，故应由政府承担。即使签约政府方不能直接影响法律变更，但签约政府方作为上级政府的下属，承担这些风险是公平与比较合适的。

> @说好话做好人_：我觉得还是垫资方承担这风险比较靠谱，政府机关那些都是风险规避型的，更别说在法界以外游走了。
>
> @王守清回复@说好话做好人_：垫资项目合同期短，垫资方分担多是应该的；但 PPP 项目合同期一般 10～30 年，公平做法是：本级政府政策变化，政府承担风险；上级政府法律法规政策变化，政府承担大部分，投资者分担小部分。

47 法律变更风险的分担是 PPP 项目可融资性的基础，与项目所在国的法律体系与框架的稳定性相关，越是不成熟的国家，越应由政府承担。即使在法律体系相对成熟国家，投资者和放贷方愿意承担 PPP 合同期的法律变更风险，他们也必须把该风险的对价计入合同总价或单价中，这不仅很难，还可能在该风险未发生时，造成政府花费昂贵。

48 法律变更风险分担的起步工作是定义"法律变更"，包括：①适用法律；②哪些构成法律变更；③这些变更的生效日期；④在该日期前的可预测性。政府要平衡后决策，既要鼓励投资者按最佳实践、用最佳已有技术和预测将来发展来设计和实施 PPP 项目，又要避免投资者考虑太多不可预见和不可控制的法律变化（有些可能不会发生）而太高的报价。

49 法律变更风险的分担方式：①所有法律变更风险由政府承担，免除投资者在此风险下的所有责任，有利于融资，但投资者报价要低，不能包含相应风险对价；②投资者分担法律变更的基本风险，即按年设定最低成本门槛，由于法律变更造成成本增加低于此门槛时，由投资者承担，超过则由政府补偿，菲律宾最近常用此法；③歧视性法律变更风险（仅对 PPP 或仅对投资或运营者的）和特定法律变更风险由政府承担，一般法律变更风险特别是运营期的由政府承担，其他法律变更风险（建设期和上述三类之外的）由投资者承担；④所有法律变更风险由投资者承担，这是很不寻常的方法，只有在法律非常成熟的市场且投资者有可能把相关风险所造成的成本增加转移给第三方（如调价且不影响市场需求）时才可能。

> @王守清：发生法律变更风险时，投资者在下列情况下不应被认为是违反合同：①合同规定投资者不承担法律变更风险时的绩效不达标或延期；②为应对法律变更的项目范围变更（当然，合同中要约定变更流程，如政府提出变更要求）。

50 PPP 合同期限长，为了应对不确定性，PPP 合同中都有调节/调价机制甚至公式，但这些不足以补偿由于法律变更/政府负面行为/不可抗力风险等造成的重大成本变化，故合同中还应有单独条款解决这些问题。

51 因为 PPP 项目的长期性（二三十年或更长的），越来越多在合同中考虑气候变化（如极端天气事件和逐步的气温/海平面上升等）对 PPP 项目的影响，取决于项目地点（如海边的）/类型（如已受影响的）等，明确是否不可抗力或什么条件下是。

52 在自然灾害频发的国家应当要求 PPP 投资者对主要事件投保。例如，智利经常发生地震，加勒比地区经常发生飓风。对于无法投保的事件，政府应当通过灾难保护措施应对这些不可抗力事件并分担相应风险。

53 不可抗力（Force Majeure）最初是大陆法系（合同双方在签订合同时自由度有限）里的概念，现在大量用于商业合同中，包括普通法系（合同双方有较大自由）国家。

> @王守清：不可抗力指发生下列事件或情形：①超出合同双方控制；②使得某方不可能履行其全部或主要的合同责任。
>
> @王守清：有些国家一般法中已有不可抗力定义，有时限制了在 PPP 合同中约定不同的应对方法，特别是在大陆法国家。建议不管是普通法或大陆法国家，最好在合同中有不可抗力的专门条款并明确是否减损的潜在法律。
>
> @你笑一点一点一滴漾开的主场：王老师，PPP 为什么要商业模式创新，有些搞不懂。
>
> @王守清回复@你笑一点一点一滴漾开的主场：PPP 本身就是一种模式（项目交付模式）创新，要求投资者能发挥能动性和创造性、集成全过程、挖掘项目潜力、提高效率（比传统模式干得更物有所值）。

54 定义不可抗力的第 1 种方法：开放式列出超出受影响方合理控制力的所有事件，并满足一定条件如可预测性、可回避性和使受影响方无法尽职的，此外还可罗列所有但不限于的事件清单。不可抗力风险"开放式全覆盖列出"定义方法常见于大陆法系国家，比较适合于新兴和不那么成熟的 PPP 市场，因为投资者较难管控满足定义的不可抗力事件。

> @王守清：定义不可抗力的第 2 种方法：罗列出超出受影响方合理控制力的所有事件的穷尽清单，通常包括：①政治事件，如战争/恐怖活动/罢工/示威；②自然灾害事件，如地震/滑坡/洪水/气候风险；③核爆/辐射等事件。荷兰罗列的是非常有限的清单，英国 PF2（不可保险事件）和澳洲指南也类似。

55 无论是第 1 种方法还是第 2 种方法，都可以在不可抗力定义中特别排除某些事件（如有规律发生的自然事件，如季节性大雨造成洪水）或后果达到足够程度时（如百年一遇洪水或一定级别以上地震）才纳入，即把合同起草重点从什么是改为什么不是不可抗力。

@王守清，一些风险事件在新兴市场中被认定为不可抗力但在发达市场则为豁免事件，即由投资者承担这些风险，但当其发生时，投资者可豁免责任，不算违反合同，合同中里程碑日期还可延期（时间豁免）等。因为在发达和可预测市场，投资者已能管控这些风险。

56 有关不可抗力，PPP 合同应主要关注：什么事件算不可抗力？不可抗力发生时投资者是否该和如何获得补偿？不可抗力发生时什么里程碑是否及如何延期？是否投资者和政府可以豁免其合同责任及其后果？不可抗力持续多长时间后，合同可终止？如何补偿？

@王守清：在传统商业合同（如两个私营方）中，所分担的不可抗力一般包括：自然不可抗力（如自然灾害/瘟疫/流行病）；政治不可抗力如政治事件（如罢工、国有化、上级政府拒绝批准或给执照）。

@王守清：自然不可抗力的应对比较简单，就是分担；政治不可抗力的应对则很复杂，完全由政府或企业承担或政企分担取决于所在国法律、有关事件、投资者承担风险的报价等。

@王守清：在有些国家特别是普通法系国家，如荷兰与波兰，合同双方可以自主在合同中约定不可抗力的范围及其后果，即自由度很大；而其他国家特别是大陆法系国家，如法国和比利时，已经对不可抗力有定义，合同双方自由度较小。

57 由于不可抗力导致投资者还本付息出现困难时，政府可以通过下列方式分担该风险：调价、补偿、延长合同期、允许二次融资，作为最终支持手段，政府甚至还可以提供救济贷款或提前支付，实在没法了，就只好终止合同。

@王守清：PPP 项目不可抗力下终止的触发条件：不可抗力及后果持续太长如超过 6～12 个月，项目很难恢复到正常状态，在一定期限内各方难以达成共识解决方案，合同约定的其他情况。政企双方在不可抗力下终止 PPP 项目的权力应对称，如澳大利亚 PPP 指南中规定，政府可在发生任何不可保险的不可

抗力事件时终止项目。

58 世界银行建议：PPP 项目因不可抗力且双方没有过错而终止时，一般原则是，政府仅补偿投资者在终止时未收回的本金余额（不补偿投资利润）和未偿还的贷款本息余额，有这样的条款易解决项目的可融资性。

> @sunny 静观木森林：可以买保险吧。
>
> @王守清回复@sunny 静观木森林：很多是没有保险或保险覆盖不了的或保险费太贵。
>
> @王守清：不可保险性（uninsurability）不仅仅是指对特定的风险，国内外市场上没有品牌保险公司能提供保险，还包括即使有提供但其保费奇高使得投保不现实。

59 PPP 项目发生政府负面行为/政治/不可抗力风险等时，合同中应约定投资者的免责范围和程度、政府的分担风险程度与补偿责任（分担投资者损失与额外成本和时间）、投资者持续尽职、报告和分担责任等。如果 PPP 项目发生政府负面行为/政治/不可抗力风险的后果持续超过一定期限（如 6 ~ 12 个月时），政企双方可以终止合同，补偿标准可以事先约定为不同情况下的几个等级。

60 经过 40 多年的改革开放，PPP 项目的国有化风险在我国不太会直接发生，但缓慢/间接的国有化风险依然存在，只是很难有证据。过去 6 年不少做 PPP 的民企都倒霉了，有民企冒进等自身原因，结果也有点像缓慢/间接的国有化。

> @王守清：民企的融资就像夹在两边是高层楼房中间的那排低层楼房，有阳光，但不能像两边的高层楼房（央企和国企）一样享受阳光，在去杠杆政策下，立马凉透。

61 PPP 的核心也是关系管理：政企关系、政府部门间关系、股东关系、投贷关系、分包关系、公众关系等。通过处理各类复杂的人际关系、合同关系和财务关系以将风险降到最低，实现共赢。

62 PPP 合同的长期性造成合同的不完备，要想做好 PPP，合同很重要，但光靠合同是不够的，政企之间的良好伙伴关系也很重要，即"基于双方的互信、承诺和尊重所构成的个人和情感强链接"（Jones & Noble，2008）。

63 政企之间的关系分为两个层面：政企两个单位之间的关系（组织是很重要的，如政府/银行偏好央企/国企社会资本），政企两方员工特别是主管之间的关系（人是组织的代表，也很重要，同一单位内不同人去办事的结果不同）。

64 信任、投入、沟通是关系质量的最重要三大要素，尊重、公开、坦诚和公平则是次之四要素，无论是对 PPP，还是对婚姻/恋情。

65 信任是大家都知道的概念，也都知道很重要，但并不真理解其内涵。这篇文章写得有点学术，从 8 个学科视角解读信任，理解后对实务非常有益。例如，PPP 的第 3 个 P 是伙伴关系（Partnership），与信任密切相关！没有信任，就无法合作，婚姻亦如此。（评论《信任的多棱镜，照见世界的暖与前方的路》）

66 因 PPP 合同的长期性，评估气候变化相关风险和自然灾害风险很重要。尽管气候和灾难相关数据越来越多，但预测这些风险及其影响仍是挑战，应将气候适应能力纳入风险分配矩阵和全生命期成本优化方案中。

67 PPP 合同应约定如何延长投资者在发生法律变更风险时的关键日期（如试车、正式运营等）和如何分担所增加的成本和延期。

68 黄律师等此文很专业，我讲课一直说下述核心观点并科普理由：①若签约前已有规范性文件，政府可解除不合规合同，但损失双方分担；②若签约后才出并造成合同不合规，也可解除合同，属法律变化风险，政府主要承担损失，企业次要承担。（评论《【独家】政府方可否依据规范性文件解除 PPP 合同？》）

69 常识就是从最深刻的道理和最频繁的实践中拎出来的……。以前，在各种场合，我常说，做 PPP 不能忘了常识：要看现金流，天上不会掉馅饼。

————————————————————

@思考不设限：王教授，今年大项目会大量上马，基本都是很急，怎么控制风险呢？

@王守清回复@思考不设限：PPP 会热一点，但也不可能回到 2017 年高峰；总之，天上不会掉馅饼，若项目没有现金流的话，谁敢投和贷？

2020 年的最近还总有人问我 PPP 是否会再火，我说会好一点但不可能回到 2017 年的高峰，因为 PPP 不是万能钥匙，天上不会掉馅饼，关键看项目现金流，并建议他用常识依次想想：你公司有钱做资本金吗？能贷到款吗？若都能的话，项目建成后能向公众收费足够回本赚钱吗？若不能，靠政府支付/补贴的话，政府有钱吗（财政承受力够吗）？若政府没钱，能给其他资源补偿吗？当然，如果是央企/国企高管问，我就不啰唆这么多了，只建议，公司没活干就投PPP吧，如果能借到钱，至少还有活干，能收回与否和民企相比不那么重要，关键是决策者别独自担责，要集体决策一起担。

70 美国建筑行业协会的争端预防与解决研究小组对191个单位（业主与承包商约各半）的调查显示，工程项目施工阶段产生争端的十大原因之首是合同条款中的风险分担不合理。

第 13 章

直接介入权

1 PPP 合同应约定在什么情况下，发生法律变更风险时，受影响的一方可以终止合同。在大陆法系国家，一般会有专门的合同终止条款，但在普通法系国家特别是法律体系成熟的却不常这样做，因为投资者和放贷方认为法律变更不太可能会造成如此悲剧结果。在 PPP 中，有政府签约方介入 PPP 合同另一方投资者的权力，也有放贷方（债权方）按（与政府的）直接协议（direct agreement）中约定的直接介入投资者在 PPP 合同中的权力。

> 王守清：政府要有介入权是因为 PPP 是提供公共产品，而 PPP 合同期可能发生一些投资者没有控制力的情况，或投资者绩效严重不达标和/或违反合同。

2 政府介入权有时对某些 PPP 项目不合适，如政府无相应运营经验且找不到合适的分包商帮忙，此时，政府可依赖于与投资者的合同，帮助投资者履约但要扣除给投资的费用。

在有些国家，介入权只适用于特定阶段，取决于项目类型和行业，如法国高速公路，介入权只适用于工期严重延误的建设期，但不适用于运营期；而监狱则反之。

3 对基本公共服务和/或政府负有法定义务的相关服务如医院/监狱等社会事业 PPP 项目，或投资者中断服务会严重影响政府和公众的项目（如路桥隧/机场/港口等中断后影响食物等供应），政府往往需要完全的介入权。

4 政府行使介入权以应对：①紧急状况，动用消防/警察甚至部队；②社会/环保风险，保护公众/动物/财产/环境/健康/安全；③法定义务，当投资者不能提供时。武汉封城，PPP 项目都具备政府行使介入权的触发条件。介入权可能会涉及其他合同条款，如不可抗力/法律变更/不可保险事件/投资者违约，必须协调匹配。

@王守清：政府的介入权应体现在 PPP 项目有关的所有协议中，投资者须保证其所签相关协议中的合同对方（如分包供货商等）承认政府的介入权。

武汉因新冠肺炎疫情封城，任何 PPP 项目都具备了政府行使介入权的触发条件。有时介入权可能会涉及其他合同条款，如不可抗力、政府负面行为、法律变更、不可保险事件、投资者违约，这些条款必须协调匹配。

5 政府介入时间的长短取决于具体情况，可以几小时到几周甚至更长，但通常短于不可抗力、政府负面行为直至终止前的持续时间。如果政府介入时间较长且没有明确介出时间，最好按不可抗力应对条款或合同终止流程实施。政府的介入权可以是接管整个项目或某一部分，并可在需要时采取其他措施，如评估项目相应部分，并要求投资者按政府指令继续承担合同责任。

6 政府的介入是权力而不是责任，故 PPP 合同应明确政府介入的条件，以及政府介入时，不承担 PPP 合同及相关协议、以及与放贷方的直接协议中投资者的任何违约责任或风险应对责任。

7 在介入权之外，政府还应在 PPP 合同中约定其在合同期内监控投资者绩效并到项目现场检查的权力，因为绩效监控可尽早发现和解决可能导致介入的问题从而避免介入。

@爱罗武勇 13：定期检查权之外还有临时检查权，静态绩效之外还要考虑动态绩效。

@刘承题一娱乐法：绩效要求应该提前写入合同吧，否则弹性太大。

8 如果是由于投资者违约导致的政府介入，多数 PPP 合同将由投资者完全承担介入的后果；如果是由于分担给投资者的风险导致的介入，介入的后果可以分担或取决于介入的程度或后果；如果不是由于投资者的过错导致的介入，则政府承担介入的后果。

在法国，政府介入仅限于投资者违约时，且投资者承担所有成本，有时则有上限

（如项目总价的 15%）或有期限（如 6 个月）或政府介入 6 ~ 12 月后可终止合同。荷兰也类似于法国，介入也限于投资者违约时，并可在一个合理期限之后，政府有权自己或提名某一方去解决项目问题，并向投资者索赔成本（与额外费用）。在有些国家如澳大利亚，投资者须无条件同意政府及其指定方作为全权代理行使介入权，放贷方也要在协议中明确承认政府的介入权且优先于自己介入权行使和成本覆盖。

9 政府介入的范围和条件是 PPP 项目可融资性的一个重要因素，因为该介入将影响有关方在 PPP 相关合同中的权力、责任和义务。放贷方对此非常关注，仅会同意政府有责任必须连续提供服务的行业且政府有相应经验时的介入。

政府介入时，在某些情况下，投资者可豁免责任，但政府也可要求投资者：①协助政府，如提供道路和资源；②不得做任何妨碍政府行使介入权的事。

> @王守清：为了保护投资者，政府介入后解决项目问题时应选用合格的第三方并通知投资者和让投资者参与。
>
> @刘承题一娱乐法：若合同未有明定，政府介入权的边界在哪里呢？
>
> @王守清回复@刘承题一娱乐法：保护公众利益，投资者不能持续普遍提供公共产品/服务时。

10 政企双方应保证投资者的保险投保有覆盖政府行使介入权期间所造成的损失和不影响原保险功能，政府还应要求其利益（如有）在投资者投保（特别是第三方责任保险）时被同步保障。

11 PPP 项目中，除了政府有介入权，放贷方也有介入权，指放贷方在借款方违约时接管借款方的责权利，在与政府的直接协议和与借款方的贷款合同中约定细节，一般是有限时间段，目的是补救、避免合同终止，故放贷方的介入权与政府的介入权不同。

> @王守清：政府希望 PPP 项目建成和保证公共产品/服务供应的目的与放贷方在投资者违约时补救和避免 PPP 合同终止的目的是匹配的，故同意给放贷方介入权。放贷方介入权对基于 PPP 合同下项目现金流的有限追索项目融资是非常重要的，因为若政府终止违约投资者的 PPP 合同时，对贷款本息尚未收回的放贷方的影响是致命的。

12 在有些国家，可能已有法律如破产法和招采法等禁止政府给放贷方介入权，此时应修改有关法律以适应 PPP，否则 PPP 项目很难融资，更别说有限追索项目融资。我国这方面法律基本上是空白，现实中的 PPP 合同结构也基本上没有考虑放贷方的直接介入权，PPP 项目融资难，有限追索项目融资更难。

@王守清：有些国家（如荷兰、南非和英国）已有政府与放贷方之间直接协议模板，直接协议一般与 PPP 合同同日签署，若不能同日，则必须在融资关闭（financial close）时签署（如荷兰与美国），但协议细节在 PPP 合同签订时已谈成，若是竞争招标，则最好在招标时敲定，以避免后来再谈。

13 政府和放贷方直接协议要点：互相通知（投资者违约导致政府欲终止 PPP 合同、投资者违反贷款合同或放贷方要求提前还款），决策时限，放贷方提名的接管人或条件，支付相关条款，放贷方指定接管人承继投资者合同，双方介入的优先级（一般放贷方优先）等。

放贷方一般要承继介入时投资者未履行的义务或支付，但介入后将来的义务和支付则因地而异。若要求放贷方承继将来的义务和支付，则一般要封顶（如英国早期的 PPP，但现已取消）。政府要给放贷方合理的介入时间以补救投资者的过错和找到接替的投资者，此后，放贷方就可正式介出。

第 14 章

争议解决与退出机制

1 Guasch 2004 年对 1985—2000 年间拉美 1 000 多个 PPP 项目的分析发现，10%的电力项目、55%的交通项目和 75%的水务项目都经历了再谈判，多发生在签约后的 1.6～3.1 年。我国也类似，特别是清库整改起。

———————————

@王守清：Guasch 认为，合同签订后频繁发生重新谈判反映了最初招标过程的一些陷阱、监管不力、企业或政府的投机心理。大多数重新谈判都对企业有利，如涨价、减少或延迟投资义务，如有成本节余则并未与政府分享，但超支则有政府分担。

@王守清：Sousa 2011 年对葡萄牙重新谈判的 PPP 项目分析后指出，政府对 PPP 合同进行重新谈判的明显意愿会削弱竞争过程，使投标者以战略投标赢得合同，然后在没有竞争的情况下重新谈判而获益。我国也有类似的事，原因相信大家都能猜到。图 14-1 和图 14-2 分别为我国和国际上 PPP 的争议概况。

- 根据在中国裁判文书网上检索，自2014年至2016年12月31日，各地高院及以上法院审理PPP(含特许经营和BOT等不同称呼)项目相关争议案件59个，其中民事案件46个，行政案件13个。
- 争议焦点集中在合同性质、合同解除、借款纠纷、合同效力、特许经营权授权、政府违约等方面。
  - 其中由于政府行政行为违法导致的合同效力争议占据约40%的比例
  来源：谭敬慧，中国建设工程争议解决年度观察(2017)，北京仲裁委员会，2017
- 2018年4月财政部PPP项目储备库、管理库、示范库的退库和整改，会引起很多项目的争议
  参见：财金〔2017〕92号文和财金〔2018〕54号文，以及网上的相关统计与分析

图 14-1　我国 PPP 的争议概况

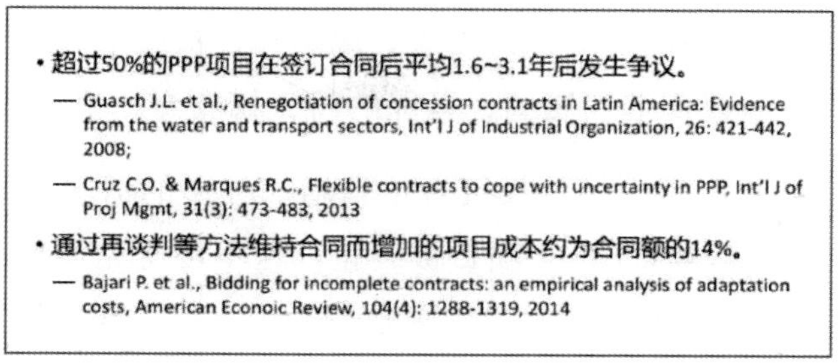

- 超过50%的PPP项目在签订合同后平均1.6~3.1年后发生争议。
  — Guasch J.L. et al., Renegotiation of concession contracts in Latin America: Evidence from the water and transport sectors, Int'l J of Industrial Organization, 26: 421-442, 2008;
  — Cruz C.O. & Marques R.C., Flexible contracts to cope with uncertainty in PPP, Int'l J of Proj Mgmt, 31(3): 473-483, 2013
- 通过再谈判等方法维持合同而增加的项目成本约为合同额的14%。
  — Bajari P. et al., Bidding for incomplete contracts: an empirical analysis of adaptation costs, American Econoic Review, 104(4): 1288-1319, 2014

图 14-2 国际上 PPP 的争议概况

2 PPP 的规范整顿使一些项目（含已签约的）进展出问题，若合同有约定风险分担/谈判/退出/争议解决等机制，按合同走；若无，各方应根据初心好好谈，考虑：项目是否还必须做？投资者是否还想继续干？股权变更/投资者退出/项目中止的后果？重实质而非形式，整改结果能共赢即可，因为本来 PPP 就是新生事物、政策等多方面不成熟。

3 PPP 项目周期长，法规不完善，合同不完备，争议难免，关键是在法律（要完善）框架下，在合同中约定好争议解决原则，并在出现争议时，心中有公众，以伙伴关系（Partnership）解决。[评论《【建纬观点】2019 年度 PPP 争议解决观察报告（PPP 政策与争议解决）》]

4 近年来一些 PPP 项目出现争议，调解员/仲裁员/法官/代理律师最发愁的是（法规政策有模糊之处，出台者又不出意见，自己吵又难服众），PPP 项目是否合法合规，应由哪个部门或机构认定？有啥好办法？如果争议双方认可，越来越多的选择由上级主管部门（特别是政府付费/补贴的 PPP 项目则由财政厅）组织发改委/财政部双库 PPP 专家研讨后出专家意见。

5 世界银行建议的争议解决要点：合同各方都应提前决定在本国法律框架下所能接受的争议解决机制，如司法解决、半司法手段、行政裁决、仲裁、非强制性的其他解决方式等。

6 下位法服从上位法，"如 PPP 项目合同的相关安排违反规章或规范性文件，并可能导致损害社会公共利益的后果时，则同样存在被认定合同无效的风险"。（评论《合同违反规章无效？PPP 投资需谨慎——从最高院一营业信托纠纷说起》）

7 PPP 合同争议解决条款应包含：适用法律，快速友好解决争议的责任，独立专家解决特定技术争议，明确解决方式（法庭或国际仲裁或专家，若仲裁则再明确仲裁机构和流程），争议期继续履约，可能的豁免权放弃，争议解决成本等。

8　Guasch（2017）：政府很少拒绝投资者申请增加补贴的请求，除非其后果会导致项目终止。全球只有 3% 的 PPP 项目被终止，这不可避免地误导了投资者认为政府会接受其增加补贴要求的期望，特别是若流程不完善或决策官员已受贿。

9　PPP 诉讼机构：本国法院（政府优选，因熟悉和匹配于本国法规则的 PPP 合同，降低本地用户和相关方被其他索赔的风险，诉讼成本低于岸外法庭和国际仲裁），岸外法院（国际投资者优选，怕本地的不熟悉 PPP 而延误或不公平，合同适用其他法律时；政府为吸引外资等）。

10　仲裁可以是合同约定的诉讼之外的争议解决方式（在中国有争议，因高法〔2019〕法释 17 号文），通过由 1 或 3 个仲裁员而非法院来解决争议，仲裁还有利于保密，但成本比诉讼较高且有时与诉讼一样费时。

11　选择仲裁的关键步骤：①选择仲裁机构的规则，如 ICC、LCIA、SCC、HKIAC、SIAC、CRCICA 的或专设规则如 UNCITRAL 的；②选择仲裁厅（城市）时要考虑国际法庭对该厅有监管、国家仲裁法适用该厅、仲裁结果与执行匹配；③决定仲裁方法与仲裁员（人数/资质/国籍等）；④集成与统一所有合同的仲裁方法。

12　PPP 项目争议解决的其他/非正式方法：高层非正式会谈、谈判、聘请外部争议解决委员会调解、聘请专家解决技术方面的争议等。

13　由 PPP 双库专家中第三方专业人士组成独立的委员会，对 PPP 项目中的解决争议，比较专业和公平，虽然不具有法律效力，但比较容易受到争议双方的认可，也可避免仲裁和诉讼的麻烦（特别是国人的面子与关系文化下），可在合同中约定。

14　"一带一路"（中国）仲裁院 PPP 仲裁中心的成立，是为"一带一路"建设中的 PPP 项目纠纷提供了高效、便捷的法律支持；开展仲裁服务 PPP 项目的调查研究和理论探讨；进一步促进重大项目（PPP）落地，拉动社会（民营）资本参与 PPP 项目，助推项目实施。[评论《"一带一路"（中国）仲裁院推动新格局 助力 PPP》]

15　PPP 合同可以正常终止，即约定的合同期限到期，也可以在预先约定的严重情况下提前终止，如持续的不可抗力、政府或 SPV 违约、SPV 资不抵债或破产、SPV 提供的产品/服务有严重缺陷且未能及时补救、政府自愿终止等（见图 14-3）。

@王守清：一般而言，投资者不能履约时，可被免除责任的意外事件（supervention event）可分为可补偿事件（compensation event）、可救济事件（relief event）和不可抗力事件（force majeure event）。政府应给的支持顾名思义，不可抗力事件下，政府可变更要求、调价、补偿、延长合同期等。

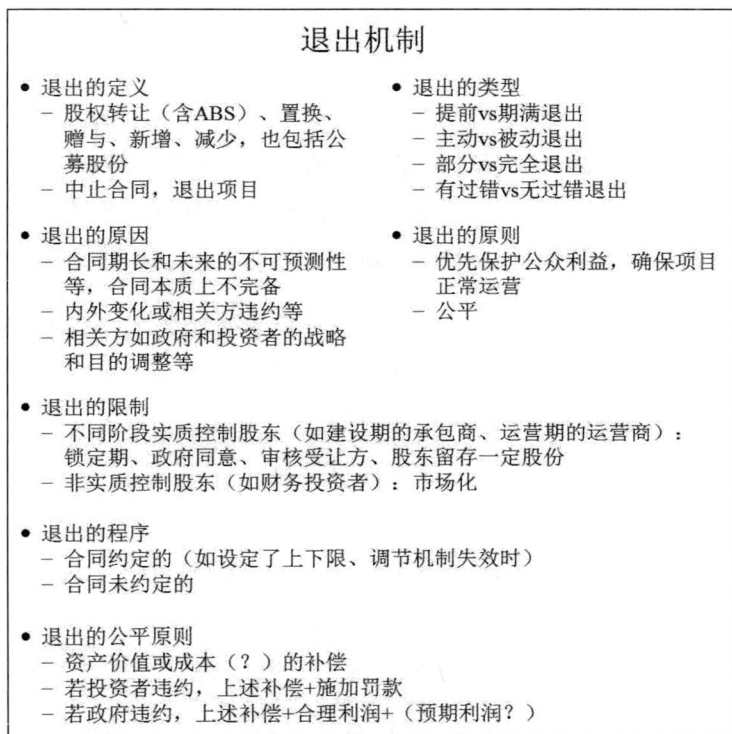

退出机制

- 退出的定义
  - 股权转让（含ABS）、置换、赠与、新增、减少，也包括公募股份
  - 中止合同，退出项目

- 退出的原因
  - 合同期长和未来的不可预测性等，合同本质上不完备
  - 内外变化或相关方违约等
  - 相关方如政府和投资者的战略和目的调整等

- 退出的限制
  - 不同阶段实质控制股东（如建设期的承包商、运营期的运营商）：锁定期、政府同意、审核受让方、股东留存一定股份
  - 非实质控制股东（如财务投资者）：市场化

- 退出的程序
  - 合同约定的（如设定了上下限、调节机制失效时）
  - 合同未约定的

- 退出的公平原则
  - 资产价值或成本（？）的补偿
  - 若投资者违约，上述补偿+施加罚款
  - 若政府违约，上述补偿+合理利润+（预期利润？）

- 退出的类型
  - 提前vs期满退出
  - 主动vs被动退出
  - 部分vs完全退出
  - 有过错vs无过错退出

- 退出的原则
  - 优先保护公众利益，确保项目正常运营
  - 公平

图 14-3　PPP 的退出机制

16 PPP 项目提前终止的主要原因：①项目周期长、风险多且复杂，在成本与信息约束下，合同不完备；②政府身兼交易与监管主体双重身份使其与社会资本的关系复杂且不稳定；③项目受政治、法律与经济环境的稳定性影响较大。

@王守清：PPP 项目中社会资本与政府的利益/目标不同，而合同不完备、信息不对称等因素为其机会主义行为提供了温床，特别是当项目提前终止时，项目收益、政企关系与预期差异巨大，而机会主义行为的后验性决定了其不被政府察觉的概率增加，使得社会资本采取机会主义的可能性随之增加。

17 PPP 项目社会资本在退出项目时，所得收益/损失是影响其机会主义行为的最重要因素之一，如何预防社会资本的机会主义行为非常重要。

> @王守清：在合作中，机会主义行为的防御机制主要有监管、激励、选择与社会化 4 类。其中，选择为交易伙伴的事前筛选，社会化为促进合作者目标的趋同，激励在项目正常运营时才可行，故只有监管是控制 PPP 项目提前终止下机会主义行为的较合理对策。

18 PPP 项目提前终止赔偿金的设计通常应当遵循下列原则：保持 PPP 合同存续和项目正常运营要始终符合债权人的利益，从而在项目出现问题并导致投资者违约之前确保债权人能够提前介入，这对实现有限追索项目融资很重要。

19 加上融资和问责等其他原因，再复习一下马克思有关资本追求利润的论述（适用于所有投资领域），所以政府大多偏好央企/国企……

马克思关于利润魔力的论述依然在耳边回响：

如果有 10% 的利润，资本就会保证到处被使用；

有 20% 的利润，资本就能活跃起来；

有 50% 的利润，资本就会铤而走险；

为了 100% 的利润，资本就敢践踏一切人间法律；

有 300% 以上的利润，资本就敢犯任何罪行，甚至去冒绞首的危险。

20 PPP 项目的提前终止可分为 3 类：项目公司违约终止，非违约终止（含不可抗力、不可保风险等）以及政府违约或主动终止。社会资本在退出时的责任比例依次递减，补偿也不同。

21 PPP 合同中应有终止条款，以应对下列对项目或政企双方有严重影响且无法解决并让项目继续的情况：①政府违约、法律变更等严重时；②投资者实质违约；③持续的不可抗力或重要保险缺失。

> @蔚来翊熠：求教，合同中止、合同终止、合同解除，法律效力上的区别是什么？中止条款有利的点是什么？
>
> 王守清回复@蔚来翊熠：我说的是一般情形，具体到特定国家，要看相关法规政策规定及合同约定的各方责权利，以避免出现问题时争议不断，解决不

及时，对双方及公众不利。至于名词，我理解"中止""终止"都是"中途停止"，但后者语气重一些且清算，也没恢复合同的可能。学术研究时，也可以开篇就自己定义，有参考文献最好。

22 造成政府终止 PPP 合同的投资者违约行为有：严重影响绩效的违约，可用性低于门槛，绩效累计扣分达上限，持续同一违约，建设量/质/期等严重违约，破产，战略性违约，行业/社会/环保相关违约，保险违约等。在一些普通法国家，也许已有法律涉及终止后的权力与后果的处理，故 PPP 合同中可以没有终止条款，但实际情况千差万别，故建议还是应有相应更具体化应对条款。

23 PPP 合同必须有终止条款的原因：合同期限长，很难预测；公众利益和政策使政府改变；出危险时企业和政府要保护投资和公共资金；合同的核心是财务模型，投资者和银行需长时间才能收回资金，需要考虑终止以止损；设施难有市场价值且难兑现，因多数国家产权归政府；PPP 多是有限或无追索融资，资本金有限，需快速应对不利以避免破产。

　　@刘承题一娱乐法：王老师，司法解释规定成行政协议后对 PPP 是否重大打击？

　　@王守清回复@刘承题一娱乐法：主要是打击民营企业信心，总体没有什么大影响，因为我国 PPP 主要是央企/国企在做。

　　@刘承题一娱乐法回复@王守清：赞！

　　@王守清：反过来想，若无终止条款，政府没法终止合同或会遭遇不均衡违约索赔，也难吸引足够投资者参与竞争，因为谨慎投资者和银行会因无合理终止补偿机制而不愿参与项目。

24 确定 PPP 合同的提前终止条款时要注意，通过谈判找出继续实施 PPP 合同而避免触发提前终止的某种方法也许是对各方最好的，即应致力于解决问题而非提前终止！放贷方会评估 PPP 项目提前终止的可能性和政府支付补偿的可靠度，在不成熟市场，放贷方会寻求比发达国家更多的保护，通常还会与政府直接签约以防范投资者违约后提前终止的保护。

25 PPP 项目中的提前终止权力，根据其范围和相关法律与合同，一般有自愿终止、单边终止、为方便而终止、随意终止、为公共利益终止、为政策终止。

26 在普通法国家，一般不限制政府为公众利益而提前终止；但在其他国家，政府以公众利益为由而提前终止时，要提供足够的依据。

27 政府应保证在 PPP 合同中有关政府支付的条款中有一定的宽限期，以降低由于支付违约引起的提前终止，特别是避免纯因流程造成的未能如期支付。

28 投资者违约引起的 PPP 合同终止，一般是严重违约时政府才会终止，轻度违约时政府会给整改期，因为终止合同对投资者是很严重的惩罚，也可能对公众造成较大影响，需要综合考虑和平衡。

在发达市场，投资者会通过再融资极大化其回报，政府则想分享再融资收益，英国、荷兰和澳洲规定，如果投资者违反再融资收益分享条款，政府可终止 PPP 合同。

29 PPP 合同中应细化终止合同的事件清单及相应标准、应给的通知、理由和事实、整改期、宽容度、终止流程和争议解决方式等，明确各方责权利、避免争议、提高效率、公平对待当事方和相关方等。

30 实践表明，不管由于谁的过错造成 PPP 合同提前终止，如果贷款本金无法收回或要经过漫长复杂流程才能收回，放贷方是不会放贷的。投资者也希望在其无过错的提前终止时资本金能收回，否则不会投资。

> @青云居士-YONKAN：王老师，有限追索或者无追索项目融资是投资方所追求的，放贷方可不喜欢这种模式，国内 PPP 项目能做到的估计少之又少吧！
>
> @王守清回复@青云居士-YONKAN：这是国际惯例，国内是比较少，但这几年已有一些，关键看项目和投资者情况等。

31 不可抗力下终止的补偿是基于风险公平分担的原则，政府的补偿低于完全补偿，但接管设施，而投资者损失资本金回报和部分资本金，潜在后果将激励双方在终止之前找到解决方法。

> @王守清：不可抗力下终止补偿的原则，要具体情况具体调整：政府补偿余下贷款本息（但对债券可能不是全部补偿），加上已投入资本金（扣除分红）但不补偿利润，再加上事先约定的遣散费和分包违约金。

@泥坑还是纽扣：教授，回报可以不赔，资本金和利息要赔吗？

@王守清回复@泥坑还是纽扣：赔一部分（因为是分担损失），具体看合同约定。

32 PPP 合同中的终止支付（Termination Payments）安排（明确谁负责余下的还本付息）是 PPP 合同之风险分担和项目可融资性的重要因素，对放贷方是否同意放贷很关键。

@王守清：如果终止支付安排不能让放贷方满意，投资者可能就得提供其他支持和增信，对外投资项目一般就是获得国际多边机构或本国出口信用机构的支持。

@寻烟剑：那请问老师在 PFI 模式下，项目的产权是一直属于政府吗？而不是像 BOT 模式直到最终移交时，项目产权才从私人转交到政府？

@王守清回复@寻烟剑：PFI/BOT 的产权一般都是政府的，特别是我国是公有制。

@寻烟剑回复@王守清：明白了，谢谢王老师！

33 政府违约、政府负面行为、法律变更或自愿终止下的终止支付惯例：投资者获完全补偿，就像 PPP 合同完全履行，投资者期望收回资本金和贷款本息、双方同意年限（合同期为限）的预测资本金回报、由于提前终止造成的贷款与其他合同的成本/员工遣散费等。若涉及固定利率债券融资，还包括对持有者的提前到期补偿。

34 政府违约、政府负面行为、法律变更或自愿终止下的补偿方式：按账目价值补偿（即主要基于建造成本，加上参与第三方的成本），该法清晰简单但不够公平，有补偿过低（可能补偿不够，影响可融资性）或过高（对投资者错误激励）的风险，也可能受会计规则改变，且账目价值不能反映资产价值。另一种补偿方式：基于金融价值补偿（该项目的融资，包括高级债、债券、从属债、资本金，加上参与第三方的成本），此法更常用，也受世界银行推荐。

35 投资者违约下的补偿惯例：政府仅给部分补偿，特别是 PPP 合同中明确的。合同中未明确的，投资者投标时会按更高风险报价，但放贷方就更不愿放贷，更不提有限追索项目融资了，即使放贷，也有其他增信，但投资者的资本金及回报将先损失。

36 投资者违约下的政府补偿方式之一是基于债务的补偿，即补偿投资者（本质是放贷方）余下贷款/债券本息（可能有事先约定的封顶），发展中国家最常用，缺点是不能反映资产真实价值且对放贷方介入激励不足。

> @王守清：投资者违约下的政府补偿方式之二是基于市场价值的补偿，若PPP市场流动性足够，可以根据PPP合同的市场价值计算补偿额，理论上可以保证政府不支付超过该合同的剩余市场余值，既保护了政府，也避免其不公平获利于投资者违约。

> @王守清：投资者违约下的政府补偿方式之三是基于账目价值补偿，虽然有些欧洲国家采用，但世界银行不建议采用，因为结果不能准确反映资产的实际价值。

37 补偿支付方法一般是总额支付，但要根据下列因素具体谈判：支付能力、投资者/放贷方期望、利率/息、资产转移、抵押/消权、支付其他方数额等。

> @八岔河村：①PPP项目不增加政府负债，违约作为不算很特殊的情况也不应该增加。②剩余可用性付费折现，企业根本看不上那点投资回报率，大家担心的是未来回款风险，实际风险不可能通过折现率体现，这相当于承认你就应该违约，折现率越高风险越大。③合同约定，合同里终止条款，有的按照剩余可用性付费打八折，其实和折现没啥区别。④即使政府认了，增加负债就增加吧，但是本来很多地方做PPP的初衷就是没钱，新的付费安排怎么算？既然合同终止了拿不到钱，银行肯定还得追屁股后边，还不如凑合着过日子。

38 PPP合同中要明确项目移交时，一是设施符合规范/标准与合同规定的要求，二是政府或其指定方有权接管和使用设施与相关知识产权，三是有足够时间培训政府指定方并保证平稳移交。

39 争议解决案例：英国这个PPP项目绩效评价和按效付费很有意思，我国PPP项目发生类似情况时可借鉴：在英国某PPP医院项目的常规月度用户满意度调查中，医护人员在冬天对投资者提供的服务评价颇低，并在每月满意度调查中给了低分，原因是他们认为室内温度过低。而在PPP合同的付费机制中，明确规定了扣款条件中包括用户对服务满意度连续较低的情况。但投资者有异议，对扣款表示不满，申请协调解决。政府方迅速委托其外部技术顾问就此事展开调查，发现医护人员习惯性地在医院里穿短袖，即使是冬天也希望室内温度在 25℃以上。由于能源费在运营费中占比较高，投资者物业管理团队早已为医院的运营设立了能源控制目标，对医院用电进行控制而不满意护士把暖气开得过大而浪费能源，增加用电费用。双方因各自立场不同产生了争执，导致每个月的用户满意度评分较低。外部技术顾问本着中立原则建议政府：这次争议中用户的责任较大，不应启动扣款机制，因为这种满意度是基于习惯和主观感受，并非服务不合格；但外部技术顾问也提醒物业管理方应通过良好的沟通找到各方满意的解决方案。最后，经过公私双方及与医院的协商，同意对此项绩效指标修改为：冬日室温保持在 20～25℃。

第 15 章

产出要求与绩效监管

1 项目是否成功应看两方面：管理成功（过程管理得好）和项目成功（结果实现了目标），涉及质量、成本/价格、工期、使用者满意、相关方共赢、环境影响、有效利用资源、可持续性等。做 PPP 项目的绩效评估时可以借鉴，尤其是后者。

> @王守清：PPP 项目合同时间长、不确定性大、涉及面广、参与方多，不仅需要复合型人才，而且由于一个人的能力、经验和知识不足，基于团队的项目管理方法才容易成功。

2 PPP 项目的产出与绩效监测非常重要，决定了支付与风险分担；要监测就必须有好指标，好指标是：现实、明确、可量测、可实现、有期限、易理解、一致、与奖惩关联、可比较、可信、相关、通用、可定义、全面。

3 可用性付费是指设施建成可用时才付费，不是建成后几年内都付清，一般是合同期内均布支付（当然政企可就支付年限和均布情况协商达至妥协）。国内很多人对政府支付 PPP 项目可用性付费的理解和做法错了。对使用者付费的项目，大家容易理解（哪有使用者会在建成后几年内付清的）。理解了这些，就不会出现运营绩效服务费占比太低的问题。

> @九姑娘 S：如果是 5 年全部支付完毕会有问题吗？

@王守清回复@九姑娘S：我说了政企双方可妥协，我国目前也没有法规政策说不可以，但5年以后质量出问题咋办？后来政策要求合同期10年以上。

4 PPP项目的可用性（availability）的内涵不是"竣工验收合格"，而是"在运营期能提供合格的产品/服务"。国外很好的可用性概念被国内有意曲解了。

5 PPP项目付费机制应使投资者的回报与绩效进行结构化关联并有动态调节机制，满足绩效时支付和奖励，未满足绩效时扣减和罚款，投资者连续不满足绩效时可终止，且终止方案要使投资者不舒服，以避免投机。

6 政府付费/补贴的PPP项目，若未实现效率提高，就是在会计上的投机：逃避财政监管、突破预算限制。我国过去5年PPP财承评估做假/滥用政府购买服务，重复犯了葡萄牙等国的错误（葡萄牙的错误导致其2011年财政危机），所以财政部规范此类项目。

@Oh_sirius：王老师，国内PPP项目是否不允许最低收益保证或类似补贴条款，但许多研究中博弈模型多数用此作为约束，我对此一直很困惑。澳大利亚公布的私营方利润水平普遍高于一般工程项目，似乎这个约束条件是合理的。

@王守清回复@byof：跟他解释或让他问财政部PPP中心或金融司五处。

@byof回复@王守清：深以为然，但许多官员不明白，就跟刚刚那位理解的一样，更有甚之，见"保底"二字就不行，教授，这咋办？

@thankxu回复@王守清：教授，"但担保最低或固定回报率是违规的"，这句话本身没错，但保证最低购电/水量，据此模型测算出的，不就是理论最低回报率吗？

@王守清：回复@thankxu：你仔细想想。

@王守清：政府担保最低收入（本质上就是担保最低市场需求，因为价格是政府定的）是合规的，如担保电厂/水厂的最低购电/水量，特别是如电网/水网是政府的；但担保最低或固定回报率是违规的。

@是是非非是：他山之石，可以攻玉！只有真专家才会说真话！决策者应该听听真专家的建议！

@王守清：国际上对PPP在政府账户的处理已改进，公共部门会计准则已要求绝大多数PPP资产和债务纳入政府的资产负债表。我国是要求地方政府做PPP财承评估（<10%）、做中期财政规划、滚动列入3年预算。

7 问：绩效指标、监管与激励机制是什么关系？答：对你小孩说，考 90 分以上请吃麦当劳，80 分以下打屁股，这就是激励机制。所定的两个分数就是绩效指标。检查小孩考了几分就是监管。老师出卷考试给成绩就是第三方监管。

8 这就是典型的 PPP 思维！"谁做的东西能用，就补贴谁。当然要注意防范骗补的问题。至于研发风险和选择错误风险，让民间资本承担。民间资本花自己的钱，自然会慎重选择团队，即使研发失败，也能坦然接受。"（评论《关于中兴被美国制裁事件，最好的一篇评论！！！》）

9 "考虑到中国任何提前预知的政府检查大都会走样的尴尬现实，即便眼下教育部门想要主导评估工作，也应以'微服私访'的方式进行。"产出要求不能定量的 PPP 项目的监管也会有类似问题，我上课有时举过西方政府对 PPP 火车站卫生的监管方法，国内肯定没有过。（评论《中国式高校评估可以休矣》）

10 政府必须对中介进行管理，但宜以监管合规性和负面清单管理为好，不宜过多行政干预，不宜强制；政府可鼓励中介机构自发建立纯行业性组织，由行业组织自己自律管理，只有中介违规时再干预；各地没有必要再自建中介库，因为重复劳动，效率低下，水平不一，可能还造成地方保护。（评论《财政部剑指 PPP 中介乱象 十类违规者将被清退》）

11 图 15-1 所示不是 PPP，PPP 绝对不能做成这样。启示：PPP 的产出要求与监管非常重要！没有监管，PPP 也会出问题！

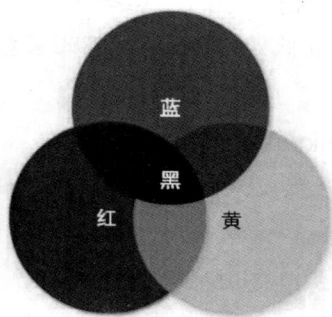

图 15-1　伪 PPP

12 PPP 项目实施效果评价,我觉得最重要的是:①项目合同的执行情况(合同管理);②项目目标的实现程度（计划与控制）;③各方对项目实施结果看法的异同（共赢）;④项目实施结果与非 PPP 同类项目的优劣（VfM）;⑤项目实施结果与其他同类 PPP 项目的优劣（横向比较）；⑥项目本期评估与上期评估结果的改进（纵向比较）。基于产出/绩效的监管方法如图 15-2 所示。

```
• 做法：根据不同类型项目，结果与过程的侧重不同
  – 政府说明所需要产品/服务的产出/绩效要求
  – 企业负责如何满足这些产出/绩效要求
  – 政府不干涉企业的(设计)、建设和运营过程及企业所
    采取的解决方案
• 机制：企业自主，政府监管，支付关联绩效
  – 企业建立质量保证体系，确保过程合规
  – 企业和政府验证和确认产出/绩效
      ∨ 企业自我确认结果(包括对其分包商的产出/绩效负责)
      ∨ 政府或授权独立第三方根据风险情况定期/随机监控过程和结果
  – 产出/绩效关联的支付机制
```

图 15-2　基于产出/绩效的监管方法

13 PPP 项目的绩效评价，不是考核项目公司及其人员的工作表现，而是考核项目公司基于他们运营/管理的设施所提供的产品/服务满足合同中规定的质量、数量和服务水平等的程度，终极结果是满足用户需求的程度。

14 PPP 是基于产出结果的，使用者和/或政府为投资者提供的产品/服务买单，而非为其投入成本买单。在为贫困人群服务时，PPP 与基于结果的融资（RBF）机制结合，可有效为穷人提供电力、饮水、医疗、教育和其他经济发展和发展机会的基础服务，这就是 OBA，我国叫（基于结果的）扶贫。

@王守清：RBF（基于结果的融资）一般会有一个政府机关设计财务激励机制，根据企业实施的预先规定的活动或达到预先规定的绩效或水平有条件地进行激励，基于独立审计结果的付款/补贴是 RBF 最主要的特点。

@王守清：因为决定 PPP 之前已有基于传统模式成本的物有所值评估了，又有投标竞争。

@thankxu：教授，理是那么个理，"PPP 是基于产出结果的，使用者和/或政府为投资者提供的产品/服务买单，而非为其投入成本买单"。但究其实质，投资者将其投入的成本通过竣工决算等合理、合规、合法化等方式已经转化为产品/服务。难道不是吗？

@王守清回复@thankxu：你说的"竣工决算"只是建设完成了设施，还没有基于设施进行运营提供产品/服务。

15 PPP 项目的维护如果做得不好，会导致项目全生命周期内的成本增加，同时还会减少收益。为了让基础设施保持在达标可用的标准，定期维护比任其老化到不得不进行恢复性大修更节省成本。

@王守清：南非国家公路部门的调研发现，如果道路连续 3 年不养护，所增加的成本是定期进行预防性维护的 6 倍；如果道路连续 5 年不养护，其大修成本将上升到定期预防性维护成本的 18 倍！

@王守清：美国土木工程学会 2009 年估计，美所有路况差的公路每年大约会给车主带来 670 亿美元的车辆维修费，并增加运营成本，而管道泄漏会流失约 70 亿加仑的饮用水。

@王守清：PPP 有效监管的重要性：①若投资者在 SPV 中没有足够的股本投入和绩效关联支付，则意味着它宁可放弃也不愿意耗费巨大的成本用于项目的维护；②在合同末期，投资者会知道其无法再从维护中获益，故在合同中明确移交前维修要求很重要。

16 PPP 项目的支付与绩效关联的前提是根据行业标准和传统模式要求制定好适当（更高，至少持平）的绩效指标（performance indexes）和产出需求（output specifications），然后给出相应的奖惩（rewards and punishments）。

17 绩效评价与监管体系未建立时，政府承担义务的社会事业项目（学校、医院、养老院等）应用 PPP 时，要区别对待核心服务（公费教育、医疗与养老）与辅助性服务、普惠服务与高端服务、硬设施与软服务等，核心服务与普惠性服务一般不交给私营企业；如果绩效指标与监管体系成熟，就可以交给私营企业，政府或其代表股东在项目和项目公司中有较强控制力（通过 PPP 合同与股东协议等而非行政）。

18 窃以为，PPP 项目的绩效管理，所有行业都类似，都应依次：①了解与该项目相关的法律法规政策和行业标准；②从传统模式开始，了解当地同类项目的绩效指标和监管方法；③了解同市同省全国同类 PPP 项目的绩效指标和监管方法；④基于上述工作，在当地该 PPP 项目的实施方案、招标文件与合同草案中订出该项目建设期和运营期的绩效指标与监管方法，必须有行业主管官员，最好也有行业专家和学者参与，并经政府联审联评；⑤招标谈判中确认这些绩效指标与监管方法，列入合同或合同附件；⑥在实施过程中严格按合同和这些绩效指标执行和监管（包括公众参与），按效付费与奖惩；⑦一定周期后谈判完善这些指标与监管体系，特别是有争议或公众有投诉时；⑧谈判不能解决争议时，启动合同约定的合法合规的争议解决机制；⑨及时总结绩效管理经验，供该项目后期应用和其他地方同类与不同类 PPP 项目参考。（评论《关于印发〈政府和社会资本合作（PPP）项目绩效管理操作指引〉的通知》）

19 从理论和实践发展趋势看，PPP 项目的绩效评价不仅要考虑财务指标，也要考虑非财务指标如技术指标；不仅要基于产出（产品与服务）评价，也要基于过程评价，只是不同模式、不同主体、不同类型项目、不同阶段等的侧重不同。真正专业的咨询公司和专家大有所为。

　　@王守清：不管是 PPP 还是专项债或其他所谓融资"创新"，最怕的是：地方政府是想找钱上项目不管还钱，中央是想促经济但不想负债，工程企业投资是想拿建设活是真，运营是假，咨询是想要业务不管结果……。学术界就是想说话，不说白不说，说了也白说，白说还得说。从政府特别是中立角度，PPP绩效评价不能只评价建设期和运营期，而应评价可研与方案、招标投标、评标定标、谈判签约、设计、建设、运营、移交。我国前 4 期不足导致后 3 期总出问题。

　　@爱生活的流浪的太阳回复@王守清：中美洲和拉丁美洲国家大部分外包给第三方咨询或者审计公司进行项目绩效测量和考核，而一些国家还是自己的PPP 中心或者 PPP 部门进行绩效考核，研究报告提到外包给第三方，让第三方进行全过程参与是新兴趋势。IDB 2019 年 4 月份发布的政府公私合营治理对比——拉丁美洲和中美洲的报告提到这一点。

　　收益分为短期的，长期的，可变现的，不可变现的，同时考虑 3 个 E——经济的、效率的、有效的。

　　@王守清回复@爱生活的流浪的太阳：最新的观点是，再加 1 个 E——公平的。

20 有些指标是贯穿全过程的，但权重不同，有些只适用于有些阶段；不同地区、不同类型项目、不同模式、不同回报机制、不同主体、不同层次的侧重点也不同。

21 养老 PPP 项目绩效指标讨论实录，律师、咨询、官员一般都是长篇大论，学者反而多数惜字如金，社会资本基本上不说，金融机构则不关注。（评论《【专家库交流实录】养老 PPP 项目在绩效指标设定上需要重点关注哪些方面？有哪些具体的相关建议？》）

　　@急速火炮1234：王老师，请问从绩效的角度来看，养老项目的目标人群是什么样的范围呢？

　　@王守清回复@急速火炮1234：目前主要是生活能够自理但不方便自理的，以及不能自理的，特别是后者。

　　@王守清回复@急速火炮1234：会有影响但不大，可能仅影响有关入住率、使用者满意度等相关，如果这些是绩效评价指标，但也得参照国有养老院的绩效评价标准。绩效评价不是仅看该 PPP 项目的绝对值（如符合法规/标准与合同要求），还要看本地同类国有项目的相对值（如与国有持平或更好）。

22 这是最复杂的 PPP 项目/群/集/组合，其绩效指标是最难制定的，其绩效评价也是最容易有争议的……（评论《【专家库交流实录】如何设定开发性 PPP 项目的行业绩效指标？有哪些具体的相关建议？》）

23 估计是最后一次参与各类 PPP 项目绩效评价的研讨，理论与通用实操我已讲许多，以后多听行业专家的，因从产出而言，PPP 项目与传统模式并无太大区别，对 PPP 项目，特别是产出能够明确甚至定量的如电厂/水厂/污水与垃圾处理，政府更应重结果而非过程，并按效付费。（评论《【专家库交流实录】如何制定污水 PPP 项目的行业绩效指标？有哪些具体的相关建议？》）

第 16 章

信息公开与公众参与

1 信息透明的目的是：预防腐败（含投诉腐败、秘密/不公平过程），让公众放心廉正、服务标准和合同成本，鼓励竞争，营造透明市场等。

PPP 的信息透明则更是降低腐败风险，鼓励民企参与，提高公众信心和关注度（特别是政府的财政风险和或有责任），实现物有所值，保护社会/环境/公众利益/人权等。

2 从 PPP 项目的目的、特点、合同、相关方、知识管理 5 个角度解释 PPP 信息公开的重要性，顺便摘选"PPP 信息公开办法"要点及意义，都是为该文件背书和自勉：我再参加 PPP 相关评审，将继续坚持规范要求，因为作为评审专家，名字会被公开，责任更重。（评论《王守清：信息公开是 PPP 项目共赢和可持续的基础》）

3 PPP 是提供公共产品/服务，涉及面广、周期长、不确定性大、合同不完备、监管困难，需要"共赢"和公众参与监管，否则很难成功。就像教育部再怎么强调教学的重要，大学教师还是会因为升职压力把精力放在研究与论文上以应付教学；培训就不一样，学员评价不好（公众参与制度），培训师就会被培训机构放弃。

@站立的土拨鼠：请教老师个问题，有关规定地方政府不得承诺最低收益的问题，像政府付费或缺口补助的项目，中标的收益率，不就是最低收益率吗？尤其是缺口补助，计算的时候是按中标收益率，社会资本方达到项目基本需求之后，缺多少，政府补多少，这不是约定了最低收益吗？

@站立的土拨鼠回复@王守清：那直接将最低收益率换算成收益/收入，在

PPP 合同中约定，这个操作空间也挺大，不违规吗？

@王守清回复@记着踩刹车 2011：不违规。

@王守清：目前政策，政府承诺给投资者最低收入/收益（如 1 000 万元）合规，承诺给最低回报率/收益率（如 10%）违规。

@ZSQ 评论：在教师可以在不同高校间流动的情况下，什么能增加教师的流动性价值，教师就会注重什么。好的论文就是能增加流动性价值的关键要素。而校内教学给教师带来的价值很难反映在流动性价值中，校外培训则不同，直接接受市场定价。

4　PPP 项目的成功因素很多，其中一个我国尚比较不成熟的是公众参与机制：公众应可以参与到项目的规划、设计与监管中，甚至使用者可以在项目公司中参股，因为他们更了解对项目的真实需求。因此，学术界特别是国外有人研究公众参与制度对 PPP 项目绩效的影响。

5　公众参与机制匮乏，就无法实现对政府和社会资本的有效监管。当前 PPP 中公众参与监管存在制度化水平低、组织化程度低、参与渠道单一和参与过程碎片化等突出问题，这不利于社会公众对基础事业的参与及其对政府和社会资本行为的监管，无法有效传达自己的利益诉求，阻碍了公共利益的实现。

6　PPP 是提供公共产品/服务，但公众却很难参与，因为缺乏机制，政企都不太愿意公众参与；公众也缺乏 PPP 所需的专业能力，心有余而力不足，最后也无心了（其实可依靠专业机构，关键看政府是否愿意）。

7　公众参与机制可以为当地对基础设施/公用事业的真实需求提供更具体的信息，也有利于 PPP 项目产出要求和绩效指标的确定和绩效监管。若只是主管官员和投资者谈判，容易忽视公众的需求。

　　@王守清：信息公开有利于获得公众对 PPP 项目的支持，但有政府与公众的互动机制更为重要，我国在前一方面已开了好头，但在后一方面还有很多改善机会。

8　促进公众参与，需要：完善相应法规体系，制定参与规则，加强信息公开，拓宽沟通与参与渠道和方式，研讨项目利弊，发挥高校/NGO/居委会等作用，提升公众知识/能力/资源……

> @460022688_d260a5：公众参与渠道方式表面上是有很多，但若政府部门不重视公众反馈的信息，只会石沉大海，渠道也仅是个摆设而已！比如近两年P2P平台的监管，应该说是一种失败，造成受害者达3亿人，这3亿人反馈的信息又有多少受到了重视……
>
> @王守清：公众参与渠道/方式：互联网平台（如网站/微信/微博），信息公开/政府征询，与NGO等专家研讨，报纸/杂志/电视等传统媒体，公开讲座/论坛，居委会，写信/电话或现场访问，开会或展览……

9 有些偏激但不是没有道理，"然后有人慢慢开始不愿意说了"，我就是"有人"的一分子，2014年说得多，2015—2016年就说得少了，现在只说要"真做PPP，做真的PPP"："考虑物有所值""注意财政承受能力""有福同享，有难同当""两条底线"……（评论《40万亿背景下的PPP，有多少人记得当初产生的背景》）

10 国际一般惯例：PPP中可以不公开的信息主要有三大类：涉及企业技术机密的，国防项目中涉及国家安全的，涉及组织与个人数据保护的。我国PPP则基本没提个人数据保护，但新版项目库还行，只公布个人姓名与单位。

> @王守清：PPP项目中，可不公开的典型信息有：公开后会损害当事方商业利益的（如商业秘密、商业敏感的知识产权和诀窍），个人数据，以及关键财务信息如定价要素和方法，企业的财务模型含本/贷融资成本等。

11 从政府的角度，需要保密的PPP项目信息是，公开后不利于公众和国家利益的，如国防、国家安全、监管（如随机抽查）等相关的。PPP项目信息公开，不应因发达或不发达国家而异，世行建议各国可以优先参考英国的《PF2指南》，其次是澳洲PPP指南和南非PPP指南。一个较好的做法是，可以根据项目阶段设定不同的信息公开要求，即有些不公开信息是有时间限制的，故可分阶段公开有些涉密信息，而不是一直不公开。

第 17 章

"走出去"

1　有关我国企业"走出去"的这 4 条讲得好（见表 17-1），我补几句：没有在一个国家摸爬滚打做几年承包（知己知彼），最好不要做 PPP 投资；要在做承包的时候（吃着碗里的），寻找投资机会（看着锅里的）；不要为了跟踪一个 PPP 项目而跟踪，要同时跟踪几个（脚踩几只船）。

表 17-1　中国企业国际化路径选择

路　径	国际化阶段	特　点	风险等级	能力等级
国际营销 杨帆远航	初级	灵活、简单，通过海外代理商，较快建立全球营销网络	1	2
绿地投资 安营扎寨	中级	投资回收周期长，在大市场可扎根，获取当地资源和市场份额，输出技术和管理等	4	4
收购兼并 巅峰对决	高级	直接获取技术、产品、市场、品牌、人才、供应链等资源；收购交易复杂，整合难度大，成功与失败率参半	5	5
战略联盟 合纵连横	综合	内容与形式多样灵活，市场和合作伙伴选择难度大	3	3

2　做海外 PPP，去靠谱的国家，找有钱的政府（政府付费/补贴）或好项目（有足够使用者付费）或组合（以丰补歉），找好的股东和分包商（集成优化全过程），签好的合同（动态风险公平分担），加必要担保与增信、高效的争议解决机制等，才容易融资和成功！央企千万不要把国内做法简单用到国外去，不要还把自己当成央企。

3 2018 年对外工程投资/承包行业机遇：互联互通（路/铁/港/空）基础设施、电力网络和清洁能源、水利、房建、市政仍是重点；"一带一路"互联互通基础设施、经贸合作加强；政府改革对外行业管理：采用备案管理、加强事中事后监督、强调行业自律、完善境外所得税收抵政策、推动自贸区和双边投资协定谈判。2018 年对外工程投资/承包行业挑战：外部竞争加剧；安全、经济和政治等风险突出；对承包商资源整合和综合集成能力要求提高；各国对承包商参与投资期望增高。

4 中国工程企业进入 PPP 市场的挑战：企业战略决策，意识到 PPP 的重要性；企业全生命期业务能力，含融资、设计与施工集成、运维和设施管理、市场开拓等；融资能力，找到长期的金融合作伙伴；风险管控能力，含政治、金融、合作、收益、法规、不可抗力等的应对；项目全生命周期成本与收益能力。图 17-1 为选择市场：PPP 国际市场成熟度。

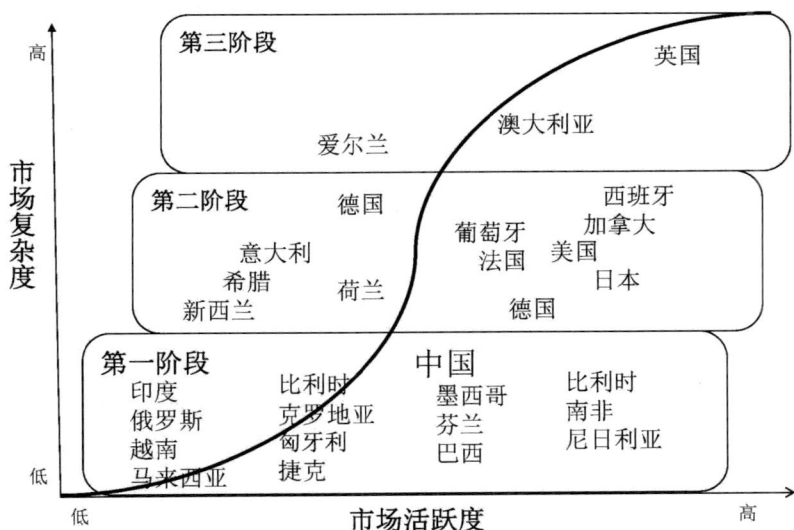

图 17-1 选择市场：PPP 国际市场成熟度

5 有些企业把国内 PPP 不规范做法带到国际上，在国内出问题总能够利用合同不完善找补，而且多是国企主导，反正是"肉烂在锅里"；在国外出问题则很难找补，因为国外即使是落后国家也多请比我们更有经验的西方咨询人士和律师，而且 PPP 期限长，即使我们能搞掂当期官员，但官员总换，结果往往就是"肉包子打狗"。

@王守清：企业投标 PPP 项目之前一定要先跟金融机构沟通，了解放贷条

件，以免中标签约后融资出问题，特别是"走出去"项目，有些政府要求投资者中标后要交履约保函，若未能如期融资，就会被取消中标并没收履约保函。我知道至少 2 个企业在境外中标 PPP 项目，签约并交了数千万履约保函，被取消中标和没收保函了。

6 在国内做不好 PPP，还是肉烂在锅里；走出去做不好，就是肉包子打狗。中央推广 PPP 的目的之一是让大家通过国内做而学会，有利于"走出去"。可惜过去几年不少 PPP 项目乱做、乱上，即使做到 PPP 规模第一，其实并没学会多少 PPP 真经。（评论《委内瑞拉高铁成废墟，中铁 75 亿美元打水漂》）

7 央企在国内 PPP 项目不管做得如何，还是"肉烂在锅里"，但"走出去"若做不好就是"肉包子打狗"。投资还是应基于商业思维/国际惯例，央企对外投资自 2018 年以来下跌较大。

8 我一直说：在国内投资，即使做砸了，也是"肉烂在锅里"（因第二个 P 央企/国企与第一个 P 政府是一家）；"走出去"做砸了，就是"肉包子打狗"。故中央推广 PPP 的第三个目的是让企业先在国内规范做，学会了才去实施"一带一路"项目。（评论《盲目做海外项目投融资是一道送命题》）

@青云居士-YONKAN：别的不好说，"99%的中资企业根本不适合做海外投融资项目，对他们而言，投融资和找死基本算是同义词"这句话是赞同的，当然中国对外承包企业也做了很多成功的投资项目，国电的棕地投资和电建的绿地投资都有很多成功的案例，它们都是领域内的头部企业，全产业链优势突出。

9 我国对外投资/承包常用融资方式：出口卖方信贷（福费廷），出口买方信贷，对外优惠贷款，优惠的买方信贷，对外投资贷款，其他（一揽子、融资租赁等），项目融资（国际 PPP 项目）。表 17-2 为对外投资三类融资方式的比较。

表 17-2　对外投资三类融资方式的比较

信用结构	优　点	缺　点
发行债券	拓宽融资渠道； 建立海外投资基础； 获取国际评级，有利于海外业务的拓展； 融资规模较大	首次发行须进行评级； 须支付评级成本及 4~6 个月的时间成本； 需要母公司对外担保支持

续表

信用结构	优 点	缺 点
内保外贷	适合已有项目短期融资； 在综合授信的框架下审批时间短； 操作灵活	规模有限； 需要银行对外担保额度支持； 融资成本相对较高
内保外债	借助银行评级，通常银行评级高于企业评级； 无须对企业进行评级，省时省力	受限于银行授信额度及银行对外担保额度； 总体融资成本相对较高； 无法树立企业国际信用形象

10 对外投资/承包选择融资方式时考虑因素：各种融资方式的特点；已成功与中国采用某种信贷合作的国家；资产负债表合理，若负债超 90%，不能再用卖贷；拉美国家资源掌握在私商手中，可采用转贷方式；项目规模的大小；企业自身的抗风险能力；投资/承包利润的大小；市场开拓的需要。

11 央企/国企"走出去"应对政治风险：千万不要把自己再当成央企/国企（应当成民企/外企），千万不要把国内 PPP 的做法搬到国外去（要遵循国际惯例）；要转变观念，尽职工作：建立全面风险考察体系，充分识别分析潜在风险；加强与 NGO/公众/政府沟通，树立良好企业形象；遵守国际市场规则，多措施组合分散项目风险。

12 政治风险有些是由政府行为直接造成的，如外汇兑换和汇出限制、政治动乱、国有化和合同违约等。有些是可保险的，即可向国有或私营政治风险保险机构（特别是国际多边机构的）购买保险；有些是不可保险的，如法律变更、法规调整、政府变更等，但投资者常常遭遇。

13 政治风险包括国有化一般完全由政府承担；而战争风险则取决于所在国，若发生战争可能性很低时，一般是政企分担（投资者报价也不会离谱），但战争风险高的地方，投资者不会承担或报价会很高导致项目不能实现物有所值或不可行。

@王守清：在战争风险高的地方，战争风险应完全由政府承担，或者再进行细分：内部战争风险完全由政府承担，而外部战争风险由政企共同分担。

@王守清：在有些国家如澳大利亚和英国，因为投资者认为政治风险发生的可能性较小，而且可以通过不可抗力风险分担原则解决，可以在合同中明确哪些事件分别由政府或投资者承担或分担。

14 政治风险或政治不可抗力或实质性负面政府行为（Material Adverse Government Action，MAGA）通常使投资者延期或不能履约、对投资者有负面财务影响，但政府具有控制力或比投资者更能管理好，因此，政治风险通常由政府承担。

@王守清：如果让对政治风险没有控制力的投资者去承担政治风险，会有两个后果：导致投资者报高价，或者导致项目没有吸引力（没人投标或缺乏可融资性）。在成熟稳定的 PPP 市场，投资者可能分担一些政治风险，因他们认为政治风险发生的可能性有限且可通过一些措施解决如作为法律变更风险而提高报价、获得延期和成本补偿等。

15 南非 PPP 指南中是把一些对投资者有负面财务影响的政治风险作为"不可预见的政府行为"（含不可预见的政府歧视行为、法律变更）处理的。

16 对外投资/承包融资中的外汇风险管理措施如下：合同收汇采用硬通货，应对当地币贬值风险；合同中加入汇率保护性条款，作为汇率补偿措施；同一项目下收付款币种保持一致等手段；金融衍生品：贷款采用固定利率，应对利率变动风险；应收账款的买断；出口信用保险（出运前风险）等。图 17-2 为外汇风险管理措施。

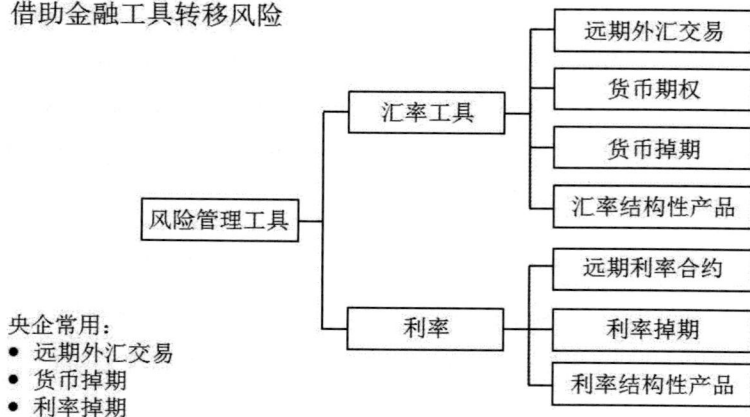

图 17-2　外汇风险管理措施

17 我国是大政府、小社会，央企/国企又厉害，应用 PPP 只是借个名，让央企/国企去主导，规则不完善也不怕，反正一家人，只是逼迫央企/国企也市场化一点，否则没法"走出去"，到西方国家，总去落后国家难提高。

18 此文能"胸怀祖国，放眼世界"，了解全球 PPP 情况，唯一不足是世界银行的数据不包含我国政府/国企占股超过 25%的政府和社会资本合作项目,因他们认为国企不是 PPP（公私合作）中的第二个 P。(评论《世界银行全球基础设施 2019 年 PPI 投资分析报告精要》)

发言/
采访篇

第1章

发言

王守清在北京律师协会"PPP 法律问题研讨会"上的发言速记

主办：北京市律师协会 PPP 课题组，中国政法大学 PPP 研究中心法务专委会
时间：2017 年 1 月 19 日
地点：北京市律师协会会议室

我很高兴参加这个会议，为什么？因为过去我一直说，在 PPP 领域真正中立的可能只有 3 种人，一是学者，二是律师，三是咨询。经过这一轮力推 PPP，我发现只有不做咨询的学者才是真正中立的，做咨询的律师也是基本中立的。律师的主要作用，第一是保证 PPP 交易合规，符合各种法规政策，这是合格 PPP 律师的底线；第二是尽量体现公平，因为所有的风险都靠合同，律师在做最后的把关，这是专业性；第三还要考虑点情怀，考虑可持续性和导向性。因此，律师不仅在项目前期把关合同，还应在后期帮助监管和履约，同时去影响甚至引导行业发展，这是好律师应追求的。

因为时间有限，我只能挑一些我觉得重要的做一些回应。2014 年我参与了特许经营立法，过去几年也参与了很多部委相关的研讨，有些东西可能是今天在座的律师在研讨过程中不太了解的。

第一个是社会资本发起 PPP 项目，立法的时候专门讨论过这个问题，在征求意见稿里面有写基本原则，后来没有公布，即企业可以主动发起，这个发起是两方面的：一个是项目发起，这个项目要做，政府没想到你想到了；另一个是你建议做项目的方案是什么，这个也算发起。但是发起后并不是政府一定要接受，如果政府没有接受，企业发起了也没用。如果政府接受了，并不是说发起企业就中标，还必须按照法律法规走招投标程序，但政府会给未中标的发起者补偿，补偿方式当初定了三条：第一就是看你做这些发起的事情花了多少钱，政府给你补偿大部分（不是全部）成本；第二就是给你同等条件下的优先中标，刚才高律师也提到过；第三就是老外叫的"瑞士挑战法"，意思是政府接受了你的发起，并不是说你一定中标，但如果你没中标，会给你最后一个机会。例如，按你发起的方案招投标，其他条件一样，如果你报的价是 100 亿元，其他竞争者报价 90 亿元，政府问你 90 亿元干不干，如果干，项目就归你了，如果你不干，那就是那家公司中标，而你可能没有任何补偿。

第二个是投资者跟政府签个框架协议的事也可以告诉大家，上周日和本周一，我参加了国家发展改革委 PPP 示范项目评选（结果可能是今年年中或下半年公布），很多项目涉及这个问题。经过评审专家研讨，共识是，只要同时符合下列条件的项目都没入选：①竞争性磋商的；②工程公司中标的；③政府支付为主的；④支付与绩效关联不大的。这几条不是评判项目合规不合规，只是评判项目方案的导向性好不好，因为现实中这种项目太多了，多数的央企国企在地方上跟政府都是用这种方式先拿项目再补程序的，故作为律师要注意。律师不能光学国内做法，还要学理论，理论就是全世界所有的经验教训的提炼；也要看国际多边机构的东西，这样可以了解趋势。总之，不能光看我国现在这一步，还要知道将来怎么发展。

第三个是主体问题。首先是投资者，这是中国和国外最大的区别。西方国家 PPP 中的第二个 P 就是私（Private），而中国这几年都是央企和国企在主导，虽然鼓励民企，但现在做 PPP 的民企有两大特点，第一是上市公司，用的是别人的钱，可能做 PPP 的目的更多的是把股价往上炒；第二是有的民营企业确实很厉害，真有央企和国企不具备的优势。例如，央企国企目前主要是做重资产项目，民企主要是做轻资产但运营要求高的项目，像污水处理、垃圾处理项目。像地铁、综合管廊等项目，民企现在想做也难，当然个别特大民企是有可能的。所以，公和私是目前我国 PPP 中一个令人头疼的问题。立法时讨论了这个问题，在中国如果不让央企和国企做 PPP，显然不符合中国国情，但是如果不对央企和国企施加限制，就会出现我们目前的结果。财政部虽然对国企和央企有限制，但是限制不够。央企和国企资金雄厚而且很难倒闭（只能被其他央企国企合并）；加上对高管任期内的评估，就可能会造成为拿短期业绩而恶性竞争，但不太考虑长期。其次是政府的主体，征求意见稿没有公布之前一直用的是"县级"，公布后是"各级"，但要注意内涵：该级别的政府有没有独立财政权，如果需要政府支付或补贴，又涉及有没有人大的问题；还有政府的信用问题。最后是政府主体的合规性，财政部文件说必须是政府部门或者政府指定的事业单位，而城投等平台公司也是企业法人，可能就有合规性问题，但是现实中就有平台公司做实施机构的，也拿到了政府授权。

顺便提一下，中国还有现象是事前不舍得花前找律师，事后舍得花钱。所以，刚才有人说将来三年五年 PPP 会出现大量的问题，这是有一定道理的。过去 3 年 PPP 有点过火，萝卜快了不洗泥，很多做得不规范、合同签得不好，虽然 2016 年好了很多，但过几年的确会开始有履约争议问题，需要律师帮忙解决。特别是很多小地方（其实也有些大城市），很多官员对 PPP 的理解是错误的，至少与中央意图差距很远。政府主要是购买产品和服务，不是购买设施，而投资和贷款是企业出的，只要合同规范、政府和社会监管产品/服务/价格等到位，企业也不敢乱来，刚才也有律师提到这个问题。这些疑虑其实就是地方没有理解 PPP 精髓，也没有理解 PPP 的中央战略、管理体制改革、发挥市场力量、提高效率等，逐步发展成小政府大社会。这就是为什么中央说，PPP 是一个国家层面的治理，而以前大家更多是理解成项目层面的治理、行业层面的治理。因此，大家要有战略意识。战略上 PPP 非常火爆，但要理性，今年就会更理性，理性的律师提供的服务就是理性的。如果你做得不好，名声就毁掉了。特别是去年财政部搞的 PPP 信息公开管理办法征求意见稿，已经研讨两轮了，如果发布了，以后 PPP 项目相关的信息都公开，大家更要注意规范。这个文件只强调两样东西不公布，一是涉及企业专利的，二是涉及国家安全的。

第四个是争议解决问题。如果政府违约，企业怎么办？我同意增加一种可能更有效且效率高的方式，即仲裁，上海仲裁委也在推动这件事情。12 月 2 日在厦门的建筑高峰会上我也讲这个事，刚才也有人提到有点像 FIDIC 一样，建筑业中的争议打官司成本太高、时间太长，可能对任何一方都是灾难。采用调解或仲裁的方式比较好，特别是调解，甲方负责找一个专家，乙方负责找一个，不需要跟对方商量，但是第三个人任何一方都可以提出，但是对方必须同意，由这 3 个人做出一个调解的结果。这个在 PPP 争议中可以借鉴，但 PPP 项目复杂，如果 3 个人不行那就多加几个人，比如说多加一个政府的，多加一个企业的，因为 PPP 还涉及金融，则多加一个金融的，6 个人不是单数，则再加一个学术、技术或财务的。因此，我们大家可以一起推动调解与仲裁。

下面简单回答大家刚才提的问题。先回答魏律师的第一个问题。采购时没有批复预算就两标并一标，就目前的法律法规政策而言，如果说违法又有点重，但是 2016 年国家发展改革委和财政部的 32 号文，还有财政部的 47 号文基本上明确了，规划、可研获准、项目正式立项后才考虑是否实施 PPP，因此，至少在 6+1 类传统基础设施，作为律师必须严格，尽量按照这个要求走。另外，如果没有可研，没有初步设计，就没有预算，没有各种参数，怎么去做物有所值评价和财政承受力评估？这是常识和逻辑的问题。

第二个问题，补贴是给社会资本还是补贴给项目公司。如果懂财务，那么两种方式，目前的法规政策没有说不可以，也没有说必须用哪一种，你主要应考虑采用什么样的财务模型，两种都可以，比较各种财务模型后把优缺点告诉政府，由政府去决定，主要是涉及交税多少。有时补贴的钱来自中央或省里，他们对资金使用有规定，不能直接补贴给社会资本，只能补贴给政府。还可以考虑第三种模型，这个项目算下来能收回多少钱，要补的那块切出来。例如，一个项目 100 亿元，投资者 30 年运营能收回 30 亿元，那 70 亿元就是政府补贴，那就当成 30 亿元的项目去做。北京地铁 4 号线就是这样的思路，因为调研和测算发现，地铁 30 年的运营只能收回 30%，那么把项目分成 A（建设）和 B（设备和运营）两部分，A 部分用传统模式，政府出资，B 部分做 PPP。明白这些东西之后马上就能提出创造性的做法。

第三个问题是资产证券化会不会促进 PPP 更规范，更具有流动性。这是肯定的，但是我对中国目前的金融体系没有很强的信心，对中国的金融监管体系也没有很强的信心。这次 PPP 资产证券化政策出来以后各界都是一片叫好，唯独学术界发表的观点比较理性。我基本同意这样的说法，在金融体系不成熟特别是监管体系不健全的国家，很容易出问题。幸好我国有关 PPP 的 ABS 政策对适用于 ABS 的 PPP 项目有 4 个前置条件，如果这些条件有一个不符合，就有可能出问题，如果 4 个都做好了就不容易出问题，甚至可以倒逼各方更规范地做 PPP，也更具有流动性。

（公众号"中国 PPP 智库"，2017-01-24）

王守清在 E20 等"谁能成为合格的社会资本"闭门沙龙上的发言要点

金融机构可以做 PPP 股东，不必讨论，但能否主导？国际上现在能，我国只要合规特别是符合财政部和国家发展改革委等的政策（不能直接或间接增加政府负债），也可以，但要考虑项目类型特征（固定资产、核心设备/技术、综合运营）及阶段特征（建设期 vs 运营期），参见盛和太和我著的《特许经营项目融资（PPP/BOT）：资本结构选择》，以及论文《PPP 项目资本结构选择的国际经验》与《PPP 项目公司资本结构选择的影响因素分析》。

我国商业银行法不允许银行直接股权投资（获准投贷联动的例外），要看是否合规或是否释法。

还要看到，我国金融机构目前缺建运维管控能力（希望以后会有），目前主导 PPP 对各方都危险，除非事先已选好靠谱建运维分包商（最好也是股东）且有较好合同安排。

关键要看金融机构是否对政府负责并承担建运维风险（他们会再转移出去），故重点要看回购或兜底等退出安排，是否为明股实债、保底回报、拉长版 BT 等。

政府或本地未脱钩政府的国有企业回购或兜底按现有政策看，不合规；真正的社会资本回购或兜底的，合规。

中标后成立项目公司和成立联合体后再中标的结果是不同的，必须符合招投标法，不能未经政府同意更换股东，通过基金参与也有类似问题。

即使投资者可以退出，实质控制人也应该受约束（锁定期、最低持有股份、承继者资质和选择程序合规等），以避免投机。其实市场欢呼的 ABS 也有类似的问题，学术界不是反对 ABS，但 PPP 是公共产品，要保护公众利益，故应主要是债权退出而不是股权退出，而且还有信息不对称和监管不足等问题，乱做很容易"击鼓传花"。

即使没有上述问题，也要考虑导向性，否则全国一窝蜂上，加上投资巨大、公益性极强的地铁仅 30%经营性特征，地铁可能不可持续且造成地方政府债务，代际不公平，故建议：①有能力的金融机构可以主导，但近期和远期区别对待，短期要慎重但注意培育，远期希望金融机构能真正主导；②野蛮的金融机构有可能摧残专业化（类似于房地产摧残了实业），打击工程、设备、技术和运营专业公司，特别是民营企业，当然，这涉及国际 PPP 第二个 P 的本质。

总而言之，要"真做PPP""做真的PPP"，才有益于国家、有益于百姓、有益于"一带一路"走出去！而真PPP的4个相互关联的核心原则是：①真正的风险分担，实现物有所值；②明确的产出要求，保护公众利益；③集成优化全过程，提高效率；④回报与绩效关联，避免企业投机。

（公众号"中国PPP智库"，2017-03-02）

王守清：PPP城镇化与可持续发展

主办：陕西省人民政府，清华大学
时间：2017年6月2日
地点：陕西西安大会堂

城镇化涉及的项目类型非常多，包括基础设施、公用事业、产业、商业、住宅、休闲设施等。从战略层面看，城镇化有两个方面很重要。一是靠当地政府和企业合作，即PPP，其实我一直说的是PPPPP，第4个P是指公众，要以人为本；第5个P是指政治，要考虑特定国家特定的政治。二是城镇化涉及很多行业、很多类型的项目，所以不管是政府通过管委会主导，还是授权让投资者整体做一个PPP城镇化项目，一定要考虑集成，包括什么样的项目要各做多少，这主要是产业规划的事，让项目互相匹配；有的项目是赚钱的，有的是赔钱的，要怎样互补，做到以丰补歉；因为投资巨大，不可能一次投入，故还要优化开发时序，滚动开发，特别是先做那些能为后来项目带来更多溢价的项目（学术词叫溢价回收）；要实现各种项目的供需平衡，包括城镇内部之间及与周边外部的平衡。从可持续的角度看，如果一个城镇化项目从长期而言不能做到自我融资和财务平衡，还需要政府的持续投入，这种城镇化项目就不可持续。

当然，可持续的概念是分层级的，从微观到宏观，依次涉及材料、建筑、城镇、地区、大区域、全国甚至整个地球；从技术上又涉及工程建设、使用维护、废弃回收；从宏观上，还涉及环境、经济、社会等各个方面；每个层面和方面都有实现可持续性的手段和技术，如实现到什么程度，进而就涉及怎么去评价，涉及绩效与标准。因此，城镇化不能一刀切也不能一窝蜂，应该是分门别类分地区等先试点，成功了再向全国推广，而且不是简单地照搬，一窝蜂地做城镇化，就像一窝蜂地做PPP是不对的，应该有个试点过程，也有个试错的过程，但一定要在试错中提高。

任何一个特定的城镇内部涉及人口、产业、基础设施与公用事业等公共服务和住宅、商店与写字楼等商业服务，它们之间有密切的互动机制。例如，人口给产业提供劳动力并带来消费规模，产业给人口带来就业机会，有人有产业就必须有配套的公共服务和商业服务。从投融资角度而言，特定的一个城镇，公共服务有供给，也有需求，过去都是政府来提供，但在政府财力有限时就会有短缺和滞后，或者政府有财力时也可能效率不高，这时就可以应用PPP，一方面吸引投资者出资提前建设，公众提前受益，促进当地经济发展，提高生活水平；另一方面还可以发挥企业的能动性与创造性，专业的人做专业的事，集成优化建设和运营全过程，提高效率。所谓PPP，就是投资者获得政府的授权，用自己的钱（资本金）和借来的钱（贷款），代替政府去给老百姓提供公共产品和服务。投资者自己出钱、借钱就会精打细算去省钱，对政府来说，关键就是盯着投资者所提供的产品和服务的质量、价格和服务水平，如果符合要求，要么政府支付（公益项目），要么使用者支付，要么二者结合。

因为国情不同，特别是中国的PPP和国际上的PPP中的第二个P不是一码事，所以不能简单照搬国外的做法，但国际上的很多经验教训我们一定要借鉴，不要重复犯他们犯过的错误。当然，如果我们的PPP成功了，我们也可以向国外输送我们的PPP和相关经验，这肯定有利于"一带一路"，也会涉及亚洲基础设施投资银行和中国进出口银行。我们从这个高度去理解我国为什么要力推PPP，才能有更好的战略和更好的战术，即规范地真做PPP，做真的PPP，实现中央推广PPP的初心。

因为PPP投资者是自己出钱又借钱，投资者借钱肯定比政府借钱贵，所以必须通过规划和设计的优化，考虑建设和运营，全过程全方位全产业链地集成优化去提高效率。如果不能实现集成优化，也就很难提高效率。我们一些地方政府官员的思路还没有转变过来，还是用传统模式主导所有的规划和设计，把投资者可能创新和优化的机会都抹杀了。当然，这种集成要考虑项目类型，特别是产出要求能够明确甚至定量而区别（电厂/水厂/污水/固废处理、路/桥/隧、学校/医养/博物馆就是典型的三类不同项目）；而且，我国的企业即使是央企，目前也还不完全具备全产业链集成优化能力，但通过PPP的全过程可以倒逼他们去改进，转型升级，提高竞争力。PPP中目前的确还有很多问题需要逐步去完善，但导向和激励很重要。如果我们不理解这些PPP的核心内涵，还是按照过去传统模式的思维去做PPP，是很难成功的。

推广PPP要理念先行，要加强培训，尤其是培训市长和书记，因为教育了一个市长和书记就教育了一个地方的政府，否则，作为一个政府职能部门的领导如局长，如果市长书记说这个项目必须做PPP，而局长知道这个项目没法做PPP，也不敢跟市长书记说没法做，因为怕市长书记说不换思路就换人。其实，一些咨询也受不懂 PPP 的官员领导的影响，他们更多的是迎合领导，准备一些文件，甚至规避中央的规制，没有体现咨询的专业性。这样下去，PPP 很难做好，城镇化也难可持续发展。

国际主流的溢价回收模式，主要是两种，一种是以美国为代表的征收土地价值税，另一种是以中国香港为代表的将地铁和沿线物业联合开发，但这两种方法目前在中国大陆应用都有制约，很值得研究。地铁项目尚且如此，涉及很多不同类型项目的城镇化 PPP 项目就更复杂了，也许是最复杂的 PPP 项目之一。这里面有很多关键问题，例如，在项目层面上，政府应如何决策，责任是什么，什么该管什么不该管。一般来说，如果项目的产出要求难明确，政府就该多管一点，不仅要管结果还要管过程。还有资本金和贷款融资的问题，投资者连资本金都拿不出来，还怎么做 PPP 呢？总不能空手套白狼吧，政府和金融机构会很担心投资者不好好干的。另外就是招投评标过程和方法，如果还是沿用过去传统模式中选择承包商的方法，是很难找到最好的 PPP 投资者的。选择咨询也很特别，如果也是最低价中标，也很难找到好的咨询，因为以智力服务为主的咨询价值，不是仅仅以工作量和时间衡量的，而是以经验、创造性特别是不可替代性等决定的，一分钱一分货。还有，要做成一个 PPP 项目，哪些是重要的成功因素？哪些是失败的主要原因？政府和投资者的策略是什么？另外，老生常谈的但怎么强调都不过分的就是风险的识别与公平分担，包括政府应该给投资者哪些支持、激励/奖罚，等等。

对一个城镇化项目，政府首先要识别所需要的基础设施项目，建立项目库，然后在项目库里筛选哪些应该政府出钱，用传统模式去做，哪些可以做 PPP，哪些优先做，要考虑经济可行性、实施进度要求和预算约束，等等。我们过去可能考虑不够周全，甚至有些地方政府根本不具备相应的能力和投入。总之，城镇化中各类项目的先后、优先级非常重要，采用匹配的模式也非常重要，不要一窝蜂做 PPP。

对投资者而言，也不要被忽悠了，一定要看哪个项目最适合做 PPP，哪个项目最适合你的企业做。考虑这些问题不能光从项目本身考虑，还要考虑项目所在地的优势、产业的优势、投资者的能力与优势、人力和资金等资源能否匹配，等等。

最后提一点组织方式，对于一个城镇化项目，如果政府希望自己主导开发，政府开发区官员就必须具有很高水平，要考虑每个项目用什么模式，找谁去做；如果政府经验不足，就可以考虑把这个城镇化项目整体交给有经验的投资联合体用 PPP 方式开发。

（公众号"清华 PPP 研究中心"，2017-06-08）

在国家发展改革委 PPP 专家群参与
"政府是否应在项目公司中占股"的研讨发言

　　学术界对政府在项目公司中占股份（当然也可以不占股份）的共识，除了各位说的有些理由，更多是以下几方面：①政府有知情权，了解项目和项目公司的所有信息，包括财务信息，便于及时实施合同中约定的调节/调价机制，避免投资者暴利暴亏，保证项目可持续；②政府在合同不完备时还有控制力（因为 PPP 长期合同的不完备性，而且 PPP 项目是提供公共产品/服务），但这种控制是商业的方法而非行政干预方法，避免政府违约（本质就是公司治理），当然前提是不直接干预项目公司的运营、不违反 PPP 合同等；③政府为项目增信，利于融资，也减少投资者的资金压力，至于政府股份分红与否，主要是考虑地方政府的税负（因为若分红，就要交税，中央拿走约一半），等等。总之，政府占股，是真正体现 PPP 中最重要的第 3 个 P（Partnership，伙伴关系）的做法之一，实现有福同享、有难同当。

　　政府的控制力是因项目类型而异的，没有统一的做法。例如，像产出要求能明确甚至能定量的项目，政府的控制力可以不那么强调，因为政府完全可以根据投资者所提供的产品/服务是否符合要求而决定是否支付/补贴，如果不符合要求，投资者将血本无归，金融机构也可能躺枪。当然，这些国际上通行的理论和实践在中国很难落实，原因为以下几点。①投资者多是央企和国企，地方政府对他们没有控制力，不会也不能或没有能力让他们血本无归。②合同签得不完善，产出要求不明确，监管也不严格，执法更难（想想更重要的食品和药品安全吧）。③金融机构的项目管理和 PPP 知识和能力不足，很难判断项目优劣和管控投资者，故很容易躺枪；而且金融机构用的都是百姓的钱（中国的高储蓄率和刚性兑现），为了社会稳定，金融机构不敢轻易涉足。④我国的公众参与（含监管）机制不够完善或难有效发挥作用，等等。综上，国内做法的 PPP，不是国际惯例的 PPP；国际惯例的 PPP，也不能简单套用到国内的 PPP。我说上述的目的是：要了解国际惯例，也要考虑中国国情，找到妥协的方法，此所谓理论联系实际；但一定要知道什么是正确的 PPP，并逐步努力，找到最佳做法，此所谓情怀。可怕的是，现在的 PPP 做法还不如 20 世纪 90 年代的做法；更可怕的是，再过十几二十年，我们还在原地踏步。

（原载公众号"中国 PPP 智库"，2017-07-05）

观点｜王守清：《基础设施和公共服务领域政府和社会资本合作条例（征求意见稿）》的评论和建议

主办：清华大学 PPP 研究中心

时间：2017 年 8 月 3 日

地点：清华大学公共管理学院

很高兴参加这个研讨会，与各位专家特别是法学界专家交流。我不是律师，也不是学法律的，下面只是根据我 20 多年专注于 PPP 教研推广的经历谈谈我对条例的一些看法，仅供参考。国务院法制办 7 月 21 日发布《基础设施和公共服务领域政府和社会资本合作条例（征求意见稿）》（下称《条例》），是一件值得祝贺的事，因为通过这 3 年的 PPP 实践，可以说，PPP 立法属于谁干谁辛苦的事，很不容易，所以《条例》的发布本身就是 PPP 领域的一个重大进展。

总体而言，我觉得《条例》有以下几个亮点。

第一，《条例》与我国之前的相关法规政策有较好的连贯性。我曾在 2014 年应邀参加了全国人大委托国家发展改革委主持的《基础设施和公用事业特许经营法（征求意见稿）》的立法工作，是当时的 3 个核心专家之一（另两人分别是国家发展改革委法学博士李茂年处长和 PPP 咨询济邦公司张燎董事长），结合我的相关经历和经验看，《条例》总体上沿用了原建设部 2004 年的《市政公用事业特许经营管理办法》、国家发展改革委 2014 年的《特许经营法（征求意见稿）》和主要以此为基础的国务院 2015 年的 25 号令《基础设施和公用事业特许经营管理办法》，以及财政部 2015 年的《政府和社会资本合作法（征求意见稿）》等的框架，整体上有较好的连贯性，考虑了我国过去二三十年特别是过去 3 年相关 PPP 实践所形成的惯例和经验教训，有助于实务的平稳过渡。

第二，《条例》巧妙地处理了一直备受关注的 PPP 协议性质问题。我比较认同刚才国务院法制办刘处提到的做法，不去讨论整个协议是行政还是民事的问题，而是基于解决现实问题的角度，看具体的争议的原因是属于什么性质，分别遵循行政或民事途径去解决 PPP 中的争议。我觉得这是在目前已公布的行政诉讼法框架下，比较务实的争议解决方法，其实也是一种"一分为二"的做法（另一种"一分为二"的做法则是把涉及政府授权的算行政合同，其他算民事合同）。当然，法学界应继续就此问题研讨，在下一步出台 PPP 法时解决，目前想通过 PPP 条例解决，时间上来不及。

第三，《条例》强调了政府信用保障问题。这几年力推 PPP，我觉得中央应该有一个目的是希望实现但还没有很好实现的，即真正的民营企业积极参与到 PPP 项目中。然而遗憾的是，绝大多数民营企业对 PPP 似乎并不十分感兴趣，外商参与也极少，更多的是央企和地方国企在主导。其实，业界特别是学术界在 3 年前立法时就知道，如果不解决地方政府信用特别是换届后可能的违约，力推 PPP 就一定会是现在这样的结果，国进民退。民企和外企（外企不参与还有其他更多原因）不积极参与 PPP，除了民企自身的问题和融资难等问题，是因为民企最担心地方政府信用特别是换届以后的履约问题。《条例》在这方面有一定突破，多处提及政府的履约内容和保障，例如，第二十条提到"合作项目协议的履行，不受行政区划调整、政府换届、政府有关部门机构或者职能调整以及负责人变更的影响"。

当然，我觉得《条例》有些方面还可以再加强或改进，主要包括以下几点。

第一，总体而言，《条例》太粗，3 年 PPP 实践以来碰到的很多核心疑难问题，除了上面提到的，几乎没有涉及或没能更为明确，如土地、产权、税收、会计，特别是国家发展改革委和财政部等部委之间的流程与协调，等等。如果说以前的法规政策文件没有涉及还情有可原，但近 3 年来这些问题已大量暴露，亟待明确，如果《条例》不涉及这些问题的解决，以后的 PPP 实践依然还是会很麻烦，《条例》的作用也就大大降低。当然，我理解国务院法制办也很不容易，因为都涉及不同部委之间的协调，以及与现有更高层级的有关法律的协调，刚才刘处也解释了一些原因。

第二，《条例》几乎没有涉及国际 PPP 实践中的惯例融资做法，即项目融资，也没有涉及其他融资相关问题，如金融机构的股权投资、直接介入权、二次融资等。这对长期合同本质的 PPP 项目的融资和运营期的风险分担是不利的。当然，这和我国金融体系相关，如果没有涉及，金融机构还是会倾向于过去那样躺着赚利息差（构成了他们利润的 80% 左右），依赖于政府出函或可能形成政府债务的各种打擦边球做法，依赖于企业抵押担保（企业负债率上升而做不了几个项目）或依赖于央企和国企的信用（还是国进民退），很难倒逼金融体系改革、能力建设、很难成熟和培养国际竞争力。

第三，《条例》没有体现鼓励 PPP 项目全过程集成的问题。现在大多数 PPP 投资者几乎都是短期思维，"重建设、轻运营"。中央政府一直强调打造具备全产业链集成能力、具有国际竞争力的中国企业，以利于"走出去"和实施"一带一路"倡议。另外，很多地方政府对 PPP 的理念没有理解透彻，还是沿用过去政府投资项目的管理思维和方法。例如，不分项目类别，很多都是把设计做好，让社会资本就是施工，运营也还是地方国企干，没有鼓励和发挥企业的能动性和创造性，提高效率，有的甚至出现两个业主。其实，对有些项目，如果产出要求能否明确甚至定量，如电厂、水厂、污水和垃圾处理厂，政府不一定要过多干预过程，只要产出要求非常明确，如对一个电厂下面，明确要求，需要每天发多少电、电压是多少、停电时间不能超过多少、价格是多少，等等，至于投资者用什么设备、用什么技术、怎么干，政府就不必太多干预，应重点关注价格和监管产出要求，即主要关注结果而非过程。但是如果对于社会事业、公用事业等项目产出要求很难明确和监管的，政府就既要关注结果又要关注过程。

第四，《条例》虽然有提及动态调节（含调价）机制但强调不够或太简单，无法有效落实。例如，《条例》虽然提到了调价机制，但 PPP 项目所提供的公共产品的定价调价权是政府的，合同期那么长，不管政府和投资者及其咨询有多聪明，谁也无法准确预测十几二三十年的成本、价格和社会发展等并把向使用者收费或政府向投资者支付的价格写在合同中。因此，定价调价机制，更多的只能是通过竞争和谈判后在协议中明确协议价格（如果是使用者支付）或影子价格（如果是政府支付），再加上动态的调节机制，这才是更合理的调节机制设计。举个例子，如果政府和投资者经过谈判在合同中约定，每个乘客坐一次一定里程地铁的协议价格是 6 元，但在特定阶段，政府规定投资者只能向乘客收 2 元票价（政府定价），则政府补贴 4 元（调节机制）；如果政府规定向乘客收 4 元，则政府补贴 2 元；如果政府规定向乘客收 8 元，则投资者要返回政府 2 元。这就是比较简单但实用的定价调价或调节机制，也避免了双方无法准确预测和干预政府定价权利甚至可能导致公众不满或反之让投资者暴利或亏本等的麻烦。当然，这只是定价调价机制的一个简单方面，还有更复杂的方面。

还有，调节机制中还应强调投资者的回报跟绩效关联的问题。我国这几年把可用性支付的概念给用坏了，错误地认为，投资者把设施建成了，政府就得支付投资者，虽然运营期有按绩效付费的机制，但绩效关联的支付占比太低，不足以鼓励投资者真正重视长期质量和运营（这也是我国"重建设，轻运营"的主要原因之一）。其实，可用性支付原则上应该是分摊到整个经营期的（当然，现实中可以根据项目类型和市场情况等妥协），然后再加上按绩效付费，这才是解决"重建设，轻运营"等短期目的和引导全过程集成优化的有效做法，这其实是对 PPP 内涵的正确理解问题。

第五，《条例》回避了各方一直诟病的不同部门之间的交叉管理与协调问题。刚才有专家也提到，如土地、税收、产权、会计、流程与监管等交叉管理与协调问题，特别是，国务院 2016 年虽然已经明确传统基础设施和社会事业分别由国家发展改革委和财政部主管，但大家知道，这是很难区分的，《条例》在协调部委方面涉及太少或没有实质性涉及，使得《条例》的效用大大降低。特别是，《条例》虽然提到了监管，但地方政府现阶段对 PPP 项目的监管能力还严重不足，对公众极其重要的食品和药品等的监管都不尽如人意，对涉及面极广且非常专业的 PPP 项目的监管现在就要重视。之所以现在有些企业敢超低价中标，其实就是想利用合同的不完备和政府监管的不足而进行可能的投机。因此，监管非常重要。而且，除了 PPP 实施机构的监管和政府各相关职能部门的监管，还应考虑别的监管，如第三方监管特别是公众参与监管（更广义点，要有全过程公众参与机制），对于公共产品和服务，公众应该发挥更大的作用。另外，《条例》虽有提到信息公开，但只是更多地强调公开 PPP 实施方案等，这是不足够的，因为合同才是具有法律效力的，更为重要，而且合同可能与不够具体的实施方案会有不同。因此，公开合同更重要（除了涉及国家机密和企业专利等真正商业机密）。如果不能公开合同，至少也要公开合同及附件中涉及的绩效指标和监管结果，以利于公众参与监管，包括监管地方政府及其相关部门、投资者和金融机构等；还有，信息公开后各方该怎么办、整改结果如何，等等，相关条款有待进一步明晰或深化。

第六，《条例》虽然提及要评估采用 PPP 的"必要性、合理性"，但回避或不够强调物有所值理念。我同意前面有专家认为"回避物有所值不合适"的看法。我们知道，项目的各种交付模式各有优缺点，在特定阶段特定地方都有各自的适用范围，物有所值就是一种理念，简单地说，就是政府要比较公共项目各种交付模式的优缺点，然后采取最合适的模式。如果没有物有所值的理念，一刀切运动式都搞 PPP，是不合适的，这恐怕也是导致这 3 年地方政府只重 PPP 的融资功能而不考虑管理机制创新和提高效率等的原因之一。当然，目前由于种种原因，特别是缺少数据（其实不是没有数据，是没有政府部门或咨询机构等去分析整理数据，因为过去政府投资项目有大量建设期和运营期的审计数据），加上有关方的动机、能力甚至道德问题，目前不少项目的物有所值评价走形式，这不是物有所值理念的问题，而是物有所值评价方法特别是做物有所值评价的人的问题。因此，《条例》可以不涉及具体物有所值评价方法，但强调物有所值理念是必须的，因为很多基层官员和业界从业人员也反映，真不理解为什么这个项目要用 PPP，因为流程更复杂，成本比传统模式更高，质量和服务水平却并没有提高。

（公众号"清华 PPP 研究中心"，2017-08-05）

论坛观点｜王守清："一带一路"
PPP 项目的政治风险管理

主办：清华大学

承办：清华大学 PPP 研究中心

时间：2017 年 9 月 28 日

地点：北京友谊宾馆

做一个 PPP 项目，特别是国际 PPP 项目，风险特别大。项目的风险有很多分类（见图 1-1），对于做具体工作的人来说，项目层面和公司层面的风险都很熟悉，而且有控制力，而国家层面和行业层面的风险大家都不太熟悉，也没有控制力。国家层面最大的问题之一就是政治风险。政治风险涉及中央或地方政府、政治团体或政府官员的行为。从风险管理措施而言，有些风险可以买保险，但不是所有可以买保险的都买。政治风险的保险就非常贵，不同国家的政治风险的保险费是保额的 7%~15%。但如果不买保险，万一发生这种风险，后果是很可怕的。而有些风险是没有保险可买的，只能分担，或做好应对措施如准备应急费，包括备用资本金和备用贷款。

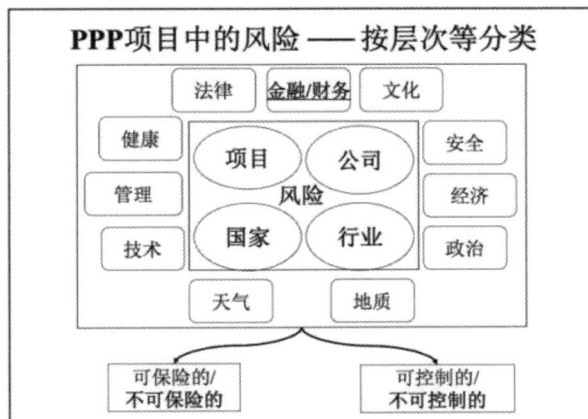

图 1-1　按层次等特征的风险分类

风险有很多分类方法，一种是按照风险的本质，其中一大类就是政治风险，其他如建造、运营、市场、收益、税收、法律等风险今天就不说了。政治风险是一个广义的概念，它是指东道国中央或地方政府、政治团体或个人所做的专横行为，对国际贸易或投资有负面影响，并增大交易成本。有些政治风险是直接由政府行为造成的，如外汇兑换和汇出限制、政治动乱、国有化和合同违约等；有些是可保险的，即可向国有或私营政治风险保险机构购买保险；有些（如法律变更、法规调整、政府变更等）是不可保险的，但投资者常常遭遇。表 1-1 风险汇总表是我博士后期间研究的结果之一，后来十几年一直带着学生继续研究。风险还可以按层面分为国家层面、市场层面、公司层面和项目层面的（见表 1-2）。

表 1-1　PPP 项目的主要风险（按风险类别分类）

类　别	风　险
政治风险	• 国有化、取消、扣押、没收 • 项目唯一性（没有竞争项目） • 法律变更 • 项目审批延误 • 政府的无所作为或负面作为 • 当地合作伙伴的可靠性 • 现有设施状况及相关规定 • 税率提高（通用、特别） • 政治不可抗力 • 政府中止合同 • 政府不支付费用
建造风险	• 土地拆迁与补偿 • 设备/材料进口限制 • 成本超支 • 融资成本增加 • 工期/质量风险 • 承包商违约 • 项目公司（特许 BOT 公司）违约 • 工程变更所引起的工期，成本变化 • 环境破坏（潜在的、现行的、持续的） • 考古和历史文物的保护 • 施工不可抗力
运营风险	• 政府部门违约 • 项目公司违约 • 运营商能力缺陷 • 项目公司中止合同 • 环境破坏（潜在的、现行的、持续的）

续表

类　别	风　险
运营风险	<ul><li>运营不可抗力</li><li>劳资争端</li><li>技术风险</li><li>停机时间过长</li><li>设备状况（维护）</li></ul>
市场和收益风险	<ul><li>收费/收益不足</li><li>市场对产品（如电/水/气等）的需求发生变化</li><li>产品输送途径（如电网、水、气管等）中断</li><li>产品使用费（电/水/气/过路/桥费等）收取困难</li><li>其他收入不足</li><li>偷窃行为（如偷水、偷电、偷气等）</li><li>燃油/煤等原材料的供应和价格发生变化</li><li>政府对利润和收费价格的限制</li></ul>
财经风险	<ul><li>通货膨胀</li><li>利率</li><li>外汇兑换率</li><li>外汇可兑换性</li></ul>
法律风险	<ul><li>设施抵押权/出租权</li><li>设施所有权</li><li>担保/合同结构</li><li>项目公司破产</li><li>违反融资合同</li><li>担保/抵押权实施/生效</li><li>文件/合同（歧义、争端、仲裁和适用法律）</li></ul>

表 1-2　PPP 项目中的政治风险

层　级	编　号	风险因素	层　级	编　号	风险因素
国家级	1	与其他国家发生战争	国家级	11	国内部分地区动乱
	2	国际政治压力带来动乱	市场级	12	当地政府办事效率低
	3	中央政治国有化		13	中央已批准但地方不支持
	4	国家政策法规不公开透明		14	当地政府拒付债务
	5	国家政策法规不稳定连续		15	突发事件暂停项目
	6	国家政策法规强制条件多		16	当地政府中止合同
	7	国家限制外汇兑换		17	当地政府换届并出台新政策
	8	国家改变外汇汇率		18	新政府不承认原合同
	9	国家限制外汇汇出		19	新政府提高收费
	10	国内发生战争	项目级	20	政府官员贪污腐败

续表

层　级	编　号	风险因素	层　级	编　号	风险因素
项目级	21	政府限制原材料供给	项目级	22	政府不配套公共设施服务

来源：王盈盈，柯永健，王守清.中国 PPP 项目中政治风险的变化和趋势.建筑经济，2008（12）：58-61.

风险管理是一个系统工程，每个国家每个项目会碰到哪些风险，需要团队尽职调查和分析，自己不懂，可以请咨询。表 1-3 是亚洲国家/地区的政治风险度排名，从中可以看出，新加坡的风险肯定最低，在亚洲排第一，日本排第二。其实，不要特别计较这张表里哪个风险在哪个国家的具体得分或排名，而应看各国相对的格局，每年都会有一些变化。虽然这是几年前特别是学术界的观点，但我觉得风险的大格局并没有发生太大变化，当然，这里考虑的政治风险比前面那张表格少了一些。其中重要的风险之一是外汇风险，除了汇率本身还包括可兑换性和能不能自由汇入汇出。还有就是国有化，我国改革开放初期，西方国家为什么不来中国投资，就是怕这个相当于打土豪分田地的风险。后来西方国家不怕了，故 20 世纪 90 年代外商就来中国投资了。政府违反合同的风险在很多发展中国家都可能有。政治动荡风险应该说在中国不会发生，但"一带一路"沿线有很多国家可能就有这个风险。法规政策不协调、政府机构不作为等问题也经常存在。此外，还有不是政府行为所导致的政治风险。

表 1-3　亚洲国家或地区按其政治风险大小的排序

风险排序	外汇兑换和汇出限制	国有化	合同违约	政治动乱	法规和官僚	非政府行为	总　体
1	柬埔寨	柬埔寨	孟加拉国	巴基斯坦	柬埔寨	柬埔寨	柬埔寨
2	孟加拉国	孟加拉国	中国	印尼	孟加拉国	巴基斯坦	孟加拉国
3	巴基斯坦	巴基斯坦	印尼	柬埔寨	印尼	孟加拉国	巴基斯坦
4	越南	越南	柬埔寨	孟加拉国	巴基斯坦	菲律宾	印尼
5	菲律宾	中国	巴基斯坦	菲律宾	中国	印尼	菲律宾
6	印尼	菲律宾	菲律宾	印度	印度	印度	中国
7	中国	印尼	越南	泰国	菲律宾	中国台湾	越南
8	马来西亚	印度	印度	越南	越南	越南	印度
9	印度	泰国	马来西亚	中国台湾	泰国	中国	泰国
10	泰国	马来西亚	泰国	中国	中国台湾	泰国	马来西亚
11	中国台湾	中国台湾	中国台湾	马来西亚	马来西亚	韩国	中国台湾
12	韩国	韩国	韩国	韩国	韩国	马来西亚	韩国
13	日本	日本	日本	日本	日本	日本	日本

续表

风险 排序	外汇兑换和 汇出限制	国有化	合同违约	政治动乱	法规和官僚	非政府行为	总　体
14	新加坡	新加坡	新加坡	新加坡	新加坡	新加坡	新加坡

来源：Sachs T., Tiong R. & Wang S.Q., Analysis of Political Risks and Opportunities in PPP in China and Selected Asian Countries - Survey Results[J]. Chinese Management Studies，2007，1（2）：126-148.

表 1-4 是同一类信息换一个角度表示出来，因为日本、韩国和新加坡比较特殊，故区分了有或没有这三国的排名，又有一点点不同。

表 1-4　亚洲国家/地区内部主要政治风险的大小

政治风险 因素	国家或地区														总　体	
	孟加拉国	柬埔寨	中国	印度	印度 尼西 亚	日本	韩国	马来 西亚	巴基 斯坦	菲律宾	新加坡	中国台湾	泰国	越南	除日、 韩、新	日、 韩、 新
外汇兑换和 汇出限制	1	1	4	5	4	5	6	1	2	1	6	6	5	1	2	6
国有化	4	4	3	6	6	6	5	4	4	5	4	5	4	2	5	5
合同违约	3	3	2	2	2	3	3	3	3	3	3	4	6	3	3	3
政治动乱	6	6	6	4	3	4	4	6	5	4	5	3	3	6	6	4
法规和官僚	2	2	1	1	1	2	2	2	1	4	2	2	1	4	1	2
非政府行为	5	5	5	3	5	1	1	5	6	2	1	1	2	5	4	1

来源：Sachs T., Tiong R. & Wang S.Q., Analysis of Political Risks and Opportunities in PPP in China and Selected Asian Countries - Survey Results[J]. Chinese Management Studies，2007，1（2）：126-148.

表 1-5 给出的一个很有意思的结论就是，一个国家的政治风险越大，其 PPP 机遇也越大，当然不完全是线性关系。其实风险管理的理论也有类似的意思，所以我们叫风险和机会管理。如果不冒风险，就很难挣钱，但投资 PPP 不是赌博，我们应该是理性冒风险，冒我们有控制力和在我们承受力之内的风险。PPP 项目是长期合同，自然有很多风险，关键是如何谈判签约，把风险转移、分担、降低，等等。如果不能转移，就要看自己有没有控制力；如果控制力不够，就看是否在承受力之内。把这些内容理解透了，工作也就相对简单了。

表 1-5　亚洲国家/地区各时期 PPP 机遇大小

排　序	2007 年	2008—2009 年	2010—2015 年	2016—2025 年	2007—2025 年
1	印度	印度	印度	印度	印度
2	新加坡	中国台湾	印度尼西亚	印度尼西亚	印度尼西亚
3	中国台湾	泰国	中国	越南	泰国

续表

排　序	2007 年	2008—2009 年	2010—2015 年	2016—2025 年	2007—2025 年
4	泰国	新加坡	泰国	泰国	中国台湾
5	中国	印度尼西亚	韩国	中国	中国
6	韩国	中国	中国台湾	中国台湾	新加坡
7	印度尼西亚	韩国	越南	韩国	越南
8	日本	日本	日本	日本	韩国
9	菲律宾	越南	马来西亚	新加坡	日本
10	越南	菲律宾	新加坡	菲律宾	菲律宾
11	巴基斯坦	马来西亚	菲律宾	马来西亚	马来西亚
12	马来西亚	巴基斯坦	巴基斯坦	巴基斯坦	巴基斯坦
13	孟加拉国	孟加拉国	孟加拉国	孟加拉国	孟加拉国
14	柬埔寨	柬埔寨	柬埔寨	柬埔寨	柬埔寨

来源：Sachs T., Tiong R. & Wang S.Q., Analysis of Political Risks and Opportunities in PPP in China and Selected Asian Countries - Survey Results[J]. Chinese Management Studies, 2007, 1（2）：126-148.

表 1-6 是在研究过程中得到的很多专家有关亚洲国家/地区 PPP 机会与风险的观点。

表 1-6　有关亚洲国家/地区 PPP 的专家观点

排　序	主要观点	主要依据
1	印度 PPP 机遇最大，但国外资本进入有困难	因印度人口众多，为适应强劲的经济发展需求，将大规模建设基础设施项目。然而，印度受宗教影响深远，大部分资本依赖于伊斯兰和中东地区国家，因此国外资本进入较困难且竞争激烈
2	政治环境稳定、法律体系完善和行政程序透明是最受关注的因素	这是影响投资者做出投资 PPP 项目决策和影响回报率的最基本要素。如果没有公共部门的支持，私营部门只愿涉足拥有稳定政治环境的国家或地区
3	亚洲的 PPP 机遇主要集中于电子、供水、污水和废物处理等领域，但因存在贪污腐败而限制了盈利	亚洲各国的政府势力往往比法制更有力，总是引起严重的贪污腐败现象，且政府政策经常变更，法律制度却不起作用，印度是最严重的。电力是最先应用 PPP 项目的领域，而污水处理和废物管理会更倾向于国内资本
4	PPP 项目在亚洲已得到越来越广泛的应用	由于政府需要分配更多的预算用于社会福利，因此，受预算限制的政府会吸引私营资本来提供基础设施。其实，公众并不反对私营部门的盈利动机，而是担心 PPP 项目中难以货币化的那部分效益是否能带来最大的社会价值。中国台湾尤其严重，特别是近日沸沸扬扬的"扁案"更是让公众怀疑 PPP 项目是否存在很大的贪污腐败

排　序	主要观点	主要依据
5	印度、中国台湾和印度尼西亚等发展中国家或地区谨慎寻求境外资本来发展本国或地区经济	除非是好项目（如自偿性项目），否则很难融资。印度也更倾向于国内资本，他们正着手建立完善的法律框架来吸引国内的私营资本，也包括流到国外的印度资本回国，这些在国外的资本如今已在欧美的一些高新技术、工程、医学等领域中占据重要地位。这也导致国外资本在印度国内获得成功投资的概率更小
6	政策是最关键的因素	政策需要透明和稳定，而且制定政策和如何将其付诸实践是两码事。一些国家可能有很好的政策，但却几乎没有执行能力，如菲律宾就是这样的国家
7	PPP 参与者仍需要培训	PPP 涉及很多参与者，包括公共部门、私营部门、银行和公众社会。目前，PPP 模式在亚洲国家或地区仍拥有很好的知名度和成功经验

来源：Sachs T., Tiong R. & Wang S.Q., Analysis of Political Risks and Opportunities in PPP in China and Selected Asian Countries - Survey Results[J]. Chinese Management Studies, 2007, 1（2）: 126-148.

做好政治风险的应对管理，这是学术界十几二十年前就有研究的内容。例如，要转变观念，要重视，前期就重视，要搞清楚在特定国家做特定 PPP 项目，有什么风险，这就是风险识别和评估；企业一定要有公关意识，因为在很多发展中国家，政府可能会迫于老百姓的反对，不得不改变一些做法甚至改变合同，而有些国家甚至可能发生政治动荡；对当地政治生态和趋势的了解是非常重要的；等等。所以，要建立全面的风险识别、评估和管控体系。

下面汇总了政治风险的几个重要应对措施：

- 转变观念
  - 风险认知与准备：识别和评估；
  - 企业公关意识；
  - 对当地政治生态与趋势的了解。
- 尽职工作
  - 建立全面风险考察体系，充分识别分析潜在风险；
  - 加强与 NGO/公众/政府沟通，树立良好企业形象；
  - 遵守国际市场规则，多措施分散项目风险。
- 央企/国企"走出去"
  - 千万不要把自己再当成央企国企（应当成民企）；
  - 千万不要把国内 PPP 做法搬到国外去（要遵循国际惯例）。

发展中国家有一定的特殊性，我们作为投资者要考虑自己的利益，但也要从当地政府的角度考虑问题，以实现共赢和可持续发展。国际惯例之所以成为国际惯例，就是现代社会全世界做了 30 多年 PPP 后总结提炼出来的比较好的做法。例如，我们可以要求对方政府提供一些担保与支持，但不一定是要求他们给我们担保回报率，这就是西方国家惯例。投资者的回报有多少，不是合同里写出来的，而是由于自己的效率与其他投资者竞争出来的，跟政府传统投资模式比较竞争出来的（这也是物有所值的理念）。如果投资者能比政府或其他投资者做得更好，效率更高，成本更低，自己的回报率就更高。

对政治风险的主要应对措施，至少包括要求当地政府不能有歧视，应为一些关键合同提供担保或支持。比如说 PPP 发电厂，如果煤是由当地的国有企业提供的，如果它违约，我们作为投资者跟它打官司可能来不及，最好要让当地政府为其国有企业提供担保，这属于政府的支持，为其供煤国有企业增加信用，保证国有企业会遵守合同。图 1-2 为来宾二期电厂的合同结构与风险分担，里面就有政府为燃煤、燃油供应方和购电方提供的担保。

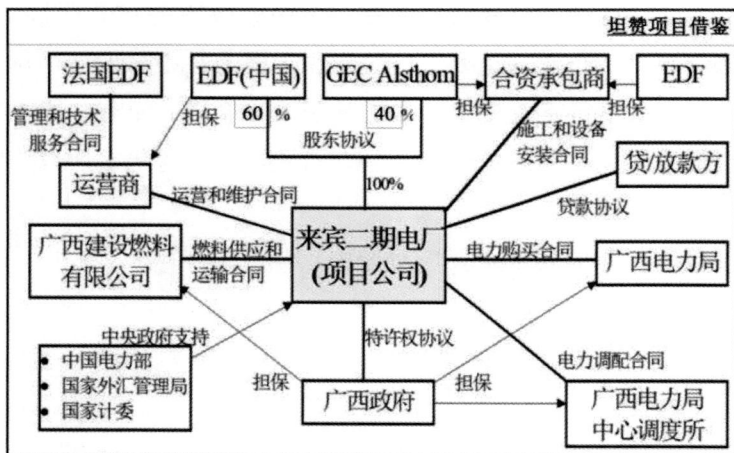

图 1-2　来宾电厂的合同结构与风险分担

还有汇率、可兑换和可汇出风险，政府得提供担保，如果有风吹草动，外汇就能汇出去，要不然政府一管制就麻烦了。另外，如果有争议，应尽量接受国际调解和仲裁，不要在当地国家，当然在中国更好，但对方政府可能不同意。还有就是政府应给我们免除一些关税，对外商投资有一些简化的流程。另外，土地的获取和配套设施也都是非常复杂的，政府也应给以支持和担保，等等。

下面是政治风险的更多具体应对措施（根据具体情况按顺序组合采用）：

- 我国与对方政府签有投资保护协定的国家；
- 法规政策体系（含招投标、设计标准等）成熟和透明的国家；
- 自由（或有保障）的外汇汇兑国家；
- 投资需求特别是对国际投资需求大的国家；
- 与中国合作密切、关系友好的国家；
- 两国双边合作框架下项目；
- 获得国际多边金融机构如世界银行/亚洲开发银行/亚洲基础设施投资银行等的贷款；
- 获得我国政策性银行如中国进出口银行/国家开发银行等的贷款；
- 投保我国政策性保险公司如中国出口信用保险公司/中国进出口银行等的投资/政治风险保险；
- 与当地政府背景大公司合作；
- 获得国际财团融资；
- 投保国际多边或大型私营机构的投资/政治风险保险；
- 获取当地政府/机构的相关准确信息；
- 聘请独立第三方评估当地政府；
- 邀请中央领导人见证签字仪式等；
- 维持与当地特别是高官/NGO/公众的良好关系。

首先是国家层面，如我国企业要优先去我国政府与他国政府都有签投资保护协定的国家，法律和流程相对比较成熟和透明的国家，外汇自由或至少有一些保障的国家，投资需求大的特别是欢迎国际投资的国家，跟中国合作密切关系友好的国家等。

其次就是项目层面，优先去做"一带一路"框架或两国双边合作框架下的项目，我国政府会有一些支持，对对方政府也有一些影响力；尽量获得国际多边金融机构如世界银行、亚洲开发银行、亚洲基础设施投资银行的支持，如果对方政府违约，可能这些多边机构就会施加压力甚至取消对其所有援助和贷款。

再下来就是获得我们国家的政策性银行、政策性保险公司的支持，如中国进出口银行的贷款、中国出口信用保险公司的政治风险和/或投资风险保险等。

再接下来就是额外的方面，如我们要跟当地国家的国有企业合作，因为他们对当地政府也有一定影响力；要把我们的利益跟当地政府及其国有企业利益绑在一起；尽量获取国际财团和/或多边金融机构的融资，它们对政府也有一定影响力；对于一些关键风险，必须去投保，投保多边或私营机构的保险；另外，要了解当地政府准确的信息，例如，某公司前后 300 多人在巴西待了两年，就是为了研究一个项目，了解当地信息。当然，这样前期成本就上来了，故要找到一个平衡点。有的项目政府希望你去投资，有可能会把这个项目说得天花乱坠，非常可行，而我们一线团队成员迫于业绩考核压力，可能会倾向于相信对方的忽悠，因为他们都有相关利益。因此，国际PPP 大项目，有时要请独立第三方，他们与项目没有直接利益，预测这个项目的需求，不是说一定准确，但相对比较客观。还有，我们在谈好合同以后，可能额外的措施还有，可以结合我国中央领导人去出访的时候见证我们的签约仪式，这是不少央企常常做的。虽然这个见证没有法律效力，但有时候可以起到一定的作用，而且这个项目要足够大，要能引起中央的重视。

最后，不要忘了与当地高官沟通，也不要忘了 NGO，还有公众。我们央企现在也越来越多的在这方面承担社会责任，因为他们知道，如果当地老百姓反对，合同签得再好，可能当地政府也会因 NGO 和公众的反对而没法让这个项目顺利实施。

前面已经提到政治风险保险，除了多边机构，除了我们国家政策性的中国进出口银行、中国出口信用保险公司，国际上还有一些大的私营保险机构提供，如 AIG、Chubb、Lloyd's London、Sovereign Risk Insurance、Zurich American Political Risk 等。

实施"一带一路"PPP 项目，我们还应尽量去国际上找一点钱，买一点保险，尽量获得国际上的一些支持，这样把大家的利益绑在一起，就可以降低政治风险。

合同谈好以后，风险的分担情况就可以用一个很小的工具叫风险分担矩阵表（示例见表 1-7），在正式签约之前来检查核对。根据谈判的结果与合同草案的结果，看一看每一个风险，到底是由谁主要承担，这就打勾，不打勾可能是次要承担，也可能不承担。这个表填好后可以从两个维度看，从列来看，可以看出谁对哪个风险出力了；从行来看，就必须保证如果这个风险发生，至少有一方在主要承担，如果没有，就说明出现风险敞口了，这是很可怕的，因为一旦这个风险发生，就会有扯皮，或者没有人承担责任，后果就可能非常严重。这就是我 2018 年出版的限量版《王守清 PPP 妙语日历》里收录的一句"所谓风险管理，就是把圆画闭合了"的意思。

表 1-7　某电厂 PPP 项目政治风险的分担

风　　险	政　　府	政府部门	发起公司	项目公司	承包/供应商	放贷银行财团	保险公司	担保公司
国有化，取消、扣押、没收	√							
项目唯一性（排他性/垫断性）	√			√				
法律变更（一般、特别）				√				

续表

风 险	政 府	政府部门	发起公司	项目公司	承包/供应商	放贷银行财团	保险公司	担保公司
法律变更（特定、专门）	√							
项目审批延误	√			√				
政府的不作为或负面作为	√			√				
现有设施状况及相关规定	√			√				
税率提高（一般、特别）				√				
税率提高（特定、专门）	√							
政治不可抗力	√							
政府中止特许合同	√							
政府不支付费用				√				
当地合作伙伴的可靠性				√	√			√

表 1-8 是我 20 多年前研究的成果之一。在发展中国家，对于每一个风险，有不同的应对措施。后来我扩展这个研究到国际 EPC 项目，各个风险的应对措施最少有 3 条，最多有 11 条。这些措施可以组合采用。如果某个风险度比较大，我们就重点关注；如果某个风险应对措施最有效，我们就优先采用。所谓采用，其实主要就是落实到跟对方政府、分包商、供货商、金融机构等的谈判过程中，最后写到合同里面去。

表 1-8 某 PPP 电厂项目的政治/重要风险及应对措施

风 险	措施 1	措施 2	措施 3
收费调价	事先确定每年调价公式	维持与政府良好关系，企业/项目形象	分离收费如部分固定/可调/外币支付
政府信誉	获取政府准确信息挑选最合适的伙伴	维持与政府特别是高层官员良好关系	聘请独立第三方评估政府伙伴
电力调度	与政府签或取或付	与政府签调度合同	政府担保调度设备
政策改变	获得政府担保，如调价或延长特许期	投保政治险	维持与政府特别是高层官员良好关系
外汇兑换	获得政府担保	采用双货币收费	采用期汇、对敲等
不可抗力	获得政府担保	投保所有可保险	获得政府资金支持
如期融资	争取政府参股	灵活收费如发展权	挂牌上市融资
审批延误	与政府公司合作/资	获得政府担保	维持与政府好关系
国有化	与政府公司合作/资	国际融资政治保险	获得出口信贷
贪污腐败	维持与高层好关系	与政府公司合作/资	签订防腐败合同

PPP 非常复杂，当然，我说它复杂不是说有多深奥，主要是涉及面太广了。作为

操盘手就要学好 PPP、做好 PPP，以下是我建议的 PPP 学习路径：

- 参加一个 3~5 天的系统培训班，内容包括（至少应含 a~c）：

    a. 学者结合案例实务做法讲 1 天概念、框架、内涵与实务要点；

    b. 律师讲 1 天近年相关法规政策，包括现有法律障碍与对策，合同要点和相关案例；

    c. 政府/投资者/咨询师讲 1 天近一两年的真实典型案例项目（如财政部 PPP 示范项目库中的）讲授全过程如规划/可研/立项，方案策划、财务评估、物有所值评估、财政承受力评估、招投评标、谈判签约的工作和文件要点，以及经验教训等；

    d. 金融专家讲半天目前市面上可用融资渠道、融资产品（含资产证券化，ABS）、融资条件、融资优化和相关案例；

    e. 其他相关专家进 1~2 天更具体的专题内容，如财务、税务、会计、造价、保险、行业市场、政策走势、管理、技术、运营和维护等；

    f. 其他相关专家讲授城镇化、产业新城、特色小镇、文旅体、园区、综合管廊、智慧/海绵城市、流域治理、轨道交通和"走出去"等复杂类/项目群类要点，等等。

- 至少看中外学界/业界各 2~3 本书，特别是下述的：

    a. 学者（系统理解相关概念与理论，有了思维与方法，就很容易理解法规与合同，并结合具体项目把握实操要点）；

    b. 律师（系统了解相关法规与合同要点特别是不同类型项目的）；

    c. 政府/投资者/咨询师（系统掌握实施流程与实务）结合案例写的；

    d. 最好也看一两本国际多边机构如世行/亚行/联合国/APEC 等推荐的书，以了解国际经验与发展趋势，"发达国家今天的做法可能就是发展中国家明天的做法"。

- 至少研读分析 10~30 个真实案例特别是失败案例。

- 至少全程参与 1~2 个真实项目的跟踪、谈判和签约。

- 不断地悟、交流和总结提高。

观点|王守清在清华 PPP 研究中心主办的
PPP 条例研讨会上的发言

主办：清华大学 PPP 研究中心

时间：2018 年 6 月 13 日

地点：清华大学公共管理学院

学术与国际惯例

今天到会的学术界代表中，宋金波教授和我是一辈子至今都研究 PPP 的，对国内外 PPP 算比较了解，也比较中立。中国实务界对 PPP 的认识，有一些过去几年都错了，加上其他各种原因，实操也错了，导致去年下半年以来有关政策的出台，规范清理整顿 PPP，而且新政策基本上都是按照国际惯例去改进的。

说到国际惯例，不是说不尊重中国现实，但国际惯例是从发达和发展中国家 PPP 实践中提炼出来的，也就成为学术或理论强调的东西。为什么我们中心要编写国际系列 PPP 丛书（我每本都审读了），并送给今天参会的各位已经出版的这 4 本书，就是希望大家能复习和了解国际惯例。不管全世界各国怎么做，PPP 还是有共识的，这就是国际惯例和经验，学习国际惯例就是为了避免重复犯他们已经犯过的错误。

PPP 的定义与原则

全世界至今对 PPP 都没有统一的定义，但学术界和国际上 PPP 做得较好的国家的实务界都认为，好的 PPP 必须符合 4 个原则，我一直在宣传，但似乎还没有被国人完全接受或应用。

第一，真正的风险分担。因为每一方的能力不同，特别是风险控制力和承受力，哪一方对哪个风险最有控制力就去承担该风险，这就是谈判的规则，才有可能实现物有所值。

第二，**明确的产出要求**。如果招标谈判签约时政府不说清楚，投资者就有可能投机，政企双方以后就会有很多争议。

第三，**全生命期集成**。如果政府分别找企业做设计、建设和运营，是分阶段交付，但因政府不懂专业，很难协调好分别做这些事情的企业；如果都交给国有企业去做（传统模式），就是用别人（纳税人）的钱给别人（公众）做事，很多情形下效率不高（传统模式的可能缺点）。PPP就是政府把公共项目授权投资者出钱、借钱、建设和运维，如果投资者所提供的公共产品/服务符合政府的产出要求，满足绩效指标，政府或使用者就支付；若不符合要求，政府或使用者就拒绝支付或扣减支付。因此，投资者一定要好好干，这就是管理和激励制度的变革。当然，目前中国几乎没有任何企业具备这个全过程能力，故需要组成联合体，中标后成立项目公司去单点对政府负责。

第四，**回报与绩效关联**。投资者提供的公共产品/服务必须达标（产出要求和绩效指标），不达标就肯定倒霉，投资者所得回报高低则跟市场竞争和投资者自身效率有关。

有限追索项目融资

对投资者而言，PPP项目的风险很大，风险分担与隔离非常重要，故涉及一个核心概念，即项目融资（通过项目去融资）。理解了项目融资，今天研讨会的6个问题中，有些就很容易有答案了。

项目融资的第一个要素是要看PPP合同期内项目本身的收入是不是足够。这个收入可以来自使用者，也可以来自政府。如果来自使用者的资金不够，就需政府补贴；政府不补贴，就必须给其他资源补偿；如果不能向使用者收费，就需要政府支付。本质上这就是项目的财务测算问题。而且，项目融资是由投资者中标后组成的项目公司单点对政府负责，要实现有限追索，即把项目/项目公司的风险与投资者母公司尽量隔离，因此，投资者肯定是要追求出表。

另外，政府更应管的是结果，而不是按传统模式太管过程。因为PPP是让企业负责投建运维全过程并承担相应大量风险，政府就应把有关控制权让渡给企业。

除了项目的期望收入和企业的控制权，项目融资的另一个要素是项目的产权归属问题。应根据不同类型项目，有的不能给企业产权（如路/桥/隧等），有的能给有限产权（有限的项目范围、有限的时间段、有限的目的等，如电水厂/污水垃圾处理厂等），很少给完全产权。

项目融资的第三个要素就是合同权益，而且不仅是政府和项目公司之间的一个合同，还有项目公司股东之间、项目公司与一系列相关方（金融机构、承包商、供货商、保险公司等）之间的合同。而且，为了帮助项目公司去融资，如果政府没有给项目公司项目产权去抵押的话，政府就应给债权人直接介入权，等等。目前国内合同尤其缺这个直接介入权。

总之，如果 PPP 合同期内项目期望收入足够（如覆盖所有建运维成本、资金成本和利润税收等的 120% 或以上）、投资者出的项目资本金足够（如按我国规定的达到总投资的 20% 以上）、参与项目的相关企业能力强、所有的合同签得好，是可以实现有限追索项目融资的，这就是国际惯例。

PPP 的伙伴关系

刚才提到控制权，有些控制权让渡给企业后如何保证政府在合同期内的控制力，也是 PPP 的核心之一。如果应用 PPP 让社会资本出钱借钱去做项目，但政府还是按传统的行政干预方法去管就麻烦了。政府对 PPP 项目的控制力，除了适用于所有模式公共项目的宏观法规政策，最主要的是通过合同约定，至于叫特许经营还是 PPP，无所谓，关键看合同，这就是商业的方法。但 PPP 合同期长达十几年甚至二三十年，不可能很完备，故政府的控制力还可以通过政府在项目公司中占股份而实现，占了股份就有知情权和参与项目公司治理权，也可以约定一票否决权，但原则上不能干预投资者的具体经营，这还是商业的方法。总之，用商业而非行政的方法去保证政府的控制力，这就是第三个 P，即 Partnership（伙伴关系）的本意。

PPP 条例的重中之重

2014 年以来力推 PPP 这 4 年多的实践证明，就是这次条例必须解决的：各相关部委的责权利划分，如果不解决，条例出来也没有什么太大的作用。实施 PPP，不发挥专业部委的作用，让管钱的管项目确实容易出问题，但管钱的必须有一票否决权，否则 PPP 必然造成地方债，因为地方政府更多是出于短期政绩目的，投资者也都是出于短期目的，这与 PPP 重视长期的思想和中央的 PPP 改革方向也是背离的。

6 个问题的探讨

有了前面的几点铺垫，下面我很快过一下今天研讨会的 6 个问题，很容易得出结论的。

问题 1，推广 PPP 的目的。我上面的发言已经大概回答了。从我国 PPP 的目标而言，第一还是解决供给问题和地方债问题，第二是解决效率问题。这两个问题不能解决，推广 PPP 没有太大意义。额外的第三个，是为了有利于落实中央"一带一路"倡议，通过国内推广 PPP 的过程，打造我国大企业（不管是央企国企还是民企）的综合能力，能按国际惯例"走出去"实施 PPP。如果在国内不规范做，还把国内不规范的做法带出去，很可能出问题甚至血本无归。

问题 2，特许经营和 PPP 的关系。PPP 推广都 4 年多了，我觉得现在还纠缠于这个问题没有太大意义。其实，这是不同阶段的不同用词，国内外几十年实践发展下来，PPP 已是一个广义概念，当然，也有狭义 PPP 的概念，政府在项目公司中占股份，但也不是必须的；特许经营本身的内涵也在变化，前面有专家提到，因为公共产品/服务提供的终极责任是政府的，即使不向使用者收费，也要走流程，也有批准甚至特许的意思，而不是说只有向使用者收费才是特许，因为 PPP 项目是提供公共产品/服务；还有经营的内涵也不再是狭义的，向使用者收费是经营，向政府收费也是经营。因此，建议条例回避这个问题，就强调广义 PPP，包含特许经营等各种模式，其他细节留在 PPP 合同中约定。至于合同属性，仍按去年的 PPP 条例（征求意见稿）重点考虑引起争议的原因去分别处理即可（一分为二）。

问题 3，流程。我也觉得应该回到我国的基本建设程序，中央力推 PPP 后，我国 2014 年 4 月的第一次 PPP 沙龙时我就明确提出了"PPP 五'步'曲"：

第一步，国家发展改革委和行业主管部委负责项目规划和可研审批与立项，一个项目没有决定要做之前，就不要讨论是否用 PPP 的问题。

第二步，一个项目是否用 PPP，要做模式比较，而物有所值不仅是一种方法，更重要的是一种理念，就是要比较，哪种模式更好就用哪种，因为各种模式有各自的优缺点；如果政府没有钱，而项目必须上，就应允许政府在一定前提下借钱（现在是把这条路堵太死了），当然也可以考虑 PPP，但如果 PPP 还不如政府借钱做得好，就不用 PPP；政府有钱也不一定就用传统模式，要看是不是 PPP 更好。去年 7 月底 PPP 条例（征求意见稿）出来时，我们清华 PPP 研究中心组织的研讨会上我也提过这点。总之，物有所值的理念必须有，至于用什么评价方法是另一回事，但条例不会写到方法这个层面这么细，但理念必须提到。

过去几年把地方政府的其他路全堵死了，变成只有一条 PPP 路，这是不太合适的。我说过多次，全世界 PPP 做得最好的几个国家中，PPP 项目不过是公共产品的 10%～20%，中国再怎么特殊最多也就 30%左右。

第三步，如果一个项目决定要用 PPP，就要看是使用者付费还是政府付费。如果需要政府付费或补贴，这就涉及财政承受力问题，是财政系统的权力，只要政府支付不起（加上该 PPP 带来的溢价），就一票否决，除非能用其他资源补偿投资者。

第四步，招标评标怎么选择适合投资者的问题，必须考虑全过程能力和效率，一个企业不行，就组成联合体，前面提过。

第五步，绩效监管与支付问题，前面也提过，这一点政府这一两年开始重视了，这是很对的。

问题 4，《招标投标法》与《政府采购法》。这两个法用在 PPP 项目确实都有不足，但这两个法的层级比 PPP 条例高，条例只能从现有的《招标投标法》和《政府采购法》中看能不能找到一点空间，用条例解决存在的问题。当然，如果以后能出 PPP 法，则可以列明：如果本法与别的法冲突，以本法为准。

问题 5，股权能不能转让和转让条件。2014 年和 2015 年国家发展改革委法规司负责基础设施和公用事业特许经营立法时开了很多研讨会，有很多争论，但还是有共识（建议调出当初的会议纪要看看，很有价值）。

PPP 项目可分成建设期和运营期，建设期中实质控制股东原则上不能转让股份，因为没有建成的设施没有什么价值，也没有什么收入。如果允许转让，对政府和放贷银行风险太大。国际上的项目融资，银行是要求投资者在建设期提供完全追索或完工担保的；建成之后，实质控制股东特别是工程公司股东，则有不能转让股份的锁定期；过了锁定期可以转让，但必须获得政府和银行的同意；也可能追加其他限制，如核电 PPP，可能要求工程公司股东合同期内不能完全转让股份，或在不同年份转让后必须持有不同的最低股份额；另外，如果是转让股份给散户投资者，也会有上限比例等约束。

运行期中的实质控制股东如设备供应商和运营商也要有限约束。但不管是建设期还是运营期，财务投资者或金融机构的股权或债权转让就不必施加太多约束，只要能找到接盘者承继有关责权利等即可。这样，如果我们国家 PPP 数量到了一定的规模，就可以发展二级市场。项目运营稳定了，投资者只要能找到更便宜的钱来替代之前更贵的钱就行了，这就是二次融资或再融资，当然还有主动或被动二次融资一说。

英国早期的 PPP 项目二次融资出了一个争议。因为项目建成后风险降低，投资者做了二次融资，就有比较多的超额收益，引起了是否暴利和是否该分享的争论。最后的共识是，因为投资者是用公共产品/服务通过二次融资获得超额收益，所以政府要代表公众分享一部分才更公平。

问题 6，与 SPV 相关的。我前面说过项目融资的概念，投资者应做到风险隔离。如果不能实现风险隔离，也可能把央企坑死，特别是对外 PPP 项目。

还有几点看法，我觉得对 PPP 很重要，顺便也提一下。

实施一个 PPP 项目时，应从以下 6 个方面去评估。

第一是法律法规可行性。这个不必多言，制定 PPP 条例正是为了解决这个问题。

第二是项目可行性。除了传统模式要评估的规划、技术、经济、环保等可行性，PPP 最相关且重要的是评估财务、合同、社会、配套等可行性。

第三是可融资性。包括两方面，一是投资者自己有没有钱和能不能找到志同道合的投资者一起出钱（股权投资），二是能不能借到钱（债权融资）。政府选择社会资本时一定要看投资者的投融资能力，对资本金和贷款不能如期到位的中标者要惩罚（过去几年有些政府因被中标者资金不能到位导致项目拖延而倍感头疼）；投资者投标时也要量力而行，还要事先跟各潜在放贷方沟通放贷条件，确保中标后资本金与贷款不出问题。

第四是可负担性。如果是政府付费或补贴，重点看政府的财政承受力和信用；如果是使用者付费，重点看市场需求和使用者支付意愿与能力，都涉及定价与调价等调节机制。市场需求风险的分担，国际趋势是越来越多地推给投资者，而不是政府完全承担，这样做的好处是投资者会更慎重选择项目，避免政府一厢情愿的政绩或无效益PPP 项目的滥上。当然，从投资者角度而言，如果销售渠道是政府控制的，如电网水网，政府就必须担保电厂水厂的最低购电购水量，按传统模式国企的效率，保证投资者不亏本但不保证盈利，这样政府承担了保底量的市场需求风险；但厂网打包的电厂水厂项目，政府就不一定担保最低购买量，但必须给投资者垄断性/排他性，市场需求风险就主要由投资者承担了。对文旅、产业新城等 PPP 项目，政府是不太可能给投资者担保市场需求的，投资者若没有能力把市场需求做起来，投资就可能失败。说到定价与调价，不少人的理解也是错误的。公共产品/服务向使用者收费的定价/调价是政府及其立法机构的权力，任何与政府谈使用者付费 PPP 项目的定价/调价都是试图抢夺政府及其立法机构的权力，跟政府不能这样谈，而应跟政府谈"协议价格（含根据通货膨胀等的调价）+多退少补"机制，即向使用者收费的价格仍由政府决定，如果双方约定协议价格是 6 元，但政府决定投资者只能向使用者收 4 元，则政府补贴 2 元；如果政府决定向使用者收 8 元，投资者多收的 2 元就必须还给政府；政府付费的 PPP 项目就是双方谈 "影子价格（含根据通货膨胀等的调价）" 机制。

第五是可执行性。包括两个方面，一是所有涉及政府审批的各种风险，包括同级其他部门和上级政府的审批，必须政府负责，故联评联审方法就比较合适，但目前地方上很多都是让投资者去找各个政府部门跑流程，效率极低；二是项目公司必须有全过程全方位的能力，如果投资者自己没有能力，就必须有集成能力。例如，财务投资者若主导 PPP 项目，自己不一定会干什么，但是要能管分包商供货商等其他人干好，项目出了问题还是自己要负责，对政府负责。

第六是可监管性。这是基于绩效指标和产出要求的，如果不说清楚，监管就没有依据，而且监管并不仅仅是政府实施机关的事，还有相关政府部门在传统模式下的监管、社会公众特别是使用者参与的监管，太专业的方面，政府还可以委托独立第三方代表政府监管。

总之，前面提到的 PPP 的 4 个原则和 6 个评估方面，还有以前提到的 5 个步骤，是 PPP 最重要的方面，PPP 条例最好能体现，其他方面则是细节问题，PPP 条例可能不会涉及，可以留待以后的 PPP 相关政策、指南、手册和示范合同等明确。

（公众号 "中国 PPP 智库"，2018-06-15）

王守清在 "清华·龙元 PPP 沙龙" 上的发言要点

主办：清华大学 PPP 研究中心，龙元建设集团股份有限公司

时间：2018 年 7 月 20 日

地点：上海市龙元集团大厦

为什么要推广 PPP？

PPP 肯定是一个好的模式，是一个国际趋势，但不是万能钥匙。如果 PPP 没有什么优点，全世界特别是西方国家和国际多边机构如世行、亚行、联合国、亚太经合组织等也不会推广，我国也不会，更不会火爆。

从更大的格局考虑，政府提供公共产品（含服务，下同）的事务可以外包，让专业的人做专业的事，因为政府不懂也不必懂专业和养一群人，如果 PPP 应用得好，可以慢慢地把大政府小社会变成小政府大社会，实现体制改革。

从经济上也可以解释为什么要推广 PPP。公共产品的传统交付模式有优点，也有问题，因为大家没有太在意，体制内的既得利益企业（主要是地方国企）也不说，就是政府用纳税人（别人）的钱给公众（别人）做事，效率是相对比较低的。推广 PPP，就是为了提高效率和服务水平，也倒逼体制内的国企改革。因此，我国推广 PPP 的理念是正确的，顶层设计框架目前也是基本合理的。但我在基层跑了很多，接触了各方，发现最多的问题还是执行。

为什么 PPP 的执行会出问题？

有四大矛盾需要关注。第一是中央和地方的矛盾，其实中央推广 PPP 的目的和地方政府的目的是不一样的。第二是央企和国企的矛盾，其实推广 PPP 是央企抢了地方国企的一些饭碗。第三是所有制的矛盾，央企和国企不管怎么样，还是体制内的，与体制外的民企和外企之间有矛盾。第四是投资者和政府之间的矛盾，投资者重建设轻运营让中央政府不满，也开始遭遇地方政府不履约。这四点是推广 PPP 时需要特别关注和解决的。

还有四大问题需要思考。第一，推广 PPP 打破了金融机构的传统收益模式。我国的金融机构，过去赚钱主要靠利差，占到 80%～85% 的利润，依赖于政府信用和企业信用。做 PPP，其实应该基于项目融资，金融机构要能够评估项目本身好坏（现金流）、投资者能力和相关合同好差，不确定性更大，也复杂很多，要求也更高。第二，PPP对从业人员的要求很高，对政府、投资者和金融机构同样如此。PPP 确实太复杂了，无论是从合同还是从管理的角度，面临很多的不确定性，需要各方执行的人去考虑将来十几年甚至二三十年的不确定性，设置调节机制，签订柔性合同，维系良好的伙伴关系，等等，推广初期的确很难。第三，PPP 咨询的质量参差不齐。由于 PPP 的复杂和政府、投资者、金融机构的缺乏经验，迫切需要有经验的各方面咨询（含律师，下同）。但我国的咨询经验也不足，在我国人情关系文化下，造成"所有需要专家评审的制度很多都变成了走形式"，加上一些咨询职业道德相对不高，使得咨询市场鱼龙混杂。第四，也可能是一个最大的问题，就是官员评估制度，造成官员更在意在任期内上项目出政绩，央企和国企也类似。因此，无论怎么强调 PPP 的长期性，在执行时还是不那么顾及项目的可持续性。

我国这 4 年多有哪些 PPP 经验？

过去 4 年多，我国的 PPP 经历了运动式的推广，尤其在 2015 年、2016 年两年，恨不得公共产品百分之百做 PPP；而到了 2017 年下半年、2018 年至今又开始运动式的波动。对 PPP 的规范是必须的，但似乎又太一刀切，打击了市场。不过，也不必奇怪，国内外皆如此，尤其在中国国情下，符合成熟度曲线（hype circle）：先猛涨，再暴跌，然后恢复到理性平稳阶段。其实，每一种模式对特定的地方、特定的阶段、特定类型的项目、特定的主体和客体，是有不同的适用条件，我国近几年的 PPP 政策，无论是推广还是规范，都有一点过急、过猛、简单化和一刀切，但中国太大了，的确也不容易一步到位，波动性是必然的。按照国际上发达国家和发展中家的数据，我判断中国的 PPP 最多就是中国公共产品的 30%。过去恨不得 100% 做 PPP 是错误的，西方国家最高也没有超过 20%；但对 PPP 过于悲观，也是不对的。在中国目前的体制下，期望在短期内就把 PPP 做好也是不现实的，但逐步做规范、进而做好是有希望的。

对于企业来说，没有会死掉的行业，只有会死掉的企业。也就是说，如果一个企业在一个行业里能做到头几名，就能立于不败之地，所以，一定要坚定信心，尽量去做好。而对央企和其他各类大型工程公司来说，如果没有这 30% 的 PPP 业务也可以活得很好，可以不去碰 PPP；但如果没有这 30% 的 PPP 业务就活不好，就必须去做 PPP，转型升级，向业务链前后延伸，毕竟基础设施相关的工程行业是波动性很强的夕阳产业。

PPP 未来的趋势是什么？

不少企业特别是大中型企业可能还要考虑"走出去"，"一带一路" 60 多个国家和地区，主要还是发展中国家，它们缺钱缺技术缺基础设施，我们正好有这方面的优势和 30 多年的开发经验，有些项目必然要通过 PPP 方式，我们也释放国内产能，正好是战略互补。中央 2014 年起推广 PPP 的另外一个目的，就是打造我国具备全产业链、全方位能力的企业"走出去"。大部分央企工程公司过去几年通过 PPP 实现了从承包到投资+承包的升级，部分央企已经开始打造运营能力和积累运营经验，个别开始酝酿成立金融公司，都是向产业链的上下游、向业务的多元化发展，观念有了巨大变化，综合集成能力也提升了很多，这是值得肯定的。

总之，对于 PPP 既不要过于乐观，也不要太悲观，因为至少从过去 4 年来，我自己真切感觉到，中国全社会对 PPP 的理解越来越正确，特别是在座的各位也在致力于引导行业正确发展而发声，类似于这个沙龙，这样慢慢地，PPP 项目市场就会变得越来越规范，PPP 项目就会做得越来越好，PPP 就会可持续发展。

（公众号"清华 PPP 研究中心"，2018-08-06）

观点|王守清：PPP 最新政策与雄安 PPP 应用探讨

主办：清华大学河北发展研究院

时间：2018 年 7 月 21 日

地点：清华大学大礼堂

PPP 有哪些优势？

推广 PPP，需要国家的有关体制做相应的改变，政治体制不能改，但是管理体制是可以改的，这是第一个好处，促进体制改革。第二个好处是倒逼金融机构改革，因为我国金融机构过去 85% 左右的利润都是来自利息差，并没有什么特长，依赖的主要是政府的信用和央企国企的信用。做 PPP 就不一样了，因为它是基于项目的融资，金融机构必须有能力去判断这个项目行不行（可融资性）。如果项目在给定的期限内的运营收入不够还本付息，金融机构是不会放贷的。这也是 PPP 的第三个很大的好处，可以规避政绩项目和无效投资项目，其实就是把政府的决策能力不足的问题给解决了。过去四五年有些 PPP 项目没有做成，幸好没有做成，就是这个好处。第四个好处就是促进信用体系建设，合同签了以后如果有人不遵守合同，那对政企双方、对相关方都可能是灾难，因此 PPP 倒逼整个国家，包括政府、金融机构、投资者等所有相关方要注意信用，一旦信用不好，以后就没有人找你了。第五个好处就是有利于公众参与体系建设，因为 PPP 提供的产品是给老百姓，它和老百姓的利益相关，所以他们就会紧紧盯着，而不是仅仅由政府来盯。政府人手不够或专业性不强，就会衍生出第三方监管。第六个好处是法律体系建设，因为 PPP 是新生事物，实施过程中会出现很多过去法律中没有考虑到的问题，就需要不断完善法规政策甚至立法，促进法律体系的成熟。

PPP 将来到底会怎么样？

我国 PPP 的将来基本上可以看 3 个数。第一个数，就是我认为 PPP 占我国公共产品的数量最多就是 30%。PPP 是一个非常好的项目交付模式，这是历史证明的，但也不是万能钥匙。因为传统模式是政府用纳税人的钱，用别人的钱，去给老百姓提供公共产品，给别人办事，效率是比较低的，当然这是从统计意义上说的。但是 PPP 不一样，PPP 是投资者用自己的钱和自己去金融机构借来的钱去替政府为老百姓提供公共产品，如果投资者所提供的产品不符合政府或百姓的要求，政府或老百姓就会拒绝支付，投资者就会血本无归。也就是说 PPP 是一种管理制度的创新，一种激励制度。反过来，作为投资者，如果没有金刚钻，不能比当地国有公司提供公共产品做得更好，就不要去玩 PPP，否则就可能出问题。但对大型工程企业，如果不玩，活不够，可能就会被边缘化甚至死掉；而 PPP 又很复杂，如果乱做，就可能亏本，也就是找死。所以我说，PPP 只是公共产品交付模式的一种补充方式，全世界做得最好的国家也不过占公共产品的 10%～20%，在中国我的判断最多也就是 30%左右，其他 70%还是传统模式，这个大格局应该不会有大的变化。

第二个数就是 50%。作为一个工程企业，必须转型升级，这也是一个国际趋势。对于工程企业，特别是大企业，只有一条路，就是向上游和向下游走，即全产业链集成，因为政府把越来越多的事情交给企业去干。对小企业，就是把一件事情做到精致，这就叫专门化，倒不一定要去做 PPP。所以，大型工程企业包括民企和央企、国企，按照国际上的经验就是 50%的业务是传统模式，另外 50%就是新兴业务，新兴业务中有一小半左右是 PPP，这是第二个大的格局。

第三个数就是建筑业的火爆年数。建筑业，包括房地产，是一个波动性很强的夕阳产业，中国过去二三十年赶上了一个好的时代，"要致富，搞土木"，所以在座的应该都是建筑业的，都算发了财，尤其是搞房地产的。将来会怎样？应该怎么办？我判断中国的建筑业在大城市顶多还能火爆 10 年左右，中线城市 20 年左右，西部落后地方 30 年左右。所以，工程企业要有战略眼光，要开始考虑 30 年以后怎么办，可能就必须向上下游走甚至"走出去"，这也就是中央为什么提出"一带一路"倡议，因为与在座的大企业密切相关。

有关 PPP 的利好政策有哪些？

与城镇化和建筑业房地产密切相关的最新利好政策就是今年 4 月 19 日文旅部和财政部的 3 号文，虽然该文强调的是旅游，但很多的精神、涉及的很多事情在雄安很多项目都有可能应用，如资源保护、环境整治、生态建设、文化传承、咨询服务、公共基础设施，这几个关键字几乎涵盖了所有建设工程领域的业务，还有相临近的酒店、景区、商铺等经营性项目都可以统筹来做。

关键就是我前面说过的，第一是选政府，第二是选项目，第三是选合作伙伴，第四是选好的模式与合同体系，签好合同。企业也可以主动建议项目和项目交付模式，因为企业最了解市场，政府不会懂这么多，更多是从政府机关的角度提出项目，政府提出的项目，企业可能没法做 PPP。企业自己能找到老百姓需求最大的项目，如果政府同意了，这样的项目就更容易做和更可持续。

（公众号"水木建设"，2018-07-30）

观点|王守清：回归本源，促进 PPP 高质量规范发展

主办：江苏现代资产投资管理顾问有限公司，毕马威中国
协办：中国高校 PPP 论坛
时间：2018 年 8 月 25 日
地点：南京某大酒店

PPP 的定义和目的

过去四五年，尤其是 2014—2016 年，各方争论得很厉害，我只能讲学术界的看法，讲国际惯例，算是和稀泥，因为在国际上，PPP 本来就是一个统称，有广义、主流和狭义的定义。其实 PPP 最核心的内涵，第一，政府和企业之间长期合作，分担/共担风险，"不是一场婚礼，而是一场婚姻"。第二，企业必须出钱，必须参与运营，主要是解决政府或国有企业专业性和效率不好的问题。当然，如果国有企业效率高，不一定要用 PPP，如果政府有钱也不一定要用 PPP，核心标准就是物有所值。第三就

是政府必须规制和监管，因为提供公共产品的终极责任是政府的，出了问题，老百姓不会找企业，也不会找咨询机构，而找政府。第四，应该让 PPP 项目相关的所有人都满意，即实现"共赢"，否则很难可持续，就像 2014 年、2015 年，大量的央企工程公司抢 PPP 项目，主要是为了赚建设施工利润，不重视运营；还有就是地方政府只是想上项目，没有考虑债务和效率的问题；另外就是咨询公司和律师主要是为了抢到和完成咨询任务，而没有体现专业性；等等。PPP 做得不规范，从 2017 年下半年开始中央部委就开始清理整顿了。

PPP 对各类项目的适用性

我 2003 年回国后就一直在全国各地特别是给央企讲，PPP 不是天上掉馅饼，对不同类型的项目是有适用程度的，表 1-9 是国际上总结出来的经验，数字越大说明 PPP 越适合。如果大家了解了这一点，就不会冒进、出现 PPP 泛化的问题。

表 1-9　PPP 对各类项目的适用性

项目类型		设 施 数	技术复杂	收费难易	消费规模
教育		2	4	2	1 ~ 4
健康		2	5	2	4
国防		2	3 ~ 5	1	1
社会安全		1	3	1	2 ~ 5
司法		1	4	1	4
文化		2	3	4	4
交通运输	航空	2	5	5	4
	道桥	5	3	4	4
	轨交	4	4	5	3
	水路	2	2	5	3
	海运	3	3	5	4
	城运	4	4	2	5
通信		5	5	5	2 ~ 5
电厂		5	4	5	3 ~ 5
供水		5	4	5	5
水/物处理		5	4	1	5
路灯		5	2	1	5
娱乐		4	2	4	5
邮政		1	2	5	3 ~ 5

续表

项目类型	设 施 数	技术复杂	收费难易	消费规模
宗教	2	4	2	2～5
科研	2	5	1	5

注　其中1分表示指标值最低，5分表示指标值最高。

结论：PPP最适用于需求大、投资大、技术可靠、收费容易、区域性强、要求明确的项目，故电厂/交通/水/物处理最适用。

PPP 项目的可融资性

对于一个投资者而言，去做一个PPP项目，面对的是非常强势而且可能不守信用的政府；合同时间还很长，谁也不可能准确预测将来10年、20年、30年的情况；提供的公共产品和服务又是给"光脚的不怕穿鞋的"老百姓，因此，如果投资者不能把项目的风险和投资者母公司的风险隔离，实现有限追索项目融资，即"通过项目去融资"，PPP的风险是很大的，没有太多投资者敢做，如果有敢做的，那就是央企和国企，因为它们一般不会倒闭，最多被合并重组，但都是央企和国企跟政府做PPP，意义也就大打折扣了。

PPP现在遇到融资难的问题，其实是因为大家没有理解它的融资本质。国际上的PPP绝大多数是基于项目融资的，其核心之一就是一定要考虑所投资的这个项目的收入从哪里来。如果是来自老百姓，市场需求和收费定价调价很重要；如果来自政府，政府的信用和财政承受力最重要。如果咨询公司、投资者和金融机构配合政府在财政承受力评估中作假，就是给自己和相关人员挖坑。

投资者拿到的只是政府给的运营和收益权，个别项目顶多再给有限的产权，不会给完全产权，特别是在我们这样的公有制国家。很多的风险，都要靠投资者跟这个项目的所有相关方去签合同，把风险分担掉，并把运营和收益权、有限产权和这些合同权益质押给银行去实现融资。

因此，要做一个PPP项目时，最重要的是考虑与可融资性相关的4个问题。

一是要有成熟完善的体制。这涉及法律、信用、金融、公众参与体制等。因此，2014年就有境外咨询机构说，在中国目前体制下，不具备大规模推广PPP的主观和客观条件。但是，我们必须去推，因为国际上已经证明，PPP如果做得规范，是可以提高效率的。

二是选项目。这个项目一定要好，即前面提到的项目的期望收入足够还本付息和保证投资者的利润。

三是投资者必须有集成能力。他不一定什么都能干，但是能把干这个项目的所有人管理好。政府也不必干预那么多，反正是投资者组成的项目公司对政府负责。

四是要有风险公平分担的好合同体系。我估计全国各地懂 PPP 的律师都比较感谢我，因为我常常给政府、投资者和金融机构讲，谁的钱都可以省，但千万不要去省真正懂 PPP 的律师的咨询费，因为你省了这几十万、几百万元，将来可能损失的是几千万元、几亿元甚至十几亿元！因为 PPP 的复杂性，事前风险管理比事后更重要。

PPP 中四个相互关联的核心原则

PPP 在全球范围内没有共同的定义，但是这 4 个原则是真正懂 PPP 的专家都认可的。只有严格贯彻这 4 个核心原则，才可能把 PPP 做好。

一是真正的风险分担，而且是动态的分担，要考虑各方的风险控制力和风险承受力。

二是明确的产出要求，如果产出要求不明确，将来就可能有没完没了的扯皮。

三是全生命期集成。作为一个投资者，没有金刚钻，就不要去揽 PPP 这个瓷器活，必须有整个过程的集成能力，如果一个企业能力不足，就必须是一个强强联合优势互补的联合体组成项目公司单点对政府负责，即使有些工作分包了，但出了问题还是项目公司对政府负责，然后项目公司再去找分包商。

四是支付与绩效关联，如果投资者不好好干，提供的产品或服务不符合政府或老百姓的要求，政府或老百姓就会拒绝付费，投资者将受损失。遗憾的是，我们有些咨询公司做的 PPP 方案有些是错误的，例如，就是看投资者的建设运营和融资成本是多少，政府再给投资者加一定比例的利润。我一直讲电厂 PPP 的一个案例，因为电厂的产出要求是很明确而且是定量的，而且很容易监管，因此，招投标者时的评标准则是电价报价一般占评标总分数的 50% 以上，故投资者报的电价很重要，价格低就容易中标。给定了电价，至于投资者能赚 5% 的利润甚至 20% 的利润，那就是投资者的本事。20 世纪 90 年代某个 PPP 电厂项目中，0.7 元一度电，我们的央企那时是不赚钱的，而外商 0.4 元一度电，利润可以达到 18%，这就是他们的建设、运营和融资等综合效率。我们咨询机构要真正理解这个 PPP 内涵，然后去理解 PPP 政策，再根据特定的项目特点去量身定制出不同的 PPP 实施方案，这才是有水平的咨询。

PPP 在医养项目中的应用要点

做医养等社会事业 PPP 项目的核心是，要区别对待硬设施与软服务、核心服务与非核心服务、普通公众与高端人群、短期投建与长期运营、行政监管与市场监管等。现在越来越多的地方政府推广医院 PPP 项目的目的已经大大进步，就是把本地的医疗水平提高，老百姓不用再老往上海、北京等大城市跑，投资者派其高水平医生在 PPP 医院工作，同时培养本地医生，不仅为地方带来医院（资金、设施、设备等），更重要的是带来知识、技能和管理等。PPP 学校和养老院也类似。

"真做 PPP" 和 "做真 PPP"

去年下半年以来，总有人问我什么是规范的 PPP。根据我对 PPP 内涵和我国现有 PPP 政策的理解，我总结出了规范 PPP 的要点（见图 1-3）。至于每一点的细节是什么，各位就得去学理论，然后才能理解政策，理解政策后就有可能设计出好的 PPP 方案，规范地做 PPP。

做智力为主的工作如咨询和讲课，价值不是简单按所花人工和工作量计算的，而是按水平和品牌等体现的。为什么我们国内的咨询能拿到几十万咨询费而且不拖欠就很满意了，而国外著名咨询是上百万上千万拿的，这可能也是国内外咨询的区别之一。各位在座的咨询要共同努力，提供我们的咨询水平、品牌和咨询费！

```
• 项目/流程合规                    • 严控政府债务
  – (适宜的)公共产品/服务             – 支付/补贴入预算/中期规划
  – 规划/可研等获批/立项              – 基金性/国企预算不能再用
  – 实施方案/VfM/财评通过             – 禁拉长版BT(无运营)
  – 土地获取合规                     – 禁政府回购/伪购买服务
  – 招标采购("两标并一标")         • VfM/风险分担/利益共享
    合规且有竞争                     – 专业的人做专业的事
  – 建设/运营达标等                  – 全过程(含运营)集成优化
• 主体合规                         – 提高效率，比传统模式好
  – 政府或事业单位做政府             – 防明股实债(穿透资本金)
    主体(国企不可以)                 – 禁保底/固定回报率
  – 未与政府脱钩地方国企             – 明确产出要求/严格监管
    不可以做社会资本主体             – 支付与绩效关联
                                    ……
```

图 1-3 "真做 PPP" 和 "做真 PPP"

互动练习

本来我是想让大家做下面这个练习的（见图 1-4），因为时间不够，大家回去可以试试。这些都是 PPP 相关的科普问题，是 2014 年 2 月—2015 年 12 月，亚洲开发银行和德国国际机构等资助的 CDIA（亚洲城市发展中心）培训 12 期中国官员时的一个练习，我参与了这些培训和练习辅导。每个问题有 3 个选项，每个选项只能选一个，而且必须选一个。

PPP 应具备的特殊要点	必须有	最好有	看情况
政企双方公平分担风险			
政府减轻/分担投资者无法承担的部分风险			
来自国际多边机构（如世行/亚行）的支持			
获取银行等金融机构的贷款			
PPP 法			
"使用者付费"机制			
PPP 经验			
政府监管			

图 1-4　练习：PPP 的要点及主要理由

参考答案分别是：必须有、必须有、最好有、必须有、最好有、看情况、最好有、必须有。如果你答对了 6 个（含 6 个）以上，说明你的 PPP 理念还可以；如果少于 4 个，努力学习提高吧。

（公众号"现代咨询"，2018-09-03）

王守清：PPP 的公众参与机制

主题：首届中国 PPP 法律论坛
时间：2018 年 11 月 3 日
地点：北京港澳中心瑞士酒店二层 B 厅

今天早上一进来的时候，我还以为走错了地方，论坛入口好像是在办婚礼。说起来也有意思，我和老婆结婚的时间没有我跟 PPP "结婚"的时间长，我和 PPP "结婚" 22 年有余了。办婚礼的话就希望有很多宾客来，今天这个 PPP 法律论坛来了很多嘉宾，就算成功的"婚礼"。PPP 相关的内容，20 多年以来，我已经写了很多；中央力推 PPP 这 5 年，我也说了很多。今天这 10 分钟，我只想说一个和今天论坛主题沾边的：PPP 的公众参与机制。

过去 5 年我国推广 PPP 取得了很大的成就，如果说出了一些问题，其中一个就是公众参与机制问题。为什么要讲公众参与机制？因为 PPP 是政府和企业合作，它是有合同关系的，但是 PPP 所提供的产品，是给与政府和企业都没有合同关系的老百姓。如果政府和企业都只考虑自己的利益，不考虑老百姓，PPP 项目就可能出问题。2016 年 4 月 22 日清华 PPP 研究中心成立典礼时，也是让我做 10 分钟的发言，我主要就是讲这第一个幻灯片[①]，提醒投资者做 PPP 一定要坚持两条底线：第一，不能让 PPP 官员受处分；第二，不能让老百姓上街。

2017 年 1 月 19 日，过去快两年了，北京律协主办了一次 PPP 研讨会，我最后有一个即兴发言，半个小时左右。我刚才又特意看了一遍我那个发言速记，发现没有任何观点要修改。我特意提到，做 PPP 律师，三条很重要：第一要保证合规，因为 PPP 是长期合同，不合规随时可能被政府整顿；第二要尽量公平，无论是给政府或给投资者提供服务，否则合同很难执行；第三要有情怀，不能光看现在、完成任务，还要了解发展、提高水平，才容易做出品牌。其实，这三句话就涉及公众参与机制问题。

公众参与的概念是什么？学术界有很多的定义。这几个 PPT 是我学生收集的国内外 27 个案例，分析提炼出国内外 PPP 项目的公众参与机制。时间关系，我就不解释了，大家可看看统计和分析结果。

在 PPP 项目的不同阶段，有不同的公众参与主体，包括 NGO，每个主体又有不同的人群。这一张 PPT 我觉得比较全面，归纳出 12 个比较合适的公众参与办法，其中包括信息公开。这方面，财政部的 PPP 中心做得比较好，我也很荣幸曾参与 PPP 信息公开办法的研讨制定。另一个办法就是专家讲座。老百姓不明白、不理解或不接受某个项目或某种做法时，就可以让中立专家去讲座，解释相关问题。

PPT 中有国外两个案例的公众参与典型做法，有宏观的角度，也有微观的角度，有经验，也有教训。其实，不仅国外有正反面的例子，我国也有。有些项目一开始老百姓反对，但是经过公众参与机制，最后大家也同意了。有的则是因为公众参与机制不完善，特别是前期，最后因公众强烈反对甚至上街游行（这也是公众参与，但这是负面极端的），项目选址或方案不得不修改，这就是公众参与机制不完善的后果。

对于我国，这个幻灯片的很多做法都是可以借鉴的。比如，我国有些项目也有对

[①] 对照 PPT，更容易理解本发言。

受影响人群的访谈征求意见，但有些有作假。另外，就是我国公众的参与意识不强或能力参差不齐，就连过去5年一些PPP咨询和律师对PPP政策的解读有时都是机械的，更别说提供高质量服务了。

最后这个幻灯片提了改进我国公众参与机制的3个建议，我就不一一读了。

附：王守清发言PPT

导航栏
首页
大纲
引言
研究内容
研究结果
结语与建议

大纲
CONTENT

01 引言

02 研究内容

03 研究结果

04 结语与建议

导航栏
首页
大纲
引言
研究内容
研究结果
结语与建议

引言
PART 1

研究背景

① **为何应用PPP模式**
PPP模式逐渐成为政府解决大型公共设施建设资金问题的重要方案

② **为何需要公众参与**
公众在PPP模式中的合理参与能够带来政府与公众双赢的局面

③ **公众参与的现状**
在PPP模式的利益分配过程中，社会公众的权利和利益容易受到忽视

导航栏
首页
大纲
引言
研究内容
研究结果
结语与建议

引言
PART 1

文献综述

PPP项目公众参与相关概念：

《奥胡斯》公约 —— 公众的广义定义
一个或多个自然人或法人，以及按照国家立法或实践，兼指这种自然人或法人的协会、组织或团体

余 波 —— 公共项目中公众的范围
受到项目直接影响以及对项目有特殊兴趣的人

王媛媛 —— PPP项目中公众的范围
受到 PPP 项目直接影响的且范围可确定的以及对 PPP 项目有着合理期待利益的第三人，包括自然人、法人和其他合法的组织机构均可视作公众群体

周建亮 —— 公众类型的划分
第一种是项目的直接受益者；第二种是项目所能影响到的其他相关群体；第三种是社会上其他对项目怀有特别兴趣的个人或组织

叶晓甦 —— 结合利益相关方理论确定公众范围
项目使用者、特定地域的居民、直接或间接经济利益相关方、项目相关领域专家四类

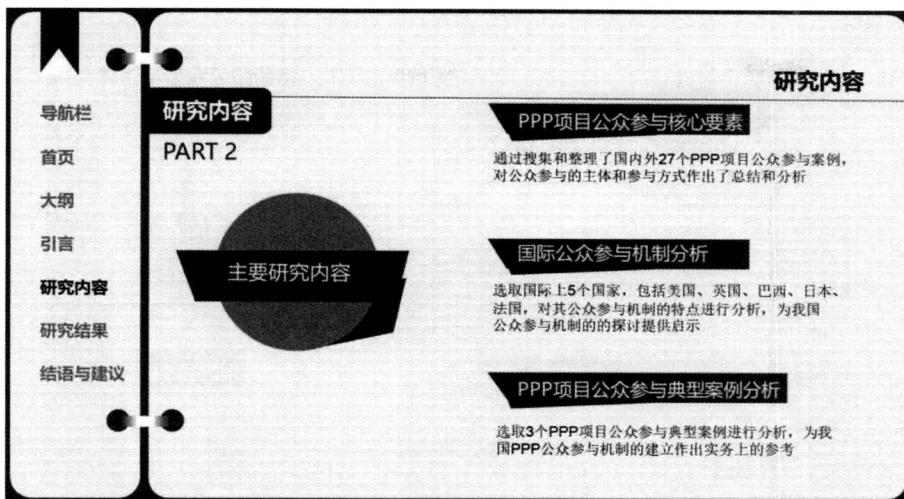

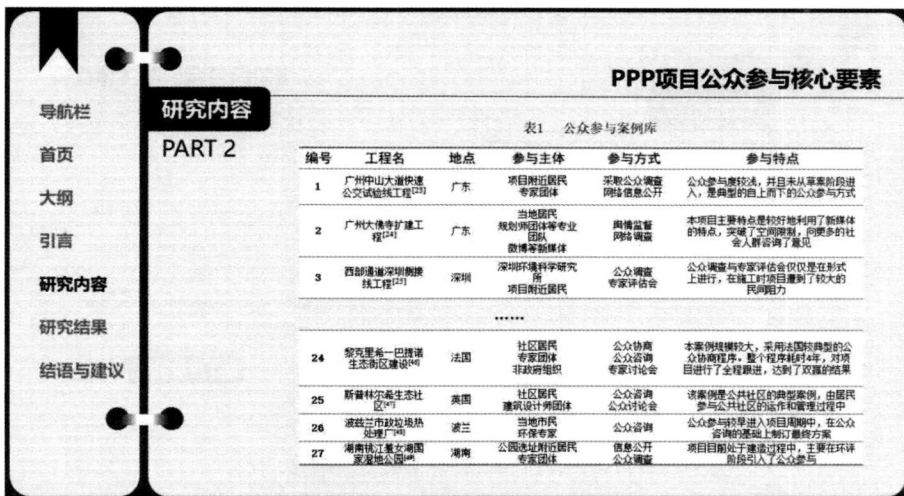

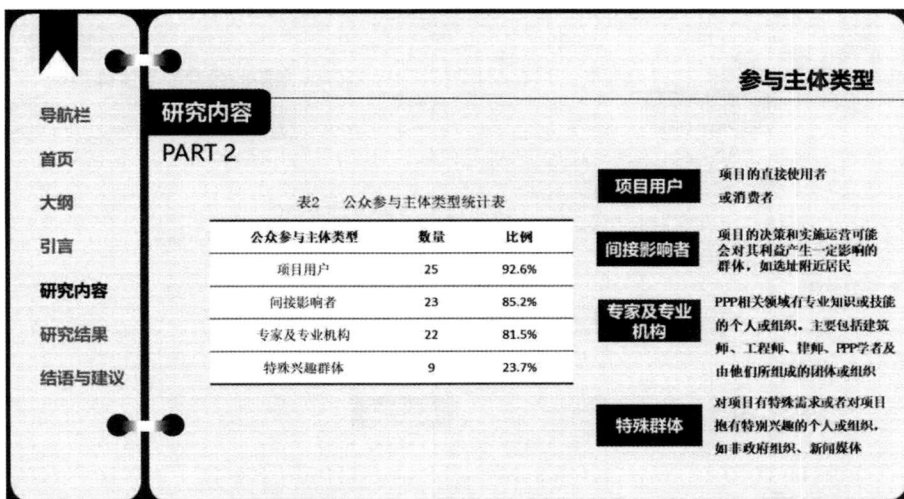

各阶段公众参与主体类型

研究内容

PART 2

表3 立项阶段公众参与主体情况

参与主体	参与内容	典型案例
项目用户	表达自身需求和意愿，提升PPP项目带来的公众利益	9、10、15、22、24
间接影响者	表达自身意愿，减少PPP项目可能对自身利益的不利影响	2、6、7、12、26
特殊兴趣群体	特殊需求者表达自身意愿，新闻媒体发挥舆情监督作用、事政府组织沟通政府和网公众点	2、5、11、13、18、22
专家及专业机构	利用专业知识和技能对决策过程进行监督和指导	1、6、8、9、10、20

立项阶段

表4 招投标阶段公众参与主体情况

参与主体	参与内容	典型案例
特殊兴趣群体	新闻媒体可发挥舆情监督以防止腐	21、22、
	败现象	23
专家及专业机构	利用专业知识和技能对招标过程进行监督和指导	21、22

招投标阶段

各阶段公众参与主体类型

研究内容

PART 2

表5 设计阶段公众参与主体情况

参与主体	参与内容	典型案例
项目用户	表达自身意愿，使设计满足公众用户的利益	6、9、21、24
特殊兴趣群体	新闻媒体和非政府组织发挥科普和宣传工作	2、3、9、16、17
专家及专业机构	利用专业技能对设计进行监督和指导	17、18、22、24

设计阶段

表6 施工建设阶段公众参与主体情况

参与主体	参与内容	典型案例
项目用户	可通过政府信息公开制度对项目进行监督	19、21、22
特殊兴趣群体	舆情监督作用	10、22
专家及专业机构	可作为公众代表参与到施工建设的安全、进度和质量监督中	8、24

施工建设阶段

各阶段公众参与主体类型

研究内容

PART 2

表7 运营阶段公众参与主体情况

参与主体	参与内容	典型案例
项目用户	检验PPP项目是否满足公众需求以及是否正常且合理地运营	12、19、22、23
间接影响者	表达自身意愿，减少PPP项目可能对自身利益的不利影响	11、12、16、21
特殊兴趣群体	对项目运营状况是否正常，公众利益是否损害等进行监督	17、22、24、26
专家及专业机构	利用专业知识和技能维护PPP项目中的公众利益	10、22、21、24

运营阶段

（各图左侧导航栏：导航栏、首页、大纲、引言、研究内容、研究结果、结语与建议）

研究内容 PART 2

小结

表8　PPP项目各阶段公众参与主体情况

	立项	招投标	设计	施工建设	运营
项目用户	☑		☑	☑	☑
间接影响者	☑				☑
特殊兴趣群体	☑	☑	☑	☑	☑
专家及专业机构	☑	☑	☑	☑	☑

PPP项目各阶段公众参与主体

研究内容 PART 2

PPP项目公众参与方式

公众讲座　　听证会　　网络媒介参与

① ② ③ ④ ⑤ ⑥

人大政协提案　　公众咨询和调查　　新闻媒体监督

多方研究小组　　公众协商　　集会游行

⑫ ⑪ ⑩ ⑨ ⑧ ⑦

居民和社区委员会　　信息公开　　信访和投诉

研究内容 PART 2

公众参与方式类型

表9　PPP项目参与类型分类

参与类型	参与方式	典型案例
自上而下	听证会、公众讲座、公众咨询和调查、政府信息公开、公众协商	4、5、9、15
自下至上	人大政协提案、居民和社区委员会、多方研究小组、网络媒介参与、新闻媒体监督、信访和投诉机制、集会游行	4、5、9、15、19、23、24

表10　PPP项目参与程度分类

参与类型	参与方式	典型案例
无公众参与	公众讲座	无
象征主义参与	人大政协提案、听证会、公众咨询和调查、网络媒介参与、新闻媒体监督、信访和投诉、集会游行、信息公开	1、3、4、8、20
公众权力	公众协商、居民和社区委员会、多方研究小组	14、15、21、22、24

自下而上和自下至上　　　　按参与深度划分

小结

研究内容

PART 2

表11　国际公众参与机制比较分析

	美国	英国	法国	日本	巴西
主要参与者	当地社区和居民 非政府组织 专家团体等	当地社区和居民 非政府组织 专家团体等	当地社区和居民 专家团体	当地居民 专家团体	当地居民 非政府组织 新闻媒体
参与方式	政府信息公开 多方研讨会 公众调查	社区委员会 公众调查 多方研讨会	公众协商 公众调查和咨询	项目特设委员会 政府信息公开 市民研讨会	公众研讨会 信息公开 新闻媒体监督
参与特点	信息公开程度高 公众参与意识高涨 健全的公众参与保 障机制	社区委员会制度 非政府组织的重 要性 多层次的公众参 与体系	明确有序的公众 协商制度 开放的公众咨询 流程	十分重视公众参 与教育	强调公众权利对 政府决策的影响 力
借鉴意义	完善我国PPP项目 信息公开制度 提高公民主动参与 意识	发挥社区平台的 力量 发挥非政府组织 的公共职能	建立明确的公众 咨询和协商流程	提高对公众参与 素质的培养	提高公众在PPP 决策阶段的参与 深度

宏观角度

案例分析

PPP项目公众参与典型案例分析1

澳大利亚北头检疫站遗址改造项目

案例介绍

时间：2003年

地点：澳大利亚新南威尔士曼利地区

参与主体：当地居民
　　　　　非政府组织
　　　　　新闻媒体

参与方式：新闻媒体监督、多方研究
小组、公众调查、居民自治组织

案例分析

研究内容

PART 2

非政府组织的积极参与

案例分析

新闻媒体的监督作用　　　居民的公众参与意识

案例小结：新闻媒体充分发挥了其媒介作用和监督作用，非政府组织利用专业知识
积极地参与到了PPP项目的全过程中，对项目的决策与实施也起到了关键性的作用

案例分析

PPP项目公众参与典型案例分析2

日本东京垃圾焚烧厂群

案例介绍

时间：2000年

地点：日本东京都地区

参与主体：当地居民
　　　　　专家及专业机构

参与方式：选址委员会、多方研究小组、公众调查、信息公开

研究内容 PART 2

案例分析

PPP项目公众参与典型案例分析3

广州番禺垃圾焚烧发电厂

案例介绍

时间：2009年

地点：中国广东番禺区

参与主体：当地居民
　　　　　新闻媒体

参与方式：集会游行、网络媒介参与、听证会、公众调查

番禺垃圾焚烧发电厂位置图

小结

表12　PPP项目公众参与典型案例总结

案例	澳大利亚北头检疫站遗址改造项目	日本东京垃圾焚烧发电厂群	广州番禺垃圾焚烧厂
参与主体	当地居民 非政府组织 新闻媒体	当地居民 专家及专业机构	当地居民 新闻媒体
参与方式	新闻媒体监督、多方研究小组、公众调查、居民自治组织	选址委员会、多方研究小组、公众调查、信息公开	集会游行、网络媒介参与、听证会、公众调查
参与特点	新闻媒体的监督作用 非政府组织的积极参与 居民公众参与积极性高	公众参与在决策中的重要性 公民良好的公众参与素质 高度透明的信息公开	公众未参与到决策阶段 网络时代的公众参与 公众参与主体之间缺乏合作

微观角度

导航栏
首页
大纲
引言
研究内容
研究结果
结语与建议

研究结果 PART 3

对我国的建议

表13　中国PPP项目公众参与机制

续表

项目阶段	参与主体	参与方式	参与目标	项目阶段	参与主体	参与方式	参与目标
立项阶段	项目用户	公共协商、居民和社区委员会、公众咨询、听证会、人大政协提案	将公众意愿体现在决策结果中	施工建设阶段	特殊兴趣群体	网络媒介、新闻媒体监督	舆情监督作用
	网络影响者	网络媒介参与、新闻媒体监督、公众调查、公众咨询	发挥舆情监督能力、沟通公众和政府的观点立场		专家及专业机构	信息公开	作为公众代表参与到施工建设的安全、进度和质量监督中
	专家及专业机构	成立研究小组、听证会、政府信息公开	了解项目信息，对项目的决策起到监督和指导	运营阶段	项目用户	公共协商、居民和社区委员会、听证会、信访与投诉	检验PPP项目是否满足公众需求以及是否正常且合理地运营
招投标授权	特殊兴趣群体	网络媒介监督	发挥其舆情监督功能、防止招标过程的腐败现象		网络影响者		表达自身意愿，减少PPP项目可能对自身利益的不利影响
	专家及专业机构	政府信息公开、公众协商	对招标过程进行监督和指导		特殊兴趣群体	网络媒介、新闻媒体监督	对项目运营状况是否正常，公众利益是否损害等进行监督
设计阶段	项目用户	政府信息公开	了解项目设计信息		专家及专业机构	公众协商、听证会	利用专业知识和技能维护PPP项目中的公众利益
	特殊兴趣群体	网络媒介参与、新闻媒体监督	发挥科普和宣传工作				
	专家及专业机构	政府信息公开、公众协商、成立研究小组	对设计进行监督和指导				

研究结果 PART 3

专家访谈

表14　PPP项目专家访谈信息

姓名	职位/职称	从事PPP领域的时间	参与过的PPP项目数量	较为熟悉的PPP领域
傅某	英国律所策划项目经理、国家发改委PPP专家	10年以上	10个以上	能源、交通运输、环境保护、重大市政工程
赵某某	央企建工集团总经理助理、投融资管控中心总经理	12年	20个以上	重大市政工程
程某	北京大学博士后、高级经济师	8年	30个以上	交通运输、环境保护、重大市政工程
刘某某	央企工程投资公司副总经济师、投融研究中心主任、浙江某铁路有限公司监事会主席	11年	15个以上	交通运输、水利、环境保护、重大市政工程
刘某某	民企综合地产投资中心总经理、特务金融分析师	14年	10个以上	交通运输、重大市政工程
王某某	清华大学PPP研究中心部长助理、国家发改委、财政部PPP政库专家	13年	10个以上	交通运输、重大市政工程

我国公众参与不足

1 我国公民的公众参与能力参差不齐

2 非政府组织和专业机构水平不足

结语与建议 PART 4

主要建议

1 建议1　完善我国PPP项目信息公开制度

2 建议2　提高我国公民公众参与意识

3 建议3　提高公众在PPP项目决策阶段的参与度

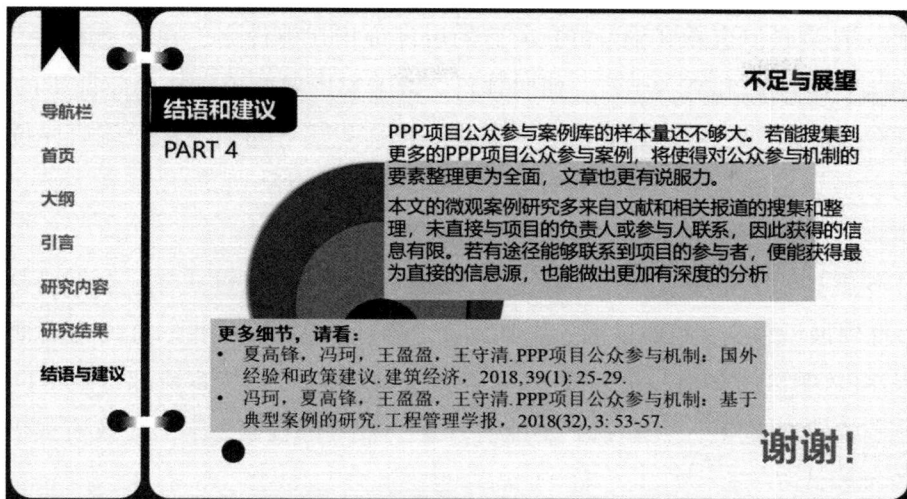

不足与展望

结语和建议
PART 4

PPP项目公众参与案例库的样本量还不够大。若能搜集到更多的PPP项目公众参与案例，将使得对公众参与机制的要素整理更为全面，文章也更有说服力。

本文的微观案例研究多来自文献和相关报道的搜集和整理，未直接与项目的负责人或参与人联系，因此获得的信息有限。若有途径能够联系到项目的参与者，便能获得最为直接的信息源，也能做出更加有深度的分析

更多细节，请看：
- 夏高锋，冯珂，王盈盈，王守清.PPP项目公众参与机制：国外经验和政策建议.建筑经济，2018,39(1): 25-29.
- 冯珂，夏高锋，王盈盈，王守清.PPP项目公众参与机制：基于典型案例的研究.工程管理学报，2018(32), 3: 53-57.

谢谢！

导航栏
首页
大纲
引言
研究内容
研究结果
结语与建议

（公众号"中国 PPP 智库"，2018-12-08）

PPP 项目的后评价——王守清在第三届中国 PPP 论坛的发言

指导：国家发展改革委，中国银保监会，联合国欧洲经济委员会
主办：清华大学
承办：清华大学 PPP 研究中心
时间：2018 年 12 月 1 日
地点：清华大学主楼后厅

很多认识我的人都觉得很奇怪，我颠覆了自己过去的 IP。原来都是工装裤，旅游鞋，而今天穿上了你们难得一见、我自己也觉得有一点拘谨的西服。

过去 5 年，我们多是随意地做 PPP 项目，但是从今年开始，我们应该更规范地去做 PPP。这就是我今天穿西装的另外一点寓意。当然穿西装不意味着我们要完全学西方的，只因为家里实在找不到中山装，我国的 PPP 好做法也可以向"一带一路"沿线国家推广。

今天我讲的是 PPP 项目的后评价（见图 1-5）。3 年前首届论坛我讲的是 PPP 的再谈判，是有预见性的。从去年下半年到现在，因为规范，我国的 PPP 再谈判一直在进行中。下一步，大量的 PPP 项目会进入运营，自然就会涉及绩效监管、后评价，注意

这两个概念有关联但也有区别。PPP项目的后评价指在建设完工并稳定运营了几年以后去评估项目的状态和有关情况，何时评价，跟国家发展改革委在两年前推的 PPP 资产证券化（ABS）有点吻合，PPP项目稳定运营两年以后才可以 ABS。就后评价主体，要强调的是应该由独立第三方进行评价。因为由政府去评，或者投资者去评，可能都会有偏见。

图 1-6 就显示了这个过程。开始运营一段时间，然后每过 3 年、5 年就要做一次后评价，直到最后移交。到项目的生命期结束，还有一次评价，我们称之为后期评价。

谈及 PPP 项目的产出和绩效要求，我们一定要强调社会资本应超过或等同于传统模式即国有企业的效率，如果 PPP 不能实现这个效率的提高，不如让政府去借钱，继续使用传统模式。

- 对建设完工、已经处于稳定运营期**PPP**项目的运营状况、过程、**产出、绩效、效益、效率、影响、可持续性**、监管体系、风险分担、伙伴关系、协议状态等进行的全面/系统/客观的分析
  - 通过对项目**实施结果**的检查评价和分析总结，确定项目是否在预期状态和可控范围之内；
  - 通过及时有效的**信息反馈**，为项目运营的后续发展和政企合作状况提出建议，同时也为运营中存在或可能出现的问题提出改进或应对措施，从而达到成功实施PPP项目的目的
- 评价角度：与项目收益/影响等无直接关系的第三方

图 1-5　PPP 项目后评价概念

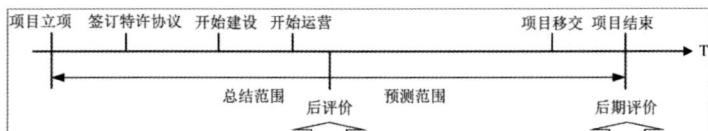

图 1-6　PPP 项目后评价的时间段

另外，监管机制一定要有效，如果九龙治水，会很难做好。此外还有风险的分担，协议的执行，以及是否有再谈判的触发机制，等等。归根结底，就是后评价要客观评价 PPP 项目的状态和可持续性。

后评价的原则包括独立性、可信性、实用性和反馈性（见图 1-7）。反馈性是指后评价的主要是为了所评价 PPP 项目下一步做得更好，为了其他的 PPP 项目可以做得更好。所以，项目后评价以后，一定要把评价结果扩散给相关政府部门、项目公司、金融机构和咨询机构等。这几年我国 PPP 相关方做法有很多改进，就是在这个反馈过程中产生的（见图 1-8）。后评价出来之后，会对项目具体的业务部门产生各种各样的

影响，使其在每个阶段都能做出一个更好的决策。一个新生事物开始是慢慢地增长，增长过快时就容易会遇到问题（过去几年 PPP 就是这样），然后就要规范，就会出现下跌。我个人觉得我国 PPP 最低点就是今年的上半年，现在开始逐步回升。但是，不可能回到回升到 2016 年、2017 年那时的顶峰。我个人判断，最多就是达到顶峰的 1/3。然后就是 PPP 的平稳、可持续发展。特别是对一些穷的政府，财政已经支撑不起政府付费或补贴 PPP 了，应该多做资源补偿类或者使用者付费类的。国际经验是，发达国家一般政府付费的居多，而发展中国家使用者付费或资源补偿的居多。所以，我国过去几年，政府付费和补贴的 PPP 项目达到总数的 70% ~ 80%，无论从常识，还是从国际经验看，这都是不可持续的。当然，下一步的关键就是怎样挖掘到真正的好项目，如何用资源补偿实现自我造血的 PPP 项目，特别是产业新城、特色小镇、片区开发等城镇化项目。

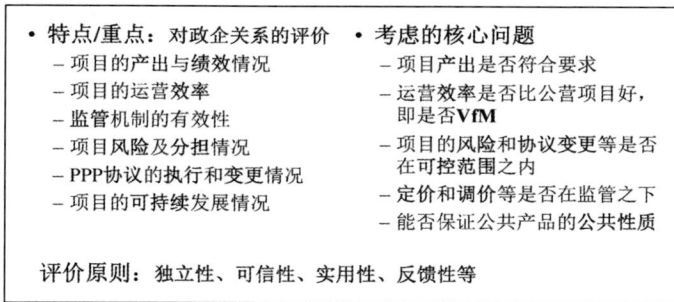

图 1-7　PPP 项目后评价特色

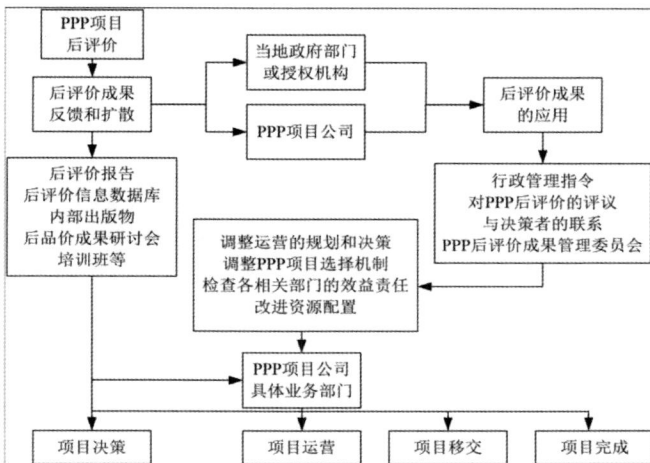

图 1-8　PPP 项目后评价反馈系统流程

图 1-9 上半部的后评价流程是比较粗的，下半部这个流程就相对细一点。后评价需要针对特定地方、特定类型、特定项目，找出特定的指标，并且必须有定量指标。评价污水处理、垃圾处理与评价高速公路、轨道交通，评价指标肯定是不同的。指标定下来后还要定权重。后评价体系不仅要使同一个项目在不同时间点能进行纵向比较，还要使同一类的项目，同一个地方的项目可以进行横向比较。

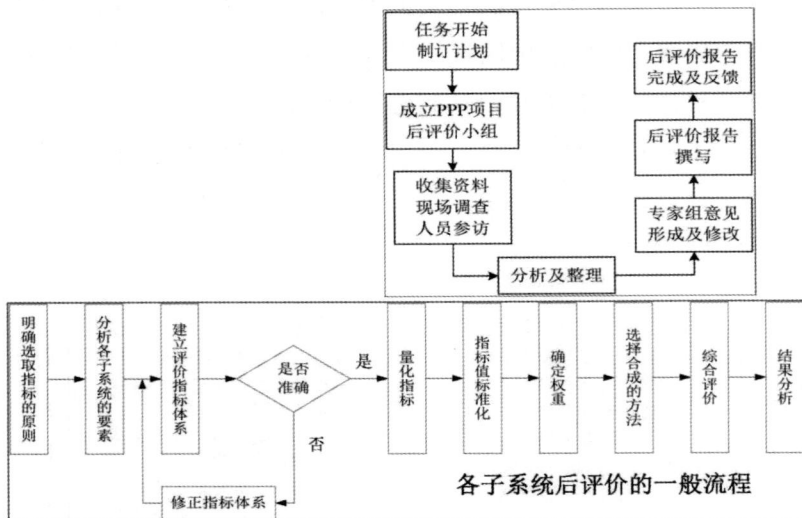

图 1-9　PPP 项目后评价流程

PPP 项目的后评价体系，根据我们的研究，至少应该包含图 1-10 中的这五大块。只有项目运营状态的后评价是远远不够的。还要有效益和影响的后评价、可持续性后评价、综合后评价以及伙伴关系后评价等。如果大家想知道更多的细节，可以搜索阅读我的硕士生胡华如的学位论文和期刊论文。

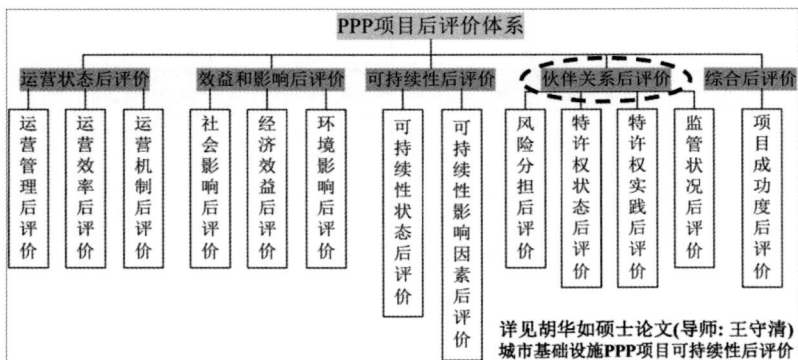

图 1-10　PPP 项目的后评价体系

下面重点讲一下伙伴关系的后评价，也就是政府和企业之间的合作关系到底怎么样。一个重要方面是监管状态，包括监管手段、监管内容、监管形式、监管范围、监管机构的配置（见图 1-11）。

- 监管手段
  - 货币补贴情况、新进入产品的控制、产业辅助品生产的鼓励及替代品生产的压制、价格的控制、法律限制(禁止性的)
- 监管内容
  - 价格监管(成本加成和价格上限)、产品或服务监管、安全监管、普遍服务监管、退出监管(到期及提前退出)
- 监管形式
  - 招标程序和标准的设定、合同监管、标尺竞争(同业绩效标尺)、产权监管、行政仲裁和司法裁决、事前/事后/内部/外部监管
- 监管范围
  - 公共产品和服务的某一方面、某一时段、某一区域之内等
- 监管机构的配置
  - 机构设立方法、体制类型(纵/横向一体化独立监管、综合部门下相对独立监管等)、监管结构(监管机构+行业消费者协会、主管部门法定机构+环保等)

图 1-11　PPP 伙伴关系后评价示例：监管状态

伙伴关系后评价另一个很重要的方面就是 PPP 协议执行状态（见图 1-12）。为什么要评价这个东西？这是因为 PPP 的长期性造成了合同的不完备性，这也是诺贝尔经济奖 2016 年获得者哈特的主要贡献，因此，在 PPP 谈判与签约时就得在合同里面设置一些动态调节机制，一定要有变更管理流程，包括协议本身的变更情况，触发机制，具体的流程和方法，双方基本权利、义务的执行。从去年下半年开始，越来越多的仲裁机构也在关注这个方面，就我所知，现在全国已经至少有 4 个大城市开始专门针对 PPP 成立相应的仲裁机构。PPP 项目出现违约以后怎么办？相关的法律政策变更又怎么办？还有可能是合同的终止，甚至单个条款的终止可能使得整个 PPP 合同终止。对于单个条款的终止，可能签一个补充协议就能够解决问题，但是，整个合同终止必然对用户造成影响。

最后一个方面就是风险分担（见图 1-13）。例如，一旦因为风险发生造成损失，其他方是怎么补偿的，补偿到什么程度，项目产生了额外收益怎么分享，等等，合同里必须明确。另外，风险发生以后，承担方的主动性怎么样；没有预见到的风险发生以后怎么办；等等。在北京地铁 4 号线后评价第一次研讨会上我就提出：我们要做的这个后评价，建议至少从 4 个方面进行比较。第一，现在实施的结果与原来合同的结果有什么不同（实际与合同比较）？第二，4 号线是北京的第一个 PPP 项目，北京其他地铁线使用传统模式，这两种模式的结果到底有什么差别(不同模式比较)？第三，这是港铁在中国做的第一个项目，实施的结果与在香港做的 PPP 项目有什么不同（横向比较）？第四，这次评价相较于上一次的评价结果有什么不同、有什么改进（纵向

比较）？

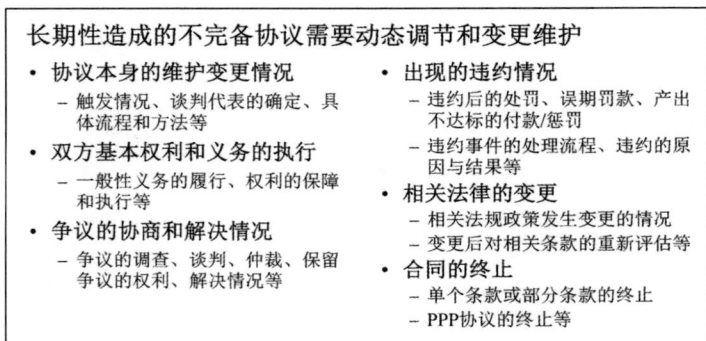

长期性造成的不完备协议需要动态调节和变更维护

- **协议本身的维护变更情况**
  - 触发情况、谈判代表的确定、具体流程和方法等
- **双方基本权利和义务的执行**
  - 一般性义务的履行、权利的保障和执行等
- **争议的协商和解决情况**
  - 争议的调查、谈判、仲裁、保留争议的权利、解决情况等

- **出现的违约情况**
  - 违约后的处罚、误期罚款、产出不达标的付款/惩罚
  - 违约事件的处理流程、违约的原因与结果等
- **相关法律的变更**
  - 相关法规政策发生变更的情况
  - 变更后对相关条款的重新评估等
- **合同的终止**
  - 单个条款或部分条款的终止
  - PPP协议的终止等

图 1-12　PPP 伙伴关系后评价示例：协议状态

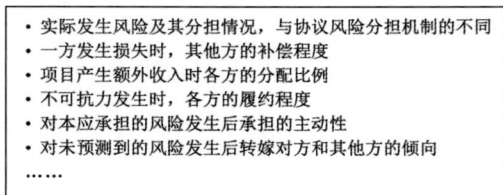

- 实际发生风险及其分担情况，与协议风险分担机制的不同
- 一方发生损失时，其他方的补偿程度
- 项目产生额外收入时各方的分配比例
- 不可抗力发生时，各方的履约程度
- 对本应承担的风险发生后承担的主动性
- 对未预测到的风险发生后转嫁对方和其他方的倾向
……

图 1-13　PPP 伙伴关系后评价示例：风险分担

（公众号"清华 PPP 研究中心"，2018-12-02）

观点|王守清：PPP 资产交易要坚守原则和底线

主办：天津金融资产交易所 PPP 资产交易与管理平台

时间：2019 年 4 月 13 日

地点：天金所北京办公室

我来自学术界，所以我先铺垫一点更多是基于理论和国际惯例的一些 PPP 要点，然后再讲有关 PPP 资产交易的原则与底线，总体上更偏向于政府和公众。

PPP 中 4 个相互关联的核心原则

PPP 有各种定义，但是最核心的共识是真正的风险分担、明确的产出要求、全生命期绩效、支付与绩效关联这 4 个原则。其中，与 PPP 资产交易最相关的就是强调全生命期绩效。第一，强调投资者全过程集成。第二，强调单点对政府负责，即项目公司所有事情由其自己独立负责，这实际上也是控制力的问题，让专业的人做专业的事。我们国内有的官员是违反这一点的，还按照过去传统的方式去管理 PPP 项目，越俎代庖，这是不对的，限制了投资者的能动性和创造性的发挥。第三，不管是交易还是其他什么变化，由于 PPP 项目涉及公共产品，所以必须考虑政府方的要求。第四，必须考虑债权人的要求。国内金融机构和国外金融机构最大的区别之一是，绝大多数没有行业和项目相关的专业能力，无法判断 PPP 项目行与不行，它只能依靠投资者的信用和担保，之前是政府的信用和担保，没办法按照国际通行的有限追索项目融资（通过项目去融资）的方式去放贷，即银行评价一个 PPP 项目是否放贷，最重要的是看这个项目在运营期全部的现金流入能否覆盖债权全部本息和税收等其他成本的 110% ~ 130%、项目公司的全过程能力、各相关方之间的合同，当然还有政府方的承诺（如直接介入权，不是融资担保）和信用等。

实施 PPP 项目的重要评估因素

实施 PPP 项目，需要从以下 6 个方面进行评估：①法律法规政策合理性；②项目可行性（比传统可研范围广，如还有财务、合同和社会可行性等）；③项目可融资/可交易性；④可负担性；⑤可交付性；⑥可监管性。如图 1-14 所示。其中，和二级市场相关最重要的是可融资性/可交易性；其次是可交付性，即投资者有能力管控全过程，若经过政府同意，转移出去了某些责权利，那受让人就必须承接相应的责权利，若出了问题，政府能找到承担责任的。

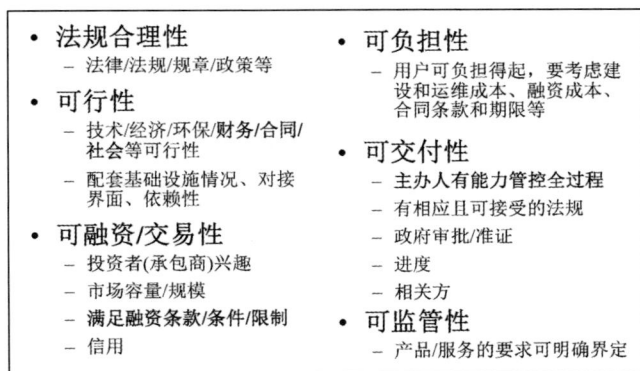

图 1-14　实施 PPP 项目的重要评估因素

政府或使用者支付的原则/机制

政府或使用者支付的原则/机制不仅是要保护投资者，更重要的是保护债权人，包括可用性支付、绩效支付、用量支付和移交支付（见图 1-15）。

```
• 可用性支付→完工与质量风险
    – 设施建成开始提供产品/服务(即可用)时才支付，而
      且一般是合同期内均布支付
• 绩效支付→产出与服务水平风险
    – 与绩效挂钩，若所提供服务达不到所要求的标准，
      支付将扣减，甚至罚款。
• 用量支付→市场需求风险
    – 与使用量挂钩，若低于所期望的用量时，得不到全
      额支付；若用量多，价格应打折
• 移交支付→投机风险等
    – 合同终止(提前终止或到期终止)时的支付/补偿，
      取决于合同约定并区别有/无过错
```

图 1-15   政府/使用者支付的原则/机制

关于移交支付，之所以要求投资者不能随意退出，就是为了防止投资者投机。我们国家过去几年由工程公司主导项目就出现过这种问题。合同终止又分为到期终止和提前终止；在提前终止情形下，如何补偿投资者又取决于合同约定，并要区别投资者有无过错。所以，合同的签订水平非常重要，如果合同中没有约定，甚至连框架和机制等原则性约定都没有，就会很麻烦，因为法律法规政策不可能规定得这么细。

PPP 风险分担原则

项目风险分担原则一般有 10 个，但 PPP 项目中最常用的是 4 个，即由对某风险最有控制力的那方承担相应风险、风险由有控制力且控制成本最低的那方承担、每一方所承担的风险与所得回报要相匹配、所承担的风险要有上限（见图 1-16）。其中最相关的是上限原则，这个"上限"是相互的，即政府方的上限就是投资者的下限，投资者的上限就是政府方的下限。超过这个上限就应启动调节/调价机制，或者触发重新谈判，甚至提前终止。其中，终止分为达到某种条件继续、终止和再谈判失败终止，终止后必然涉及交易。所以上一次在天金所参加"PPP 资产交易规则专家论证会"时我提到，如果平台只限于好项目交易，不够全面，因为好项目大家不愿意卖，除非他要加强流动性，去投资更好的项目；反而是不太好的项目，目前的交易需求比较大，

所以不好的项目也应该可以交易。

PPP风险分担的主要公平原则(以实现VfM)

- 由对某风险最有控制力的那方承担相应风险
  - 在发展中国家(包括中国)，一般由项目公司主要承担项目的融资、建设、采购、经营和维护的风险；
    - 项目公司股东分担风险，且会通过合同、保函与保险等把有关风险再转移给承包商、供应商、运营商、银行、保险公司等
  - 当地政府主要承担土地、法律变更和外汇等风险；
  - 双方共同分担不可抗力和(最低市场需求)等风险。
- 风险由有控制力且控制成本最低的那方承担
- 所承担的风险与所得回报要相匹配(提醒)
- 所承担的风险要有上限(超过上限后实施调节/调价机制或启动重新谈判或终止)→更多目的和原则→CCTV报道
- 实现方式：主要是签好合同/保险/备用金，但要注意：
  - 不同国家的风险分担不同(如外汇等)，不能照搬
  - 每个风险都要合理管理，因为"一粒老鼠屎也会坏一锅粥"
  - 千万不要利用对方的暂时无知和贪婪签订"不平等条约"

图 1-16　PPP 风险分担的主要公平原则

关于调节机制，做咨询的人比较清楚，银行等金融机构债权人会要求项目运营期收入覆盖债权本息，往往就要求政府担保最低市场需求，当然这个担保是担保"量"而非担保"率"，否则就成了我国政策说的违规固定回报。如果担保了最低需求量，这就必须上有封顶，即超额收益分成机制等，这叫作对称原则。这个担保量涉及物有所值，即按照传统模式的国有企业是不亏不赚的量，而投资者的效率比国有企业高时，可能是赚的。如果政府不担保最低需求量，就必须给垄断性/排他性，否则没有人敢投资，即使敢，也是要价极高（风险与回报匹配原则），可能对政府不利。所以，在给实务界讲课时，我通常将其简化为三句话：如果产出要求可以明确和定量，如（污）水厂、电厂等，招标选择投资者时，单价或总价的评标权重必须大于 50%；如果产出要求可以明确但不能定量，如公路、桥梁等，单价或总价的评标权重在 50%左右；如果产出要求不能明确也不能定量，单价或总价的评标权重必须小于 50%。这样，对政府而言，PPP 才容易实现物有所值，没有能力或效率不如国有企业的投资者就不敢乱投标。

PPP 再谈判涉及的协议变更原则

PPP 涉及谈判的问题，如果是好项目，则不要紧，政府不需要太多的干预，只要投资者自己能找到接盘者就行；但如果是出了问题的项目，那就看协议中事先有没有

约定,区分对待协议有约定的怎么办,没有约定的怎么办,然后其他一般情况怎么办。

我首先要强调的是不可变更的部分,包括协议主体、协议性质、协议标的和协议内重要内容不可以变更。当然,这里不是说绝对不能变更,而是说在政府或者债权人没有同意的情况下,是不可以变更的。例如,社会资本中标后擅自转让给他人,这是不行的,我国法规政策有类似规定。另外,清库之后,协议标的发生变化非常大,项目内容发生重大的变更,或者我干不下去我直接让别人去做,这行不行? 这肯定是不可以的,因为违反招投标相关法规。但是此外的经协议约定后都是可以变更的。实际上,在特许经营立法研讨的时候,其中有一个重要的共识结论就是:投资者没有经过政府和债权人同意,原则上不许退出;政府可以让投资者退出,但必须给合理补偿。

其次,关于规范退出,最重要的就是两个原则:一个是保护公众利益,因为提供公共产品的终极责任是政府的,出了任何的问题,老百姓不会去找投资者,而是去找政府;另一个是要公平,公平不仅仅是对政府和老百姓,也要保护投资者,要保护金融机构。如果一个项目的可融资性不好,投资者又不提供抵押担保,政府还不给直接介入权,风险没有得到有效管控,那银行等金融机构就会认定这个项目不靠谱,是不会去参与放贷,也不会参与交易的。

最后,关于退出的限制,这是非常重要的。当初在立法研讨过程中,专家们经过激烈研讨,最后达成的共识是:应该允许投资者退出,包括允许交易,但是要区分两个阶段区别对待。没有建成的项目没有可用性,也没有任何现金流收入,因此它是没有什么价值的。所以,建设期内的实质控制股东（建设期的施工承包商股东）和运营期内的实质控制股东（运营商和设备供应商股东）的退出一般必须受下面几条约束。

一是锁定期。现在这几年 PPP 合同都有这方面的约定,以前是比较少的。不同类型的项目,锁定期还不一样,比如高速公路,质量最容易出问题的就是前 3 年,如果前 3 年不出问题,后期基本上不会出大问题;但是桥梁和隧道不一样,即使前 3 年不出问题,后面几年也可能出问题,所以锁定期一般是 5~8 年;如果核电项目采用 PPP,那可能要锁定更长时间,当然不是所有股权完全锁定,是随着风险的降低,逐步解禁锁定的股份额。总之,尽管法规政策对此不可能规定得这么细,但是应该有相应的锁定期。

二是投资者的转让股权必须获得政府和债权人的同意,或者满足 PPP 合同和贷款合同中约定的前提条件。

三是一定要审核受让方。即便资产受让方能够承接转让方转出去的资产和责任,地方政府也要做审核。另外,如果受让方是机构投资者,政府不必过多干预,但如果是散户投资者，因为中国特别怕群体事件，那就要有一个比例上限和其他限制。

四是要求实质控制股东在一定期限内留存一定股权。按照实质控制股东和非实质股东的划分进行区别对待，要求实质控制股东留存一定股权，出了问题就会有损失，避免他们投机；但是对于财务投资者等非实质股东和债权人，政府就不必过多干预，投资者只要能找到下一家即可。

PPP 项目不同终止情形下的补偿

表 1-10 是我师弟叶苏东所带开门博士弟子张红平博士论文中归纳出的 PPP 项目不同情形下的补偿原则，很全面，可以参考应用。

表 1-10　PPP 项目不同终止情形下的补偿

表现形式		终止时点	
		建 设 期	运 营 期
地方政府违约（因公便利）	实体终止	（已完成的工程造价+前期准备费用）×（1+市场同类项目的平均投资回报率）	判断有否收目投资。如果投资已收回，则补偿需满足社会资本的最低投资回报率要求；反之，补偿应包括投资未收回部分，并满足社会资本的最低投资回报率要求
	关系终止		确定提前终止项目在剩余经营期的资产市场价值，按移交产权价值的一定比例补偿投资方
地方政府违约（承诺缺失）	实体终止	（已完成的工程造价+前期准备费用）×（1+内部收益率）	判断有否收回投资。如果投资已收回，则补偿期初预期收益未收回部分；反之，补偿应包括投资未收回部分及期初预期收益，按期初约定的投资回报率
	关系终止		确定提前终止项目在剩余经营期的资产市场价值，按移交产权价值的一定比例补偿投资方
社会资本违约	实体终止	一般不予补偿。若政府收回项目用地的，则应补偿社会资本方已支付的项目用地费用，不再考虑其他建设运营投入及利润损失	一般不予补偿。若政府收回项目用地的，则应补偿社会资本方已支付的项目用地费用，不再考虑其他的建设、运营投入及利润损失
	关系终止	以社会资本已完成的投资额（已完成的工程造价和已支付的项目用地费用）收购本项目，但要扣除社会资本方违约赔偿全额	按移交项目的实物资产价值进行回购，但要扣除社会资本方违约赔偿金额

续表

表现形式		终止时点	
		建 设 期	运 营 期
不可抗力风险	实体终止	以项目实际进度的预算投资与实际投资的较小者来补偿社会资本，不再考虑利润损失。若政府收回项目用地的，则补偿还应包括社会资本方已支付的项目用地费用	政府补偿社会资本方尚未偿付的贷款和资本金投入未收回部分，但不包括预期利润损失。若政府收回项目用地的，则补偿还应包括社会资本方已支付的项目用地费用
	关系终止	按移交项目的实物资产价值进行补偿，但不再考虑施工利润	按移交项目的实物资产价值进行回购。社会资本自行承担终止年之前的运营亏损

PPP 项目终止补偿的依据是项目的价值，还是形成资产的成本，这个争议是非常大的，要在合同中明确约定，并区分不同情形：投资者违约、地方政府违约和不可抗力。

如果是投资者违约，惩罚是比较严重的，还要罚款。如果是政府违约，就需要补偿投资者，重点是确定合理利润率，一般是以退出的那一天开始倒推 3 年或者 5 年，按同地区同行业平均的市场利润率去讨价还价谈补偿。另外，提前终止后，例如 20 年合同期还剩 5 年时，预期利润是否补偿也是有争议的，西方国家也许会给投资者一些预期利润补偿，但是在中国估计很难，这也并非完全不可商议。但如果做二级市场交易，那交易的价格里可能就包含预期的合理利润，特别是好项目，且更多是由市场决定的。

ABS 和 REIT 等再融资

ABS 和 REIT 的本质是更多债权/股权的交易/退出，其原因是项目建设完成后，建设风险得到释放，项目可预测性增强，整体风险降低，增强了潜在投资者和债权人的信心，促进了交易，发展了二级市场（见图 1-17）。正如天金所丁化美总裁所言，PPP 二级市场和一级市场是联动的，没有二级市场，一级市场很难做好；但一级市场做得不好，二级市场也没法玩。

> # ABS和REIT等再融资(也是交易)
>
> - PPP公众项目利润较低，建成运营稳定后风险减小，实施ABS和REIT等，有利于发展二级市场、吸引更多投资者、促进融资渠道多元化、降低融资成本
> - 但要受约束，需经政府(也代表公众)和债权人同意，最好不能完全退出，否则，项目出问题将无人负责
> - 主要应是债权退出(且额外获利要与政府分享)，股权退出则要受政府更严格限制和监管
>   - 防止公共服务出问题，以保护公众利益
>   - 防止聪明人(投资者/银行)利用信息不对称等对不够聪明人(特别是散户投资者)玩"击鼓传花"，特别是在国内目前金融体系尚不成熟、操作不够规范、信息不够透明时

图 1-17　ABS 和 REIT 等再融资

在英国，早期很多投资者利用政府不懂，就通过 ABS 等融资方式赚了很多超额利润，引起了有关方特别是公众的强烈关注和议论。后来，学术界和政府等一直在研究，最后得出结论并形成共识：投资者利用政府赋予的权力去建设并利用建成的设施去赢利，所依赖的基础是公共产品，所以政府和公众要参与超额收益分成。

另外，在实施 ABS 和 REIT 时要防止公共服务出问题，也要防止出现群体事件，以保护公众利益，并在 PPP 合同中约定，否则将来出了问题会很麻烦。

资产交易的几条底线

综合上述国际惯例和学术界的研究，并结合财政部和国家发展改革委等的要求，下面汇总给出我认为 PPP 资产交易应该考虑的几条底线。

第一，不能违反资产交易监管要求，特别是涉及新建项目中的国有股份、国有存量项目的，比较麻烦。

第二，不能变相造成地方政府负债，地方政府或未脱钩国企回购要考虑或有债务和物有所值（VfM），不能一刀切。

第三，不能变相逃避招标采购要求，也就是中标后没有经过政府同意不能转让。这里我没有说不行，而是说必须经过政府和债权人的同意。另外，一定要遵守"两标并一标"适用的 3 个条件：①合规招标程序选定投资者；②投资者必须是股东；③投资者有相应的资质。

第四，不能让项目出现问题，要限制实质控制人的退出，并且接盘者必须承继转让人的责任。

第五，不能一窝蜂/一刀切，要区别政府和原投资者有无过错，要区别在合法合规下的 PPP 合同中有无约定。

最后，我给投资者再提一条忠告：投资有风险，入市要谨慎，要量力而行、尽职调查、确保流程与合同合规完善。

注：本文根据作者在"2019 中国 PPP 二级市场发展研讨会"上的发言整理，有删节。

（公众号"天金所"，2019-03-12）

王守清：《政府投资条例》与 PPP 的关系与影响

主办：清华大学 PPP 研究中心
时间：2019 年 5 月 19 日
地点：清华大学公共管理学院

我们先复习几个基本概念，以更容易和更深刻理解《政府投资条例》与 PPP 的关系，以及对 PPP 的影响。

项目管理把项目分成立项、计划、控制和收尾四大阶段，不同阶段有不同的目标、交付物、任务、方法和工具（见图 1-18）。政府投资项目和 PPP 项目也要应用这些理念，不能违反常识。过去几年的 PPP 冒进和做得不尽如人意，就是违反了常识，因为项目选择不对，不管用什么模式都很难做好。

对于基础设施和公用事业项目而言，这些阶段更具体一点就是规划、可研/方案、设计/建设（含改扩建与技改）和运营/维护，其中，前期决策最重要（关键点：规划、可研/方案、初步/施工图设计），如图 1-19 所示；PPP 则特别强调所有这些阶段即全过程的集成，规划和设计时就要考虑建设和运维。

图 1-20 所示这张工程项目管理中的经典 X 曲线也说明，前期工作对项目是否成功影响极大，特别是在满足范围/功能、质量/服务要求时的成本。

目标	■ 定义和确定项目目标	■ 完成项目计划的制订	■ 完成项目成果性目标	■ 相关方满意
交付物	◆ 项目章程	◆ 项目计划	◆ 有待交付的项目成果	◆ 已交付的项目成果 ◆ 项目验收报告
主要任务	机会研究 可行性研究 一般机会研究 项目机会研究 方案策划 初步可行性研究 详细可行性研究 项目评估与决策	组建项目核心团队 建立工作分解结构 任务分配 活动排序 资源估计 时间估计 集成项目各分项计划	调度资源 调整计划 偏差与趋势分析 跟踪进展 纠正措施	项目验收与交接 项目清算与审计 项目总结与评价
常用方法与工具	● 要素分层法 ● 有无比较法 ● 费用效益比法 ● 净现值法 ● 内部收益率法 ● 投资回收期法	● 工作分解结构（WBS）方法 ● 责任矩阵法 ● 网络计划技术（CPM/PERT） ● 甘特图 ● 里程碑图 ● 蒙特卡罗法 ● 资源平衡方法 ● 头脑风暴法	● 挣值法(EV) ● 甘特图 ● 关键比值技术 ● 关键因素分析法 　（帕累托法） ● 德尔菲法 ● 图形控制工具：累计费用 　曲线、资源负荷曲线	● 抽样法 ● 市场预测法 ● 指标计算法 ● 指标对比法 ● 因素分析法 ● 统计分析法
生命周期阶段	立 项 阶 段	计 划 阶 段	控 制 阶 段	收 尾 阶 段

图 1-18　项目管理的主要阶段/工作/方法/工具

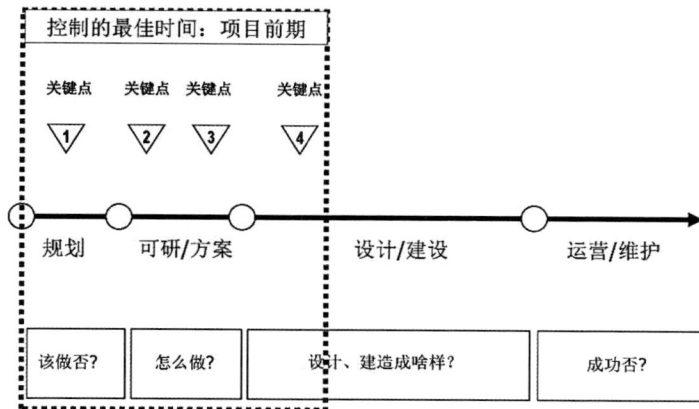

图 1-19　工程项目管理成功的几个关键点

　　《政府投资条例》侧重前期（规划、可研到建设）；PPP 则特别与规划、可研/方案、立项等前期工作密切相关，这些都是国家发展改革委和/或行业部委主管的，重点解决项目该不该上的问题；然后才考虑，项目是采用政府投资模式或 PPP 模式。我在 2014 年全国第一次 PPP 沙龙上明确提出的 PPP "五'步'曲"说的就是这个意思（更全面的观点参见 2018 年 6 月在 PPP 条例研讨会上发言要点和 2018 年 12 月的媒体采访《清介有守王守清：PPP 四原则 五"步"曲 六评估》）。

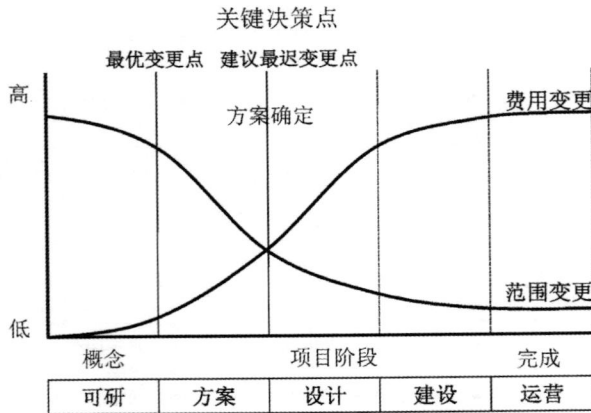

图 1-20 "范围变更"与"成本变更"的关系

当然，不管采用什么模式，都要追求全生命期的绩效（见图 1-21），包括效能、效率和效力等结果；而 PPP 尤其强调投资者对设计、建设和运营全过程的集成优化，否则因投资者的融资成本比政府的融资成本高而无法比传统模式更有效率/物有所值；政府则应加强绩效监管与评估，特别是运营期的，否则出了问题，公众不是去找投资者，而是找政府，因为提供公共产品的终极责任是政府的。

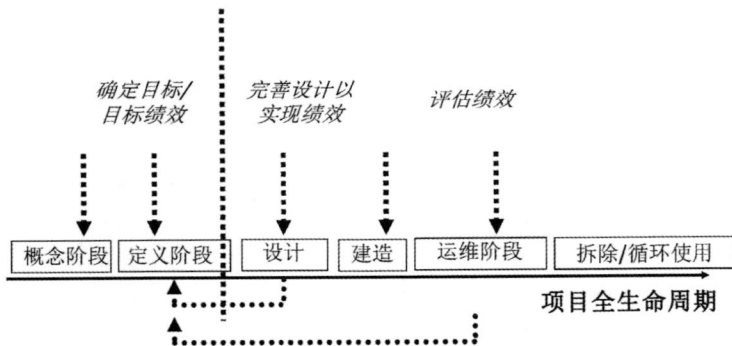

图 1-21 工程项目管理以绩效为目标

《政府投资条例》不仅强调项目前期，也强调了几个关键阶段的监管与评估，这与 PPP 不冲突。当然，PPP 项目中政府对绩效和监管更严格，因为实施过程中的部分控制权给了投资者，专业的人做专业的事，投资者若不专业（如能力和效率不如地方国企）就可能亏本和被处罚。

对前面内容的小结就是：项目的前期工作非常重要。《政府投资条例》为政府投资项目和采用了政府直接投资和/或资本金注入（本质即政府是股东）的 PPP 项目的筛选、可研论证等前期环节的规范运作，以保证项目成功和可持续，奠定了更好的基础，而且，这些项目实行审批制，但采用了政府投资补贴和/或贷款贴息（本质即政府不是股东）的项目，不属于政府投资项目，实行核准制（如果项目在政府核准清单上）或备案制（如果不在清单上）；对采用核准制和备案制的企业投资的 PPP 项目，也要严格论证项目的可行性和 PPP 模式的必要性；对于以工程建设为主，无实质运营的如 BT 和垫资承包，就不得采用 PPP 模式；对于运营内容少，主要依赖政府付费的项目，要严格决策论证，审慎采用 PPP 模式。

下面再从投融资的角度分析（见图 1-22）。投融资有很多特性/分类和具体方式，如项目投资方式可分直接投资和间接投资；项目经费来源中有资本金（注册资本和项目资本金）和贷款；政府投资涉及政府出注册资本和项目资本金，这是直接投资方式；政府给投资补贴（相当于把项目规模减小）和贴息（相当于减少投资者的融资成本）则属于使用了政府资金；而 PPP 也涉及资本金和贷款，有直接投资（如投资者出注册资本和项目资本金，但不符合资本金穿透要求的算间接投资）和间接投资（如基金、银行和保险做股权投资；其实，放贷对他们而言，也可以算间接投资）。

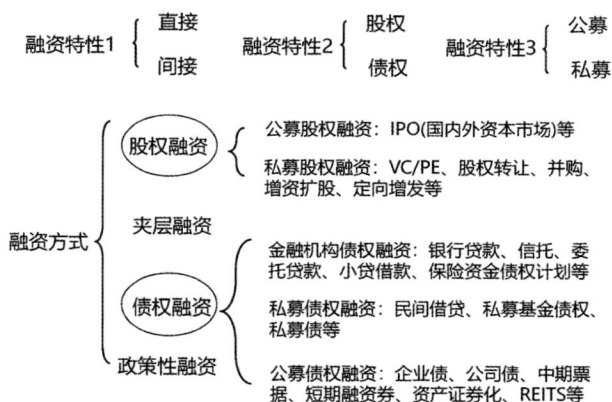

图 1-22 融资的特性和方式

注册资本/项目资本金和贷款可用于建设和运营，政府投资侧重用于建设，PPP 项目则涉及建设和运营，但政府在运营期的支付与补贴最好不应认为是政府投资，后者是财政部主管（如要列入预算、符合财承要求等）。具体如图 1-23 所示。

融资方式的另一种分类是企业融资、项目融资和政府融资，政府投资属于政府融资，政府补贴则还是企业融资为主。具体如图 1-24、图 1-25 所示。

政府投资要编制投资年度计划，企业不得垫资；政府用于支付和补贴 PPP 项目的支出也要列入预算（如中期规划、3 年滚动、符合财承要求）：故 BT 和不符合这些条件的 F+EPC 都违规。

图 1-23　股权融资 vs 债权融资

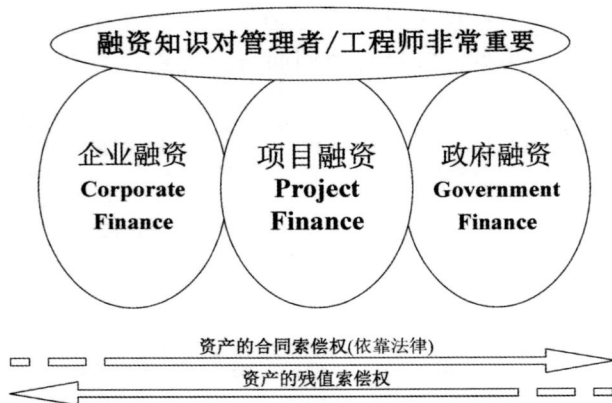

图 1-24　企业（政府）融资 vs 项目融资

- **政府融资**是为公共基础设施融资的常用手段(特别是过去)，特别是非经营性项目
  - 地方政府最了解当地经济发展所需的基础设施
  - 有些国家重点项目通过发行国债进行融资(如美国国库券、日本政府债券)
- 美国许多地方的政府融资是以"**项目收益债券(Project Revenue Bonds)**"的形式进行的
- 我国最近的政府专项债其实也是类似于项目收益债，因为要求自平衡

图 1-25　（中央/地方）政府融资

项目融资（见图 1-26）理论上都适用于经营性（使用者付费）、准经营性（使用者付费+政府补贴）、非经营性项目（政府付费）；经营性和准经营性项目更适合 PPP；《政府投资条例》则强调政府投资以非经营性项目为主。

- 项目融资(Project Finance)："通过项目去融资"
  - 不是广义所理解的"为项目筹措资金"
  - 由项目公司的**期望现金收入**作为全部还款来源
  - 还款保证仅限于项目资产、项目合同协议下的**利益和权益**
  - 在严格的法律、合同框架下风险由项目的利益相关方共同承担
- **特许经营项目融资**(BOT/TOT/PFI/PPP等)：
  - 项目所在地或更高级别**政府授权**
  - 最适于资源开发、**基础设施/公用事业和大型制造**
  - **目标**：缓解政府**资金短缺**和提高项目**效率**

图 1-26 （特许经营）项目融资

对于投资者而言，PPP 风险很大，因为涉及"光脚的不怕穿鞋的"老百姓和强势且可能不守信用的政府，而且时间长、难预测、合同不完备等，更应实现项目融资（通过项目去融资），以把项目的风险与母公司隔离，实现投资有风险、风险有上限。国际惯例，PPP 项目多是基于项目融资的。

基于项目融资的 PPP 能否成功主要取决于：①项目现金流、项目资产、合同权益；②投资者能力；③对责权利特别是风险公平分担的合同安排，包括动态调节机制。

基于项目融资的 PPP 自 20 世纪 80 年代开始在基础设施和公用事业中得到广泛应用（见图 1-27）。

- 大型资本密集型如**资源开发/基础设施**，特别是**未来现金流**可为偿还银行贷款提供保障的项目(基于**项目融资**的概念)
- **按融资易→难为序**
  - 采矿/油/气及衍生的处理厂/输送管/储存库等(储量探明)→文化/旅游
  - 电厂(**来宾B**)、供水或污水/垃圾(**研讨**)处理厂(政府购买产品/服务)→综合管廊/流域治理?
  - 通信(利润率高且有国际收益)
  - 公路(**兴延高速**)、(城市)隧道或桥梁(独立式设施，注意既有通行权)
  - 地铁(**京铁4号**)、轻轨(投资大、价低收益少、用户群对价格敏感)
  - 铁路、机场、港口/集装箱检测(收益影响因素难控)
  - **城镇化/产业新城/智慧城市/棚户区等**、学校/医院/养老院/文体(**鸟巢**)设施、政府办公楼、监狱、路灯/标等(公益性)和大型制造(如船/机)
- **项目适用原则**：提高效率(主要体现在同质产品/服务的单位价格上)
- **资源开发/基础设施**项目**最早/经常**运用
- 能促进民/外/国企参与本应由政府提供的(准)公共产品/服务
- 对(准)公共产品/服务，**PPP**与**政府融资**形成鲜明的对比

图 1-27 最适用于 PPP 的项目及应用要点

当然，项目融资有很多具体模式（见图1-28），时间关系，就不展开讲了。

- 以"设施使用协议"为基础的项目融资
  - 适用范围：石油/天然气管道、发电设施、专门产品的运输系统、港口、公路、桥梁、隧道、铁路、工业项目等
  - 应用**最早/多**的如**BOT**，即Build-Operate-Transfer（建造-经营-移交）等，包括很多演变形式
- 以"产品支付"为基础的项目融资
  - 适用范围：石油、天然气和矿产品等资源储量已探明的项目
- 以"融资租赁"为基础的项目融资
  - 适用范围较广，即可为大型工程项目融资，也可为项目的一部分工程如购置某专项大型设备融资
- 以资产债券化**(ABS)**的项目融资
  - **ABS**即**Asset-Backed/Based Securitization (资产证券化)**：将缺乏流动性但能产生可预见的、稳定的现金流量的资产归集起来，通过一定的结构安排，对资产中风险与收益要素进行分离与重组，进而转换为在金融市场上可以出售和流通的证券的过程

图 1-28　项目融资的主要模式

其实，不管是企业融资、政府融资或项目融资（PPP），本质上都是两个维度：①谁去找钱？业主或企业？公共产品的业主就是政府。②分阶段交付或整体交付？不同方式对政府或企业的能力要求不同，工作重点不同。PPP就是简化政府工作（放管服），发挥有能力、有效率企业的作用，专业的人做专业的事；衡量标准就是物有所值（比传统模式效率高）。

基于前面的发言，最后小结和强调两点：①《政府投资条例》更强调前期工作（不管是否为PPP项目），对规范运作的PPP没有不利影响，对PPP的可持续发展有利；②《政府投资条例》位阶高，对各个部委过去几年层出不穷的有交叉甚至冲突的政策，以及各方的不同解读，给了更明确的指引，违反则更要被问责。

（公众号"中国PPP智库"，2019-05-22）

PPP，爱你依旧——王守清2019新年寄语

又是一年一度总结和展望的时候，特意翻看了自己今年在新浪微博上发布的有关PPP的数百条微博，摘出几条进行回顾。

（1）2018年5月17日：是否投资PPP项目，是投资者的事，没有人逼；所签合同是否合规，是投资者与地方政府的事，不合规是双方担责；签了合规合同后地方政

府是否守遵守，是政府信用的事，投资者要有对策；但政府遵守合同后投资者是否挣钱，多数是投资者的事……

（2）2018 年 12 月 25 日：政府不太懂 PPP，所以要找咨询；若投资者不懂，要么找懂的股东合作，要么找懂的咨询，要么不投标（没有人逼），要么通过合同把风险转移或分担（不懂则找懂的律师）：这些都是 PPP 的常识。总之，不是哪个项目都可以 PPP，不是谁都可以做投资者，不是谁投资都一定会成功……

（3）2018 年 12 月 10 日：优选项目，量力而行，谨慎 PPP（本来只是公共项目可选模式之一），基于项目融资，也倒逼金融机构改革，不能总躺着舒服地吃利息差……

（4）2018 年 3 月 8 日：真希望这次整改 PPP 能倒逼各方进步，特别是 PPP 项目相关政府管理体系（很少人提及的 PPP 的一个功能就是可以避免政绩项目上马、减少无效投资）和金融体系改革（除了依赖于政府或投资者信用，还能判断项目本身、各主体及其之间合同的优劣等）。

（5）2018 年 8 月 31 日：银行不关注项目本身收入、不关注投资者全过程能力、不关注项目相关方（含银行）之间的合同对风险的公平分担，中国的 PPP 永远不可能做好！只有银行关注这些有限追索项目融资的核心而不是完全依赖于政府或企业担保，所有政绩 PPP、不合规 PPP 项目才不可能上马。

（6）2018 年 12 月 29 日：过去几年 PPP 做不好有政府的原因，但锅不能全由政府特别是中央政府背，因为不合适 PPP 的项目没人拿枪逼投资者硬做。PPP 让投资者承担或分担融资、市场和运营等风险，就是为了各方公平，也为了避免政绩项目，投资者和政府都要各自做好项目的可行性研究……

在我 2018 年关于 PPP 的微博中，关键词主要有下列几类。

- 规范整改、入库清库、绩效指标、产出要求、监管评估、运营维护、按效付费……
- 政府付费、财政承受力、财政风险、隐性债务、或有债务、会计准则、市场需求……
- PPP 条例、风险管理、合同管理、合同条款、合同属性、SPV 治理、争议解决、谈判仲裁……
- 政府能力、政府信用、审计监察、部门协调、招标采购……
- 项目可行性、项目管理、大咨询/全过程咨询、公众参与、物有所值……
- 项目融资、有限追索、可融资性、资本金、融资难、F+EPC、融资交割、再融资/ABS、资产交易……
- "一带一路"、国际工程、"走出去"、对外投资、国际惯例……

- 论坛/会议、论著/报告、培训/研究、慕课/学位……
- 城镇化、产业新城、特色小镇、土地出让、XOD、资源补偿……

这应该也反映了 2018 年我国 PPP 的整体情况，因此，我 26 日在杜记者邀请众 PPP 大咖的"2018、2019，我们的 PPP！"新年寄语中，即兴抛出了"凡是"论，算是对近年 PPP 的一个浓缩总结："凡是运动式的 PPP 推广都不会有好结果，凡是一刀切的 PPP 政策都不可持续；凡是不理解 PPP 内涵的很容易误读政策，凡是不信或迷信 PPP 的很容易判断失误；凡是不参与 PPP 的大企业很可能被边缘化，凡是乱做 PPP 的大中小企业难免损失。"

至于对 2019 年我国 PPP 的展望，原弟子王盈盈与我研讨后达成共识，应《项目管理评论》约稿于 28 日发布了"2019 年 PPP 去向何方？"的新年寄语，在其中提到"2018 年，社会各界一致认可 PPP 的价值，政府和市场对 PPP 的态度是又爱又恨。中国的 PPP 表现为 4 个特征，即投资落地速度放缓、立法之路任重道远、规范管理旗帜鲜明、投融资风险初显"之后，提出了 6 个方面的预测，即"加强监管、出现违约、争议增多、数据蓝海、新咨询显现、培训回暖"，本文不再赘述。

（公众号"清华 PPP 研究中心"，2018-12-31）

王守清：参与 PPP 是大型工程企业转型升级的必然选择

时间：2019 年 4 月 26 日
地点：扬州某大酒店

基础设施和公用事业的提供往往涉及工程项目，而工程项目交付模式在过去数百年以来发生了很大的变化，如图 1-29 所示，越上面的模式，风险越大，对工程企业的要求越高，如果企业具备了相应的能力，则竞争力越强，其核心是从上游赚钱，从管理和集成赚钱（自己擅长的自己干，不擅长的管好他人干），向后延长业务期。

> ➤ 项目融资/特许经营/公私合作（**BOT/TOT/PFI→PPP**）
> ➤ 工程总承包（**DB/EPC**）
> ➤（设计+管理）承包（**Design+Manage contracting**）
> ➤（施工+管理）承包（**Construct+Manage contracting**）
> ➤ 项目管理承包（**Project management**）
> ➤ 管理分包（Management contracting）
> ➤ 施工总承包（Main contracting）
> ➤ 设计/施工/供货分包（Subcontracting）
> ➤ 设施管理（Facility management contracting）
> ➤ 劳务（Labour supply / Labour subcontracting）
> ➤ 其他
>
> 综合能力、竞争力、风险
>
> 启示：从项目上**游赚钱**，从**管理/集成赚钱**，向后延长**业务期**

图 1-29　工程项目交付模式

这些交付模式的变化，其本质是融资主体的变化（从业主主导融资变成工程企业主导融资）和交付模式的变化（从分阶段交付变成全过程集成整体交付），专业的人做专业的事情，发挥工程企业的能动性和创造性，做好了，就可以提高绩效和利润率。

另外，国际大型工程公司的经验证明工程项目的价值链（"微笑曲线"），如图 1-30 所示，大型工程企业只有向两端扩展业务转型升级，才有可能通过集成管理提高竞争力，获取更高利润，同时延长业务期，应对建筑和房地产业的波动性与夕阳化。

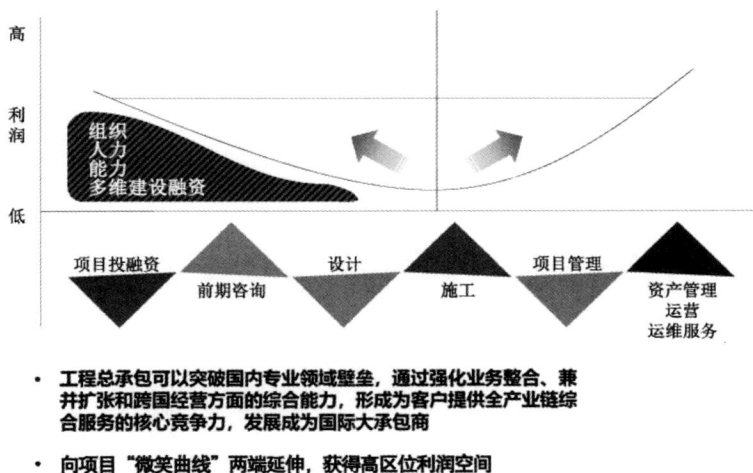

- **工程总承包可以突破国内专业领域壁垒，通过强化业务整合、兼并扩张和跨国经营方面的综合能力，形成为客户提供全产业链综合服务的核心竞争力，发展成为国际大承包商**
- **向项目"微笑曲线"两端延伸，获得高区位利润空间**

图 1-30　工程项目的价值链（"微笑曲线"）

国际顶级承包商的发展历史也表明，工程企业在其不同的发展阶段，所采取的发展模式是不一样的，如图 1-31 所示。

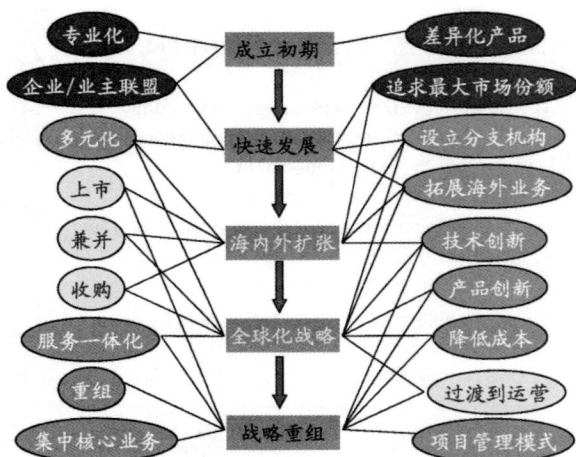

图 1-31　国际顶级承包商的发展模式

图 1-32 所示的国际顶级承包商瑞典 SKANSKA 公司的商业模式就是实证，很值得我国大型工程企业借鉴。

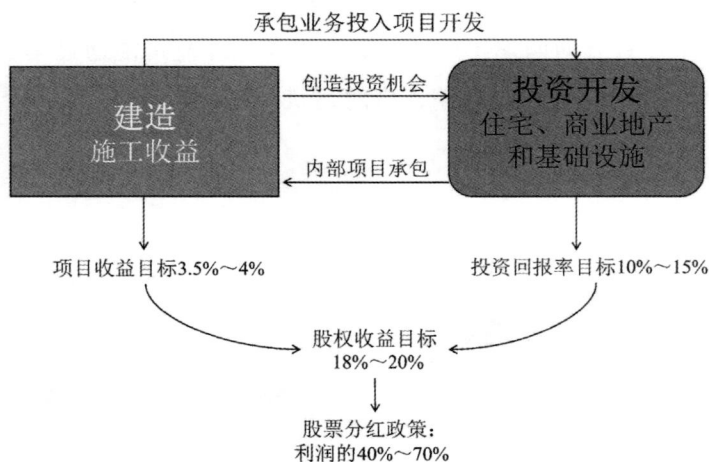

图 1-32　瑞典 SKANSKA 商业模型

随着国际工程市场和业主需求的变化、我国经济和技术的发展，以及中央 2000年的"走出去"和 2013 年的"一带一路"倡议的提出，我国大型工程企业也已经进入了海内外扩张和全球化阶段，参与投资（向前延伸）和运营（向后延伸）全过程集成已经越来越重要，如图 1-33 所示，对于基础设施和公用事业而言，就是具备实施PPP 的能力。

- 完成营业额1 686亿美元，同比增长**5.8%**；
  新签合同额2 653亿美元，同比增长**8.7%**
- **市场分布：**加速向"一带一路"沿线国家集中
  - 新签合同额1 443亿美元，占同期总额的54.4%
  - 完成营业额855亿美元，占同期总额的50.7%
  - 亚洲业务增长多，占比达54.2%；非洲下滑，占比29%；
    拉美下滑6%，占比仅6%；欧洲和中东增长快
- **业务领域：**房屋建筑、交通运输、能源电力、工业建设
- **大型项目：**10亿美元以上41个，同比增加8个
- **转型升级：**投建营一体化、**BOT/PPP**、兼并收购
- **产能合作：**经贸合作区、农业、资源和建材等的投资开发

图 1-33 2017 年对外工程投资/承包行业回顾

总之，参与 PPP 是大型工程企业转型升级的必然选择，全国各地的城投公司也要了解国内外相关市场和政府需求的变化，并相应调整战略、业务模式、功能职责和人才培养等，以可持续发展。

（公众号"中国 PPP 智库"，2019-05-27）

王守清在"建设工程与 PPP 前沿法律问题"研讨会上的发言要点摘选

主办：清华大学 PPP 研究中心，采安律师事务所，天津大学国际工程管理学院

时间：2019 年 7 月 19 日

地点：北京

PPP 项目 4 个相互关联的核心原则

国际上对 PPP 的定义尚未达成共识，但有 4 个核心原则共识：真正的风险分担，而且是动态的公平分担；明确的产出要求及相应的绩效指标；全生命期集成，提高效率；支付与绩效关联，投资者的回报应取决于竞争与自身效率。

PPP 中的重要概念和操作要点

国内力推 PPP 5 年后有很大成就，但实施过程中不少人的观念并没有改变，还是传统模式思维，例如：①PPP 项目中，政府应该更关注结果，即最终产品和服务，而不是过程和资产，政府不应过多干预项目过程；②PPP 项目应区别其中的硬和软、核心和辅助设施/服务，不能笼统为之；③应理解 PPP 适用的范围和项目特征，区别应用；④要基于财务测算，在法律框架下通过合同实现有限追索项目融资，其关键要素是项目的现金流、有限产权与合同权益；⑤项目公司是核心并主导项目全过程，单点对政府负责，政府应让渡一些过程控制权但更关注结果；⑥PPP 项目合同时间长，各方都无法准确预测未来，应动态公平分担风险，如采取上下限对称原则和动态调节机制等；⑦要加强各方的能力建设与知识管理，不断总结以往经验，重视真懂 PPP 的律师等咨询人员的作用。

我国基础设施/公用事业的宏观问题

我国基础设施和公用事业目前紧迫的宏观问题包括单个 PPP 项目的规范实施、基础设施和公用事业的市场化改革、政府投融资平台的转型与发展、政府对公共产品与服务的购买方式等。而与 PPP 相关的宏观问题，中央部委基本上都有政策，而且很多都已经落实了，但还有完善空间，如跨部委的协调与流程优化和公众参与机制的完善等。

我国推广 PPP 中存在的主要问题

首先，过去几年，PPP 几乎完全替代了传统模式和政府融资平台，片面突出了其融资和建设功能，忽视了运营和全过程效率提高。其次，PPP 应用已泛化，而基础设施和公用事业是非标准产品，每个项目不一样，政府和企业的目的也不同，经验也缺乏，有些项目并不适合做 PPP。再次，PPP 项目各参与方的能力无法匹配我国过去几年这么大规模的推广。最后，重形式轻内涵，重流程轻制度，很多正确文件出台，但常被有关方错误理解甚至有意曲解，相应的政策与制度安排如可研、"两评一案"与招投标等被有关方变成走形式，重上项目轻财政能力，重建设轻运营，导致政府债务风险积聚，没有达到中央的期望，如减债、提效、改革、培养全过程综合能力强的企业"走出去"，故 2017 年下半年中央部委特别是财政部开始规范 PPP，要回归 PPP 的初心。

PPP 的 6 个维度

应从 6 个维度琢磨 PPP 框架与项目实施（见图 1-34）。

（1）不同的主体，各主体有不同的目的。

（2）不同的阶段，各阶段有不同的问题。

（3）不同的决策细节问题。

（4）上述三点都还要考虑：不同的行业，其项目特征不同，存在的问题不同，至少可以归为三类，一是产出要求明确且能定量，二是产出明确但很难定量，三是产出不明确也不能定量。

（5）不同的层次，国家、行业、企业、项目各层次存在特殊性。

（6）不同的国家，各国国情不同，我国法律、金融、信用、产权、政治、文化体系等与西方不同，直接将西方 PPP 做法照搬到国内肯定有问题，但不吸取西方经验总强调中国特色也会有问题。不管怎样，PPP 是国际趋势，关键是要规范化运作。

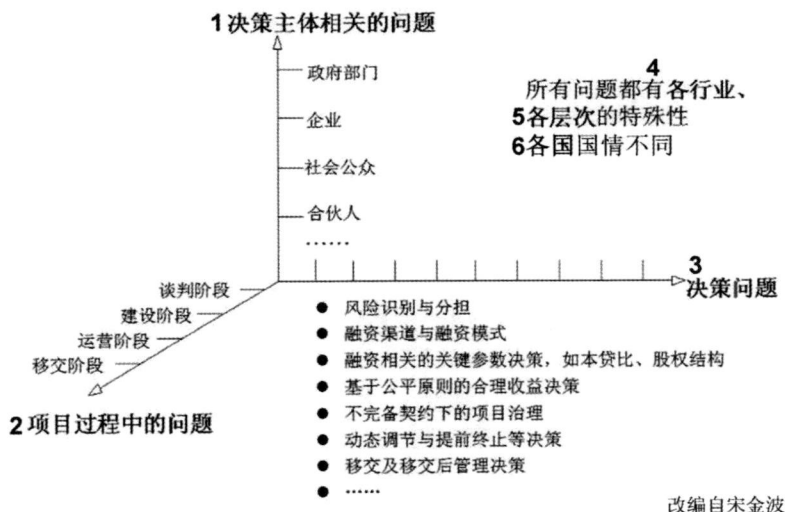

图 1-34　PPP 相关的理论与实务问题：六维图

政府投资项目与 PPP 项目的关系

要厘清政府投资项目和使用政府资金的区别，政府参股的 PPP 项目属于政府投资项目，适用政府投资条例；政府不参股的政府付费类 PPP 项目特别是有政府投资补助或贷款贴息的属于使用了政府资金的项目，不适用政府投资条例，但要受提供补助和贴息的政府的管理；政府不参股的使用者付费类 PPP 项目属于企业投资项目，采用核准制或备案制。

在 PPP 项目中，政府不能承诺保底回报，否则直接违规。但把政府或其国企控制管网的电厂、水厂、污水和垃圾处理厂中政府的保底需求量也认定为是保底回报而构成政府隐性债的看法则是错误的。

总体而言，我国的 PPP 发展已达到一定规模，虽然出现一些问题，但经过 2017年下半年以来的清理整顿，已经向规范化发展，在很多方面各方已经形成了越来越多的共识，甚至在立法层面上的很多大问题也已有共识，当然还有一些细节问题还有待研究和明确，如图 1-35 和图 1-36 所示。可以相信，随着我国 PPP 项目的规范实施，PPP 将继续发展。

- 规划与设计的优化vs控制权？过程vs结果的控制权配置？
- 技术/设施寿命、行业**趋势**？
- **基础数据**的积累与预测？
- 基于预测的财务分析？各参数如折现率/回报率的确定？
- 产品/服务的量化、标准化、个性化与监管？
- **VfM**：效率/效果/效益的数据、指标、指数？
- 产权/处置权的归属？收益权的质押(介入权vs公益性)？
- 资本结构？各种资金期限的匹配？**融资优化**？
- 调节/调价机制的设计、重新谈判触发条件、退出机制含**股权交易**？
- 咨询/律师的选择与管理？各方能力建设？

图 1-35 PPP 的其他要点/难点

《基础设施和公用事业特许经营法（征求意见稿）》，后简化为国办〔2015〕25号令《基础设施和公用事业特许经营管理办法》

- 法律救济：特许经营协议是民商vs行政合同？可仲裁/诉讼？
- 政府主体：（县级+）地方政府（非职能部门，中央部委则可）vs实施机关
- 政府信用：监管政府（特别是政府财政支出，3年和中期预算）和追责？
- 企业主体：一视同仁（政府直管国企例外），成立项目公司？
- 适用方式：新建（BOT）、修/改/扩建（TOT）、外包，其他（BT）？
- 适用范围：增量和存量，正/负面清单？→项目特点和VfM
- 立项评估：政府建议+民间自提，可研→VfM→财承→招→监管
- 项目程序：政府办前期手续，公开/邀请竞标+竞争性磋商/谈判
- 补贴资金：前→后补贴（防地方乱上项目+提高资金效率），补贴对象？
- 监管企业：基于绩效/产出要求进行监管和支付/奖惩
- 退出机制：企业未经政府同意不能退出，政府可令退出但补偿
- 风险管理：公平分担风险，动态调节（调节/调价机制、再谈判等）
- 信息公开：公众参与决策与监管、过程透明，政府金股？
- PPP机构：政策研究、咨询培训、信息统计和国际交流等职能（但缺部级协调、项目筛选/批准、监管、VGF使用等职能？）

图 1-36 《基础设施和公用事业特许经营管理办法》涉及要点

（公众号"中国 PPP 智库"，2019-07-25）

王守清在大岳咨询第 3 期 PPP 政策沙龙 "新建项目 PPP 运作流程优化"上的发言要点

时间：2019 年 8 月 23 日

地点：北京大岳咨询有限责任公司金融街会议室

主题：新建项目 PPP 运作流程优化研讨

清华大学建设管理系教授、清华大学 PPP 研究中心首席专家王守清认为，讨论 PPP 项目运作流程如何优化，应该跳出目前的政策，如果受限于目前发改委和财政部等现行有关 PPP 政策的影响，要对制度作出完善就很难了。另外，要区分政府发起的项目和社会资本发起的项目，对于社会资本发起的项目，由社会资本走核准或备案的程序（如果没有政府参股），但不是社会资本发起的项目政府一定要立项，也不是谁发起的项目一定就谁干，一定要有竞争，但项目立项后政府应给对发起该项目但未中标的社会资本给予补偿，如支付部分前期费用，或评标时给予优惠分数或采用瑞士挑战法等。对于政府发起的项目，要进一步区分为三类，分别简化过程和流程：对于产出要求明确且能够定量的项目，如电/水/垃圾厂等，政府应主要明确对结果的要求和政府给予的支持，评标时 50% 以上的权重看 PPP 合同期社会资本提供符合要求的产品/服务的单价或总价是否比传统模式更低或持平（物有所值）、政府能否支付得起（财政承受力），其他均可交由社会资本去主导，包括设计和分包，以集成优化全过程提高效率，相应的流程均可以简化，简而言之，即更重结果而非过程；对于产出明确但不能定量的项目，如路/桥/隧等，评标时 50% 左右的权重看单价或总价，即以结果为主，兼顾过程；对于产出不能明确又不能定量的，则评标时 50% 以下的权重看单价或总价，政府应多主导一些事情和管理过程，包括设计、对建设和运营过程的监管与绩效评估等，即结果和过程并重，更接近于传统模式。

（公众号"中国 PPP 智库"，2019-09-30）

王守清：PPP 难点问题与研究选题发言实录

时间：2019 年 9 月 25 日

地点：浙江财经大学

主题：中国 PPP 学术联盟第二次会议

PPP 项目实务问题

目前大家广泛讨论的很多 PPP 项目实务问题，在国内外学术界早就有学者进行了深入研究。但由于中国政治、经济、金融等体制的特点，PPP 作为舶来品，并不能直接套用国外的模式。

第一个问题关于 PPP 的定义和范围。中国的 PPP 不等同于 PPP 的直译，因为中国对于 PPP 的定义和其他很多国家对 PPP 的定义有着较大的不同。尽管从理论的角度和 PPP 的本意出发，国有企业不应作为私营企业（我国称作社会资本）参与 PPP 项目，但在 PPP 发展的初期，且结合中国国情来看，国有企业特别是央企参与 PPP 项目还是起到了推动 PPP 发展的作用，但放任其发展也产生很多的问题，所以还是得回归 PPP 的本质，吸引更多的民营和国外企业来参与我国 PPP 项目，逐步减少国有企业的份额。这种方式容易与国际接轨，有利于"一带一路"的实施，也与世界银行的观点靠近，世界银行认为凡是政府或国有企业占股超过 25%的项目均不属于 PPP 项目。

第二个问题关于 PPP 项目合同属性。2015 年施行的《行政诉讼法》司法解释明确规定特许经营合同属于行政合同，但结合 PPP 在中国的发展现状，从目前学术和实务界的共识来看，PPP 项目合同要视情况，有些内容属于行政合同，有些属于民事合同，这需要在制定 PPP 条例或立法的时候加以考虑。除了合同属性问题，还需要从务实的角度考虑产生纠纷后如何解决的问题。例如，仲裁和诉讼之间的选择，大家都有不同的看法，这也是值得深入研究的问题。由此可见，如果不懂法律法规政策，不懂行业，不懂项目管理，很难去研究透 PPP。

第三个问题是关于 PPP 模式的选择。与传统模式相比，国际上认为 PPP 模式只是提供了公共项目交付模式的一种额外的选择，并非取而代之。因此，我们首先要了解项目的交付模式到底有多少种，每一种各有什么优缺点和适用范围。我十几年以来就一直介绍国际研究的一个结果，通过表格的形式对 PPP 项目的四大特性进行打分，哪些项目适用且容易应用 PPP 模式，哪些项目不那么适用，一目了然。如果不进行前期筛选，一窝蜂运动式推行 PPP 模式，就会因为泛化造成很多问题。从 2014 年这一轮的 PPP 热潮开始，有关物有所值评估的争议不断。我认为，物有所值理念是采用 PPP 模式的底线，至于怎么进行物有所值评估特别是定量评估，大家可以继续深入探究。

第四个问题是关于项目流程。国家发展改革委和财政部的项目流程，原则上不存在冲突，但操作起来又存在一些细节差别。这就要求基层政府尽量采取多部门协调、联审联评的方式开展工作。而从学术的角度来看，我国需要在顶层统一思想，尤其是关于 PPP 政策的制定，因为任何一个决策可能就对一个行业、对全国造成重大影响。

第五个问题是关于招标评标。政府在提供公共产品和服务，理应知道对某种公共产品或服务的需求，但企业通过更直接的市场接触，也可以主动向政府提出建议。前者对应的是政府提出项目去招标，后者则是由企业提出，发挥企业的能动性、创造性和贴近市场需求。由企业发起的 PPP 项目政府并不一定要接受，即便政府接受了，也不一定会由提出的企业来实施，但政府可以通过一些奖励措施来鼓励企业做这件事情，如招标时采用"瑞士挑战法"。

招投标最根本的目的还是引入竞争，因为所有国家的经验都证明，没有竞争就很难有效率的提高。除了公开招标和邀请招标，其他的方式还包括竞争性谈判、竞争性磋商、单一来源采购，竞争程度也逐渐降低。从学术界的研究结果来看，项目的效率也是随着竞争程度降低而递减的，这一点在实践中也逐渐开始有所凸显。其他关于投标主体、两标并一标、连带责任、注册资本和项目资本金等问题在学术界也早有研究，在政策中也有体现。

其中注册资本和项目资本金是大家最为关注的。早在 1996 年，国务院就出台了相关规定。但我个人也觉得一刀切的做法不妥，在西方国家，项目资本金多少主要是由市场去决定的，而不是由政府去决定。当然，按中国目前国情和金融体系，我们也不太可能直接取消项目资金本制度。李克强总理在上个月已提出要降低项目资本金，这马上就引出一个非常好的学术研究选题：在中国国情下，项目资本金比例受哪些因素的影响？其影响机理如何？从实操的角度，政府应该出台什么样的项目资本金政策？我的初步建议有三点：第一，要根据项目所处行业、项目所在地、项目本身特点等做区分；第二，要和中央正在建立的企业信用制度挂钩，如果投资主体信用高，就可以适当降低资本金要求，反之就要求高；第三，金融机构作为资金提供者，承担了较大风险，所以就要给金融机构一定的权限，可类似于银行存款利率，金融机构可以在中央公布的基准利率的一定范围内上下浮动。这样一方面督促投资者注意信用建设，重视项目的筛选，而不是由政府说就想上项目，而不考虑融资的问题；另一方面也倒逼金融机构改革，加强能力建设，加强服务，分担风险，不能总是躺着吃利息差。

第六个问题是关于土地的获取。对于财政收入低的政府来说，资源补偿是替代政府支付和补贴的重要方法。就 PPP 的三种付费模式即政府付费、使用者付费、可行性缺口补助来说，在政府连可行性缺口补助都拿不出来的情况下，可以采取资源补偿模式。这个资源，在中国目前主要就是土地、矿或者可开发的旅游与文化资源。目前政策还有不完善甚至空白之处，所以将会引出一系列值得深入探讨的问题，如商业土地使用权与 PPP 项目期限的错配、有限产权及其引出的质押权等问题。

第七个问题是关于税收财会。国际上很少有国家专门为某一个模式（如 PPP 模式）去设置特定的税费减免法，所以税务这个问题，最重要的是签约前约定清楚，而不是事后再争议。目前我国的会计制度对 PPP 还有政策反复（如政府的支付与补贴到底是不是政府的债务？到底是采用"收付实现制"还是"权责发生制"？），最近中央对地方政府方面已有一些澄清，但对企业方面似乎还有模糊地方。

第八个问题是关于融资方式。国际上普遍的做法都是基于项目融资，所以我国企业参与"一带一路"倡议也需要参考国际经验，一旦"走出去"，就必须按国际化思维和惯例运作项目，把项目的风险与母公司隔离。

还有很多问题，都是我在实务界、在基层遇到的问题（见图 1-37），这些问题不可能某一个人全部研究透，但是咨询机构包括律师团队必须能够了解清楚，政府官员可以不用全部涉猎，但官员在遇到问题时应该去请教这些专业人士，当然也可以和学术界多交流，因为学术界对于 PPP 发展历程、国际经验及其后面的机理等了解较多，像我现在更多时间是在评审国际上的 PPP 论文，通过大量的阅读中文、英文文献，结合对中国 PPP 实践的了解，让我对国际 PPP 的研究和实务趋势更加清楚。

中国 PPP 发展的几点建议

关于设立统一的机构。世界银行一直在鼓励发展中国家应该效仿西方国家成立一个 PPP 中心。当然，我也理解中国的国情，如果我国不能成立国家级的 PPP 中心，那么也应该建立不同部委之间更有效的协调机制。

关于模式的选择。"一刀切"的做法让过去几年 PPP 的规模迅速扩大，但也产生了很多问题，也有了我们现在由高速发展转向高质量发展的说法，这一点还是回归到了 PPP 的本质：PPP 模式作为可选模式之一，判断的基准是物有所值，即"4E"（效率、效能、效益、公平）。

关于学术研究与人才培养。学术研究不能跟随市场的"冷"与"热"，我个人就在 PPP 很"冷"的时候，仍然二十多年来一直坚守这一领域的研究。而当 PPP 很"热"的时候，学者更应该保持客观中立，及时发现问题、研究问题和传播推广。我 20 多年来所带的 PPP 博士、硕士研究生和本科毕业学生就是这么成长起来的。

- **定义/范围**：特许经营/政企vs公私合作？具体模式？一刀切？泛化？
- **合同属性**：民商或行政？法律救济？可仲裁性？谁及如何仲裁？
- **模式选择**：传统vsPPP？定性vs定量物有所值(VfM)评估？PSCvsCBA？
- **项目流程**：部门/政策协调？PPP中心责权利？政府提出或企业自提？可研/预可研含物有所值/财政承受力评估？谁负责？财政风险/隐性债？
- **招投评标**：方式？单或联/SPV？连带？注册/项目资本金？国或私？
- **土地获取**：招拍挂或划拨或作价入股？使用权与合同期匹配？
- **税收财会**：税务优惠？会计制度？资产残值？政府支付/补贴属性？
- **产权归属**：政府或企业？部分或全部？有期或无期？资产移交？
- **投融方式**：资本金比例/穿透？企业融资或项目融资(有限追索)？资本结构？(主动/被动)再融资？退出机制？ABS债或股？资产交易？REIT？
- **风险分担**：合同vs市场？静态vs动态？长期vs短期，项目治理？控制权？
- **定价/调价**：静态vs动态？政/企/民？
- **担保/保险**：地方政府信用？中央/省为地方增信？强制保险？
- **绩效监管**：主管vs联合？公众/第三方/媒体参与？信息公开？奖惩机制？

图 1-37　我国 PPP 的主要理论与实务问题

（公众号"中国 PPP 智库"，2019-10-09）

王守清新年寄语 | 2020

中央力推 PPP 6 年以来，从运动式高潮到低谷，再到理性发展，符合成熟度曲线（Hype Circle），不足为奇。不管以后如何变化，PPP 仍将是基础设施和公用事业项目的主要交付模式之一，与施工总承包、工程总承包等长期并存与互补，关键是根据项目相关情况选择最适合的模式。大浪淘沙之后现在活下来的相关主体与从业人员，就是 PPP 的真爱与能者。祝 PPP 及相关主体与个人新年健康！

（公众号"清华 PPP 研究中心"，2020-01-02）

王守清对财政部 PPP 中心
"关于征集 PPP 工作有关建议的通知"的响应

经过 2014—2019 年 PPP 的推广应用，我国 PPP 得到了前所未有的发展，在国际上也引起了极大关注，虽然不可避免地存在一些不足，但也积累了很多成功经验。相信在财政部等中央部委和各界的共同努力下，特别是这次征集工作建议再出台/建立/完善相关政策与制度后，我国下一步的 PPP 一定能应用得更好。我下面主要就过去不足提出一些建议（其实很多建议我过去 6 年在各种场合经常提到，这次只是再针对地汇总和修改），不一定都正确，有些还超越了财政部 PPP 中心和财政部的职能与权限，仅供参考，职权范围之内的尽早做，之外的尽力去协调相关部门或反映给相关部委甚至更高层参考。

问题一：如何有效提高社会资本积极性，增加公共服务供给，提高供给效率，解决补短板稳增长问题？

我认为主要还是应围绕着增强社会资本特别是民营企业对地方政府遵守 PPP 合同的信心、对 PPP 相关政策的可预期性，以及各方对 PPP 的正确理解和规范化运作，同时明确 PPP 协议具有民事和行政双重属性（最后一点详见本文最后一句）。2015 年至 2017 年上半年运动式激进政策把 PPP 的大火点起来，但 2017 年底开始的一刀切急刹车政策又把不少官员特别是基层操盘 PPP 官员和社会资本尤其是民营企业的热情浇灭了，这当然有他们没有真正理解 PPP、地方政府只想上项目而不考虑财政承受力等、相关方不规范运作等原因，但也与各部委（特别是发改委与财政部）之间的竞争发文过高吹捧 PPP、财政部各司局之间对 PPP 的理解不同、政策不协调与不连贯等有关。现在要重新提高社会资本的积极性，已比较难，但还是应尽量做好如下几件事（哪个能做就短期内优先做，但长期都要逐步做），才可能恢复他们信心；同时一定要明确，PPP 只是基础设施和公用事业项目交付模式之一，不是万能钥匙。

组织建设
- 获得国务院授权，建立部际 PPP 联席会（偏行政），特别是发改/财政/国土/审计和相关行业主管部门，以后任何 PPP 政策出台都要经过联席会，而不是单独部委发布，至于哪个部门牵头具体什么方面的事，也是联席会上商量决定，因为 PPP 是跨部门的，任何单一部委单独玩，都很难成功。

- 建立中央和地方跨部门 PPP 中心（偏专业），作为政府的专业助手，并与过去几年表现较佳的咨询机构（按所服务 PPP 项目的近年退库率高低选择）和真正研究 PPP 的高校 PPP 中心（按代表性师资 PPP 影响力和成果及引用/应用率高低选择）合作。

过去 7 年的 PPP 实践已证明，光靠财政部及财政部系统的地方财政局及 PPP 中心单独主导 PPP 已到一个瓶颈，建立国家级跨部委 PPP 中心又不容易（但还应争取），因此，中央跨部委联席会和地方联审联评制度既比较现实，还比较有效。

政策更新与宣贯

- 2014 年至今发布的很多 PPP 政策已经过期或废止，应抓紧修订出台新的政策，修订这些政策时除了已采用的公开征求意见方式（目前已有），应再组织几轮专家研讨会（可基于目前部级 PPP 专家库选择相关对口专家），达成共识的才提交有关司局和部委，最后再提交部际 PPP 联席会。

- 中央部委每发布一个经联席会通过的 PPP 政策，都要有新闻发布会，有起草官员主笔（很重要）宣讲和解读。

- 建立有效机制，保证在每个 PPP 政策的制订都有 PPP 专家参与（而不是仅限于官员），而且发布之后，起草官员能及时解答各界疑惑，并及时反馈给政策制订部门和专家研讨会，以适时补充说明和/或更新完善政策。

过去几年都是官方周末发文，但没有起草官员解读和答疑（我理解起草官员也怕没获授权会担责），演变成社会上的律师和咨询等各自解读，没有权威性，有时甚至误导各界。

能力建设

- 发挥部级 PPP 专家（也要根据入库后的表现和所参与 PPP 项目退库率等进行再筛选）和高校 PPP 中心（得集成/分工/合作/打造特长并发挥作用，目前多数中心偏虚，个别中心的 PPP 水平不敢恭维）的作用，筛选政企银校各界优秀师资，分工编写教材，组织 PPP 专家审核讲稿，主导培训，加强各方人士之间的交流与提高。

- 发挥行业协会作用，在 PPP 政策框架下编制 PPP 指南、手册、各类项目合同示范文本、继续选编示范项目案例（比之前的更细，如具体到核心要点的合同条款），搭建政企银学交流平台；2004—2005 年住建部发布的 5 类示范合同文本和发改委主管中国招标协会 2019 年已组织编制发布的 PPP 合同文本、咨询机构招标文本、社会资本资格预审和招标文本就是非常有意义的工作，可惜由于各种原因，在前几年推广 PPP 中的作用尚未发挥，与财政部的合作不到位等有关（毕竟我国绝大多数 PPP 项目是财政支付/补贴，财政部权力最大）。

- 加强培训。近期：部际协调会或财政部牵头协调中组部等组织培训地方主要官员（特别是主管的书记、市长、审计、财政预算等）及新上岗的 PPP 官员。远期：协调教育部，鼓励和支持高校（特别是有校级 PPP 中心的）开办 PPP 方向硕士专业学位试点，建立 PPP 人才培养长效机制。

2014—2015 年刚开始推广 PPP 时，全国懂 PPP 的人才的确很少，而官方组织的 PPP 培训都偏高大上，加上缺乏经验（也没有利用好行业部委过去 20 多年的特许经营经验）和上面提到的缺乏指南、手册、合同文本等务实性文件，对一线操办 PPP 的官员并没有起到太大作用（毕竟 PPP 涉及面太广，其前沿性、综合性和应用性都非常强，要求从事者既懂行业和技术，又懂融资、经济、财政、管理、法律和商务运作等；不仅自己懂，又能领导团队一起干；既了解国内外理论发展，又了解国内外实务操作）。现在经过 6 年多推广，全国懂 PPP 的人才多了，但由于官员轮岗/提拔等原因，各地 PPP 官员几乎换光了（包括财政部及其 PPP 中心），由于政府的知识管理不够好等，过去几年基层官员积累的 PPP 经验教训没有得到太好的传承，因此，还是应加强培训（这是不能间断的常规工作），但这一轮培训要更务实、更专题等，并扩展到上一轮没有受过 PPP 培训的特别是财政部预算口、审计署和其他相关部门官员；长期而言，还要有相关专业学位教育。

信用建设

- 中央部委特别是财政部可设立地方政府信用担保和/或保险基金，为地方必须上但因地方政府短期财力不足没法用传统模式上、应用 PPP 又因地方政府信用不足吸引不到社会资本上的地方政府提供增信（国际上不少发展中国家有此制度），弥补中国 PPP 基金目前功能的不足。中国 PPP 基金目前投资或放贷 PPP 项目还是偏好央企/省企，没有为吸引民企起到支持和增信地方政府的太大作用。

- 财政部每月或至少每季度公布地方政府（细致到县级）财政收支情况，并强化对地方政府财政承受力评估报告不规范甚至作假的问责。

- 加强问责违规者，含地方政府（只想上项目而作假"两评一案"等）、投资者、金融机构、咨询机构等。
- 尽快上线财政部 PPP 中心更新后的 PPP 项目综合信息平台，加强项目过程和信息的公开以及相关方的录入和查找功能，完善 PPP 项目全过程的社会公众（特别是使用者、PPP 专家、教研和媒体）参与制度。

问题二：如何改进 PPP 项目入库及储备管理工作，加快项目储备、开发和落地进度？

我认为重点是要求地方政府加强发改、行业、财政、国土等对本地项目的投融资规划，根据本地经济发展需求、公共服务需求及财政实力，区分各项目的轻重缓急、PPP 的适用性、可向用户收费与否等，规划好哪些项目用传统模式，哪些用 PPP 模式，哪些先用财政承受力额度等。

筛选项目

- 要严格筛选 PPP 项目，特别是考虑项目的法规/财务/土地/社会/经济可行性和可融资性，做好市场测试（含投资者和放贷机构的兴趣与要求等）。
- 应尽快从财政部和发改委的 PPP 示范项目中，每类项目中选出几个好的项目，把相关做法和有关细节公布（类似于自然资源部 1 月 19 日发布的《轨道交通地上地下空间综合开发利用节地模式推荐目录》中有关 5 个城市典型地铁 TOD 开发那个文件），供全国学习参考（这就是示范项目的意义）；每类项目数量要少而精，使之真正成为示范；筛选时，可先由财政部让各地申报，经 PPP 中心平台核查合规性后选出每类候选项目 2 ~ 10 个（视各类项目占比定），然后组织 PPP 专家再筛选出好的 1 ~ 5 个（视各类项目占比定）并汇总优缺点，上一步最好有起草 PPP 政策的官员参与（而不是像过去评选示范项目时不参与），或至少得审核所选项目的缺点是否能被忽略。
- 重视过程监管与评审，财政部目前做得比较好的措施可继续，如项目库动态化（有进有出和整改与问责）、强调绩效评价和按效付费、及时更新公布所有项目信息和文件含合同文本（新上线的 PPP 信息平台应该能实现这些），但目前迫切还需要建立同一地区同类项目传统模式（即本地国营干的）项目的绩效指标与评估体系（财政部与行业主管部委先出全国的，并逐步形成行业标准，其实有些行业如养老院目前已有一些行业标准；各地再参照后依次出省/市级的），以用于本地同类 PPP 项目的绩效评价。这项工作不做，绩效评价很容易对社会资本与金融机构等不公平而引起政企之间的较多争议（特别是已有合同中缺乏绩效指标的），也无法知道 PPP 是否物有所值（比传统模式好或持平）。

问题三：在推动 PPP 高质量发展过程中，现行的政策和措施中还有哪些短板？该如何改进？有哪些国内外做法和案例可借鉴？

我认为主要是逐步回归国际 PPP 第二个 P（民营）的本质，逐步让国企退出 PPP，因为国企特别是央企/省企不太可能倒闭，他们更在意拿项目以完成任期考核而不考虑长期性（即使是违规的他们也会在流程上做合规且做成集体负责制而无法真问责），地方政府也很难真正对央企/省企问责（地方政府级别可能比他们还低，况且都是国家的钱和事，难怪乎国务院国有资产监督管理委员会某处长调研央企 PPP 问题后认为：现在除了"三大矛盾"，还有央企与地方政府的矛盾）。过去 6 年的 PPP 实践表明：我国过去不合规 PPP 项目，多是地方政府与央企/省企在项目前期串谋出来的；造成地方政府隐性债的不合规放贷，多数是政策银行基于地方政府/国企信用为始作俑者。因此，第 2 个 P 的本质问题不解决，很难真正市场化，很难与国际接轨，也不利于我国企业"走出去"实施"一带一路"PPP 项目（我国央企走出去后，对方政府可不会把我国央企当成他们的央企；在国内能做 PPP 的企业，在国外不一定能做 PPP），中央发多少鼓励民企参与 PPP 的政策也不会有太大效果。简而言之，就是以下几个方面。

限制国营

- 更严格限制国企特别是央企/省企参与 PPP（不是让他们没有项目干，而是让们去主导本来就占基础设施和公用事业约 70%～0%的传统模式）；
- 更真正鼓励民企和外企（让他们去主导本来就仅占 5%～15%的 PPP 项目），这是国际 PPP 最重要的惯例之一。

融资支持

- 地方政府发布项目前要关注可融资性，筛选项目，然后中央政府建立担保/保险基金，解决社会资本特别是民营企业对地方政府信用不足（特别是换届后）的问题，目前我国已有 PPP 基金但是偏引导，也要满足基金股东要求，基于商业运作。

- 鼓励主要基于项目的有限追索（而非无追索）项目融资而非主要基于信用的完全追索企业融资做 PPP，鼓励发行项目债等直接融资，积极发挥保险/社保基金的作用。这是国际 PPP 最重要的惯例之一，但关键看前面提到的项目现金流、有限产权、合同权益、企业能力与政府信用等。要倒逼金融机构改革，加强能力建设，提高基于项目的结构化融资和有限追索项目融资业务水平和份额，而不是躺着挣大钱，"全球十大最赚钱的银行中七家来自中国不是中国金融体系的骄傲"。

- 允许并加强金融机构在 PPP 项目中的直接介入权、鼓励第三方担保融资而非政府担保融资、完善担保和保险机制，这也是国际 PPP 最重要的惯例之一。

- 建立 PPP 项目的二级交易市场，完善投资退出机制，而且不能仅限于做得好的项目（没有更好的其他项目可投资时，投资者是不愿卖出好项目的），出问题的项目更应允许交易（以让投资者止损卖出）。目前财政部已支持天金所建立了 PPP 项目交易和管理平台，发布了 PPP 项目交易规则，下一步是加强推进，其中一个关键工作是，要协调完善国资委有关国有资产交易政策对 PPP 项目交易的障碍（财政部 PPP 中心应该已知道细节，不再赘述）。

- 更积极支持和鼓励已建成和进入稳定运营的 PPP 项目的二次融资（ABS/REITs 等），扩大资金来源，降低融资成本，进入良性循环发展。

法律救济

- 协调最高法院和全国人大等，明确 PPP 协议具有民事和行政双重属性，应允许政企各方采用调解、仲裁等多种争议解决机制，而非仅仅是行政诉讼，这也是国际 PPP 惯例之一。最高法 2019 年底那个有关司法解释，引起 2014 年推广 PPP 以来业内最大的热议之一，大大打击了社会资本特别是民营企业（最高法解释对有些国家外企有例外处理，这是对国内企业的不公平）对 PPP 仅存的热情和信心（财政部 PPP 中心应该已知道细节，不再赘述）。

王守清在财政部 PPP 专家群研讨
PPP 项目再融资的发言要点

PPP 项目再融资是老生常谈的话题，我讲课时一直有提到，下面仅从中立或稍微偏政府/公众的角度，简要重复几点，供参考。

- PPP 项目是公共项目，在建成运营稳定后风险减小，进行主动再融资（以降低融资成本），或在项目出现未预测到问题时，进行被动再融资（以挽救项目），如变更股权、变更贷款、实施 ABS 和/或 REIT 等，有利于发展二级市场、吸引更多投资者、促进融资渠道多元化、降低融资成本、腾出资金实施更多新项目、提高资金流动性和使用效率等。

- 再融资应受约束，需经政府（代表公众）和债权人同意，最好不能让投资者完全退出（如果完全退出，则要求承继者完全承继原投资者的责任），否则，项目再融资后出问题将无人负责/担责，容易造成投资者投机和政府打 PPP 旗号上不该上的项目。

- 再融资主要应是投资者的债权变更（用更便宜的贷款去取代之前更贵的贷款；而且，若投资者因此有额外获利，要与政府分享）；股权变更特别是股权退出则应受政府更严格的限制和监管，以防止公共服务出问题，保护公众利益。

- 股权变更和退出要区分阶段和是否实质控制股东，如建设期的施工承包商股东、运营期的运营商和设备供应商股东的退出必须受约束：①股权锁定期，不同类型项目锁定期不同；②必须获政府和债权人同意，或满足 PPP 合同和贷款合同中约定的再融资前提条件；③要审核受让方能够承继原投资者的责任，并区别机构投资者和散户投资者（后者比例应有上限）等。

- 要防止聪明人（投资者/金融机构）利用信息不对称等制度不完善对不够聪明但贪小便宜人（特别是散户投资者）玩"击鼓传花"，让政府和公众承担本已转移给投资者的风险，在国内目前金融体系尚不够成熟、信息不够透明、监管不够严格、操作不够规范、违规惩罚不够重时很容易出现的短期行为。

- 归根结底，政府要牢记的是，不管是投资者的主动再融资还是被动再融资，只有不会对项目或政府或公众造成负面影响前提下（含项目中止后的政府支付责任），才能同意投资者的再融资。

（2020-07-17）

TUPPP 沙龙第一期 | 基础设施 REITs 解读之一

时间：2020 年 8 月 10 日
主办：清华大学 PPP 研究中心

  基础设施 REITs 对发起人（原始权益人/原投资者）、机构和散户投资者、基金管理人、运营商、咨询机构特别是律师事务所等都有业务机会，但短期内很难有量，而是改革的意义重大，是我国基础设施领域的一次重大突破。如果通过 REITs 试点，消除有关障碍并实施成功，可期望长期逐步稳健发展。

  基础设施 REITs 对相关项目的投资者特别是工程企业投资者也有很重要的意义。一是滚动发展，通过建设（新增项目）/收购（存量项目）→培育项目→发行 REITs→回笼资金再投资于新建或存量项目，甚至可以"跨区域、跨行业使用"，提高投资效率，实现循环发展、转型升级与扩大市场；二是 5 年后可能实现出表，降低负债率，实现在满足国资委等要求下，扩大投融资额度。

  REITs 的重要成功要素类似于工程建设中的"人、机、料"："人"即能力，特别是运营商和基金管理人的能力；"机"即资产，指项目的合规性、股权和收益权（而不仅仅是片面的资产所有权）；"料"即现金流，核心在对项目的收益/现金流的评估（而非片面的资产评估，因为基础设施的特性如公共性和垄断性等）与保证、税负中性（而非税收优惠，因为我国对 REITs 还没有税收优惠政策）、项目的增值收益（但基础设施的特性使其很难有类似于商业房地产的增值收益）。

  资产估值正常或偏低但运营收益/租金正常或偏高（目前国内多数固定资产估值偏高，但运营收益或租金偏低）的项目比较适合 REITs，故建议重点关注三类基础设施项目：一是使用者付费（或穿透看是使用者付费）如路/桥/隧/水/电/气等传统类项目；二是集成开发相关的如仓储物流、产业园区等项目群类的；三是新兴但发展前景好的如信息（5G/数据中心/工业互联网）与融合（智能交通/能源）等新基建类项目。

  有人提出一个问题：在潜在的基础设施 REITs 项目筛选方面，2014 年以前的特许经营项目和此后的 PPP 项目是否存在差异，特别是付费来源、行业类别、项目性质等方面？

  王守清认为过去的特许经营（也是 PPP）项目和后来的 PPP 项目存在一定差异，

这会对 REITs 试点项目的筛选造成些许不同。其一，过去的特许经营更多的是使用者付费的路桥隧电水气污等传统基础设施，而且多是直接或穿透看的使用者付费，后来的 PPP 项目更多是政府付费而且项目类型更广泛；因此，之前的项目多数符合 REITs 要求的使用者付费，而后来的项目多要具体穿透看。其二，过去的特许经营项目更多是企业投资者单独投资和运营，而后来的 PPP 项目多数有政府方出资入股，虽然财政部规定政府占股不超过 50%（其实 0~50% 都是可以的），但很多人以为必须占股，造成绝大多数有政府股东；故之前的项目申报 REITs，企业股东同意即可，而后来的项目则特别需要政府股东的同意。其三，过去的特许经营项目有些政府没有给最低市场需求担保，而后来的 PPP 项目则多数有政府担保最低市场需求，但之前的项目已有多年数据可证明其现金流，而之后的项目则还取决于 3 年运营期的市场需求验证。其四，按照 REITs 试点政策要求的运营 3 年，则这次能够申报试点的更多是 2014 年以前的特许经营项目，后来的 PPP 项目符合要求的不那么多。其五，从项目好坏判断，之前的好项目已经瓜分完毕，后来的 PPP 项目多数是"硬骨头"，因为真正的好项目，平台公司和地方政府未必舍得拿出来。因此，这次推行基础设施 REITs，财政或者财务状况不那么好的地方政府和平台公司应该拿出一些好项目，盘活资产，筹措资金，一方面解决债务问题，另一方面可以滚动发展，投资新的项目。

（公众号"清华 PPP 研究中心"，2020-08-11）

论坛观点 | 王守清在"迈向高质量 PPP 学术研究"主题研讨会的总结发言

时间：2020 年 10 月 25 日

地点：清华大学

本次会议的目的，核心之一是解决中国 PPP 实际问题及战略导向；而且，不能光解决问题，还得从中提炼出一点理论，一些共性的、本质的问题；进而，现在中国的 PPP 已经到这个时候了，到了能够向国际上讲中国 PPP 故事的时候。现在这一代年轻学者们是有实力和能力做这件事情的。

王守清教授从 1996 年到现在只专注于也只会做一件事情，就是研究、教学和推广 PPP。很多人经常问他，PPP 到底属于哪一个学科，他说 PPP 哪一个学科都不是，但哪一个学科都是。现在需要思考一个问题，有没有可能形成 PPP 理论体系。过去他给学生讲 PPP 课的时候说 PPP 相关的理论，从金融学上说就是项目融资，有限追索项目融资，但不是"为项目去融资"，而是"通过项目去融资"；从经济学的角度来说，实际上就是诺贝尔经济奖获得者弗莱德曼有关"用谁的钱去给谁办事"不同做法效率不同的理论，当然还有公共产品的理论；从工程管理或项目管理看，则是选对项目，全过程集成把项目做好、管理好风险、实现相关方共赢等理念。近年来，则越来越多人是从公共管理看，即公共治理相关理论。

工程管理学者，是从工程的角度，从工程项目管理的角度去研究 PPP，研究 PPP 项目层面的很多细节要点。王守清教授本人 1996 年是从风险管理开始研究 PPP 的，最后落实到合同条款，从合同又涉及国家制度和法律法规政策，然后特别是 2014 年后又涉及特许经营立法、PPP 条例和"两评一案"操作流程等相关政策。还有，PPP 项目涉及很多相关方，这就逐步形成了 PPP 项目管理的理论和实务体系。而且，PPP 特别强调投建营全生命周期集成和各方共赢。因此，有人说 PPP 真的是所有工程项目里唯一一种真正能够体现项目全过程管理的模式。我国 20 世纪 90 年代项目管理火爆起来的时候，大家也都在想，什么是项目管理？后来发现我国项目管理的前辈，特别是 2004 年起项目管理领域工程硕士教育开始火爆时的学者，比较红的人，他的专业要么是工程，要么是系统工程，要么是数学。

根据王守清教授过去 20 多年研究和评审国内外 PPP 论文的经历，他感觉，过去研究发表写 PPP 论文的人，背景多是工程出身的，所以他们基本上都是从项目层面研究。但这几年发现，越来越多的论文都是从公共管理的角度出发，这是国内外 PPP 研究和论文发表的一个重大变化。换一种说法，过去更多是从项目层面的微观去研究，现在更多的是从国家层面的宏观去研究，中间过渡的就是从行业层面的中观去研究，而且 PPP 研究又涉及政治学、社会学、行为学等。有了这么多方面的研究，我们可以思考，能不能从里面提出一些共性要素，这就构成本次研讨会的第二个目的：提升一点理论或者创新一点理论。

因为确实在中国的情境下，过去西方的 PPP 理论和惯例，在中国可能多有不灵，没有办法解释。当然，如果光为了写文章在国际上发表没有任何的问题，因为我们是用人家的理论。现在到了一个新阶段，能不能从中国的情境里提炼出一点东西，向国际上去讲中国的故事？这就是这次主题研讨会的第三个目的。

这次疫情，可能不管喜欢不喜欢，西方国家已经意识到了，中国的很多事情是他们没有办法理解的。只有少数的西方学者真正研究中国，他们发现，不同的制度，其实各有优缺点，在这种情况下，可能中国的优势就体现出来了。中国过去几年做的PPP项目，相当于过去几十年全世界做的PPP项目总和，也有很多特点（好坏都有），积累了大量的数据、案例和经验教训，给我们学者带来了很多值得研究的问题和研究的便利。他提倡大家应该关注的是从中国的情境里提升PPP甚至建立一些新的理论，例如，中国情境里的PPP主要特色是什么，公公合作是其中一个，这种特点在全世界PPP领域里几乎没有。但是，他对公公合作的观点这几年其实也有一点变化，因为接触实务多了以后发现，中国的国有企业，央企和地方国企，骨子里本质上还是公家，跟政府是有密切关系的。地方政府有换届的问题，有代际公平的问题，只考虑上项目，不太会考虑将来的事情。央企和国企也是一样的，因为国资委对它一年一评价，一个任期一考核，不会有太多人特别重视长远的事情。而且，任何事情，只要是需要专家做评估的时候，在特别讲人情的我国很难做到客观。当然，西方国家也有这样的问题，但程度相对小一些。西方人一般不认为跟你是朋友就不会批评你，但他们往往更多是对事不对人，这是很重要的区别。当然，国内也有类似的人，我说的是统计意义上的区别。还有一个区别，中国是集中决策，西方国家是分散决策，各有优缺点。中国的这一优势在这次疫情中得到了集中体现，结果很好。但在中国情境下，PPP的可问责性可能就和西方很不相同。

PPP是一个交叉学科，交叉学科的好处便是共赢，这正好也跟工程管理最终的目的相关，要考虑整个地球和人类，因为任何工程都会对地球环境造成影响甚至破坏。从公共管理的角度，政府存在的合法性之一就是给老百姓服务，这就是公共价值的内涵。因此，年轻学者能不能从交叉学科中梳理提炼，从而建立一套PPP的理论框架体系或对已有理论提升，比如，就以公共价值为核心，先创词让它发展起来，然后慢慢打补丁，慢慢形成基于公共价值的PPP理论框架体系。当然，这个词过去已经有了，但多是用在特殊的如纯公共管理的角度，我们现在是与 PPP，与工程、环保、地球、碳排放、ESG 等都结合起来，去丰富和发展公共价值 PPP 理论框架体系。

现在我国的PPP学者，在论文发表上都还可以，但在媒体、行业、政府等发声不够。作为一个学者不应该都是去附和唱好调，也不一定非要唱反调，但一定要坚持专业，即使是唱反调，依据也是专业支撑。

（公众号"清华 PPP 研究中心"，2020-10-30）

王守清：疫情后 PPP 与专项债共促基建投资

2020 年春节，一场突如其来的新型冠状病毒肺炎疫情从武汉蔓延全国，因疫情防控的需要，很多行业陷入延迟开工、业务推迟等暂停状态。特别是占有国家 GDP 1/3 的建设工程行业（基建、房地产、施工、咨询等）也深受影响，面对疫情，《建设行业抗疫连线》栏目连线建设行业各领域专家、学者、企业家系统梳理解读建设工程行业应对疫情举措、重振行业发展的信心。2020 年 2 月 17 日第 7 期连线清华大学建设管理系教授、清华大学 PPP 研究中心首席专家王守清先生，针对疫情下的 PPP 及专项债等问题向其请教。

建设第一传媒总编孙冲冲： 在 2020 年初，在您的微文（微博和微信）中您开始提到 PPP 项目的"政府介入权"，在武汉封城的当天，您发微文提到武汉疫情已经具备了任何 PPP 项目政府行使"介入权"的触发条件，针对 PPP 项目的"政府介入权"，国内其他专家学者鲜有提及，针对这个 PPP 项目的"政府介入权"向您请教一下。

清华大学王守清教授： 因为 PPP 项目是向社会公众提供公共产品、公共服务。如果碰到了一些特殊的情况比如说疫情，如果社会资本不能继续履行或者履行不好，那么政府就可以行使介入权。一般而言，在一个国家的相关法律里，如果写得比较简单或者没有写，那就必须在合同里约定；如果合同里没有约定，这个可能就会有一点点麻烦。政府介入权就是在投资者没法履行 PPP 合同所要求提供的产品和服务时，政府可以完全或者部分接管。

建设第一传媒总编孙冲冲： 在连线您之前，我上财政部的 PPP 平台上去看了一下，我看了几个合同是没有写介入权字样。如果合同里没有约定的情况下，而社会资本方又无法在现阶段再次投入这个项目或者履行这个项目中的合同职责，政府是可以直接介入的吗？

清华大学王守清教授： 对，这是可以直接介入的，但是介入以后，并不是说社会资本就没有配合和参与的职责了，它还必须继续。由此造成的损失就看介入的原因是什么，如果是社会资本有违约的情况，社会资本就要承担后果；如果没有违约，完全是因为不可抗力，一般来说，政府会给补偿，注意不是赔偿是补偿，具体的就应该是坐下来协商。

建设第一传媒总编孙冲冲： 像现在很多地方启动了一级响应，然后很多项目也无法进行复工的情况下，而且 PPP 项目又非常急需的要使用，是不是政府就可以行使介入权了？

清华大学王守清教授： 是的，因为这一次疫情，按照我们国家发布的一个文件，已经定义为不可抗力了，所以，如果这时候政府行使介入权，那就是按照不可抗力去处理，按不可抗力去分担成本，但是一般来说不会对社会资本问责。

建设第一传媒总编孙冲冲： 如果社会资本还是有能力继续履行合同的话，政府就不需要行使介入权了是吧？

清华大学王守清教授： 没错，政府行使介入权是在社会资本提供公共服务中断或严重不达标时才需要，否则就还是由社会资本去执行。而且，即使政府介入以后，也不都是完全介入。我刚才提过，政府介入也不是全过程或长期介入，它只是一个临时性的措施，比如说一周或一个月两个月甚至更长，都是可以商量的。

建设第一传媒总编孙冲冲： 在您 2019 年底的公开文章《中国 PPP 2019 年回顾与2020 年展望》中提到，2020 年中国 PPP 风向标的第一条就说到"专项债与 PPP 共促基建投资"。2 月 11 日，财政部提前下达新增专项债配额 2 900 亿元，加上 2019 年底提前下达的 2020 年新增专项债配额 1 万亿元，共计 1.29 万亿元。昨日（16 日），财政部部长发文《积极的财政政策要大力提质增效》中提道："用好地方政府专项债券，坚持资金跟着项目走，在项目上储备一批、发行一批、建设一批、接续一批，尽快扩大有效投资，形成对经济的有效拉动。"针对提前下达的新增专项债配额和高质量用好专项债和"专项债与 PPP 共促基建投资"，王教授，您对此怎么看？

清华大学王守清教授： 按照财政部的要求，发行专项债要求相关项目做到资金平衡。按照这个要求，如果项目的现金流好，比如说向使用者收费的，或者，如果不能向使用者收费的，地方政府的财政能够支付和补贴（财政承受力评估通过），那么这种项目加上专项债还是对 PPP 有利的。一来解决了政府没有钱做资本金的问题，二来因为有了资本金，也就提升了这个项目的吸引力，提升了社会资本和金融机构的信心。我们需要明白的是，因为很多地方政府财政都不是特别好、没有钱，如果这个地方的项目不能向社会公众收费，政府又没有其他的资源比如说土地能够弥补，完全靠政府的财政支付和补贴的这一类项目，专项债只能在加强政府的资本金注入方面起到作用，但到底如何做，目前还没有明确，而且，专项债项目是可以用基金性预算支付的，这点比只能用一般公共预算支付的纯 PPP 项目有利。即使这样，如果项目在财务测算上还是不能平衡的话，社会资本还是不敢进去，金融机构也不会放贷。简单地说，专项债肯定是有好处，但是不要期望过高；而且，据我所知，好像到目前为止，还没有专项债真正用于 PPP 项目的落地。

建设第一传媒总编孙冲冲：财政部提前下达了 1.29 万亿元的新增专项债，是不是也是对经济的一个极大的促进？

清华大学王守清教授：这是肯定的，解决一点地方政府没有钱的问题，但还是和所在地方政府相关。因为如果地方政府有专项债了，利息又低，他们就可以很快地用传统模式上这个项目。而如果走 PPP 的话，你即使用了专项债，还要做"两评一案"，那些 PPP 的流程还是要走的。所以，结论还是刚才两句话，专项债肯定是对基础设施建设有利、对经济发展有利，对 PPP 也有利，但是要看具体这个地方的将来，有能够偿还专项债的财政能力或项目。

建设第一传媒总编孙冲冲：今天早晨看到一个信息，就是财政部 PPP 综合信息平台出了一个升级版，财政部在前几天也发文对 PPP 项目入库，加快了审批速度及储备库里的项目的高效率利用，您觉得财政部频频的在 PPP 方面的动作，是在表达一些什么意思呢？

清华大学王守清教授：我觉得主要是两个方面，一个是我们的经济发展没有预期的好，所以通过这些积极的财政政策能支持一下经济的发展；第二个是专门针对 PPP，因为政府基层和社会资本各方反映，PPP 要走的流程太长，严格按照目前国内的手续走，最快也得 5 个月。再加上大家现在对 PPP 又有些担心，各方面的时间可能更长，这显然是不利的，所以要缩短周期。而那个平台的升级，使得过去平台里很多的信息都大大扩充了，参与填写和查阅这些信息的人已经由过去的政府来填，现在已经扩展到项目的相关方，包括投资者、金融机构，还有很多的新功能的增加。这些都是为了加快和支持 PPP 项目的流程，有利于信息公开，有利于 PPP 的规范发展。

建设第一传媒总编孙冲冲：原来平台里上传的大量是 pdf 文件，现在应该将一些数据更加的细化，并且直接展示出来了。

清华大学王守清教授：对，而且还有一个填写和更新的时间，不能说为了"两评一案"填了，然后过了一年两年三年都没有动态变化，这是要解决的问题。现在，如果过了期没有填，系统会自动提示，如果提示几次还没有填，可能就会相应地问责。另外一个就是为了避免单方的信息提供，一个改进就是项目的所有参与方，包括金融机构也可以去查里面信息，还有咨询公司做的项目咨询，社会公众去查的时候，点击进去就能够看到是哪个咨询公司参与的这些项目。所以，信息的更加细化和公开透明，会倒逼各方更规范地去做。信息透明加快了，也能够加快实施流程的进展，避免违规和作假。

建设第一传媒总编孙冲冲： 中央力推 PPP 的 6 年来，从运动式高潮到低谷再到理性发展，PPP 成为与施工总承包、工程总承包长期并存与互补的模式，您作为国内研究 PPP 模式的学者，您能给我们展望一下 PPP 的未来吗？

清华大学王守清教授： 我一直都在讲 PPP 只是基础设施、公用事业这些公共产品项目交付模式的可选之一，它有一定的适用范围，PPP 不是天上掉馅饼，不能包打天下。按照国际上 PPP 做得比较好的国家的经验，PPP 也只是占公共产品的 10%~20%，我们国家我觉得会有一些特殊，可能会稍微高一点，因为还有央企、国企这些在国外认为不能算 PPP 的第二个 P（私营企业）也在参与 PPP。

我们国家按经济的发展，还是发展中国家，我们国家又比较大，在不同的区域比如说发达地区和落后地区，PPP 的吸引力和应用程度也会有所不同。对投资者特别是工程公司投资者，要根据对 PPP 政策的理解、对国家相关政策的理解，去选择不同的地区、不同的行业、不同的模式去投标承揽不同类型的项目，这是将来发展的大概趋势。

建设第一传媒总编孙冲冲： 现在和我们很多 PPP 同行的交流，最近出来一个新的词叫作"基建的金融化"。新的项目用 PPP 方式做，这是一些增量项目；还有一些已经建成的存量项目，把它进行金融化来解决地方的债务问题。您对基建金融化有什么看法？

清华大学王守清教授： 这肯定也是一个路径之一，我前面说了，很多的落后地方政府没有钱但又要发展，所以可能只好忍痛把目前自己国有企业运营的一些存量基础设施、公用事业项目，如果国企运营效率不高，实行 TOT 卖给社会资本。当然肯定要引进比他自己的国有企业效率更高的社会资本，去提高效率。这样对政府有好处，对社会资本也有好处。政府拿着 TOT 收到的这些钱就可以去投资新的基础设施，新上项目；对社会资本来说也增加了项目机会；从整体来说，又提供了经济的发展动力；对老百姓来说，也提高了生活水平。

TOT 做好了的确是很好的，它也属于 PPP。但这些核心的核心还是要看这个项目，社会资本接手以后，他有没有能力把这个项目真正地做好、可持续下去，相比原来国有企业做得效率更高，这就是物有所值的概念。如果从短期筹资看，也许政府可以放一点项目出来 TOT；但是从长远来说，如果政府觉得不划算，最后就不会这么再做了。

建设第一传媒总编孙冲冲： 2020 年是全面建设小康的收官之年，也是第一个 100 年发展目标的最后一年。通过这次疫情确实能够发现我们在一些领域还是存在一些短板的，您认为从建设管理的领域来看，我们会有哪些反思和改进？

清华大学王守清教授： 我觉得从大的方面来说，就建设行业企业来说，要分类，大的企业必须往上游走。过去这 6 年来，应该是已经做得不错了，就是通过投资增加了项目的来源。第二个是从长远来说，一定要过渡到运营，从规划、投资、设计和建设，然后到运营，并集成全过程全方位提高效率，同时也等于延长了建筑企业的生命力和可持续发展业务期。从发达国家建筑业的情况看，一个国家的基础设施到了一定的程度，它的需求必然就会减少，所以对工程公司而言，它的业务范围要做出相应的改变。对于小企业来说，因为没有这种投资和集成实力，可能更多的应该是跟着大企业去做分包，当然更多的可能还是去做运营方面的事，特别是如果它运营的效率比央企、国企这些大企业的效率更高的话。

从小的方面，各个企业还是应用我们管理学一个最简单的工具，就是用 SWOT 去分析，看一看自己应该实行什么样的战略，在具体领域从事不同类型的项目。

还有，从整个国家的基础设施看，这次疫情可能给我们另外一个反思是，过去我们平时可能认为不那么重要的那些比如说公共服务方面的卫生医疗养老项目，经过这一次疫情，可能要真正的提到议事日程上来了。

上面这些模式或项目类型演变，对于我们建筑企业的另外一个好处是，将来扩大业务范围、延长业务期、延长生产供应链的一个发展的方向，而不仅仅是建设和建成。当然，对于发达地区，基础建设应该还是相当不错了，可能最缺的还是运营效率和服务。落后地区则当然是它的基础设施短板还很大，服务运营肯定也还不够。

建设第一传媒总编孙冲冲：这次疫情确实给很多的中小企业的发展带来了很大的影响，因为很多企业如果在没有业务的情况下，没有增量业务或没有回款的情况下，确实很难维持两三个月。因为现在不确定疫情到底什么时候结束，所以很多企业家实际上是没有信心了，您给我们建设领域的这些企业说几句鼓励的话。

清华大学王守清教授：一个国家的经济发展和生活水平提高，必然是依托于基础设施和公用事业，说更大一点就是依托我们整个的建筑行业。今年特别是上半年，不可能再像过去几年那样业务那么多，但是从总量的需求来说，应该还是不会变，只是短期这两三个月是急剧地萎缩，这是比较麻烦的。其实，我们可以回想一下，1997年亚洲金融危机，还有 2008 年世界金融危机，那时候也是对整个经济发展打击很大，但是亚洲金融危机的时候，中央的政策就把将来要建的那些高速公路都集中得提前在 20 世纪 90 年代末 2000 年初那时候来建；在世界金融危机的时候，中央的政策就把将来十几年二十年的高铁建设提前在那几年集中做了不少。当然，那时候的业务量是上升的，但是这个高峰过后肯定会少，数年之内的总量是差不多的。所以，我们现在业务是少，但是将来的量还会大，因为总量还是不会大变，我觉得下半年以后应该还是会回升，现在首先是要活下来，同时准备好，不能死等，一旦疫情结束，项目开始多了，马上就能够抢到项目上马，这才是更重要的。

（2020-02-27）

探讨 | 王守清 PPP 团队答复基础设施 REITs 试点有关问题的函询

近日，中国证监会、国家发展改革委印发《关于推进基础设施领域不动产投资信托基金（REITs）试点相关工作的通知》（证监发〔2020〕40 号，以下简称《通知》），明确在重点领域以个案方式开展基础设施 REITs 试点。《通知》提出聚焦优质项目开展试点；其中，PPP 项目应依法依规履行政府和社会资本管理相关规定，收入来源以使用者付费为主，未出现重大问题和合同纠纷。

为落实上述要求，请围绕以下方面提出具体、可操作的意见。

2020 年 5 月 16 日

王守清及其团队经研讨后于 2020 年 5 月 21 日简答如下，仅供参考。

如何判断 PPP 项目依法依规履行了政府和社会资本管理相关规定

问题一：2015 年以来的 PPP 项目应符合哪些具体文件规定（文件名、文号）？从实质审查角度，应办理哪些必备的手续？特许经营项目如何判断其合规性？

答：（1）PPP 是个涉及面很广的系统工程，国家很多法规政策都关联，特别是国家发展改革委投资司、相关行业司局以及财政部金融司、预算司等部门的相关文件，比较重要的是，2014 年以来的 PPP 项目应当符合 2019 年《政府投资条例》、发改投资〔2016〕2231 号、财办金〔2017〕92 号、财金〔2019〕10 号和发改投资规〔2019〕1098 号等关于 PPP 项目规范实施的总体要求，在采购程序上应符合《招标投标法》和《政府采购法》及二者的实施条例、以及财库〔2014〕214 号和财库〔2014〕215 号的规定，在入库程序和信息公开上应符合发改委 PPP 项目信息监测平台要求和财金〔2015〕166 号与财金〔2017〕1 号的规定。更全面的一些重要文件清单见表 1-11。

表 1-11　PPP 相关政策文件清单

序　号	PPP 相关政策文件清单
1	《国务院办公厅转发财政部 发展改革委 人民银行关于在公共服务领域推广政府和社会资本合作模式指导意见的通知》（国办发〔2015〕42 号）
2	《国家发展改革委关于切实做好传统基础设施领域政府和社会资本合作有关工作的通知》（发改投资〔2016〕1744 号）
3	《国家发展改革委关于印发〈传统基础设施领域实施政府和社会资本合作项目工作导则〉的通知》（发改投资〔2016〕2231 号）
4	《关于印发政府和社会资本合作项目财政管理暂行办法的通知》（财金〔2016〕92 号）
5	《关于规范政府和社会资本合作（PPP）综合信息平台项目库管理的通知》（财办金〔2017〕92 号）
6	《关于加强中央企业 PPP 业务风险管控的通知》（国资发财管〔2017〕192 号）
7	《关于进一步加强政府和社会资本合作（PPP）示范项目规范管理的通知》（财金〔2018〕54 号）
8	《关于推进政府和社会资本合作规范发展的实施意见》（财金〔2019〕10 号）
9	《国务院关于加强固定资产投资项目资本金管理的通知》（国发〔2019〕26 号）
10	《政府投资条例》（中华人民共和国国务院令第 712 号）
11	《关于依法依规加强 PPP 项目投资和建设管理的通知》（发改投资规〔2019〕1098 号）
12	《关于印发〈政府和社会资本合作（PPP）项目绩效管理操作指引〉的通知》（财金〔2020〕13 号）

（2）从实质审查角度，应办理按规定履行相关前期立项审批手续[包括可研批复、项目选址、用地预审、初步设计批复、占用林地批复（如有）、岸线使用和海域使用批复（如有）等]；涉及国有资产权益转移的项目应按规定履行相关国有资产审批、评估手续；根据 PPP 相关规定办理"两评一案"的审批手续并入库（包括国家发展改革委全国 PPP 项目信息监测服务平台和财政部全国 PPP 综合信息平台项目管理库）；进入建设阶段的项目还应办理开工前的准备手续（包括用地规划许可、工程规划许可、建设用地批准和施工许可等）；进入运营阶段的项目应当取得竣工验收手续、政府对项目总投资审核确认文件，以及运营许可手续（如污水处理项目需取得排污许可证等）。

特许经营项目也是 PPP 的一种形式，在实质审查上，其合规性应符合 PPP 的一般性规定。具体几个重要手续清单见表 1-12。

表 1-12　特许经营项目重要手续清单

序　号	办理手续清单
1	项目可研及批复（视情况可能为立项审批文件、核准文件或备案文件）

续表

序　号	办理手续清单
2	项目初步设计及批复
3	"两评一案"及批复&在库证明截图
4	建设项目选址意见书和用地预审（如有，用地批复或国有土地使用权证等）
5	建设用地规划许可证和建设工程规划许可证
6	环评批复
7	项目中标通知书
8	PPP项目合同&投资协议
9	社会资本方基本材料、近三年财务情况等
10	资本金落实凭证
11	竣工验收/设施合格与合规运营等相关文件
12	增信主体与增信措施是否合法足够

（3）使用者付费类特许经营项目应符合《基础设施和公用事业特许经营管理办法》和《市政公用事业特许经营管理办法》的相关规定，如涉及政府付费或可行性缺口补助，则还应符合财政承受能力论证的相关规范政策。

问题二：2015年以前的TOT、BOT等特许经营项目应符合哪些规定、办理哪些必备的手续？

答：2015年以前的特许经营项目应当符合当时适用的相关法律法规规定，如《市政公用事业特许经营管理办法》，新建、改扩建项目应当一般建设投资项目办理相关前期法定的立项审批和建设审批手续，即投资项目按类别办理的立项审批、核准、备案等手续，并保证用地、规划、环评、特许经营协议等手续与其搭接的合理性。涉及国有资产权益转移的项目应按规定履行相关国有资产交易程序等。有关手续（见表1-13）类似于表1-12但略有减少或用词不同。

表1-13　2015年以前特许经营项目手续清单

序　号	手续清单
1	项目可研及批复
2	项目初步设计及批复
3	建设项目选址意见书和用地预审
4	建设用地规划许可证和建设工程规划许可证
5	环评批复
6	特许经营协议
7	政府授权的其他文件

如何准确理解"收入来源以使用者付费为主"

问题一：使用者付费占比最低为多少比较合适？

答：只要 PPP 项目能够有稳定的现金流、其收入来源具有较高分散度、不过度依赖政府付费，符合下列条件都应当合适。至于具体应将使用者付费的比例设置为多少才能判定项目更加依赖市场，不同行业、项目类型、所处市场、产权特征、政府信用、运营主体能力等由于特点不同，认定标准应有较大差异，不宜一刀切，但为了实操方便，试点时可以先一刀切，定为 50%～70%，试点成功后再分行业有些变化；另外，供水/供电/污水/垃圾处理等虽然有时体现为政府付费，但本质还是使用者付费（要穿透看），不能按政府付费认定。但不管怎样，所有类别项目建议使用者实质付费（对于打包的项目，则看项目打包集合后的使用者付费占比）应以 50%～70%作为底线；同时，对于占比越高的项目可以越优先考虑。50%的另一个理由是，此次 REITs 的发行，相当于主要依靠项目的未来现金流发行权益类产品，类比市场上同类项目收益债券发行的门槛，并根据国家发展改革委《项目收益债券管理暂行办法》第十八条"项目收入的认定"规定："债券存续内合法合规的财政补贴占项目收入的比例合计不得超过 50%。"即纯粹使用者付费比例应不低于 50%。另外，如果中央坚持 REITs 应主要依赖于市场化收费而非政府付费，将来需要考虑的一个因素是要提高使用者付费的占比到 70%，因为按照目前 PPP 项目采用可行性缺口补助方式，项目全投资内部收益率若达到 6%(税前)，资本金比例 20%，银行贷款按照等额本息方式偿还等条件测算，每年还本付息金额约占项目公司收入的 70%左右，故使用者付费最好应具备偿还债务性资金及成本的水平。

问题二：判断使用者付费的标准是什么？哪些情况可归为使用者付费（如污水垃圾处理项目收入，穿透看是否属于使用者付费）？

答：如上一条所言，应当按照"实质重于形式"的原则穿透来看，故污水垃圾处理等依照收支两条线管理、表现为政府付费形式但实质属于使用者付费（风险分散）且占比为 50%～70%的项目应视为符合要求。

问题三：PPP 项目中的政府补助有哪些实现形式？具体以何种方式安排到项目？

答：政府补助形式包括投资补助、资本金注入（和放弃分红）、贷款贴息、资源配置（如划拨土地）和其他优惠政策（如税收返还、价格补贴）等，不限于通过一般公共预算和基金预算对项目的现金支出。几种重要的补助形式及具体安排简述如下。

（1）政府方出资代表的股权投入：该部分股权可能不分红、不参与清算，是 PPP

合同中一种特殊安排，并不是必需的。

（2）建设期补贴资金：会计上一般采用核减总投资的方式进行处理，但也有特殊情况作为递延收益处理。较为常见的是交通运输行业中常见的车辆购置税收入补助地方资金（一般简称"车购税补助资金"），由中央予以补贴，按照相关规定进行申报和发放，一般在建设期发放。

（3）运营期政府补贴：如可用性付费、可行性缺口补助，以及部分行业（如养老、农林等行业）的政策性补助资金。

（4）还有中央和地方针对 PPP 行业的奖补资金。

PPP 项目"未出现重大问题和合同纠纷"的细化判断标准

答：应根据政府与社会资本签署的《PPP 项目合同》或《特许经营合同》等相关合同内容以及纠纷的性质来判断，如属于以下情况的应当属于"重大问题和合同纠纷"。

（1）项目运营期间出现重大安全事故或重大公共事件/群体性事件。

（2）纠纷主要包括 PPP 合同纠纷、运营合同纠纷、融资合同纠纷等，其所造成的问题影响到项目公司享有项目的经营权，如合同提前终止、政府完全征收征用等。

（3）问题和纠纷的产生影响到项目公司按合同取得使用者付费和政府补贴等，导致项目预期收益现金流不稳定（如对现金流下降超过 10%）。

（4）问题和纠纷的产生导致项目公司无法正常经营或经营能力显著下降，如项目设施出现严重质量问题、项目公司实际控制股东/管理层发生重大变更、公司发生决策僵局等，特别是使公共产品或服务出现超过一定次数和时长的中断。

（5）项目发生重大变化导致对正常实施造成实质性阻碍，如法律变更、不可抗力等原因导致项目被要求提前停止，被清除出国家发展改革委或财政部 PPP 项目库等。

（6）项目公司发生重大违约情形导致需向政府方或融资机构承担违约责任，且该等违约行为无法及时纠正，而可能触发提前终止相关条款触发。

另外，上述所有情况应以项目进入运营期作为分界点，此前（建设期）发生的问题及合同纠纷如果已经解决且无遗留问题，则不应再考虑，特别是进入运营期后各方就前期工作进行了阶段性确认，同时根据确认结果调整了项目的收益模型。

其他建议

问题一：PPP 项目正式运营超过多长时间适合发行 REITs 产品？

答：考虑实践中不同类型项目能进入稳定运营所需的一般时间为 2 ~ 5 年；再参照《国家发展改革委 中国证监会关于推进传统基础设施领域政府和社会资本合作（PPP）项目资产证券化相关工作的通知》（发改投资〔2016〕2698 号）规定"建议项目已建成并正常运营 2 年以上"；但是从运营和财务角度考虑，项目经过 3 年运营后，已经更好发现、释放、解决运营初期中的相关风险和问题，确保运营稳定，就会有比较清晰的财务报表，可以比较清楚地分析项目的运营和现金流情况；故建议运营 3 年后开始发行 REITs 产品为妥，再结合项目复杂度，可适当延长或缩短。例如，如果项目比较简单但市场需求已经培育且有实质证据表明前景看好，加上合同中的约定能保证项目公司的现金流稳定且有稳健增长，极个别项目可以降低到 2 年以上，但需经过一定认定程序。

要注意的是，有些特殊行业，如轨道交通对试运营和正式运营的定义与其他项目有些不同，要重实质而非用词。当然，如果从更稳妥的角度而言，特别是有些以使用者付费为主的 PPP 项目需在运营初期进行市场培育，而项目资产大部分为无形资产需直线摊销，运营初期如出现亏损将导致年度扭亏为盈后需首先弥补亏损，除非项目收益情况良好或前期政府支付可行性缺口补助金额较大，效益较好的 PPP 项目通常需要正式运营 3 ~ 5 年的时间方可具备发行 REITs 产品的条件，效益一般或较差的项目则要更长甚至全投资周期过半后方具备发行 REITs 产品的条件。

问题二：处于经营期的 PPP 项目 100%股权转让是否存在法律、政策障碍？应当如何解决？

答：项目公司的股权一般比较分散，是同时由地方政府/政府方股东、社会资本（联合体）含财务投资人多方持股，且社会资本转让股权通常在 PPP 协议和贷款协议中受到股权锁定期或转让前置审批要求的限制，导致 100%股权转让存在实操层面的障碍。因此，建议在准备开展 REITs 之前应取得地方政府/政府方股东/债权金融机构等的书面认可，为 REITs 开辟通道，并通过协议安排（如修改有关股权锁定期等条款），保障 REITs 对项目运营及收益的实质性掌控。

另外，对于所转让股权为国有产权的情形，还需要符合国有产权交易的相关法律法规，可能对股权转让带来一定障碍，故建议邀请国资委等相关部委尽早参与到试点工作，同时建议出台相关政策时要留出一定弹性空间，如 100% 的转让要求也可以适当放宽到 70%；还有，也许还可以探讨设立分次转让股权不同比例的机制（如每次转让的股权比例有限制但不同）。

问题三：为达到发行 REITs 目的，最低股权转让比例多少合适，为什么？

答：该比例难以统一约定，因不同 PPP 项目中政府方持股比例不同，政府方是否参与分红及控制权配置与贷款合同等约定也存在差异；另外，REITs 最核心的要素是保证项目现金流稳定，即运营管理控制权/控制力，如果能保证这一点，最低股权也不必那么绝对。例如，新加坡发行 REITs 时，对原始权益人持股比例要求是，不低于 25% 即可控制项目运营管理权。考虑到我国国情，为实现基金管理人对于基础资产的控制，最低股权转让比例建议不应低于 50%（应达到基金管理人实现对基础资产控制的最低要求），当然，视不同行业/项目/合同约定等，可以上下浮动一定比例如 5%～15%，不宜一刀切。例如，如果原投资人运营能力很强且作为原始权益人，尽管股权转让了，但是责任并未降低，仍然具有满足运营要求的义务（当然取决于运营合同等的具体约定），就可以下浮一些比例（股权越分散越好）；但如果原始权益人不继续运营，则基金管理人的股份可上浮一些比例。

问题四：如何确保关系民生的 PPP 项目转让股权后，项目的稳定运行，避免社会稳定风险？如何充分发挥 PPP 项目资产运营方的作用？

答：（1）为保障项目的稳定运行，基金管理人可根据项目特点，采用聘请有运营经验的原始权益人继续运营一定年限，以保证平稳过渡；也可以设立专业化的运营子公司并逐步培养和提高其运营管理能力，但应设置一定过渡期，并接收原项目的一些骨干运营人员，同时加强对人才的引进和管理；而对于一些专业性较强、运营管理要求较高的 PPP 项目（如轨道交通、污水和垃圾处理等），也可以采取由基金管理人委托市场上已有品牌的第三方专业机构负责运营管理。

（2）应当继续保留政府在项目运营期间的监督权，以确保项目平稳运行。

（3）从长远而言，还要建立或加强项目直接用户和相关行业协会等的公众参与制度（除了已有的信息公开等），包括投诉制度等。

问题五：是否应设置项目的最低净收益率（净利润与目标不动产评估价值的比值）要求？具体是多少？

答：不宜设置最低净收益率，一是因为该指标受多方面因素影响较大（如不同发起人、不同区域、不同基础资产类别和产品结构设计等，均会导致产品定价的差异），不易客观评判，且为静态指标，不能反映市场的动态变化；二是 REITs 等证券化本身是个金融工具，政府不宜代替投资人决策，应由专业投资人自行决策并承担风险，而且投资人投资 REITs 通常是评估项目现金收益和增值收益的两部分收益水平；三是如果设置最低净收益率，恐与中央一直反对的各种"刚兑"和财金〔2017〕92 号文中 PPP 股权投资禁止保底"明股实债"等的精神违背。当然，政府或相关机构需要加强投资者教育，同时加大信息披露力度。

除上述 4 个方面外的其他意见（如有）

答：（1）REITs 等资产证券化是原社会资本方退出的重要渠道之一，同时也是盘活存量资本运作的重要手段，保证试点项目的成功非常重要，故需要在部分适合行业推出几个适合的试点项目，并及时总结经验，完善和调整政策，特别是在重视项目现金流的同时，重视税务安排（最好给税收优惠政策）；重视产权清晰和切实保护。

（2）目前 40 号文及相关文件对杠杆及募集资金的用途有较严格的限制，在实践中可能导致原始权益人的兴趣不大甚至成为 PPP 项目 REITs 的障碍。建议适度（如在目前比例上增减 5%～10%）放宽杠杆限制并适当提高资金用途的灵活度（否则，通过发行 REITs 实现的回收投资大部分又参与了战略配售），以鼓励原始权益人将优质 PPP 项目推向市场，但同时需满足其收益基本要求，以达到推广和可持续发展的目的，避免仅为做宣传而开展试点工作。在试点项目成功之后，可进一步再适当降低原始权益人需要战略配售的比例和持有期限。

（3）积极动员和说服当地政府改变观念、打消顾虑，同意将 PPP 项目的股权对外转让，接受更为透明的市场环境和舆论监督。

（4）应尽量简化流程特别是不同部委之间的协调，以降低交易成本。前些年有律师说，几个团队合作做成了一单资产证券化产品，所有咨询费、手续费高达 7 000 万元，因此，可以估计，基础设施 REITs 交易费用也会较高，不利于推广 REITs。

（5）选择项目时，除合规性外，更应考虑的是项目现金流及风险状况情况，而不应该以付费来源（使用者付费或政府付费或可行性缺口补助）作为能否 REITs 的硬性标准。如果过度强调使用者付费，那么国内占所有 PPP 项目 70%～80%份额的政府付费或可行性缺口补助 PPP 项目将失去了证券化可能，也不利于政府筹措资金实施现有的政府付费类 PPP 项目（尤其是在融资或在建阶段的项目）。因此，从这次试点之后的长远考虑，REITs政策中要留有放宽"使用者付费"内涵的接口，如从目前的直接个人使用者付费和"穿透看实质"的间接使用者付费，扩展到与政府脱钩了的企业使用者付费，最后再扩展到符合财政资金使用规定的未与政府脱钩的国企使用者甚至是政府使用者的靠谱付费。

（2020-06-07）

第 2 章

媒体采访

智慧城市 PPP 项目成"烫手山芋"？王守清给出答案

佚 名

PPP 模式不失为推广智能照明的一大利器，城市改造这些基础设施投入巨大，单单靠政府投入发展缓慢，如果吸纳社会上的企业参与投资建设，并且能够从中获利，最终再归还政府，则是实现了双赢。在采用 PPP 模式推广智慧城市道路照明上，已有不少照明企业实现了获利。

"从整体建设来看，中国国土面积广阔，地方政府规划不能一概而论。从具体操作来看，政府与企业即使签了合同，项目也可能流产。"清华大学 PPP 研究中心首席专家王守清在接受采访时这样表示。

PPP 模式缘何能激活智慧城市建设？

政府为何青睐引入社会资本参与智慧城市建设？王守清表示 PPP 模式有助于缓解在智慧城市建设中政府资金紧张和专业能力不足的困局。

政企合作互利共赢，在解决了政府资金短缺问题的同时政企双方的角色和作用会随之发生变化。政府将由公共服务的供给方转变为合作方和监管方，对项目整个实施过程、后续服务的质量和价格会持续监管，可避免因企业获取暴利而使公众利益受到侵害现象的发生。企业对项目的参与程度也由单一的建设转变为从方案设计到投资建设，到运营管理，直至后期维护的全程参与。政企双方合作，可以将政府在顶层设计及战略制定等方面的优势，与社会资本在资金投入、技术创新、专家人才、管理经验等方面的优势相结合，合力为智慧城市建设献计献策。

可见，以PPP模式让企业参与到智慧城市建设之中，政企各司其职，发挥市场和政府"两只手"的作用，可为加快智慧城市建设增添新的动力源。王守清指出，过去政府既要负责设计管理，又要负责施工运营，对于政府来说能力有限。而采用PPP模式的话，从设计、管理、施工、运营都交给专业化团队，让专业人做专业事弥补了政府在项目建设和运营上的短板。

不过在采访中，王守清也对目前政府采用PPP模式感到担忧，对企业参与建设智慧城市所承担的风险给出了自己的看法。

（1）项目落地遇阻，PPP模式陷入困局。在智慧城市PPP失败案例中，存在因地方政府单方面违约，而导致社会资本利益受损的情况。比如，有些地方政府签约后又单方面要求重新谈判，以降低承诺价格。政府废止了当初指定的管理办法，致使实施机构拖欠合作公司经费，最终导致项目失败。

（2）法律未明确界定，相关参与者权益难保。此外，国内相关法规对PPP合同属于公法还是私法，是行政合同还是民事合同，也并未给出明确定义。如果属于公法，那么社会资本在地位上是服从一方。如果属于私法，社会资本方与政府地位平等，有利于保护自身权利。而无法有效约束政府失信行为的现状，使得社会资本方无法通过法律途径有效保护自身利益。在这种情况下，其采用PPP模式参与智慧城市建设的意愿，势必会受到一定程度的影响。

（3）企业收益不明、风险较大，政府亟需规范监督。对此，王守清直言："企业面临的风险非常大。第一，如果政府不太懂，双方合同签下来执行不了，那将来就很麻烦，等于这个合同先天不足；第二，就是政府如果以为项目交给企业就没事了，那就麻烦了，因为投资者肯定唯利是图，故政府必须加强监管，符合要求才给投资者支付，因为是提供公共产品，公共产品供应出了问题终极责任还是政府的。政府一定要规范监督，否则一定会出问题。"

如果采用PPP模式，政府首先要对PPP模式的边界有清楚认识：第一，工作内容要清楚，什么该社会资本做，什么该政府做；第二，产出要求要清楚，企业最后提供的产品服务到底怎么来衡量，合格还是不合格，这个要弄清楚，否则也很难做；第三，投资者的钱砸进去了，它的收入从哪里来？这个也要弄清楚。事实上，这三个问题都比较难弄清楚，故智慧城市利用 PPP 模式非常困难。

虽然智慧城市在国家决策层面及各级政府的大力推动下，其庞大的市场潜力也成为众多企业争抢的蛋糕。然而，PPP 模式在实际应用中却雷声大、雨点小，目前成功案例很少，甚至成为相关企业"烫手的山芋"。

究其原因，除了上述三点困难，一方面政府动力不强，在政府地方债务问题没有很好地解决的情况下，很难投入资金进行增量建设；另一方面是来自企业的焦虑，由于智慧城市建设往往缺少明确的收益时间和收益标准及验收标准，企业的收益存在不明确性，风险较大。这些原因导致了企业和政府很难达成共识。

地信企业具有技术优势，创新性解决方案或可破解 PPP 模式困局

在王守清看来，地理信息本身是一个技术比较密集的行业，企业、产品更新的速度又非常快，社会资本能最快了解市场的真正需求。从市场的角度出发提出具有创新性的集成解决方案，也比较容易满足老百姓的需求，这也是地信行业采用 PPP 模式建设智慧城市的优势。

不过，政府在市场、行业技术缺乏专业判断，企业提出了符合市场需求的解决方案，如果不符合政府的顶层设计，不管是哪个行业、哪个企业都将面临巨大的投资风险。

"智慧城市"建设是一项复杂的系统工程，所需资金巨大，涉及政府、企事业单位和公众等多元主体，涵盖投融资、建设、运营、监管等过程。未来的政企合作仍将是一个不断探索、创新的过程。

（"安防展览网"，2017-05-02）

用 PPP 解决民生难题——专访清华大学建设管理系教授、"中国 PPP 学界第一人"王守清

张 兵

过去 PPP 与政绩、业绩目标挂钩，一味强调入库项目数量、投资额、落地率，运作程序混乱、超越规范界线、多头管理等现象也随之而起，这些都在不同程度上削弱

或背离推行 PPP 的初衷。

2017 年应当是 PPP 的理性规范之年。近日，财政部等六部委下发《关于进一步规范地方政府举债融资行为的通知》，引起业内各方密切关注和热烈讨论。

本次六部委联合发文，既关系到项目发起和过程监管的财政、发改部门，也关系到融资监管部门的人民银行、银监会和证监会，还关系到项目合规运作、法律责任追究的司法部门，可见中央各部门对规范运作 PPP 项目的决心之坚定，当然也反映了当前 PPP 运作隐患风险之普遍和严重。

20 多年来，清华大学王守清教授一直专注于 PPP 的教研与推广，至今共发表 300 多篇论著，连续 3 年（2014—2016 年）入围 Elsevier 中国高被引学者榜单（建设管理类共 3 人），中国《基础设施和公用事业特许经营法》（征求意见稿）两位领衔专家之一、国家发改委 PPP 专家暨专家委员会委员、财政部 PPP 专家、亚开行 PPP 专家、EU-Asia PPP Network 中方代表等，在业界，王守清被誉为"中国 PPP 学界第一人"。

什么样的项目适合用 PPP 模式？中国目前力推 PPP 模式的原因是什么？目前我国 PPP 项目发展的大致情况如何？等等。为此，《民生周刊》记者采访了王守清教授。

民生周刊：怎么判断政府某个招商引资项目是 PPP 项目？

王守清：主要看下列几点：一是公共或准公共项目（可以搭配商业项目，作为对公益公共项目的补偿），而不是纯商业项目；二是已履行项目投融资合规程序，如按发改委和财政部 2016 年 32 号文等的要求，项目的规划和（预）可研已获批准、项目已正式立项；按财政部等的要求，正在或已完成实施方案、物有所值评估和财政承受力评估等相关工作，不是明股实债、保底回报、拉长版 BT，而且投资者要参与运营且其回报应与其运营绩效关联、风险分担要公平、政府资金使用效率和设施的建运维效率要提高等；政府已建立健全的 PPP 实施流程（如按发改委和证监会即发改投资〔2016〕2698 号文件中对可资产证券化的 PPP 项目的识别条件等）。

民生周刊：什么样的项目适合用 PPP 模式？

王守清：笼统而言，一个项目是否应采用 PPP，很大程度上取决于项目本身的特点，包括技术的复杂性、收费的难易程度、生产或消费的规模、设施的数量等。但对政府而言，最应关注应用 PPP 能否提高项目的建设和运营效率（其最典型的体现就是，在保证质量的前提下，项目产品或服务价格的降低和服务水平的提高）。

具体而言，适用 PPP 的项目具有如下特点：对建设和交付期间高效的风险管理有要求的重要投资项目，可能是单个大项目，也可能是一系列可复制的小项目；社会资本有交付所需设施和服务的专门知识，能够实现物有所值；政府可以将服务需求定义为产出/成果要求，以便准确地形成合同，保证社会资本能够高效率地、公平地和可被问责地长期提供公共服务；政府和社会资本之间的风险分配能够清晰地界定和落实；设施及其服务的自然属性在长期的寿命期内可以定价；项目规模足够大，以确保前期准备工作和招投标谈判等交易成本能够与之相称；技术和其他方面稳定，不易受短期快速变化的影响。当项目涉及的设施受快速发展的技术影响时，PPP 合同能做出相应的调节安排；合作期限是长期的，同时固定资产长期可使用。

但是，有些项目则可能不适用 PPP，比如：政府不能够完整和清晰地明确项目要求，即项目特性和预期服务质量具较大不确定性；快速的技术变更可能导致难以明确项目的要求；过度依赖于社会资本融资贷款，但缺失独立尽职调查的社会资本又难以从金融机构获得贷款。

民生周刊：中国目前力推 PPP 模式的原因是什么？

王守清：自 2013 年党的十八届三中全会提出全面深化改革以来，中国力推 PPP 模式的原因也经历几个阶段的变化。2013 年中央希望通过特许经营（PPP 中的主要形式之一）等方式引入社会资本方，来提高基础设施和公用事业的投资和运营效率。2014 年国务院、财政部和发改委层面推动 PPP 模式的原因也各有差异：国务院为了响应中央号召，通过 PPP 模式继续保增长和维持经济活力，同时改进管理体制；财政部则主要是为了化解以融资平台为主形成的政府债务，并推动供给侧改革；国家发展改革委推动 PPP 模式的动机与国务院类似，通过固定资产投资保增长，也为了解决政府投资项目的资金短缺问题。

民生周刊：目前我国 PPP 项目发展的大致情况如何？

王守清：根据财政部 PPP 综合信息平台数据，截至 2017 年 3 月末，按照财政部相关要求审核纳入库的项目，共计 12 287 个，累计投资额 14.6 万亿元，其中，已签约落地项目 1 729 个，投资额 2.9 万亿元，落地约 14%（项目）、20%（投资）；财政部示范项目共计 700 个（扣除已调出库的），累计投资额 1.7 万亿元，已签订合同进入执行阶段的示范项目 464 个、投资额 11 900 亿元、落地率 66.6%（项目）、70%（投资）。

然而，项目在各省份的分布情况并不均匀，贵州、云南、山东等省份入库项目数量占比很大，反映其实施 PPP 的主观意愿；而北京、江苏等省份 PPP 项目不多但落地率较高，反映其实施 PPP 的客观实力。然而，PPP 项目的发展仍旧存在隐忧：一是入库项目数量极多（如算上省市库项目数量，可能是国家级项目库数量的 2~3 倍），全国财政可能并不具备覆盖所有项目支出责任的能力；二是项目质量差异极大，个别地方政府打着 PPP 的旗号，却通过 PPP 模式实现当地政府也包括个别投资者的自身目的，PPP 市场存在一定的竞争扭曲；三是项目的 PPP 模式做法不一，不少项目不规范，甚至已有发生争议的。

什么是好的 PPP 做法，恐怕这个问题在我国目前尚没有标准答案，毕竟我国的 PPP 与国外的 PPP 有很多不同，特别是社会资本主体仍是国企（尤其是央企），这与第二个 P（私营）本质不同。另外，我国绝大部分与 PPP 相关的人，乃至国家发改委或财政部的 PPP 专家，有些还没有真正理解 PPP 的精髓和中央的政策，都还甚少经历 PPP 项目的全过程，更别说是不同领域的多个项目了，各方的能力建设还有待加强。

民生周刊：有人评价，PPP 模式能够更好地解决中国百姓民生问题，您如何看待？

王守清：如前所述，理想中的 PPP 模式和这一轮政府推动 PPP 模式的初衷是更好地解决中国百姓民生问题，包括利用社会资本提前建设提前供给，促进经济发展，提高生活水平，提高项目建运维效率、质量和服务水平。而现实中的一些 PPP 项目，并不能直接在短时间内起到这样的作用，只能期望长远作用会好。当然，实践和试错是最好的学习方式之一，这个过程我国必须走并相应承受一些代价，但应尽量减少代价，特别是避免重复交学费。因此，如果从这个角度说，PPP 仍是为了更好地解决中国百姓民生问题。

民生周刊：您认为，PPP 发展在中国存在哪些典型问题？

王守清：我认为主要有 4 种问题：一是合同对产出要求不明确，加上政府监管不严，可能以后政企双方对社会资本所提供的产品与服务是否符合要求发生争议；二是地方政府财政支付或补贴能力超出政府的财政承受力，造成政府支付或补贴延误甚至违约；三是合同签订不完善，风险分担不合理，造成后续争议，但缺乏有效法律救济与争议解决方式；四是有些项目没有实现物有所值（效率提高和成本降低等），不如传统政府投资模式好。

民生周刊：在 PPP 模式合作中，有人称，民企与国企存在不同的对待，承担的角色不一样，您的观点是？

王守清：PPP 模式对于社会资本来说，是一个新概念、新模式、新市场，政府项目采用新的游戏规则的新市场。在这个市场里，由于交易的商品涉及民生、政绩、财政，还涉及反腐败，购买产品和服务的政府本能地对于国企更加青睐，而对于民企则不那么信任甚至抵触。所以，"存在不同的对待"现象是客观存在的，不过，在个别轻资产、重运营且竞争相对激烈的领域，例如污水和垃圾处理行业等，则仍旧有个别表现突出的民企特别是上市民企脱颖而出，受到了相当于国企同等的待遇。

至于"承担的角色不一样"，需要从两个角度分析：一个角度是，为了 PPP 项目的落地和改革，他们不应被人为地划分为不同角色；另一个角度是，为了自身的发展，PPP 模式对他们来说，意义是不一样的。在这样的情况下，民企和国企确实会采取不同的策略，继而表现出承担了不一样的角色。例如，国企可以为了拿项目，出短期业绩；而民企则必须拿挣钱的项目，否则无法向股东交代，当然，不排除个别上市民企更多是为了出业绩而提升股价而冒进。

民生周刊：怎么才能更好地保障民企在 PPP 模式合作中的合法权益？

王守清：第一，政府应公平对待民企，不能设置歧视准入门槛，应以最终绩效和效率及服务水平为主要考量指标；第二，政府应加强信息公开，让项目全过程和所有类型社会资本的绩效表现都接受公众和舆论的监督，政府和公众也许就会对民企更加信任；第三，我国的政策应注意引导民企更有社会责任感，并建立 PPP 项目的绩效评价体系，并根据绩效实施奖惩；第四，对于政府的不守信，让民企吃亏这一点，应加强政府内部的问责制，让民企对政府也更加放心；第五，就是更大层面的问题，如建立健全更成熟和完善的法律体系（含救济体系）、信用体系、金融体系、保险担保体系、公众参与制度等，真正实现依法治国、依合同治理项目等。

（人民日报社《民生周刊》，2017-05-24）

专注成就专业——专访《政企合作（PPP）：王守清核心观点》作者　清华大学 PPP 研究中心首席专家王守清教授

王兴钊

2017 年 5 月，《政企合作（PPP）：王守清核心观点》（下称《核心观点》）一书由中国电力出版社出版。针对该书及相关问题，《项目管理评论》记者采访了该书第一作者、清华大学建设管理系教授/博导、清华大学 PPP 研究中心首席专家王守清。

三库专家最全的成果汇总

记者：祝贺您的最新力作《核心观点》出版，您怎么会想到编写这本书呢？

王守清：自 1996 年起，我一直专注于 PPP 的教研与推广这一件事情。自 2014

年 PPP 在国内火爆以来，我过去的教研与推广工作迅速受到关注和欢迎，我和我 PPP 团队的研究成果也在短短几年内迅速得到传播、应用、验证和修正。2016 年 10 月，《项目管理评论》编辑部又一次找我，再次提起要将我和我团队的 PPP 知识成果汇编成册出版的想法，我欣然应允。

在编辑审核本书的过程中，我再次重温有关内容，有一种似曾相识又如初见的感觉。知识的海洋是浩瀚的，这一次温故知新的经历是难能宝贵的。鲁迅先生说过，写作，是为了忘却的纪念。如今，我对这句话更有切身感受，写作，不仅仅是纪念，不仅仅是传播知识和影响他人，更能感悟、升华和激励自己。

同时，业界广大读者对 PPP 知识有着强烈的渴望，这本书可以帮助读者更系统地理解 PPP 的内涵和精髓，为进一步研究和应用 PPP 打好基础。当然我也希望通过该书能在读者的心里种下一颗兴趣的种子，让它生根发芽并茁壮成长。

此外，我国 PPP 大规模推广应用 3 年后正进入一个更需要深入研究和完善实践的阶段，学术界的知识成果，特别是 PPP 这类前沿性、综合性和应用性都非常强，需要既懂技术又懂金融、经济、管理、法律和商务运作等复合性知识的学科，更需要传播到实务界并得到应用，才更能体现其价值，这是一件非常有利于 PPP 发展的事情。我期望该书能在这方面发挥一点作用。

记者： 目前关于 PPP 的书有很多，《核心观点》有何独特之处？

王守清： 2016 年下半年以来，市面上出现了一些 PPP 实务类图书。这些图书有较强的实用性，但对 PPP 的理论体系可能理解不深，加上我国的 PPP 相关法律体系还在发展完善中，因此这些图书在对相关政策的解读上可能有两种倾向：要么解读不到位，要么过度解读。

作为一名学者，我对 PPP 的推广包括相关政策的解读一直秉持客观中立的原则，力求把政策的内涵包括其后的理论原理原原本本地传达给读者。同时，尽管我是中国《基础设施和公用事业特许经营法》（征求意见稿）两位领衔专家之一、国家发改委 PPP 专家暨专家委委员、财政部 PPP 专家、亚开行 PPP 专家，但考虑到不同层次读者需求，在传播 PPP 这一专业性很强的相关知识时，我尽量用读者易于接受的形式做出生动有趣的解读，努力做到既大气又接地气。这些理念在《核心观点》中有较好的体现。

我自己过去也出版过几本 PPP 图书，像《特许经营项目融资（BOT、PFI 和 PPP）》《特许经营项目融资（PPP）：风险分担管理》《特许经营项目融资（PPP）：资本结构选择》《欧亚基础设施建设公私合作（PPP）：案例分析》等，这几本书都是偏重于 PPP

的某个侧面。相比之下,《核心观点》包括精选的微博语录、媒体采访/会议发言、论文集锦、英文论文清单四大部分,既有理论思考,又有实践总结,是对我二十多年来研究成果最完整的一次梳理汇总,没有之一。可以说,《核心观点》与别人的和我自己的 PPP 图书都形成了互补。

记者:《核心观点》得以成书与您坚持更新微博是分不开的,您的坚持精神令人钦佩,请问这份坚持为您带来了哪些收获?

王守清:成功没有秘诀,贵在坚持不懈。当然,我始终觉得,坚持的前提是喜欢。如果你不喜欢一样东西,别人怎么 Push(推)你都没用;但你如果喜欢它,就会时时刻刻想着它。我的硕导卢谦教授、博导安森(Anson)教授、博后导廷格(Tiong)教授从来都没有 Push 我,但因为发自内心的喜欢,我自 1996 年开始研究 PPP 以来,对 PPP 一直保持极大的热情和旺盛的求知欲。现在我无论看到什么文章,都会下意识地与 PPP 联系起来,并把自己的相关感悟更新到微博中。

我想,坚持不仅仅是为了一个结果,更重要的是要享受这个过程。借用同样任教于清华大学的王国维先生的话说,从"昨夜西风凋碧树,独上高楼,望尽天涯路"到"衣带渐宽终不悔,为伊消得人憔悴",再到"众里寻他千百度,蓦然回首,那人却在灯火阑珊处",每一步都需要坚持。

虽然我一直笃信曾国藩的名言"莫问收获,但问耕耘",但基于喜欢的坚持,有时还真有运气。我 1984—1996 年教研项目管理,20 世纪 90 年代后期至今国内项目管理火爆;如前所述,1996 年至今,PPP 对我亦是如此,坚持了十几年后,2014 年后至今火爆。

记者:您还有什么想对读者说的?

王守清:我曾在微信朋友圈开了个玩笑,"我负责让书貌美如花,你们负责花钱买它"。《核心观点》的另一位作者、我的美女弟子、国家发改委和财政部两库 PPP 专家(可能也是全国最年轻的两库 PPP 专家)王盈盈曾感慨:"想不到全书有数百万字,令人震撼。我参与编辑这本书的过程,也是学习的过程,收获很大。"在此,我真心希望读者不要把书当作一个摆设,而是要认真阅读,相信就会"物有所值",如果是有一定 PPP 基础的人,收获会更大。当然,也真诚期待读者指出书中错误(可以发微信:PPPwebChat),以利于我改正提高。

合规是关键

记者： 2016 年 12 月，PPP 项目资产证券化的大门正式开启，您怎么看待这一现象？

王守清： 我对 PPP 项目资产证券化持谨慎乐观的态度。从中长期而言，PPP 项目资产证券化对多元化 PPP 融资渠道、发展二级金融市场有好处，对优质 PPP 项目进行二次融资、降低融资成本也可能有益。但从短期而言，不要过高期望，因为 PPP 项目资产证券化对项目有前提要求，比如 PPP 项目运营 2 年以上且有稳定收入，不符合条件特别是过去不规范的 PPP 项目很难应用。

为做好 PPP 项目资产证券化，政府应尽快完善相关法规政策，特别是加大监管与惩罚无良业者、完善流程、加强信息公开等，以避免一些"聪明"的无良业者利用制度不完善和信息不对称等，对不够"聪明"的人玩"击鼓传花"游戏，把风险转移给后来者特别是散户投资者，并造成提供公共产品/服务的 PPP 项目出问题。

记者： 2017 年 2 月，在武汉市轨道交通 8 号线一期 PPP 项目中，金融机构做了社会资本，引起巨大争议。您认为金融机构是否可以做 PPP 的社会资本？

王守清： 金融机构可以做 PPP 的社会资本，不必讨论，但能否主导？国际上现在能，我国只要合规特别是符合国家发改委、财政部政策（特别是不能直接或间接增加政府负债），也可以，但要考虑项目类型特征（固定资产、核心设备/技术、综合运营）及阶段特征（建设期 vs 运营期），考察金融机构是否具有全过程集成管控能力（不是自己干建设与运营的能力），以保证项目成功。

另外，我国商业银行法不允许直接股权投资（投贷联动的例外），金融机构如何绕过这一条及是否合规应特别关注。同时还要看到，我国金融机构目前缺少建运维管控能力（以后会有），因此目前主导 PPP 对各方可能都有风险，除非事先已有较好合同安排与风险公平分担等。

记者： 2017 年 4 月，雄安新区设立，您认为 PPP 可以起到什么作用？

王守清： 按顶层设计，雄安新区有七大任务，涵盖绿色智慧新城建设、打造优美生态环境、提供优质公共服务、构建快捷高效交通网等，基础设施投资规模巨大。不过在中国经济增速放缓的大背景下，雄安新区建设如果完全靠政府财政大投入、大项目拉动，可能力不从心，同时因为政府不那么专业，对市场了解不深，可能不一定满足市场需求，效率也可能不够高。因此，PPP 无疑是雄安新区比较可行的主要路径之一，特别是经营性项目，一方面可以解决资金不足问题，更重要的是，可以充分发挥社会资本的能动性和创造性，集成优化资源，提高效率，当然前提是 PPP 项目要选得合适、做得规范。

我们有理由相信，在近几年 PPP 项目大量经验积淀的基础上，随着 PPP 相关政策的完善，雄安新区采用 PPP 的优势和成果都将是非常值得期待的，关键是有懂 PPP 的人。

记者：本期《项目管理评论》杂志的主题为"PPP 在新形势下的破与立"，可否谈谈您的看法？

王守清：首先，PPP 不是万能钥匙，不是所有的项目都可以用 PPP。全世界 PPP 做得较好的国家，其公共项目采用 PPP 的也不过 5%～15%。这是因为，提供公共产品的终极责任还是政府的，不能完全推向市场，而且有些项目的特征如边界和产出要求等不明确，很难应用 PPP。按照发达国家的实践经验总结，PPP 项目的效率也并没有政策或理论上所说的那么高。考虑到中国的特殊国情，公共项目采用 PPP 的可以多一点，但不宜超过 50%，估计最多也就 30% 左右。

其次，公共项目不一定要用 PPP。在常见的投融资模式中，既有传统的政府投资模式，也有 PPP 等，有关决策方需要对各种模式进行比较，哪种模式效率高，就用哪种。不考虑项目所在环境和项目特点，不追求效率的提高等，一刀切采用 PPP 是不合适的。

最后，既然决定要用 PPP，那就一定要做得规范。规范的 PPP 有如下 3 个层面的含义。

（1）符合 4 个相互关联的核心原则。①真正的风险分担。政府和企业之间真正的动态风险分担，由对某风险最有管控能力和最低管控成本的那方承担相应风险，以实现物有所值。②明确的产出要求。合同必须明确政府对设施/服务的详细产出要求/指标。③全生命期集成优化。合同一般要求企业（特别是承包商做主办人）负责设施的长期绩效，并承担相应风险和责任。④回报与绩效关联。企业的回报必须与按合同规定的特定和定量准则（产出要求/指标）所进行的绩效评估结果关联。

（2）遵守国家政策。过去 3 年来，PPP 制度建设初步形成体系，已搭建出法规、政策和标准 3 个层面的体系框架，出台了不少政策、工作指引和操作指南，社会资本对此要自觉遵照执行。

（3）要有情怀。社会资本不要利用政府与社会资本之间的信息、能力不对称，钻政策空子，也要有"诗和远方"，在保证自身盈利的同时兼顾公众利益，与其他利益相关方真正做到有福同享，有难同当，行稳致远，保证 PPP 的可持续发展。

PPP 快意人生

记者：您对项目管理和 PPP 都有长期涉及，它们对您的人生有什么影响吗？

王守清：根据我的学习与工作经历，项目管理和 PPP 是最有意思的两个学科领域（当然 PPP 更有意思些），掌握了这两个领域的知识，再加上某一行业领域的知识，几乎可以把所有工作和人生都悟透。云南大学汪小金教授曾说过："项目管理是把战略落地的学问，是把事情办成的学问，是使成功可以复制的学问。"我的同事强茂山教授也说过："项目管理是通过有效集成资源而高效实现（个人/组织/国家）目标的理念和方法，所以，有梦想就要学项目管理。"对此我非常认同，而且 PPP 项目恐怕是涉及面最广、最复杂的项目，迫切需要项目管理、PPP 和行业知识，只有这样，才容易做好，如果做好了，是非常有成就感的。

在我看来，家庭也是类 PPP 的。丈夫（政府）负责挣钱，老婆（社会资本）负责持家，子女（百姓）能按兴趣选择专业/职业快乐成长。因此，婚姻说简单也不简单，找彼此喜欢、信得过的对方，共同培育子女，三方共赢就能可持续发展。各方不能仅从自己的角度去看问题，要有智商也要有情商，要学会沟通与妥协，家庭就能和睦相处。

因此，我曾经在微博上说过，PPP 从业者的婚姻生活似乎都比较美满，也许是因为很了解婚姻关系最类似于政企之间的长期 Partnership（伙伴关系）。在此，我给未婚年轻人提个醒：找对象结婚之前最好先学 PPP，也可优先选择 PPP 从业者。

采访后记

成功人士所具有的优秀品格往往是相通的。中国历史上罕见的全能大儒王守仁一生只做了两件事，即灭山中贼、灭心中贼。巧合的是，王守清与王守仁的名字很相似（其实王守清的亲大哥也叫王守仁），但比后者更加专注，20 多年来只做了 PPP 这一件事。专注成就专业，王守清被誉为"中国 PPP 第一人/教父"可谓是实至名归。我们期待并相信教父为中国 PPP 的规范发展不断添砖加瓦。

（《项目管理评论》记者马莹对本文亦有贡献）

（《项目管理评论》，2017 年第 3 期）

期待我国 PPP 在更有顶层设计和协调下可持续发展——专访清华大学 PPP 研究中心首席专家王守清教授

陈昶弢　王洁　江畅

随着各地政府和社会资本合作（PPP）项目如雨后春笋般涌现，PPP 立法问题备受关注。财政部条法司相关负责人也在近日透露，PPP 立法进程正在抓紧推进，目前已完成 PPP 条例初稿，近期会向社会公开征求意见，力求加快立法为 PPP 项目推进提供更好的保障。

带着业界的关注，本刊记者采访了深耕 PPP 20 多年，被誉为"中国 PPP 教父"的清华大学建设管理系教授、清华大学 PPP 研究中心首席专家王守清博士，请他谈谈对 PPP 立法的研究与期待。

Q：从专家的角度看，PPP 立法亟待解决哪些问题？

王守清：PPP（特许经营）的立法工作于 2016 年 7 月迎来重大改变，随着李克强总理的一锤定音，立法工作改由国务院法制办统一主导，财政部和发展改革委则由原来的 PPP 法和特许经营法的各自主导方转变为参与方。

因 PPP（特许经营）立法涉及的项目投资规模大、适用领域广、合作周期长，参与主体、利益关系和风险也相对复杂，由法制办牵头统一推进两法合一的立法工作，一方面可以释放政府稳定政策、保障参与各方的合法权益等的信号，另一方面可以防止两部委各自立法可能带来的问题。

因 PPP 涉及面广，我国相关实践也不够成熟等，现在出台 PPP 法非常困难，所以先出台 PPP 条例，以尽快解决实践中的一系列问题。PPP 条例首要解决的，一是过去的法律与 PPP 存在空白甚至不匹配的地方；二是各部委之前出台的政策文件，其中规定不一致的地方；三是项目操作层面一些具体有争议的问题。当然，法律可能不会规定那么细，而条例则可以规定得更细一些，但是又会存在一个问题是，一旦 PPP 条例与过去层级更高的法律发生冲突，还是以法律为准，所以长远的目标还是要立 PPP 法。

Q：目前，PPP 领域有哪些问题比较突出，亟待在条例中予以明确？

王守清：需要明确的问题很多，立法的问题、不同主管部门之间的协调问题、金融体系不成熟的问题、信用体系不健全问题、公众参与机制不完善的问题等，尤其是当下我国 PPP 模式中，央企/国企在主导，民企/外企进入困难的问题。

Q：什么是 PPP？与特许经营有何区别？

王守清：我下面是从概念内涵与我国实践角度去解释，至于其严格的法律意义，留待将出台的 PPP 条例或以后的 PPP 法去界定。特许经营在我国应用了二十多年后，其内涵已经比英文 Concession 扩大了。中文的"特许"与传统意义上的"行政许可"并不完全相同，因为是通过招投标等程序选定的社会资本方，签订合同后由社会资本方按合同约定去实施项目。通过合同约定的许可，是广义的"特许"但不一定全是行政许可，政府还需要严格监管。"经营"也不一定是一般意义上的经营，不是说只有向公众收费才是经营，而向政府收费也属于经营，其本质更是"运营"的概念。另外，我国的 PPP 中的第二个 P（央企/国企主导）与国际上的第二个 P（真正的私企/外企）本质不同。

从这几点看，虽然我国的 PPP 内涵比特许经营大，但我国的特许经营与 PPP 的差距并不是太大，也没有必要拘泥于这些名词，因为都是引进社会资本提供公共产品的一种创新模式，而且全球各国各机构对 PPP 也没有统一的定义。我国只需在立法中明确用词并定义其内涵和原则即可，也不必与国际上完全一样，何况本来政府与社会资本合作就是我国的用词，其中的社会资本也不是国际上说的 Private（私营部门）。

Q：什么项目可以做 PPP？做怎样的 PPP？

王守清：不是所有的项目都可以做 PPP。全世界 PPP 做得比较好的国家，其公共项目采用 PPP 模式的也不过 10%～20%，这是因为，提供公共产品终归是政府的责任，不能完全推向市场。不同的模式有不同的优缺点，对特定的项目应该选择不同的项目交付模式。

PPP 在具体项目中的体现形式也并不固定，需要政府和企业根据项目特点，因时、因主体、因地制宜，各方达成公平协议并保护公众利益等即可。具体来说，从政府的资金情况看，如果政府在短期和长期都没有钱时，可优先做使用者付费的 PPP 项目，即经营性项目，如收费高速公路、桥梁隧道等基础设施项目；政府短期没钱但长期有钱时，可做使用者付费加政府补贴的 PPP 项目，即准经营性项目，如污水和垃圾处理等公用事业项目；政府有钱时，做主要由政府支付的 PPP 项目，即公益性项目，如学校、养老院和监狱等社会事业项目。不管怎样，都得考虑物有所值问题，即 PPP 是否比传统模式更好或至少持平。

Q：PPP 中的招标投标是按照《政府采购法》还是《招标投标法》？

王守清：从适用项目的属性看，《政府采购法》强调使用财政性资金，《招标投标法》强调工程建设项目。二者虽然都适用于大多数 PPP 项目，但有些 PPP 项目是使用者付费项目，特别是涉及工程建设的重资产轻运营的基础设施项目，故可能更适用《招标投标法》；有些 PPP 项目并非工程建设为主的轻资产重运营的公用和社会事业项目，故可能更适用《政府采购法》。从选择投资者的方式看，PPP 项目相关方众多、合同结构复杂，需就各方特别是政府和投资者之间的利益共享、风险分担，以及政府的规制和监管等进行细致的协商谈判。但两法规定的招投标过程过于严格，消除了在 PPP 项目前期特别是正式签约之前，政企双方就长达十几、几十年的合同进行协商完善的机会。从作用时效看，在政府付费的 PPP 项目中，政府作为使用者的代表，应对整个项目负责，尽管政府与企业后续的行为都受招标结束后签署的合同制约，但仅就前期选择投资者的过程来看，《政府采购法》更侧重于长期的考虑，可能更适合特别是产出要求不够明确的如公用和社会事业项目。

Q：国外 PPP 立法有哪些特点？有哪些方面值得参考借鉴？

王守清：国内外 PPP 模式存在很多不同点，立法自然也与此相关。一是解决产权问题。国外 PPP 模式中的"私"是真私企，由于私企的逐利性，一定要好好干，否则就会血本无归，因为政府监管严格且公众参与机制成熟。而我国 PPP 中的"私"并不单指私营经济主体，国有企业特别是央企是近年来国内 PPP 市场上最重要的主体，其带来的后果是央企/国企不会破产，有政府兜底，效益可能不会那么高，但一般也不会撂挑子。二是解决机构协调机制问题。西方国家推广 PPP 模式一般有统一的协调机构，即使没有，国外财政部一般兼有我国财政部和国家发改委的功能，而我国因为 PPP 涉及面太广，在行政管理上没有任何一个部委的职能可以全面覆盖 PPP，财政部与国家发改委是分开的。建议我国做好顶层设计，可以设立中央和省级的专门 PPP 机构，明确牵头负责部门，统一负责政策指导、总体规划和综合平衡等，对政府财政风险进行监管和审批，并与央行、银监会保持密切沟通。即使不设立专门的 PPP 机构，特别是在实施项目最多的县市层面，一定要建立跨部门协调和联审机制。三是西方国家将 PPP 作为提供公共产品的模式之一，而我国几乎是一刀切，各地政府因融资的路被堵得太死，都在采用 PPP 模式，几乎别无选择。四是西方国家实施 PPP 主要是为了提高效率，提高服务水平，而我国地方政府做 PPP 的大部分目的还是融资。

总之，这些宏观和微观上的问题，都需要 PPP 条例或法律给予明确的答案，这样的条例和法律的出台才对实践更有指导和规范意义。

Q：谈谈您对条例的期待？

王守清：这 3 年我国 PPP 是一步一步向着更完善的方向在走，因此，可以期待未来我国 PPP 会在更有顶层的设计和协调、更加公平的环境、更加有远见和经验的政府、投资者和金融机构等主体，在更专业和中立的咨询和律师支持下，朝着更加可持续的方向发展，形成我国 PPP 发展规范和常态化的局面，也为下一步我国"走出去""一带一路" PPP 做好充分的准备，并将我国的 PPP 经验传播到国际上。

（《中国政府采购》，2017-06）

教 父

沃 土

1

王守清是我认识的第一个被称为"教父"的人类，另一个我在电影里认识的是马龙·白兰度（Marlon Brando）饰演的《教父》主角——一个虚构人物。王守清的办公室在清华西主楼四层，小屋子 7 平方米，两扇书架倚墙而立，被书、奖杯、照片和一幅漫画塞得满满登登。办公桌上的电脑是他夫人淘汰剩下来的，很慢，但他没时间购置新的并重装软件。桌子前面挤着两把会客椅，窗台上站着一排兵马俑模型。王守清说家里不开火，最近常去最近的"清芬园"食堂，喜欢那的面条。他对清华几十个新旧教工和学生食堂的细节了如指掌，吃了 27 年。

登录王守清在清华学堂服务器上的个人主页，会有种错觉，互联网好像刚刚诞生，静态的页面，大段的文字，很多照片塞在单独的一栏里。目录第三项是"详细履历"，的确够详尽，从姓名到各种各样精细的经历、成果，林林而群，总总而生，中文有 3.5万字，十号字下能铺满 41 页 Word。首页右下方赫然标着"及时更新"，他的网页 1997年 6 月 22 日首次上线，直到现在——很难想象，王守清耕耘了 20 年的这个小宇宙，能汇聚成时下最火的一个词儿——PPP。PPP（Public-Private Partnership），是政企合作的简称。今天，由于中国大规模基础设施建设的需要，PPP 项目正遍地开花。

王守清的"教父"头衔纯属民间"封号"，并非政府或学校给他发过什么写着"The Godfather"的证书。整天想着自己要成为教父的人，大抵也成不了什么气候。"一开始有点半开玩笑，后来慢慢地真的变成一种尊称；现在每次讲完课，不少人排着队跟我合影，还有人把我们的合影做成微信头像。"王守清说，"他们对外就说是我的学生，

'跟教父很熟'。"

2

1963 年的圣诞前夜，王守清出生在福建三明的明溪县，籍贯是宁化县。王守清属于"两清"，他的本、硕学习在 20 世纪 80 年代的清华大学土木工程系相继完成，接着留校任教，做工程管理界"泰斗"卢谦先生的助手。1995 年，他成了香港理工大学校史上第一批 10 个博士中的一个。1996 年，王守清离开清华赴新加坡南洋理工大学从事博士后研究，又幸运地师从了 Robert Tiong 教授——国际上第一个 PPP 博士学位获得者；两年后出站，王守清在新加坡国立大学任教。自 2003 年回国至今，王守清一直守在清华园。

我相信，一定有很多人想知道，他的父母得厉害到什么程度，才能为他提前起好这个名字：守清。

王守清专注 PPP 教研和推广超过 20 年。他的授课，大体上见证着中国 PPP 的发展进程。2003 年，他开始给央企作 PPP "科普"，讲工程企业转型升级，讲 PPP 趋势；2008 年授课对象扩展至民企；2014 年中国力推 PPP 之时，已经包括了各类企业和政府；2016 年下半年，王守清开始轮训全国官员。

"对我公开推广 PPP 最重要的是第一拨。"王守清说，"第一次在校外讲 PPP 是救场，本该来上课的老师病了，我替补讲 PPP，结果一炮而红！"那时的大环境是实施"走出去"战略，帮助央企转型升级，王守清讲项目交付模式的变化，讲趋势的重要性，讲发展的路径，因为授课内容不是马上就用的东西，要让人感兴趣有挑战。"现在不一定要做 PPP，但将来肯定是这样的，现在就得开始学！"——这个，他蹚遍所有央企工程公司，重复了 1 000 多次。

"那会儿，"王守清说，"是我'求'他们听。"

3

迄今，王守清的学生和各类学员，大约有 10 万人。除了带硕士、带博士、指导本科生毕业设计，他还给企业家、政府官员讲学。有学员对王守清的讲课评价是，如果没听过王老师的 PPP 课，也就别在这个圈混了，更别号称 PPP 专家！王守清靠"三招"取胜：佩服、有用、不困。

王守清说，讲课要让学员佩服，否则达不到教学效果，比如律师，聪明、好学、自负，能把律师讲服了，这是不得了的事；要让他们听懂，对他们有用；而成年人听课，注意力集中的时间也就半个小时，PPP 课程内容是复合型的，有前沿理论、具体实务，涉及面又极广，让学员听课不犯困，特别是下午不犯困，是最难的！

"全程无尿点，"王守清说，"有了也不敢上（厕所），他们怕漏听了（内容）。"

好多人因此重复听他的课，因为政策不断更新。"同样的内容，在不同时间点听，在参与 PPP 项目的不同阶段听，理解和感悟不同。"王守清说，"听过我课最多的学员，是 7 遍！"

犹如北京城的五环以紫禁城为圆心，一次公开讲座后聚餐，从校内到校外层层包裹着王守清的几桌学生集体"智慧"了一把，套用了外星人都知道的那首歌，把他的各类学生全装进了"五环"里：最里面的"一环弟子"是王守清任导师的本硕博；"二环弟子"是在清华听过他完整一门课的；"三环弟子"是听过他一天或半天培训课的；"四环弟子"是听过他一两个小时讲座或论坛发言的；外围是微博、微信粉丝，并以是否见过面、有过互动被划分到"五环"和"五环半"。北京五环和六环的周长相差不少，最外圈说成"六环"也许也可以。

如果按照当时定义好的标准，王守清的"三环弟子"数量便可谓海量。一次，有个央企董事长听完"五环论"后问他："王老师，我是几环的？"王守清答："你是中南海的！"

王守清对央企、民企和国企 PPP 学员的印象都深刻，"民企约占 45%，非常好学，虽然上课通常都占用周末，可他们积极性高，执行力好，但培训机会少；央企的组织纪律性强，培训机会多"。王守清总结说——在听课纪律、认真程度、积极性方面，相对差的是"国企，可能因为他们有'铁饭碗'吧"。

王守清的话直截了当，"民营老板的学习，有的功利性强，恨不得今天上完课，明天就发财"。王守清还有个感觉是，老师讲课的时候，不管什么类型的企业老板，能认真听就实属难得，有的老板听完课，过了半年又来听，再过半年又来听……还看了书和老师交流！王守清不吝赞赏地说："这样的人就是不一样。"不过，绝大多数人课后没有消化时间。"很多人都在听感觉，他们真的是太——忙了！"王守清把"太"拉得很长。

4

对企业高管如何有效学习，王守清有超乎想象的完整思考。

王守清去给全国的民营企业中高层管理者讲课时，所到之处，他注意到主管老板甚至有时董事长都会全程陪同，不完全出于礼节，更是充分利用专家资源——对那些老板们来说是很棘手的问题，在王守清那也许就是几句话的事情。"实际上，这就是获得经验和知识的一种方法论，教师起到的就是智库的作用。"王守清说，"操作性的问题，老板是不关心的，他关心的是'大'事情，比如需要拍板的投资等，要不要拍板、敢不敢拍板，他更关心这个。"

这里的老板，不一定是一号人物，也包括副总或主管一级。无论是决策者，还是提供决策依据的，压力都大。"培训（传统意义上的），解决不了这个事情。"王守清肯定地说。

中国的民营企业从 0 到 1、从 1 到 N 的过程，无一不经历环境的、人才的、资金的严苛考验，没有哪个老板对未来没有恐惧感，或多或少而已，没有例外。如何解老板们的恐惧之"惑"，王守清主张老板们要与大咖在一个学习圈子里，听大咖的思考方法，自己去领悟，并与大咖作研讨、交流、碰撞；大咖也要直言不讳，"对事不对人"，敢批评人。"范围不能大，有碰撞才好。"王守清说，"参与的老板，有的不一定发言——做'旁观者'听完也能悟出来。"

2011 年 7 月，王守清参加 APEC（亚太经合组织）两周培训——澳大利亚墨尔本大学主办，讲师和听众的水平都很高，而他最看重这个培训中的 Facilitator（主持人、引导师、培训导师）的作用——这个人是自由人，要能讲课，能回答问题，还能做咨询，更能策划课程并邀请牛人给学员讲课。王守清说："这个人搭建了交流平台，引导管理了整个培训课程。"但中国现在要操作这样的培训，最大障碍是缺乏"真正好的 Facilitator"。王守清对关键环节了然于心。

未来，对于企业家学习来说，"这才是有价值的、最高端的教育培训"。王守清说。

"你的创造力课，是有可能做成这种培训的，你也有可能成为这样的 Facilitator！"王守清一板一眼地对周远强说。周远强和王守清是研究生同班同学，住对门宿舍——清华 14 号楼的 252、253 室——偏安一隅、游离班级的宿舍。除了王守清，那出了好多"显赫"人物，有中国房屋中介领军公司的创始人，还有全国劳模、工程勘察设计大师。

王守清说完，周远强的脸上掠过一丝瞬间得意。这种高手间的对话及表情变化非常有趣和微妙。

5

给社会上的企业家、政府官员讲培训课，王守清有过两次"封嘴"：一次是他 2009 年付清了房子的贷款之后，二是解决了儿子出国留学的费用之后。

按照一种观点，一个人的收入模式有 3 个：靠人力资本挣钱、靠物质资本赚钱、靠人际资本来钱。王守清的授课方式显然是第一种，换言之，讲课是个体力活儿。王守清"封嘴"还因为胸闷，讲课多、发声多，对肺不利。有朋友给他支招：停课一个月，胸闷自然消。果然奏效。

2014 年，不是王守清想不想讲的时候了，而是 PPP 太火、社会通过各种渠道找到他、推着他讲。2015 年，课讲不过来了，王守清开始提高价格杠杆，给校内的本院、外院和校外设定了 3 个好记的价格。结果还是市场手段好用，他感觉也舒服了。"如果出生在经管学院，我的课酬标准应该早就跟经济学大咖同一个级别了。"王守清说。这几年给官员讲课，王守清更多地想推广规范的 PPP，影响行业。"培训一个老板，可能影响一个企业；培训一个主管官员，就可能影响一个地方政府甚至一个行业。"王守清说，"我知道很难实现，尽力而为吧，光靠发表论文是没有什么价值的。"现在，王守清发表的 PPP 论文数和被引用数，在世界上占前几名。

6

王守清从未想过自己会成为"教父"，就和他从未想过自己注定要和房子展开数年斗争一样。

2003 年 7 月回国前，王守清得到清华的聘用条件是"官复原职"——作为当初清华土木系最年轻的副教授，在海外教研 7 年后回清华仍是副教授。学校不承诺给房子，但是如果盖新房的话，肯定有他一套，还给看了图纸。王守清纠结再三，放弃了国内其他大学的正教授和更佳条件回到清华，为学术和行政拼命，也开始美滋滋地等房子……

等待的感觉充满希望，也是无尽的、尚未被证实的狂想。那段时间，不断有朋友有同学在买房。其中一个朋友拿不定主意，托王守清咨询刘洪玉——这是中国房地产No.1 的专家，王守清的同学。王守清积极帮着接洽，并转告肯定结果说"买"！一个同学更奇葩，想买买不到，就托他求人买，王守清又找到一个同学——这位老兄就是前述那个房屋中介的创始人，最终愣是"挤"出来一套，买到房的同学非常感激王守清，还劝他说，"你也买一套吧，咱俩住对门，多好啊！"

"不了，"王守清说，"我还是等清华的房子，在清华工作，在清华生活，多好啊。"

王守清等了三四年。地球人都清楚，中国的房价在噌噌地涨……

终于有一天，王守清收到学校通知：盖新房，需要先拆后盖。因为拆迁不动，新房子不盖了！

当时，王守清只是想"让家人住上像样的房子"。这样一来，他就自己，也只能自己想办法——王守清最终贷款买了房。

这事，他夫人到今天还在骂他。

7

在 PPP 这件事上，从 1996 年开始研究，熬到 2014 年全国范围力推，他和他团队的成果获得关注，并培养了几个得意弟子正活跃于中国 PPP 领域，王守清说这些事情让他"最得意"。

和王守清交流了 75 分钟，原定一小时，其间有两个电话打进来，都和订午餐有关，也许是他同事，正帮他要一份外卖。

"牛肉香菇盖浇饭，"王守清故意放慢语速对着电话确认，"那是他们的招牌。"

（《清华 SCE 高等教育》，2017-07）

王守清：企业"出海"谋划 PPP 项目还需擦亮双眼

潘晓娟

时下，全球 PPP 热潮涌动，"一带一路"倡议下的 PPP 项目也迎来了新一轮的热潮。中国企业"走出去"进行海外基础设施建设的同时，也会遇到一些难题和挑战。

"如果知道一个项目有什么风险，这其实不可怕，可怕的是不知道有什么风险。"清华大学 PPP 研究中心首席专家王守清教授日前接受了《中国经济导报》记者的专访。王守清告诉《中国经济导报》记者："利益与风险常常是相伴而生的，国内企业出海参与 PPP 项目还需要擦亮慧眼。PPP 模式是一种新兴模式，对很多人来说有很多未知风险。用学术的话来讲，就是'已知的未知不可怕，最可怕的是未知的未知'。只有把风险找出来，加以识别了，才能在前进的路上走得更加稳健。"

要有识别力，保证风险在可控中

王守清在国内 PPP 界素有"PPP 教父"之称。在他看来，在 PPP 项目中，风险管理最重要的是识别风险，然后再看这个项目相关的人（相关方）谁对某个风险有控制力。谁有控制力，谁就去承担这个风险，这是 PPP 项目风险分担非常重要的原则。因为每个人的利益不一样，没有这么一种公平的原则，谈判是很艰难的。

王守清表示，风险其实也是一个笼统的概念，包括风险发生的可能性和风险发生后的后果，而风险管理主要包括 3 个大阶段：识别风险、对风险进行分析、分析完之后采取相应的对策。"要么不让这个风险发生，要么发生以后让它的后果不会扩散，而且这个后果最好要在承受力之内。"

王守清告诉《中国经济导报》记者："国际上的经验证明，决定一个投资特别是

PPP 项目能不能成功，更重要的是国家层面和行业层面的风险。"因为这两个层面的风险，一方面大家不熟悉，很难预测；更大的问题是没有人有完全控制力，包括政府也可能没有控制力。比如说，在"一带一路"中的工程企业，对建设阶段是非常熟悉的，但是现在面临对运营阶段没有经验的麻烦。为什么央企工程公司做 PPP 项目重建设轻运营？因为他们不懂的东西就尽量不做，而民营企业因为资金和融资的约束，就更愿意做轻资产重运营的 PPP 项目。

"有的风险是可以买保险的，但不是所有可以保险的风险都去买保险，因为有的风险如政治风险的保险很贵，而有的风险没有相应的保险可买。"比较生涩的术语，也被王守清娓娓道来、幽默生动地讲解出来，"如果一个风险大家都没有控制力，那就应该分担，谁有控制力谁就去承担相应的风险，去控制相应的风险。这就能够解释为什么法规和政策变化的风险、发展中国家汇率变化的风险，必须由政府去承担；像工期延误、成本超支、运营产出不达要求的风险就必须由投资者承担；而市场需求风险就要区别对待，如果销售渠道如电网和水网是政府控制的，电厂水厂 PPP 项目的市场需求风险就必须主要由政府承担，由政府兜底最低市场需求量，签订或取或付（Take or Pay）即照付不议合同；像路桥隧道 PPP 项目，二三十年的合同期内到底车流量有多少，这是谁都没法准确预测的，所以这种项目的市场需求风险就应该双方分担。"王守清进一步分析说，因为毕竟地方政府更了解一个地方需要多少基础设施，所以政府要分担要多一点。但近年来国际多边机构如世行、亚行的态度也发生了一些变化，认为这种市场需求风险应该更多地由投资者承担，因为投资者比政府更专业，更有能力慎重客观地判断将来的市场需求到底有多少，这样就逼着投资者去好好做分析，而政府不考虑市场需求更想上政绩或不可持续项目就难以落地。

合同是风险管理的重要应对措施

王守清告诉《中国经济导报》记者："在国际市场上，因为一个 PPP 项目十几二三十年的风险是谁也没法准确预测的，所以合同最好是保证任何一方承担的风险有一个上限，这就是承受力概念。超过这个上限就启动重新谈判，更多的是实施调节机制，有时候也包括调价机制等。"

在发展中国家，一般是由对风险最有控制力的那方承担相应风险，因此投资者组成的项目公司主要承担项目的融资、建设、采购、经营和维护的风险；发展中国家政府主要承担土地获取、法律变更和外汇的风险。但是投资者承担的风险并不是他一个人背，而是通过合同、保函、保险再把风险转移给分包商、供货商、运营商和保险公司等。要特别注意的是，不同国家和地区的同一类风险的承担可能不同，如发达国家中由于外汇是自由兑换的，故政府一般不承担外汇风险；而发展中国家因为汇率是政府控制的，故一般由政府承担。总之，风险分担不能简单照搬。

其实，风险也是一个很笼统的概念，可以从国家层面、市场层面、企业层面、项目层面来进行风险管理。国外的 PPP 合同是把所有这些细节都考虑到。由此，王守清提醒说，千万不要把在国内 PPP 的做法简单带到国外去做"一带一路" PPP 项目。要应对政治风险，最主要的是转变观念，首先搞清楚有哪些政治风险，把未知的未知变成已知的未知。很多时候，企业到国外去就会发现和国内不一样的情形，故需要重点去了解当地的政治生态和趋势。有了这个观念的变化，具体做项目的人一定要尽职调查，建立风险考察体系，充分地把风险都找出来。与此同时，还要跟咨询、同行、NGO、公众和政府多做沟通，全面了解当地情况。

王守清分析认为，从长远来看，我国企业"走出去"应该遵守国际惯例和市场规则。国际惯例之所以成为国际惯例，是因为在几十年来基于经验和教训形成了一套做法。企业"走出去"过程中不要过多地谈中国特色的 PPP，真正好的做法是经得起各个国家的考验的，你可以有一些特殊性但是不能太过分。

"风险分担主要还是靠合同与合同条款来实现的。很多人错误地简单认为 PPP 就是企业和政府签约，其实不完全是。PPP 项目中，政府和投资者组成的项目公司签约是一个主合同，但风险还靠项目公司与其他相关方的子合同分担。"王守清表示，谈到政治风险的应对措施，很重要的就是合同的问题：政府要为关键合同提供担保。这个担保并不是说政府替项目公司还本付息提供担保，而更多的是提供一种支持。比如说 PPP 电厂，政府负责供应原材料，负责购买一定数量企业生产出来的电，这也算是担保。再比如，政府为参与 PPP 项目的国有企业如供应商或购买商提供担保。这一点在广西来宾 B 电厂的合同里面就有充分的体现，即广西政府为负责提供燃煤燃油的国有公司广西建设燃料有限公司提供担保，为负责购电的广西电力局提供担保。这样的做法就把所有中方政府及其国有企业参与这个项目的法律责任都集中在广西政府一家。这两个中方单位违约，就相当于广西政府违约；广西政府不违约，等于所有中方参与这个项目的人都不违约，所以来宾二期电厂的合同结构设计是非常聪明和有效的。

不要把 PPP 当成天上掉馅饼

采访中，王守清教授再三提醒说，千万不要把 PPP 当成天上掉馅饼。因为不同的项目有不同的模式，不同的模式适用于不同的项目。全世界 PPP 做得最好的国家是加拿大、澳大利亚和英国，他们的 PPP 项目占公共项目的 10%～20%，从来没有超过20%。中国国情再怎么特殊，能做到 50%就不得了了，我估计是 30%左右比较合理。这 3 年来政府的统计数据也基本上证明了这个结论，示范项目落地率 60%，信息平台里的项目落地率 10%～15%。但是我国的这个落地的概念和国际上不一样，国际上的落地是投资者融资到位、融资交割或融资关闭。而我们的落地是政企签约，后续可能融资延误甚至无法融资到位。项目融资到位，真正进入执行阶段的 PPP 项目，信息平台里估计也就是 10%，占所有公共项目（传统模式和 PPP 模式等）的比例就更低了。所以，国际惯例就是国际惯例，一定要加以遵循，不是政府一厢情愿想上 PPP 项目就能上的事情。

政治风险的应对有很多具体措施，但是企业要去一个地方投资 PPP，最重要的还是选对国家。这个国家最好是跟我国共同加入了国际投资保护协定的。如果不是的话，至少是我国政府和这个国家的政府有双方合作框架。还有就是要考察该国的法规政策体系（含招投标、设计标准等）是否成熟和透明，是否有自由（或有保障）的外汇汇兑，投资需求特别是对国际投资需求是否大，是否与中国合作密切、关系友好，等等。

对于大多数政治风险来说，每个风险都有几个应对措施，最有效的措施我们要优先采用，有时要几种措施组合起来用。这些措施包括：获得中口行和国开行贷款，投保中信保和中口行等的投资保险（政治风险保险），获得国际多边机构如世行、亚开行或国际财团的援助或贷款，购买国际多边机构或大型私营机构的政治风险保险，获得当地政府准确信息，聘请独立第三方评估当地政府，邀请中央领导人见证签字仪式，维持与当地高官、NGO、公众良好的关系并了解政策的走势，等等（更多详情见我2017 年 10 月 2 日在公众号"中国 PPP 智库"推送的我在 2017 年 9 月 28 日第二届中国 PPP 论坛上所做题为"'一带一路' PPP 项目的政治风险管理"大会发言实录和 PPT 讲稿）。

（《中国经济导报》，2017-09-27）

PPP 的核心是运营，谁做得好就给谁——
专访清华大学 PPP 研究中心首席专家王守清

席志刚

"传统的政府投资模式是，基础设施和公用事业项目一般交给本区域的国企去做，现在通过招投标市场化，不管区域内外，谁做得好就给谁。"

就 PPP 发展的现状及存在的机会与挑战，《中国新闻周刊》近日专访了清华大学 PPP 研究中心首席专家王守清。

华夏幸福的产业新城模式就是完整的产业链

中国新闻周刊：作为多年的观察者，您如何看待华夏幸福的产业新城 PPP 模式？

王守清：2010 年，所有央企都在讲转型升级，做全产业链，这其实也是 PPP 的概念。而华夏幸福 2002 年就开始实践全产业链，比央企早了近 10 年。

华夏幸福的产业新城模式，包含片区开发、工业园、行政和生活配套等，就是完整的产业链。华夏幸福的实力和专业性体现在：第一是上市公司，主要解决融资；第二有成功案例，有好的形象示范；第三团队很专业，在产业规划、招商、运营方面具备比较优势，目前在 PPP 产业新城领域，似乎还找不到比它更厉害的。

华夏幸福的专业性还体现在优秀的集成能力。一个小区域，涉及不同的行业、不同类型的项目，集成能力很重要。各种项目各要做多少，互相之间如何匹配，有的赚钱有的赔钱，怎么用赚钱的去弥补赔钱的，等等，需要高超的集成和运营能力。

还有一个就是平衡，分两个层面，一是区域内部的项目要平衡，还有一个是与区域周边甚至是国家级的产业园区之间要平衡，这非常关键。华夏幸福在做固安的产业定位时，考虑到北京、天津及周边县市，把固安的优势、劣势、机会、威胁通通分析透。

固安产业新城已经有了新型显示、航空航天、生物医药三大产业集群，2014 年北京第二新机场选址确定后，马上调整产业，增加了空港物流产业，这就是民营企业的敏锐与速度。

中国新闻周刊：华夏幸福和固安县政府的互信让人印象深刻。您觉得其中的关键在哪里？

王守清：如果一个地方政府自己有能力开发，那就没有谈判的空间了。

固安政府相信华夏幸福的能力，华夏幸福也具备相应的实力，双方经过磨合，彼此互惠互利进而互信，可谓占尽天时、地利、人和。

中国新闻周刊：这么说，固安产业新城 PPP 项目可能只是一个特例？

王守清：固安产业新城从起步发展到现在，每届县政府都能做到只要不是原则性的、不可调和的，就按合同履约，其他问题就友好协商共赢。必须承认，固安县政府官员很务实，知道自己短时间内做到这个程度有难度，那么就让专业的人做专业的事情，发挥企业的能动性、创造性。

话说起来很简单，真正落实时很难。难得的是华夏幸福与固安政府磨合得非常不错，固安连续四届政府都很支持。

坦率地说，初期双方都遇到很多困难，但彼此的共识是：事情既然做到了这一步，就必须继续坚守、坚持。到了第三、第四届，事情的进展达到甚至超出了合作预期。第五届后政府根本不用担心，已经进入一个良性循环了。

一定要想清楚擅长什么再干什么

中国新闻周刊：产业新城模式有没有可能复制？

王守清：产业新城的模式是有竞争力的，是可以复制的。

事实上，民营上市公司参与 PPP 各有侧重。华夏幸福基本上是主打县域经济，做产业新城 PPP 项目，龙元建设做产业新城几乎与华夏幸福同步，但华夏幸福做成功了，而龙元建设不亏不赚，随后他们向特色小镇转移，做得也很成功。核心还是要有市场经营思路，考虑如何滚动开发、融资、运营，这些是 PPP 项目的精髓。

所以，我提出自我融资、自我造血的概念。华夏幸福的固安模式就是这样，具备自我造血功能，这是很重要的思维。

现在华夏幸福也不局限于产业新城了，也在探讨产业小镇，龙元建设也还在产业新城方面持续发力。

在复制各自模式时，各自有一套框架性的原则，那就是针对目标区域的地理属性、资源禀赋、基础设施、产业基础、人口结构等方面下功夫。要么有旅游，要么有产业，要么有独特的排他性的优势。

搞旅游特色小镇，乌镇算是很典型的 PPP 例子，虽然他们没有用"PPP"这个词，投资商出钱与地方政府合作，然后统一规划、建房、装修、经营，并吸纳当地人就业，真正做到共赢。

乌镇投资者把事情做起来以后就退出，转让给了中青旅。投资者找到一种特定的模式，后来他们又做了古北水镇。

中国新闻周刊：地方政府参与 PPP 的过程中变量太多，如何克制行政干预的冲动？

王守清：从片区开发角度来说，政府负责控制规划，由政府去主导，但同时应该让潜在的投资者尽早参与进来；到详细规划时，双方要商量。政府找设计院做规划时经常缺乏市场概念，只有投资者才真正了解市场，提出的规划意见比较符合市场需求，而且这种市场需求政府不完全兜底。

比如旅游 PPP 项目，政府不可能保证每年来 500 万人，社会资本必须对旅游市场非常了解，前面说的乌镇就是很好的例子。对一个具体的项目的实施还要分类，像电厂、水厂、污水处理厂，政府更多应该去关注结果。政府定好产出要求，不要越界，放手给投资者发挥能动性、创造性。如果是社会事业，比如学校、医院、养老院，很难去界定明显的界限和明确的产出要求，政府既要关心结果，又要关注过程，要求参与项目的投资方各方面都懂。一定要想清楚擅长什么再干什么，不擅长的一定找高水平的志同道合的合作伙伴一块儿去干。

对金融机构也一样，现在中国做 PPP 最大的障碍之一是，金融机构还是固守传统，主要依赖于政府的信用，依赖于央企和国企的信用，不太关注也没有能力去分析项目的现金流。金融机构必须打破固有传统观念，不能老躺着挣钱，应该增强做 PPP 特别是基于项目融资的能力。

中国新闻周刊：从地方政府的角度来讲，要把 PPP 做好，是不是还需强化与社会资本的合作？

王守清：如果用行政命令去逼着做，估计也很难。地方政府利用央企的优势地位做项目，动机是省事。民企的实力有限，不是所有项目都可以做。我觉得，产业新城、特色小镇、片区开发等综合体项目可以，其实就是打包，但是不能把所有东西都打包。

前段时间我在做这方面的调查研究过程中发现一个问题，比如说地方做 PPP 项目规划的时候，很多项目很难做、不赚钱，但为了把这些项目也抛出去，就捆绑了一些好项目。这种做法若在一个区域里还可以，否则就有问题。英国的经验是，如果一个项目规模太小，单独去做，交易成本太高，就把一个城市的所有同类项目打包，可以给一家企业做；也可以先拿出一个项目，跟一个企业去谈，谈成后复制。该企业可以优先参与，但并不说就归它，还是要有竞争，这也是一种打包。

同类项目打包比较好，边界清楚，大家一块儿竞争。若是不同类的项目，就涉及算账，如果算不清楚，那就很难竞争，没有竞争就等于是一对一谈，就可能出问题。因为这不像产业新城、特色小镇，所有各类项目是在一个合作区域，规划条件是定好的。

中国新闻周刊：从区域的角度来讲，本地或本区域的社会资本参与的 PPP 项目好一些，还是跨区域好一些？

王守清：各有优缺点。本区域的社会资本的优势在于对本地很了解，信任基础牢靠、效率高，劣势是易僵化。有时候，区域外的企业竞争力反而更强，故不要刻意区分本地还是外地。传统的政府投资模式是，基础设施和公用事业项目一般交给本区域的国企去做，现在通过招投标市场化，不管区域内外，谁做得好就给谁。政府更多应该对标政府传统模式，从"物有所值"角度考虑。如此，社会资本参与的积极性高，政府、老百姓也获利，最终实现共赢。

（《中国新闻周刊》，2018 年第 2 期）

王守清：PPP 进入强监管周期，逐步回归理性

雷英杰

截至 2017 年 12 月末，全国 PPP 综合信息平台项目库共收录 PPP 项目 14 424 个，总投资额 18.2 万亿元。短短 4 年间，我国已经成为全球最大的 PPP 市场。与此同时，PPP 的快速发展衍生出不少行业乱象，也引起了中央各部委的高度重视。

继财政部印发《关于规范政府和社会资本合作（PPP）综合信息平台项目库管理的通知》（以下简称"92 号文"）和国资委下发《关于加强中央企业 PPP 业务风险管控的通知》（以下简称"192 号文"），春节前夕，国家发展改革委和财政部联合印发《关于进一步增强企业债券服务实体经济能力，严格防范地方债务风险的通知》，PPP 迎来了强监管周期。

就 PPP 目前的发展现状及面临的机会与挑战，本刊近日专访了清华大学 PPP 研究中心首席专家王守清教授。

把 PPP 当成天上掉下的馅饼，这是念歪了经

Q： 早在 2004 年，住建部就曾颁布 126 号文，在市政基础设施的 6 个领域全面推行特许经营，但在 2009—2013 年长达 5 年的时间里，其发展几乎陷入停滞。而从 2014 年至今，PPP 一路高歌猛进，异常火热，您认为背后的原因是什么？

王守清： 从国际上来看，基础设施建设对任何一个国家的发展及对人民群众生活水平的提高都具有重要的意义，这本身就是一个需求。而基础设施建设过去主要由政府来做，但政府没有那么多钱或短时间拿不出那么多钱，就需要社会资本来参与。

具体到我国来看，2013 年底，党的十八届三中全会提出"允许社会资本通过特许经营等方式参与城市基础设施建设和运营"。随后，2014 年财政部和国家发展改革委等多部委力推 PPP。得益于政策的利好，PPP 签约量一下子就上去了，形成了这样一个高潮。

为什么中央要力推 PPP 呢？主要有 3 个目的。一是减少地方政府债务。2013 年，国家审计署审计出来的地方债余额近 20 万亿元，这一方面与我国中央和地方财权、事权不匹配有关，很多地方政府利用融资平台公司举债，另一方面地方政府做了大量的 BT 项目，20 万亿元地方债很大一部分是由 BT 造成的。中央认为长此以往会产生系统性风险，所以力推 PPP，首要目的就是减少地方债务。

二是提高公共服务供给的质量和效率，这也是 PPP 的本质。诺贝尔经济学奖获得者弗里德曼曾说过："花自己的钱办自己的事，最为经济；花自己的钱给别人办事，最有效率；花别人的钱为自己办事，最为浪费；花别人的钱为别人办事，最不负责任。"

过去，政府用纳税人的钱给老百姓提供公共产品，全世界事实也表明这是最糟糕的，当然这是从统计意义上说的。现在做 PPP 就不一样了，政府授权社会资本，社会资本用自己的钱或者借来的钱，替政府给老百姓提供公共产品，政府的责任就是重点关注产品质量、服务水平和单位价格，切忌承诺回报率。如果承诺回报率，企业几乎不承担什么风险，也没有太大动力去提高效率和改进服务，甚至可能有意做大成本。对社会资本而言，需要注意的是，"没有金刚钻，不揽瓷器活"，如果所提供的产品或服务不能符合政府的绩效要求，则可能因政府和使用者要求拒绝支付或非足额支付甚至罚款而亏本。

三是服务于"一带一路"。"一带一路"沿线国家大多数是发展中国家，基础设施建设需求旺盛，为我国社会资本提供了广阔的市场空间。但是，PPP 比较复杂，而且这些国家中风险较大，所以我们国家力推 PPP 还有一个原因就是希望国内企业先在国

内好好做，在干中学、边干边学，搞清楚弄明白，以便将来企业更好地"走出去"。

Q：虽然这4年PPP得到了快速发展，但业内有这样一种说法，"PPP是被念歪了的经"。对此，您怎么看？

王守清：我觉得这不是PPP本身的错，而是一些人人没有正确理解PPP，把PPP当成了天上掉下的馅饼，做PPP的动机就不对。

首先从地方政府这儿，有些人就把经给念歪了。地方政府没有足够的钱但要发展基础设施建设，国家又不允许地方政府随便举债，还把过去融资平台公司这条路堵死了，怎么办？2013年底全国财政工作会议提出"修明渠、堵暗道"，就是地方政府可以做PPP，而且用于支付和补贴PPP项目的钱不属于地方政府的债务，但财政部同时也规定每一年度地方政府用于支付和补贴全部 PPP 项目的支出不能超出一般公共预算支出的10%，这就是财政承受力评估。

问题是，有些地方政府并没有严格执行财政承受力评估的要求，最后就出问题了。我以前和现在都一直在说，在全世界PPP做得最多最好的国家中，PPP不过是所有公共产品交付模式中的一种选择，占比10%~20%，具体到我国，我觉得30%左右是比较合理的。过去几年一窝蜂都做PPP，显然要出问题。

除了地方政府，金融机构也有一定责任。金融机构过去几十年主要依靠放贷的利息差赚钱，而且其经验证明，贷款给政府最可靠，其次是央企和国企，贷款给民企最容易出问题，所以金融机构做PPP，只要政府出函、央企和国企投资者提供母公司担保就放贷，而非基于项目本身的现金流（来自政府或使用者付费），打各种擦边球。

此外，金融机构真正懂基础设施和PPP的专业人才严重匮乏，与其人才构成不无关系。PPP 是基于项目融资。所谓项目融资，是通过项目去融资，即通过期望收入、项目资产、合同权益为主去融资。换句话说，金融机构应该看项目行不行，有没有足够的现金流，看做项目的人，看交易的条件，而不是看政府担保和投资者母公司抵押给金融机构多少东西。

归根到底，还是金融机构固守传统，依赖于政府信用，依赖于央企和国企的信用，不太在乎项目本身的现金流。金融机构必须打破固有传统观念，不能老舒舒服服地躺着挣钱，应该增强做PPP的能力。

PPP 这套思路是很好的，只不过大家不严格、不规范地做 PPP，把好经念歪了，所以中央各部委近期接连出台了几个规范发展PPP的文件，建立负面清单堵漏洞。

PPP 进入强监管周期，逐步回归理性

Q：伴随着 PPP 快速发展产生了很多的问题，也引起了中央各部委的高度重视，财政部去年颁发的 92 号文直指非规范化项目，要求各省市对项目进行集中整改和清理，也给出了限定期限。您觉得清库的项目数量会不会很大？一旦 PPP 项目被清理出库，投向 PPP 的资金又该如何处理？

王守清：学术界有一个大概统计，如果严格按照 92 号文的要求，目前财政部 PPP 项目库里将近 2/3 的 PPP 项目是不合规的，或者说有不合规的成分。但我个人判断，把这 2/3 不合规的 PPP 项目全部清库也不可能，估计将清掉 10%左右，有些不会被清理但会因做不下去而自然被淘汰。

如果被清库的项目是使用者付费的，对投资者的影响就不大。如果是政府付费的，分为两种情况：一是签约了但还没有真正投入，大家可以坐下来商量整改；二是已经投入了，我个人建议，看现有投资者是否还愿意整改，即谈判调整到合规为止。如果同意，就是一个重新谈判的过程；如果不同意，就把现有做完的部分进行评估，把事情了结，边界一定要清楚。然后，这个项目再采用 TOT 模式，政府重新找投资者。

Q：目前，中央各部委对金融机构的监管力度骤然增加，有媒体报道，金融机构对 92 号文之前已经入库的项目持观望态度，对入库新项目采取审慎的态度，甚至有些股份制银行已经不做 PPP 业务了，您怎么看待这个问题？

王守清：银行收紧，这是肯定的。我个人判断，在 3 月 31 日前，银行肯定就不做了；4 月到年中，我觉得是观望阶段，如果银行的其他业务好，做 PPP 的积极性就不高，如果不好，可能还会做 PPP；下半年就进入理性阶段，合适的 PPP 项目就做，不合适的就不做。这也是 PPP 的一个优点，如果一个项目不好，地方政府再想上，没有投资者投资，没有银行放贷，这个项目也做不了。PPP 就是要灭掉"政绩思维"，回归理性，避免出现政绩项目和重复项目，有效解决投资无效的问题。

我想强调的一点是，如果严格按照 PPP 的理念和国家政策走，银行不肯放贷的项目就不能做。与其不规范地做 PPP 项目，还不如不做，不然最后还是政府埋单、老百姓受罪，代际不公平。现在的情况是，规范的 PPP 项目银行不想做，因为其他业务多，饿不死；不规范的 PPP 项目银行不能做，因为承担风险太大，所以要倒逼银行要做规范的 PPP 项目。

我个人希望，通过这一轮严格监管，能够倒逼金融体系改革，虽然很难，但还是会有效果，至少这 4 年有些银行正在学习 PPP。国际上，真正主导 PPP 的都是财务投

资者和金融机构，而不是工程公司。反观我国，主导 PPP 的基本上是央企和国企工程公司，这是不对的。如果哪一天，中国的 PPP 真正由金融机构主导了，我们的 PPP 市场就算真正成熟了。

Q：谈到 PPP，离不开融资的话题。值得关注的是，PPP 项目资本金及融资有部分来自资管计划，而大资管新规要求穿透式管理，这将对 PPP 产生哪些影响？

王守清：在发达国家，金融体系、法律体系和信用体系等比较健全，投资者只需要出资占项目总投资的 5%~10% 做资本金即可；而在发展中国家，由于金融体系、法律体系和信用体系等不健全，一般政府和银行都会要求投资者出项目总投资 10%~30% 做资本金。加上我们国家早在 1996 年就有项目资本金制度规定，投资者出资必须占到总投资的 20%~25%，这些叫股（资本金），是真投资而非明股实债，剩下的 75%~80% 就是债（贷款），这其实是对政府（含公众）和放贷金融机构的一种保护，如果投资者不好好干，资本金可能损失。

但现实中，大家都在打如意算盘。比如说，工程公司和基金公司组成联合体投标，中标后成立项目公司的时候，工程公司不想出钱，因为钱用光了，又不能让政府出函增信，也不能让母公司提供担保，但又想拿到这个工程；基金公司没有央企又中不了标，而且基金的钱又是别人的，这样一来就成了明股实债，股和债都是借来的，这对政府、公众和放贷方都很危险。事实上，在我国，出 1% 的股份和不占股份（0% 的股份）是有本质区别的，如果投资者出了 1% 的股份，就往往意味着要承担连带责任（特殊情况除外）。

所以，去年新上任的财政部金融司司长王毅强调，要坚持并强化对资本金的管理。任何投资项目、任何金融活动，自己要投入一定的自有资金，再进行适度的融资，这是必须守住的底线。不能让政府的各种公共性基金作为资本金，更不要让社会资本用借款作为资本金，然后再用银行放贷资金做建设和运营资金，把风险都转移给资金出借方。

央企、国企工程公司不能只做承包，要有能够持久的东西

Q：192 号文要求各中央企业对 PPP 业务实行总量管控，从严设定 PPP 业务规模上限，防止过度推高杠杆水平，这对民企来说是不是一个利好？

王守清：限制央企，是必须的。在我国 PPP 领域，完全排除央企和国企，是不合适的，也不符合国情。但是，如果一直由他们主导，不对央企和国企加以限制，必然

会出现目前的两个结果，一是国进民退，二是较难实现"提高公共服务供给的质量和效率"这一 PPP 本质要求。

至于对民企是否利好，我认为，这一轮清库整顿，合规项目总量在下降，但受限于 192 号文，央企参与的项目总量也在下降，这是一个双降的过程。因此，实际上大的格局没有大的变化，民企的机会不会增加很多，会有一点增加，也是为那些有实力的民企准备的，对那些差的民企而言，即便是央企和国企不做的 PPP 项目，他们也没有机会或没有能力做。

Q：您怎样看国企和民企在 PPP 中各自承担的角色？

王守清：从实力而言，国企和民企主要的差别，在于融资能力和特定类型项目的技术能力等。国企负债达到 80%～90%，都还能贷到款，而民企即便负债大大低于这个比例，也贷不到款或成本较高。当然其中有企业信用的原因，但这也是目前国企和民企起点差距最大之处，或称作最不公平的地方之一。

对一些需要大型设备和高技术的项目，比如地铁，国企的确有优势。但在其他方面，国企和民企没有太大的本质区别。地铁、高铁这些项目，可能更适合国企，其他类型的 PPP 项目，民企也都可以做，且它们的表现不俗，特别是在污水和垃圾处理等领域。民企最担心的，是政府没有契约精神，国企虽然也担心，但没有那么在乎，因为毕竟都是体制内的。

因此，我们主要应从法治、信用、融资、公平、公开等方面进行改善。这些大问题解决了，项目层面的问题相对好解决；这些大问题不解决，即便项目层面的问题解决得再好——比如合同签得好，企业也还是处在风险中，毕竟 PPP 是长达几十年的长期投资，一旦政府不遵守合同，企业特别是民企将损失严重。

Q：正如您先前所说，目前我国主导 PPP 的仍然是央企和国企工程公司，外界有这样一种说法，"PPP 做成了拉长版的 BT"。随着 92 号文、192 号文的印发，您认为未来央企和国企的出路在哪里？

王守清：我记得 2003 年我刚回国，和央企、国企的负责人交流时谈到，国际上顶级的承包商，其 50%收入来自传统业务，50%收入来自非传统业务。非传统业务中，约一半收入来自 PPP，另一半来自其他衍生业务。现在，我则提新的一种说法即"三三开"，好的央企工程公司，约 1/3 收入来自海外业务，1/3 收入来自传统业务，1/3 收入来自其他业务包括 PPP，但是海外业务中有大量传统业务，也有少量 PPP 等业务，主要是比例问题。

所以，作为一家大型的央企工程公司，应该重视 PPP 业务，因为建筑业是波动性很强的夕阳产业，要么往上游走去投资，要么往下游走去运营，不能都干了承包就跑。我当时总用 3 句话说服他们：做承包相当于收人头费，做的规模越大，钱赚得越多，但最大的问题是饥一顿饱一顿；做 BT 相当于批发，拿到一个 BT 项目，三五年都有活干，干完项目政府花钱回购；做 PPP 相当于零售，如建设好一条高速公路或者修建了一座发电厂，就可以收过路费或者卖电 30 年，这就延长了业务期，还规避了波动性，当然不是只做 PPP，也并非所有的项目都适合 PPP。

随着 92 号文、192 号文连续出来，有些有战略眼光负责任的央企、国企的高管坦言，过去几年做 PPP 就是为了拿承包业务，但现在他们也意识到了问题，开始考虑长久以后该怎么办。我的回答是，请他们记住几个数字。

"30%"。PPP 不是天上掉下的馅饼，我国所有公共产品中约 30%可能做 PPP，如果不要这 30%的业务也可以过得很好，那就可以放弃 PPP。

"50%"。一个特定国家的一个大型工程公司发展到不同阶段时，它的各种业务模式占比是不一样的，我们现在就应该考虑发达国家承包商的 50%比例，即 50%收入来自传统业务，50%收入来自非传统业务包括 PPP。

"10～20 年"。目前，在我国大中城市，基础设施建设还可以干 10 年左右，在西部地区还能干 20 年左右，那么 20 年后大型工程公司几十万的队伍该怎么办？要么大量人员改行，要么拓展其他衍生业务，要么就"走出去"，到非洲、拉丁美洲去。但"走出去"的问题又来了，谁愿意去？特别是几十年独生子女政策后。所以，不能光做承包，还要有能够持久的东西。

不论对央企、国企，还是对民企特别是工程公司，把握住"30%、50%、10～20 年"这几个数字，将会对企业长远战略布局产生重要影响。

（《环境经济》，2018-03）

清介有守王守清：PPP 四原则 五"步"曲 六评估

张守营

开头的话

在 2018 年 12 月的一个上午，记者来到清华大学公共管理学院，在一个小时的时间里，王守清老师回答了 10 个问题，这是一个很高效的一小时，也是王老师忙碌而又高效的日常点滴。

作为几乎是国内最早扛起 PPP 教学和研究大旗的领军人物，王老师也是第一个给近年 PPP 运动泼冷水的人。

PPP 涵盖了工程与技术、经济与管理、金融与财税、法律与政策等方方面面的专业知识，这是一个需要由复合型人才才能从事的工作，从土木工程到经济管理再到 PPP 教研，而王守清老师说，自己除了财税懂得少以外其他都大概还懂，至少能够同这些领域里的专家对上话。

国内专注 PPP 教研第一人，国内 PPP 运动泼冷水第一人

Q：简单介绍一下您从一开始研究关注 PPP 到现在的经历吧。

王守清：我是 1996 年 7 月从清华辞职去新加坡南洋理工大学做博士后，很有幸遇到可能是全球第一个 BOT 博士罗伯特·廷格（Robert Tiong）教授做我的合作导师，开始研究 PPP，还有幸研读了一些实际案例资料，特别是我国中央批准的第一个、在国内外也极具里程碑意义的 BOT 试点项目——来宾二期电厂的所有招标文件和合同草稿，当时新加坡电力（Singapore Power）公司也参与了投标。1998 年 7 月博士后出站后，我到新加坡国立大学任教，再于 2003 年回国，一直就专注于 BOT，后来叫 PPP 的教研与推广特别是在央企中科普 PPP，以利于转型升级。因此，我从事 PPP 教研与推广已经有 22 年了。

我国中央部委最早与 PPP 相关的文件是 2004 年建设部（现在的住建部）颁布的 126 号令《市政公用事业特许经营管理办法》，在城市供水、供气、供热、公共交通、污水处理、垃圾处理等行业推行特许经营，主要就是 BOT。从 2014 年开始，我国的 PPP 则经历了运动式的推广，尤其在 2015 年、2016 两年，恨不得公共产品百分之百做 PPP；而到了 2017 下半年、2018 年上半年又开始运动式的规范（当然，规范是必须的，但似乎又太一刀切），打击了市场。

由于长期研究 PPP，了解 PPP 的复杂性和我国 PPP 人才奇缺，因此，虽然自 2003 年回国后我一直在推广 PPP，但 2014 年，可以说我当时是第一个站出来泼冷水的人。泼冷水当然不意味着我不看好特许经营，不看好 PPP。PPP 肯定是一个好的模式，是一个国际趋势，但不是万能钥匙。如果 PPP 没有什么优点，全世界特别是西方国家也不会推广，我国也不会。推广 PPP，就是为了提高效率和服务水平，是管理体制的创

新，也倒逼体制内的单位特别是地方国企改革。因此，如果说近年 PPP 出了一些问题，不是 PPP 本身的错，而是用 PPP 的人用得不对；不是推广 PPP 有错，而是不应该搞运动；不是 PPP 政策有大的问题，是执行政策有问题。结合国际经验和我国实际，我一直认为项目不同交付模式各有优缺点，PPP 只是可选的一种，我国 PPP 项目不会超过所有公共项目的 30%。不过，也不必奇怪，国内外皆如此，尤其在中国国情下，符合成熟度曲线：先猛涨，再暴跌，然后恢复到理性平稳阶段。

总之，PPP 不是万能钥匙，不能适用于所有公共项目；天上不会掉馅饼，投资者和金融机构不是慈善家，地方政府财政承受力不足时也难守信用。

Q：有种说法叫脚底板下做学问？您怎么看？

王守清：PPP 比较复杂，这需要我们学后干，干中学，边学边干，边干边学。每一种模式对特定的地方、特定的阶段、特定类型的项目、特定的主体和客体，是有不同的适用条件的，我国近几年的 PPP 政策，无论是推广还是规范，都有一点急、猛、简单化和一刀切，但中国太大了，的确也不容易做好。前面说过，按照国际上发达国家和发展中国家的经验，我判断中国的 PPP 最多就是公共产品的 30%，而且，目前即使以后我国 PPP 升温，最多也就是恢复到最高年份 2016—2017 年的 30%，进入理性和可持续发展。因此，对 PPP 过于悲观，也是不对的；在中国目前的体制下，期望在短期内就把 PPP 做很好也是不现实的，但逐步做规范、进而做好是有希望的。

另外，PPP 对"走出去"也很重要。我国提出的"一带一路"倡议涉及 70 多个国家和地区，主要还是发展中国家，他们缺钱缺技术缺基础设施，有些项目必然要通过 PPP 方式，我们正好有这些方面的优势和 30 多年的发展经验，也有利于我们释放国内产能，正好是战略互补。其实，中央 2014 年起推广 PPP 的另外一个目的，就是使我国具备全产业链、全方位能力的企业"走出去"。大部分央企工程公司过去几年通过 PPP 实现了从承包到"投资+承包"的升级，部分央企已经开始打造运营能力和积累运营经验，个别开始酝酿成立金融公司，向产业链的上下游、向业务的多元化发展，观念有了巨大变化，综合集成能力也提升了很多，这是值得肯定的。

Q：现在从官方到高校到民间到市场，以 PPP 研究为名的智库研究院遍地开花，咱清华的这个 PPP 研究中心应该据高校之首，您怎么看不同的智库和研究院，他们各自的优势劣势何在？咱们这个研究中心今后的重心放在哪里？

王守清：清华 PPP 研究中心是清华大学校级非营利性学术机构，由国家发展和改革委、中国银行保险监督管理委员会和清华大学共同发起，依托清华大学公共管理学院进行建设。中心成立两年多来，共邀请联合国欧洲经济委员会（UNECE）PPP 中心专家来访 20 余人次，参加成立大会、深圳培训、中国 PPP 论坛等活动，并在青岛第一届中国 PPP 论坛期间组织召开《UNECE PPP 善治原则》中国咨询会；在主办第二届中国 PPP 论坛期间，参加并讨论国家发展改革委关于"一带一路"PPP 专家库的入选标准及入库程序并维护专家库；在主办第三届中国 PPP 论坛期间，作为 UNECE PPP 中国中心参加 UNECE 所属各国 PPP 中心首次联席会议，探讨 PPP 如何进一步推进联合国可持续发展目标、各成员国政府能力建设、各国 PPP 专业中心的发展与合作等。

中心还邀请中国高校 PPP 研究机构（或院系），共同发起成立"中国高校 PPP 论坛"，至今已在三所高校举办了三届论坛。"中国高校 PPP 论坛"是一个非官方、非营利性的 PPP 研究和交流学术联盟平台，由中国各高校从事 PPP 研究的院系或机构组成，采用论坛成员制，为论坛成员单位搭建沟通交流平台，助推中国 PPP 事业的健康可持续发展，目前成员高校已达 68 所，几乎涵盖了我国所有从事 PPP 研究的高校和师资。

Q：您曾经在媒体采访中谈到过大学老师能不能做好 PPP 项目咨询工作的问题，知道您已经接触过很多 PPP 项目了，您现在有何感触？

王守清：大学老师去做咨询，最大的问题是学校对大学老师的限制和管理，特别是名牌大学，对老师的评价指标主要是学术论文和纵向课题（来自政府研究基金或部委等课题），对咨询的认可比较低甚至不认可。因此，多数大学老师很难真正投入咨询，除了挣点钱和获取点研究资料，缺少切实的动力，也没有太多的人力，多数老师做咨询主要还是靠学生，流水的兵。当然，大学老师做咨询也因人而异，若是真正投入，不在乎学校的评价体系，还是能够做好的，而且还相对的公平和专业，PPP 领域也有成功例子；但如果不投入也不用心，就不一定能够做好，更多会被社会上认为太虚，不解决实际问题。

有水平的大学老师如果愿意投入做咨询，对行业有一些益处，首先是比较中立，其次有一定的理论基础，最后是底线相比于社会上的从业人士高；但也有一些缺点，可能不愿意去拉关系，很难拿到咨询项目。

定义 PPP 有方

Q：PPP 项目往往会涉及工程、财税、法律、融资等方方面面，任何专家学者不可能对所有问题都有透彻的了解，您如何定义 PPP？

王守清：PPP 确实比较复杂，全世界至今对 PPP 都没有统一的定义，但学术界和国际上 PPP 做得较好的国家实务界都认为，好的 PPP 必须符合下列 4 个原则，我一直都在宣传，但似乎还没有被国人完全接受或应用。

第一，真正的风险分担。因为每一方的能力不同，特别是风险控制力和承受力，哪一方对哪个风险最有控制力就去控制该风险，这样才利于谈判和签约，才有可能实现物有所值。

第二，明确的产出要求。如果招标谈判签约时政府不说清楚，投资者就可能投机，项目实施后政企双方就会有很多争议。

第三，全过程集成。如果政府分别找企业做设计、建设和运营，是分阶段交付，但因政府不懂专业，很难协调好，如果交给国有企业去做，又是用别人（纳税人）的钱给别人（公众）干事，很多情形下效率不高，这就是传统模式的缺点。如果政府把公共项目授权投资者自己出钱、借钱、建设和运维，若所提供的公共产品/服务符合政府的产出要求，政府支付或使用者支付；若不符合要求，政府或使用者就拒绝支付，因此，投资者一定要好好干，这就是管理和激励制度的变革。当然，目前中国几乎没有任何企业具备这个全过程能力，故需要找优势互补的股东组成联合体，中标后成立项目公司去实施，并单点对政府负责。

第四，回报与绩效关联。投资者提供的公共产品/服务必须达标，不达标就肯定倒霉，回报高低则跟市场竞争和投资者自身效率有关。

Q：您认为自己是一个专家还是杂家？

王守清：杂家吧。至少我能够同涉及 PPP 的任何一个专业或行业专家对话，除了财税和个别行业技术方面我懂得不那么多或细，其他方面都还好。这主要同我的教育、研究和实践经历有关，我本科学土木工程，硕士学经济管理，博士研究混凝土生产与浇筑效率，属于工程项目管理，博士后研究涉及面极广的 PPP，业余爱好计算机应用（本科和硕士学位论文都是），做过 1 年建设监理（也属于工程项目管理），也做过央企对外 PPP 项目谈判顾问，在国内外专注于 PPP 教研和推广 20 多年，参与了《基础设施和公用事业特许经营法（征求意见稿）》和很多 PPP 政策的研讨，也接触过大量的实际案例，与 PPP 各方都有非常深入的交流，虽然为了中立，这一轮 PPP 热潮中没有做咨询，但全国大多数 PPP 从业者都听过我的课，我也给很多大企业做过 PPP 内训，还参与了很多 PPP 项目的策划、研讨与评审。

Q：业内一直在呼吁 PPP 法的制订，有哪些争议比较大的问题？您怎么看这些问题？

王守清：在 2014 年 4 月我国 PPP 热以来的第一次 PPP 沙龙上，我就明确提出了

"PPP 五'步'曲"：

国家发展改革委和行业主管部委负责项目规划和可研、审批与立项，一个项目没有决定要做之前，就不要讨论是否用 PPP 的问题，这是第一步。

第二步，一个项目是否用 PPP，要做模式比较，即物有所值评估，而物有所值不仅仅是一种方法，更重要的是一种理念，就是要比较，哪种模式更好（效率更高）就用哪种，因为各种模式有各自的优缺点。如果政府没有钱，而项目必须上，就应允许政府在一定前提下借钱（现在是把这条路堵太死了），当然也可以考虑 PPP，但如果 PPP 还不如政府借钱做得好，就不用 PPP；政府有钱也不一定就用传统模式，要看是不是用 PPP 更好。2017 年 7 月底 PPP 条例（征求意见稿）出来时，我们清华 PPP 研究中心组织的研讨会上我也提过这点。总之，物有所值的理念必须有，至于用什么评价方法是另一回事，但条例不会写到方法这个层面这么细，但理念必须有。过去几年把地方政府的其他路全堵死了，变成只有一条 PPP 路，这是不对的。

如果一个项目决定要用 PPP，就要看是使用者付费还是政府付费，如果是政府付费，这就要看政府的财政承受力，这是第三步，决定是否有财政承受力是财政系统的权力和职责，只要政府支付不起（加上该 PPP 带来的溢价财政收入），就一票否决。

第四步是招标评标怎么选择适合投资者的问题，必须考虑中标者的全过程能力，一个企业不行，就组成联合体，前面提过。

第五步是监管与支付问题，符合产出和绩效要求，政府或使用者就支付，不符合要求就扣减支付甚至罚款。这一点政府这一两年开始重视了，这是很对的。

除了前面提到的 4 个原则和 5 个步骤，我还提出做 PPP 要进行 6 个方面的评估。

第一是法律法规可行性，这个不必多言，制定 PPP 条例正是为了解决这个问题。

第二是项目可行性，除了传统模式要评估的规划、经济、环保等可行性，PPP 最相关的是财务、合同、社会、配套等可行性。

第三是可融资性，包括两方面：一是投资者自己有没有钱和能不能找到志同道合的投资者一起出钱（股权投资），二是能不能借到钱（债权融资）。

第四是可负担性，如果是政府付费或补贴，重点看政府的财政承受力和信用；如果是使用者付费，重点看市场需求和使用者支付意愿与能力，都涉及定价与调价问题。

第五是可执行性，包括两方面：一是所有涉及政府审批的各种风险，包括同级其他部门和上级政府的审批，必须政府负责，故联评联审方法就比较合适，但目前地方上很多都是让投资者去找各个政府部门跑流程，效率极低；二是项目公司必须有全过程全方位的能力，如果投资者自己没有能力，就必须有集成能力。例如，若是财务投资者主导 PPP 项目，自己不一定会干什么，但是要能管分包商供货商等其他人干好，因为项目出了问题还是自己要负责，对政府负责。

第六是可监管性，这是基于绩效指标和产出要求的，如果不说清楚，监管就没有依据，而且监管并不仅仅是政府实施机关的事，还有相关政府部门在传统模式下的监管、社会公众特别是使用者参与的监管，很专业方面的监管，政府还可以委托独立第三方代表政府监管。

这些都是 PPP 最重要的方面，PPP 条例最好能体现，其他方面则是细节问题，PPP 条例可能不会涉及，可以留待以后的 PPP 相关政策、指南、手册和示范合同等明确。

Q：有一种呼吁，要有一个专门的政府监管平台来对 PPP 项目进行监管，您怎么看此事？

王守清：监管是必须的，PPP 项目都是涉及公共服务或基础设施的项目，政府有义务进行监管，而且要严格监管，但如我在上一个问题中所说的，监管并不仅仅是政府实施机构的事，公共服务过去涉及的法律法规和政府相应部门的监管，PPP 项目同样适用，实施机构主要负责或协调 PPP 相关政策和 PPP 合同涉及的监管。

再说点不那么直接相关但间接涉及金融机构的话，我以前提出过这样一个观点：如果哪一天，中国的 PPP 真正由金融机构主导了，我们的 PPP 市场就算真正成熟了。为什么这样说呢？因为如果严格按照 PPP 的理念和我国现有 PPP 政策走，银行不肯放贷的项目就不能做。与其不规范地做 PPP 项目，还不如不做，不然最后还是政府埋单、老百姓受罪，代际不公平，投资者和金融机构也可能倒霉。过去 PPP 热潮的情况是，规范的 PPP 项目银行不想做，因为其他业务多，饿不死；不规范的 PPP 项目银行不能做，因为承担风险太大，所以要倒逼银行要做规范的 PPP 项目。我个人希望，通过严格监管，能够倒逼金融体系改革，真正按国际通行的基于有限追索的项目融资和结构化融资去做 PPP，而不是传统的依赖于政府或投资者的信用去做。当然，这对银行的要求提高了，要求他们懂行业、懂项目，能够判断项目是否真正具备可融资性，虽然很难，但还是会有效果，至少以往这几年有些银行正在学习 PPP。国际上，真正主导 PPP 的都是金融机构，而不是工程公司，反观我国主导 PPP 的基本上是央企和国企工程公司，这是不对的。

Q：您曾经做过一个覆盖 38 个 PPP 项目的政府再谈判的研究，业内也普遍认为 PPP 项目的运营期很容易出现此问题，根据您的研究，得出哪些结论？

王守清：通过文献调研，我们识别并选取了我国 20 世纪 90 年代至近年 PPP 热潮之前共计 38 个发生了重大再谈判的 PPP 项目。按行业看，这些项目涵盖了高速公路、隧道、桥梁、供水厂、污水处理厂、大型燃煤发电厂、垃圾焚烧发电厂、地铁等；从地域看，这些项目在东北、华北、西北、西南、东南均有分布；参与项目的企业包括了国有企业、民营企业和外资企业。因此，所选取的项目具有一定的代表性。这 38 个项目为：国家体育场、福建刺桐大桥、长春汇津污水处理厂、杭州湾跨海大桥、上海大场水厂、北京第十水厂、福建鑫远闽江四桥、山东中华电厂、廉江中法供水厂、沈阳第八水厂、沈阳第九水厂、深圳沙角 B 电厂、青岛威立雅污水处理厂、江苏吴江垃圾焚烧厂、江苏泰兴黄桥发电厂、武汉长江三桥、南京长江三桥、北京市五环高速路、河北晋州污水处理厂、深圳梧桐山隧道、郑州荥锦垃圾焚烧发电厂、天津双港垃圾焚烧发电厂、南京长江隧道、山东菏泽垃圾焚烧厂、遵义南北水厂、兰州威立雅水厂、南浦大桥、杨浦大桥、打浦路隧道、广西来宾垃圾焚烧厂、吉林四平垃圾焚烧发电厂、重庆同兴垃圾焚烧发电厂、山东日照发电厂、重庆自忠路、邛崃新城、北京地铁 4 号线、武汉汤逊湖污水处理厂、番禺垃圾焚烧厂。

通过对识别出的 38 个案例及其概况进行分析发现，由企业发起的再谈判，通常源于项目收益不足，而收益不足往往源于市场需求量低于预期、政府违反非竞争性条款、政府未按合同约定付款、配套设备服务提供不足，以及法律政策变更等原因；而由政府发起的再谈判，往往由于项目产生了超额收益，或项目运营不达标，以及由以上两点引发的大规模的民众反对，其中过高的收益通常源于市场需求量高于预期、政府过度担保等原因。

如何快速成为 PPP 领域的专业人才

Q：PPP 在中国算是一种新生事物吧，所以专业人才的培养任重道远，如何培养出更多专业的 PPP 人才，对于想快速成为 PPP 领域专业人才的人来说，您有何建议？

王守清：简单来说，要有所从事 PPP 项目类型相关的行业知识（如土木、环境或交通等）、经济、金融、法律或管理等的一定基础知识，然后，通过下列学习路径去学习和实践：

第一步，要参加一个 3~5 天的系统培训班，内容包括：学者结合案例实务做法讲 1 天概念、框架、内涵与实务要点；律师讲 1 天近年来的相关法规政策，包括现有法律障碍与对策，合同要点和相关案例；政府/投资者/咨询师讲 1 天近一两年的真实典型案例项目（如财政部 PPP 示范项目库中的）全过程，如规划/可研/立项、方案策划、财务评估、物有所值评估、财政承受力评估、招投评标、谈判签约的工作和文件要点，以及经验教训等；金融专家讲半天目前市面上可用融资渠道、融资产品（含资产证券化、ABS）、融资条件、融资优化和相关案例；其他相关专家讲 1~2 天更具体的专题内容，如财务、税务、会计、造价、保险、行业市场、政策走势、管理、技术、运营和维护等；其他相关专家讲授城镇化、产业新城、特色小镇、文旅体、园区、综合管廊、智慧/海绵城市、流域治理、轨道交通和"走出去"等复杂类/项目群类要点等。

第二步，至少看中外学界/业界各 2~3 本书，特别是：学者（系统理解相关概念与理论，有了思维与方法，就很容易理解法规与合同，并结合具体项目把握实操要点）、律师（系统了解相关法规与合同要点特别是不同类型项目的）、政府/投资者/咨询师（系统掌握实施流程与实务）结合案例写的。最好也看一两本国际多边机构如世行/亚行/联合国/APEC 等推荐的书，以了解国际经验与发展趋势，"发达国家今天的做法可能就是发展中国家明天的做法"。

第三步，至少研读分析 10~30 个真实案例特别是失败案例。

第四步，至少全程参与 1~2 个真实项目的跟踪、谈判和签约。

第五步，不断地悟、交流和总结提高。

（《中国经济导报》公众号"PPP 导向标"，2019-01-07）

王守清：中国近 5 年 PPP 项目≈全世界总和

鞠 然

清华大学建设管理系教授、PPP 研究中心首席专家，国家发展改革委和财政部 PPP 双库专家王守清近日接受了《经济日报》中国经济网的专访，就中国 PPP 发展现状、PPP 市场存在的问题、PPP 思维的应用等问题分享了个人观点。

中国近 5 年 PPP 项目≈全世界总和

"中国这 5 年来做的 PPP 项目可能相当于全世界所有国家 PPP 项目的总和。"王守清估计道。

根据全国 PPP 综合信息平台统计，截至今年 9 月底，累计有 PPP 项目 9 249 个，投资额 14.1 万亿元，涵盖 19 个领域，其中开工建设项目 3 559 个、投资额 5.3 万亿元。世界银行数据显示，全世界 PPP 项目总数目前为 6 907 个，全部项目总投资额达 1.61 万亿美元。"在世界银行统计中，政府或者国有企业占股超过 25% 的项目不归为 PPP 项目。"王守清解释道。

中国 PPP 市场正从粗糙式发展走向更规范。2018 年初至 2019 年 9 月底，财政部共对 3 586 个项目实施退库处理，分类处置 173 个示范项目，清退 48 个咨询机构和 19 名入库专家。国务院 2016 年 12 月 14 日、今年 7 月 1 日分别发布实施了《企业投资项目核准和备案管理条例》《政府投资条例》。

其中，"污水处理厂、垃圾处理厂等环保行业的 PPP 比率比较高，参与的民营企业也比较多。"王守清说，这也是第四届"中国 PPP 论坛"主题设定为绿色 PPP 与区域可持续发展的考虑之一。

问题+建议：PPP 条例难很快出台　建议设国家层面 PPP 中心

目前我国 PPP 市场在部委分工协作、人才、政府信用、法律体系等方面还存在诸多问题，比如以下几个方面。

备受关注的 PPP 条例，"我个人觉得不太可能很快出台，主要是和其他法律衔接的问题，各部门权力利益划分也有争议"。王守清向经济日报—中国经济网解释道，比如招标投标法、政府采购法、土地管理法等立法时没有考虑到 PPP 的特殊性，有些地方没说清楚。而条例级别低于法律，无法以条例为准。

统筹协调机制有待完善。王守清说，PPP 涉及发改委、财政部、住建部、交通部等部委之间的协调，流程比较复杂，而且各部委、社会资本等各方对 PPP 的理解不同，即使是财政部预算司和金融司对 PPP 的理解也可能不完全一样。"业界真正懂 PPP 的人，全国可能不超过 500 人。"

此外，"中国是人情文化，很多政策不够细，凡需专家评审的环节有些变成走形式，可行性研究变成可批性研究，不严谨的两评一案都能评审通过就是例证。"王守清直言道。

针对现存问题，王守清建议成立独立机构，比如国家层面的 PPP 中心，或者至少建立一套协调机制。此外，可酌情考虑给项目分层分类，修建地铁等特别大的项目交由央企，小项目交给民企。"还是要回归 PPP 本质，让央企和国企退出 PPP，只做第一个 P，或只做传统模式的公共项目，这样也利于与国际接轨，有利于走出去实施'一带一路'项目。"

类 PPP：清华校园收费停车的多方共赢

"PPP 模式只能用于公共产品和准公共产品，但 PPP 思维和方法论可以适用于任何项目，我们称之为'类 PPP'。"王守清对《经济日报》中国经济网说。

以清华大学校园的车辆进出管理和收费为例，王守清对"类 PPP"做出了生动解释，清华不是政府，但它也类似于政府，招了一个专业公司即投资者负责这些事情。以前清华进出车都是清华自己管，管得不好，清华教职工还要交费。清华跟专业公司签署授权合同后，如果校外车辆停车费用能够保证收益，那么教职工就不用交费，公司还能赚钱，现在做到了，这就是共赢。

"这种合作并不是 PPP，但是它用了 PPP 的思维。所以说 PPP 很有意思，只要理解了，它的理念到处都可以通用。"王守清说。

（《经济日报》，2019-11-08）

项目发起人承担创造项目价值的首要责任

撰文／丁荣贵　编辑／王兴钊

以发起项目实现组织战略

丁荣贵：很高兴对您这个跨界专家访谈。第一，您是学术界很有影响力的学者，连续几年都是爱思唯尔（Elsevier）高引用率的学者之一，在学术研究方面很有建树。第二，您是财政部、国家发展改革委的双库 PPP 专家，承担过很多大项目及 PPP 政策制定的咨询。第三，您是很有影响力的演讲家，交际广泛，接触的项目决策者和管理者很多。

一个项目的成功很大程度上得益于项目有一个非常优秀的发起人，"怎么才能做好一个发起人"是我们这次访谈的主题。我的第一个问题是：我们究竟应该怎么理解"发起人"这个词？它是不是指项目的主管领导？您怎么来看待这个词？

王守清："发起人"的英文为 Sponsor 或 Initiator，意味着他是首先倡议要做某个项目的人，这个人有可能是高层人员，也有可能是中层人员，如果一个组织的工作作风开明，他还有可能是基层人员。发起人应该很了解组织的战略，也应该知道启动哪些项目能够帮助组织去实现这些战略。

丁荣贵：您刚才谈了一个很重要的词，就是"战略"。项目发起人不但要了解项目本身，更重要的是他要了解组织的战略。但现在我们现在面临一个问题，就是社会正处在 VUCA 时代，我们怎么才能清晰地界定组织的战略呢？

王守清：这要从了解一个组织所处的环境和阶段开始，我自己的体会可以说明这一点。以前，我只是在清华大学建设管理系时，更多的是关注项目层面的东西，不太关注宏观层面；2016 年以来，我除了任职于清华大学建设管理系，还兼职于清华 PPP 中心。因为清华 PPP 中心是国家发展改革委、保监会和清华大学联合发起成立并依托清华大学公共管理学院（下称"清华公管学院"），我觉得更有宏观视野，更能从国家层面、行业层面和项目层面所有相关方去考虑问题，这样才更容易筛选出合适的项目去实现组织的战略。

丁荣贵：现在项目管理界有这么一个看法，就是项目成功和项目管理成功不是一回事，所以项目经理对项目管理成功负责，项目发起人可能就对项目成功负责。但是在 VUCA 环境中，我们看不清未来，组织的战略也很难制定。有鉴于此，项目发起人面临的主要挑战是什么？应该怎么来解决这些挑战呢？

王守清：您刚才的表述我同意，但又不完全同意。项目经理是一个广义的概念，具体含义需要结合其所处的层面，如项目组合、项目集、单项目层面等。但是项目成功确实不能只看项目本身的过程和结果成功，还要考虑项目周边的东西。例如，对于采用 PPP 模式的基础设施项目，我们就不能仅仅想着这个项目投资一百亿元，必须将这些投资收回，而更应该考虑这个项目做完以后对促进经济发展和提高人民生活水平的作用，需要有一种全面的评估方法。目前国内真正研究这个问题的人比较少，也缺少这样的机制。在实践过程中，我们国人更多的是靠感觉和经验，而西方人则更强调建立流程和制度，比如 PMBOK（项目管理知识体系）就是西方人建立并推广的，虽然我国的项目做了很多，当然，我们也在很快进步中。

判断项目价值的维度

丁荣贵：您在 PPP 领域有深入研究，我知道您提出一个理论，即 PPP 不仅是该概念本身的 3P(Public、Private、Partnership)，而应扩展为 5P(Public、Private、Partnership、Politics、People)。这个 5P 可能就是发起人用以判断项目价值的非常关键的几个指标。

王守清：是的，PPP 规划分多个层面：刚开始是国家层面的规划，然后是行业层面的规划，接下来才是项目层面的规划。5P 更多是项目层面的规划了，但也蕴含了国家和行业层面的东西。在项目层面，我们不仅要考虑这个项目本身，还要考虑项目的相关方。可以说，5P 更多是从相关方的角度去考虑问题。

丁荣贵：也就是说，项目发起人关注的范围比项目经理关注的范围大得多。

王守清：您启发我了，因此，我们可以梳理出判断项目价值的一些维度，一个维度是相关方。之前我们讨论过的另外一个维度是层面，如国家层面、行业层面、公司层面、项目层面。这就有两个维度了。

丁荣贵：我觉得可能还有一个时间维度。项目具有是临时性的特点，但对项目发起人来说，他们视野中的时间跨度要长得多。

王守清：时间维度，对。

丁荣贵：我们对项目经理这个层面的绩效谈得很多了，原来是"铁三角"，后来拓展到相关方满意。但是对发起人责任的界定现在还不清楚，我们针对这些维度的讨论，可能有助于对发起人权责平衡产生一定影响。

王守清：没错。我们再琢磨琢磨，看是不是还能再发现一些判断项目价值的维度。我觉得应该还有一个维度，它和发起人的三观有关，尤其是价值观。

一个人在人生的不同阶段，应该侧重于不同的事情。比如，一个人在刚大学毕业留校的时候，先要把课讲好，多发表论文、多拿课题，以解决职称问题，也就是生存问题。之后，他可以加入一些组织，如期刊编委会、行业协会等，从而影响学术和行业。之后，再多参加政府部委特别是政策咨询等活动，在论坛和权威媒体传播理念，引导和影响一些创新或变革。所以，价值观又和人们所处的人生阶段、职位、经济状况、知名度、影响力等相关。

丁荣贵：您刚才谈的很有启发。我们往往考虑的是项目或者与项目有关的事物，其实项目发起人本身是独立的人，还应该考虑他个人的价值观。这方面的问题如果考虑少了或者考虑得不平衡了，早晚会出问题。

王守清：我们的谈话互相启发，这样又多了一个维度。

丁荣贵：发起人要对未来、对相关方负责，其实也要对自己负责。只有这样，他才有可能成为一个优秀的发起人。

王守清：对。

与项目经理等相关方共赢

丁荣贵: 发起人要想把项目做成,有一个人是离不开的,那就是项目经理。从发起人的角度来看,什么样的项目经理才是胜任的项目经理? 关于项目经理的评价有很多种,但是往往没有从发起人眼光看项目经理应该怎么样,很多项目经理吃亏也在这方面。

王守清: 胜任的项目经理就是能够正确地理解和贯彻发起人的想法,然后把具体项目做成的人。需要提醒的是,项目经理可能只注意项目本身表面的东西,而发起人有些隐含的目的、需求等东西是表达不出来的。

丁荣贵: 我们常说项目经理对项目负责,其实项目本身只是一个概念而已,实际上,项目经理是对人负责。那么,项目经理应该对谁负责? 有人说对客户负责。我个人觉得不完全是这样的,项目经理很重要的工作是对发起人负责。

王守清: 以 PPP 项目为例,项目经理应该对合同负责,合同约定的产出要求必须达到。但有些内容合同里是不可能写全的,有认知能力的问题,也有不确定性等问题,所以项目经理还必须对发起人负责,当然还要对业主、用户、公众等负责。可见,项目经理对谁负责,肯定没有一个简单的答案,应该是各方都照顾到,只不过针对不同类型的项目,在项目的不同阶段,他负责对象的侧重顺序不同,这是一个动态的概念。

丁荣贵: 在项目的不同阶段,项目经理具像化的负责对象是不一样的,但我想可能第一步要对发起人负责。

王守清: 项目经理第一步对发起人负责,然后再结合具体的过程来看。换句话说,在整个项目过程中,项目经理始终不能忘记发起人。

丁荣贵: 否则你这个屁股坐在谁的位子上就不好说了。

王守清: 可能有的时候,项目经理自私一点也会为自己负责。其实弄清对谁负责也是明确项目经理动力来源的问题。原来没有互联网的时候,我们可能更多的时候是对自己负责;有了互联网以后,我们还得考虑一下自己的社会形象,这也算是对自己负责,只是驱动力不同而已。

丁荣贵: 特别是在网络时代,一个人不可能像以前那样被孤立开来,没有哪一个人只是你的一个私人,没有哪一个人只是为一个组织在工作。还有一个问题:项目经理要管理项目的话,必须要有合适的管理环境和管理条件,这个环境和条件很多时候是由发起人给他提供的。这方面您有什么看法?

王守清: 我可以给您举个例子。2016 年,清华 PPP 中心成立,中心执行主任、清华公管学院副院长杨永恒为此申请了三间办公室，一间给首席专家，也就是给我用，因此，我天天在中心上班，就相当于一个特殊的项目经理，能够起到我不来中心上班的很多作用，包括校内外各种交流和影响。

再比如，2020 年 8 月 30 日，清华公管学院和腾讯研究院联合举办网上公益直播，我应邀做了题为"政府和社会资本合作（PPP）模式及其应用"的讲座，当时在线听众 40 多万人。虽然我在 PPP 圈有一点个人名气，但如果我不在清华 PPP 中心，没有他们给我搭建的平台，清华公管学院和腾讯研究院也就不会来找我。所以，我帮助清华公管学院和 PPP 中心提升了形象，但这个平台也给我很大的帮助，也促进了 PPP 理念向社会更大范围的推广，这是一个多赢的结果。

所以，我们不能简单说发起人给项目经理提供了平台，其实还要反过来想，如果项目经理是出色的，他就能满足发起人的期望，也会对组织起到很大的推动作用，这是一个交互过程。发起人在提供项目这个平台时，一定要想清楚项目经理有什么优点和缺点，要用其优点而规避其缺点，要找到和项目经理的可结合之处。同时，发起人要了解项目的基本情况，根据项目经理能够整合的资源，对其不足的部分予以弥补，这就是优势互补。

发起人是一个互补的团队

丁荣贵：所有的发起人总是要做一些新的东西，要做新的东西必然就会打破原来的东西，而打破原来的东西就会碰到阻力。发起人应该怎么解决这种革新或者创新带来的阻力问题呢？

王守清：发起人要了解自身的不足，以及需要谁来填补这个不足。项目经理也需要了解自己的需求和不足，其他相关方也是如此。发起人一定要让相关方觉得参与项目是互补和共赢的。如果发起人做到了这一点，实际上很难区分谁是发起人、谁是项目经理了，此时的项目已经是一种因优势互补而组合在一起的系统了。

丁荣贵：《道德经》里有一种评价最佳领导人的说法，即"功成事遂，百姓皆谓我'自然'"。其实真正高明的发起人，就像您说的，已经不那么凸显在某一个人身上，而是成为一个集体了。这样一来，项目本身就是各自的事，人人都是发起人，阻碍也就减少了。

王守清：没错，这就是共赢的理念。如果每个人都做自己擅长的事情，整合起来就不得了。

丁荣贵：这个理念是非常重要的。我们原来只谈发起人，到最后可以发现，项目发起实际上是一个系统问题，不是某个人就能包打天下或者他自己优秀了就能做成项目。

王守清：发起人不是简单一个人的概念，而是一个团队的概念。这里涉及另一个很重要的因素，就是人和人之间的私交和志同道合。

丁荣贵：也就是说，发起人对其社会资本的集聚和运用能力是非常非常重要的。

王守清：项目发起人或者项目发起团队除了为项目成功提供条件外，在人员方面也需要善于整合互补的力量。专业技术人员的水平越高，常常个性越强，发起组建一个项目团队的领导人要非常大度，知道什么场合应该让谁出马。

丁荣贵：发起人要有胸怀，但又不完全是胸怀问题。

王守清：不仅仅有胸怀，还有专业能力。发起人需要了解客户需求、其他各方诉求，尤其是项目经理这个人。选对了人，发起人才能将相应的工作交给合适的人，要不然他就会劳而无功。发起人更多的职责是协调，根据每个项目的实际情况选不同的人，然后让每个人去干自己擅长的事情，发起人也才能尽心做好自己擅长的事情。这就是发起人应该管的大事。

丁荣贵：这些也与发起人的素质有关，不仅是个体素质，更是群体素质。

王守清：发起人的素质包含不自私，有领导力、专业能力、协调能力，还要有资源和人脉等。素质在某种程度上与人的性格有关。

值得研究的发起人筛选标准

丁荣贵：管理或者领导的素质有些可以是后天培养的，有些则是先天的差异。职业经理人可以在课堂里培训出来，但领导人从来不是在课堂里能培训出来的。

王守清：我也觉得是。您看像我这种人，在 2003 年回国之前当过最大的官是班主任；回国以后，当了建设管理系常务副主任，我做了一届，尽管大家评价很高，但是我内心很不喜欢这类工作，而喜欢自由自在做好自己喜欢的事，如 PPP 相关的，因此坚辞不再干行政了。

相比之下，清华一个学院里原来有一个副院长这方面就特别厉害，也特别喜欢干这种工作，也很少有什么事情他摆不平的，老老少少、上上下下对他评价都高，虽然他去世好几年了，大家还在怀念他，特别是院里有些事情做不好或有关方不满意时。可以说，领导素质不是训练出来的。

丁荣贵：管理工作不都是理性的，不是什么东西都能用科学的方法来判断的，有些非理性的东西，还是要交给人来处理。

王守清：虽然发起人的领导素质不可培养，但是发起人仍需要一个筛选标准。目前对项目经理的筛选标准已经很成熟了，但是针对发起人还没有一套类似的筛选标准。

丁荣贵：而且因为发起人的责任更大，这种标准就更重要。

王守清：责任更大，要求更高，但是发起人的功劳往往不被大家看见。

丁荣贵：因为发起人不像项目经理一样冲在前线，所以他的付出和产出不那么能够直接被与项目非直接相关的公众认知。

王守清：发起人的很多贡献不是有形的。如果发起人是一个团队的话，这种团队的评价标准就更值得研究。

丁荣贵：这确实是一个非常值得研究的课题。其实，这次访谈的很多话题都应该进行深入研究。

后记

作为国内 PPP 领域的布道者、有国际影响力的学者，王守清教授对项目发起人的观点，也包括采访人丁荣贵教授的观点，无疑值得大家认真思考。发展中的中国有着数量庞大、种类繁多的项目，在某种程度上，中国的发展、"中国梦"的实现就是由这些项目支撑起来的。项目发起人作为提出和推动这些项目的第一责任人，有很多地方值得我们探讨。中国不仅需要拥有世界上数量最庞大、最有胜任力的项目经理队伍，也需要拥有足够数量的有战略洞察力、资源整合能力和项目治理能力的项目发起人队伍。

（《项目管理评论》，2020 年第 5 期）

项目管理精品图书

序号	书　名	书　号	定　价
1	双赢：提升项目管理者的职业高度与情商	978-7-5198-5245-0	86.00 元
2	高效通过 PgMP®考试	978-7-5198-5162-0	88.00 元
3	项目管理：创造源来的价值	978-7-5198-5044-9	88.00 元
4	虚拟团队领导力	978-7-5198-4900-9	88.00 元
5	白话国际工程项目管理	978-7-5198-4568-1	78.00 元
6	项目经理枕边书	978-7-5198-4849-1	45.00 元
7	跨国项目管理	978-7-5198-4735-7	78.00 元
8	创业项目管理	978-7-5198-4734-0	78.00 元
9	PMP®考试口袋书	978-7-5198-4139-3	78.00 元
10	工程总承包管理理论与实务	978-7-5198-4419-6	108.00 元
11	工程咨询企业项目管理办公室（PMO）理论与实践	978-7-5198-4418-9	88.00 元
12	项目管理方法论（第 3 版）	978-7-5198-4580-3	78.00 元
13	看四大名著学项目管理	978-7-5123-7958-9	48.00 元
14	观千剑而后识器：项目管理情景案例	978-7-5198-4546-9	58.00 元
15	大数据时代政府投资建设项目决策方法	978-7-5198-2535-5	58.00 元
16	高老师带你做模拟题：轻松通过 PMP®考试	978-7-5198-2649-9	68.00 元
17	PPP 项目绩效评价理论与案例	978-7-5198-2970-4	68.00 元
18	全过程工程咨询理论与实施指南	978-7-5198-2918-6	108.00 元
19	企业项目化管理理论与实践	978-7-5198-2936-0	98.00 元
20	工程咨询企业信息化管理实务	978-7-5198-2935-3	98.00 元
21	岗位管理与人岗匹配（第 2 版）	978-7-5198-2973-5	68.00 元
22	非经营性政府投资项目究责方法与机制	978-7-5198-2536-2	58.00 元
23	卓尔不群：成为王牌项目经理的 28 项软技能	978-7-5198-0871-6	48.00 元
24	汪博士析辨 PMP®易混术语（第 2 版）	978-7-5198-3027-4	68.00 元
25	个人项目管理能力基准：项目管理、项目集群管理和项目组合管理（第 4 版）	978-7-5198-3141-7	78.00 元
26	政府和社会资本合作（PPP）项目绩效评价实施指南	978-7-5198-3301-5	88.00 元
27	不懂心理学怎么管项目	978-7-5198-3467-8	58.00 元

序号	书　　名	书　号	定　价
28	PMO 不败法则：100 个完美收工技巧	978-7-5198-3690-0	45.00 元
29	项目控制知识与实践指南	978-7-5198-3536-1	198.00 元
30	视线变远见——系统思考直击项目管理痛点	978-7-5198-3767-9	68.00 元
31	顺利通过 PMP®考试全程指南（第 3 版）	978-7-5198-3697-9	98.00 元
32	谁说菜鸟不能成为项目经理	978-7-5198-3931-4	78.00 元
33	电子商务项目管理	978-7-5198-2688-8	68.00 元
34	涛似连山喷雪来——薛涛解析中国式环保 PPP	978-7-5198-2720-5	98.00 元
35	技法：提升绩效与改进过程	978-7-5198-2514-0	68.00 元
36	管法：从硬功夫到软实力	978-7-5198-2513-3	68.00 元
37	心法：顶级项目经理的修炼之路	978-7-5198-2506-5	68.00 元
38	区间型多属性群决策方法及应用	978-7-5198-2537-9	58.00 元
39	项目管理知识体系指南（PMBOK®指南）：建设工程分册	978-7-5198-2383-2	98.00 元
40	高效通过 PMI-ACP 考试（第 2 版）	978-7-5198-2099-2	68.00 元
41	论中国 PPP 发展生态环境	978-7-5198-2166-1	78.00 元
42	项目管理（第 10 版）	978-7-5198-2057-2	98.00 元
43	太极逻辑：项目治理中的中国智慧	978-7-5198-2061-9	58.00 元
44	项目治理风险的网络动力分析	978-7-5198-2055-8	68.00 元
45	电力监管：整体性治理的视角	978-7-5198-2021-3	98.00 元
46	PMP®备考指南（第 2 版）	978-7-5198-2109-8	68.00 元
47	政府和社会资本合作（PPP）参考指南（第 3 版）	978-7-5198-2045-9	88.00 元
48	项目管理办公室（PMO）实践指南	978-7-5198-2034-3	45.00 元
49	高效通过 PMP®考试（第 2 版）	978-7-5198-1859-3	98.00 元
50	高老师带你划重点：轻松通过 PMP®考试	978-7-5198-1860-9	69.00 元
51	工业项目建设与投运	978-7-5198-1736-7	88.00 元
52	依然惊奇：沃伦·本尼斯自传（珍藏版）	978-7-5198-0941-6	58.00 元
53	从关爱到挑战：领导力提升新路径（珍藏版）	978-7-5198-0936-2	68.00 元
54	让人信服：掌控领导力的九大支柱（珍藏版）	978-7-5198-0940-9	58.00 元
55	AMA 项目管理手册	978-7-5198-0482-4	128.00 元
56	高效通过 NPDP 认证考试	978-7-5198-1095-5	78.00 元

政企合作（PPP）

王守清核心观点

（2017—2020）

下册

王守清 ◎ 著

中国电力出版社
CHINA ELECTRIC POWER PRESS

内 容 提 要

　　本书精选并收录了王守清2017—2020年有关 PPP 的微博、研讨与论坛发言、媒体专访报道、媒体文章和专业论文，可帮助读者更好地了解和把握 PPP 的内涵与精髓、发展与趋势、法规与政策、实务运作要点与教学研究方向等各方面内容。

　　本书适合基础设施和公用事业 PPP 模式的相关从业人员和教学与研究人员阅读使用。

图书在版编目（CIP）数据

　　政企合作（PPP）：王守清核心观点：2017—2020：全2册 / 王守清著. —北京：中国电力出版社，2021.5

　　ISBN 978-7-5198-5221-4

　　Ⅰ．①政… Ⅱ．①王… Ⅲ．①政府投资－合作－社会资本－研究 Ⅳ．①F830.59②F014.39

　　中国版本图书馆 CIP 数据核字（2020）第250932号

出版发行：中国电力出版社
地　　址：北京市东城区北京站西街19号（邮政编码100005）
网　　址：http://www.cepp.sgcc.com.cn
责任编辑：李　静（1103194425@qq.com）
责任校对：黄　蓓　李　楠
装帧设计：九五互通　周　赢
责任印制：钱兴根

印　　刷：三河市百盛印装有限公司
版　　次：2021年5月第1版
印　　次：2021年5月北京第1次印刷
开　　本：787毫米×1092毫米　16开本
印　　张：50.5
字　　数：926千字
定　　价：198.00元

序

　　在《项目管理评论》编辑部同仁的鼓励和支持下，在王盈盈的大力帮助下，2017年5月出版了《政企合作（PPP）：王守清核心观点》（上、中、下三册），上市后出乎意料地大受欢迎，3个月印刷3次，至今共印刷5次，打消了我原来担心出版这类专业书会赔钱的顾虑。

　　相对于2014—2017年我国PPP应用的兴起、火爆甚至冒进，2017—2020年则是规范、理性甚至冷却；相对于2014—2017年我国PPP领域更多的是PPP理念与知识的传播与学习，2017—2020年则更多是对PPP实务包括政策法规问题的研讨与争论。作为20多年来一直专注于PPP教学、研究与推广的我，不可避免地主动或被动卷入其中。因此，这4年里我发的PPP相关微博/微信更多、更专业和更具体，很多观点也体现在有关内部或公开研讨会和论坛的发言、媒体采访、科普文章和专业论文中。到了2019年下半年，我国PPP已进入比较理性和规范的阶段，《项目管理评论》编辑部同仁和我都觉得很有必要再汇总、编辑这4年的核心观点，作为2017年那三册之后的补充，也算是对极有特点且非常重要的这4年的总结。

　　碰巧的是，新冠肺炎疫情出现的2020年春节前后是值得大家铭记的一段特殊时期，于我，则是一个可以集中精力、更高效和更细致地梳理编辑本书的机会，而且完全是由我自己挑选、排序、通读和微改完善。经过几个月与《项目管理评论》编辑部同仁特别是王兴钊和李静等密切配合的两轮工作，本书得以快速成稿。

　　在撰写本序前，我特意翻看了2017年那套书中分别由王盈盈和我写的序，发现几乎全部适用于本书，因此，本序不再赘言。

　　但是，我还要再次感谢《项目管理评论》编辑部及李静、王兴钊、司凡等本书编辑团队成员，感谢本书涉及的所有弟子、记者、编辑和相关机构，感谢清华大学PPP

研究中心领导和同仁，感谢相关培训班、研讨会和论坛的组织者、学员或听众，感谢 PPP 各界人士特别是我的微博、微信和公众号读者，感谢我的家人和亲朋好友。本书中的一些结论与成果来源于国家自然科学基金资助项目（71772098 和 71572089）和其他课题，特此一并感谢。

清华大学建设管理系教授、博士生导师

清华大学 PPP 研究中心首席专家

中国高校 PPP 论坛学术委员会主任

2021 年 2 月 24 日于北京

目 录

序

论文篇

论文篇

第1章

内涵与发展

PPP 项目融资理论与实践

王盈盈　王守清

一、概述

（一）基本概念

PPP（Public-Private Partnership）直译为公共部门与私营部门的伙伴关系，简译为"公私合作"。在中国，自从 2014 年以来政府通过国办发〔2015〕42 号文件[1]统一了它在国内的称谓，叫作"政府和社会资本合作"。社会资本包括国有企业，因为我国与许多国家不同，我国国有企业在全国基建类企业中占很大的比重，它们也是自负盈亏的法人，也需要通过竞争才能拿到 PPP 项目并实现盈利，故也可以视为 PPP 中的第二个 P（私营部门）。

国际上很多机构都对 PPP 给出了定义，如加拿大 PPP 委员会[2]、英国财务部[3]、美国交通部[4]等机构，它们强调的角度不尽相同，但核心内容基本一致，可概括为：公共部门与私营部门通过合作，发挥各自的优势，提供基础设施、公用事业、自然资源等建设与服务。PPP 模式，对公共部门来说可缓解其财政负担，提高效率与服务水平；对私营部门来说，它们常常负责融资，分担一定风险，并获得合理回报。

根据发改投资〔2014〕2724 号文[5]，PPP 项目有很多可选择的操作模式，包括委托运营（Operations & Maintenance，O&M）、管理合同（Management Contract，MC）、建设—运营—移交（Build-Operate-Transfer，BOT）、建设—拥有—运营—移交（Build-Own-Operate-Transfer，BOOT）、建设—拥有—运营（Build-Own-Operate，BOO）、移交—运营—移交（Transfer-Operate-Transfer，TOT）、改建—运营—移交（Renovate-Operate-Tranfer，ROT）和政府购买服务等，可按照项目属性（包括经营性、准经营性和非经营性）等来选择不同的模式。

（二）理论研究现状

近年来，我国越来越多学者在从事 PPP 相关的研究，特别是还得到了国家自然科学基金委员会（National Natural Science Foundation of China，NSFC）的多次资助。伍迪等（2015）[6]对 1994—2012 年 NSFC 资助的 PPP 课题情况做了统计，笔者补充了 2013—2016 年的数据，统计出 1994—2016 年 NSFC 资助的 PPP 课题情况如图 1-1 所示，这些课题在一定程度上也代表了我国 PPP 相关研究的发展与趋势。

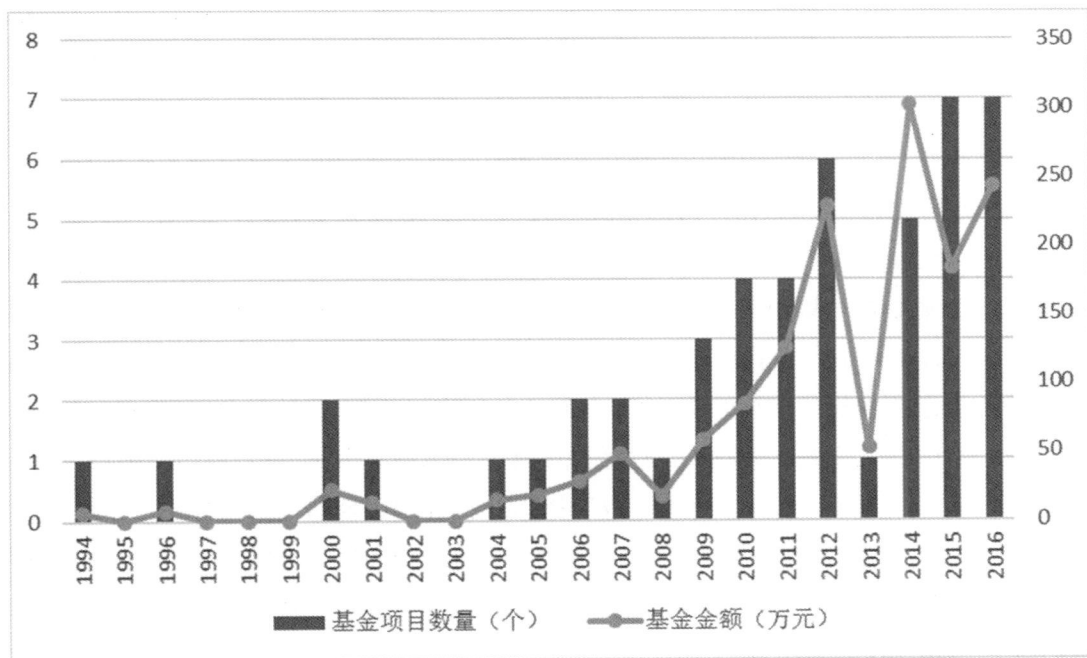

图 1-1　1994—2016 年国家自然科学基金资助的 PPP 课题项目

在 1994—2016 年，NSFC 资助的 PPP 课题项目数量累计达到 44 项、金额累计达到 1 402 万元，NSFC 资助的课题项目数量与金额的整体呈指数型增长，说明 PPP 受到了学者们越来越多的关注，尤其是 2014 年以来申请课题数量达到 19 项，占 23 年所有课题数量的 43%（2015 年起，NSFC 对资助的课题项目金额统计口径进行调整，统计口径小于原来的口径，假设按原口径统计的话，金额仍然与数量呈同比例上升趋势），课题数量随着 PPP 实践的蓬勃发展达到了一个历史最高峰，标明相关研究的越来越多。

在 44 项 NSFC 资助的 PPP 研究项目中，负责人多达 38 人，分析这 38 位学者的信息，可总结出 4 个特点。

（1）许多学者拥有国外教育、科研背景，尤其是英国、新加坡、日本等 PPP 应用较为成熟的国家，这说明 PPP 在中国的研究与国外基本同步并有借鉴。

（2）工程领域的专家较多，他们的研究相对微观中观且注重应用，但自 2014 年以来，公共管理、经济管理、企业管理等学科研究 PPP 的学者数量显著增多，这有助于借助多学科的交叉完善 PPP 的理论，而且中观宏观的研究增多，有利于制度和体系建设。

（3）PPP 的研究学者越来越年轻，这可以直接从青年基金项目的变化趋势反映出来，这是一个可喜现象，许多学者在研究生涯早期即开始关注 PPP，有利于 PPP 研究群体的可持续性。

（4）自 2014 年以来，PPP 的研究也显著地从集中在几所大学向更多大学分散，这说明各大高校也越来越重视 PPP 相关研究，共有 26 所大学，获得多项 NSFC 资助课题的共 9 所大学，它们分别是国内管理或土木工程学科水平也很高的清华大学、东南大学、天津大学、大连理工大学、西安交通大学、重庆大学、天津理工大学、北京交通大学、浙江理工大学。

从研究的内容来看，梁伟和王守清执笔 2011 版《中国现代项目管理发展报告》[7]的时候，研究关注点及其成果主要包括投融资模式选择、融资（股权）结构优化、风险管理、法律法规、公私双方行为、政府担保、特许期、合同结构与关键条款、私营部门能力评估、投融资绩效评价、产品定价调价等。自 2011 年以来，随着我国经济的发展和 PPP 理论研究与实践应用的深入，结合这 5 年的 26 项 NFSC 资助 PPP 课题看，研究热点及其成果主要如表 1-1 所示。

表 1-1 2012—2016 年 NSFC 资助 PPP 课题的研究内容与所属学科

立项时间（年）	编号	项目内容	学 科
2016	1	基础设施 PPP 项目"契约关系"二元综合治理机制研究	公共管理
	2	我国垃圾焚烧发电 PPP 项目关键风险分析及系统应对研究	项目管理
	3	PPP 项目混合组织人为风险研究：基于官员背景特征视角	企业战略管理
2016	4	PPP 项目合作方利益侵占和协同控制研究	项目管理
	5	PPP 项目中的政府保证设计研究	项目管理
	6	PPP 项目收益的形成机理、动态评估与调节机制研究	工程管理
	7	PPP、水价改革与监管机制对供水企业绩效和服务的影响	资源管理与政策
2015	8	基于激励性管制的 PPP 污水处理项目服务价格调整机制研究	产业经济管理
	9	PPP 项目多利益主体承诺升级机理与控制研究	工程管理
	10	PPP 项目争端谈判及其治理机制研究	项目管理
	11	全寿命周期视角下 PPP 项目的契约设计与优化研究	工程管理
	12	PPP 项目的控制权配置研究	项目管理
	13	基于赤水河流域生态补偿的 PPP 项目模式选择及风险分担机制研究	可持续发展管理
	14	不对称 PPP 模式的风暴潮灾害保险合作机制研究	资源管理与政策
2014	15	BOT 项目超额收入分配及补贴决策模型研究	项目管理
	16	公私合营（PPP）垃圾焚烧发电项目垃圾处理费的计算、优化与调整研究	工程管理
	17	PPP 项目社会风险的机理分析、动态评估与综合治理研究	项目管理
	18	PPP 项目特许经营合同再谈判与补偿机制研究	项目管理
	19	基于风险能量的 BT 债务规模边界及风险控制有效性研究	工程管理
2013	20	PPP 项目中信任的动态演化机理研究：基于政府部门的视角	项目管理
2012	21	基于员工视角的公私部门合作（PPP）中企业动机对社会福利及其绩效的影响研究	非营利组织管理
	22	基于实物期权的我国公共租赁房 PPP 融资定价模型及政策研究	公共管理
	23	契约视角下 PPP 项目"合作困境"解决机制研究	工程管理
	24	国际 PPP 项目的融资效率研究	项目管理
	25	BOT 项目提前终止补偿决策模型与应用研究	项目管理
	26	需求不确定条件下收费道路 BOT 项目柔性合同研究	运筹与管理

从表 1-1 可以看到，这 5 年来的学术研究热点包括契约关系、组织行为、决策模型、动态调节机制、实物期权、再融资、再谈判、政府监管等，结合业界实践研究热点，还包括物有所值评价、职业伦理等问题；2011 年以前的研究热点在这 5 年呈现出

进一步细化和行业细分的趋势，比如基于污水的价格调整机制、基于国际视角的融资效率等问题，本章后续内容会展开介绍部分热点、前沿的研究成果（其中个别研究视角在国内尚处于起步阶段）。

（三）实践应用现状

1．政策情况

自 2014 年以来，我国政府部门一直致力于加强 PPP 政策环境建设，张玉鹏等（2016）[8] 出版的书籍中收录的与 PPP 相关的法规政策达 131 份，截止本文定稿之际已更新到 136 份。

（1）PPP 一般性法律法规与规章，包括但不限于：《中华人民共和国民法通则》《中华人民共和国合同法》《中华人民共和国物权法》《中华人民共和国担保法》《中华人民共和国公司法》《中华人民共和国合伙企业法》《中华人民共和国中外合资经营企业法》《中华人民共和国行政许可法》《中华人民共和国行政处罚法》《中华人民共和国行政诉讼法》《中华人民共和国税收征收管理法》《市政公用事业特许经营管理办法》《基础设施和公用事业特许经营管理办法》《基础设施和公用事业特许经营法（征求意见稿）》《政府和社会资本合作法（征求意见稿）》。

（2）PPP 涉及的专业领域中的一些特别法律法规与规范文件，包括施工建设、环保安全、招标采购、国资监管、土地房产、金融、保险、知识产权、劳动人事等。

（3）自 2014 年以来，国务院、财政部、发展改革委发布的一系列有时效性的政策规范文件，如国发〔2014〕60 号文、国办发〔2015〕42 号文、发改投资〔2014〕2724 号文、财金〔2014〕76 号文、财金〔2014〕113 号文、财金〔2014〕156 号文、财库〔2014〕215 号文、财金〔2015〕21 号文、财金〔2015〕167 号文、财金〔2016〕32 号文、发改投资〔2016〕1744 号文、财金〔2016〕90 号文、财金〔2016〕91 号文、发改投资〔2016〕2231 号文等。

（4）PPP 涉及的行业法律法规与政策文件，包括道桥交通基础设施及公共服务、供水热电气基础设施及公共服务、环境治理、环境保护、养老、医疗、教育、文体等。

（5）PPP 地方性法规规章与政策文件，如北京、上海、贵州、河南、四川、浙江、山东、重庆、天津、广东、新疆、江苏等。

2．项目情况

自 1985 年国内第一个 BOT 项目，即深圳沙角二期火电厂项目实施以来，我国对于 PPP 的实践和应用一直没有停止。根据世界银行的数据，在 1990 年到 2014 年，我国实施了 1 261 个 PPP 项目，其中有 36 个已取消[9]。

自 2014 年财政部建立 PPP 综合信息平台以来，我国的 PPP 项目有了初步的数据库，项目库 2016 年 9 月末的数据显示[10]，现阶段拟按 PPP 实施的项目有 10 471 个，总投资额 12.46 万亿元，行业涉及能源、交通运输、水利建设、生态建设和环保、市政工程、农业、林业、科技、保障性安居工程、医疗卫生、体养老、教育、文化、体育、片区开发、旅游等几乎所有行业。其中，项目数较多及投资额较大的一级行业包括以下几个。

（1）市政工程：含供水、排水、污水处理、供电、供气、供热、供冷、公园、停车场、广场、景观绿化、海绵城市、管网（包括地下综合管廊）、垃圾处理（不包括垃圾发电）、市政道路、公交、轨道交通、其他 18 个二级行业。

（2）交通运输：含高速公路、一级公路、二级公路、铁路、航道航运、交通枢纽、港口码头、机场、隧道、桥梁、仓储物流、其他 12 个二级行业。

（3）片区开发：含园区开发、城镇化建设、土地储备、厂房建设、其他 5 个二级行业。

财政部项目库 2016 年第 4 期季报显示[11]，截至 2016 年 9 月末，财政部两批示范项目 232 个，总投资额 7 866.3 亿元，其中执行阶段项目 128 个，总投资额 3 456 亿元，落地率达 58.2%。与 6 月末相比，第一批示范项目落地率没有变化，第二批示范项目落地呈加速趋势。在已入库的 10 471 个项目中，已进入执行阶段项目 946 个，总投资额 1.56 万亿元，规模可观，落地率 26%，与 6 月末相比，入库项目正在加速落地，落地率稳步提升。分析表明，入库项目的地区和行业集中度均较高，贵州、山东（含青岛）、新疆、四川、内蒙古居前五位，合计占入库项目的近一半；市政工程、交通运输、片区开发 3 个行业项目居前三位，合计超过入库项目的一半。项目回报机制方面，政府付费类和可行性缺口补助类项目的比重比 6 月末增加 5 个百分点，结合 6 月末该比重比 3 月末略有提高可见，需要政府付费和政府补贴的项目比重正逐渐提高。

总体来看，PPP 模式已逐渐被国人接受，国内对 PPP 的认识也正在逐步提高和深化，并呈现出落地加速、地域差异、行业分化等特点，业界也基本达成共识，即认为通过规范地实施 PPP，能达到提高质量和效率、实现多方共赢的目标[12]。

二、理论研究重点和成果

（一）物有所值评价

2015 年 12 月 18 日，财政部发布了《PPP 物有所值评价指引》（财金〔2015〕167

号），我国 PPP 项目的物有所值（Value for Money，VfM）评价正式踏上实践之旅。关于 VfM 评价的理论研究文献也陆续增多，中国知网数据库中 2011 年以来关于 PPP 项目的 VfM 评价论文共计 28 篇，其中典型的文献综述如下。

金永祥[13]提到，VfM 是国外决定是否采用 PPP 模式建设基础设施项目的一种决策工具，指的是一个项目采用传统体制政府要为项目付出的代价总和与采用 PPP 模式政府要付出代价总和的差值，VfM>0，则 PPP 模式在财务上可行，否则不可行。在理论上，这是一个非常不错的想法。实践中，要准确计算政府付出的代价不仅需要考虑显性的财务数据，还要考虑不同体制下政府提供的一些支持条件转换的财务量化数据。

王守清[14]提到，PPP 业内人士在 2015 年就国内做 PPP 项目是否要做 VfM 评价讨论得很热烈。一派观点认为不必做，因为缺乏数据、假设太多、评价方法不完善，如果做评价，也都是流于形式、自欺欺人；另一派的观点是必须做，否则就会为了做 PPP 而做 PPP，不考虑是否值得、是否提高效率，应用后果堪忧。双方各有立场，说的都有道理。文中提到作者认为物有所值评价必须做，而且非常重要，虽然现在可能缺少数据，但物有所值应是一个政策导向，应该从现在就开始积累数据并逐步完善，否则二三十年之后我们还会在原地踏步。

王盈盈等[15]、刘璇璇等[16]、刘慧慧等[17]后续分别在轨道交通、高速公路、综合管廊领域建立了 VfM 定量评价中的 PSC、LCC（PPP）值计算公式，为我国合理有效地推广 VfM 评价体系提供参考。

按照财政部的政策要求，VfM 定量评价部分的 VfM 值、PSC 值、PPP 值相关概念可概括为图 1-2 所示。

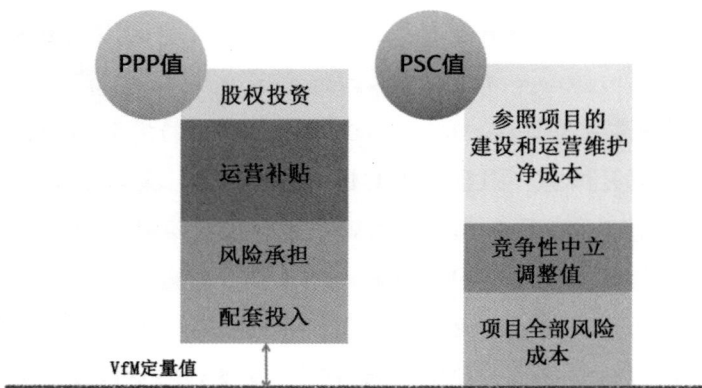

图 1-2　VfM 定量评价示意图

（二）动态调节机制

动态调节机制的设计是 PPP 项目特许权协议的核心内容之一。调节机制的不合理或缺失往往会损害项目相关方的利益，使项目陷入纠纷甚至失败的境地。国内很多学者对此已有一系列研究：宋金波等[18]以国外基础设施 BOT 项目为研究对象，提出了特许期的动态调节机制；叶苏东[19]从垃圾焚烧 BOT 项目的收益与成本分析入手，提出了四类不同的政府补贴机制；张涵[20]基于交通路的可观测性建立了 PPP 公路项目收益分配机制；李启明等[21]基于政府、私营部门和公众的三方满意，研究了三方利益的内生反馈机制，设计了相应的政府补贴与调价机制。

笔者团队成员冯珂等基于中国 31 个典型的 PPP 项目，归纳得到 7 种常用的动态调节机制（见表 1-2[22]），并结合 PPP 项目风险公平分担原则提出了 PPP 项目动态调节机制的选择框架（见图 1-3）。

表 1-2　PPP 项目的动态调节机制

编号	机　　制	释　　义	频次
1	政府补贴	对公益性高、盈利性差的准公共性 PPP 项目，政府需要对项目公司运营中产生的政策性经营亏损进行补贴以保证项目的可持续性	14
2	收益分配	当项目收益因流量变化、成本降低等原因而超过预期时，对超额利润采取的分配措施	2
3	价格调整	包括 PPP 项目所提供的服务或产品的价格调整方式和触发条件等	15
4	特许期调整	包括 PPP 项目特许期的调整方式和触发条件等，如当项目收益低于预期时，可通过延长特许期来对项目公司进行补偿；当项目收益超过预期时，则需要缩短特许期以维护社会和公众的利益	3
5	退出机制	（1）主动退出：项目参与人在经营期内选择转让项目股权而主动退出的机制，发起人的主动退出通常要满足"限制期"的约束，承接者的资格、能力也要满足特定条件。 （2）被动退出：政府出于保障公共利益的考虑而临时接管或提前终止项目的机制	9
6	再融资	根据英国政府在 PPP 项目再融资规范中的定义，凡是利用融资手段（如股权融资、债权融资、股权转让、资产证券化等）改变项目原有资本结构的行为都属于广义的再融资	0
7	再谈判	包括触发再谈判的条件，再谈判的程序，内容以及谈判争端的仲裁解决方式等。当项目运营中发生合同双方难以预料的事件，严重影响了项目持续稳定运营时，就有必要启动再谈判机制	5

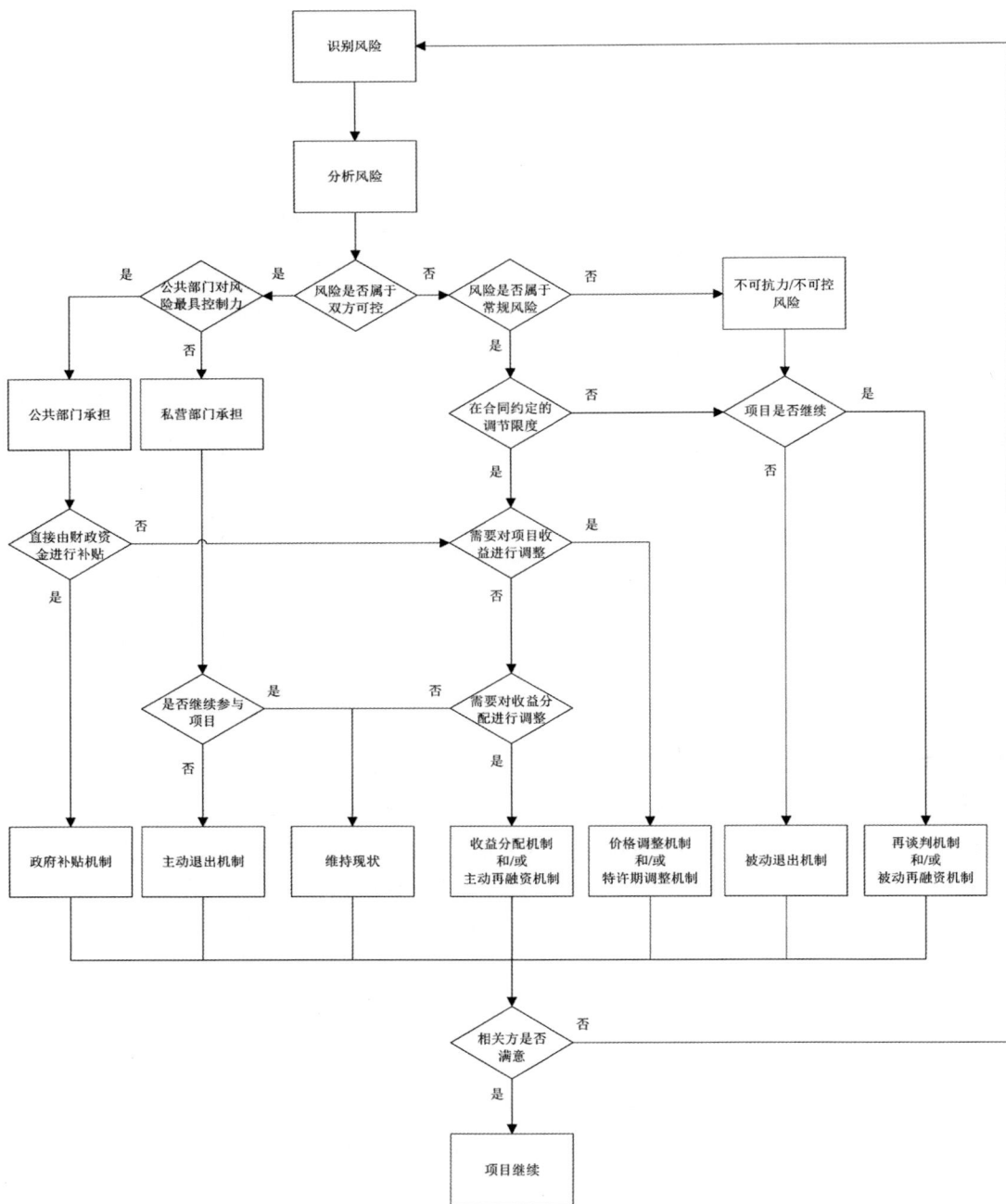

图 1-3　PPP项目动态调节机制的选择框架

（三）实物期权

实物期权是一种期权，它是管理者对所拥有实物资产进行决策时所具有的柔性投资策略。从本质上说，期权是一种特殊的合约协议，它规定持有者在给定日期或该日期之前的任何时间有权利以固定价格买进或卖出某种资产[23]。

相比于传统投资决策模型更适用于确定型投资，实物期权方法在处理不确定性强、投资回收期长、不可逆、要求管理灵活性高的投资项目时更具有不可忽视的优越性[24]，PPP项目的特点决定了其决策可以使用实物期权方法。因此，关于实物期权在PPP中的应用研究由来已久，中国知网数据库显示关于实物期权PPP的文献有上千篇，其中2011年以来的文献有48篇，现将其中经典的文献简述如下。

梁伟、王守清[25]根据北京地铁4号线PPP项目遇到的实际问题构建模型，将实物期权理论引入解决车站停车场建设规模决策的问题。通过设计Excel表计算引入实物期权后不同方案的期望NPV，既解决了一般期权定价困难的问题，又将期权理论与PPP项目紧密结合，发现实物期权对于PPP项目决策过程的优化起到了非常明显的作用。

季闯、袁竞峰等[26]认为在PPP项目全生命期周期内，市场环境、政策及决策者本身带来的不确定性都可能影响项目的价值，而此类价值很难通过传统的评价方法计算，需要借助实物期权方法，于是提出了基于模糊实物期权的PPP项目价值评估一般步骤，推导出模糊实物期权价值计算模型。

笔者团队成员刘婷等[27]则在前人研究的基础上，进一步对PPP实务期权进行定义、理论推导和数学模拟建立：①最低收益担保相当于PPP项目投资人对项目收益这一标的资产拥有看跌期权（put option）；超额收益分享相当于政府对项目收益拥有看涨期权（call option）。②最低收益担保和超额收益分享同时实施，就组成了一个期权组合（collar option），如图1-4和图1-5所示。

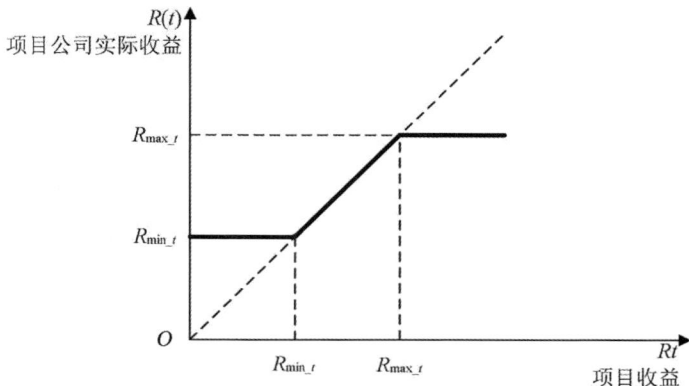

图1-4　PPP项目公司在最低收益担保与超额收益分享机制下的实际收益

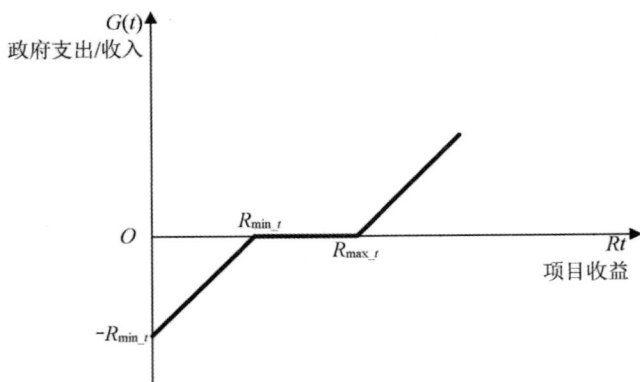

图 1-5　政府在最低收益担保与超额收益分享机制下的支出/收入

（四）再融资

再融资一般是指上市公司通过配股、增发和发行可转换债券等方式在证券市场上进行的直接融资[28]，应用到 PPP 中的再融资则不再是特指上市公司。由于 PPP 项目具有合同复杂、特许期长、关联方多等特点，其在未来很长的合同期内发生再融资行为的概率很大，因此对于 PPP 再融资的研究也是一个重要领域，然而由于 PPP 项目兼顾社会效益，其再融资问题更加复杂，理论研究成果也相对较少，中国知网数据库显示到目前为止相关的研究文献为 8 篇。

笔者团队成员李佳嵘等[28]调研了英国的再融资行为，发现英国早期的 PPP（PFI）再融资通常是由项目公司主导，虽同时涉及政府公共部门和资金提供者，如银行、投行、券商、私营投资者等，但是与政府关系较小，主要由项目公司与资金提供者之间协商决定。

笔者团队成员刘宇文[29]认为，PPP 项目的再融资提高了资产负债率，增大了项目财务风险，也对融资条件、融资方式及利益分配方式做出了变更，直接影响到公共部门利益，导致公共部门常常过多地承担了再融资导致的各种风险，因此需要设置合同条款对风险进行处置，并建议政府要求部分分享再融资带来的收益。

总的来说，PPP 再融资的研究还处于借鉴国外经验、搭建理论框架的阶段，尚未细分到行业领域的实证研究。现阶段对于再融资的研究成果中，梳理出的再融资方式值得借鉴，包括以下几个方面。

（1）变更融资条件。这种方式主要用于初期融资为贷款的方式，它包括贷款数额的增加或减少、还款期限的延长或缩短、还款安排的改变（例如变等额还款为先还利息，末期还本金）、增加担保以减少利率等。

（2）新增融资工具。随着资本市场的发展和项目的推进，项目公司可以当前运作情况和预计回报为基础，使用新的融资工具来获得更多融资利益，如发行可转换债券等。

（3）重组项目公司。政治风险、不可抗力风险或股东情况变化等导致项目公司需出售或终止部分业务、转让或买卖股权、变更公司控制权或法人等，尤其是随着我国未来政策环境和融资体系的进一步完善，这种现象将必然会经常发生。

（五）再谈判

PPP 项目要求政府和社会资本之间保持长达 10～30 年甚至更长时间的合作伙伴关系，不管政府和社会资本双方（及金融机构，以前他们的咨询和律师等）有多聪明、多有经验、多尽职调查，都不可能完全准确预测将来 10～30 年的情况，因此需要各方公平分担风险，而且不能是静态的，必须是动态的。[30]

而且，由于上述原因，即使特许经营协议中设计了上下限、调节（含调价）机制和重新谈判触发机制等各种实现动态风险分担的机制，也不可能完全覆盖长期的运营期内将来可能发生的各种情况[30]，故双方所签的特许经营协议本质上是不完备的，再加上外部环境在 10～30 年也肯定会发生各种双方都无法预测或无法控制的变化，因此在将来的执行期间必然会出现协议变更的情况，那么合同的再谈判也是必然情况。

笔者研究团队通过分析我国 20 世纪 90 年代以来 38 个发生了重大再谈判的 PPP 项目[31]统计出再谈判常见的原因，如表 1-3 所示（单个案例的再谈判发生可能涉及多项原因）。

表 1-3　PPP 项目再谈判原因统计

再谈判原因	释　义	数　量	比例（%）
市场需求风险	可行性研究、合同条款、长期需求预测不准等导致需求高估或低估	14	36.8
政府信用问题	不按合同约定付费、违反合同调价、违反竞争性条款等政府重大违约行为，而且政府违约后企业缺乏有效的法律救济渠道	13	34.2
政府过度担保	政府因缺乏行业数据积累、缺乏 PPP 经验以及信息不对称等原因在补贴、担保机制和程度的选择上缺乏科学的决策依据，因而常常过度担保	9	23.7
法律政策变更	我国 PPP 法律政策框架正在完善中，导致 PPP 领域及该项目所在领域较为频繁的法律政策变更	6	15.8
民众反对	项目产生了超额收益，运营不达标，收费过高影响居民生活等	6	15.8
项目绩效不达标	污染环境、超过国家明确规定等	4	10.5

再谈判导致的主要结果包括社会资本退出或投资回报机制调整，其中社会资本退出往往表现为政府回购、企业售出股份、谈判破裂等，而投资回报机制调整则表现为政府补贴、延长特许期、政府承诺创造外部条件、收费调整等。

从对再谈判结果的统计可以发现，我国的 PPP 项目再谈判的结果以政府回购为主，一是因项目的市场需求量大于预期或政府过度担保，项目收益过高，政府发起再谈判后在保障企业合理利润的前提下回购项目；二是企业以项目收益过低为由发起的再谈判，这种情况下的政府回购其实是政府为项目的失败买单，不仅产生巨大的交易成本，更有违公平原则。

（六）政府监管

刘婷等对国际上包括澳大利亚、中国香港、南非、英国等国家和地区的 PPP 监管体系进行了梳理和对比，为我国 PPP 监管体系建设提供参考和借鉴[32]，如表 1-4 所示。

表 1-4　几个国家/地区 PPP 监管体系比较

国家/地区	澳大利亚	中国香港	南非	英国
PPP主管部门	国民基础设施部/地方财政部	政务司效率促进组	国民财政部PPP小组/地方政府部门	财政部/国家审计署和公用事业管理委员会
组织类型	中央部门/地方部门	中央专项小组	中央专项小组/地方	中央部门/下属机构
职能	发布政策和指导文件/发布地方管理办法和实施监管	发布指导文件、协助政府其他部门	发布政策、指导文件/政府实施监管	发布政策、指导文件，并实施监管
政策体系	中央政策、指导文件+地方特殊要求	中央政策、指导文件	指导文件	中央政策、指导文件
文件类型	技术文档、案例模型、FAQ	技术文档、案例模型	案例模型	技术文档、案例模型、Excel模型
主要文件	1. *National PPP Policy*, Dec 2008 2. *National PPP Guidelines*, Dec 2008（Volume 4：Public Sector Comparator Guidance） 维多利亚州： 1. *PSC Technical Note*, 2001	1. *An Introductory Guide to Public Private Partnerships*, Aug 2003（Chapter 8 The Public Sector Comparator） 2. *An Introductory Guide to Public Private Partnerships*（2nd Edition），Mar 2008	*Municipal Service Delivery and PPP Guidelines*（Module 4：Feasibility Study - Stage 6：Value Assessment）	1. *The Green Book* 2. *The Green Book Guidance：A Toolkit Guide* 3. *Supplementary Green Book Guidance*（Adjusting for Taxation in PFI vs PSC Comparisons）

续表

国家/地区	澳大利亚	中国香港	南　　非	英　　国
主要文件	2. *PSC Supplementary Technical Note*，2003 3. *Partnerships Victoria Statement*，Feb 2009 4. *Partnerships Victoria Requirements*，Feb 2009 （PSC Development FAQs）	（Chapter 4 Making a Business Case - Annex D Constructing a Public Sector Comparator 12 Steps）		4. *Value for Money Assessment Guidance*，Nov 2006 5. *Quantitative Assessment User Guide*，Mar 2007

以上国家或地区都有单一的中央部门负责 PPP 项目的政策制定和准入监管。此外，政府还聘请、授权第三方或与其合作，并让公众和媒体及放贷方等也参与监管，世界银行/亚洲开发银行等国际多边机构也会对其放贷或援助项目的招投标、财务状况和环境影响等进行监管。

笔者建议，从政府管理 PPP 项目的角度出发，结合政府对 PPP 合同的监管机制，PPP 项目的监管主要分 2 个阶段、3 个方面，监管框架如图 1-6 所示[32]。

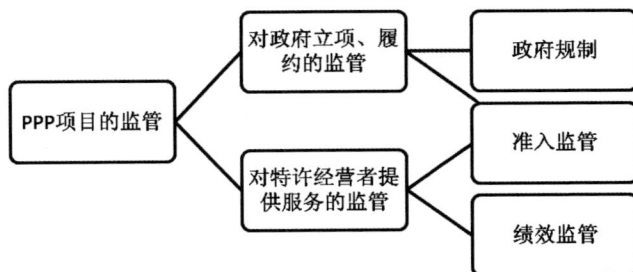

图 1-6　PPP 项目的监管框架

结合不同国家对比、案例分析和我国实践，现对加强我国 PPP 项目监管提出如下建议[34，35]。

（1）国家层面的 PPP 立法和 PPP 指南。把 PPP 协议定性为民事合同或当作特殊的民事合同处理，并明确适用行政合同特有的规则和救济方式，以对政府行为进行规制，保护特许经营者权益。在国家层面的 PPP 立法中规定政府审批权限、流程和管理程序、退出机制和纠纷处理机制、中长期预算机制、会计准则、信息披露、政府监管与公众参与制度等，使之具备全国统一的原则性做法和较强的法律效力，特别是处理过去国家层面其他法律未覆盖到或与 PPP 模式有冲突的内容。同时，制定全国性的

PPP 项目实施指南，包含但不限于操作程序、合同示范文本等。

（2）中央和省级 PPP 机构，以及立项和审批要点。由国家发展改革委或财政部牵头成立跨部委的国家级和省级 PPP 机构；建立 PPP 数据库，构建 PPP 信息平台，为将来类似项目的评估提供基础资料，实现国家或区域内 PPP 采购的标准性，并共享最佳实践经验，促进市场的竞争，提高政府监管水平。在市级地方政府之下设立专门的 PPP 中心，完善所辖区域的项目选择、比较、筛选和优先级，建立一站式透明审批机制以提高效率。

PPP 项目的立项和审批应重点考虑下列 4 个方面的问题。

1）应该做哪个项目？所建议项目是否必须？如果必须，有哪些核心要求？

2）相比传统模式，该项目采用 PPP 模式是否能实现物有所值？

3）如采用 PPP 模式，应采用哪种具体模式（如 BOT、BOOT、TOT 等）及要点？项目收益来自政府付费、使用者付费还是二者皆有？如何定价和调价？

4）在 PPP 合同期内，需要监管哪些方面并落实？具体产出/结果要求有哪些？相关政府部门、媒体、公众等的职责与权力如何确定？

（3）项目信息发布机制，以及公众参与决策和监督机制。不仅要向人大，还要向社会公布相关信息，保证项目信息的及时、准确和一致性，做到公开、公平和公正，以利于提高效率、防止腐败、科学研究，以实现知识管理，不断优化和改进 PPP 模式的应用。积极发挥独立第三方咨询机构（包括会计师事务所、律师事务所、技术咨询公司等）的作用，完善政府的决策机制，保障社会公众的利益。

（七）职业伦理

为了促进 PPP 模式的健康、可持续发展，在完善相关法规、政策、以及合同机制以外，笔者团队认为还应重视从业人员职业伦理规范的建设与执行[36]。职业伦理是指特定职业者基于职业需要和职业逻辑而应当遵循的行为准则，是企业中人与人之间的职业道德关系，因此一般是道德层面上的[23]。职业伦理产生并适用于特定群体范围。职业是以群体形式存在的，职业伦理是职业群体的产物，当社会确实形成某个职业时，就会产生或形成属于这个职业的、相应的职业伦理，并借以规范和约束其从业者[23]。

基础设施和公用事业领域的建设、运营和维护属于全过程建设项目管理的范畴，因此，建设项目管理领域四大国际机构 PMI[37]、IPMA[38]、FIDIC[39]、CIOB[40] 的职业伦理对 PPP 职业伦理有借鉴意义。

参与 PPP 项目实施并具有较大影响力的群体包括政府行政官员、投资企业管理人员、咨询师、律师等，其职业伦理可借鉴上述国际机构所拟定的行为规范，同时根据其工作上的分工而各有侧重，如表 1-5 所示[36]。

表 1-5　参与 PPP 项目实施的主要职业群体的职业伦理

内　容	政府官员	企业高管	咨询师/律师
能力应与任务匹配	☆	★	★
持续学习（政策、法律、法规等）	★	☆	★
向利益相关方充分披露实际/潜在的利益冲突	★	☆	★
不接受/提供贿赂，以防影响公平判断	★	★	★
保守机密信息	☆	☆	★
行为公平、客观	★	☆	★
方案应维护公众利益	★	☆	★
不损害他人/单位的职业声誉、业务		★	★
招标过程中提供平等的信息获取渠道和同等的机会	★		☆
决策过程公开透明	★		☆
尊重他人的财产权	★	☆	☆
不利用专业或职位影响他人决策、行为，以损害他人利益谋取私利	★	☆	★
寻求与可持续发展原则相符的解决方案	★	☆	★
推广"基于质量评审（QBS）"的理念	☆	☆	★
咨询费应公平合理	☆	☆	★

注　☆——相应部门应有的职业伦理要求；★——相应部门重点要求的职业伦理。

　　当然，针对以上各群体的职业伦理要求还应更细致、明确，才能实际应用于对其道德品质、行为规范的考评和监督。

　　作为 PPP 领域的专业人士，特别是咨询师/律师，应推广和落实"物有所值评价"理念，在数据积累和工具开发上勤勉实干，体现专业性和独立性，根据实际情况合理选用适当的 PPP 模式和做法[38]。从相关方的角度看，PPP 项目参与方众多，成功的标准是实现"共赢"，即公众满意、政府获得好评、投资者得到合理的回报、银行收回贷款和本金，因此，政、企双方及其咨询师，特别是律师更应保证决策过程的公正、公开、透明，保证交易合规合法，并兼顾长远公平，不仅要考虑当事人的利益，还应考虑公众利益，促使 PPP 项目在签约后能持续健康发展[39]。

三、实践应用和发展情况

（一）综合管廊案例①

1．项目概况

石家庄正定新区地下综合管廊 PPP 项目是财政部第一批 PPP 示范项目，目前，本项目已经完成社会资本采购工作，项目具体实施概况如表 1-6 所示。

表 1-6　石家庄正定新区地下综合管廊 PPP 项目基本信息表

要　点	内　容
项目类型	新建+存量
所属行业	地下综合管廊
发起方式	政府发起，发起人及实施机构为石家庄正定新区管理委员会
投资规模	总投资为 65.1 亿元，其中静态总投资 59.9 亿元，建设期利息 5.2 亿元。其中包括已完工存量管廊 16 千米，完成投资约 15.8 亿元
合作内容	上海大街、北京大街、天津大街、迎旭大道、隆兴大道、柏坡大道、西藏西大道、青海大道、顺平大街、尉佗街等道路下方 45.8 千米综合管廊（含电力隧道 5.9 千米）；部分管廊上方道路 22.5 千米，以及相关配套设施等。已建设的存量综合管廊转让至 PPP 项目公司，由 PPP 项目公司在完成新建综合管廊和道路建设后统一运营维护
合作期限	30 年，其中建设期 3 年，运营期 27 年
运作方式	TOT+BOT
回报机制	政府可行性缺口补贴
采购方式	竞争性磋商
中选社会资本	天宝财富股权投资基金（上海）有限公司（联合体牵头人）与中电建路桥集团有限公司（联合体成员）
合同签约时间	2016 年 4 月
项目公司股权结构	项目公司：河北承宏管廊工程有限公司 社会资本：联合体牵头人天宝财富股权投资基金（上海）有限公司持股 75%，联合体成员中电建路桥集团有限公司持股 5% 政府方指定的出资代表：石家庄浩运建设投资有限公司持股 20%

2．项目交易结构图

PPP 项目的交易结构主要包括项目投融资结构、回报机制和相关配套安排。其中，为了推进项目，新区管委会与入廊企业签订入廊协议，明确管廊建成后管线及时入廊等事宜，如图 1-7 所示。

---

① 案例提供者：孟奕（男）、周兰萍（女），北京市中伦律师事务所（上海分所）；王盈盈（女），清华大学 PPP 研究中心。

3．回报机制

（1）入廊服务定价机制。鉴于管廊定价机制在全国尚属于起步阶段，本项目通过政府引导、协商定价的方式探索管廊 PPP 项目的收费方式和定价水平。正定新区管委会根据《国务院办公厅关于推进城市地下综合管廊建设的指导意见》(国办发〔2015〕61 号)《国家发展改革委和住房和城乡建设部关于城市地下综合管廊实行有偿使用制度的指导意见》(发改价格〔2015〕2754 号)文件，聘请专业机构对比直埋费的成本，结合全生命周期更新和运营的成本，出具综合管廊收费标准测算报告，确定入廊费和日常维护费收费参考标准。项目公司与入廊企业基于该标准进行协商谈判，确定管廊收费价格。

管廊用户入廊服务费包括入廊费和日常维护费，其中一次性入廊费由政府方负责收取，用于项目建设或可行性缺口补贴支付。日常维护费由项目公司收取，前 5 年由政府方代收。

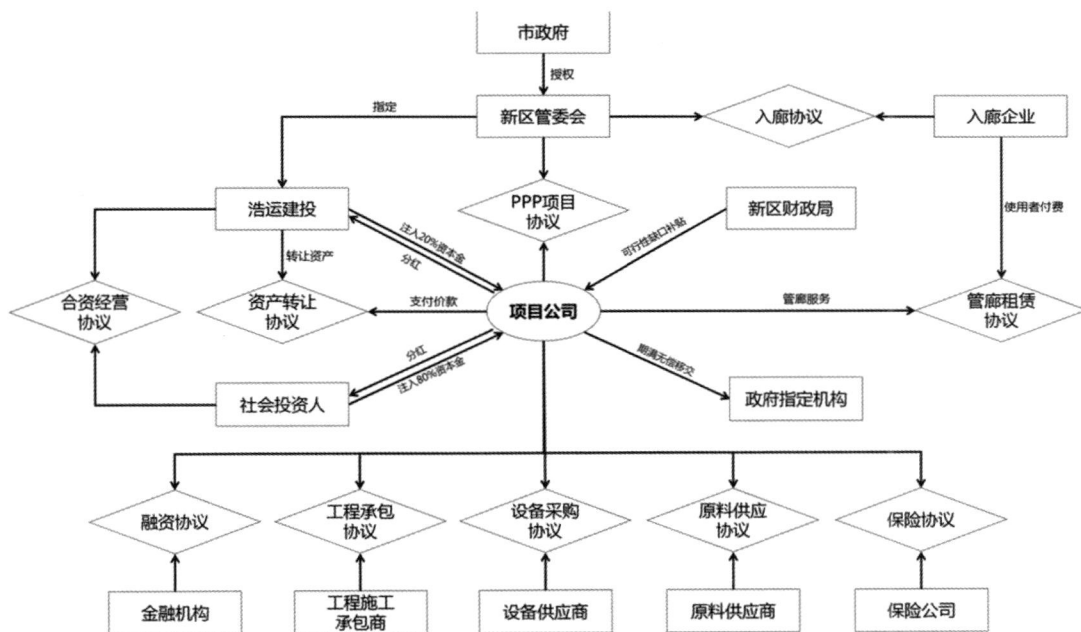

图 1-7　石家庄正定新区地下综合管廊 PPP 项目结构图

运营期各年度政府可行性缺口补贴的测算方式为：

政府可行性缺口补贴额＝调整后管廊服务费－当年入廊企业应收付费额

式中：调整后管廊服务费＝测算管廊服务费×（结算总投资/计划静态总投资）×管廊基本使用量

如当年入廊企业付费额高于调整后管廊服务费，则超过部分部分（税后）由双方按照 67%：33% 比例进行分配，政府方不再支付当年可行性缺口补贴。

（2）收入来源。运营期内项目公司获得管廊运营维护服务收入（含管廊用户入廊服务费和政府可行性缺口补贴）和道路养护服务收入。

（二）医养结合案例[①]

1．项目概况

如东县中医院医养融合 PPP 项目是财政部第一批 PPP 示范项目，也是其中唯一的医养融合项目，这类项目的 PPP 合作方式和边界条件没有可直接借鉴的成熟经验。本项目基于医疗与养老相互结合的特点，通过设置可行的合作模式并得到了市场的认可，项目相关情况如表 1-7 所示，交易结构如图 1-8、图 1-9 所示。

表 1-7　如东县中医院医养融合 PPP 项目基本信息表

要　点	内　容
项目类型	一期（医疗项目）为存量项目，二期（养老项目）为新建项目
行业分布	医疗卫生
发起方式	由江苏省南通市如东县政府方发起
组织保障	项目实施机构为如东县中医院 PPP 项目实施领导小组。PPP 项目实施领导小组的领导小组由分管副县长担任组长，县财政、国资、卫生、住建、发改、规划、国土、环保、民政、法制办、审计、监察各部门都是成员单位
采购方式及合作方	采用竞争性磋商采购方式确定了陕西必康制药集团控股有限公司联合体为社会资本方，双方于 2016 年 1 月 15 日正式签约
合作内容	（1）一期特许经营权转让价格为 7.1 亿元，目前为在建工程，由如东县人民政府投资建设，建成后移交给项目公司 1（SPV1）经营管理，经营范围为医院非核心医疗业务，包括药品及耗材供给、物业、食堂、超市及停车场等后勤事务运营管理并获得相应的运营收益。 （2）二期计划总投资 7 亿元，项目公司 2（SPV2）负责可研、立项、设计、招标、建设施工全过程，以及建设资金筹集和支付。在运营阶段，由如东县中医院负责一般医疗、日常护理、定期体检等辅助服务，项目公司 2（SPV2）负责除中医院承担的辅助服务之外的所有的养老服务的运营管理，并获得运营收益

---

① 案例提供者：童玫，女，北京金准咨询有限公司副总经理。

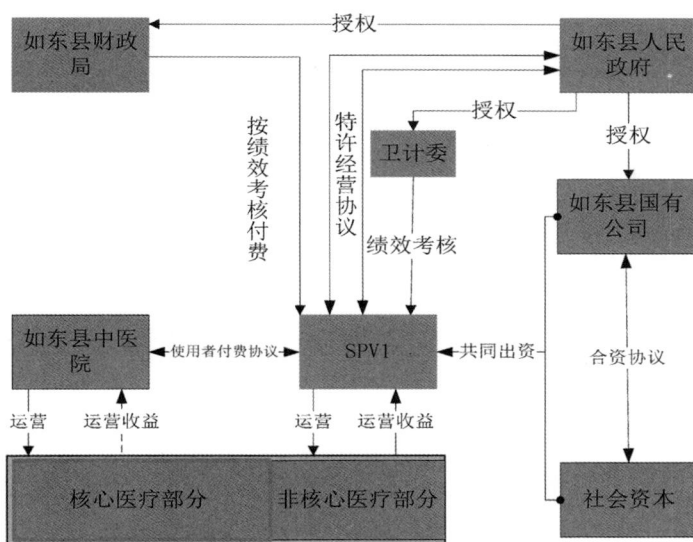

图 1-8　如东县中医院医养融合 PPP 项目结构图（一期）

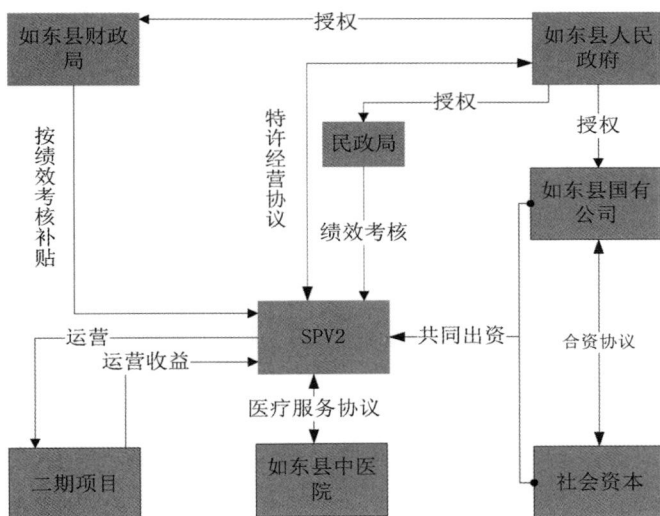

图 1-9　如东县中医院医养融合 PPP 项目结构图（二期）

2．项目特色

（1）在交易结构方面，本项目创造性地考虑到医疗与养老的密不可分却又相对独立的特点，设计了一个社会投资方、两个项目公司（Special Purpose Vehicle，SPV）的合作架构。

（2）在项目合同结构方面，本项目结合医、养项目主管部门不同、管理要点不同的客观情况，医疗项目和养老项目分别签署 PPP 协议，设计了 4 个层级的法律结构体系：

①《如东县中医院医养融合 PPP 项目合作框架协议》，由县政府和社会资本方签署，约定项目基本条件和社会资本方的投资责任；②《如东县中医院医养融合 PPP 项目股东合作投资协议》，由如东县国有公司和社会资本方签署，约定政府出资方和社会资本方在两个项目公司中的出资义务及公司治理规则；③《如东县中医院医养融合 PPP 项目一期医疗中心项目特许经营协议》《如东县中医院医养融合 PPP 项目二期养老中心项目特许经营协议》，明确政府方和项目公司之间的法律关系；④《如东县中医院医养融合 PPP 项目一期医疗中心项目使用者付费协议》《如东县中医院医养融合 PPP 项目二期养老中心项目医疗服务协议》，分别由两个项目公司和如东县中医院签署。

（3）在绩效标准方面，本项目根据医疗、养老项目的不同特点，分别制定了《一期医疗中心绩效考核暂行管理办法》《二期养老中心绩效考核暂行管理办法》，并将其列为特许经营协议附件，为后期政府实施绩效考核管理提供依据。

（三）水利工程案例[①]

1. 项目概况

南渡江引水工程 PPP 项目是财政部第二批 PPP 示范项目，是海南省首个签约的大型基础设施 PPP 项目，也是国家 172 个节水供水重大水利工程项目之一，项目相关情况如表 1-8 所示，交易结构如图 1-10 所示。

表 1-8　南渡江引水工程 PPP 项目基本信息表

要　点	内　容
项目类型	新建项目
工程范围	中西部城市及产业园供水工程、东部城市及产业园供水工程、美安科技新城供水工程、灌溉工程、五源河防洪治涝综合整治工程及水库连通工程等
投资规模及融资结构	总投资 36.2 亿元，其中项目公司注册资本金 7 亿元（葛洲坝 5.6 亿元、海口水务 1.4 亿元），国家专项资金 9 亿元，剩余资金由项目公司负责融资取得
授权招标人	海口市水务局
政府出资人代表	海口市水务集团，参股比例为 20%
选择社会资本方式	公开招标，中国葛洲坝集团股份有限公司以可行性缺口补贴 2 080 万元/年的价格中标
实施过程	2015 年 8 月 5 日发布资格预审公告，10 月 9 日发布招标公告，10 月 30 日发布评标结果公告，11 月 12 日发布社会资本方成交公告

---

① 案例提供者：刘晓军，男，上海锦天城律师事务所高级合伙人。

续表

要　点	内　容
合同体系	（1）《南渡江引水工程 PPP 项目协议》，由海口市水务局代表政府与项目公司签署，约定在整个 30 年的投资运营周期内的核心边界条件，包括项目公司投融资安排、工程建设管理要求、原水供应条件、项目付费及调价机制、违约及赔偿方式、移交方式及程序、争端解决等。 （2）《南渡江引水工程特许经营协议》，由海口市水务局代表政府与项目公司签署。该协议主要约定与特许经营相关的内容，包括特许经营权的授予、特许经营期、特许经营的业务范围及政府监管等内容。 （3）《南渡江引水工程 PPP 项目公司合资（合作）合同》及《项目公司章程》。由市水务集团和中标社会投资人签署。约定项目公司的出资方式、治理结构、决策机制、收益分配等事项。在签订 PPP 合同时一并签署。 （4）《原水供应协议》，由项目公司、水务集团和市水务局三方签署，约定运营期分年度由项目公司向水务集团销售原水的数量、水质、单价和调度安排等条款，以及相关权利义务关系

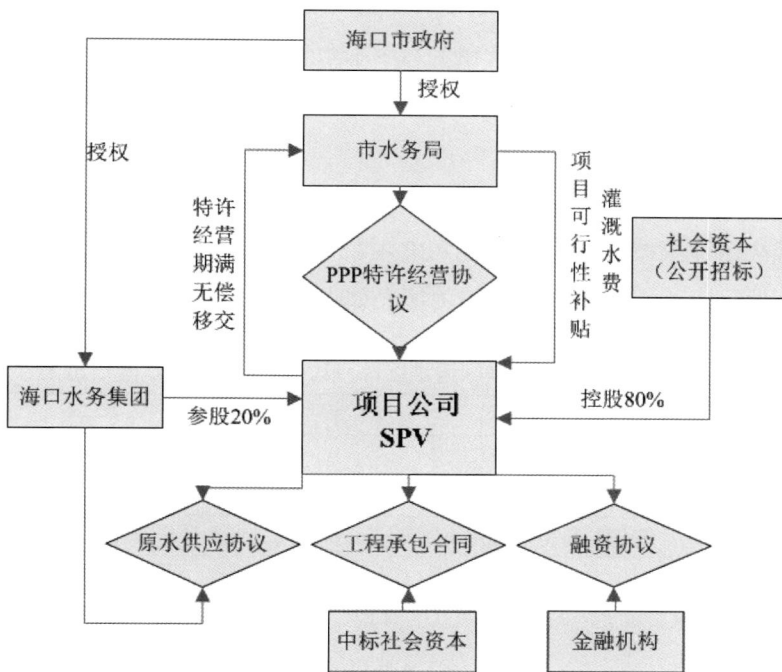

图 1-10　南渡江引水工程 PPP 项目结构图

2．项目收入来源

（1）原水费收入。项目公司向水务集团出售原水而获得的收入，并设定项目特许经营期内原水的供应价格和保底水量标准：当实际水量低于保底水量时，水务集团按实际水量付费，不足部分由政府支付给项目公司；当实际水量超过保底水量时，项目公司须按实际需求供水，且超过 20% 以内的部分，按七折计费；20% ~ 50% 的部分，按六折计费；超过 50% 的部分按五折计费。

（2）农业灌溉和生态用水水费收入。考虑到农业灌溉用水费征收难度大，本项目设计由政府支付，再由政府根据当地实际情况向灌溉户收取水费。生态用水设计由政府付费。项目公司根据市政府的调度指令按要求提供农业灌溉用水和生态用水。政府根据计量的供水量，按照 0.40 元/立方米的价格向项目公司支付水费，每季度支付一次。

3．项目调价机制

（1）项目可行性缺口补贴调价机制。在项目正式运营后，若银行贷款基准利率变化累计不少于 0.5 个百分点时，双方均可提出调整项目可行性缺口补贴的申请并启动调价程序，调价幅度以能完全覆盖利息变化额度为限。

（2）原水价格、灌溉和生态用水水费调价机制。在项目正式运营满两年后，若因人工成本、CPI、电力成本等成本因素变化致使项目运营维护和管理成本变化超过 3% 时，双方均可以提出调整原水、灌溉和生态用水水费单价的申请，并启动调价程序。调价幅度以能完全弥补成本变化额度为限，每次调价距上一次调价时间间隔不得短于两年。

（四）片区开发案例[①]

1．项目概况

西安市未央区徐家湾地区综合改造 PPP 项目是财政部第二批 PPP 示范项目，截至书稿提交日期，项目正处于采购阶段，相关情况如表 1-9 所示，交易结构如图 1-11 所示。

表 1-9　西安市未央区徐家湾地区综合改造 PPP 项目基本信息表

要　点	内　　容
项目类型	新建项目
所属行业	片区综合开发
发起方式	政府发起，发起人及实施机构为西安汉长安城国家大遗址保护特区管理委员会
投资规模	约 128.61 亿元，具体以可研批复文件规定为准
合作内容	（1）本项目范围内的土地开发（含征地、拆迁、配套基础设施建设及回迁房建设等事项）的投资。 （2）征地、拆迁、配套基础设施建设及回迁房等建设。 （3）提供招商引资等产业导入和产业发展服务。 （4）本项目范围内公共项目维护、物业管理等片区综合服务。 （5）其他项目合作内容

---

① 案例提供者：张留雨（男）、周兰萍（女），北京市中伦律师事务所（上海分所）。

续表

要　点	内　　　容
合作期限	10 年（自 2016 年下半年起至 2026 上半年止），实行滚动开发，按照开发计划分批开工建设，分批进入运营期
运作方式	BOT（建设—运营—移交）
回报机制	可用性付费 + 绩效付费 + 奖励
采购方式	竞争性磋商
项目公司股权结构	项目公司注册资本金为 10 亿元，其中政府方出资代表出资 1 亿元，持股 10%；中标社会资本方货币出资 9 亿元，持股 90%，项目公司各股东按出资比例分享项目公司的收益分配

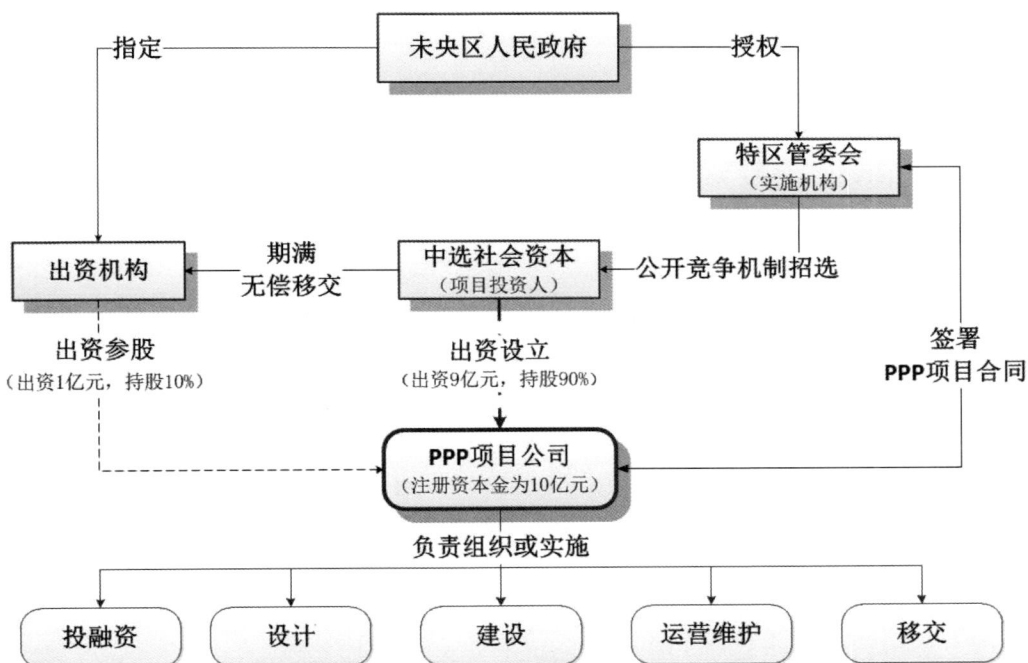

图 1-11　西安市未央区徐家湾地区综合改造 PPP 项目交易结构图

2．项目优势分析

（1）项目区位。西邻西安市人民政府，身居两大铁路枢纽中间地带，依托西安市发达的公共交通系统，交通便捷，人流量较大。

（2）资源稀缺。西安市三环内其他区的土地利用已经相对饱和，可供建设用地量少，而本项目为城市综合改造项目，具有土地储备的现实优势。

（3）文化价值。西安在历史文化价值方面有着无与伦比的资源优势，项目毗邻汉长安城、唐大明宫等历史文化名城遗址，建成后可充分嫁接、利用汉唐文化名城（宫）

遗址形成的文化优势发展区域文化经济。

（4）产业联动。区域内已有中核集团西安核设备有限公司和中航工业西安航空发动机（集团）有限公司等大型央企，可依托大型央企规划引入上下游企业，实现区域产业联动和区域经济良性发展。

3．投资回报机制

根据项目合作范围的不同事项，分别采用以下回报机制。

（1）土地开发服务，采用可用性付费，即政府依据中选社会资本或项目公司所提供的项目设施或服务是否符合合同约定的标准和要求来付费。

（2）公共项目维护、物业管理等片区综合服务，采用绩效付费，即指政府或相关产权单位依据中选社会资本或项目公司所提供的产品或服务的质量付费。

（3）提供招商引资等产业导入和产业发展服务，采用"绩效付费+奖励"的回报机制，即产业导入和产业发展服务的成本作为绩效付费的一部分；并根据中选社会资本或项目公司提供产业导入及产业发展服务的质量，由政府方给予一定金额的奖励，鼓励其提升产业服务的效率与质量。

4．绩效考核机制

本项目的绩效考核指标如表1-10所示。政府方采取日常巡查督办、月度（季度）考评、年终考评等形式进行绩效考核，实行100分制，达到80分则全额发放应发放政府付费；如低于80分，每低1分从应发放政府付费中扣减50万元；如低于60分，全额扣减应发放相应政府付费金额。发生重大质量安全责任事故的实行一票否决，全额扣减应发放相应的政府付费金额。

表1-10　西安市未央区徐家湾地区综合改造 PPP 项目绩效考核指标

编　号	标　准	内　容
1	土地整理拆迁、平整及配套建设	编制土地整治项目实施方案（20分）、土地整治项目资金（15分）、土地整治的实施（30分）、竣工验收（25分）、土地整治的管护（10分）
2	回迁房建设	制订回迁房建设及安置方案（20分）、专项资金管理（15分）、回迁房建设（30分）、工程质量验收（25分）、回迁房的运营管理（10分）
3	产业导入和产业发展服务	土地出让情况（30分）、提供产业导入和产业发展服务事项（20分）、产业导入及发展服务方案落实情况（30分）、拟落地企业投资额完成情况（10分）、服务满意度（10分）
4	公共项目维护、物业管理等服务	服务机构及人员配置（30分）、提供基本物业服务事项（30分）、财务管理（25分）、物业档案管理（15分）

5．监管机制

（1）政府方以指定出资机构参股到 PPP 项目公司的形式，直接对项目的运营维护状况进行真实、完整的监管。

（2）实施机构有权对建设期要求的建设进度、资金使用计划、资金账户等方面进行监管，并配合现场检查。

（3）实施机构对运营阶段进行绩效考核，对项目公司提供服务的数量及质量进行把控。

（4）在移交时设定移交委员会，进行移交前的资产清点及移交保函等，确保政府监管的有效性。

四、近期发展趋势

（一）研究趋势

未来的研究趋势至少包括以下 3 个方面。[6]

（1）风险问题一直以来都是 PPP 领域的研究热点，但风险问题并不是研究的终极目标，许多研究基于风险管理理论转化为财务及评价的技术问题、合同问题、法规政策问题等，风险管理理论作为 PPP 研究的工具已经越来越成熟。同时，近年来越来越多的学者开始综合运用多个知识领域的工具对 PPP 进行集成研究，包括效率问题、成功因素分析、优势与制约研究等，集成研究开始成为又一个研究热点。

（2）PPP 项目的 3 个参与主体（政府、投资者和金融机构）之间形成了一个三角关系，相比于一般项目，PPP 项目主体间的关系对项目的影响更大。在实际项目中，参与 PPP 项目的企业有更大的动机去处理项目中的问题，因此许多学者的研究以企业为主体视角，探讨与政府间的谈判、签署协议、商业活动等关系，但从政府及公众视角的研究较少，且很多研究忽视了政府与公众的关系，甚至认为政府即代表公众。在 PPP 模式理论与实践不断成熟的过程中，政府视角乃至综合项目所有利益相关者视角的研究将是一个趋势。

（3）项目决策的重要程度随着项目的推进而越来越低，PPP 项目往往周期很长，目前对项目实施阶段的研究已经越来越成熟。近年来，有许多学者开始更关注 PPP 项目准备期相关问题的研究，如项目筛选、招投评标（选择股东）、融资模式、资本结构、合同结构等问题，但在中国的实际项目中并未得到较好的应用。随着理论研究的深入，许多研究方法与工具也将逐步得到应用。

（二）实践趋势

未来的 PPP 实践应该会在以下几个方面完善。

（1）PPP 工作中主管机构的交叉重叠现象非常突出，包括国务院法制办、国资部门、国土部门、税务部门、发改部门、财政部门、金融监管部门、行业主管部门等，中央各部委和地方各部门之间的协调配合将是未来的一个重要领域，包括涉及多部门的联合发文、涉及某一部门的专门文件等。[12]

（2）在"法律规范+配套政策+操作指引"的框架体系指引下，近几年 PPP 相关政策密集出台，法规政策体系逐步完善，然而 PPP 上位法体系尚未建立，下位法之间的重复冲突现象还很突出，统一立法工作还是很有必要。[12]

（3）中央层面形成统一的、系统的法规政策框架之后，地方政府对法规政策的解读和实践，是真正检验法规政策可行的关键阶段，地方政府是否能深刻领会中央意图，地方实践能否最终达到中央改革的目标，地方政府能否按合同履约，地方与地方之间是否存在壁垒和差异，等等，也是未来的重要实践领域。

（4）随着传统基础设施项目和城镇化任务的逐步完成，我国 PPP 项目实践会逐渐转向公用事业和社会事业等领域，包括现阶段已初步实践的医疗、养老、教育、文体等领域，逐步形成典型模式和流程。

（5）对 PPP 项目的各类监管问题也将随着 PPP 项目的进一步落地而全面展开，包括绩效考核标准、绩效考核效果、国有资本使用效率、项目公司归口管理、债务统计与监管、土地使用政策等。

（6）随着 PPP 项目在国内的进一步实践，未来沿着"一带一路"、资本输出路径的 PPP 项目落地也将成为一个重要的实践趋势，那么随之而来的对国际准则、国际惯例的学习和了解，将成为未来的另一个重要课题。

（7）随着媒体对 PPP 项目报道的持续和深入，公众参与 PPP 项目的意愿会越来越强烈，对于 PPP 信息公开制度建设的呼吁声也将越来越高，现阶段的 PPP 项目库建设、信息公开制度征求专家意见等工作都已显示出中央部委对这项工作的重视。

参考文献

[1] 国务院办公厅转发财政部发展改革委人民银行. 关于在公共服务领域推广政府和社会资本合作模式指导意见的通知（国办发〔2015〕42 号）[Z]. 2015-05-19.

[2] Canadian Council for Public-Private Partnerships. Definitions[OL]. http://www.

pppcouncil. ca/resources/about-ppp/definitions. html.

[3]　HM Treasury. Public private partnerships[OL]. http://www. hm-treasury. gov. uk/ppp_index. htm.

[4]　United States Department of Transportation. Report to Congress on Public-Private Partnerships[M]. December, 2004.

[5]　中华人民共和国发展和改革委员会. 国家发展改革委关于开展政府和社会资本合作的指导意见（发改投资〔2014〕2724 号）[Z]. 2014-12-2.

[6]　伍迪，王守清. PPP 模式在中国的研究发展与趋势[J]，工程管理学报，2014，28（6）：075-080.

[7]　梁伟，王守清. BOT/PPP 项目融资理论与实践[M]//中国（双法）项目管理研究委员会. 中国现代项目管理发展报告. 北京：电子工业出版社，2011：306-349.

[8]　张玉鹏，宋文斐，PPP 法律政策与操作规范实用手册[M]. 北京：知识产权出版社，2016.

[9]　Private Participation in Infrastructure Database,World Bank Group [DB]. [2015-12-15]. http://ppi.worldbank.org/customquery.

[10]　财政部政府和社会资本合作中心，全国 PPP 综合信息平台项目库[DB/OL]. http://www.cpppc.org:8082/efmisweb/ppp/projectLivrary/toPPPMap.do.

[11]　全国 PPP 综合信息平台项目库季报第 4 期[DB]. [2016-10-24]. http://www.cpppc.org/zh/pppjb/4167.jhtml.

[12]　管清友，朱振鑫. 中国式 PPP 再思考：问题与方向 [DB]. [2016-10-01]. http://mp.weixin.qq.com/s?__biz=MjM5NTg3MTQ2Nw==&mid=2652412535&idx=1&sn=4c883f06edb9980b959d0e86597e26ba&mpshare=1&scene=1&srcid=10012dPFp25oDBsAxhNGp2ZT#rd.

[13]　金永祥. 浅议 VFM 在 PPP 项目中适用问题[N]. 中国建设报，2014-06-20（006）.

[14]　王守清. 物有所值评估是做好 PPP 的前提[J]. 新理财（政府理财），2015,240（12）：38-39.

[15]　王盈盈，冯珂，尹晋，等. 物有所值评价模型的构建及应用——以城市轨道交通 PPP 项目为例[J]. 项目管理技术，2015（8）：21-27.

[16]　刘璇璇，任冶. 高速公路 PPP 项目 VFM 评价模型及其应用研究[J]. 湖南交通科技，2015，41（4）：155-158.

[17]　刘慧慧，孙剑，李飞飞，等. 城市地下综合管廊应用 PPP 模式的 VFM 评价[J]. 土

木工程与管理学报，2015（4）：122-126.

[18] 宋金波，党伟，孙岩. 公共基础设施 BOT 项目弹性特许期决策模式——基于国外典型项目的多案例研究[J]. 土木工程学报，2013，46（4）：142-150.

[19] 叶苏东. 城市垃圾焚烧发电 BOT 项目的偿付机制[J]. 北京交通大学学报（社会科学版），2014（4）：25-30.

[20] 张涵，王卓甫，丁继勇. 交通量可观测条件下 PPP 公路项目收益分配[J]. 工程管理学报，2015（1）：71-75.

[21] 李启明，熊伟，袁竞峰. 基于多方满意的 PPP 项目调价机制的设计[J]. 东南大学学报：哲学社会科学版，2010，12（1）：16-20.

[22] 冯珂，王守清，伍迪，等. 基于案例的中国 PPP 项目特许权协议动态调节措施的探索研究[J]. 工程管理学报，2015（3）：16-20.

[23] 智库百科（MBA lib）[OL]. http://wiki.mbalib.com/wiki/%E5%AE%9E%E7%89%A9%E6%9C%9F%E6%9D%83.

[24] 黄杨. 方法：实物期权与传统投资决策的比较分析[J]. 中外企业家，2014（10）：139-141.

[25] 梁伟，王守清. 实物期权在城市轨道交通 PPP 项目决策中的应用[J]. 工程管理学报，2012（2）：23-27.

[26] 季闯，程立，袁竞峰，等. 模糊实物期权方法在 PPP 项目价值评估中的应用[J]. 工业技术经济，2013（2）：49-55.

[27] 李佳嵘，王守清. 再融资在国外 PPP 项目中的应用及对我国的启示[C]//中国（双法）项目管理研究委员会. 第八届中国项目管理大会论文集. 北京，2009.

[28] 刘宇文. PPP 项目再融资最优资本结构研究[D]. 北京：清华大学，2012.

[29] 王守清：我国 PPP 政策中没有解读的几个关键概念，中国财经报-PPP 周刊，2016 年约稿连载：3 月 17 日——为什么国际上的 PPP 多是项目融资？| 3 月 24 日——PPP 合作期限由哪些因素来决定？| 3 月 31 日——PPP 为何要强调物有所值？| 4 月 7 日——PPP 为什么要成立项目公司并进行风险分担？

[30] 刘婷，赵桐，王守清. 基于案例的我国 PPP 项目再谈判情况研究. 建筑经济，2016（9）：31-34.

[31] 王守清，刘婷. PPP 项目监管：国内外经验和政策建议[J]. 地方财政研究，2014（9）：7-12

[32] 朱蕾，袁竞峰，杜静. 基于 PPP 合同行政属性的政府介入权研究[J]. 建筑经济，

2007（10）：92-95.

[33] 王守清，张博. 构建中国的 PPP 法律和制度体系迫在眉睫[J]. 济邦通讯，2013，40（10）：13-17.

[34] 王守清，刘婷. PPP 项目实施中的职业伦理要求研究[J]. 建筑经济，2016，37（8）：37-41.

[35] PMI. Code of Ethics and Professional Conduct [EB]. [2015-12-05]. http://www.pmi.org/About-Us/~/media/PDF/Ethics/PMI-Code-of-Ethics-and-Professional-Conduct.ashx.

[36] IPMA. Competence Baseline [EB]. [2015-12-05]. http://www.ipma.world/certification/competence/ipma-competence-baseline/.

[37] FIDIC. Code of Ethics [EB]. http://fidic.org/about-fidic/fidic-policies/fidic-code-ethics.

[38] CIOB. Rules and Regulations of Professional Competence and Conduct [EB]. http://www.ciob.org/sites/default/files/Rules%20&%20Regulations_0.pdf.

（《中国现代项目管理发展报告 2016》，中国电力出版社，2017）

2017 年，中国 PPP 会出现"五化"趋势

王守清　王盈盈

一、引言

2016 年末撰文《中国 PPP 发展这三年》，从政府方、投资人、金融机构、承包单位、第三方机构或专家及公众或百姓 6 个相关方的视角进行了一些回顾小结。眼前在 2017 公历年已来、2017 农历年将至的时段里，PPP 领域很多人对 PPP 的热情不减反增，很多论坛、研讨会、社交媒体中都在议论 2017 年的中国 PPP 何去何从。这是一个可具体到细微又可抽象到哲思的问题，本文正是在这样的感触下应运而生。

对于过去的事情，前文以"煮酒论英雄"的方式分析 PPP 各个相关方都做了什么，而对于未来的事情，本文拟用"把酒话桑麻"的方式畅想未来形成的 PPP 客观世界将会是什么样，拟从宏观环境、中观规制、微观项目 3 个层面展望 2017 年的 PPP。

简而言之一句话，笔者预计 2017 年的中国 PPP 将出现"五化"趋势：法制化、国际化、信息化、成熟化和两极化。

二、2017 年 PPP 展望

2017 年的"五化"趋势将适度延伸到未来，这取决于实践结果，"五化"趋势可以用图 1-12 表示。

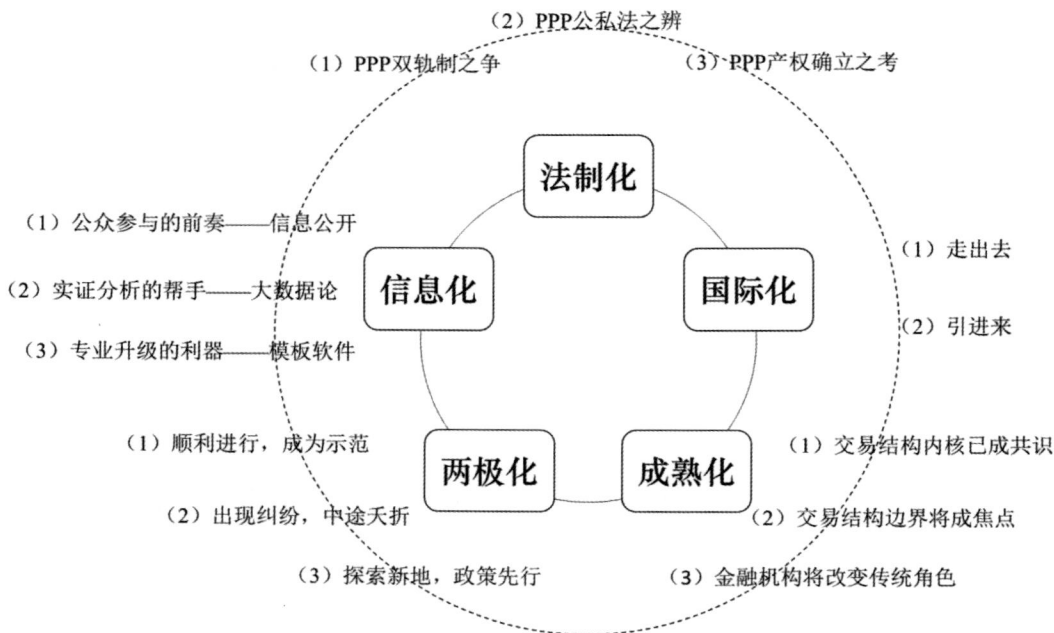

图 1-12 "五化"趋势

（一）法制化

各国的 PPP 之路都是从一堆失败的教训和经历中走来，经过了一系列政策引导、示范项目探路、百家争辩之后，开始走向法制、系统评估、合理投资等理性局面。2017 年，中国政府会继续关注 PPP 相关法规政策完善，特别是 PPP 法制化落地。目前，基本达成的共识是，PPP 立法很重要，但不可能一步到位，而是以先条例后立法的分阶段方式实现。当然，PPP 法也不是万能的，PPP 法要起作用，仍然需要多层级多部门之间的共同理解和相互协调，真正体现政企双方平等、契约精神和争议解决机制等配套制度的建设。以下 3 个方面将是 PPP 立法中的主要焦点。

（1）PPP 双轨制之争。这是 PPP 立法的老问题之一，也就是政府和社会资本合作

（PPP）、特许经营等名称之争，而折射出的背后本质仍旧是关于部委的权责划分问题。

（2）PPP公私法之辨。这是另一个重要的老话题，是PPP立法时需要着重考虑并解决的，也就是PPP合同到底属于公法（行政诉讼法）还是私法（民商法）。目前我国的相关政策和判例等指向PPP合同为公法的趋势更明显，但业界对PPP合同纳入私法的呼声则更高，目前比较大的共识是"一分为二"，估计这将是最终结果，关键是如何"分"及"分"到哪个地方，这个议题的结果值得期待。

（3）PPP产权确立之考。虽然社会资本和金融机构等对PPP项目产权归属问题的倾向性很明显，但这仍是政府和理论界思考的核心，毕竟涉及公共产品。而且，我国有特色的政治和经济体制决定了我国对于这一问题的分析和研究没有成熟的国外理论可直接套用，因此，对这一问题的关注，相信很多人是内心在默念，表面却故作镇定。

（二）国际化

（1）走出去。随着中国近几年提"一带一路"倡议及我国国际工程承包及劳务输出的数十年积累，2017年以央企为代表的企业投资海外PPP项目将会越来越多，当然，相比于国内，会理性很多。这一现象的后面可能是由于三个值得提前准备的要求：一是传统施工企业纵向或横向一体化的转型升级要求，二是英语、法语、西班牙语等国际语言的武装升级要求，三是FIDIC（国际咨询工程师联合会）、TPP（跨太平洋伙伴关系协议）等国际惯例的熟练应用要求。

（2）引进来。在20世纪90年代我国四大经济特区试点和引导FDI（对外直接投资）政策出台之时，大量的国外投资者有兴趣参与我国的PPP项目，并在市场竞争中取得了不小成绩。然而，这3年来的PPP推广，更像是政策性的引导和政府转型的方式，使得大量的外资跟民资一样被排除在外。"无心插柳柳成荫"，政府无意之中建立起的屏障可能最终也会束缚了自己的拳脚，如果民资和外资仍旧很难参与PPP项目（当然他们也有自身的问题），可以预见未来的PPP项目的效率提高可能有限，也难实现各种包括技术和管理等的创新，从而丧失了长远的解决就业、可持续减贫和提高效率的可能性。有鉴于此，2017年政府会积极鼓励民资和外资，2016年第四季度的有关政策出台就是迹象。

（三）信息化

（1）公众参与的前奏——信息公开。财政部牵头建立了两年的PPP项目平台已初具规模，而且PPP项目信息公开管理办法（征求意见稿）也已发布，如果如期正式出台，PPP项目相关的各种信息将公布，为公众参与PPP项目的决策和监督打下扎实的基础。

（2）实证分析的帮手——大数据论。在国家战略和经济全球化的趋势下，大数据分析已开始为各行各业所应用，PPP领域也不例外。利用爬虫软件等将网站上的公开信息抓取下来，并建立数据库进行实证分析，已成为一种潮流。因此，2017年伴随着大数据应用和PPP信息进一步公开（加上国家发展改革委也在积极建立PPP项目库），学术界的研究和实务界的决策将越来越依赖于大数据分析的结果，也对研究和决策分析者提出了更高的模型构建、理论体系梳理要求。

（3）专业升级的利器——模板软件。业界流传着一句话："2016年的PPP咨询服务从蓝海时代变成了一片红海。"PPP的咨询服务越来越显现出其综合性和复杂性，需要用到财务、法务、金融、税务、项目管理、行业技术、规划等几乎各个领域的知识点，对于人才的复合性要求也越来越高。当然，目前复合型人才缺乏的背后，仍旧有我国对于知识和第三方机构生存环境的重视不够和咨询机构不够专业等问题，当然也反映出相关人士对PPP的认识越来越深入的好现象。为了让一部分咨询服务机构能更集中精力解决PPP中的棘手问题，预计2017年会有上心的软件公司将PPP中一些成熟的要点模板化，就好比买房贷款，签署的几十份文件均是银行系经过多年摸索并结合国际惯例形成的约定俗成的内容。

（四）成熟化

（1）交易结构内核已成共识。3年来，针对PPP项目实施方案和交易结构中的规划、设计、建设、运营、移交等组合形成的投资结构，资本金制度要求下的股权和债务资金等形成的融资结构已经形成基本共识，对应的操作流程、方案文本、合同体系等内容也已有基本模式。2017年在进一步成熟化的基础上，等待着更多项目落地的检验和完善。

同时，中央与地方的监管政策和体系也会在2017年继续完善，例如，财政部于2016年12月20日印发了关于《财政部驻各地财政监察专员办事处实施地方政府债务监督暂行办法》（财预〔2016〕175号）文件。

（2）交易结构边界将成焦点。以下与交易结构边界相关的要点将会成为2017年探讨热点。

一是以资产证券化（ABS）等方式实现的进入和退出机制。

二是将来出现各种纠纷情况时需应用的争议解决机制。

三是与真正实现项目融资挂钩的项目风险评估体系建立和金融机构风控体系的变化。

四是与未来项目收益挂钩的绩效指标体系建立，以及其中对于建设期金额挂钩比例的确定。

五是老大难问题，即"地方政府不守信用的话，到底该怎么办"。预计2017年会继续针对地方政府增信等信用体系健全方式进行探索，中共中央和国务院2016年11月4日发布的《中共中央 国务院关于完善产权保护制度依法保护产权的意见》和最高人民法院2016年11月28日发布的《最高人民法院关于充分发挥审判职能作用切实加强产权司法保护的意见》等就是迹象。笔者估计，地方政府融资平台也会暗中帮助地方政府，虽然不会在明处明确认可，毕竟二者关系密切。

（3）金融机构将改变传统角色。近日，国家发展改革委和中国证监会联合公布了《关于推进传统基础设施领域政府和社会资本合作（PPP）项目资产证券化相关工作的通知》，因此，相关投资者和金融机构2017年必将积极探索PPP项目的资产证券化，但因ABS对PPP项目有4个条件，故从中长期而言，该文对多元化PPP融资渠道、发展二级金融市场有好处，但就2017年而言，不会有太多项目实现ABS。

另外一个与金融机构相关的趋势是，由于宏观经济形势不好，过去躺着挣钱的日子大不如前，加上政府政策的放宽，PPP的投资主体会呈现多元化，改变过去"工程企业+基金"主导PPP投资的做法，金融机构除了参股和放贷，也会开始探索像西方国家一样去主导PPP投资并承担一些风险，2016年金融机构中标贵阳地铁和杭绍台高铁等重大PPP项目就是一个迹象。

（五）两极化

由于篇幅所限，本文探讨的两极化没法考虑行业差异（这需要单独再写一篇），只能笼统地指项目本身由于前期PPP方案策划的周全性和合同的执行性，后续出现的顺利执行，抑或出现纠纷甚至需要争议解决。

（1）顺利进行，成为示范。以财政部推出的三批近800个示范项目为代表，2017年仍旧会看见优质项目顺利进行，当然也会出现坎坷。不过现在要下定论，判定项目是否成功，还为时尚早，"PPP不是一场婚礼，而是一桩婚姻"，得过一段日子才知道。

（2）出现纠纷，中途夭折。地方政府方面，对PPP推广不积极的地方政府（多数是有钱的一线城市）依旧不积极，对PPP推广较积极的地方政府中则有些已接近甚至达到一般公共开支10%的财政承受力上限，加上过去两三年已落地项目很多开始进入运营期，有些问题会逐步显现。2017年，一些律师和咨询机构将会开始参与过去不规范或合同不完善PPP项目的争议解决，个别项目甚至会提前夭折，还有一些项目即使签订了合同，也可能难以落地。

（3）探索新地，政策先行。2016年特别是下半年以来，国家发展改革委或财政部与各部委联合发布行业 PPP 政策的现象越来越多，如《国家发展改革委办公厅 交通运输部办公厅关于进一步做好收费公路政府和社会资本合作项目前期工作的通知》（发改办基础〔2016〕2851号）、《国家发展改革委 农业部关于推进农业领域政府和社会资本合作的指导意见》（发改农经〔2016〕2574号）、《国家发展改革委 国家旅游局关于实施旅游休闲重大工程的通知》（发改社会〔2016〕2550号）、《住房城乡建设部等部门关于进一步加强城市生活垃圾焚烧处理工作的意见》（建成〔2016〕227号）等，这些领域的 PPP 项目会在2017年被更多地关注和论证，进展顺利的项目也会在2017年落地。

三、结语

以上"五化"趋势是赶在年关对2017年 PPP 发展的展望，其最终实现的程度还取决于以后的各干系人包括政府各层级各部门的配合，因此，"五化"趋势也包含对更远未来我国 PPP 的发展。就像笔者常提到的"PPP 婚姻论"，在漫长的婚姻里，快乐与痛苦、和谐与争吵都会存在；PPP 不是诗词歌赋琴棋书画，而是柴米油盐酱醋茶糖。让我们少一些过高期望、多一些平常心去看待 PPP，不忘初心，为共同打造健康可持续的 PPP 事业而共同努力。

（《中国经济导报》，2017-01-11）

中国 PPP 发展这三年

王盈盈　王守清

根据财政部建立的政府和社会资本合作（PPP）综合信息平台及项目库统计数据，自2014年初推广 PPP 模式以来，截至2016年9月末，按照要求审核纳入 PPP 综合信息平台项目库的项目10 471个，总投资额12.46万亿元，其中执行阶段项目共946个，总投资额达1.56万亿元；财政部示范项目232个（不含第三批），总投资额7 866.3亿元，其中执行阶段项目128个，总投资额3 456亿元。相比我国过去30多年的 PPP 实践探索成果来看，这3年的 PPP 发展可谓是盛况空前。

再对比国际上其他国家，如新加坡2004年以来13个 PPP 项目，加拿大1991年至今 237 个 PPP 项目（1 000 亿加币），澳大利亚 2005 年以来不到 100 个 PPP 项目，英国迄今为止 722 个 PFI（PPP）项目（577 亿英镑），我国这 3 年的 PPP 发展不仅速度非常快、项目数量非常多，还几乎覆盖所有基础设施和公用事业行业以及全国大陆绝大部分省市（除西藏）。

在我国 PPP 快速发展的这 3 年里，PPP 带给各行各业的思考和争议也不少，有关我国 PPP 的应用是否科学合理、是否提高效率、是否可持续等出现了大量的研讨性活动和文章，PPP 成为热议话题，很多人对 PPP 的发展和规范应用做了很多工作和贡献，暂且不表。本文仅从 PPP 的 6 个相关方（Six Partners，下称"6P"）的角度，管窥中国 PPP 发展这 3 年。

一、6P 发展现状

6P 在 PPP 项目中的关系如图 1-13 所示，它们之间的初步排序和关系也在图中体现，但受限于篇幅，本文并没有对它们之间的排序和关系进行进一步分析和验证。下文将分别分析 P1～P6 这 3 年在中国的发展情况。

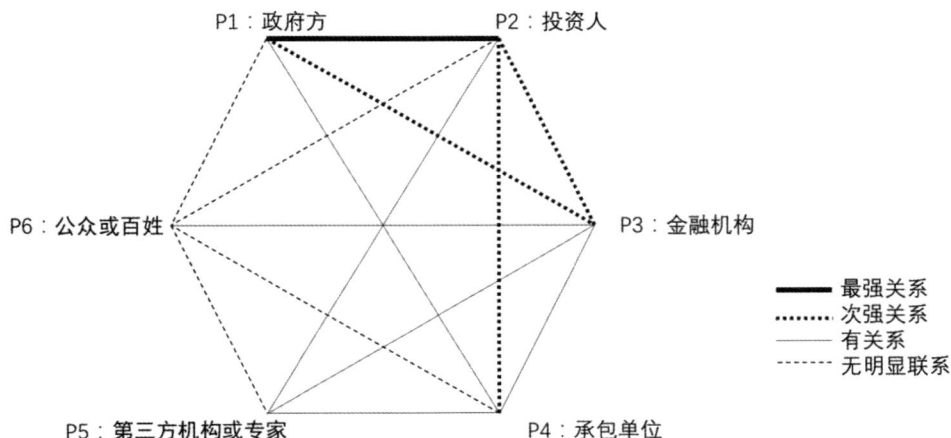

图 1-13　6P 在 PPP 项目中的关系

（一）政府方（P1）

政府方是中国 PPP 项目中当仁不让的第一主角，其中财政部和国家发展改革委是这 3 年里 PPP 发展进程中最活跃的两大部委。

2014 年初，财政部针对 PPP 采取了一系列创新性举措，包括建立组织机构（PPP 领导工作小组、PPP 处、PPP 中心等）、发布政策文件（财金〔2014〕76 号、113 号、

156 号，财金〔2015〕21 号、57 号、166 号、167 号，财金〔2016〕32 号、90 号、91 号、92 号，财库〔2014〕214 号、215 号等），提出 PPP 两个论证（物有所值评价、财政承受能力论证）、推出 PPP 项目综合信息平台（示范项目、全国项目库等）。不仅如此，财政体系自上而下的 PPP 改革推动迅速形成规模，地方政府陆续组建地方 PPP 中心，发布地方 PPP 政策，建立地方 PPP 项目库等。

2014 年起，国家发展改革委有关 PPP（特许经营）推广的一系列工作也在进行，包括 2 月启动王守清作为两位领衔专家之一参与的"基础设施和公用事业特许经营法"立法并于 5 月发布了征求意见稿（奠定了后来国务院转发 6 个部委联合发布的国务院 2015 年第 25 号令《基础设施和公用事业特许经营管理办法》的基础，成为至今层级最高的文件），建立 PPP 项目推介库，发布发改投资〔2014〕2724 号（附通用合同指南）等文件，联合地方政府特别是国开行和农发行等金融机构开展 PPP 项目推介和优惠贷款等活动。到 2016 年，国家发展改革委于 1 月与联合国欧经会 PPP 中心签署备忘录，于 4 月与保监会和清华大学联合发起成立清华大学 PPP 研究中心（兼联合国欧经会 PPP 中国中心职能）；同时，强化了 PPP 推广，包括重启特许经营立法、支持清华大学 PPP 研究中心举办青岛中国 PPP 论坛、组织深圳国际 PPP 培训、组建发展改革委 PPP 专家库、发布更多政策文件（如发改投资〔2016〕1744 号、2213 号）等，为传统基础设施（6+1 类工程）推广 PPP 模式，以及地方发改系统应用 PPP 起到了重要的引导作用。

有关 PPP（特许经营）的立法工作在 2016 年 7 月也迎来重大改变，随着李克强总理的一锤定音，立法工作改由国务院法制办统一主导，财政部和发展改革委则由原来的 PPP 法和特许经营法的各自主导方转变为参与方。因 PPP 立法工作涉及的项目投资规模大、适用领域广、合作周期长，参与主体、利益关系和风险也相对复杂，由法制办牵头统一推进两法合一的立法工作，一方面可以释放政府稳定政策、保障参与各方的合法权益等的信号，另一方面可以防止两部委各自立法可能带来的问题。

政府方为中国 PPP 这 3 年的发展做出了不可替代的贡献，只有政府部门能做到这么快速、广泛地推广 PPP 和引导相应改革，快速建立起 PPP 的理论认知、制度体系、监管机制等，并促进地方政府 PPP 相关的能力建设，形成 PPP 实践中政府规制的初步体系。然而，诸如地方政府履约机制、收益和风险动态调节机制、争议解决和法律救济机制、投资人进入和退出机制、信息透明和公众参与机制等问题，还需要政府方各部委之间、央地之间合力配合，进一步探索解决。此外，PPP 这 3 年暴露出来的中央改革与地方出发点差异、地域之间的发展和认知差异等问题，为政府方下一步推动

PPP 提出了更复杂的课题。

（二）投资人（P2）

PPP 模式的第二个 P 在英文原文中是 Private，翻译成中文是私企或民企（含外企），然而在中国作为第二个 P 的投资人不仅仅局限于私企，反而更多是央企或地方国企参与。为了反映这些现实，2014 年以来我国政策文件都把 PPP 翻译成"政府和社会资本合作"。虽然"社会资本"一词原来是相对于传统的生产因素（如物质资本、劳动、人力资本、技术水平等），用于解释信任、规范和社会网络等因素对经济增长的影响程度的一个经济变量，但为了更好地解释第二个 P，我国政策文件对"社会资本"一词赋予了更多的内涵，指社会资本方，不过本文仍用投资人来代表 P2，应该更准确。

2014 年以来，参与 PPP 项目的投资人类型主要包括工程公司、运营企业、基金公司、信托公司等，其中有些还是上市公司；从所有制性质来看，占全国企业数量仅 2% 的国企（含央企和地方国企）参与了 60% 的 PPP 项目，因此存在民企、外企难进入的现象。

现阶段参与 PPP 项目大部分是国企的原因有两点：一是 PPP 适用的领域越来越广，原本属于政府传统模式投资（含融资平台投资）或国企垄断的行业，现在大部分已开放探索 PPP 模式，因此，相对于资本规模相对更大、建设和运营经验积累相对时间更长、资源关系更强、信用更佳、融资更易的国企来说，非国企进入门槛较高，而国企参与 PPP 项目相对更有优势；二是地方政府选择社会资本合作伙伴时，也本能地认为与国企合作风险和责任更小，目标也更容易达成一致，使得非国企进入障碍更大。

然而，国企能否在 PPP 项目中一直坚挺至项目合作期结束、是否会在中途退出等问题值得现在开始深思和提前准备。一个明显的结论是，如果国企仍然是 PPP 项目的主要投资人，仍然由国企和地方政府合作，那么国企改革的成败就决定了 PPP 推广的成败，也就是说，需要跟踪国企参与的 PPP 项目是否相对传统政府投资模式提高了效率和服务水平、节约了成本。当然，只有民企参与的 PPP 项目效率也不一定会提高，美国、英国等发达国家均已有类似统计结论。因此，初步判断，未来可持续的中国 PPP 项目应该是实现部分国企退出、非国企进入，并形成国企带动非国企、国企与非国企合作的现象，发挥资本运作、建设运营管理、资产保值增值等综合优势。

与此同时，各个行业也呈现出竞争差异，例如，在市政工程、环境保护等应用 PPP 历史相对较长的领域，投资人竞争激烈，且主要以资本竞争为主，尚未形成技术优势和壁垒，甚至出现低价抢占市场的恶意竞争现象；而在轨道交通、片区开发等相对复杂的领域，投资人竞争正日趋激烈，但由于总投资规模相对较大、运营经验要求高，尚未形成充分竞争的局面，而且主要以过去在这些领域参与施工或工程总承包的大型建筑央企或地方国企，联合在某地运营维护该类设施许多年的地方国企或融资平台，组成的投资人联合体为主要竞争主体；在综合管廊、海绵城市、智慧城市等新兴领域，投资人正跃跃欲试，希望通过抢占先机来获得某一新领域的强势地位。

此外，关于 PPP 项目的投资回报率也是这 3 年来热议的话题之一，随着利率市场化、人民币加速贬值等现象的出现，这几年 PPP 项目的投资回报率一直在下降，然而，合理的投资回报率空间到底应是多少，这样的问题目前并没有明确答案，主要是 PPP 项目尚没有形成系统的风险定价及项目评级体系。而且，关于投资回报率的测算方式也成了这几年实践发展中的一个重要技术性问题，例如选取静态指标还是动态指标是一个热议话题，关于该测算全投资还是资本金（股权）的回报也是备受关注的话题。

（三）金融机构（P3）

这 3 年来，金融机构作为 PPP 项目的资金提供方备受关注，"巧妇难为无米之炊"，没有贷款的 PPP 项目如空中楼阁般无法落地。各类希望做施工承包、运营管理、原材料或设备供应、资本上市的机构，也纷纷把希望寄托在金融机构供给资金这一环上。

由于市场利率化导致金融机构投资回报水平下降，且金融机构近几年竞争趋于激烈，银行（含政策银行与商业银行）、保险、证券、信托等机构都对 PPP 项目关注有加，各自探索合适的参与路径。然而俗话说"谁先出手谁就输了"，所以金融机构对 PPP 的关注还处于纸上谈兵，仅有少量的实践。但从另一个角度看，也幸好是金融机构银根紧缩，否则 PPP 项目带来的债务风险将会快速积累并爆发。而且，由于我国金融机构风控政策的存在且没有改变，其人才结构和知识对于 PPP 这类新生事物尚没有项目和风险评估等经验，导致出现了项目多、资金需求多但落地难的现象。

这 3 年来，以施工单位为首的投资人很希望金融机构成为 PPP 项目的真股投资人（P2），但是以金融机构作为真股投资的 PPP 案例还非常少。当然，其一大原因是《商业银行法》对绝大多数商业银行直接投资的限制。但如果没有这种限制，金融机构对 PPP 项目审批、建设、运营等风险的未知，是他们不愿意大量投资 PPP 项目的主要原因之一，而 PPP 项目周期长、投资回报低等因素也是制约金融机构投资 PPP 的主要障碍。

不仅如此，金融机构作为债权、夹层资金参与 PPP 项目的难度也不小，一方面是已经提到的 PPP 项目相对他们来说是新生事物，另一方面是融资主体——项目公司的风险评估不稳定所致，因此基于政府和企业信用的银行贷款仍是 PPP 项目主要的融资方式，而未来可能会在 PPP 产业基金、PPP 项目收益债、PPP 险资投资计划、PPP 资产证券化（ABS）等方面探索创新的融资品种，随之需要改革的是针对基础设施和公用事业领域的风险评估体系，以及金融机构对基础设施和公用事业领域资产的特殊权限（比如直接介入权等）。

（四）承包单位（P4）

本文将项目公司设立后，承包项目公司对外委托的各项执行业务的单位统称为P4，包括施工单位、设备供应单位、保险公司、运营单位等。其中，施工单位、设备供应单位、运营单位等会因希望获得业务而可能成为P2（投资人），因此他们在同一个PPP项目中具有双重身份，但具体承担主体和职责又有显著差异，这在过去几十年国内外的PPP实践中都很常见。过去3年间，项目规模较大的PPP项目，基本上都是工程公司和基金（含政府主导的基金和纯产业基金）联手做股东，工程公司从施工利润中切分部分给基金，这样既减少了工程公司资本金出资额，也满足了基金的回报要求，还避免了要求政府承诺固定回报或补足回报等问题。

P4领域的变化主要是建筑市场内部竞争日趋激烈，要求他们向P2而且是长期P2转型，并向运营环节延伸。这不仅对工程公司提出了全产业链集成的要求，也必然会对传统建筑市场的建设管理体系提出改革和创新的要求，如工程咨询、招标代理、造价、监理等第三方机构在PPP项目中的委托代理问题等。

（五）第三方机构或专家（P5）

这3年来，可以说PPP第三方机构是发展最快也是数量增长相对最快的一个群体。作为PPP方案牵头顾问、财务顾问、法律顾问的咨询公司、律师事务所、会计师事务所等机构如雨后春笋般涌现，使得这个行业的竞争在短短3年内从蓝海变成了红海，咨询服务费的急剧下降可以作为重要的验证指标，随之带来的咨询服务模板化、"短平快"现象也越来越明显。这反映出这个行业还处于一个快速发展、进步的阶段。

而且，为帮助政府能力建设和规范咨询业的发展，两部委先后建立了各自的PPP专家库，同时，有些地方政府也建立起相关咨询机构库和专家库。

如此快速的发展虽然留下了一些问题，但对于推动PPP发展还是起到了积极的作用，当然，很多实务专家也已经享受到了较大的经济收益。

此外，学术界对PPP的关注也迅速加大。这3年来，获得国内顶级的国家自然科学基金项目资助的PPP课题已达19项，虽然与其他传统学科相比算少，但对PPP这个新兴领域已属不少。而且研究领域也逐渐从原来的项目管理、工程管理视角向公共管理、经济管理、组织管理、法律合同等视角拓展，如PPP项目"契约关系"二元综合治理机制、PPP项目混合组织人为风险、PPP项目的契约设计与优化、PPP项目合作方利益侵占和协同控制、PPP 项目争端谈判及其治理机制等。

（六）公众或百姓（P6）

这 3 年来，公众可行使的 PPP 公众参与权似乎没有显著进展，公众仍旧缺乏对 PPP 项目需求的直接表达渠道，不过财政部建立的综合信息平台和不久前发布的 PPP 项目信息公开暂行管理办法（征求意见稿），将为下一步公众的参与打下了基础。

在公众群体中，有两类特殊群体需要着重提出，他们在这 3 年发挥了重要作用也有了显著变化。第一类是高校和培训机构（含高校中的培训机构）。培训机构在这几年比高校对 PPP 人才培养的影响更大，有权威性的培训机构主要包括财政部 PPP 中心组织的系列培训、北京国家会计学院、清华大学国际工程项目管理研究院、清华大学 PPP 研究中心，以及有关行业协会等，社会上大量涌现的各类培训机构恕不在此提及。与此同时，部分高校开始成立 PPP（研究）中心，建立博士后流动站，开始相关课程并筹备硕士学位，而已经对 PPP 有所研究的部分高校也积极向国家自然科学基金、国家社会科学基金等申请课题，未来 PPP 人才专业素质将会更高。

第二类是媒体（含纸质媒体、电子媒体，包括微信公众号和微博等）。随着 PPP 变成热词，各大搜索引擎对 PPP 相关报道的推送大量增加，PPP 检索频率也快速变大，各类媒体也都相继报道 PPP。不过媒体关于 PPP 的报道水平还有待进一步提高，目前其只起到了新闻传播的作用，无法替代 PPP 专业知识传播。

二、未来发展趋势

中国 PPP 这 3 年，可谓发展与问题并存、进步与矛盾齐飞。PPP 不仅是市场行为，更是政府意志，期待未来中国 PPP 在更有顶层的设计和协调、更加公平的环境、更加有远见和公开的理念支撑下，朝着更加可持续的方向发展，形成我国 PPP 发展常态化的局面，也为下一步中国 PPP "走出去" 做好充分的准备。

（《新理财》，2017 年第 2 期）

中国 PPP 的研究热点及趋势

王守清　王盈盈　冯　珂

一、我国国情下的 PPP 概念及内涵阐释[1]

（一）PPP 概念及广义 PPP 与狭义 PPP 的定义

PPP，在国际上通常被称为公私合作/合营/伙伴关系，但在我国，因为过去此类项目的主要参与者是作为独立法人的央企或国企，因此，将 PPP 译为"政企合作/合营/伙伴关系"更为准确。类似于 PFI，PPP 的本质是"政府向社会购买服务"，而不是政府投资建设提供这些服务的设施。目前，不同国家/地区和国际机构对 PPP 的定义都有不同，对 PPP 的具体模式和分类也尚未有一致的看法。以下列举几种具有代表性的 PPP 的定义[2]。

（1）英国财政部。PPP 为两个或者更多的部门之间协议确保它们共同或一致的目标，合作完成公共服务工程，它们之间有一定程度的共享权利和责任，联合投资资本，共担风险和利益。

（2）加拿大 PPP 委员会。PPP 是公共部门和私营部门基于各自的经验建立的一种合作经营关系，通过适当的资源分配、风险分担和利益共享以满足公共需求。

（3）澳大利亚。PPP 是政府和私营部门之间的长期合同，政府支付私营部门代表政府或辅助政府满足政府职责所提供的基础设施和相关服务，而私营部门要负责所建造设施的全寿命期可使用状况和性能。

（4）德国联邦交通、建设及房地产部。PPP 是长期的、基于合同管理下的公共部门和私营部门的合作，以结合各方必要的资源（如专门知识、经营基金、资金、人力资源）和根据项目各方风险管理能力合理分担项目存在的风险，从而有效地满足公共服务需要。

（5）美国交通工程用户使用手册。PPP 为公共部门和私营部门伙伴之间的一种合同协议，PPP 比传统的方式允许更广泛的私营部门参与。协议通常包含一个政府机构和一个私营公司达成修复、建造、经营、维护和/或管理一个设施或系统。尽管公共部门通常保留设施或系统的拥有权，私营部门在决定项目或任务如何完成方面拥有额外的决策权力。

（6）欧盟委员会。PPP为公共部门和私营部门之间的一种合作关系，双方根据各自的优劣势共同承担风险和责任，以提供传统上由公共部门负责的公共项目或服务[3]。

（7）世界银行（学院）。PPP为一种私营部门和政府部门之间的长期合同关系，用以提供公共设施或服务，其中私营部门承担较大风险和管理职责。

（8）亚洲开发银行。PPP是在基础设施和其他服务方面，公共部门和私营部门的一系列的合作关系，其特征有：政府授权、规制和监管，私营企业出资、经营提供服务，公私长期合作、共担风险、提高效率和服务水平。

总体而言，广义PPP泛指公共部门与私营部门为提供公共产品或服务而建立的长期合作关系，而狭义PPP更加强调政府通过商业而非行政的方法如在项目公司中占股来加强对项目的控制，以及与企业合作过程中的优势互补、风险共担和利益共享[4]。但现在国际上越来越多地采用广义 PPP 的定义作为公共部门和私营部门之间一系列合作方式的统称，包括 BOT、PFI 等[5]。无论是广义还是狭义，PPP 本质上是公共部门和私营部门为基础设施和公用事业而达成的长期合同关系，公共部门由在传统方式下公共设施和服务的提供者变为规制者、合作者、购买者和监管者。

另外，由于我国存在国有、集体、私营等多种经济主体，对于PPP的理解，还有一个重要问题需要澄清，即我国PPP中的"私"并不是单指私营经济主体；经济主体的外在形式只是资本性质的载体，所谓"公"与"私"的区别更应强调的是资本目的的"公"与"私"；在我国，"公"应该指追求社会公益性，"私"应该指追求经济利益，两者的根本区别不是经济主体性质之间的区别，而是追求公共利益与追求经济利益的区别；当前国有企业是国内 PPP 市场上最重要的主体，具有较高程度的逐利性，并非以追求公共利益为最高目的，因此可以认定为 PPP 中的"私营投资主体"，除非该国企是直接受签约方政府直接管辖操控的，但应限制国企在项目公司中的股份。基于我国实际，建议将 PPP 称为"政企合作"，既简洁直接，也易与国际接轨。

（二）PPP 与特许经营的区别与联系[6]

为了澄清 PPP 与特许经营（concession）之间的区别与联系，首先需要明确二者的定义。根据王强[7]的观点，特许经营先诞生在法国，后经英国发扬光大，接着 PPP 在英国诞生了，而且概念发生了变化。法国的"特许经营"指的是社会资本直接向使用者收费，而在英国的 PPP 则锁定在了需要政府付费的项目上。这几个概念引入国内时，由于内涵外延的混淆，国内一度将特许经营和 PPP 混为一谈。其实，无论是特许经营还是 PPP，都是基础设施和公用事业建设运营的一种区别于过去政府主导的供给方式，世界各国没有统一的定义和模式。而且，特许经营在我国应用了 20 多年后，其内涵已经比英文 concession 扩大了。

首先，中文的"特许"与传统意义上的"行政许可"并不完全相同。因为是通过竞争招投标选定的社会资本方，签订合同后由社会资本方按合同约定去实施项目：①如果社会资本需要向公众收费，就需要政府的"特许"，因为公共产品的收费权归政府；②即使不需要向公众收费的项目，但因为提供公共产品的终极责任人是政府，社会资本代替政府去提供公共产品也需要履行一定程序（如招投标等），这也可以理解为广义的"特许"但非行政许可，而是通过合同约定的许可，政府还需要严格监管，以避免社会资本方提供的服务不符合要求甚至撂挑子。

"经营"也不是一般意义上的经营，其本质更接近"运营"的概念，不一定意味着向公众收费，即使是政府支付，也是用了政府（本质上是纳税人）的钱，需要社会资本方在合同期内好好干，以满足合同要求特别是产出和绩效要求，以保护公众利益。另外，我国的 PPP 中的第二个 P（央企/国企主导）与国际上的第二个 P（真正的私企）本质不同，因此没有必要按国外的 PPP 或别扭的"政府和社会资本合作"去讨论。

从上述这几点去理解"特许经营"，就能理解我国的特许经营与 PPP 的差距并不大，都是提供公共产品的一种创新模式（可以说是介于 0 和 1 之间的一种模式，1 代表完全由政府提供公共产品的模式，0 代表完全由市场提供商业产品的模式）。不管如何定义特许经营和 PPP，我国 90%甚至更多的 PPP 项目本质上就是特许经营。其实国际上，无论是政府、业界和学术界，对 PPP 都没有统一定义，何况国际上还有英国和日本等的 PFI，世界银行、德国和阿根廷等的 PSP（Private Sector Participation，私营部门参与），中国台湾的"促进民间参与"等其他很多相关用词。因此，我国没有必要刻意去区分或学国外，只需立法中明确用词及其定义和内涵/原则即可。我国的《基础设施和公用事业特许经营法（征求意见稿）》和基于此修改和简化得到的《基础设施和公用事业特许经营管理办法》对特许经营做出了较好的定义："特许经营是指政府采用竞争方式依法授权（建议把这个"授权"改为"选择"，可淡化"特许"的意思）中国境内外的法人或者其他组织，通过协议明确权利义务和风险分担，约定其在一定期限和范围内投资建设运营或运营基础设施和公用事业并获得收益，提供公共产品或者公共服务。"

（三）我国近期 PPP 相关研究热点

随着 PPP 模式在建设领域的不断应用，其相关知识领域也成了许多学者的研究热点。近年来，许多学者对 PPP 领域学术研究的发展和演变进行了梳理总结。伍迪等[8]

整理了国家自然科学基金 1986—2012 年授予的 PPP 相关的研究项目，并对项目的年度数量、支持金额、研究范围等进行了时序分析，并采用 P-P-P（Project-Partnership-Process）维度分类法从 3 个维度进行了总结和分析。张（Zhang）等[9]分析了 2005—2014 年中国学术期刊和国外学术期刊上 PPP 主题的相关研究，并在研究方法、研究主题和研究发现 3 个方面进行了对比。宋（Song）等[10]使用 CiteSpace 软件对 2000—2015 年 Web of Science 数据库中 PPP 主题的已发表文献进行了分析，并通过共同作者网络分析、引文分析、共词分析及聚类分析等方法对 PPP 领域的研究现状和未来研究趋势进行了总结。

通过对相关研究的分析可以看出，目前中国 PPP 相关研究存在以下 14 个热点问题。

1. 特许价格决策

对绝大多数使用者付费或政府付费项目，如污水处理厂，高速收费公路或发电厂等，项目的特许价格与需求量是影响项目总体收益水平的关键因素。学者们针对 PPP 项目中特许价格的决策，最低需求担保对特许价格的影响等问题展开了研究。许（Xu）等[11]使用系统动力学的方法研究了高速公路 PPP 项目在制订可行性方案期间特许价格的决策方法。牛（Niu）等[12]研究了在需求不确定条件下，BOT 项目中收费价格、客流量和特许期 3 个要素的帕累托解集。周（Zhou）等[13]针对污水处理 BOT 项目，研究了最低需求担保和特许价格调整机制对该类项目收益的影响。

2. 特许期决策

PPP 项目特许期的设计对于保证项目经济可行性，确定项目未来收益和成本在公共部门和社会资本之间的合理划分都至关重要。Ng 等[14]将运营成本、收入和收益假定为不确定性因素，在项目公司可接受的最低回报率、项目公司的期望回报率、政府允许的最高回报率 3 种情况下，模拟出项目的净现值并求解出特许期。张（Zhang）等[15]通过对项目投资、建设期和运营期内净现值的模拟，在给定项目公司可接受的最低回报率、政府允许的最高回报率条件下，求解出特许期的上限、下限。张（Zhang）等[16]同时考虑了 BOT 项目的财务收益和社会效益，设计出了一套能同时决定项目生命周期和最优特许期的模型。

3. 物有所值

2015 年 12 月 18 日，财政部发布了《PPP 物有所值评价指引（试行）》（财金〔2015〕167 号），我国 PPP 项目的 VfM 评价正式踏上实践之旅。金永祥[17]提到，VfM 是国外决定是否采用 PPP 模式建设基础设施项目的一种决策工具。实践中，要准确计算政府付出的代价不仅需要考虑显性的财务数据，还要考虑不同体制下政府提供的一些支持条件所转换的财务量化数据。王守清[18]认为，虽然目前 PPP 项目的物有所值评价面临缺乏数据、假设过多等问题，但仍应作为未来的一个政策导向，从现在开始逐步积累数据并完善。在实践方面，王盈盈等[19]、刘璇璇等[20]、刘慧慧等[21]分别在轨道交通、高速公路、综合管廊领域建立了 VfM 定量评价中的 PSC、LCC（PPP）值计算公式，为我国合理有效地推广 VfM 评价体系提供参考。图 1-14 为 VfM 定量评价相关概念示意图。

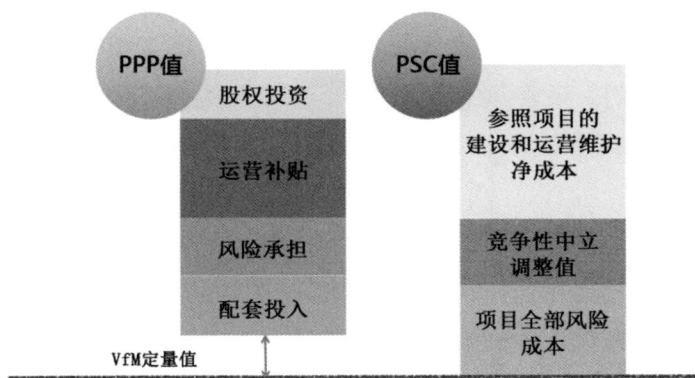

图 1-14　VfM 定量评价相关概念示意图

4．PPP 立法

PPP 项目主要被用于提供基础设施或公共服务。为了保证项目的顺利实施，有必要建立一套完备的法律体系，从而有效地对项目全生命周期内的建设运营进行监管，并清晰地界定所有项目相关方，尤其是政府和社会资本，在此过程中享受的权利和承担的义务。目前，许多国家已经建立了针对 PPP 模式的专门法律，如美国、韩国、巴西等[22]。中国政府也累计发布了涉及 PPP 实施方面的 50 多部法规，但现有法规仍存在相互冲突、缺乏国家层面的 PPP 立法等缺陷。于安[23]认为，为了解决 PPP 项目落地率低的问题，更好地激发社会资本的投资活力，有必要逐步完善能兼顾投资人利益与公共利益的法律制度环境。

基础设施和 PPP 模式特点，以及我国过去二三十年 PPP 实践所积累的经验与教训表明，构建国家层面的 PPP 法律和制度体系迫在眉睫。结合 PPP 模式和基础设施的自身特点，以及 PPP 在中国的应用历史和发展现状，PPP 法律和制度体系的构建中应当至少遵循以下 4 个原则：①强调物有所值；②重视政企合作；③重视顶层和框架设计；④强调动态公平分担风险。

5. 关键成功因素

不少学者针对不同国家/地区、行业、实施阶段或参与者，研究了影响 PPP 项目成功实施的关键因素。克沃菲（Kwofie）等[24]通过文献调研初步识别出 16 个影响加纳公共住宅 PPP 项目成功交付的主要因素，并通过问卷调查最终确定了 6 个影响力较大的关键因素。张红平等[25]在文献调研和问卷调查的基础上，识别出影响 PPP 项目实施的三大影响因素和 18 个可测量指标，并用 AHP 方法分析了各指标的权重，用 Dematel 方法计算了各因素的相互影响程度，最终加权计算出各因素在系统中的综合影响度并进行了排序。奥赛-凯伊（Osei-Kyei）等[26]发现在 PPP 项目运营阶段，不同相关方，包括公共部门，私营部门和学术界，对于影响项目成功的关键因素认知中存在的差异。研究结果对于提升 PPP 项目相关方在运营期间的合作效率具有一定借鉴意义。

6. 项目治理

与传统政府采购模式相比，PPP 模式能提高效率的一个重要原因是引入了社会资本的专业能力和市场配置资源的效率，这些优势的发挥需要以控制权和收益权的让渡为前提；然而，采用 PPP 模式的项目多为（准）公共产品/服务，在这一领域存在市场失灵，且其公益性和企业的逐利性存在天然的矛盾，因此不能将控制权过多地让渡给企业。效率对市场化的要求和公平对政府控制权的要求构成了 PPP 项目控制权配置的矛盾。在项目治理和不完全契约理论的框架下，有学者在 GHM，HSV，BG，FM 等模型的基础上，加入私营部门的价格决策、招投标机制等因素，分析特定行业的最优所有权结构。张喆等[27]通过对医药行业的问卷调研和多元回归分析的实证研究，验证了合理的控制权配置可以降低企业自利性投入、增加公益性投入。孙慧等[28]以 BG 模型为基础，增加了社会资本自主定价的假设，以高速公路项目为例，比较了政府在项目公司中占股的 PPP 模式和私人部门完全持股的 BOT 模式，发现两种所有权结构下，项目最优定价不受影响，但 BOT 模式会因控制权让渡给趋利的私人部门而在一定程度上损害公共利益。国内外的学者在对影响或决定最优控制权配置方案的因素的考虑方面各有侧重。

笔者团队的刘婷通过汇总代表性的相关研究，得到了 16 个影响/决定 PPP 项目最优控制权配置的主要因素，包括：各方投资重要性程度、对生产成本即服务质量改进的影响、各方对项目价值的评价高低、公共部门和私人部门的投资比例、公共化程度、项目公司维护成本的控制水平、项目公司的风险管理水平、项目价值的可度量程度、合作关系的长期性、项目的复杂程度、客观的特殊需求、项目所在地的私有化程度、PPP 合同的类型、各方之间的信任度、各方的不可替代程度、各方对项目预期收益的满意程度。

7．风险分担

PPP 项目的实施过程中面对着各种各样的风险，合理的风险分担是保证项目成功的重要因素。笔者团队长期从事该方面的研究。柯永建[29]通过文献综述和案例分析，将中国 PPP 项目实施中的风险因素作为研究对象，最终识别出 37 个风险因素，包括 14 个国家级风险、7 个市场级风险和 16 个项目级风险，涵盖了中国以往失败 PPP 项目中导致项目损失的重要风险，并进一步通过德尔菲法，明确了中国 PPP 项目风险的重要性排序和其在公共部门和私人部门之间合理的分担比例。合理的特许权协议动态调节措施对减轻项目不确定性、保障风险在各参与方之间的公平分担有着重要意义。冯珂等[30]通过对 1994—2013 年中国 31 个典型 PPP 项目的分析，识别和定义 7 种具有代表性的特许权协议动态调节措施，包括政府补贴、收益分配、价格调整、特许期调整、退出机制、再融资、再谈判，结合案例分析了其在项目中发挥的作用，并结合 PPP 项目风险分担的原则，提出了特许权协议动态调节措施的选择框架。

8．绩效评估

PPP 项目以提高公共产品供给的效率为主要目标，在实际操作中也需要有效而完善的监控指标来为公共部门在项目监管中的绩效评价提供依据。张万宽等[31]通过文献回顾和深度访谈，识别出一系列绩效影响因素和绩效评价指标，并通过在若干转型国家中的问卷调研得到了 PPP 绩效影响的 7 个因素和 PPP 绩效评价的 4 个维度。袁竞峰等[32]通过文献阅读构建了 PPP 项目的 KPI 概念指标，并通过问卷调查评价了这些指标的重要性。王超等[33]通过分析绩效形成机理，结合文献梳理出了 PPP 项目的关键成功要素，并进而对 PPP 项目过程模块进行了分析，提取出关键绩效指标，建立了相应的 PPP 项目绩效评价指标体系。

9．再谈判

埃斯塔奇（Estache）等[34]分析了拉丁美洲的一些交通类 PPP 项目，并认为当项目的特许经营是通过多维拍卖的方式竞标时，项目特许期内的再谈判风险就会相应增加。另外，良性的政府治理，尤其是完备的反腐败法规，有助于减轻再谈判的问题。熊（Xiong）和张（Zhang）[35]设计了一套公共部门与私人部门之间的再谈判框架，并针对 3 种常用的补偿方式，收费调整、特许期延长和政府补贴，提出了对应的定量补偿模型。克鲁兹（Cruz）等[36]基于对公路项目中再谈判案例的研究，将引起再谈判的原因分为外部原因（如项目的外部环境变化、招标过程、资本结构、项目特点、政策体系等）和内部原因（风险分担协议、项目终止条款、再平衡条款、决定再谈判的关键绩效指标）两类。

笔者研究团队通过分析我国 20 世纪 90 年代以来 38 个发生了重大再谈判的 PPP 项目[37]，统计出再谈判常见的原因，如表 1-11 所示。

表 1-11　PPP 项目再谈判原因统计

再谈判原因	释　义
市场需求风险	因可行性研究、合同条款、长期需求预测不准等导致需求高估或低估
政府信用问题	不按合同约定付费、违反合同调价、违反竞争性条款等政府重大违约行为，而且政府违约后企业缺乏有效的法律救济渠道
政府过度担保	政府因缺乏行业数据积累、缺乏 PPP 经验以及信息不对称等原因在补贴、担保机制和程度的选择上缺乏科学的决策依据，因而常常过度担保
法律政策变更	因我国 PPP 法律政策框架正在完善中，PPP 领域及该项目所在领域的法律政策变更较为频繁
民众反对	项目产生了超额收益，运营不达标，收费过高影响居民生活等
项目绩效不达标	污染环境、超过国家明确规定等

由对再谈判结果的统计可以发现，我国的 PPP 项目再谈判的结果以政府回购为主，一是因项目的市场需求量大于预期或政府过度担保，项目收益过高，政府发起再谈判后在保障企业合理利润的前提下回购项目；二是企业以项目收益过低为由发起的再谈判，这种情况下的政府回购其实是政府为项目的失败买单，不仅产生巨大的交易成本，更有违公平原则。

10. 再融资

再融资一般是指上市公司通过配股、增发和发行可转换债券等方式在证券市场上进行的直接融资，应用到 PPP 中的再融资则不再是特指上市公司。由于 PPP 项目合同复杂、特许期长、关联方多等特点，其在未来很长的合同期内发生再融资行为的概率很大，因此对于 PPP 再融资的研究也是一个重要领域。然而，由于 PPP 项目兼顾社会效益，其再融资问题更加复杂，理论研究成果也相对较少，中国知网数据库显示到目前为止相关的研究文献为 8 篇。笔者团队成员李佳嵘等[38]调研了英国的再融资行为，发现英国早期的 PPP（PFI）再融资通常是由项目公司主导，虽同时涉及政府公共部门和资金提供者，如银行、投行、券商、私营投资者等，但是与政府关系较小，主要由项目公司与资金提供者协商决定。笔者团队成员刘宇文[39]认为，PPP 项目的再融资提高了资产负债率，增大了项目财务风险，也对融资条件、融资方式及利益分配方式做出了变更，直接影响到公共部门利益，导致公共部门常常过多地承担再融资导致的各种风险，因此需要设置合同条款对风险进行处置，并建议政府要求部分分享再融资带来的收益。总的来说，PPP 再融资的研究还处于借鉴国外经验、搭建理论框架的阶段，尚未细分到行业领域的实证研究。现阶段对于再融资的研究成果中，梳理出的再融资方式值得借鉴，包括：①变更融资条件；②新增融资工具；③重组项目公司。

11．实物期权评价

实物期权是一种期权，它是管理者对所拥有实物资产进行决策时所具有的柔性投资策略。从本质上说，期权是一种特殊的合约协议，它规定持有者在给定日期或该日期之前的任何时间有权利以固定价格买进或卖出某种资产[40]。传统投资决策模型更适用于确定型投资，而实物期权方法在处理不确定性强、投资回收期长、不可逆、要求管理灵活性高的投资项目时更具有不可忽视的优越性[41]。PPP 项目的特点决定了其决策可以使用实物期权方法。梁伟等[42]根据北京地铁 4 号线 PPP 项目遇到的实际问题构建模型，并通过将实物期权理论引入解决车站停车场建设规模决策，计算了引入实物期权后不同方案的期望净现值。季闯、袁竞峰等[43]提出了基于模糊实物期权的 PPP 项目价值评估一般步骤，推导出模糊实物期权价值计算模型。Xiong（熊）等[44]将再谈判条款看作 PPP 项目合同中实物期权，并用期权理论对再谈判的价格进行了定价。

12．政府监管

笔者认为，PPP 项目的监管应主要分两个阶段，一是项目的立项和特许经营者选择时期的准入监管，二是项目建设运营期的绩效监管（包括质量、价格、服务水平和财务方面的监管）。笔者建议，从政府管理 PPP 项目的角度出发，结合政府对 PPP 合同的监管机制，PPP 项目的监管主要分 2 个阶段、3 个方面，监管框架如图 1-15 所示[45]。

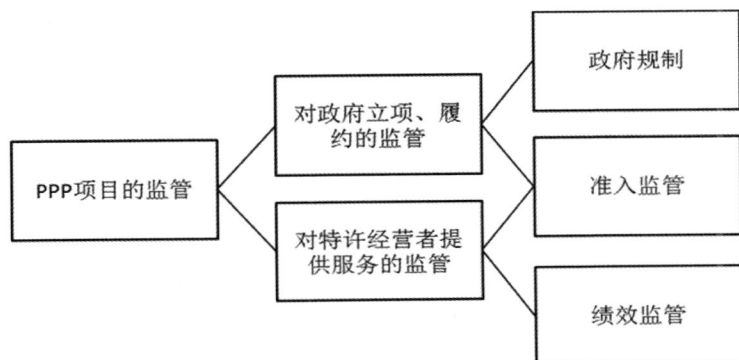

图 1-15　PPP 项目的监管框架

笔者团队成员刘婷等[46]对国际上包括澳大利亚、中国香港、南非、英国等国家的PPP监管体系进行了梳理和对比，为我国PPP监管体系建设提供参考和借鉴。各个国家/地区的PPP监管体系如表1-12所示。

表1-12　各个国家/地区的PPP监管体系

国家/地区	澳大利亚	中国香港	南非	英国
PPP主管部门	国民基础设施部/地方财政部	政务司效率促进组	国民财政部PPP小组/地方政府部门	财政部/国家审计署和公用事业管理委员会
组织类型	中央部门/地方部门	中央专项小组	中央专项小组/地方	中央部门/下属机构
职能	发布政策和指导文件/发布地方管理办法和实施监管	发布指导文件协助政府其他部门	发布政策、指导文件/政府实施监管	发布政策、指导文件，并实施监管
政策体系	中央政策、指导文件+地方特殊要求	中央政策、指导文件	指导文件	中央政策、指导文件
文件类型	技术文档、案例模型、FAQ	技术文档、案例模型	案例模型	技术文档、案例模型、Excel模型

以上国家或地区都有单一的中央部门负责PPP项目的政策制定和准入监管。此外，政府还聘请、授权或与第三方合作，并让公众和媒体及放贷方等也参与监管，世界银行/亚洲开发银行等国际多边机构也会对其放贷或援助项目的招投标、财务状况和环境影响等进行监管。为了加强我国PPP项目监管，应从以下方面继续推进相关工作：①推动国家层面的PPP立法和PPP指南制定；②设立中央和省级PPP机构，并重点考虑项目立项和审批时的相关要点；③建立统一的项目信息发布机制，公众参与机制与监督机制。

13. 退出机制

PPP项目的非正常退出可定义为："项目参与一方在特许经营合同规定的移交工作完成前，通过经济或法律程序全面终止在项目中的权力、责任和义务"。根据不同的合同关系把退出分为项目公司与公共部门间的合同关系终止和项目公司的股东从项目公司退出。根据社会资本方的退出意愿又可将退出分为主动退出与被动退出。APMG机构认为项目提前终止是违约或不可抗力引起的合同关系与服务提供的停止。

盛和太[47]认为，不同社会投资人自身的专业优势赋予了他们在PPP项目中的股权比例随项目阶段的改变降低委托代理成本和提高项目效益的作用。因此，不同类社会资本方退出 PPP 项目的方式和时段是不同的。黄华珍[48]认为社会资本退出 PPP 项目的方式有：公开上市、股权转让、股权回购、清算、发行债券票据、资产证券化等。但受到市场环境阻碍、交易体系不健全、风险隔离困难、适用条件严苛等因素的限制，资产证券化是未来可操作性最强的退出方式。周雪松[49]和崔敏[50]分别指出了构建 PPP 项目退出机制对于吸引社会资本投资 PPP 项目的重要性。

14．职业伦理

为了促进 PPP 模式的健康、可持续发展，在完善相关法规、政策及合同机制以外，还应重视从业人员职业伦理规范的建设与执行[51]。职业伦理是指特定职业者基于职业需要和职业逻辑而应当遵循的行为准则，是企业中人与人之间的职业道德关系，因此一般是道德层面上的[52]。基础设施和公用事业领域的建设、运营和维护属于全过程建设项目管理的范畴。因此，建设项目管理领域四大国际机构 PMI、IPMA、FIDIC、CIOB 的职业伦理对 PPP 职业伦理有借鉴意义。参与 PPP 项目实施并具有较大影响力的群体包括政府行政官员、投资企业管理人员、咨询师、律师等，其职业伦理可借鉴上述国际机构所拟定的行为规范，同时根据其工作上的分工而各有侧重，主要包括能力与任务匹配、持续学习（政策、法律、法规等）、向相关方充分披露实际/潜在的利益冲突、不接受/提供贿赂以防影响公平判断、保守机密信息、行为公平客观、方案维护公众利益、不损害他人/单位的职业声誉和业务、招标过程中提供平等的信息获取渠道和同等的机会、决策过程公开透明、尊重他人的财产权、不利用专业或职位影响他人决策和行为以损害他人利益谋取私利、寻求与可持续发展原则相符的解决方案、推广"基于质量评审（QBS）"的理念、咨询费公平合理。

作为 PPP 领域的专业人士，特别是咨询/律师，应推广和落实"物有所值评价"理念，在数据积累和工具开发上勤勉实干，体现专业性和独立性，根据实际情况合理选用适当的 PPP 模式和做法。从相关方的角度看，PPP 项目参与方众多，成功的标准是实现"共赢"，即公众满意、政府获得好评、投资者得到合理的回报、银行收回贷款和本金，因此，政、企双方及其咨询，特别是律师更应保证决策过程的公正、公开、透明，保证交易合规合法，并兼顾长远公平，不仅要考虑当事人的利益，还应考虑公众利益，促使 PPP 项目在签约后能持续健康发展。

二、我国未来 PPP 研究热点建议

（一）我国投资人"走出去"投资国际 PPP 项目的实践惯例

2013 年以来，习近平总书记在出访中亚和东南亚国家期间，先后提出了共建"丝绸之路经济带"和"21 世纪海上丝绸之路"的重大倡议。"一带一路"倡议契合了我国深化产业结构转型和经济增长方式转变的需要，也给我国建筑施工企业的发展带来了巨大的机遇。随着"一带一路"建设加快推进和我国从资本净流入国向资本净流出国转变，中国施工企业和投资机构通过公私合营（PPP）模式参与海外 PPP 项目正逐渐成为常态。但中国投资人在拥抱"一带一路"倡议带来的投资机遇的同时，也需要面对进行海外 PPP 项目投资所带来的风险和挑战。具体来讲，一方面，"一带一路"沿线国家与我国在政治制度、风俗习惯、宗教信仰等方面常存在较大差异，给 PPP 项目的顺利实施带来了挑战；另一方面，我国建筑施工企业虽然具备了承接大型工程的建设能力，但仍存在国际化经营经验不足、风险管理专业人才欠缺等短板。近年来，海外出现的一系列因企业管理能力不足或风险管控措施缺失而导致的失败案例都揭示了加强对国际 PPP 项目投资经验和教训的总结和推广的必要性。未来研究中可针对国际 PPP 项目的特点，在以下方面进一步深入分析：①金融企业参与国际 PPP 项目的投融资策略及路径；②建筑施工企业参与国际 PPP 项目的风险评估及应对；③成功国际 PPP 项目实践案例的总结和推广。

（二）基于大数据分析我国 PPP 实证，发现 PPP 理论机制并构建绩效指标

促进 PPP 模式的科学、规范和可持续发展离不开 PPP 项目信息的透明公开。加强 PPP 项目的信息公开，对于充分提高 PPP 项目供给效率，降低项目运营成本，促进社会公众参与监督都有着重要意义。虽然，目前 PPP 领域的数据积累仍存在着信息部门化、碎片化、关键信息缺乏、信息割裂等缺点，但随着相关信息披露制度的完善，PPP 项目信息公开范围的扩大及信息公开内容的完善，PPP 项目实施的市场环境将更加透明。目前，由地方各级财政部门负责录入维护的全国 PPP 项目信息库正处于不断完善的过程中。2016 年，财政部 PPP 中心也发布了财政部 PPP 平台项目库信息大数据。一般来讲，除了宏观的社会和经济数据外，逐步积累完善的 PPP 大数据中也将包括微观的政府数据、企业数据、项目数据和个人数据。大数据的价值在于数据融合和价值挖掘。随着 PPP 模式大数据的逐步完善，对大数据的挖掘和分析将为 PPP 项目决策提供更多的依据。未来研究应基于大数据挖掘，推动中国 PPP 的实证研究，发现 PPP 机制运作的内在机制，逐步构建 PPP 绩效评估的指标体系。

（三）以公共治理理论和模型研究我国 PPP 项目

尽管 PPP 具备部分缓解地方政府债务压力、促进社会资本投资的作用，但该模式的本质仍是推动公共产品和公共服务供给的变革，提高政府财政资金的利用率，促进政府职能的进一步转型。PPP 涉及政府、社会资本间长达几十年的长期合作关系，在项目的建设和运营阶段还会涉及施工方、金融机构、设备供应商、运营商等诸多市场主体，所提供的产品也以涉及普通民众的公共产品和公共服务为主。从这个角度看，PPP 也是一个由多方主体共同参与长期合作，各方利益持续博弈的公共治理问题[53]。公共治理理论仍认可政府在市场监管、社会管理和公共服务领域的主导地位，但也将私人部门、社会力量和市场机制引入公共事务的管理当中，其目标是提高公共服务的供给效率、打破公共服务供给中的垄断，强调公共治理中的公众参与、资源共享和综合治理[54]。未来相关研究可从公共治理理论出发，运用多种治理工具，深入剖析中国 PPP 项目治理的内部运作机制、成效和存在的问题，以深化对中国 PPP 治理模式的认识。

（四）PPP 知识体系构建

PPP 模式具有参与方众多、项目运营时间长、实施过程复杂等特点。PPP 领域涉及的知识体系较为复杂，涵盖了法律、金融、财务、工程等诸多方面的知识，全面梳理 PPP 领域的相关知识、技能和工具，系统构建 PPP 领域的知识体系十分必要。未来可从以下方面着手，逐步完善 PPP 领域的知识体系构建。①划分不同维度下的 PPP 知识体系及知识点。PPP 知识体系非常复杂，为了系统地归纳 PPP 知识体系、展示所有知识，必须建立在某一确定的维度上。可通过文献阅读、专家访谈的研究方法，建立基于相关方维度、阶段维度、知识领域维度、层级维度、项目类型维度这 5 个维度的知识体系框架，并将知识点进行相应的划分。②对比分析各维度的 PPP 知识体系。通过理论对比分析的方式，总结出各维度下知识体系框架的优缺点，并进行完善。随后，通过德尔菲法，对每个维度下的知识体系框架进行进一步的完善、评分，最后选择出逻辑性、适用性最佳的维度。③针对具体维度进行知识填充。在上一步所选定的维度下，通过文献阅读、专家访谈的方式，将知识点进行进一步的划分，形成较为完整的 PPP 知识体系，并以与相关方相关的章节为例，详细填充知识内容，作为后续完善知识体系的范例。

参考文献

[1] 王守清，刘云．公私合作（PPP）和特许经营等相关概念[J]．环境界，2014，25（1）：18-25．

[2] 柯永建，王守清．特许经营项目融资（PPP）：风险分担管理[M]．北京：清华大学出版社，2011．

[3] The European Commission. Guidance for Successful PPP[R]. 2003.

[4] Jerry Zhao. Advancing Public Interest in Public-Private Partnership of State Highway Development, Research Report, University of Minnesota[EB/OL]. [2011-02] http://www.pwfinance.net/document/research_ reports/Research%20Misc%20Advancing.pdf.

[5] 王守清，柯永建．特许经营项目融资（BOT、PFI 和 PPP）[M]．北京：清华大学出版社，2008．

[6] 王守清．特许经营的内涵及其与 PPP 的联系与区别[EB/OL]．[2016-07-09] http://blog.sina.com.cn/s/blog_6421df790102wqwj.html.

[7] 王强．特许经营立法之理论与现实[EB/OL]．[2016-06-1] http://www.h2o-china.com/column/393.html.

[8] 伍迪，王守清．PPP 模式在中国的研究发展与趋势[J]．工程管理学报，2014（6）：75-80．

[9] Zhang S, Chan A P C, Feng Y, et al. Critical review on PPP Research － A search from the Chinese and International Journals[J]. International Journal of Project Management, 2016, 34(4):597-612.

[10] Song J, Zhang H, Dong W. A review of emerging trends in global PPP research:analysis and visualization[J]. Scientometrics, 2016, 107(3):1111-1147.

[11] Xu Y, Sun C, Skibniewski M J, et al. System Dynamics(SD)-based concession pricing model for PPP highway projects[J]. International Journal of Project Management, 2012, 30(2):240-251.

[12] Niu B, Zhang J. Price, capacity and concession period decisions of Pareto-efficient BOT contracts with demand uncertainty[J]. Transportation Research Part E Logistics & Transportation Review, 2013, 53(1):1-14.

[13] Zhou Q, Sun Y, Lu D. Concession Price Adjustment Decision in Wastewater Treatment BOT Project[J]. International Journal of Innovation, Management and

Technology, 2016, 7(5):192.

[14] Ng S T, Xie J, Cheung Y K, et al. A simulation model for optimizing the concession period of public‑private partnerships schemes[J]. International Journal of Project Management, 2007, 25(8):791-798.

[15] Zhang X, Abourizk S M. Determining a reasonable concession period for private sector provision of public works and service[J]. Canadian Journal of Civil Engineering, 2011, 33(5):622-631.

[16] Zhang X, Bao H, Wang H, et al. A model for determining the optimal project life span and concession period of BOT projects[J]. International Journal of Project Management, 2016, 34(3):523-532.

[17] 金永祥.浅议 VFM 在 PPP 项目中适用问题[N]. 中国建设报，2014-06-20（006）.

[18] 王守清. 物有所值评估是做好 PPP 的前提[J]. 新理财/政府理财，2015，240（12）：38-39.

[19] 王盈盈，冯珂，尹晋，等.物有所值评价模型的构建及应用——以城市轨道交通 PPP 项目为例[J].项目管理技术，2015，13（8）：21-27.

[20] 刘璇璇,任冶.高速公路 PPP 项目 VFM 评价模型及其应用研究[J].湖南交通科技，2015，41（4）：155-158.

[21] 刘慧慧，孙剑，李飞飞.城市地下综合管廊应用 PPP 模式的 VFM 评价[J].土木工程与管理学报，2016，33（4）：122-126.

[22] 张剑智，孙丹妮，刘蕾，等.借鉴国际经验推进中国环境领域 PPP 进程[J].环境保护，2014，42（17）：71-73.

[23] 于安. 优化法治推动 PPP 领域社会投资[J]. 紫光阁，2016，（8）：58-59.

[24] Kwofie T E, Afram S, Botchway E. A critical success model for PPP public housing delivery in Ghana[J]. Built Environment Project and Asset Management, 2016, 6(1): 58-73.

[25] 张红平,叶苏东. 基于 AHP-DEMATEL 的 PPP 项目关键成功因素相互关系研究[J]. 科技管理研究，2016（22）：203-207.

[26] Osei-Kyei R, Chan A P C. Perceptions of stakeholders on the critical success factors for operational management of public-private partnership projects[J]. Facilities, 2017, 35(1/2).

[27] 张喆，贾明，万迪昉. PPP 合作中控制权配置及其对合作效率影响的理论和实证

研究——以中国医疗卫生领域内的 PPP 合作为例[J]. 管理评论，2009，21（9）：29-38.

[28] 孙慧，范志清，石烨. PPP 模式下高速公路项目最优股权结构研究[J]. 管理工程学报，2011，25（1）：154-157.

[29] 柯永建. 中国 PPP 项目风险公平分担[D].北京：清华大学，2010.

[30] 冯珂，王守清，伍迪，等. 基于案例的中国 PPP 项目特许权协议动态调节措施的研究[J]. 工程管理学报，2015（3）：88-93.

[31] 张万宽，杨永恒，王有强. 公私伙伴关系绩效的关键影响因素——基于若干转型国家的经验研究[J]. 公共管理学报，2010（3）：103-112.

[32] 袁竞峰，季闯，李启明. 国际基础设施建设 PPP 项目关键绩效指标研究[J]. 工业技术经济，2012（6）：109-120.

[33] 王超，赵新博，王守清. 基于 CSF 和 KPI 的 PPP 项目绩效评价指标研究[J]. 项目管理技术，2014（8）：18-24.

[34] Estache A, Guasch J L, Iimi A, et al. Multidimensionality and Renegotiation: Evidence from Transport-Sector PPP Transaction in Latin America[J]. Working Papers Ecares, 2008.

[35] Xiong W, Zhang X. Concession Renegotiation Models for Projects Developed through Public-Private Partnerships[J]. Journal of Construction Engineering & Management, 2014, 140(5):04014008.

[36] Cruz C O, Rui C M, Cardoso P. Empirical Evidence for Renegotiation of PPP Contracts in the Road Sector[J]. Journal of Legal Affairs & Dispute Resolution in Engineering & Construction, 2015, 7(2):05014003.

[37] 刘婷，赵桐，王守清.基于案例的我国 PPP 项目再谈判情况研究[J].建筑经济，2016，37（9）：31-34.

[38] 李佳嵘，王守清. 再融资在国外 PPP 项目中的应用及对我国的启示[R]. //中国（双法）项目管理研究委员会. 第八届中国项目管理大会论文集. 北京，2009.

[39] 刘宇文.PPP 项目再融资最优资本结构研究[D]. 北京：清华大学，2012.

[40] 陈晓红，郭佩含.基于实物期权的 PPP 项目政府补偿机制研究[J].软科学，2016，30（6）：26-29.

[41] 李明顺，陈涛，滕敏.交通基础设施 PPP 项目实物期权定价及敏感性分析[J].系统工程，2011，29（3）：67-73.

[42] 梁伟,王守清.实物期权在城市轨道交通 PPP 项目决策中的应用[J].工程管理学报，2012，26（2）：23-27.

[43] 季闯，程立，袁竞峰，等.模糊实物期权方法在 PPP 项目价值评估中的应用[J].工业技术经济，2013，33（2）：49-55.

[44] Xiong W, Zhang X. The Real Option Value of Renegotiation in Public‐Private Partnerships[J]. Journal of Construction Engineering & Management, 2016, 142（8）：04016021.

[45] 王守清，刘婷. PPP 项目监管：国内外经验和政策建议[J]. 地方财政研究，2014（9）：7-12.

[46] 王守清，刘婷. 对加强我国 PPP 项目监管的建议[J]. 经济研究参考，2014，60：14-15.

[47] 盛和太. PPP/BOT 项目的资本结构选择研究[D]. 北京：清华大学，2013.

[48] 黄华珍. PPP 项目资产证券化退出机制的法律分析[J]. 招标采购管理，2015（11）：41-42.

[49] 周雪松. 破解 PPP 发展难题须建立退出机制[N]. 中国经济时报，2016-11-30（001）.

[50] 崔敏. PPP 应建立沟通机制和退出机制[N]. 中国企业报，2016-08-23（005）.

[51] 王守清，刘婷. PPP 项目实施中的职业伦理要求研究[J]. 建筑经济，2016，37（8）：37-41.

[52] 爱弥尔·涂尔干. 职业伦理与公民道德[M]. 上海：人民出版社，2006.

[53] 韦伯，阿尔芬，罗桂连，等. 基础设施投资策略、项目融资与 PPP[M]. 北京：机械工业出版社，2016.

[54] 杨宏山. 整合治理：中国地方治理的一种理论模型[J]. 新视野，2015（3）：28-35.

[《中国 PPP 年度报告（2017）》，社会科学文献出版社，2018]

看淡 PPP、淡看 PPP——2018 年 PPP 发展趋势研判

王守清　王盈盈

人生经历就是一个轮回接着一个轮回，事物发展也是一个周期迭代一个周期，当我们洞悉这个循环往复、不断发展的客观规律时，面对各种起伏跌宕的局势，就会更

为坦然。同样，在 PPP 领域，项目增多了又减少，模式复杂化了又简化，政策利好了又整顿，前景乐观了又悲观……让我们更加坦然面对 2018 年，淡淡地谈一谈，2018 年的 PPP 发展趋势。

2016 年底，我们（王盈盈与王守清）提出的 PPP "五化" 趋势已大部分实现。现在我们认为，由于 2017 年下半年以来一系列 PPP 新政的出台，2018 年将继续深化 2017 年的 PPP "五化" 趋势，呈现出新 "七化" 的趋势，具体如下。

第 1 化

2018 年，随着各项 PPP 新政的执行，以及 PPP 条例可能具备正式发布的条件，有关 PPP 的政策已更加具体和明确（过去几年政策更多是正面引导，新政则更多是负面禁止），但离真正的法治化和制度化还有很长的路要走。

第 2 化

有关方在今年密集研究 "一带一路" PPP 案例并翻译与学习世界银行 PPP 合同条款指南的基础上，2018 年将会有更多人积极筹备投身国际 PPP 事业，2018 年有望落地正式的国际 PPP 项目，也有咨询机构将会参与国际 PPP 咨询服务。

第 3 化

自财政部建立 PPP 综合信息平台和推出示范项目库以来，中国的 PPP 数据有了积累，清华 PPP 研究中心也在 2017 年发布了 "PPP 指数"，体现为对数据的应用和分析。2018 年会有更多人参与 PPP 信息化事业，并将产生明确的盈利模式和社会与商业价值。

第 4 化

2018 年开始，伴随一系列 PPP 新政的执行，将倒逼各方规范运作 PPP，回归 PPP 的本质和推广 PPP 的初心，PPP 项目会越来越强调绩效考核与监管，会针对 PPP 政府付费型项目和可用性付费模式给出标准的（先会有民间版，也可能会有协会版或官方版）绩效考核标准和体系，各个行业精细化的绩效考核指标也会自发出台或完善。

第 5 化

财政部 92 号文给出了信息平台库内 PPP 项目规范整改的期限，并给出了整改的多项原则。配套 50、62、87 文和国资委 192 号文等新政，倒逼各方更加规范地操作 2018 年的 PPP 项目，两极化趋势会继续深化，最终体现优胜劣汰。

第 6 化

2017 年 9 月，清华 PPP 研究中心联合 58 家高校发起了 "高校 PPP 论坛（联盟）"，标志着 PPP 相关研究和教育进入了新的时代，而 12 月 1—3 日又组织了 PPP 师资首期 3 天免费研讨班，有助于 PPP 研究的深化和 PPP 人才培养体系的建设和发展。而且，由于 PPP 的规范化要求、学术界研究的推进和实务界经验的积累，2018 年的 PPP 培训将会有一些小回暖，但主要是专业化培训，而非过去几年盛行的科普化培训。校、企、政、银、咨之间建立合作研究或成立人才培养机构也将成为一大趋势。

第 7 化

2018 年金融机构参与 PPP 项目的资本金融资难度将会加大，但没有金融机构参与资本金融资，很多 PPP 项目的资本金融资将更困难。结合中央金融工作会议对金融系统"去杠杆"的精神，2018 年还会配套出台更为具体和精准的监管政策，加上金融机构对 PPP 项目债务性融资的参与本来就不太积极，很多地方政府的财政承受力接近甚至已达到 10% 的上限，债务性融资的总量也会进一步下降。在此形势下，或将倒逼金融系统开始搭建 PPP 的能力建设，强化 PPP 专业人才的培养，配套风控体系的完善与优化等，这将是一个系统性的改革方向。

总而言之，2018 年，让我们对 PPP 的风起云涌抱持更为淡然的心态，更云淡风轻地看待政策、流程、论证、投融资、争议、信息不对称、成功失败等变化，因为，这本来就是 PPPers 的人生。

（《长青画报》，2018 年第 1 期）

PPP 的内涵和我国现状与趋势

王守清

一、概念与内涵

PPP 是 Public-Private Partnership 的缩写，直译为"公私合作"或"公私伙伴关系"，指公共部门通过与私营部门建立伙伴关系更高效地提供公共产品或服务（以下简称"公共产品"，如路/桥/隧等基础设施、电厂/水厂/污水/垃圾处理厂等公用事业和学校/医院/养老院/监狱等社会事业，以及它们的组合如特色小镇/产业新城等城镇化，上述项目统称为"基础设施"）的一种交付模式。

我国改革开放以来，市场的参与主体还是公有的中央和地方国企（以下简称"国企"），且都是以独立法人的身份参与 PPP，而且由于我国政治体制、对 PPP 的理解和

PPP 相关的政策，与国际上有一个重要区别，即 PPP 中的第二个 P（Private，私）并不是单指私营经济主体。经济主体的外在形式只是资本性质的载体，所谓"公"与"私"的区别，更应强调的是资本目的的"公"与"私"。"公"应该指主要追求社会公益性，"私"应该指主要追求经济利益，国企也要追求经济利益，也要保值升值资产，因此，我国政府并不排除国企参与 PPP，并把 PPP 表述为"政府和社会资本合作"。笔者则更喜欢表述为"政企合作"，财政部建立的规模达 1 800 亿元的中国 PPP 基金的中文表述就是"中国政企合作基金"。

国际上对 PPP 也没有统一的定义，而且还有广义和狭义之分。广义 PPP 泛指公共部门与私营部门为提供公共产品而建立的长期合作关系，而狭义 PPP 则更加强调政府通过商业而非行政的方法如政企之间的合同、政府在项目公司中参股、明确公共产品的产出要求并进行监管等来实现对项目的控制，以及在与企业合作过程中的优势互补、风险共担和利益共享。国际上越来越多地采用广义 PPP 的定义，作为公共部门和私营部门之间一系列合作方式的统称，包括 BOT、TOT、PFI、特许经营等。无论是广义还是狭义，PPP 在本质上是公共部门由传统方式下公共产品的提供者变为规制者、合作者、购买者和监管者，是管理制度的一种创新。

二、必要性与适用性

国内外实践证明，如果公共产品全部由政府独自提供，可能会因政府资金不足而造成供给不足，或可能因政府的供给与市场需求失配等而出现高成本、低效率、高风险等问题；如果公共产品完全由企业提供，则可能出现企业以利润最大化为目标，伤害公众利益。因此，推行 PPP 模式，让政府和企业长期合作，各自发挥优势，利益共享，风险共担，能缓解政府资金短缺问题，利用社会资本提前建设，提前受益，提高公共产品的供给能力（供给侧改革），促进经济发展，提高生活水平；利用企业的资本、技术和管理经验，专业的人做专业的事，充分发挥企业的能动性与创造性，提高效率和服务水平；理顺政府与市场关系，加快政府职能转变，从主导甚至独立提供基础设施的全过程，转变为对这个过程和结果进行规制和监管，充分发挥市场配置资源的决定性作用；鼓励企业特别是大企业提高全方位、全产业链的集成和管控能力，打造国际竞争力。事实证明，如果 PPP 实施规范，实现各方"共赢"，是公共项目最好的交付模式之一。

当然，由于 PPP 涉及众多政府主管单位，涵盖工程、融资、法律、经济和管理等众多学科，投资规模大，时间跨度长，风险因素多，不确定性大，参与主体多和涉及面广，各个项目的具体实施环境与条件不同，常常无先例可循，更增加了项目的复杂性，造成合同复杂、项目流程繁杂且时间长、交易成本高，因此，PPP 只是公共项目的交付模式之一，有一定的适用范围，不是万能钥匙，既不能泛化，更不能不规范运作。因此，不是所有的公共项目都可以采用 PPP，也不是所有企业都有能力做好 PPP 项目。全世界 PPP 应用得最好的国家，其公共项目采用 PPP 模式的也不过 10%~20%，这是因为，提供公共产品的终极责任是政府的，不能完全推向市场，不是所有企业都有全过程全方位的集成和管控的动机与目的，如果公共产品出问题，公众找的还是政府。

我国中央政府自 2014 年开始力推 PPP，就是为了实现上述目的，当然，另一个背景就是我国城镇化进程特别是基础设施的巨大需求驱动的，但地方政府财政支出压力加大，加上土地财政难以为继，地方债已经高企，因此，从中央到地方政府，都在积极鼓励社会资本参与基础设施投资、建设和运营，即应用 PPP。不过，应用 PPP，政府不是把所有工作完全甩给企业，不能逃避特定项目的支付/补贴责任，而是转变管理方式和重点，监管企业所提供的公共产品质量、服务水平和价格等，提高效率和服务水平，实现物有所值（VfM）。另外，PPP 项目有使用者支付、使用者支付加政府资源（钱/地/旅游/矿等）补偿、政府支付三种，且只有前两种能减轻政府财政支出特别是当期财政支出。因此，政府不能全部依赖于 PPP 去解决资金问题，需要政府支付或补偿的 PPP 项目做多了，就会形成大量政府长期债务或损失资源。

综上，成功的 PPP 项目是各方共赢、可持续的。企业追求的是长久、稳定、持续的收益，而非一时的暴利，政府必须考虑物有所值和保护公众利益。

不管怎样，应用 PPP 是现代社会国内外的必然趋势，因此，企业的发展路径必然要随着公共项目的交付模式变化而对应，这可以从两个维度看：一个维度是公共产品功能的企业化，即政府把产业链上越来越多的事情交给企业去干，演化出各种越来越集成的交付模式，从记工计件到施工总承包、工程总承包（DB/EPC），再向前延伸为 BT 和向后延伸为 DBO，最后到全产业链的 PPP；另一个维度是公共项目管控主体的企业化，因为政府把越来越多的事情交给企业干，相应地政府就必须把对项目的控制权越来越多地让渡给企业，即项目的管理主体在发生变化，这就是实质性企业化。

三、现状与问题

自我国力推 PPP 以来，取得了很大成绩。财政部 PPP 综合信息平台数据库显示，截至 2017 年 9 月末，总入库项目共计 14 220 个，累计投资额 17.8 万亿元；处于执行和移交阶段的项目（已签约项目）2 388 个，投资额 4.1 万亿元。另据明树数据统计，在 2014—2017 年 6 月，国企获得了超过 75% 投资额的 PPP 项目，民企在 PPP 项目投资额规模上落后较多，但在数量上获得了将近一半的 PPP 项目，而外资企业几乎缺席本轮 PPP 热潮。

但无须讳言，我国过去几年推广 PPP 过程中，由于种种原因，存在很多不规范做法，如拉长版 BT、明股实债、保底回报，重建设轻运营，物有所值和财政承受力评估作假等，没有实现减少地方债、提高效率等目的，导致近几个月来中央部委连续出台了几个整改文件，但这些文件不是刹车 PPP，而是规范 PPP，回归 PPP 初心（就是前面所说的各种优点），有利于 PPP 行稳致远。

这些问题产生的原因很多，例如，我国缺乏大规模推广 PPP 所具备的环境和机制，包括清晰健全的法律法规、高效的政府部门之间协调、有力的政府和社会监管、完善的信息公开和公众参与、成熟的金融体系和健全的信用体系、PPP 人才严重不足（PPP 对于我国政府官员、投资者和金融机构等尚属新生事物，具有 PPP 理论和实践经验且坚守职业操守的咨询机构和人才更为缺乏），等等。因此，推广 PPP 应循序渐进，不能搞运动冒进，但也不要悲观，规范的 PPP 是公共项目的最好交付模式之一。

四、未来与展望

政府和业界已经意识到这些问题，并在采取行动，前面提到的一系列新政就是政府完善 PPP 环境和制度的措施。业界也在积极响应，特别值得一提的是与能力建设和人才培养相关的两件大事。一是 2017 年 9 月 28 日在第二届中国 PPP 论坛上，由清华大学 PPP 研究中心联合 58 家高校发起成立了中国高校 PPP 论坛（联盟），目前成员数已近 70 家高校，涵盖了我国几乎所有教研 PPP 的高校和教师。经过无记名选举，由清华大学 PPP 研究中心任理事长单位兼秘书处，大连理工大学、东南大学、天津大学、同济大学、中国人民大学任副理事长单位，笔者也很荣幸被全票选为学术委员会主任；同年 12 月 1—3 日秘书处还举办了中国 PPP 高校论坛第一次师资研讨班，对我国高校 PPP 相关的教研起到了巨大作用，有利于我国 PPP 的理论研究、实践经验提炼和人才培养。二是 2017 年 9 月由中国国际工程咨询公司联合 180 多家 PPP 咨询机构发起成立了中国 PPP 咨询机构论坛（联盟），并于 2017 年 12 月 22 日召开了第一届第一次理事单位会议，选举中国国际工程咨询公司任理事长单位兼秘书处，18 家咨询机构任副理事长单位，将开展相关研讨交流等活动，有利于我国 PPP 咨询市场的规范发展，打造我国 PPP 顶级咨询机构，促进我国 PPP 咨询水平的提高和 PPP 的规范发展。

因为财政部 2017 年 92 号文要求各地在 2018 年 3 月底将信息平台库中的 PPP 项目整改完毕，各方目前都在观望，故 2018 年上半年特别是一季度 PPP 项目签约数量会大幅下降，待各方完全理解中央特别是财政部的相关政策后，下半年 PPP 项目签约数会开始回升，但会更趋于理性和规范，越来越强调真股投资、重视运营、强调强调绩效考核与监管，分行业的绩效考核标准和监管体系会逐步出台和进一步完善。估计 PPP 项目不会像过去几年那样盲目上马，最多也不过是所有公共项目的 20%~30%。另一个原因是不少地方政府用于支付和补偿 PPP 项目的财政支出已经达到一般公共开支的 10%红线，心有余而力不足，也没法做太多政府支付和补偿的 PPP 项目，但使用者付费的项目占比会增多。由于基础设施的重要性，中央可能会稍微放开地方政府的其他融资渠道，如增加地方政府发债规模、允许更多项目交付模式的应用，而不仅限于政府发债和 PPP。另外，国资委 192 号文对央企的约束，可能使民企参与 PPP 无论从项目数量还是投资额占比都会提高，但由于民企的先天不足，不可能急剧上升。中央"金融去杠杆"政策会使金融机构更加谨慎参与 PPP，债务融资成本短期内将上升，资本金更加难以筹措，当然，也许将倒逼金融系统开始 PPP 能力建设和专业人才的培养、配套风控体系的完善与优化，开始通过真正的项目融资（基于项目的现金流、有限产权和合同权益去融资）和结构化融资去参与 PPP。因为市场和业绩压力，会有更多企业特别是国企关注"一带一路"项目，包括对外工程承包特别是带资承包和 PPP 项目，逐步"走出去"，但因为对外汇的管制，只是与中央战略相关的项目更容易落地。

作为高校，让我们承担起 PPP 教研和人才培养的更大责任，期盼 PPP 在 2018 年和未来发展得更好！

（公众号"清华大学藤影荷声"，2018-05-14）

PPP 概念理解及不同模式的适用

王守清　王盈盈

一、什么是 PPP

全球各个国家/机构/个人对 PPP 没有完全相同的共识，把小伙伴们全整晕了，尤其是在建筑业内，大家熟悉的是 BT 和 BOT（含 BOOT/BOO/TOT 等），以为 PPP 又是一种新东西。诚然，PPP 一词刚出来时，曾被当作与 BOT 等并列的一种融资方式，但现在更多是将 PPP 看作包含 BOT 等一系列形式的新公共管理模式，是一个概念集合，也是一种理念。

我参与的《基础设施和公用事业特许经营法（征求意见稿）》中对特许经营的定义与 PPP 是一样的：本法所称基础设施和公用事业特许经营，是指各级人民政府依法通过竞争方式选择中华人民共和国境内外的企业法人或者其他组织，签订书面协议明确权利义务划分和风险分担机制，授权企业法人或者其他组织在一定期限和范围内投资建设经营或者经营特定基础设施和公用事业，提供公共产品或者公共服务的活动。

除了之前提到最关键的"项目融资"（基于项目去融资，含 ABS）、"特许经营"（需要政府的授权），还有"有限追索""政府向社会购买服务""混合所有制"等。PPP 立法不能回避这些，特别是混合所有制，这是（准）公共产品 PPP 之 SPV 的典型形式。

目前，国际学术界提出了第二代 PPP 的有关名称，如 PPPP（最后 1 个 P 代表 People）（见图 1-16）等。

大家往往把 PPP 与私有化混淆，这两种私企参与项目形式的最显著区别是：私有化涉及之前是公有资产的永久转让给私企，而 PPP 则涉及政府作为"合作伙伴"的角色与私企保持持续关系。

现在越来越多的 PPP 做法，如土地财政加拉长版 BT、政府（含代表政府的企业）回购股权/明股实债、以短期为目的的财务投资/产业基金……都是投资者和地方官员为做 PPP 绕过中央规制的所谓创新，即使不违法也不应成为主流。凡是不以婚姻为目的的恋爱，不以长期合作、分担风险和提高效率的 PPP，都是耍流氓。

PPP的相关方，要考虑百姓→PPPP

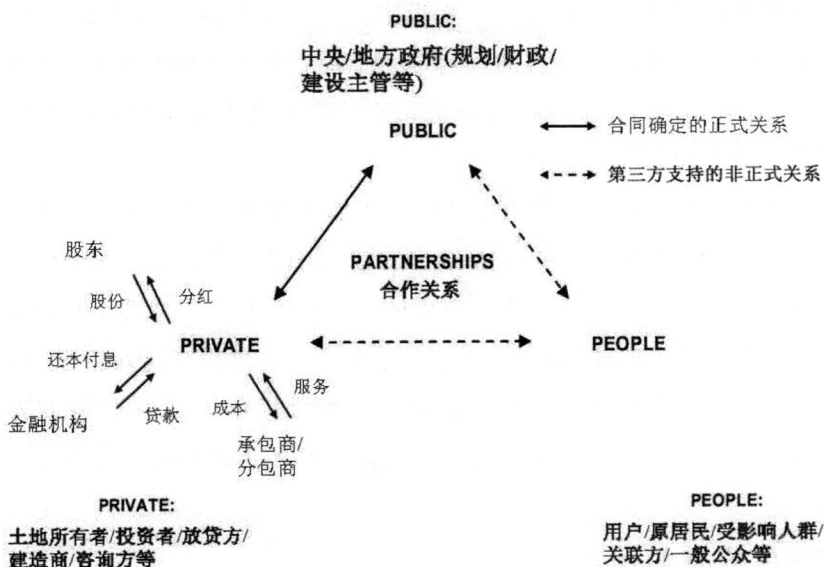

PUBLIC:
中央/地方政府(规划/财政/建设主管等)

PUBLIC　　　◀——▶　合同确定的正式关系

　　　　　　◀---▶　第三方支持的非正式关系

股东

股份　　分红

PARTNERSHIPS
合作关系

还本付息

PRIVATE　◀---▶　**PEOPLE**

金融机构　　贷款　　成本　　服务

承包商/
分包商

PRIVATE:
土地所有者/投资者/放贷方/
建造商/咨询方等

PEOPLE:
用户/原居民/受影响人群/
关联方/一般公众等

图 1-16　PPP 框架

对投资者和银行而言，PPP 的两大特征是：①若投资者提供的公共产品/服务达不到要求，政府或使用者将减少甚至拒绝支付；②若投资者不能还本付息，银行将直接介入甚至接管项目。两种都对投资者和银行有不同程度的风险，取决于双方之间的合同及与政府的合同。若你看不懂，该听课/看书或找咨询/律师。

也可以理解另类 PPP，它们是：①Promises（承诺），Politics（政治），Pitfalls（陷阱）；②Presentation（展示），Practice（练习），Production（生产）；③People（主体），Process（过程），Product（产品）；④还有约 2/3 的人不知道其英文原意但常错用来表示 Public-Private Partnership（PPP）的那个"3P"。

二、PPP 涵盖的知识领域

PPP 涉工程/经济/金融/会计/公共管理等，但无一学科能抓住 PPP 的所有本质：工程强调技术/PM/合同/利率等；金融把 PPP 看作一种结构化融资；会计关注政府是否把资产列入负债表；公共管理把 PPP 视作企业化/私有化的一个环节。应整合这些视角，并分析不确定性和激励机制，这是全球早期研究 PPP 多从风险管理入手的原因。

又因为 PPP 应用越来越广、越来越多的人关注 PPP，而 PPP 涉及面极广，任何单独一学科无法涵盖其本质，国际上已有大学开设 PPP 学位（如西班牙和日本），不知在我国开设 PPP 学位是否能获教育部大学批准？若不能获准，则可在 MPA、MBA、MEM 或 MEng（PM）下开设 PPP 方向？目前，清华大学联合香港城市大学开设了 PPP 方向的 MPA+EMBA 双硕士学位项目，同时也在清华公共管理学院开设了 PPP 方向的 MPA 硕士课程，算是取得了一定进展。

知识（含 PPP 知识），只有市场化，才能体现其力量和价值。就知识的价值而言，外企、民企、国企、培训机构、多边机构、NGO、高校、政府等的估价依次衰减。目前阶段举办 PPP 培训班，至少应有 4 个方面的内容：学术界结合大小案例讲概念、框架、原则和实操要点等；法律界解读相关法规政策、法律冲突与对策及合同要点等；金融界讲融资渠道、融资产品、融资条件和融资安排优化等；企业/咨询界讲解实际案例策划、实操要点与经验教训等。之后，可再根据侧重选择更专业的专题培训。

三、PPP 模式分类

就项目交付模式而言，按资金来源分类：政府出资、企业去干（公共产品/服务传统提供模式）；企业出资、企业去干（非公共产品/服务提供模式）；政府和企业合作（PPP 模式）。还可以按功能性和实质性企业化分类，后者不用移交（见表 1-13）。

表 1-13　PPP 的分类

PPP [功能性]		PPP [实质性]	
（D）BOT	（设计）建造（融资）运营 移交	（D）BOO	（设计）建造（融资）运营 拥有
	特许权模式	BDBOO	收购 设计 建造运营 拥有
（D）BOOT	（设计）建造 运营 拥有 移交		
DBFO（T）	设计 建造 融资 运营（移交）	DBROO	设计 建造 租用 运营 拥有
	可用性付费模式		
（D）BOOT	（设计）建造 运营 拥有 移交		
DBLOT	设计 建造 出租 运营 移交		
DBROT	设计 建造 租用 运营		
	合同模式		

四、PPP 的适用范围

PPP 最适用于需求大、投资大、技术可靠、收费容易、区域性强、要求明确的项目（见表1-14，数字越大越适合）。

表 1-14　PPP 的适用范围

项目类型		设 施 数	技术复杂	收费难易	消费规模
教育		2	4	2	1~4
健康		2	5	2	4
国防		2	3~5	1	1
社会安全		1	3	1	2~5
司法		1	4	1	4
文化		2	3	4	4
交通运输	航空	2	5	5	4
	道桥	5	3	4	4
	轨交	4	4	5	3
	水路	2	2	5	3
	海运	3	3	5	4
	城运	4	4	2	5
通信		5	5	5	2~5
电厂		5	4	5	3~5
供水		5	4	5	5
水/物处理		5	4	1	5
路灯		5	2	1	5
娱乐		4	2	4	5
邮政		1	2	5	3~5
宗教		2	4	2	2~5
科研		2	5	1	5

注　其中 1 分表示指标值最低，5 分表示指标值最高。

由表 1-14 可以看出交通运输、电厂、供水、水/物处理最适用 PPP。

五、PPP 的优缺点

PPP 对政府来说其优点是：①利用社会资本，减少财政支出和债务，加快发展设施，提高生活水平；②降低政府融资/设计/建造/经营风险；③发挥企业的能动性和创造性，提高效率，知识管理；④引进外商管理和技术，带动本国企业提高；⑤合理利用资源，避免无效益项目/重复建设；⑥促进经济发展和金融资本市场和法规体系等完善。

PPP 对政府来说其缺点是：①政府要承担政治和外汇等风险，税收流失；②若是用户支付项目，如果价格较高，造成国民不满；③耗时长，因为风险多/合同结构复杂，谈判难；④如果政府不懂，外商/民营公司可能出现掠夺性经营；⑤延缓改革。

影响 PPP 项目交易成本的因素：所在国和行业，项目类型/细节/复杂度/合同结构，招标时间，投标者数等。在特定国家，可概括为 4 个主要因素：项目信息（功能/产出要求等）、项目规模（投资额）、项目复杂度（设计/建设/运营的复杂性，涉及技术/法律/政治/经济等）、投标者数。交易成本一般分为前端成本和后端成本两类，对各种项目交付模式（含 DBB、DB、EPC、PPP 等）而言，就是签约前交易成本和签约后交易成本。前者包括定义、招标、谈判、签约等活动的成本，后者包括监管和履约等活动的成本。PPP 项目因参与者多/时间长/风险大等，交易成本更高。

六、我国 PPP 的特点

我国做 PPP 的前期流程简单，工作粗放，时间短，交易成本低，但签约后特许期内可能麻烦不断，总成本高；西方则前期流程严谨，工作细致，时间偏长，交易成本高（甚至高达总投资的 10%），但签约后麻烦少（严格执行合同），可能总成本并不高。对我国而言，找个平衡点很重要。

发达国家已经证明，我国也正在证明（准）公共产品/服务的管理模式主要是两个维度的发展，形成所谓的"新公共管理"：①发展至功能性民营化（在我国更准确地说是企业化），主要是外包任务；②发展至实质性企业化，主要是改变提供过程和管理主体。所以，PPP 是必然趋势。

（公众号"清华 PPP 研究中心"，2018-09-10）

政企合作知识体系（PPPBoK）构建研究①

庞　敏　　褚晓凌　　王守清

一、引言

政企合作是指公共部门与私人部门为提供公共产品（或服务）而建立起来的一种长期的合作伙伴关系，这种伙伴关系通常需要通过正式的契约来确立。在我国，自改革开放后，PPP 的发展经历了探索、小规模试点、推广试点、新发展的 4 个阶段。2014年以来，从中央到地方均大力推广 PPP 项目，根据全国政府和社会资本合作（PPP）综合信息平台统计，截至 2018 年 3 月末，全国 PPP 项目中，处于准备、采购、执行和移交阶段的项目共 7 420 个，投资额 11.5 万亿元，且据统计分析，全国 PPP 的需求依旧在不断加大[1]。

PPP 项目的一大特征是复杂：项目时间长，可长达十几年甚至三十年；涉及相关方众多，包括政府、社会资本、投资方、承包商、公第三方机构；涉及领域广泛，包括但不限于能源、交通运输、水利、环境保护、农业、林业、科技、医疗卫生、养老、教育、文化等公共服务领域；涉及的学科领域多，如工程、经济、法律、公共管理等，需要具有深度的多学科专业知识。而 PPP 模式的顺利进行需要能将法律、经济、财务等理论综合运用于实践的专业技术人才。然而，根据最近的新闻报道，无论是政府、企业还是咨询行业，都极为缺乏能够将经济、法律、财务、工程等专业知识于一身的专业技术人才。[2，3]

另外，鉴于社会体制、市场经济体制等的国情，国际 PPP 知识与经验难以直接应用于中国社会，而适合中国的本土 PPP 知识体系尚未建立，相关法制还未健全，导致在 PPP 领域中，学者理论常常各自成派、实践者甚至一知半解，PPP 人才形成路径曲折，对 PPP 可持续发展造成了一定的阻碍。

本文的目的是构建从事 PPP 的人才所应具备的 PPP 知识体系（Public-Private Partnership Body of Knowledge，PPPBoK），通过文献阅读、专家访谈等方式，总结出

① 基金项目：国家自然科学基金资助项目（71572089 和 71772098）。

现有不同维度的 PPP 知识体系，并且进行横向比较，不断完善，并选定逻辑性、维度适用性、可读性最高的知识体系，进行知识点的填充，最终形成较为完善的 PPP 知识体系，为 PPP 人才的培养（含学位教育和继续教育）提供指导。

二、知识体系构建方法

本文将通过理论分析、文献调研、计算机领域的本体构建 3 种方法对 PPP 知识体系框架的构建展开研究。

1. 理论分析

知识体系是知识组织的产出。1929 年，英国的分类学家 H. B. Bliss（H.B.布利斯）提出了知识组织的概念，学者蒋永福等[4]将"知识组织"总结为对主客观知识点进行整理的概念化、组织化的过程，包括加工、导向、解释、控制等，以便知识的提供、传播和利用。

知识体系的结构呈现为网状结构，节点为知识因子，知识因子之间是它们的链接，也称为知识关联。因此，PPP 知识体系应当将 PPP 领域内的主客观知识概念化，识别各知识点，并且能够展示出知识点之间的关系。

2. 文献调研

很多国际组织机构和其他国家政府部门都已有 PPP 知识体系、指导手册。其中，世界银行等国际多边组织机构等有完整的 PPP 知识体系相关的出版物，其主要内容的呈现方式及对 PPPBoK 构建的参考意义如表 1-15 所示。

表 1-15　国际组织机构及部分国家的 PPP 知识体系

组　织	名　称	主要内容	参考意义
世界银行等	PPP 参考指南 3.0[5]（PPP Reference Guide Version 3.0）	模块 1：PPP 基础知识，定义、性质、融资、可能出现的困难 模块 2：建立 PPP 框架，法律和体制（政策，流程，机构和规则），PPP 的治理方式 模块 3：PPP 项目的操作流程，为制定和实施 PPP 项目的每个阶段提供指导	从宏观、整体的层面介绍 PPP 在每个模块开始提供了总体框架 列出任何有用的概述参考 模块的划分方式
APMG 国际、亚洲开发银行、世界银行、欧洲复兴开发银行等	PPP 指南[6]（The PPP Guide）	PPP 知识体系的领域和主要内容 按照操作流程划分核心概念	按照项目发展顺序划分 每个部分细致入微

续表

组　织	名　称	主要内容	参考意义
美国 PPP 国家理事会	PPP 白皮书[7]（PPP White Paper）	PPP 模式概述 各行业 PPP 模式的应用 PPP 的法制环境 PPP 的未来发展	行业划分方式

国内外的学者也有众多 PPP 知识内容的系统研究。大多数著作都以 PPP 的定义背景、定义为始，有些还包括 PPP 的模式、优劣势、在基础设施领域中的应用等。其中，很大一部分书籍是在 2014 年 11 月 29 日《政府和社会资本合作模式操作指南（试行）》（财金〔2014〕113 号）中的 5 个阶段、19 个流程的基础上进行 PPP 知识的整理，另外一部分则是依据作者本身的专业与实践经验整理得出的体系。

其中，王守清和柯永建[8]、周兰萍[9]、王增忠[10]、（D. Grimsey）和 M. K. 刘易斯（M. K. Lewis）[11]将 PPP 的知识划分为若干模块，在模块内介绍 PPP 的各方面知识；美国民营化大师 E. S. 萨瓦斯（E. S. Savas）[12]则是从民营化的角度讨论 PPP，并且介绍了 PPP 在基础设施、教育与福利等行业的应用；赵福军、汪海[13]则从参与方——政府的角度讨论 PPP 模式。他们的著作体系如表 1-16 所示。

表 1-16　有关学者著作中的 PPP 知识体系结构

维　度		学　者					
		王守清和柯永建	周 兰 萍	王 增 忠	格里姆赛和刘易斯	萨 瓦 斯	赵福军和汪海
模块	组织结构	√	√		√		
	融资	√	√	√	√		
	风险管理	√		√	√		
	财务		√				
	评价方式	√			√		
	采购		√				
	操作流程	√	√	√			√
行业						√	
参与方	政府						√

值得关注的是，PPP 应用领域非常广泛，如环保、交通、智慧城市、特色小镇等，每个领域内 PPP 不能同一而论。PPP 项目的参与方众多，包括政府、社会资本方、投资方、公众等，各方参与的方式及所关注的点各不相同，而在现有的 PPP 知识体系中，

还没有以参与方为维度的。

在上述理论分析与文献调研的基础上，本文会参考各方的 PPP 知识体系的划分方式，将 PPP 知识模块化，并增添行业、参与方的维度。

3．本体构建方法

本体的概念最早出现在哲学领域，研究事物的本源是什么、如何定义和描述实务的问题。后来，本体的概念逐渐进入信息科学、知识工程等众多领域。在知识工程领域中，最被大家广为接受的概念是斯坦福大学知识系统实验室提出的"可以规范说明某一领域中术语及其之间的关系的概念体系"，而一些国内学者则将之解释为对世界或某一领域中概念、知识、示例、关联的标准化、规范化的描述[14]。

由于初始条件的不同，每个项目的本体构建方法都不同，其中较为成熟的方法有骨架法、七步法、TOVE 法和 METHONTOLOGY 法。大多数本体构建方法都会包括需求分析、考察调研、确定知识来源、生成概念体系、评估与修改这几个步骤。本文也借鉴了这些方法。

三、PPP 知识体系框架的构建

（一）考虑现有的知识体系

在尝试从零建立知识体系前，应先考察是否已存在有类似的知识体系。若存在，应对其进行分析，考虑重用、优化、扩充，以减少重建知识体系的工作量，实现相近知识的共享和充分利用。例如，袁（Yuan）等[15]开发了 PPP 剩余价值风险（Residual Value Risks，RVR）的知识本体，通过对 PPP 相关文献阅读和典型案例分析，利用 Protégé 构建了 PPP 的 RVR 知识本体，囊括了 RVR 的形成机制、风险结构、风险过程、5 个风险后果和脆弱性分析。该本体可用于分析 PPP 中政府和社会资本双方的风险概率和脆弱性。

该本体仅着眼于 PPP 的剩余价值风险部分，而没有纳入 PPP 整体的知识，因此范围较为局限，但是其术语等可作为本知识体系的参考。

（二）划分核心概念集

根据知识体系的领域、范围及应用目的，综合文献阅读和专家意见，本文确定出知识领域中的重要的核心内容，并将其概念化。

每个 PPP 项目都是一个系统工程,涉及政策、金融、法律、工程等多个学科门类,每个学科都对 PPP 项目中占据着重要的作用,但没有某一个学科可以完全覆盖 PPP 的实质:经济学关注 PPP 项目的合同交易成本和贴现率,金融学则是关注项目融资,会计学关注 PPP 模式的会计税务处理,工程学注重项目的管理和合同的管理,公共部门则更加关注公共产品和服务的提供与财政之间的关系[11]……完整的 PPP 知识体系应该涵盖这些方面的内容。

再结合专家的意见、其他知识体系的核心概念划分方式,本文在本知识体系中,将核心概念集划分为概述、流程管理、融资管理、选择社会投资方、合同管理、全生命周期评价、风险管理、治理方式、财务测算这 9 个部分。因此,PPP 知识体系框架的核心概念集(也可以称为知识体系框架中的首层概念)如图 1-17 所示。

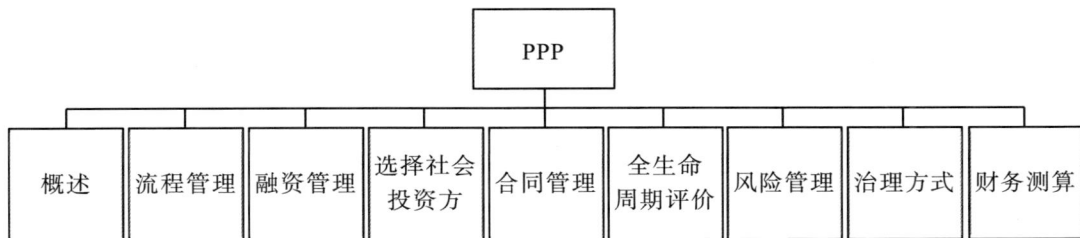

图 1-17 PPP 知识体系框架的核心概念集

(三)划分知识模块

在核心概念集下面,存在许多不同层级的小类,第一层小类为"知识模块",将知识模块下的各层级类称为"知识点"。在划分知识模块和知识点时,采用自上而下,从核心概念集到知识模块,再到各层知识点的方式,适当结合核心拓展的方法。

因为篇幅限制,在这里仅以"流程管理"和"融资"的核心概念集为例,展示知识模块与知识点的框架构建过程。

1."流程管理"的层次结构

从知识模块上划分,本模块可以按照 PPP 的完整流程步骤进行划分。参考国内的政策文件,将 PPP 项目的流程依次总结为:项目发起、项目评价、项目准备、设计合同、选择社会资本方、项目执行与移交。

根据上述分析,核心概念集"流程管理"的层级结构如图 1-18 所示。

图 1-18　流程管理的层级结构

2．"融资管理"的层次结构

依据王守清将融资阶段划分为 3 个阶段，分别为初步融资计划、融资实施阶段、融资计划管理阶段[8]。据此，从知识模块上划分，可将融资管理分解为初步融资计划、融资计划实施、融资风险管理这 3 个部分。

这 3 个子分类下的知识点较为细节，未体现过多的知识共性，因此可在此层级下直接获取相应的知识点并填充、定义属性和实例化，无须再次下设层级。

根据上述分析，核心概念集"融资管理"的层级结构如图 1-19 所示。

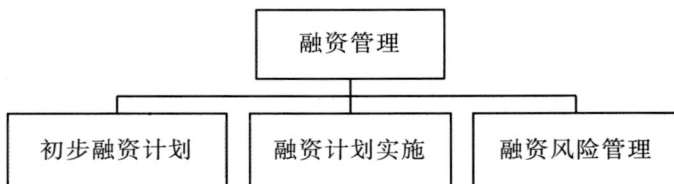

图 1-19　融资管理的层级结构

3．PPP 知识体系框架

通过对各核心概念集中知识模块的识别，本文提出了 PPP 知识体系框架，如图 1-20 所示。

（四）知识点填充示例——融资管理

通过阅读相关文献资料，获取与"融资管理"相关的知识点及其内容如图 1-21 所示。

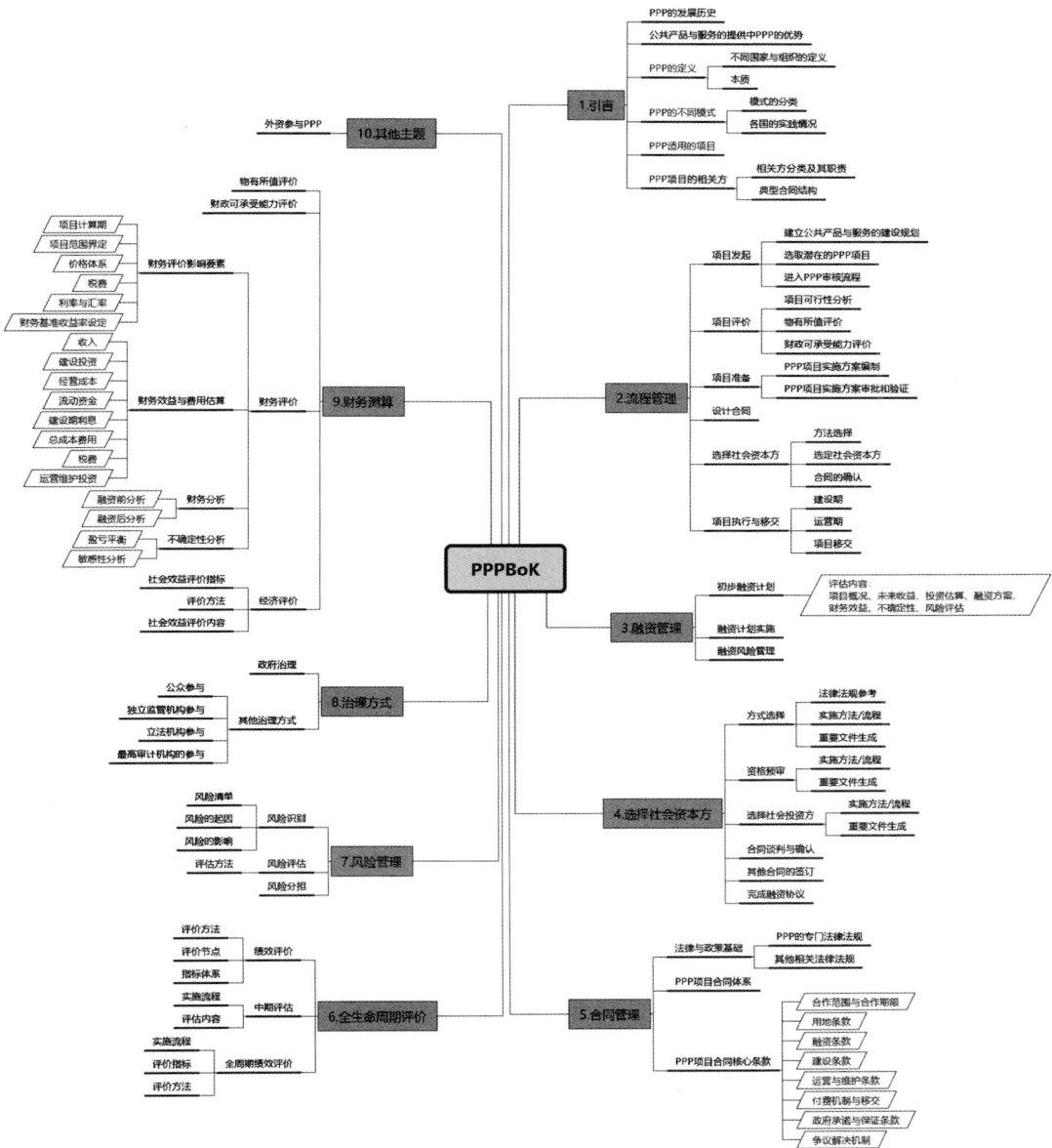

图 1-20　PPP 知识体系框架

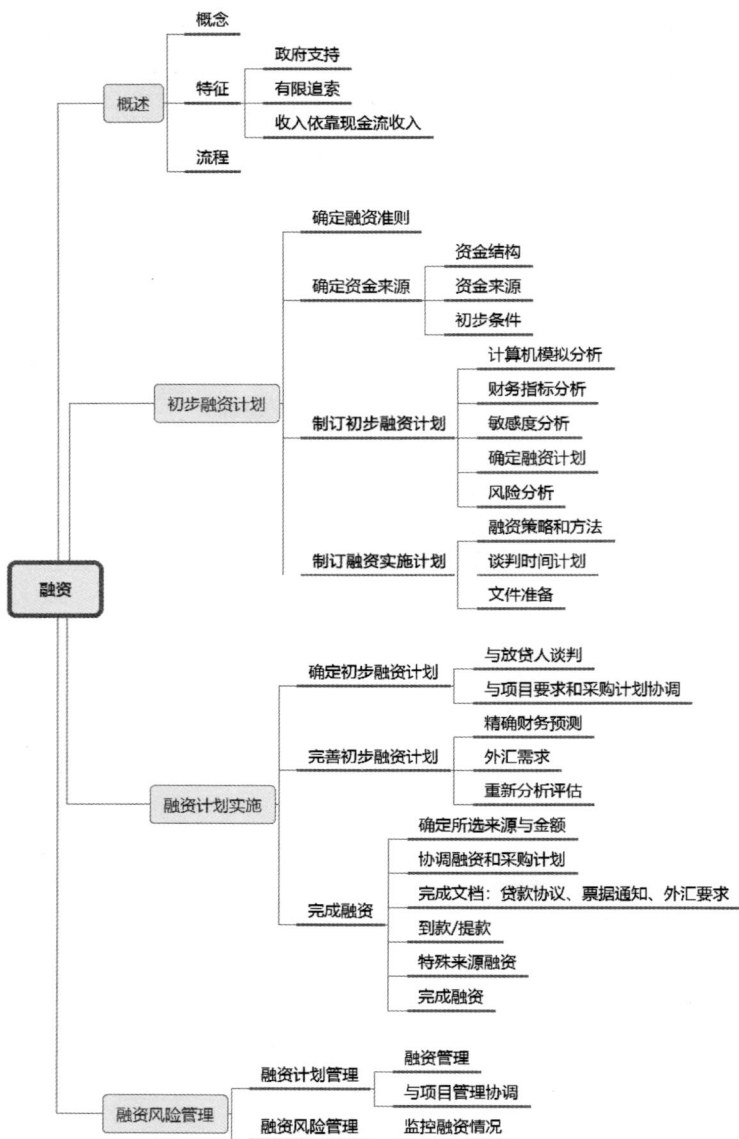

图 1-21　"融资管理"的知识点及其内容

（五）定义知识点属性及关联

1. 知识点属性

根据本知识体系的应用目的，为了方便检索、筛选乃至创建不同受众的课程提纲等不同用途，应对知识点的属性进行定义。属性包括内外属性，内属性指知识点本身的特性，如难易程度；外属性指知识点之间的关系，如并列关系、从属关系、同一关系等。

根据 PPP 领域内知识的特点，选取了以下两个属性：属性（内部属性；数值：概念理解、流程、工具、文档）；涉及相关方（内部属性；数值：所有相关方 A、政府 G、社会资本方 PC、金融机构、咨询机构、承包商、公众）。现对知识点进行属性的赋值，成果如表 1-17 所示。

表 1-17 "融资"的知识点属性及关联

编号	一级子分类	知识点名称	知识点内容	属性	相关方
1		PPP 项目融资概念	贷款人向 PPP 项目提供贷款协议，对于该项目所产生的现金流量享有偿债请求权的融资类型	概念	A
2		PPP 项目融资特征	政府支持	概念	A
3		PPP 项目融资特征	有限追索	概念	A
4		PPP 项目融资特征	收入来源依靠现金流收入	概念	A
5		PPP 项目融资流程	图表	概念	A
6	初步融资计划	确定融资准则	投资与经营成本、收益、采购计划、支出与到款进度、币种要求	概念	G/PC
7	初步融资计划	确定资金来源	资金结构	概念	G/PC
8	初步融资计划	确定资金来源	资金来源	概念	PC
9	初步融资计划	确定资金来源	初步条件	概念	PC
10	初步融资计划	制订初步融资计划	计算机模拟分析	工具	PC
11	初步融资计划	制订初步融资计划	财务指标分析	工具	PC
12	初步融资计划	制订初步融资计划	敏感度分析	工具	PC
13	初步融资计划	制订初步融资计划	确定融资计划	工具	PC
14	初步融资计划	制订初步融资计划	风险分析	工具	PC
15	初步融资计划	制订融资实施计划	融资策略和方法	概念	PC
16	初步融资计划	制订融资实施计划	谈判时间计划	流程	PC
17	初步融资计划	制订融资实施计划	文件准备	文档	PC
18	融资计划实施	确定初步融资额	与放贷人谈判	流程	PC
19	融资计划实施	确定初步融资额	与项目要求和采购计划协调	流程	PC
20	融资计划实施	完善初步融资计划	精确财务预测	工具	PC
21	融资计划实施	完善初步融资计划	外汇需求	概念	PC
22	融资计划实施	完善初步融资计划	重新分析评估	流程	PC
23	融资计划实施	完成融资	确定所选来源与金额	工具	PC
24	融资计划实施	完成融资	协调融资和采购计划	流程	PC
25	融资计划实施	完成融资	完成文档：贷款协议、票据通知、外汇要求	文档	PC
26	融资计划实施	完成融资	到款/提款	流程	PC

编号	一级子分类	知识点名称	知识点内容	属性	相关方
27	融资计划实施	完成融资	特殊来源融资	概念	PC
28	融资计划实施	完成融资	完成融资	流程	PC
29	融资风险管理	融资计划管理	融资管理：包括提取程序、币种要求、账目管理和控制、完成相应文档、到用款进度	工具	PC
30	融资风险管理	融资计划管理	与项目管理协调	流程	PC
31	融资风险管理	融资计划管理	监控融资情况	流程	PC
32	融资风险管理	融资风险管理		流程	PC

2．知识点关联

PPP 项目在多个维度上互相关联，因此定义各知识点之间的关联非常重要。在这里，以"融资管理"和"流程管理"为例，将其知识点之间的关系扁平化结果展示如图 1-22 所示。

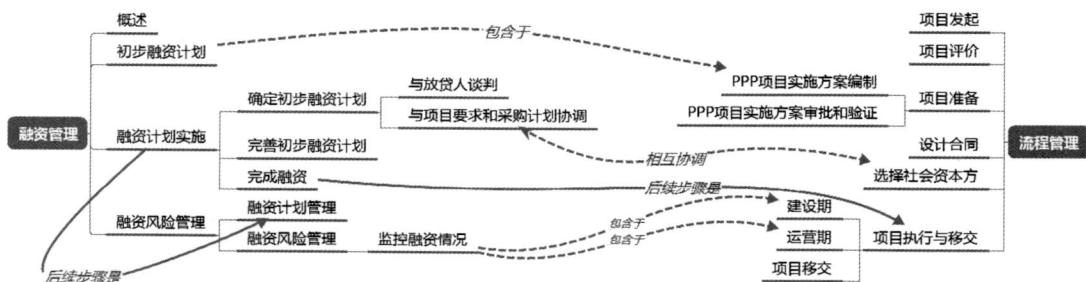

图 1-22　　"融资管理"与"流程管理"知识点之间的关联

四、结语

PPP 模式在中国的广泛应用，使得对 PPP 专业人才的需求愈加急切。而现有的 PPP 著作、PPP 指南等的知识结构维度单一、知识点覆盖不够全面，不能满足不同 PPP 学习者的需求。本文参考本体的构建方法，并考虑到 PPP 项目本身持续时间长、相关方复杂、涉及领域多等特点，提出了全新的 PPP 知识体系的构建方法，并以"融资管理"为例展现知识体系框架的建立过程。基于此方法所建立的 PPP 知识体系框架层次清晰，且可以通过给知识点赋值属性、建立知识点之间关联的方式实现多维度展现知识体系，为建立完备的 PPP 知识体系提供方法的支持，为 PPP 学习者提供更全面的参考。

参考文献

[1] 财政部政府和社会资本合作中心. 全国 PPP 综合信息平台项目库第 10 期季报 [EB/OL].（2018-04-28）[2018-05-05].http://www.cpppc.org/zh/pppjb/6795.jhtml.

[2] 新华社. 业内人士：专业人才缺失或将制约 PPP 持续发展[EB/OL].（2016-11-23）http://www.cfen.com.cn/cjxw/ppp/201611/t20161123_2464898.html.

[3] 济邦咨询公司.PPP 亟待突破人才瓶颈[EB/OL].（2017-01-10）http://t.cn/Ru22X2H.

[4] 蒋永福,付小红. 知识组织论：图书情报学的理论基础[J]. 图书馆建设,2000（4）：14-17.

[5] PPP Knowledge Lab. PPP Reference Guide Version 3.0[EB/OL]. (2017-05-05)https://pppknowledgelab.org/guide/sections/1-introduction.

[6] APMG International. The PPP Guide [EB/OL]. https://ppp-certification.com/ppp-certification-guide.

[7] For the Good of the People：Using Public-Private Partnerships To Meet America's Essential Needs[Z].The National Council For Public-Private Partnership, 2013.

[8] 王守清, 柯永建. 特许经营项目融资（BOT、PFI 和 PPP）[M]. 北京：清华大学出版社，2008.

[9] 周兰萍.PPP 项目运作实务[M]. 北京：法律出版社，2016.

[10] 王增忠. 公私合作制（PPP）的理论与实践[M]. 上海：同济大学出版社，2015.

[11] 格里姆赛，刘易斯，济邦咨询公司. 公私合作伙伴关系：基础设施供给和项目融资的全球革命[M]. 北京：中国人民大学出版社，2008.

[12] 萨瓦斯. 民营化与公私部门的伙伴关系[M]. 北京：中国人民大学出版社，2002.

[13] 赵福军,汪海. 中国 PPP 理论与实践研究[M]. 北京：中国财政经济出版社，2015.

[14] 周君立，陈树年. 文献分类学[Z]. 武汉：武汉大学出版社，2001.

[15] Chen K, Xu X, Yuan F, et al. Developing an Ontology-Based Knowledge Base for Residual Value Risks in PPP Projects[C]. Singapore: Springer Singapore, 2017.

（《建筑经济》，2018 年第 10 期）

2018 年度中国 PPP 发展回顾与展望

王守清　王盈盈　吕宸葳

一、引言

　　PPP 模式作为一种创新机制，如果应用得当，可以提升公共产品和服务的供给效率，实现物有所值。2014 年以来，中央政府大力推广 PPP，打破基础设施和公用事业垄断，以促进管理体制、财政体制和投融资体制改革，充分释放"放管服"红利，优化市场资源配置，让市场机制发挥决定性作用[1]。此后中国 PPP 事业发展迅猛，涉及领域广泛，项目数量庞大，投资金额巨大，这既有利于我国在短时间内迅速积累 PPP 经验，也刺激了 PPP 政策完善和制度建设的紧迫需求。本文对 2018 年我国 PPP 的重要发展进行回顾，并展望我国 PPP 的未来发展，以期对我国 PPP 的规范应用起到积极的促进作用。

　　总的来说，我国 PPP 在 2018 年经历了全面规范和回归理性发展的阶段，PPP 项目新增数量和落地速度整体放缓。PPP 降温和我国宏观环境的变化有很大关系。2018 年，金融市场在中央"去杠杆"的政策下进入调控周期，整体经济增速放缓，这些因素在一定程度上促使 PPP 应用回归理性。此外，我国 PPP 在经历了过去 5 年的大规模实践探索之后，参与各方对可研、流程、"两评一案"、财务测算、融资、招投评标、合同和绩效等操作层面的认识愈加深刻，实施要求也越来越高，尤其是可研与"两评一案"的结合、融资与财务测算的结合、合同与绩效监管的结合都越来越紧密，这些可喜的进步都是 PPP 实践领域的宝贵财富。或许我国 PPP 最火爆的时期已经过去，但 PPP 之路还很长，一方面，市场结构仍需调整和优化，现阶段部分已落地的优质项目未来也会经历考验和洗牌，同时地方政府也需要通过调整财政结构以进一步释放财政可承受能力的空间；另一方面，PPP 全生命周期的中后半程还有很多实践等待探索，各方博弈、环境变化、市场状况等问题都值得进一步关注。因此，我国 PPP 在进入更规范的发展时期的同时，也进入了更深入的合作博弈阶段，在新的发展阶段，各参与方都将更加理性、谨慎地合作。

二、2018 年回顾

截至 2018 年 12 月末，财政部 PPP 综合信息平台项目管理库项目累计 8 654 个、投资额累计 13.2 万亿元[2]。2018 年入库项目增速趋缓，可见国家和地方对 PPP 项目的规范管理更加严苛，PPP 实践行为更加理性，这一现象与以下几件重要事项有密切的关系。

（一）PPP 立法之路漫漫

长期以来，PPP 立法一直是 PPP 各参与方关注的焦点[3]。2013 年 10 月，全国人大委托国家发展改革委牵头起草《基础设施和公用事业特许经营法》；基于 2014 年 5 月的征求意见稿，国务院于 2015 年 4 月转发的国家发展改革委等 6 部委的 25 号令《基础设施和公用事业特许经营管理办法》成为目前我国 PPP 相关的最高级别文件；2016 年 7 月，国务院常务会议明确要求加快政府和社会资本合作立法的工作进度；自 2017 年 7 月 21 日国务院法制办公布《基础设施和公共服务领域政府和社会资本合作条例（征求意见稿）》以来，社会各界翘首以盼，但仍有诸多争议，立法工作推进难度很大；2018 年，国务院明确将《基础设施和公共服务领域政府和社会资本合作条例》列入立法工作计划，希望年底发布。[4]

然而截至目前，PPP 条例仍未出台，其实即便出台了，我们对其解决核心问题的期望也不能过高，毕竟 PPP 涉及很多既有法律，而条例的级别相对更低，有些矛盾冲突无法靠一本条例在短期内化解，而是更有赖于法律体系和行政制度的长期优化和改革。因此，PPP 立法需要借助实践和试验，进行不断的迭代和自我完善。

更具体地来看，近年来在实践 PPP 的过程中出现的很多问题都是跨领域跨专业的，如土地一二级联动、产权归属、投资主体、合同属性、法律救济、争议解决、税收优惠、会计准则、项目融资等，都亟待各领域在更专业的层面集中探讨和解决。以智慧城市和海绵城市等领域的 PPP 应用为例，这类项目的产出要求较难明确、边界划分不易清晰、回报机制难以稳定、技术更新周期较短，这些问题目前很难通过签署一份有效期长达十年甚至二十年的合同来解决，项目执行期间，政府和社会资本两方的争议仍不可避免。通过分析我们发现，这些问题的产生，首先还是政府相关部门职能不清晰、流程不协调等所导致，因此，关键部委的责任权力划分、跨部委的协调机制、实施流程等政府层面的管理问题，亟待在 PPP 条例中优先解决。

（二）PPP 规范管理趋严

2018 年的 PPP 在规范管理、化解政府债务风险方面有了显著成果。党的十九大提出要坚决打好防范化解重大风险攻坚战[5]。2017年全国金融工作会议之后，财政部按照党中央、国务院的精神指引，为促进经济金融良性循环和健康发展，开始全面整顿PPP市场。财政部下发一系列的文件，建立了中央、省、市、县四级PPP项目财政支出责任体系，并通过计算机技术建立实时动态监测系统和风险预测机制，把PPP财政支出责任依法依规纳入预算管理，督促硬化政府履约能力，夯实政府责任[6]。

在PPP发展过程中，部分地方出现泛化、异化PPP等不规范现象[1]。显然，不是PPP本身的问题，而是动机不纯的主体、不尽职的咨询等的不合规的方案和流程等因素导致了PPP超前、过度、泛化、投机和不规范等问题[7]。为保证PPP项目高质量发展，坚决制止不规范行为，财政部2018年对PPP项目库和示范项目库进行了大规模的清理：PPP项目未满足"两评一案"的要求、政府付费超过地方一般公共预算收入的10%、不宜继续采用PPP模式实施、不符合规范运作要求、政府构成违法违规举债担保、未按规定进行信息公开等的入库项目都被清退出库。随着新项目自身及其实施质量的提高，PPP的整体发展呈积极恢复之势。从入库源头便开始的严格监管将为合规的PPP项目创造更大的发展空间。此次整改也将促进政府治理模式的长期深刻变革，激励企业等社会各方的进步，尤其是PPP相关的政府管理体系和金融体系的改革。政府方面，为政绩上马的项目逐渐减少，无效投资逐步降低。金融方面，银行等金融机构需要降低对政府或投资者的信用担保的过度依赖，转而关注有限追索项目融资的核心，包括项目自身的收入、投资者的全过程运作能力、项目干系人之间的合同对风险的公平分担等。

一年下来，财政部整改态度鲜明，执行效果显著。国家发展改革委也积极务实，密集奔赴多地开展调研[8]。然而，政府管理层仍未形成有效合力，又恰逢部委机构与职能调整，土地、财金等PPP密切相关的宽松政策前景仍不明朗[6]。

（三）PPP投融资探索深水区

PPP相关的地方政府债务风险和金融风险在2018年初现，PPP模式的推广在取得快速进展的同时，一些项目在实施过程中出现了不规范现象，尤其是地方政府假借PPP项目搞变相融资，引起广泛关注。金融机构为防范风险，全面提高了对PPP项目的放款条件和风控要求，也有部分投资人被PPP项目拖累，市场一度唱衰PPP[6]。较过去而言，PPP投融资和创新方面的实践在2018年进入了深水区，简单粗暴的放贷和回报模式已不能满足市场的需求。

一方面，由于过去4年关于投资者的投融资没有明确和严格的要求，对项目资本金和贷款的资金来源也没有太多的限制，很多PPP项目存在融资不规范、资金来源不合规的问题，以至于有些人把 PPP 模式简单理解为政府的融资手段；另一方面，有些人动机不纯，希冀通过 PPP 投机挣快钱，如有的地方政府只想上项目而不考虑 PPP 的适用性和财政承受能力，有些社会资本只想短期获利后就退出，并不想也不擅长于长期运营，还有部分金融机构只想躺着挣钱也不愿分担项目风险，使得很多 PPP 项目的方案过于简单，虽然短期内落了地，却在初期实践中就暴露出各种风险和各类问题，导致项目基本无法善终。[9]

上述问题，表面上是投融资问题，实际上暴露出了中央政策与地方实践脱节的系统矛盾，这不是 PPP 领域仅有的矛盾，而是我国行政体制长期存在的一个症结。而且，中央企业（含大型金融机构）和地方国企的利益诉求不一，以及国有经济和非公有制经济之间的矛盾，由此产生的风险分配不合理、政府变相兜底、投资者重建设轻运营、名股实债、社会资本融资杠杆倍数过高等问题，都长期是我国投融资体制改革、经济建设中需要从根本上考虑和解决的问题，只有系统地解决了上述问题，才能促进我国投融资体制的整体改革和完善。[8]

（四）PPP 发展环境趋稳

PPP 发展环境是指伴随 PPP 项目全生命周期（包括设计、建设、运营、移交等各个环节）发展的各种条件和因素的综合，包括影响 PPP 项目的社会因素、经济因素、政治因素和法律因素等方面，也是一个国家或地区综合竞争力的重要体现[3]。这些因素能综合地反映一个国家或地区是否适合、从多大程度上适合以 PPP 模式进行基础设施和公共服务的投资、建设和运营，能够为政府及社会资本方进行 PPP 模式决策提供参考，同时为各地政府完善 PPP 发展环境提供指引。目前，"2018 年中国城市 PPP 发展环境指数"已编制完成，与 2017 年发展环境相比，我国各大城市的 PPP 发展环境整体趋稳，说明地方政府实践 PPP 的意识和能力已有一定的基础，研究的部分结果如表 1-18、表 1-19 所示。

表 1-18　2018 年 PPP 发展环境 AAA 城市

编号	城市名称	2018 评级	2017 评级	政府能力	财政保障	营商环境	发展需求
1	北京市	AAA	AAA	AAA	AAA	AAA	B
2	杭州市	AAA	AAA	AA	AA	AAA	B
3	宁波市	AAA	AA	AA	AA	AA	BB
4	青岛市	AAA	AAA	AAA	AA	AA	BB
5	深圳市	AAA	AAA	AA	AAA	AAA	B

表 1-18 展示的是 AAA 城市，其中，宁波市从 2017 年的 AA 上升到 2018 年的

AAA，其余 4 个城市都维持在 AAA 里。不过，AAA 城市的特点是，发展需求维度评级相对较弱，普遍在 B、BB 里；而剩余 3 个维度相对都在 AA、AAA 里。

北京市是政府能力、财政保障、营商环境 3 个维度相对靠前的城市，说明北京市的 PPP 发展环境非常好，然而，北京市的短板正是其发展需求较弱。2018 年，北京市 PPP 项目数量相对往年新增较少，而且发展需求与 2017 年相似且仍然较弱。

杭州市的营商环境评级同北京一样也属靠前，其余 3 个维度中政府能力、财政保障维度的评级都为高，也说明杭州市有很好的 PPP 发展环境，但同样，杭州市也具有发展需求很弱的短板，在一定程度上限制了 PPP 在该市的发展。

宁波市的政府能力、财政保障、营商环境 3 个维度评级都高。宁波市的 PPP 发展环境中 3 个维度表现均衡，但发展需求低，在一定程度上限制了 PPP 在该市的发展。

青岛市的财政保障和营商环境两个维度评级高，且政府能力的评级靠前，是 5 个 AAA 城市中唯一一个政府能力评级与北京一致的城市。这说明青岛市的 PPP 发展环境很好，且在政府能力方面更具优势。但青岛市的发展需求评级低，这一短板也在 5 个城市中也更为突出。

深圳市的财政保障和营商环境评级同北京一致都很靠前，政府能力评级也高，说明该市的 PPP 发展环境相对较好，但发展需求也较低。

表 1-19　2018 年 PPP 发展环境 AA 城市

编号	城市名称	2018 评级	2017 评级	政府能力	财政保障	营商环境	发展需求
1	长沙市	AA	AA	AA	A	AA	BB
2	常州市	AA	AA	A	AA	AA	BB
3	郴州市	AA	AA	AA	A	BBB	A
4	成都市	AA	AA	AA	AA	AA	BB
5	重庆市	AA	AA	A	A	A	BBB
6	东营市	AA	AA	AA	AA	AA	BB
7	佛山市	AA	AA	A	AA	AA	B
8	福州市	AA	AA	AA	AA	A	BB
9	赣州市	AA	AA	AAA	A	B	AA
10	广州市	AA	AA	AA	AA	AAA	B
11	合肥市	AA	AA	AA	AA	A	BB
12	湖州市	AA	AA	AA	A	AA	BBB
13	惠州市	AA	AA	A	AA	AA	BB
14	济南市	AA	AA	BBB	AA	AA	BBB
15	济宁市	AA	AA	AA	AA	A	A

续表

编号	城市名称	2018 评级	2017 评级	政府能力	财政保障	营商环境	发展需求
16	嘉兴市	AA	AA	AA	AA	AA	BBB
17	江门市	AA	A	AA	AA	A	BB
18	昆明市	AA	AA	AAA	AA	BBB	BB
19	拉萨市	AA	AA	BB	AA	BBB	AA
20	聊城市	AA	A	AA	A	A	AA
21	洛阳市	AA	A	AA	A	BBB	A
22	南昌市	AA	AA	A	A	A	BB
23	南京市	AA	AA	AA	AA	AA	B
24	南宁市	AA	A	AA	BBB	A	BBB
25	南通市	AA	AA	A	A	AA	BB
26	泉州市	AA	A	AA	BBB	A	BB
27	厦门市	AA	AA	AA	AAA	AA	B
28	上海市	AA	AA	AA	AAA	AA	B
29	绍兴市	AA	AA	A	AA	AA	BB
30	苏州市	AA	AA	A	AA	AA	B
31	台州市	AA	AA	AA	AA	AA	BBB
32	泰州市	AA	AA	A	A	AA	BBB
33	唐山市	AA	A	AA	BBB	AA	BBB
34	天津市	AA	AA	A	AA	AA	B
35	威海市	AA	AA	BBB	AA	AA	BB
36	潍坊市	AA	AA	AA	AA	A	A
37	乌鲁木齐市	AA	A	AA	AAA	A	B
38	无锡市	AA	AA	BBB	AA	AA	B
39	武汉市	AA	AAA	AAA	AA	AA	B
40	湘潭市	AA	AA	A	A	A	A
41	襄阳市	AA	A	AA	A	A	AA
42	徐州市	AA	AA	AA	A	A	BBB
43	烟台市	AA	AA	AA	AA	AA	BB
44	扬州市	AA	AA	AA	A	AA	BBB
45	宜宾市	AA	A	AA	BBB	B	AA
46	宜昌市	AA	AA	AA	A	AA	BBB
47	玉溪市	AA	AA	AA	AA	BBB	AA
48	岳阳市	AA	AA	AA	AA	BBB	BBB
49	镇江市	AA	AA	BBB	A	AA	BBB
50	郑州市	AA	AA	BBB	AA	AA	BBB
51	舟山市	AA	A	BBB	A	AA	BBB

续表

编号	城市名称	2018 评级	2017 评级	政府能力	财政保障	营商环境	发展需求
52	珠海市	AA	AA	A	AA	AAA	B
53	淄博市	AA	A	A	AA	AA	BB

表 1-19 展示的是 AA 城市，这些城市的 PPP 发展环境特点是，在政府能力、财政保障、营商环境这 3 个维度，都没有很靠前的评级，不具备明显优势；或其中某一维度评级很低，虽然其他维度的评级良好但短板明显。但在发展需求这一维度的评级中，部分城市呈现出较高的发展需求，在一定程度上拉动 PPP 发展。

长沙市的政府能力和营商环境两个维度评级高，财政保障也评级较高，但发展需求低的现状在一定程度上限制了 PPP 在该市的发展。

郴州市的政府能力和财政保障两个维度的评级为高和较高，营商环境评级较低。但是，郴州市的发展需求高，相对其他城市评级靠前，发展需求的优势在一定程度上弥补了营商环境的不足，对 PPP 发展有促进作用。

成都市的政府能力、财政保障和营商环境 3 个维度都为高，与 AAA 城市中的宁波市相似，有较好的 PPP 发展环境，但发展需求也同样较低，在一定程度上限制了 PPP 在该市的发展。

赣州市的政府能力的评级很高，财政保障的评级也较高，但营商环境的评级低，在一定程度上限制了 PPP 在该城市的发展。但该市的发展需求维度评级高，并且在所列城市中属于领先地位，具有明显的发展需求优势，从这方面看，赣州市也具有良好的 PPP 发展环境。

广州市政府能力和财政保障维度评级高，并且营商环境评级很高，有很好的 PPP 发展环境，但发展需求低，在一定程度上限制了 PPP 在该市的发展。

拉萨市的政府能力低，营商环境较低，但财政保障和发展需求两个维度评级高，并且发展需求高的优势相较其他城市尤为明显，为该市营造了较好的 PPP 发展环境。

襄阳市与拉萨市相似，在发展需求维度评级靠前，相对其他城市优势明显。并且襄阳市的政府能力评级高，财政保障和营商环境也评级较高，所以该市具有较好的 PPP 发展环境。

玉溪市与拉萨、襄阳二市相似，在发展需求维度评级靠前，相对其他城市优势明显。并且玉溪市的政府能力和财政保障的评级均为高，从这 3 个维度看该市具有较好的 PPP 发展环境。但营商环境维度的评级较低，在一定程度上限制了 PPP 在该市的发展。

镇江市的财政保障维度评级较高,营商环境也较好,有较好的 PPP 发展环境,但该市发展需求较低,并且政府能力评级较低,这一维度的短板较为明显,限制了 PPP 在该市的发展。

郑州市与镇江市相似,在政府能力和发展需求两个维度的评级较低,相对其他城市表现出较为明显的短板,但在财政保障和营商环境两个维度评级较高,为 PPP 在该市的发展创造了较好的发展环境。

舟山市同样具有财政保障和营商环境较好但政府能力和发展需求有短板的特点。这 4 个维度的不均衡体现出 PPP 在该市的发展具有潜力,但一定程度上又受政府能力和需求的限制。

三、2019 年展望

(一)PPP 绩效监管工作严阵以待

运营阶段的管理是决定 PPP 项目成败的关键,对于项目运营阶段的监管要关注绩效,将绩效标准集成化、精细化、定量化,以结果为导向设计长期绩效考核机制。重视运营监管同时,还要加强项目中后期的维护和绩效评估,以维持项目的持续稳定运营。PPP 项目的维护直接关乎 PPP 全生命周期的成本和收益,对 PPP 项目在运营期的有效监管应涵盖关于维护要求的监督。当然,确保 PPP 项目在运营期内能够按照合同约定,按期收到运营收入和/或政府补贴,与项目可以持续运转进而接受监管和考核是相辅相成的。

2019 年,随着大量 PPP 基础设施项目和基本公共服务项目逐步进入运营期,真正考验政企合作效果的时候也即将来临。地方政府需要按效支付费用或补贴,就得逐步细化绩效考核指标并加强监管,如此一来,过去低价抢项目的中标企业可能就得面临考验[6]。在这一时期,社会资本提高 PPP 项目的运营能力,政府重视和加强 PPP 的有效监管,才有可能确保项目成功。

(二)PPP 争议解决事项趋多

随着 PPP 的发展,项目执行过程中的问题也逐渐显现,违约问题将成为行业关注的焦点。2019 年,地方政府的财政承受能力和信用将开始接受真正的考验,其中部分地区会由于过去急着上项目、前期工作粗糙、忽视财政风险、轻视合同与流程等原因,不得已开始拖欠付费和补贴,甚至出现违约。而企业的应收账款延期或被不足额支付,也将导致这些企业要求合同赔偿或合同终止,这反过来又将进一步推高政府违约的概率。上述违约问题首先会给企业的现金流增加极大的压力，如果没有提前设计好对策或未能在短时间内妥善解决，其后果最终将体现为项目无法按期完工或持续运营，双方从理想中的双赢沦落到双输的局面。同时，针对地方政府违约的约束机制和风险应对体系尚不健全，一旦违约发生，这个因素也将大大挫伤社会资本继续参与 PPP 项目的积极性。

此外，随着项目阶段的深化及宏观环境的变化，地方政府和社会资本关于 PPP 项目的各种争议会在 2019 年逐渐增多，能否迅速有效地解决争议将直接影响到项目的可持续性。争议解决一方面靠事前预防，重点是加强财政风险控制，避免因地方政府谋求眼前利益和短期政绩，未经严格测算和审核即承诺过高的财政补贴，因此导致过大的财政支出压力所带来的政府债务风险和相应的社会资本方的投资风险。另一方面要靠中央立法、顶层指导，即通过立法给出框架，然后再通过陆续出台具体的配套政策，给出法律框架下的更具针对性的解决方案。

目前，对于 PPP 项目合同的法律性质及合同争议的解决方式，尤其是能否采用仲裁，一直存在争议[10]。关于 PPP 合同的性质，业界主要有两种观点，一种认为其属于行政合同，其争议可通过行政复议、行政诉讼等途径解决；另一种则认为其属于民事合同，可以通过调解、民事诉讼或仲裁方式解决。法律上对于 PPP 模式中的政府和社会资本是民事关系还是行政关系尚未有统一定论。虽然国务院、国家发展改革委、财政部一致明确了政府与社会资本之间是平等主体间的合作关系，即 PPP 模式下合作双方的关系属于民事关系，但《行政诉讼法》却规定政府特许经营协议属于行政协议，而特许经营协议又是 PPP 协议的主要形式，这两种不同的界定对 PPP 模式的健康发展产生了阻碍。最高法院认为 PPP 协议的属性应根据内容确定，其中涉及行政规划、许可、处罚、管理、监督等行政职能的争议，属于行政法律关系，典型的是特许经营协议内容本身的争议；而内容上设定民事权利义务、有关协议的履行、变更、接触等行为的，属于民事争议[11]。

落到实践层面，PPP 合同既有行政属性又有民事属性的现状，导致围绕 PPP 合同的争议解决还有很多工作要做。首先，政府在项目上的监管和合作的双重角色，需要司法系统运用立法技术，基于不同情境做出明确且适当的划分，从而确保在政府和社会资本平等的前提下来设计争议解决机制。其次，在合同层面，需要建立或明确 PPP 合同管理机制或机构，履行相应职责以规避和解决重大的合同争议，包括界定各方责任和建立沟通机制；监控合同风险，督促各方有效履行合同职责，建立及时和健全的报告机制等；处理合同变更，包括合同调整、争议解决、重新谈判与合同终止等；管理合同到期和资产交接，确保项目到期时资产符合交付标准和约定的支付条件等。

（三）PPP 合同签订更加细致

PPP 协议是 PPP 项目的核心合同文件，以划分政府和项目公司之间的责任权利和风险分担，也是政府管制投资者的主要法律工具[9]。PPP 协议的形式和具体条款虽因项目不同而变化，但仍通过不变的核心要素影响着其他合同，如投资和融资、设计和建造、运营和维护、用地、担保，以及监控和变更程序、争议解决机制等，并将所有这些构成一个完整的合同整体。

我国一些已签约的 PPP 项目之所以在实践中出现资本金和债务融资的问题，主要是政府和社会资本在签约前都未考虑 PPP 合同生效和融资交割条件所致。融资交割条件通常是循环的，只有资金可提取时，PPP 合同才生效（资金可用是合同生效的先决条件），反之亦然。所以，常见的做法是，通过草签与正式签署合同来解决循环授权和互为前提的问题，并在草签时就要求投资者递交履约保函。

PPP 的绩效监管和考核问题也需要更细致地考虑。常见的问题主要是围绕项目如何按期完工展开，比如工程范围的变化、工程进度与工期问题、技术与设计变更问题、绩效合规与支付配套问题等。由此可以预测的是，包含建设与运营的 PPP 项目与绩效相关的争议将会很多，而解决争议的过程和方式也会耗时很久，操作也会相对复杂，因此，更细致地探讨 PPP 合同条款、更谨慎地签署 PPP 合同，将是 2019 年的新趋势。

（四）PPP 数据与咨询现新行情

2019 年 PPP 行业会进一步受益于数据蓝海的效用。政府的规范管理、企业的投资受挫等，都将促使各方理性看待和实施 PPP 项目，也倒逼地方政府对其加强监管。面对如此庞大的系统工程，政府监管越来越需要依靠信息化手段，因此，依托数据分析和信息化手段的蓝海市场将逐步显现[2]。随着 PPP 项目越来越规范，各方对 PPP 项目数据的要求越来越高，政府的物有所值评价越来越靠谱，投资者和金融机构的决策越来越精细，咨询公司的竞争将越来越依赖于数据积累与精细化服务。

随着我国 PPP 项目数量的增加与数据的积累，PPP 项目在不确定情形下的财务测算将越来越精细，以利用大数据对风险进行可靠定量评估，进而有效提高对 PPP 项目风险的识别和管控能力。通过大数据的分析对比，能准确识别和量化项目中的潜在风险，及时制定对应的应对策略，从而实现有效的风险管理。此外，造价公司可以利用其积累的成本数据参与 PPP 项目全方位全过程咨询，补齐 PPP 咨询公司缺乏数据的短板，因为翔实的数据是真正做好 VfM/财承评估/绩效与监管等咨询的重要基础。同时，利用大数据可以提升 PPP 项目的运营效率，包括促进项目公司在项目执行过程中的精细化管理，提高成本测算和控制的准确性，增加市场评估的把握性，提升制定策略的针对性等，以实现高效的运营管理，提高公共产品和服务的供给质量，进而提高经济效益，最终实现 PPP 项目的可持续化经营。

2019 年，在 PPP 规范化发展的新阶段，将有咨询新业务出现，为 PPP 项目助力。有实力的企业开始真正考虑运营、集成全产业链，部分金融机构开始尝试真正基于项目融资的放贷。过去 5 年，许多依靠"两评一案"和项目合同挣足了咨询费的咨询公司，将在 2019 年迎来新的挑战和机遇，针对项目落地后的执行、履约、监管和退出等环节的服务将是新的咨询需求方向。[2]随着咨询需求的复杂化和深度化，近年来蓬勃发展的咨询市场将迎来变革，大咨询和全过程咨询会逐步增多，缺乏行业专业和数据积累的咨询机构将被淘汰出局。

（五）PPP 能力建设更受重视

PPP 项目的成功需要政府的支持，相应地，对政府的综合能力也提出了新的要求。有效的项目管理、严谨透明的物有所值分析和产出期望、合同期内的有效监管等，都要求政府具备 PPP 的专业知识和相关经验，能够理解 PPP 的政策法规、技术标准和融资方式等。这些方面的能力不足时，可以通过有针对性的培训和咨询来提升。目前，不合规的 PPP 项目尚未对市县领导和其他部门领导产生明显影响，但财政局领导往往可能因为坚持原则而被视作恶人。恰好推动 PPP 四五年也到了换届期，越来越多负责 PPP 的官员（不限于财政局）也主动或被动转岗。现在越来越多地方开始联席制、采用大咨询，组织官员进行更专业的 PPP 培训，希望借助培训机构的协助做好 PPP。

这几年形成的大量案例和相关数据有待分析和总结，PPP 学术研究迎来新机遇，越来越多的师生选择 PPP 作为研究选题，业界也开始总结经验和再学习，培训市场开始逐步回暖，但业界对培训的要求会越来越高、越来越专业、越来越细化。同时，在中央规范 PPP 的政策下，PPP 参与各方也更加明白：不学透 PPP 的理论和内涵，就不理解 PPP 的政策和目的；不了解国内外 PPP 的现状与趋势，就难以选择适当的战略与战术；不掌握 PPP 的实操流程与经验，就无法做成合规的 PPP 项目，从而导致项目被清库，最终承受高额的时间成本和巨大的经济损失。

四、结语

本文首先对 2018 年 PPP 的发展，就立法进展仍较缓慢、政府监管逐渐规范、投融资探索进入深水区等核心事项进行分析回顾。可以看出，2018 年 PPP 相关的地方政府债务风险和金融风险初现，促使 PPP 市场结构和投融资体制的调整和优化，并且在规范管理、化解政府债务风险方面有了显著成果，我国 PPP 进入更规范的发展时期。较 2014 年以来我国 PPP 的发展情况，2018 年可以算是中国 PPP 的"冷静年"。冷静是为了清醒，清醒是为了理智，认清形势，看清现实，这是政策试验和体制创新的必经之路。所以，2018 年的发展和变化是历史的必然，我们不仅应客观冷静地看待它，更应将其视为下一阶段突破性发展的契机。

接着，我们又对 2019 年进行了展望，文章从政府监管、争议事项、合同条款、咨询行情、能力建设 5 个方面进行展望，5 个展望既是我们对即将到来的一年的预测，更是对 2019 年 PPP 规范发展的希冀。

希望通过政府有效监管、市场做好应对争议准备、专业第三方提供更细致和优质的技术服务、社会重视对 PPP 专业技能的培养，能让 PPP 走出短期的低潮，让 PPP 在我国公共事业实践中积累更加丰富的经验，并发展出更精致的理论，为其他国家，尤其是发展型国家提供有效的实践范本。

参考文献

[1] 财政部有序推进 PPP 工作[EB/OL].[2019-03-22]. http://www.cfen.com.cn/sjd/xw/201903/t20190322_3201660.html.

[2] 财政部政府和社会资本合作中心. 全国 PPP 综合信息平台项目管理库 2018 年报[EB/OL].[2019-01-30] http://www.cpppc.org/jb/1320.jhtml.

[3] 清华 PPP 研究中心. 2017 年度中国城市 PPP 发展环境指数[EB/OL].[2017-05-26]. https://mp.weixin.qq.com/s/KNyZhgP5zIJSevB8D8is_w.

[4] 闫拥军. 完善 PPP 立法可"定分止争"[J]. 新理财—政府理财，2018，302（10）：56-57.

[5] 财政部. 财政部召开会议部署进一步推进 PPP 规范发展工作[EB/OL].[2017-08-01]. http://www.gov.cn/xinwen/2017-08/01/content_5215291.htm.

[6] 陈益刊. 财政部官员:依法合规、10%红线内的 PPP 未来支出责任不是隐性债务，第一财经[EB/OL].[2018-11-22].http://m.yicai.com/news/100064626.html.

[7] 王盈盈，王守清. 正本清源 规范发展 2019 年 PPP 去向何方[J]. 项目管理评论，2019（1）：22-23.

[8] 备战"十三五"发改委 9 月份以来多地密集调研[N].证券日报，2015-10-13.

[9] 戚奇明. PPP 步入规范发展期 民营企业参与度越来越高[EB/OL].[2017-11-10]. http://www.shfinancialnews.com/xww/2009jrb/node5019/node5036/node5045/u1ai19 6238.html.

[10] 宿辉. PPP 合同是具有行政性因素的民事合同[J]. 山东社会科学，2018（7）：179.

[11] 潘军锋. 政府与社会资本合作（PPP）的法律疑难问题研究[J]. 法律适用，2017 （17）：75-80.

［《中国 PPP 年度发展报告（2019）》，社会科学文献出版社，2019］

正本清源 规范发展：2019 年 PPP 去向何方

王盈盈　王守清

回顾 2018 年，社会各界一致认可 PPP 的价值，政府和市场对 PPP 的态度是又爱又恨。中国的 PPP 表现为 4 个特征。

（1）投资落地速度放缓。除了 PPP 自身的发展进入规范收紧时期，我国经济增速放缓、中央"去杠杆"、金融市场进入调控周期等宏观环境也导致了 PPP 落地速度放缓。

（2）立法之路任重道远。自 2017 年 7 月 21 日国务院法制办公布 PPP 条例征求意见稿以来，社会各界翘首以盼。但由于立法工作难度大，即使近期能出台条例，对核心问题的解决也不要期望过高，毕竟立法是个不断改进和完善的过程。

（3）规范管理旗帜鲜明。自 2017 年下半年特别是 2017 年 11 月以来，财政部整改态度鲜明，执行效果显著。国家发展改革委也积极、务实，密集奔赴多地开展调研。然而，政府管理层仍未形成有效合力，又恰逢部委机构与职能调整，土地、财金等与 PPP 密切相关的宽松政策前景仍不明朗。

（4）投融资风险初显。金融市场对 PPP 全面提高了放款条件和风控要求，而且有报道显示，部分投资人被 PPP 拖累，市场一度唱衰 PPP。其实，PPP 本身并没有错，是动机不纯的主体、不合规的方案和流程等导致了 PPP 超前、过度、泛化、投机和不规范等问题。

展望 2019 年，PPP 有 6 个方面值得关注。

（1）加强监管。2019 年大部分项目将进入运营期，这是真正考验政企合作结果的时候。地方政府需要按效支付费用或补贴，要逐步细化绩效考核指标并加强监管，过去低价抢项目的中标企业可能会面临考验。

（2）出现违约。地方政府的财政承受能力和信用将受到真正的考验，会有部分地方政府由于过去着急上项目、前期工作粗糙、忽视财政风险、轻视合同与流程等原因，不得以开始拖欠付费和补贴，甚至出现违约。

（3）争议增多。对于进入运营期后的情况变化，地方政府和社会资本开始出现争议，如何解决争议将影响项目可持续性。这需要中央层面出台更具体的相关政策，指导各方妥善解决。

（4）数据蓝海。政府的规范管理、企业的投资受挫，将促使各方理性看待和实施PPP项目，也倒逼地方政府加强监管。面对如此庞大的系统工程，政府监管越来越需要依靠信息化手段，因此，依托数据分析和信息化手段的蓝海市场将逐步形成。

（5）新咨询显现。有实力的企业开始真正考虑运营，集成全产业链，部分金融机构开始尝试真正基于项目融资的放贷。在过去5年，很多咨询公司挣足了"两评一案"和项目合同咨询费。2019年将是考验咨询机构真本事和新本事的时候，需要服务于项目落地后的执行、履约、监管和退出等工作。这将是新的咨询需求，而这几年数量激增的咨询机构将开始分化，出现优胜劣汰、适者生存的局面，大咨询和全过程咨询也会逐步增多。

（6）培训回暖。这几年形成的大量案例和相关数据有待分析和总结，PPP学术研究将迎来新机遇。培训市场将逐步回暖，但业界对培训的要求会越来越高，越来越专业和细化。

总之，没有做不好的PPP，只有不好好做的PPP从业者。各位PPP从业者要共同努力，让PPP行稳致远！

（《项目管理评论》，2019年第1期）

我国的PPP知识体系建设

王守清　庞敏　王盈盈

一、明确建立PPP知识体系、进行PPP知识管理的意义

（一）快速发展的PPP模式

公私合作（我国也叫政府和社会资本合作、政企合作），是指公共部门与私人部

门为提供公共产品（或服务）而建立起来的一种长期的合作伙伴关系，这种伙伴关系通常需要通过正式的契约来确立。

在 PPP 进入中国之前，公共产品与服务通常由政府及其直接管辖的本地国营公司提供，而这就面临政府部门资金不足、效率较低等问题。20 世纪 80 年代中期，采用 BOT 模式的沙角 B 电厂开启了中国对于 PPP 模式的探索。自此，我国 PPP 的发展经历了探索、小规模试点、推广试点、新发展的 4 个阶段，囊括了特许经营等多种 PPP 模式。2014 年，国务院、财政部和国家发展改革委等中央部委陆续发文，从中央到地方均大力推广 PPP 项目[①]，PPP 模式得到了广泛实践[1]。

在 2017 年 11 月，财政部发布 92 号文[2]，开始着力于规范化 PPP 项目，这在业界引起思考：究竟如何才能做好 PPP 项目，如何使得 PPP 项目发挥出其真正的优势，做 PPP 项目需要什么样的知识体系？

（二）建立 PPP 知识体系、进行 PPP 知识管理的意义

1. 满足对符合中国市场的 PPP 知识的迫切需求

在中国，根据《政府采购法》，传统的公共设施及服务是由政府采购组织招投标、磋商、委托等方式来提供的。其中，很多市政基础设施项目、公共事业项目因其投资规模大、需求长期稳定、价格调整机制相对灵活、市场化程度高等特点，可以通过 PPP 模式，让更加专业化、效率更高的社会资本方来参与其中，进而实现降低产品价格、提高服务水平和效率的目的。

也正是由于 PPP 项目规模大、时间长、参与方多等原因，PPP 模式相对于我国过去所常采用的 BT 模式而言更加复杂，表 1-20 展现了 PPP 模式与 BT 模式之间的主要差异[3]。具体来说，采用 PPP 模式的项目时间长达十几年甚至三十年；涉及的相关方有政府、投资方、金融机构、承包商、供货商、公众和第三方机构等；涉及的领域包括但不限于能源、交通运输、水利、环境保护、农业、林业、科技、医疗卫生、养老、教育、文化等公共服务领域，范围非常广泛；涉及的学科领域多，例如工程、经济、法律、金融、公共管理等，需要具有深度的多学科专业知识。因此，PPP 模式的顺利进行需要能将法律、经济、金融、财务、管理、工程等知识综合运用于实践的专业技术人才。然而，无论是政府、社会资本方还是相关的咨询行业，都极为缺乏这样的专

---

① 2015 年财政部对外发布《关于进一步做好政府和社会资本合作项目示范工作的通知》（财金〔2015〕57 号），规定政府和社会资本合作期限原则上不低于 10 年，将 BT 模式与狭义 PPP 模式进行了区分。若无特别说明，下文"PPP 模式"均指代"区别于 BT 模式的狭义 PPP 模式"。

业技术人才。

表 1-20　PPP 模式与 BT 模式之间的主要差异

比较内容	BT 模式	PPP 模式
合作方式	垂直模式。政府授权企业独立建造公共设施	合作模式。政府授权社会资本设立项目公司，也可参股项目公司，共同建造和运营公共设施
企业介入时机和程度	招投标阶段介入，项目建设完成后企业即退出	项目的可行性分析和论证阶段介入，合作关系长期且连续
项目持续时间	项目建设期，时间较短	项目全生命周期，长达十几年甚至三十年
支付方式	企业垫资施工，建设期结束后政府需付款	企业和政府共同参与投资、分享运营收益。主要分为使用者付费、政府付费及二者结合 3 种方式
利益诉求	政府和企业只关注自己的利益	双方以项目最大化为根本目标，以此实现自身利益最大化
风险承担	企业关注回款风险，政府关注运营风险	双方对建设、运营的风险共同分担
信息是否对称	建设期企业与政府的信息不共享，移交后政府才能获取全部信息	双方实现信息共享，共同关注全生命周期管理

其次，鉴于社会体制、市场经济体制等的国情，国际 PPP 知识与经验难以直接应用于中国社会，而适合中国的本土 PPP 知识体系尚未建立，相关法制还未健全，导致在 PPP 领域中，学者理论常常各自成派，实践者一知半解，PPP 人才形成路径曲折，对 PPP 可持续发展造成了一定的阻碍。

未来，PPP 模式仍将是我国重要的公共服务及产品供给模式。PPP 知识体系的建设，尤其是符合我国市场的 PPP 知识体系的建设，有助于满足不同 PPP 参与者的需求，为未来的 PPP 人才的培养提供有力的辅助，为 PPP 的可持续发展提供稳固的基石。

2. 实现 PPP 知识体系自我更新，匹配我国 PPP 模式的发展

随着 2014 年以来 PPP 模式的广泛应用，中央及地方各部门出台了相应的政策，从参与者资格、融资方式、合作方式等许多方面提供了更加明确的道路，同时也在不断地解决和完善发展过程中所遇到的各种问题。另外，金融市场的发展，也为 PPP 模式提供了更多融资方式。各种发展使得 PPP 相关的知识也在不断地更新，加上 PPP 项目往往持续时间长达十几年，墨守于以前的 PPP 知识和经验，可能给未来的 PPP 项目带来更多合规性等方面的问题。因此，我们不仅应当充分学习并理解当下已形成的 PPP 领域内多维度知识，更应当及时将不同领域的知识发展都应及时纳入 PPP 的知识范围内。

PPP 模式涉及众多学科领域、不同行业、不同相关方，全方位跟踪 PPP 相关知识的进展并非由一人之力、若干本书就可以完成的。随着目前科技与互联网的不断发展，未来成熟的 PPP 知识体系，应当能够使得任何对 PPP 感兴趣的人都能轻易地获取相应的知识，同时这样的知识体系也应该能够纳入众多学者与实操者的知识、政策法律的更新等内容，进行及时的自我更新。

二、PPP 知识体系建设现状

（一）知识表示与知识管理的内涵

1．知识表示

知识表示的概念来源于知识管理领域和计算机与人工智能领域。

在知识管理领域内，知识分为两类，一类是我们常见的书面文字、图表和数学公式等，另一类为我们在做某事的行动中所拥有的知识。前者被定义为显性知识（其表现形式可以为语言、数学公式、各类图表、盲文、手语等诸种符号形式）。而隐性知识被定义为不能脱离认知主体的思维智慧[4]。PPP 项目涉及范围广、持续时间长，既需要系统的 PPP 理论知识和专业的学科知识（显性知识），业界专家的经验理论（隐性知识）在成功实践 PPP 模式的过程中也同样不容忽视，甚至更为重要。

在计算机与人工智能的领域内，知识表示是将知识转化成规范化、形式化和模型化的数据结构，进而使得计算机能够处理知识、系统能够控制知识结构[5]。PPP 模式相关知识容纳了众多领域、众多相关方等多维知识。PPP 知识利用中的一大壁垒就是全面运用知识的能力壁垒。

倘若 PPP 知识能够借助计算机领域内的知识表示技术，将 PPP 领域内的显性、隐性知识形式化、规范化，辅以一定的推理能力，使知识库的结构更加多元，将会极大地提高 PPP 知识体系的实用性。

2．知识管理

在知识管理的领域中，将知识抽象为模型的方式有许多种，根据目的来划分，可以分为以知识管理为目的、以建立知识系统（Knowledge Based System，KBS）为目的的两类模型。

知识管理模型是以对文档的管理为主，现有的 PPP 相关书籍、文章、文本均可纳入此分类。KBS 知识模型的主要目的是将知识编码成 KBS 系统所能识别的形式，从而实现管理、推理等进一步的目标，常见的形式如框架图、概念表、本体等。而传统的知识管理模型均以显性知识为知识来源，鲜有纳入隐性知识或为掌握隐性知识的专业人士提供显性知识的集合。钟东来虽然提出了一种让专家能够参与到本体构建当时的方式，但也仅限于为专家提供了更为简便的本体构建工具，仍需专家自己构建知识本体[6]，尚不能在 KBS 的基础上有效地将专家的知识，尤其是隐性知识，纳入知识模型当中。

因此，如何对 PPP 知识进行管理、如何建立合适的 PPP 知识体系，既能够同时纳入显性、隐性知识，同时还可以对知识进行分类、检索乃至推理，仍是我们需要解决的问题。

（二）国际上 PPP 知识体系的发展

为了更好地实施 PPP 模式，很多国际组织和国家政府部门都已有 PPP 知识体系或指导手册。此类知识体系均为知识管理型的知识模型，以文档为载体，展现相应的内容。为更好地陈述，下面把所有指导手册、指南等统称为 PPP 知识体系。表 1-21 展示了有关国际组织及国家的知识体系及主要内容。

表 1-21 国际组织及国家的 PPP 知识体系

组　　织	名　　称	主要内容	展现方式
世界银行等	PPP 参考指南 3.0[7]（PPP Reference Guide Version 3.0）	模块 1：PPP 基础知识，定义、性质、融资、可能出现的困难 模块 2：建立 PPP 框架，法律和体制（政策，流程，机构和规则），PPP 的治理方式 模块 3：PPP 项目的操作流程，为制定和实施 PPP 项目的每个阶段提供指导	从宏观、整体的层面介绍 PPP 在每个模块开始提供了总体框架 列出任何有用的概述参考 模块的划分方式
世界银行、其他多边发展银行、APMG 国际	PPP 指南[8]（The PPP Guide）	PPP 知识体系的领域和主要内容； 按照操作流程划分核心概念	按照项目发展顺序划分 每个部分细致入微
国际复兴开发银行、世界银行	PPP 合同条款指南[9]（Guidance on PPP Contractual Provisions）	PPP 合同/结构中涉及的重要法律问题：不可抗力、重大不利政府行为、法律变更、终止支付等	指南编辑排版逻辑 法律与合同的知识内容参考

组　织	名　称	主要内容	展现方式
亚洲开发银行	公私合作手册[10]（Public-Private Partnership（PPP）Handbook）	选择 PPP 结构：行业、合同形式等角度 PPP 实施过程：准备、实施、监测等 PPP 扶贫	PPP 结构与不同行业、不同合同形式的对应与结合
联合国欧盟经济委员会	PPP 治理提升指南[11]（Guidebook on Promoting Good Governance in Public-Private Partnerships）	PPP 治理的原则： PPP 政策 PPP 相关能力建设：金融、谈判等 法律框架 风险分担 选择社会资本方（采购） 关注公众权益：VfM，信息公开等 环境保护	模块划分方式 针对每条原则，解释其多维度的内涵，包括何时、何人参与、何种方式等
欧盟委员会	成功 PPP 指南[12]（Guidelines for Successful Public - Private Partnerships）	PPP 模式的结构、实用性、成功要素 PPP 的法律和监管体制 PPP 项目风险及其影响 用于 PPP 的大项目融资 PPP 的概念、计划与实施	模块划分方式 法律及监管体制值得参考
美国 PPP 国家理事会	PPP 白皮书[13]（PPP White Paper）	PPP 模式概述； 各行业 PPP 模式的应用； PPP 的法制环境； PPP 的未来发展	行业划分方式
澳大利亚政府	国家 PPP 政策与指南[14]（National Public Private Partnership Policy Framework）	采购方式 相关方指南、 VfM、财务与融资等	针对不同参与者提供 PPP 的指南（相关方维度）

　　全球诸多学者和业界专家也将他们有关的 PPP 学术研究、实操经验等成文成书发表和出版。在 2000—2015 年，世界范围内影响力较大的 PPP 学术期刊文章和著作中的主题模块[15]分别如表 1-22 和表 1-23 所示。

表 1-22 世界范围内具有影响力的 PPP 期刊文章所关注的主题模块

作　者	年份	文章名称	模块
Grimsey and Lewis	2002	Evaluating the risk of public private partnerships for infrastructure projects	风险
Li et al.	2005	The Allocation of Risk in PPP/PFI Construction Projects in the UK	风险
Froud	2003	The private finance initiative：risk，uncertainty and the state	风险
Shen et al.	2006	Role of public private partnerships to manage risks in public sector projects in Hong Kong	风险
Ng and Loosemore	2007	Risk allocation in the private provision of public infrastructure	风险
Wang et al.	2000	Evaluation and management of political risks in China's BOT projects	风险
Shen and Wu	2005	Risk concession model for build/operate/transfer contract projects	风险
Graeme and Greve	2007	Public–private partnerships：an international performance review	评价
Grimsey and Lewis	2005	Are public private partnerships value for money? Evaluating alternative approaches and comparing academic and practitioner views	评价
Froud and Shaoul	2001	Appraising and evaluating PFI for NHS hospitals	评价
Akintoye et al.	2003	Achieving best value in private finance initiative project procurement	采购 评价
Zhang	2005	Criteria for selecting the private-sector partner in public–private partnerships	采购
Zhang	2005	Critical success factors for public–private partnerships in infrastructure development	成功 因素
Li et al.	2005	Critical success factors for PPP/PFI projects in the UK construction industry	成功 因素
Tiong	1996	CSFs in competitive tendering and negotiation model for BOT projects	成功 因素
Tiong et al.	1992	Critical success factors in winning BOT contracts	成功 因素
Kumaraswamy and Zhang	2001	Governmental role in BOT-led infrastructure development	政府
Bennett and Iossa	2006	Building and managing facilities for public services	治理
Heald	2003	Value for money tests and accounting treatment in PFI schemes	财务
Yang and Meng	2000	Highway pricing and capacity choice in a road network under a build–operate–transfer scheme	定价 行业
Shen et al.	2002	Alternative concession model for build operate transfer contract projects	组织

表 1-23　世界范围内具有影响力的 PPP 知识著作结构

| 学　者 | 维　　度 | | | | | | | | |
| | 模　　块 | | | | | | | 行业 | 参与方 |
	组织结构	融资	风险管理	财务	评价方式	采购	操作流程		政府
Grimsey and Lewis（2004）	√	√	√			√		√	√
Savas（2000）	阐述民营化的含义及其可被有效利用的领域和条件							√	√
Walker and Smith（1995）		√	√	√	√	√（基础设施）			
Yescombe（2011）	√	√	√	√		√	√（再谈判）		
Guasch（2004）	√	√							
Osborne（2002）	√						√	√	√
Levy（1996）								√	

（三）我国 PPP 知识体系的发展

自 2014 年以来，国内的 PPP 学术与实务著作也如雨后春笋般迸发。学者、实践者们不仅不断探索 PPP 的理论发展，也将近年来积累的广泛实践经验进行了归纳总结，将专家的隐性知识也尽可能成书载册，助力 PPP 发展。

在综合参考国内书籍销量、清华大学王守清教授所建议学习的 PPP 参考书目，摘选出 75 本 PPP 相关著作，涵盖了学术与实务中流程管理、融资管理、风险管理、监管与信息公开等众多重要知识面，如图 1-23 所示。其中，融资管理、PPP 的发展背景与含义、法律法规与政策、流程管理、风险管理、合同管理、PPP 模式、财务测算、绩效与评价被着重关注超过 10 次。

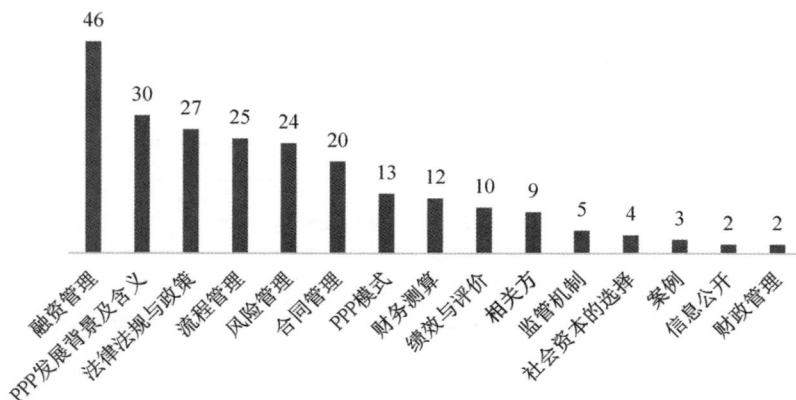

图 1-23　摘选书目中的重点主题统计

如表 1-24 所示，在学术理论类著作中，大多都探讨了 PPP 发展背景与含义、融资管理、风险管理、PPP 多种模式及流程管理：柯永建和王守清[16]对中国 PPP 项目的风险进行了详细的分类并提出了相应的分担机制；盛和太和王守清[17]、张建红与胡恒松[18]、叶苏东[19]探讨了项目融资、项目的可融资性及融资时的资本结构设计；李继红、顾功耘、陈婉玲等以及李亢则梳理国内 PPP 相关法律法规及政策，并对未来的法律环境提出了构想。

表 1-24　学术理论类著作中所着重关注的知识模块

作　者	年份	含义	流程	相关方	模式	合同	法律	融资	风险	绩效评价	信息公开	财务测算	监管机制	案例	其他
王守清；柯永建	2008	√	√		√	√		√	√						
柯永建；王守清	2011	√							※						
盛和太；王守清	2015							※							
赵福军等	2015	√	√	√	√			√		√					
李继红	2016						※								
顾功耘	2016						※	√							
王盈盈；冯珂；王守清	2017	√	√	√						√				√	
王守清；王盈盈	2017	√						√							
陈婉玲等	2017						※								
李亢	2017						※								
罗学富等	2018												※		
戴大双	2018	√	√		√		√	√	√						
丁伯康等	2018	√					√	√			√		√		信用案例
王天义；刘世坚；罗桂连；邬彩霞	2018	√					√								
国家发展改革委投资司等	2018	√						√	√						
欧阳帆	2018	√	√		√	√	√								
张建红；胡恒松	2018							※							
叶苏东	2018							※							
叶苏东	2019	√	√	√				√	√						
徐玉德	2019	√			√			√		√		√			

注　√表示部分章节关注；※表示整书关注。

如表 1-25 所示，在实务类著作中，社会资本的选择、政府的财政管理、合同管理则获得了更多的关注。针对融资、合同管理、法律法规与政策、风险管理、绩效评价、财务测算（包括会计、税法等）、监管机制的知识模块，均有专业著作提供有针对性的指导。除了知识模块的角度外，王亦虹等[20]、中国保险资产管理业协会[21]、丁伯康等[22]、崔德高等[23]、姚海林等[24]、中国建设工程造价管理协会[25]从特定相关方角度来解读 PPP，如咨询公司、SPV 公司、政府的角度。而马海顺等[26]、朱静[27]则从 PPP 项目涉及的文档的角度来为 PPP 实务提供指导。

表 1-25　实务类著作中所着重关注的知识模块

作　者	年份	含义	流程管理	相关方	模式	合同管理	法律	融资	风险	绩效评价	信息公开	财务测算	监管机制	社会资本选择	财政管理	案例	其他
丁伯康等	2014							※									
金诺律师事务所	2015						※										
财政部政府和社会资本合作中心	2015											※					
黄华珍等	2016	√	√			√		√	√								
车耳	2016	√															
王亦虹等	2016	√	√				√										咨询
中国PPP产业大讲堂	2016	√	√					√	√	√							案例
周兰萍	2016			※		※	※										
陈民等	2016	√															案例
吕汉阳	2016		√	√		√	√	√									
傅俊元	2017		√									√					相关方角度
刘世坚等	2017	√	√	√			√				√					√	
林华	2017	√				√	√										
马海顺等	2017	√				√	√	√	√			√		√			文档
宋蕊	2017	√	√	√		√		√	√	√							
秦玉秀等	2017		√	√		√	√	√	√								
辛连珠	2017											※					流程

续表

作　　者	年份	含义	流程管理	相关方	模式	合同管理	法律	融资	风险	绩效评价	信息公开	财务测算	监管机制	社会资本选择	财政管理	案例	其他
财政部政府和社会资本合作中心	2017							※	√								
张继峰	2017							※									
余文恭	2017	√	√	√	√			√	√	√							
杨俊杰等	2017	√			√												行业
中国保险资产管理业协会等	2017				√		√	√	√								保险
丁伯康等	2017	√			√			√									案例；政府角度
陈青松等	2017	√						√									案例
吉富星	2017				√			√									行业
杨伟东等	2017	√	√		√		√	√							√		行业
董家友等	2017		√					√	√				√				行业
陈青松等	2017	√						√									行业
李成林	2017					※											
上海济邦投资咨询有限公司	2017	√															行业
黄华珍	2017						※										案例
崔德高	2018					√		√	√	√							项目公司角度
韩志峰	2018				√	√		√	√	√					√		√	行业
中国招标投标协会	2018					※											
朱静	2018		√														文档

续表

作者	年份	含义	流程管理	相关方	模式	合同管理	法律	融资	风险	绩效评价	信息公开	财务测算	监管机制	社会资本选择	财政管理	案例	其他
北京金准咨询有限责任公司	2018																咨询；行业
王瑾	2018		√			√	√	√				√					行业
李丽娜等	2018		√					√				√					
王天义，刘世坚，罗桂连，邹彩霞	2018	√				√											案例
中国建设工程造价管理协会	2018		√														咨询
任兵等	2018		√														案例
崔德高	2018									※							
卢明明	2018		√			√		√	√							√	
刘飞等	2018					※											
邹晓勇	2018							※									
姚海林等	2018	√	√				√										咨询
曹珊	2018																行业
江帆，潘萍	2018		√	√		√		√		※				√			
国福旺	2018												※				
德恒律师事务所PPP业务中心	2018					√	√	√	√					√			行业
薛涛，汤明旺，李曼曼	2018	√															环保行业
陈青松，唐琳，连国栋	2018																医养行业
王富俭，李瑞民，陈向春	2018							※									案例
周月萍，周兰萍	2019					※											

注　√表示部分章节关注；※表示整书关注。

上述著作的思路类似于国际组织机构和国家政府部门的指导手册，均从某一维度去全面介绍 PPP 的知识内容，其知识体系的形式依旧是以文字、图形为主，知识分类则按行业、流程、相关方或文档中的某一维度来划分。

王盈盈、冯珂和王守清编著的《PPP 实务问答 1 000 例》[3]、郑建新主编的《政府和社会资本合作 PPP 1 000 问》[28]、刘尚希和赵福军编著的《政府和社会资本合作（PPP）知识读本》[29]则利用问答的形式展现 PPP 的知识内容。其中，刘尚希和赵福军将问题按照宏观与微观进行了划分，便于不同使用目的的读者快速检索。这样的著作以文字为知识载体，按行业、流程等某一维度划分知识模块，以系统描述、解答问题、提出解决方案的文本方式展现。这虽然符合系统学习或寻求问题答案的读者的需求，但是对于一般读者，却难以实现除问题目录之外的、多维度的检索、学习；而静态的文本展示，也难以真正呈现领域内知识之间的内在联系。

上述的 PPP 知识体系均为知识管理模型，虽然形式、角度多样，但主要还是以文档的形式去呈现。袁竞峰等人利用本体技术建立 PPP 剩余价值风险的知识模型[30]（见图 1-24）。在此模型中，知识来源为文献阅读和案例分析，并按照风险的进程、风险的类别进行分类和总结，手动建立 PPP 剩余价值风险本体模型，该模型可从概率角度、政府及社会资本方的角度分析 PPP 项目的风险，实现了不同知识模块之间的关系构建。该模型本体技术的利用，极大地提高了 PPP 风险管理领域的知识应用与交流的便利性，非常值得参考。

PPP 应用领域非常广泛，如环保、交通、智慧城市、特色小镇等，每个领域内 PPP 不能同一而论。PPP 项目的参与方，包括政府、社会资本方、投资方、公众等，各方参与的方式及关注点各不相同。而在现有的 PPP 知识体系中，还未有以行业领域、全部参与方为主要维度的全面的知识体系。

综上来看，在以文档为主要载体的知识管理模型中，已有较为完备的 PPP 知识体系，例如 APMG 国际主导的《PPP 指南》（*The PPP Guide*）就在风险管理、融资、模式选择等许多方面按操作流程进行了详尽的介绍，例如在项目识别这一部分中，讲述了识别需求、项目优先级、运行方法分析和选择、项目范围确定、经济可行性分析、分析项目重难点、检验项目的实用性和可支付性、项目管理方案、相关方及其沟通机制的确定、咨询方的选择、报告，和这一部分产出的总结；国内大量著作对 PPP 的解读则更加符合中国的 PPP 项目所处的大环境。可见，PPP 知识内容已经非常充足。

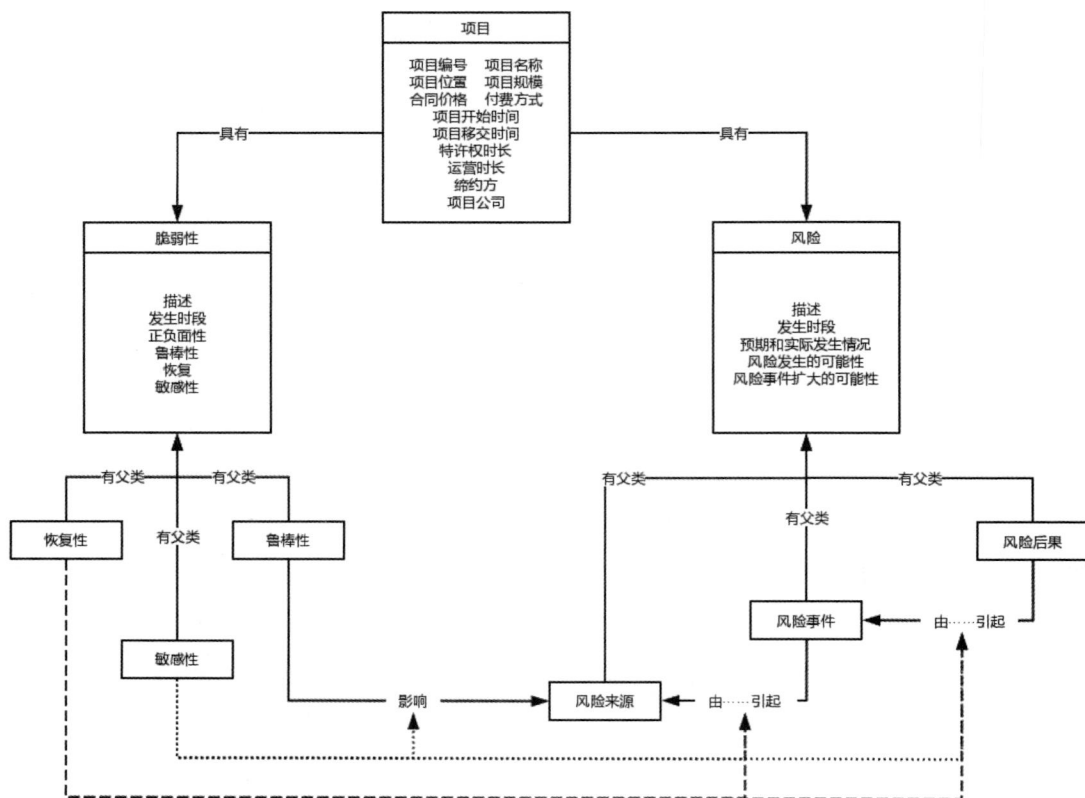

图 1-24   利用本体技术的 PPP 剩余价值风险的知识模型示例

但现有的知识模型呈现的方式却非常单一，仅仅以某一维度为主线的书籍著作极大地限制了 PPP 学习者对 PPP 的全面了解、PPP 实践者对 PPP 知识的灵活应用。不同的知识模型之间用语、逻辑均不统一，通用性较差，经常出现解决某一个问题时只能从某一本书中找到，而其他问题则需要换另外一本书才能解决的现象。因此，PPP 知识体系需要首先统一用语与逻辑，提高通用性；其次，利用计算机技术将知识规范化，且能够允许读者自由选择以不同维度来学习 PPP 知识。而在这方面，暂时还未有较为成熟的研究。

三、我国 PPP 知识体系的构建框架与方法

（一）对我国 PPP 知识体系构建的框架性建议

1. 关注 PPP 业内专家的隐性知识

正如前文所述，业内专家丰富的学术理论、实操经验，都是 PPP 知识领域中不可

或缺、借鉴意义极大的一部分知识。未来的 PPP 知识体系建设，应当能够系统地、完全地纳入 PPP 业内专家的知识，包括其学术理论、公开发言、新闻访谈等内容，聚合零散的隐性知识，使读者能够在学习书籍的同时，也能够更加轻易地了解专家观点。

2．利用现代技术，建立易于获得且能够自我更新的 PPP 知识体系

正如现在我们想要了解某方面的知识，第一选择是进行网上搜索、筛选信息进而深入学习，而不再是进入图书馆阅读专业书籍。未来的 PPP 知识体系，应当满足在线检索、学习的要求。而这就需要将 PPP 知识管理与现代技术相结合，如前文所提及的本体等的技术，则可以实现建立知识库、进行自我更新、提供 web 接入端口，进而使得读者能够在线获取可检索、可推理的 PPP 知识体系。

3．建立官方或机构认可的 PPP 知识体系

今年，我国从中央到地方都开展了大量的 PPP 模式的培训工作，众多咨询机构、教育机构也都纷纷提供 PPP 知识的培训。由于讲师资质参差不齐、个人理解观点的差异，PPP 培训的成果也不尽相同。建议未来能够形成官方认证或大众认可的 PPP 知识体系，不仅可以减少众多 PPP 参与者知识差异之间的摩擦，也可为未来的 PPP 人才的培训提供支持。

（二）参考本体技术建立 PPP 知识体系

1．建立可互相关联的网状知识结构

PPP 知识体系的结构应呈现为网状结构，节点为知识因子，知识因子之间是他们的链接，也成为知识关联。因此，PPP 知识体系应当将 PPP 领域内的主客观知识概念化，识别各知识点，并且能够展示出知识点之间的关系。

2．PPP 知识体系的构建

参考众多本体构建方法，同时根据 PPP 知识内容及本知识体系的建立与应用目的，图 1-25 给出了 PPP 知识体系框架的构建方法。

根据知识体系的领域、范围，以及应用目的，综合文献阅读和专家意见，确定出知识领域中的重要的核心内容，并概念化。

前面提到过，每个 PPP 项目都是一个系统工程，涉及政策、金融、法律、工程等多个学科门类，每个学科都对 PPP 项目有着重要的作用，但也没有某一个学科可以完全覆盖 PPP 的实质：经济学关注 PPP 项目的合同交易成本和贴现率；金融学则是关注项目融资；会计学关注 PPP 模式的会计税务处理；工程学注重项目的管理和合同的管理；公共部门则更加关注公共产品和服务的提供与财政之间的关系……完整的 PPP 知识体系应该涵盖图 1-26 所示的内容。

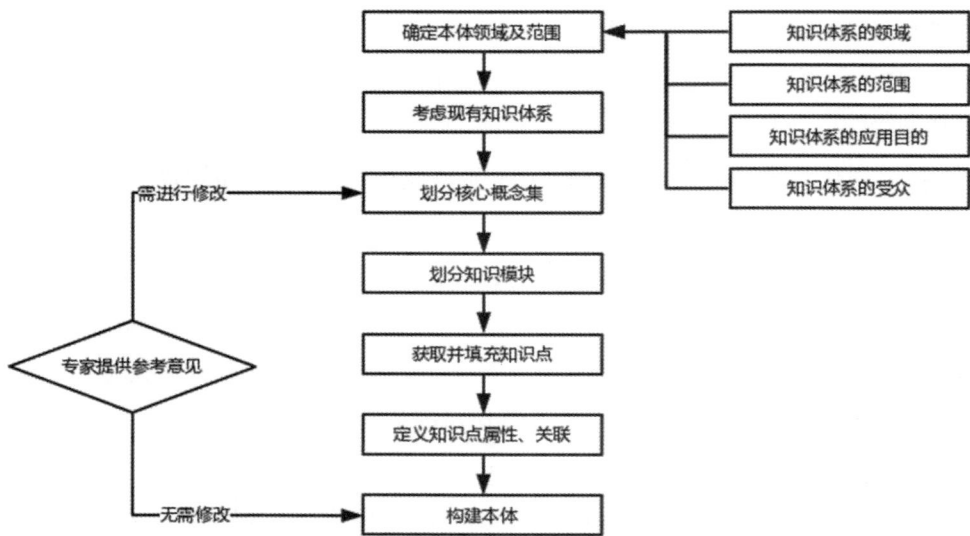

图 1-25　PPP 知识体系框架的构建方法流程图

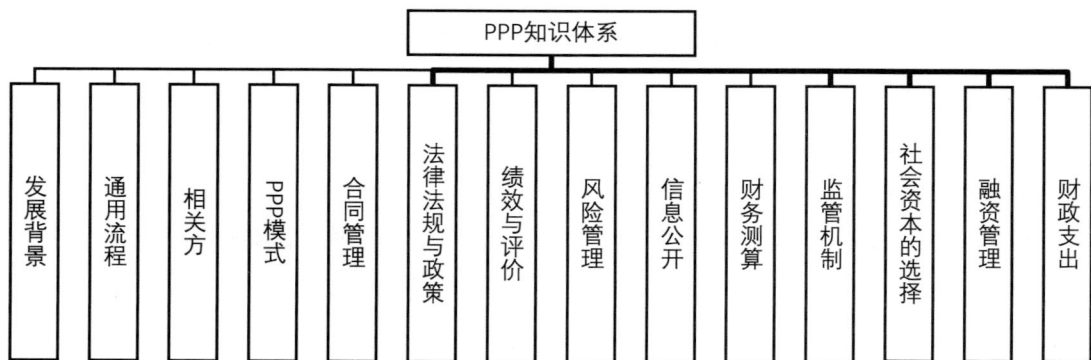

图 1-26　PPP 知识体系的第一层级框架

在图 1-26 中的核心知识点下，继续由上至下地拓展各层级知识点，初步形成一个树状的多层 PPP 知识体系框架，如图 1-27 所示。

PPP 项目在多个维度上互相关联，因此定义各知识点之间的关联非常重要。通过在本体中定义不同知识点之间的关系，可以将知识点互相关联起来，为知识点之间的推理提供基础。

以"社会资本"中的知识点"SPV 公司"和知识点之间的关系为例，知识点之间的关系扁平化结果展示如图 1-28 所示。因 SPV 公司的资本金出资比例中社会资本方占比超过 50%，且由社会资本方主要负责公司的运营，因此将"SPV 公司"知识点归为"社会资本"的子类知识点。

（1）建立知识点。社会资本的子类、与 SPV 公司并列的知识点有建筑商、运营商、资金方等。SPV 公司的子类知识点包括：SPV 公司的作用、组织形式、公司管理、股权变动、运作模式。而概念都已经置入相应的解释及父子类关系，如图 1-29 所示。

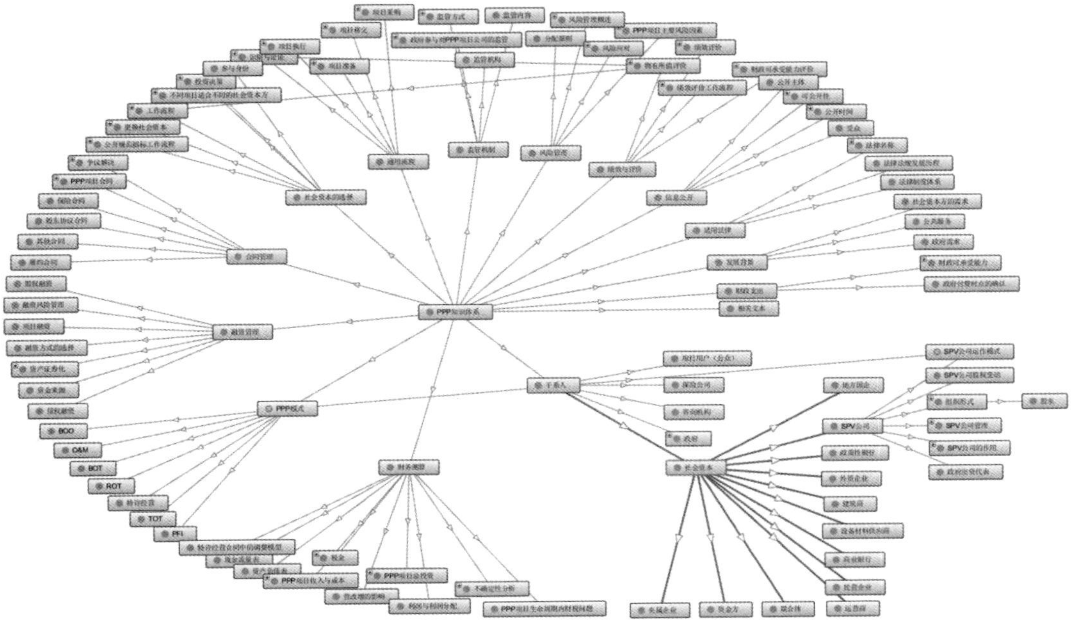

图 1-27 树状 PPP 知识体系框架图（以"社会资本"的展开为例）

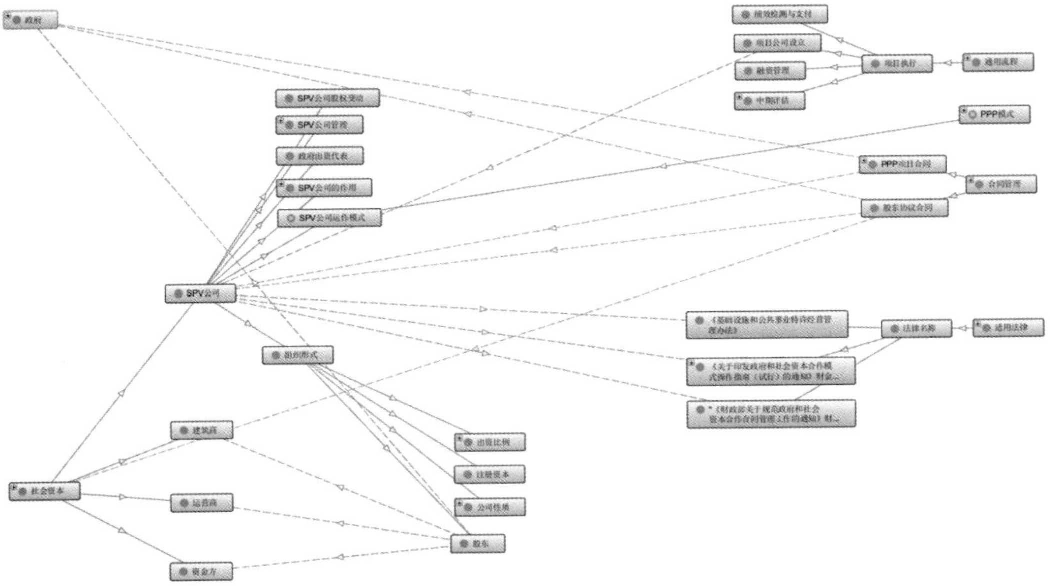

图 1-28 "SPV 公司"知识点与其他知识点之间的关联

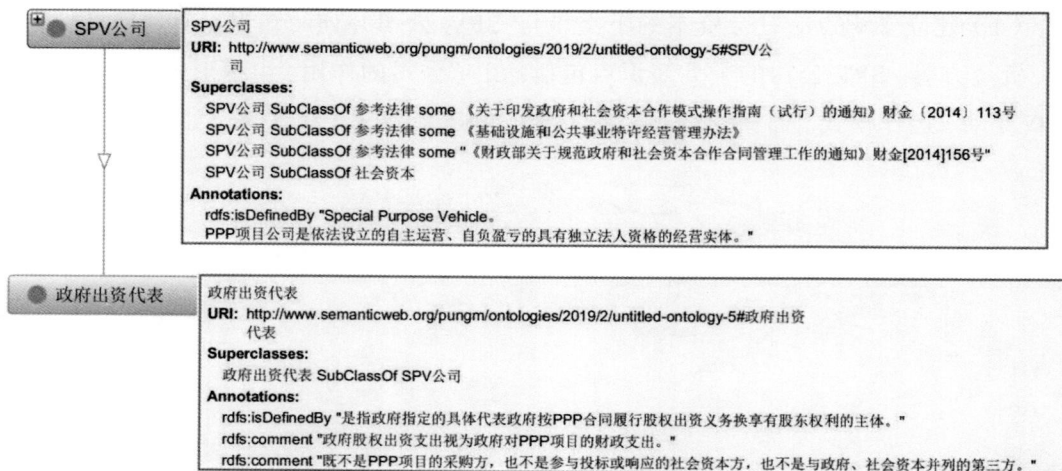

图 1-29　知识点"SPV 公司"与"政府出资代表"的含义、父子类关系示意图

SPV 公司即政府、社会资本方为方便相应 PPP 项目实施的特殊目的公司，其运作模式即相当于 PPP 项目所采用的模式。因此，知识点"SPV 公司运作模式"即相当于一级知识点"PPP 模式"，在本体中表达如图 1-30 所示。

```
1.    EquivalentClasses（
2.    ：SPV 公司运作模式
3.    ObjectIntersectionOf（：PPP 模式）
4.    ）
```

图 1-30　"SPV 公司中运作模式"本体表达

（2）知识点的对外关系。除知识点本身的含义、层级关系外，PPP 知识点之间还拥有其他的关系。例如，在 PPP 项目的实操流程中，当项目执行阶段开始，需成立 PPP 项目公司，所以在概念集"通用流程"下的二级知识点"项目执行"将涉及"SPV 公司"的知识点。故，"项目执行"与"SPV 公司"有着"相互涉及"的关系，该关系为对称关系。

类似的，"SPV 公司的股东"也涉及"相关方"中的"政府""建筑商""运营商""资金方"，因此，"SPV 公司的股东"与其他相关方之间也有"相互涉及"的关系。

《政府和社会资本合作模式操作指南（试行）》（财金〔2014〕113 号）第 11 条规定："项目实施机构应组织编制项目实施方案，依次对以下内容进行介绍：……项目公司股权情况主要明确是否要设立项目公司以及公司股权结构。"第 23 条规定："社会资本可依法设立项目公司。政府可指定相关机构依法参股项目公司。项目实施机构和财政部门（政府和社会资本合作中心）应监督社会资本按照采购文件和项目合同约定，按时足额出资设立项目公司。"与知识点"SPV 公司"相关的法律法规将包括《政府和社会资本合作模式操作指南（试行）》（财金〔2014〕113 号）。故在二者之间建立"参考法律"的关系。图 1-28 显示，"SPV 公司"可参考的法律法规有三条。

在"合同管理"中，"SPV 公司"将直接参与到"PPP 项目合同"中去，因此二者之间有"参与"（与关系"有参与者"互为反关系）的关系存在。类似的，政府也将参与到"PPP 项目合同"中，二者也有"参与"的关系。而"参与"关系本身的域（Domain）仅限于"相关方"。

（3）知识点的实例及对实例的描述。PPP 模式有许多定义，例如在《国家发展改革委关于开展政府和社会资本合作的指导意见》（发改投资〔2014〕2724 号）中，政府和社会资本合作（PPP）模式是指政府为增强公共产品和服务供给能力、提高供给效率，通过特许经营、购买服务、股权合作等方式，与社会资本建立的利益共享、风险分担及长期合作关系。在实践中，PPP 模式有多种具体的实施方式，因此，在知识点"PPP 模式"下，建立若干实体，包括但不限于 BOO、BOOT、BOT、BTO、MC、O&M、TOT，如图 1-31 所示。

针对每个实体，除了添加定义外，还可为其增加两个属性"涉及学科""复杂程度"。例如，"BOT 模式"的采用将涉及"工程""管理"两个学科，其复杂程度取值为 5。

```
1.  <DataPropertyAssertion>
2.    <DataProperty IRI="#复杂程度"/>
3.    <NamedIndividual IRI="#BOT 模式"/>
4.    <Literal datatypeIRI="http://www.w3.org/2001/XMLSchema#integer">5</Literal>
5.  </DataPropertyAssertion>
6.  <DataPropertyAssertion>
7.    <DataProperty IRI="#涉及学科"/>
8.    <NamedIndividual IRI="#BOT 模式"/>
9.    <Literal>工程</Literal>
10. </DataPropertyAssertion>
11. <DataPropertyAssertion>
12.   <DataProperty IRI="#涉及学科"/>
13.   <NamedIndividual IRI="#BOT"/>
14.   <Literal>管理</Literal>
15. </DataPropertyAssertion>
```

图 1-31　PPP 模式实施方式

当需要了解 BOT 模式时，可看到 BOT 模式的相关信息如图 1-32 所示。在实际应用情景中，PPP 项目参与者可从本体中查询不同知识点的相关信息，可迅速了解其复杂程度、知晓该知识点所涉及的学科，并确定需要聘请哪些学科的专家以备咨询。

◆ BOT模式 | BOT模式
URI: http://www.semanticweb.org/pungm/ontologies/2019/2/untitled-ontology-5#BOT模式
Data property assertions:
BOT模式 复杂程度 5
BOT模式 涉及学科 "管理"
BOT模式 涉及学科 "工程"
Annotations:
rdfs:isDefinedBy "Build-Operation——Transfer, 建设-经验-移交。
是私营企业参与基础设施建设，向社会提供公共服务的一种方式。我国一般称其为"特许权"，是指政府部门就某个基础设施项目与私人企业（项目公司）签订特许权协议
，授予签约方的私人企业来承担该基础设施项目的投资、融资、建设、经营与维护，在协议规定的特许期限内，这个私人企业向设施使用者收取适当的费用，由此来回收项...

图 1-32　"BOT 模式"的相关信息

上述利用本体技术建立知识体系的过程充分体现了在多维、复杂的知识领域内，计算机技术可以突破维度间的隔阂，实现将不同学科的知识点打通、从相关方角度寻找知识点、知识点与法律法规挂钩以备随时检索等功能，为后续实践中多场景、多用户应用提供了基础。

四、结语

PPP 模式在中国的广泛应用，使得对 PPP 专业人才的需求愈加急切。而现有的 PPP 著作、PPP 指南等的知识结构维度单一、知识点覆盖不够全面，不能满足不同 PPP 学习者的需求。本文建议 PPP 知识体系的构建可参考本体的构建方法，通过给知识点赋值属性、建立知识点之间关联的方式实现多维度展现知识体系，为建立完备的 PPP 知识体系提供方法的支持，为 PPP 学习者提供更全面更灵活的参考。

参考文献

[1]　财政部政府和社会资本合作中心. 全国 PPP 综合信息平台项目库第 12 期季报 [EB/OL].（2018-04-28）[2018-05-05]. http://www.cpppc.org/zh/pppjb/7450.jhtml.

[2]　中华人民共和国财政部. 关于规范政府和社会资本合作（PPP）综合信息平台项目库管理的通知（财办金〔2017〕92 号）[Z]. 2017-11-10.

[3]　王盈盈，冯珂，王守清. 特许经营项目融资 PPP 实务问答 1000 例[M]. 北京：清华大学出版社，2017.

[4]　迈克尔·波兰尼. 个人知识：迈向后批判哲学[M]. 许泽民，译. 贵阳：贵州人民出版社，2000.

[5] 徐宝祥，叶培华. 知识表示的方法研究[J]. 情报科学，2007（5）：690-694.

[6] 钟东来. 智慧城市本体构建与应用[C]. 北京：清华大学，2014.

[7] PPP Knowledge Lab. PPP Reference Guide Version 3.0[EB/OL]. https://pppknowledgelab.org/guide/sections/1-introduction.

[8] APMG International. The PPP Guide [EB/OL]. https://ppp-certification.com/ppp-certification-guide.

[9] International Bank for Reconstruction and Development, World Bank. Guidance on PPP Contractual Provisions 2017[Z]. 2017.

[10] Asian Development Bank. Public-Private Partnership（PPP）Handbook[Z]. 2008.

[11] United Nations Economic Commission for Europe. Guidebook on Promoting Good Governance in Public- Private Partnerships[Z]. 2008.

[12] European Commission. Guidelines for Successful Public - Private Partnerships[Z]. 2005.

[13] For the Good of the People：Using Public-Private Partnerships To Meet America's Essential Needs[Z]. The National Council For Public-Private Partnership，2013.

[14] Australian Government. National Public Private Partnership Policy Framework[Z]. 2015.

[15] Song J，Zhang H，Dong W. A review of emerging trends in global PPP research：analysis and visualization. Scientometrics，2016.

[16] 柯永建，王守清. 特许经营项目融资（PPP）：风险分担管理[M]. 北京：清华大学出版社，2011.

[17] 盛和太，王守清. 特许经营项目融资（PPP/BOT）：资本结构选择[M]. 北京：清华大学出版社，2015.

[18] 张建红，胡恒松. PPP 项目可融资性评价研究与应用. 北京：经济管理出版社，2018.

[19] 叶苏东. 项目融资[M]. 北京：北京交通大学出版社，2018.

[20] 王亦虹，潘敏，尹贻林. 双赢之道：政府和社会资本合作（PPP）项目全过程咨询手册[M]. 天津：天津大学出版社，2016.

[21] 中国保险资产管理业协会清华大学政府和社会资本合作研究中心. 保险资金参与 PPP 实践研究[M]. 北京：中国金融出版社，2017.

[22] 丁伯康. 新型城镇化政府投融资平台的发展转型[M]. 北京：中国商务出版社，

2014.

[23] 崔德高. PPP 项目执行阶段操作指南——100 个实务问题深度解析[M]. 北京：法律出版社，2018.

[24] 姚海林，梁舰. PPP 核心业务操作指南[M]. 北京：中国建材工业出版社，2018.

[25] 中国建设工程造价管理协会. PPP 项目全生命周期咨询业务指南[M]. 北京：中国建筑工业出版社，2018.

[26] 马海顺，梁舰. 政府与社会资本合作（PPP）模式[M]. 北京：中国建材工业出版社，2017.

［《中国 PPP 年度发展报告（2019）》，社会科学文献出版社，2019］

中国 PPP 市场发展前景

周　秘　王守清

一、从热潮到冷静——PPP 的普及化与规范化

2013 年，党的十八届三中全会提出"允许社会资本通过特许经营等方式参与城市基础设施投资和运营""让市场在资源配置过程中发挥决定性作用"，是我国 PPP 热潮的开端。在之后的 4 年间，政府大力推广 PPP 模式，中国 PPP 事业迅速发展，项目数量和投资金额巨大、涉及领域广泛。根据财政部 PPP 项目库的数据，仅 2016 年，新成交的 PPP 项目超过 1 000 个、投资总额超过 2 万亿元，是历史总和的 3~4 倍，到 2017 年年底，已成交的项目数量与投资额又再次翻倍。行业上，从传统的水务、市政和交通三大行业，拓展到了城镇综合开发、教育、医疗、文旅、养老等新兴领域。

这股 PPP 热潮，带动了大量基础设施投资，也帮助我国迅速积累 PPP 经验，但也有许多消极现象出现。例如，PPP 模式流程复杂、门槛较高，但许多参与者并未理解 PPP 的内涵，而是简单粗暴地把 PPP 当作取代地方政府融资平台的新的融资方式；一些参与者动机不纯，如有的地方政府只想上项目而不考虑 PPP 的适用性和财政承受力；有的社会资本仅看重短期利益，而缺乏长期运营的打算和实力；还有多数金融机构只想"躺着挣钱"但不愿分担风险等[1]。这些问题导致了 PPP 的异化和泛化，许多"伪 PPP"项目不仅没能提高效率、实现"物有所值"，反而积累了地方政府债务，违

背了中央推广 PPP 的初心。

2017 年，全国金融工作会议将防控风险作为重中之重，要求严控地方债务风险。这次会议既是我国金融政策的转折点，也预示着 PPP 政策的转折。同年 11 月，财政部开始彻查不规范的 PPP 项目、整顿 PPP 市场。2018 年，财政部出台一系列文件，强调要对 PPP 项目规范化管理、严控地方债务风险，禁止 PPP 项目中的"明股实债"、"固定回报"承诺、无绩效付费机制、政府付费超过地方一般公共预算收入的 10%（财政承受力）等不规范问题。一年时间内，财政部清退 PPP 项目管理库中的不合规项目共计 2557 个（占项目总数的 23%），涉及投资金额 3 万亿元。政策的转变使得社会资本在面对 PPP 项目时更加谨慎，地方政府开始转向专项债等其他融资工具，金融机构则提高了放贷条件和风控要求，新增 PPP 项目数量和规模开始下降，市场一度唱衰 PPP[2]，称 PPP 正在经历"寒冬期"。

我们不应一味消极地看待这一转变。PPP 的泛化、异化，其责任不在于 PPP 模式本身，而在于不完善的 PPP 制度建设与不充分的 PPP 能力建设。制度建设上，虽然国家已经出台了很多政策文件，但顶层文件（上位法）一直缺位，国家发展改革委、财政部等不同部委对 PPP 的认识不统一，出台的政策也缺乏完整性甚至存在一些冲突，导致地方政府在项目实施的具体程序上有着大量困惑[3]。能力建设上，许多地方官员对 PPP 的理解不到位或是缺乏足够的专业能力，制约项目的规范开展；社会资本方也往往缺乏融资和运营能力，虽能很好地完成建设工作，却不能解决更为复杂的运营问题；许多 PPP 咨询机构，其专业能力和职业道德也令人质疑，误导了地方政府和社会资本方，甚至成为地方政府或社会资本方等不规范做法的帮凶。因此，加强 PPP 的规范化管理是必须的，能够提高 PPP 项目实施的质量，减少低效的、高风险的不规范投资，有利于 PPP 模式的长期健康发展。

从推广转向规范，从热潮转向理性，从乱象丛生转向可持续发展。随着我国经济告别高速增长阶段、迈入高质量发展阶段，我国 PPP 模式也告别快速发展的普及化阶段，迈入重视质量的规范化阶段。

二、寒冬之后，PPP 路在何方

推广时蜂拥而上，管控后一哄而散，中国很多行业的发展都经历了这一过程，PPP 也一样。但 PPP 并不会就此冷寂、消亡，因为散去的更多是不合法、不合规的"伪 PPP"项目，而真正高质量的 PPP 项目得以保留。2019 年的政府工作报告，时隔一年重提 PPP，之后的财政部 10 号文也明确 PPP 模式是党中央、国务院为"引入社会力量参与公共服务供给，提升供给质量和效率"的一项重大决策部署。因此，在未来的 5～10 年乃至更长的时期内，PPP 仍然会是我国基础设施和公用事业的重要模式之一。

虽然如此，但未来几年内的新增 PPP 项目数量和投资额会保持在近 2 年的水平，可能略有回升，但不会也不可能重回 2017 年巅峰时期的火热。首先，规范化管理将是长期的政策主线，也是 PPP 模式发展的必然要求，过去那种投机的、不理性的虚假繁荣自然不会重现。其次，经历了 2008 年的"4 万亿"计划的实施和 2015—2017 年的 PPP 热潮，两轮大规模建设后，我国一、二线城市的基础设施已基本上趋于完善，对新建基础设施的需求也低于从前，未来几年的需求更多集中在一、二线城市"补短板"领域和三、四线城市上。而且由于部分地方政府对已有 PPP 项目的财政支出责任已经达到或接近一般公共预算支出的 10%红线，难以开展新的政府付费或补助的 PPP 项目。最后，参照 PPP 模式发展更为成熟的发达国家的经验，PPP 只是所有公共产品交付模式中的一种选择，占比仅 10%～20%，在我国，由于发展阶段和政治财政金融体制等方面存在特色，占比在 30%左右比较合理[4]。

在更远的未来 10～30 年，依托"一带一路"倡议"走出去"是我国 PPP 的发展方向。一方面，到那时我国的基础设施建设已经接近饱和，即使是在许多三、四线城市，新建基础设施的需求也不再那么大，虽然还会有一些 TOT（Transfer-Operate-Transfer，移交—运营—移交）、ROT（Rehabilitate-Operate-Transfer，改造—运营—移交）项目，但新建 PPP 项目在数量和规模上都会大不如前，迫使社会资本寻找新的发展方向。另一方面，"一带一路"沿线的发展中国家，正处于快速城镇化、经济高速增长的阶段，对基础设施的需求巨大，而其政府缺资金，其国内企业大多缺乏专业的建设运营技术与管理能力，给我国企业"走出去"提供了广阔的空间。

为把握好这一发展机遇，社会资本应在未来 10 年内加强 PPP 能力建设。国企由于资金实力雄厚、与地方政府关系良好等原因，大量参与了国内的 PPP 项目，积累了较多经验。但一旦参与国际项目，良好的政企关系这一优势不复存在，必须提高自身的管理和运营水平，才能在国际竞争中占据优势。另外，国企在参与国内 PPP 项目时，往往更重视交易的达成、而忽略了风险的精准评估与管理、投资与回报的精确计算、融资与建设运营集成效率的提高等，但在国际项目中继续这样，会导致长期的亏损和国有资产的流失。

而对民企而言，虽然其可能在运营效率、财务测算准确性上优于国企，却相对缺乏资金和技术实力，PPP 人才和经验的缺乏等。在近两年的 PPP 政策中，中央多次提出要鼓励民企参与 PPP、加大对民企的支持。民企也应把握机会，积极参与 PPP，为企业长远的发展积累经验。

PPP 事业前路漫漫，要继续加强 PPP 制度与能力建设，帮助 PPP 走出短期的低潮、走向更好的明天。

参考文献

[1] 戚奇明. PPP 步入规范发展期 民营企业参与度越来越高[N]. 上海金融报，2017-11-10.

[2] 王盈盈，王守清. 正本清源 规范发展：2019 年 PPP 去向何方[J]. 项目管理评论，2019（1）：22-23.

[3] 杨永恒，王强，肖光睿，等. 中国 PPP 事业发展分析与预测（2017）[M]//王天义，韩忘峰. 中国 PPP 年度发展报告（2017）. 北京：社会、科学文献出版社，2018.

[4] 雷英杰. 专访清华大学 PPP 研究中心首席专家王守清教授：把 PPP 当成天上掉下的馅儿饼，自然做不好[J]. 环境经济，2018（3）：34-35.

（公众号"清华大学藤影荷声"，2019-12-09）

补短板 增后劲
——中国 PPP 发展回顾与趋势展望

周 秘 王守清

2019 年 3 月，财政部出台《财政部关于推进政府和社会资本合作规范发展的实施意见》（财金〔2019〕10 号，下称"10 号文"），10 号文延续了之前的政策主线，再次强调 PPP 模式需要规范发展。10 号文出台后，退库项目数量又一次上升，而落地项目数量则再次跌落。2019 年 1—10 月，新入库项目数不到去年同期的 1/3，严格、规范的管理从源头上抑制了 PPP 项目数量的增长。

财政部 PPP 综合信息平台项目管理库显示，截至 2019 年 10 月，项目管理库项目累计达到 9 299 个，总投资规模达 14.2 万亿元。其中，2019 年新入库项目 1 190 个，扣除退库项目，净增 645 个，投资额 1 万亿元；落地项目净增 1 413 个，投资额

2.1 万亿元[1]。

一、2019 年中国 PPP 晴雨表

2019 年初的《政府工作报告》重提 PPP，向市场释放了积极信号。之后的 10 号文虽然继续强调规范而使市场再次冷静，但也明确了 PPP 模式是党中央和国务院在公共服务领域引入社会力量参与的"重大决策部署"，指出要发挥 PPP 模式在补齐基础设施短板方面的作用。

2019 年 4 月，国务院正式公布《政府投资条例》。《政府投资条例》生效的 7 月 1日，发改委发布了 PPP 领域配套的《国家发展改革委关于依法依规加强 PPP 项目投资和建设管理的通知》（发改投资规〔2019〕1098 号，下称"1098 号文"）。《政府投资条例》作为规范政府投资行为的上位法，将政府行为纳入法制轨道，1098 号文则是对《政府投资条例》和《企业投资项目核准和备案管理条例》两部上位法在 PPP 领域的具体解释。

2019 年，PPP 领域的政策态势有以下几个重要方面。

1．严控风险、规范管理是政策主线

防范系统性金融风险。控制地方政府隐性债务是近几年基础设施投资政策和 PPP政策的重要关注点［如《关于进一步规范地方政府举债融资行为的通知》（财预〔2017〕50 号）严禁地方整理利用 PPP 变相举债、《中共中央国务院关于防范化解地方政府隐性债务风险的意见》明确要遏止地方政府隐性债务的继续增加］，但在很长一段时间内，对隐性债务的界定却缺乏统一标准。10 号文的一个重要突破就是理清了隐性债务的边界：存在回购投资本金、固定回报或最低收益保障的，以及政府以担保、还款承诺等方式实际兜底项目风险的。在此基础上，《财政部办公厅关于梳理 PPP 项目增加地方政府隐性债务情况的通知》（财办金〔2019〕40 号）要求地方政府梳理隐性债务，清理增加隐性债务的 PPP 项目。

10 号文的另一突破则是界定了"规范的" PPP 的范围和边界，以"正、负面清单"的形式给出了 6 项条件、5 条红线和政府付费类项目的 3 项要求，强调对规范的项目要鼓励、推进，对不规范的项目要退库、问责。

PPP 的规范管理不仅要求项目本身是规范的，也要求决策程序和操作程序的规范化。《政府投资条例》和 1098 号文则明确了规范的程序：项目的决策要严格履行审批、核准、备案制并通过深入、全面的可行性论证和审查，采购过程确保公平竞争、不得

排斥民间资本，监管上则要纳入在线平台、实现全过程动态监管。

2．重视项目运营，加强绩效考核机制

PPP 项目的运营期长达 10～30 年，运营绩效的高低直接决定 PPP 项目的成败，为保证 PPP 能够实现"物有所值"，政府需要重视运营监管和绩效考核。92 号文要求的政府支付不少于 30% 与绩效挂钩，而 10 号文更进一步，要求建立完全与项目产出绩效相挂钩的付费机制。财政部于 2019 年 4 月就《政府和社会资本合作（PPP）项目绩效管理操作指引（征求意见稿）》在内部征求意见，希望明确 PPP 项目绩效目标与绩效指标管理内容。

3．鼓励民资和外资参与 PPP 项目

"国进民退"是自 2008 年特别是 2014 年以来我国 PPP 市场的一大特点，部分国企在这一过程中积累了过多的债务。2017 年，《关于加强中央企业业务风险管控的通知》（国资发财管〔2017〕192 号，下称"192 号文"）提出对央企 PPP 业务实行总量控制；2018 年《中共中央办公厅国务院办公厅印发〈关于加强国有企业资产负债约束的指导意见〉》（中发〔2018〕27 号，下称"27 号文"）要求降低国企负债率，限制了国企参与 PPP 项目，希望 PPP 项目中社会资本方的主要参与者转为民企；《国务院办公厅关于进一步激发民间有效投资活力促进经济持续健康发展的指导意见》（国办发〔2017〕79 号，下称"79 号文"）也提出要激发民间投资活力、鼓励民间资本参与 PPP。但受 2017—2018 年 PPP 市场整体遇冷、民企融资困难和不少参与 PPP 的民企出问题的影响，民企在 2019 年依然不积极。

2019 年年初的《政府工作报告》中提到，要吸引更多的民间资本参与重点领域的基础设施项目建设。10 号文和 1098 号文给出了具体的鼓励措施，例如，禁止在招标时限制民企和外资参与，在同等条件下优先支持民企参与的项目等。另外，《关于加强固定资产投资项目资本金管理的通知》（国发〔2019〕26 号，下称"26 号文"）提出回报机制明确、收益可靠、风险可控的补短板基础设施项目的最低项目资本金可下调不超过 5 个百分点，降低了民企参与这类 PPP 项目的门槛。但是，政策的效果在2019 年并未得到充分显现。

4．强调诚信履约，回归 PPP 的"合作"内涵

政府与社会资本间的相互信任与合作关系是 PPP 项目成功的基础，而诚信则是合作的必要条件。2019 年《政府工作报告》中强调政府要诚信守约，10 号文也将"诚信履约"列为 4 项 PPP 发展原则之一，要求地方政府增强契约理念、重诺守约，将符合条件的 PPP 项目财政支出纳入预算管理，保障社会资本的合法权益。1098 号文则对政府和社会资本双方都提出要求，惩戒地方政府和社会资本双方的失信行为。

二、2020 年中国 PPP 风向标

1. 专项债与 PPP 共促基建投资

自 2014 年起地方政府融资平台这一融资路径被堵死以来，PPP 和专项债成为地方政府仅剩的融资手段。2014—2017 年，专项债的规模较为有限，远低于 PPP；但在 PPP 受到整顿的 2018 年起，越来越多的项目开始转向专项债，加之《关于做好 2018 年地方政府债务管理工作的通知》（财预〔2018〕34 号，下称"34 号文"）、《关于做好地方政府专项债券发行工作的意见》（财库〔2018〕72 号，下称"72 号文"）、《关于做好地方政府专项债券发行及项目配套融资工作的通知》等政策的推动，专项债的规模快速扩张，2019 年专项债额度达 2.15 万亿元。2019 年 11 月 27 日，财政部还提前下达了 2020 年部分新增专项债务限额 1 万亿元，占 2019 年当年新增专项债务限额 2.15 万亿元的 47%。

相比 PPP 模式，专项债具有审批程序简单、筹资速度快、融资成本低等优点，但专项债的运用范围较为有限，对项目现金流要求较高，原则上应实现项目资金自平衡，目前主要用于棚改、交通和市政领域。两者的另一区别在于 PPP 模式强调运营，而专项债则更偏重建设。

专项债和 PPP 具有不同的特点和优势，两者并不构成相互替代的关系，而是相互补充的关系。在各自擅长的领域内，应选择对应的融资方式；而在两者重叠的范围内，除单独采用其中一种模式外，还可考虑"专项债+PPP"的模式：利用专项债来解决短期的资金问题，利用 PPP 模式来保证长期的运营效率问题。另外，专项债既可以作为 PPP 项目的债务资金，相当于一笔低息借款，降低了社会资本的融资成本和融资难度；也可以作为 PPP 项目政府方的股本资金，减少政府和社会资本的出资压力，并起到一定的增信作用。无论是做债务资金还是股本资金，专项债均增强了项目的可融资性，增加了项目对社会资本的吸引力。

对于综合开发类的复杂项目，可将项目进行拆分，对运营性较弱、收益稳定的部分，如土地开发，采用专项债来融资；而对运营性较强的部分，如轨道交通，则采用专项债和/或 PPP 方案[2]。这样即可获得专项债的资金支持，又可提高项目的运营效率。但不管是 PPP 或"专项债+PPP"，能否成功，还是要看项目的现金流，包括政府的财政承受力。

2．突破项目资本金困局

PPP项目普遍投资额巨大，即使是20%～25%的资本金比例要求，也要求社会资本方一次性拿出数亿到数十亿元的资金，这是PPP项目融资落地难的重要原因之一，尤其是在近年政府封堵了各类"明股实债"类资金的后门后，增加了社会资本方的出资压力。这也是民间资本参与PPP难、积极性不高的重要原因之一，较小的民企难以跨越资本金门槛，一些民企虽能满足资本金要求，但要把自己资金的不小比例锁死在一个PPP项目中10~30年，是其很难接受的。

26号文降低了最低项目资本金比例，补短板领域的基础设施项目，如果回报机制明确、收益可靠、风险可控，最低资本金比例最多可下调到15%。这可能在一定程度上推动一些PPP项目的落地，但其实际效果可能并不明显，因为金融机构会有其根据项目情况、主体情况和自身风险承受能力确定的可接受的最低资本金比例，社会资本的出资仍需达到一定比例，通常高于政策要求的最低比例。故对大部分项目而言，下调最低资本金比例并不一定能降低社会资本的实际出资，仅对少数特别优质可靠的项目才有意义。

26号文更重要的贡献在于拓宽了资本金的来源，包括项目法人和投资方通过发行权益型、股权类金融工具筹集的资金，地方政府的本级预算资金和上级补助资金，以及专项债。这增加了项目资本金的筹措渠道，有可能实质性地降低部分社会资本的出资压力。

目前我国金融机构参与PPP项目的形式以放贷和债券投资为主，少量的股权投资也往往属于"明股实债"，鼓励保险、PPP基金等金融机构更多地参与PPP项目的股权投资，也能降低社会资本的出资压力。

3．依托在线平台实现公开透明

虽然财政部在2016年就建立了全国PPP综合信息公开平台，但这一项目库存在一些缺点和不完善的地方。首先，部分项目不在项目库中，这些项目主要是使用者付费的、政府无财政支出责任的项目。其次，公开的信息字段较少且存在缺漏，许多项目信息无法查到。最后，更重要的是，项目信息更新不及时。例如，2018年3月和2019年3月落地项目数明显增大，其原因是许多早已进入执行阶段的项目，在当时并未及时更新，而在这两次集中整顿中，集中更新了项目进展信息，故被误计为该月的落地项目。10号文将"公开透明"列为4项原则之一，提出要实现项目信息的全流程公开披露、统计汇总和分析监测。为实现这一目标，希望财政部能完善项目库，增加公开的字段，同时要求项目各参与方参与和更及时更新项目信息，使项目库更加全面、透明、实时与规范。

2019 年 11 月，国家发展改革委的全国 PPP 项目信息检测服务平台也正式上线。根据 1098 号文，国家发展改革委的项目库应包含但不限于涉密项目以外的全部 PPP 项目。

希望能够尽快实现两个在线平台数据的完善和互通。基于完整、全面的全过程信息数据，结合数据分析的技术，各方特别是研究机构可以对一些理论、模型进行更深入的研究和分析，政府可以更准确地进行可行性论证和审查和"两评一案"，社会资本可以进行更细致的风险识别与管理，金融机构可以更精确地进行项目放贷评估，等等[3]。

在线平台也是保障公众知情权、实现社会监督的重要途径。通过在线平台的定期发布、动态监测、实时查询功能，实现项目的全过程社会监督。

4．加强制度建设与能力建设，解决争议问题

我国的 PPP 制度建设尚不完善，大量参与者的能力建设也有不足，故对一些法律、规定的解释存在争议。近年来关注度最高的两个争议问题是：PPP 合同属于民事合同还是行政合同？PPP 项目设置保底量是否属于固定回报？

关于 PPP 项目合同是民事合同还是行政合同的争议由来已久，这是我国 PPP 制度建设中的一个难点，尚未达成统一的认识。2019 年 12 月最高人民法院公布的《最高人民法院关于管理行政协议案件若干问题的规定》（法释〔2019〕17 号）给出了一些回答，即政府特许经营合同和符合规定的（"行政机关为了实现行政管理或者公共服务目标，与公民、法人或者其他组织协商订立的具有行政法上权利义务内容的协议"）PPP 合同属于行政合同。

以上规定主要有 4 个要素：一是主体要素，即必须一方当事人为行政机关；二是目的要素，即必须是为了实现行政管理或者公共服务目标；三是内容要素，协议内容必须具有行政法上的权利、义务内容；四是意思要素，即协议双方当事人必须协商一致。PPP 合同通常在主题、目的和意思 3 个要素上都符合规定，故需要区分的就是内容要素：协议内容是否涉及行政权力和义务？如果 PPP 合同没有涉及行政权力和义务，应该认定为民事合同，合同可约定仲裁条款；否则，则属于行政合同，合同中的仲裁条款无效[4]。高法的文件虽明确了很多相关事项，很有正面意义，在 PPP 合同法律救济的技术操作层面上没有太大影响，但争议依然存在，也或多或少地打击了社会资本方特别是民营企业对 PPP 仅存的一点热情。

关于保底量是否属于固定回报的问题，在业界其实一直有共识，如要区别项目所需原材料或项目所提供产品/服务的销售渠道是否是政府或其国有企业垄断等而区别对待，但在规范、严格管理特别是 10 号文出台后却被再次提起。这一争论直接反映出部分 PPP 参与者包括不同政府部门的观点与能力建设的不到位。固定回报是一种风险转移机制，社会资本将自身应承担的风险转嫁给政府，从而不承担任何风险（或仅承担极低的风险）就能获取稳定的收益，政府却需要承担近乎全部的风险，这不符合 PPP 风险分担、利益共享的原则，也是固定回报被禁止的原因。

而保底量则是一种风险分担机制，以污水处理和垃圾处理项目为例，一方面，政府即污水、垃圾等原材料垄断供应商，社会资本无法控制原材料供应风险；政府又是城市的规划者和管理者，对城市的污水、垃圾规模要求（市场需求风险）应更为了解，故政府更有控制力，因此政府理应承担最低需求风险，即承诺污水、垃圾的保底量。另一方面，保底量并不意味着社会资本不用承担风险，实际上，社会资本仍需面对成本风险、生产效率风险等运营风险，仍然面临亏损的可能。因此，不应该将这些项目的保底量认为是固定回报，关键在于确定合理的保底量（参照本地同类项目、同类国企、单价相同时的盈亏平衡点确定）。

因此，在未来几年内还需进一步加强 PPP 制度与能力建设，形成 PPP 各相关主体，包括政府各部门、各类投资主体、金融机构、咨询机构等对 PPP 的正确理解与共识，推动 PPP 模式的规范、健康、可持续发展。

参考文献

[1]　财政部政府和社会资本合作中心. 全国 PPP 综合信息平台项目管理库 2019 年 10 月报[EB/OL]. [2019-11-28]. http://www.cpppc.org/zh/pppjb/9161.jhtml.

[2]　娄洪. 可考虑将专项债作为 PPP 项目的资本金[N]. 中国证券报，2019-10-30.

[3]　王守清，王盈盈，吕宸葳.2018 年中国 PPP 发展回顾与展望[C]. 中国 PPP 年度发展报告（2019）. 北京：社会科学文献出版社，2019.1-17.

[4]　周兰萍，余文恭. PPP 合同可否约定为民事合同[EB/OL].（2019-12-13）https://mp.weixin.qq.com/s/e4gYa_SY5Lf_UtAae4HjZQ.

（《项目管理评论》，2020 年第 1 期）

第 2 章

公共管理

地方政府能力视角下公共服务 PPP 供给方式决策研究

傅　晓　　石世英　　王守清

公共服务市场化改革是我国经济发展新常态和供给侧结构性改革战略背景下运用政府"有限"资源解决公共产品供给问题的有效途径，更是党的十八届三中全会提出的"市场在资源配置中起决定性作用"的重要体现与应用。政府和社会资本合作（PPP）成为公共项目市场化和解决公共产品供给问题的有效方式、公共产品供给机制改革与创新的关键途径和推进供给侧结构性改革重要手段[1]；PPP 赋予了政府和社会资本投资人在公共项目领域中新的角色内涵，政府与社会资本方以平等的法律关系进行 PPP 合作[2]；引入社会资本参与公共项目的目的是通过建立政府与社会资本投资人之间的伙伴关系共同创造价值，价值创造也对政府与社会资本投资人之间伙伴关系的可持续提出了挑战[3]。能力建设是政府与社会资本投资人合作伙伴关系可持续与项目实践成功的重要基础[4, 5]。对于企业能力研究，蒂斯（Teece）等[6]、基夫莱涅斯（Kivleniece）等[7]和莫里斯（Morris）[8]分别从战略租金、PPP 价值创造和项目管理的视角对企业能力概念与本质进行科学界定，为公共项目市场化中社会资本投资人能力建设与提升提供基础支撑；而现有的政府能力研究主要集中在公共管理或公共行政、公共政策及公众参与[9—11]，缺少从项目层面讨论政府能力，不利于公共项目管理。例如，长春北郊污水处理厂 PPP 项目、泉州刺桐大桥 BOT 项目，均因地方政府违约导致项目中止或价值损失。表 2-1 列举了我国采取市场化模式运作发生不利事件的公共项目典型案例信息，这些信息说明地方政府在公共项目市场化运作方面的能力不能够保障项目持续运营。基于此，笔者从政府能力视角探寻其公共项目市场化水平，揭示不同公共服务供给模式对政府能力的要求，为我国地方政府公共项目管理提供基础支撑。

表 2-1　我国公共项目市场化实践发生不利事件的典型案例

案例名称	事　　件
长春北郊污水处理厂 PPP 项目	因政府废除《长春汇津污水处理专营管理办法》，排水公司停止向合作公司支付处理费，污水处理厂上诉失败后停产并以 39 万吨/日将污水直接排入松花江
青岛威立雅污水处理 PPP 项目	因政府的监管缺失、能力有限、决策失误等原因，出现污染自来水事件，给公众造成严重损失
合肥市王小郢污水处理厂 TOT 项目	政府投资回报率承诺较高，社会资本投资者以同行业污水处理服务费的 2.4 倍获取预期投资回报
泉州刺桐大桥 BOT 项目	竞争性项目增加；政府领导层意愿驱动的产权重组，曾使业主方的名流公司濒临危机
杭州湾跨海大桥 PPP 项目	因政府承诺问题，该项目开工未满两年，在相隔仅 50 千米左右的绍兴市上虞沽渚就开始修建绍兴杭州湾大桥，同类项目竞争导致实际车流量比预期车流量少 30% 以上、收益不足
菏泽垃圾焚烧发电 BOT 项目	政府承诺的补贴方案未能落实，投资方杭州锦江集团退出该项目
北京第十水厂 PPP 项目	由于水价、政策调整、政府部门间协调及公众反对等因素，项目从 1998 年立项至今仍未投入使用

一、理论基础与影响机制

（一）理论基础

根据资源基础理论可知，有价值的、稀缺的、不可能完全模仿的、异质的且不完全流动的、能被组织加以开发利用的资源和能力是组织获取竞争优势的基础，其中能力是指组织在实施战略过程中所表现的开发这些资源的组织特质[12]；除了短期获取生存的静态能力，组织的动态能力是组织使用资源去匹配或者创造市场变化的过程，尤其是资源的集成、重新配置、获取和释放的过程[13]。政府能力是获取人才、资本、信息等稀缺资源的内部决定因素，这是因为"能力是获取稀缺资源并维持竞争优势的关键"[6]。政府能力是一个政府在实现自己职能、从事行政管理活动过程中所拥有的资源、能量[14]。王绍光和胡鞍钢在《中国国家能力报告》中对国家能力的概念、内涵与类型进行释义，尤其是国家财政能力；辛向阳的《新政府论》从我国行政改革视角探讨了政府能力的概念、衡量标准、类型及提升路径等问题。胡宁生和张成福在《中国政府形象战略》中指出政府能力本质是政府与社会互动关系中政府活动的可能性与限度，涉及政府目标实现潜能和公共服务供给状况。波利达诺（Polidano）[9]从政策能力、实施权威和运作效率3个维度界定政府能力，将政府能力分为信息收集与处理能力、政策建议提供能力、法律法规执行能力及公共服务质量保障等。张定淮[15]把政府能力归纳为人力资源、财力资源、权力资源、权威资源、文化资源、信息资源、管理水平7个方面；李江涛[16]认为财政能力是其基本职能实现的基础能力，较低的政府财政能力常常会导致政府功能的丧失和行为扭曲；政府统筹资源的能力是它的内在核心功能，主要涉及财务管理、人力资源管理、资本管理及信息技术管理[17]。张钢等[18]从资源基础观和动态能力视角剖析了政府能力内涵，将地方政府能力划分为资源的运用、获取、整合、配置的能力，并建立相应的评估指标体系。政府能力与政府职能定位具有紧密联系，政府能力的大小强弱决定了政府职能的实现程度[19, 20]；毛寿龙等[21]通过政府职能演化过程厘定，认为马克思主义视角、市场视角、引导视角、服务视角等政府职能研究的实质是根据变化了的现实条件进行不同层面的解读，其本质是一种适应性变化。不同的政府职能定位与设置对政府能力假设具有不同的要求，比如公共政策是政府职能的一部分，这就要求政府具备良好的问题认定能力、政策方案规划与选择能力、政策执行能力、政策评估能力及适时的政策调整能力，从而保障公共政策的质量与效率[22]；加强政府能力建设不仅是获取"好政府"的关键途径，也是市场经济体制有效的重要保障[23]。上述研究成果从行政管理、政府职能及国家等层面阐述了政府能力的内涵与构成，为厘清政府概念与类型提供理论基础。

公共服务的生产与提供载体是公共项目，公共项目的市场化（尤其是引入社会资本投资人）是当前提高公共服务供给效率和改善政府公共管理绩效的有效途径[1]；政府资源与能力的有限性促进其与市场主体（社会资本投资人）建立合作伙伴关系，进而弥补政府能力与资源的不足，增加有限公共资源的杠杆效应；这种合作不只是个体之间的合作，而且利用资源与能力建立客观保障机制维系合作双方之间的合作关系，从而最小化合作成本和最大化合作价值[24, 25]。为了促进公共项目的生产成本、交易成本和负外部性的成本最小化，维宁（Vining）等[26]提出8项规则帮助政府改善能力、优化组织结构和有效管理。为了更好地规范组织行为与能力提升、保障项目成功，王守清等[27]对比分析国际上四大代表性建设管理职业机构的职业伦理规范，界定PPP项目中政府主体应具备的任务匹配能力、法律法规及政策的持续学习、公共利益维护及信息披露等职业伦理要求。对于 PPP 项目，维博沃（Wibowo）等[28]认为公共部门的能力是 PPP 成功实施的关键因素，这主要涉及政府实施政策、提供服务及提供政策建议给决策者等行政机制能力[9]；同时，由于公共项目的公共性，政府不仅需要有效地利用现有公共资源和增强新资源的获取能力，而且更要确保自己具有保障合同顺利实施的能力和风险管控能力[8][29]，阅历丰富的政府工作人员知道项目选择、伙伴选择等过程中出现问题的环节及解决这些问题的工具（UNESCAP[30]）。明确政府定位和优化政府能力不仅增强了政府与社会资本方的讨价还价能力，使成本有效和减少机会主义行为[31,32]，而且通过与社会资本方的能力形成合力，实现公共服务的优质、高效供给。政府能力的提高能够营造合作型治理环境，推动公共信息透明共享，谋求弱势群体的公平待遇等[33,34]。

　　总之，政府能力建设对公共行政改革、政府职能优化和公共服务供给的重要性已得到学者们的肯定与关注。学者们从行政管理视角考察政府能力与公共项目的问题，并基于不同的分类标准给出了独到的政府能力假设理论阐释与对策建议。毋庸讳言，尽管学者们从公共政策、政府职能、公共项目属性及政府监管等方面探讨了公共领域政府能力建设及公共服务供给对政府能力的要求及其改进建议，但已有研究仍存在不足，并且实践中也仅仅重视政策文本数量和项目数量[35]。尽管有些学者探讨了政府财政能力和公共政策能力对公共服务供给及效果的影响，但是既有研究多分散、零星地探讨政府的某些能力对公共服务供给的影响，并且更重要的是缺少从合作者的视角考察政府能力，因为引入社会资本参与公共项目转变了政府的角色定位，使政府从公共服务唯一提供者转变为合作者和监管者；此外，也少有文献从确立公共项目和选择公共服务供给模式的视角考察政府能力。本文通过引入政府能力变量重点考察其对公共项目（或公共服务供给）市场化的影响效果及作用路径，这有利于政府科学审批公共项目和合理选择公共服务提供模式，从而降低公共项目立项决策风险和减少公共项目市场化模式抉择的盲目性。

（二）政府能力对公共服务供给方式决策的影响机制

　　引入社会资本参与公共服务供给，即 PPP 是现阶段解决公共服务供给效率低和供给不足等问题的主要策略；政府和社会资本合作也因资源、能力及社会需求等条件的不同而使用不同的合作方式，如 BOT、BTO、BOO 等，不同的模式对合作主体具有不同的资源和能力需求[36]。此外，伙伴关系是 PPP 的核心[37]，这也对伙伴主体的能力和资源提出相应的要求，如协作能力、资源整合能力及其运用能力等。

　　政府是 PPP 的合作伙伴之一，除了拥有行政和资源配置方面的自由裁量权之外，还掌握着大量的企业发展所需的关键资源；合作主体的资源禀赋和目标促使 PPP 项目中合作伙伴双方也存在利益上的相互依赖[38]。这就需要 PPP 伙伴双方恰当利用资源和提升组织能力，合理界定公共部门的行政边界[10]，改善政府能力[31]和政府定位[32]，从而平衡依赖与冲突相互交织情境下 PPP 伙伴主体之间的行为与目标，适应公共项目市场的复杂变化和实现物有所值。此外，贝斯利（Besley）等[39]指出法律能力（如产权保护等）与财政能力具有互补性。张钢等[18]把政府资源配置能力作为地方政府资源输入与输出的转换器，对于这种资源配置能力的评价涉及制度、管理、文化和技术等方面。通过资源配置能力，将组织获取的资源和既有存量资源要素按照组织需求与计划进行分配和重构，使之嵌入组织网络关系中，提升组织资源整合能力和价值创造能力。基于此，考察政府资源获取能力对公共服务供给方式决策的间接效应。

从公共项目属性视角，公共性是公共项目生产公共服务的出发点和落脚点，主要体现在公共权力的行使、公共利益的保护及公共资源的运用[40]，这对政府在公共项目市场化过程应具备的能力、担负的职责及参与的角色提出了新的要求与挑战。然而，公共项目资产专用性和输出服务的可测量性水平对吸引社会资本投资者参与 PPP 项目或者公共项目市场化具有重要影响[41]，资产专用性和服务可测量性对公共项目市场化运作的交易成本具有重要影响，而交易成本是组织选择服务提供机制（内部或外部生产）的决策基础[42]；恰当的服务提供方式是改善与优化公共服务供给效率与质量的重要前提，这也是政府公共服务职能履行和满足公共需求的基础，更是公共项目公共性的重要体现。因此，将资产专用性和服务可测量性也作为公共项目市场化的影响因子。

综上所述，公共服务供给方式决策对政府能力的需要体现在市场资源与公共资源的获取与运用、有效集成、重新配置，通过政府能力提升与优化实现公共需求的有效满足和公共利益的合理保障。当然，并不是政府能力越强，公共项目更能够全部采用市场化模式进行公共产品或服务的生产与提供，它也需要根据公共项目自身特征进行综合判断。因此，本文在考察公共项目特征的前提下，探索政府能力对公共服务供给方式决策的影响机理。

二、研究设计

（一）测量变量

对于公共服务供给方式，运用萨瓦斯（Savas）[43]对公共产品提供方式的研究成果及陆晓春等[44]、胡振[36]对 PPP 模式选择的研究结论，将其市场化水平划分为一般、中等、高级，其中一般水平主要涵盖委托运营、DBFOT、DBFO、DBFOT 和 DBFO 等模式，中等水平包括 BOT、PPP、股权合作等模式，高级水平主要涉及 TOT、BOOT、ROT 和 BOO 等模式。

对于地方政府能力变量，根据波利达诺[9]、汪永成[14]和张钢等[18]对政府能力概念与类型的界定，政府资源获取能力由其财政收入占 GDP 比重测量，政府资源配置能力由其电子政务水平测量，资源集成能力由其财政支出占 GDP 比重测量，政府资源运用能力由其每万人医生拥有数和每万人公共汽车拥有量测量。

对于公共项目的专用性水平和服务可测量性水平，参考胡鞍钢等[45]和布朗（Brown）等[41]的研究成果进行分类与测量。

（二）研究方法

由于因变量"公共服务供给方式的市场化水平"属于非连续的多分类变量，线性模型已不再适合，因此选择考虑拟合变量为多分类的 Logistic 回归（Multinomial Logistic Regression）。由于多分类的 Logistic 回归分析的平行性检验 $p=0.0135<0.05$，所以选择无序多分类的 Logistic 回归模型（张文彤等[46]）。对于因变量"公共服务供给方式的市场化水平"，选择"公共服务供给方式的市场化水平=一般"作为参照水平，建立广义 logit 方程：

$$\log it(\pi_2 / \pi_1) = \alpha_2 + \beta_{21}x_1 + \beta_{22}x_2 + \cdots + \beta_{2n}x_n \tag{2-1}$$

$$\log it(\pi_3 / \pi_1) = \alpha_3 + \beta_{31}x_1 + \beta_{32}x_2 + \cdots + \beta_{3n}x_n \tag{2-2}$$

式中：π_1、π_2、π_3 分别表示公共服务供给方式的市场化水平的等级"一般""中等""高"；x_i 表示公共服务供给方式市场化水平的第 i 个影响因素，$i=1,2,\cdots,n$；α_2 和 α_3 是截距项；β_{2i} 和 β_{3i} 是各个变量的系数。

则 x_i 分别为资源获取能力（x_1）、资源配置能力（x_2）、资源集成能力（x_3）、资产专用性水平（x_4）、服务可测量性水平（x_5）、每万人公车拥有量（x_6）、每万人医师拥有量（x_7），n 为自变量个数，本研究中 $n=7$。

（三）数据来源说明

本文选取 2016 年我国国家发展和改革委员会向社会推介的传统基础设施领域 PPP 项目，以及与全国工商联联合推介的 PPP 项目为研究对象，构建了一个 PPP 项目和地方政府能力数据相匹配的微观数据库。

根据我国各个地方政府国民经济和社会发展统计公报（2016 年），测算地方政府财政收入占 GDP 比重、财政支出占 GDP 比重、每万人医生拥有数和每万人公共汽车拥有量；地方政府电子政务水平来源于国家行政学院电子政务研究中心发布的《2016 中国城市电子政务发展水平调查报告》；而 PPP 项目的专用性水平和服务可测量性水平，参考胡鞍钢等[45]和布朗等[41]的研究成果进行数据选取。

三、实证分析

（一）描述性统计分析

根据 2016 年我国国家发展改革委向社会推介的传统基础设施领域 PPP 项目以及与全国工商联联合推介的 PPP 项目信息，运用统计工具进行分析，一共有公共项目 1 367 个，涉及交通运输、林业、能源、农业、生态环保、市政及水利等行业，市政工程类和交通运输类项目数量较多。

运用 SPSS16 统计软件对 1367 个样本进行信度和效度检验，其 Cronbach's Alpha 系数是 0.764（大于 0.7，数据可信度比较好），KMO 统计量为 0.702（大于 0.5），如表 2-2 所示。说明样本数据具有足够的可信度和效度，可以用于进一步统计分析（张文彤等[46]）。

表 2-2　变量的可信度与效度分析

变　　量	代　码	Cronbach's Alpha 值	KMO 值
市场化水平	ML		
资源获取能力	RG		
资源配置能力	RA		
资源集成能力	RI		
资产专用性水平	AS	0.764	0.702
服务可测量性水平	SM		
每万人公车拥有量	RU-bp		
每万人医师拥有量	RU-dp		

运用 SPSS16 统计软件对 1 367 个样本进行无序多分类 Logistic 回归运算，首先对各个变量进行统计描述，对其均值、标准差和相关系数进行分析（见表 2-3）。

表 2-3 变量的均值、标准差和相关系数

变量代码	均 值	标准差	相关系数						
			1	2	3	4	5	6	7
RG	0.008	0.011							
RA	46.26	12.87	0.111						
ML	1.86	0.74	−0.039	0.043					
RI	0.0203	0.043	0.840	−0.028	−0.047				
AS	3.48	0.52	0.042	−0.044	0.134	0.021			
SM	2.57	0.38	0.043	−0.038	0.147	−0.001	0.992		
RU-bp	160.28	70.41	0.107	−0.029	0.031	0.089	0.070	0.062	
RU-dp	55.94	8.58	0.037	−0.005	−0.003	−0.041	−0.027	−0.015	−0.076

注 相关系数的绝对值大于 0.02 的 p 值小于 0.05。

（二）公共服务供给方式决策的影响机制实证

将公共服务供给方式的市场化水平作为因变量，将资源获取能力、资源配置能力、资源集成能力、资产专用性水平、服务可测量性水平、每万人公车拥有量和每万人医师拥有量选入"协变量"（Covariate）列表，得到了公共服务供给方式决策的影响因素估计结果（见表 2-4）。对于无序多分类 Logistic 回归模型的综合检验，主要是对模型中是否所有自变量偏回归系数全为零进行似然比检验，模型中没有引入自变量时 -2LogLikelihood 为 3 788.631，引入自变量后减小至 3 402.792，两者之差是 385.839，$p<0.001$。结果表明至少有一个自变量的偏回归系数不为 0（张文彤等[45]）。Cox & Snell R^2 是 0.246，Nagelkerke R^2 是 0.263，McFadden R^2 是 0.102。根据无序多分类 Logistic 回归分析基本原理及式（2-1）与式（2-2），运用表 2-4 的信息构建"公共服务供给方式的市场化水平"的回归方程：

$$\log it(\pi_2 / \pi_1) = -7.57 + 49.574x_1 + 1.906x_2 - 0.025x_4 + 0.032x_6 + 0.007x_7 + 0.391x_1x_2 \quad （2-3）$$

$$\log it(\pi_3 / \pi_1) = -1.658 + 23.472x_1 + 2.313x_2 - 0.039x_4 + 0.042x_6 + 0.239x_1x_2 \quad （2-4）$$

表 2-4 多元回归计算结果

ML[a]	中等					高				
	B	S. E.	Wald	Sig.	Exp（B）	B	S. E.	Wald	Sig.	Exp（B）
Intercept	−7.570	1.049	52.116	0.000		−1.658	1.026	2.612	0.096	
AS	−0.025	0.013	3.515	0.061	0.976	−0.039	0.014	3.583	0.058	0.962

续表

ML[a]	中等					高				
	B	S. E.	Wald	Sig.	Exp（B）	B	S. E.	Wald	Sig.	Exp（B）
SM	0.013	0.011	0.061	0.805	1.013	0.025	0.010	1.773	0.083	1.025
RG	49.574	26.552	3.486	0.062	3.385E21	23.472	13.679	2.944	0.086	1.562E10
RA	1.906	0.644	8.749	0.003	6.726	2.313	0.456	25.756	0.000	10.105
RI	−15.074	17.458	0.745	0.388	2.841E-7	−29.671	11.186	7.036	0.208	1.3E-13
RU-bp	0.032	0.010	10.764	0.071	1.032	0.042	0.010	18.245	0.054	1.043
RU-dp	0.007	0.002	18.092	0.085	1.007	0.001	0.002	0.260	0.610	0.999
RG×RA	0.391	0.175	4.997	0.025	1.479	0.239	0.173	1.913	0.097	1.269

注　a 表示参照组：一般水平。

（三）计量结果分析

1．直接效应

从表 2-4 可知，在显著性水平为 0.05 的情境下，有 1 个变量通过 Wald 统计量的显著性检验：资源配置能力。这表明，在公共服务供给方式的市场化水平为中等水平时，具有较强资源配置能力的地方政府选择公共项目市场化方式的可能性是其不选择公共项目市场化方式的 6.726 倍；在公共服务供给方式的市场化水平为高级水平时，具有较强资源配置能力的地方政府选择市场化公共服务供给方式的可能性是其不选择市场化方式的 10.105 倍。地方政府通过对政策、税收及文化等资源的合理安排，在满足特定公共项目需求的前提下实现资源的有效配置，达到以最少资源杠杆化社会资本参与公共服务的生产与提供。

从表 2-4 可知，在显著性水平为 0.1 的情境下，有 5 个变量通过 Wald 统计量的显著性检验：资源获取能力、每万人公车拥有量、每万人医师拥有量、资产专用性水平和服务可测量性水平；其中，资产专用性水平对公共服务供给方式的市场化具有消极影响，其他 4 个变量具有正向效应。这说明地方政府对公共资源和市场资源的获取能力越强，更有利吸引社会资本投资者参与公共项目，促进公共服务供给方式的市场化；每万人公车拥有量和每万人医师拥有量测量政府对资源的运用能力与效果，政府将其获取的资源用于公共产品或服务的供给活动中，实现资源和能力的公共效益。此外，公共项目的资产专用性和服务可测量性水平也影响公共项目市场化经营：在公共服务供给方式的市场化水平为高级水平时，较低的资产专用性水平促使政府选择市场化公共服务供给方式的可能性是其不选择市场化方式的 1.08（1/0.962）倍，较高的公共服务可测量水平促使政府选择市场化公共服务供给方式的可能性是其不选择市场化方式的 1.025 倍。威廉姆森[42]认为较高的资产专用性会给组织带来较大的交易成本，使得项目投资者陷入资本"锁定"困境；布朗等[41]认为服务的可测量水平越高越有利于采用混合模式（政府和企业合作）提供，利用市场主体提供公共服务的成本与效率得到改善；在世界银行集团（World Bank Group）发布的《PPP 参考指南》（2.0 版）［*Public-private Partnerships Reference Guide*（Version 2.0）］中明确提出 PPP 合同中应设置公共服务的质量、数量及达到的效果等指标，使公共产品或服务可测量、具体化、可以实现或具有时效性，从而保障 PPP 项目目标实现和公共服务的可持续提供。因此，较低的资产专用性和较高的服务可测量性水平对公共服务供给方式的市场化具有正向的影响。

从表 2-4 可知，在显著性水平为 0.1 和 0.05 的情境下，政府资源集成能力变量均未通过 Wald 统计量的显著性检验，这表明样本数据不支持政府资源集成能力对公共服务供给方式决策的影响作用。但是政府资源集成能力主要是对其拥有的资源要素、能够调动的市场资源和其他部门资源进行集成与整合，使之嵌入公共项目组织间网络中，以提高项目组织整体能力并实现价值创造。因此，公共服务供给方式决策需要良好的政府资源集成能力，在增加公共资源与市场资源获取效率的基础上提升资源利用效率。

2．间接效应

从表 2-4 可知，政府资源获取能力和资源配置能力的交互效应具有显著性（$p<0.1$）。这表明，政府资源获取能力越强且资源配置能力越强，越有利于促进公共服务供给方式的市场化；在公共服务供给方式的市场化水平为中等水平时，具有较强的资源获取与配置能力的地方政府选择市场化公共服务供给方式的可能性是其不选择市场化方式的 1.479 倍；在公共服务供给方式的市场化水平为高级水平时，具有较强的资源获取与配置能力的地方政府选择市场化公共服务供给方式的可能性是其不选择市场化方式的 1.269 倍。在政府能够获取新的公共资源和社会资本的同时释放一些过时或无效的资源以获得新的资源储存空间，并且通过资源结构设置与合理配置，使得政府获取的有价值的资源充分应用于公共服务的生产与提供，改善资源结构与互补性、整合公共资源与市场资源，从而创造更多价值。

四、研究结论与管理启示

（一）主要结论

（1）公共服务供给方式决策受到多重因素影响。从政府能力和公共项目特征两个维度，以公共服务供给方式的市场化一般水平为参照方案，采用多分类回归分析探寻了政府资源获取能力、政府资源配置能力、政府资源集成能力、政府资源运用能力、公共项目资产专用性和服务可测量性6个变量对公共服务供给方式决策的影响。在公共服务供给方式的市场化水平为中等水平情境下，4个变量通过检验，即政府资源获取能力、政府资源配置能力、政府资源运用能力和公共项目资产专用性；在公共服务供给方式的市场化水平为高级水平情境下，5个变量通过检验，即政府资源获取能力、政府资源配置能力、政府资源运用能力、服务可测量性和公共项目资产专用性。从影响程度来看，政府资源获取能力对公共服务供给方式决策的影响是最大的，政府资源配置能力次之。

（2）在政府方面，资源获取能力、资源配置能力和资源运用能力3个因素直接影响公共项目市场化。政府资源获取能力是公共服务供给方式决策的主要考察指标，较高的政府资源获取能力有利于提升政府对其内部资源的整合与利用、释放过时资源与扩大资源储存空间、改善人力资源结构与信息资源质量、降低资源约束及相关资源交易成本；同时，增强政府对市场资源的带动效应、优化公共资源与市场资源的配置效率、保障信息透明公开及创造良好的法律法规等制度环境，从而优化政府能力结构、拓宽政府资源空间和提升政府有限资源的乘数效应。

（3）在项目方面，项目资产专用性、服务可测量性两个因素直接影响公共项目市场化模式决策。资产保值增值是组织资源投入的重要目的，这也是市场主体"经济人"的基本特性，较高资产专用性的公共项目会增强项目投资的"锁定效应"，降低市场主体对公共项目的资源投入积极性，从而降低政府资源获取能力和集成能力。同时，服务可测量性较低的公共项目，其未来输出对象不确定性较高，不利于政府公共项目管理和市场主体的财务测算，从而减弱政府公共服务提供能力、政府资源配置与获取能力，因此具有较低资产专用性和较高服务可测量性的公共项目可能存在较大的市场化运作概率。

（二）管理启示

公共服务供给方式决策的根本目标，就是在公共服务质量与效率不足、财政预算约束和政府公共管理绩效差的环境中，选择合适的公共服务供给方式满足日益增长的公共需求，提升政府公共服务供给能力和优化政府公共管理效力，而未来公共服务供给方式市场化优势的内在基础必然建立在良好的政府能力之上。因此，提高政府公共产品或服务的供给水平归根到底就是政府自身能力建设。中共中央、国务院在《关于深化投融资体制改革的意见》已经提出要切实转变政府职能和提升综合服务管理水平，而政府职能转变与管理水平提升最终要落实到政府能力上去，主要体现在以下 3 个方面。

（1）地方政府能力诊断与优化。政府能力是其职能履行与组织结构优化的基础，也是公共服务质量与提供效率提升的基本要素。在地方政府能力内涵与类型界定的基础上，针对特定公共领域进行政府能力诊断，查找制约公共服务供给方式决策的某个（些）政府能力，并从政策、项目决策与管理等层面制定专门的能力优化方案与策略。根据本文研究结果可知，政府资源获取能力是公共服务供给方式决策的首要能力，优化政府组织结构、厘清政府资源集合和整合政府现有资源是提升该项能力的关键。此外，政府的资源配置能力和资源运用能力也是公共服务供给方式决策的重要因素，提升政府对自身资源和市场资源的配置效率、增强政府运用资源提供公共服务的有效性以及调整政府对特定项目的资源配置与运用能力是优化该项目能力的基础前提。

（2）公共服务供给方式决策。公共服务供给原本是政府的基本职能，因政府财政约束与项目可经营性特征，采用市场化方式提供公共服务成为现阶段政府的重要战略。不同的供给方式对公共项目特征和政府能力具有特殊的要求，这就要求政府在公共项目评估、立项审批与方式选择决策过程中，不仅考虑政府财政能力和物有所值，更重要的是综合考察政府能力和公共项目特征；科学地、合理地和准确地选择公共服务供给方式，从而确保公共服务的质量与效率、保障公共利益、满足公众需求。

（3）政府公共项目管理。政府对公共项目的管理是其职能履行的重要体现，而政府能力是实现公共项目管理效率的前提条件。在给定的公共服务供给方式情境下，厘清政府能力与责任清单是识别、改善与优化政府公共项目管理能力的有效途径。

参考文献

[1]　贾康，姚余栋，黄剑辉，等."十三五"时期的供给侧改革[J].国家行政学院学报，2015（6）：12-21.

[2]　王旭.公民参与行政的风险及法律规制[J].中国社会科学，2016（6）：112-132.

[3]　Reich M R. Public-private partnerships for public health[J]. Nature Medicine, 2000, 6(6): 617-620.

[4]　林梅，蓝海林.项目伙伴关系分析与管理[J]. 科学学与科学技术管理，2004（5）：123-126.

[5]　王天义.全球化视野的可持续发展目标与 PPP 标准：中国的选择[J]. 改革，2016

（2）：20-34.

[6] Teece D J Pisano G Schuen A. Dynamic Capabilities and Strategic Management[J]. Strategic Management Journal, 1997(18): 509-533.

[7] Kivleniece I, Quelin B V. Creating and capturing value in public-private ties:A private actor's perspective[J]. Academy of Management Review, 2012(37): 272-299.

[8] Morris P. Reconstructing Project Management[M]. Chichester: John Wiley & Sons, Ltd. , 2013.

[9] Polidano C. Measuring Public Sector Capacity[J]. World Development, 2000, 28(5): 805-822.

[10] 毛寿龙，秦虎.采购公共服务与调整公共行政边界[J].天津行政学院学报，2013，15（6）：61-67.

[11] Boyer E J, Slyke D M V, Rogers J D. An Empirical Examination of Public Involvement in Public-Private Partnerships: Qualifying the Benefits of Public Involvement in PPPs[J]. Journal of Public Administration Research and Theory, 2016, 26(1): 45-61.

[12] Barney J B, Clark D N. Resource-Based Theory: Creating and Sustaining Competitive Advantage[M]. New York:Oxford University Press, 2007.

[13] Eisenhardt K M, Martin J A. Dynamic capabilities:what are they? [J]. Strategic Management Journal, 2000, 21(10/11): 1105-1121.

[14] 汪永成. 中国现代化进程中的政府能力：国内学术界关于政府能力研究的现状与展望[J].政治学研究，2001（4）：79-88.

[15] 张定淮.中国乡镇财政管理体制改革的新探索[M].北京：中央编译出版社，2001.

[16] 李江涛.论政府能力[J].开放时代，2002（3）：107-113.

[17] Donahue A, Selden S，Ingraham P. Measuring Government Management Capacity: A Comparative Analysis of City Human Resources Management Systems[J]. Journal of Public Administration Research and Theory, 2000(2): 381-411.

[18] 张钢，徐贤春，刘蕾. 长江三角洲 16 个城市政府能力的比较研究[J].管理世界，2004（8）：18-27.

[19] 金太军.政府职能与政府能力[J].中国行政管理，1998（12）：20-23.

[20] 张康之. 论公共领域中的能力本位[J]. 甘肃行政学院学报，2000（3）：4-7.

[21]毛寿龙，景朝亮. 近三十年来我国政府职能转变的研究综述[J].天津行政学院学报，2014，16（4）：12-18.

[22] 王骚，王达梅.公共政策视角下的政府能力建设[J].政治学研究，2006（4）：67-76.

[23] 陈振明. 政府能力建设与"好政府"的达成——评梅利里·S.格林德尔主编的《获得好政府》一书[J].管理世界，2003（8）：147-161.

[24] 张康之.论合作[J].南京大学学报（哲学·人文科学·社会科学），2007（5）：114-126.

[25] 黄少安，张苏.人类的合作及其演进研究[J].中国社会科学，2013（7）：77-89.

[26] Vining A R, Boardman A E. Public-Private Partnerships Eight Rules for Governments[J]. Public Works Management & Policy, 2008, 13(2): 149-161.

[27] 王守清，刘婷.PPP 项目实施中的职业伦理要求研究[J].建筑经济，2016，37（8）：37-41.

[28] Wibowo A, Alfen H. Government-led critical success factors in PPP infrastructure development[J]. Built Environment Project and Asset Management, 2015, 5(1): 121-134.

[29] Grimsey D, Lewis M. Public Private Partnerships: The Worldwide Revolution in Infrastructure Provision and Project Finance[M]. USA: Edward Elgar Publishing Limited, 2004.

[30] United Nations for Economic and Social Commission for Asia and the Pacific(UNESCAP). PPP readiness self-assessment[R]. available at: www. unescap. org/ttdw/ppp/PPPReadiness.html, 2012.

[31] 张万宽.公私伙伴关系治理[M].北京：社会科学文献出版社，2011.

[32] 邢会强.PPP 模式中的政府定位[J].法学，2015（11）：17-23.

[33]张宇.合作性治理语境中的政府能力厘定及其提升路径[J].南京社会科学，2014（8）：95-101.

[34] Boyer E, Newcomer K. Developing government expertise in strategic contracting for public-private partnerships[J]. Journal of Strategic Contracting and Negotiation, 2015(2): 129-148.

[35] 陈玪，李丹. PPP 政策变迁与政策学习模式：1980 至 2015 年 PPP 中央政策文本分析[J].中国行政管理，2017（2）：102-107.

[36] 胡振. 公私合作项目范式选择研究——以日本案例为研究对象[J].公共管理学报，2010，7（3）：113-122.

[37] 贾康，孙洁.公私合作伙伴关系理论与实践[M].北京：经济科学出版社，2014.

[38] Mahoney J T, McGahan A M, Pitelis C N. The interdependence of private and public

interests[J]. Organization Science, 2009(20): 1034-1052.

[39] Besley T, Persson T. The Origins of State Capacity: Property Rights, Taxation, and Politics[J]. The American Economic Review, 2009, 99(4): 1218-1244.

[40] 张守文. PPP 的公共性及其经济法解析[J].法学，2015（11）：9-16.

[41] Brown T L, Potoski M. Transaction Costs and Institutional Explanations for Government Service Production Decisions[J]. Journal of Public Administration Research and Theory, 2003, 13(4): 441-468.

[42] Williamson O E. The Economics of Organization:The Transaction Cost Approach[J]. American Journal of Sociology, 1981, 87(3): 548-577.

[43] Savas E. Privatization and Public-Private Partnerships[M]. New York: Chatham House, 2000.

[44] 陆晓春，杜亚灵，岳凯，等. 基于典型案例的 PPP 运作方式分析与选择：兼论我国推广政府和社会资本合作的策略建议[J]. 财政研究，2014（11）：14-17.

[45] 胡鞍钢，过勇. 从垄断市场到竞争市场：深刻的社会变革[J]. 改革，2002（1）：17-28.

[46] 张文彤，董伟.SPSS 统计分析高级教程[M]. 2 版. 北京：高等教育出版社，2013.

（《工程管理学报》，2017 年第 5 期）

规范 PPP 有利于行业行稳致远

王守清

自 2014 年中央力推 PPP 以来，我国 PPP 领域取得了很多成绩，但无须讳言，也存在很多不规范做法，导致近几个月来中央连续出台了几个文件规范 PPP。

其实，这些文件不是刹车 PPP，而是规范 PPP，回归 PPP 初心（如减少政府负债、提高实施效率、改革管理制度、促进企业转型升级等），有利于 PPP 行稳致远。因为 PPP 是基础设施和公用事业等公共项目交付模式的国际趋势,全球实践证明,如果 PPP 实施规范，实现各方"共赢"，是公共项目最好的交付模式之一；但也要了解，PPP 只是公共项目的交付模式之一，有一定的适用范围，不是万能钥匙，既不能泛化，更不能不规范运作。

PPP 项目涉及面广，期限长，不确定性大，合同结构复杂，交易成本高，需要复合型人才,在政府、投资者和金融机构等各方目前 PPP 经验欠缺和能力不足的情况下,迫切需要真正懂 PPP 的咨询人员(含律师等)提供专业性咨询服务,并坚持职业道德,才能规范运作 PPP,体现咨询价值和实现 PPP 的优点。

除了中央部委的规范行动,PPP 业界也积极响应,2017 年还值得一提的是与知识管理和能力建设相关的两件事。一是 9 月 28 日在第二届中国 PPP 论坛上,由清华大学 PPP 研究中心联合 58 家高校发起成立了中国高校 PPP 论坛（联盟）,目前成员数已达 63 家高校,涵盖了中国几乎所有教研 PPP 的高校和教师。经过无记名选举,由清华大学 PPP 研究中心任理事长单位兼秘书处,大连理工大学、东南大学、天津大学、同济大学、中国人民大学任副理事长单位,18 家高校任理事单位,我也很荣幸被全票选为学术委员会主任;12 月 1—3 日秘书处还举办了中国 PPP 高校论坛第一次师资研讨班,对我国高校 PPP 相关的教研和交流起到了巨大作用,有利于我国 PPP 的理论研究、实践经验提炼和人才培养。二是 10 月由中国国际工程咨询公司联合 180 多家 PPP 咨询机构发起成立了中国 PPP 咨询机构论坛（联盟）,并于 12 月 22 日召开了第一届第一次理事单位会议,选举中国国际工程咨询公司任理事长单位兼秘书处,18 家咨询机构任副理事长单位,64 家任理事单位,将开展相关研讨交流等活动,有利于我国 PPP 咨询市场的规范发展,打造我国 PPP 顶级咨询机构,促进我国 PPP 咨询水平的提高和 PPP 事业的规范发展。

让我们期望 PPP 更规范的 2018 年!

（《中国经济导报》特刊,2018-01-03 ）

PPP 项目公众参与机制的国外经验和政策建议[①]

夏高锋　冯珂　王盈盈　王守清

一、引言

PPP 模式因其在提升公共产品供给效率和服务水平、缓解政府资金压力及转变政

---

① 基金项目:国家自然科学基金资助项目"PPP 项目的控制权配置研究"(71572089),"PPP 项目股权结构的优化研究"(71772098)。

府管理方式等方面所发挥的显著作用而得到了政府和社会的一致青睐[1]。PPP项目应用的领域多为关系到国计民生的行业，而社会公众则是PPP所提供的公共产品或公共服务的直接消费者。PPP项目的建设和运营不仅关系着社会资源的合理配置，也直接影响着社会公众的生活质量与切身利益。因此，社会公众有权也有必要参与到项目的决策和管理过程中，监督和约束企业和政府的行为，以促进公共利益的保障与实现。

然而，目前我国的PPP项目公众参与机制仍不够完善。王守清、伍迪等借助Nvivo软件分析了中国多部PPP相关的管理办法、实施办法、条例等法律法规文件中关于公众参与权利的条款[2]。研究指出，目前公众的权利主要为监督权，内容较笼统，且和政府监督存在很大重叠。另外，公众参与机制的可操作性不高，公众参与的权利有限且行使方式单一。近年来，某些PPP项目中由于存在对公众参与机制的忽视，也引发了后续运营过程中一系列的社会矛盾和冲突事件，如2014年兰州自来水威立雅被质疑污染延报[3]、2016年天津蓟县垃圾焚烧发电项目被质疑环评造假[4]等。这些事件的发生不仅引发了公众对于PPP模式的质疑，造成了严重的社会不良影响，也给政府的公信力带来了损害。

目前，针对PPP项目公众参与机制的有关研究多停留在理论或政策方面，缺少对国外相关经验的介绍，也缺乏结合实际案例的总结分析。鉴于此，为完善我国PPP项目公众参与机制，本文首先介绍了英国、法国、美国、日本等国外公众参与机制设计中的有益经验，随后采取案例研究的方法对比分析了日本东京垃圾焚烧发电厂与广州番禺垃圾焚烧发电厂等两个PPP项目中的公众参与机制，并在此基础上总结提出了相应的政策建议。

二、国外公众参与机制的特点与启示

本文选取了英国、法国、美国和日本4个国家作为分析对象。所选取的国家在城市规划、政策制定、环境保护等领域都有着较为成熟的公众参与机制，可为完善我国PPP项目公众参与机制设计提供有益的借鉴。下文将基于各国相关实践对其特点进行总结分析。

（一）英国的公众参与机制

英国公众参与机制的特点主要体现在社区委员会、非政府组织对公众参与的重大影响和多层次的公众参与体系[5]。首先，英国的城市以社区作为基本的功能单位。总体来说，社区委员会主要有两大职责：对社区事务进行公众咨询和信息公开，以及参与到社区事务的决策和实施过程中。其次，英国的非政府组织独立于通常的行政系统，经过长期的发展已深入公众领域的方方面面，并承担着诸如科普宣传、咨询和监督等职能。最后，英国有着多层次的公众参与体系。在国家层面，公众主要以民主代议制，即通过民主选票体现自身意愿。在区域层面，政府进行整个区域的城市规划需主动联系可能参与到的公众群体。在地方层面，公众通过参与社区委员会的相关事务来表达自身意愿。

（二）法国的公众参与机制

法国公众参与机制的特点主要体现在开放的公众协商制度，以及明确而有序的公共咨询流程。首先，法国的公众协商制度是法国公众参与机制中最重要的公众参与方式之一[6]。公众协商制度能够对项目进行多方面的、跨领域的细致考察，也能最大限度地体现公众的意愿，但这种公众参与方式成本高、耗时长，通常仅适用于规模较大，对社会有较大影响的公共项目。例如，法国克里希街区的规划过程中便启动了公众协商程序，该过程共耗时超过 3 000 小时，开展大小专题讨论会共 60 余次，最终使得这一近 10 年来巴黎市区最大的公共项目成功实施，取得了政府和巴黎居民都较为满意的结果。其次，法国公众参与机制有着明确而有序的公众咨询流程。公众咨询的主导机构为政府相关职能部门，其开展的形式按参与程度由浅入深可分为信息公开、意见征询和共同决策 3 种方式。信息公开保障了公众对公共项目的知情权，但未赋予公众决策权。意见征询在一定程度上征求了公众的意见，但是否采纳这些意见仍取决于政府。而共同决策则是邀请公众与政府共同制定决策方案，是参与程度最深的一种公众参与方式。

（三）美国的公众参与机制

美国公众参与机制的特点主要体现在信息公开程度高、公众参与意识高涨及健全的公众参与保障机制。首先，信息公开制度在美国已有较长历史。随着网络时代的到来，《信息公开法》对政府工作信息应当公开的内容进行了明确规定，政府工作信息的公开变得更加高效透明。例如，建设工程的公示内容需包括规划的基本背景、规划总图、进度控制表、相关宣传材料，同时必须设置意见反馈栏以接受公众意见。其次，美国居民从小便接受良好的公众参与教育，有着较强的责任意识。社区是公众参与的重要平台，并且政府授予了社区平台充分的决策参与权。公众可以通过社区平台有效地表达自身意愿，进一步激发了其参与热情。最后，美国采用了多层次的法律保障体系，分别从宪法、联邦法律和州法律 3 个层次对公民参与的程序进行了明确的要求，从而确保了公众能以直接或间接的形式参与到公共决策中。同时，健全的公众参与组织结构也保障了参与机制的落实。例如，委员会制度是美国公众参与的一项重要制度，委员会的设立、运作和决策正是公众意志的表现，各种层级的公众委员会使得公众可以切实地参与到公共项目的前期决策和后期运营过程中。

（四）日本的公众参与机制

日本公众参与机制以街区平台参与为基础，市民享有较大的决策权利。例如，市民在城市规划过程中享有提案权。若市民按照合法的手续提交提案，政府必须对该提案进行评估，并给予正式的答复。此外，部分地区（如鹿儿岛市）的居民对公共利益影响较大的公共项目具有一定的决策权，甚至还拥有和市长直接对话的权利。日本十分重视国民公众参与素质和能力的培养，其公众参与教育的形式也多种多样。如政府常常会在一些公共场馆中举办各个领域的公共讲座和论坛，并邀请设计院或大学专家来到市民馆向日本民众传授有关城市发展和规划的相关知识，以便民众在之后的城市建设过程中能够有效地提出自己的建议。此外，日本还十分注重培养青少年的公众参与意识。在学校里，许多课堂会专门设置公众参与的有关课程，教导孩子们如何参与到公共事务中。同时，政府也会组织专门的参观活动以提高学生们的公众参与意识。日本民众普遍具有较高的公众参与意识和素养，极大地提升了公众参与的有效性。

三、国内外 PPP 项目公众参与机制的典型案例

（一）日本东京垃圾焚烧发电厂群案例

1. 案例介绍

在面积仅为 2 000 平方千米左右的日本东京都地区内共建设有 21 座垃圾焚烧发电厂。这些垃圾焚烧厂均采用 PPP 模式，极大地缓解了地方政府压力。东京都地区人口稠密，若垃圾焚烧项目存在污染，必然会对周边居民生活带来巨大影响，并可能因此招致群体性事件而导致项目停工。因此，在建设垃圾焚烧发电厂群项目时，政府和企业十分重视通过有效的公众参与来寻求民众对项目的理解和支持。在此过程中，日本成熟的公众参与制度发挥了良好的作用。首先，政府非常重视信息公开并积极地与公众沟通。在项目建设和运营期间，工厂主动开放供市民自由参观，并配有专职讲解员为居民讲解和宣传无害焚烧技术。这种高度透明的信息公开打消了市民对于焚烧污染的疑虑，增加了居民对于项目的信任。其次，对于敏感的工厂选址问题，当地政府十分尊重市民公众参与选择的权利。在初始阶段，各地区的居民自发地组成了选址预备委员会共同商议合适的选址方案。该委员会也会邀请相关专家加入以提供专业知识方

面的支持。之后，东京市区的普通居民、备选地址附近居民及专家共同组成了市民委员会，这个委员会的核心任务是对前一阶段得出的各个方案进行审议，并通过投票的方式确定项目选址。在该阶段，东京市普通居民的加入避免了方案选址由于几个备选地址附近居民互投而陷入停滞。最终，这种深度的公众参与带来的是政府与公众均感到满意的结果。

2．案例分析

（1）公众参与在决策中的重要性。在本案例中，公众参与程度较深，达到了公众参与阶梯理论中的"市民权利"，即政府已授予公众一定的决策权，公众能够通过特定的公众参与方式直接影响到项目决策的制定[7]。在垃圾焚烧厂的选址上，政府不能擅自决定项目地点，需要经过两个阶段的选址委员会的评审。公民自发地组建了选址委员会，而政府也赋予了这个委员会参与项目决策的权利，并建立了相应的选址机制。公众在项目的决策过程中发挥了至关重要的作用，最终得到了多方满意的项目选址地点。

（2）良好的公众参与素质。公民自身的参与素质是影响参与效果的重要原因。作为理性人，普通公众往往只追求自身利益最大化而忽视了团体利益，这是公众参与容易造成的弊端。而在本案例中，东京市民遵循了有序的公众参与流程，先通过项目选址委员会的方式，建立起了常态化的公众参与机制，再主动引入专家参与提高了研讨过程的技术含量，使得委员会的决策更具可行性。最后，委员会通过民主投票的方式做出最终决策，符合多数人的利益。由此可见，公众良好的参与素质是公众参与机制能够真正发挥功效的前提保证。目前，国内公众参与素质与西方发达国家相比仍存在较大的差距，除去政府对公众意见的重视程度不够以外，公众自身对于如何有效地进行公众参与也缺乏了解。例如，在广州番禺垃圾焚烧发电厂案例中，多数居民仅考虑自身诉求，这使得政府很难在决策中对公众意见进行有效反馈。

（二）广东番禺垃圾焚烧发电厂案例

1．案例介绍

广州番禺垃圾焚烧厂由广州市政府和广日集团共同出资筹建，广日集团享有建成后的垃圾处理专营权。本项目于 2004 年开始筹划，政府在选址决策阶段并未考虑公众的意见。当选址已确定为番禺区并准备开工建设时，当地居民才从网络媒体等渠道了解到当地要建垃圾焚烧厂的消息。不少市民对项目的环境影响评价提出了质疑，认为该工厂将对周边环境和居民健康造成重大危害[8]。然而，政府并未对此诉求进行有效回应，仍坚持按预先的选址计划开始筹备，最终引起了当地居民的强烈反弹，并逐渐演变为大规模的群体性事件。随后，中央电视台对该事件进行了报道，并引发了全国范围内的关注和讨论。广州市政府在意识到问题的严重性后，紧急出台了有关公众咨询的通知，要求立即暂缓该 PPP 项目，重新开始讨论选址问题。在新一轮的选址过程中，政府为公众提供了 5 个可供选择的项目地址，公众可以通过公众咨询和听证会的方式参与。最终新的垃圾焚烧厂改迁到了南沙区大岗镇。但据后续对当地居民的调查，许多居民在后续的公众咨询过程中仍未实际参与到决策过程中。一方面，是由于他们并不了解项目及选址相关信息，且其诉求只是让该项目撤出番禺区；另一方面，政府虽然开展了公众咨询，但最终的决策权仍握于政府手中。广州市政府在群体性事件发生前后均处于绝对的主导地位，公众参与属于阿恩斯坦（Arnstein）所说的"象征主义"（tokenism）的阶段，未达到真正的"市民权利"级别的参与。

2．案例分析

（1）公众未参与到决策阶段。本案例中，引发民众抗议的主要原因是项目决策过程中信息不够透明公开。政府和社会资本方在决策过程中只考虑了技术和经济方面的因素，却忽视了该项目对周围居民生理和心理的影响，最终当地居民因担忧垃圾焚烧产生的环境污染而对项目选址进行了强烈抵制。项目的决策阶段是项目建设运营中最开始同时也是影响力最大的阶段。此阶段的公众参与效果将直接影响着项目是否最终能够满足公众需求。在本案例中，项目从 2004 年的确定选址、2006 年的通过审批，到 2009 年开工建设之前，都没有对公众进行情况通报或征求意见，公众的意愿未得到充分的了解和尊重。在事件平息后，政府采取公众咨询的方式使当地居民参与进来，但此种方式仍仅属于"象征主义"的参与，公众的诉求是否得到实现仍然完全取决于政府。

（2）公众参与主体之间缺乏合作。我国 PPP 项目中目前采取的多是由政府推动的、自上而下式的公众参与。该类型的公众参与由政府领导和主持，公众参与过程多是政府单向地联系各个公众参与主体，而各参与主体间缺乏合作。常用的公众参与方式如听证会、公众研讨会等虽然会涉及多个参与主体，然而它们之间仍缺乏横向的相互联系。同时，我国公民的公众参与意识还不强，普通市民很少主动寻求专家或者非政府组织的帮助，这使得公众方处于一个较为被动的地位。由于缺乏专业的指导，普通公众的反馈也很难得到政府的认可和实施。与之形成鲜明对比的是日本东京的垃圾焚烧厂项目。在选址过程中，选址附近的市民会主动联系城市规划领域和环保领域的专家，通过成立多方研讨小组从而提出有可操作性的建议。

四、完善我国 PPP 项目公众参与机制的政策建议

通过总结国外公众参与机制的经验特点，并结合 PPP 项目公众参与机制的典型案例，可为我国 PPP 项目公众参与机制的完善提出以下政策建议（见表 2-5）。

表 2-5 国外 PPP 项目公众参与机制比较分析

比较内容	英 国	法 国	美 国	日 本
主要参与者	当地社区和居民、非政府组织、专家团体等	当地社区和居民、专家团体	当地社区和居民、非政府组织、专家团体等	当地居民、专家团体
参与方式	社区委员会、公众调查、多方研讨会	公众协商、公众调查和咨询	政府信息公开、多方研讨会、公众调查	项目特设委员会、政府信息公开、市民研讨会
参与特点	社区委员会、非政府组织的重要性、多层次的公众参与体系	开放的公众协商制度、明确有序的公众咨询流程	信息公开程度高、公众参与意识高涨、健全的公众参与保障机制	十分重视公众参与教育
借鉴意义	发挥非政府组织的公共职能	构建开放多元的公众参与模式	完善项目信息公开制度、提高公民主动参与意识	培养公众参与素质

（一）发挥非政府组织的公共职能

非政府组织（Non-Government Organization，NGO）在 PPP 项目的公众参与中主要发挥着以下三方面的作用。首先，NGO 和社区组织（CBO）可作为半公共机构，代表受 PPP 项目直接影响的利益相关方，尤其是弱势群体和边缘群体的利益。其次，NGO 可以充当组织讨论的平台，能为非政府组织、社会资本及政府部门之间提供一个公开讨论与交流的平台。由于非政府组织通常会专注于某一特定领域，它们通常在相关领域有较为丰富的知识和事务经验，也能为 PPP 项目参与方提供有价值的信息和建议。最后，NGO 可以开发并宣传 PPP 项目发展的原则，指标和认证体系。例如，成立于 1985 年的美国全国公私伙伴理事会（National Council for Public Private Partnership）就长期致力于 PPP 领域的宣传推广、教育培训等工作。我国非政府组织相较于国外起步较晚，尚存在质量参差不齐和法律保障不完善的问题。未来应着力完善 NGO 的培育环境，促进公众参与的组织化建设，在 PPP 项目的决策和实施中重视 NGO 的功能，提升 PPP 项目的决策质量。

（二）构建开放多元的公众参与模式

首先，政府决策部门应转变行政观念，重视公众参与的意愿和表达，确保 PPP 项

目招投标、谈判、环评等各个环节的公开透明，保障公众对项目的知情权。其次，应建立健全回应机制，对公众的需求密切关注，对公众的呼声积极回应，促进公共决策的科学化、民主化和规范化。例如，PPP 垃圾焚烧发电项目所带来的环境影响是社会公众非常关心的问题。日本政府通过制定严格的排放标准及对污染物进行实时监管等措施，获得了项目周围民众的支持。最后，应降低公众参与的门槛和成本，增强公众参与的代表性，为政府、企业与公众之间的信息沟通创造更好的条件。例如，可借鉴法国经验，在开展 PPP 项目公众咨询和协商前，对讨论主题和项目背景信息进行充分的科普和讲解，降低特定项目的专业、技术复杂性对参与各方达成有效沟通的不利影响。又如，可构建互联网信息平台，对政府的法规政策和 PPP 项目公司的有关经营数据、技术标准等内容进行公开，利用网络工具进行知识科普、意见调查和咨询。

（三）进一步完善项目信息的公开制度

信息公开是 PPP 项目共赢和可持续的基础[9]。PPP 项目是由企业代替政府为公众提供公共产品和服务，为了保护公众利益，必须实现物有所值，并保证质量、价格和服务等方面的要求。为实现这一目标，充分的信息公开就可在很大程度上避免项目产品或服务不达标或投资者获得暴利，并保障公众的知情权和监督权。目前，我国 PPP 项目的信息公开制度还不健全，公众与政府企业之间存在信息不对称，公众对于政策议题、政府工作信息、企业经营数据等内容缺乏了解渠道，制约了公众参与的效果。2017 年 1 月，财政部颁发了《政府和社会资本合作（PPP）综合信息平台公开管理暂行办法》，覆盖了 PPP 项目实施的全过程，对信息公开的内容、方式、提供方等方面进行了规定，具有一定突破意义。未来应进一步推动 PPP 项目信息公开，打破数据壁垒，建立跨部门、跨地域、多层次的信息共享平台。

（四）培养公众参与意识和参与素质

相较于发达国家，我国在公众参与教育上还不够重视。我国 PPP 项目中的公众参与表现出参与热情不高、缺乏主动参与意识，参与素质有待进一步提高等特点。推动公众参与意识的提高需要全社会的共同努力，一方面，需要加强媒体宣传和信息沟通，为公众提供真实有效的信息，充分解释项目实施的意图，协调各种社会诉求，合理引导和鼓励公众参与 PPP 项目的治理；另一方面，可借鉴日本的教育方式，通过参观教育、公益宣传、科普论坛等方式，向公民科普和宣传项目相关领域的专业知识，培养社会公众的责任意识。同时，在 PPP 项目的实施过程中，政府应鼓励项目所在地公众积极参与，构建对公众意见的收集和反馈机制，为公众参与到项目的决策和实施过程中提供便利，提高公众参与的积极性，提升公众的参与能力。

五、结语

　　合理的 PPP 公众参与机制对于完善 PPP 项目监督机制、保障 PPP 项目中的公众利益、促进 PPP 项目的可持续发展都至关重要。目前，我国的 PPP 公众参与机制仍有欠缺，亟需借鉴国际公众参与的有关经验和实践加以完善。本文通过总结分析英国、法国、美国、日本等国外公众参与机制的有益做法，并结合对日本东京垃圾焚烧厂群和广东番禺垃圾焚烧发电厂等案例中 PPP 项目公众参与机制的对比研究，提出了完善我国 PPP 项目公众参与机制的四点建议，对完善公众参与的决策过程、改进和优化 PPP 模式的应用都有一定的启发意义。

参考文献

[1]　闫江奇. 中国式 PPP 的存在性、基本特征及其发展趋势[J]. 建筑经济,2015(11)：14-18.

[2]　王守清，伍迪，彭为，崔庆斌. PPP 模式下城镇建设项目政企控制权配置[J]. 清华大学学报（自然科学版），2017（4）：369-375.

[3]　中新网. 兰州自来水苯含量严重超标、法国水务巨头威立雅被质疑污染延报[EB/OL]. [2014 -04-11]. http://www.guancha.cn/society/2014_04_11_221421.shtml.

[4]　中国青年报. 蓟县垃圾焚烧发电厂环评造假？拒绝公开调查问卷名单[EB/OL]. [2016-12-02] http://www.china.com.cn/cppcc/2016/12/02/content_39833485.htm.

[5]　孙书妍.英国城市规划中的公众参与[D].北京：中国政法大学，2009.

[6]　谭静斌.法国城市规划公众参与程序之公众协商[J].国际城市规划，2014，（4）：89-94.

[7]　ARNSTEIN S R. A ladder of citizen participation[J]. Journal of the American Institute of planners，1969，35（4）：216-224.

[8]　黄小勇. 公共决策的公众参与困境及其管理策略——以广东番禺区垃圾焚烧发电厂风波为例[J].国家行政学院学报，2010（5）：114-118.

[9]　王守清. 让信息公开贯穿 PPP 项目全过程[N]. 中国交通报，2016-11-14（003）.

（《建筑经济》，2018 年第 1 期）

地方政府推动 PPP 的驱动机制分析

张 博 吴 璟 王守清 冯 珂

一、引言

自 1978 年改革开放以来，我国经历了快速的城镇化过程，城镇化率从 17.9%增长到 2016 年的 57.4%。快速城镇化带来了巨大的基础设施需求。我国在高速公路、轨道交通、机场、通信电缆、污水处理、能源供给等领域的基础设施建设也取得了巨大成就。2016 年，中国固定资产投资总额为 59.7 万亿元，占 GDP 的 80.2%。巨大的基础设施融资需求刺激了地方政府性债务规模快速扩张。为防范地方政府债务风险，加强地方政府性债务管理，国务院发布《关于加强地方政府性债务管理的意见》（国发〔2014〕43 号），并正式提出"推广使用政府与社会资本合作模式"。同年，财政部和国家发展改革委密集出台一系列与 PPP 有关的政策文件，促使 PPP 模式正式成为规范地方政府举债融资的机制之一，PPP 模式的发展在中国迎来了新的机遇。

在中央大力推广 PPP 模式的同时，各个地方政府的态度存在极大差异。从进入财政部 PPP 项目信息平台库的项目来看，截至 2017 年 12 月底，贵州、四川、河南入库 PPP 项目总投资额最高，合计占全国总投资额的 25%。西藏、青海及山西入库 PPP 项目投资额最小，三省合计不足贵州省的 1/5。除了发展不均衡以外，部分地区盲目冒进使得大量不适合做 PPP 的项目混入系统中，在项目执行中也出现了明股实债、政府变相兜底、重建设轻运营、绩效考核不完善等问题，这为我国宏观经济稳定性埋下隐患。PPP 模式在发展中出现的上述问题与地方政府的动机和行为密不可分。作为推动 PPP 发展的核心力量之一，地方政府所面临的考核机制、财政预算约束及官员个体行为差异都将直接影响 PPP 应用的规模、速度和质量，同时也将进一步影响 PPP 模式在执行过程中能否真正发挥应有的作用。因此，深入研究各地方政府推动 PPP 发展的驱动力，并据此分析不同驱动机制下的政府对发展 PPP 的影响，将有助于引导 PPP 向更健康的方向发展，具有深层次的现实意义。

二、PPP 模式驱动因素

PPP 具有风险分担、拓宽资金来源、减轻财政压力、调动社会资本能动性和创造性、提升公共服务供给水平、提高效率和质量、促进国民经济发展、完善法律体系和金融资本市场等优点[1]。经过近 40 年的发展，PPP 正逐渐成为很多国家和地区基础设施供给的重要方式。

PPP 作为一种政府和社会资本的合作机制，其发展与政治、法制、金融、经济、信用和社会等环境密不可分[2]。陈（Chan）等提炼出 15 项 PPP 的驱动因素，并利用问卷调研法对各项因素进行排序，其中"减轻政府财务压力"和"为基础设施建设提供系统性解决方案"排名前两位[3]。王（Wang）等通过对 186 篇国际重要英文期刊文献的系统性梳理，同样识别出"降低成本"和"缓解财政压力"是促进 PPP 发展的重要动力[4]。由此可见，"缓解政府财政压力"和"促进基础设施投资"是政府发展 PPP 的两个核心驱动力，这两种动机的来源和作用存在一定差异。

（1）缓解政府财政压力。基础设施建设是政府最重要的职责之一，单纯依靠政府提供基础设施将很难满足公众需求，且会带来较大的财政压力。而 PPP 作为政府与社会资本合作的机制，基础设施是其重要应用领域，因此公众对基础设施的需求和由此带来的财政压力是促进 PPP 发展的动力之一。英格利希（English）和格思里（Guthrie）利用澳大利亚 PPP 的具体实践说明宏观经济中的政府债务及政府债务管控对 PPP 的发展影响最大[5]。耶胡埃（Yehoue）等通过实证研究发现，在负债率高、需求缺口大的国家 PPP 发展得更快[6]。陈（Chen）和多洛伊（Doloi）利用问卷调查法识别出基础设施投资缺口是推动中国 PPP 发展的核心因素[7]。王（Wang）和赵（Zhao）利用美国 1985—2010 年收费公路的项目层面数据，分析得到居民对交通设施的需求和政府财政压力对于政府是否采用 PPP 模式有重要影响[8]。

（2）促进基础设施投资。PPP 作为一种体制机制创新，通过引入社会资本建立合作伙伴关系，以实现部分风险转移，进而降低政府自留风险水平，提升政府参与基础设施投资意愿。PPP 有利于建立一个多边合作机制，在政府治理中引入私营部门的资源和技术，以构建一个更加灵活、可扩展的治理联盟，有助于提升政府管理效率、降低管理中的矛盾和争端。同时，党的十八届三中全会报告中重点提及要"加快转变政府职能""创新行政管理方式""推进城市建设管理创新"。PPP 作为政府管理创新机制，有助于促进政府投资。夏尔马（Sharma）利用世界银行 PPI 数据和中国 300 多个城市数据识别出，政府管理水平越高的地方越愿意尝试新的基础设施供给模式，也越有利于 PPP 发展[9]。

三、地方政府推动 PPP 的驱动力

供给基础设施是政府的核心职责之一，而 PPP 作为基础设施融资机制创新，其发展必然与政府在基础设施供给方面的决策密切相关。基础设施具有消费的非竞争性和受益的非排他性，使其难以通过私人部门主动提供，因此需要政府履行供给职责以避免出现"市场失灵"[10]。同时，基础设施作为典型的公共品，对经济增长具有显著的促进作用[11]。基础设施对经济增长的作用表现在 3 个方面：第一，基础设施作为可以度量的最终产品将直接增加产出；第二，作为中间投入品，基础设施间接地提升了所有其他投入品的生产率；第三，在新增长理论中，基础设施的间接作用可以增加正的外部性并促进经济的长期持续增长。

公共经济学根据对经济的贡献方式不同将基础设施分为两大类：经济性基础设施和社会性基础设施[12]。经济性基础设施可以通过增加物质资本和土地的生产力以在短期内促进经济增长，主要包括能源、交通、通信等；社会性基础设施则包括教育、医疗、环境卫生及社会保障，可以提高社会福利或劳动生产力并间接影响投资效率。傅勇和张晏指出，由于两类基础设施对经济增长的贡献不同，政府在面临不同激励时，在进行基础设施投资决策时的行动也不同，对经济增长偏好大的政府更倾向于发展经济性基础设施[13]。

政府在提供基础设施时，应该遵循受益者付费原则。由于基础设施具有使用周期长的特点，基于受益者付费原则，基础设施的建设成本应由受益的不同时期分别承担，也就是其建设成本应该考虑整个使用周期。因此，在建设基础设施的时候，政府适当融资符合经济意义，而 PPP 作为一种融资创新必然与政府在进行基础设施融资时的动机密不可分。

总之，"缓解财政压力"和"促进基础设施投资"是 PPP 发展的主要动因。同时，从政治体制和官员治理角度来看，这两种驱动因素又与政府供给基础设施时所面临的财政压力和经济增长两大动机一致。下面进一步从理论层面分析两种驱动力的根源和影响。

（一）财政压力驱动

基础设施具有投资规模大、建设周期长、运营维护成本高等特征，使得政府在提供基础设施时面临巨大的支出压力。然而，在分税制改革以后，地方财政收入更多上

收至中央，由此出现了地方政府的财权和事权不匹配，使得地方政府要完成基础设施建设，面临巨大的财政压力。

我国的分税制改革始于 1994 年，其核心是将税种划分为中央税、地方税和共享税三大类，分设中央、地方两套税务机构进行分别征税，为调节发展程度不同的地区的财力分配，同时施行税收返还和转移支付制度。分税制使得中央财政在中央—地方关系中保持较强的支配地位[14]，从而改变了在"财政包干"时期中央对地方经济调控和行政管理不力的局面。然而，在财权上收的同时，中央和地方的事权划分格局并未发生变化，财政支出并未减少。由此使得地方财政收入和支出间出现巨大缺口，使得地方政府面临巨大的财政压力。

为了承担地方政府应有的供给基础设施的责任（事权），并缓解财政压力，地方政府需要进行融资。在国发〔2014〕43 号文发布之前，我国地方政府融资的基本模式是"土地财政+政府性投资公司（融资平台）+政策性银行打捆贷款"的组合[15]。地方政府融资平台的融资方式主要有 4 种：银行贷款、债券融资、信托融资和股权融资[16]。其中，银行贷款是地方政府融资平台的主要来源，而地方政府在向银行申请贷款时，又多以土地作为抵押，并最终以土地相关收入作为重要的还款来源[17]。土地财政则主要表现在两个方面：一方面，土地及其相关收入是地方财政收入的主要来源。另一方面，土地作为"抵押品"可以为地方政府撬动更多资金。审计署于 2013 年 8 月对各地方的政府性债务进行审计，审计结果显示：截至 2013 年 6 月底，地方政府总负债高达 17 万亿元。本次审计结果暴露了地方债务存在资金来源单一（债务总额中银行贷款占 56.56%）、高度依赖土地收入（债务余额中 37.23%承诺以土地收入进行偿还）等问题。

土地作为最重要的融资工具，在现行的财税体制下，土地财政的兴起有其必然性，并且也发挥了一定正面效应：有效地促进了经济增长、推进中国的城市化和工业化建设、促进基础设施的快速发展等。然而，地方政府对土地财政的过度依赖，也带来了诸多社会问题，使得土地财政行为饱受诟病。这些负面效应主要体现在推动房地产价格快速上涨、加剧地方政府债务风险、诱导了土地违法和腐败 3 个方面。

综上，地方政府在进行基础设施投资时所面临的财政压力越大，地方政府越希望借助 PPP 模式引入社会资本以缓解财政压力，发起的 PPP 也会越多。同时，由于政府面临财政压力，未来 PPP 项目所面临的政府付费风险越大，这必将影响社会资本参与的积极性，从而使得政府发起的 PPP 项目特别是政府付费和补贴的项目将难以得到实施。

（二）经济增长驱动

自改革开放以来，我国经济增长和基础设施建设均取得了举世瞩目的成绩，虽然学者们就基础设施对经济增长的贡献率没有一致的研究结论，但是基本都认为基础设施在经济发展中发挥了重要的促进作用。我国地方政府在进行基础设施建设时表现出"扶持之手"[18]，这与我国行政管理制度密不可分。我国是一个单一制国家，政治上表现为高度集权性，在官员治理上施行自上而下的官员任免职，除了中央级官员以外，其他各级地方官员均由上级任命。在高度集权的治理模式下，上级政府通过对下级官员表现优劣进行奖惩，促使中国地方政府进行横向竞争并形成了"登顶比赛"。

改革开放以后确立的"发展是硬道理"使得地方政府更加重视经济增长。中央在考核下级官员的时候从重视政治表现向以经济绩效为主转变，并进一步形成了官员们的政绩观。为了获得晋升机会，地方官员尤其是地方主要领导致力于发展经济，力求在横向竞争中获得更多的政治资本。周黎安等用实证方法分析得到省级官员的升迁概率与省区 GDP 的增长率呈现显著的正相关关系，并提出了"晋升锦标赛"的理论[19]。在以 GDP 增长主要考核指标的政治晋升激励下，地方政府有内在的投资冲动。

"晋升锦标赛"虽然使得地方政府有动力发展辖区经济，并最终实现了我国的经济增长奇迹，但是也为我国社会经济发展带来了众多潜在问题。重视政绩工程而忽视民生诉求，地方官员为了实现 GDP 增长热衷于投资额巨大的政绩工程，而忽视了辖区内居民对公共品的真实偏好，为社会不稳定带来潜在隐患。同时，区域间恶性竞争导致重复建设，地方官员为了能够在横向竞争中胜出忽视了地区间合作，经济开发区、机场等大型基础设施存在重复建设、效率低下等现象。

综上，地方政府驱动经济增长的动机越强，其发起 PPP 的意愿也将越强，在发起类型中也将越倾向于经济性基础设施。为了在"晋升锦标赛"中获得更大的胜算，可能会盲目冒进，重建设轻运营，因此应该予以防患。

四、政策建议

随着国发〔2014〕43 号文的推出，PPP 模式在我国迎来了新的发展机遇。在中央大力推动 PPP 模式的同时，各地政府在发起 PPP 的规模、类型及 PPP 项目落地率等方面均表现出巨大差异。本文基于理论分析得出地方政府在推动 PPP 时面临两个主要的驱动力：缓解财政压力和促进经济增长。值得一提的是，这两种驱动力并非相互独立、相互排斥，有很多政府同时面临两种驱动力的影响，这两种驱动力在相互博弈中发挥作用。根据两种驱动力的特征差异，本文建议如下。

（1）对于中央政府和地方政府，在制定和执行 PPP 相关政策时应充分考虑不同地区推动 PPP 模式发展的深层驱动力。对于财政压力驱动型的地方政府，中央政府应充分利用政策与金融工具（如专项贷款，专项项目债和转移支付等）提供资金支持，保证涉及重大民生利益的公共工程顺利实施。同时，应加强后续监管，以避免增加政府隐形债务。对于财政压力小但经济发展潜力大的地方政府，应充分重视项目筛查和项目审批，避免出现重复建设和政绩工程，同时加强项目签约流程监管，防止权力寻租。

（2）对于社会资本而言，在进行 PPP 投资时应对项目可行性特别是可融资性进行慎重分析，应该重视地方政府财政承受力风险，并结合自身实力和优势选择重点投资的地区、行业和项目。相对而言，资金实力较弱但技术实力强或管理经验丰富的社会资本可以优先考虑经济增长驱动型地区的 PPP 项目，并重点关注项目需求风险和价格风险。而资金成本较低的社会资本可以优先考虑参与财政压力驱动型地区的 PPP 项目，并重点关注地方政府的偿债能力、财务承受力和信用风险。

参考文献

[1] 王守清，柯永建. 特许经营项目融资（BOT、PFI 和 PPP）[M]. 北京：清华大学出版社，2008.

[2] Hodge G A, Greve C. Public–private partnerships:an international performance review[J]. Public administration review, 2007, 67(3): 545-558.

[3] Chan, A P, Lam, et al. Drivers for adopting public private partnerships——empirical comparison between China and Hong Kong special administrative region[J]. Journal of Construction Engineering and Management, 2009, 135(11): 1115-1124.

[4] Wang H, Xiong W, Wu G, et al. Public–private partnership in Public Administration discipline: a literature review[J]. Public Management Review, 2017, 20(2): 293-316.

[5] English L M, Guthrie J. Driving privately financed projects in Australia: what makes them tick? [J]. Accounting, Auditing & Accountability Journal, 2003, 16(3): 493-511.

[6] Yehoue M E B, Hammami M, Ruhashyankiko J F. Determinants of public-private partnerships in infrastructure[M]. International Monetary Fund, 2006.

[7] Chen C, Doloi H. BOT application in China: driving and impeding factors[J]. International Journal of Project Management, 2008, 26(4): 388-398.

[8] Wang Y, Zhao Z J. Motivations, obstacles, and resources: Determinants of public-private partnership in state toll road financing[J]. Public Performance & Management Review, 2014, 37(4): 679-704.

[9] Sharma C. Determinants of PPP in infrastructure in developing economies[J]. Transforming Government: People, Process and Policy, 2012, 6(2): 149-166.

[10] Samuelson P A. The pure theory of public expenditure[J]. The review of economics and statistics, 1954, 36(4): 387-389.

[11] Aschauer D A. Does public capital crowd out private capital? [J]. Journal of monetary economics, 1989, 24(2): 171-188.

[12] Keen M, Marchand M. Fiscal competition and the pattern of public spending[J]. Journal of public economics, 1997, 66(1): 33-53.

[13] 何剑，李雪葱. 地方融资平台主要融资渠道探析[J]. 国际金融，2011（2）：55-59.

[14] 何杨，满燕云. 地方政府债务融资的风险控制——基于土地财政视角的分析[J]. 财贸经济，2012（5）：45-50.

[15] 傅勇，张晏. 中国式分权与财政支出结构偏向：为增长而竞争的代价[J]. 管理世界，2007（3）：4-12.

[16] 刘立峰，许生，王元京，等. 地方政府融资研究[J]. 宏观经济研究，2010（6）：6-11.

[17] 周飞舟. 分税制十年：制度及其影响[J]. 中国社会科学，2006（6）：100-105.

[18] 周黎安. 中国地方官员的晋升锦标赛模式研究[J]. 经济研究，2007（7）：36-50.

[19] 张军，高远，傅勇，等. 中国为什么拥有了良好的基础设施?[J]. 经济研究，2007（3）：4-19.

（《政府采购与 PPP 评论》，2018 年第 2 期）

PPP 项目公众参与机制的实施框架设计：基于典型案例的研究

冯珂　夏高锋　王盈盈　王守清

合理的 PPP 项目公众参与机制对于维护公众利益、监督企业行为、确保 PPP 项目运作的公开透明都有着积极的作用。将公众参与机制引入 PPP 项目中有其内在的必然性：一方面，随着我国经济发展和社会进步，公众的权利意识和自主意识逐步提升，参与公共决策的意愿也在逐渐增强[1]；另一方面，PPP 模式所提供的公共产品或服务与公众的切身利益密切相关[2]，公众有权也有必要参与到项目的决策和实施中以维护自身利益。

目前，我国 PPP 项目公众参与机制的建设已经取得了一定进展，各项配套制度正在不断完善中[3]。然而，总体来讲，我国 PPP 公众参与机制发展仍较为落后，公众参与代表性不足或流于形式，公众监督缺乏渠道，如何基于当前实践设计 PPP 项目公众参与的实施框架仍缺乏深入研究[4]。为此，本文整理了国内外共 27 个涉及 PPP 项目公众参与的案例，并以此为基础探讨了公众参与的主体、阶段、方式和类型等关键要素，最后结合 PPP 项目全寿命周期理论设计了 PPP 项目公众参与机制的实施框架，分析了公众参与机制在立项、招投标、设计、施工建设和运营 5 个阶段的具体安排。

一、案例搜集与整理

本文以国内外 27 个 PPP 项目公众参与机制的典型案例（见表 2-6）为研究对象。其中，案例 6、9、18、19、25 虽然并非 PPP 模式，但其项目类型均为公共社区改造、公园及环境保护等，属于我国 PPP 正广泛应用的领域，且其实践经验能为类似 PPP 项目的实施带来有益启示，故亦将其一并选入。

表 2-6　PPP 项目公众参与机制典型案例

编号	项目名称	参与主体	参与方式	参与特点
1	广州中山大道快速公交试验线	项目附近居民、专家团体	公众调查、网络信息公开	公众参与度较浅，并且未从草案阶段进入，是典型的自上而下的公众参与方式
2	广州大佛寺扩建工程	当地居民、规划师团体、微博	舆情监督、网络调查	较好地利用了新媒体的特点，突破了空间限制，向更多地社会人群咨询了意见
3	西部通道深圳侧接线工程	深圳环境科学研究所、项目附近居民	公众调查、专家评估会	公众调查与专家评估会仅在形式上进行，在施工时遭到了较大的民间阻力
4	广州恩宁路改造工程	当地居民、学术小组（以大学学生为主）	访谈和问卷调查、信访、人大政协科普专业知识	在早期为自上而下的参与，后逐渐转变为自下而上的公众参与，但由于公众缺乏相关专业知识，导致矛盾重重，在第三方如高校学生小组加入后有了好转

编号	项目名称	参与主体	参与方式	参与特点
5	广州番禺垃圾焚烧电厂	项目附近居民、社会相关感兴趣团体	集会游行、媒体报道、公众调查和座谈会	通过媒体监督报道使公众参与从无到有，但仍停留在告知和咨询的初级阶段，无法判断是否真正考虑了公众的意见
6	福建地区村庄改造项目	村民、学术委员会	公众调查、专家座谈会	前期未重视公众参与，村民对项目了解程度低，后期召开了相关的座谈会和听证会，矛盾得到缓解
7	兰州市安宁医院建设项目	工程附近的居民和单位、特殊兴趣社会团体	环境影响报告书公示、公众访谈	无群众矛盾的相关报道，但未知其是否考虑了公众的意见
8	桂林市"两江四湖"工程	选址附近居民、专家团体、人大、政协	信息公开和反馈、专家评审会、人大政协提案	较早引入了公众参与流程，从决策阶段到竣工，公众参与穿插整个过程，使得该项目十分顺利
9	重庆梓潼村改造项目	当地农业协会和村民、生态学和土地规划专家	专家走访、座谈会、公众调查、信息公开、村民小组讨论会	由中德合资，从决策阶段开始极其注重村民的意见，并将其切实落实。同时展开了对村民的知识普及工作，提高了公众参与建议的有效性
10	中欧环境治理浙江地区伙伴项目	环保组织、法律专家、当地市民	市民组织、信息公开平台	侧重公民自身的参与度，仿照欧洲环境保护公众参与机制，成立了市民团体以对项目进行监督，使市民意见能够较好地落实
11	撒尔托·卡克西亚斯水电站	当地居民、劳工委员会组织、非政府组织、专业人员	多学科研究小组多方研讨会	在早期花费了较多的精力与当地居民和非政府组织建立伙伴关系，并对项目细节展开积极讨论
12	日本东京垃圾焚烧厂	一般市民、项目附近居民、专家团体	成立项目选址预备委员会和建设市民委员会	从项目的决策阶段开始公众就开始参与，并且具有一定程度的决策权，做到了公众参与制度化和常态化
13	印度沿海煤炭发电厂工程	当地居民、环保专业人士、其他相关方（如渔民）	通过政府网站进行信息公开	该工程可能带来对沿海环境的巨大影响，当地居民和环保人士反应激烈，政府通过信息公开接受公众监督
14	以鹿儿岛市为代表的日本城市规划项目	本地市民、城市规划师团体	信息公开制度、召开说明会和听证会、市民调查	注重公众的全程参与并十分尊重居民的意见，而居民也有较高的参与素质
15	塞纳河污水处理厂建设项目	当地居民、普通市民代表、专家	公众辩论会	采用了公众辩论会机制，展开了长时间的公众讨论和决策，实现了真正的有效的公众参与

续表

编号	项目名称	参与主体	参与方式	参与特点
16	瓦尔河大坝工程	河流上下游居民、选址附近的单位和企业、工程师团队	大型研讨会（包含各个团体代表）、公众调查问卷	前期共开展了 3 次大型研讨会，较早地将公众对于项目的意见引入了前期规划中，使得后期建设过程较为顺利
17	图尔河大坝工程	社区委员会土地使用者和附近的渔民和猎人、环保 NGO 组织	研讨会、信息公开	公众未在项目早期深入参与，导致研讨会矛盾较多，工程进度较慢，在多方调解下达成一致
18	美国得克萨斯州城市规划项目	当地居民、城市规划师团队、对此感兴趣的普通市民代表、新闻媒体	通过网络进行信息公开、成立特设居民委员会、对公众发放调查问卷	网络在此项目中应用较为广泛，不管是信息公开还是问卷调研均通过网络进行。而成立的特设居民委员会则进一步扩大了居民发言权，参与效果较好
19	利物浦花园改造项目	社区居民、城市规划师团体	社区讨论会和开放日、听证会	有一套较为完整的体系，包括听证会、自治会、质询会等，比较全面而有效
20	齐齐哈尔垃圾焚烧厂	当地市民、环保专家	公众咨询、政府信息公开	主要是在环评阶段展开公众调查和信息公开
21	美国明尼阿波利斯公园系统	当地市民、居民自治组织、非营利组织、专家团体	公众调查、讨论会、专家讲座、共同工作小组、信息公开	在参与的深度和广度上都值得借鉴。公众参与均落实到了实处，强调了设计决策者和公众的交流，最终达到了双赢的局面
22	澳大利亚北头检疫站遗址改造项目	当地居民、非政府组织、新闻媒体	信息公开、研讨会、公众宣传	非政府组织作为桥梁连接了政府和当地居民，配合当地新闻媒体，使得项目顺利进行
23	达文特里城镇中心改造项目	社区居民、专家团体	公众咨询、社区建筑小组	社区建筑小组包括社区代表、专家、政府工作人员和开发商等相关方，公众在其中扮演了十分重要的角色
24	巴黎克里希-巴提诺生态街区建设	社区居民、专家团体、非政府组织	公众协商、公众咨询、专家讨论会	采用法国较典型的公众协商程序。整个程序耗时 4 年，对项目进行了全程跟进
25	斯普林尔希生态社区	社区居民、建筑设计师团体	公众咨询、公众讨论会	该案例是公共社区的典型案例，由居民参与公共社区的运作和管理过程
26	波兹兰市政垃圾热处理厂	当地市民、环保专家	公众咨询	公众参与较早进入项目周期中，在公众咨询的基础上制订最终方案

编号	项目名称	参与主体	参与方式	参与特点
27	湖南桃江羞女湖国家湿地公园	公园选址附近居民、专家团体	信息公开、公众调查	项目处于建造过程中，主要在环评阶段引入了公众参与

二、基于典型案例的公众参与机制分析

（一）参与主体分析

本文借鉴英国"对话设计"组织在 2007 年发布的公众和相关方参与手册[5]，将表 2-6 所识别的公众参与主体按其不同的类型特点分为 4 类（见表 2-7）。

表 2-7　公众参与主体类型统计

参与主体类型	含　义	数量	比例
项目用户	指项目的直接使用者或消费者	25	92.6%
间接影响者	指其自身利益未直接与项目所提供的服务相关，但项目的实施运营仍可能会对其利益产生一定影响的群体，如项目周边居民	23	85.2%
专家及专业机构	有专业知识或技能的个人或组织。主要包括建筑师、工程师、律师、PPP 学者等	22	81.5%
特殊兴趣群体	对项目有特殊需求或者抱有特别兴趣的个人或组织，如某些特定民族或宗教的人士、NGO、新闻媒体等	9	23.7%

（二）参与阶段分析

根据 PPP 全生命周期理论，PPP 项目可分为立项、招投标、设计、施工建设、运营、移交 6 个阶段[6]。目前我国进入移交阶段的 PPP 项目较少，且该阶段的项目相关方主要为政府和社会资本，可能涉及少量新闻媒体、专家、技术人员等，一般不涉及普通公众。故本文只针对前 5 个阶段进行分析（见表 2-8 ~ 表 2-12）。

（1）立项阶段。立项阶段是 PPP 项目的初始阶段，也是对 PPP 项目影响力最大的阶段。本阶段的主要内容是确立项目目标，进行可行性研究，以及明确项目总体方案。本阶段的公众参与至关重要，对项目之后的进展起到决定性作用。

表 2-8　立项阶段参与主体及参与内容分析

参与主体	参与内容	典型案例
项目用户	表达自身需求和意愿，提升 PPP 项目带来的公众利益	9、10、15、22、24

续表

参与主体	参与内容	典型案例
间接影响者	表达自身意愿,减少 PPP 项目可能对自身利益的不利影响	2、5、7、12、26
特殊兴趣群体	特殊需求者表达自身意愿,新闻媒体发挥舆情监督作用,非政府组织沟通政府和民众观点	2、5、11、13、18、22
专家及专业机构	利用专业知识和技能对决策过程进行监督和指导	1、6、8、9、10、20

(2)招投标阶段。招投标阶段的主要目标是找到合适的社会资本方。本阶段对 PPP 及工程领域的专业知识要求较高,普通民众较难参与。但部分具有相关专业素养的个人或组织,如专家、非政府组织或媒体,可在其中发挥监督作用。

表 2-9　招投标阶段公众参与主体及参与内容分析

参与主体	参与内容	典型案例
特殊兴趣群体	新闻媒体可发挥舆情监督以防止腐败现象	21、22、23
专家及专业机构	利用专业知识和技能对招标过程进行监督和指导	21、22

(3)设计阶段。本阶段的主要内容是确定施工设计图和方案,并为之后的施工建造提供依据。相比立项阶段,本阶段专注于工程本身的设计,而非 PPP 项目的整体规划。设计过程具有一定专业性,因此参与主体的范围和深度也有明显不同。

表 2-10　设计阶段参与主体及参与内容分析

参与主体	参与内容	典型案例
项目用户	表达自身意愿,使设计满足用户的利益	6、9、21、24
特殊兴趣群体	新闻媒体和非政府组织进行科普和宣传工作	2、3、9、16、17
专家及专业机构	利用专业知识技能对设计进行监督和指导	17、18、22、24

(4)施工建设阶段。本阶段标志着项目前期准备工作的结束和建设工作的开始。由于本阶段的主要内容是按项目设计进行施工建设,因此主要参与者是专业的施工团队,公众将主要作为监督者参与到本阶段中。

表 2-11　施工阶段参与主体及参与内容分析

参与主体	参与内容	典型案例
项目用户	可通过政府信息公开制度对项目进行监督	19、21、22
特殊兴趣群体	舆情监督作用	10、22
专家及专业机构	公众代表可参与对施工建设的安全、进度和质量的监督	8、24

（5）运营阶段。本阶段的主要内容是维持 PPP 项目的正常运营。公众利益能否得到满足将在本阶段得以体现，因此该阶段与公众参与也有着密切的关系。项目工程质量是否合格，PPP 项目服务价格是否合理等问题的解决均需公众参与。

表 2-12　运营阶段参与主体及参与内容分析

参与主体	参与内容	典型案例
项目用户	检验 PPP 项目是否满足公众需求及是否正常且合理地运营	12、19、22、23
间接影响者	表达自身意愿，减少 PPP 项目可能对自身利益的不利影响	11、12、16、21
特殊兴趣群体	对项目运营状况是否正常，公众利益是否损害等进行监督	17、22、24、26
专家及专业机构	利用专业知识和技能维护 PPP 项目中的公众利益	10、22、21、22、24

（三）参与方式分析

依据案例库中所搜集到的信息，本文总结出以下 12 种公众参与方式。

（1）人大政协提案：人民代表大会和政治协商会议的提案是公众通过公众代表表达自身意愿的重要途径。

（2）居民和社区委员会：居民自发成立居民自治组织，对公共事务进行调查和讨论，在政府授权下可进行决策。

（3）公众讲座：政府通过邀请专家或政府官员向公共宣传讲解 PPP 项目的相关知识，以求获得民众的支持、理解和合作。

（4）听证会：指政府在制定政策或决策过程中，遵循公开和公正的原则邀请专家和公众代表开展听证会，使公众发表自身意见和建议。

（5）公众咨询和调查：政府对公众进行意见调查和征询。

（6）政府信息公开：政府主动公开关键的项目信息，公众拥有查询的权力。

（7）多方研究小组：公众自行联系专家或非政府组织，成立多方研究小组对项目展开讨论。

（8）网络媒介参与：在网络时代，通过微博或微信等电子媒介起到科普宣传和舆情监督作用。

（9）新闻媒体监督：新闻媒体的舆情监督作用，如报纸杂志、电视新闻等。

（10）公众协商：政府与公众共同协商项目的决策和实施过程，与公众咨询和调查相比，公众协商中公众拥有一定程度的决策权。

（11）信访和投诉机制：公众可通过写信、电话、上门走访等方式向政府有关部门反映自身意见。

（12）集会游行：公众可通过集会和游行示威的方式较为激烈地向政府表达自身

意见。

（四）参与类型分析

1. 管理模式的角度

管理学中将管理模式分为两种，分别是自上而下和自下而上。这两种模式的区别主要在于决策权在组织结构中的分配[7]。在自上而下模式中，决策权由上层机构统筹协调，政府具有主观能动性。在自下而上模式中，决策权被下放到中下层，发挥的是中下层群体的自主性，上层机构主要负责总体策略的规划。借鉴该种分类方法，PPP项目中的公众参与方式可被划分为如下两类（见表2-13）。

（1）自上而下式参与。由政府或企业所引导，公众对项目的决策和运营表达自身意愿，但最终决定权仍属于政府或企业。

（2）自下而上式参与。由普通民众所领导，公众不仅可以对项目的决策和运营表达自身意愿，发挥其知情权和监督权，甚至可以拥有一定程度的决策权。

表 2-13　PPP 项目参与类型分析（管理模式角度）

参与类型	参与方式	典型案例
自上而下式参与	听证会、公众讲座、公众咨询和调查、政府信息公开、公众协商	4、5、9、15
自下而上式参与	人大政协提案、居民和社区委员会、多方研究小组、网络媒介参与、新闻媒体监督、信访和投诉机制、集会游行	4、5、9、15、19、23、24

2. 参与程度的角度

依据公众参与阶梯理论，公众参与程度按由浅入深可分为以下三类[8]（见表2-14）。

（1）无公众参与。这属于参与程度最低的公众参与类型，包括操纵和引导。操纵指政府按照自己的意愿组织和开展项目，而公众就像"傀儡"一般在政府的教化下支持政府的决定；引导指政府采取措施引导公众支持政府的决策。

（2）象征性参与。这包括告知、咨询和劝解。告知指政府将项目信息告知公众，但公众无法将意见反馈给政府；咨询指政府向公众主动咨询，但并不一定会采纳所获得的意见；劝解指公众一定程度上参与决策，但政府仍享有最终决定权。

（3）实质性参与。这是最高层次的公众参与，按公众参与由浅入深的程度又可分为合作、授权和控制。合作指公众与政府合作制定相关决策；授权指政府将决策权主动让出；控制指公众在决策过程中占据绝对的主导地位。

表 2-14　PPP 项目参与类型分析（参与程度角度）

参与类型	参与方式	典型案例
无公众参与	公众讲座	无
象征性参与	人大政协提案、听证会、公众咨询和调查、网络媒介参与、新闻媒体监督、信访和投诉、集会游行、信息公开	1、3、4、8、20
实质性参与	公众协商、居民和社区委员会、多方研究小组	14、15、21、22、24

三、PPP 项目公众参与机制实施框架设计

综合上文分析所得的公众参与机制的参与主体、参与阶段、参与方式及参与类型等内容，可将 PPP 项目公众参与机制的实施框架设计如图 2-1 所示。

（一）立项阶段

立项阶段的参与主体包括项目用户、间接影响者、特殊兴趣群体、专家及专业机构。项目用户和间接影响者可采用公共协商或居民/社区委员会的参与形式将其意愿反映到项目决策中。特殊兴趣群体可通过网络媒介、新闻媒体监督等方式对政府进行监督，并传达公众观点。专家及专业机构可通过成立研究小组、参与公众协商等方式利用专业知识对项目决策进行监督指导。

（二）招投标阶段

本阶段的主要参与者为特殊兴趣群体和专家及专业机构。特殊兴趣群体在本阶段中主要发挥其舆情监督功能，起到反腐败的作用。参与方式建议为网络媒介和新闻媒体监督。专家及专业机构在本阶段的主要参与内容为对招标过程进行监督和指导，可通过政府公开招投标信息了解相关信息，并通过公众协商参与到招标的决策过程中。

（三）设计阶段

本阶段的主要参与者包括项目用户、特殊兴趣群体和专家及专业机构。项目用户通常缺乏相应的工程知识，不便于直接参与到决策过程中，可通过政府信息公开等方式掌握项目相关信息，保证其知情权和监督权。特殊兴趣群体可继续发挥监督工作，而非政府组织则可对项目进行宣传和科普。专家及专业机构在此阶段的主要作用仍是对设计过程进行监督和指导。

项目阶段	参与主体	参与方式	参与目标
立项阶段	项目用户	公共协商、居民和社区委员会、公众咨询、听证会、人大政协提案	将公众意愿体现在决策中
	间接影响者		
	特殊兴趣群体	网络媒介参与、新闻媒体监督、公众调查咨询	发挥舆情监督能力、沟通公众和政府的观点立场
	专家及专业机构	成立研究小组、听证会、政府信息公开	了解项目信息，对项目的决策起到监督和指导
招投标阶段	特殊兴趣群体	网络媒介、新闻媒体监督	发挥其舆情监督功能、防止招标过程的腐败现象
	专家及专业机构	政府信息公开、公众协商	对招标过程进行监督指导
设计阶段	项目用户	政府信息公开	了解项目设计信息
	特殊兴趣群体	网络媒介、新闻媒体监督	发挥科普和宣传工作
	专家及专业机构	政府信息公开、公众协商、成立研究小组	对设计进行监督和指导
施工建设阶段	项目用户	政府信息公开	对项目安全、质量和进度进行监督
	特殊兴趣群体	网络媒介、新闻媒体监督	舆情监督作用
	专家及专业机构	政府信息公开	作为公众代表监督施工建设的安全、进度和质量
立项阶段	项目用户	公共协商、居民和社区委员会、听证会、信访、投诉、游行示威	检验项目是否满足公众需求及能否正常运营
	间接影响者		表达自身意愿、减少项目对自身利益的不利影响
	特殊兴趣群体	网络媒介参与、新闻媒体监督	监督项目运营状况是否正常、公众利益是否损害
	专家及专业机构	公众协商、听证会	利用专业知识和技能维护PPP项目中的公众利益

图 2-1　PPP 项目公众参与机制实施框架

（四）施工建设阶段

本阶段的主要参与者为项目用户、特殊兴趣群体和专家及专业机构。项目用户在本阶段仍主要发挥监督作用，如通过政府信息公开了解项目施工有关信息，属于"象征性参与"。特殊兴趣群体通过网络媒介和新闻媒体发挥监督作用，对项目的安全、质量、进度等进行监督。专家及专业机构可利用自身专业知识和技能对项目的建设情况进行监督，维护公众利益。

（五）运营阶段

本阶段的主要参与者为项目用户、间接影响者、特殊兴趣群体和专家及专业机构。

项目用户和间接影响者可对项目的质量、价格、服务等内容进行监督，以检验该项目是否符合公众需求。特殊兴趣群体可对项目运营状况是否正常、公众利益是否损害等进行监督。专家及专业机构则可利用专业知识和技能维护项目中的公众利益，其参与方式为公众协商和听证会等。

四、结语

随着我国 PPP 实践的不断深入，积极探索完善 PPP 项目公众参与机制具有重要的理论与现实意义。本文所提出的 PPP 项目公众参与机制的实施框架可为类似项目中的机制设计提供有益参考，未来研究可进一步探讨如何采取措施确保公众参与达到项目目标。此外，政府与社会应进一步积极创造有利于公众参与发挥作用的整体环境，做好配套制度建设，为 PPP 项目公众参与机制的完善提供良好的支持和引导[9]。

参考文献

[1] 程琥. 公众参与社会管理机制研究[J]. 行政法学研究，2012（1）：66-73+117.

[2] 叶晓甦，徐春梅. 我国公共项目公私合作（PPP）模式研究述评[J].软科学，2013，27（6）：6-9.

[3] 伍迪，王守清.PPP 模式在中国的研究发展与趋势[J].工程管理学报,2014,28(6)：75-80.

[4] 肖萍，卢群. 城市治理过程中公众参与问题研究——以政府特许经营 PPP 项目为对象[J]. 南昌大学学报（人文社会科学版），2016，47（6）：89-94.

[5] Dialogue by Design：A Handbook of Public & stakeholder Engagement，2007，P24-30.

[6] 胥杰.PPP 项目全生命周期质量监管研究[D].重庆：重庆大学，2015.

[7] 李铖.自上而下与自下而上——关于普法模式的宏观思考[J].中国司法,2010(8)：75-77.

[8] 黄国鹏，李俊鹏. 公众参与 PPP 项目的理论研究[J].工程经济，2016（11）：30-33.

[9] 叶晓甦，覃丹丹，石世英.PPP 项目公众参与机制研究[J].建筑经济，2016,37(3)：32-36.

（《工程管理学报》，2018 年第 3 期）

我国 PPP 项目中的政府保证机制及其应用[①]

叶欣晨　刘　婷　王守清

一、引言

PPP 项目周期长，在实践过程中会出现各种问题，很多问题根本上源于风险分担与管理不当[1]。政府分担风险的主要方式是给予项目公司一定的保证，如最低收入担保甚至收益率保证等[2]。目前我国 PPP 项目的政府保证实践存在一些问题，有些源于法规政策的空白，有些则源于保证本身设计得不合理[3]。若政府提供了不合理的保证，就有可能导致政府违约或承受超出预期的财政负担，对政企双方都可能不利[4]。

在 PPP 项目中政府需要与企业合理分担风险，提供给企业的保证应适当，因此，梳理和分析常用的政府保证机制及其适用性具有重要的现实意义。值得注意的是，本文所指 PPP 项目是指广义的 PPP 项目，即政府与社会资本有或多或少合作的项目，而非在项目开始时政府与社会资本共同成立 SPV 以实现有限追索的狭义 PPP 项目。

二、常见的政府保证机制清单

本文通过广泛的文献（含合同）调研的方式梳理中国 PPP 项目出现过的政府保证机制,用"PPP 保证""PPP 担保""BOT 保证""BOT 担保""PPP guarantee""BOT guarantee"等关键词在百度学术上进行初步检索，得到 300 余篇文献，通过阅读摘要，进一步筛选出 57 篇与政府保证密切相关的文献，包括 48 篇期刊论文、8 篇学位论文及 1 本专著，整理出表 2-15 中前 17 种政府保证机制。

在文件调研之外，本文进一步通过查阅我国已有 PPP 项目合同条款的方式对政府保证机制进行补充。本文共选取了 7 个典型项目合同，涵盖供水、燃气、垃圾处理、污水处理、供热、收费公路、产业园区 7 个领域，补充了表 2-15 中第 18 种到第 22 种政府保证机制。

---

① 基金项目：国家自然科学基金项目"PPP 项目的控制权配置研究"（71572089）。

为了验证前述梳理的政府保证机制的全面性及合理性，本文通过对 8 位 PPP 专家访谈的方式进行了检验，访谈对象从事 PPP 研究或实践的时间为 5 ~ 13 年，参与或研究过的 PPP 项目在 10 ~ 30 个，覆盖前述所有 7 个领域，其中 2 人是发改委和财政部 PPP 双库专家，4 人是发改委 PPP 专家，具有权威性。经专家访谈后，补充了表 2-15 中第 23 种政府保证机制。

表 2-15　中国 PPP 项目中常用的政府保证机制及含义

序号	政府保证名称	政府保证机制含义
1	政府行为风险保证	政府承诺，若因政府行为的过错或者疏忽导致项目发生风险，则对投资者进行补偿
2	征收补偿保证	政府承诺，若出于政策变化/公共利益等原因需要提前收回特许权，则对投资者给予补偿
3	履约保证	政府承诺，就某些事项放弃豁免权，与投资者作为平等的主体受合同约束
4	贷款保证	政府承诺，若投资者偿债违约，则承担偿债责任，对贷款方进行补偿
5	限制竞争保证	政府承诺：①一定时期内、一定地域内同类型项目的新建、改扩建不予审批；②若兴建、改扩建类似项目，现有投资者同等条件下优先承建
6	最低需求量保证	政府承诺，当实际市场需求量小于设定值时，则对项目公司做出补偿或允许调价；某些情况下，当高于某设定值时则政府也分享超额利润
7	费用支付保证	政府承诺产品/服务的最小购买数量与购买价格，由政府或其代表购买项目公司产出的产品/服务
8	最低收入保证	政府承诺，当实际运营收入小于设定值时，则对投资者进行补偿；当高于某设定值时，则投资者也需要将部分收入归还政府
9	后勤支持保证	政府承诺在土地使用权的转让及项目建设需要的基础设施上提供支持
10	特许期保证	政府承诺，投资者可以在一定期限内通过运营项目来获取收入，且不因为利益丰厚等非正当原因改变特许期长度
11	收益率保证	政府与投资者约定收益率的上下限，低于下限则补偿，高于上限则回收超额利润（已禁用）
12	价格补偿保证	政府承诺：①若政府出于维护公众利益而拒绝合理的调价请求，则对投资者提供补偿；②若出于公共利益对收费进行强制调整时，也对投资者提供补偿
13	税收优惠及税率补偿保证	政府承诺提供税收优惠，或当税收政策变化时，产品/服务价格可进行调整
14	通货膨胀补偿保证	政府承诺，项目公司可根据当地的通货膨胀指数通过预先约定的调价公式对产品/服务的价格进行调整
15	利率补偿保证	政府承诺对利率变动提供补偿，常见形式是利率变化超过设定幅度时，对投资者进行补偿或允许调价

序号	政府保证名称	政府保证机制含义
16	外汇汇兑及汇率补偿保证	政府承诺：①保证用于国际支付的项目收入部分可以自由兑换并汇出；②若政府与项目公司存在销售合同，则保证政府的支付额中有一定比例以外汇支付；③保证汇率低于某一水平时，政府对投资者进行补偿或允许调价
17	原材料供应保证	政府承诺，原材料由政府指定的公营机构或国有企业提供，原材料供应价格固定，或浮动超过某一水平时政府进行补贴
18	特许经营权保证	政府承诺，在特许期内不再将特许权包含的任何权利委托给第三方，同时不得无故缩减特许权的范围
19	法律变更保证	政府承诺，若法律变更导致投资者的收益发生变化，则政府提供补偿
20	行政审批保证	政府承诺，项目相关行政审批顺利获得
21	不可抗力保证	政府承诺，出现不可抗力时，投资者可以获得补偿或延长特许期
22	质量提升补偿保证	政府承诺，出于公共利益强制要求提升产品/服务质量时，投资者可对产品/服务的价格做出调整
23	弹性特许期保证	政府承诺，特许期在实际累计收入未达到设定值时自然延长，达到设定值时则自然终止

基于以上 23 种保证机制，本文分析了政府提供保证后该风险的"实际分担方"，并根据柯永建[5]提出的风险分担机制找出"建议分担方"，通过比对两者的一致性，判断该"保证机制的合理性"。结果显示，贷款保证、收益率保证、弹性特许期保证与原材料供应保证存在不合理性。本文进一步对以上专家中的 4 位进行了上述保证机制合理性的访谈，专家同样认为上述 4 种保证存在不合理性，本文通过分析认为不合理的原因如下。

（1）政府提供贷款保证后将具有还款义务，贷款将由基于项目现金流的项目融资变为基于政府信用的信用贷款，政府实际上承担了成本超支和收入不足等风险，而根据控制力原则和直接损失原则，成本风险应由企业承担，收入风险则应双方共同分担。因此，政府提供贷款保证尽管在实践中仍存在，但其违反了风险分担的原则，且已被政策禁止。

（2）收益率保证比贷款保证更进一步，政府不仅保证了债务的偿还，还进一步保证了投资者的回报率，相当于为企业的运营不当兜底，不利于激发企业的管理效率、发挥 PPP 模式的优势。因此，收益率保证同样违反了风险分担的原则，也已被政策禁止。

（3）弹性特许期保证下，政府和使用者承担了部分收入风险，体现为收入风险发生时付费期限的延长；同时，企业仍然承担了年度收入的不确定性风险。从风险分担的原则角度而言，该保证体现了收入风险的共担，是合理的。然而，在实践中，项目期限的不确定性将增加项目融资安排的复杂性，这一问题在经济发展不确定性高的发展中国家尤其明显，导致实施该保证的成本高昂。因此，从实操的角度而言，该保证是不合理的。

（4）政府提供原材料供应保证的合理性取决于原材料市场的情况，若其为完全竞争市场，则政府不应提供该保证，若原材料由政府或其指定企业控制，则政府应提供该保证。

三、各种政府保证机制对不同行业的适用性

在专家访谈的基础上，本文进一步扩大调查范围，采取问卷调查法，统计具有丰富 PPP 知识和经验的专家对各保证机制在不同行业的适用性的意见。

（一）受访者及问卷结果的描述性统计

本调研共收到 46 份有效答卷，受访者具有丰富的 PPP 经验，其概况如表 2-16 所示。

表 2-16　答卷专家的基本信息

从事职业				研究/从事 PPP 的时间			参与过的 PPP 项目数量		
政府人员	产业机构	咨询师/律师/会计师	学术研究人员	3 年以下	3~5 年	5 年以上	3 个以下	3~5 个	5 个以上
7	15	15	9	18	11	17	18	8	20

表 2-17 反映了受访者熟悉的 PPP 项目领域分布，与财政部 PPP 项目库呈现的现实中的 PPP 项目行业分布基本一致，表明受访者具有较好的代表性。

表 2-17　专家熟悉的 PPP 项目领域情况 PPP

项目领域	专家人数	熟悉该领域专家占答卷专家比例	财政部 PPP 项目库案例数目
重大市政工程领域	32	69.57%	4 754
交通运输领域	29	63.04%	1 779
环境保护领域	11	23.91%	830
水利领域	5	10.87%	643
能源领域	4	8.7%	212
农业领域	3	6.52%	147
林业领域	3	6.52%	32

注　财政部 PPP 项目库案例数目数据截至 2017 年 7 月 31 日。

表 2-18 显示了受访者认为适用于其熟悉的领域的保证机制的情况,考虑到能源、水利、农业、林业四大领域熟悉的专家人数很少,结果易受偶然因素影响,故舍弃该部分数据,仅保留重大市政工程、交通运输、环境保护 3 个领域。结果显示,问卷受访者就贷款保证、收益率保证、弹性特许期保证及原材料供应保证的看法与此前专家访谈的结果基本一致。此外,问卷受访者认为利率补偿保证、汇率补偿保证、不可抗力保证等在实践中的适用性也较低。

表 2-18　政府保证机制的项目适用情况

序　号	保证机制	各领域中认为该保证机制适用的专家所占百分比		
		重大市政工程	交通运输	环境保护
1	政府行为风险保证	88%**	83%**	82%**
2	征收补偿保证	78%**	79%**	73%**
3	后勤支持保证	66%*	62%*	64%*
4	特许经营权保证	72%**	59%*	100%**
5	特许期保证	72%**	66%*	91%**
6	履约保证	69%*	72%**	73%**
7	原材料供应保证	31%	14%	36%
8	法律变更保证	66%*	59%*	82%**
9	行政审批保证	63%*	59%*	73%**
10	不可抗力保证	44%	48%	55%*
11	贷款保证	16%	7%	27%
12	限制竞争保证	59%*	72%**	45%
13	最低需求量保证	50%*	72%**	55%*
14	最低收入保证	38%	38%	55%*
15	费用支付保证	53%*	62%*	55%*
16	收益率保证	44%	31%	64%*
17	弹性特许期保证	28%	24%	45%
18	通货膨胀补偿保证	53%*	41%	55%*
19	质量提升补偿保证	66%*	48%	55%*
20	税收优惠及税率补偿保证	59%*	48%	55%*
21	利率补偿保证	41%	34%	27%
22	外汇汇兑汇率补偿保证	31%	28%	27%
23	价格补偿保证	66%*	69%*	82%**

**表示 70%以上专家选择了该保证机制;*表示 50%以上专家选择了该保证机制。

(二)保证机制间的关联性分析

本文进一步通过因子分析更加深入地探索各保证机制之间的关联。首先通过

KMO 检验和 Bartlett 球形检验来验证数据是否适合因子分析，其中 KMO 检验所得的统计量若在 0.9 以上则表示样本非常适合因子分析，0.8 表示适合，0.7 表示一般；Bartlett 检验所得的 P 值若小于 0.05 则表示样本适合进行因子分析[6]。本文样本数据的 KMO 检验结果为 0.760，Bartlett 球形检验 P 值小于 0.001，可以看出保证机制间存在关联，适合进行因子分析。考虑到除去风险分担不合理的机制后，本文仅剩 19 种保证机制，因此选择只获取 4 个因子，以便减少一个因子只能解释一种或两种保证机制的情况发生的概率，获取 4 个因子后，累计贡献率达 53%，表示这 4 个因子能够解释这 19 种保证机制作用的 53%，由于问卷调研属社会科学研究领域，累计贡献率 53% 属于正常结果。

结合因子分析的结果和保证机制的特性，本文将风险分担合理的保证机制分为如下 5 类：

A．必要的保证机制（特许期保证和特许经营权保证）。

B．增信的保证机制（政府行为风险保证、行政审批保证、征收补偿保证及履约保证）。

C．支持的保证机制（通货膨胀补偿保证、利率补偿保证、质量提升补偿保证、税率补偿保证、汇率补偿保证、价格补偿保证及后勤支持保证）。

D．直接影响收益的保证机制（最低需求量保证、最低收入保证、费用支付保证及限制竞争保证）。

E．宏观环境、法律、政策变动及不可抗力保证（税收优惠保证、外汇汇兑保证、法律变更保证及不可抗力保证）。

（三）小结

结合（一）和（二）的结果，本文归纳了政府保证机制的适用组合（见表 2-19）。

表 2-19　政府保证机制组合

领　域	政府保证机制类别				
	A 必要	B 增信	C 支持	D 收益	E 环境变动及不可抗力
能源	全部	—	—	—	—
交通运输	全部	全部	后勤支持保证、价格补偿保证	限制竞争保证/最低需求量保证/费用支付保证	法律变更保证
水利	全部	—	—	—	—

续表

领　　域	政府保证机制类别				
	A 必要	B 增信	C 支持	D 收益	E 环境变动及不 可抗力
环境保护	全部	全部	后勤支持保证、通货膨胀补偿保证、质量提升保证、税收优惠保证、价格补偿保证	最低需求量保证/费用支付保证/最低收入保证	法律变更保证、不可抗力保证
农业	全部	—	—	—	—
林业	全部	—	—	—	—
重大市政工程	全部	全部	后勤支持保证、通货膨胀补偿保证、质量提升保证、税收优惠保证、价格补偿保证	限制竞争保证/最低需求量保证/费用支付保证	法律变更保证

注　1. "—"表示由于熟悉该领域的答卷专家太少，故无法得出适用的保证机制。

　　2. "全部"表示专家认为该大类下所有保证机制项目都需要。

　　3. "/"表示或，即保证机制对项目的影响有重复，一般提供一种即可。

四、政府保证机制的应用情况

本文首先使用访谈法，邀请具有丰富 PPP 实务经验的专家来识别清单中实践中应用情况最差的政府保证机制，然后请他们提供该保证机制的案例及适用建议，得出的结果如表 2-20 所示。进而选取 4 个典型案例对其中造成项目失败的关键保证机制进行分析并归纳入表 2-21。

表 2-20　政府保证机制应用情况访谈结果

专　　家	应用效果较差的政府保证机制	提升履约能力/落实政府保证机制的建议
专家 A	法律变更保证	提供权力以内的保证，权力以外的保证避免提供
	外汇汇兑保证	提供权力以内的保证，权力以外的保证避免提供
专家 B	限制竞争保证	提升政府官员的信用，增强信息公开，杜绝政府官员因为腐败等原因忽视保证新修项目
专家 C	限制竞争保证	①提供保证容易与更高级的规划冲突，因此政府在提供保证时应获得更高层级决策机构如人大/更高一级政府的批准；②政府官员可能因为拼业绩，忽视保证，兴修项目，因此需要政府约束官员
专家 D	弹性特许期保证	尽量避免提供

续表

专　家	应用效果较差的政府保证机制	提升履约能力/落实政府保证机制的建议
专家 E	法律变更保证	不要轻易承诺
专家 F	法律变更保证	不可提供相关保证，因为法律的变化并非地方政府可以控制
	费用支付保证	提供保证前要客观衡量政府的财政能力，并将保证内容纳入财政支出

表 2-21　政府保证机制案例分析

案　　例	政府保证类别	政府保证内容	保证履行情况
成都第六水厂	费用支付保证	成都市政府指派成都自来水公司与建成的第六水厂签订了照付不议的净水购买协议，即无论市场环境条件如何变化，成都自来水公司需为第六水厂每日生产的 400 000 立方米纯净水付费	经济形势急剧变化，成都市净水需求大大降低，政府不得不关闭第二水厂和第五水厂来应对第六水厂的巨大供给量，同时成都自来水公司遭遇巨额亏损
长春汇津污水处理厂	费用支付保证	合作合同中规定，长春市排水公司应当输送不少于 39 万吨/日的污水并支付污水处理费用	2002 年中，市排水公司开始拖欠污水处理费，到 2003 年底，累计欠费约 1 亿元。由于政府拖欠污水处理费，项目公司资金链断裂，污水处理厂停产，2004 年 2 月 26 日开始 39 万吨/日的污水被排入松花江，造成巨大的生态灾难
武汉长江三桥	限制竞争保证	政府保证 10 年内武汉市长江段上不再修建大桥	在大桥通车后，政府无视限制竞争保证，相继修建天兴洲长江大桥和军山大桥，导致项目需求量不足，投资者损失惨重
福建鑫远闽江四桥	限制竞争保证	福州市政府承诺，自合作公司经营之日起 9 年内，所有从福州南大门进出的车辆都将通过该收费站	2004 年 5 月 16 日，福州二环路三期路段正式通车，大量车辆绕行导致合作公司通行费收入急剧减少，合作公司无法收回投资成本与投资汇报，丧失清偿贷款的能力

　　结合专家建议和案例分析，本文针对表 2-22 实践中应用效果较差的政府保证机制提出了提升政府履约能力/落实政府保证机制的建议。

表 2-22　提升政府履约能力的建议

保证机制	提升履约能力的建议
贷款保证	
收益率保证	尽量避免提供*
弹性特许期保证	

续表

保证机制	提升履约能力的建议
原材料供应保证	只有原材料为政府指定机构供给时才提供*
税收优惠保证	①*仔细考虑自身的权责范围；②*如果要提供保证一定要获得相应权力范围的决策机构批准
外汇汇兑保证	
法律变更保证	
费用支付保证	①*进行详细的市场调研，对市场环境的变化要有尽可能准确的判断；②**提供保证时需考虑自身财政承受能力
限制竞争保证	①*若保证可能与更高级的规划冲突，提供保证时一定要获得相应权力范围的决策机构批准；②**考虑地方经济的发展情况，并设定阈值，即当需求量增长到一定水平时政府可取消保证，但若新项目对原有项目需求量影响超过某一程度，政府需要进行补偿；③*不允许因为业绩、腐败等个人原因忽视保证新建项目；④**仔细考虑规划，做到保证不与现有规划冲突，尽量预测未来的规划，减少保证与未来规划冲突的可能性

*表示建议来源于专家；**表示建议来源于案例分析。

五、结语

本文通过文献调研对我国 PPP 项目中使用的政府保证机制进行归纳，筛选出风险分担不合理的 4 种保证机制——贷款保证、收益率保证、弹性特许期保证与原材料供应保证，进而通过问卷调研及因子分析的方法对政府保证机制进行归类，并对各类 PPP 项目适用的政府保证机制提出了建议。最后，本文通过专家访谈和案例分析针对实践容易出问题的保证机制进行研究，并提出了提升政府履约能力的建议。通过本文的研究可知，政府保证机制在实践中是十分必要的，而且类别繁多，不同类别的项目需要不同的保证机制组合来支持，而不同的保证机制又会给政府带来不同的风险，因此对政府保证机制的研究是十分必要的。本文的研究以及提出的建议大部分从定性角度出发，未来更需要从定量的角度对政府保证机制进行合理设计，并精准测算保证给政府带来的或有债务。

参考文献

[1] 伍迪，王守清. PPP 模式在中国的研究发展与趋势[J]. 工程管理学报，2014（6）：75-80.

[2] 左廷亮，赵立力，唐智慧. BOT 项目中的政府保证及其适用范围辨析[J]. 软科学，

2008，22（1）：78-82.

[3] 王守清，柯永建. 特许经营项目融资[M]. 北京：清华大学出版社，2008.

[4] 刘婷，赵桐，王守清. 基于案例的我国 PPP 项目再谈判情况研究[J]. 建筑经济，2016，37（9）：31-34.

[5] 柯永建. 中国 PPP 项目风险公平分担[D]. 北京：清华大学，2010.

[6] 伍迪. 基于决策视角的 PPP 项目控制权配置研究[D]. 北京：清华大学，2015.

（《建筑经济》，2018 年第 8 期）

从项目管理到公共管理：PPP 研究述评与展望[①]

一、引言

自 2014 年以来，中国 PPP 发展井喷。根据国家财政部 PPP 中心的数据统计，截至 2020 年 6 月末，全国累计签约 PPP 项目数量 6 546 个、金额 10.3 万亿元。PPP 模式日渐成为我国公共产品和服务供给的主要机制，这不仅深刻地改变了我国公共投资结构，也将对地方治理格局产生深远影响。由此，PPP 理论研究亦日益活跃，现已成为我国学术研究的热点话题。然而，PPP 理论研究却落后于实践发展，导致了一定程度上的 PPP 政策指向模糊和认识不统一等困境。本文认为，造成这一现象的核心症结在于：当前 PPP 项目管理和公共管理两大研究视角存在严重割裂。两者的分析对象和前提假设不同，前者着眼于项目的最佳实践和科学管理，后者致力于揭示政府行为逻辑并实现公共价值。

为更好地厘清 PPP 理论研究的整体脉络与研究现状，同时增进学界对中国 PPP 实践的理解，本文以中国知网（CNKI）收录的中文文献为基准，检索和梳理 PPP 相关文献，对中国 PPP 理论研究展开系统性综述，剖析两大视角割裂现状及成因，并提出整合路径的研究展望，希冀为未来的理论研究提供参考。

---

① 基金项目：国家自然科学基金项目"PPP 项目股权结构的优化研究"（71772098）；国家社科基金重大项目"中国各地 HDI 指数的编制和研究"（16ZDA009）。

二、基于两大视角的 PPP 研究现状

我国自 20 世纪 80 年代开始应用 PPP，大致经历了 4 个发展阶段[1-2]。自 2014 年以来的改革正式推动 PPP 成为我国公共产品和服务供给的重要机制，也促使中国 PPP 研究从过往的微观项目管理视角向着公共管理等更加多元的研究视角发展。

界定 PPP 概念通常采用情境类型法，这源于 PPP 实践属性强且各国情境千差万别[2]。这也是项目管理视角的 PPP 研究先于其他领域的主要原因[3]。中国关于 PPP 的官方定义来自国办发〔2015〕42 号文，有其独有的特征：一是该定义明确政府为 PPP 项目责任主体，并限定其行为合规路径，相比西方的"公共部门"内涵更为狭窄；二是该定义采用"社会资本"来界定合作伙伴，相比西方的"私营部门"内涵更为宽泛，它不仅包含私营组织，还可以是国有属性的组织，如国有企业、国有银行、国有基金等。还需要说明的是，该定义实际上对伙伴设置了准入条件，要求伙伴至少"具备投资、运营管理能力"。除了营利性企业，国际上也有非营利性的社会组织做 PPP 伙伴，而我国目前的 PPP 实践中还鲜见其他组织，造成这一现象的根源来自我国政府部门的条块分割，社会组织由国家民政部等部门主管，而 2014 年以来的 PPP 主要与国家财政部和发展发改委的职能相关。

（一）PPP 项目管理研究现状

PPP 项目管理研究缘起于工程建设管理，发端于公共设施的工程建设投融资。学者们历来热衷于做 PPP 项目管理的文献综述或荟萃分析[4-8]。本文通过中国知网（CNKI）以"SU/TKA='PPP'并含'Public-Private Partnership'并含'政府和社会资本合作'并含 SU='项目'并含'项目管理'"作为检索式，且勾选"工程科技 I 辑""工程科技 II 辑"和"经济与管理科学"数据库，检索得到 2014 年 1 月 1 日至 2020 年 7 月 15 日的 2 276 篇文献，主要包含 4 类主题。

（1）关键成功因素（Critical Success Factors，CSFs）研究 PPP 项目成功实践的影响因素。这是 PPP 项目管理领域最早也最丰富的研究，自 1996 年田（Tiong）[9]提出 CSFs 研究框架以来，学者们基于中国 PPP 实践挖掘了大量 CSFs 要素[10, 11]，后来又对要素分阶段、分专业、分行业的类型化研究[12]。学者们在研究 CSFs 时，普遍做出一个"成功"或"失败"的二元判断，然而，迄今并无 PPP 项目"成功"与否的统一标准，自然也谈不上 CSFs 清单的"标准答案"。而且，已有研究普遍是静态时点的研究结论，这源于 PPP 项目的跨度实在太长（通常长达 30 年），鲜有学者能跟踪一个项目的全生命周期。此外，受限于 PPP 项目案例资料的可获得性，学者们通常只能得到

"成功"案例，却无法得到"失败"素材，这也暗示着当前 CSFs 研究结论的有偏（biased results）。总之，CSFs 研究所挖掘的要素虽然非常多，但迄今仍无法厘清各类要素之间的相协同、相抵触或相匹配的关系，仍停留在实践层面的经验性归纳。这一主题构成后续研究主题的经验性基础。

（2）风险分担（risk allocations）研究侧重预防项目失败的风险要素识别、评估与分配。不确定性意味着风险，CSFs 的实现通常充满不确定性，因此 CSFs 和风险要素研究实则一体两面。王（Wang）等是中国这一主题的开创人[13]且提出了"外星人眼"风险管理模型[14]，柯永建则紧随其后并提出了风险分担机制[15-16]。我国其他学者基于这一框架拓展实证情境学者们延循这一框架拓展实证情境[17-18]。不过，当前项目管理领域的风险研究主要基于问卷调研等主观资料为素材，这导致研究结论依赖于"参与主体"，而且项目风险因素也高度依赖于"所处情境"。这一主题有待结合这两方面，以提炼更具一般性的因果机制。

（3）绩效评价（performance measurement）研究项目产出结果的衡量与评价。这是一项偏技术的研究主题，主要包含产出标准、评价标准及评价方法等，其中较为重要的方法是物有所值（VfM）评价[19]。袁（Yuan）等人[20]建构了中国 PPP 关键绩效指标与框架，曹启龙等人[21]针对 PPP 寻租行为提出绩效监督模型。我国于 2015 年正式将 VfM 评价纳入 PPP 实施流程①，不过 VfM 评价的理论与实践工作仍存在模糊之处并因此造成争议，未来有望基于大数据手段进一步完善。

（4）控制权配置（allocation of control rights）研究政府和市场协作之间的最优配置。这是近年的新主题，以伍迪[22]和王守清等人[23]的文献为代表。这一视角早期的研究以实物期权的配置为主，大量借鉴金融工程等理论形成了价格机制[24]、补偿机制[25]等技术性结论。自 2015 年伍迪[22]应用于 PPP 后，展现出与社会学等其他学科相结合的趋势。然而，他虽然初步借鉴了周雪光的"控制权"理论，做了视角融合的有益尝试，但解释仍旧有限。不过，学科融合的初步尝试为今后的视角整合打下了基础。

（二）PPP 公共管理研究现状

PPP 公共管理的研究侧重于组织管理与政策过程，致力于提升 PPP 的治理效能。霍奇（Hodge）和格里夫（Greve）[26]的 PPP 文献综述是这一领域的经典作品。王（Wang）等人[27]基于 Web of Science 系统检索得到 186 篇 PPP 公共管理文献，提炼了与 PPP 公共管理研究相关的三大知识背景，即经济学、公共管理和政策、组织理论。本文通

---

① 参见《财政部关于印发〈PPP 物有所值评价指引（试行）〉的通知》（财金〔2015〕167 号）。

过中国知网（CNKI）以"SU/TKA='PPP'并含'Public-Private Partnership'并含'政府和社会资本合作'"作为检索式，且勾选"社会科学Ⅰ辑"和"社会科学Ⅱ辑"数据库，检索得到 2014 年 1 月 1 日至 2020 年 7 月 15 日的 455 篇文献，主要包含 6 类主题。

（1）采纳动机（adoption motivation）探讨地区发展水平对 PPP 采纳结果的影响。通常，发达程度越高，提高效率的采纳动机越大，而拓宽资金渠道的动机则变小[28]。何平均等人[29]从相关方视角揭示了农业基础设施 PPP 的主体动机，将采纳动机研究引入到了特定领域。任小强[30]基于水利工程 PPP 采纳动机的分析，指出融资和提效两大动机的互动作用。谈婕等人[31]则从落地速度的快慢来解释采纳动机的作用，拓展了动态过程机制。谭（Tan）和赵（Zhao）[32]则提出采纳率概念，来解释地方政府的 PPP 采纳行为。从上述研究中可以看出，新近研究已呈现项目层面的采纳动机理论解释，显示出初步的从项目到公共管理转向趋势。

（2）执行绩效（implementation performance）有别于项目绩效研究。这一视角下的执行绩效侧重于过程，而项目绩效侧重于产出。张万宽等人[33]最早建构了国家层面的关键影响因素框架。陈婉玲[34]强调 PPP 的过程绩效监管工作应关注政府责任，建议采用立法、契约制度化及独立监管等手段来实现。近年学者们针对 PPP 公共价值问题做了大量反思和倡导，包括公共价值失灵[35, 36]、价值冲突与协调[37]、可持续发展导向下的 PPP 新内涵[38]等。

（3）财政责任（fiscal responsibility）研究致力于考察 PPP 对公共财政风险的影响。这一主题也是国内学者近年密切关注的主题之一。Tan 和 Zhao[39]在公共管理顶级期刊《公共行政评论》（*Public Administration Review*，PAR）上讲述了中国 PPP 复兴仍是财政短缺和政府债务高企的公共财政故事，引发了国际学术界对中国 PPP 财政承受能力的高度关注兴趣。关于 PPP 带来的财政风险，学者们观点不一。温来成等[40]认为我国近年大规模的 PPP 实践容易产生财政风险，缪小林等[41]着重探讨了 PPP 如何才能起到化解政府债务风险的作用机制，指出政府和市场的合理分配是关键。张牧扬等[42]实测了我国地方政府实施 PPP 的财政支出压力，指出多数城市在管理得当的前提下仍有财政空间。此外，税收研究[43, 44]和审计研究[45, 46]日渐成为 PPP 财政研究的重要议题管理的重要议题。针对我国当前 PPP 项目以政府付费/补贴模式为主的现状，这一主题有望得到持续探讨和发展。

（4）制度/政策研究（institutional/policy research）研究正快速积累成果。理由在于近年 PPP 大规模实施暴露出的问题均涉及制度根源或政策导向。理想的 PPP 发展环境应包含公平竞争、规范程序、完善的问责制度和广泛的公众参与等[47, 48]，而发展中国家通常面临制度建设滞后、市场意识薄弱等困境[49]，加大了 PPP 失败风险。随着 2014 年后中国 PPP 政策的密集发布和积极执行，PPP 政策研究成果随之丰富起来，包括规制体系[50]、政策扩散[51]、政策学习[52]、政府执行角色[53]，相配套的 PPP 制度建设研究也日渐丰富[54, 55]。王（Wang）等人先后在国际主流学术期刊中基于中国 PPP 素材做实证研究，揭示了中国情境的制度特征，如合同制定过程[56]、腐败程度[57]等。

（5）比较研究（comparative study）主要从研究方法上的一项分类，侧重于国际比较。谈婕和赵志荣[58]以类型学研究划分了 PPP 的传统模式、英国模式和美国模式，指出中国属于上述模式的复合。王天义等人[59]探讨了 PPP 的国际经验及启示。

（6）规范研究（normative research）侧重学理层面的 PPP 理想探讨。我国学者提出了较多 PPP 发展的"大问题"[60-62]，回应了我国市场化改革伊始阶段时，学者们提出的问题[63]。

三、PPP 研究视角割裂阐释

本文基于两大视角的研究现状梳理，发现当前中国 PPP 理论研究的特征：项目管理成果多、主题趋向收敛，公共管理成果少、主题快速拓展且日渐丰富。具体而言，PPP 项目管理领域中，我国学者近年试图超越"项目失败"现象与单一实践路径的研究局限，探讨复杂情境下多对象、多层次的 PPP 项目管理问题，或尝试发现项目实践的多重影响因素，也取得了可喜进展。然而，这一研究视角的局限性仍非常明显，主要原因在于研究者的工程建设管理学科背景限制。研究者们对于我国行政体制改革及发展历史了解有限，导致了 PPP 项目管理解释框架停留在项目个性层面，却没有提升到结构共性层次。例如，周志忍[64]很早就指出，我国向西方学习市场化改革的经验有一定偏向，更多地参照了萨瓦斯（Savas）[65]等积极学派的观点，却较多忽略冷静学派的分析。

PPP 在我国的应用与公共财政体制改革密不可分。自 1994 年分税制改革之后，财政收入的分配权力更加集中于中央，自上而下的巨大规模财政转移支付现象逐渐凸显[66]，PPP 模式得益于这一制度改革下的"专项转移支付"政策，PPP 项目成为"专项化""项目化"的核心手段之一。此外，由于我国 PPP 实践起源于引进国际投资者的跨国投资项目，因此 PPP 项目管理研究肇始于提高效率的实践动机，加之这一视角更能从实践成效中获得及时反馈，因此，PPP 项目管理研究首先成为我国 PPP 理论的主要流派，致力于提高效率的"最佳实践"研究，为我国 PPP 发展做出了重要贡献。然而，时至今日，当 PPP 日渐成为我国公共产品和服务供给的一项主要机制时，PPP 理论研究的价值判断有必要转向，应从项目管理研究过渡到公共管理研究为主。

PPP 公共管理领域的国际前沿历来活跃，见诸大量管理学顶级期刊[67-69]及公共管理顶级期刊[70, 71]。然而，国内 PPP 公共管理研究仍以理论探讨为主，多数研究成果并不能直接转化为指导实践的政策建议。究其原因，在于 PPP 项目的复杂实践属性没有被充分揭示，源自研究者对于项目经验的了解有限，以至于无法结合理论成果提出指导实践的操作路径。换言之，PPP 与购买服务、合同外包等其他市场化机制的异质性仍未被充分揭示，这也导致 PPP 过程中的行为逻辑"黑箱"仍无法打开。事实上，诸如交易结构、伙伴类型、实施程序等 PPP 项目操作的差异巨大，虽然与当前制度不完善导致操作无法标准化有关系，但 PPP 本身的复杂和模糊属性仍然是学界无法绕开的研究进路障碍，也造成了当前各个部门对 PPP 认识不统一、理解不一致等现状[1][4]。还比如，我国当前大量 PPP 项目依赖于政府付费或补贴，而国际上仍有大量的 PPP 项目以使用者付费作为主要收益来源，若将这两类 PPP 项目按同质性处理，则研究结果必然会有重大偏差。总而言之，PPP 理论研究趋势必然朝着公共管理领域体系化，而实现这一研究目标的核心路径是揭开项目异质性。

四、两大视角整合的 PPP 研究转向

学者们倡导用复合逻辑解释多元主体供给公共服务的创新机制[72-74]。PPP 理论研究也可以参照这一逻辑，基于当前两大研究视角的体系，进行项目管理与公共管理的视角整合与相互渗透。以往项目管理视角主要将 PPP 看作市场行为，而公共管理视角仍坚守科层逻辑，那么未来整合视角的 PPP 研究转向，应将科层组织和市场组织视作同等重要来解释 PPP 行为。PPP 已有研究与转向的关系如表 2-23 所示。下文将从研究对象和研究路径两个方面阐释具体操作。

表 2-23　PPP 已有研究与转向关系

		市场组织成分		
		轻		重
科层组织成分	轻	实践经验视角	→	项目管理学科视角
		↓		↓
	重	公共管理学科视角	→	整合视角

（一）研究对象

（1）多中心治理。以往项目管理研究成果实质上均属于多中心治理的手段性研究。以往研究多侧重技术治理，未来研究应更多强调 PPP 的公共价值创造这一目的性研究。而且，我国以往大量研究关注企业组织的 PPP，鲜有涉及社会组织的 PPP，这不得不说是一种理论与实践的双重遗憾，未来研究应更多关注非营利性组织的 PPP。由此，PPP 作为一项多中心治理手段，也将自然地从传统基础设施领域向社区服务、基层农村等领域延伸和应用。

（2）政府行为。以往项目管理研究揭示了大量与政府行为相关的要素，但要素之间的关联性及互动作用却研究不足。未来研究应结合我国业已形成的政府行为及创新理论体系，从结构/制度路径的央地关系和行动/过程路径的府际关系来拓展 PPP 的理论研究。此外，正式合同制度下的 PPP 项目中，实则存在大量非正式制度路径的协调行为，如信任、关系协调、冲突管理等，从中揭示更多通往 PPP 项目可持续发展并成功实践的中介机制。

（3）公共政策。基于近年发布的上千项 PPP 相关政策，未来研究有望从公共政策视角解释 PPP 行为逻辑。例如，PPP 操作流程等政策前后接力、相互冲突、高度模糊等现象，暗示着政策过程的利益诉求、网络联盟及共识形成逻辑。以 PPP 政策作为切口，构成揭开基层政府执行逻辑的新线索，从中寻找 PPP 等"好政策"执行的动态机制，从而更好地指导 PPP 政策及制度建设。

（二）研究路径

（1）延展路径——"走出去"。立足公共管理理论，未来研究可在 PPP 项目层面纳入"情境""权力"和"资源"等社会科学经典概念，产生更具实践解释力和指导性的理论框架。具体而言，参照"结构—行为"分析范式，将过往 PPP 项目管理层面揭示的众多异质性要素，提炼成一个共通的宏观环境要素，从而提高 PPP 研究的理论效度。

（2）吸纳路径——"引进来"。在公共管理与政策这一分析单位层面，未来研究可将项目层面已有的 CSFs 框架、风险分配机制、绩效评价体系和控制权配置等要素吸纳进来，提高对地方政府 PPP 行为逻辑的解释力，由此提高 PPP 配套制度和政策设计的适用性。地方政府在国家治理和制度形塑中扮演"第一行动集团"的角色，是理解我国行政改革历程及社会转型的重要"切口"，因此，朝着这一研究路径探索，将形成更为一般性的组织管理理论，如协作、网络、数字治理等，从而提高 PPP 理论与其他治理手段的可比性。

五、总结与展望

本文基于文献综述，指出我国 PPP 理论研究的症结，并提出了视角整合的 PPP 研究转向，从研究对象和研究路径两个方面指明未来 PPP 研究方向。未来有关 PPP 的研究将存在 4 个层次：第一个层次是实践经验素材，这是 PPP 理论研究的丰富源泉；第二个层次是项目管理理论，这既是理论研究的出发点也是理论解释的归路；第三个层次则是公共管理理论，站在制度格局和政府创新视角定位 PPP 的工具价值；第四个层次则是本文提出的复杂组织协作理论，基于视角整合形成更一般性的管理理论，与其他协作性机制形成比较和参照。未来 PPP 研究的发力点在于搭建两大视角的沟通桥梁。具体而言，聚焦多中心治理、政府行为和公共政策三大研究对象，采取"引进来"和"走出去"的研究路径，形成更为完整全面的 PPP 理论框架和体系。

视角整合下的 PPP 研究将有助于理论体系化和政策清晰化。尤其是伴随国家治理现代化的建设进程，公共产品和服务供给领域将越来越依靠 PPP 这一协作方式来实现治理现代化。这为 PPP 研究转向提供了现实需求：我国希冀用好 PPP 这一工具，前提是要理解 PPP 实践活动中的各方行动逻辑，尤其是理解地方政府的行为逻辑，因而须有赖于 PPP 下一步研究能否对行动逻辑做出有效的解释。未来，通过整合视角和提高视角之间的交流，PPP 的理论与实践试图回答好这两个问题：公共服务市场化供给机制中的政府该如何定位？多元主体应该发挥什么作用？通过回答好这两个问题，不仅能形成 PPP 各方更成体系的行动逻辑，也能进一步清晰行为标准，进而推动政策指向的清晰化。而且，这也是完善国家治理体系和治理能力现代化的应有之义。

参考文献

[1]　杨永恒，王强，肖光睿，等.中国 PPP 事业发展分析与预测（2017）——促进中国 PPP 事业健康可持续发展[M]// 王天义，韩志峰. 中国 PPP 年度发展报告（2017）（PPP 蓝皮书），北京：社会科学文献出版社，2018：001-042.

[2]　Klijn, E.H. Governing Networks in the Hollow State: Contracting out，Process Management or a Combination of the Two?[J]. Public Management Review, 2002 4(2):149-165.

[3] 陈志敏，张明，司丹. 中国的 PPP 实践：发展、模式、困境与出路[J]. 国际经济评论，2015（4）：68-84.

[4] Ke Y J, Wang S Q, Chan A, et al. Research Trend of Public-private Partnership in Construction Journals[J]. Journal of Construction Engineering and Management, 2009, 135(10):1076-1086.

[5] Song J B, Li Y, Feng Z, et al. Cluster Analysis of the Intellectual Structure of PPP Research[J]. Journal of Management in Engineering, 2019, 35(1):04018053.

[6] Song J B, Zhang H L, Dong W L. A Review of Emerging Trends in Global PPP Research:Analysis and Visualization[J]. Scientometrics, 2016, 107(3):1111-1147.

[7] Tang L Y, Shen Q, Cheng E. A Review of Studies on Public-private Partnership Projects in the Construction Industry[J]. International Journal of Project Management, 2010, 28(7):683-694.

[8] Shi J G, Duan K F, Wu G D, et al. Comprehensive Metrological and Content Analysis of the Public-private Partnerships(PPPs)Research Field:A New Bibliometric Journey[J]. Scientometrics, 2020, 124:2145-2184.

[9] Tiong R L. CSFs in Competitive Tendering and Negotiation Model for BOT Projects[J]. Journal of Construction Engineering and Management, 1996, 122(3):205-211.

[10] Zhang X. Critical Success Factors for Public-private Partnerships in Infrastructure Development[J]. Journal of Construction Engineering and Management, 2005, 131(1):3-14.

[11] 凤亚红，李娜，左帅. PPP 项目运作成功的关键影响因素研究[J]. 财政研究，2017（6）：51-58.

[12] Qiao L, Wang S Q, Tiong R L K, et al. Framework for Critical Success Factors of BOT Projects in China[J]. The Journal of Structured Finance, 2001, 7(1):53-61.

[13] Wang S Q, Tiong R L, Ting S K, et al. Evaluation and Management of Foreign Exchange and Revenue Risks in China's BOT Projects[J]. Construction Management and Economics, 2000, 18(2):197-207.

[14] Wang S Q, Dulaimi M F, Aguria M Y. Risk Management Framework for Construction Projects in Developing Countries[J]. Construction Management and Economics, 2004, 22(3):237–252.

[15] 柯永建. 中国 PPP 项目风险公平分担[D]. 北京：清华大学，2010.

[16] Ke Y J, Wang S Q, Chan A. Risk Misallocation in Public-private Partnership Projects in China[J]. International Public Management Journal, 2013, 16(3):438-460.

[17] 王蕾，赵敏，彭润中. 基于 ANP-Shapley 值的 PPP 模式风险分担策略研究[J]. 财政研究，2017（6）：40-50.

[18] 李妍，赵蕾. 新型城镇化背景下的 PPP 项目风险评价体系的构建——以上海莘庄 CCHP 项目为例[J]. 经济体制改革，2015（5）：17-23.

[19] Akintoye A, Hardcastle C, Beck M, et al. Achieving Best Value in Private Finance Initiative Project Procurement[J]. Construction Management Economics, 2003, 21(5):461-470.

[20] Yuan J F, Zheng A Y, Skibniewski M J, et al. Selection of Performance Objectives and Key Performance Indicators in Public-private Partnership Projects to Achieve Value for Money[J]. Construction Management and Economics, 2009, 27(3):253-270.

[21] 曹启龙，盛昭瀚，周晶，等. 契约视角下 PPP 项目寻租行为与激励监督模型[J]. 科学决策，2015（9）：51-67.

[22] 伍迪. 基于决策视角的 PPP 项目控制权配置研究[D]. 北京：清华大学，2015.

[23] 王守清，牛耘诗，伍迪，等. PPP 项目控制权配置影响因素及合理配置原则[J]. 清华大学学报（自然科学版），2019，59（8）：663-669.

[24] 李启明，熊伟，袁竞峰. 基于多方满意的 PPP 项目调价机制的设计[J]. 东南大学学报（哲学社会科学版），2010，12（1）：16-20.

[25] 高颖，张水波，冯卓. PPP 项目运营期间需求量下降情形下的补偿机制研究[J]. 管理工程学报，2015，29（2）：93-102.

[26] Hodge G, Greve C. Public-private Partnerships:An International Performance Review[J]. Public Administration Review, 2007, 67(3):545-558.

[27] Wang H M, Xiong W, Wu G, et al. Public-private Partnership in Public Administration Discipline:A Literature Review[J]. Public Management Review, 2018, 20(2):293-316.

[28] Chan A, Lam P, Chan D, et al. Drivers for Adopting Public-private Partnerships——Empirical Comparison between China and Hong Kong Special Administrative Region[J]. Journal of Construction Engineering and Management, 2009, 135(11):1115-1124.

[29] 何平均，刘思璐. 农业基础设施 PPP 投资：主体动机、行为响应与利益协调——基于利益相关者理论[J]. 农村经济，2018（1）：76-81.

[30] 任小强. PPP 模式在水利工程领域的应用动机——基于弗里德曼"花钱办事"理论的分析[J]. 水利水电工程造价，2020（1）：45-48.

[31] 谈婕，郁建兴，赵志荣. PPP 落地快慢：地方政府能力、领导者特征与项目特点——基于项目的连续时间事件史分析[J]. 公共管理学报，2019，16（4）：72-82.

[32] Tan J, Zhao J Z. Explaining the Adoption Rate of Public-private Partnerships in Chinese Provinces：A Transaction Cost Perspective[J]. Public Management Review, 2019:1699947.

[33] 张万宽，杨永恒，王有强. 公私伙伴关系绩效的关键影响因素——基于若干转型国家的经验研究[J]. 公共管理学报，2010，007（3）：103-112.

[34] 陈婉玲. 公私合作制的源流、价值与政府责任[J]. 上海财经大学学报，2014，16（5）：75-83.

[35] 蓝志勇，郑国谋. 从公共价值失灵分析视角看 PPP 合作——以澳门固定网络电讯服务为例[J]. 经济与管理研究，2017，38（4）：95-104.

[36] 蓝志勇，郑国谋. 公用事业 PPP 发展的靶向目标研究[J]. 南京社会科学，2019，（7）：68-75.

[37] 宁靓，赵立波. 公共价值视域下的 PPP 价值冲突与协调研究——以澳大利亚新学校项目为例[J]. 中国行政管理，2018（10）：139-144.

[38] 熊伟，诸大建. 以可持续发展为导向的 PPP 模式的理论与实践[J]. 同济大学学报（社会科学版），2017，28（1）：78-84.

[39] Tan J, Zhao J Z. The Rise of Public-private Partnerships in China: An Effective Financing Approach for Infrastructure Investment?[J] Public Administration Review, 2019, 79(4):514-518.

[40] 温来成，刘洪芳，彭羽. 政府与社会资本合作（PPP）财政风险监管问题研究[J]. 中央财经大学学报，2015（12）：3-8.

[41] 缪小林，程李娜. PPP 防范我国地方政府债务风险的逻辑与思考——从"行为牺牲效率"到"机制找回效率"[J]. 财政研究，2015（8）：68-75.

[42] 张牧扬，卢小琴，汪峰. 地方财政能够承受起 PPP 项目财政支出责任吗？——基于 2010—2018 年 PPP 项目的分析[J]. 财政研究，2019（8）：49-59.

[43] 郭建华. 我国政府与社会资本合作模式（PPP）有关税收问题研究[J]. 财政研究，

2016（3）：77-90.

[44] 马蔡琛，袁娇. PPP 模式的税收政策与管理[J]. 税务研究，2016（9）：3-9.

[45] 柴能勇. 政府规制视角下的 PPP 项目跟踪审计问题研究[J]. 审计研究，2018（6）：41-47.

[46] 王立国，张莹. PPP 项目跟踪审计探讨[J]. 审计研究，2016（6）：30-35.

[47] Boyer E J. Identifying a Knowledge Management Approach for Public-private Partnerships[J]. Public Performance & Management Review, 2016, 40(1):158-180.

[48] Koppenjan J, Enserink B. Public-private Partnerships in Urban Infrastructures: Reconciling Private Sector Participation and Sustainability[J]. Public Administration Review, 2009, 69(2):284-296.

[49] Mouraviev N, Kakabadse N K. Public-private Partnerships in Russia:Dynamics Contributing to an Emerging Policy Paradigm[J]. Policy Studies, 2014, 35(1):79-96.

[50] 张水波，张晨，高颖. 公私合营（PPP）项目的规制研究[J]. 天津大学学报（社会科学版），2014，16（1）：30-35.

[51] Zhang Y L. The Formation of Public-private Partnerships in China: An Institutional Perspective[J]. Journal of Public Policy, 2015, 35(2):329-354.

[52] 陈玲，李丹. PPP 政策变迁与政策学习模式：1980 至 2015 年 PPP 中央政策文本分析[J]. 中国行政管理，2017，（2）：102-107.

[53] 石贤平. PPP 模式中政府交易角色与监管角色冲突的法律平衡[J]. 商业研究，2015（12）：185-192.

[54] 丁新正. 构建以普通法律立法为引领的我国 PPP 制度体系安排研究[J]. 重庆理工大学学报（社会科学），2020，34（1）：132-145.

[55] 陈华，张梅玲. 基于公私合作（PPP）的保障房投融资创新研究[J]. 财政研究，2012（4）：42-45.

[56] Wang H M, Chen B, Xiong W, et al. Commercial Investment in Public-private Partnerships:the Impact of Contract Characteristics[J]. Policy and Politics, 2018, 46(4):589-606.

[57] Wang H M, Ma L. Ownership, Corruption, and Revenue Regimes for Infrastructure Partnerships:Evidence from China[J]. Utilities Policy, 2019, 60:100942.

[58] 谈婕，赵志荣. 政府和社会资本合作：国际比较视野下的中国 PPP[J]. 公共管理与政策评论，2019，8（3）：62-72.

[59] 王天义，韩志峰，李艳丽. PPP 的国际镜鉴与启示[J]. 重庆社会科学，2016（10）：18-24.

[60] 孙学工，刘国艳，杜飞轮，等. 我国 PPP 模式发展的现状、问题与对策[J]. 宏观经济管理，2015（2）：28-30.

[61] 刘薇. PPP 模式理论阐释及其现实例证[J]. 改革，2015（1）：78-89.

[62] 周正祥，张秀芳，张平. 新常态下 PPP 模式应用存在的问题及对策[J]. 中国软科学，2015（9）：82-95.

[63] 陈振明，刘祺，邓剑伟. 公共服务体制与机制及其创新的研究进展[J]. 电子科技大学学报（社会科学版），2011，13（1）：11-16.

[64] 周志忍. 认识市场化改革的新视角[J]. 中国行政管理，2009（3）：11-16.

[65] Savas E S. Privatization and public-private partnerships[M]. Chatham House, 2000.

[66] 渠敬东，周飞舟，应星. 从总体支配到技术治理——基于中国 30 年改革经验的社会学分析[J]. 中国社会科学，2009（6）：104-127.

[67] Caldwell N D, Roehrich J K, George G. Social Value Creation and Relational Coordination in Public-private Collaborations[J]. Journal of Management Studies, 2017, 54(6):906-928.

[68] Quélin B V, Kivleniece I, Lazzarini S. Public-private Collaboration, Hybridity, and Social Value:Towards New Theoretical Perspectives[J]. Journal of Management Studies, 2017, 54(6):763-792.

[69] Mahoney J T, McGahan A M, Pitelis C N. The Interdependence of Private and Public Interests[J]. Organization Science, 2009, 20:1034-1052.

[70] Bertelli A M. Public Goods, Private Partnerships, and Political Institutions[J]. Journal of Public Administration Research and Theory, 2019, 29(1):67-83.

[71] Yang Y H, Hou Y L, Wang Y Q. On the Development of Public-private Partnerships in Transitional Economies:An Explanatory Framework[J]. Public Administration Review, 2013, 73(2):301-310.

[72] 郁建兴，吴玉霞. 公共服务供给机制创新：一个新的分析框架[J]. 学术月刊，2009，41（12）：12-18.

[73] 李晨行，史普原. 科层与市场之间：政府购买服务项目中的复合治理——基于信息模糊视角的组织分析[J]. 公共管理学报，2019，16（1）：29-40.

[74] Edelenbos J, Klijn E H. Project versus Process Management in Public-private Partnership:Relation between Management Style and Outcomes[J]. International Public Management Journal, 2009, 12(3):310-331.

（《管理现代化》, 2020 年第 6 期）

PPP 模式中政府或有债务管理的国际经验及启示①

徐佩铭　王守清　刘　婷

2014 年以来，国务院牵头财政部、国家发展改革委等部委大力推广 PPP 模式，鼓励社会资本投资基础设施和公用事业等领域。为吸引社会资本，PPP 项目中常涉及政府担保，如项目合同提前终止的补偿担保、最小需求量担保、最低收入担保、外汇汇兑担保，以及项目失败后政府介入以保证项目继续运作等隐性担保等，这些由于过去事项或既存事实所带来的具有不确定性的未来财政资金需求，即或有债务。在当前预算和会计体系下，如何进行适当调整和完善，以促进 PPP 模式可持续发展，是财政部及政府有关部门都在探寻的重要课题。本文试图梳理欧盟、澳大利亚、智利、哥伦比亚、加纳等国的实践经验，探讨我国 PPP 模式下财政管理方式和措施的发展，并提出相关政策建议。

一、PPP 模式中政府或有债务管理的国际经验

或有债务会影响政府对 PPP 项目的财政承受力，为避免政府过度承担风险，各国政府都非常重视。亚洲开发银行认为，政府部门在 PPP 模式下面临的财政资金需求包括：①直接债务，如为项目启动提供直接融资；②或有债务，如对项目需求低于预期或汇率变动等情况提供担保；③由隐性担保导致的财政资金需求，如在项目失败的情况下政府部门有义务介入并提供服务[1]。本文在此主要对②和③，即由政府提供的显性、隐性担保所带来的具有不确定性的未来财政资金需求，作为 PPP 模式中的政府或有债务（下称"或有债务"）加以探讨，拟从 PPP 项目中政府或有债务的测算与审批、预算制定与追踪管理、财务报告与信息披露、流程与部门职责设置等方面对国际经验

---

① 基金项目：国家自然科学基金资助项目（71772098 和 71572089）。

加以梳理。

（一）或有债务的测算

1．测算方法

或有债务与风险相伴随，其触发与否、触发时间及触发金额都不确定，测算难度较大。国际上常用的或有债务测算方法有情景分析法和概率分析法。

情景分析法对影响风险的各类事件和变量作出基本、不利、最坏等情景的假设，计算各情景下触发的或有债务数额，并进一步预测各情景出现的主观概率及相应的或有债务触发的期望金额。该方法较简便，适用于风险变量的概率分布不易确定的情况，大多数政府采用此方法。

概率分析法需对风险变量的概率分布作出假设，进而计算触发的或有债务的概率分布。该方法需要更多关于风险变量的信息，且计算较为复杂，因而只有少数政府采用这一方法，如智利政府对最低收益担保即采用该方法进行测算。[2]

2．度量指标

澳大利亚政府对 PPP 风险的承担基本上仅限于政府有控制力的风险，政府对由此造成的或有债务的测算首先按照传统的测算方法估算期望成本，再加上一定的储备金以计入可能发生的不利情况。智利政府采取更细致、更量化的概率分析法来拟合、模拟收益风险的概率分布，并进一步测算最低收益担保所导致的财政支出的概率分布，相应地，能得到的度量指标也较为多样化，包括每度政府支出/收入的期望值、各置信度下的在险价值，以及政府保证带来的项目价值增加等。[2]

世界银行根据或有债务的类型，提出了相应的关键度量指标[3]，具体如下。

对于将造成一次性付款的或有债务（如项目提前终止的补偿保证），建议的主要度量指标包括：①最不利情况下的支付额；②需要的应急预算；③项目提前终止的触发事件及其发生的可能性。

对于由特定风险变量的保证产生的或有债务（如收益风险担保、汇率担保等），以及对下级政府、政府机构、国有企业等在 PPP 合同中的支付义务的付款担保，建议的度量指标包括：①基本情景和不利情景下年度财政支出的估计值；②需要的应急预算；③担保额度的现值；④基本情景和不利情景下担保期限内的财政支出流的现值；⑤各风险变量对或有债务的触发点及其发生的可能性。

可见，国际上或有债务的度量指标，在时间维度上包含财政支出的年度值和全生命期内的现值；在统计量上包含期望值，不利情景及最坏情景下的在险值（Value at Risk，VaR）等；在对财政支出的不确定性的刻画上，分为通过定性分析确定的情景取值和主观概率，或通过拟合、模拟等相对量化的方法得出概率分布。

（二）或有债务的审批：财政承受力评价

在对或有债务进行测算之后，政府审批环节仍需进一步评价其是否满足财政承受力，用于评价的主要指标包括上文所述的或有债务度量指标的数额占部门年度/中长期预算、应急预算/弹性预算、政府总体债务，财政收入及 GDP 等的百分比[3]。评价的方法主要有以下两种。

（1）对未来的预算约束作出保守预测，并对 PPP 项目中的财政承诺在预算中的占比设定上限，判断未来或有债务的年支出是否能满足财政承受力约束。巴西、英国、法国、南非等国采用该方法，其中巴西规定，PPP 合同中年度财政承诺总和（包括担保等或有债务）不能超过财政净收入的 1%，英国对每个部门的 PPP 支出限定在其年预算的 6% ~ 7%。[4, 5]

（2）将财政承受力评价与预算制定相整合。哥伦比亚法律规定，签订 PPP 项目的同时，实施机构应向应急基金注入一笔资金，数额等于政府担保引致的或有债务的期望值。该方法意味着政府在提供担保等财政承诺时就已将其纳入财政预算。[6]

第一种方法不需要在前期划拨资金，对或有债务的约束较小，有助于鼓励政府采用 PPP 模式，但对未来的财政收入的预测具有一定的弹性空间，易造成财政承受力评价流于形式，对财政风险控制不足。第二种方法在审批的同时即纳入预算或划出资金，弱化了或有债务和直接债务对于实施机构的差别，有助于实施机构更审慎地对待或有债务，但同时也限制了其采用 PPP 模式的积极性。此外，在财政承受力之外，还应注意或有债务的现值在政府整体债务、GDP 中所占的百分比，以判断或有债务对债务管理的影响。

（三）或有债务的预算

PPP 项目中的政府支出，由行业主管部门编制预算，报请财政部门审核后纳入本部门预算草案，经本级政府同意后报立法机构审议。由于或有债务的不确定性，如果或有债务触发的额度超出了预算，政府向立法机关申请额外的经费的过程通常缓慢而容易引发争议。为了减小这个风险，有的国家采取的主要措施包括增加预算弹性及设立应急储备基金等。

1. 增加预算弹性

增加预算弹性的方法包括以下几种。

（1）在整体预算中加入应急预算项，大多数国家的预算中都含有此项，但通常比例较低，如占整体预算的 3%。

（2）发生事先约定的或有事项时，允许预算超支，不需要通过立法机关额外的审批，OECD的大部分成员国的预算法中都有相关规定，有的国家（如澳大利亚、芬兰、德国和日本）甚至在宪法中都写入了相关规定，在法国、芬兰、挪威等国家，部分在法律和合同约束下或难以估算的支出义务被纳入"预估拨款"中，但以上预算超支均应向立法机关做事后报告。

（3）在合同条款中约定政府付款时间相对于担保义务触发时间的滞后期，确保触发的或有债务可以在付款期限之前纳入预算中，智利即采用这一方法。

（4）此外还有追加预算、预算再分配等。[5]

2．设立应急储备基金

应急储备基金是一种自我保险，需要在前期注入资金，资金通常来自政府保证的受益者支付的担保费，或从提供保证的政府部门的预算中划取。后期或有债务触发时，即可使用应急储备基金用于偿付，不必另行追加预算。应急基金可以是实体形式的，也可以是名义形式的。实体的应急基金单独运作，投资于政府债券或AAA级证券等金融资产，如哥伦比亚的应急基金。名义的基金则仅为财政整体账户中的一个子账户，不单独运作，如瑞典的担保基金、美国的贷款担保基金。

增加预算弹性和设立应急储备基金两种方法都能使PPP项目的实施机构更充分地认识到或有债务的成本，从而更审慎地提供政府保证。其中设立应急储备基金有助于使或有债务的成本更透明，因为基金对担保的收费即对担保成本的估价，随着经验与数据的积累，估价会越来越准确地体现担保的实际成本。

（四）或有债务的会计准则与信息披露

PPP项目的报告方法主要包含三类：财政统计、预算编制和会计处理。PPP项目的财政统计是指按照专门的规定，如《欧洲经济综合核算体系》（*European System of Integrated Economic Accounts*）和国际货币基金组织（IMF）发布的《政府财政统计手册2001》（*Government Finance Statistics Manual 2001*，GFSM 2001），将全国范围的PPP项目的资本总价值列入国民账户中，用于宏观经济规划、国际比较、国家层面的监管和控制等。PPP项目的预算编制，是指依照各国、地区的预算法，计划和披露政府在PPP项目中的资本支出和运营支出，有助于促进健全的财政管理，IMF发布的《财政透明度手册2007》（*Manual on Fiscal Transparency 2007*，MFT 2007），以及经济合作与发展组织（OECD）的《预算透明度最佳实践2002》（*Best Practices for Budget Transparency 2002*，BPBT 2002），提供了相关的操作指南。PPP项目的会计处理，是指在政府的财务报表中报告PPP项目，并将相关资产分为政府资产或非政府资产，PPP

项目是否纳入政府资产的划分，取决于所在地政府所采用的会计准则，各国、各国际组织采用的标准不一，目前最严格、最完备的国际标准为《国际公共部门会计准则》（ *The International Public Sector Accounting Standards 32*，IPSAS-32）。[6]

上文所提及的各国际组织发布的其他指导文件不要求将或有债务在政府资产负债表中正式确认为债务，仅当触发事件发生，需要支付现金时才确认债务，但都要求或鼓励政府在资产负债表的附注、备忘项，或是预算文件等报告中披露或有债务的信息，以便立法机关了解政府的财政状况。[7]

实际操作中，不同国家所披露的或有债务种类有所不同，几乎所有国家都要求披露贷款担保，而对 PPP 合同中的政府保证进行披露的国家较少，智利、哥伦比亚、澳大利亚、印度尼西亚、英国等国对 PPP 项目导致的政府或有债务有所披露。

恰当的财务报告有助于政府进行财政状况自检，公开政府财务报告则有助于相关方对政府的公共财物管理绩效形成更充分的认识，并予以有效的监督。

（五）部门职责设置

智利在 PPP 项目的或有债务的测算、信息披露等方面都有较先进的经验，然而其相关部门职责设置的不合理，为或有债务管理的操作增加了困难：智利的特许经营项目由公共工程部监管，而财政支出则由财政部负责，这样的部门职责设置易造成信息沟通不充分，不利于检测真实需求量和收益数据，易导致或有债务管理部门无法有效验证社会资本提出的收益担保索赔的合理性。[2]

与智利的经验相比，世界银行为加纳设计的以财政部门为主体、部门内跨司处的协调机制更有利于或有债务的有效管理。与中国类似，加纳政府于 2011 年开始大力推广 PPP 模式，正处在相关法律、政策、监管机构等逐渐完善的过程中，因此世界银行为其设计的针对政府在 PPP 项目中的财政承诺的监管机制值得我国借鉴。PPP 项目由财政与经济发展部（ Ministry of Finance and Economic Planning，MoFEP）牵头负责，为协调部内各司处对 PPP 项目中的政府或有债务及其他财政承诺的管理，MoFEP 部门内设财政承诺技术委员会，其成员由相关司处派代表组成。MoFEP 下设公共投资司、预算司、债务管理司和经济研究与预测司，各部门职能及关系如图 2-2 所示。[4]

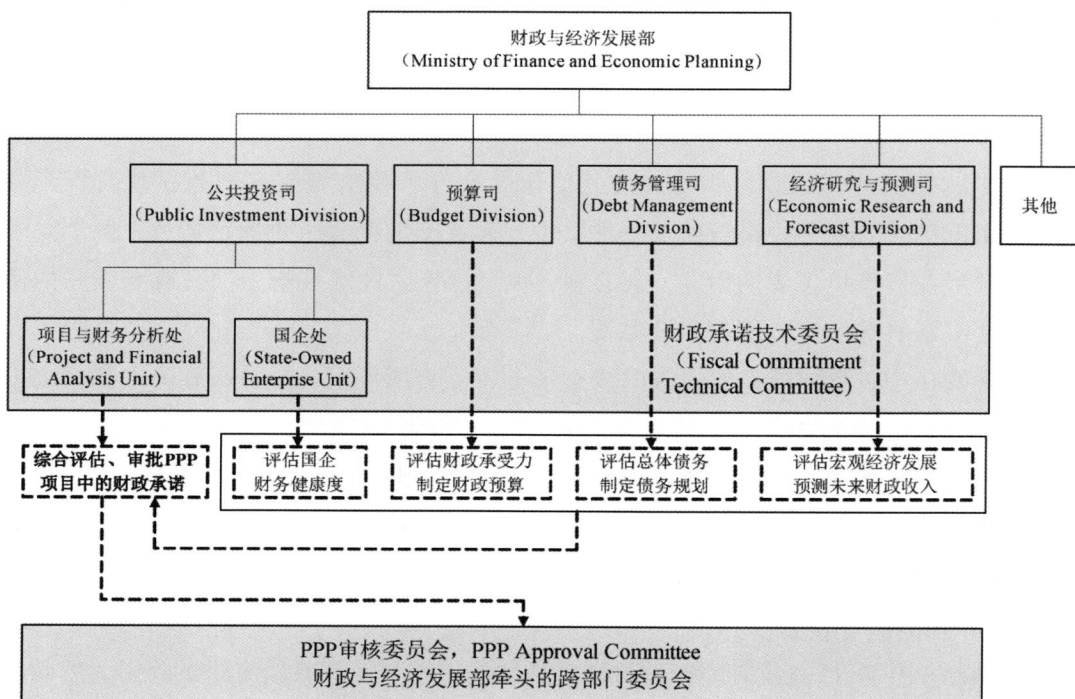

图 2-2　加纳 PPP 财政承诺管理的部门职责设置

二、国内 PPP 模式中政府或有债务管理现状

（一）或有债务的测算与审核

2014 年以来，国务院及各部委大力推广 PPP 模式，国务院与财政部相继发布的《国务院关于加强地方政府性债务管理的意见》与《地方政府存量债务纳入预算管理清理甄别办法》要求将地方政府存量债务纳入预算管理中，同时规定通过 PPP 模式转化为企业债务的，不纳入政府债务，加上当时对由政府保证等形成的或有债务尚未有纳入预算管理和政府债务审计的明确规定，使得地方政府大量采用 PPP 模式，并且提供各类显性、隐性的担保以提高 PPP 模式对社会资本的吸引力，即使不能实现物有所值。

而后，我国相关的法律、法规、政策逐步建立与完善。在 PPP 项目的财政承诺测算与审核方面，财政部于 2015 年 4 月发布了《政府和社会资本合作项目财政承受能力论证指引》，对 PPP 项目中的财政承诺的评估与审核制定了初步的规范。该文件没有使用或有债务的概念，但提出了相似的"风险承担支出"概念，指出风险支出数额可根据比例法、情景分析法和概率发测算,目前尚无进一步的操作细则,如测算模型、度量指标等,因此风险支出数额的测算巨有较大的弹性空间,加上预测未来财政收入时所设定的增长率使得财政承受力评价易流于形式,不能充分发挥控制财政风险的作用。

（二）或有债务的预算管理

财政部在 2014 年发布的《关于推广运用政府和社会资本合作模式有关问题的通知》中提出"将财政补贴等支出分类纳入同级政府预算,并在中长期财政规划中予以统筹考虑",又在 2015 年发布的《财政部关于推进中央部门中期财政规划管理的意见》中要求进行三年期中期财政规划,实行逐年滚动管理,初步完善了 PPP 模式下的政府预算制度,但对于或有债务的预算管理尚缺乏规定。此外,新《预算法》第十三条要求人大批准的预算非经法定程序不得调整,未列入预算的不得支出,没有针对或有债务（风险支出）支出数额、时间不确定等特点,设置相关的弹性预算。

2013 年发布的全国政府性债务审计报告中显示,多个地方政府建立了偿债准备金制度以防范债务风险,但主要针对政府自身融资、为提供融资担保所形成的债务,以及到期应付未付的合同款,未将分担 PPP 项目形成的或有债务纳入债务风险审计和防范的范畴[8]。此外,国务院规定自 2015 年 1 月 1 日起不得新设各种形式的偿债准备金,对已经设立的偿债准备金要纳入预算管理[9]。由此可见,我国尚无针对由 PPP 或有债务引发的财政风险的预算管理机制（弹性预算或应急储备基金）,从而增加了地方政府违约的可能性。

2016 年 7 月,财政部发布了《政府和社会资本合作项目财政管理办法（征求意见稿）》,提出建立结算扣款机制,对于不按合同约定支付款项的,可由上级财政直接从相关资金中代扣并支付至项目公司或社会资本,旨在保障政府履约能力,但该机制具有滞后性,因此仍有必要建立弹性预算或应急基金等机制从而进一步预防政府违约。

（三）或有债务的会计准则与信息披露

我国现行的政府会计体系为预算会计制度,实行收付实现制,即以现金收到或付出为标准来记录收入的实现和支出的发生,无法有效反映 PPP 项目的跨年度财政需求及产生的或有债务,提示相关方了解政府的财政风险。为完善政府会计制度,财政部已于 2015 年发布《政府会计准则——基本准则》,推动收付实现制的预算会计制度与权责发生制的财务会计制度相结合的综合财务报告制度,自 2017 年 1 月 1 日起施行。《政府和社会资本合作项目财政管理办法（征求意见稿）》中提出财政部门应公开本级 PPP 项目目录、本级人大批准的政府对 PPP 项目的财政预算、执行及决算情况,但披露的具体内容、程序等尚待进一步明确。

综上，我国目前对 PPP 或有债务的管理在测算与审批、预算制定、财务报告等方面都缺乏明确的规定与具体的操作指南。PPP 模式与传统政府投资模式相比，延迟了政府付款的时间，其中或有债务又进一步规避了预算监管，如无明确的监管规定，对地方政府在 PPP 项目中过度提供担保的倾向缺乏有效约束，当或有债务问题暴露时则为时已晚，形成财政危机。[10]

三、结语

短期内完成预算体系和政府会计体系的改革，实行跨年度预算和权责发生制财务会计是不现实的。同时，在地方债清理的压力下，PPP 是缓解地方债危机的现实举措。因此对于 PPP 项目中政府或有债务管理的规范不宜一步到位，应逐步调整。现阶段可通过以下方面来规范政府的财政管理行为、切实保障 PPP 项目合同政府履约能力、提高财政资金的使用效益。

（1）加强量化测算。借鉴智利等国的经验，逐步研发各类或有债务的测算模型，建立度量指标与评价指标体系，制定具体的或有债务量化测算指南。

（2）设置 PPP 债务总额和或有债务上限。在完全采用权责发生制前，对 PPP 设上限可有效控制财政风险，所采用的指标可包括但不限于：PPP 项目总合同额/当地政府当期财政收入或 GDP；PPP 债务总额/当地政府当期财政收入或者 GDP；政府对 PPP 的负债、担保/当地政府当期财政收入或者 GDP。[10]

（3）纳入预算管理。调整预算文件，为通过审批的 PPP 项目中的或有债务制定专门的长期弹性预算，将 PPP 项目纳入政府性债务审计范围，同时开展或有债务应急基金试点，促使地方政府将或有债务的财政成本纳入决策考量，同时为形成的或有债务提供资金保障。

（4）加强信息披露。要求在财务报告与预算报告中增加对 PPP 项目中政府或有债务的性质、期限、数额的披露，鼓励地方政府编制年度或有债务报告，向贷款方、社会资本等相关方充分披露财政风险。

（5）建立协调机制。在财政部率先建立跨部门的或有债务管理协调机制，以一定规模以上的大项目为试点进行监管，在项目评审阶段综合金融司、经济建设司、预算司、会计司等相关司处的意见，形成对 PPP 项目中或有债务的统一评审意见，并于执行阶段负责或有债务的监管，逐渐在各省建立类似协调机制，监管规模以下项目的或有债务。

参考文献

[1] 财政部国际司. 亚行：PPP 项目的财政效应分析[J]. 中国财政，2014（9）：20-21.

[2] Irwin, Timothy, and Tanya Mokdad. Managing contingent liabilities in public-private partnerships:Practice in Australia, Chile, and South Africa. World Bank, Washington DC, USA, 2009.

[3] Gómez-Lobo, Andrés, and Sergio Hinojosa. Broad Roads in a Thin Country: Infrastructure Concessions in Chile. World Bank Policy Research Working Paper No. 2279, Washington DC, USA, 2010.

[4] Shendy, Riham, Helen Martin, and Peter Mousley. An Operational Framework for Managing Fiscal Commitments from Public-private Partnerships:The Case of Ghana. World Bank Publications, 2013.

[5] World Bank, Asian Development Bank, Inter-American Development Bank. Public-Private Partnerships:Reference Guide, Version 2.0. [EB/OL] https://openknowledge.worldbank.org/handle/10986/20118 License:CC BY 3.0 IGO, 2014.

[6] Cebotari, Aliona. Contingent liabilities:issues and practice. No. 8-245. International Monetary Fund, 2008.

[7] Eurostat. Eurostat Treatment of Public-Private Partnerships, Purposes, Methodology and Recent Trends [EB/OL]. http://www.eib.org/epec/resources/epec-eurostat-statistical-treatment-of-ppps.pdf, 2016-07-28.

[8] 中华人民共和国审计署. 2013 年第 32 号公告：全国政府性债务审计结果[EB/OL]. http://www.audit.gov.cn/n5/n25/c63642/content.html.

[9] 国务院办公厅. 关于进一步做好盘活财政存量资金工作的通知，国办发〔2014〕70 号[EB/OL]. http://www.gov.cn/zhengce/content/2015-01/21/content_9408.htm.

[10] 靳晖，伊莎贝尔·里亚尔，胡妍斌. 中国地方政府融资工具及 PPP 模式的监管研究[J]. 新金融，2016（12）：21-27.

（《建筑经济》，2020 年第 8 期）

第 3 章

投资与融资

PPP 资产证券化，会成为下一个风口吗？

刘 婷　陆 征　伍 迪　王守清

2016 年 12 月，国家发展改革委、证监会印发《关于推进传统基础设施领域政府和社会资本合作（PPP）项目资产证券化相关工作的通知》（发改投资〔2016〕2698号），目前央行和财政部也正在研究银行间 PPP 资产证券化（Asset Backed Security，不同监管机构对应不同的产品名称，本文为简便起见统一简称 ABS）的相关支持政策，加上"首批"PPP-ABS 产品陆续完成发行，PPP-ABS 受到了广泛的关注。

对于这一市场的规模和潜力，则存在非常不同的判断：一种观点认为，PPP 和 ABS 都是万亿级的市场，并且 ABS 为 PPP 项目的投资者和放贷者创造了退出途径，有助于增加其参与 PPP 项目的积极性，两者的结合意味着巨大的机会；另一种观点则认为，这一市场至少在近几年内无法得到很大的发展，因为 2014 年后力推的 PPP 项目已进入运营期的数量有限，已运营两年以上的更是稀少。从我们在 2017 年 2—4 月对 100 多位具有 PPP 和/或 ABS 从业经验的专家的访谈情况来看（其中 30 多位具有 5 年以上 PPP 经验，5 年以上 ABS 经验，或 2~5 年 PPP 及 ABS 经验），专家们更倾向于介于以上两种观点之间，持谨慎乐观的态度。

那么，此次政策上的绿色通道会助推 ABS 成为 PPP 项目的主流选择，成为下一个风口吗？

一、资产证券化的产生及其核心功能

（一）流动性困境催生债权类资产的证券化

资产证券化诞生于 20 世纪 60 年代末 70 年代初的美国，其初衷是增加金融机构的资产流动性。当时美国经济出现了滞胀，市场利率不断升高，但相关法规限制了储蓄的利率上限，导致储户大量提取存款投入资本市场，银行等金融机构资金日益枯竭，而其发放的住房抵押贷款等又以长期贷款为主，流动性风险和利率风险不断积累。为了缓解这一困境，房地美、房利美、吉利美三家政府机构联合购买住房抵押贷款，创造了住房抵押贷款支持证券（Mortgage Backed Securitization，MBS），公开发行，出售给资本市场上的投资者。通过资产证券化，流动性较低的资产转化为流动性较强的资产支持证券，从而为金融机构增加了流动性。MBS 的发行为解决婴儿潮一代的购房资金需求问题发挥了重大作用。增加流动性是资产证券化产生的动因，也被视为其最基本的功能。[1, 2]

（二）风险隔离的功能促进资产证券化规模快速扩大

随着金融自由化的推进，美国的资产证券化在不断创新中快速发展，各机构仿照 MBS 的模式，将信用卡、汽车贷款、学生贷款等债权资产作为基础资产，发行各种资产支持证券。此时，参与主体除了流动性需求之外，也通过资产证券化来实现风险转移的需求：用于证券化的资产需要"真实出售"给特殊目的载体（Special Purpose Vehicle，SPV），从而从发起人的资产负债表中隔离出来，实现发起人的风险和该资产的风险的隔离。此外，ABS 的优先/劣后分层设计等增信措施有助于风险的分担。因此，风险隔离和分担是资产证券化的又一核心功能。

（三）未来现金流的证券化延伸出项目融资功能

除上述债权资产的证券化之外，还有对业务活动未来现金流的证券化，如路桥公司的通行费收入、自然资源储备的未来现金流、租赁业务中的租金收入、公共部门未来的税收收入等的证券化。产生以上未来现金流的项目或业务活动往往始终为发起人所控制或经营，不一定涉及所有权的转移，也就难以实现"真实出售"和"风险隔离"。为此，欧美国家通常规定，当项目、业务经营失败导致无法对证券化产品进行偿付时，证券化产品的投资者即成为发起人的债权，人参与剩余分配。[3]由此可见，基于未来现金流的证券化，其功能已从最初的增强发起人的流动性、隔离破产风险，发展为项目融资的工具，为发起人提供了更多的融资选择，同时也为投资人创造了更丰富的投资产品。

（四）轻资产化需求推动股权型 REITs 诞生

股权型的资产证券化主要应用于商业地产领域，即权益型的房地产投资信托基金（Real Estate Investment Trusts，REITs）。商业地产需要通过运营管理来实现经营收益提升和资产价值增值，因而不适合传统住宅的散售及预售方式，而资产持有模式所带来的重资产属性将成为商业地产企业发展的负担。轻资产化成为企业追求的目标——资产挪出表外，利润留在表内，保留对资产的运营控制，降低资产负债率，提高权益回报率。基金+权益型 REITs 的模式可以实现这一目标：开发商和物业持有商通过基金的形式投资地产项目，运营成熟后发行 REITs 实现股权的退出，通过"管理费+业绩报酬+部分资本利得"的方式来赚钱[①]。

二、PPP 资产证券化的优势

（一）作为潜在退出渠道被寄予厚望，然而现阶段股权投资借此实现直接退出较为困难

PPP 项目投资规模巨大、周期长，与商业地产一样具有重资产属性，除了建筑承包商、设备商、运营商等产业投资者外，还需要大量财务投资者参与，而财务投资者非常看重投资的退出和收益的最终实现，对 PPP 项目动辄 30 年的期限存在较大的疑虑。ABS 一度承担着市场对 PPP 退出路径创新的厚望，甚至有地产类的基金期待 PPP-ABS 成为国内真正的权益型 REITs 的突破口。

然而，无论是此次备受关注的首批 PPP-ABS 产品，还是过去的基础设施收费收益权的 ABS，基础资产都是未来的现金流，不构成会计意义上的资产，也就谈不上资产的出表和轻资产化，其本质是未来收益的提前变现，在资产端融入了现金的同时，负债端增加了应付账款。由于现金流与经营难以分割，原始权益人通常需要对证券化产品做出差额补足等承诺，加上基础设施（准）公共品的属性使得其资产所有权和特许经营权的转移都受到诸多限制，导致 PPP-ABS 实际上难以实现"真实出售"和"风险隔离"，因此现阶段我们所说的 PPP-ABS 还无法做成权益型的 REITs，无法为 PPP 项目的股权投资者提供直接的退出渠道。但其仍有可能通过改善项目的现金流，促进股东之间的股权转让，进而间接促进财务投资者实现退出。随着 PPP 市场的不断成熟及资本市场对 PPP 的不断熟悉，未来 PPP 领域是否会出现具有主动管理能力的专业

---

① 篇幅所限，对 REITs 的介绍可参见李耀光先生的《未来 PPP 资产证券化的策略就是 PPP+REITs》一文。

基金管理人进而催生类似权益型 REITs 的产品，留有想象的空间，但征得政府、放贷方和其他相关方的同意，仍然是其发行的重要前提。

（二）扩宽再融资渠道，提高再融资收益

相对提供退出渠道而言，拓宽再融资的渠道，提高再融资的收益，可能是力推 PPP-ABS 更为现实的价值。PPP 项目的融资主要依赖银行贷款，包括建设期贷款和建成以后的经营性物业贷款，除此之外，2014 年《国务院关于加强地方政府性债务管理的意见》中也明确鼓励 PPP 项目通过企业债、项目收益债和资产证券化等途径融资。在互相可替代的融资渠道之间，一个项目是否适合采用 ABS，主要取决于 ABS 是否能具有成本、期限上的优势，以及其他相对隐性的优势。

企业债的成本通常比 ABS 低（见图 3-1），但是企业债对发债主体的信用水平要求较高，要求成立年限满 3 年、3 年连续盈利且平均净利润覆盖一年利息，项目公司通常无法满足利润要求：固定资产投资相关的折旧和摊销使得项目公司的利润往往在运营的中后期才能转正，早期即使净现金流入较可观，利润很可能仍然为负数。而 ABS 则主要看基础资产本身的现金流，当资产质量较高时，ABS 有助于摆脱主体信用较低的影响。因此，对于 PPP 项目而言，资产证券化是比发行企业债更为可行也更低成本（即使项目公司能发行企业债，成本也会比较高）的融资工具。

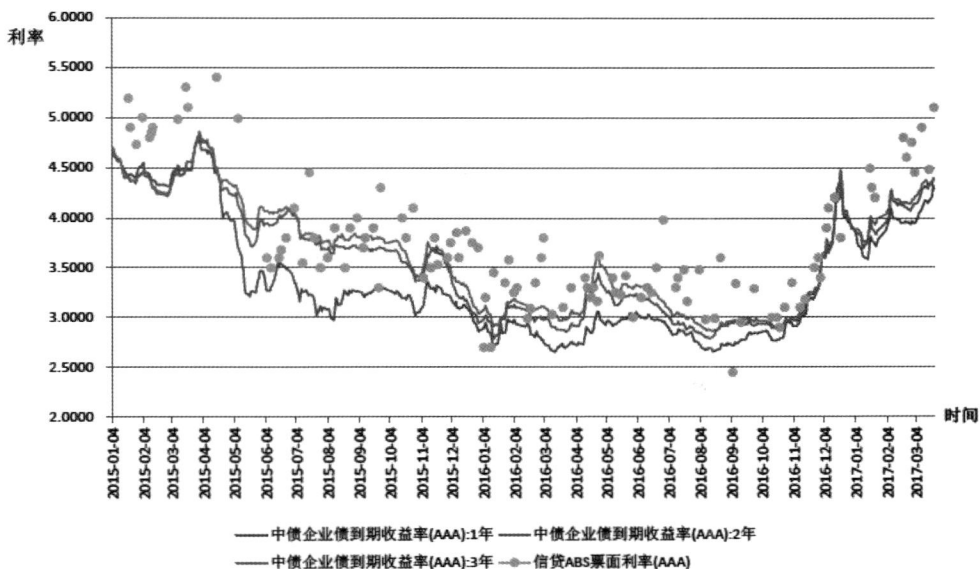

图 3-1　ABS 与企业债的发行利率比较[1]

---

[1] 图片引自广发资产管理李茂年、刘焕礼先生的《PPP 证券化需要重视的若干问题》。

项目收益债的推广主要是为了替代平台公司发债，使得偿债来源和特定项目的现金流挂钩，收益回报更透明和容易预测。它与 ABS 一样，侧重基础资产所能带来的现金流。但项目收益债针对的是尚处于建设期或建设前期的项目，面临的不确定性更大，因此买方市场的接受度相对较低，从 2014 年推广以来，截至 2016 年 10 月 12 日，仅发行了 33 只，远低于同期基础设施收费收益权 ABS 的发行量。由此可见，对于 PPP 项目而言，ABS 是比项目收益债更受市场欢迎的产品。

经营性物业贷款是 PPP 项目进入运营期后最主要的融资渠道，它是指将已购置或建成并投入运营的经营性资产所产生的稳定现金流作为第一还款来源的一种贷款。PPP ABS 的发行潜力主要取决于它与经营性物业贷相比的优劣势。

（1）成本上，PPP-ABS 通过结构化、标准化、拓展投资者范围、提供二级市场的流动性、降低监管要求的风险资本计提（在条款和期限相同的情况下，风险资本权重可从信用贷款的 100%降至高评级 ABS 投资的 20%[①]），能有效降低发行利率。但考虑到 ABS 发行的交易成本（如券商环节的费用为总融资额的 1%，按期限均摊，则 5 年期的产品每年的券商成本为 0.2%），以及 ABS 在资金归集上比银行贷款更严格的管理，当 PPP-ABS 的发行利率比银行贷款低 0.5%以上时，PPP-ABS 才在成本上具有吸引力[②]。过去发行的基础设施收费收益权 ABS 产品中，从利率的绝对水平上看，最低达 2.80%（南京城建污水处理收费资产支持收益专项资产管理计划/大都市 2014-1，一年期利率 2.80%，四年期利率 3.80%），最高达 15.00%（大都市热电公司电力上网收费权专项资产管理计划，一年期利率 9.00%，四年期利率 15.00%）。从与同期（或相近）国债到期收益率的利差来看，利差最低达 0.31%（刚完成发行的中信建投-网新建投庆春路隧道 PPP 项目资产支持专项计划，14 年期优先 A 利率为 4.05%），最高达 11.36%（大都市 2014-1）。[③]

（2）期限上，基础设施收费收益权 ABS 最常见的期限为 3~7 年，其中 5 年期的产品最为普遍（见图 3-2）。10 年以上的产品较少，其中，期限最长的为中信证券—首创股份污水处理 PPP 项目收费收益权资产支持专项计划，达 18 年；此外，云南公投曲胜高速公路车辆通行费收益权资产支持专项计划—招商资管二号和一号分别为 16 年和 12 年；中信建投—网新建投庆春路隧道 PPP 项目资产支持专项计划为 14 年；

[①] 来自与中诚信证评副总裁岳志岗先生的访谈。

[②] 来自与招商证券企业资产证券化业务负责人董航先生的访谈。

[③] 以上发行利率及后文的产品期限数据来自中国资产证券化分析网，国债到期收益率来自 WIND。

衡枣高速公路车辆通行费收益权资产支持专项计划为10年。与经营性物业贷款相比，PPP ABS 在期限上的优势不明显。

综上，PPP-ABS 与银行贷款相比，不具有绝对的优势，需要具体项目具体分析，无法成为普遍适用的 PPP 融资工具：对于能取得国开行、农发行贷款的央企主导的大型 PPP 项目，ABS 不具备任何优势；而对于一些现金流较稳定但母公司信用水平不是非常高的中型 PPP 项目而言，存在借助 ABS 置换贷款，降低融资成本的机会。

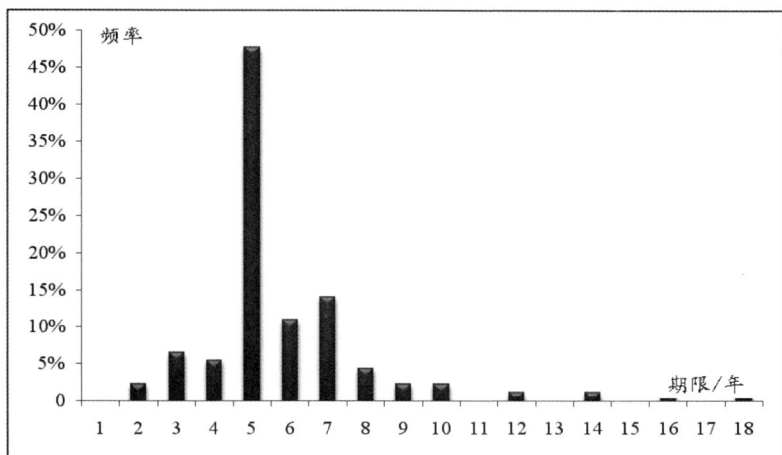

图 3-2 基础设施收费收益权 ABS 产品的期限分布

（三）作为倒逼信息公开、改善 PPP 投资环境和规范运作的工具，获取更多政策红利

首先，从更宏观的市场环境层面来看，PPP-ABS 为投资者提供了分散化投资的工具，原本用于一个项目贷款的金额可以用于同时投资多个项目的 ABS，有助于投资者和放贷方分散自身的投资风险；其次，它也为资本市场上更多原先无法参与到 PPP 投资中的投资者提供了投资 PPP 的机会，资本市场广大投资者的参与有助于分散 PPP 项目的风险；最后，PPP-ABS 对信息披露的要求较高，有助于倒逼 PPP 的规范化以及信息的公开化、透明化，改善 PPP 的投资环境。

本轮 PPP 推广以来，随着财政部、发改委的规范、指南等文件相继出台，制度上得以逐步完善，财政部近年来问责地方违规举债、要求核查部分特殊项目、出台 PPP 信息公开办法等举措，更是体现了强调规范运作的态度和改善 PPP 投资环境的决心。PPP-ABS 作为倒逼信息公开、规范程序的工具，在审批绿色通道之外，或许有望获取更多的政策红利，届时 PPP-ABS 的吸引力将进一步提升。

三、未来"基金+权益型 ABS"的 PPP 资产管理模式畅想

现阶段，PPP-ABS 作为收益型 ABS，其角色局限为 PPP 项目提供了一个再融资的选择，它相比于银行贷款并不具有绝对的优势，因而只适用于部分项目，在政策推动下，未来 PPP-ABS 的规模会增长，但很难成为最主流的 PPP 融资渠道，只能是一种补充渠道。

未来，随着新建 PPP 项目减少、进入存量时代，加上资本市场对 PPP 的不断熟悉，金融体系、信用体系、透明机制和监管体系的完善，或许有一天，我国也将出现大量的专业运营商和比肩麦格理、万喜的具有主动管理能力的平台，届时有望实现"基金+权益型 ABS"的 PPP 资产管理模式：基金管理人募集基金投资于基础设施项目、组建资产池，由专业运营商负责项目的运营、提高资产价值，运营成熟后通过竞价转让或权益型 ABS 来实现股权的退出，让更广泛的投资者甚至个人投资者有机会参与到基础设施的投资中，让平台和专业运营商实现轻资产化运营，以"管理费+业绩报酬+部分资本利得"的形式实现收益，让沉淀在基础设施中的资金流动起来，让基础设施市场更加生机勃勃！

参考文献

[1] 刘轩. 美国资产证券化研究[D].成都：西南财经大学，2014.

[2] 李佳. 资产证券化的产生、运作及监管趋势研究——基于美国市场的经验借鉴[J]. 上海经济研究，2015（7）：28-35.

[3] 张玉喜. 资产证券化的发展：主要类型、趋势及启示[J]. 浙江学刊，2009（6）：179-183.

（公众号"PPP 知乎"，2017-04-09）

PPP-ABS 产品如何定价

褚晓凌　王守清　刘　婷

一、背景介绍

　　2016 年 12 月 21 日，国家发展改革委与证监会联合发布《关于推进传统基础设施领域政府和社会资本合作（PPP）项目资产证券化相关工作的通知》（发改投资〔2016〕2698 号），为我国 PPP 项目开展资产证券化业务提供了重要的政策支持。我国"首批"4 只 PPP 项目资产证券化（PPP-ABS）产品于 2017 年 3 月陆续发行，PPP-ABS 引起了社会各界的广泛关注。

　　我国的资产证券化业务近些年起伏较大，从 2005 年开始，2009—2011 年受金融危机的影响经历了停顿，2012 年政策重新放开，2014 年备案制改革后市场规模快速增加，2016 年 ABS 产品的发行规模接近 1 万亿元，基础设施收费收益权 ABS 是其中的一个产品类别。在发改投资〔2016〕2698 号文印发之前，我国已陆续发行了 86 只基础设施收费收益权 ABS 产品，2017 年第一季度又成功发行了 10 只，总发行数量已达 96 只，募资金额达 980 亿元，另有 13 只（募资规模 104 亿元）处于发行期中（见图 3-3）。已发行的产品中，基础资产包括供热、供电、供水、供气、污水处理、收费公路、收费铁路、港口、保障房、垃圾处理等领域项目的收费收益权。从发行数量上看，供热项目占比最高，达 30.21%；从募资金额看，收费公路项目占比最高，达 27.24%（见图 3-4）。迄今为止，以上产品中只有"大成西黄河大桥通行费收入收益权专项资产管理计划（益通 2014-1）"这一只产品出现违约，另有一只产品永利热电 ABS 出现评级下调。

　　PPP-ABS 产品的利率和利差也因证券特征的不同而呈现很大差异，从利率的绝对水平上看，最低可至 2.80%（南京城建污水处理收费资产支持收益专项资产管理计划/大都市 2014-1，一年期利率 2.80%，四年期利率 3.80%），最高可达 15.00%（大都市热电公司电力上网收费权专项资产管理计划，一年期利率 9.00%，四年期利率 15.00%）。从与同期（或相近）国债到期收益率的利差来看，利差最低可至 0.31%（刚完成发行的中信建投-网新建投庆春路隧道 PPP 项目资产支持专项计划，14 年期优先 A 利率为

4.05%），最高可达 11.36%（大都市 2014-1）。

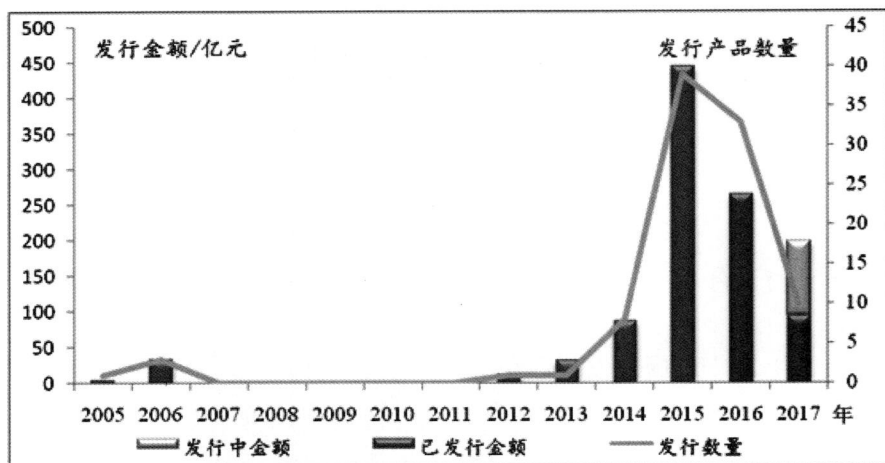

图 3-3　基础设施收费收益权 ABS 产品发行规模

那么，PPP-ABS 产品的定价为何差别很大？它与其他融资方式比较，是否具有绝对的成本优势？在什么情况下，PPP-ABS 才是 PPP 项目的最优选择？

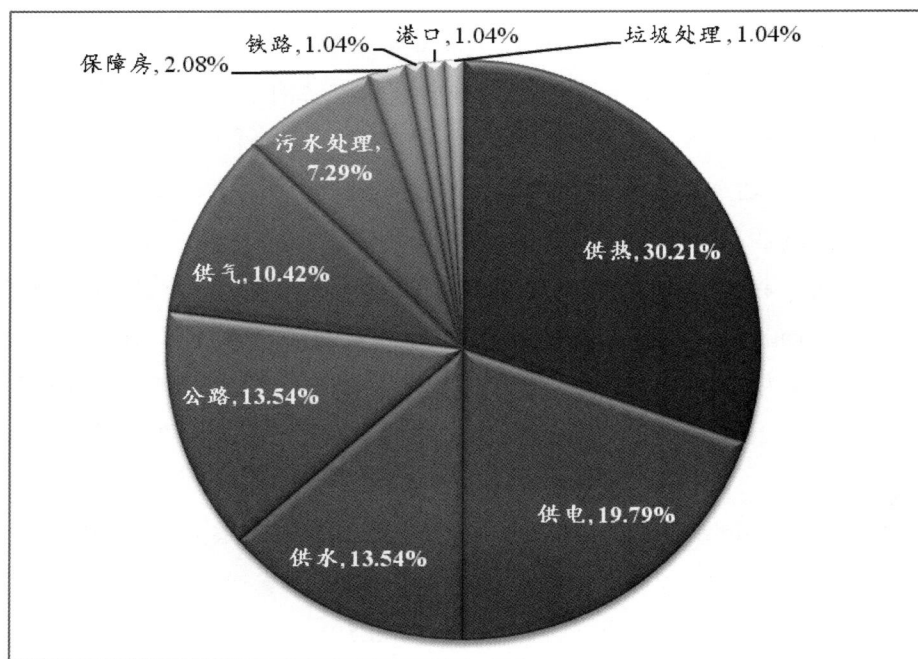

（a）发行数量占比

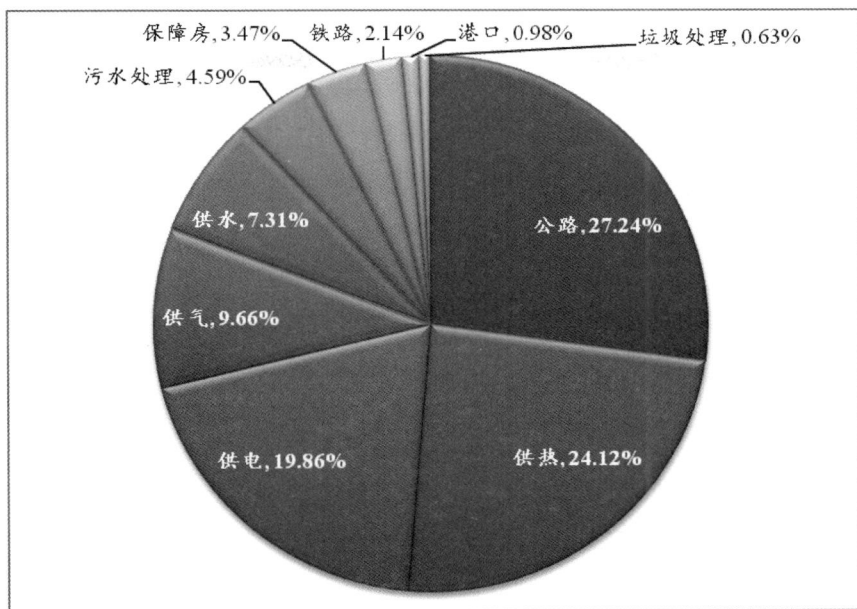

保障房,3.47% 铁路,2.14% 港口,0.98% 垃圾处理,0.63%

污水处理,4.59%

供水,7.31%

公路,27.24%

供气,9.66%

供电,19.86%

供热,24.12%

（b）发行金额占比

图 3-4　各行业发行数量和金额占比

二、PPP-ABS 与其他债权融资方式的定性比较

PPP 项目的债权融资方式主要是银行贷款，除此之外，2014 年《国务院关于加强地方政府性债务管理的意见》中也明确鼓励 PPP 项目通过企业债、项目收益债和资产证券化等途径融资。在几种可替代的债权融资渠道之间，一个项目是否要通过 ABS 的方式进行融资，除了考虑资本的退出安排，主要取决于 ABS 是否具有融资成本等方面的优势。

企业债的融资成本一般低于资产证券化，但企业债对发行主体的要求较高，比如近 3 个会计年度连续盈利且最近 3 年平均可分配利润足以支付企业债券一年的利息，但 PPP 项目公司通常无法满足利润要求：由于 PPP 项目投资额巨大，即使项目的现金流状况良好，高额的折旧和摊销费用也很有可能使项目公司的净利润在早期为负数。而资产证券化的融资成本主要取决于基础资产带来的现金流，因此，对于规范的 PPP 项目而言，资产证券化是比企业债更为可行、也可能实现更低成本的融资工具（即使 PPP 项目公司能发行企业债，成本也会比较高）。

项目收益债与资产证券化一样，侧重点在于基础资产所能带来的现金流。但项目收益债针对的是尚处于建设期特别是建设前期的项目，面临的不确定性更大，因此市场的接受度相对较低，从 2014 年推广以来，截至 2016 年 10 月 12 日，仅发行了 33 只，远低于同期基础设施收费收益权 ABS 的发行量。由此可见，对于规范的 PPP 项目而言，资产证券化是比项目收益债风险更低、更受市场欢迎的产品。

银行贷款是 PPP 项目最主要的债权融资渠道，与国开行、农发行等政策银行提供的低利率、长期限贷款相比，ABS 不具备优势。但银行贷款对项目公司的资产负债率有一定要求，对于无法取得政策银行贷款的 PPP 项目而言，ABS 可以通过结构化、标准化、拓展投资者范围、提供二级市场的流动性等方式有效降低发行利率，与同期的商业贷款利率相比更有优势。

三、PPP-ABS 产品定价的实证分析

虽然 PPP-ABS 的潜在市场规模巨大，与其他债权融资方式相比在某些情况下也具备一定的优势，但对于 PPP-ABS 市场的交易主体，即投资方（ABS 产品投资者）和融资方（主要是 PPP 项目债权人和原始股东）而言，能否达成交易的核心问题还是 PPP-ABS 产品的定价能否满足双方的需求。PPP-ABS 产品的利率，对于融资方而言意味着融资成本有多高，但对投资方而言则意味着投资收益有多高，融资者的成本实际上是投资者所要求的"收益"，两者的利益诉求显然是不同的，因此合理的定价对投融资双方达成交易都至关重要。

一般而言，ABS 产品采取平价发行的方式，即 ABS 产品的到期收益率等于其票面利率。在债券市场中，一般使用非国债利率与国债利率之间的利差来表示非国债债券的利率，利差反映了投资者投资非国债债券所面临的额外风险，因此也被称作风险溢价。发行方的类型、发行方的信用、证券的期限、赋予发行方或投资者某种权利的选择权条款、证券的流动性、基础资产的类型、增信措施等多种因素都会对利差造成一定的影响。

因为目前我国发行的 PPP-ABS 产品的基础资产都是基础设施收益收费权，笔者从"中国资产证券化分析网"中"收费收益权"和"PPP"两个子门类收集了 96 只产品 530 条已经进入"存续期"的基础设施收费收益权类 ABS 产品的证券信息（因为多数产品会发行若干不同到期期限的证券，如一年期、两年期等），并从中进一步筛选，最终选取了 82 只产品的 485 条证券信息作为实证研究的样本数据。

筛选后的样本中共涉及供热、供电、供水、供气、公路、铁路、港口、污水处理

和保障房共 9 个行业，但很多行业具有相似特征，笔者将公路、铁路、港口三种行业划分为一类，该类行业共同的特征是需求量相对不太稳定，项目运营期间现金流波动率比较大，故风险相对较大（"高风险"）；将其他行业划分为另一类，该类行业共同的特征是需求相对稳定，且涉及政府付费或政府补贴，故风险相对较小（"低风险"）。

通过回归分析，笔者发现在统计学意义上，证券发行规模越大，利差越小；证券信用评级越高，利差越小；证券到期期限越长，利差越大；自 2014 年以来 ABS 产品的利差在逐年降低，笔者认为主要原因在于随着 ABS 市场规模的扩大及运作机制变得更加成熟，市场对该类产品的风险评估更加乐观，这也意味着融资方可以以更低的融资成本发行 ABS 产品，同时也说明基础设施收费收益权 ABS 在国内也逐渐成为一种受到市场认可的、受欢迎的融资方式。此外，需求量较为不稳定的公路、铁路等"高风险"行业的 ABS 产品要比其他"低风险"行业的 ABS 产品利差高 0.291%，说明 PPP 项目层面的收益风险会在 PPP-ABS 产品的定价层面上反映出来。

由于基础设施项目所属行业会对 ABS 产品的利差产生显著性地影响，笔者进一步分别对"高风险"行业和"低风险"行业两个子样本分别进行回归分析。结果表明，对于"高风险"行业的 ABS 产品而言，证券的发行规模越大，利差越大，市场认为较大的发行规模会导致更大的风险溢价。如果从机会主义行为理论来解释，信息不对称会引发"逆向选择"与"道德风险"，ABS 产品的发起人对项目的运营状况更加了解，如果认为项目存在较大收益风险，则会发行较大规模的证券以变相地持有一份该项目的"看跌期权"，即当项目收益较差时可以通过违约减少自己的损失。但对于"低风险"行业的 ABS 产品而言，发行规模越大，利差越小，市场认为较大的发行规模会增强证券的流动性，因而降低了风险溢价。

四、针对 PPP-ABS 市场参与方的建议

对于投资方而言，应重点关注 PPP 项目运营方的实力、项目现金流的稳定性、所在行业的风险、所在地区的经济活力和地方政府的财政实力等因素对投资风险的影响。可以注意到，今年 3 月市场上已经发行的 4 只 PPP-ABS 产品的票面利率比长周期 AAA 级 ABS 产品的票面利率大约低 1%，同时 PPP-ABS 产品的发行期限较长，最长可达 18 年。综合来看，PPP-ABS 产品适合于拥有长周期、低成本资金的机构进行投资。

对于融资方而言，如果 PPP 项目的现金流较为稳定，但股权投资者母公司的信用水平不是非常高，可以借助 ABS 置换前期的银行贷款，以降低资本成本。此外，应

综合考虑具体的项目特征、行业特点和发行时机等因素决定是否采用资产证券化。

对于监管机构而言，应完善 PPP-ABS 市场的信息共享与信息披露机制，加强对 PPP-ABS 的审查和监管，有助于降低投资方的投资风险和融资方的融资成本。

（《新理财》，2017 年第 5 期）

PPP 项目资产证券化产品利差定价的实证研究[①]

褚晓凌　刘婷　陆征　王守清　伍迪

一、引言

近几年来 PPP 模式在我国的大力推广有效地促进了基础设施的建设，同时减轻了政府的财政负担，提高了公共服务的效率。但由于很多基础设施和公共事业项目所具有的"公共物品"或"准公共物品"属性，其产品或服务的价格限制较为严格，社会资本无法在较短时期内收回成本并盈利，导致很多 PPP 项目难以吸引社会资本投资。另外，资产证券化这一结构化融资工具可以盘活固定资产，增强 PPP 项目对社会资本的吸引力。资产证券化是指以基础资产所产生的现金流为偿付支持，通过结构化等方式进行信用增级，在此基础上发行资产支持证券的业务活动。2016 年 12 月 21 日，国家发展改革委与证监会联合发布《关于推进传统基础设施领域政府和社会资本合作（PPP）项目资产证券化相关工作的通知》（发改投资〔2016〕2698 号），为我国 PPP 项目开展资产证券化业务提供了重要的政策支持。虽然 PPP-ABS 属于资产证券化产品的子门类，但由于其标的资产为基础设施未来产生的现金流，与债权类资产证券化产品的特征有所不同，因此本文致力于探究影响 PPP-ABS 产品利差定价的决定因素。

此外，我国从 2005 年开始发行基础设施收费收益权 ABS 产品，与 PPP-ABS 产品十分相似，都是将原始权益人所持有的基础设施收费收益权进行资产证券化，因此本研究将两类产品合并进行研究，并借助于"中国资产证券化分析网"上的公开数据探讨该类型产品的定价问题。本研究可以为未来我国 PPP-ABS 产品的定价提供借鉴，并为产品交易的各参与方提供决策依据。

---

① 基金项目：国家自然科学基金资助项目（71572089 和 71772098）。

二、相关研究现状

目前来看，我国对 PPP 项目资产证券化的研究，尤其是 PPP 项目资产证券化定量方面的研究少之又少，对资产证券化的研究也多是分析美国、欧洲等发达地区资产证券化对我国的启示[1, 2]，或是从制度、法律等角度对资产证券化进行定性分析[3, 4]。国际方面，美国自 2008 年次级贷款引发全球性经济危机之后，资产证券化业务就开始逐年萎缩，且多是以住房贷款、信用卡贷款、汽车贷款等为标的资产，与基础设施无关，近些年来美国的基础设施项目融资一般通过发行市政债券来完成，因此学术界也很少关注基础设施资产证券化的研究。而欧洲的基础设施项目融资主要借助于担保债券，虽然与资产证券化有一定共性，但也存在诸多差别。基于以上研究现状，本文首先对固定收益证券领域的文献进行梳理，识别出可能影响 PPP-ABS 利差定价的主要因素。

目前国内外对于公司债利差定价的研究已经比较充分，理论研究方面，主流的定价模型分别是结构模型和简约模型。结构模型由莫顿（Merton）在 1974 年提出，他将债券的违约风险看作公司总资产的欧式看跌期权，在此基础上构建了债券定价的理论框架[5]，但实证研究表明根据结构模型得出的信用利差往往低于实际值。简约模型由贾罗（Jarrow）和特恩布尔（Turnbull）在 1995 年提出，该模型认为市场只能获取部分信息，违约会受到外生性因素的影响，违约强度用泊松过程表示[6]。

为了提高对利差定价预测的准确程度，许多学者从实证角度对利差定价的关键因素进行了研究。王安兴等分析了公司债利差与无风险利率、利率期限结构斜率、公司杠杆比率、股票收益波动率、换手率、零交易天数比率、信用评级和剩余期限等影响因素之间的相关性[7]。何平和金梦通过建立真实利息成本（TIC）回归模型，分析了信用评级对债券在一级市场定价的影响，结果显示债券评级和主体评级均对债券的定价有显著性影响，但债券评级的影响大于主体评级[8]。方红星等分析了产权性质，信息质量对公司债定价的影响，得出结论国有产权可以降低投资者面临的违约风险，从而降低公司债的利差，上市公司自愿披露高信息质量的内部鉴证报告可以传递积极信号，降低投资者面临的信息风险，从而降低公司债的利差[9]。赵静和方兆本基于信用风险结构化模型，发现无风险利率的期限结构、发债公司历史波动率、宏观行业、金融市场和债券流动性对公司债的利差具有显著性影响，但与发达国家市场相比，公司的资本结构和股票波动率对债券利差的影响不足[10]。陈超和李镕伊分析了公司债的融资成本和债券契约条款设计之间的关系，研究结果表明，公司债的债权人保护条款设计得越好，融资成本越低，公司债的发行规模与融资成本负相关，到期期限与融资成本正相关；有担保的公司债券融资成本更低[11]。

国际方面，SING、ONG、FAN 等使用结构模型与强度模型来估计新加坡 ABS 债券的信用利差，考虑的输入变量包括资产价格波动率、无风险利率、市场波动率、增信措施、损失回收率[12]。法尔廷·特雷格（Faltin-Traeger），约翰逊（Johnson），迈尔（Mayer）等从票据类型、信托类型、原始评级、主体评级、交易参与方、发起方个数等维度分析了信用质量与资产证券化定价之间的联系[13]。兰德肖特（Landschoot）基于结构模型，经过实证检验发现期限结构、市场收益、隐含波动率和流动性风险都会对利差产生显著性影响，但这些影响因素很大程度上取决于债券的特征，低评级的债券会更大程度上受到金融和宏观经济相关的新闻及流动性风险的影响[14]。

根据以上研究综述，国内外对于公司债这种基于主体信用进行融资的固定收益类证券的定价已经有了较为翔实且完善的研究，而对于基础设施资产证券化这种基于项目未来现金流进行融资的固定收益证券定价的研究则比较匮乏，目前国内还几乎没有结合市场数据对基础设施资产证券化产品进行定价的实证研究。此外，基础设施资产证券化与信贷等的债权资产证券化也有所不同，后者是由许多资产组成的资产池，其现金流服从大数定律，风险可以根据数学公式进行较为准确的评估，而前者是一个独立的项目，风险相对不可控。基于以上研究现状，本文在借鉴公司债利差定价的研究基础上，将通过建立多元回归模型探讨 PPP-ABS 产品利差定价的决定因素。

三、研究方法

（一）样本选择

本文从"中国资产证券化分析网"中"收费收益权"和"PPP"两个子门类收集了 96 只产品 530 条已经进入"存续期"的基础设施收费收益权类 ABS 产品的证券信息（因为多数产品会发行若干不同到期年限的证券，如 1 年期、2 年期等），并从中做了进一步筛选，筛选标准如下。

第一，剔除信息不全的 6 只产品 22 条证券信息。

第二，剔除个别采用浮动利率进行定价的 2 只产品 2 条证券信息。

第三，由于几乎所有产品的信用评级均为 AA 级及以上，只有 2 条证券评级分别为 A+ 和 A−，为避免过少的样本量引起误差，将这 2 条证券信息剔除。

第四，从 2005 年开始发行资产证券化产品至 2013 年总共只有 6 只产品 19 条证券信息，由于不同年份的宏观经济条件存在差异，为避免过少的样本量引起误差，将这些产品剔除。

最终选取了 82 只产品的 485 条证券信息作为模型的样本数据。本文采用 SPSS22.0 软件对样本进行数据分析。

（二）变量选择

ABS 产品作为固定收益证券的一个子门类，其利率的定价可以认为是无风险利率与利差之和，无风险利率可以认为是国债利率，而利差的大小则反映了该种证券风险的大小，即由于证券风险产生的溢价，故作为本文研究模型的因变量。一般而言，固定收益证券的风险主要包括信用风险、流动性风险和宏观风险[15]，事实上，公司层面的特征、债券发行特征及宏观经济变化均会对上述风险造成一定的影响[16]。

通过前文文献综述对固定收益证券定价因素的梳理，本文认为证券的到期期限、发行规模与信用评级属于其定价的通用性决定因素，信用评级可以刻画信用风险，发行规模和到期期限可以刻画流动性风险，因此应该放入自变量中。本文选择证券发行年份作为刻画宏观风险的变量。此外，考虑到基础设施 ABS 产品基础资产的特殊性，本文在回归模型中也加入了基础设施项目所在行业这一自变量。

（三）变量定义

1. 利差（Spread）

根据前文的分析，ABS 产品的利差=ABS 产品实际利率-国债实际利率。

根据证券发行价格和票面面额的关系，证券发行分为折价发行、平价发行和溢价发行 3 种方式。本研究样本中涉及的 ABS 产品均采用平价发行的方式，即产品的实际利率等于发行的票面利率，无须进行换算；而国债的实际利率则是同期可比的国债到期收益率，数据来自 Wind 数据库。通过计算两者的差值即可求得因变量利差的值。

2. 行业（Industry）

样本中共涉及供热、供电、供水、供气、公路、铁路、港口、污水处理、保障房共 9 个行业，由于铁路、港口、污水处理、保障房 4 个行业的产品样本数量过少，若按行业定义变量则可能导致结果产生误差。考虑到其中一些行业具有相似特征，本文将公路、铁路、港口 3 种行业划分为一类，该类行业共同的特征是均为使用者付费，且需求量相对不太稳定，项目运营期间现金流波动率比较大，故风险相对较大。其他行业划分为一类，该类行业共同的特征是需求相对稳定，且涉及政府付费或政府补贴，故风险相对较小。当某 ABS 产品属于前一类行业时，虚拟变量 Industry 取值为 1，否则取值为 0。本文假设属于前一类行业 ABS 产品的利差显著地大于后一类。

3．发行年份（Year$_i$）

本文主要从微观层面研究 PPP-ABS 产品的定价，对于宏观变量的选取不作过多探讨，考虑到宏观经济环境会对 PPP-ABS 产品的定价产生一定影响，故本文以证券发行的年份 Year$_i$ 作为控制变量。以 2014 年作为基准，2015、2016、2017 年分别对应虚拟变量 Year$_i$（i=1，2，3）。本文假设由于宏观经济环境的变化，不同发行年份的利差存在显著性差异。

4．发行规模（Size）

发行量越大的产品具有越强的流动性，风险越小。因此，本文假设发行规模与利差负相关。

5．信用评级（Credit）

信用评级越低表示发行主体的违约风险越大，信用评级与产品能否顺利发行，融资成本的高低直接相关[8]。本文借鉴通常做法，将信用评级分别赋值：AAA=2，AA+=3，AA=4[9]。本文假设信用评级对应的数值与利差正相关。

6．到期期限（Maturity）

到期期限越长的产品流动性就越差，风险越大。本文假设到期期限与利差正相关。

（四）模型构建

基于前面的工作，本文建立如下多元线性回归模型以估计 PPP-ABS 产品的利差：

$$\text{Spread} = \alpha_0 + \alpha_1 \text{Industry} + \alpha_{2\sim4} \text{Year}_i + \alpha_5 \text{Size} + \alpha_6 \text{Credit} + \alpha_7 \text{Maturity} + \varepsilon \qquad （3\text{-}1）$$

式中：$\alpha_1 \sim \alpha_7$ 分别表示回归模型自变量的系数；ε 表示随机误差。

四、实证研究结果分析

（一）描述性统计

表 3-1 ~ 表 3-4 统计了我国 ABS 产品的发行规模、到期期限、发行年份与信用评级对利差的影响。从表中可以看出以下 4 点问题。

第一，从 2014—2017 年平均利差在逐年减少。

第二，利差水平会随着信用评级的下降而上升。此外，资产证券化产品的信用评级多数集中在 AA+或 AAA，风险水平较低。

第三，证券发行规模与利差之间看不出显著的相关性关系，这点与本文的假设可能不一致，后文将通过回归模型进一步探讨该因素对利差定价的影响。

第四，随着到期期限的增加，利差会先增大后减小，多数证券的期限在 6 年以下。这一点与本文的假设可能不一致，后文将通过回归模型进一步探讨该因素对利差定价的影响。

表 3-1　证券发行年份对利差的影响

发行年份	发行数量（只）	平均利差（bp）
2014	45	361
2015	248	319
2016	158	262
2017	34	180

表 3-2　证券信用评级对利差的影响

信用评级	发行数量（只）	平均利差（bp）
AAA	200	224
AA+	259	339
AA	26	398

表 3-3　证券发行规模对利差的影响

发行规模（亿元）	发行数量（只）	平均利差（bp）
0 ~ 5	126	316
5 ~ 10	180	316
10 ~ 15	96	255
15 ~ 20	17	235
20 ~ 25	38	280
25 以上	28	253

表 3-4　证券到期期限对利差的影响

到期期限（月）	发行数量（只）	平均利差（bp）
0 ~ 24	126	267
24 ~ 48	181	288
48 ~ 72	140	331
72 以上	38	284

（二）多元回归分析

本文首先选择全样本进行多元线性回归，结果如表 3-5 中模型（1）所示。

根据模型（1）的结果，调整后 R^2 达到 53.3%，说明该模型拟合程度较高，具有较好的解释能力。此外，本文所选择的所有变量在统计意义上均是显著的。从多重共线性角度考虑，本模型中各变量的方差膨胀因子（VIF）的最大值为 3.364，表明不存在严重的多重共线性问题。综合来看，本文所建立的模型可以较好地对 PPP-ABS 产品进行定价。

从各个自变量来看，回归结果与本文假设相一致，利差与证券发行规模呈负相关关系，与信用评级对应的数值和到期期限呈正相关关系。从统计结果来看，证券的发行规模每增加 1 亿元，利差降低 1.6bp；信用评级从 AA 到 AAA 每提高一个等级，利差降低 96.4bp；到期期限每增加 1 个月，利差增加 0.6bp。

发行年份方面，由于本文以 2014 年作为基准年份，根据模型（1）的结果，2015年、2016年、2017年与 2014 年发行的 ABS 产品相比，利差分别降低了 56bp、122.5bp、152.6bp，说明近几年来随着 ABS 产品规模的扩大及运作机制变得更加成熟，市场对该类产品的风险评估更加乐观，这也意味着原始权益人可以以更低的融资成本发行 ABS 产品，ABS 逐渐成为 PPP 项目较为主流的、受欢迎的融资方式。

此外，在同等情况下，需求量较为不稳定的公路、铁路等"高风险"行业的 ABS 产品要比其他"低风险"行业的 ABS 产品利差高 29.1bp，说明 PPP 项目层面的收益风险会在 PPP-ABS 产品的定价层面上反映出来。

表 3-5　多元线性回归结果

自变量名	模型（1）		模型（2）		模型（3）	
	系　数	T-test 值	系　数	T-test 值	系　数	T-test 值
常量	1.073	4.824***	−1.271	−2.279*	1.063	3.498***
Size	−0.016	−3.281**	0.021	2.395*	−0.022	−0.002***
$Year_1$	−0.560	−4.804***	−0.631	−5.354***	−0.538	−2.635***
$Year_2$	−1.225	−9.815***	−2.552	−11.838***	−1.164	−3.948***
$Year_3$	−1.526	−9.263***	−3.255	−7.729***	−1.339	−3.984***
Industry	0.291	2.719**	—	—		
Credit	0.964	15.318***	1.887	10.275***	0.933	7.206***
Maturity	0.006	4.597***	0.005	2.354*	0.009	−3.033***
Adj. R^2	0.533		0.880		0.529	
F-test 值	79.986***		69.332***		81.072***	
样本量	485		57		428	

***、**、*分别表示变量在 0.001、0.01 和 0.05 水平上显著。

（三）对基础设施项目所属行业的进一步讨论

根据模型（1）的结果，PPP 项目所属行业会对 ABS 产品的利差产生显著性的影响，本文分别对"高风险"行业和"低风险"行业两个子样本建立回归模型，结果如

表 3-5 中模型（2）、模型（3）所示。

根据模型（2）的结果，本文选取的所有自变量均会对"高风险"行业的 ABS 产品利差的定价产生显著性影响，但利差与发行规模呈显著正相关关系，说明对于"高风险"行业的 ABS 产品而言，市场认为较大的发行规模会导致更高的风险水平。如果从机会主义行为理论来解释，信息不对称会引发"逆向选择"与"道德风险"，ABS 产品的原始权益人对项目状况更加了解，如果认为项目存在较大收益风险，则会发行较大规模的证券以变相持有一份该项目的"看跌期权"，即当项目收益较差时可以通过违约减少自己的损失。此外，该模型的调整 R^2 达到 88%，说明本模型的解释能力很好。

根据模型（3）的结果，"低风险"行业样本与全样本自变量的正负符号一致，均对利差有显著性影响。

从统计结果来看，"高风险"行业与"低风险"行业相比从 2014 年到 2017 年利差的平均水平下降更多，且信用评级对利差的影响更为显著，因此对于"高风险"行业而言，较高的信用评级对于降低融资成本效果显著。

此外，以上两模型的 VIF 值均小于 5，因此均不存在多重共线性的问题。

综合来看，较多数量的"低风险"行业样本掩盖了较少数量的"高风险"行业样本，导致总样本呈现出与"低风险"行业样本较为接近的回归结果，但发行规模对不同行业 ABS 产品的利差具有相反的显著性影响。因此在对 PPP-ABS 利差定价时应根据行业的不同分别采用模型（2）与模型（3）。

五、结语

本文以 2014 年至 2017 年 6 月我国发行的 PPP-ABS 产品与基础设施收费收益权 ABS 产品为样本，通过建立多元线性回归模型研究影响 PPP-ABS 利差定价的关键因素，结果表明：本文所选取的变量发行规模、到期期限、信用评级、发行年份和所属行业均会对因变量利差产生显著性影响。近些年来随着 ABS 市场规模的扩大，其融资成本也在逐年降低。此外，发行规模对"高风险"行业 ABS 产品的利差与"低风险"行业 ABS 产品的利差具有相反的显著性影响。

根据本文研究成果，对于投资人而言，应根据 PPP-ABS 产品所属的不同行业采用不同的模型对利差进行定价。对于原始权益人而言，若想降低 ABS 产品的融资成本，除了传统的增信等措施，还可以根据项目所属的行业调整发行的规模。"低风险"

行业的项目可以适当增加发行规模，以增加产品的流动性，降低风险溢价。在未来现金流一定的情况下，"高风险"行业的项目可以适当减少发行规模以向市场传递"不会违约"的信号，以降低风险溢价。

综上所述，本文为 PPP-ABS 产品的定价提供了一种方法，可以有效地帮助原始权益人衡量 PPP 项目进行资产证券化的融资成本，以及帮助投资人进行投资决策。未来的研究可以基于更大的 PPP-ABS 产品样本进行分析，或者结合 PPP 项目的特点，研究如资本结构、治理结构等因素对 PPP-ABS 产品利差定价的影响。

参考文献

[1] 邹晓梅，张明，高蓓. 美国资产证券化的实践：起因、类型、问题与启示[J]. 国际金融研究，2014，332（12）：15-24.

[2] 邹晓梅，张明，高蓓. 欧洲的资产证券化：发展历程、特色产品及其对中国的启示[J]. 上海金融，2015（1）：79-84.

[3] 尹龙. 资产证券化：动力、约束与制度安排[J]. 金融研究，1999（2）：58-63.

[4] 李尚公，沈春晖. 资产证券化的法律问题分析[J]. 法学研究，2000（4）：19-30.

[5] MERTON R C. On the Pricing of Corporate Debt：the Risk Structure of Interest Rates[J]. The Journal of Finance, 1974, 29(2): 449-470.

[6] Jarrow R A, Turnbull S M. Pricing Derivatives on Financial Securities Subject to Credit Risk[J]. The Journal of Finance, 1995, 50(1): 53-85.

[7] 王安兴，解文增，余文龙. 中国公司债利差的构成及影响因素实证分析[J]. 管理科学学报，2012，15（5）：32-41.

[8] 何平，金梦. 信用评级在中国债券市场的影响力[J]. 金融研究，2010（4）：15-28.

[9] 方红星，施继坤，张广宝. 产权性质、信息质量与公司债定价——来自中国资本市场的经验证据[J]. 金融研究，2013（4）：170-182.

[10] 赵静，方兆本. 中国公司债信用利差决定因素——基于结构化理论的实证研究[J]. 经济管理，2011（11）：138-148.

[11] 陈超，李镕伊. 债券融资成本与债券契约条款设计[J]. 金融研究，2014（1）：44-57.

[12] TIEN FOO SING, SEOW ENG ONG, GANGZHI FAN, et al. Pricing Credit Risk of Asset-Backed Securitization Bonds in Singapore[J]. International Journal of Theoretical & Applied Finance, 2005, 08(3): 321-338.

[13] Faltin-Traeger O, Johnson K W, Mayer C. Issuer Credit Quality and the Price of Asset Backed Securities[J]. American Economic Review, 2010, 100(100): 501-505.

[14] Van Landschoot A. Determinants of Euro Term Structure of Credit Spreads [J]. Ssrn Electronic Journal, 2004, 132(12): 1303-1315.

[15] Fabozzi F J, Modigliani F, Jones F J. Capital Markets: Institutions and Instruments[M]. 中国人民大学出版社, 2010.

[16] Boubakri N, Ghouma H. Control/ownership structure, creditor rights protection, and the cost of debt financing: International evidence[J]. Journal of Banking & Finance, 2010, 34(10): 2481-2499.

（《地方财政研究》，2017 年第 10 期）

PPP-REITs 运作模式的设计与分析

叶露　冯珂　王守清

随着我国新型城镇化进程的加快推进，基础设施建设的任务加重、进度加快，以政府为主导的融资模式已经无法满足基础设施建设大量增加的资金需求。PPP 模式建立政府授权和监管、社会资本出资和运营的长期合作关系，成为减轻公共财政负担、分担政府风险、提高公共服务效率的一项重要举措。截至 2018 年 9 月末，我国 PPP 综合信息平台管理库项目 8 289 个，投资额 12.3 万亿元，已经成为世界上最大的 PPP 市场。然而管理库中累计的落地 PPP 项目仅有 4 089 个，总计投资额 6.3 万亿元，落地率不足 50%，其中，PPP 项目融资问题在项目落地过程中日益凸显，成为阻碍 PPP 项目实施的关键因素之一[1]。

除了 PPP 项目本身存在的期限长、风险大、收益低等内部特点，融资工具匮乏等外部因素也是致使 PPP 项目遭遇融资难题的重要原因。与西方国家健全的融资体系相比，我国 PPP 项目的融资渠道还比较受限[2]，传统的表内融资模式无法满足融资需求，权益资本融资工具相对短缺，标准化工具尚待进一步开发。PPP 项目巨大的资金需求与当前有限的融资渠道存在的矛盾，迫切需要整个 PPP 市场的融资渠道、资金来源、参与金融机构的多元化发展。设计和完善市场中现有的融资产品和融资方式成为化解 PPP 融资问题的重要出路之一，其中，房地产投资信托基金 REITs 有助于盘活存量 PPP 资产，能够有效缓解地方政府举债受限和扩大基建投资之间的矛盾。本文在总结 REITs

发展经验的基础上，设计了符合我国现阶段监管政策和经济环境的私募 PPP-REITs，以及未来可能推广的早期公募 PPP-REITs 的运作模式，为 PPP 项目提供一种创新融资模式，为解决 PPP 项目融资困难、完善社会资本交易与退出机制、增强 PPP 项目流动性、形成良性投资循环提供参考。

一、PPP-REITs 运作模式的可行性

（一）国外基础设施 REITs 的发展经验

REITs 作为一种股权型的资产证券化模式，即权益型的房地产投资信托基金，主要投资于购物中心、写字楼、酒店及服务式住宅等可带来收入的房地产项目，通过获得不动产产权来取得经营收入，投资收益来源于租金收入和房地产升值。REITs 具有收益来源稳定、可以上市交易、高比例派息、享有税收优惠政策等基本特征，企业通过发行 REITs 可以实现资产挪出表外，降低资产负债率，优化负债结构，盘活存量资产的目的[3]。

REITs 诞生于美国，在美国的投资范围不仅仅局限于房地产项目，投资标的可以拓展至公路铁路、输变电系统、污水处理设施、通信网络、医疗健康中心、林场等基础设施和公共服务项目。美国的基础设施 REITs 发展已经较为成熟，铁路、微波收发系统、输变电系统、天然气储存及输送管线、固定储气罐等均为美国税务局确认的 REITs 可投资的基础设施领域。截至 2018 年 8 月 31 日，美国市场共有 187 只权益型 REITs，其中基础设施 REITs 有 7 只，市值达到 1 360.66 亿美元，占权益型 REITs 的 12.50%，占全部公募 REITs 总计的 11.75%。而以基础设施、医院和健康中心作为基础资产的 REITs 占市场总计比例达到 20.54%。

澳大利亚是世界上最早开创 REITs 的国家之一。澳大利亚 REITs（A-REITs）采用的是英国普通法中的信托原则，目前已经成为全球第二大 REITs 市场。A-REITs 对投资的物业种类和地域的选择具有较强的分散性，投资种类从出租型物业向外拓展，近年来已经逐步覆盖到了基础设施领域。目前，澳大利亚共有 20 余只上市的基础设施 REITs，资产类型包括收费公路、飞机场、广播电视塔、码头、铁路等[4]。

日本是亚洲首个推出 REITs 的国家。2000 年 11 月，日本修订了《投资信托及投资公司法》，将信托投资资金的使用范围扩展到房地产领域，在法律层面认可了日本不动产投资信托（J-REITs）[5]。此外，日本政府宣布自 2016 年 4 月 1 日起将对基础设施 REITs 企业的税收优惠由 10 年延长至 20 年，这与许多太阳能、风能等能源类基

础设施的运行期限是相匹配的。截至 2018 年 8 月，日本上市的 J-REITs 共计 61 只，总规模达 12.67 万亿日元，基础资产类型包括办公楼、住宅、商业、物流地产、基础设施等。

在亚洲市场，印度在 2014 年效仿美国推出了 REITs 法案，允许开展房地产投资信托（REITs）和基础设施投资信托（InVITs）业务。除了明确关键的税收政策优惠之外，REITs 的资金投向也变得更为宽松，开发物业或其他投资的比例可以最多达到 20%，建成并产生运营收益的投资比例至少为 80%[6]，目前已经发行数只基础设施 REITs。

发展中国家对新增基建项目需求相对旺盛，可因地制宜发挥基础设施 REITs 在投资开发项目上的作用，结合我国的实际情况，还可以根据 PPP 的发展趋势考虑与 PPP 制度相结合并相互促进，开展我国的 PPP-REITs。

（二）PPP 与 REITs 的内在契合度

我国目前的 REITs 不同于国外的标准 REITs，而是在未出台配套法律法规下以资产证券化的形式开展的“类 REITs”[7]，主要投资于办公楼、购物中心等传统商业物业。国外经验显示，基础设施类资产可以通过 REITs 上市，也就是说，交通、医院、学校、产业园区、仓储中心等能够带来稳定现金流的基础设施 PPP 项目都可以借助 REITs 融资。PPP 与 REITs 在基础资产的选择上相契合，而我国巨大的 PPP 市场为 REITs 提供了大量的优质并购标的。此外，PPP 与 REITs 在项目期限、收益分配和风险管理上也具有相似性。基础设施 PPP 项目具有投资回报期长、收益稳定、经营风险较低的特征，这些特征都与 REITs 的属性相契合。

近年来，PPP 与 REITs 结合的模式获得了我国相关政策的鼓励和支持。发改投资〔2016〕2698 号文明确提出“共同推进不动产投资信托基金（REITs），进一步支持传统基础设施项目建设”，财金〔2017〕55 号文提出“项目公司的股东可以以能够带来现金流的股权作为基础资产，发行资产证券化产品，盘活存量股权资产”。尽管现阶段我国尚未有 PPP-REITs 产品推出，但监管环境、法律框架、市场准备等条件已较为成熟，政策利好不断。本研究基于我国国情设计了 PPP-REITs 运作模式，可以为在我国 PPP-REITs 的政策设立和实践操作提供参考。

二、PPP-REITs 运作模式的现实意义

（一）盘活存量资产，拓宽 PPP 项目融资渠道

2017 年以来，为进一步遏制隐性债务风险，防范 PPP 泛化、异化风险，财政、国资、金融等部门频出 PPP 的监管政策，对 PPP 市场发展、项目融资都产生了较大影响。在强监管背景下，金融机构对融资更为谨慎，PPP 项目融资形势更加严峻。

根据我国 PPP 发展趋势，未来大量的落地 PPP 项目将进入运营期，项目公司将重新考虑项目的融资结构以降低融资成本、实现项目全生命周期综合成本最优化，再融资成为 PPP 项目公司的必然诉求。然而 PPP 项目公司面临的再融资市场并不乐观，银行贷款成为主要的融资手段，债券融资占比有限，资产证券化市场也有待进一步培育。这一状况与万亿级的 PPP 市场并不匹配，金融支持力度也与 PPP 模式长期可持续发展的期望不相符。而 REITs 具有公募特性，相对于其他 ABS 产品能够更好地发挥自己的公募特性，利用市场化的机制和渠道为 PPP 项目找到长周期、低成本的资金，盘活存量资产。推动 PPP-REITs 的发展，是 PPP 项目融资及再融资困境的解决方向之一。

（二）完善退出机制，吸引社会资本参与

PPP 项目常见的退出机制包括资产移交退出、股权转让、公开上市和资产证券化方式。现阶段，由于 PPP 合同的股权变更限制和不完善的退出机制，社会资本股权转让退出并不顺畅，而公开上市标准又较高，又因为 PPP 项目本身周期长、投资金额大、前期风险大的特点，很多投资期限较短、追求低风险的资金不敢介入。

自 2016 年来中央政府开始支持通过资产证券化方式丰富 PPP 项目的退出渠道。发改投资〔2016〕2698 号文为 PPP 项目开展资产证券化提供了政策支持，但首批示范发行的 PPP-ABS 其本质是未来收益的提前变现，实际上难以实现"真实出售"和"风险隔离"，无法为 PPP 项目的股权投资者提供直接的退出渠道。而 REITs 可以帮助 PPP 项目以资本市场方式退出，社会资本在项目建成运营后可以通过将股权转让给 REITs 从而实现更完全的退出。因此，REITs 的引入有利于构建多元化股权交易与退出机制，发展 PPP 二级市场，从而吸引更优秀的社会资本方参与到 PPP 项目，提升项目价值。

（三）倒逼 PPP 信息公开，扩大投资者资产选择范围

引入 REITs 能够倒逼 PPP 项目信息的公开透明，从而对规范 PPP 项目运作起到积极意义。PPP-REITs 产品如果在交易所市场流通，需要严格履行相关的信息披露义

务，定期受到审查与公告，通过受托人与物业管理人的相互合作与监督，以及双方定期的相互报告制度，建立较一般上市公司更为完善的管理架构。

同时，PPP-REITs 丰富了 PPP 基础资产证券化的产品类型，在促进投资的角度上也具有正面效应。REITs 回报期长，收益稳定，为我国投资者提供了一种风险明确、收益稳定的投资工具，扩大了机构投资者投资资产的选择范围。通过发行 REITs 可以将缺乏流动性的基础设施存量资产盘活，促进社会资本再投资，以此实现良好循环。

三、PPP-REITs 运作模式的设计

（一）基础资产选择

以 REITs 方式开展 PPP 项目的资产证券融资，应首先关注 PPP 项目初始合作文件中是否对股权转让、资产抵质押做出限制。如果 PPP 合同对项目公司股东股权转让、质押等权利没有限制性约定，依据《关于规范开展政府和社会资本合作项目资产证券化有关事宜的通知》（财金〔2017〕55 号），在项目建成运营 2 年后，项目公司股东可以以能够带来现金流的股权作为基础资产发行 PPP-REITs。存量资产类的 TOT、ROT 项目，其实施 PPP 之前的运营周期也应计入"正常运营 2 年以上"的期间。

在具体的项目选择上，首先可以从项目是否符合政策导向、是否进入财政部/发改委 PPP 项目库、地方财政收入情况、项目主体评级等方面进行筛选。财金〔2017〕55 号文明确了需要择优筛选 PPP 项目开展资产证券化，应该优先选择已经纳入财政部 PPP 项目示范名单、财政部/国家发展改革委 PPP 项目库的项目，重点支持符合雄安新区和京津冀协同发展、长江经济带、"一带一路"等国家战略和倡议的 PPP 项目，优先支持"水务、环境保护、交通运输等市场化程度较高、公共服务需求稳定、现金流可预测性较强的"项目开展 PPP-REITs。

其次，针对回报机制进一步筛选合适的 PPP 项目。PPP 的付费模式包括政府付费、使用者付费和可行性缺口补助，其中政府付费机制多用于非经营项目和部分准经营性项目，项目本身可以产生的收入极少，而可行性缺口补助付费模式的 PPP 项目也多用于收入不足以覆盖项目成本而保证合理回报的准经营性项目，包括污水、垃圾处理等。使用者付费模式是指由 PPP 项目的最终消费者直接付费购买公共产品或服务的项目，这类项目通常具有明确的收费基础、灵活的价格调整机制和长期稳定的项目需求。因此 PPP-REITs 应该优先选择采用使用者付费模式、能够带来稳定现金流的 PPP 项目，比如高速公路、路桥、水务、燃气类项目，从而达到脱离主体信用、实现"真实出售"

的目的。

（二）交易结构设计

REITs 根据资金投向可以分为权益型、抵押型和混合型 3 种不同类型。其中权益型 REITs 拥有并经营不动产，通过获得不动产所有权以取得经营收入；抵押型 REITs 直接向不动产所有者或开发商发放抵押贷款，主要收入来源是贷款利息；混合型 REITs 则是资产组合中同时包括了实物地产项目和提供的抵押贷款[8]。目前，我国还未出现真正的标准 REITs，发行的都是私募类 REITs 产品。

根据组织形式不同，REITs 又可以分为公司型和契约型两种。公司型 REITs 在美国占有主导地位，它具有独立的法人资格，直接参与底层资产的运营管理并通过公开市场上发行 REITs 股份筹集资金。而亚洲地区普遍采用的是契约型 REITs，即成立契约型私募基金去持有项目公司股权，同时与基金管理人、托管人签订契约合同，以信托契约为依据发行收益凭证筹集资金。契约型 REITs 具有设立便利、投资灵活、税收中性等特征[9]。

1. PPP-REITs 类 REITs 架构

设计 PPP-REITs 交易结构时应该考虑在 PPP 证券化中遇到的一些实际障碍，比如境内基础设施的资产转让具有一定的法律障碍，也难以进行抵押和处置。在实际的交易结构选择时虽然可以将 PPP 项目的收费收益权进行质押发行抵押型类 REITs，但与现在的固定收益类 ABS 无本质差别。本文将在境内权益型类 REITs 结构的基础上，设计权益型 PPP-REITs 的初步结构，交易结构如图 3-5 所示。该结构通过成立契约型私募基金或信托计划，持有项目公司股权从而间接控制资产，同时为降低税收成本采用"股+债"投资结构，向项目公司发放股东借款或信托贷款，目标资产现金流以还本付息的方式向上缴付并以贷款利息作为成本在企业所得税税前扣除。该交易结构是符合现阶段政策环境的产品。

资产证券化业务实操中设置的增信方式分为内部增信和外部增信两种模式，内部增信包括超额利差/抵押、优先/次级分层、保证金/现金储备账户等，外部增信包括差额支付承诺、第三方担保、流动性支持等。由上文可知，权益型 PPP-REITs 适宜推进优质的使用者付费项目，而此类项目由于存在一定的不确定性，原始权益人若为民营企业，则自身主体评级需在 AA-及以上且由 AA 及以上的实力较强的企业提供第三方担保进行增信[7]。另外，当底层资产收益现金流不稳定性时，应考虑流动性支持、差额补足等方式提高现金流的稳定性。

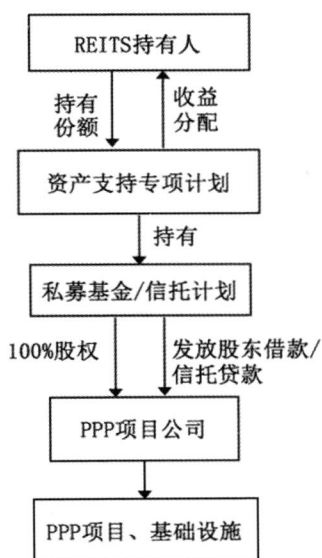

图 3-5　PPP-REITs 类 REITs 架构

而在退出机制的选择上，私募 REITs 通常以公募 REITs 形式退出，如满足未来国内公募 REITs 规则且符合投资者利益，PPP-REITs 的持有主体可以将 100%股权出售给交易所发行上市 REITs。除此之外，私募 PPP-REITs 还可以根据原持有方或者第三方对基础设施的收购意愿，按照协议价格或者市场公允价格回购后实现退出。

2. PPP-REITs "公募基金+ABS" 架构

图 3-5 所示的私募 PPP-REITs 产品只是过渡性产品，为进一步提高产品流动性，初期公募 PPP-REITs 可以借鉴美国模式通过设立公司型主体持有项目公司股权。但是考虑到现阶段 REITs 税收优惠政策尚未推出、公司型主体存在所得税双重征收等问题，建议采用 "公募基金+ABS" 的方式实现公募 PPP-REITs 试点，具体架构如图 3-6 所示。由于《证券投资基金法》规定，公募基金需投资于证券，而不是非上市基金管理公司的股权，而 ABS 可以投资非上市 PPP 项目公司股权，因此可以通过设立 ABS，实现基础设施股权与公募基金的对接。

（三）其他重要问题

1. 项目公司权利转让的限制

绝大多数 PPP 项目合同会对项目资产、项目公司股权、PPP 项目合同权利（包括项目收费收益权）的转让和处置做出限制，通常要求在征得政府同意的前提下，针对项目融资目的进行转让或设定担保[10]。也就是说，PPP 项目资产、项目公司股权、PPP

项目合同权利往往被设定了权利限制，这要求在进行资产证券化的过程中必须取得政府的认可和配合，例如政府出具同意函。

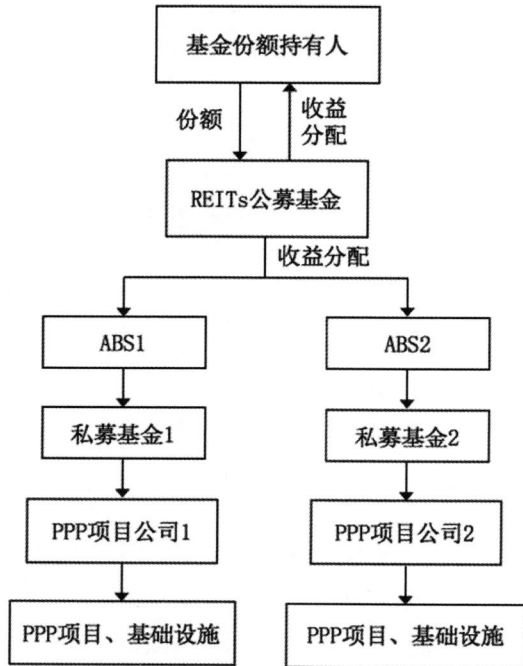

图 3-6　PPP-REITs "公募基金+ABS" 架构

2．风险隔离安排

财金〔2017〕55 号文对 PPP 资产证券化的要求是不能损害公共服务质量，不能影响项目运营的持续性和稳定性，因此 PPP-REITs 需要避免社会资本退出的道德风险，不能通过发行 REITs 改变控股股东对 PPP 项目公司的运营责任。同时考虑到 PPP 项目特许经营权的转让存在法律障碍，可以在 REITs 交易结构设计中规定 REITs 本身并不获得项目的特许经营权，将特许经营权与项目公司股权相分离，从而实现在保障基础资产股权由专项计划实际控制的同时、保持社会资本的参与度。

3．基础设施定价问题

REITs 上市或退出时需要资产处置，其现金流入主要是由标的物业的公允价值决定的，涉及基础设施资产的评估和定价，而现阶段针对基础设施股权和资产转让的政策和流程尚未明确，很难对基础设施进行有效估值。因此，基础设施 REITs 的推行将会倒逼基础设施定价系统的完善，包括资产定价和运营定价。

（四）相关政策建议

经过以上分析，现阶段的 PPP-REITs 模式设计受到相关监管政策和制度的制约，未来要推广真正的公募权益型 PPP-REITs 需要从以下方面进行改进。首先，根据国外经验，REITs 得到迅速发展很大程度上得益于税收方面的支持政策。一方面，与其他类型 REITs 一样需要解决公司所得税双重征税问题；另一方面，由于基础设施项目政府仍然承担较大的支出责任，财政付费类收入采取额外的豁免征税政策将有利于培育项目现金流。其次，从美国的发展经验来看，基础设施 REITs 多集中于能源通信、电力交通等市场化程度较高的领域，有利于 REITs 产品的标准化和流动性的提高。而我国对于基础设施产权、股权转让相关流程和规定仍然存在一定的法律障碍，产权和股权的流动性问题有待解决，需要对相关操作在政策层面进行完善。最后，现有的基础设施 PPP 项目大多依赖于政府财政实力，现金流的不足将使得 PPP 资产证券化产品依赖于主体信用提供担保、差额补足等措施，难以实现正在的"真实出售"和"风险隔离"，未来还需致力于建立 PPP 项目成熟的使用者付费机制，培育稳定的项目现金流。

四、结语

新型城镇化建设的过程中，PPP 模式越来越多地应用到基础设施的建设中，然而 PPP 项目长期存在的"融资难"问题严重阻碍了 PPP 项目的成功落地。本文在总结 REITs 国外应用经验的基础上，比较 REITs 相对于其他融资模式的优势，分析其与 PPP 项目的契合度，提出了 PPP-REITs 的准 REITs 运作模式，对基础资产、交易结构、实操重点等方面进行了分析和设计，并为了进一步满足提高流动性的需求，设计了未来可行的初期公募 PPP-REITs 结构，同时为 PPP-REITs 的推广提出了政策建议。本研究针对我国 PPP 模式现阶段的发展情况，提出了 REITs 在 PPP 领域应用的交易结构和注意要点，对进一步完善 PPP 项目融资市场、增加 PPP 项目的流动性和可融资性、盘活存量 PPP 项目具有一定的参考价值。

参考文献

[1] 冯珂，王守清，张子龙，等. 新型城镇化背景下的 PPP 产业基金设立及运作模式探析[J]. 建筑经济，2015，36（5）：5-8.

[2] Tang L Y N, Shen Q P, Cheng E W L. A review of studies on Public–Private Partnership projects in the construction industry [J]. International Journal of Project Management, 2010, 28(7):683-694.

[3] Brown D T, Riddiough T J. Financing choice and liability structure of real estate investment trusts[J]. Real Estate Economics, 2003, 31(3):313-346.

[4] 张立，郭杰群.基础设施 REITs 的发展路径[J]. 中国金融，2017（4）：52-54.

[5] 林述斌.日本不动产证券化市场对中国 REITs 发展的借鉴[J]. 中国资产评估，2018（6）：39-49.

[6] 张昕.印度，REITs 龙卷风[J]. 中国房地产金融，2014（11）：82-85.

[7] 林华.中国 REITs 操作手册[M].北京：中信出版社，2018.

[8] 陈琼,杨胜刚.REITs 发展的国际经验与中国的路径选择[J]. 金融研究，2009(9)：192-206.

[9] 陈柳钦. 美国房地产投资信托基金(REITs)发展与启示[J]. 建筑经济，2004(11)：77-81.

[10] 王守清，柯永建.特许经营项目融资（BOT、PFI 和 PPP）[M].北京：清华大学出版社，2008.

（《建筑经济》，2019 年第 2 期）

商业银行参与 PPP：从政策到实践

赵新博　王守清

一、引言

2014 年，《国务院关于加强地方政府性债务管理的意见》（国发〔2014〕43 号，下称 43 号文）的颁布，开启了我国新一轮的 PPP 热潮。截至 2019 年 4 月末，财政部 PPP 项目库管理库项目 8 921 个，总金额 13.5 万亿元。但是万亿级投资背后，项目的融资落地率难及预期，金融机构的有效参与度有限，一方面与金融机构传统授信思维有关，另一方面与 PPP 市场自身的规范性有关。

2017 年 11 月，财金〔2017〕92 号文和国资发改〔2017〕192 号文的颁布对 PPP

项目库进行了一系列的清理整顿，促使 PPP 回归本源，虽然曾在短期让 PPP 市场陷入停滞，但是 PPP 项目合规性的不断增强使得金融机构增强了对 PPP 的认可，PPP 项目的融资逐步活跃起来。

2019 年 3 月，财金〔2019〕10 号文的颁布对于 PPP 项目进行了正面清单和负面清单的约束；随后 5 月，《政府投资条例》的出台，对于政府投资项目从审批、监管等方面进行了明确的约定，对于 PPP 的规范有序发展而言都是长期利好，同时也促使金融机构开始稳步介入 PPP 项目融资。

鉴于此，笔者结合商业银行基础设施投融资实践和对于 PPP 相关政策的研究，以具体项目的融资案例为落脚点，就商业银行参与 PPP 进行分析，供 PPP 融资相关方参考借鉴，主要分为 4 个部分：

- 商业银行参与 PPP 的动机——介绍商业银行参与 PPP 的政策逻辑和趋势；
- 商业银行参与 PPP 的融资现状——介绍商业银行参与 PPP 全生命周期的融资现状；
- 商业银行参与 PPP 的具体案例——结合债权融资和再融资介绍商业银行参与 PPP 的实践；
- 小结——总结及展望。

二、商业银行参与 PPP 的动机

PPP 模式的兴起，对于中国传统的商业银行基础设施项目授信而言，意味着从以政府/企业信用为背书的信贷思维，向以项目现金流为着眼点的项目授信思维转变；同时在授信结构上，PPP 项目往往在 10 年以上，项目本身的公共或准公共属性使得项目的期限与利率并不完全匹配，对于资金偏好投向"短平快"的商业银行也是一种变革。因此，在当前供给侧改革深入推进的宏观背景下，为什么要做 PPP、未来要不要做 PPP 的现实性，对于商业银行而言具有重要的战略意义，本节基于 PPP 与中国基础设施投融资发展演变史，介绍中国基础设施投融资现状及商业银行发展 PPP 的必要性。

（一）PPP 与中国基础设施投融资发展概览[1]

PPP 的兴起与中国的基础设施投融资政策紧密相关，基于宏观政策的变化，PPP 在中国的发展经历了探索、试点、扩大试点、暂缓及快速发展 5 个阶段。

第一个阶段是改革开放至 1993 年之前，为 PPP 探索阶段。我国在 1990 年之前存在外汇与储蓄的双缺口，既缺资金又缺技术。为了满足发展需求，中国政府积极鼓励和引导外商投资，参与到我国各个行业领域的投资建设。在探索阶段，我国没有与PPP/BOT直接相关的法规，审批时地方领导往往直接向中央领导汇报，中央首肯后地方才批准项目。探索阶段的代表项目有深圳沙角B电厂BOT项目，受到了国内外广泛认可。

第二个阶段是1994年至1998年，进入20世纪90年代后，随着中国经济的腾飞，公共基础设施如公路、码头和电厂严重滞后。这一时期，中国政府颁布了许多外商投资条例，从国家层面开始有计划地推动BOT项目实施，但主要还是以外资为主。1994年国家计委推出了5个BOT试点项目，其中来宾B电厂作为第一个经国家批准的BOT项目，当时得到了中央政府和广西壮族自治区政府给予的很多担保和激励措施，成为当时中国BOT项目的参考范本。同时期，一些地方政府也推出了一些BOT项目，有些直接列在当地政府批文中写明作为试点项目推广，但是BOT并没有成为地方常规投融资模式。同时，在这一时期，1994年分税制改革开始实施，地方政府财权上移、事权下移，为了推动地方基础设施建设，地方政府融资平台开始萌芽。

第三个阶段是2003年至2008年，是扩大试点阶段。随着中国经济的持续高速发展，基础设施对经济发展的瓶颈再次凸显。随着2003年10月1日开始实施的《北京市城市基础设施特许经营办法》和建设部于2004年5月1日开始实施的《市政公用事业特许经营管理办法》，该融资模式得到进一步广泛应用，仅在北京，30多个奥运场馆的数个及2008年总投资4300多亿的基础设施项目中的诸多项目，都以特许经营方式进行，2003年的"鸟巢"国家体育场、2005年的北京地铁4号线和北苑污水处理厂项目就是佐证。2005年2月新华社授权全文播发的《国务院关于鼓励支持和引导个体私营等非公有制经济发展的若干意见》（国三十六条）更是强调允许非公有资本进入电力、电信、铁路、民航、石油等垄断行业。在政策利好刺激下，国内一些城市开始掀起了市政公用行业运作浪潮。这一阶段成功与失败并存，为后面的PPP发展积累了宝贵经验。

第四个阶段是2009年至2013年。这一阶段全球主要经济体陷入经济危机下行阶段，我国政府为了稳增长，推出了"四万亿"经济刺激计划。这一阶段，地方政府主要通过投融资平台负责基础设施的投融资，投融资平台的融资模式也多样化，包括信用贷款、发行城投债、土地出让、土地抵押贷款、信托、保险计划等，地方政府可以通过多种渠道获得低成本的资金进行基础设施投融资，资金渠道的多元化和低成本使得PPP遭到了很大的冲击，有些PPP项目暂停甚至提前终止。

第五个阶段是 2014 年至今，即公认的 PPP 加速发展阶段，得益于中央与地方政府政策大力支持。政策层面，据不完全统计，2014 年以来党中央、国务院、相关部委累计出台 PPP 相关政策文件超过 100 份，尤其是 2014 年 43 号文的出台，将 PPP 推到前沿，传统的政府融资平台模式开始后退。这个阶段，PPP 已经从一种投资热潮演变成一种经济现象，引起了各级政府部门、国有资本、民营资本、金融机构、咨询、学术界和公众等的广泛关注。

（二）PPP 与基础设施整体融资规模对比[2]

虽然从 2014 年开始，43 号文的影响使得地方融资平台开始面临转型，但是 PPP 从政策治理到项目规范都处在不断探索中，从 4 年来 PPP 的落地情况来看（见图 3-7），入库 PPP 项目进入执行阶段的项目在不断增加，但并不意味着这些项目都已经成功实现融资，绝大多数项目还处于前期，真正实现项目签约落地、成功融资的占比并不高。从市场各参与方角度看，PPP 模式得到市场各方参与者的认可不是一蹴而就的事情，需要政策治理、项目规范、金融体制、信用体系等各方面因素的全套配合。

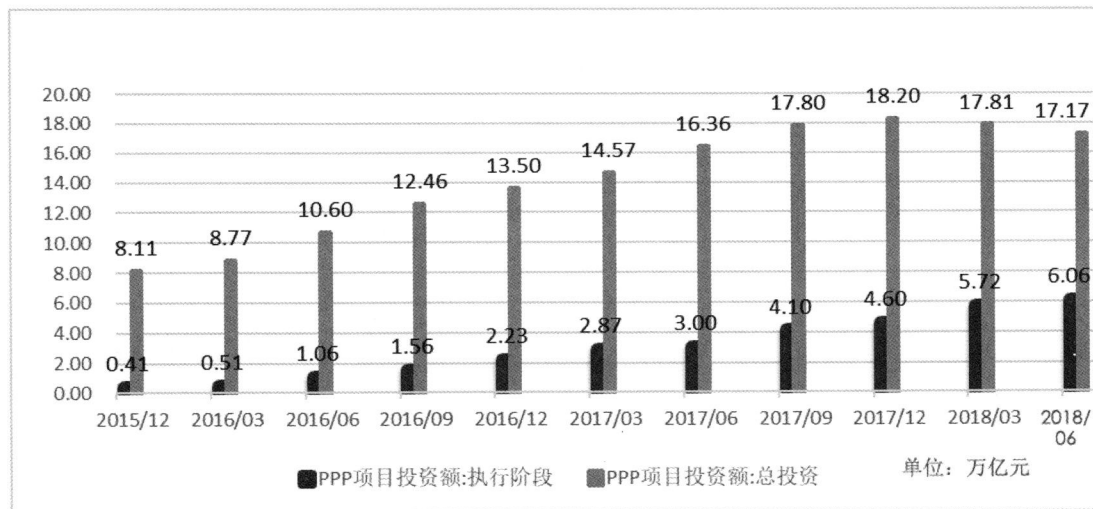

图 3-7　2015—2018 年 PPP 入库项目总投资及进入执行阶段投资额对比

对比近 10 年我国每年的基础设施投资数据可以看出（见图 3-8），尽管 2014 年后 PPP 项目的成交规模和地方政府专项债券发行量有所增长，从 2018 年 7 月开始，国务院常务会议提出加快地方政府专项债券的发行和使用进度，但仅依靠 PPP 模式和发行政府专项债在短期内并不能完全满足我国现行的基础设施建设在总量上的需求，未来基础设施在 PPP 模式和其他创新模式的发展上还有长远空间。

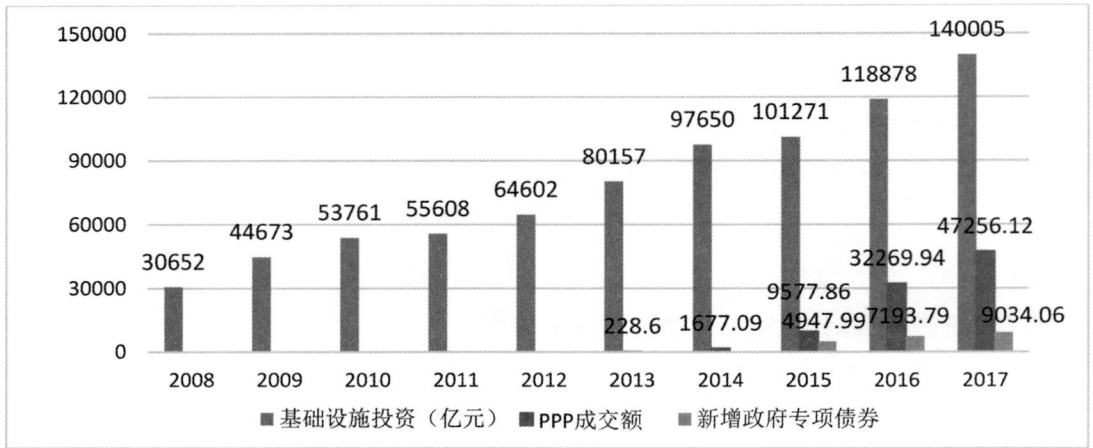

图 3-8　基础设施投资与 PPP 和政府专项债规模对比

（三）商业银行参与基础设施的融资模式

结合前述 5 个阶段，对比中国基础设施投融资模式和商业银行信贷业务合作模式如表 3-6 所示。

表 3-6　中国基础设施投融资模式演变

阶段	基础设施投融资主流模式演变			PPP 模式发展				
	基础设施投融资主流模式	融资载体	商业银行基础设施信贷模式	关键政策节点	PPP 发展概况	PPP 代表项目	融资载体	商业银行 PPP 信贷模式
1993 年之前	1979 年之前财政主导，1979 年之后国债/银行借贷	地方政府	银行贷款，以国债为主	地方政府投融资体制改革	探索	深圳沙角 B 电厂 BOT 项目	PPP 项目的 SPV 公司	外资银行银团贷款
1994—1998 年	地方融资平台开始发展	政府发债/城投公司	地方债、城投公司和建筑公司信贷	分税制改革/外商投资条例	有计划推动	来宾 B 电厂	PPP 项目的 SPV 公司	外资银行银团贷款
2003—2008 年	地方融资平台&政府直接投资	政府发债/城投公司	地方债、城投公司和建筑公司信贷	国三十六条	扩大试点	鸟巢、地铁 4 号线	PPP 项目的 SPV 公司	政策性银行、四大行贷款为主
2009—2013 年	地方融资平台占主流	城投公司	城投公司信贷/地方债	"四万亿"投资政策	停滞	—	—	—

阶段	基础设施投融资主流模式演变			PPP 模式发展				
	基础设施投融资主流模式	融资载体	商业银行基础设施信贷模式	关键政策节点	PPP 发展概况	PPP 代表项目	融资载体	商业银行PPP 信贷模式
2014 年至今	政府发债直接投资或者PPP	政府发债/PPP 社会资本方	地方债/建筑公司 PPP 业务	国办发43号文	加速发展	入库项目十万亿级	PPP 项目的SPV 公司	PPP 信贷

注　1. 表中对于商业银行地方债业务，主要是指商业银行认购地方政府地方债。
　　2. 商业银行城投公司信贷模式，主要是指商业银行与城投公司合作的表内贷款、发债、资管等业务，在 43 号文之前往往有政府兜底或者隐形信用背书。

从表 3-6 可以看出，基础设施建设作为中国拉动 GDP 的重要投资领域，也是中国商业银行信贷投向的重要领域之一。但是在 2014 年之前的地方融资平台模式和 BT 模式下，商业银行主要授信客户是城投公司、央企以及地方国企，依托的是政府兜底/信用背书以及央企和国企的主体信用，面向项目融资的授信在商业银行整体基础设施行业授信上占比极少。

但 2014 年之后，随着财预〔2017〕50 号文、财预〔2017〕87 号文等加强地方债务管理政策的颁布，在基础设施投融资领域方面，PPP 是除政府直接发债外唯一合法合规的投融资渠道；与之相应，对于商业银行而言，PPP 是商业银行在基础设施投融资方面必然的信贷投向。

三、商业银行参与 PPP 的融资现状

根据 PPP 的生命周期，可以将 PPP 融资过程分为初期资本金融资、建设期债务融资、运营期再融资 3 个阶段，现行政策下，每个阶段项目面临不同的风险和要求[3]。

（一）股权融资

财办金〔2017〕92 号文以后，PPP 项目严禁用债务资金充当 PPP 资本金。《中华人民共和国商业银行法》规定，商业银行不得进行股权投资，但也有商业银行通过成立联合体的方式作为社会资本参与 PPP 项目，虽然财金〔2014〕113 号文中没有明确规定金融机构是否可以作为合格的社会资本，但是在财金〔2018〕54 号文中指出："不得弱化或免除社会资本的投资建设运营责任……不得约定将项目运营责任返包给政府方出资代表承担或另行指定社会资本方以外的第三方承担。"对社会资本强化建设运营能力的约束，从某种程度上限制了金融机构作为单一主体投资 PPP 的可行性。

以上政策要求，限制了商业银行进行 PPP 真股权投资的空间。但是，自 2018 年底开始，建行、中行、农行、工行、交行及招商和光大等理财子公司纷纷拿到了银保监会的批复，这些银行系的理财子公司在 PPP 的真股权投资方面，可以规避原有商业银行法对于真股权投资的限制，有助于拓展 PPP 的投融资渠道。

（二）债权融资

在项目自有资本金到位后，社会资本方面临项目债务融资，一般占项目总投的 75% ~ 80%。PPP 项目范围由于主要集中在基础设施和公共服务领域，按照 2019 年 3 月财政部财金〔2019〕10 号文要求，PPP 项目原则上都在 10 年以上，项目回报周期较长，决定该阶段项目融资需要低利率、长周期的资金，因此在 2014 年之前，PPP 融资主要集中在政策性银行。2014 年之后这一轮 PPP 热潮中，一些股份制商业银行也开始跟进 PPP 领域。

对于股份制商业银行而言，PPP 业务的拓展，需要新型的授信模式相配合。传统授信模式项下，银行偏重于授信主体的综合资质、信用评级以及风险兜底；但是 PPP 模式项下，银行的授信主体是项目公司（SPV），还款来源是项目未来的现金流，风险分担靠严谨的合同。由于项目公司往往成立时间较短，财务报表不满足银行传统信贷审批要求，因此对项目的综合评估是银行批贷的重要依据。尽管在基础设施投融资普遍成熟的发达国家及东南亚市场，国际投资银行对于纯粹的项目融资早已有成熟的评审体系，但在中国，PPP 模式项下有限追索或无追索的项目融资，对于中国传统商业银行来说是一个挑战。

近些年，在库 PPP 项目融资成功率难及预期，通过对市场各参与方的调研，可以发现，一方面是由于在过去实施 PPP 的几年中，PPP 相关政策条文频出，未深度研判此领域的金融机构，对于 PPP 及其趋势的判断并不清晰；另一方面，在原有授信模式的影响下，多数金融机构对于 PPP 的综合收益衡量还仅限于单个项目放贷收益的考量，未从项目全过程及社会资本方综合业务收益进行横向平衡。

对于此，应该结合中国基础设施投融资的发展趋势来看，从城投模式到 PPP 模式，市场的变化决定了信贷结构的变化，这也是商业银行需要纵向平衡的一种布局。

（三）PPP 专项债及 PPP 资产证券化

目前，中国这轮 PPP 热潮兴起之后的 PPP 项目多数还处在建设期，随着项目的持续推进，未来 2 ~ 3 年进入运营期的项目将不断增多。从 PPP 项目全生命周期来看，项目风险随着项目进展逐步降低，建设期项目未来的现金流尚不明确，金融机构对于项目的风险识别尚不清晰，项目建设期融资成本较高；进入运营期后，项目的现金流趋于稳定，各参与方对于项目的认识趋于一致，为了优化财务结构，社会资本方将主动进行再融资。

PPP 项目再融资从融资方式选择上，可以分为 3 种：融资条件的改变，融资工具的改变，以及 IPO、兼并增发。融资条件的改变，主要是原有贷款模式不变，在期限、价格等条件上进行优化；IPO、兼并增发目前已有京津冀铁路 IPO 案例，但是 IPO 作为再融资方式而言，从国际范围内看案例较少。最具代表性的 PPP 再融资，集中在 PPP 专项债和 PPP 资产证券化。

目前，PPP 专项债在 2017 年发改办财金〔2017〕730 号文颁布后，山西建设投资集团以"企业债"的模式发行了市场上首只 PPP 专项债，截至目前市场累计发行 4 只。PPP 资产证券化在发展改革委与证监会联合发改投资〔2016〕2698 号文及财金〔2017〕55 号文后，市场反馈比较积极，截至目前，市场上 PPP 资产证券化共有 15 只，累计发行额 124.65 亿元，PPP ABN 目前只有华夏幸福固安新型城镇化 PPP 资产支持票据一只。另一种中央正在研究的模式是把 REITs 应用到 PPP 项目中。

结合上述 3 个阶段的政策现状及金融产品，商业银行在 PPP 不同阶段的融资参与情况如表 3-7 所示（PPP-REITs 政策尚未推出，故表中未提及）。

表 3-7　商业银行在 PPP 全生命周期参与投融资概览表

参与阶段	金融产品	融资特点
资本金融资	理财子公司股权投资基金	股权投资模式
建设期融资	长期贷款	有限或无追索项目融资
运营阶段再融资	贷款置换	贷款条件优化，一般是利率、期限、金额的优化
	PPP 资产证券化—ABS	ABS 模式由券商发起，券商证券行的发行机构，银行可以是证券化投资方、托管行
	PPP 资产证券化—ABN	ABN 模式由银行起发，银行是证券化的发行机构，银行投资方可以是募集资金的托管行
	PPP 专项债	专项债的发起机构是券商，银行作为资金托管行

注　此表中所说银行并非同一家商业银行，泛指市场上的商业银行。

上表总结了商业银行参与 PPP 融资的全流程，需要说明的是，目前在基础设施投融资市场变化的大环境下，金融机构对于 PPP 的关注程度远不及社会资本方，除了监管政策对于"明股实债"的限制外，主要是 PPP 长周期的资金占用与相对低回报的资产收益不成正比，反映到金融机构的短期业务布局，加大重点基础设施项目资产配置与资本的逐利性形成矛盾。但是短期矛盾的背后，应该注意到基础设施全生命周期融资体系的发展，以及中国整个基础设施投融资政策的演变，将资产业务的布局与宏观发展趋势相结合。

四、商业银行参与 PPP 项目的具体案例

2018 年，银行表外业务受资管新规影响大幅萎缩，金融机构开始回归表内，着力加强基础设施项目资产业务配置，开始逐步关注 PPP 业务的营销拓展。下面结合 PPP 不同阶段的融资案例，就其风险点和相关政策点进行说明，其中资本金部分留待资管公司成立后 PPP 真股权投资进行探讨，本文暂不做展开。

（一）债权融资案例

项目背景：北京地区某污水处理项目由建设集团 A 和环保集团 B 联合中标，并于 2017 年 12 月成立了 SPV，已入财政部 PPP 管理库，项目各项材料合规且完善，满足 92 号文和 192 号文要求。项目总投资 2.5 亿元，自有资本金 20% 已到位，申请授信 2 亿元，特许经营期 15 年，回报机制为政府付费，由于北京地区 PPP 项目较少，财政压力较小，同时政府公信力位于中国城市前列，基于以上因素，本项目放贷银行在授信时采取了无追索权项目融资，具体授信结构如图 3-9 所示。

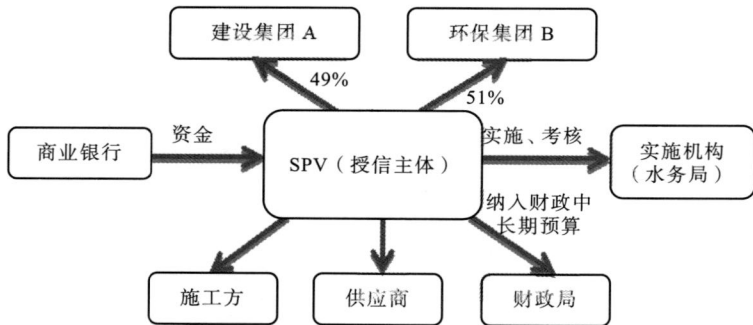

图 3-9　某污水处理 PPP 项目

此案例代表了社会资本方与项目公司同在一个地区的项目授信情况，由于北京地区 PPP 项目较少，截至 2018 年末，财政部 PPP 综合信息平台中北京地区 PPP 项目共 60 个，总投资 460 亿元左右，占比均不及 1%，区域决定了项目授信方案规划的特殊性，因此，该案例代表了一种完美模式项下的 PPP 授信，即完全依靠项目的现金流实现无追索权融资。但是对于绝大多数 PPP 项目，往往处于欠发达地区，所以对于商业银行遴选 PPP 项目，结合财金〔2019〕10 号文对于 PPP 管理的正负面清单，需要考虑以下因素。

（1）项目维度。优先选择行业成熟度高的项目，进入财政部 PPP 综合信息平台管理库是必要非充分条件，重点考察项目自身的财务平衡性。对于政府付费项目，重点考察政府的财政承受力和信用；对于使用者付费项目，对项目的现金流测算要与区域的经济规划和未来发展潜力相结合，充分考虑市场变化对于未来项目现金流的影响。同时以项目的抓手，加强项目公司与社会投资方的综合业务合作。

（2）客户维度。择优选择行业技术领先、经营稳健的优质企业，近两年，在市场清理整顿的过程中，一些 PPP 社会资本方由于业务扩展过猛在政策调整的大环境下遭遇急转弯，也有部分投资机构以 PPP 为名义募集高收益理财，从本质上来看，并非 PPP 本身的问题，而是业务的整体布局与对 PPP 政策的理解或政策走势的研判出现了偏差。对于金融机构在选择合作客户时，要加强对于政策的解读和认识，看清政策逻辑的连贯性和趋势性，同时也要规避过高的市场风险。

（3）区域维度。对于可行性缺口补助项目和政府付费项目，在财金〔2017〕10 号文出台之后，政府对于地方财政有更加严格的要求，对于金融机构而言，不论是 10% 的红线还是 5% 的红线，一方面要作为刚性准入条件进行项目遴选，严格遵守政策合规性；另一方面要关注地方经济发展前景和政府公信力，这一轮 PPP 实践中，一些社会资本方对于和地方政府合作更有体验，并非接近红线就意味着高风险，而远离红线就意味着低风险，较强驱动的地方经济和开明诚信的地方政府往往在基础设施和 PPP 项目的推动上更有开放的眼光和执行力。

以上 3 个维度，在具体项目的分析中需要综合考量，当前在库 PPP 项目数量庞大，对于新增项目投资，不论是社会资本方还是金融机构，都希望在控制风险的同时获取较高的项目回报，那么在谈判期就需要对项目各方面进行调研，这离不开大数据的支持、PPP 政策、相关行业政策、区域经济发展的深度分析及项目财务的优化等。

（二）PPP 资产证券化

以发改投资〔2016〕2698 号文推出之后，2017 年市场上第一批资产证券化试点项目的杭州庆春路隧道为例。

项目背景：杭州庆春路隧道建成于 2010 年年底，是连接钱塘江两岸金融中心钱江新城和钱江世纪城的重要交通走廊，项目发起人是浙大网新建设投资有限公司。庆春路隧道共耗资 14.32 亿元，其中 3.58 亿是注册资本金，还有 10.78 亿元国开行贷款。建成通车后，网新获得庆春路隧道 20 年的经营权，依靠专营补贴及使用者付费两部分收入收回成本，其中政府专营补贴占大头。ABS 发起日距移交日有 14 年运营期，其结构如图 3-10 所示。

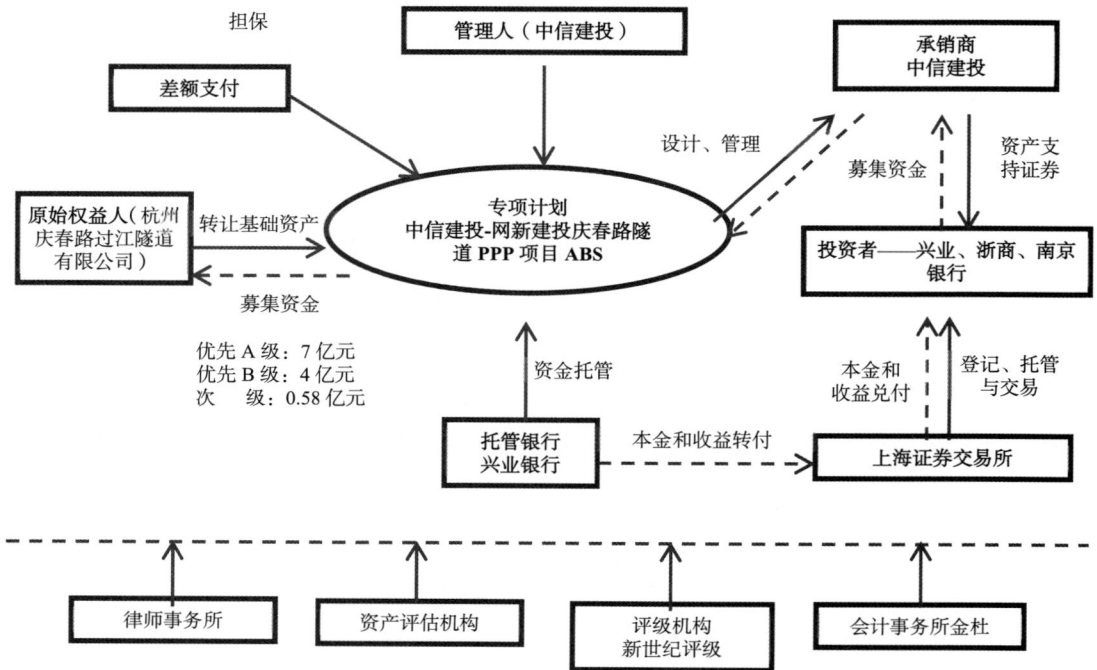

图 3-10 浙大网新杭州庆春路隧道 PPPABS 图

作为第一批资产证券化项目，该项目当时市场发行价格远低于同期长期贷款价格，具体信用结构如表 3-8 所示。

表 3-8 杭州庆春路隧道资产证券化概况

落地日期	2017 年 3 月 10 日
规 模	11.58 亿元
基础资产	杭州市庆春路隧道专营权合同收益（政府补贴+使用者付费）
原始权益人	杭州庆春路过江隧道有限公司
承销商/管理人	中信建投
具体信息	优先 A 档，期限 14 年，评级 AAA，规模 7 亿元，利率 4.05%； 优先 B 档，期限 14 年，评级 AAA，规模 4 亿元，利率 4.15%
增信措施	内部结构化分层、差额支付、2 年和 3 年的回售和赎回支持等
认购者	兴业银行、浙商银行、南京银行

如前文所述，虽然目前市场上的 PPP 资产证券化银行间发行的 ABN 只有一只，其余均是券商发行的 ABS，但是结合此案例可以看出，商业银行在 ABS 的过程中依然起到重要的作用，不论是托管行还是投资者，都离不开商业银行的积极参与。另外，

目前市场上部分商业银行背后有全金融牌照的金融控股集团做支持，集团内部企业券商、保险、资管、基金等产品体系健全，同时也有丰富的客户资源，在 PPP 业务的营销拓展方面，可以发挥自身的资源互补优势，全生命周期运作项目的投融资，以寻求综合收益最大化。

五、小结

此轮 PPP 在推广实践的 5 年过程中，随着入库项目的不断增多和质量提高，融资、再融资以及未来股权交易将会是 PPP 的热点领域，而这些都离不开金融机构的参与。本文对中国基础设施投融资政策的变化进行逻辑上的梳理，对金融机构，尤其是在中国金融市场占重要地位的商业银行参与基础设施投融资模式的演变加以分析，并结合具体实践，介绍中国商业银行参与 PPP 的现状及发展趋势，供业界参考。

总结起来，可以归纳如下。

（1）从中国近 5 年推广 PPP 和加强地方债务管理的政策逻辑上，PPP 是中国基础设施投融资发展的必然趋势之一，也是中国大型工程类企业转型升级的必然选择，随着政策的调整，PPP 市场逐步走向规范，商业银行对于基础设施领域的信贷投放离不开 PPP 业务的拓展，优质的 PPP 项目和稳健的 PPP 社会资本方需重点关注。

（2）对比 PPP、地方债和中国基础设施投融资数据，中国的 PPP 市场还有广阔的发展空间，目前 PPP 投融资市场尚处于起步阶段，还需要市场上多元化的金融产品共同推动，金融创新与 PPP 的投融资政策要紧密结合，同时，PPP 项目的遴选及风险把控要与地方财政、项目类型等大数据紧密结合。

（3）PPP 项目往往分布在基础设施和公共服务领域，属于政府职能的一部分，项目的属性决定了在投融资市场上价格与期限的错配，以及风险与价格的错配，就金融机构而言，PPP 资产的布局在注重贷款定价与风险匹配的同时，也要将 PPP 全生命周期的业务合作进行统筹布局，以寻求项目和社会资本方的综合收益平衡。

（4）当前明股实债影响下，除中国 PPP 基金外，市场上金融机构对于 PPP 的真股权投资还基本处于探索阶段，但是根据 OECD 的 PPP 项目国际实践[4]，在一些大型的 PPP 项目中，关键社会资本方中均有金融机构的参与。中国作为目前世界上 PPP 第一大国，万亿级的 PPP 市场需要培育一批具有专业投资管理、风险管理的基础设施投资管理机构，打通金融机构对于 PPP 真股权投资的桥梁，以健全全生命周期 PPP 投融资市场体系。

本文仅从政策和实践领域对与商业银行参与 PPP 进行了分析和梳理，其中对于股权投资以及创新产品的应用探索还有待进一步探索，以共同推动 PPP 和基础设施投融资领域的长远发展。

参考文献

[1] 财政部. 关于规范政府和社会资本合作（PPP）综合信息平台项目库管理的通知[Z]. 2017-11-10.

[2] 国资委办公厅. 关于加强中央企业 PPP 业务风险管控的通知[Z]. 2017-11-21.

[3] 财政部. 关于推进政府和社会资本合作规范发展的实施意见[Z]. 2019-3-7.

[4] 林华，罗桂连，张志军.PPP 项目与资产证券化[M].北京：中信出版社，2016.

[5] 赵新博，王盈盈，张家明. 地方融资平台和 PPP 模式对比研究分析[J]. PPP 决策参考，2019（8）.

[6] 赵新博，王盈盈. 商业银行参与 PPP 项目的切入点及发展展望[J]. PPP 决策参考，2018（27）.

[7] 国家发展改革委办公厅. 国家发展改革委办公厅关于政府和社会资本合作（PPP）项目专项债券发行指引的通知[Z].2017-4-25.

[8] 国家发展改革委，中国证监会关于推进传统基础设施领域政府和社会资本合作（PPP）项目资产证券化相关工作的通知[Z]. 2016-12-2.

[9] 财政部，中国人民银行，证监会. 关于规范开展政府和社会资本合作项目资产证券化有关事宜的通知[Z]. 2017-6-7.

[10] 刘申亮，王守清，刘婷.金融机构能否主导 PPP 项目[J]. 新理财，2016，262（12）：37-39.

（公众号"清华 PPP 研究中心"，2019-05-28）

PPP 金融机构股权融资探析——从政策到实践

赵新博　王守清　汪　恒

一、引言

近两年，中国的 PPP 市场随着中央部委系列政策的颁布逐步走向规范，市场各参与方对于 PPP 的共识加深，金融机构对于 PPP 项目的参与度有所提升。同时，由于资本市场中供给侧改革、房地产市场管控力度加强等因素叠加，优质的信贷资产欠缺，金融机构对于优质 PPP 项目的融资逐步青睐。

按照 PPP 项目全生命周期划分，可以分为股权融资（也叫资本金融资）、债权融资和再融资 3 个阶段。目前，入库 PPP 项目主要集中在建设期，再融资尚未引起太多关注；而银行对于 PPP 项目融资的参与在新政出台后主要集中于债权融资；PPP 项目的股权融资，是当下社会资本方的融资痛点。鉴于此，本文结合 PPP 和资本市场相关政策，对于 PPP 股权融资进行详细梳理，在现有政策和市场操作模式对比分析的基础上，结合实践进行总结和展望，供各参与方参考。

本文主要分为四部分：

一是中国 PPP 项目相关资本金制度的发展。

二是中国资本市场金融机构股权投资与 PPP 适用性分析——PPP 项目资本金相关政策、银行、信托、证券、基金等股权投资相关政策。

三是 PPP 项目股权融资操作案例。

四是小结及展望。

二、中国 PPP 相关资本金制度的发展

PPP 模式是用于基础设施和公共服务领域的投融资模式，按照近期出台的发改投资规〔2019〕1098 号文[1]，PPP 项目的投资必须严格执行国务院关于固定资产投资项目资本金制度的各项规定，各行业固定资产投资项目资本金必须满足国务院规定的最低比例要求，防止过度举债融资，投资者可按其出资比例依法享有所有者权益，也可

以转让其出资，但不得以任何方式抽回，本文在此先回顾一下中国的固定资产投资资本金制度。

中国的固定资产投资项目资本金制度可追溯至 1996 年，国家发展改革委出台《国务院关于固定资产投资项目试行资本金制度的通知》（国发〔1996〕35 号）[2]，首次明确对于各种经营性投资项目实行资本金制度，资本金比例根据行业属性各有不同，最低为 20%。

2004 年，为应对部分行业投资过热，国务院出台国发〔2004〕13 号文[3]，对钢铁、电解铝、水泥、房地产等行业资本金进行上调。

2009 年，为应对次贷危机的影响、刺激经济发展，国务院出台国发〔2009〕27 号文[4]，对房地产行业中的保障性住房及普通商品住房资本金比例予以下调。

2015 年 9 月 9 日，为了调结构、促增长，增加公共产品和公共服务供给，出台国发〔2015〕51 号文[5]，对城市地下综合管廊、城市停车场项目及经国务院批准的核电站等重大建设项目，可以在规定最低资本金比例基础上适当降低。

从调整逻辑看，固定资产投资项目的资本金制度调整变化从宏观角度是通过不同行业的资本金差异调整产业结构布局、促进经济平衡增长，微观层面则是通过资本金比例的要求限制企业过高的投资杠杆，控制项目风险。

对比西方发达国家，其关于固定资产投资项目没有特定的资本金要求，由于项目投融资市场及资本市场经过充分的发展，银行在项目融资时对于项目的风险判断比较清晰，项目融资根据不同项目的风险差异，有更加灵活的本贷比[6]。但在中国，目前涉及 PPP 项目的资本金最低为 20%，港口、沿海及内河航运、城市停车场项目，以及经国务院批准的核电等重大建设项目可以在规定最低资本金比例基础上适当降低。

2019 年 3 月，国务院总理李克强在十三届全国人大二次会议政府工作报告中，提出要创新项目融资方式，适当降低基础设施等项目资本金比例，用好开发性金融工具。随后，在 2019 年 6 月 10 日，中共中央办公厅、国务院办公厅发的《关于做好地方政府专项债券发行及项目配套融资工作的通知》中允许将专项债券作为符合条件的重大项目资本金，主要指国家重点支持的铁路、国家高速公路和推进国家战略的地方高速公路、供电、供气项目等。虽然明确了限制领域，但将专项债用作资本金，是继财办金〔2017〕92 号文[7]（下称"92 号文"）和国资发改〔2017〕192 号文[8]（下称"192 号文"），禁止 PPP 项目资本金"明股实债"的重大政策突破。近期的发改投资规〔2019〕1098 号文规定各行业固定资产投资项目资本金必须满足国务院规定的最低比例要求，明确了投资者可按其出资的比例享有所有者权益，可以转让其出资，但是不得以任何方式抽回。

三、中国资本市场金融机构股权投资与 PPP 适用性分析

92 号文及 192 号文出台，从市场层面看，通过对财政部 PPP 项目库在库和新入库落实条件的约束促使 PPP 投资市场逐渐回归理性；从微观层面看，对市场最直接的影响是限制了 PPP 项目资本金"明股实债"的资本金安排方式。虽然政策的初心是促使 PPP 各参与方理性投资，但是在实践中，轨道交通、城市管廊、园区开发等 PPP 项目单体投资额较大，项目动辄上百亿元，资本金完全依托社会资本方自有资金，对于投资人而言，即便是资金实力雄厚，能投的项目也极其有限。

所以，PPP 市场对于资本金融资的需求依然存在，真股权投资渠道的创新与突破是 PPP 融资市场可持续健康发展的必需。基于此，本文对 92 号文前后，PPP 股权投资的方式进行对比分析。

（一）92 号文出台前 PPP 股权融资方式

92 号文出台的同时，资本市场同步出台了资管新规[9]，对于银行理财资金"期限错配""多层嵌套"等进行了明确的限制。在这两项文件出台之前，参与 PPP 资本金融资的主要资金来源是银行理财资金，银行理财资金以结构化产品、基金投资等方式投到 PPP 项目中，这种融资模式即是所谓的"明股实债"方式。虽然已经过时，但是笔者在这里对此种交易结构也进行梳理，以便了解 PPP 股权投资的变化逻辑。

1. 92 号文之前金融机构直接投资 PPP 项目资本金

金融机构以融资参与方投资 PPP 项目股权有两种模式，如图 3-11 所示。一种是通过信托计划/资管计划投资于 PPP 项目基金的优先级，基金再以母基金/子基金的方式投资到具体的 PPP 项目中；另外一种是理财资金通过委托债权融资计划的方式，发放贷款给 PPP 项目的社会资本方，即母公司，然后母公司以增资/扩资的方式投入项目公司 SPV 中。

需要说明的是，在 92 号文之前，市场上 PPP 资本金的资金来源主要是银行理财资金，虽然有基金公司、信托公司等参与 PPP 的资本金融资，但是这些公司主要是作为通道参与其中，自有资金投资的比例甚微。

2. 金融机构作为联合体成员投资 PPP 项目

金融机构作为联合体成员投资 PPP[10]，主要是指金融机构和社会资本方联合投标投资 PPP 项目。以社会资本方名义投资 PPP 的形式，虽然财政部财金〔2014〕113 号

文中没有明确规定金融机构是否可以作为合格的社会资本，但是在财政部《进一步加强政府和社会资本合作（PPP）示范项目规范管理的通知》（财金〔2018〕54号）中，指出："不得弱化或免除社会资本的投资建设运营责任……不得约定将项目运营责任返包给政府方出资代表承担，或另行指定社会资本方以外的第三方承担。"对于社会资本建设运营能力的约束，从某种程度上限制了金融机构作为单一主体投资PPP的可行性。两种方式可总结如表3-9所示。

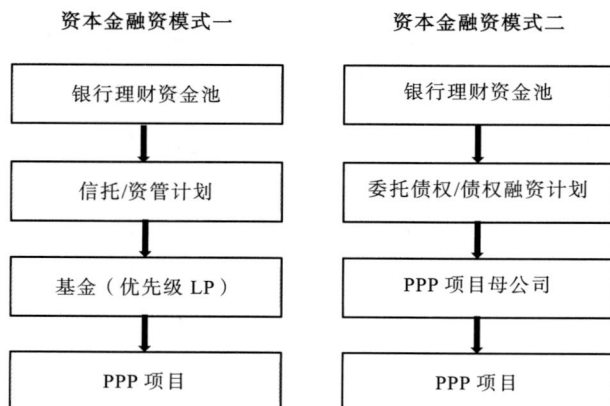

资本金融资模式一 资本金融资模式二

银行理财资金池	银行理财资金池
信托/资管计划	委托债权/债权融资计划
基金（优先级LP）	PPP项目母公司
PPP项目	PPP项目

图3-11　92号文之前的PPP资本金安排模式

表3-9　92号文之前金融机构参与PPP股权投资方式

参与模式	模式操作	模式特点
金融机构参与PPP资本金投资	其一：通过信托/资管计划投资PPP基金，基金以母子基金方式投资PPP项目，或者直接投资PPP项目	此种模式常见于政府/大型央企或者国企与银行联合成立的PPP引导基金，银行作为优先级LP，由地方政府或者社会资本方对于参与份额进行固定回报和兜底
金融机构参与PPP资本金投资	其二：通过委托债权计划或者债权融资计划，为PPP社会资本方做授信，用于向SPV公司增资	此种模式在原有棚改项目资本金融资过程中非常常见，同时，也在部分单个的PPP项目资本金融资中常用
金融机构以社会资本方方式参与PPP投标	金融机构作为合格的社会资本方参与，政府实施机构的PPP投标，中标之后按照SPV公司股权比例注入资本金	此种模式在市场中虽有几个案例但不常见，一是金融机构作为单一社会资本方投标受政策限制，二是以联合体成员投标，在92号文之前，金融机构就自身风险与收益的平衡有更好的选择

（二）92号文出台后PPP股权融资方式

对比以上资本金融资模式，92号文之后，以上模式中第一种方式直接宣告终结，第二种模式因为不受"明股实债"影响，依然合规，并且是 92 号文之后金融机构开始探索的股权投资模式。在此，本文首先梳理市场上各类金融机构股权投资的相关政策，梳理每种金融机构 PPP 股权投资的特点，结合 PPP 领域进行适用性分析，然后提炼市场上现有的 PPP 股权投资模式，进行对比分析。

1.　金融机构股权投资政策

首先分析**银行**股权投资，目前中国金融市场上，银行是最主要的资金方，但是《中华人民共和国商业银行法》第四十三条规定"商业银行在中华人民共和国境内不得从事信托投资和证券经营业务，不得向非自用不动产投资或者向非银行金融机构和企业投资，但国家另有规定的除外"，此规定使得中国金融市场有大量资金在握的商业银行却无法直接进行股权投资。

虽然市场上有极少数银行有股权投资的先例，但是其资金往往来源于利润，占比非常小。也有一些大型商业银行以在香港设立境外投资子公司，然后在境内再设立私募股权投资基金管理公司的模式曲线开展业务；更多的中小型商业银行通过走通道间接参与私募股权投资。其投资领域并不是传统的基建领域，更多集中在高成长、高回报的战略新兴领域。

从上述分析可以看出，银行表内资金进行股权投资当前存在非常大的障碍。然而，银行理财资金（表外资金）是可以用于股权投资的。但是，由于银行尚未习惯真股权投资，并且受到期限配置的限制，理财资金进行真股权投资尚未全面开展。

保险资金由于其具备长周期、稳定的特性，常常在 PPP 项目投资中被广泛提及。2010 年 7 月 31 日，保监会下发《保险资金运用管理暂行办法》允许险资投资 PE，此前，保险公司更多的是作为 LP 参股 PE 基金参与到股权投资。自 2011 年 8 月中国人寿获得首张 PE 牌照以来，目前获得"PE 投资牌照"的保险公司已有十余家。2015 年 9 月，保监会发布《中国保监会关于设立保险私募基金有关事项的通知》，明确基金类别和投向，支持保险资金设立成长基金、并购基金、新兴战略产业基金等，用于支持国家重大基础设施、战略性新兴产业、养老健康医疗等领域。

在 PPP 方面，2016 年 8 月，修订后的《保险资金间接投资基础设施项目管理办法》，明确保险资金可采取政府和社会资本合作模式，打开了保险资金参与 PPP 项目的政策空间。但是对于 PPP 项目提出了三点要求，即"收费定价机制透明、具有预期稳定现金流或者具有明确退出安排的项目"。这三点要求，在 92 号文之后其"明确退出安排"这一点需要双方在签署 PPP 合同之前磋商好。

信托公司的股权投资在 2008 年银监会颁布的《信托公司私人股权投资信托业务

操作指引》及 2009 年颁布的《关于支持信托公司创新发展有关问题的通知》后，信托资产和自有资金投资股权开始打开。信托公司自有资金进行股权投资的方式受不超过上年末净资产 20%的规模限制，且目前市场上只有不到 30 家信托公司获得自有资金投资的批复，因此该种模式并不占主流。利用信托资产进行股权投资主要有 3 种方式，第一种是与私募机构或政府平台及非金融机构共同成立股权投资基金，此种模式主要针对某些特定行业成立合作基金，选取行业内优质的高成长性未上市公司进行投资，以实现 IPO 为目的上市退出或者股权溢价退出，目前常见于能源、环保、TMT、医疗等领域；第二种是投资基金的优先级 LP 份额，通过固定回报的"明股实债"模式或者对赌协议方式实现退出；第三种是信托计划直接投资于公司股权。关于信托资金的募集来源，主要是保险资金或银行理财资金，其次是高净值个人客户。

需要说明的是，在资管新规颁布之后，信托公司利用信托资产进行股权投资时，需要遵守不得"期限错配""多层嵌套"等限制，对于资金来源有较多的限制。如果是通过银行理财资金到信托计划再到基金这种股权投资方式，由于嵌套层数与政策违背，因此此种模式投资 PPP 股权不可行。若是通过险资或者其他机构投资者募集资金，虽然从政策上并无障碍，但是面临资金价格、期限与 PPP 股权投资不完全匹配的尴尬境地。

证券公司股权投资，有两种主要模式。一种模式是直投子公司和直投基金的模式，随着直投子公司及直投基金的设立条件进一步宽松，券商私募股权投资不断壮大。截至 2018 年年底，124 家券商私募基金子公司规范平台注册资本合计突破 800 亿元，管理规模在百亿元以上的券商私募子公司均设立并开展私募股权投资[11]。目前证券公司参与私募股权投资的模式主要是通过直投基金进行投资，直投基金进行投资以募集资金设立私募基金形式开展非标股权投资及债权投资；私募基金子公司自有资金只能跟投其本身及其另设的私募机构发起设立的私募基金，不能以自有资金投资其他企业股权或债权。证券公司股权投资的另一种模式是其资产管理业务部门通过设立资产管理计划，募集资金进行股权投资，其操作模式与信托公司设立信托计划类似。

公募基金子公司可以设立资产管理计划，投资于非上市公司股权，其操作模式类似于证券公司资产管理计划。但是近些年来，由于信托公司和证券公司占据市场的主流，利用基金子公司作为通道进行股权投资并不常见。

私募股权基金管理人虽然不是传统的持牌金融机构，但却是私募股权投资的重要市场参与者。2013 年 6 月起新《基金法》将私募基金正式纳入监管范畴，2014 年 3 月起，经过基金业协会备案的私募基金管理人可以自主发行基金，促使了私募基金的壮大。截至 2018 年底，中基协已登记私募基金管理人 24 448 家，已备案私募基金 74 642 只。其中，私募股权投资基金 27 175 只，基金规模 7.8 万亿元；政府类引导基金、财政资金在私募基金中的出资额为 2 538.08 亿元，较 2017 年末增长 888.62 亿元，增速在各类基金中位居前列[12]。

由于受"资管新规"对持牌机构自身资管产品规模的影响及其与私募管理人传统合作模式的冲击，基金公司及子公司资管计划、商业银行理财、保险资管计划在私募基金的出资额在 2018 年均有不同程度下降。但 2018 年上半年证券公司及子公司资管计划、信托计划出资额激增，全年持牌机构资管产品整体在私募基金中的出资额净增加 1 491.82 亿元，主要流向股权投资基金。根据中基协行业统计看，境内股权投资项目主要分布在 TMT、消费零售及食品、工业原材料等行业。

梳理以上金融机构股权投资，可以归纳如表 3-10 所示。

表 3-10　金融机构股权投资概览

金融机构	股权投资模式	资金来源/备注
银行	银行利润，直接股权投资	自有资金，占比极少
	在香港设立境外投资子公司，然后在境内再设立私募股权投资基金管理公司	市场上募集资金
	通过通道间接参与私募股权投资	理财资金
保险	直接作为 LP 参股 PE 基金参与到股权投资	自有资金，《保险公司资金运用管理办法》颁布之前
	持保险资金设立成长基金、并购基金、新兴战略产业基金等	自有资金，《保险公司资金运用管理办法》颁布之后
信托	自有资金投资股权	不超过上年末净资产 20% 的规模限制
	与私募机构或政府平台及非金融机构共同成立基金	主要针对某些特定行业成立合作基金，选取行业内优质的高成长性未上市公司进行投资，以实现 IPO 为目的的上市退出或者股权溢价退出，常见于能源、环保、TMT、医疗等领域
	投资基金 LP 份额	通过固定回报的"明股实债"模式或者对赌协议方式实现退出
	信托计划直接投资公司股权	募集资金
证券	私募基金自有资金投资	投资基金份额
	私募基金募集资金投资	其他企业股权或者债权
	证券公司资产管理计划	与信托计划类似
公募基金子公司	公募基金子公司通过资产管理计划投资于非上市公司股权	与证券公司资产管理计划类似，但不占主流

续表

金融机构	股权投资模式	资金来源/备注
私募股权基金	私募股权基金	根据其背景差异有相应的资金募集方式；主要分布在计算机运用、消费零售及食品、工业原材料等行业

注 上述分析中未提及中国 PPP 基金，主要是由于该基金有特殊的背景，而本文的侧重点是市场化角度分析。

2. 金融机构股权投资政策与 PPP 适用性分析

上文梳理可以看出，目前市场上银行、保险、券商、信托、基金等股权机构根据各自所属领域开始布局，除优先级 LP 份额等"明股实债"方式外，其他真股权方式从合规性上都可以用于 PPP 项目，但是在 PPP 领域的股权投资在 92 号文之后并未及预期，主要有下列几方面的因素。

首先是期限错配的问题。PPP 项目一般在 10 年期以上，PPP 的真股权投资如果与项目周期匹配一般要在 10 年以上，在资管新规落地后，项目募集资金与用途期限完全匹配的情况下，募集 10 年以上期限的资金对于私募股权基金管理人而言，难度较大。

其次是风险与收益平衡的问题。PPP 项目一般在基础设施和公共服务领域，项目的天然属性决定了项目风险较低、投资回报率并不高的现实，一些 PPP 项目的社会资本方需要靠施工利润来实现较高的投资回报。但是金融机构的介入，却很难享有该部分的收益，单纯从股权投资回报上看，与其投资能源、TMT、大消费、医疗等领域的投资回报相差 5~10 个百分点。

最后，还有股权退出机制的灵活性。从上述政策梳理过程中可以看出多数私募股权投资以 IPO 或者股权溢价退出为目的，就 PPP 项目而言，IPO 几乎不现实，股权转让主要通过运营期结束移交或者股权锁定期结束后转让的方式实现退出。而运营期结束后移交的方式，对于投资者而言期限过长；股权锁定期结束后转让的方式，由于 PPP 项目运营期的现金流较为稳定，因此项目公司股权溢价的空间有限。PPP REITs、PPP 股权 ABS 是一种理想的项目退出模式，但是目前 REITs 具体政策尚未出台，PPP 的股权 ABS 则市场操作尚不多见。

综上，对于市场上多数私募股权投资机构而言，PPP 项目作为股权投资标的与资本市场的资金属性和偏好有一定的背离。市场上虽然有一些股权投资机构在 PPP 真股权投资方面开始试水，但是尚未形成可持续发展局面。

四、PPP 股权融资操作案例

在 92 号文之后，除中国 PPP 基金之外，也有一些股权投资机构开始探索真股权投资，本文在此列举解析说明有关操作。

（一）股权投资机构直投 PPP 项目公司股权

此种投资模式即投资机构与社会资本方联合投标，共同组建项目公司，如图 3-12 所示，各自按照 SPV 公司的股权比例落实资本金安排。此种模式，投资机构通常自行设立私募股权投资基金，或利用信托计划作为通道进行投资。此种模式需要双方在招投标前，对于项目的风险有清晰的认识，对项目公司的财务管理、股权退出方式进行明确。一般而言，纯财务投资人往往关注项目的综合收益和提前退出安排。对于施工利润，需通过财务安排建立一套收益共享机制；对于退出安排，约定相应的期限通过对赌、资产证券化等方式寻求退出。也有一些私募股权机构，由于背靠一定的政府平台或地方国企，虽然对退出的时间并不迫切，但是寄希望通过参股项目公司，来获得一定的工程分包。

图 3-12　股权投资机构直投 PPP 项目公司

（二）股权投资机构投资 PPP 项目公司基金份额

此种模式常见于一些大型的社会资本方中，社会资本方集团公司有自身的基金管理公司，发起设立 PPP 项目基金。在大型的 PPP 项目招投标中，社会资本方母公司或其子公司联合自身的基金管理公司（以 PPP 项目基金为载体）一起投标，如图 3-13 所示。中标之后，市场上的其他金融机构通过认购其 PPP 项目基金的基金份额，对项目公司资本金出资。相比于前一种模式，该模式在寻找股权投资机构及基金份额转让方面都更加灵活，但需注意的是，一些股权投资机构若募集资金成立自身的基金，再投资于社会资本方的基金份额，会涉及"多层嵌套"的问题。

从实践调研看，目前两种模式下 PPP 股权融资落地的案例都比较少。一些金融机构对于 PPP 项目本身风险的判断欠缺，使得在股权融资时更依赖于项目债权融资到位与否，也有一些股权投资机构虽然用表面真股权的模式去满足合规性要求，但是其思维模式和风险定价依然是"明股实债"的模式。真实有效的解决 PPP 项目资本金的方式还相对停滞，有待于市场政策和各参与方的共同探索。

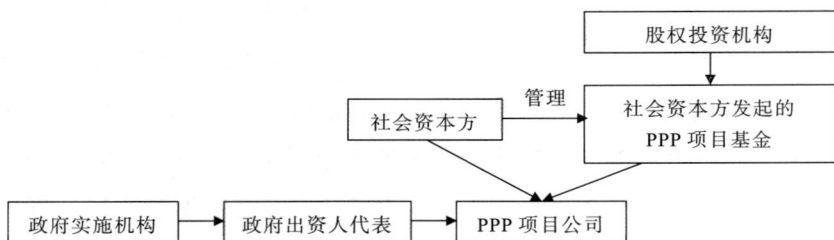

图 3-13　股权投资机构投资 PPP 项目公司基金份额

五、总结及展望

本文在梳理 PPP 项目资本金制度的基础上，对资本市场在 92 号文前后的资本金融资模式、金融机构的股权投资政策及 PPP 股权投资操作进行了系统的梳理，最后对中国当下 PPP 项目真股权投资及未来发展总结如下。

（1）当前 PPP 项目真股权投资在我国金融市场基本处于相对空白的状态，市场上除了中国 PPP 基金以外，金融机构对于 PPP 项目真股权的投资尚未打开畅通通道。近期政策对于 PPP 专项债可以充当项目资本金，为 PPP 资本金融资打开了一扇窗户，但是从市场角度上，真正的回归资本金本身的融资渠道尚未开启。

（2）PPP 项目真股权投资的发展，不仅依赖于 PPP 市场本身的规范和完善，也需要相应的投融资配套政策。对于一些大型的 PPP 项目，全靠社会资本方自有资金满足资本金要求，从长期发展而言并不现实，保险资金、银行资金对于 PPP 项目而言都是低成本的融资资金，但是目前参与力度受政策影响十分有限，近期一批银行系资管子公司的纷纷成立，在基础设施 PPP 领域将是值得挖掘的方向。

（3）中国的 PPP 发展在借鉴国外 PPP 实践的基础上逐渐发展出自身的逻辑体系，对比国外一些金融机构经常作为股权投资方或与其他投资者组成联合体投标，以增强项目融资落地可行性，但在中国目前市场上金融机构作为股权投资方还较为鲜见，金融机构对于 PPP 项目的参与不仅是股权投资和授信方案的设计，更要提高自身对于项目风险的识别和管理能力，与国际金融机构的投资方法接轨。

（4）近两年，虽然政策层面对于 PPP 项目的规范整顿不断加码，市场的稳健为投资人提供了良好的投资环境，但是在投融资政策端口还需要加大支持力度，让合适的资金与市场相匹配，毕竟对于中国巨大的 PPP 投资空间而言，资本市场的融资是重要组成部分。

参考文献

[1] 国家发展改革委. 国家发展改革委关于依法依规加强 PPP 项目投资和建设管理的通知[Z]. 2019-06-21.

[2] 国务院. 国务院关于固定资产投资项目试行资本金制度的通知[Z]. 1996-08-23.

[3] 国务院. 国务院关于调整部分行业固定资产投资项目资本金比例的通知[Z]. 2004-04-26.

[4] 国务院. 国务院关于调整固定资产投资项目资本金比例的通知[Z]. 2009-05-25.

[5] 国务院. 国务院关于调整和完善固定资产投资项目资本金制度的通知[Z]. 2015-09-09.

[6] 盛和太，王守清. 特许经营项目融资（PPP）：资本金结构选择[M]. 北京：清华大学出版社，2017.

[7] 政府部办公厅. 关于规范政府和社会资本合作（PPP）综合信息平台项目库管理的通知[Z]. 2017-11-10.

[8] 国资委办公厅. 关于加强中央企业 PPP 业务风险管控的通知[Z]. 2017-11-17.

[9] 中国人民银行、银监会、证监会、保监会、外汇局关于规范金融机构资产管理业务的指导意见（征求意见稿）[Z]. 2017-11-17.

[10] 赵新博，王守清. 商业银行参与 PPP：从政策到实践. 清华大学 PPP 研究中心公众号，2019-05-28.

[11] 国立波，韦婉，肖业锟. 2019 年中国券商私募报告：后转型时代开启. 投中研究院，投中网公众号，2019-05-20.

[12] 2018 年私募基金登记备案及投资运作概况. 中国基金业协会公众号，2019-04-26.

[13] 刘申亮，王守清，刘婷. 金融机构能否主导 PPP 项目？[J]. 新理财，2016，262（12）：37-39.

（公众号"清华 PPP 研究中心"，2019-07-11）

新基建，钱从哪里来？

赵新博　王守清

2020 年，注定是一个不平凡的年份，是全面建成小康社会、实现第一个百年奋斗目标的关键之年，也是开局便经受史无前例重大考验的一年。随着疫情逐渐得以控制，国人的心从每日的疫情通报、抗病毒试剂研发等，开始逐步关注复工建设、投资拉动等经济建设问题。

新基建，作为一个在疫情之下释放经济增长新亮点的信号，激发了社会各界的热情，上周，以新基建为代表的股票继医药股、科技股之后掀起了一波热潮，各类财经文章也对新基建背景下各地方政府的投资蓝图进行了描绘，单看很多文章标题，已经拍案惊奇，再看文中数字，二刻拍案惊奇。

纯靠政府支出吗？翻开 2019 年各地方财政收入，一般公共预算总收入+政府基金性收入+国有资本预算收入这本综合实力账本，与支出相比，有多少地方政府还有盈余？不由得追问，搞这么大的事情，钱从哪里来？

3 月 7 日，也就是笔者在动笔之时，中央指导组抗疫前方阵地传来快讯——武汉距离逐步解除疫情防控限制不会太远。这意味着"六街鼓歇行人歇，九衢茫茫空对月"即将成为过去，当前，胜利在望还不可大意，来日，策马扬鞭时还需审慎。云聚云见的这段时间里，不妨多点理性、深入、系统的思考，为来时路打点伏笔。

一、推陈出新，何为新？

新基建概念源于 3 月 4 日政治局常委会议，会议强调加快推进国家规划已明确的重大工程和基础设施建设，加大公共卫生服务、应急物资保障领域投入，加快 5G 网络、数据中心等新型基础设施建设进度。要注重调动民间投资积极性。

顾名思义，新基建着重体现了投资领域之新和模式之新。

但回溯近年来相关政策，早在 2018 年 10 月，《国务院办公厅关于保持基础设施领域补短板力度的指导意见》（国办发〔2018〕101 号）就指出支持"一带一路"建设、京津冀协同发展、长江经济带发展、粤港澳大湾区建设等重大战略，围绕打好精准脱贫、污染防治攻坚战，着力补齐铁路、公路、水运、机场、水利、能源、农业农村、生态环保、公共服务、城乡基础设施、棚户区改造等领域短板，加快推进已纳入规划的重大项目。加强地方政府专项债券资金和项目管理，加大对在建项目和补短板重大项目的金融支持力度，合理保障融资平台公司正常融资需求，充分调动民间投资积极性，规范有序推进政府和社会资本合作（PPP）项目，深化投资领域"放管服"改革。随后，各部委和各级地方政府也相继出台了一系列关于加强基础设施领域补短板的政策文件。

从政策逻辑上看，近两年政府在基建补短板方面的初衷一直没变，随着外部中美贸易摩擦和国内疫情的影响，面对前有堵截、后有追兵的不利形势，中央政府将一系列经济刺激手段提上日程，各地方政府则紧随其后，除了新基建，亦相继出台加快专项债发行、定向降准、扶助中小企业、减税降租等措施，提振市场信心，稳定经济运行。

而从公共治理角度看，以往我们一直关注硬件基础设施的发展，而这次新冠肺炎疫情让我们看到中国在高速发展洪流中软件基础设施的匮乏与不足，尤其是人口过千万的城市，与之匹配的医疗资源是否充足，城市的发展是否均衡，都将是经济发展过程中不能回避的问题，我国的城市化进程还有相当一段路要走。我们现在提倡 PPP，不仅是微观项目的 Public-Private Partnership，还有可持续发展 People-first Public-Private Partnership。也就是以投资领域之新、模式之新，创造更加宜居的可持续发展之新。

二、春风裁细叶，如何裁？

前文所述，愿景虽美好，但现实是否如我们所愿往往要打问号。当前各地方政府绘制的新基建蓝图总投资额加起来已过 30 万亿元，激动人心的数字背后，现实到底怎样？我们且看且思量。

基础设施建设投资的维度，目前合规途径主要可以分为四大类，即专项债模式、城投模式、PPP 模式和传统模式。

首先，专项债模式。从 2015 年至今，专项债的发行数量和规模均呈增长趋势。2019 年，地方政府专项债券共计发行 823 只，债券规模为 25 882 亿元，其中，新增专项债券 21 772 亿元，置换债券和再融资专项债券 5 090 亿元。截至 2019 年年末，全国 37 个发行主体发行了 2 751 只，共计 9.4 万亿的专项债。项目收益专项债应用的领域从土地储备专项债券、收费公路专项债券、棚改专项债券，创新和发行多种不同领域的专项债券；行业投向上看，棚户区改造发行占比 35.93%，土地储备占比 33.89%，其他行政收费公路、高校、医院等占比 30.18%。从中可以看出，基建类专项债占比其实并不高。

其次，PPP 模式。从 2014 年至今，PPP 模式作为基础设施和公共服务领域的新模式获大力推广，近两年整顿后逐步趋于理性，但是财政部入库项目数量和金额一直在增长。截至 2019 年年末，财政部 PPP 综合信息平台在库项目总计 12 341 个，总投资额 17.78 万亿元，其中，管理库项目 9 383 个，投资额 14.48 万亿元。落地项目（成立项目公司）6 529 个，但实现融资成功的项目仅 883 个，进入建设期的项目 854 个，进入运营期的项目 222 个。从中可以看出，目前在库项目因为融资问题，尚处搁浅状态，融资已经成为制约 PPP 市场可持续发展的重要问题。

而将专项债和 PPP 模式结合起来看，二者也呈现一定的互补关系。那么，到底是专项债好还是 PPP 模式好？那么仅看疫情期间的一个对比案例，火神山、雷神山医院十余天完工交付，让人赞叹中国效率的同时，也有某十字会数天不能厘清财物的信息，这种反差让人不禁反思政府机构和社会资本方在某些领域，两者相比孰优孰劣？笔者认为，在一些传统的重建设、轻运营的领域，专项债模式项目推进更快，同时融资成本也低；但在一个轻资产、重运营、市场化程度较高的领域，PPP 模式进入运营后综合效益更高。图 3-14 为财政部 PPP 在库项目与专项债投资额区域分布统计图。

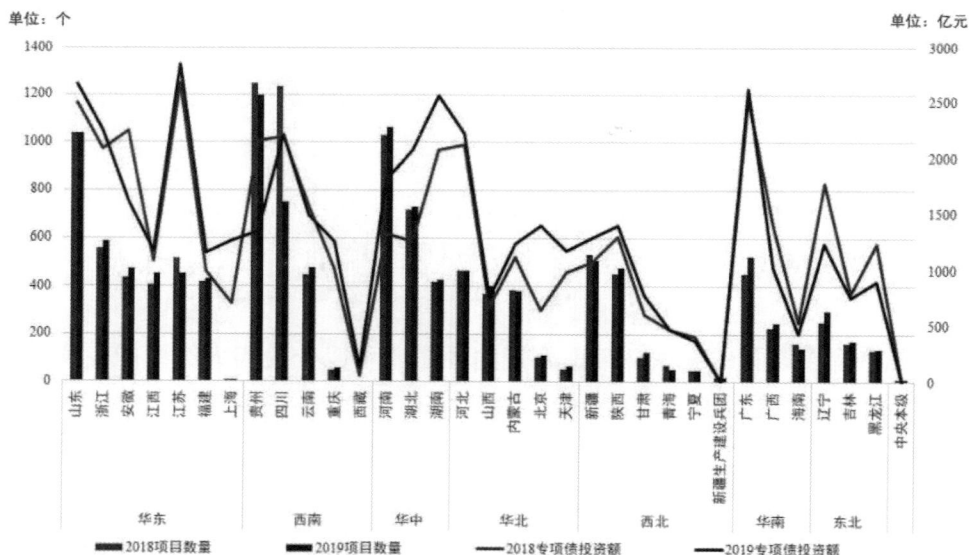

图 3-14　财政部 PPP 在库项目与专项债投资额区域分布统计

资料来源：明树数据。

再者，城投模式。若要区别于 2008 年后"四万亿"的大水漫灌，绕不开城投模式。自 2014 年后，城投开始新一轮的转型发展，一些纯粹的壳城投受限于融资问题，逐步退出历史舞台，但是还有一部分城投通过转型焕发新的生机，城投融资通道也在基础设施补短板的指导意见中给予正名。2019 年，各品种城投债发行数量总计达到 4 098 只，融资规模 3.3 万亿元，总发行规模达到 10 年来最高。对于城投的贡献，要辩证地看，优质的城投公司在经济发展过程中不仅起到了相当的贡献作用，也积累了丰富的实业和资本市场经验；但也有一些地方城投，尤其是隐形负债较高的地方政府，其城投的违约风险依然不容忽视。

而当前时代发展背景下，在持续强化地方政府债务管理的背景下，大规模城投重启的时代不可能退回再来。

以上 3 种模式，是当前市场上基建市场上合规的投融资渠道。但这里，笔者也不得不提及其他模式，即政府出钱、企业投资建设且运营的 ABO 模式，或者 F+EPC 模式，本文在这里统称为灰色模式，虽然在合规上存在瑕疵，但在一些强势政府或者强势的承包商项目中依然存在。这种模式目前虽无明确市场统计，但是存在一定的市场空间。此操作模式项目上马快，单就项目自身营运现金流而言，并不足以覆盖项目投资，主要还款来源依然是财政，虽无背书，但双方基于长久的政企合作有一定的信赖度；就融资而言，则主要取决于金融机构对于地方国企的信用资质评审。由于其还款来源的保障性不足，若无企业连带责任担保，项目融资规模有限；若以项目主体做授信，则容易存在合规问题。

综上，基建投资的主要模式各有优劣，专项债融资成本低且实施快但是规模有限；PPP 模式激发了广大社会资本的潜能，但是融资市场尚未有效打开；城投模式操作方便，但是在不得新增地方债务的红线下，自身新增融资空间并不大；最后一种模式高效，但更适合经济发展前景好、政府信用强的地区，且是实力较强的地方国企和央企，否则单靠项目本身很难获取融资。

图 3-15 和图 3-16 分别为项目融资模式选择矩阵和地方政府投融资模式选择矩阵。

结合 2019 年各地方政府的财政收入状况，纵观各地方政府的投资蓝图，现实恐不尽如人意，除非继续开源，但如何开源？

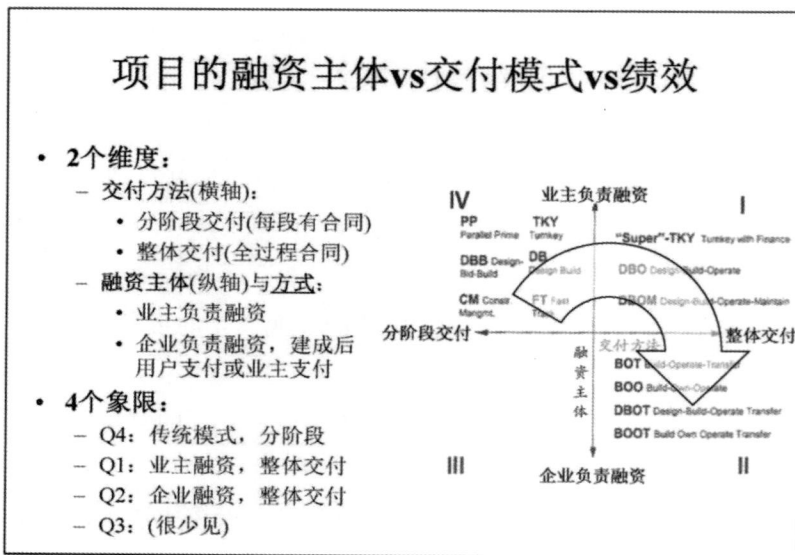

图 3-15　项目融资模式选择矩阵

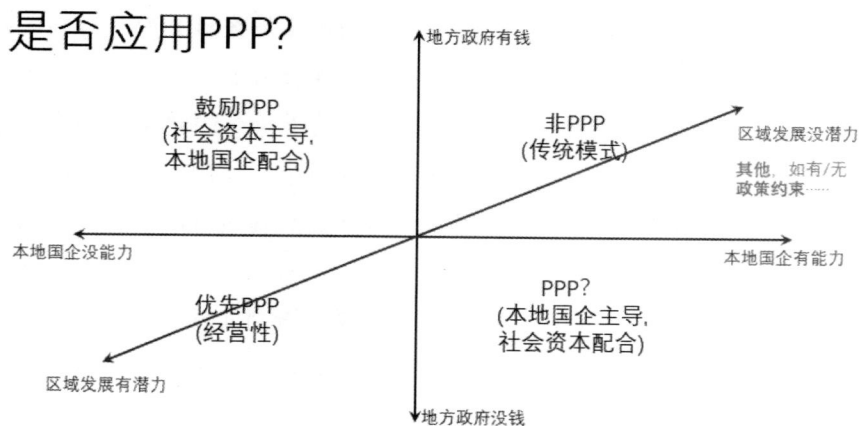

图 3-16　地方政府投融资模式选择矩阵

三、为有源头活水来，如何来？

述说完新基建之新和基建投融资模式，我们要回到最初的问题，钱从哪里来？想开源，能否开源？如何疏通融资渠道？

首先，资本金从哪里来？《政府投资条例》、国家发展改革委 1098 号文、资管新规、财金〔2018〕23 号文之后，对于资本金方面，要求国有金融企业向参与地方建设的国有企业（含地方政府融资平台公司）或 PPP 项目提供融资，应按照"穿透原则"

加强资本金审查，确保融资主体的资本金来源合法合规，融资项目满足规定的资本金比例要求。

2019 年 11 月，《国务院关于加强固定资产项目资本金管理的通知》（国发〔2019〕26 号）发布，这是继 1996 年之后第四次调整资本金，对部分行业领域调整资本金，可以适当下调资本金比例，并鼓励通过发行权益类、股权类金融工具多渠道筹措项目资本金。但现实是，目前基建市场中，权益性金融工具并不多，商业银行因受制于《商业银行经营法》不得进行股权投资；基金、信托、证券等非银机构自有资金真股权投资，主要集中于互联网、科技、大消费等领域。基建类 REITS 近两年在市场引起一定的关注度，但并未形成规模，基建类项目的真股权投资，在监管之下依然是个难题。

与此同时，金融机构对于下调资本金比例、给予社会资本方更多的债务融资贷款的情景，也不多见。

金融市场方面，人民银行、财政部、银保监会、证监会、外汇局等部委在疫情之后向市场推出了一系列积极的金融支持举措，如下调利率、开展逆回购、针对疫情救助相关名单客户提供再贷款等，向市场释放流动性支援抗疫救灾企业快速生产防护物质的信号，但是目前关于基建类投融资的监管并未放松，下一步是市场政策走势，值得持续关注。

财政政策方面，2019 年 6 月，中共中央办公厅、国务院办公厅《关于做好地方政府专项债券发行及项目配套融资工作的通知》颁布之后，新发专项债可用于资本金，但目前专项债用于资本金的比例远低于 20% 的上限。这可能部分因为专项债做资本金的项目要求是重大项目，但对重大项目的定义比较模糊，平台加杠杆动机不强，现在做资本金的项目只是铁路项目和高速公路项目。

因此，加快新基建的投资步伐不仅是一个概念，更是一个系统工程，非某个参与方单独的主观能动性就可打开局面。在各类社会投资、建设、施工方复工之前，不妨先看看政府的先行举措和政策支持。

财政部 2020 年 3 月 3 日发布的数据显示，今年前两个月，全国地方政府债券发行规模突破 1 万亿元关口，达 12 230 亿元，其中发行新增专项债券 9 498 亿元，新增专项债主要流向基建领域，占比为 67%，投向生态环保和民生服务的金额也较多。同日，中国国债协会发布了《地方政府债券信用评级业务自律规范指引》，以引导评级机构规范发展，强化评级行业自我约束，维护评级市场良好运行秩序，促进地方政府债券市场健康发展。

专项债的加快投放作为最快、最有效的资金来源，加快了基建的投资步伐，但是专项债的规模毕竟是有限的，而且，对于专项债项目，地方政府倾向把机会留给地方国企和地方融资平台，所谓"肥水不流外人田"。

对于急需建设、但又缺乏资金的专项债之外的项目，地方政府不得不首选 PPP。

财政部于 2020 年 2 月先是出台了《加快加强 PPP 项目入库和储备管理工作的通知》（财政企函〔2020〕1 号）、《关于全国 PPP 综合信息平台（新平台）上线运行的公告》（财政企函〔2020〕2 号），继而发布了污水处理和垃圾处理领域 PPP 项目合同示范文本，其中，新信息平台赋予各 PPP 参与方信息录入与公开的权利与义务，这将极大提升 PPP 项目的公开透明运行，从而减少地方政府、社会资本方及金融机构的信息不对称，也将提高 PPP 项目的融资落地率。

而 PPP 模式自财金〔2017〕92 号文、国资发改〔2017〕192 号文和财金〔2019〕10 号文之后，资本金融资的困顿一直处于停滞地带。2018 年和 2019 年市场上一些知名民企不得已转型投靠地方政府、大型金融控股或者大型央企，即便是资金实力雄厚的央企、国企，也并非步履轻松，从事 PPP 领域的社会资本方多数是建筑施工企业，本身就是高负债运营，纯靠自有资金投资动能也是有限的。财政部 PPP 中心支持天金所 2019 年推出了 PPP 二级市场交易规则，希望有助于盘活存量 PPP 市场，促进 PPP 股权和债权交易，释放社会资本新动能，目前尚在起步中。

再看 PPP 债权融资市场，在库项目经过清理整顿之后融资率依然颇低，说明金融机构对于 PPP 的认可程度依然不高。财政部信息平台的公开化、透明化建设，将在一定程度上加强地方政府对于项目还款履约保障，提高公众监督，是否会增强金融机构的支持度，还有待市场进一步验证。

至于上文提到的灰色模式，则需要具体问题具体分析。财政情况较好、政府信用度好的地方政府，为了应对疫情后经济快速恢复，推出的重点项目名单中不乏此类模式，基于城投和地方国企与当地金融机构的历史合作黏性，金融机构依然愿意放贷。同时，资金实力雄厚的承包商，与银行有长期的业务合作，依托自身信用，也可获取项目授信。但是，对于一些财政状况不甚理想的地方，项目单靠市场现金流能否收回投资存在较大不确定性，此种模式若无综合实力较强的社会资本方承接，项目融资仍将举步维艰。

不论是哪种模式，最终都要回归到最基本的市场逻辑和项目现金流平衡逻辑，对于财政实力强的地方政府、资金实力强的社会资本方，从传统基建项目向新型基础设施项目领域过渡蕴藏着大量投资机会；但对于经济欠发达地区的地方政府和实力较弱的社会资本方，则需要在不同模式之间平衡和综合运用，通过区域统筹、优势互补、风险的合理分担等来实现区域资源的最大化和融资的有效落地。对于金融机构，从传统的企业授信模式向真正的项目融资授信转变，加强重点基础设施项目储备，提升资产质量、做强信贷资产规模，则需要更加专业化的市场营销和风险管控队伍。

文章收尾之时，正逢国务院下令：复工不再审批。对于广大的基建人来说，加快项目施工进度和开动投资引擎近在眼前了，疫情之中的等待、思考与复盘将为接下来的全局谋划打下基础。方向在哪里？模式怎么选？钱从哪里来？接下来市场会不会有更加振奋人心的政策和举措迎来，我们拭目以待。愿 2020 接下来的日子里，谋定而动，后发制胜，在不平凡的一年，走出不平凡的路。

（公众号"PPP 知乎"，2020-03-08）

从 PPP 理念看基础设施 REITs 试点项目申报政策

王守清

一、引言

2020 年 4 月 30 日，中国证监会、国家发展改革委印发《关于推进基础设施领域不动产投资信托基金（REITs）试点相关工作的通知》（证监发〔2020〕40 号，下称"40 号文"），明确在重点领域以个案方式开展基础设施 REITs 试点。8 月 3 日，国家发展改革委办公厅发布《关于做好基础设施领域不动产投资信托基金（REITs）试点项目申报工作的通知》（发改办投资〔2020〕586 号，下称"586 号文"），标志着我国基础设施 REITs 正式启动，可以说，这是我国固定资产投资领域具有划时代意义的事件。

40 号文发布后，笔者组织十几个业务相关弟子研讨后于 5 月 21 日书面答复了国家发改委有关 REITs 试点的四大类十几个问题的函询，并在 6 月 4 日参加完国家发展改革委和证监会联合举行的研讨会后于 9 日在"清华 PPP 研究中心"公众号上公开；5 月 9 日在财政部 PPP 专家群专题研讨 REITs 时，笔者也表达了对 40 号文的一些理解（见财政部 PPP 中心公众号"道 PPP"5 月 26 日报道）。

（1）基础设施 REITs 对发起人（原始权益人/原投资者）、机构和散户投资者、基金管理人、运营商、咨询机构特别是律师事务所等都有业务机会，但短期内很难有量，而是改革的意义重大，是我国基础设施领域的一次重大突破。如果通过 REITs 试点，消除有关障碍并实施成功，可期望长期逐步稳健发展。

（2）基础设施 REITs 除了对基础设施建设和经济发展有巨大好处，对相关项目的投资者特别是工程企业投资者也有很重要的意义。一是滚动发展，通过建设（新增项目）/收购（存量项目）→培育项目→发行 REITs→回笼资金再投资于新建或存量项目，甚至可以"跨区域、跨行业使用"，提高投资效率，实现转型升级与扩大市场。二是 5 年后可能实现出表，降低负债率，满足国资委等要求。

（3）REITs 的重要成功要素类似于工程建设中的"人、机、料"："人"即能力，特别是运营商和基金管理人的能力；"机"即资产，指项目的合规性、股权和收益权（而不仅仅是片面的资产所有权）；"料"即现金流，核心在对项目的收益/现金流的评估（而非片面的资产评估，因为基础设施的特性如公共性和垄断性等）与保证、税负中性（而非税收优惠，因为我国对 REITs 还没有税收优惠政策）、项目的增值收益（但基础设施的特性使其很难有类似于商业房地产的增值收益）。

（4）资产估值正常或偏低但运营收益/租金正常或偏高（目前国内多数固定资产估值偏高，但运营收益或租金偏低）的项目比较适合 REITs，故建议重点关注三类基础设施项目：一是使用者付费（或穿透看是使用者付费）如路/桥/隧/水/电/气等传统类项目；二是集成开发相关的如仓储物流、产业园区等项目群类的；三是新兴但发展前景好的如信息（5G/数据中心/工业互联网）与融合（智能交通/能源）等新基建类项目。

现在 586 号文发布了，笔者上述两文中的观点基本上得到了政策的验证。586 号文的出台，业界肯定会有很多专家从不同角度进行解读，笔者也凑个热闹，但因为笔者是学术界专门研究 PPP 的，故下面仅从 PPP 相关理念/国际惯例再谈谈笔者对 586 号文的几点看法，行文逻辑与主要内容是，先回顾 PPP 项目的 4 个相互关联的核心原则和六大方面的重要评估内容，进而提出 PPP 基础设施 REITs 要维持之前 PPP 项目各相关方之间的公平，再强调基础设施 REITs 最重要的成功因素是项目的合规与现金流，最后指出 586 号文中对这些重要因素的考虑和体现。观点总体保持中立，但毕竟 PPP 是提供公共产品，故个别观点可能稍微偏向政府和公众，不一定全部正确，仅供参考，目的是希望读者兼听，促进思考和理解政策，以利于基础设施 REITs 试点项目的成功和后续基础设施 REITs 的可持续发展。

二、PPP 项目的核心原则和重要评估内容

因各国国情不同，各国的 PPP 定义和内涵、应用目的和范围、相关制度、法规政策和实施流程等也不同，但学术界和国际多边机构的基本共识是真正的风险分担、明确的产出要求、全生命期绩效、支付与绩效关联这四个相互关联的核心原则，笔者之前也一直在宣传（如《清介有守王守清：PPP 四原则、五"步"曲、六评估》）。其中，对政府和公众最重要的是全生命期绩效：①强调投资者要全过程集成，包括设计、建设、融资（含再融资）、运营，提高整体和全过程效率；②强调投资者单点对政府负责，即专业的人做专业的事，发挥能动性和创造力，责权利匹配；③项目建成后的再融资和（有形/无形）资产交易（如变更股权、变更贷款、实施 ABS 和/或 REIT 等），都必须保持 PPP 合同原来的责权利公平，特别是再融资和资产交易的发起人不能损害政府/公众/债权人的利益。

为了实现 PPP 的上述核心原则，实施 PPP 项目一般需要从以下 6 个方面进行评估（各国的具体评估方法和要求会有些差异，但核心内容类似）：①法律法规政策的合理性；②项目的可行性（比传统模式的可研更广，如还有财务、合同和社会等可行性）；③项目的可融资性和可交易性；④政府或公众的可负担性；⑤项目的可交付性；⑥项目的可监管性。其中，与 REITs 最相关且最重要的是项目的可融资性、可交易性和可交付性，即投资者有能力管控全过程并对政府和债权人等负责；若经政府和债权人同意，通过再融资和交易转移出去了某些责权利（如发行 REITs），那受让方就必须承继相应的责权利。

三、PPP 基础设施 REITs 要维持各方之间的公平

PPP 项目建成后，建设风险得到释放，特别是运营稳定后，可预测性（含项目现金流等）提高，整体风险降低，增强了潜在投资者和金融机构的信心，原投资者进行再融资（含 REITs，下同），有利于发展二级市场、吸引更多机构和散户投资者参与、促进融资渠道多元化、降低融资成本，让原投资者腾出资金实施更多项目、提高资金流动性和使用效率等。因此，基础设施 REITs 非常必要，而且，如果项目选择适当（这是 REITs 最重要的第一步），也是非常可行和有意义的，如引言中所述。

但是，由于 PPP 项目的公共性，其再融资应受约束，需经政府（代表公众）和债权人同意，最好不能让投资者完全退出，如果完全退出，则要求受让方完全承继原投

资者的责任，否则，项目再融资后若出问题将很难找到责任方并进行有效问责，容易造成原投资者投机、政府打 PPP 旗号上不该上的项目，或者不合适的项目发行 REITs，损害政府、公众和债权人的利益，对 REITs 的机构或散户投资者也不利。

其实，再融资主要应是债权变更，原投资者用更便宜的贷款去取代之前更贵的贷款，降低融资成本；REITs 则主要是股权变更，原投资者找新的机构和散户投资者购买其股权，套现/融资以实施其他项目。因为 PPP 项目再融资是投资者利用政府赋予的权力去建设并利用建成的设施去盈利，所依赖的是公共产品，所以，不管是债权变更还是股权变更，若原投资者因此有额外获利，都应与政府分享，这已是国际惯例。而且，股权变更特别是原投资者股权退出则应受政府更严格的限制和监管，以避免上一段末所述问题。当然，股权变更和退出要区分阶段和原投资者是否实质控制股东，如建设期的施工承包商股东、运营期的运营商和设备供应商股东的退出必须受约束：①股权锁定期，不同类型项目锁定期不同；②必须获政府和债权人同意，或满足 PPP 合同与贷款合同中约定的前提条件；③要审核受让方能够承继原投资者的责任，并区别机构投资者和散户投资者（后者比例应有上限）；等等。

总之，要防止聪明人（原投资者/基金管理人等）利用信息不对称和制度不完善等对不够聪明但可能想贪便宜的特别是散户投资者玩"击鼓传花"，让政府和公众承担本已转移给 PPP 项目原投资者的风险，在国内目前金融体系不够成熟、信息不够透明、操作不够规范、监管不够实时、违规成本不高时很容易出现的短期行为。而政府要牢记的是，不管是 PPP 项目原投资者的主动再融资还是被动再融资，只有不会对项目或政府或公众造成负面影响前提下，才能同意原投资者的再融资（含 REITs）。

综合上述 PPP 理念和国际惯例，并结合我国有关政策，下面再强调与 PPP 基础设施 REITs 直接相关的几条原则和底线：①不能违反资产交易监管要求，特别是涉及新建项目中的国有股份、国有存量项目的；②不能变相逃避招标采购要求，即 PPP 中标后原投资者股权转让或退出要受约束，不是说不能转让或退出，而是说必须经过政府和债权人同意；③不能让项目出现问题特别是其运营阶段，故要么限制原实质控制投资者的退出，要么让受让方承继原投资者的责任，出现问题则必须按相关法规政策与合同进行惩罚。

四、REITs 项目的合规与现金流的重要性

因为 PPP 项目合同期长，不确定性大，相关方多，特别是涉及强势且可能不守信

用的政府和"光脚不怕穿鞋"的公众用户，故 PPP 项目特别是国际 PPP 项目多是基于（有限追索）项目融资，以让投资者把项目的风险与其母公司隔离，除了法律、金融、信用、担保等体系和区域经济与行业发展等宏观因素，在项目层面，PPP 项目能否成功主要取决于：①项目现金流、项目资产与合同权益；②投资者能力，不仅仅是建设能力，更重要的是运营和集成优化能力；③在法律和制度框架下对各方责权利特别是风险公平分担的合同安排；等等。

上述这些因素都在 586 号文中有反映，也是前面各节所述有关原则和要点的具体体现。例如，为了保证项目现金流，586 号文第三条强调 REITs 项目"聚焦重点区域"（符合国家宏观发展战略），第四条强调"聚焦重点行业"（补短板和新基建，后者主要是考虑其增长性、使用者付费和创新性等），第五条"鼓励国家战略性新兴产业集群、高科技产业园、特色产业园"（集成创新开发，第十四条第 3 款明确对"需以打包后项目整体收益进行判断"），都是为项目现金流进行铺垫；而第九条则明确要求"现金流持续稳定且来源合理分散，投资回报良好，近 3 年内总体保持盈利或经营性净现金流为正"，并用了一个新指标"预计未来 3 年净现金流分派率原则上不低于 4%"；第十八条第 3 款还进一步明确"收入来源以使用者付费为主"（包括按照穿透原则实质为使用者付费的，如虽然有时体现为政府付费，但本质还是使用者付费的水/电/气等 PPP 项目），含 PPP 合同中明确约定的地方政府补贴。但 586 号文未明确使用者付费的比例，故有一定灵活性（征求意见稿是 80% 以上，笔者在答复函询和研讨会上建议，试点项目不宜一刀切，可先定 50%~70% 作为底线，并依不同行业、项目类型、所处市场、产权特征、政府信用、投资者、基金管理人和运营商的信用和能力等微调，试点成功后再分别进一步细化和完善）。

作为获得项目现金流的基础，REITs 发起人需"依法合规拥有项目所有权、特许经营权或运营收费权"，586 号文第七条就明确了这一点。注意其中的"或"，这是考虑到基础设施产权一般是国有，投资者仅需拥有能够带来现金流的运营收费权即可，不一定要拥有所有权。另外，PPP 项目公司的股权一般比较分散，往往同时有地方政府/政府方股东、社会资本投资者（往往是联合体）含财务投资人等多方持股，且社会资本转让股权通常在 PPP 合同与贷款合同中受到股权锁定期或转让前置审批要求的限制，故 40 号文中要求 100% 的股权转让，以及 586 号文第七条"相关股东已协商一致同意转让"、第二十三条"涉及国有资产转让的项目，应符合国有资产管理相关规定。PPP 项目的股权转让，应获得合作政府方的同意"等，可能会存在实操层面的一些障碍，会使得适合 REITs 的项目减少。不过作为试点，从严要求也是可以理解的，试点成功后可再酌情放松。

项目和流程的合规，则是上述二者的根本，故 586 号文中有大量的篇幅强调项目合规情况（第十二条第 2 款和附件 2）并要求提交相关证明（第十二条第 3 款和附件 3），第十三条还要求聘请律师事务所出具法律意见书。其实，这些要求除了有利于发行 REITs 成功、避免后续出现问题和争议，也有利于保护 REITs 投资者特别是散户投资者（毕竟他们不像机构投资者那样有能力）。值得称赞的是第十七条第 4 款还明确"应以手续办理时的法律法规、规章制度、国家政策等为依据，判定相关手续的合法合规性"，第十八条第 1、第 2 款以 2015 年以后批复实施的 PPP 项目及 2015 年 6 月《基础设施和公用事业特许经营管理办法》（国家发改委等 6 部委 25 号令，笔者很荣幸作为领衔专家参与了起草）进行政策的新老划断，但特别强调"通过公开招标等竞争方式确定社会资本方"，因为没有竞争，就没有比较，就很难有与传统模式相比的效率提高和物有所值（PPP 的核心原则之一）；第十一条还要求相关方近 3 年"无重大违法违规记录、项目运营期间未出现安全、质量、环保等方面的重大问题"，第十八条第 4 款要求 PPP 项目"未出现暂停运营等重大问题或重大合同纠纷"；等等：这些都是要保证项目能合法合规"运营稳健、正常"，保证现金流，保护公众利益，也保护基金管理人、机构和散户投资者。

最后，586 号文第八条明确要求"项目运营时间原则上不低于 3 年"、第九条要求现金流"近 3 年内总体保持盈利或经营性净现金流为正"也是强调项目现金流。之所以规定最短运营年限要求，主要是因为，按照实践经验，不同类型项目能进入稳定运营所需的时间一般为 2～5 年，故国家发展改革委、证监会有关 PPP 项目 ABS 的发改投资〔2016〕2698 号文"建议项目已建成并正常运营 2 年以上"；但是从财务角度考虑（本质还是现金流），项目经过 3 年运营后，就能够更好发现、释放、解决运营初期中的相关问题和风险，确保运营稳定，就会有比较清晰和稳定的财务报表，就可以更清楚地分析项目的运营和现金流情况。当然，结合具体项目的复杂度和现金流前景，有些项目的最短运营年限可适当缩短，故 586 号文中加上了"原则上"。例如，如果项目比较简单但市场需求已经培育且有实质证据表明项目前景看好，再加上合同中的有关约定能保证项目现金流稳定甚至有增长，个别项目的最短运营年限就可适当缩短，但需经过一定认定程序。还要提醒的是，有些特殊行业，如轨道交通对试运营和正式运营的定义与其他行业有些不同，因此，要重"运营"的实质而非用词。

（公众号"中国 PPP 智库"，2020-08-03）

PPP-REITs 收益影响因素分析①

叶 露　王守清

随着我国新型城镇化的不断推进，基础设施投入规模近年仍保持稳健增长，以政府为主导的融资模式逐渐无法满足庞大的基础设施资金需求，PPP 模式作为政府与社会资本的新型合作关系将社会资本引入基础设施投资，成为缓解这一矛盾的重要举措。截至 2019 年 9 月末，PPP 管理库项目累计 9 249 个，投资额 14.1 万亿元。

而 PPP 项目的一级市场投资有着单笔投资量大、风险收益吸引力低等潜在问题，一定程度上制约着投资者的有效进入。构建完善的 PPP 二级市场，提供资产证券化、股权等市场化退出渠道，将有助于构建 PPP 资金流入和退出的有效循环体系，解决 PPP 融资困难等困境问题。通过二级市场的退出，投资者可实现资金的提前回收、降低表内负债并获得一定程度的溢价。REITs 作为一种房地产资产证券化的方式，可有效盘活存量资产，优化企业资产负债表，与 PPP 二级市场退出方向上属性契合度极高。因此，将 PPP 与 REITs 相结合或将成为解决 PPP 项目融资难、完善社会资本交易与退出机制、发展 PPP 二级市场、增强 PPP 流动性等的重要创新举措之一。[1]

为进一步探索 PPP-REITs 的运作模式的科学性、合理性，本文将以美国的基础设施 REITs 为样本构建 VAR 模型进行实证分析，归纳出基础设施 REITs 收益波动的主要影响因素，为我国的 PPP-REITs 的推广和应用提供参考意见。

一、REITs 收益率波动性研究现状

对于 REITs 收益率波动性的研究，国内外学者主要从宏观基本面、行业景气度和公司 3 个层次的影响因素展开研究。

宏观基本面方面，陈（Chan）等[2]基于多因素套利定价模型和资本资产定价模型，研究发现了非预期通货膨胀、风险变化、期限结构和股市对 REITs 收益产生影响。陈（Chen）和赞德（Tzang）[3]研究了 REITs 对不同期限利率的敏感度，并发现在 1973—1979 年 REITs 对长期利率敏感，而 1980—1985 年对短期利率和长期利率都较为敏感。

① 基金项目：国家自然科学基金资助项目（71572089 和 71772098）。

帕克（Park）等[4]利用广义费雪方程式研究了预期通货膨胀对 REITs 收益的影响，并发现了 REITs 可部分抵御通货膨胀。

在行业景气度方面，REITs 的房地产属性使得其投资回报率受着房价波动的影响。霍斯利（Hoesli）和奥卡里宁（Oikarinen）[5]基于美国、英国和澳大利亚 REITs 数据通过建立 VECM 检验 REITs 回报是否能直接反映房地产市场的回报，最后方差分解和脉冲响应的结果都表明 REITs 是直接房地产投资在长期投资组合中相对较好的替代品。巴甫洛夫（Pavlov）和瓦赫特（Wachter）[6]基于 RCA 商业写字楼 REITs 数据与季度商业不动产价格指数的线性拟合，证实了 REITs 收益率和底层资产价值的正向关系。

在公司层面，REITs 公司的治理结构、财务杠杆与运作的特殊性等同样影响着 REITs 收益率。安布罗斯（Ambrose）和林尼曼（Linnemen）[7]选取 1990—1996 年的 139 支权益型 REITs 作为样本对比不同管理模式下 REITs 在营业收入、现金流量、资金成本和盈利能力等方面的表现，得出的结论是，内部管理模式由于能出色解决房地产投资信托基金管理层与股东之间利益冲突，比外部管理模式 REITs 表现更优异。卡波扎（Capozza）和塞金（Seguin）[8]通过对比研究得出结论，REITs 在不同管理模式下底层资产现金流水平相似，但在公司层面费用尤其是利息支出上表现不同。外部管理模式下，因为承受更高的负债水平和债权融资成本而支付更高的利息费用而导致 REITs 层面收益率较低。

二、模型变量确定

本文被解释变量 Y_t 选取富时全美房地产指数系列的基础设施 REITs 指数（FTSE Nareit Infrastructure REITs Index）的月度收益率，样本空间为 2012 年 1 月至 2018 年 12 月。

综合文献调研中影响 REITs 收益的关键因素并进行提炼，本文在宏观层面选取了经济发展水平、通过膨胀率和市场利率作为自变量，在行业层面选取了基础设施行业和不动产行业两个行业的景气度作为自变量，具体数据选择及原因如下。

（1）美国工业生产指数 IP（2007=100，设定基准年 2007 年的值为 100）。选取美国工业生产指数作为代表经济发展水平的数据指标，反映经济周期变化。当经济上行时，投资者风险偏好提升，社会投融资活动增加，REITs 底层资产收益发生改变，影响收益率波动性。

（2）CPI 月环比数据 CPIchng。选取 CPI 作为衡量通货膨胀率的指标。经过文献梳理,国内外学者以证实当通货膨胀率上行时,REITs 底层资产收益同样会上升,REITs 是一种较好的抵御通货膨胀的投资工具。

（3）美国五年期国债收益率 i。本文选取美国五年期国债收益率 i 作为市场利率的代表性指标,利率可指导金融产品定价并影响市场流动性,或将影响 REITs 收益率。

（4）S&P500 公用事业行业收益指数 UTIL。PPP 项目聚焦基础设施行业,S&P500 公用事业行业收益指数衡量着公共基础设施行业的景气度,影响着基础设施 REITs 的收益率。

（5）房屋价格指数 HPI。REITs 的基础资产为不动产,本文选取房屋价格指数 HPI 作为代表不动产行业的自变量,衡量不动产行业景气度对基础设施 REITs 收益率波动的影响。

此外,为消除或减弱数据的季节性趋势与异方差性,本文对数据已进行季节性处理或取对数,处理后的各变量描述性统计如表 3-11 所示。

表 3-11　变量的描述性统计

变　量	样 本 量	均　值	标准差	最 大 值	最 小 值
Y_t	84	1.086	4.322	12.840	−10.910
IP	84	4.640	0.025	4.701	4.597
CPIchng	84	0.125	0.305	0.800	−0.600
i	84	1.585	0.614	3.000	0.620
UTIL	84	6.258	0.218	6.596	5.887
HPI	84	5.397	0.119	5.599	5.192

三、前期数据检验

1. 平稳性 ADF 检验

为检验随机时间序列的平稳性,对模型的各个变量进行平稳性 ADF 单位根检验（见表 3-12）。

表 3-12　变量 ADF 检验结果

变　量	ADF 值	P 值	1%临界值	5%临界值	是否平稳
Y_t	−11.404	0.0000	−3.534	−2.904	平稳
IP	−0.609	0.9785	−4.077	−3.467	非平稳
CPIchng	−6.222	0.0000	−3.535	−2.904	平稳

变　　量	*ADF* 值	*P* 值	1%临界值	5%临界值	是否平稳
i	−0.603	0.8703	−3.534	−2.904	非平稳
UTIL	−2.895	0.1639	−4.077	−3.467	非平稳
HPI	−1.554	0.8100	−4.077	−3.467	非平稳

根据检验结果可知，在 1%的显著水平下，Yt 和 $CPIchng$ 是平稳序列，而 IP、i、$UTIL$ 和 HPI 是非平稳序列需进一步进行差分处理，其差分检验结果如表 3-13 所示。

表 3-13　差分变量 *ADF* 检验结果

变　　量	*ADF* 值	*P* 值	1%临界值	5%临界值	是否平稳
ΔIP	−8.441	0.0000	−3.535	−2.904	平稳
Δi	−7.870	0.0000	−3.535	−2.904	平稳
ΔHPI	−9.238	0.0000	−3.535	−2.904	平稳
$\Delta UTIL$	−8.075	0.0000	−3.535	−2.904	平稳

由差分变量 *ADF* 检验结果可知，变量 i、$UTIL$、IP 和 HPI 为一阶单整序列 I(1)，因此本文对这 4 个变量取一阶差分构建 VAR 模型。

2．滞后阶数确定及模型相关检验

综合 AIC、SC、LR 等各个准则的结果分析，可确定模型最佳滞后阶数为二阶。此外，本文还分别对残差做了 LM 相关性检验（见表 3-14）及是否服从正态分布检验，结果显示残差无自相关，并可在 1%的显著性水平上接受残差服从正态分布的假设。

表 3-14　LM 检验结果

滞后阶数	Chi2	*P* 值
1	32.2245	0.64883
2	36.9095	0.42669

同时，本文也对模型进行平稳性检验，结果表明 VAR 系统稳定，图像如图 3-17 所示。

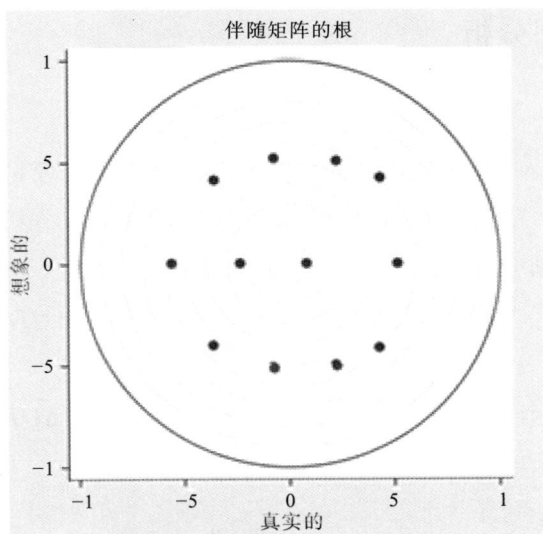

图 3-17　VAR 模型稳定性判别图

3．Granger 因果检验

为更好地分析本文所选变量之间的因果关系，对数据进行格兰杰（Granger）检验。格兰杰检验结果（见表 3-15）显示，CPIchng Granger 影响 ΔIP 和 Yt，Δi Granger 影响 ΔIP，ΔHPI Granger 影响 Yt。

表 3-15　Granger 检验结果

原 假 设	卡方统计量	原 假 设	卡方统计量
$CPIchng$ 没有导致 Yt	6.6405	Yt 没有导致 $CPIchng$	2.2846
Δi 没有导致 Yt	2.8114	Yt 没有导致 Δi	1.6669
ΔIP 没有导致 Yt	2.1465	Yt 没有导致 ΔIP	2.3057
ΔHPI 没有导致 Yt	10.114	Yt 没有导致 ΔHPI	0.45955
$\Delta UTIL$ 没有导致 Yt	3.8423	Yt 没有导致 $\Delta UTIL$	1.6225
Δi 没有导致 $CPIchng$	0.02502	$CPIchng$ 没有导致 Δi	0.24577
ΔIP 没有导致 $CPIchng$	0.77709	$CPIchng$ 没有导致 ΔIP	6.7047
ΔHPI 没有导致 $CPIchng$	0.39722	$CPIchng$ 没有导致 ΔHPI	2.0537
$\Delta UTIL$ 没有导致 $CPIchng$	1.3204	$CPIchng$ 没有导致 $\Delta UTIL$	2.367
ΔIP 没有导致 Δi	0.06311	ΔI 没有导致 ΔIP	7.5049
ΔHPI 没有导致 Δi	2.1992	ΔI 没有导致 ΔHPI	0.39402
$\Delta UTIL$ 没有导致 Δi	0.61083	ΔI 没有导致 $\Delta UTIL$	2.1497
ΔHPI 没有导致 ΔIP	0.52906	ΔIP 没有导致 ΔHPI	1.7141
$\Delta UTIL$ 没有导致 ΔIP	2.0326	ΔIP 没有导致 $\Delta UTIL$	2.1472
$\Delta UTIL$ 没有导致 ΔHPI	2.5224	ΔHIP 没有导致 $\Delta UTIL$	1.5858

四、模型数据分析

1．脉冲响应分析

模型中共有 ΔIP、Δi、ΔHPI、$\Delta UTIL$ 和 $CPIchng$ 5 个自变量，为分析各个变量在不同时期的影响效果，使用脉冲响应分析。在进行脉冲响应分析前，需确定经济意义上的变量影响顺序。结合自变量的外生性强度与交叉相关性，并根据 Granger 因果检验结果加以调整，确定 VAR 模型中的变量的最终排序为：$\Delta UTIL \rightarrow \Delta HPI \rightarrow CPIchng \rightarrow \Delta i \rightarrow \Delta IP \rightarrow Yt$。

图 3-18 分别为 5 个自变量 $CPIchng$、Δi、ΔIP、ΔHPI 和 $\Delta UTIL$ 的正交化脉冲响应图，函数最终均收敛于横轴，模型稳定。

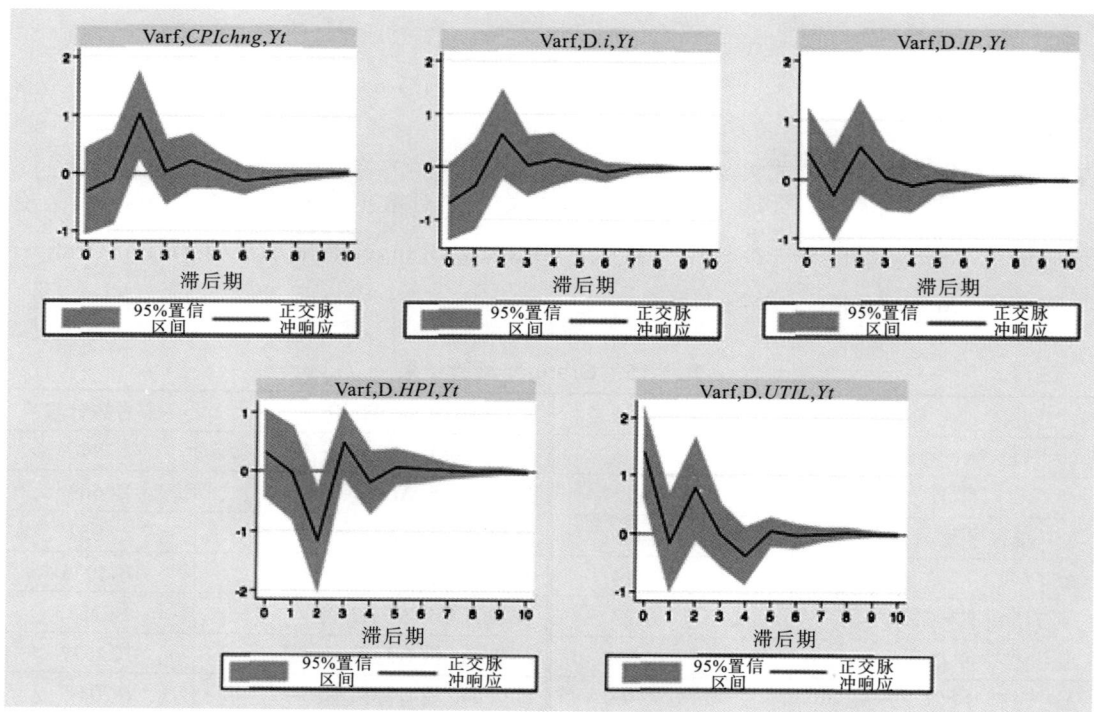

图 3-18　各变量正交化脉冲响应图

从第一行第一个小图可以看出，若 $CPIchng$ 增大，对滞后一期的 Yt 有负向作用但幅度很小，而在滞后二期时具备较强的正向作用幅度高达 1。结合现实分析，通货膨胀率上升时，REITs 的基础资产收益定价上调、REITs 收益率上升，与脉冲响应中较强的正向作用相符。

Δi 也同样在滞后一期有负向作用，而后转为正向作用但幅度最高为 0.5。利率升高会带来整体流动性收紧，未来现金流折现率升高，影响投资者情绪，REITs 收益率降低，与滞后一期的负向作用相符。而本文选取的样本基础设施数据均为权益型 REITs，相对于抵押型 REITs，其受到通货膨胀的影响相对更大，利率的影响相对有限。

ΔIP 的脉冲响应图反映了工业发展对 REITs 收益率的正向作用，即经济水平促进着 REITs 收益率的提高。ΔHPI 和 $\Delta UTIL$ 的脉冲响应图的幅度均较大，而 ΔHPI 为负向作用，$\Delta UTIL$ 为正向作用。结合现实，房屋价格上升时，REITs 底层资产收益上升，而房屋价格与房地产投资规模具备正相关的关系，资金过多的流入传统房市则对基础设施投资产生了分流，ΔHPI 与 $\Delta UTIL$ 的影响反向。

2．方差分解分析

为进一步确定不同时点时 Yt 的方差能被 $CPIchng$、Δi、ΔIP、ΔHPI 和$\Delta UTIL$ 5 个变量解释的部分，进行方差分解分析，方差分解分析与脉冲效应分析变量顺序一致。

结合图 3-19 和表 3-16 方差分解的结果可知，在预测期 1～10 中，Yt 的预测方差一直由自身主导，但贡献率逐渐减小。贡献率同样在波动递减的$\Delta UTIL$ 是基础设施 REITs 收益率方差的第二大主要解释变量。ΔHPI 和 $CPIchng$ 对收益率方差变化的贡献率在两期之后显著提升，超过Δi 的贡献率，而ΔIP 的贡献率始终较小，在三期之后维持在 3.12% 左右。

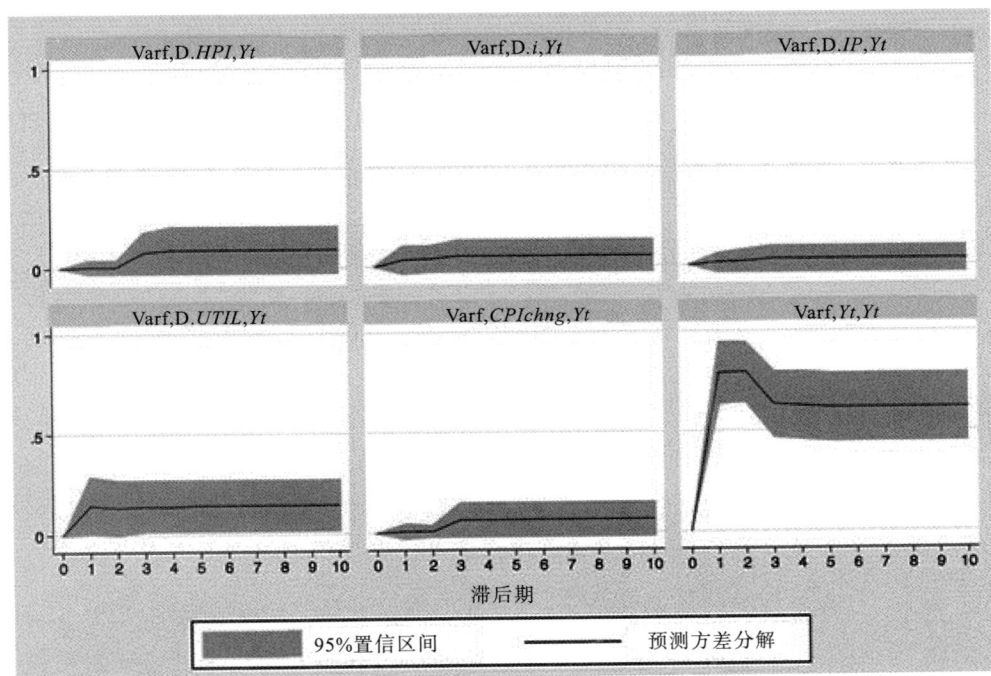

图 3-19　各变量预测方差分解图

表 3-16　基础设施 REITs 月收益率的方差分解

预测期	对预测变量 Yt 的解释程度（%）					
	ΔHPI	Δi	ΔIP	ΔUTIL	CPIchng	Yt
1	0.73	3.50	1.54	14.59	0.71	78.94
2	0.67	4.04	1.87	13.45	0.70	79.27
3	7.91	5.33	3.15	14.09	6.32	63.20
4	9.09	5.27	3.11	13.90	6.24	62.38
5	9.14	5.30	3.12	14.44	6.40	61.60
6	9.16	5.30	3.12	14.45	6.42	61.56
7	9.15	5.33	3.12	14.43	6.49	61.48
8	9.15	5.33	3.12	14.43	6.51	61.46
9	9.15	5.33	3.12	14.43	6.51	61.46
10	9.15	5.33	3.12	14.43	6.51	61.46

五、结语

本文的 VAR 模型分别从宏观经济和行业两个层面选取了 5 个自变量，宏观经济层面选取了美国工业生产指数 IP、CPI 月环比和美国五年期国债收益率，行业层面选取了 S&P500 公用事业行业收益指数和房屋价格指数 HPI，经过了数据处理和检验后，进行了脉冲响应分析和方差分解分析。

综合来看，经济趋势、CPI 水平、市场利率、基础设施行业景气程度和房市价格走势共同影响基础设施 REITs 收益率变动。从影响方向来看，工业增加值、通货膨胀率和公用事业行业收益指数对基础设施 REITs 收益率有正向影响，市场利率和房屋价格指数对基础设施 REITs 收益率有负向影响。从解释力度来看，宏观层面变量解释能力较弱，行业层面变量解释力度较强。

基础设施 REITs 的定价机制和传统商业地产 REITs 相比具有特殊性。传统商业地产 REITs 的收益主要来源为市场化的运营租金，物业价值的提升大幅影响着 REITs 收益率；而基础设施 REITs 的收益来源是公共物品定价收费，我国现阶段仍未形成对基础设施资产估价的明确体系，基础设施 REITs 的推行将有助于倒逼我国基础设施资产的估价体系建设。在国外的基础设施 REITs 租约合同中，往往会嵌入宏观经济指标有关的上调因子，结合本文对基础设施 REITs 收益率的分析，建议在设计 PPP-REITs 的动态调整机制时也理应结合宏观层面的经济发展情况、通货膨胀、市场利率和行业层面的房地产及基础设施景气度指数等指标去综合评估。

参考文献

[1] 叶露，冯珂，王守清. PPP-REITs 运作模式的设计与分析[J]. 建筑经济，2019，40（2）：31-35.

[2] Chan K C, Hendershott P H, Sanders A B. Risk and return on real estate:evidence fromequity REITs[J]. Real EstateEconomics, 1990, 18(4):431-452.

[3] Chen K, Tzang D. Interest-rate sensitivity of real estate investment trusts[J]. Journal of Real Estate Research, 1988, 3(3):13-22.

[4] Park J Y, Mullineaux D J, Chew I K. Are REITs inflation hedges?[J]. The Journal of Real Estate Finance and Economics, 1990, 3(1):91-103.

[5] Hoesli M, Oikarinen E. Are REITs real estate? Evidence from international sector leveldata[J]. Journal ofInternational Money and Finance, 2012, 31(7):1823-1850.

[6] Pavlov A D, Wachter S M. REITs and Underlying Real Estate Markets:Is There a Link?[J]. U of Penn, Inst for Law & Econ ResearchPaper, 2011(11-20).

[7] Ambrose B, Linneman P. REIT organizational structure and operating characteristics[J]. Journal of Real Estate Research, 2001, 21(3):141-162.

[8] Capozza D R, Seguin P J. Debt, agency, and management contracts in REITs:the externaladvisor puzzle[J]. The Journal ofReal Estate Finance and Economics, 2000, 20(2):91-116.

（公众号"中国 PPP 智库"，2020-05-01）

他山之石——美国 REITs 简述及启示

伍　迪　牛耘诗　杜镇秦　王守清

一、引言

REITs（ Real Estate Investment Trusts，不动产投资信托基金 ）诞生于 20 世纪 60 年代的美国，根据美国国会通过的《不动产投资信托法案 1960》，REITs 是一种通过发行证券，集合公众投资者资金，由专门机构经营管理，并将投资综合收益按比例分配给投资者的信托资金。

20 世纪 90 年代开始，REITs 在世界范围内进入高速发展期。REITs 产品流动性良好，投资者可以通过长期持有不动产物业获得收益，产品收益的主要来源包括租金和不动产升值，资产运营的大部分收益用于分红，并且很多国家法律规定，分配部分享受税收优惠，仅进行单次征税。从成熟市场的经验来看，这些基本等产品设计特征决定了 REITs 产品具有较高的长期回报率[1]。

目前，REITs 在我国的发展形式主要是固定收益性质的私募类 REITs，截至 2019 年 3 月末，国内共发行类 REITs 产品 46 只，规模合计 939.21 亿元。不同于国外更流行的权益性 REITs，类 REITs 市场具有高收益、低风险、低流动性的特点，具有典型的债权类金融产品的属性。

2020 年 4 月，中国证监会和国家发展改革委联合发布《关于推进基础设施领域不动产投资信托基金（REITs）试点相关工作的通知》（证监发〔2020〕40 号），标志着中国的公募权益性 REITs 发展进入正式实际操作的新阶段，这是我国金融服务供给侧改革的重要抓手，对于盘活存量资产、形成良性投资具有重要意义。

二、美国 REITs 发展概况

（一）美国 REITs 对经济社会发展做出重要贡献

从 1960 年颁布的《不动产投资信托法案》施行以来，经过几十年的积累与发展，美国 REITs 在地方经济发展、居民就业等方面起到了重要作用。根据 EY 会计师事务所 2020 年 1 月发布的美国 REITs 报告[2]，截至 2018 年末，美国 REITs（包含上市公开交易、上市非公开交易及私有）总市值超过 3 万亿美元，拥有超过 52 万项资产。2018 年，REITs 为美国提供了直接工作岗位 240 万个，带来直接劳动收入 1 482 亿美元，全年分红达 128.9 亿美元，利息收益 60.9 亿美元。美国 REITs 在 2018 年全年投资中，有 41 亿美元用于新项目建设，550 亿美元用于存量项目的例行维修支出。美国权益型 REITs 各行业就业人数如表 3-17 所示，需要特别强调的是，按照美国的习惯性统计方式，美国 REITs 行业的"基础设施"含义与中国交通、市政等传统基础设施的概念不同，主要是指网络宽带、通信、5G 信号塔等新型基础设施。

表 3-17　美国权益型 REITs 各行业就业人数（2018 年）

REITs 行业	就业人数（万人）	占比（%）
仓储	4.64	18.88

REITs 行业	就业人数（万人）	占比（%）
住宅	4.09	16.65
数据中心	2.43	9.89
零售	2.09	8.51
工业	1.99	8.10
基础设施及通信	1.67	6.80
写字楼	1.59	6.47
农林	0.73	2.97
酒店	0.35	1.42
医疗	0.33	1.34
其他	4.66	18.97

（二）美国 REITs 涉及行业领域分布广泛

权益型 REITs 拥有并经营不动产，主要收入来源是不动产的经营收入，是美国 REITs 的发展重点。根据美国国家 REIT 协会[3]统计，目前美国共有 225 只 REITs 产品，2019 年共募集资金 1 094 亿美元。其中，权益型 REITs 共 158 只，涉及行业领域包括 12 个类别，分别为数据中心、医疗、基础设施、混合经营、混业经营、住宅、写字楼、商铺、工业、农林、酒店和自存储。美国各行业 REIT 的总市值及发展情况如表 3-18 所示。

表 3-18　美国各行业权益型 REIT 总市值及发展情况

REITs 行业	总市值（亿美元）	数量（只）	2019 年增长率（%）
数据中心	1.3150	5	44.21
医疗	0.9634	17	21.2
基础设施	2.2216	5	41.95
混合经营	0.4156	11	27.39
混业经营	0.4359	15	24.1
住宅	1.0622	21	30.89
写字楼	0.7881	18	31.42
商铺	1.0119	31	10.65
工业	1.3944	13	48.71
农林	0.2802	4	42
酒店	0.2089	13	15.65
自存储	0.6293	5	13.7

通过表 3-18 数据分析，从总市值角度可以发现，电子商务、互联网等高科技相

关行业在美国 REITs 市场占据较大份额，这说明投资者对于新型基础设施表现出较为强烈的投资意向，包括科技含量较高的数据中心和仓储物流等。从增长率角度可以发现，美国 REITs 高科技相关行业增长迅猛，基础设施、工业、数据中心三类行业在 2019 年都有超过 40% 的增长率，除投资者积极参与的原因外，行业高度数字化、易于进行 REITs 业务优化和扩展等也是重要原因。

三、中美 REITs 差异对比分析

（一）行业差异

将我国 2020 年发布的《关于做好基础设施领域不动产投资信托基金（REITs）试点项目申报工作的通知》（发改办投资〔2020〕586 号）中提及的 7 个支持行业与本文表 3-18 统计的美国权益型 REITs 产品的应用行业领域进行对比，可以发现以下几个特点。

（1）公路、铁路等交通项目是我国 REITs 试点的推广领域，但美国几乎没有积累以收费公路或铁路等交通项目为底层资产的权益型 REITs 产品经验。分析其原因，美国已经拥有较成熟的交通运输体系，但铁路项目较少，公路项目中收费的也十分有限，而我国交通基础设施，尤其是具有一定收益水平的交通基础设施存量资产较多，是适合探索 REITs 推广应用的重要领域。

（2）我国将城镇污水垃圾处理及资源化利用、固废危废医废处理、大宗固体废弃物综合利用、城镇供水、供电、供气、供热等市政项目纳入 REITs 试点工作的范围，但美国几乎没有这类项目的权益型 REITs 产品发行。分析其原因，这类项目往往收益较稳定，但同时收益水平的市场竞争力有限，比较适合在国家试点阶段推广并帮助市场积累经验。

（3）仓储物流、新型基础设施等 REITs 产品属于中美两国共同推广的领域，但对地产等商业领域，两国持有的态度截然相反。美国 REITs 起源于房地产行业，当前房地产行业 REITs 市值约占总市值的 1/3。而我国此次试点则明确将房地产项目排除在外，这与国家对房地产行业和 REITs 的战略定位息息相关，我国推广 REITs 更加注重基础设施补短板建设的战略目标。因此，我国 REITs 也必将面临与美国不同的市场运作方式和监管条件，并在探索中逐步积累 REITs 发展经验，走出一条适应我国国情的 REITs 发展道路。

（二）法律主体差异

目前国际上惯用的 REITs 法律主体分为两种，一种是依据本国《公司法》设立的"公司型"REITs，另一种是《基金法》框架下的"契约型"公募基金。"公司型"REITs 的本质是通过特殊目的公司（SPV）直接持有不动产资产并实现风险隔离，再由 SPV 发行股票或可转债等证券公开募集资金并上市交易。公司型 REITs 通常深耕一个行业，在其行业内通过收购项目或股权、债券融资的方式开发新项目，以实现商业扩张。此类 REITs 通常具有体量大、业务布局广泛、各个项目相互关联形成网络的特点。"契约型"REITs 以公开募集的证券投资基金为载体，通过投资不动产支持证券（ABS）持有不动产资产，本质是"公募基金+ABS"模式。

美国主要采用"公司型"REITs 法人主体，SPV 直接持有并运营不动产及基础设施，同时在符合美国对 REITs 法律规定的红利发放、股东人数等标准的情况下完成上市，享受 REITs 的税收优惠等政策。

中国目前推动的 REITs 试点，采用"公募基金+ABS"的模式，其优点是可以借鉴公募基金多年来的管理经验，有效规避风险，实现平稳开局。从立法成本、设计难度等方面考虑，契约型模式最有利于低成本、高效率地展开试点，是发展初期的最佳方案。"公募基金+ABS"模式充分利用了现有的制度框架，证监会《证券公司及基金管理公司子公司资产证券化业务管理规定》中已对资产支持证券的证券属性做出界定，有效规避了公募基金投资未上市公司股权或不动产可能存在的法律争议[1]。

（三）资金回笼方式及用途差异

美国 REITs 按照市场化运作的方式发售企业股票或可称之为单位份额，在公开市场上交易，买方可以是公募基金，也可以是其他机构或个人投资者。美国 REITs 为公司型架构，REITs 上市并不是项目资产的出售，而是公司股权的出售，同时可带来资金注入及股价升值，为公司持续发展提供资金保障。而在 REITs 公司出售所持有项目时，出售的原因通常是考虑项目不再符合企业战略发展规划，而非依靠出售项目获得一次性大量的资金回笼。由于美国法律规定 REITs 需将应税收益的至少 90% 以股利或分红形式分配给投资者，这导致 REITs 较难通过企业利润进行再投资以实现企业的扩张。美国 REITs 的增长方式主要通过内部调整和外部融资来实现。内部调整主要有如下 3 种方式[4]。

（1）租金动态调整。租金调整是 REITs 增长的最常见方式。由于通货膨胀和 CPI 上涨，租金相应调整才能反映出楼宇真实的价值。通过将租金与通货膨胀挂钩，加以适当的计算调整，可得出租金调整率。美国租金调整率通常为 0.5% ~ 1.6%。

（2）资产优化。资产优化指 REITs 通过升级改造楼宇的方式来增加地产的商业流量，以实现更高的商业价值。通常包括翻修商城、新建停车场、空调系统改造等行为。

（3）资本回收及再利用。资本回收是指变卖表现不佳的资产再通过回收资金来购买优良资产。此举需要合适的买家及购买标的，因此需要对 REITs 市场有预判，在合适的时间以较高价格出售资产，并在标的价格较低时抄底资产。有时在缺少合适标的时 REITs 可将回收资金作为红利发放给投资者。

外部融资主要有如下两种方式[5]。

一是股权融资。公司作为法律主体，可通过 IPO 进行上市，也可在上市后进行二次增发。少数 REITs 也可通过定向增发的方式向特定投资者发售股权。2019 年，美国 REITs 共有 111 次二次增发及两个 IPO，募集总金额达 366 亿 6 900 万美元。

二是债券融资。美国 REITs 的资产负债率在法律上有明确的上限，即不得超过 45%。但因债券的多样性，仍有许多 REITs 选择通过发债来进行融资，债券可按偿还期限、按偿还与付息方式和按担保性质分类。美国 REITs 发行的最主流债券为优先票据，即若企业清算时当优先支付的债务。优先票据通常为中长期债券。2019 年美国 REITs 共进行 133 次债券融资，发行票据全部为中长期的优先票据，募集资金总额为 631.46 亿美元。

与美国不同，中国"公募基金+ABS"模式下，原始权益人出售项目资产而非企业股权，可以带来一次性较大额度的资金回笼，一次性大笔资金注入有利于解决企业债务问题，同时为新的基础设施项目建设提供资金支持，有助于去杠杆，是重要的投融资机制创新。但是，与美国"公司型"REITs 资金回笼方式相比，中国 REITs 一次性回笼资金的模式也可能产生如下问题。

（1）原始权益人不再能够持有且控制该项目，受基金管理人的委托继续运营项目时，容易失去进行服务升级和改善的动力。由于项目大部分收益已经与原始权益人无关，较难通过降低运营成本、追求更高的服务标准来实现项目的运营收益持续增加。

（2）监管机构较难控制回收资金的用途。IPO、二次增发和债券融资等融资途径均需向投资者说明募集资金用途，投资者会对募集用途加以评判，不具吸引力的资金使用计划或违背资金募集用途的行为，都会导致企业在资本市场被淘汰。美国 REITs 募集资金大部分用于进行行业内的扩张，这是由于公司还在控制项目，加之存在行业竞争，深耕一个领域才有竞争优势和盈利空间，因此形成市场调节机制，促使公司募集的资金能够主动地用于企业与行业发展，也较容易符合国家的产业规划。目前我国 REITs 试点计划采取项目一次性打包出售的方式，企业回收资金后用途可能多种多样，虽然当前政策明确提出鼓励将回收资金用于国家重大战略区域范围内的重大战略项目、新的基础设施和公用事业等项目建设，但依然缺乏市场力量对企业使用募集资金进行约束，为形成良性投资循环的战略目标带来一定不确定性。因此，可适度借鉴美国经验，适当提高审批标准，例如设定回笼资金再投资比率。在美国，法律要求 REITs 公司 75%以上的资产应保留在不动产领域。

（3）不利于部分行业形成企业生态。将项目出售是追求回报的一种方式，但这将对企业的行业竞争力造成一定影响。以仓储物流行业为例，该行业需要完备的物流体系，需要大量的仓库配合交通运输系统来达到规模经济的优势。如果打包出售某些项目，有可能导致物流网络失去重要节点，对企业运营可能造成一定影响。

四、结语

我国开展基础设施 REITs 试点，是贯彻落实党中央、国务院关于防风险、去杠杆、稳投资、补短板决策部署的有效政策工具，是投融资机制的重大创新，有助于盘活存量资产，广泛调动各类社会资本积极性，促进基础设施高质量发展。结合本文对美国 REITs 发展情况的简要梳理及与我国情况的对比分析，总结美国经验对我国的启示如下。

（1）国家应通过监管手段引导回收资金的合理使用范围。由于缺乏资本市场力量的调节，企业回收资金的用途目前难以约束。我国可通过制定相关法规条例规范 REITs 资金使用情况，明确回收资金使用比率。

（2）出台税收支持政策。我国现有税收环境在一定程度上是 REITs 发展的制约因素，REITs 在结构搭建过程中，许多项目的底层不动产产权面临剥离和重组，但在当前国内税法环境下，资产重组过程中通常涉及土地增值税、契税、增值税、企业所得税等大量税费成本。美国等发展较为成熟的 REITs 市场均设计了针对 REITs 的税收优惠方案，这为中国实践提供了一定参考。

（3）继续大力推动科技创新及数字化不动产行业 REITs 的发展。通过美国 REITs 行业收入增长速度来看，排名前四的行业都属于科技创新及数字化行业，已经积累了大量的成功经验。我国在试点积累经验的同时，也应结合具体行业特点进一步出台细分行业政策，推动 REITs 在我国金融体系供给侧改革中发挥更大作用。

参考文献

[1] 北京大学光华管理学院. 中国公募 REITs 发展白皮书[R]. 2017.

[2] Economic contribution of REITs in the United States in 2018，January 2020.

[3] 美国国家 REIT 协会. https://www.reit.com/data-research/data/reits-numbers.

[4] How do REITs grow their business?（Organic Growth）：https://www.theancientbabylonians.com/how-do-reits-grow-their-business-organically.

[5] 美国国家 REIT 协会. https://www.reit.com/data-research/reit-market-data/reit-capital-offerings.

（《项目管理评论》，2020 年第 4 期）

基础设施 REITs 市场风险度量①

牛耘诗　伍迪　王守清　叶露

近年来，随着我国城镇化建设的不断推进，基础设施建设领域的资金需求持续增长。基础设施项目的一级市场投资具有单笔投资量大、回报周期长、收益风险高等特征，对投资者的要求较高，导致传统融资模式逐渐无法满足庞大的基础设施资金需求。构建完善的基础设施二级市场，通过资产证券化、股权交易、再融资等方式，有助于盘活存量资产、提高资产流动性、构建基础设施资金流入和退出的有效循环体系。不动产投资信托基金（REITs）作为不动产资产证券化的一种重要手段，为中小投资者提供了投资基础设施项目的机会，可以有效盘活存量资产、优化企业资产负债表、分散基础设施投资风险，与基础设施二级市场属性契合度极高。因此，基础设施 REITs 或将成为解决我国基础设施项目融资难、发展基础设施二级市场、增强资产流动性的重要创新举措之一。

基础设施 REITs 的底层资产为以使用者付费模式为回报机制的基础设施项目。由于此类项目市场化水平较高、商业模式相对成熟，政府一般不会提供担保或补助，但是这类项目的市场需求和收入水平往往可预测性较低，导致项目的未来收益波动风险较大。以高速公路项目为例，其主要收入来源于车辆通行费。由于项目具有公共属性，

---

① 基金项目：国家自然科学基金资助项目（71772098 和 71572089）。

导致收费受到政府和行业部门管制，虽然价格水平保持相对稳定，但未来的交通流量预测难度较大，且存在政策风险、替代品风险等。若要对其开展标准 REITs，建立合理有效的风险管控机制是十分必要的。

基础设施 REITs 交易中，辨识收益率波动特征、测量金融风险是金融主管部门和监管机构关注的重点，也是推广 REITs 产品不可缺少的环节。为进一步探索基础设施 REITs 运作模式的科学性、合理性，本文尝试对基础设施 REITs 的风险进行度量，并对指定的持有期风险进行预估，以期为基础设施 REITs 风险度量工具的创建提供理论支持，为我国基础设施 REITs 的推广和应用提供参考。

一、REITs 风险度量模型选择

金融市场风险度量主要有两种思路。一种是测定产品价值和市场因子变化之间的关系，如证券系统性风险指标 β 系数、期权风险指标 Delta 值、债券利率风险指标久期和凸性。该思路实质上是测量金融资产价值对市场因子的敏感程度，优点是可以直观反映资产价值相对于市场风险的变化量，但同时也存在单个指标的使用范围狭窄、测量偏向局部、不稳定性较高等缺陷。另一种则是用方差和标准差来衡量证券收益的波动性，但该思路也存在将正向偏差计入风险、难以明确指出资产组合损失等缺陷。

REITs 风险度量的核心是价格波动性的估计和预测。20 世纪 90 年代以来，在险价值（VaR）成为巴塞尔银行监管委员会、美国联邦储备银行等众多金融机构认可的度量金融风险、进行风险控制的重要工具。VaR 实质上是指在一定置信水平下持有某种金融资产一段时间后可能遭受的损失单边临界值，其最大优点在于能够准确测量并直观反映不同风险源及其相互作用产生的损失。同时，VaR 是一种基于下方风险（Downside-Risk）思想建立的风险度量方法，它只考察收益率概率分布的左边，即只测量位于期望之下的那部分收益，更符合投资者的心理感受。鲁（Lu）、张红、邬玉婷等学者分别运用 VaR 模型对中国香港、澳大利亚、英国、美国等 REITs 市场风险进行了度量和预测，结果较为理想。

VaR 有多种计算方法，主要包括以历史模拟法、蒙特卡洛模拟法为代表的非参数估计方法和以风险计量（Riskmetrics）模型、方差—协方差法为代表的参数估计方法。金融市场的数据往往具有"尖峰厚尾"的特征，在某一段时间内剧烈波动，而在另一段时间内变化平缓，这种"波动性集聚"的现象导致传统 VaR 计算方法均存在一定的缺陷，比如基于正态分布假设的方差—协方差法往往会低估实际风险价值；历史模拟法完全依赖历史数据集合并假设收益率分布在样本期限内固定不变，对历史数据中没有包含的风险无法预测；蒙特卡洛模拟法依赖特定的随机过程，可能存在模型风险。

针对以上问题，罗伯特·恩格尔（Robert Engle）最早提出可以用自回归条件异方差（Autoregressive Conditional Heteroskedasticity，ARCH）模型来更好地预测金融时间序列的方差，托本·波勒斯列夫（Torben Bollerslev）在 ARCH 模型的基础上进一步提出了广义 ARCH（Generalized ARCH，GARCH）模型。近年来，利用 GARCH 等不同金融计量模型对金融资产收益率波动进行建模分析和预测得到了广泛应用，其中约翰·科特（John Cotter）和西蒙·史蒂文森（Simon Stevenson）基于多变量 GARCH 模型对 REITs 不同子行业收益和波动率的相关关系进行了研究，取得了一些成果。

本文将基于 VaR 理论建立 GARCH 模型，试图更准确地模拟基础设施 REITs 收益率的实际风险特征，从而有效评估基础设施 REITs 的风险水平，为创建统一的基础设施 REITs 风险度量工具提供参考。

二、GARCH-VaR 模型构建

VaR 是在给定的置信区间内，由于市场价格变动所导致的持有期内最大预期损失，即：

$$\text{Prob}(\Delta p > \text{VaR}) = 1 - \alpha \tag{3-2}$$

式中：Δp 表示某一金融资产持有期间的损失值；VaR 表示在给定置信水平 α 下的在险价值，即可能的损失上限。

ARCH（p）模型在一般的线性回归模型上考虑了方差的波动性集聚现象，假设当期的方差依赖于前 p 期扰动项的平方，即：

$$\sigma_t^2 = \alpha_0 + \alpha_1 \varepsilon_{t-1}^2 + \alpha_2 \varepsilon_{t-2}^2 + \cdots + \alpha_p \varepsilon_{t-p}^2 \tag{3-3}$$

ARCH（p）模型在 p 值较大的情况下需要估计很多参数，会造成样本容量损失，而 GARCH 模型的待估参数较少，可以更为精确的估计方差。GARCH（p，q）模型是在 ARCH（p）模型基础上的拓展，加入了 σ_t^2 的自回归部分，公式如下：

$$\sigma_t^2 = \alpha_0 + \alpha_1 \varepsilon_{t-1}^2 + \alpha_2 \varepsilon_{t-2}^2 + \cdots + \alpha_p \varepsilon_{t-p}^2 + \beta_1 \sigma_{t-1}^2 + \beta_2 \sigma_{t-2}^2 + \cdots + \beta_p \sigma_{t-p}^2 \tag{3-4}$$

式中：p 表示 σ_t^2 的自回归阶数；q 表示扰动项平方的滞后阶数。

进一步，可以得到 t 时的 VaR_t 计算公式如下：

$$VaR_t = P_{t-1} Z_\alpha \sigma_t \qquad\qquad （3-5）$$

式中：P_{t-1} 表示前一日 REITs 收益指数价格；Z_α 表示置信度为 α 时对应的分位数；σ_t 表示 t 时收益样本的标准差。

在某种意义上，GARCH（1，1）模型等价于无穷阶的 ARCH 模型，因此，常可用 GARCH（1，1）模型来简化 ARCH（p）模型对序列方差进行估计。

三、基础设施 REITs 风险度量

（一）研究思路

本文选取 VaR 作为指标，从微观角度对基础设施 REITs 的市场风险进行定量研究。首先，利用 GARCH（1，1）模型来模拟基础设施 REITs 收益率的条件方差序列 σ_t^2，并检验模型是否能很好地消除原来序列存在的"尖峰后尾"的特性；其次，将各期条件方差的值代入式（3-5）中测算出基于观察样本预测的风险值 VaR；最后，将预测的 VaR 与实际损益进行对比，检验风险度量模型的有效性。

（二）模型变量统计分析

本文采用美国基础设施 REITs 日收益率作为样本数据进行实证分析，其波动图如图 3-20 所示。选择 2012 年 1 月 1 日至 2016 年 12 月 31 日作为观察区间建立 GARCH-VaR 模型，并以此对 2017 年 1 月 1 日至 2018 年 12 月 31 日的日收益率进行预测，再与实际情况进行对比分析，并进行模型的稳健性检验。

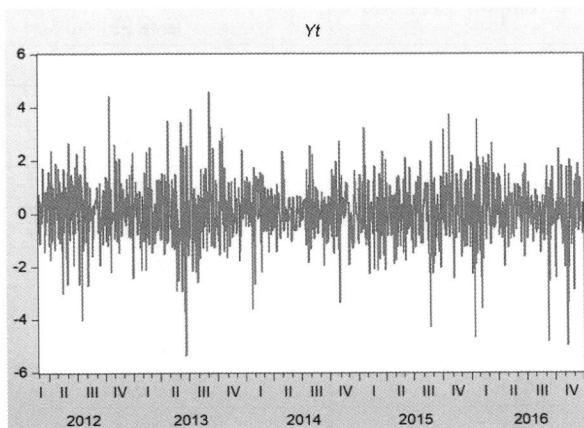

图 3-20　基础设施 REITs 日收益率波动图

基础设施 REITs 日收益率的描述性统计结果如表 3-19 所示，从偏度和峰度值可以看出序列具有"尖峰厚尾"的特征。从 JB（Jarque-Bera，哈尔克-贝拉）统计量结果来看，基础设施 REITs 日收益率序列不服从正态分布。

表 3-19　基础设施 REITs 日收益率描述性统计表

指数	样本量	最大值	最小值	均值	JB 统计量	标准差	偏度	峰度
Yt/%	1219	4.592	−5.374	0.0454	242.946***	1.119	−0.219	5.143

***表示在 1% 的显著水平下拒绝序列服从正态分布的原假设。

（三）实证分析过程

1．平稳性 ADF 检验（Augmented Dickey-Fuller test，单位根检验）

对基础设施 REITs 日收益率序列进行平稳性检验，ADF 检验结果如表 3-20 所示。这说明，基础设施 REITs 日收益率序列 Yt 不存在单位根，是平稳序列。

表 3-20　变量 ADF 检验结果

变　　量	ADF 值	P 值	1% 临界值	5% 临界值	是否平稳
Yt	−34.762	0.0000	−3.435	−2.864	平稳

2．ARCH 效应检验

以上分析表明，基础设施 REITs 的日收益率序列存在波动性集聚。作为对照，我们首先建立自回归模型，用 AIC（Akaike Information Criterion，赤池信息准则）确定自回归模型的阶数为 4，对 AR（4）模型的残差进行相关性检验的结果如表 3-21 所示。

表 3-21　残差平方相关性检验

滞后阶数	AC（Auto-Correlation，自相关）	PAC（Partial Auto-Correlation，偏自相关）	Q	P 值
1	0.148	0.148	26.601	0.000
2	0.046	0.025	29.181	0.000
3	0.033	0.023	30.493	0.000
4	0.06	0.052	34.941	0.000
5	0.044	0.027	37.293	0.000
6	0.079	0.066	44.908	0.000
7	0.015	−0.01	45.196	0.000
8	0.049	0.041	48.139	0.000
9	0.033	0.015	49.457	0.000
10	0.061	0.045	54.017	0.000

从表 3-21 的检验结果可知，残差平方的 Q 统计量的 P 值均小于 0.01，说明在 1% 的显著水平下，拒绝残差平方不存在自相关的原假设，故扰动项存在条件异方差，即波动性集聚。

进一步，对序列残差进行 ARCH-LM（Lagrange Multiplier，拉格朗日）检验，检验结果如表 3-22 所示。

表 3-22　ARCH-LM 检验结果

统 计 量	数 值	伴随概率 P 值
F 统计量	7.9287	0.000
LM 统计量	31.0324	0.000

从检验结果来看，F 统计量和 LM 统计量的伴随概率 P 值都为 0，说明基础设施 REITs 日收益率序列存在 ARCH 效应，因此若要消除条件异方差的影响，需要进一步构建 ARCH 或 GARCH 模型。

3．建立模型

在模型的选择上，本文选择 ARCH（1）与 GARCH（1，1）模型进行对照（见表 3-23），依据 AIC 与 SC（Schwarz Criterion，施瓦兹准则）选择最适合的模型。

表 3-23　ARCH（1）与 GARCH（1，1）模型比较

指　标	ARCH（1）	GARCH（1，1）
AIC	3.037565	3.008489
SC	3.066962	3.042085

由表 3-23 可知，GARCH（1，1）模型 AIC 值与 SC 值更小，故本文选择 GARCH（1，1）模型进行风险度量。对建立 GARCH 模型后的残差序列进行 LM 检验，证实异方差效应被消除。

在构建 GARCH 模型时，需要选择合适的随机误差项分布函数，对在正态分布下构建的 GARCH（1，1）模型扰动项的正态性进行检验，JB 统计量为 197.96，伴随概率 p 值为 0，说明扰动项拒绝服从正态分布的原假设。为此，本文选取常用的 T 分布和广义误差分布（Generalized Error Distribution，GED）模拟随机误差分布，并对拟合残差结果进行 LM 检验，确认了模型可以很好地消除 ARCH 异方差效应。根据信息准则对比三种分布构造的 GARCH 模型，结果如表 3-24 所示。

表 3-24　信息准则比较

指　　标	Normal（正态）分布	T 分布	GED 分布
AIC	3.008489	2.955453	2.959574
SC	3.042085	2.993250	2.997371

由表 3-24 结果可知，T 分布下的 AIC 值和 SC 值均为最小，所以，最终选择 T 分布对残差序列进行模拟，拟合方程为 GARCH = 0.0800171557301 + 0.0863831857834*RESID（-1）^2 + 0.852899491643*GARCH（-1），各项系数均显著，拟合结果如图 3-21 所示。

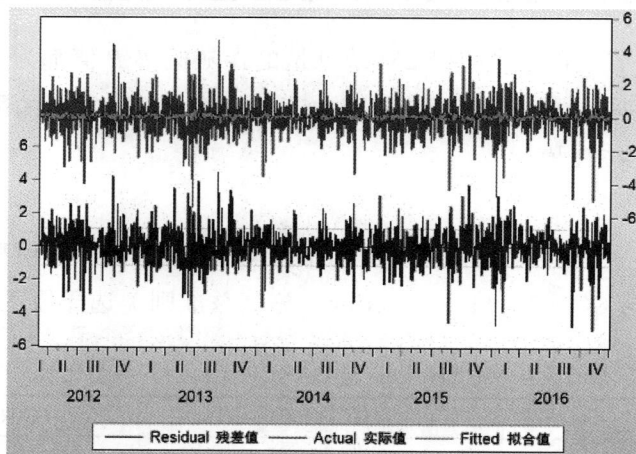

图 3-21　基础设施 REITs 日收益率 T 分布拟合图

拟合方程中的 ARCH 项和 GARCH 项系数皆为正，验证了基础设施 REITs 日收益率序列具有波动性集聚的现象，前期较大的冲击波动会对后期产生影响。ARCH 项和 GARCH 项系数之和接近 1，说明条件方差序列具有记忆性，收益率的波动性具有较长的持续性。其中，GARCH 项系数要明显大于 ARCH 项系数，说明市场自身的记忆性要强于外部冲击对于 REITs 收益波动性的影响。由图 3-21 还可知，T 分布 GARCH（1，1）模型拟合的残差序列（残差值）走势与实际的收益率（实际值）走势保持高度一致，拟合效果较好。至此，本文依据 2012 年 1 月 1 日至 2016 年 12 月 30 日的基础设施 REITs 日收益率数据建立了 GARCH（1，1）模型以模拟序列方差的波动情况。

4. VaR 计算

利用上文创建的 GARCH（1，1）模型预测 2017 年 1 月 1 日至 2018 年 12 月 30 日基础设施 REITs 的收益方差，代入式（3-5）后，可以得到置信水平分别为 95%和

99%下的 VaR 值，与基础设施 REITs 实际当日损益的对比图如图 3-22 所示。结果显示，REITs 的实际当日损益只有少数几次超过估计的 95%VaR 值，几乎不会超过 99%VaR 值，模型的预测效果较好。

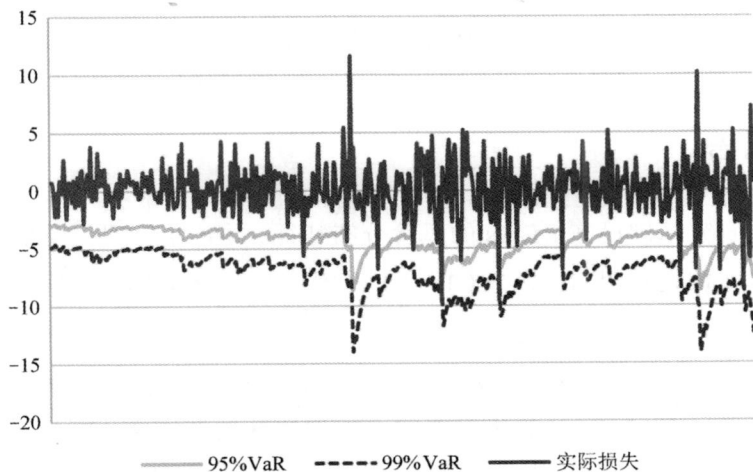

图 3-22　VaR 值与基础设施 REITs 当日损益图

5．稳健性检验

Kupiec（库皮克）似然比检验通过给出失败次数接受区间来判定 VaR 的风险度量是否有效，其统计量 LR（Likelihood Ratio，似然比）服从自由度为 1 的卡方分布，定义公式如下：

$$LR = 2\ln\left[\left(1 - \frac{N}{T}\right)^{T-N}\left(\frac{N}{T}\right)^{N}\right] - 2\ln[(1-P)^{T-N}P^{N}] \sim \chi^2(1) \quad （3\text{-}6）$$

式中：N 表示失败次数，即评价样本实际损失值大于给定VaR的次数；T 表示实验样本数量；$P = 1 - \alpha$，α 表示给定的置信区间。

对本文建立的 GARCH（1，1）模型进行 Kupiec 检验（见表 3-25），利用 Matlab（一种软件名字）计算参数 T=500 天、置信度 α 分别为 95%和 99%下 LR 失败次数的理论值区间，并与实际的失败次数做对照。

表 3-25　Kupiec 检验

置 信 度	95%	99%
理论值区间	15～36	1～12
预测失败次数	12	5
失败频率	2.4%	1%

由表 3-25 结果可知，在 95%置信水平下，模型预测的失败次数小于理论值区间，预测失败率为 2.4%；在 99%置信水平下，模型预测的失败次数也在理论值区间内，预测失败率为 1%。所以，预测的 VaR 通过了稳健性检验，说明本文建立的 GARCH（1，1）模型能有效预测基础设施 REITs 收益率的波动风险。

四、结语

本文旨在研究基础设施 REITs 的风险分布特征，并建立合理的模型对风险进行预测与监控。本文首先利用 GARCH（1，1）模型对基础设施 REITs 的收益波动特征进行模拟，验证结果表明，模型能很好地消除异方差效应；然后运用 VaR 方法测算了基础设施 REITs 的风险值，预测的 VaR 能有效模拟收益序列的实际损失。实证分析结果表明，本文建立的 GARCH-VaR 模型能够有效评估基础设施 REITs 的风险水平。

成熟的 REITs 市场中，建立有效的市场风险度量工具是十分必要的，一方面为 REITs 投资者提供投资风险预测的依据，另一方面有利于 REITs 产品的标准化与市场化发展。我国基础设施 REITs 市场可以参考本研究结果，建立统一的 REITs 市场风险度量工具，从而完善基础设施 REITs 的风险管控制度，提高监管水平，促进 REITs 市场的稳定、健康发展。

（《项目管理评论》，2020 年第 6 期）

创新政策持续指引 基建投资未来前景可期

赵新博　王守清

2020 年已过近半，新冠疫情对中国经济带来了重大影响，一季度中国经济出现负增长，对国民经济拉动作用较大的基建、地产、制造业等行业受到较大影响，有的几近停滞。面对全球疫情的不确定性，今年两会工作报告中提出不设经济增速具体目标，这是中国第四次在政府工作报告中不设增长目标，足见冲击之大。

随着防疫风险等级的下降，经济恢复建设的步履开始凝神徐行，寂寂街市终于逐步复现生机。不同于 2008 年的"四万亿"强着陆，此次经济调节强调"六稳""六保"，注重可持续发展、质效并举，不搞量化宽松和大水漫灌。而基建行业作为长期以来国民经济的支柱产业，伴随着"新基建"、基建 REITs 等重磅政策的出台，再次引起社会各界关注。基于此，本文以近年来政策逻辑为立足点，兼顾国内外对比，分析当下中国基建市场投融资现状，与读者共飨，抛砖引玉，促进交流与思考，以更好地应用好政策，促进基建和经济发展。

一、中国基础设施投融资发展历史及国内外对比

1. 中国视角

中国基础设施投融资政策的演变与中国财政政策变化密不可分，大致可以划分为 5 个阶段[1]。

第一个阶段：1993 年之前。中央各地方财政和政府作为主导，以发行国债及银行贷款进行投融资。在该阶段，中国存在外汇与储蓄双缺口，既缺资金又缺技术，开始引进外资试点 BOT 模式。

第二个阶段：1994—2002 年。以分税制改革为节点，地方政府财权上移事权下移，同时限制地方政府直接举债，地方融资平台开始萌芽，为地方政府基础设施建设融通资金；同时，面对公路、码头和电厂等基础设施的严重滞后，这一阶段中，中国政府颁布了外商投资条例等法规政策，从国家层面开始有计划的推动 BOT 项目实施。

第三个阶段：2003—2008 年。随着中国经济的持续高速发展，基础设施对经济的瓶颈再次凸显，一些部委和地方政府出台了政策法规打破基础设施领域的进入壁垒。2005 年 2 月，新华社授权全文播发的《国务院关于鼓励支持和引导个体私营等非公有制经济发展的若干意见》（国三十六条）强调允许非公有资本进入电力、电信、铁路、民航、石油等垄断行业。在政策利好的刺激下，国内一些城市开始掀起市政公用行业运作的浪潮。

第四个阶段：2009—2013 年。这一阶段全球主要经济体陷入经济危机的下行阶段，中国政府出台了"四万亿"政策，以土地经济为主导的城投模式和房地产经济得到飞速发展。2009 年 3 月，央行和银监会联合提出："支持有条件的地方政府组建投融资平台，发行企业债、中期票据等融资工具，拓宽中央政府投资项目的配套资金融资渠道。"同年，城投债发行数量也从 11 只增加至 119 只，发行量达到 1 896.3 亿元，总发行量较 2008 年激增 1 155.83%[2]。GDP 在实现"V"形反弹的同时，也为今后的地方债务埋下伏笔。

第五个阶段：2014 年至今。《国务院关于加强地方政府性债务管理的意见》（国发

〔2014〕43 号）的出台，重新修订了《预算法》，赋予地方政府举债的职能，将 PPP 推到前沿，传统的政府融资平台模式开始后退。与此同时，各个部委相继出台政策文件推广政府和社会资本合作模式，PPP 成为一种社会经济热潮。

2. 国际视角

回顾中国的基础设施投融资发展史的同时，对比世界其他国家会发现，除却政治体制的差异，各国在公共治理领域，随着经济发展面临相似的问题，也有着不谋而合的解决路径。第二次世界大战后，凯恩斯主义倡导的政府干预经济理论随着经济下行、财政赤字加大、政府信任危机等一系列因素，遭遇了治理危机，如何解决政府失灵和市场失灵，提高公共服务领域的效率，成为各国政府公共管理领域探索的新焦点。随之而来，兴起了一场轰轰烈烈的"新公共管理运动"，旨在重塑政府，重新定位政府和市场的关系；而在微观领域，各国政府开始有序推动民间资本进入传统上由政府作为主导的基础设施和公共服务领域。在英国，在部分经营性基础设施民营化后，准经营性和公益性公共服务则实施 PFI/PF2，而在其海峡对面的法国，则以特许经营为主导。这便是 PPP 的前身，起初作为一种投融资模式化解各国在公共服务领域的投融资问题，随着各国对于这些模式理念的应用和理解，上升为一种优化政府和市场关系的理念，提升基础设施和公共服务领域的供给效率，满足公众需求，推动经济可持续发展，即联合国欧经署倡导的"以人为本的公私合作"（People-first Public-Private Partnership）。

对比当今 PPP 比较成熟的几个国家[3]，英国起源于撒切尔执政时期，其上台后开始推进英国版供给侧改革，推动地方公共事业民营化。然而这一举措未能彻底解决英国经济衰退和公共支出不断增长问题，梅杰上任后开始在 1990 年启动 PFI 计划，但这一政策却一直很少被使用，直到 1997 年布莱尔领导的工党执政，不断修订调整后才使得 PFI 被真正广泛推行。英国对于 PFI 的虽没有立法，但采用标准化的合同，建立了完善的运作体系。时至今日，英国的 PFI 和演变改进的 PF2 模式虽然已经停止，但影响了很多国家的实践发展。

法国则早在 19 世纪就采取了特许经营的方式运作基础设施，运河、桥梁、供水、供电等均走上了特许经营模式。20 世纪后，法国又丰富了政府和社会合作的内涵，延伸出了伙伴关系合同制。

再看我们临近的国家，日本经历了二十世纪八九十年代经济泡沫破灭后，为了缩减政府开支，先在铁路、电信等领域引入民间资本，后逐步扩大到医疗、市政、监狱、使馆等领域，并在吸收英国 PFI 制度的基础上，建立了自己的法律体系。

韩国也借鉴了英国的模式，在1994年颁布了促进民间资本参与公共投资的立法，并在亚洲经济危机之后不断完善，缓解政府直接投资的压力。

除了上述国家外，德国、加拿大、澳大利亚、土耳其、巴西、阿根廷、泰国、菲律宾、印度、缅甸、南非等都有PPP实践，各国的动机、法规政策及发展的程度虽有差异，但推广的理念是相似的。当前，中国倡议"一带一路"，加强与沿线国家"政策沟通、设施联通、贸易畅通、资金融通、民心相通"，在基础设施的互联互通方面，"一带一路"国家以发展中国家为主，基础设施匮乏且政府资金短缺，发展空间广阔，同时，PPP模式已取得世界共识，将是中国与"一带一路"国家强化基础设施领域合作与对话的有力工具。

中国在PPP领域，经过多年的发展积累了丰富的实践经验。截至2019年年末，中国财政部PPP项目库项目已达到12 341个，总投资17.78万亿元，在数字上中国已经跃居世界PPP第一大国。当前，由于PPP法尚未出台，目前对于政府和社会资本合作模式的法律保障还仅停留在政策法规层面，而随着不同调控政策的出台，PPP市场也经历了过山车似的变化。值得欣慰的是，这两年社会各界关于"真做PPP和做真PPP"的理念在加强，这些成功和失败的经验为今后中国企业走出国门提供了实践基础。

二、当前中国基础设施投融资现状

经过数十年的发展，中国基础设施投融资市场形成了以专项债、PPP和城投为主的三大模式，而由此演变出来的其他模式，并非不重要或是占比少，而是政策监管的限制和表外通道业务的无法有效统计，使得这类表外通道业务很难在数据上与上述3种模式做比较，但却不容忽视。

此次基础设施REITs试点政策的出台，虽然没有改变中国基础设施投融资的大局和根本逻辑，但却引起了巨大的社会反响，主要是填补了基础设施股权投资领域的空白，打通了基础设施投资的一二级市场。在过去的二十多年中，中国经济的飞速发展使得产业实力和金融资本得以壮大，社会资本的项目运作经验丰富，资本市场流动性充足，在产业端和金融端，都亟需多元化的投融资渠道。资本市场中，债权融资体系已经相当成熟，而股权融资却一直局限在大消费、TMT（科技、媒体和通信）、高新技术等领域，在基础设施领域几近空白。基础设施REITs出现契合了产业和金融共同的需求，让基础设施投融资市场成为一个流动的、连贯的开放型市场，也让当前社会各界更加系统的思考基础设施投融资的市场现状和发展前景。

1. 专项债模式

存量部分，2015 年至今，专项债的发行数量和规模均呈增长趋势。截至 2019 年年末，全国 37 个发行主体发行了 2 751 只，共计 9.4 万亿元的专项债[4]。专项债应用的领域从土地储备专项债券、收费公路专项债券、棚改专项债券，创新和发行多种不同领域的专项债券；从行业投向上看，棚户区改造发行占比 35.93%，土地储备占比 33.89%，其他行政收费公路、高校、医院等占比 30.18%，棚户区改造和土地储备合计占比 60% 以上。

今年受疫情影响，政府为了拉动经济在 3 月份明确 2020 年专项债不得用于土地储备、棚改等与房地产相关领域，新增了应急医疗救治设施、公共卫生设施、城镇老旧小区改造等项目。当时市场一片哗然，一是由于在建项目后续融资还款出现困难，二是土储及棚改项目贷款在商业银行早已在财政部土储专项债和棚改专项债管理办法颁布后处于停滞状态，一刀切的急刹车不符合市场逻辑，幸好政府随后在 5 月又明确棚改专项债有条件地恢复发行。

新增部分，今年政府工作报告提出 2020 年安排专项债 3.75 万亿元，比去年增加 1.6 万亿元，同时提高专项债可用作资本金的比例；中央预算内投资安排 6 000 亿元，增加国家铁路建设资本金 1 000 亿元；赤字率规模新增 1 万亿元，同时发型 1 万亿元的抗疫特别国债，如果再考虑减税降费 2.5 亿元，将近 10 万亿元[5]。当然这里列举的数据并不是说都要投入基建领域，但从前半年的数据看，基础设施是最重要的投资领域之一。

专项债的项目承接方，往往是地方国企和城投公司，其中，经济发达地区的高速公路等交通领域的专项债项目有稳定的现金流，属于地方政府的优质资产。因此，此次基础设施 REITs 试点对于这些地方国企和城投而言，将是一大利好，但它们是否愿意把这些优质资产 REITs 化，也是当下社会各方关注的一个焦点。

2. PPP 模式

与专项债相比，PPP 在今年两会政府工作报告中并未提及，但是在国家发展改革委公布的 2019 年国民经济执行情况及 2020 年国民经济计划草案中明确强调："继续加大金融支持，发挥政府资金的导向作用，规范创新政府和社会资本合作模式，支持民间资本参与补短板和新型基础设施建设。"

从政策上看，2014 年至今，中国 PPP 市场的发展已经有目共睹，随着国务院及各部委相关政策的颁布出台，多数地方政府和社会资本方在认知上从不了解 PPP 到

"一切可 PPP"，再到今天的规范做 PPP，市场发展趋于理性，项目落地率不断提高，如图 3-23 所示。

从融资及再融资数据看，截至 2019 年年底，财政部 PPP 综合信息平台在库 12 341 个项目，管理库在库项目 9 383 个，融资落地率不足 10%；再融资方面，截至 2020 年 5 月末，已发行 PPP ABS 共 21 只，融资额 215.58 亿元；发行 PPP 专项债 4 笔，融资额近 40 亿元。从中可以看出，融资市场并未真正打开，融资难是当前制约 PPP 项目推进的重要问题之一。

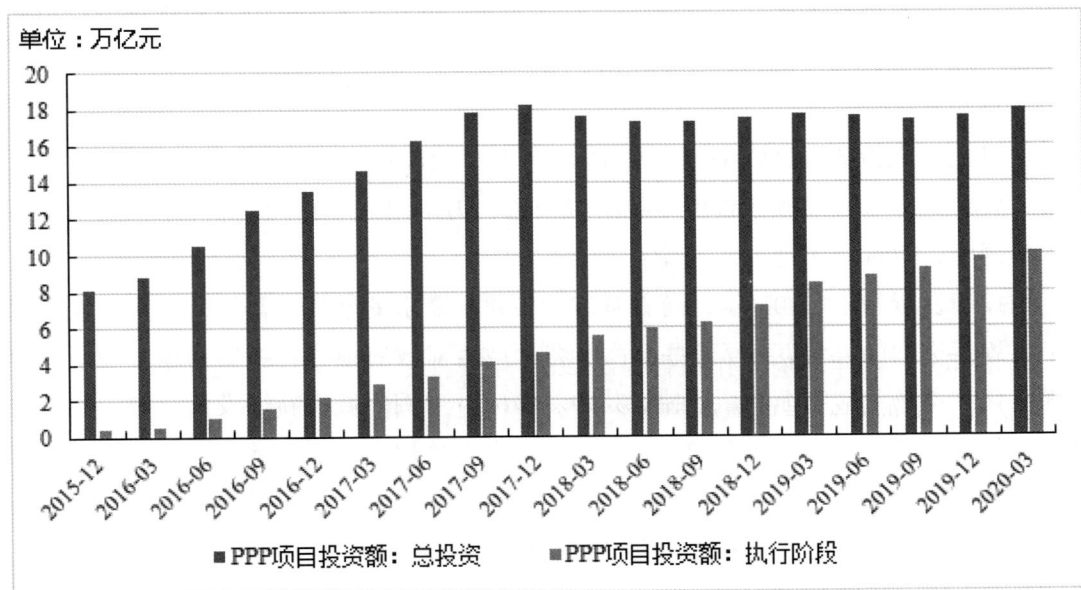

图 3-23　2015 年 12 月—2020 年 3 月 PPP 项目总投资与进入执行阶段投资金额概览

资料来源：财政部 PPP 中心。

对此，相关部委也已经引起重视。2020 年 2 月，财政部相继升级 PPP 综合信息平台，从强化信息公开的角度加强各方对于项目全生命周期的监督；还出台了污水和垃圾处理领域 PPP 合同示范文本，强化在成熟领域的运用；3 月，又出台了 PPP 绩效管理指引，对于社会资本方和政府方的双向绩效考核约束和信息公开等要求，将有助增强金融机构对于项目的了解和信任，从而有助于 PPP 项目融资市场的发展。再融资市场方面，当前由于项目多数处于建设阶段，目前需求还没有完全体现出来。随着进入运营期的项目不断增多，再融资、股权交易，以及 PPP REITs 和 ABS 都将为 PPP 二级市场的发展提供发展空间，对于有资产运营能力的投资者，未来二级市场的投资并购将是新的业务增长点。

从创新发展看，此次政府工作报告大力推动"两新一重"建设，其中智慧交通、智慧城市和产业新城等为城市赋予新动能的项目，更突出基础设施推动城市经济内生发展潜力。这些带有创新性质的产业综合开发项目，本应是社会资本的强项，但是结合 PPP 来看，财金〔2019〕10 号文之后对于土地性基金支出的限制，使得 PPP 模式在一些园区、产业新城和 TOD 模式的地铁项目中遇到瓶颈。对于缺钱的地方政府，则需要在"PPP+专项债"模式上寻求突破，寻找"土地增值+项目资金平衡"的自洽逻辑，或者引入产业发展经济，选择有综合实力的大企业进行长期、滚动开发，实现自我造血、财务自我平衡。在目前的政策背景下，对于土地的管制比较严格，这类实操也有一定难度，但应是创新和改革方向。

3. 城投模式

城投也称之为地方融资平台，自 1994 年分税制改革开始萌芽，2008 年之后快速发展，成为地方基础设施建设的重要融资渠道，为中国近 10 年的经济增长贡献重要力量的同时，也推高了地方政府隐性债务。

城投债发行始于 2007 年，随着基础设施建设需求的增长，其发行数量和发行规模呈现逐年递增的态势，直至近些年由于各项政策对政府债务的控制和地方融资平台的规范化和市场化转型而有所下降，其中，2018 年 7 月，城投新增发债总额与到期城投债金额几近持平[6]。2018 年 7 月 23 日，李克强总理在国务院常务会议中提出要引导金融机构保障融资平台公司合理融资需求，从一定程度上纾解了城投公司的债务风险，随即市场对于城投公司的债券发行又出现了一波上涨。2019 年，城投债发行数量累计 4 098 只，发行金额 33 905.72 亿元，创 10 年新高[7]。这可以分两方面来看，一是 2014—2016 年发行的城投债期限主要集中在 4~5 年期，到期置换比例较大；二是在 2018 年在基础设施投资增速下降的背景下，专项债有总量限额控制，PPP 在 2018 年受政策规范，城投不得不继续发挥地方建设投融资功能，填补投资空缺。

尤其是今年，为了抗击新冠疫情的影响，地方政府为了加快投资步伐，除了发行专项债之外，在城投债不论是发行量还是净融资量都比同期有大幅增长，如图 3-24 ~图 3-26 所示。

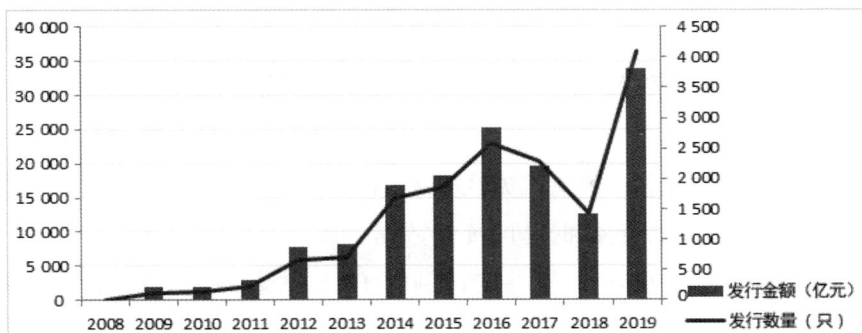

图 3-24 城投债发行数量和规模

资料来源：Wind 数据。

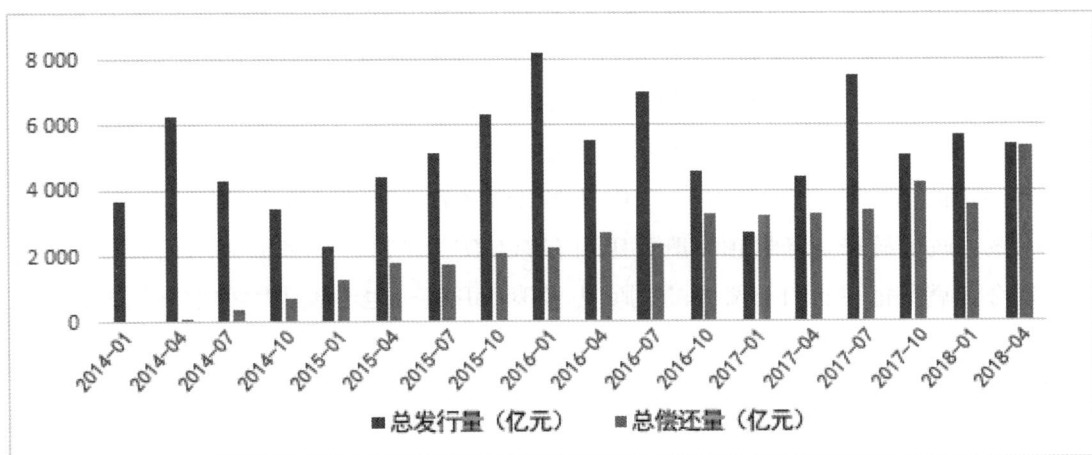

图 3-25 近 5 年城投债发行总量和总偿还量对比

资料来源：Wind 数据。

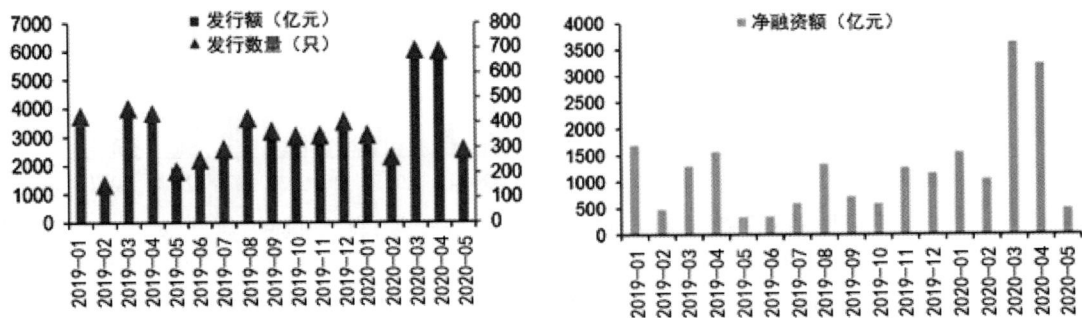

图 3-26 2020 年以来城投债发行量和净融资量

资料来源：Wind 国金证券研究所。

4. 基础设施投资、专项债、PPP、城投和 REITs

在了解了中国基础设施以上 3 种主要融资模式后，似乎从总体上了解了中国基础设施投资的主要模式，但把三者数据和基础设施投资的总体数据放在一起做比较（见图 3-27），可以看出，目前这 3 种主流方式并不能完全覆盖中国基础设施的总体投资。

原因有几点，首先，以上数据是可统计数据，其中专项债和 PPP 成交数据是比较公开的，但在力推 PPP 的早期，有一定比例的 PPP 并没有在财政部库中，特别是其中城投债仅为公开发行数据，其大量的资管、信托等非标业务数据并未统计其中；其次，对于一些大型的国家重点建设项目，如长江大保护、南水北调和下一步的黄河大保护等基础设施建设工程，采用国家直接投资或国家与地方联合投资模式；同时，仅就 3 种模式而言，专项债和 PPP 模式受地方政府预算空间限制，城投债表面依托企业自身，但实际与地方经济发展密不可分，发债受企业自身和地方政府债务杠杆限制，因此为了加强地方政府基础设施建设，不少项目采用 F+EPC 模式，利用大型承包商的信用资质为地方政府的项目先行筹措资金。虽然有与政策打擦边球甚至违规等问题，但却有一定的市场空间，尤其是在 10 号文出台之后，土地性基金预算不能列支 PPP 项目，地方政府搞产业新城项目既要吸引有综合实力的产业服务商和承包商，又缺乏财政资金，就只能借助社会资本方的实力做滚动开发，也不失为一种创新模式。

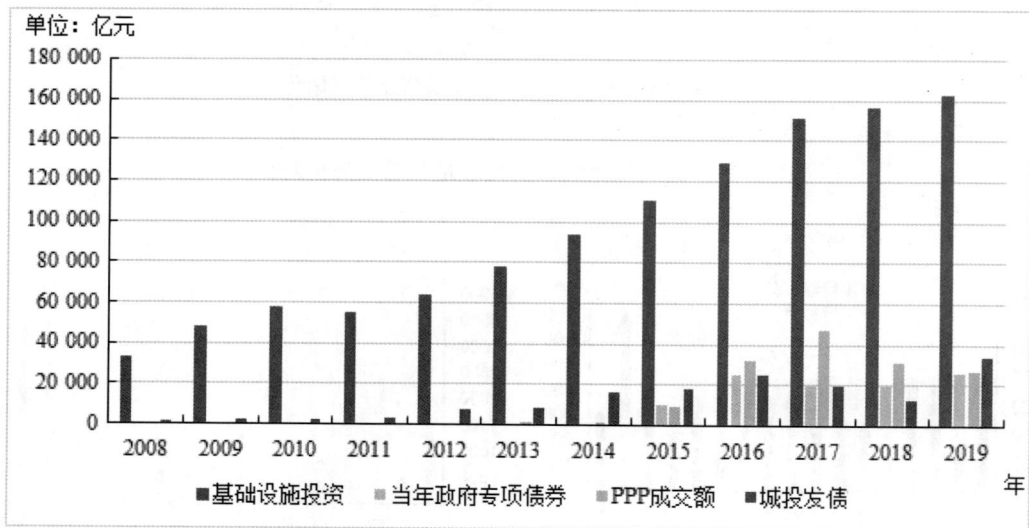

图 3-27　2008—2019 年中国基础设施投资与专项债、PPP、城投债概览

资料来源：中国统计年鉴、Wind 数据库、明树数据。

从图 3-27 的数据看出，近 10 年来，中国基础设施投资的总量已达 113 万亿元。

国家发展改革委统计 1995—2018 年的基础设施累计投资统计是 130 万亿元，年平均增速为 18%[8]，百万亿级的总投资到目前为止，早已经沉淀成巨大的存量市场。如前所述，其主要资金来源依赖于财政和银行贷款，不论是承包类的建筑企业还是地方政府，近些年债务杠杆率都普遍较高。尤其近两年，城投公司非标违约事件不断增加，暴露出一些地方政府债务形势比较严峻。据公开数据统计，2018—2019 年发生非标违约的城投平台就有 49 家，其中贵州省平台 20 家，城投公司的风险事件从某种程度暴露出地方政府投融资环境的恶化。

在此背景下，政府加大新基建投资、加强"三重一新"建设，需要大量的投资支撑，对于存量资产的挖掘就有变中求新的意义。通过盘活存量资产，降低债务杠杆、化解政府风险的同时，吸纳了更广泛的社会投资者，置换存量的同时也释放了新增，减少了投资压力。刚刚闭幕的陆家嘴金融论坛上，银保监会主席郭树清提到中国的储蓄占全球总额的 1/4 以上，为世界经济增长贡献了大量的结余资金。那么对于中国的资本市场而言，REITs 的出台，也促进了公众储蓄投资的转化，并且是从公众直达实体经济，减少了中间环节，有望降低融资成本。

而关于 REITs 与 PPP 的结合，社会各界寄予厚望，对此笔者在 6 月 7 日个人公众号"中国 PPP 智库"（官方公众号"清华 PPP 研究中心"隔日转载）上也有发布（《王守清 PPP 团队答复基础设施 REITs 试点有关问题的函询》）[9]，就 PPP 项目的 REITs 发行面临的一系列问题也参与了探讨。市场上目前还没有基础设施 REITs 先例，国家发改委和证监会也明确表示，此次 REITs 发行不急于求成，成熟一个发行一个，稳中求进的节奏更有利于试点领域扩大和具体项目推进，因此，该文中的探讨可以作为抛砖引玉供读者参考，在此就不再一一赘述。

三、下一步基础设施投融资发展与创新

展望中国的基础设施投融资创新，要与当下的经济环境紧密结合。为了抓"六稳"、促"六保"、重振经济，相关部委在国务院金融委的统一部署下最近出台一系列的财政和货币政策，并表示这既不是最后的晚餐，也不会有免费的午餐。简言之，既为当下谋发展，也为未来留余地。笔者在给各地方政府和社会资本方等讲课时也经常将这个理念用在 PPP 领域，不论是政府还是企业都要奔着长期合作、优势互补、风险共担、利益共享的多赢原则去做 PPP，否则就是两败俱伤，还影响公众等其他方。

大国竞争长远依靠科技，科技的发展并非朝夕，新基建的提出为中长期发展绘制

了方向性蓝图，市场上关于新基建的文章已经有很多，领域之新、模式之新、理念之新都区别于传统发展基础设施的思路。但归根结底，都是生产要素的更合理、更科学的配置，为经济发展增强内生动力，为城市发展赋能。以前谈 PPP 多是聚焦于项目，但 PPP 本身的内涵不止于此，强调政府和社会资本方的广泛合作。此次新基建不再强调以政府为主导，也是政府治理层面的优化，从而衍生出多元化的投融资渠道。

首先是现有模式的综合运用。专项债、PPP 和城投在不同时期出现在中国经济舞台，又在不同的时间段被强调或者规范，有其特定的社会背景，就像当下为了加快疫情后的经济建设，要加快专项债的下发，特殊时期应该有特殊政策，短期和长期的发展要平衡，才容易可持续发展。

城投公司近些年发展受政策影响较大，但城投公司与地方政府关系天然紧密，不论是在承接地方政府专项债项目上，还是贯彻落实地方政府发展措施上有天然优势，尤其是一些城投公司经过近 10 年发展已经做大做强，成为地方经济的重要支撑。但若全面回到城投模式，地方政府的隐形债务将不可估量，可能引起系统性债务风险。

PPP 模式是广为世界各国采用的模式，如果应用规范，是已经被验证过的合理提升地方政府基础设施服务效率和缓解地方政府债务的有效模式，PPP 将继续采用和推广，但并不是一切皆可 PPP，成熟国家应用的比例也不超过 10%～20%，未来中国也将是在一定比例如 30% 以内。

三种模式之间并非零和博弈，完全可以发挥其各自优势、相互支撑，共同推进地方经济可持续发展。

其次，关于新城开发和产业园区的综合开发，在现有政策约束下如何进行投融资创新是一个重要方向。前面提到新基建、新城开发和产业园区的开发往往可以聚集人、财、物特别是科技、大数据等先进的生产要素，但此类项目的开发建设涉及的资金庞大、要素众多、结构复杂，招商引资又需要有战略眼光。仅依托地方土地财政发专项债，缺乏产业布局，则对地方经济的增长边际效应有限，也不是地方政府的强项。因此，如何在现有政策约束下，谋划长期发展路径、实现短期融资可行、中期资金平衡、长期地方经济发展有潜力，是一个需要地方政府和社会资本方等各方共同探讨的课题。基础设施的投融资不同于其他领域，虽然中央政府可能有更大的政策创新（如基础设施 REITs），但地方政府特别是企业，创新更多的是在现有的政策约束下，依托自身的项目运作实力，提高项目的可融资性，去实现资源的价值最大化，几个要素缺一不可。

再次，关于基础设施的权益性投资，这是由专项债做资本金和 REITs 试点所引发的一个重要思考。这两个政策颁布时，引起了市场极大的关注，本质上是中国基础设施投融资市场权益性投资工具的匮乏。国外很多国家对于投资项目的资本金比例没有固定要求，让市场去决定，而中国的政策有明确要求。中国政策的动机出于防范过高的金融杠杆风险，本身是可以理解的，但是在金融市场没有合适的权益性金融工具使得资本市场和基础设施投资能够进行联通，对于一些大型重点基建项目的建设将是极大的制约。同时，为了筹集资本金，企业不得不绕道其他渠道，通过抽屉协议等模式融资，其实是提高了项目的融资成本，最后还都转嫁给政府或公众。如何搭建基建领域合理的股权融资渠道，对于中国基建投融资市场的长期健康发展非常重要，基础设施 REITs 是开始，而不是终点。

最后，正如开篇在回顾中国基础设施投融资发展历史时，也比较了国外基础设施投融资路径，虽然疫情的影响及逆全球化造成在未来一两年甚至更长的时期内，中国经济的恢复都将依托于国内市场，"两新一重"则是下一步的重点领域；但长期而言，"走出去"也将中国基础设施投融资发展的必然趋势之一。新出炉的 2020 世界十大建筑服务公司中，中国建筑位居世界第一，法国万喜位居世界第二，在全球上市公司 2 000 强排行榜中，中国上榜公司的数量遥遥领先，总资产、总营业额均位居前列，但是若看盈利率和市值，中国企业则不占优势[10]。"一带一路"沿线以发展中国家为主，其经济发展面临和中国特别是改革开放初期一样的难题，既缺基础设施又缺资金，传统的总承包模式也将随之向带资承包、PPP、股权投资与并购等模式转变，如果在国际市场成功运作项目，与国际建筑承包商进行竞争，对于国内的建筑承包商而言是更大的挑战，也将是一个新的酝酿点。

从当下的特殊时点，回顾和展望中国基础设施投融资的历史、现状和未来，限于篇幅，而且政策也在推陈出新，本文观点难免有不足和疏漏之处，只能以点带面，抛砖引玉与大家探讨。中国的基础设施投融资市场巨大，让我们与时代的脉搏共振，在发展中上下求索，为社会发展的美好明天尽自己的应有之力。

鸣谢：

感谢中央财经大学张家明对文中所涉基础设施投资、专项债、PPP 和城投债的数据搜集和整理。

参考文献

[1]　赵新博，王守清. 商业银行参与 PPP：从政策到实践. "清华 PPP 研究中心"公

众号，2019-05-28.

[2] 中信证券研究部. 政策看债专题——十年城投，回望前瞻. 2019-04-25.

[3] 裴俊巍. 国外 PPP 立法特点与经验借鉴[J]. 中国财政，2016（12）:33-35.

[4] 明树数据. 2019 年中国 PPP 市场报告[R]. 2019.

[5] 杨伟民. 不能借应对疫情和稳就业再给僵尸企业上"呼吸机". 新浪财经，
2020-06-15.

[6] 赵新博，王盈盈，张家明. 地方融资平台和 PPP 模式对比研究分析. "清华大学
PPP 中心"公众号，2018-09-07.

[7] 康正宇. 城投债 2019 年发行总结与 2020 年展望. "中证鹏元评级"公众号，
2020-01-15.

[8] 吴亚平. 基础设施 REITs 的意义、要点和发展前景. 京东数字科技研究院，
2020-05-28.

[9] 王守清 PPP 团队答复基础设施 REITs 试点有关问题的函询. 中国 PPP 智库，
2020-06-07.

[10] 白露. 2020 世界十大建筑服务公司. "勘察设计前沿"公众号，2020-06-17.

（公众号"中国 PPP 智库"，2020-06-23）

不同类型企业投资基础设施项目的偏好差异研究[①]

伍 迪　牛耘诗　苏靖丹　陈海清　王守清

一、研究背景

改革开放以来，我国全社会固定资产投资保持高速增长，1982—2018 年平均增长率为 20.4%[1]。基础设施是社会生产和居民生活提供公共服务的物质工程设施，是全社会固定资产投资的重要组成部分，是实现经济快速持续增长的重要推动力[2]。但是2018 年以来，我国基础设施投资连续两年增长率仅为 3.8%[3][4]，内外部环境的变化为

① 资助项目：国家发展改革委课题"民间资本参与基础设施补短板项目建设研究"，国家自
然科学基金资助项目"PPP 项目的控制权配置研究"（71572089）、"PPP 项目股权结构的
优化研究"（71772098）。

基础设施领域投资建设带来新的挑战。

企业参与基础设施投资，既能缓解政府资金压力，又能通过市场化方式引入专业化的建设、运营和管理经验，能够有效拓展建设项目范围，打破行业垄断机制[5]，对促进基础设施高质量发展、国民经济健康稳定增长具有重要意义。

我国实行以公有制为主体、多种所有制经济共同发展的基本经济制度，各种类型的企业都可以平等地参与基础设施项目。但是，不同类型的企业对基础设施项目存在不同的投资偏好，这种偏好的差异体现在行业领域、空间区域[6]等方面，产生这些差异的原因除了企业的所有制属性不同，还包括企业的规模、企业所在地等因素[7]。因此，本研究对不同类型的企业进行行业领域和空间区域方面投资偏好的调研，并对不同投资偏好的差异进行分析，为促进企业参与基础设施领域的有效投资以及相关政策的制定提供借鉴。

二、调研设计与实施

基于研究目标，本次调研重点调查企业的类型特征和投资偏好两部分内容：企业的类型是企业的客观信息，包括企业的所有制属性、企业规模、所在区域等；企业的投资偏好则是企业基于自身状况的战略定位，包括行业领域、区域等投资偏好，具有一定的主观性。因此，要求调研的受访对象一定是充分了解所在企业战略和投资情况等的中高层管理人员。

本文研究团队于 2019 年 11 月至 2020 年 2 月期间参与某中央预算内资金的专项工作，通过全国各级政府投资主管部门邀请到来自 63 家企业的管理人员参与本次调研。这些企业的所有制类型、主营业务所在地、企业规模分布分别如图 3-28～图 3-30 所示，可以看出，本次调研的受访企业具有较强的多样性，在不同类型特征中的分布满足本文研究要求。

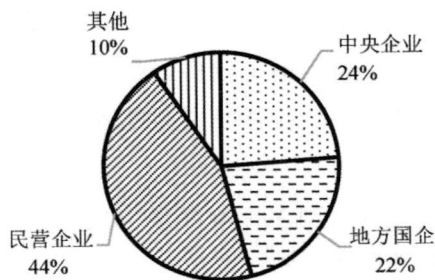

图 3-28　受访企业所有制类型分布

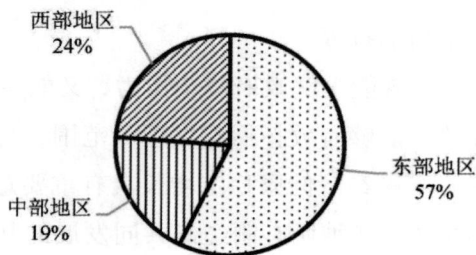

图 3-29　受访企业主营业务所在地分布

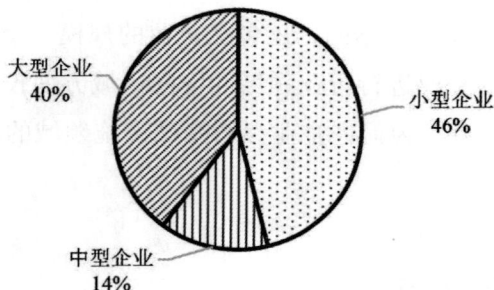

图 3-30　受访企业规模分布

三、投资领域偏好的调研结果与分析

为了提升研究的实践指导意义，本次调研对各受访企业的投资领域选择范围进行了明确的限定，即在 2018 年国务院发布的《关于保持基础设施领域补短板力度的指导意见》中提到的"补短板"领域中进行选择，具体细分为铁路、高速公路、枢纽机场、物流、园区综合开发、污水垃圾处理、水利、旅游、养老及其他等多个领域，调研中邀请受访企业选择不多于 3 个本企业倾向投资的领域。

调研结果显示，企业投资领域偏好中最高的 3 个领域是园区综合开发、污水垃圾处理、高速公路，这表明我国近年来城镇化和环保领域高速发展，园区开发、污水垃圾处理项目建设扶持力度大、市场需求高，高速公路网建设也处于高速发展期。此外，旅游、养老项目作为热门领域，也吸引了较多企业。而企业投资意向较低的领域包括物流、枢纽机场、铁路等，这些领域往往投资规模较大、专业化程度较高，企业投资意愿相对较弱。

企业对不同领域的投资偏好有很多影响因素，以下分别对企业所有制类型、企业主营业务所在地、企业规模等因素进行分析。

1．不同所有制企业的投资领域偏好差异分析

中央企业、地方国企、民营企业等不同所有制类型的企业对投资领域的偏好存在差异，调研结果统计如表 3-26 所示。

表 3-26　不同所有制类型受访企业投资领域偏好

领　域	全部受访企业倾向投资领域的比例及排名		不同所有制企业倾向投资领域的比例及排名					
			中央企业		地方国企		民营企业	
铁路	9.52%	8	13.33%	6	7.14%	8	10.71%	8
高速公路	28.57%	3	60.00%	1	28.57%	2	17.86%	6
枢纽机场	7.94%	9	20.00%	5	7.14%	8	3.57%	10
物流	6.35%	10	6.67%	9	7.14%	8	7.14%	9
园区综合开发	41.27%	1	46.67%	3	28.57%	2	50.00%	1
污水垃圾处理	36.51%	2	53.33%	2	35.71%	1	28.57%	4
水利	17.46%	7	33.33%	4	14.29%	7	14.29%	7
旅游	25.40%	4	6.67%	9	28.57%	2	28.57%	4
养老	23.81%	6	13.33%	6	21.43%	6	32.14%	2
其他	25.40%	4	13.33%	6	28.57%	2	32.14%	2

最吸引中央企业投资的领域包括高速公路、污水垃圾处理、园区综合开发，与所有企业的整体偏好领域相同，但具体排名有一定差异。相比于平均水平，中央企业的偏好差异主要体现在高速公路、旅游、养老等领域：倾向投资高速公路的中央企业所占比例达到 60.00%，远高于 28.57% 的平均水平，而对于旅游、养老领域的投资倾向则远低于整体水平。从整体上看，倾向投资各领域的中央企业比例呈现"两极分化"的特征，在各领域分布非常不均衡。可以发现，各个领域中中央企业倾向投资的比例基本上落在 40% 以上或 20% 以下，说明不同中央企业的投资战略具有较强的一致性，也说明仅仅依靠中央企业进行补短板领域的投资是不够的。

地方国企对投资领域的倾向顺序及比例与整体水平最为接近，倾向投资污水垃圾处理、高速公路、园区综合开发、旅游、养老领域，但对铁路、枢纽机场、物流领域投资的意愿不强。与中央企业不同，地方国企在投资领域偏好中的分布呈现较为平均的特点，倾向投资各领域的比例基本都在 20%～30%。这说明同样作为国有企业，地方国企是中央企业的一个很好的补充，其业务更加多样化，其业务发展战略对地方发展的贡献更有针对性。

民营企业投资领域偏好与中央企业、地方国企呈现显著的差异。在养老领域，民营企业的投资偏好更加强烈，但是在高速公路、污水垃圾处理、水利领域，民营企业的投资意愿较低，其中高速公路、枢纽机场等交通领域的投资意向明显低于平均水平。在实践中，民营企业在交通领域的资本、技术、政府沟通能力等往往弱于中央企业和地方国企，且这些项目投资额往往较大，导致民营企业投资意愿不强。

综合比较中央企业、地方国企、民营企业的投资偏好，可以发现：第一，中央企业与民营企业在多个领域中呈现出完全相反的投资偏好，高速公路和养老就是两个非常典型的行业领域，这是现行的市场环境和政策体系下自然选择与分工的结果；第二，地方国企的投资偏好与整体水平最为相似，在多数领域介于中央企业与民营企业之间，且在不同领域分布较为平均，这体现了地方国企在职能上与中央企业的不同，地方国企的专业领域往往与地方的发展规划紧密相关，在专业业务上也体现了更强的多样性；第三，民营企业相比于国有企业整体上更倾向于投资固定投资小、专业化程度高的领域，这充分体现了"比较优势"在不同企业进行投资选择时起到的决定性作用。

2．不同地域企业的投资领域偏好差异分析

业务常驻地不同的企业，拥有的地理优势和政策优势往往不同。按照我国"第七个五年计划"中将各省级行政单位按区域划分的标准，结合国家西部大开发战略中对区域划分的调整，本次调研将企业所在地划分为东部、中部、西部3个区域。为了探索地域因素对投资领域偏好的影响，统计结果如表3-27所示。

表3-27　不同地域企业投资领域偏好

领　　域	全部受访企业倾向投资领域的比例及排名		不同地域企业倾向投资领域的比例及排名					
			东部地区		中部地区		西部地区	
铁路	9.52%	8	13.89%	8	8.33%	6	0	10
高速公路	28.57%	3	25.00%	4	41.67%	1	26.67%	4
枢纽机场	7.94%	9	11.11%	9	0	8	6.67%	8
物流	6.35%	10	5.56%	10	0	8	13.33%	7
园区综合开发	41.27%	1	41.67%	1	33.33%	2	46.67%	1
污水垃圾处理	36.51%	2	41.67%	1	33.33%	2	26.67%	4
水利	17.46%	7	19.44%	6	25.00%	5	6.67%	8
旅游	25.40%	4	16.67%	7	33.33%	2	40.00%	2
养老	23.81%	6	22.22%	5	8.33%	6	40.00%	2
其他	25.40%	4	33.33%	3	0	8	26.67%	4

东部地区企业偏好投资的领域排序与平均水平比较相似，对园区综合开发、污水

垃圾处理、高速公路等领域投资倾向较强。

中部地区企业对高速公路的投资倾向远高于平均水平，其客观原因是很多中部地区的省市是我国的交通枢纽，对交通基础设施需求大。此外，中部地区企业对园区综合开发、污水垃圾处理、旅游、水利等热门行业的投资意愿也较强，但对养老领域的投资偏好显著低于整体水平。

西部地区的企业更重视旅游和养老领域，而对污水垃圾处理的投资意向不强，这也反映出了西部地区基础设施的行业特征，西部人口密度较小，对污水垃圾处理等基础设施需求有限，但对旅游养老产业有旺盛的需求。此外，西部地区企业对水利领域的偏好投资较低，这与西部地区的自然气候特点有关，我国西北地区气候干旱，水资源短缺，限制了水利工程的建设。同样，西部地区企业基本没有对铁路的投资意愿，这也受到了气候与地势条件的影响。

综合比较常驻地在东部、中部与西部3个地区的企业投资偏好，可以发现：第一，东部地区企业偏好投资的领域排序与平均水平比较相似，中部地区和西部地区的企业则与整体水平有较大的差异，这说明常驻在东部地区的企业在我国基础设施市场中占据主导地位；第二，企业的投资倾向与企业常驻地所处地区的基础设施行业发展情况息息相关，例如，中部地区企业对高速公路的投资意向最强，西部地区企业对旅游、养老投资意向强，对水利、铁路投资意向弱，这些都是地理位置、市场需求和政策导向结合导致的。因此，在有关部门制定相关战略和政策推进各地区的基础设施建设时，应充分考虑各个地区的地理位置优势和自然气候条件，因地制宜，提高资源配置效率。

3. 不同规模企业的投资领域偏好差异分析

参考国家统计局公布的《统计上大中小微型企业划分办法（2017）》，将本次受访企业根据年主营业务收入规模划分为大、中、小3个规模类型：小型企业年主营业务收入规模5 000万元以下，大型企业10亿元以上，中型企业介于二者之间。统计不同规模企业的投资偏好差异如表3-28所示。

表3-28　不同规模企业投资领域偏好

领　域	全部受访企业倾向投资领域的比例及排名		不同规模企业倾向投资领域的比例及排名					
			小型企业		中型企业		大型企业	
铁路	9.52%	8	6.90%	8	11.11%	8	12.00%	6
高速公路	28.57%	3	10.34%	6	22.22%	6	48.00%	3
枢纽机场	7.94%	9	6.90%	8	0	10	12.00%	6
物流	6.35%	10	6.90%	8	11.11%	8	4.00%	10

续表

领　　域	全部受访企业倾向投资领域的比例及排名		不同规模企业倾向投资领域的比例及排名					
			小型企业		中型企业		大型企业	
园区综合开发	41.27%	1	31.03%	3	33.33%	2	56.00%	1
污水垃圾处理	36.51%	2	24.14%	4	33.33%	2	52.00%	2
水利	17.46%	7	10.34%	6	22.22%	6	24.00%	4
旅游	25.40%	4	34.48%	1	33.33%	2	12.00%	6
养老	23.81%	6	34.48%	1	33.33%	2	8.00%	9
其他	25.40%	4	24.14%	4	44.44%	1	20.00%	5

小型企业对旅游、养老领域的投资倾向性最高，且均高于整体水平，但在园区综合开发、污水垃圾处理等热门领域，投资倾向低于整体水平。相比于园区综合开发项目，旅游、养老等领域基础设施项目体量相对较小，承担的投资风险相对较小。与之相反，小型企业在高速公路等投资额较大的领域，投资倾向显著低于整体水平，这说明小型企业相对不愿意对投资额大的项目进行投资。

大型企业倾向投资的领域包括园区综合开发、污水垃圾处理、高速公路，比例显著高于企业整体水平。此外，水利行业虽不算热门行业，但大型企业对其投资倾向高于整体水平。与之相反，大型企业对旅游、养老的投资热情不高。

综合比较不同规模企业的投资偏好差异可以发现，企业规模与偏好领域项目的体量高度相关，在铁路、高速公路、园区综合开发、污水垃圾处理、水利领域等领域，企业的投资意愿随着企业规模的增长而上升，而在旅游、养老领域，随着企业规模的增大，投资倾向逐渐下降。即小型企业偏好投资规模较小的项目，大型企业偏好投资规模较大的项目。

四、投资区域偏好的调研结果与分析

我国不同区域的经济发展速度存在差异，为了推进区域协调发展，国家施行了西部大开发、京津冀、粤港澳、促进中部地区崛起、关中平原城市群发展、环渤海区域一体化等一系列战略和规划。基础设施投资是带动经济发展的重要动力，研究企业投资区域偏好并在政策中合理应用，将有助于更好发挥企业的能动性，从而更好地配置资源，进一步减小区域间不平衡程度。

本次调研没有吸引到位于东北三省的企业参加，但是为了分析各地企业对东北地区的投资意愿，在进行投资地域偏好统计时特别将东北三省与其他的西部、中部、东部地区进行区分。调研结果显示，最吸引企业参与基础设施投资的区域是东部地区，占 58.73%，吸引力最低的就是东北地区，仅为 3.17%。可以看出，东部地区由于经济发展水平较高、市场规模较大而吸引了大部分企业的投资意向。企业所有制类型、企业主营业务所在地、企业规模等因素影响企业的投资地域决策，以下分别对这些影响因素进行分析。

1．不同所有制企业的投资区域偏好差异分析

中央企业、地方国企、民营企业等不同所有制类型的企业对投资区域的偏好存在差异，调研结果统计如表 3-29 所示。

表 3-29　不同所有制类型企业投资区域偏好

偏好投资区域	全部受访企业倾向投资地域的比例及排名		不同所有制企业倾向投资地域的比例及排名					
			中央企业		地方国企		民营企业	
东北地区	3.17%	4	7.00%	4	0	4	0	4
东部地区	58.73%	1	67.00%	1	64.00%	1	54.00%	1
中部地区	17.46%	3	13.00%	2	14.00%	3	21.00%	3
西部地区	20.63%	2	13.00%	2	22.00%	2	25.00%	2

从整体上看，中央企业、地方国企、民营企业三类企业对不同地区投资偏好的各自排序与整体排序基本一致，但比较三类企业的投资意愿水平存在一些差别：相比于整体水平，中央企业投资东部和东北部地区的比例更高，对中部地区和西部地区的比例更低，而地方国企和民营企业几乎没有企业愿意投资东北地区，这说明目前东北地区基础设施发展主要依靠中央企业，对民营企业缺乏吸引力；民营企业倾向投资东部地区的比例低于整体水平，而对中部地区和西部地区投资的比例更高，且民营企业是西部地区投资意愿最强的，这说明目前民营企业是西部地区基础设施建设投资的主要力量。

综合比较中央企业、地方国企、民营企业的投资偏好可以发现，国营资本倾向投资东部和东北部地区的比例最高，这说明国有企业一方面占据竞争优势可以在热门地区（东部）占据市场，另一方面又需要履行一定的社会责任，承担市场相对冷门地区（东北）的基础设施建设。与投资领域偏好类似，在投资地域偏好上，中央企业与民营企业也呈现出相反的投资偏好，说明国营资本和民营资本在不同区域有较为明确的市场地位，互相起到补充的作用，构建了较为均衡的地域投资结构。有关部门在推动相关政策时，应充分考虑形成这种市场分工的因素，适当引导不同所有制类型的企业，促进民营资本与政府资本需相互配合相互协调，以提高经济增长率和社会福利水平[8]。

2．不同地域企业的投资区域偏好差异分析

为了探索企业业务常驻地的因素对投资地域偏好的影响，统计差异结果如表 3-30 所示。

表 3-30　不同地域企业投资区域偏好

偏好投资区域	全部受访企业倾向投资地域的比例及排名		不同地域企业倾向投资地域的比例及排名					
			东部地区		中部地区		西部地区	
东北地区	3.17%	4	0	4	0	3	13.00%	3
东部地区	58.73%	1	86.00%	1	25.00%	2	20.00%	2
中部地区	17.46%	3	6.00%	3	75.00%	1	0	4
西部地区	20.63%	2	8.00%	2	0	3	67.00%	1

分析表中数据可以明显看出，无论是哪个地区的企业，投资地域偏好最高的均为企业所在地区，企业的地域投资偏好与企业业务常驻地高度相关。值得注意的是，各区域企业也存在部分愿意跨区域投资的企业，且随着地理位置呈现出"由东向西愿意跨区域投资的企业比例逐渐增多"的规律，而且跨区域投资的企业多数更倾向于投资东部地区，表明东部地区基础设施的吸引力是最高的。

为了进一步探索所有制类型和业务所在地两个因素如何共同对企业投资偏好产生影响，统计中央企业、地方国企、民营企业依不同所在地的投资区域偏好如表 3-31 所示。

表 3-31　不同地域不同所有制企业投资区域偏好

偏好投资区域	不同地区中央企业的投资偏好			不同地区的地方国企的投资偏好			不同地区民营企业的投资偏好		
	东部	中部	西部	东部	中部	西部	东部	中部	西部
东北地区	0	0	1	0	0	0	0	0	0
东部地区	7	3	0	9	0	0	12	0	3
中部地区	0	2	0	0	2	0	2	4	0
西部地区	1	0	1	0	0	3	2	0	5

分析表中数据可以看出：不同地区的中央企业，其区域投资偏好依旧集中在本地区，但也有部分企业倾向投资其他区域；不同地区的地方国企，所有地区都是 100%

更倾向投资本区域的项目；不同地区的民营企业，其偏好分布则相对分散。

综合比较中央企业、地方国企、民营企业的投资偏好可以发现，不同所有制企业的地域投资偏好受企业所在地影响从强到弱的顺序为：地方国企、中央企业、民营企业。这是由于地方国企具备很强的地方属性，其业务范围易被限制在本区域，跨区域投资不利于其发挥企业优势，而民营企业受地域性的影响则相对较弱，这也体现了民营企业的优势，企业的投资区域决策更为灵活。

3. 不同规模企业的投资区域偏好差异分析

统计不同规模企业的投资偏好差异如表 3-32 所示。

表 3-32 不同规模企业投资区域偏好

偏好投资区域	全部受访企业倾向投资地域的比例及排名		不同规模企业倾向投资地域的比例及排名					
			小型企业		中型企业		大型企业	
东北地区	3.17%	4	7.00%	4	0	4	0	4
东部地区	58.73%	1	45.00%	1	44.00%	1	80.00%	1
中部地区	17.46%	3	21.00%	3	11.00%	3	16.00%	2
西部地区	20.63%	2	28.00%	2	44.00%	1	4.00%	3

与所有企业整体水平相比，小型企业在除东部以外的所有地区都具有更高的投资倾向，而中型和大型企业几乎没有倾向在东北地区投资的企业，这说明东北地区的基础设施缺少大中型企业的支持。中型企业在东部和中部地区投资比例都低于整体水平，而倾向在西部地区投资的比例为 44.00%，远高于整体水平 20.63%，这说明中型企业是中部地区基础设施发展的主力军。大型企业中有 80% 的企业偏好东部地区，远高于整体水平，而倾向在西部地区投资的仅有 4%。

综合比较不同规模企业的投资偏好可以发现，从投资地域偏好集中度来看：小型企业集中度较低，在各地区均有投资倾向；中型企业集中于东部和西部地区；而大型企业高度集中于东部地区。这说明企业规模越大，投资地域偏好的集中度越高。规模越大的企业越倾向于在东部地区进行基础设施投资，说明规模越大的企业在东部地区的竞争中更具优势，在一定程度上挤占了中小企业在东部地区的发展空间。

五、结论与建议

基础设施建设投资仍然是当前我国"稳增长"的重要手段，其对经济增长的贡献存在显著的地区和领域差异[9]，因此本文对企业投资基础设施的领域和区域两方面偏好，从不同角度进行了深入的调研与分析，具有较强的理论价值及政策指导意义。

研究发现，企业所有制属性、主营业务所在地、企业规模等方面对企业的投资偏好都会产生显著影响：第一，无论是投资领域还是投资区域，中央企业与民营企业在多个方面呈现完全相反的投资偏好，这也反映了我国基础设施的市场格局，若有关部门希望更好利用不同所有制企业的特点推进基础设施高质量发展，或者希望进一步改善这种基于政策体系环境自然选择而形成的局面，则需要在顶层设计中充分考虑所有制属性不同带来的影响因素，应不断优化市场环境，针对不同行业特定的特征出台政策，引导、鼓励和支持具备专业经验的民营资本参与到特定的基础设施补短板领域；第二，几乎所有企业都更倾向投资所在地区的项目、更倾向投资所在地区行业需求旺盛的领域，地方国企在投资偏好决策中展现出的地方属性最明显，因此，对于当地亟待发展的基础设施领域，地方政府可以通过适当的优惠政策吸引外地企业入驻或者与本地企业合作，在"一视同仁"原则的前提下促进良性竞争，更好地利用这一驱动因素带动当地基础设施的建设与发展；第三，在当前的基础设施投资领域，规模越大的企业越具有竞争优势，体现在规模较大的企业更能够在东部地区立足、更容易在重大基础设施领域立足，因此企业在制定发展战略中应充分考虑不同发展阶段的竞争优势，而相关政策在出台时也应充分考虑这一因素对行业健康发展的影响，为中小型企业创造更好的生存环境，避免行业不充分竞争市场的出现。

参考文献

[1] 国家统计局.中国统计年鉴2019[M].北京：中国统计出版社，2019.

[2] 刘生龙，胡鞍钢.基础设施的外部性在中国的检验：1988—2007[J].经济研究，2010，45（3）：4-15.

[3] 国家统计局. 2019 年全国基础设施投资简况[EB/OL].[2020-03-30]https://www.ndrc.gov.cn/fggz/fgzh/gnjjjc/tzyx/202003/t20200330_1224585_ext.html.

[4] 国家统计局 2018 年 1—12 月全国基础设施投资简况[EB/OL].[2019-02-01]http://field.10jqka.com.cn/20190201/c609577388.shtml.

[5] 顾丰颖.建筑企业作为投资主体参与基础设施 PPP 项目的角色分析[J]. 中国市场，2019（34）：94-95.

[6] 许红梅，李春涛，刘亚楠.交通基础设施建设与西部经济高质量发展[J]. 东北财经大

学学报，2020（3）：39-50.

[7] 吴继明，张炳才.我国中小企业投资效率实证研究[J].会计之友（中旬刊），2010（1）：31-33.

[8] 严成樑，龚六堂.基础设施投资应向民营资本开放吗?[J].经济科学，2014（6）：41-52.

[9] 孙早，杨光，李康.基础设施投资促进了经济增长吗——来自东、中、西部的经验证据[J].经济学家，2015（8）：71-79.

（《项目管理技术》，2020 年第 10 期）

第4章

运营与管理

PPP 模式的挑战与应对

冯 珂　王守清

过去 3 年里，在中央和地方各级政府的大力推动下，政府和社会资本合作（PPP）模式不仅成为热点，也得到了越来越多的应用，现已逐步进入规范发展阶段。然而，目前 PPP 项目的落地不及预期，在已经落地的项目中也存在一些不符合 PPP 模式所强调的"物有所值"和"风险共担"等核心原则的不合理设计，给参与各方带来了一定的潜在风险，也严重制约了 PPP 模式的可持续发展。

据我们观察，目前 PPP 模式的推广和实践中仍存在一些挑战：首先，部分地方政府对 PPP 模式的认识仍不到位；其次，PPP 实施的制度环境仍不够规范；最后，融资困难仍是影响 PPP 项目推广的一大瓶颈。

PPP 模式的推广与应用是一个复杂的系统工程，CFO 需要在本轮 PPP 热潮中保持冷静的思考，才能从容应对挑战，把握 PPP 带来的发展机遇。在我们看来，尤其要做好以下 4 点工作。

第一，确保 PPP 项目及流程的合法合规。实施 PPP 必须以提高公共产品或服务的供给效率、实现项目的物有所值为出发点。如果在 PPP 项目的实施过程中，"物有所值"的理念没有得到充分的贯彻，对项目的实施方案评价、物有所值评价和财政承受能力论证流于形式，甚至出现各种伪 PPP、保底回报、明股实债或拉长版 BT 等不规范现象，会给项目未来的运作留下隐患。总之，对于企业来说，"真做 PPP"和"做真的 PPP"非常重要。一个不合规的项目短期也许不会出问题，但长期必然会出问题。

第二，和政府建立良好伙伴关系。PPP 是一场婚姻，不是一场婚礼。PPP 项目的长期性导致了合同的不完备性，即合同文件很难针对项目的所有内容进行事无巨细的规定，这意味着在很多情况下，尤其是当项目运营与签约时的预测出现较大的偏差时，项目将难以按照合同字面上的规定进行执行，只能通过政府与企业之间的协商沟通解决。因此，为了降低未来就项目争议解决所产生的成本和费用，甚至不利后果，企业应有与政府建立真正伙伴关系的意识，通过与政府建立良好关系，并向社会公众保持项目建设和运营中的公开透明，将有助于降低对项目的质疑，促进双方长期关系的维护和解决问题。

第三，注重 PPP 项目的融资管理。在 PPP 项目的融资活动中需要注意：一方面，并不是所有项目都适用于 PPP，也不是都适合（有限追索）项目融资，一般而言，适合项目融资的项目一般具有财务和法律上的独立性，项目本身能产生稳定的现金流以还本付息，项目有明确的边界条件且合同关系比较清楚；另一方面，要通过 PPP 合同体系的设计，对项目融资风险进行分担或转移，如设计合同条款（如动态调节和调价条款）、担保机制（如项目收益权的质押）等，从而更好地吸引外部投资者，降低项目的融资成本。

第四，做好 PPP 项目的风险管理。PPP 项目是政府与社会资本之间长达几十年的合作关系，静态的风险分担措施难以应对复杂多变的外部环境，因此，成功的 PPP 项目需要实现各方风险的动态分担。例如，在合同中设置各方承担的风险上下限（可以用定性指标，但更多是结合定量财务指标，特别是对很难预测且任何一方都无法独自承担的风险，如不可抗力），并有针对性地设计调节和调价机制（特别是对长期运营期中的通货膨胀、利率、汇率、市场需求、政府提供原材料的质量和价格等风险）。

（《新理财》，2017 年第 1 期）

PPP 中的项目管理

王守清

现代社会，PPP 是公共基础设施中的一种项目运作模式，最早由土耳其首相奥扎尔提出，当时叫作 BOT（建造—经营—移交），主要用于基础设施，主要向老百姓收费。而在英国等西方国家，在撒切尔夫人时代就开始采用 PPP 模式，主要用于社会事业项目，如学校、医院、养老院、监狱等，主要由政府支付，对老百姓仅象征性地收取一些费用。当然，在发展中国家，也有政府出钱补贴的 PPP 项目。

在我国，PPP 是从 20 世纪 80 年代中期开始出现和发展的，那时，国内的 PPP 项目主要涉及电厂、公路等领域，主要是港澳台等外商投资。到了 20 世纪 90 年代中期，国家发展改革委出台了《特许经营暂行办法》（后来作废），主导了四五个国家级 PPP 项目，这一阶段主要由西方国家外商投资，涉及的主要领域为电厂、水厂、污水处理。到了 20 世纪 90 年代末，我国出现很多污水处理、垃圾处理项目，国内的民营企业开始参与其中。

2003 年起，商务部开始鼓励中国央企在"走出去"中转型升级，做对外的 BOT。我在 2003 年回国前，就已经开始参与商务部与清华大学在这方面的合作事务，2013 年 7 月一回国就代表清华大学，与商务部、中国对外承包工程商会组成 BOT 小组，对国内相关机构和企业对这方面的情况进行调研，并开始在各大央企讲课，宣灌这一模式。

从 2014 年开始，财政部、国家发展改革和中央其他部委开始在全国大力推广 PPP。经过 3 年的发展，根据财政部公开的数字，截至 2017 年 3 月末，全国 PPP 综合信息平台项目库入库 PPP 项目已达 12 287 个，项目总投资额 14.6 万亿元。其中，已签约落地项目共计 1 729 个，项目总投资额 2.9 万亿元，落地率 34.5%。国家示范项目，截至 2016 年 12 月末，共计 743 个，投资额 1.86 万亿元。国家发展改革委的项目库中的项目数量也在一万个左右，并评选和公布了第二批示范项目。现在，PPP 项目在全国范围内可谓火爆，PPP 概念已经相当普及。

不过其中也存在一点隐忧，这涉及中央和地方对 PPP 的理解不同、动机不同、目标不同。特别是有些项目不太规范，又造成地方负债，提高项目效率的目的并没有实现。因此，从 2016 年开始，中央部委特别是财政部，开始纠正地方政府不合规 PPP 项目，以免造成负债。总的来说，PPP 模式在向好的方向发展，近三四年来，各部委 100 多个相关文件密集出台，PPP 条例也快要公布，部委之间的合作也逐步开始。

一、项目管理工具在 PPP 项目中无处不在

PPP 项目是一种非常复杂的项目，从项目管理的角度来说，PPP 项目正好在以下

几个方面与之相符合：一是项目管理的全生命周期，从项目策划到设计、建设、运营，项目管理贯穿全产业链；二是涉及面广，项目管理各领域的知识都要运用，还涉及工程、法律、合同、公共管理、市场、政治、社会、财务、保险。我曾经说过：如果一个人把 PPP 学透了，把项目管理学会了，又了解一个行业，如建筑、交通、环保、能源等，就是一个复合型人才，在职业生涯中，基本上可以所向披靡。

因为 PPP 项目涉及面广，又是新兴模式，迫切需要各方面的复合型人才，目前大家都在学习中。从国家发展改革委或财政部 PPP 专家库的成员分成综合组、理论组、法律组、金融组、财务组、行业组等就可以看出这一点。PPP 的项目管理比一般项目管理所跨越的时间长得多，从规划、可研，一直到运营和维护，是真正全生命周期的。在实施过程中，从政府的角度，根据具体情况，其牵头机构可能是财政、发改等职能部门，也可能是住建、环保、交通等行业主管；从投资者而言，项目经理要根据自身及其团队的知识与经验不足，需要聘请不同的咨询人员。但无论是从哪个相关方的角度，均需从全方面、全过程进行项目管理。

咨询的模式也有几种，可以是由一个咨询公司牵头，负责全过程全方位的咨询，除了传统的规划、可研、造价、招投评标、监理等，特别包括 PPP 方案策划、物有所值评价、财政承受力评估、法律合同等工作；也可以只做某一方面如技术、财务、法律、方案等的咨询，即不同的工作分别交给不同咨询，这种模式下，咨询委托者协调不同咨询的水平要比较高，否则实施过程就会比较麻烦。现在越来越多的是交由一个咨询公司牵头做 PPP 相关的综合咨询，主要包括 PPP 方案策划和"两评"（物有所值评价、财政承受能力论证）。

总之，根据项目类型、委托人的水平等的不同，PPP 项目的咨询存在多种组合，但都离不开项目管理的思维方法和工具。

二、国企在项目管理上进步很快

作为国外两大项目管理权威组织，PMI（Project Management Institute，项目管理协会）和 IPMA（International Project Management Association，国际项目管理协会）都强调项目管理的三块，即知识、能力、素质，都强调经验和能力，只是载体形式和认证过程的侧重不同。

国外的项目管理专业知识给中国带来了很多的价值，主要在于：第一，他们真正是由专业的人所建立的专业机构，推广专业的知识，有多年形成的专业知识体系；第二，他们重视知识的总结和提炼，加以标准化，并进行推广传播。而国内原来更重视所做的事情，对于形成标准等并未很重视，没有形成系统性内容。在起始阶段，我国对二者借鉴较多，现在，国企已经在国外的基础上不断改进完善，大有提高，甚至开始输出到国外。

项目管理在国内发展如火如荼，虽然政府从未公开对此表达过态度，但其重要性是毋庸置疑的。我们自 2003 年开始已经有项目管理领域工程硕士，培养相关人才。从中央到地方，各行各业都很重视项目管理，这是毫无疑问的。

在国内，项目管理应用最多的领域是在 IT 和工程行业。这两个行业是项目特点比较明显的行业，但工程行业的特点更为突出。

IT 行业内尝试过各种各样的管理方法，仍发现很难管理好 IT 项目，所以转而尝试项目管理工具。该行业内又可笼统分为硬件为主和软件为主两大类，硬件为主的项目比较接近工程，软件为主的则比较强调快速变化。另外，越来越多社会项目，只要带有项目特征，都可以运用项目管理知识。

在国内，项目管理学科的发展也较好。一方面，越来越多的教师在研究和教学项目管理，发表项目管理相关的文章，国内也有《项目管理技术》《项目管理评论》等相关专门期刊，国际上也有很多相关期刊，一些传统行业如工程等行业期刊也发表项目管理文章；另一方面，项目管理学位火爆，最初师资紧张，我们协作组 2004 年成立后的主要工作之一就是开展师资培训或举办研讨会，开始是一年两次，后来随着师资水平的提高，改为一年一次，每次都是按国际发展趋势进行，对项目管理学位的发展和中国项目管理水平的提高起到了很大的作用。

虽然从 2016 年起，由于种种原因教育部改变了项目管理领域工程硕士全国入学考试的变更，特别是现在报考 MEM（工程管理硕士）要参加全国管理类联考，而项目管理工程硕士是参加全国研究生统一入学考试。二者考卷的难度不同，造成攻读后一学位对一些工作多年的专业人员而言困难加大，但大家可以改报 MEM，其学科知识内容还是以项目管理知识为主，也说明了项目管理的重要性。

（《经理人》，2017 年第 9 期）

必须懂得的 PPP 运营四个方面的十个问题

王守清 张燎

一、第一个方面：能力建设问题

问题 1：对于 PPP 这一新生事物，地方政府参与的热情很高，但认识不足，缺乏专业经验和人才，因此，政府通常希望金融机构和企业做 PPP 项目方案，这既不合理，也说明政府缺乏能力。

答：中央政府要加大对地方政府的培训、指导、审核与监管力度，包括提供合同文本、专家库、流程、评标和谈判等，加强对项目的筛选和评估，至少得有概算和预可研。

PPP 的识别论证应该由一级政府的综合部门（财政、发改）而不是实施机构，按照财政承受能力论证、物有所值评价、项目优先度成熟度的评估论证 3 个标准从行业部门提出的 PPP 备选项目清单中选出部分项目实施 PPP 的后续准备及社会资本遴选。

问题 2：目前，社会资本对 PPP 暂持观望态势，缺少具备全过程全方位能力的投资主体，特别是有运营意愿和能力的。

答：中央部委应规范市场环境（包括规范地方政府），加强市场引导，广泛吸引社会投资者，吸引各种基金，促进 PPP 项目的证券化，完善相关法律，建立交易平台。因有限追索项目融资难实现，可让有实力的融资平台公司提供各种支持，推动创新融资的保障机制，倒逼金融机构放松放贷和风控标准与流程，并降低融资成本。

问题 3：我国尚未建立 PPP 平台，缺乏沟通各参与方的渠道，导致各方交流不畅通，信息不透明。

答：2015 年 12 月 28 日，财政部发表有关综合信息平台文件，即将启动"财政部国家 PPP 管理平台"，届时所有项目的项目描述、签约情况、实施进展情况、地方政府债务与或有债务情况都将会在平台上公布，规范 PPP 操作流程，以全透明的信息披露充分保护社会资本方的利益。

二、第二个方面：动机与观念问题

问题4：（至少在2016年底以前，有相当一部分机构）各方观念都没有改变，还是传统思维，如地方政府主要还是为了上项目，不考虑物有所值、财政承受力和效率提高；投资主体缺乏长期投资意愿，都强调快速收益和尽快退出，或者要求签8%~12%保底或变相保底收益率；金融机构还是按传统放贷流程和标准进行评审和放贷。

答：各投资主体应加强对PPP的认识，转变对PPP的误读，明晰PPP模式具有回收期长、现金流稳定、收益率不太高等特点，PPP不适合短期投机的暴利项目，而是适合长期投资的微利项目。

对于地方政府而言，PPP并不意味着可以上项目，PPP只能作为基建融资的一种重要补充，无法完全取代传统融资模式。须明白以下3个问题。

（1）不是所有的项目都适合PPP。

（2）不是所有的问题都能用PPP解决。

（3）中国的PPP发展处于起步阶段，签约率低的问题短期内难有明显改善。

对于投资者而言，PPP的主要特征是收益共享、风险共担、全程合作，政府和社会资本在合作过程中共享项目收益，共担项目风险。

对于金融机构而言，要转变做PPP放贷和投资的思维和流程。例如，如果符合信贷条件，则按信贷评审流程；如果不符合信贷条件，则总行专门运作（而不是各地分行各自为政），利于知识管理、风险管控和产品创新，尝试各种融资模式，例如下列模式。

A+B模式：A为工程公司，出90%资本金和贷款，允许快进快出（类似BT的短期参与）；B为运营公司，出10%资本金和贷款，长期参与。

股+债+贷模式：小股大债，投资者和金融机构共同出资本金，但金融机构持有的股份不是同股同权，只是通过赚取利息承担相应风险，类似于夹层资金（其实就是明股实债），实现项目全过程风险分担；但只适用于好项目，需要严格规范运作，政府须公布财政收入与债务并增信。

问题5：PPP被泛化了，而且政府还包装项目，不规范，投机拿中央政策优惠。

答：当出现基建传统融资来源受限的情况，很多人开始寄希望于PPP能够成为拯救基建投资的万能药，加上国家发展改革委已然开始进行"政府和社会资本合作项目前期工作专项补助资金管理暂行办法"的起草，以及财政部已于2015年12月28日发布了《关于实施政府和社会资本合作项目以奖代补政策的通知》，未来采用PPP模式进行基建融资的项目将能享受到来自中央政府的专项补贴和奖励，PPP 便理所应当地成为优于其他融资模式的"最佳选择"。这导致很多 PPP 项目并不具备合理的 PPP 模式，但是为响应国家的改革号召，同时也考虑到未来的项目补贴，于是地方政府便拿一般融资模式的项目以 PPP 模式进行包装向国家发改委进行申报。相关部门应建立健全 PPP 项目的筛选、监管机制，严格管理地方政府将传统项目包装成 PPP 项目以获取补贴的不良行为。

问题 6：政府定价调价地位强势，缺乏市场化，投资者没有风险对价谈判和实施能力。

答：政府和社会资本在合作过程中应秉承平等互惠原则，北京市政府和京港地铁公司的案例值得参考——北京地铁提价后，京港地铁公司负责的 4 号线客流量较调价前一周下降 17.6%，14 号线西段客流量较调价前一周下降了 18.1%。而面对京港地铁客流减少、收入降低的问题，北京市政府已表示愿意签署补充协议，以保障企业的合理收益。此举充分体现了政府的 PPP 的合作精神。

三、第三个方面：法律法规政策与流程问题

问题 7：政府对项目的入库、筛选和审批程序与过去不同，财政承受力评估不透明，物有所值评价不明确。

答：政府对拟采用 PPP 模式实施的项目，应按照《政府和社会资本合作项目财政承受能力论证指引》和《PPP 物有所值评价指引（试行）》，在项目识别或准备阶段开展财政承受能力论证和物有所值评价，为 PPP 项目的质量把关。

VfM 即物有所值评估解决该不该做 PPP 之余，政府能不能做足够多的 PPP，还应该考虑财政承受力，尤其是对政府付费补贴的项目。财政可承受力论证（FAA）是从一级政府（事权和财权统一的主体）的多年期及总量角度对本级政府发起的 PPP 项目中进行综合平衡，决定他能够做多少，或者选择哪些项目做 PPP，哪些仍采用传统方式供给生产。当然，如果更全面考虑，还应该结合地区的社会经济综合平衡时形成的项目优先度成熟度的评估，这方面的输入在中国主要来自发改委系统的国民经济规划和行业部门的专项规划中的项目优先度考量。

问题 8：不同部委特别是国家发展改革委和财政部的相关政策不清晰、不完整和不一致。

答：鉴于财政部和国家发展改革委的出发点不同，二者在制定相关政策时分头行

动，分歧较大。比如关于 PPP 项目投资人的选定程序问题，财政部更倾向于采用政府采购法，理由是大多数 PPP 项目需要中央财政和地方财政补贴，政府向社会力量购买公共服务，理应纳入政府采购范围；而国家发展改革委更愿意采用招标投标法，认为国内做 PPP 项目的基本都是工程公司，对招投标法比较熟悉，对政府采购法不太了解。由于法律依据不同，规范标准不明确，令地方政府和社会资本在推进 PPP 项目时无所适从，难以抉择。各部委应统一组织解决上位法缺失的问题，尽快出台"政府与社会资本合作法"，避免下位法之间的矛盾冲突，协调好各方利益。

问题 9：对政府补贴或支付的支持、担保或保证措施不足；项目失败后的退出和救济问题。

答：PPP 模式中最大的风险是政企缺乏契约精神，各为私利，难以真正实现"风险共担、收益共享"。在 PPP 模式中，政府身兼"裁判员"和"运动员"的双重身份，既是政策的制定者也是项目的参与方，对 PPP 项目的成败有着决定性的作用。在项目的运作过程中，政府违约时常发生，极大地损害了社会资本的利益。为保障社会资本的合法权益，应建立政府违约后的救济机制（目前企业对政府违约没有有效办法），中央政府提供增信，完善担保和保险制度，甚至可建立担保基金。

四、第四个方面：项目的适合性问题

问题 10：缺优质项目，或即使有，政府也不拿出好项目做 PPP，而是留给本地国企传统模式做。

答：所谓项目有（财务）效益，好项目，实际上是指项目有明确的费价政策，有经营性现金流，这种基础设施、公共服务项目比较少了。市场上缺乏优质项目，这是从单一项目财务自偿性而言。但是，如果政府愿意对项目进行交易结构和配套回报机制的重构，是有可能将一项公共产品设计为财务上能自偿平衡的商业项目。方法即是政府采购公共服务（政府付费或补贴）或捆绑资源开发（用其他相关经营性资产权益做对价手段）。国际 PPP 项目有不少类型是非收费设施运用政府采购服务方式。不宜简单将此视为政府融资，虽然有政府融资的效果，但若政府付费盯住项目产出绩效，PPP 就有可能实现全生命周期的效果更优，但社会资本责任须包含运营服务和最终产出。

（公众号"PPP 融资策划大讲堂"，2017-02-28）

收费公路 PPP 项目最低收入担保机制设计①

刘　婷　　王守清　　冯　珂

基础设施对区域经济发展具有强大的促进作用，PPP 模式凭借其吸引社会资本、加快基础设施建设、提高效率等优势，在世界各国得到广泛推广。2014 年以来，PPP 模式在中国政府的大力推动下，形成了新一轮的热潮，截至 2016 年，财政部已公布 3 批共 752 个 PPP 示范项目，总投资超过 2 万亿元；国家发展改革委的 PPP 项目库已发布 2 125 个项目，总投资达 3.5 万亿元。

收费公路因具备向使用者收费的基础，是最早应用 PPP 模式的重要领域之一。然而收费公路 PPP 项目的成功实施面临诸多困难，根据国内外经验，收入风险是引起其再谈判、甚至取消的重要原因之一。瓜斯奇（Guasch）等[1]对拉美及加勒比海地区 1 000 个 PPP 项目的统计发现，社会资本对项目产品/服务市场需求的波动十分敏感。哈里斯（Harris）等[2]对世界银行 PPI 数据库 1990—2001 年的 2 500 个项目的分析发现，实际需求低于预测水平是导致交通类项目社会资本退出、特许经营合同提前终止的首要原因。傅以斌（Bent Flyvbjerg）等[3]对 14 个国家 210 个收费公路和铁路项目的统计发现，90%的铁路项目对平均需求的高估达 106%，50%的公路项目存在超过 20%的需求预测误差。中国的杭州湾跨海大桥等项目也出现了需求低于预期引发社会资本退出的问题；另外，也有项目因需求量远超过预期，或因政府承诺过高的固定回报，导致政府被迫提前高价回购，如上海大场水厂等。由此可见，收费公路 PPP 项目的收入风险是极具现实意义的问题。

收入风险是指项目收入不足以支付项目运营和维护成本、债务本息和必要回报的风险[4]。克鲁兹（Cruz）等[5]认为 PPP 项目的主要风险包括成本超支、需求预测不准确、资金成本提高等风险；叶苏东[6]则将 PPP 项目风险划分为系统风险（超出投资人控制范围）和非系统风险两类。收入风险受区域规划、宏观经济等系统性风险因素影响较大，无论政府或社会资本都无法完全控制，只能在政府和投资人之间寻求有效的风险分担[7]。

为解决收入风险给 PPP 项目实施带来的不利影响，一种常见的风险分担机制是由

---

① 基金项目：国家自然科学基金资助项目（71572089）。

政府为项目提供最低收入担保（Minimum Revenue Guarantee，MRG）。但由于缺乏对担保数额的定量测算，过度担保屡有发生，给公共利益带来了巨大损失[8]。最典型的例子是墨西哥在 1989—1994 年启动的收费公路发展计划，其中的收入担保条款导致政府产生了 89 亿美元的支出义务，负担沉重。由此可见，MRG 的科学设计和由此机制引发的政府或有债务评估非常重要。

为此，本文以收费公路 PPP 项目为例，着重研究 MRG 和超额收入分享（Excess Revenue Sharing，ERS）机制中最低和最高收入阈值的设计，基于文献综述，从理论角度提出最低收入担保机制设计的原则；建立随机模型，刻画收入的不确定性，并在此基础上求解在统计意义上符合该原则的收入下限和上限；利用案例展示本文所提出的模型和方法的应用，并通过数值模拟验证该方法的有效性。

一、最低收入担保的评价

MRG 机制下，项目年收入低于事先设定的收入下限时，由政府补足全部或部分差额。为使风险和收入匹配，该机制通常与 ERS 机制同时采用，即项目年收入超过事先约定的上限时，政府有权分享超额收入的全部或部分。该机制在需求过低时，能改善项目的现金流，有助于降低运营期再谈判、破产等风险；在需求过高时，能避免企业获得超额收入，减小公众反对、政府回购的风险。

当考虑收入的不确定性时，传统的现金流折现法无法充分反映市场需求的波动，容易导致错误的决策[9, 10]。因此，相关研究在评价 MRG 的价值时普遍使用基于随机过程模型的实物期权法[11]。实物期权即以实物（非金融）资产为标的的期权，其持有人有权（但无义务）在未来一段时间内或某一特定日期按事先约定的价格向期权的提供方购买或出售一定数量的标的资产[12]。MRG 相当于 PPP 项目投资人对项目收入这一标的资产拥有看跌期权（put option）：当项目收入低于最低阈值时，享有 MRG 的投资人可以通过履行 MRG 获益。同理，PPP 项目中的 ERS 相当于政府对项目收入拥有看涨期权（call option）：当项目收入高于事先约定的上限时，政府可以通过启动 ERS 机制获得增值收益。

多位中外学者相继使用基于随机过程模型的实物期权的方法，证明了 MRG/ERS 机制增加了项目的投资价值，为进一步的研究提供了分析工具[13-21]。然而以上研究是基于既定的最低和最高收入阈值的，并未涉及如何合理设计收入阈值。

二、最低收入担保机制的设计原则

评判 MRG 机制有效性的原则是对投资者有吸引力，同时不会造成不可承受的财政负担[22]。

梁（Liang）等[23]建议为减小政府财政负担，可由第三方来提供 MRG，又因项目前期资金压力最大，为了避免项目公司在前期为获得担保而发生支出，采用 ERS 机制来补偿该第三方，因此，收入下限和上限应使得两者价值相互抵偿。孙（Sun）等[24]认为，MRG 和 ERS 的组合应使得项目公司获得的净现值（Net Present Value，NPV）的期望值最接近于没有该机制时的水平。阿舒里（Ashuri）[25]提出应使项目 NPV 的期望值满足政府和企业共同接受的目标。以上方法先设定项目的投资回报标准，再以此反推最优的担保水平，为决策提供了量化的依据，但只能得出下限与上限的合理组合，并未给出最佳建议，并且仅考虑了期望值，未考虑极端情况及其发生的概率。

卡尔博纳拉（Carbonara）[26]在项目期望投资回报标准（NPV 期望值大于 0）之外，进一步提出两个条件：其一，政府因 MRG 而产生的或有债务的期望现值低于项目总投资的 50%，以确保项目在政府资产负债表外；其二，政府和企业之间风险公平分担，即 NPV 小于 0 的概率和政府支出高于总投资 50%的概率相等。将 PPP 项目作为表外融资是政府在实践中真实存在的目标，以此为标准有助于政府控制账面上的债务，但并不利于财政风险的监管。

瓦萨洛（Vassallo）等[27]提出政府担保的最低收入水平应足以支付运营维修成本和债务本息，因此可结合目标资本结构来设计担保水平，而最高收入阈值以预测的收益水平为基准，取最低阈值的镜像来达到。但该方法所用的项目需求、行业平均成本、负债率等变量来自政府的假设，由于政府和企业间存在信息不对称，因此仍存在过度担保的可能。这一问题可以通过竞标的方式来弥补，通过竞争促使企业揭示其掌握的真实信息。

综上，本文提出设计 MRG 机制的 5 个原则与步骤。

（1）最低收入担保的价值在于达成事先的约定，降低后期再谈判甚至破产的概率及成本，因此，担保的最低收入水平应能偿付项目运营维护成本和债务本息，且这一担保水平不足以确保企业盈利，企业承担了其出资限额内的风险，符合项目融资的本质。担保的收入下限可根据目标资本结构和行业平均运维成本反推得到。

（2）PPP 项目投资回报过高容易引发公众反对。因此，ERS 机制应使得投资人获得合理但不超额的投资回报，故可根据项目的目标投资回报求得收入上限，并以此为收入上限的竞标提供参考。

（3）在初步确定收入下限和上限后，应对政府因担保产生的或有支出/收入进行测算，并纳入财政承受能力评价中，若未通过评价，则应重新设计项目方案，或暂停推进该项目。

（4）为修正因信息不对称而造成的政府对重要参数的估计偏差，应通过竞标来确定收入上限水平。因为项目实施过程中涉及收入上限时，项目已经盈利了，企业不可能在此时要求提高收入上限（与弹性特许期最低净现值竞标机制类似）[28]。收入下限由政府于投标前确定，若偏高，则项目对企业吸引力大，最终将拉低收入上限来补偿偏高的收益下限；而如果竞争不足，则反映了项目收入风险较大，对市场的吸引力不高，此时较高的收入上限阈值是一种形式的风险溢价。

（5）通过竞标确定最终的 MRG 和 ERS 机制后，应再次对政府或有债务进行测算，并纳入预算中。将投标结果与政府测算结果进行对比，以调整政府在参数预测方面的偏差。

三、最低收入担保机制的设计方法和模型

NPV 是影响投资者投资决策的重要指标。由于收入风险等风险的存在，前期测算的 NPV 不是确定的值，而是概率分布，除期望值外，一定置信区间的临界值也很重要。当项目收入的不确定性较大时，政府需提供一定的支持。

在 MRG 机制下，当某一年的实际收入 R_t 低于事先约定的最低阈值 $R_{\min\_t}$ 时，政府将予以补足。为简化起见，此处不失一般性地假设"$R_{\min\_t}-R_t$"部分政府全额补足。在 ERS 下，当某一年的收入 R_t 超过事先约定的最高阈值 $R_{\max\_t}$ 时，政府将分享超额收入，此处假设"$R_t-R_{\max\_t}$"部分政府全额享有（实际应用时，建议采用部分担保、分享机制，以激励企业投入，减小道德风险[24]）。此时，项目公司实际收到的收入 $R(t)$ 和政府由此产生的现金流 $G(t)$ 为：

$$R(t) = \min\left[\max\left(R_t, R_{\min\_t}\right), R_{\max\_t}\right]$$
$$G(t) = R_t - R(t) = R_t - \min\left[\max\left(R_t, R_{\min\_t}\right), R_{\max\_t}\right] \tag{4-1}$$

项目公司实际可实现的 NPV 为：

$$\text{NPV} = \sum_{t=1}^{T_O} \frac{R(t)}{(1+r)^{t+T_c}} - \sum_{t=1}^{T_O} \frac{\text{OMC}_t}{(1+r)^{t+T_c}} - \sum_{i=1}^{T_c} \frac{I_i}{(1+r)^i} \tag{4-2}$$

式中：OMC_t 表示运营期第 t 年的运营养护成本；I_i 表示建设期第 i 年的投资；T_C 表示建设期限；T_O 表示运营期限；r 表示折现率。

通常，$R_{\min\_t}$ 和 $R_{\max\_t}$ 以预测的收入 R_{t_forecast} 为基准，乘以一定的比例确定，即

$$R_{\min\_t} = \theta_{\min} R_{t\_\text{forecast}}$$
$$R_{\max\_t} = \theta_{\max} R_{t\_\text{forecast}}$$

MRG 和 ERS 机制的设计，即确定合理的 $\theta_{\min}$ 和 $\theta_{\max}$ 值，从而使得项目公司的 NPV 的分布满足一定的需求。一方面，担保的最低收入水平 $R_{\min\_t}$ 应能保障运维成本和贷款本息的偿付，但不保障股权投资的盈利，据此可确定 $\theta_{\min}$，即

$$\text{NPV}\left(R(t)=R_{\min\_t}, r=r_D\right) \geqslant D - I$$

$$\sum_{t=1}^{T_O} \frac{\theta_{\min} R_{t\_\text{forecast}}}{(1+r_D)^{t+T_c}} - \sum_{t=1}^{T_O} \frac{\text{OMC}_t}{(1+r_D)^{t+T_c}} - \sum_{i=1}^{T_c} \frac{I_i}{(1+r_D)^i} \geqslant -(1-\text{DAR})\sum_{i=1}^{T_c} \frac{I_i}{(1+r_D)^i}$$

$$\theta_{\min} = \frac{\displaystyle\sum_{t=1}^{T_O} \frac{\text{OMC}_t}{(1+r_D)^{t+T_c}} + \text{DAR}\sum_{i=1}^{T_c} \frac{I_i}{(1+r_D)^i}}{\displaystyle\sum_{t=1}^{T_O} \frac{R_{t\_\text{forecast}}}{(1+r_D)^{t+T_c}}} \tag{4-3}$$

式中：D 表示目标贷款额度；I 表示项目总投资；DAR（Debt to Asset Ratio）表示此类项目的目标负债比例；r_D 表示此类项目的一般债务成本。

此时，项目公司可实现的 NPV 为负值。

另一方面，$\theta_{\max}$ 值应与 $\theta_{\min}$ 匹配，使得 NPV 的期望值大于 0，操作中，可用 Matlab 进行模拟试算：取起始值 $\theta_{\max} = 100\%$，模拟 NPV 的概率分布，检验期望值 $E(\text{NPV}) > 0$ 是否成立，如不成立，则取 $\theta_{\max} = \theta_{\max} + 1\%$，直到 $E(\text{NPV}) > 0$ 成立，此时的 $\theta_{\max}$ 值即为所求的 $\theta_{\max}$，NPV 与 $\theta_{\max}$ 的关系为：

$$\begin{aligned}
\text{NPV}(\theta_{\max}) &= \sum_{t=1}^{T_O} \frac{R(t)}{(1+r)^{t+T_c}} - \sum_{t=1}^{T_O} \frac{\text{OMC}_t}{(1+r)^{t+T_c}} - \sum_{i=1}^{T_c} \frac{I_i}{(1+r)^i} \\
&= \sum_{t=1}^{T_O} \frac{\min[\max(R_t, \theta_{\min} R_{t\_\text{forecast}}), \theta_{\max} R_{t\_\text{forecast}}]}{(1+r)^{t+T_c}} - \sum_{t=1}^{T_O} \frac{\text{OMC}_t}{(1+r)^{t+T_c}} - \sum_{i=1}^{T_c} \frac{I_i}{(1+r)^i}
\end{aligned} \tag{4-4}$$

确定 $\theta_{\min}$ 和 $\theta_{\max}$ 后，可根据式（4-1）测算政府每年的或有现金流 $G(t)$，并进一

步求出其现值总和 G 的概率分布为：

$$G = \sum_{t=1}^{T_O} \frac{G(t)}{(1+r_G)^{t+T_C}}$$

$$= \sum_{t=1}^{T_O} \frac{R_t - \min[\max(R_t, \theta_{\min} R_{t\_forecast}), \theta_{\max} R_{t\_forecast}]}{(1+r_G)^{t+T_C}}$$

式中：r_G 表示政府的资金成本。

G 的期望值及一定置信区间的临界值可纳入财政可承受力的评估中，以细化财政负担的测算。

为使得以上模型确定的 $\theta_{\min}$ 和 $\theta_{\max}$ 更合理，还需对关键风险变量——项目收入 R_t 进行合理的建模。公路的车流量具有以下特征：①后一年的车流量与前一年的有很强的相关性，实践中常通过预测第 1 年的年日均车流量 AADT（Annual Average Daily Traffic）即 $AADT_1$ 及每一年的增长率 α_t 来预测第 t 年的年日均车流量 $AADT_t$；②实际车流量并非围绕预测车流量波动，相反，实际车流量可能逐渐偏离预测车流量，而偏差主要来自两方面：一是第 1 年实际 $AADT_1$ 与预测 $AADT_{1\_forecast}$ 的偏差；二是后续增长率 α_t 的偏差。针对以上特点，以往最低收入担保的评价研究中，普遍假设车流量（或通行费收入）的时间序列服从几何布朗运动（Geometric Brownian Motion，GBM）。

$$AADT_{t+1} = AADT_t e^{\left(\alpha_t - \frac{\sigma^2}{2}\right)\Delta t + \sigma\varepsilon\sqrt{\Delta t}}, t \geq 1 \tag{4-5}$$

而第 1 年的车流量 $AADT_1$ 则服从三角形分布：

$$f(AADT_1 \mid a, b, c) = \begin{cases} \dfrac{2(AADT_1 - a)}{(b-a)(c-a)}, & a \leq AADT_1 \leq c \\ \dfrac{2(b - AADT_1)}{(b-a)(b-c)}, & c < AADT_1 \leq b \end{cases},$$

$$a = AADT_{1\_forecast\_pes}$$
$$c = AADT_{1\_forecast}$$
$$b = AADT_{1\_forecast\_opt} \tag{4-6}$$

式中：σ 表示增长率 α_t 的波动率；$\varepsilon \sim N(0,1)$ 表示服从标准 Wiener 过程的随机变量；$AADT_{1\_forecast}$、$AADT_{1\_forecast\_pes}$ 和 $AADT_{1\_forecast\_opt}$ 分别表示第 1 年车流量的基准、悲观和乐观预测；α_t 表示第 t 年的车流量相对于 $(t-1)$ 年的连续增长率（以上参数可在常规的车流量和通行费预测中找到）。

加莱拉（Galera）等[18]曾对公路车流量的时间序列进行了 Dickey-Fuller 检验，结果显示车流量服从几何布朗运动的假设是合理的。

因收费公路大部分收入来自通行费收入，此处在模型中将项目年收入简化为车辆过路费收入：

$$R_t = 365 P_t \text{AADT}_t \qquad (4\text{-}7)$$

式中：P_t 表示第 t 年的单价。

四、数值模拟与分析

假设某收费公路 PPP 项目，总投资为 1.1 亿美元，建设期为 2 年，运营期为 35 年，总投资在 2 年内平均支出，每年的支出/收入均发生在期末。第 1 年的日均车流量基准预测值为 20 000 车公里/天，悲观预测和乐观预测分别以其为基准±30%。车流量在运营期第 1 ~ 5 年的增长率为 0，第 6 ~ 10 年为 3.5%，第 11 ~ 35 年为 2%，预计增长率的波动率为 10%。初始年运维成本为 650 万美元，每年增长 3%。目标资本结构为 80%债务和 20%的资本金，其中债务成本为 7%，政府资金成本为 3%，全投资折现率取 8%。

将以上参数代入式（4-2）和式（4-4）~ 式（4-6）中，用 Matlab 软件随机模拟 10 000 次，可求得不实施 MRG 和 ERS 机制时项目 NPV 的概率分布，如图 4-1 所示。

此时，该项目的 $E(\text{NPV})$=2 245 万美元，大于 0，但存在 22%的概率会出现无法偿还债务的情况（$\text{NPV} < D - I$），因此 MRG 机制对本项目而言非常必要。通过式（4-3）可求得本项目 $\theta_{\min} = 75\%$。

为使风险与收益相匹配，同时还应设置投资回报上限：取起始值 $\theta_{\max}$=100%，用 Matlab 对式（4-4）中的 NPV 进行模拟试算，检验 $E(\text{NPV}) > 0$ 是否成立，如不成立，则取 $\theta_{\max} = \theta_{\max} + 1\%$，直到 $E(\text{NPV}) > 0$，即为所求的 $\theta_{\max}$。通过模拟试算可得符合条件的 $\theta_{\max} = 119\%$。

通过本文提出的模型和方法，适合本项目的 MRG/ERS 机制为：当实际年收入低于预测值的 75%时，政府应补足差额部分；而当实际收入超过预测值的 119%时，政府有权分享超额部分。

为对这一 MRG/ERS 机制的效果进行进一步验证，下面对实施这一机制后 NPV 的概率分布与不实施该机制时进行对比，如图 4-2 所示。

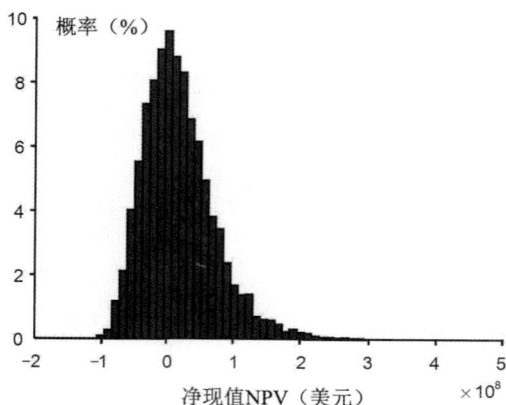

图 4-1　本项目 NPV 的概率分布

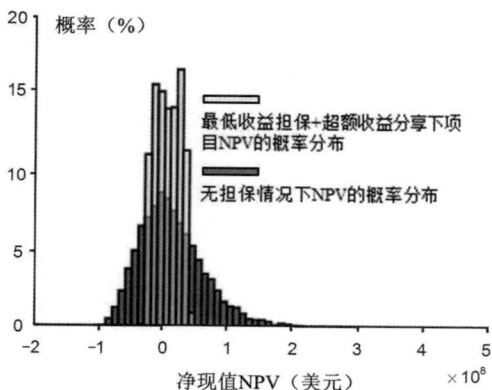

图 4-2　最低收益担保加超额收益分享机制对项目 NPV 的改进

在 $\theta_{\min} = 75\%$，$\theta_{\max} = 119\%$ 的 MRG/ERS 机制下：①NPV 的标准差降低了 80%，投资者的投资回报不确定性降低；②此时，因收入风险而导致的项目无法偿债的概率 $\left[\mathrm{NPV}\left(R(t) = R_{\min\_t}, r = r_D\right) < D - I\right]$ 的概率由 22%降至 0，项目破产或由于无法偿债而引发再谈判的风险大大降低；③$E(\mathrm{NPV}) > 0$，对投资者具有吸引力；④NPV<0 的概率为 37%，意味着股权投资仍承担风险，有 37%的概率无法取得目标投资回报，这有助于激励企业提高服务质量、加强成本管理；⑤由于收入上限的存在，投资者的内部收益率超过 10%的概率不超过 5%，这意味着投资者不会获得超额回报，公共利益得到了有效保障。

由此可见，通过本文提出的模型与方法，可以设计出足以吸引投资者，保障项目平稳运营，但不保障股权投资的收益，并且投资回报有上限的合理有效的 MRG/ERS 机制。

为进一步确认该机制是否可行，还需对政府因此产生的现金流进行测算。本案例中，政府因 MRG/ERS 产生的净现金流现值的概率分布如图 4-3 所示。

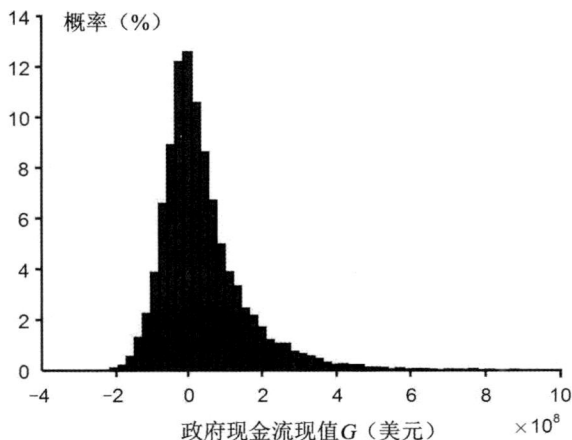

图 4-3　政府因担保而产生的支出/收入现值的概率分布

其中期望水平为 4 612 万美元（净收入），但有 40%的概率为净支出，其中在 95% 的置信度下，政府的净支出现值不会超过 9 432 万美元。如果当地财政可承受这一或有支出，则该 MRG/ERS 机制可以施行。

尽管本文以基于使用者付费的收费公路 PPP 项目为研究对象，所提出的方法也可应用于采用可行性缺口补贴模式的项目。对于此类项目，可将政府支持分解为两部分：第一部分为因项目使用者付费收入的预测值较低、不足以满足成本和合理回报而进行的可行性缺口补贴，这一部分可根据收入的预测值测算，不受实际值影响；第二部分则是当使用者付费收入的实际值与预测值的偏差超过一定范围时所进行的收入风险的分担，这一部分的计算方法与本文中所分析的 MRG/ERS 相同，可采用本文所提出的方法确定；政府最终的补贴额度为两部分的叠加，但当使用者付费收入与可行性缺口补贴收入相比占比很小时，第二部分的或有补贴可以忽略。

五、结论

针对收费公路 PPP 项目的收入风险，本文提出以保障债务偿付和符合投资回报要求为基本原则，基于车流量的随机过程模型，来设计 MRG 和 ERS，并测算其引致的财政或有支出，确认所设计的机制可行。数值模拟与分析验证了该方法有助于大幅度减小收费公路 PPP 项目的收入风险，从而增加投资者的信心；也有助于为项目方案评审、财政承受能力评估提供量化依据，改善 PPP 项目的政府预算管理，促使 PPP 模式的良性发展。本文提出的方法和模型也可应用于其他受收入风险影响较大的领域，但在对收入建模时，需结合具体行业的特点。此外，尽管本文分析范围仅限于因需求波动而产生的收入风险，但所建立的模型可进一步将价格、成本、融资成本等变量延伸为随机变量纳入分析中，并通过蒙特卡罗模拟求数值解。

参考文献

[1] Guasch J L, Laffont J, Straub S. Renegotiation of concession contracts in Latin America [M]. Washington, DC:World Bank Publication, 2003.

[2] Harris C, Hodges J, Schur M. Infrastructure Projects:A review of canceled private projects [EB/OL]. 2003-01-31. http://siteresources.worldbank.org/EXT_FINANCIAL_SECTOR/Resources/282884-1303327122200/252Harri.pdf.

[3] Flyvbjerg B, Skamris H M K, Buhl S L. How(in)accurate are demand forecasts in public works projects?The case of transportation [J]. Journal of the American Planning Association, 2005, 71(2):131-46.

[4] Chiara N, Garvin M J, Vecer J. Valuing simple multiple – exercise real options in infrastructure projects [J]. Journal of Infrastructure Systems, 2007, 13(2):97-104.

[5] Cruz C O, Marques R C. Flexible contracts to cope with uncertainty in public–private partnerships [J]. International Journal of Project Management, 2013, 31(3):473-83.

[6] 叶苏东. BOT 项目主要风险的管理研究[J]. 项目管理技术，2008（8）：26-31.

[7] Quiggin J. Public–private partnerships:options for improved risk allocation [J]. Australian Economic Review, 2005, 38(4):445-50.

[8] Xu Y, Yeung J F, Jiang S. Determining appropriate government guarantees for concession contract:lessons learned from 10 PPP projects in China [J]. International Journal of Strategic Property Management, 2014, 18(4):356-67.

[9] Myers S C. Finance theory and financial strategy [J]. Interfaces, 1984, 14(1):126-37.

[10] Trigeorgis L, Mason SP. Valuing managerial flexibility [J]. Midland Corporate Finance Journal, 1987, 5(1):14-21.

[11] Martins J, Marques RC, Cruz CO. Real options in infrastructure:revisiting the literature [J]. Journal of Infrastructure Systems, 2013, 21(1):04014026.

[12] 季闯，袁竞峰，李启明. 基础设施 PPP 项目实物期权界定与分析[J]. 工程管理学，2011，25（4）：393-398.

[13] Huang Y L, Chou S P. Valuation of the minimum revenue guarantee and the option to abandon in BOT infrastructure projects [J]. Construction Management and Economics, 2006 , 24(4):379-89.

[14] Cheah C Y, Liu J. Valuing governmental support in infrastructure projects as real options using Monte Carlo simulation [J]. Construction Management and Economics, 2006, 24(5):545-54.

[15] 高峰，郭菊娥，王乐，等. 基于上升敲出期权的基础设施项目政府担保价值研究[J]. 软科学，2007（4）：51-55.

[16] 张国兴，郭菊娥，龚利. 基础设施项目政府担保价值研究[J].统计与决策，2007（5）：51-52.

[17] Brandao L E, Saraiva E. The option value of government guarantees in infrastructure projects [J]. Construction Management and Economics, 2008, 26(11):1171-80.

[18] Galera A L, Soliño A S. A real options approach for the valuation of highway concessions [J]. Transportation Science, 2010, 44(3):416-27.

[19] Jun J. Appraisal of combined agreements in BOT project finance:Focused on minimum revenue guarantee and revenue cap agreements [J]. International Journal of Strategic Property Management, 2010, 14(2):139-55.

[20] Ashuri B, Kashani H, Molenaar KR, et al. Risk-neutral pricing approach for evaluating BOT highway projects with government minimum revenue guarantee options [J]. Journal of Construction Engineering and Management, 2011, 138(4):545-57.

[21] Iyer K C, Sagheer M. A real options based traffic risk mitigation model for build-operate-transfer highway projects in India [J]. Construction Management and Economics, 2011, 29(8):771-779.

[22] Fisher G, Babbar S. Private financing of toll roads [M]. Washington, DC:World Bank, 1996.

[23] Liang S, Garvin M J, Kumar R. Collar options to manage revenue risks in real toll public‐private partnership transportation projects [J]. Construction Management and Economics, 2010, 28(10):1057-1069.

[24] Sun Y, Zhang L. Balancing public and private stakeholder interests in BOT concessions:minimum revenue guarantee and royalty scheme applied to a water treatment project in China [J]. Journal of Construction Engineering and Management, 2014, 141(2):04014070.

[25] Ashuri B, Kashani H, Molenaar K R, et al. A valuation model for choosing the optimal Minimum Revenue Guarantee(MRG)in a highway Project:A real-option approach [C]// In Construction Research Congress 2010:Innovation for Reshaping Construction Practice, Banff, Alberta, Canada, 2010:8-11.

[26] Carbonara N, Costantino N, Pellegrino R. Revenue guarantee in public-private partnerships:a fair risk allocation model [J]. Construction Management and Economics, 2014, 32(4):403-415.

[27] Vassallo J, Soliño A. Minimum income guarantee in transportation infrastructure concessions in Chile [J]. Transportation Research Record:Journal of the Transportation Research Board, 2006(1960):15-22.

[28] Nombela G, Rus G D. Auctions for Infrastructure Concessions with Demand Uncertainty and Unknown Costs [EB/OL]. 2016-05-31. https://mpra.ub.uni-muenchen.de/12023/1/MPRA_paper_12023.pdf.

[清华大学学报（自然科学版），2017 年第 6 期]

PPP 模式下城镇建设项目政企控制权配置研究①

王守清　伍　迪　彭　为　崔庆斌

一、引言

随着我国城镇化进程的推进和经济水平的提高，政企合作（PPP）模式，既能缓解政府的资金压力，又能提高效率，还能为企业创造市场，实现了多赢[1]，在我国新常态下的城镇建设中取得了广泛应用并在近年来迎来了新一轮热潮[2]。国务院、财政

---

① 基金项目： 国家自然科学基金项目（70731160634）。

部、国家发展改革委等也陆续出台政策促进 PPP 模式在城镇化中基础设施、公用事业等领域的应用与发展，仅 2014 年，就连续出台了《财政部关于推广运用政府和社会资本合作模式有关问题的通知》（财金〔2014〕76 号）、《国务院关于创新重点领域投融资机制鼓励社会投资的指导意见》（国发〔2014〕60 号）、《国家发展改革委关于开展政府和社会资本合作的指导意见》（发改投资〔2014〕2724 号）等，在这些文件的指导下，相关部门还推出了更细化的 PPP 指南、PPP 合同范本等参考性文件。

与传统的政府采购模式相比，一方面，PPP 模式充分利用企业的专业技术管理能力和市场的调节效率，实现了"物有所值"[3]；但另一方面，PPP 模式提供的大多是（准）公共产品或服务[2]，公共经济学理论认为，这类产品或服务的供给不应是市场决策，这类项目的控制权也不应过多地交给市场或企业。项目效率对市场化的需求与产品服务属性对政府控制权的约束构成了 PPP 项目控制权配置的矛盾。许多教训表明，不合理的控制权配置会导致项目的变更、争议甚至是彻底失败，其深层次的项目治理问题也是国际 PPP 研究领域的热点[4]。

PPP 项目控制权的配置通常是通过特许权协议等合同进行约定的[5]，相关法规政策对其合同设计具有指导意义。本文从控制权配置的视角，分析我国当前的 PPP 相关法规政策，并设计实施专家调研，对 PPP 模式在我国城镇化中的应用与实践具有重要意义。

二、研究现状述评

（一）PPP 项目的控制权

控制权本身概念较为抽象，无法脱离资源载体而存在[6]，可概括为对可供支配和利用的资源的控制和管理[7]，从而将评判控制权转化为衡量对资源载体的掌控程度。金钱是最直接的资源载体，其表现形式为所有权、股权等。但经济上的控制并不是最终目标，而是一种途径。如果把经济看作控制权有形的资源载体，那么决策则是无形的实质的资源载体，而载体间的转化需要某种契约的约束。

因此，在形式上，控制权需要依托决策作为资源载体；在来源上，控制权需要制度的支持。PPP 项目控制权问题可归结为载体和契约的问题，其实质是项目在建设和运营过程中掌控项目投资最终决策权的问题[8]，是 PPP 项目参与主体为实现效益最大化而投入项目的资源的权利集合[6]。但 PPP 项目不同于一般企业，很难通过经济因素来掌控决策，因此可分为名义控制权和实际控制权，前者一般源于经济上的所有权，后者则有权做出决策[9]。

（二）PPP 项目控制权配置

合理分工是项目的关键成功因素之一[10]，PPP 项目控制权让渡始于企业的介入，许多学者对控制权配置原则进行了探索，本文将配置时考虑的因素归纳如表 4-1 所示。在 PPP 实践中，项目相关方众多，各方对于项目表达的需求和期望往往相互冲突[11]，通过影响项目决策而满足各自期望的相关方构成了 PPP 项目控制权配置的主体[12]。在项目交易过程中，拥有一致期望和利益的配置主体会形成一个隐性的同盟，而此时控制权的配置并不是分配给某个单一相关方，而是将控制权分配给不同的阵营。表 4-1 中大多研究都是基于此思想将配置主体分为政府代表的公共部门和企业代表的私人部门。

表 4-1　项目控制权配置原则

配置原则	研究文献编号								
	[13]	[14]	[15]	[16]	[17]	[18]	[19]	[20]	[21]
配置主体因素									
1　主体投资的重要性程度	√				√		√		
2　对项目价值的评价/预期高低			√		√		√		√
3　利益关系的一致性/不可替代程度				√					√
4　成本控制、风险管理等专业化水平						√			
5　主体间合作关系长期性/信任程度							√	√	
6　主体间的契约类型								√	
产出因素									
1　产品服务的公共化程度					√		√	√	
2　对产品服务成本及质量改进的影响		√							
3　价值的可度量/复杂程度							√	√	
4　所在地环境的私有化程度								√	
其他因素									
1　外部因素导致的特殊需求								√	

（三）目前研究的不足

通过以上分析，目前研究的不足及启示如下。

（1）制度层面研究不足。一方面，PPP 项目控制权的配置是通过契约实现的，但现有研究的配置原则界定大多较为模糊，据此而签订契约的合理性十分依赖决策者的理解程度与经验水平；另一方面，相关法规可以指导契约的设计，但很少研究从制度层面展开。鉴于此，本文将解读我国现有 PPP 法规，分析立法者控制权配置原则，根据分析结果和现有研究成果指出法制体系中存在的不足并提出建议。

（2）研究与实践存在一定脱节。在企业中，名义控制权与实际控制权高度相关，控制权配置的多少可以通过所有权、股权等经济资源进行衡量。但在 PPP 实践中，名义控制权与实际控制权没有必然联系，很难通过有形的资源衡量控制权的大小。因此，大多数关于配置原则的结论只能停留在理论层面，对实践指导有限。鉴于此，本文将直接从决策权角度（实际控制权）描述项目的控制权，并根据决策过程分解为可以落实到实践中的子权利。

三、PPP 法规中控制权配置的解读与统计分析

我国以 PPP 为背景的法规，即提供的参考能够细化到项目层面各项决策中的法规，包括各级政府部门出台的特许经营管理办法、实施办法、条例等。本文选取近年来颁布并实施的包括国家层面、省/自治区/直辖市层面和市/县层面在内的 28 部 PPP 法规（见表 4-2），尽可能全面地分析现状。

表 4-2　中国 PPP 法规

序号	法规名称	实施日期	发布机构
L1	市政公用事业特许经营管理办法	2004 年 5 月 1 日	建设部
L2	北京市城市基础设施特许经营条例	2006 年 3 月 1 日	市人大
L3	上海市城市基础设施特许经营管理办法	2011 年 5 月 1 日	市政府
L4	天津市市政公用事业特许经营管理办法	2005 年 9 月 1 日	市政府
L5	云南省城市市政公用事业特许经营管理办法	2003 年 10 月 13 日	省建设厅
L6	山西省市政公用事业特许经营管理办法	2008 年 3 月 1 日	省人大
L7	青海省市政公用事业特许经营管理条例	2009 年 10 月 1 日	省人大
L8	新疆维吾尔自治区市政公用事业特许经营条例	2005 年 3 月 1 日	自治区人大
L9	贵州省市政公用事业特许经营管理条例	2008 年 1 月 1 日	省人大
L10	河北省市政公用事业特许经营管理办法	2003 年 8 月 21 日	省建设厅
L11	湖南省市政公用事业特许经营条例	2006 年 10 月 1 日	省人大
L12	甘肃省市政公用事业特许经营管理办法	2004 年 1 月 23 日	省建设厅
L13	广东省市政公用事业特许经营管理办法	2014 年 5 月 21 日	省建设厅
L14	深圳市公用事业特许经营条例	2006 年 3 月 1 日	市人大
L15	济南市市政公用行业特许经营试行办法	2004 年 3 月 1 日	市政府
L16	武汉市政公用事业特许经营管理办法	2006 年 8 月 1 日	市政府
L17	兰州市市政公用事业特许经营管理办法	2006 年 11 月 7 日	市政府
L18	合肥市市政公用事业特许经营实施办法	2006 年 6 月 1 日	市政府

续表

序号	法规名称	实施日期	发布机构
L19	青岛市市政公用基础设施特许经营管理暂行规定	2005 年 10 月 1 日	市政府
L20	成都市人民政府特许经营权管理办法	2010 年 1 月 1 日	市政府
L21	杭州市市政公用事业特许经营条例	2007 年 7 月 1 日	市人大
L22	吉林市市政公用事业特许经营办法	2007 年 10 月 1 日	市政府
L23	东莞市市政公用事业特许经营办法	2005 年 1 月 7 日	市政府
L24	邯郸市市政公用事业特许经营管理办法	2004 年 10 月 1 日	市政府
L25	赤峰市市政公用事业特许经营管理办法	2004 年 11 月 2 日	市政府
L26	铁岭市市政公用事业特许经营管理暂行办法	2009 年 8 月 1 日	市政府
L27	银川市市政公用事业特许经营管理条例	2014 年 2 月 8 日	市政府法制办
L28	惠州市政府特许建设与特许经营管理办法	2010 年 12 月 6 日	市政府

分析法规对控制权配置的前提是建立 PPP 项目的决策清单，本文作者研究团队结合扎根理论与项目工作分解结构工具（WBS）建立了一套决策识别方法，借助 QSR NVivo 质性分析软件在约 15 万字的文字资料中进行编码，识别了 PPP 项目中的 28 项主要决策，并根据 Fama（法马）等学者[22]的理论将各决策权利束进一步细分为提议权、审批权、执行权、监督权 4 项子权利，具体的识别过程及决策清单见另文[23]。解读各项法规对这四项子权利的配置实际上是解读法规对各配置主体在参与各项决策方案与计划中的定位。普遍认为，审批权的特殊性质决定其权利只能由一个主体拥有，而其他 3 项权利可由多主体共同拥有[20]。另外，有些决策的权利配置主体并没有在法规中有所体现，但相关条款同样对合同的签订具有参考意义。例如，法规明确规定有些决策的方案和计划应该写入特许权协议，或明确给出了其评判的原则和依据。这类条款在一定程度上可看作完成了对决策审批权的配置，也应该作为解读的重要内容。

按照以上解读方法，本研究团队逐条分析了表 4-2 中 28 部法规的所有条款，为便于分析过程的整理归纳，本过程借助 QSR NVivo 软件对各子权利进行配置，权利配置给政府记为 G，配置给企业记为 E，对于审批权没有配置明确主体但具有参考意义的记为 0。统计发现，即便是专门针对 PPP 的法规，也很难为 PPP 项目的所有决策提供一套完备的权利配置方案，实际上这也是由于 PPP 项目受到经济、市场、地域等多方面影响，不同条件下各项权利的合理配置可能不同。为了进一步分析以上统计结果，借鉴不完全契约理论中完备程度的思想，本文提出"参考度"的概念，将其定义为法规配置的权利数量占权利总数量的百分比。参考度的大小可以反映法规在全部或某些决策方面对决策者进行合同相关条款设计时的参考程度大小，也是法规细化程度的体现。本文受篇幅所限未列出全部统计结果，但将从 3 个视角对统计结果进行分析讨论。

（一）不同法规视角

计算表 4-2 中所有法规对项目整体的参考度，同时为了区别审批权的"0"配置，计算法规中有明确配置主体的权利占总体的百分比（定义为"狭义参考度"），将这些计算结果按适用范围层级分类并汇总后如图 4-4 所示。

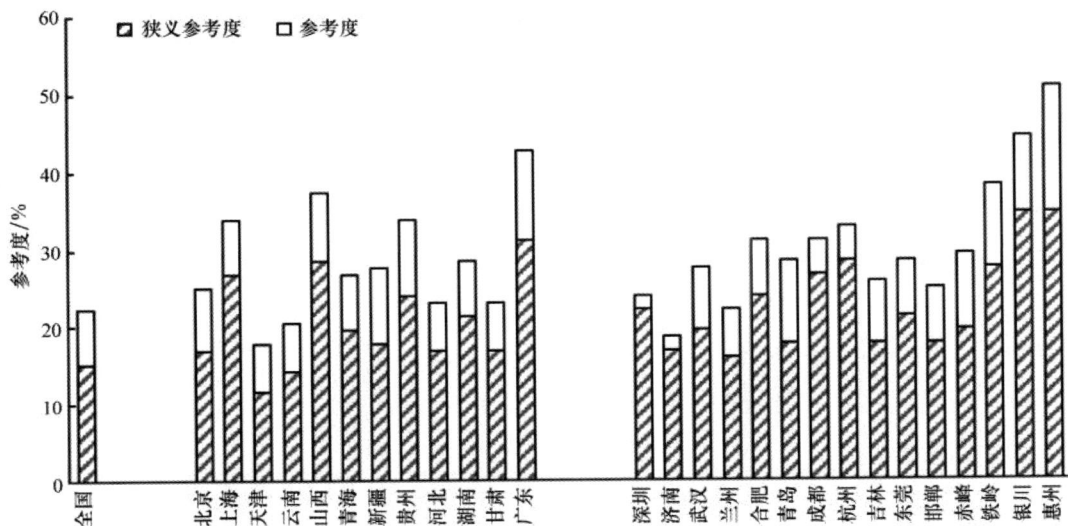

图 4-4　不同行政级别法规的参考度

法规适用范围越小，细化程度应该越高，即参考度应该越大，但整体上看，图 4-4 中不同层级间（尤其是省级与市级之间）的参考度并没有明显差异，有的市级法规细化程度甚至不如上级法规。例如，隶属于甘肃省的兰州市与省级管理办法的参考度分别为 22.32% 和 23.21%。这说明我国法规对 PPP 决策权的配置还远没有达到"因地制宜"，产生这种情况的原因可能有以下两个方面。

首先，地方性法规的制定者专业化程度不高。从表 4-2 可以看出，省级法规的制定者除两个直辖市为政府以外，其他均为人大、建设厅等相对专业化程度较高的机构，而各市级法规则大多数为管理职能较全面的政府制定。

其次，目前我国 PPP 法制建设仍处于探索普适性原则的阶段。将图 4-4 中的数据变换时间维度来观察，对法规的参考度进行时序统计，如图 4-5 所示，横坐标为法规开始实施的日期，可以发现随着时间推移，参考度不断增加。这说明各省市在制定各自的法规时，在一定程度上参考了其他省市已施行的法规及实践经验。

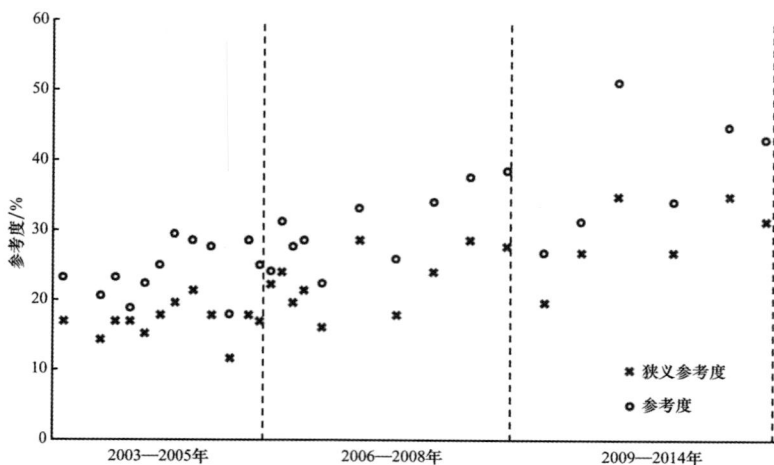

图 4-5　法规参考度的时序统计

（二）不同决策过程视角

分别计算表 4-2 中不同法规对各项决策的提议、审批、执行和监督 4 项权利配置的参考度，并进行时序统计，结果如图 4-6 所示。总体上看，法规对 4 项权利的配置随时间不断细化，对审批权配置最多，其次是执行权和提议权，对监督权配置最少，细化速度也最慢。

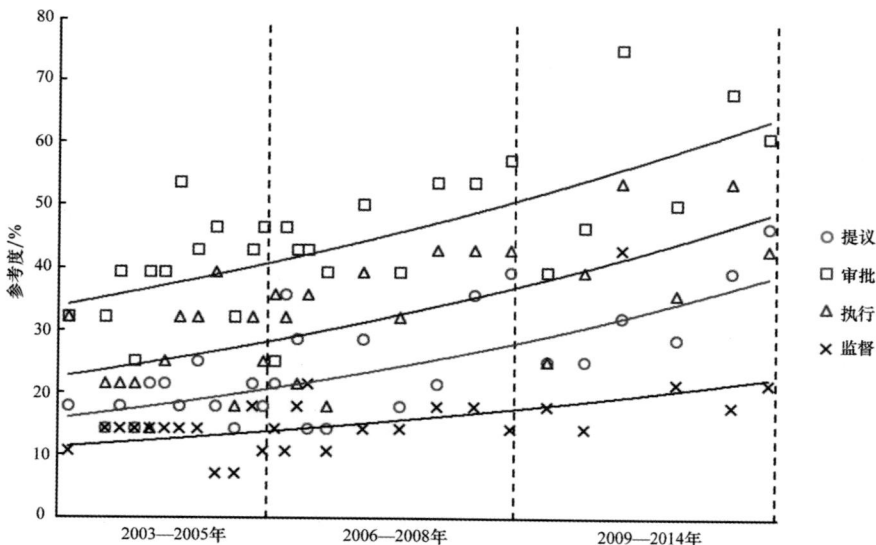

图 4-6　法规对决策过程权利配置参考度的时序统计

审批是决策"想"与"动"的临界点，在决策过程中占有最重要的地位，但监督与审批一样，同样是决策的重要过程[22]。图 4-6 显示，目前的法规对监督权配置不足。

在所有法规中，仅有湖南省和惠州市两部法规的监督权参考度在 4 项权利中不是最小的。进一步查看各条款中关于监督的描述与规定，事实上相关条款并不少，只是大多规定比较模糊和泛化。例如，L4 第 16 条规定监管部门应该"制定对特许经营监督管理的相关措施""向市人民政府定期报告对特许经营活动的监督检查情况"等。这些条款有的没有指出明确的权力部门，有的没有明确监督的内容（决策），对合同设计与项目实际操作的参考十分有限。对监督权完整且更有参考意义的规定应该包含监督过程的各要素，如 L28 第 10 条规定，"市住房和城乡规划建设局依法负责对特许建设与特许经营项目审批程序、招标投标、施工管理、工程质量、竣工验收等方面的监督管理……市环保局依法负责对特许建设与特许经营项目施工期间和运营期间的环境保护等方面的监督管理"等。

（三）不同配置主体视角

表 4-3 列出了所有法规对各项权利主体的配置总数，可以看出法规对政府和企业的定位：政府更多充当审批者与监督者，而企业更多地担任落实者，也参与部分方案与计划的设计。PPP 项目需要充分发挥企业的专业优势，许多法规第 1 条即明确指出了包括"维护政府和特许经营者的合法权益"等在内的立法目的，但从表 4-3 的统计结果来看，PPP 项目特征并不明显，通过与企业合作提高效率的途径不够明确。从某种程度上说，现行法规更多地保障了政府的权力，对企业更多则是约束。

表 4-3　配置给不同主体的权利数量（项）

主　体	提 议 权	审 批 权	执 行 权	监 督 权
政府	110	100	74	117
企业	118	7	186	0
合作	47	0	24	0

许多研究认为政府代表公众的利益，但理性的政府追求公众和企业利益总和的最大化，公众并不是唯一因素。因此，无论是作为产品服务的直接用户，还是受项目过程影响的公众，都拥有利益的高度一致性[24]，公众应该作为 PPP 项目中相对独立的参与主体[25]。因此，在统计过程中还特别利用软件整理了公众权利的条款集中分析。

在 28 部法规中，有 26 部赋予了公众在 PPP 项目中的权利，例如，L2 第 39 条规定特许经营者应将"关系公共利益、公共安全的信息及时向社会公告"；L14 第 51 条规定市政府应当设立公众监督委员会，代表公众进行监督等。整理相关条款，可以将法规赋予公众的权利归结为项目的知情权、投诉权和监督权，从决策过程来看，这 3

项权利实际上都是决策的监督权，且内容十分笼统，和政府监督权又存在很大的重叠，这些不足限制了公众有效地参与项目，限制了公众在 PPP 项目中权利的实现。

四、PPP 法规的控制权配置原则分析

PPP 法规的制定是对项目中各决策权利束配置的规范化过程，以避免项目过程中决策的失效。本文选择 FMEA（Failure Mode and Effects Analysis，失效模式与影响分析）过程中评价失效过程的 3 项主要指标[26]，即失效的严重程度 S、失效发生的概率 P 和失效的检测难度 D，采用专家调研的方法进行决策失效评价。评价结果可以看作各项决策的本质，而上述法规中配置统计结果可以看作表象，本部分利用本质解释表象，分析控制权配置原则与机理。

（一）基于 FMEA 的调研

FMEA 过程通常十分依赖实际操作经验，3 项指标的获取通常通过调研的方式来实现，因此，调研专家的选择是本研究准确性的关键。结合类似的研究经验[27]，本调研专家选择原则包括：拥有城镇建设项目丰富的实践经验；现在或者曾经直接参与我国 PPP 项目的管理；对 PPP 项目中的控制权、合同法律等问题有深入的了解和研究。按此原则，本研究于 2014 年 8—10 月获得了 55 位专家的调研数据，样本数据在建设管理研究领域中是比较高的[28]。同时，为了得到相对客观中立的结论，在样本选择时还兼顾了受访专家所在立场的平衡性，专家来自政府（9）、国有企业（18）、私营企业（8）、学术机构（20）等不同机构。除了统计受访专家信息外，调研中还列出了识别出的决策清单[23]并专门对各项决策进行解释说明，以避免理解上的偏差。调研采用的是李克特 5 级量表打分法，S、P、D 3 项指标从 1 到 5 分别代表从低到高、从小到大、从易到难。

本研究采用量表数据处理中常用的平均值法进行数据处理，以便数据检验[29]。经计算，S、P、D 3 项指标的 Cronbach's Alpha 系数分别是 0.945、0.931 和 0.906，具有良好的可信度[30]；Chi-Square 值分别是 581.092、632.029 和 724.892，大于 0.05 显著性条件下 27 自由度的 Chi-Square 临界值 40.113，具有良好的有效度[31]。可认为总体样本的数据质量足够进行更深一步的讨论分析。

（二）调研结果与统计结果的相关性分析

调研结果从 3 项不同指标的角度描述了各决策的重要程度，而法规对各决策的参考度可以反映立法者对不同决策的重视程度，对主体的分配数量可以反映立法者的态

度。因此，进行相关性分析可以深入探究立法者的动机与配置原则。

皮尔逊积矩相关系数（Pearson Product-Moment Correlation Coefficient，PPMCC）常用于变量间的相关性分析，介于−1 与 1 之间，大于 0 时表示正相关，小于 0 时表示负相关，等于 0 时表示不相关。变量 X、Y 间的相关系数计算方法为：

$$PPMCC_{xy} = \frac{\sum x_i y_i - n\overline{x}\overline{y}}{(n-1)s_x s_y} = \frac{n\sum x_i y_i - \sum x_i \sum y_i}{\sqrt{n\sum x_i^2 - (\sum x_i)^2}\sqrt{n\sum y_i^2 - (\sum y_i)^2}} \qquad (4\text{-}8)$$

PPMCC 的大小度量了变量之间的相关程度，绝对值越大，相关程度越高，但不同专业领域解释可能不同[32]。一般认为，在管理学等社会科学领域，相关系数绝对值大于 0.3 时被认为具有显著相关性，大于 0.5 时被认为二者具有强相关性。根据上一部分对法规的统计结果，计算每项决策的整体参考度，同时分别计算各项决策的提议权、审批权、执行权、监督权的参考度，并计算各项决策的这 4 项权利中的配置给政府（G）、企业（E）等的数量。每组计算结果都有 28 个统计数据，将各组数据分别与专家调研得到的 3 组 28 个调研数据进行相关性分析，计算两两之间的 PPMCC，表 4-4 标记出了呈现显著相关性（绝对值大于 0.3）和强相关性（绝对值大于 0.5，标记为*）的配对。

表 4-4　统计与调研的相关性分析

PPMCC		严重程度 S	发生概率 P	检测难度 D
提议权	G	0.40	0.37	
	E	0.45	*0.52	0.45
	GE	0.36	0.50	0.31
	参考度	*0.52	0.50	0.45
审批权	G	0.37	0.32	*0.52
	0			0.33
	参考度	0.32	0.40	*0.60
执行权	G	0.40		
	GE	0.35		
监督权				
全过程	G	0.45	0.36	0.41
	E			0.32
	GE	0.39	0.41	
	参考度	0.38	0.36	0.46

*表示强关联性。

通过相关性分析可以发现如下 3 个方面的问题。

（1）法规对每项决策的全过程参考度与 D 的相关系数达到了 0.46，高于与 S、P 的相关系数（0.38 和 0.36），而与 D 呈现出相关性的指标也较多，这说明立法者更多的是从失效检验难度的角度进行立法，即更多地关注了不容易发现并及时纠正的决策。尤其是审批权配置完备程度和配置给政府的审批权数量与检验难度之间都有很强的相关程度（0.60 和 0.52），也突出了审批的核心地位。立法者如此考虑可能是由于 PPP 项目大多较为复杂，且具有不可逆性，因此更多地规范不易检测的决策，不仅可以有效地避免这类决策失效，还可以提高谈判的效率。但同时也应看到，这类决策的检测难度高，更需要监督过程的规范化，但立法者似乎并没有重视监管在这类决策中的作用。

（2）S 和 P 是经典风险管理理论中常常采用的分析指标，对于 D 较高和 P 较大的决策，立法者更多地分配了决策的提议权（二者与提议权参考度的 PPMCC 分别为 0.52 和 0.50，且与所有提议权有关的指标相关性都显著），提议权中很多又都分配给了企业（0.52），这体现了立法者鼓励企业参与策划并充分发挥专业优势的思想，特别是对于 P 较大的决策提议过程，立法者鼓励政府与企业合作，借助双方经验降低决策失效的概率。

（3）从权利配置主体上看，立法者十分倚重政府的作用。在决策全过程的相关性统计中，配置给政府的权力数与 3 项指标都呈显著相关性（0.45、0.36、0.41），对于 D 较大的决策，政府还会参与执行（0.40）。这说明对于重要的决策，政府拥有绝对的控制权，这与 PPP 项目的公共产品属性有关，也与传统融资模式以及传统政府企业位势差别的惯性有关。但在 PPP 交易过程中，若政府承担了过于繁重的任务，不仅会消耗其行使其他职能的精力，也会使其在 PPP 项目中的角色界定变得模糊，同时，拥有过多重要决策的控制权又使企业不愿意也无力承担本可以转移给企业的风险，降低了风险转移的可操作性。

五、结论建议

本文通过统计分析和专家调研探讨了我国相关法规对 PPP 模式下城镇建设项目中政府与企业控制权的配置，根据上述分析讨论结果，对我国 PPP 实践的发展提出如下建议。

（1）应尽快完成立体的 PPP 法制体系的建立。我国目前已启动了 PPP 法（特许经营法）的起草[33]。根据前文"不同法规视角"分析结论，中国 PPP 立法仍处于探索普适性原则的阶段，且地方性法规的立法者专业化程度不高。全国性 PPP 法的建立应该吸收全国各省市数年来对 PPP 立法的普适性经验，吸引 PPP 专业从业人员参与。但 PPP 项目通常会受到复杂项目环境的影响，为了不限制项目灵活度，全国性的法律应更注重顶层设计，对决策权利配置的参考度不宜过大。各省市应该在全国性法律的基础上制定与自身环境相匹配的法律法规，参考度与细化程度随着法律适用范围的缩小而增加。同时，还应该出台与法律效力相对降低但实用性更高的 PPP 指南、PPP 标准合同等文件。在制定法律法规的同时，还应该充分考虑到不同项目专业领域的差异，必要时分别出台政策进行规范。总之，法制体系的建立应更立体、对实践的指导意义应更大（如图 4-7 所示，离原点越远，细化程度越高，对实践的参考度越大）。

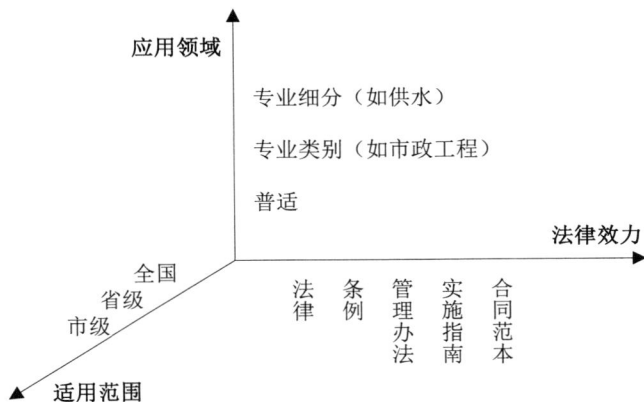

图 4-7　我国 PPP 法制体系的建议

（2）进一步加强 PPP 项目的监管、细化监管的内容，并充分发挥公众的作用。目前 PPP 法规对监管权配置得最少、最缺乏针对性（见前文"不同决策过程视角"和"调研结果与统计结果的相关性分析"分析结论）。虽然许多法规中已有不少相关条款，但仍然存在监管部门不够明确、监管内容不够清晰等问题。PPP 项目的监管可能涉及建设、财务、环保等多个方面，相应地也应该由不同职能的政府机构来行使监管部门的权力。完整的法制体系和成熟的 PPP 项目运作中，监管权力应该分配到落实的监管部门，监管的内容应该细化到相应的决策。另外，PPP 项目往往关系到公众的切身利益，公众愿意也理应参与 PPP 的项目过程，但目前法规中公众参与机制的可操作性不高，分配的权利有限，且权利的行使方式也较为单一（见前文"不同配置主体视角"结论）。具体到一些决策中，在保障公众监督权利的同时，还应该保障公众对决策方案的提议权，这样不仅保障了公众的权益，提高了决策执行的效率和透明度，还减轻了政府监督的压力。

（3）政府应进一步重视与企业的合作关系，并适当放权。在现有法规中，PPP项目的重要决策、各决策的重要过程大多由政府掌控（见前文"不同决策过程视角""不同配置主体视角"和"调研结果与统计结果的相关性分析"），企业更多地负责项目的落实和决策的执行，发挥的空间有限（见前文"不同配置主体视角"），不利于项目效率的提高。称职的政府会保障公众的利益，理性的企业追求利益最大化，政府为了保障公众利益而拥有项目绝对控制权无可厚非，但采用PPP的合作模式除了保障公众利益，还有提高项目运作效率的目的，这需要充分发挥企业的技术管理经验，并通过风险的转移和控制权的让渡来实现。因此，在良好的PPP项目合作过程中，政府与企业双方才能够各取所需。政府还可以在与企业良好合作关系的基础上，分享一部分企业的项目收益，并将这部分收益转移给公众，以弥补企业的参与可能损失的公众利益，真正实现PPP项目参与方的多赢。

参考文献

[1] 叶晓甦，徐春梅. 我国公共项目公私合作（PPP）模式研究述评[J]. 软科学，2013，27（6）：6-9.

[2] 伍迪，王守清. PPP模式在中国的研究发展与趋势[J]. 工程管理学报，2014，28（6）：75-80.

[3] 彭为，陈建国，Cui Qingbin，等. 公私合作项目物有所值评估比较与分析[J]. 软科学，2014，28（5）：28-33.

[4] Ke Y, Wang S Q, Chan A P C, et al. Research Trend of Public-Private Partnership in construction journals [J]. Journal of Construction Engineering and Management, 2009, 135(10):1076-1086.

[5] 严玲，崔健. 城市轨道交通项目PPP模式交易方式选择的多案例研究[J]. 科技进步与对策，2011，28（13）：110-115.

[6] 叶晓甦，易朋成，吴书霞. PPP项目控制权本质探讨[J]. 科技进步与对策，2011，28（13）：67-70.

[7] 殷召良. 公司控制权法律问题研究[M]. 北京：法律出版社，2001.

[8] 徐霞，郑志林. 公私合作制（PPP）模式下的利益分配问题探讨[J]. 城市发展研

究，2009，16（3）：104-106.

[9] Aghion P, Tirole J. Formal and Real Authority in Organizations [J]. Journal of Political Economy, 1997, 105(1):1-29.

[10] 余勇军,伍迪,王守清. 中国 BT 项目关键成功因素研究[J]. 工程管理学报,2014, 28（3）：78-83.

[11] Mcmanus J, Schlumberger S. The influence of stakeholder values on project management [J]. Management Services. 2002，46(6):8-15.

[12] Olander S, Landin A. Evaluation of stakeholder influence in the implementation of construction projects [J]. International Journal of Project Management. 2005, 23(4): 321-328.

[13] Grossman S, Hart O. The Costs and Benefits of Ownership:A Theory of Vertical and Lateral Integration [J]. Journal of Political Economy, 1986, 94:691-719.

[14] Hart O, Shleifer A, Vishny R W. The Proper Scope of Government:Theory and an Application to Prisons [J]. Quarterly Journal of Economics, 1997, 112(4):1127-1161.

[15] Besley T, Ghatak M. Government versus Private Ownership of Public Goods [J]. Quarterly Journal of Economics, 2001, 116(4):1343-1372.

[16] Onishi M, Bando H, Kobayshi K. Theoretical Analysis of the Ownership Structure in PFI Projects [R]. 27th Civil Engineering Plan Subject Research and Conference, 2003(Japanese, disc).

[17] Francesconi M, Muthoo A. Control Rights in Public-private Partnership [R]. Bonn:IZA, 2006. 1-37.

[18] 胡振. 公共项目公私合作（PPP）控制权配置的决策模型[J]. 西安建筑科技大学学报（自然科学版），2012，44（1）：90-96.

[19] 张喆,贾明. PPPs 合作中控制权配置实验[J]. 系统管理学报,2012,21（2）:166-179.

[20] 杜亚灵，王剑云. BT 模式下工程项目控制权的合理配置研究[J]. 软科学，2013, 27（5）：56-61.

[21] 孙慧，卢言红. PPP 项目剩余控制权配置的影响因素研究[J]. 武汉理工大学学报（信息与管理工程版），2014，36（1）：91-94.

[22] Fama E F, Jensen M C. Separation of Ownership and Control [J]. Journal of Law and Economics, 1983, 26(2):301-325.

[23] 伍迪，王守清，冯珂，张子龙. PPP 项目决策分解结构研究[J]. 项目管理技术，

2015，13（1）：20-24.

[24] Ahmed S A, Ali S M. People as partners：Facilitating people's participation in public-private partnerships for solid waste management [J]. Habitat International. 2006, 30:781-796.

[25] Ng ST, Wong J M W, Wong K K W. A public private people partnerships(P4)process framework for infrastructure development in Hong Kong [J]. Cities. 2013，31: 370-381.

[26] Thomas Carbone，Donald Tippett. Project Risk Management Using the Project Risk FMEA [J]. Engineering Management Journal. 2004, 16(4):28-35.

[27] Manoliadis O, Tsolas O, Nakou A. Sustainable construction and drivers of change in Greece:A Delphi study [J]. Construction Management and Economics,2006,24(2): 113-120.

[28] Wang S Q, Dulaimi M F, Aguria M Y. Risk management framework for construction projects in developing countries [J]. Construction Management and Economics, 2004, 22(3):237-252.

[29] Ke Y, Wang S Q, Chan A P C, et al. Preferred Risk Allocation in China's Public-Private Partnership(PPP)Projects [J]. International Journal of Project Management, 2010, 28(5):482-492.

[30] Norusis M J. SPSS for Windows:Professional Statistics, Release 6.0. Statistical Package for Social Sciences(SPSS)Inc.[D]. Chicago, Illinois, USA, 1993.

[31] Siegel S, Castellan N J. Nonparametric Statistics for the Behavioral Sciences[M]. McGraw-Hill, Inc, 1988.

[32] Buda A, Jarynowski A. Life-time of correlations and its applications vol.1[J]. Wydawnictwo Niezalezne:2010, 12:5-21.

[33] 国家发展改革委. 社会各界期待基础设施和公用事业特许经营法加快出台 [EB/OL]. [2014-04-22]. http://www.sdpc.gov.cn/xwzx/xwfb/201404/t20140422_608309.html.

（《清华大学学报》，2017 年第 4 期）

PPP 合作期限

王守清　王盈盈　杨晓路

一、理论分析

PPP 项目合作期限主要是指从政府和社会资本签订 PPP 项目合同之日起至项目完成运营维护进行移交之日的这段期间，依据不同项目的不同运作模式，PPP 项目合作期限可能会包括建设期、运营期、维护期等。

目前，考虑到中国的一些实际的情况，当然也包括现金流的测算、项目的施工难度以及市场的需求，我国大部分的 PPP 项目周期在 10～30 年。

（一）"最长不超过 30 年"的主要原因

一是由人的寿命决定的。因为投资 PPP 项目必然需要公司高层做决策，高层管理人员一般都四五十岁，基于职业道德和责任感，希望在退休或有生之年看到项目现金流由负变正（开始盈利，公共产品一般要 10 年左右甚至更长时间，取决于财务分析）和移交（此时可知道确切盈利额）；另外，规范的公司一般有奖惩机制，参与者和决策者根据项目实施结果可能再获额外奖金或被追责。

二是由设施的寿命决定的。最典型的例子是电厂等设备投资占比很高的项目，社会资本希望在设备的最佳经济寿命期前后盈利并移交，以避免设备大修甚至更换需要延长合作期而夜长梦多。而公路、桥梁、隧道、轨道交通等项目的设施寿命较长，故主要是由设施的寿命决定的。

三是由技术的寿命决定的。最典型的例子是信息和通信技术（ICT）等技术发展极快但项目残值很低或几乎没有的项目，特许期一般更短。

（二）"原则上不低于 10 年"的主要原因

一是由财务分析决定的。因为 PPP 项目是提供公共产品或服务，如果是使用者付费的经营性项目，要考虑使用者的支付意愿和支付能力，价格不能太高；如果是政府付费的公益性项目，要考虑政府的财政承受力，《财政部关于印发〈政府和社会资本合作项目财政承受能力论证指引〉的通知》（财金〔2015〕21 号）第二十五条规定了"每一年度全部 PPP 项目需要从预算中安排的支出责任，占一般公共预算支出比例应当不超过 10%"；如果是准经营性项目（使用者付费+政府补缺），则上述两者都要考虑。

二是由全过程集成决定的。如果合作期限太短，不利于设计、建设、运营的全过程集成优化、减少协调界面和提高效率，不利于设施长期质量和性能，不利于降低项目全寿命期成本和提高服务水平，甚至有可能造成社会资本短期投机行为。

三是由倒逼地方政府完善信用和管理制度决定的。如果合作期限太短，政府付费项目就变成了 BT 或拉长版 BT，而 BT 的缺点在我国过去十几年的实践中已经得到证明——很容易造成地方政府寅吃卯粮、形成巨额地方债务、项目成本高企（比政府投资模式一般高 10%～30%）；而且，10 年一般是政府的两届任期，如果经过这种倒逼完善，即历经了两届政府，政府仍遵守 PPP 合同，说明这个地方政府信用和管理制度已经比较完善，反过来又有利于改善当地投资环境。

（三）PPP 项目期限设置方式

施工简单的项目，可较准确估计施工期，完工风险较小，采用双时段或单时段差别并不大；而施工复杂的项目，难以估计施工期，完工风险较大，所以应该使用双时段以降低完工风险，再用激励措施调整完工风险在政企之间的分担。

在具体设计特许经营期时，根据 3 种不同的情况，各有两个选项，也就是 8 种设计方式。第一，是选择特许经营期的结构，分为单时段和双时段。第二，是确定特许经营期的长短及形式，包括固定和可变。第三，有激励或者无激励的激励措施。现阶段我国的 PPP 项目合作期限绝大部分是固定的，那么具体就会有 4 种常用的方式：单时段带激励措施；单时段不带激励措施；双时段带激励措施；双时段不带激励措施。

举一个例子，在单时段下的风险分担原理是：在单时段不带激励措施的特许期，实际运营期取决于完工时间，如果提前完工，那么实际的运营期会比计划的长，而延迟完工，则实际的运营期会比计划运营期短，所以完工风险主要由项目公司来承担，提前完工时，享受比计划更长的运营期所带来的收入，而延迟完工，则相应的由于运营期缩短造成损失。

二、政策规定

（1）财政部《关于进一步做好政府和社会资本合作项目示范工作的通知》（财金〔2015〕57 号）第二条第六款规定："政府和社会资本合作期限原则上不低于 10 年。"

（2）财政部《关于组织开展第三批政府和社会资本合作示范项目申报筛选工作的

通知》（财金函〔2016〕47号）第二条中规定，"合作期限原则上不低于10年"。

（3）六部委《基础设施和公用事业特许经营管理办法》中第六条规定："基础设施和公用事业特许经营期限应当根据行业特点、所提供公共产品或服务需求、项目生命周期、投资回收期等综合因素确定，最长不超过30年。对于投资规模大、回报周期长的基础设施和公用事业特许经营项目可以由政府或者其授权部门与特许经营者根据项目实际情况，约定超过前款规定的特许经营期限。"

（4）财政部《关于规范政府和社会资本合作合同管理工作的通知》（财金〔2014〕156号）中关于项目合作期限的规定："项目合作期限通常应在项目前期论证阶段进行评估。评估时，需要综合考虑以下因素：①政府所需要的公共产品或服务的供给期间；②项目资产的经济生命周期以及重要的整修时点；③项目资产的技术生命周期；④项目的投资回收期；⑤项目设计和建设期间的长短；⑥财政承受能力；⑦现行法律法规关于项目合作期限的规定；等等。"

（5）《基础设施和公共服务领域政府和社会资本合作条例（征求意见稿）》中第十六条规定："合作项目期限根据行业特点、项目生命周期、公共服务需求、投资回收期等因素确定，一般不低于10年，最长不超过30年；法律、行政法规另有规定的，依照其规定。"

（6）《关于印发政府和社会资本合作模式操作指南（试行）的通知》（财金〔2014〕113号）在附2名词解释中提道：BOT、TOT、ROT的"合同期限一般为20~30年。"

（公众号"清华PPP研究中心"，2018-03-30）

对PPP项目投资者的几点风险管理建议

王守清

投资是面向未来，具有不确定性，会构成风险，涉及可能发生的事件、这些事件发生的可能性及其发生后所造成的影响（损失或收益）。对不同的风险要采用不同的应对方法，包括相关方之间签订合同、投资者购买保险或准备风险金、备用贷款、备用资本金等，以回避、转移、减轻、分担、承担风险等，实现风险管理与控制。PPP项目合同期长、投资额大、公益性强、参与方多、涉及面广，风险管理非常重要。笔者从投资者角度，对一些重要风险给出应对建议。

一是政治风险、政府信用风险。因投资者所组成的项目公司与地方政府所签PPP

合同的长期性和不完备性，投资者应采取措施管控政治风险、政府信用风险。具体措施包括：让地方政府或其国企或中央、地方政府基金参股和放贷；争取国有银行或跨国银行特别是多边机构放贷，尽量实现有限追索项目融资贷款，把 PPP 项目公司的风险与投资者母公司隔离；获得上级政府的认可和支持，因其对下级政府有约束力和影响力，让项目进入国家发改委或财政部示范项目库就是具体做法之一，虽然入库不是担保但有增信作用；吸引央企或对地方政府有影响力的地方国企入股项目公司；将投资者自身的利害关系与地方政府的利害关系协调一致，实现有福同享、有难同当；保证项目的流程与做法合规，避免项目出问题而造成群体事件。

二是融资风险。投标之前要谨慎选择和评估项目，了解自己的财力，多方接触各类金融机构，了解目前金融体系下的融资渠道、融资产品、放贷流程和放贷条件，优化融资方案。一旦设施建成并运作良好，许多风险会逐步减小或消失，贷款条件改善，投资者就可利用这些有利条件进行二次融资，获得更低利率的贷款，降低资金成本，提高投资回报率。

三是需求风险。销售渠道是政府或其国企控制的项目，如电厂、水厂等项目，必须要求政府担保最低市场需求，即签订照付不议（Take or Pay）合同；如果销售渠道不是政府或其国企控制的项目，如桥梁、隧道等项目，也应争取政府担保最低市场需求，其底线是要求政府担保该项目在一定年限和一定范围内的垄断性。与此同时，投资者还应谨慎评估项目的市场需求，并在 PPP 合同中提出适当的控制措施确保需求稳定，不要简单地把政府的担保需求当作市场需求而忽略市场调研与预测。

四是定价与调价风险。公共产品、服务的定价、调价是政府及其立法机构的权力，任何与政府谈使用者付费 PPP 项目的定价、调价，都是试图争夺政府及其立法机构的定价、调价权。因此，PPP 项目应跟政府谈"协议价格（含调价）+多退少补"机制，即向使用者收费的价格仍由政府定，其中的"调价"是指"协议价格"会随通货膨胀等指数进行调节；"多退少补"是指投资者向使用者的收费价格高于协议价格时，高出部分要退还给政府，低于协议价格时，政府要按协议价格补足投资者。

［《中国财经报》（第 5 版），2019-01-17］

PPP 项目控制权配置影响因素及合理配置原则 [①]

王守清　牛耘诗　伍迪　褚晓凌

政企合作（PPP）项目的控制权在政府与企业之间的合理配置是 PPP 项目成功的关键因素之一[1]。PPP 项目各参与方之间控制权的有效分配可以在保证各自理性需求的前提下，激励实现项目总体效益的最大化，通过规则的建立实现 PPP 项目安排的优化[2]。例如，通过制度建设构造激励相容条件，促进私营部门主动提高对 PPP 项目的公益性投资、促进公共部门加大对 PPP 项目公司的政策性优惠力度等[3]。反之，许多实践经验表明，控制权的不合理配置会导致项目的变更、争议甚至是彻底失败[4]。因此，PPP 项目控制权配置受到了学术界和业界的广泛关注。

PPP 项目的特征决定了其控制权的合理配置需要考虑多方面的影响因素。一方面，PPP 模式的效率体现在充分利用了企业的专业能力和市场的调节效率[5]，项目控制权的让渡与项目充分的市场化是发挥与实现这种优势的前提；另一方面，公共经济学理论认为，公共产品或服务的供给不应该由市场决策[6]，即 PPP 项目的控制权不应过多地交给市场或企业[7]。因此，PPP 项目控制权配置应重点考虑项目效率对市场化的需求与产品服务属性对政府控制权的约束之间的矛盾。

虽然学术界、业界在不断推进 PPP 项目控制权的相关研究与实践，政府部门也尝试通过相关法规政策来规范 PPP 合同设计的内容与流程，从而规范控制权在政府与企业间的合理配置，但在不同 PPP 项目中，合理的控制权配置方案往往不同[8]。本文从 PPP 项目中不同决策的重要程度出发，结合专家调研结果，识别 PPP 项目控制权配置的影响因素，并进一步探究这些影响因素对控制权分配的影响机理，提出了有针对性的控制权合理配置原则，对 PPP 控制权配置的研究与实践具有重要意义。

一、研究现状

PPP 项目的控制权配置是 PPP 项目治理的核心问题之一，国内外许多学者对 PPP 项目控制权配置的影响因素进行了探索，其中具有代表性的研究汇总分析如表 4-5 所

① 基金项目：国家自然科学基金项目（71572089 和 71772098）。

示。

通过文献综述，目前关于 PPP 项目控制权配置影响因素的研究主要具有以下不足。

（1）现有研究大多论证项目的某一或某几方面因素是否为 PPP 项目控制权配置的影响因素，却无法提供完整的影响因素清单和因素之间的相对关系。当项目控制权在不同影响因素方面的配置存在矛盾时，已有研究的配置原则无法给出合适的配置方案。

（2）现有研究大多通过理论模型或案例分析探讨某个（些）因素对项目实施结果的影响作用，从而得出相应的配置原则，研究重点关注"为什么要如此配置"，但没有进一步考虑"应该如何实现如此配置"，即公共部门应该通过让渡或收回哪些具体权利实现控制权配置，当考虑不同因素而得出类似最优配置结论时，让渡与收回的具体权利是否应该有差异。

表 4-5 现有研究 PPP 项目控制权配置影响因素汇总

控制权配置的影响因素		研究编号								
		[9]	[10]	[11]	[12]	[13]	[14]	[15]	[16]	[17]
1	契约双方投资的重要性程度	√				√		√		
2	对物品成本及质量改进的影响		√							
3	双方对项目价值的评价高低			√		√		√		
4	双方利益关系的一致性程度				√					
5	物品的公共化程度					√		√	√	
6	项目公司维护成本控制水平						√			
7	项目公司的风险管理水平						√			
8	物品价值的可度量程度							√		
9	合作关系的长期性							√		
10	项目的复杂程度								√	
11	客观的特殊需求								√	
12	项目所在地的私有化程度								√	
13	PPP 合同的类型								√	
14	交易方的信任程度								√	
15	公私双方各自的不可替代程度									√
16	合作参与主体对项目预期收益的满意程度									√

鉴于此，本文将基于现有研究，综合运用文献综述、理论分析、失效模式与影响分析（Failure Mode and Effects Analysis，FMEA）等方法与工具建立 PPP 项目控制权配置的影响因素库。然后，根据决策理论把 PPP 项目控制权这个抽象的概念具化为多

项可操作的子决策,并应用回归分析方法探索各个影响因素对政企双方控制权子权利的影响作用。最后,基于研究结果给出 PPP 项目控制权合理配置原则的建议,为制度层面的设计提供基础与借鉴。

二、PPP 项目控制权配置影响因素库

(一)影响因素的识别思路

根据相关研究,PPP 项目的控制权可以描述为 28 项主要决策所承载的权利[18][19],如表 4-6 所示。

表 4-6 PPP 项目主要决策清单

编 号	决策内容	编 号	决策内容
D1	勘察设计单位招标	D15	材料、设备和施工质量控制
D2	工程勘察	D16	工程变更
D3	初步设计及补充纠正	D17	工程计量支付与价款结算
D4	施工图设计	D18	安全管理及事故处理
D5	融资方案设计与实施	D19	争议处理
D6	资金到位和使用	D20	完工检验与竣工验收
D7	担保与保险	D21	设备、系统调试与试运行
D8	监理单位招标	D22	运营、维护、服务供应商招标
D9	施工单位招标	D23	运营管理
D10	设备、材料等专业供应商招标	D24	质保维修与维护管理
D11	征地拆迁和交通疏解	D25	产品、服务定价与调整
D12	施工现场场地准备	D26	产品、服务交付管理
D13	施工组织设计	D27	工程及相关资料、权力移交
D14	施工进度控制	D28	回购支付

研究发现,PPP 项目中某项决策的控制权分配与该项决策的重要性程度紧密相关[20],例如,PPP 项目中政府部门通常选择重要性程度较低的部分决策控制权让渡给企业。但是,上述描述性的结论在实践中的可操作性十分有限:首先,PPP 项目决策的重要性难以界定,且不同决策重要性比较的评价准则难以统一;其次,PPP 项目的控制权配置并不能完全以决策的重要性作为简单的判断因素,即使某些决策重要性程度很高,但提高项目效率的需求使得政府部门应该将这些决策的部分控制权让渡给企业。

因此，本文在之前研究的基础上，以重要性程度这一标准作为指导思想，基于 FMEA 方法将决策重要性程度分为决策失效的严重程度 S、决策失效发生的概率 P 和决策失效的检测难度 D 3 个维度[3]，并对 58 位专家进行调研访谈后获得评估所需的样本数据，调研采用李克特 5 级量表打分法。通过对 28 项决策的 3 个维度重要性程度的评估数据进行因子分析，提取不同决策在 3 个维度重要性程度下的共同因素，建立 PPP 项目控制权合理配置的影响因素库，为后文的回归分析建立基础。

（二）影响因素的识别过程

由于识别过程数据量较大，且需要在 S、P、D 3 个维度分别进行数据处理，碍于篇幅所限，本文仅列出数据处理的关键步骤，省略具体的识别过程。

（1）通过样本数据的变异程度检验、KMO 检验和 Bartlett 球形检验，验证数据采用因子分析方法的适用性。

（2）借助 SPSS 软件对样本数据进行探索性因子分析。提取公因子的过程需要综合考虑各公因子的特征值大小、特征值对总方差的累积贡献率大小等因素，本研究中公因子的提取原则参照了凯泽（Kaiser）[21]、史蒂文斯（Stevens）[22]、海尔（Hair）[23] 等学者的研究结论，即：成分因子的特征值均大于 1，满足凯泽特征值判断准则，且成分因子对总方差解释的贡献率大于海尔准则中可接受的 50%。

（3）通过公因子的 Varimax 正交旋转，确认各公因子的初始指标构成，即确定每个影响因素下受影响最大的各项决策。然后计算各公因子的 Cronbach's Alpha 系数，以检验公因子按如此构成下的数据信度[24]。

（4）对提取出的公因子含义进行解释和概括。结合 Varimax 正交旋转后各因子成分中的各项决策的实践内涵，探索不同决策在某维度下属于同一公因子的共同因素，解释各公因子的现实意义，从而得到该维度下 PPP 项目控制权配置的影响因素。

以代表决策失效的严重程度的 S 维度为例，用 AS1、AS2、AS3、AS 4 分别代表提取出的 4 个公因子。在 AS1 中，运营维护供应商选择（D22）、产品与服务的定价（D25）等决策都发生在 PPP 项目的运营阶段，而当这些决策的失效严重程度 S 越大时，说明 PPP 项目的公共化程度越高，用户群体组成越复杂，因此 AS1 可以解释为产品与服务的公共化程度。用同样的方法对 S、P、D 3 个维度下的各个公因子进行解释后，可以获得完整的 PPP 项目控制权配置影响因素。

（三）影响因素库的建立

按照（二）中所述步骤，从 S、P、D 3 个维度对 28 项决策的调研数据进行分析处理后，本研究共识别出 15 个 PPP 项目控制权配置的可能影响因素，这些影响因素及它们对应的决策构成如表 4-7 所示。

表 4-7　PPP 项目控制权配置影响因素库及决策构成

公 因 子	影响因素	决策构成
AS1	产品与服务的公共化程度	D25、D22、D23、D16、D26、D28、D27、D20、D14
AS2	项目对资金的依赖程度	D6、D5、D7、D8、D21、D24、D12
AS3	项目设计与施工工艺的复杂程度	D3、D2、D1、D4、D10、D13、D9、D17
AS4	项目公司的风险管控水平	D11、D18、D15、D19
AP1	项目公司对产品服务质量的控制水平	D20、D22、D21、D28、D23、D4、D24
AP2	项目技术上的创新化程度	D1、D3、D2、D8、D10
AP3	项目建设周期的长短	D14、D16、D17、D9、D15
AP4	产品与服务价值的可度量程度	D25、D26、D27、D19
AP5	项目公司的成本控制和资本运作水平	D5、D6、D18
AP6	项目环境的复杂程度	D7、D12、D13、D11
AD1	政府对项目公司的依赖程度	D21、D24、D26、D20、D27、D22、D28、D23、D25
AD2	项目公司工程建设能力的成熟度	D8、D10、D1、D13、D2、D9
AD3	政企双方合作的稳定性和信任程度	D16、D19、D14、D11、D18、D17、D15
AD4	项目设计的专业化条件	D4、D3、D12
AD5	政企双方利益关系的一致性程度	D5、D6、D7

　　表 4-7 中列出的 PPP 项目控制权配置影响因素是基于决策的重要性评估数据而获取的潜在影响因素，而这些可能的影响因素是否对项目的控制权配置产生影响，以及如何影响项目的控制权配置、影响决策中哪些子权利等问题，需要运用回归分析方法来解决。

三、影响因素与控制权配置关系回归分析

（一）基于因子得分的 OLS 回归分析

　　因子分析是一种数据结构化分析的处理方法，其基本思想是把样本中的每个数据拆分为两部分[24]，一部分为该指标在不同组数据中的共同因素（common factor），另一部分则为该指标在该组数据中的独特因素（unique factor）。提取出的公因子在不同组数据之间的得分往往不同，体现在本研究中，由于不同专家在进行数据评估时为自己设定的项目背景不同，他们对 PPP 项目决策重要性程度评估在几个公因子维度的得

分不同。以决策失效影响严重程度 S 为例，假设根据评估结果计算获得第 n 位专家的 4 个公因子得分为 AS_{1-n}、AS_{2-n}、AS_{3-n}（$n = 1,2,3,\cdots,58$），则在公因子视角下，每位专家所设定项目背景可以描述为相应专家的公因子得分所构成的四维向量（四维决策失效影响严重程度维度下因子分析的公因子个数）。假设不同专家在自己设定的项目背景下给出的 PPP 项目控制权某项权利的合理配置方式为 C_n（$n = 1,2,3,\cdots,58$），公因子得分为 A_{m-n}（$m = 1,2,3,\cdots,\max$；$n = 1,2,3,\cdots,58$）（其中 max 为公因子个数），可以建立因子得分与控制权合理配置方案的一一映射：

$$A_{m-n} \rightarrow C_n \tag{4-9}$$

通过求解式（4-9）映射中某项子权利合理配置方案与某项公因子之间的相关性关系，即可获得控制权配置的影响因素。由于经过 Varimax 方差最大化旋转后的各公因子彼此正交，可以采用计量经济学方法进行求解，OLS 回归分析是最常用的方法。按照上述思路，以专家对 PPP 项目决策重要性程度的评估作为描述各自项目背景的自变量，以 PPP 项目决策权利配置的评估数据作为因变量，进行 OLS 回归分析的结果如表 4-8 所示。

表 4-8　基于 OLS 和 Logistic 回归分析的控制权配置影响因素及影响路径汇总

公因子	影响因素	OLS 回归分析	Logistic 回归分析	假设条件	政府		企业	
					提议权	审批权	提议权	审批权
AS1	产品与服务的公共化程度	√	√	越高	−	+	+	−
AS2	项目对资金的依赖程度		√	越高				
AS4	项目公司的风险管控水平		√	越低		+		−
AP1	项目公司对产品服务质量的控制水平		√	越低		+		−
AP2	项目技术上的创新化程度	√	√	越高	+		+	
AP4	产品与服务价值的可度量程度	√	√	越低	−	+		−
AP5	项目公司的成本控制和资本运作水平		√	越低		+		−
AP6	项目环境的复杂程度	√		越高			+	
AD1	政府对项目公司的依赖程度		√	越高		+	+	
AD3	政府与企业双方合作的稳定性和信任程度	√	√	越低			+	

公因子	影响因素	OLS回归分析	Logistic回归分析	假设条件	政府		企业	
					提议权	审批权	提议权	审批权
AD4	项目设计的专业化条件	√	√	越差	+		+	
AD5	政府与企业双方利益关系的一致性程度	√	√	越低		+	−	−

（二）基于初始指标的 Logistic 回归分析

OLS 回归分析中只验证了影响因素库中的 7 个影响因素与控制权配置的关系，究其原因可能是公因子得分的引入在使数据分析变得简明的同时也降低了变量的效度，丢失了过多的专家评估数据的原始信息，因此这种方法在本研究中存在一定的局限性。

在类似研究中，部分学者针对这种局限性，对方法进行了一定的改进，例如，张万宽等[5]学者为了更多地保留原始数据的信息，在代表 PPP 项目绩效影响因素的每个公因子中抽取一项初始指标作为代表这项因子的变量，被抽取的初始指标不做处理直接用于回归模型，相较原始方法取得了不错的分析结论。但是该研究过程并没有对选取替代指标的方法和原则进行讨论，存在一定的不足。

判断公因子与初始指标之间的相关程度是判断初始指标能否代替其所属公因子的关键，而二者的相关性可以由各指标的因子荷载大小直接体现。塔班金（Tabachnick）、菲德尔（Fidell）等统计学家对因子荷载大小与公因子对初始指标变异程度的定量研究发现[25]：指标的因子荷载越大，说明其可以更好地被因子解释，而当因子荷载达到 0.71 以上时，公因子对该初始指标变异程度的解释量达到 50%，获得准入条件的"完美"标准。

因此，本研究沿用以上思路，基于前文的因子分析结果，以初始指标的因子荷载是否大于 0.71 作为判断该指标能否代替对应的公因子变量的标准，改进回归方法再次对可能的影响因素进行识别验证。由于回归模型中的因变量为初始数据中描述权利归属的指标，其本质上为 0/1 分布的二值变量，因此更适合采用 Logistic 回归分析方法[26]。回归分析结果中各个影响因素估计系数的大小代表了它们对主体是否拥有该项权利有影响的概率，可以作为影响因素的验证依据。按照上述思路进行 Logistic 回归分析，潜在影响因素中仅有 AP6 不具有验证条件，分析结果如表 4-8 所示。

（三）两种回归分析方法的结论汇总与讨论

将 OLS 和 Logistic 两种回归分析方法获得的 PPP 项目控制权配置影响因素进行汇总，如表 4-8 所示。其中，OLS 回归分析识别出了 7 个影响因素（AS1，AP2，AP4，

AP6，AD3，AD4，AD5），Logistic 回归分析识别出了 11 个影响因素（AS1，AS2，AS4，AP1，AP2，AP4，AP5，AD1，AD3，AD4，AD5）。

表 4-8 中的分析结果表示，当影响因素按照它所对应的"假设条件"进行变化时对 PPP 项目中政府与企业决策子权利的影响。其中，"+"表示对相应权利具有正向影响作用，"−"表示对相应权利具有负向影响作用。以影响因素 AS1 为例，当 PPP 项目中产品与服务的公共化程度越高时，政府应掌握项目更多决策的审批权，并允许企业在各项决策中拥有更多的提议权。

通过表 4-8 可以看出，两种回归分析方法所得结果具有较强的一致性，除影响因素 AP6 不满足 Logistic 回归分析的验证条件外，OLS 回归分析识别出的其他所有影响因素都被 Logistic 回归分析方法进一步验证。与此同时，两种方法的分析结果也存在一定差异。由于 OLS 回归中使用因子得分作为回归的自变量，使用政企双方在项目中的整体权利比例，解答的问题为"某影响因素是否对项目决策中某项权利有影响"，丢失了较多的专家评估数据的原始信息，识别出的影响因素相对较少；而 Logistic 回归在因子分析所获得的公因子构成的基础上，直接使用了原始指标和原始数据作为公因子的代替，保留了数据的原始信息，解答的问题为"体现某影响因素的决策重要性程度是否是这些决策的某项权利由政府或企业获得较为合理的原因"，这保留了受访专家评估数据所设定环境的更多信息，识别出的影响因素相对较多，结论也更加全面。

综上所述，本文综合 OLS 和 Logistic 两种回归方法的分析结果，作为研究结论和进一步提炼控制权合理配置原则的基础。

四、PPP 项目控制权合理配置原则的建议

梳理并总结表 4-8 中两种回归分析结果后，本研究针对 PPP 项目控制权的合理配置原则，提出以下 4 点建议。

第一，从提高项目效率的角度出发，合理的 PPP 项目控制权配置应重视如何充分发挥企业的专业特长优势。当 PPP 项目具有显著的专业化特征时，合理的控制权配置应赋予企业更多的决策提议权（例如，AS1、AP6、AD4 等影响因素对企业提议权的正向影响）。这体现为，当 PPP 项目环境复杂性较高、产品客户或服务对象多样化、项目设计所需的专业化程度较高时，应尽可能多地发挥企业在项目决策方案与计划中的专业优势。同样的，如果 PPP 项目中政府不具有足够的相关经验，需要较多依赖企业的专业能力时，要保证企业的提议权（例如，AD1 等影响因素对企业提议权的正向

影响）。但是，一个 PPP 项目可能涉及多个专业领域，当企业在某一专业领域的专业能力有限时，政府应该根据项目公司的自身条件与项目特点提高对决策的控制（例如，AS4、AP1、AP5 等体现企业技术与管理能力的影响因素对政府与企业权利的影响）。

第二，PPP 项目运作过程中，合理的控制权配置需要政府在合理范围内充分放权。在许多决策中，项目环境与参与主体具有某些特定特征的情况下，政府应尽量少地干涉项目决策方案与计划的设计。尤其是项目所涉及的技术复杂、专业化程度高的时候，在决策提议过程中，为了避免限制处于弱势一方企业的专业效率的发挥，政府应尽量降低自身意志对项目决策的影响（例如，AS1、AP4 等影响因素对政府提议权的负向影响）。但是，在项目提供的产品与服务与公众利益切身相关，且在一定程度上与企业利益存在不一致时，为了限制企业逐利性的本质特点，政府放权给企业的同时又应划定合理范围，充分保证项目效益的独立性（例如，AS1、AS2、AD5、AP1 等影响因素对政府和企业权利的影响）。在项目实践中，政府可以通过掌握决策的审批权或减少企业的提议权，合理地提高对企业的限制和对项目的控制。

第三，合理的控制权配置并不妨碍企业在项目中"有利可图"，政府应正确看待企业的逐利本质。不同于传统政府采购项目，在 PPP 项目交易过程中，政府在转移风险的同时也应该充分让渡权利，包括让出部分的项目潜在收益，这是政府必须付出的代价。这些潜在收益的可能性既可以提高企业参与 PPP 项目的意愿，也能够使企业在评估项目的不确定性和风险、提出相应的有针对性决策方案与计划的过程中更加严谨（例如，AD3、AP6 等体现项目环境或合作关系等方面不确定性的影响因素对企业提议权具有正向影响），这也体现了 PPP 项目合理有效的控制权配置对企业表现和项目绩效具有正向的激励作用。许多国家 PPP 项目进行物有所值评价时，使用的公共部门比较因子（Public Sector Comparator，PSC）指标中包括一项"政府转移风险的成本"，也可以解释本原则所体现的思想。

第四，合理的控制权配置可以体现 PPP 项目中政府与企业之间是"共赢合作"而非"零和博弈"。在 PPP 项目从设计到交付的整个过程中，当遇到较大的困难（专业技术难题、复杂环境条件等）时，政府与企业应该共同参与解决（例如，AP2、AD4 等体现项目难度水平特征的影响因素对政府和企业的权利同时具有正向影响），因为这些客观存在的障碍无论对于政府还是企业都具有相同的负面效应，通过多方参与群策群力能够最大限度地保证项目成功，实现共赢。

五、结论

本文根据决策理论将 PPP 项目中 28 项主要决策承载的项目控制权细分为多项具有可操作性的子权利，在专家调研评估数据的基础上综合运用 FMEA、因子分析等方法识别 PPP 项目控制权配置的潜在影响因素，然后综合运用 OLS 和 Logistic 两种回归分析方法建立影响因素与控制权子权利之间的对应影响关系，并据此有针对性地提出 PPP 项目控制权合理配置原则的 4 点建议。本文结论对 PPP 项目控制权领域的理论研究及 PPP 项目治理、制度设计、决策权利分配等实践问题具有一定的借鉴意义，特别是包含多个项目的城镇化 PPP 项目[19]。

参考文献

[1] Jefferies M. Critical success factors of public private sector partnerships a case study of the Sydney Super Dome [J]. Engineering, Construction and Architectural Management, 2006, 13(5):451-462.

[2] Wu Di, Liang Wei, Wang Shouqing. Constituent Elements of Feasible Financing Modes for Urban Rapid Rail Transit Projects [C]. Proceedings of the 2nd International Conference on Public-Private Partnerships. Austin, Texas, USA, May, 2015.

[3] 伍迪. 基于决策视角的 PPP 项目控制权配置研究[D]. 北京：清华大学，2015.

[4] Ana Belen Alonso-Conde, Christine Brown, Javier Rojo-Suarez. Public private partnerships: Incentives，risk transfer and real options [J]. Review of Financing Economics, 2007:335-349.

[5] 张万宽，杨永恒，王有强. 公私伙伴关系绩效的关键影响因素[J]. 公共管理学报，2010，7（3）：103-112.

[6] 王守清，柯永建. 特许经营项目融资（BOT、PFI 和 PPP）[M]. 北京：清华大学出版社，2008.

[7] 柯永建,王守清,陈炳泉. 英法海峡隧道的失败对 PPP 项目风险分担的启示[J]. 土木工程学报，2008，41（12）：97-102.

[8] 叶晓甦，易朋成，吴书霞. PPP 项目控制权本质探讨[J]. 科技进步与对策，2011，28（13）：67-70.

[9] Grossman S, Hart O. The Costs and Benefits of Ownership:A Theory of Vertical and Lateral Integration [J]. Journal of Political Economy, 1986, 94:691-719.

[10] Hart O, Shleifer A, Vishny R W. The Proper Scope of Government:Theory and an Application to Prisons [J]. Quarterly Journal of Economics, 1997, 112(4):1127-1161.

[11] Besley T, Ghatak M. Government versus Private Ownership of Public Goods [J]. Quarterly Journal of Economics, 2001, 116(4):1343-1372.

[12] Onishi M, Bando H, Kobayshi K. Theoretical Analysis of the Ownership Structure in PFI Projects [R]. 27th Civil Engineering Plan Subject Research and Conference, 2003(Japanese, disc).

[13] Francesconi M, Muthoo A. Control Rights in Public-private Partnership [R]. Bonn:IZA, 2006. 1-37.

[14] 胡振. 公共项目公私合作（PPP）控制权配置的决策模型[J]. 西安建筑科技大学学报（自然科学版），2012，44（1）：90-96.

[15] 张喆,贾明. PPPs 合作中控制权配置实验[J]. 系统管理学报,2012,21(2):166-179.

[16] 杜亚灵，王剑云. BT 模式下工程项目控制权的合理配置研究[J]. 软科学，2013，27（5）：56-61.

[17] 孙慧，卢言红. PPP 项目剩余控制权配置的影响因素研究[J]. 武汉理工大学学报（信息与管理工程版），2014，36（1）：91-94.

[18] 伍迪，王守清，冯珂，等. PPP 项目决策分解结构研究. 项目管理技术，2015，13（1）：20-24.

[19] 伍迪，王守清，Cui Qing-bin. PPP 模式下区域开发项目政企双方控制权份额的度量方法研究[Z]. 中国软科学学术年会，2015.

[20] 王守清，伍迪，彭为，等. PPP 模式下城镇建设项目政企控制权配置[J]. 清华大学学报（自然科学版），2017，57（4）：369-375.

[21] Kaiser H F. The application of electronic computers to factor analysis [J]. Educational and Psychological Measurement, 1960, 20, 141-151.

[22] Stevens J. Applied multivariate statistics for the social science [M]. Mahwah, NJ:Lawrence Erlbaum, 2002.

[23] Hair J F, Anderson R E, Tatham R L, et al. Multivariate data analysis [M]. Englewood Cliffs, NJ:Prentice-Hall, 1998.

[24] Norusis M J. SPSS for Windows:Professional Statistics, Release 6.0. Statistical

Package for Social Sciences(SPSS)Inc., Chicago, Illinois, USA, 1993.

[25] Tabachnick B G, Fidell L S. Using multivariate statistics [M]. Needham Heights, MA:Allyn and Bacon, 2007.

[26] Wong, R C P, Szeto, et al. Public transport policy measures for improving elderly mobility[J]. Transport Policy, 2018(63):73-79.

（《清华大学学报》，2019 年第 8 期）

影响 PPP 绩效的政府行为清单的识别与应用[①]

王守清　张　博　牛耘诗

一、引言

政府和社会资本合作（PPP）模式是政府和社会资本之间建立的一种利益共享、风险共担、优势互补的长期合作伙伴关系[1]，也是世界银行推荐的基础设施、公用事业和公共服务项目的主要供给形式之一[2]。PPP 模式具有减轻地方政府财政负担、提高项目管理效率和服务质量、促进政府职能转变等优点[3][4]。然而，PPP 模式在引入社会资本的过程中，也存在增加融资成本、沟通和交易成本等风险，从而降低项目绩效[5][6]。在中国本轮 PPP 模式的快速发展过程中，各界对于 PPP 是否真正提升了公共产品和服务的供给效率，存在巨大争议。因此，深入研究影响 PPP 项目绩效的因素有助于解决 PPP 应用过程中的问题、发挥 PPP 模式的优势，利于 PPP 的可持续发展。

自 2013 年以来，国务院、财政部和国家发展改革委等中央部委出台了 200 余份与 PPP 相关的法规政策、指导意见和操作指南等，文件数量大约是 1985 年至 2012 年的 5 倍。在本轮 PPP 发展的进程中，政府发挥了关键性的推动作用，但是却忽略了 PPP 项目的绩效管理。很多地方政府仅把 PPP 模式作为获取财政拨款或补贴的手段，无视项目性质和类型是否适用、是否物有所值，仅着眼于短期内的政绩提升和财政收入[7]。随着 PPP 的滥用，地方政府变相举债、项目投资额虚增、大批项目无法落地[8]，不仅无法缓解地方财政压力，更没有提高基础设施和公共服务的供给效率和质量。那

---

① 基金项目：国家自然科学基金资助项目（71572089 和 71772098）。

么，究竟哪些政府行为影响了 PPP 项目绩效，每种行为在具体实践中的应用情况如何，是本研究关注的核心问题。

本文所研究的"政府行为"特指在 PPP 项目全生命周期过程中，由政府方发起或执行、有可能对 PPP 绩效产生一定影响的行为。本研究首先利用文献梳理出影响 PPP 项目绩效的 4 类政府行为；其次，采用扎根理论（Grounded Theory），利用 Nvivo 软件从数量庞大的政府文件资料里，逐层编码并识别出 PPP 项目中政府行为；最后，通过专家研讨会和问卷调研对行为清单进行分析，确保政府行为分类的准确度和适用性。在确定政府行为清单以后，本研究进一步通过问卷调研的方法对各个行为在具体实践中的应用情况进行调研分析，得出结论并给出改进建议。

二、政府行为及其分类

政府在 PPP 项目的发起、招标谈判、合同管理、全流程监管、财政补贴等各个方面都发挥着重要作用，进而影响 PPP 项目的绩效水平[9][10]。现有文献将影响 PPP 项目绩效的政府行为主要分为 4 个方面：政府前期准备、项目治理、政府服务和政府补贴。

政府前期准备主要指的是政府在发起 PPP 项目时所进行的各类准备工作，体现了与 PPP 有关的政策法律的完备程度。陈（Chan）等[11]分析了基础设施 PPP 项目中的关键成功因素，得出政府采购程序、风险分担和项目的经济性是 3 个最为重要的影响因素。格鲁比斯克（Grubisic）[12]对多个高速公路 PPP 项目进行案例分析后发现，政府前期准备不足的特许经营交易将对 PPP 项目的运营绩效产生不利影响。

项目治理主要涉及政府在 PPP 项目操作过程中的各类监管措施和激励手段。亚伯尼歌（Abednego）等[13]通过对印度尼西亚的收费公路项目进行案例研究，发现在 PPP 中运用短期监管和长期战略等项目治理手段，可以实现项目的适当风险分配，从而进一步提高项目绩效。帕纳耶德（Panayides）等[9]对港口 PPP 项目进行实证分析后发现，监管质量、政府合同执行力、市场开放性是港口 PPP 项目绩效改善的重要决定因素。萨布里（Sabry）[14]从制度经济学和新公共管理的角度出发，发现监管质量和政府效率对 PPP 项目中私人投资结果有显著的积极影响。

政府服务水平主要指的是政府在合作过程中所体现的服务态度、沟通水平、可信度、政府承诺等。尽管政府服务水平不属于 PPP 项目操作流程中规定的范畴，很多研究已经论证了双方的合作关系可以对项目绩效产生显著影响[15]。哈德卡斯尔

（Hardcastle）等[16]和杰弗里斯（Jefferies）[17]在对相关研究进行综述和总结后，提出公私间承诺是 PPP 的关键成功因素之一。安塞尔（Ansell）和加什（Gash）[18]通过对 137 个 PPP 项目进行案例分析，发现加强沟通、信任和承诺、共同理解的合作治理方式也对项目顺利进行起到了至关重要的作用。沃森（Warsen）等[19]对参与荷兰 PPP 项目的 144 位受访者的调查数据进行多层次分析，其结果表明公私间的信任可以提升合作效率，并进一步提升项目绩效。张喆等[20]等对中国高科技生物制药行业 PPP 项目的合作进行研究，其结果显示，公共部门和私人部门之间的信任能够达到增强合作的效果。张万宽等[21]通过文献综述和专家访谈，识别出 11 个 PPP 绩效评价指标和 17 个影响因素指标，并通过 OLS 和 logistic 回归分析发现政府信用是影响绩效的关键因素之一。尹贻林等[22]通过对 60 位工程项目的项目经理进行半结构性访谈，认为在工程项目中信任对于风险分担和合作关系具有积极的影响作用。

政府补贴主要指的是，政府为了保证社会资本在参与 PPP 项目时能够收回成本并获得合理回报而给予的各种财政支持。安（An）等[23]从项目经济效益的角度出发，研究不同的政府补偿机制对水环境治理 PPP 项目绩效的激励作用。李（Li）等[24]也利用博弈模型分析了 PPP 项目的最优补偿机制。吴（Wu）等[25]基于 PPP 项目收入不确定性和私人投资者的公平偏好建立对策测量博弈模型，研究结论认为政府的最优补偿合同是对私人投资者的公平激励，能够有效保证项目达到预期收益。

三、政府行为清单识别方法与流程

为了确定政府行为清单，本研究采用了两个步骤开展工作：第一步，利用扎根理论借助 NVIVO 软件从庞大的文本资料中识别出初步清单；第二步，在初步清单的基础上，分别采用专家访谈和问卷调研两种方法以确定最终清单。

（一）政府行为初步清单的识别

1. 基础文本资料的确定

本研究选定的政府行为识别材料包括各国家部委、省级和市级政府部门发布的 PPP 操作指南、指导意见、实施细则、合同和财政等管理办法等相关政策条文，以及近年来国家发布的 PPP 标准合同范本和示范项目研究报告。政策条文中包含了大量的 PPP 实施流程的相关规定、鼓励和引导社会资本的相关激励措施及项目治理等方面的操作意见，与本研究中的政府行为直接相关。PPP 项目合同本质是对政府和企业双方在项目执行过程中的行为、责任、义务等方面约定的集中体现[4]，也是较为理想的识别材料。研究搜集到的政策文件共计 210 份，包括国务院发布的 42 份、国家发展改革委发布的 44 份、财政部发布的 64 份和各地方政府发布的 60 份。为了保证一般性，主要搜集了各个行业 PPP 项目的特许经营合同示范文本，共计 10 个。

2．初步清单的识别

从 PPP 相关政策文件和示范合同中系统提炼出 PPP 政府行为清单是一个质性研究归纳过程。利用扎根理论对框架中每个工作元素可能出现的政府行为进行归纳提炼。扎根理论是一种典型的质性研究方法，运用一些系统而又灵活的准则分析数据，通过不断反复的编码过程开始区分、归纳和综合这些数据，并最终从数据中形成理论，具体过程如图 4-8 所示。

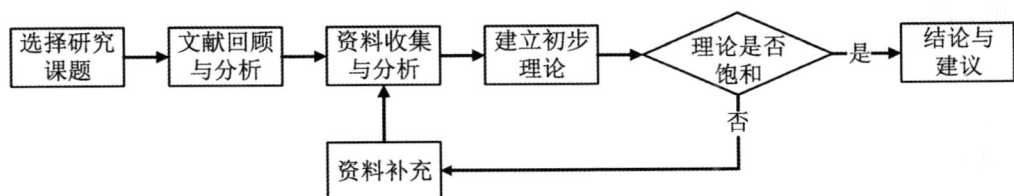

图 4-8　扎根理论研究流程图[26]

扎根理论的优点是可以在没有任何理论假设的情况下，从大量翔实的资料中自下而上地归纳并演绎核心概念，构建完善成实质性理论，同时具有较高的信度与解释力[27]。因此，选用此方法对 PPP 全生命周期流程中的政府行为进行系统性的归纳总结能够帮助研究构建完整的政府行为清单和分类。

由于研究参考的文字识别资料数量庞大（约 20 万字），编码过程中不仅需要对政策条文和合同条款进行逐条分析，还需要反复的多维度分类比较，使用 NVIVO 11 软件协助进行。该软件可以针对选取的文本资料进行逐条分析，提炼其中与政府行为相关的内容，即政策与标准合同中要求、鼓励地方政府在 PPP 项目中执行的具体行为，进一步将出现频率较高且有所关联的行为填充进四大类政府行为（政府前期准备、项目治理、政府服务、政府补贴）中。

（二）最终清单的确定

识别出政府行为的初步清单后，本研究基于专家访谈和问卷调研两种方法检验政府行为各个分类中内涵的关联性，确保政府行为分类的准确度和适用性。

1．召开专家研讨会

在初步政府行为清单基础上，通过召开专家研讨会，对清单中的具体内容和分类进行补充和讨论。本次专家研讨会共邀请到 11 位专家参与，其中 6 位专家来自学术界，5 位来自实操界。学术界的专家均为副教授及以上专家，所发表的 PPP 类论文在 15 篇以上，具有丰富的 PPP 理论基础。实操界专家均有从事 PPP 领域 5 年以上经验，实际参与过的 PPP 项目数在 10 个以上，拥有丰富的实践经验。

2. 基于问卷调研进行因子分析

在专家研讨会以后，本研究于 2018 年 9 月对所有行为在实际项目中的应用情况开展问卷调研。本次调研面向有经验的 PPP 项目社会资本方参与者发放，要求受访人根据某一个具体的 PPP 项目进行回答。调研主要考察各项行为影响 PPP 项目顺利执行的"支持力度"。受访人需要针对各项行为分别打分，分值按照李克特（Likert）五点式设置（1~5 分别表示重要性低、中低、中、中高、高），同时，各问题还添加选项"0"，代表实际项目中并未采取该行为。本次问卷共发放 350 份，回收有效样本 126 份。

借助 SPSS 软件对回收的有效样本的数值进行探索性因子分析，进一步提炼公因子以判断各项行为分类的准确性。公因子个数的确定需要综合考虑各公因子的特征值大小、特征值对总方差的累积贡献率大小等因素，本研究中公因子的提取原则参照了凯泽（Kaiser）[28]和史蒂文斯（Stevens）[29]等学者的研究结论，即：成分因子的特征值均大于 1，满足凯泽特征值判断准则，且成分因子对总方差解释的贡献率大于海尔（Hair）准则中可接受的 50%。通过公因子的 Varimax 正交旋转，确认各公因子的初始指标构成，即确定每个影响因素下受影响最大的各项决策。然后计算各公因子的 Cronbach's Alpha 系数，以检验公因子按如此构成下的数据信度。

四、政府行为清单的识别结果与应用

（一）清单构成

本研究最终识别出来的政府行为清单共有 44 个，分别对应文献中所提到的 4 个分类：政府前期准备（7 项）、项目治理（13 项）、政府服务（8 项）、政府补贴（16 项）。值得一提的是，文献中所提到的"政府补贴"主要涉及政府财政补贴行为，然而在中国 PPP 实践过程中政府为了促进项目顺利开展，会与社会资本方商定项目优惠政策、政府保证机制、政府补贴、财政支持措施等措施，因此，根据专家研讨会建议，将"政府补贴"改为"政府支持与保证"。政府行为清单具体内容如表 4-9 所示。

表 4-9 政府行为清单及应用情况

分类	ID	政府行为	行为内涵	支持力度	应用频率
政府前期准备	1	法规政策建设	上级政府 PPP 相关法规和政策的完整度	3.19	100.00%
	2	配套政策和流程规定	本级政府对于 PPP 项目的详细流程规定及相关配套政策的完整度	3.10	100.00%
	3	实施方案编写	项目概况、合作范围和期限、产出说明、运作方式、回报机制、风险分配框架、交易结构、监管方式等方面的完整度	3.71	100.00%
	4	物有所值评价	初始数据、评价方法、评估机构等方面的可靠度	3.48	100.00%
	5	财政承受能力评价	项目全生命周期支出责任、财政支出能力评估、行业和领域平衡性评估的可靠度	3.56	100.00%
	6	政府针对本项目配置了推进小组或服务专员		3.42	84.13%
	7	政府方进行过 PPP 相关培训，具有 PPP 专业人才和知识素养		3.09	87.30%
项目治理	8	项目实施过程中定期履约监管（价格、安全、资金使用情况等）		3.39	96.83%
	9	项目实施过程中定期绩效评价		3.44	92.86%
	10	公众参与满意度与质量服务评价		3.10	86.51%
	11	委托专业机构进行绩效评价		2.96	84.92%
	12	绩效评价结果与政府支付/补贴挂钩		3.61	88.10%
	13	以奖代补		2.88	57.94%
	14	政府方对项目重要决策拥有一票否决权		3.65	86.51%
	15	根据项目公司履约程度评价社会资本信用，并记录在信用体系中		2.84	71.43%
	16	弹性合同机制	特许期调整机制	2.8	68.25%
	17		调价机制	3.39	92.86%
	18		争议解决机制	3.36	92.86%
	19		灵活退出机制	2.97	80.16%
	20		其他弹性机制	2.71	53.97%
政府服务	21	项目整个流程中的责任主体分明		3.28	92.06%
	22	建立了本级 PPP 项目综合信息平台		3.38	77.78%
	23	建立了本级 PPP 第三方专业机构库和专家库		3.17	75.40%
	24	政府能够适当协调法规制度中对 PPP 项目存在矛盾的规定		2.90	89.68%
	25	对各政府部门展开信用评级，并对失信行为进行惩处和曝光		2.76	57.14%
	26	政府方及时分享行业发展规划、投资政策、财政税收、统计数据信息		2.85	76.19%
	27	政府方利用新媒体对项目及社会资本方进行积极宣传		3.01	80.16%
	28	双方合作共同争取第三方资源（如申请示范项目等）		3.24	77.78%

续表

分类	ID	政府行为	行为内涵	支持力度	应用频率
政府支持与保证	29	政府保证机制	政府行为风险保证	3.00	82.54%
	30		质量提升补偿保证	2.91	85.71%
	31		最低需求量/最低收入保证	2.82	77.78%
	32		限制竞争保证	3.23	76.19%
	33		法律变更保证	3.27	89.68%
	34		其他政府保证	2.73	71.43%
	35	政府补贴	土地及物业免费或减价使用	2.97	46.03%
	36		经营性资源配置	2.78	57.94%
	37		现金补贴	3.05	73.02%
	38		优惠政策（水电气优惠；企业所得税减免；行政事业性收费减免等）	2.97	100.00%
	39		其他类型补贴	2.84	34.92%
	40	财政支持措施	安排财政资金设立风险池，为项目贷款增信	2.75	25.40%
	41		国家级/省级示范项目奖励	3.14	54.76%
	42		政府为项目/设备购买保险进行风险分担	2.52	34.92%
	43		社会资本退出时，根据退出评价进行一次性奖励	2.62	37.30%
	44		其他财政支持措施	2.65	41.27%

（二）应用分析

进一步探索各项政府行为在具体 PPP 实践中的应用情况有助于更准确地认识政府在当前 PPP 发展中所发挥的作用，从而为改进政府行为提出更有针对性的建议。本研究关注两个核心应用情况：各项行为在 PPP 项目中的"应用频率"和影响项目顺利执行的"支持力度"。基于前文所提到的问卷设计，"应用频率"等于非零值数量占有效样本的比例，比例越高说明该行为在 PPP 实践中出现的次数越多；"支持力度"等于剔除零值以后的样本均值，数值越高表明该行为在 PPP 项目执行过程中的支持力度越大。各项行为的"支持力度"和"应用频率"详见表4-9。

本研究利用 44 项政府行为的"应用频率"和"支持力度"两个指标数值绘制二维散点图（见图4-9），用以分析各项行为在实践中的应用情况。从图4-9可以看出，代表各项行为的散点主要分布在图的对角线附近，说明各项行为对项目的"支持力度"越大其"应用频率"也会越高，表明在具体的 PPP 实践中，政府是相对理性的，更倾向于将精力花在能产生更大效用的方面。从各项行为的分类来看：代表政府前期准备的 7 个实心三角形集中在右上方，表明各项行为对项目的"支持力度"大，同时"应用频率"也高。相对而言，政府针对本项目配置了推进小组或服务专员（ID=6）对项目的"支持力度"大，但是在具体项目中的应用频率略低。代表项目治理的 13 个黑色实心点较为分散，政府对重要决策有一票否决权（ID=14）、绩效评价结果与政府支付挂钩（ID=12）、采取定期绩效评价（ID=9）、采取定期履约监管（ID=8）、调价机制（ID=17）及争议解决机制（ID=18）的"支持力度"最大且"应用频率"高；代表政府服务的 8 个黑色空心点相对集中，其中，建立本级 PPP 项目综合信息平台（ID=22）和项目整个流程的责任主体分明（ID=21）的"支持力度"和"应用频率"均较高；政府支持与保证中的 16 个行为措施呈现出"支持力度"越大"应用频率"越高的趋势，其中"支持力度"最大的 5 项行为是法律变更保证（ID=33）、限制竞争保证（ID=32）、国家级/省级示范项目奖励（ID=41）、现金补贴（ID=37）、政府行为风险保证（ID=29）。值得一提的是，政府支持与保证类行为占了"支持力度"和"应用频率"最小的前 10 项中的 7 个和 8 个。

基于 44 项政府行为两个指标数值可以计算四大类政府行为的均值。结果显示，政府前期准备的"支持力度"和"应用频率"都是第一位的，数值分别为 3.36 和 95%；项目治理（"支持力度"3.16，"应用频率"81%，下同）和政府服务（3.07，78%）的两项得分均位列第二和第三，政府支持与保证的两项数值最低（2.89，62%）。

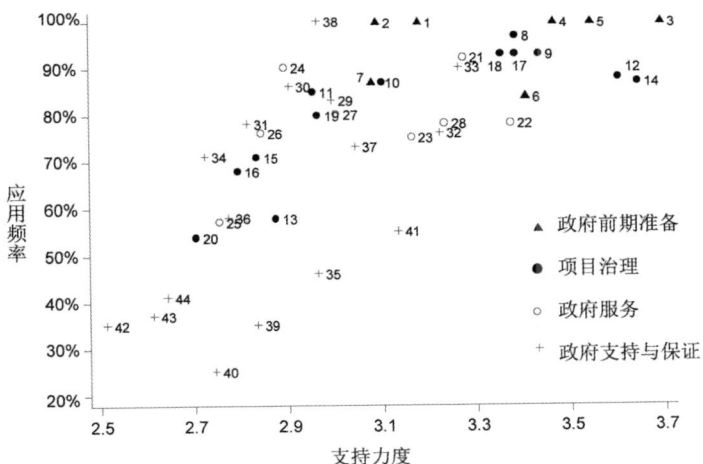

图 4-9　政府各行为在实践中的具体应用情况（散点数值代表行为 ID）

五、结论

本研究基于多种方法相互交叉验证，最终识别出了 44 项政府行为，对应四大类：

政府前期准备（7项）、项目治理（13项）、政府服务（8项）及政府支持与保证（16项）。本研究在政府行为清单的基础上，进一步分析了各项行为在具体实践过程中对PPP项目的"支持力度"和"应用频率"。结果表明，政府前期准备的"支持力度"最大，"应用频率"也最高，政府支持与保证类行为的"支持力度"最小，"应用频率"也最小。本研究的结论虽然表明了政府在推动PPP发展中是理性的，仍有一些行为在实践中对PPP项目的支持力度大但应用频率较低，诸如政府针对本项目配置了推进小组或服务专员、建立本级PPP项目综合信息平台及限制竞争保证，政府应该重点加强此类行为措施的推广使用，以进一步提升PPP项目绩效水平。

参考文献

[1] Wang S Q, Dulaimi M F, Aguria M Y. Risk Management Framework for Construction Project in Developing Countries[J]. Construction Management and Economics, 2004, 22(3):237-252.

[2] World Bank. Private Participation in Infrastructure Database. http://ppi.wordbank.org. [2009-06-04].

[3] Wang, H, Xiong, W, Wu, G, et al. Public-private partnership in Public Administration discipline:a literature review[J]. Public Management Review, 2018(2):293-316.

[4] 伍迪. 基于决策视角的PPP项目控制权配置研究[D]. 北京：清华大学，2015.

[5] Grout, P A. Public and private sector discount rates in public－private partnerships [J]. The Economic Journal 113, 2003(486):C62-C68.

[6] Moszoro, M. Efficient public - private capital structures[J]. Annals of Public and Cooperative Economics, 2014, 85(1):103-126.

[7] 万叶,刘利果,丑伟,等. 国内PPP项目融资现状及对策研究[J]. 价值工程,2018，37（31）：77-78.

[8] 张守芳. 地方政府公共服务 PPP 模式供给中的问题与对策分析[J]. 法制与社会，2018（22）：127-128.

[9] Panayides P M, Parola F, Lam J S L. The effect of institutional factors on public－private partnership success in ports[J]. Transportation research part A:policy and practice, 2015(71):110-127.

[10] Vadali N, Tiwari A P, Rajan A T. Effect of the Political Environment on Public Private

Partnership Projects:Evidence from Road Projects[J]. Journal of Infrastructure Development, 2014, 6(2):145-165.

[11] Chan A P C, Chan A P L. Key performance indicators for measuring construction success[J]. Benchmarking:an international journal, 2004, 11(2):203-221.

[12] Grubisic S M. Transport infrastructure construction in Croatia:an analysis of public - private partnerships[J]. Southeast European and Black Sea Studies, 2015, 15(3):327-360.

[13] Abednego M P, Ogunlana S. O. Good project governance for proper risk allocation in public-private partnerships in Indonesia[J]. International Journal of Project Management, 2006, 24(7):622-634.

[14] Sabry M I. Good governance, institutions and performance of public private partnerships[J]. International Journal of Public Sector Management, 2015, 28(7):566-582.

[15] Velotti L, Botti A, Vesci M. Public-Private Partnerships and Network Governance:What Are the Challenges?[J]. Public Performance & Management Review, 2012, 36(2):340-365.

[16] Hardcastle C, Edwards P J, Akintoye A, et al. Critical success factors for PPP/PFI projects in the UK construction industry:a factor analysis approach[J]. Construction management and economics, 2005, 23(5):459-471.

[17] Jefferies M. Critical success factors of public private sector partnerships:A case study of the Sydney Super Dome [J]. Engineering, Construction and Architectural Management, 2006, 13(5):451-462.

[18] Ansell C, Gash A. Collaborative governance in theory and practice[J]. Journal of Public Administration Research and Theory Advance, 2008, 18(4):543-571.

[19] Warsen R, Nederhand J, Klijn E H, et al. What makes public-private partnerships work? Survey research into the outcomes and the quality of cooperation in PPPs[J]. Public Management Review, 2018, 20(8):1165-1185.

[20] 张喆, 万迪昉, 贾明. 高科技生物制药行业 PPP 合作中信任与合作效果的研究——环境不确定性和合作方行为不确定性的调节[J]. 科学学与科学技术管理, 2008 （6）: 172-177.

[21] 张万宽, 杨永恒, 王有强.公私伙伴关系绩效的关键影响因素——基于若干转型国

家的经验研究[J]. 公共管理学报，2010，7（3）：103-112+127-128.

[22] 尹贻林，董宇，王垚.工程项目信任对风险分担的影响研究：基于扎根理论的半结构性访谈分析[J]. 土木工程学报，2015，48（9）：117-128.

[23] An X, Li H, Wang L, et al. Compensation mechanism for urban water environment treatment PPP project in China[J]. Journal of Cleaner Production, 2018(201):246-253.

[24] Li J, Song F, Zhao C. Financial compensation strategy of PPP project based on game theory and intelligent optimization[J]. Journal of Intelligent & Fuzzy Systems, 2018, 35(3):2697-2702.

[25] Wu X, Peng Y, Liu X, et al. Validity of generalized compensation contract for PPP project with consideration of private fair reference depending on concession profit[J]. China Finance Review International, 2018, 8(1):43-68.

[26] 孙娜. 私人部门公平感知对 PPP 项目履约绩效影响的实验研究[D]. 天津：天津理工大学，2017.

[27] 凯西，卡麦兹. 建构扎根理论：质性研究实践指南[M]. 重庆：重庆大学出版社，2009.

[28] Kaiser H F. The application of electronic computers to factor analysis [J]. Educational and Psychological Measurement, 1960(20), 141-151.

[29] Stevens J. Applied multivariate statistics for the social science [M]. Mahwah, NJ: Lawrence Erlbaum, 2002.

（《建筑经济》，2019 年第 8 期）

政府行为对 PPP 项目绩效的影响研究

王守清　张　博　程嘉旭　牛耘诗

一、引言

自改革开放以来，中国基础设施投资已经成为地方政府最大的支出项目。2018年中国固定资产投资总额为 64.57 万亿元，占全年国内生产总值的 71.72%。随着地方债务危机的凸显，"去杠杆"已经成为中央政府稳定经济的首要任务，传统的基础设施投融资模式难以为继。2013 年底，党的十八届三中全会明确提出"允许社会资本通过特许经营等方式参与城市基础设施投资和运营"，由此开启了 PPP 模式发展的新时代。2014—2018 年，中国各级政府共签约 4 642 个 PPP 项目，总投资规模 69.51 万亿元，PPP 模式已经成为基础设施投资的主要模式。

PPP 模式是政府和社会资本的一种长期合作机制[1]，学术界对 PPP 模式相对传统投融资模式而言是否更有效率存在两种不同的观点。一方面，PPP 模式通过引入社会资本的资金、技术和先进管理经验可以有效提升基础设施供给的质量和效率[2]；另一方面，由于较高的沟通、合作和资金成本，很多学者指出 PPP 模式可能会增加基础设施的建造费用，从而降低社会的整体福利[3]。因此，伴随着 PPP 项目在中国的爆发式增长，对 PPP 项目进行绩效考核和监管具有重要意义。

政府作为 PPP 模式的重要利益干系者，既是项目的发起方，又是项目的监督者，同时还是很多项目实施过程中的重要合作伙伴，其行为模式对 PPP 项目绩效具有重要影响。然而，在本轮 PPP 发展的进程中，政府未充分重视 PPP 项目的绩效考核和监管，造成了 PPP 模式的泛化滥用，从而进一步加剧了地方债务风险。为此，本研究将系统的梳理 PPP 项目绩效考核指标，并通过问卷调研的形式，分析政府行为对 PPP 项目绩效的影响，该研究结论可以为改善政府行为模式提供参考建议，从而引导 PPP 更加规范的发展。

二、文献综述与研究假设

1. 与 PPP 项目绩效指标有关的文献

关键绩效指标（Key Performance Index，KPI）被认为是 PPP 项目绩效的实际体现和度量工具[4][5]，国内外研究中普遍采用 KPI 作为衡量项目绩效的方法。陈（Chan）等[6]的研究认为项目有效和全面的绩效衡量不仅应该涉及项目投入和产出，还应该涉及过程和结果。刘（Liu）等[7]进一步指出由于 PPP 项目周期长、复杂性高、参与方多等特征导致传统的基于时间、成本和质量方法的事前和事后评估过于简单化，应该进行基于 PPP 操作流程的全生命周期绩效评估。因此，很多学者关注 PPP 项目全生命周期不同阶段的 KPI 识别。洛夫（Love）等[8]对 PPP 项目全生命周期中不同阶段的 KPI 进行了识别，其中，发起与准备阶段包含风险识别、风险分担、公众用户满意度等 11 项 KPI，采购阶段包含如设计质量、时间绩效等 10 项 KPI，合作阶段包含如设备管理、终端用户满意度等 13 项 KPI；刘（Liu）等[9]还运用绩效棱镜的方法建立了

PPP 项目全生命周期绩效评价方法，认为项目建设期、运营期绩效可用时间、成本、质量等 KPI 进行衡量，而项目操作流程和利益相关者的绩效则需要通过实际调研进行评估。

2．政府行为对 PPP 项目绩效的影响文献

政府在 PPP 项目的识别发起、招标谈判、合同签约、项目实施、相关财政补贴等各个方面都发挥着重要作用，进而影响 PPP 项目的绩效水平[10]。现有文献将影响 PPP 项目绩效的政府行为主要分为 4 个方面：政府前期准备、项目治理、政府支持与保证、政府补贴[11]。政府前期准备主要指在 PPP 项目发起阶段相关法律政策的完备程度。良好的政府前期准备是 PPP 项目的关键成功因素[12]，前期准备不足将对 PPP 项目的运营绩效产生不利影响。项目治理涉及 PPP 项目操作中的各类监管措施和激励手段。亚伯尼歌（Abednego）等[13]的研究发现在 PPP 项目中，有效的监管手段和激励措施，可以实现项目的适当风险分配，从而进一步提高项目绩效。政府服务水平主要指的是政府在合作过程中所体现的服务态度、沟通水平、可信度、政府承诺等。政府服务水平高低将影响双方的合作关系并进一步促进项目顺利进行，从而对项目绩效产生显著影响[14]。政府补贴指的是政府对 PPP 项目给予的各种财政支持。吴（Wu）等[15]的研究印证了政府的合理补偿机制有助于提升 PPP 项目绩效水平。

3．文献述评和研究假设

通过对 PPP 项目绩效研究有关文献的梳理我们可以发现，KPI 已经成为衡量 PPP 项目绩效的主要方法。同时，很多学者认为在识别 KPI 的时候，应该结合 PPP 项目全生命周期不同阶段的特征分阶段识别。虽然相关研究已经较为成熟，但是尚未形成普遍认可的指标体系和分类。为此，需要结合中国 PPP 发展的具体实践给出更有针对性的 KPI 列表。

现有关于政府行为对项目绩效的影响主要围绕理论分析展开，且多从某一类政府行为着手，尚没有文献利用计量模型度量各类行为对不同阶段的项目绩效的影响。同时，从政府行为对绩效影响作用的相关文献可以发现，不同类型的政府行为影响不同方面的 PPP 绩效。因此，本研究将围绕这一主题，通过问卷调研的形式采集数据，并用计量模型度量不同类型政府行为对各阶段 PPP 绩效的具体影响。

三、PPP 项目绩效指标的识别

1．指标识别流程

本研究围绕 PPP 项目全生命周期，对能够体现项目进度、质量、物有所值等各个方面的 KPI 进行识别。由于关于 PPP 领域的 KPI 研究已经较为成熟，因此本研究搜索了具有一定权威性的国内外 PPP 项目绩效指标研究成果，根据 PPP 项目全生命周期特征对研究中的关键绩效指标进行分类归纳总结，并根据专家研讨会的意见，形成本研究最终采用的 KPI 清单。

首先，本研究按照 PPP 项目全生命周期操作流程将 PPP 项目绩效指标体系划分为 4 个维度。根据财金〔2014〕113 号文的规定，我国 PPP 操作程序可以分为项目识别、项目准备、项目采购、项目执行和项目移交 5 个阶段。项目识别、项目准备、项目采购均可以纳入项目前期准备阶段，而项目执行又可以进一步划分为建设阶段和运营阶段。为此，本研究将 PPP 全生命周期的 KPI 划分为 4 个维度：项目准备阶段、项目建设阶段、项目运营阶段和项目移交阶段。

其次，本研究基于文献调研识别初步清单。为了保证 KPI 清单的一般适用性，本研究尽量避免选取针对某一特定行业的研究。同时，为了更好地反映国内 PPP 实践项目的特征，研究选用了较多的针对中国 PPP 绩效评价的中文文献，仅把较有代表性、引用率较高的几篇英文文献列入参考范围。最终本研究选取了 14 篇代表性文献，其中 5 篇英文文献，9 篇中文文献。文献列表如表 4-10 所示。

表 4-10 绩效指标识别资料

编 号	文 献	研究方法	研究角度（指标数量）
1	乔（Qiao）等[16]	CSF	全生命周期（27 个）
2	杰弗里斯（Jefferies）等[17]	CSF	相关方角度：金融机构、保险、承包商、公众、政府（15 个）
3	李（Li）等[18]	CSF	全生命周期（18 个）
4	张（Zhang）[19]	CSF	投资环境、经济可行性、特许经营联合体、融资水平、合理风险分担 5 个维度（47 个）
5	袁（Yuan）等[20]	虚拟标杆法	全生命周期（15 个）
6	赵新博[21]	CSF	全生命周期（66 个）
7	张万宽等[22]	文献分析/专家访谈	经济、环境、安全、社会 4 个维度（11 个）
8	孙慧等[23]	CSF	相关者角度：独立监管机构、私营机构、政府部门、社会公众（9 个）
9	袁竞峰等[24]	问卷调查	相关方需求、项目执行（48 个）

编　号	文　献	研究方法	研究角度（指标数量）
10	刘晴[25]	CSF	全生命周期（56个）
11	史传林[26]	文献分析/案例调研	投入、管理、产出、结果4个维度（37个）
12	陈礼黎[27]	文献分析/专家访谈	相关方角度：股东、政府、金融机构、承包商、公众（33个）
13	谢丽娟[28]	文献分析/专家访谈	全生命周期（31个）
14	樊梦菲[29]	文献分析/问卷调查	全生命周期（26个）

最后，召开专家研讨会对清单中的具体内容和分类进行补充和讨论。本次专家研讨会共邀请到11位专家参与，其中6位专家来自学术界，5位来自实操界，其中8位是国家发展改革委或财政部PPP专家。学术界的专家均为副教授及以上专家，所发表的PPP类论文在15篇以上，具有丰富的PPP理论基础。实操界专家均有从事PPP领域5年以上经验，实际参与过的PPP项目数在10个以上，拥有丰富的实践经验。

2．指标分类结果

最终形成的KPI清单共包括29个关键绩效指标，具体指标及分类如表4-11所示。

表4-11　KPI清单

指标分类	关键绩效指标	指标分类	关键绩效指标
准备期指标	项目签约到开工时间	运营期指标	SPV财务/现金流稳定性
	项目融资方案落实情况		SPV良好的集体氛围
	项目资金到位率		公众对产品及服务满意度
建设期指标	承包商建设施工方案的合理性		公众投诉率
	建设质量控制		项目运营状况达标度
	建设进度控制		项目的技术转移达标度
	建设成本控制		项目的环境影响评价
	建设安全目标		项目的社会效益评价
	项目竣工验证符合度		项目的行业创新性评价
运营期指标	联合体的协调管理能力	移交期指标	运营成本控制
	SPV人员水平		价格/调价的合理性
	运营技术的先进性和适用性		社会资本投资回报率
	运营人员培训和管理		项目成本收回时间
	运营设备管理和维护		项目的风险管控效果
	运营安全事故发生率		

其中，准备阶段包括3个指标，主要针对招投标过程的效率、联合体综合能力和

合同中的关键约定；建设阶段包括 6 个指标，涉及工程质量、进度、成本和安全控制等方面；运营阶段包括 15 个指标，涵盖了运营管理、财务管理及公共产品管理等方面；移交阶段包括 5 个指标，主要指与项目的成本、回报、财务方面相关的指标，反映该项目操作全生命周期的综合状态的指标。

四、实证分析

1. 数据来源

由于现实中缺少 PPP 项目全生命周期的监管数据，而项目具体参与者能够较好地掌握项目实际信息，为此本研究的实证数据来源于问卷调研。本次调研面向有经验的 PPP 项目社会资本方参与者发放，要求受访人针对本人全程主要负责的某一个 PPP 项目进行回答。问卷中包含四部分信息：受访者个人信息、项目的基础信息、各类政府行为评分、各类项目绩效评分。

其中，政府行为部分采用王守清等[30]的研究成果。该研究将政府行为划分为 4 个维度共 44 项具体行为，分别为：7 项政府前期准备、13 项项目治理、8 项政府服务、16 项政府补贴。项目绩效部分则包含上文所识别出来的 29 项 KPI 指标。

政府行为部分问卷要求受访者对各项行为措施对项目的支持力度打分，项目绩效部分问卷要求受访者根据 PPP 项目实际情况对项目中的关键绩效进行判断。为了保证答卷人对量表分值具有足够的辨别力，同时分值设置能够表示温和意见和强烈意见之间的区别，分值按照李克特五点式设置（1~5 分别表示重要性低、中低、中、中高、高）。本次问卷共发放 350 份，回收有效样本 112 份。

2. 变量度量与模型设定

（1）指标降维。本研究采用主成分分析法对政府行为（44 项）和项目绩效指标（29 项）进行降维。主成分分析法是一种最常用的降维统计分析方法，它通过正交变换，将原来相关的变量重新组合成一组新的相互无关的变量（主成分）。在数学变换中保持变量的总方差不变，将主成分按照方差依次递减的顺序排列，每个主成分都能反映原始变量的绝大部分信息，且所包含的信息互不重复。

在具体操作过程中，本研究利用 KMO（Kaiser-Meyer-Olkin）检验与 SMC（Square of Multiple-correlation Coefficient）检验两种方式检验主成分分析的适用性。结果发现，在所有变量的主成分分析过程中 KMO 和 SMC 得分均较高，表明各类指标的共性强，主成分分析能够起到很好的数据约化效果。本研究进一步将协方差矩阵的特征值从大到小排列，保留特征值大于 1 的主成分。结果显示，本研究所关注的四类项目绩效和四类政府行为都保留了唯一的主成分，表明本研究所提炼的指标具有较强的一致性。

（2）模型设定。实证模型采用多元回归模型，具体模型形式如下：

$$KPI = \alpha_1 GP + \alpha_2 GA + \alpha_3 PG + \alpha_4 PS + \beta\ Control - Variables + constant$$

被解释变量：四类项目绩效指标（KPI），包含采购期指标、建设期指标、运营期指标及投资回报指标，每类指标经过主成分分析生成的第一主成分（且特征值大于1）作为被解释变量。

解释变量：四类政府行为，包含政府前期准备（GP）、政府支持与保证（GA）、项目治理（PG）、政府服务（GS），每类政府行为通过主成分分析生成的第一主成分（且特征值大于1）作为解释变量。

控制变量：项目特征，包括政府参股比例（政府投资占项目总投资的百分比）、项目是否为国家示范项目、政府出资形式（是否为现金出资）、项目付费机制（使用者付费、政府付费和可行性缺口补助）、项目参与方所有制类型（国有企业、民营企业）、投资规模（对数化的项目总投资额）、特许期长度等。

被解释变量、解释变量和控制变量的详细数据情况如表 4-12 所示。

表 4-12　变量的描述性统计

变 量		样本	均　　值	方差	最小值	最大值
项目绩效水平	准备期指标	112	-4.55×10^{-9}	1.44	-3.29	2.56
	建设期指标	112	3.77×10^{-9}	2.23	-5.97	3.27
	运营期指标	112	-8.89×10^{-9}	3.21	-9.67	6.09
	移交期指标	112	1.18×10^{-9}	2.00	-5.33	3.81
政府行为	政府前期准备	112	-2.53×10^{-9}	2.18	-5.07	3.26
	政府支持与保障	112	6.47×10^{-9}	1.83	-3.56	3.75
	项目治理	112	9.49×10^{-9}	2.40	-5.66	3.96
	政府服务	112	-5.06×10^{-9}	2.14	-4.65	3.82
控制变量	政府参股比例	99	0.18	0.16	0	0.73
	是否国家示范项目（是=1，否=0）	112	0.40	0.49	0	1
	是否现金出资（是=1，否=0）	112	0.72	0.45	0	1
	是否政府付费（是=1，否=0）	112	0.27	0.45	0	1
	是否使用者付费（是=1，否=0）	112	0.20	0.40	0	1
	是否可行性缺口补助类（是=1，否=0）	112	0.51	0.50	0	1
	是否国有企业（是=1，否=0）	112	0.42	0.50	0	1
	对数化的项目总投资	97	2.54	1.54	0	1
	项目特许期长度（年）	101	21.60	8.72	8.00	50.00

3．实证结果

实证结果详见表4-13，分别报告了四类政府行为对四类项目绩效的影响。总体来看，被解释变量中政府行为有关的变量系数基本为正，部分显著，表明不同类型政府行为对各阶段项目绩效的影响不同，从而验证了研究假设。

表 4-13　实证结果

统 计 项	时　　　期			
	准 备 期	建 设 期	运 营 期	移 交 期
政府前期准备	0.094	0.092	0.168	0.272
	（1.157）	（0.784）	（1.030）	（2.489）
政府支持与保证	0.006	−0.078	−0.095	0.032
	（0.056）	（−0.519）	（−0.453）	（0.231）
项目治理	0.129	0.334	0.528	0.107
	（1.338）	（2.404）	（2.722）	（0.823）
政府服务	0.144	0.130	0.245	0.240
	（1.433）	（0.895）	（1.206）	（1.768）
是否国家级示范项目	0.745	0.489	0.660	0.310
	（2.707）	（1.231）	（1.190）	（0.834）
常数项	−1.127	−1.619	−0.693	−0.249
	（−1.858）	（−1.852）	（−0.568）	（−0.304）
其他控制变量	是	是	是	是
样本数	91	91	91	91
R^2	0.446	0.438	0.510	0.478

具体来说，对于准备期绩效而言，各类政府行为对采购期指标均有正向影响，但不显著。这可能是因为准备期的绩效主要与社会资本自身的融资能力、施工能力、组织协调能力有关，同时与项目自身属性有关，因此政府行为的影响相对较弱。国家级示范项目的准备期绩效显著高于其他类项目，也印证了上述猜想。

对于建设期绩效与运营期绩效而言，项目治理对两类指标均有显著的正向影响，这是由于项目治理中包括政府对项目实施过程中的定期履约监管与绩效评价，设置各类弹性机制，保证项目在建设与运营阶段顺利运行，有利于 PPP 项目建设期与运营期绩效水平的提高。

对于移交期绩效而言，政府前期准备与政府服务对投资回报指标有显著正向影响。在政府前期准备中，PPP 相关法律法规与配套政策及 PPP 项目专业人才与专项小组保证了 PPP 项目的顺利实施，且可靠的物有所值评价与财政承受能力评价保证了 PPP 项目的资本回收能力。在政府服务中，力度较强的政府服务意味着政府方为项目提供更加完善的资源（PPP 信息平台与专家库）与信息（如财政税收、统计数据），且利用新媒体对项目与社会资本方进行宣传，这些都能够从侧面促进 PPP 项目的顺利实施并获得较高的投资收益。

五、结论与政策建议

本研究从 PPP 项目全生命周期出发识别出了 29 个绩效指标，并基于问卷调研数据实际度量了各类政府行为对不同阶段的项目绩效的影响，结果发现：第一，政府行为对项目采购阶段的绩效影响不明显；第二，项目治理水平越高，项目建设期和运营期的绩效水平越高；第三，政府前期准备越充分、政府服务水平越高，项目移交阶段绩效越高。基于上述结论，本研究提出如下政策建议。基于研究结果提出如下政策建议。

一方面，由于政府行为对 PPP 项目绩效有积极影响，政府应当完善绩效考核机制，基于 PPP 项目绩效指标进行定期定量化的评价，并将评价结果与项目付费机制挂钩。政府主管部门可以设立企业定期绩效考核和横向比较制度，包括对服务绩效指标考核后的横向比较以及经营成本的横向比较，促进政府主管部门对企业的真实绩效和成本水平的把握，提高信息的透明度，有利于促进 PPP 市场的健康发展。

另一方面，由于不同类型的政府行为对 PPP 项目不同阶段的绩效影响有差异，政府应当重视管理服务能力的提升，针对 PPP 项目的不同阶段，适当的提升不同的管理能力。鉴于政府支持与保证行为的缺失，因此应该结合项目的自身特征，给予不同类型的支持条件。

参考文献

[1] Hodge G A, Greve C. Public‐Private Partnerships:AnInternational Performance Review[J]. Public Administration Review, 2007, 67(3):545-558.

[2] Wang H, Xiong W, Wu G, et al. Public-Private Partnershipin Public Administration Discipline:A Literature Review[J]. Public Management Review, 2018, 20(2):293-316.

[3] Slavov S N. Public Versus Private Provision of Public Goods[J]. Journal of Public

Economic Theory, 2014, 16(2):222-258.

[4] Cui C, Liu Y, Hope A, et al. Review of studies on the public‐private partnerships (PPP) for infrastructure projects[J]. International Journal of Project Management, 2018, 36(5):773-794.

[5] Mohamad R, Ismail S, Mohd S J. Performance Indicatorsfor Public-Private Partnership (PPP) Projects in Malaysia[J]. Journal of Economic and Administrative Sciences, 2018, 34(2):137-152.

[6] Chan A P C, Chan A P L. Key Performance Indicators for Measuring Construction Success[J]. Benchmarking: An International Journal, 2004, 11(2):203-221.

[7] Liu J, Love P E D, Smith J, et al. Praxis of Performance measurement in Public-Private Partnerships: Moving Beyond the Iron Triangle[J].Journal of Management in Engineering, 2016, 32(4):401-604.

[8] Love P E D, Liu J, Matthews J, et al. Future Proofing PPPs:Life-cycle Performance Measurement and Building Information Modeling[J].Automation in Construction, 2015, 56:26-35.

[9] Liu H J, Love P E D, Smith J, et al. Evaluation of Public‐Private Partnerships: A Life-cycle Performance Prism for Ensuring Valuefor Money[J]. Environment and Planning C:Politics and Space, 2018, 36(6):1133-1153.

[10] Vadali N, Tiwari A P, Rajan A T. Effect of the Political Environment on Public Private Partnership Projects: Evidence from Road Projects[J]. Journal of Infrastructure Development, 2014, 6(2):145-165.

[11] 牛耘诗.政府行为、社会资本方公平感知对 PPP 绩效的影响研究[D].北京:清华大学，2018.

[12] Chan A P C, Lam P T I, Chan D W M, et al. Critical Success Factors for PPPs in Infrastructure Developments: Chinese Perspective[J].Journal of Construction Engineering and Management, 2010, 136(5):484-494.

[13] Abednego M P, Ogunlana S O. Good Project Governance for Proper Risk Allocation in Public‐Private Partnerships in Indonesia[J]. International Journal of Project Management, 2006, 24(7):622-634.

[14] Velotti L, Botti A, Vesci M. Public-Private Partnerships and Network Governance:What Are the Challenges?[J]. Public Performance & Management

Review, 2012, 36(2):340-365.

[15] Wu X, Peng Y, Liu X, et al. Validity of Generalized Compensation Contract for PPP Project with Consideration of Private Fair Reference Dependingon Concession Profit[J]. China Finance Review International, 2018, 8(1):43-68.

[16] Qiao L , Wang S Q , Tiong R L K , et al. Framework for Critical Success Factors of BOT Projects in China[J]. Journal of Structured Finance, 2009, 7(1):53-61.

[17] Jefferies M , Gameson R , Rowlinson S . Critical Success Factors of the BOOT Procurement System: Reflections from the Stadium Australia Case Study[J]. Engineering, Construction and Architectural Management, 2002, 9(4):352-361.

[18] Li B , Akintoye A , Edwards P J , et al. Critical Success Factors for PPP/PFI Projects in the UK Construction Industry[J]. Construction Management and Economics, 2005, 23(5):459-471.

[19] Zhang X . Critical Success Factors for Public‐Private Partnerships in Infrastructure Development[J]. Journal of Construction Engineering and Management, 2005, 131(1):3-14.

[20] Yuan J , Skibniewski M J , Li Q , et al. Performance Objectives Selection Model in Public-Private Partnership Projects Based on the Perspective of Stakeholders[J]. Journal of Management in Engineering, 2010, 26(2):89-104.

[21] 赵新博.PPP 项目绩效评价研究[D]. 北京：清华大学，2009.

[22] 张万宽，杨永恒，王有强.公私伙伴关系绩效的关键影响因素——基于若干转型国家的经验研究[J].公共管理学报，2010，07（3）：103-112.

[23] 孙慧，申宽宽，范志清.基于 SEM 方法的 PPP 项目绩效影响因素分析[J].天津大学学报（社会科学版），2012，14（6）：513-519.

[24] 袁竞峰，Skibniewski M J，邓小鹏，等. 基础设施建设 PPP 项目关键绩效指标识别研究[J].重庆大学学报（社会科学版），2012，18（3）：56-63.

[25] 刘晴.PPP 模式下基础设施建设项目绩效评价研究[D].西安：西安建筑科技大学，2015.

[26] 史传林.政府与社会组织合作治理的绩效评价探讨[J].中国行政管理，2015（5）：33-37.

[27] 陈礼黎.基于 SNA 的 PPP 项目公司绩效评价指标体系研究[D].天津：天津大学，2016.

[28] 谢丽娟.准经营性基础设施 PPP 项目绩效评价研究[D].重庆：重庆大学，2016.

[29] 樊梦菲.基础设施 PPP 模式运行绩效评价研究[D].南昌：江西财经大学，2017.

[30] 王守清，张博，牛耘诗.影响 PPP 绩效的政府行为清单的识别与应用[J].建筑经济，2019，40（8）：25-30.

（《软科学》，2020 年第 3 期）

PPP 项目需要复合型项目经理

王守清　陈海清　苏靖丹

一、前言

　　PPP 模式由于其能减轻政府部门的财政负担，发挥社会资本的专业能力，提高基础设施和公用事业项目的效率的特点，得到了越来越广泛的应用。对于大中型企业特别是工程企业来说，参与 PPP 项目是企业转型升级和可持续发展的重要机会。然而，PPP 项目具有周期长、结构与合同关系复杂、相关方众多等特点，在项目合同期内会面临各种错综复杂的风险，这增加了项目管理的难度。众所周知，项目是企业发展的载体，项目管理是企业落地、事情办成、经验复制的流程与方法论。选择了正确的项目后还需要合理的实施与运营才能发挥项目对企业的贡献。现代项目管理的目标已经从传统的"铁三角"（工期—成本—质量/功能）逐渐向健康安全、资源节约、各方满意，进而向社会责任、环境协调和以人为本等方面扩充，企业实施 PPP 项目时更要注重项目管理，而项目经理作为推动项目运行的灵魂人物，相较于传统项目，更需要复合型的能力才能保证 PPP 项目的成功实施。

二、PPP 项目需要复合型项目经理的原因

　　PPP 项目具有许多与传统项目不同的特点，这些特点使得 PPP 项目是最复杂的项目之一。下面在对 PPP 项目复杂性分析的基础上，总结了 PPP 项目需要复合型项目经理的原因。

1．PPP 项目管理是全生命周期管理

对任何项目的管理都必须经过项目概念、项目规划与计划、项目实施与项目收尾 4 个阶段，每个阶段的目标、任务和工作方法都不相同，而根据我国 2000 年的《招标投标法》及 2012 年的《招标投标法实施条例》、2014 年 11 月财政部颁布的《PPP 操作指南》、2015 年 3 月施行的《政府采购法实施条例》等法规政策和世界银行、亚洲开发银行等建议的 PPP 项目流程文件，PPP 项目的一般过程包括准备阶段、招标阶段、融资阶段和实施（含建设和运营）阶段，对社会资本方而言，在进行项目管理时，与传统项目管理的内容相比，还包括前期的融资和后期的运营等环节。

此外，PPP 项目的目标层次也与一般项目不同，除了政府希望增加基础设施服务供应、企业希望获得合理项目回报等初级目标外，还有着政府希望提高供给效率、企业希望提高市场占有份额等高层次目标，这就要求 PPP 项目在实施中要实现物有所值（比传统模式效率高），各参与方发挥各自优势，合理分担项目风险和收益，最终实现共赢。如何在把握项目整体目标的同时合理规划各个阶段的目标最终实现项目成功，都考验着项目经理的复合型综合能力。

而目前公共管理正呈现从政府统管传统模式逐步向功能性和实质性企业化的方向发展趋势，国有乃至民营、外资企业都将成为公共项目的参与主体；项目交付模式也从单一的建设阶段发包到包含"设计+建设"发包再到包含"融资+建设+运营"全过程发包模式。基础设施和公用事业项目的 PPP 应用，既是政府管理的改革，也是大中型企业的发展路径。总之，随着国内外建筑业市场及项目交付模式的变化，以"带资"特别是基于项目融资的 PPP 模式承揽基础设施、公用事业、资源开发等公共项目的企业就能具备竞争优势，更能从项目的上游挣钱，从项目的集成管理挣钱，同时延长公司的业务期和盈利期，获取更高水平的收益，实现工程管理各阶段利润的"微笑曲线"，同时应对建筑业市场的波动和夕阳化，实现转型升级。然而，PPP 项目有着更高层次的目标、更多的相关方、更复杂的合同关系、更多的环节、更长的周期、更多的不确定性等特点，使得对 PPP 项目的管理难度更大，风险处理不当造成的损失也更大，需要项目经理具有全过程各阶段的知识和专业能力，才能更好地把 PPP 项目实施成功。

2．PPP 项目涉及学科多

项目管理知识体系不仅包含一般管理知识和实践经验、应用领域的知识和实践经验，还特别强调与项目本身特点相关的知识和实践经验，后者按 PMI-PMBOK 具体包括集成管理、范围管理、时间管理、成本管理、质量管理、人力资源管理、采购管理

与合同管理、沟通管理、风险管理和相关方管理等内容，按 IPMA-ICB 则包括项目相关的知识、能力与素质等，都是复合型的要求。

PPP 项目除了要求项目经理具有传统项目管理的各方面知识和能力外，还特别强调项目各个阶段和领域的学科知识，如财务、经济、管理等方面；此外，PPP 项目所应用的基础设施和公用事业领域，项目的规模、技术要求和行业特点与传统项目也有较大的差异，项目经理应对项目所在的行业和技术有充分的了解。PPP 项目还涉及强势而且可能不守信用的政府，提供的产品和服务是给"光脚的不怕穿鞋的"公众，因此，PPP 项目经理还必须懂政治和社会。

另外，PPP 项目一般涉及资金规模大、项目组织结构复杂，融资难度也相应增加。在融资模式上，与普通项目不同，PPP 项目的融资方式主要是项目融资（通过项目去融资），以项目未来的期望现金收入为主要还款保证的有限追索甚至无追索的一种融资方式，这个过程不仅涉及投融资领域的知识，还要求项目相关方在严格的法律框架下签署各种相关合同或协议，进行收益和风险的合理分配，因此项目经理还应熟悉相关法规政策合同知识。

综上所述，PPP 项目管理会涉及行业、技术、投融资、管理、经济、财务与法律等多个领域，不了解相关学科知识和不具备复合背景的项目经理无法管控项目进程，还可能造成项目的混乱和失败。

3．PPP 项目相关方多且关系与合同复杂

PPP 模式，顾名思义，是政府和社会资本之间的合作伙伴关系模式，但实际上 PPP 项目的相关方远不止如此，除了政府部门、社会资本外，还包括通过投融资与承发包与社会资本建立关系的各个股东、金融机构、承包商供货商等分包商和咨询公司等第三方，以及与项目密切相关的社会公众。在项目中，各个相关方承担着不同的角色，在进行项目管理时也应该兼顾各个相关方的利益与诉求，恰当的相关方管理是项目管理十分重要的一环。

复杂的相关方关系与相关方之间迥异的合同类型与内容，使得 PPP 项目的合同关系十分繁杂（见图 4-10），再加上为了合理分担风险和收益，PPP 项目的合同设置极为详尽复杂，包括政府和由投资者组成的项目公司之间的 PPP 项目协议、项目公司内部的资本金出资协议与股东协议、项目公司与债权人的贷款融资，项目公司与建造商、供货商与运营商等之间的分包合同，项目公司与保险公司/担保公司之间的保险/担保合同等，这些合同或者协议以项目公司为核心，错综复杂的条款与关系对项目管理带来了较大难度，因此，项目经理为了解并管理复杂的合同结构与相应的合同条款，应

有足够的能力和手段在各个相关方之间周旋和平衡。

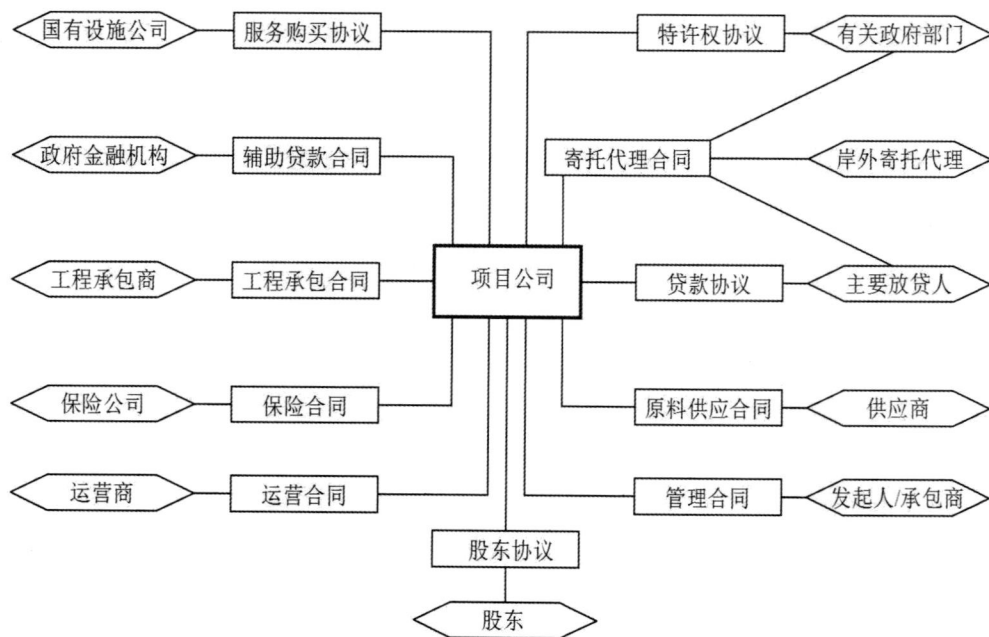

图 4-10　PPP 项目的合同结构

4．PPP 项目的风险难预测、定价和管控

PPP 项目是长期合同，风险种类复杂多样。按照项目类别分类，可以将 PPP 项目风险分为所有类别项目共有的风险、电厂项目风险、交通项目（道路、桥梁隧道、铁路、港口等）风险、（供水、污水、垃圾）处理厂项目风险、通信项目风险等，不同类别的项目都有其特有的风险；按照风险的类别，可将 PPP 项目风险分为政治风险、建造风险、运营风险、市场和收益风险、财经风险和法律风险等；按照项目阶段又可将 PPP 风险分为建造阶段风险、运营阶段风险和全阶段风险；按照层次可将 PPP 项目风险划分为公司层面、项目层面、行业层面和国家层面的风险，每一个层面的风险都包含法律、财务、管理、文化等多个方面的风险，这其中的风险根据是否可控制、可保险又分为可以控制的风险、不可控制的风险、可保险的风险、不可保险的风险。由此可见，PPP 项目风险种类繁多，要想全面合理地预测到每一方面的风险非常困难。因此，PPP 项目经理必须具备复合型的知识背景，具备扎实的基础知识，才能够从全局准确识别和管控风险。

对于 PPP 项目，风险管理非常重要。风险管理主要有风险识别、风险分析和风险应对 3 个阶段，其中风险分析包含风险衡量和风险评估两部分。对不同的风险要用科学的方法识别风险、评价风险，并设计、实施有效的措施来实现风险的管理与控制。风险应对的策略包含风险回避、转移、减轻、共担、自担。应对风险可以采用合同、保险、准备金等具体措施，对不同的风险要采取不同的应对方法。风险应对能否成功取决于项目经理对风险的态度、控制力和承受力。在风险管理的过程中，项目经理必须具备极高的风险意识，重视风险的存在，在实施过程中严密地把控，落实工作计划，在成本、时间、质量等多方面予以保证。

5．PPP 项目以产出和绩效为导向

PPP 项目在项目全生命周期内以绩效和产出要求为导向。项目的概念和定义阶段确定项目目标和相应的绩效指标（产出要求），每个阶段结束都要检查是否实现了绩效指标，如设计阶段要完善设计并保证该设计有利于实现项目的绩效指标，使用阶段更要评估绩效。政府或代表使用者监管项目的绩效，根据绩效支付投资者，有效地实现将有关风险转移给企业。PPP 项目基于绩效的支付主要通过以下 4 个原则来实现风险的转移：①可用性支付（转移完工与质量风险），即设施建成开始提供产品、服务时才支付，而且一般是特许期均布支付；②绩效支付（转移产出与服务水平风险），即支付与绩效挂钩，若所提供服务达不到所要求的标准，支付将扣减，甚至罚款；③用量支付（分担市场需求风险），即支付与使用量挂钩，若低于所期望的用量时，得不到全额支付，若用量多，价格应该打折；④移交支付（应对投资者投机风险），即特许权终止时的支付取决于合同中规定的有偿或者无偿移交、投资者有无过错等。由此可见，在绩效考核压力下，项目经理需要寻求质量、成本、时间三大目标与约束之间的最优解，这直接关系到项目运行和盈利问题，只有专业、高水平的项目经理才能保证项目的顺利实施。

6．PPP 项目采用矩阵型组织，协调难度高

对投资者而言（对政府也类似），PPP 项目涉及部门多，故常采用矩阵型组织模式，该模式下项目经理对项目的结果负责，职能部门经理负责提供和协调本项目所需资源，一个员工可能同时被分配到多个项目中，项目完毕后，回到自己的所属部门。矩阵型组织充分利用了机构、企业资源，减少了人力资源的浪费。项目团队的责权利比较对等，有双重或多重汇报机制。存在资源冲突问题时，需要项目经理和职能经理进行经常的协调和沟通。根据机构、企业或行业的不同，可以采取不同控制等级的弱矩阵、均衡矩阵和强矩阵形式。矩阵型组织覆盖了多个职能部门，成员具备不同的知识背景，将不同类别的人员组成一个紧密团结的高效团队是一项挑战。具备复合型知识背景有利于项目经理对各项矛盾合理化解，提高团队的凝聚力，更好地完成工作任务。

7. PPP 项目具有全新的知识体系

PPP 模式是近 30 年才发展起来的一种新兴模式，而且发展非常迅速，同时，由于 PPP 模式的复杂性和各国体制的不同，导致了 PPP 的国际经验难以在一个国家直接应用，一个 PPP 项目的经验难以在另一个特别是另一类项目中直接应用，而学校还缺乏相应的课程设置和对人才的培养，于是产生了对 PPP 知识的迫切需求；此外，PPP 项目的长期合同期内相关政策与法律、金融市场与工具、项目相关技术与工艺等的更新变化，以及多种相关学科的不断发展也对 PPP 知识体系需要不断更新提出了需求。以上 3 个方面的需求共同催生了全新的 PPP 知识体系（PPPBoK），要求 PPP 项目经理对 PPP 知识体系进行系统学习，只有不断丰富相关知识、不断总结、交流和提高，才能为成功的项目管理打下坚实的基础。

三、结语

总之，PPP 涉及面广、合同时间长、不确定性大、参与方多，又是新兴模式，PPP 的项目管理是最复杂的项目管理，迫切需要对工程与技术、经济与管理、金融与财税、法律与政策等多方面知识都了解的复合型项目经理，而目前我国高层次复合型人才急缺，因此，对于 PPP 项目经理，在职教育、终身学习和能力培养非常重要，不仅要培养自学、应用和创新知识的能力，还要培养发现、分析和解决问题的能力。只有具备扎实的基础知识和优秀的领导能力，项目经理才能成功应对复杂 PPP 项目中的各项挑战，保证项目顺利实施。

（《项目管理评论》，2020 年第 3 期）

第 5 章

争议与案例

印度德里机场快线 PPP 项目的失败原因与启示

高雨萌　王守清　冯　珂

一、引言

随着我国经济水平的提高和城市化进程的不断加快，城市居民人数与居民出行需求对城市内交通运输供给提出了更高的要求。传统交通工具渐近供给瓶颈，伴生的交通拥堵与环境污染问题也亟待解决。自 19 世纪 60 年代在伦敦出现第一条地铁，轨道交通以其高运载量、舒适安全和方便快捷的优势缓解了大城市的痛症，促进了城市经济进一步发展。2015 年，《国家发展改革委关于加强城市轨道交通规划建设管理的通知》（发改基础〔2015〕49 号）发布，为我国城市轨道交通行业的科学发展做出了详细的指示，鼓励城市合理利用轨道交通。到 2017 年 1 月为止，我国已有 31 座城市的地铁开始运行，在未来将有更多城市拥有自己的地铁。

轨道交通项目属于建设运营成本高、技术难度大、投资回收期长的准公共产品，为了保证轨道交通项目的顺利建成与高效运营，选择合适的模式融资、建设与运营十分重要[1]。通过采取 PPP 模式引入社会资本能够缓解财政压力、降低成本、提高服务的效率与质量，同时在政府的配合下，项目也能够顺利进行[2]。但城市轨道交通作为建设运营成本双高的准公共产品，很难依靠自身的运营收入盈利，因此政府的补贴成为项目成功的关键。轨道交通 PPP 项目曾经最为广泛采用的 PPP 模式是 DBFO（设计—建设—融资—运营）模式，即政府将这四部分的工作均交由 SPV 进行统一管理。而后，由于地铁项目的建设与运营阶段在融资规模、专业技术等方面的差异较大，在 PPP 项目结构中越来越倾向于将这二者进一步分开，按照投资主体责任进行划分。由政府负责投资较大、盈利性差的洞体、车站等土建工程（A 部分），由社会资本负责投资较小的车辆、通信系统等工程（B 部分）。由于该模式具有便于管理，易于明确政府和社会资本投资责任等优点，已被广泛运用于北京地铁 4 号线、北京地铁 14 号线、北京地铁 16 号线等项目中，但目前对于该模式中蕴藏的实施难点及风险要点仍缺少有关分析。鉴于此，本文对采取了类似"A+B"开发运营模式的印度德里机场快线 PPP 项目的实施过程进行了详细介绍，并对其失败原因进行了详细分析，随后在此基础上总结提出了对我国轨道交通 PPP 类似项目的发展启示。

二、印度德里机场快线 PPP 项目介绍

因承办 2010 年英联邦运动会，由新德里市区往返德里机场的交通量预计有大幅增长，所以印度政府决定在新德里火车站与德里机场之间修建机场快线，建成后通行时间从近 2 小时车程缩短为 18 分钟。

（一）项目合同结构

德里机场快线项目采取 BOT（建设—运营—移交）模式，其中，由德里地铁公司（Delhi Metro Rail Corporation，DMRC）——印度中央政府与德里地方政府共同成立的合资企业，作为项目中的政府资本方；由印度信实基础设施公司（Reliance Infrastructure，信实）与西班牙地铁车辆制造商（Construcciones y Auxiliar de Ferrocarriles, S.A., CAF）组成的联合体德里机场快线公司（Delhi Airport Metro Express Private Limited，DAMEPL），作为项目中的社会资本方。2008 年 8 月，DMRC 与 PPP 项目公司 DAMEPL 正式签订特许经营合同，授予 DAMEPL 德里机场快线 30 年的特许经营权。项目合同结构如图 5-1 所示。

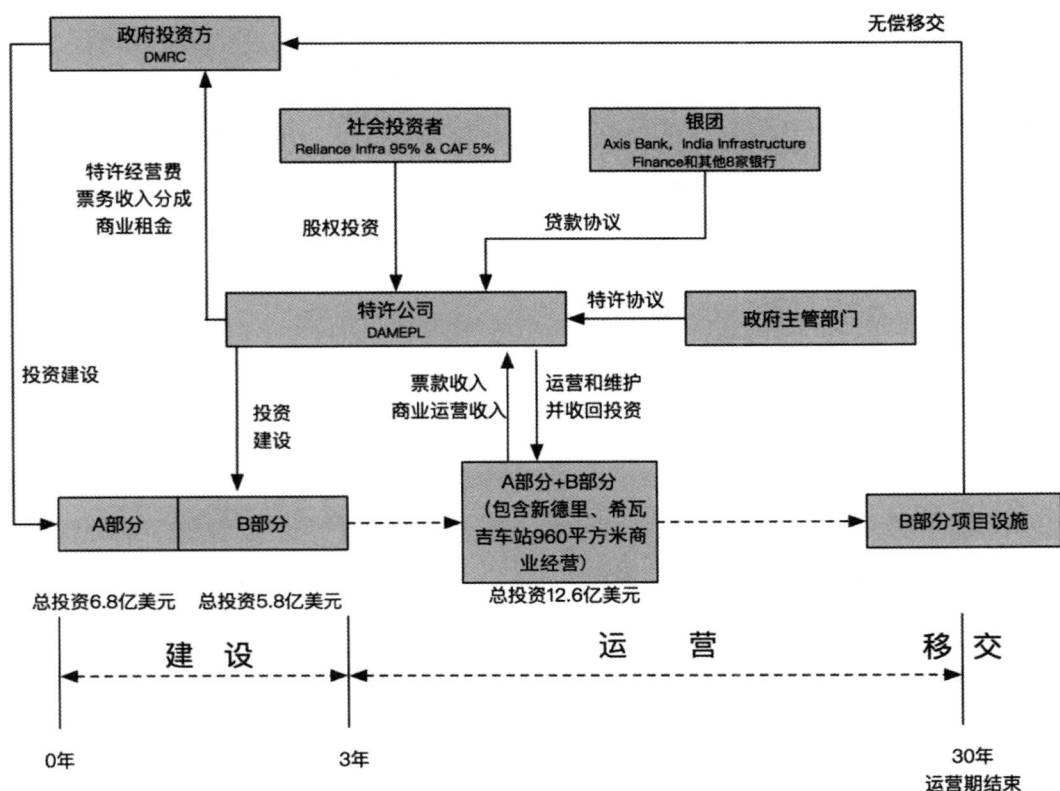

图 5-1 德里机场快线 PPP 项目合同结构

该项目中，土建部分的设计、建设、融资、采购、测试均由 DMRC 负责，完成后交予项目公司，项目公司仅负责项目运营部分的融资、设计、采购、系统的安装（包括但不限于全部车辆、顶部电路、轨道、通信与信号系统、排风换气系统、自动检票系统、安检、行李存放及其他设施）及地铁通车后的运营与维护工作。项目注册资本金 7.5 亿印度卢比（按 2008 年平均汇率，折合 1 727 万美元），信实占股 95%，CAF 占股 5%，项目总成本 12.6 亿美元，股债比 30:70，其中由 DMRC 承担的土建工程占项目总成本的 54%。因 DMRC 负责建设的洞体部分，其收入来源于两部分：第一，DAMEPL 在开始运营第一年给付 DMRC5.4 亿卢比（1 243 万美元）的特许经营费，以 5%增长率逐年增加；第二，DMRC 参与 DAMEPL 经营收入的分成，分阶段匀速从 1%增长至 5%（至运营期第 16 年不再上涨）。此外，DAMEPL 拥有新德里车站和希瓦吉车站共计 960 平方米的商业经营权，但需要额外支付 3 千万卢比/年（69 万美元/年）[3][4]。

（二）项目历程

项目土建工程的预计完工日期为 2010 年 7 月 31 日，但是 DMRC 未能按时交付，延期一个月，且允许 DAMEPL 把开通运营时间推迟一个月。之后，DAMEPL 负责的运营设施中天花板、紧急通道、出口、票务柜台等部分存在缺陷，未能通过印度轨道交通安全局（Commissioner of Metro Rail Safety）的检查。印度英联邦运动会于 2010 年 10 月 3 日至 14 日举办，自 2010 年 9 月 30 日，DMRC 要求 DAMEPL 支付 375 万卢比／天（8.6 万美元／天）的罚款，并在 DAMEPL 完全错过该项赛事而于同年 10 月 15 日将罚款额度提高到 750 万卢比/天（17.2 万美元/天）。地铁最终于 2011 年 2 月 23 日开始运营。

项目虽然已经开始运营，但 6 个车站中只开通了 4 个，CAF 提供的 6 辆列车也只有 4 辆投入使用。德里机场快线在最初 18 个月的日均客流量为 11 000 人次左右，远远低于项目立项时预期的 46 000 人次，出现严重亏损。在 2012 年 7 月，DMRC 负责的土建部分出现问题，2 100 处承重结构有 230 处需要修复，快线停运。在 DMRC 的修缮工作中，同时暴露出了更多的问题。不止 DMRC 负责的承重结构有比想象更严重的问题，DAMEPL 建设的轨道也存在破损现象。2013 年 1 月，快线恢复运营，但只能采用较低的速度[5]。

2012 年 8 月，信实将其在 DAMEPL 的 65% 的股份转给其母公司（Anil Dhirubhia Ambani Group）少数控股的一家子公司。DMRC 认为这意味着信实意图退出项目，双方的合作态度急转直下。继而，从同年 9 月开始，DMRC 与 DAMEPL 双方开始互相指责。DAMEPL 声明曾多次向 DMRC 表示其对地铁运行安全的担忧，但 DMRC 认为低速运行不足引起问题，可事实表明低速运行对快线的运营、吸引的客流量有显著影响，而且 DAMEPL 本就承受着较大的运营损失。随后，DAMEPL 先后表示希望能够延迟支付特许经营费、希望得到公共部门的援助或者能得到由于土建工程进度延后导致运营受损的补偿，均遭到了 DMRC 的拒绝[6]。

2012 年 10 月，DAMEPL 以 DMRC 违约为由单方面提出终止项目，并要求 DMRC 向 DAMEPL 支付 1.3 倍的股本金及承担全部的项目贷款作为终止赔偿。最终项目于 2013 年 7 月由 DMRC 接管运营。但项目中发生的若干争端仅解决了部分，关于退出赔偿至今仍在仲裁过程中[7]。

三、印度德里机场快线 PPP 项目失败原因分析

通过分析，德里机场快线的失败主要因遭遇了建造、运营、收益 3 个方面的风险，还有合作双方在面临风险时关系的破裂。如图 5-2 鱼骨图梳理了 4 个方面的原因。

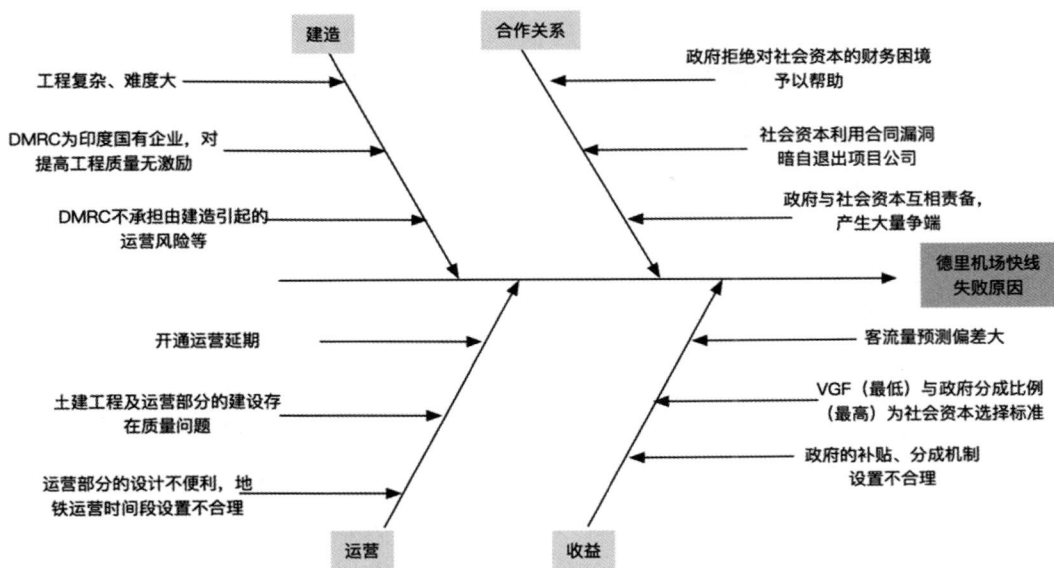

图 5-2　德里机场快线失败原因鱼骨图分析

（一）建造风险

德里机场快线的土建工程由 DMRC 全权负责。轨道交通项目的建造是一项极其复杂的工作，难度大，所需技术严苛，较其他城市基础设施项目的风险更高。本项目中，建造风险主要表现为工程质量问题与进度拖延。建造风险中，进度问题影响了运营工程的工期，质量问题影响了运营部分的绩效。合同中规定，DMRC 每年可获得 DAMEPL 支付的特许经营费及收入分成，该付费机制对 DMRC 控制建造风险的激励作用过低。加之 DMRC 属于印度的国有企业，低效的工作方法、决策流程与消极的风险应对导致建造风险未能被提前控制、及时处理。该风险出现的根本原因是风险的不合理分担。虽然 DMRC 负有对工程缺陷的维护与修缮责任，但是却没有合理承担土建工程导致的运营风险，所以从这种角度来看，DAMEPL 间接承担了工程的建造风险。即建造风险的主要承担方 DMRC，其收益与所承担的风险无关，而对建造风险无控制力的 DAMEPL，也间接承担了部分建造风险。

（二）运营风险

德里机场快线的建设初衷是缓解 2010 年 10 月举行的英联邦运动会带来的交通需求的增长。但是建设工期延长、运营审查未如期通过，导致项目开通运营时英联邦运动会已经结束。项目的延迟运营导致现金流的时间价值的损失，错过合适的运营初始期影响了客流量的稳定增长。此外，DAMEPL 本身的运营能力也遭到了质疑。地铁站的入口、通道，以及与机场航站楼的连接不便于乘客通行，且地铁的运营时间与机场航班的闲忙时段并不匹配。后期，土建工程的问题导致地铁运行速度的大幅降低，又因土建工程问题加重而使得地铁在 2012 年 7 月到 2013 年 1 月停运。运营效率低、运营服务质量低下和停运事件导致了地铁盈利能力大幅下降。

（三）收益风险

作为一个高投资的准经营项目，德里机场快线的可行性研究中，经济可行性是重要的一部分。作为一个交通项目，客流量预测又是经济可行性研究的关键变量。在项目前期，DMRC 通过统计德里机场每小时客流量、旅程始发与终止地点，参考东京等大城市中乘坐机场轨道交通的乘客比例，预测在项目投入运营初期，客流量可达到 46 000 人次，并且在 10 年内可增长至 86 000 人次。

因 DMRC 起初便有意邀请信实公司参加投标，其预测客流量时就假设快线由信实公司这样的高水平运营商经营，所以预测量较为乐观。信实公司虽然意识到了客流量预测对于项目成功的重要性，但并没有对数据假设条件及结果的合理性进行验证。同时，项目招标过程中，要求社会资本以需要政府支付的可行性缺口补贴（Viability Gap Funding，VGF）投标，最低者中标。不仅如此，DAMEPL 在投标者中，与 DMRC 分享运营收入幅度最大。在预测数据基础上计算出的补贴和收入分成比例使得社会资本失去最后与政府分担市场需求风险的机会。

（四）合作关系

在 PPP 项目中，政府与社会资本的合作意识至关重要，在德里机场快线中，双方合作意识的薄弱及最后合作关系的破裂是导致项目失败的根本原因。首先，政府与社会资本并没有做到风险共担，合同中很多条款对社会资本不利，并且政府没能给予社会资本应有的帮助。在 DMRC 的建设引发运营问题初期，DAMEPL 向 DMRC 与政府寻求帮助均被拒绝。随后，信实公司利用合同中未明确规定的退出限制（项目计划运营期开始两年后可退出，但是项目未能如期开始运营）私自卖出股份从 PPP 项目公司退出，并且提出终止项目与索赔的要求。此时，政府与社会资本开始互相责备，项目陷入长期的仲裁中。而德里机场快线作为公共交通项目，也未能达到为公众提供优质服务的目的，造成国有资产与社会效益的损失。

四、对我国轨道交通 PPP 项目发展的启示

（一）良好的政府与社会资本合作关系

PPP 项目中，政府与社会资本的利益不一致，公共部门以高效提供优质公共产品与服务为目标，而社会资本则注重投资回报[8]。合作目标不一致、政府的多重身份及公众在项目中的缺位是 PPP 项目冲突多发的内生原因之一。政府需明确公共项目的目的，并在社会资本选择、项目执行等阶段保持目标的一致性，协调社会效益、政府资本的营利性与社会资本营利性三者的关系，同时加强对社会资本的支持和监管。社会资本需要正确认识 PPP 项目合作的长期性，主动与政府沟通，正确利用政府提供的信息与资源，在不损害公共利益的前提下增加投资的回报。从德里机场快线的失败中，政府与社会资本合作关系的重要性可见一斑。低效甚至不良的合作关系不仅对 PPP 项目本身的成功无益，而且对项目参与方的资本、时间还有声誉都会造成巨大的损害。

（二）合理的风险分担

风险分担是 PPP 项目降低成本、提高效率的主要实现方式[9]。首先，与其他行业 PPP 项目相比，轨道交通 PPP 项目在融资、风险分担的结构设计时往往欠缺对整体性及两阶段互相作用的考虑。项目建设期对运营期绩效的影响、运营期对建设期成本回收的影响是将两阶段紧密联系在一起的纽带，在合同设计中应给予相应的重视。其次，PPP 项目也应尊重风险与收益的对等。负责建设部分的政府若要参与运营期收入的分成，则同时也需要承担建造对运营造成的不利影响。进一步，政府补贴与票价分成机制的设计不应仅仅为简单的逐年上升（如德里机场快线），而应根据项目运营不同的发展阶段动态调整[10]。

（三）严格的三方监管

在德里机场快线中，DMRC 负责的土建部分存在重大质量问题，合同中明确规定 DAMEPL 在运营第一年有义务检查并将发现的土建部分的缺陷告知 DMRC，但是 DAMEPL 未在第一年告知。当客流量大大低于预期时，DAMEPL 才开始提出土建部分存在质量问题。而在随后的检查中发现，DAMEPL 负责建设的运营部分质量问题也十分严重。最终因其监管上的疏漏造成后期高额补救成本。PPP 项目主要的监管主体有政府资本方、社会资本方与第三方机构（负责财务审计的会计师事务所，负责处理争议的仲裁机构等）。在 PPP 项目中，项目的公共产品属性与政府职能的特殊性使主流观点往往强调政府对社会资本的监管与控制，其必要性无可置疑[11]。但同时，社会资本也需要维护自身在项目中合理合法的利益，对政府履约实施到位的监管。此外，

作为 PPP 项目的最终受益者——社会公众的监管应有可行的实现方式。政府与公众之间的委托代理关系以及政府与社会资本间契约的不完全均可能损害 PPP 项目的价值以及所能提供的公共服务。因此，独立的第三方机构对工程质量与运营效率的检测与评价也不可或缺[12]。

五、结语

"A+B"模式将工程的融资、设计、建设、运营中的某些方面在不同的责任主体间分开，虽然为轨道交通项目应用 PPP 模式提供了更多的灵活性，但作为构成 PPP 项目整体的部分，这些方面之间存在的显著影响要更加关注。印度德里机场快线 PPP 项目的失败，从建造风险、运营风险、收益风险及合作关系 4 个方面引起了对轨道交通 PPP 的"A+B"模式应用的思考。本文不仅说明了轨道交通项目建造、运营和收益风险的复杂与重要，还深入挖掘合理的风险分担、良好的合作关系与三方之间的监管对项目健康运作的作用，对我国轨道交通 PPP 项目的发展有警示和启发意义。

参考文献

[1] 梁伟. 城市轨道交通项目投融资模式选择决策研究[D]. 北京：清华大学，2012.

[2] 郝伟亚，王盈盈，丁慧平. 城市轨道交通 PPP 模式核心要点研究——北京地铁 M 号线案例分析[J]. 土木工程学报，2012（10）：175-180.

[3] Airport Metro Express Line Concession Contract No.AMEL-P1[EB/OL]. https://www.pppinindia.gov.in/project-concession-agreements.

[4] Delhi Airport Express Rail Link, India[EB/OL]. http://www.railway-technology.com/projects/delhi-rail-link/.

[5] Safety concerns derail airport express metro line[EB/OL]. http://www.livemint.com/Politics/Jtb5KjFmYVSmSd1ycf2sJL/Safety-concerns-derail-airport-express-metro-line.html.

[6] Why Reliance Infrastructure wants to quit Delhi Airport Express project[EB/OL]. http://www.businesstoday.in/opinion/perspective/reliance-infrastructure-delhi-metro-airport-express/story/189523.html.

[7] Annual Report 2015-16[EB/OL]. http://www.rinfra.com/pdf/Annual_Report_ 2015-

16_（Unabridged）.pdf.

[8] 李楠楠，王儒靓. 论公私合作制（PPP）下公私利益冲突与协调[J]. 现代管理科学，2016（2）：81-83.

[9] 柯永建,王守清,陈炳泉. 基础设施 PPP 项目的风险分担[J]. 建筑经济,2008(4)：31-35.

[10] 冯珂，王守清，张子龙，等. 城市轨道交通 PPP 项目政府票价补贴问题研究[J]. 价格理论与实践，2015（3）：51-53.

[11] 王守清，刘婷. PPP 项目监管：国内外经验和政策建议[J]. 地方财政研究，2014（9）：7-12.

[12] 刘丽云. PPP 投资的风险治理研究——基于激励和第三方监管视角[D]. 合肥：中国科学技术大学，2010.

（《建筑经济》，2017 年第 6 期）

英国社会保障部物业管理 PFI 案例分析

张　翅　王守清[①]

一、引言

近 10 年来，外包运作模式已越来越受到青睐。该现象的出现源自科技的进步、竞争的加剧、市场的改变及企事业单位专注于其核心功能的需要。

科技的革新和新信息技术的引进改变了用户与供应商之间的关系。日益剧烈的竞争迫使机构组织努力降低营运总成本并专注于它们的核心业务。此外，外包运作模式使工作更具备机动灵活性，同时提高了工作效率和成本效率。之所以决定采用外包模式，经常是基于如下理念，即市场的力量能促进服务质量的创新提高、削减成本、在供应链中创造经济价值。

但从反面来看，过量的外包则反映了企事业单位对于提高自身学习能力和保持竞

---

①翻译改编自 Frédéric BOUGRAIN, Externalisation as a source of innovative asset management: The case of the transfer of the UK Department of Social Security estate to the private sector, "Clients Driving Innovation" international conference 2004。

争优势意愿的松懈[1]。

外包并不局限于重复性工作。甚至对于研发，这类被认为是有着战略性意义的工作也已经被部分外包了[2][3]。这种趋势影响着私营企业和公共部门。

关于外包的具体含义，巴雷特给出了如下定义："这是一种形式上的外包；也就是如下这样一个过程：用户雇用一个独立的公司（供应商），依照合同让其执行某项原本由用户自身内部完成的工作；同时资产也转移到了供应商之下，其中包括人员及管理责任"[4]。

在欧洲，一些政府行政部门已经考虑将其全部或部分物业管理进行外包；但就目前来看，英国政府的各个部门在这个问题上已在实践中领先。

1998 年 4 月，英国社会保障部①签署协议，决定将其几乎全部不动产的所有权和管理权移交给私营部门。这次移交被称为 PRIME②项目，是迄今英国政府最大规模的产权移交项目。项目的净现值为 20.08 亿英镑（采用政府 6% 的真实折现率）。

战略学的相关文献专著已对引起组织机构外包其部分职能的相关因素给予了充分关注。交易费用经济学和代理理论常被用作解释外包决策和合同协议的主要理论框架。但二者的理论研究方法有着略微的差别。交易费用理论"与组织边界有关，代理理论则重点研究协作各方的合同契约关系，而无所谓组织边界"[5]。由于组织边界选择在英国社会保障部将其绝大部分物业移交私营部门的决定中具有显著的地位，所以我们将采用交易费用经济学的理论框架来展开讨论。我们的目标将是双重的：

一是在于阐释私营部门与社保部之间的工作合同协议安排。

二是在于分析这种移交是否会带来创新的资产管理，并给客户提供更优质的服务。

全文按如下结构展开：首先介绍交易费用经济学；其次进行案例研究分析；然后将运用交易费用经济学的相关原理对不动产私有化进行理论阐释；最后，我们将研究各方之间签署的合同协议是否有利于改进原有服务的质量。

---

① 社会保障部现更名为劳动与退休保障部。2003 年，劳动与退休保障部和私营部门签署的协议扩大包含了前就业服务部门的不动产。现在，前社会保障部和就业服务部的物业作为一个整体运行，并采用同一份合同（于 2018 年到期）。本文我们所讨论的仅是那份最早签署的，并仅涉及社会保障部的合同，而不是现行的这份。

② PRIME 是 Private sector Resource Initiative for the Management of the Estate（私营部门参与物业管理的资源主动调配）的缩写。

二、交易费用经济学框架下的外包

交易费用经济学为几种组织交易方式的比较提供了理论框架：市场组织模式、企业内等级组织模式和混合组织模式。"交易费用的绝对值并不重要，重要的是其在不同组织或契约结构选择之下的相对大小"[6]。

根据威廉姆森[7]的理论，两种行为假设和4种交易特性要素对于理解组织交易方式和经济活动参与者之间的关系有着至关重要的作用。

衡量交易活动特征的4个维度属性，即交易特性要素分别为：资产专用性、不确定性、交易频率和交易衡量的难易度。"4个维度当中，资产专用性，即在不牺牲生产价值的条件下，资产可用于不同途径和由不同使用者利用的程度，对研究契约关系的治理有着最为重要的意义。"[7]

这些交易属性在如下行为假设前提下才具有显著意义：有限理性和机会主义。"有限理性"认为，对于复杂问题，人们在明确描述和将其解决的能力上都是有限的。这就会导致他们签署的合同是不完备的。"机会主义"则经常定义为经济活动参与者以有选择或扭曲的方式提供信息的行为。

以上两种行为假设导致了信息的不对称和组织上的困难。对于新兴的服务类型，这种不对称性表现得尤其明显[8]。

资产专用性、不确定性、交易频率和交易衡量的难易度这4个维度的不同组合将决定采用哪一种治理结构来组织交易过程最合适。

（1）市场组织交易适用于涉及非专用性资产和偶然发生的交易活动。各种可能影响合同执行的或有费用都已在事先被预计到了。因此，用户和供应商能够订立一份清晰且可实施的合同。不确定性是有限的，任务的执行和监控也相对容易。应该注意的是，市场机制也可能出现失灵，因为经济活动参与者基本采取短期目标战略，而每一次交易过程中，对他方信息的了解都是必要的[9]。依前所述，当涉及古典完备式合同时，外包是一种合适的交易组织形式。

（2）当交易一再发生且涉及专用性资产时，外包便不再适用了。由于资产的专用性，合同将变得不完备、复杂且难以监控。因此，我们将选择企业内部等级模式。

例如，客户将某些专门而长期的工作外包给供应商，可能导致其受制于对方。反过来看，供应商也许将因此购置某项专门设备。这就导致了一种双向的依赖性。在这种情况下，垂直兼并（或称纵向一体化）是防止机会主义的最好策略。这种策略同样削减了采购和谈判的费用。

从反面看，等级模式可能会导致企业的灵活度下降，从而降低企业的运行效率。事实上，根据代理理论[10]，当委托方（例如，住宅物业经理）和承包代理商（例如，一家维修保养公司）签订一份内部协议时，有必要找到一种激励机制来预防承包代理商逃避责任，防止效率下降。

此外，相关支持性工作若采用内部组织形式，将可能导致趋于例行公事的呆板并制约工作效率的提高。

（3）当资产专用性中等，交易活动既不持续发生，也不只是偶然进行时，混合组织模式（介于市场组织和等级组织之间）是比较适用的。威廉姆森认为这种协作模式是不稳定而暂时的。当不确定性增大且（或）资产专用性增强时，混合模式将导致更多交易费用，而此时垂直兼并的方式就更具有优越性。混合模式覆盖了范围相当广泛的各类组织形式，比如外包和战略联盟。

新古典式合同（以契约的长期性为特点）下的外包在资产高度专有的情况下依然适用，仅要求交易的不确定性较低且交易较易衡量。

尽管以上理论框架在分析研究外包的过程中意义显著，但其仍然具有一定的局限性。

首先，按照这个理论，一般商业关系下的合同是高成本的。合同双方首先需要就合同条款的制定做相应的协商。一旦合同签订，他们还需监控合同的执行情况，防止对方逃避责任（事后机会主义）。若采用如上的机会主义行为假设，当涉及新且复杂的合同时，交易费用将会相当高昂以至交易被迫停止。但事实并非如此。实际上，发展为讨价还价的谈判将会被视为一种投资而不是交易成本[11]。经济活动参与者依赖这个过程去了解他们的共同需要，同时为防止项目在执行过程中出现瓶颈而做出各种协定。

其次，该理论认为内部活动和外部活动是可以完全等效替代的。但当一项资源被一家企业所整合利用时，它将变得越来越具有专用性。"等效替代是不存在的，因为一项资源要进入一家企业，其必须具备某些新的特质并改变其原本属性"[12]。

最后，交易理论过分强调机会主义假设。但"一个组织至少应被认为是一种增进合作的机制而不是一个控制欺骗和逃避的装置"[13]。长期的大宗交易将使合作者之间逐渐形成信任。这种合作关系伴随着学习[14]。

三、案例研究

（一）私营融资计划（PFI）和英国社会保障部的物业移交

英国社会保障部将其物业移交给私营部门是 1992 年兴起的"私营融资计划（PFI）"的一部分。截至 2003 年 11 月，共有 617 个项目以 PFI 的融资方式签署协议，总资产价值超过 560 亿英镑[①]。

"PFI 扩展了私营资本的活动领域，一些传统意义上属于公共部门的服务（如医疗、教育、交通基础设施、监狱及政府的行政管理职能）转而由私营部门提供。通过签署协议，私营部门负责项目的设计、融资、建造和资产管理，并提供相关的服务。"[16]

社会保障部的不动产是英国政府最大的民用不动产，总房屋面积达 164 万平方米的 700 幢楼房被移交给了私营部门[②]。

（二）主要合同约定

私营部门获得了不动产的所有权（37%的不动产），同时承担租赁房屋（包括传统租赁和现代租赁）的租金费用，其还负责承担建筑物升级改造的费用[17]。

在 20 年的合同存续期内，社会保障部保有占用不动产的权利。但当合同到期时，不动产仍归私营部门所有。在该存续期内，社会保障部可以免费腾出 35%的不动产空间。10%的不动产在合同开始期已经被定义为闲置空间（164 000 平方米）。由于未用空间的水平还很可能继续上升，社保部在合同磋商中获得了下述权利：在合同生效后的前 15 年，每年有权腾出 2%的、属于双方已认定为可以灵活支配的空间（这部分"可灵活支配"的空间占到了总不动产房屋面积的 25%）。

社保部同时将其已签订的 13 项物业设施管理服务合同移交给了私营部门。这样，在 PRIME 项目 20 年的存续期内，社保部仅仅需要处理一份而不是 160 份服务合同。

为了在移交后为物业用户提供服务，私营部门将房屋维护、公共餐饮、保洁、保安、能源供应和公用事业管理、设备和景观维护及垃圾处理等服务工作进行了分包。私营部门和各分包商之间的合同初始存续期为 5 年。2003 年，所有分包合同都续签至 2018 年。

---

① 伦敦地铁涉及 280 亿英镑的各协议的签署，使该数据在 2002—2003 年翻倍（IFS，2003）[25]。

② 2001 年，英国政府的若干部门（税务局，海关与货物税务署，资产估价处）与另一私营部门签署了一份相似的协议（简称"STEPS 交易"）。总房屋面积达 144 万平方米的 698 幢楼房被移交给了私营部门（NAO，2004）[18]。

（三）PRIME 项目的创新点

从多个角度来看，PRIME 项目都是非常具有创新性的：

- 它是第一例真正实现政府部门物业向私营部门移交。
- 项目自身的庞大增加了交易谈判的复杂性。
- 私营部门成员依其来源为一家不动产投资基金、若干位不动产投资专家和一些设施设备管理企业。这几乎是一支临时组建的团队，他们在 PRIME 项目之前没有进行过任何合作，同时各方所追求的战略目标也是不统一的。然而，这种潜在风险因团队成员的业务能力及其财务上的可靠性而得到了缓解（为首的不动产投资基金由美国高盛投资银行管理）。
- 私营部门和各服务提供商之间做出了一些富有创新性的合同安排。
- 为物业管理所设计的"可灵活支配性"也是非常富有创新意义的。合同允许社保部在存续期内免费腾出 35%的不动产空间。但在合同执行时，社保部必须支付附加费用以补偿其向私营部门转移的风险。

四、用交易费用经济学的视角考察 PRIME 项目

依照第二部分所述的理论框架，下面我们将具体分析社保部对私营部门的物业移交。我们将从不确定性、资产专用性和交易的可衡量性几方面着手。

（一）不确定性

创新往往导致风险和不确定性的增大。尽管该合同具有之前所提到的各种创新特点，但该项目的不确定性可以仅被认定为中等。

事实上，交易前和交易后的一些要素降低了项目的不确定性。

（1）从 1996 年项目采购工作开始，到 1998 年 4 月项目实施，原预计的项目采购成本有所增加。该期间内，咨询师、财务顾问和当地不动产专业律师及代理商共同协助社会保障部最终拟定合同条款。总花费 1 068 万英镑。这主要归因于外部咨询服务的工作量在估计上存在困难。但项目采购费用的增加可以看作一种投资，其有助于社保部和私营部门获得不动产的可靠信息，同时降低了合同的不完备性。最终，这带来了不确定性的降低并减少合同签订以后的潜在问题。

（2）选定中标单位后的 5 个月主要进行社保部和私营部门之间的谈判工作。在此之前，大量的物业信息并没有得到搜集整合。因此，必须花费时间和财力来重新测算建筑，对资产进行估价。在重新测算完成后，物业的规模比社保部预先估计的要略大。

这项工作使交易的价格上升了 4 400 万英镑，但它同样减少了合同生命期中的不确定性因素。

（3）移交给私营部门的 13 项物业设施管理服务并不属于敏感职能。公共餐饮、保洁、保安、景观维护及垃圾处理基本属于重复性工作，也是最常被外包的服务（SESSI，2001）。以上所有工作都可被认为是社保部的非核心职能，所以不确定性相对有限。在 PRIME 项目之前，上述大部分工作其实就已经由一些私营部门承包了，但承包期限从没有超过 3 年。相反地，一些直接受科技革新影响的工作，譬如信息系统的硬软件或基础结构、电话、接线总机等，并没有进行合同外包。

（4）通过信息公开，不确定性同样可以得到降低。"由于价格机制作用的有限和租金拨付的不确定性，信息公开对于混合组织交易形式的存在和稳定是至关重要的。"[19]在 PRIME 案例中，社保部和私营部门同意在合同中进行信息公开，以保证合同的稳定持续。信息公开使得他们可以共享物业管理改良运作后所获得的好处。以房屋维护为例，社会保障部将"分享在一个 3 年期间内因免于维修时段的延迟所节约的资金的 1/4"[16]。但为了保证激励机制的运作，双方将不共担高于原计划的费用支出。这种分享或分担的安排还涉及物业开发、公用事业开支的节约、承包商服务方式的变更等，在合同执行的前 3 年里，通过相应的投资管理，共节约了 3% 的能源消费。

然而，尽管有合同运行前的投资，合同并没有得到彻底的保障。合同开始执行时就暴露出了一些双方事先估计不足的风险。例如，私营部门必须为建筑的安保支付额外的费用。相反地，社保部认为其已将业主对租户服务费的收取转移给了私营部门，但实际上，风险依然为社保部所承担。

（二）资产专用性

转移给私营部门的物业可以分为三类：终身保有不动产（37%），传统租赁（14%）和现代租赁（或称融资租赁，49%）。主要由位于英国各城市市中心或其附近的一些传统写字楼组成。因此，实物资产，特别是私营部门获得的终身保有不动产，应该能够很容易地获得重新调配。作为英国专业从事不动产整体外包的几大服务提供商之一，该财团内部拥有该领域的专业人才，在寻找解决方案以重新调配不动产时，他们比社保部更具优势。过去，社保部这方面的工作表现是很差的。就在产权移交之前，闲置空间面积已遍布 140 个地区，共计 158 000 平方米，每年耗费纳税人 1 200 万英镑。

目前从结果来看，实物资产并不具有太强的专用性，同时风险事先也得到了恰当的估计。例如，2001 年 3 月的综合开发就获利 1 200 万英镑。

相反地，私营部门为物业管理和满足合同中所提出各项服务要求却做了一些专门性的投资。

（1）其为物业管理专门创建了一个每月更新的数据库。这个数据库是与私营部门自行开发的一套战略管理与计划工具相联系的。这套工具用于投资组合管理，并对膳宿服务策略的几种可行建议进行比选。之前，社保部根本没有任何动力去着手类似的投资。每个事务单元之间，膳宿及办公服务是完全割裂的。

（2）财团还在伦敦建立了电话呼叫中心，受理物业内所有潜在客户的呼叫和工作指令（平均每月受理 25 700 个呼叫）。为保证提供给社会保障部的服务质量，这个客服中心是至关重要的。社保部所有科室职员一天 24 小时都可以给该中心拨打电话，然后电话将会被转接到具体的相关服务提供商处。客服中心的工作效率是合同所要求的整体服务表现的核心。为防止受到处罚，工作指令都必须得到尽快的处理。

（3）在客服中心工作需要许多专业技能。私营部门决定通过招募业务熟练的员工并在技术和客户服务方面对他们进行训练，以培养企业内部的自有人才。员工必须在接到电话时正确判断该物业服务的归属，然后将其转接给相应的服务分包商。这个第一道诊断工序直接影响到终端客户所接受的服务质量。由于客服中心在物业管理战略中居于核心地位，这项投资是必需的。它也充分证实了在为企业内部专业优势做出贡献的各类技术中，人力技术是非常特殊的一类。"这也许是离开传统制造业后最重要的核心技术。在服务行业，人力专业技术也许是一个企业获得相对优势的唯一法宝。这里所说的核心技术就是指技术诀窍、经验、组织程序和文化"[20]。

在古典式的市场合同之下，上述投资都是不可能进行的。3 年的合同期过短，与一项需要进行专门投资的交易是不相适应的。正因为有 20 年的合同期，私营部门才有动力去着手上述这些专门投资。

（三）交易的可衡量性

交易的可衡量性一直为经验主义理论所忽视[21]。"满足了以下两种条件的衡量才是有效的：可观察性和可证实性。第一个条件指的是委托人能够观察到承包代理商工作表现的可能性。第二个条件指的是委托人证实其观察并通过测量提供证据的能力"。[22]

在 PRIME 这个案例中，双方就工作绩效的衡量和考核建立了一些相应的程序。

首先，合同本身已就将要执行的各项工作进行了详细规定。一套"效绩考核系统"管理着 13 项的物业服务，并针对社会保障部对服务的期望要求定义了 54 项关键的效绩指标。每月各处物业的各项效绩指标值都会被报告公布。当服务质量低下或建筑的可用性受到损害时，社保部将会减少对私营部门的付款。例如，一日之内若有两小时屋内没有供暖，社保部即认定建筑不可用，并可拒绝当日的付款。

其次，所有客户服务中心接收到的呼叫和工作指令的相关记录将会被存储在一个信息系统之中并进行服务绩效统计。

再次，私营部门和社保部共同支持建立了若干套审计程序，以审查所交付服务的方方面面。为了管理合同和进行审计，社保部依然雇用了大约 128 名员工（PRIME 项目实施之前是 210 人）。若私营部门出现破产，社保部仍可以要求外部审计，并由私营部门联合体支付相关费用（支付上限为 50 万英镑）。

最后，私营部门努力为其各分包商提供基准参照。对于整个物业的大多数服务，私营部门联合体都依靠两家服务提供商，比如保洁工作和维护工作。

五、外包与服务质量

该项目例行客户满意度调查。2002 年 3 月第一次调查结果显示，87%的社保部员工对于私营部门提供的服务水平感到满意。2003 年 3 月，进一步的客户满意度调查显示 90%的劳动与退休保障部员工对于服务水平感到满意。在 PRIME 项目开始之前并没有类似的调查记录，但从以上数据可以看出物业的移交提高了交付给终端用户的服务水平，其原因至少基于以下三点。

（1）合同的签订为各方发展其核心业务职能提供了可能。移交的目的，是将相应风险分配给对其最有控制力的一方。在移交之前，160 份的区域服务合同并没有得到有效的管理。大多数的合同期限为 3 年或更短。这 160 份合同未经过标准化，管理费用高昂（每年仅人事费用一项就达 500 万英镑）。部分理事将数份合同合并成一份，而另一些管理者则依照每项服务单独签订分离的合同。物业服务管理并不是社保部所擅长的主要职能。相反地，私营部门成员依其来源为一家不动产投资基金、若干位不动产投资专家和一些设施设备管理企业。他们的核心能力为不动产融资、设施服务、投资方案交付、不动产发展战略和资产管理，以及新场地的提供。正是基于以上的专业技能，私营部门比社保部更适合于管理这 13 项物业设施服务以及处理闲置空间。此外，私营部门还将获益于规模效益。比起之前的各物业分包商，现服务提供商能够以更低廉的价格购买一些所需物资材料。

截至目前，私营部门能够发展起一套有效的物业管理战略来适应社保部的需要，同时通过投资于房屋的更新从而降低维护费用。

通过将物业管理的职责转交给私营部门，社保部可以开始将资源专注地投向其核心业务：社会保障系统的管理。

（2）私营部门必须依照合同约定履行合同义务。在物业移交之前，社保部没有足够的财力对房产进行刷新和维护，导致某些法定要求没有得到充分满足，譬如对公共卫生和公民健康的相关法律规定[①]。要充分达到法定标准估计需花费 970 万英镑。

合同中规定了私营部门对房屋的刷新和维护责任。例如，私营部门有两年的时间让房屋的达到相关的法定标准，其同时也要承担无法达到相关要求的风险。

（3）合同的长期限使得私营部门为项目进行专门投资成为可能。它同样也给双方提供了一个相互认识了解的机会。合同为双方建立了一套通用的信息规则。其为社保部和私营部门提供了一套完全等同的参考，从而有助于双方的交流，实现了交易所需的稳定性，同时使得协作变得更加有效。譬如，私营部门和社保部设立了几处物业委员会机构来处理合同条款问题、商讨服务和物业的有关事宜并解决局域客户所关注的某些问题。

PRIME 项目相关合同的特点也促使私营部门和其服务提供商签订长期协议。私营部门和其分包商之间的合同初始期限为 3 年，并有 2 年的可延续期。合同于 2003 年到期，但私营部门决定和各服务提供商签订一份长达 15 年的新合同。之所以签订这些较少见的长期合同，就是为了使这些负责房屋维护、公共餐饮、安保、保洁、设备维护及家具的各服务商愿意为其所提供的服务做相应的投资。譬如，安保公司和财团共同研发了一套门禁控制系统，安保公司负责软件的开发。如果没有与私营部门签订长期合同，该公司就不会为此系统做投资，并对合作伙伴做出恰当的承诺。5 年时间对于收回初始投资成本来说通常太短。

甚至在各服务提供商之间也出现了合作的情况。合同执行初期，各竞争者之间是不存在合作的（涉及同一服务的两家服务提供商）。但随着时间的流逝，他们逐渐倾向于为双方的共同利益而共享最优的工作方法。例如，一家公司采用了其竞争对手的解决方案，对其运作技术支援中心的方式进行了改变。

从长期来看，上述各因素都促进了服务质量的改进。

尽管服务质量得到了提高，私营部门提供的服务水平也在总体上获得了满意的评价，但一些相关的批评还是存在的：尽管存在一套程序来评价私营部门的工作绩效，但和一种实物产品相比，服务产品的产出要求还是很难定义，而其质量也不那么容易衡量。比如就评价某些保洁工作来说，其就缺乏一些切实的指示指标。所以实际上，决定是否对私营部门做出嘉奖，就取决于其是否依照所声明的程序履行了工作责任（比如清洁的频率）和其能够即时反应的能力（而不总是依照其服务质量）。

[①] 社保部已经接受过所有 1 类型的卫生及安全检查。

这再一次确证了：从理论上说，服务是难以量测的。"每项服务交易都可以被认为是独一无二的，只要其是按指定要求生产（量身定做）、与客户互动交流，或是去解决一个特殊而不可标准化的问题，并在一个不同的环境之中。"[23]

PRIME 项目还反映了另一个困难，那就是以同样一套效绩评价系统服务于 700 幢不同的建筑。这些房产散布于英国各处，具有不同的属性及终端用户。

六、结论

本文提出了一套理论框架来研究英国社会保障部将其物业移交给私营部门所采用的方式。根据交易费用理论，以强资产专用性为特点的外包和长期合同，在不确定性较低且交易较易衡量的情况下，是可以做到有效的。就分析来看，存在一系列程序用来衡量私营部门的工作绩效；而通过信息公开、房屋测算和资产估价，不确定性得到了控制。在执行交易之前花费时间财力所得到的那些可靠信息减轻了合同的不完备性。这可被认为是一个成功的因素。合同是"加强"双方彼此信任并限制机会主义的一种手段[24]。

合同的期限就目前看来，可以被认为是成功的另一因素。它促使私营部门进行革新并承担那些它所能够控制的风险。而同时，私营部门也通过长期合同与其服务提供商建立了一些创新性的安排。如果没有这些长期合同，合作方是否会为项目进行专项投资是值得怀疑的。五年过后，这种双赢战略似乎已经带来了更好的服务水平。

依照以上这些分析，可以认为 PRIME 项目是一个相当成功的案例。但该方式还需要进一步的研究。事实上，与其相似的 STEPS 项目于 2001 年启动，但却不如该例成功[18]，其主要归咎于私营部门的后机会主义行为。

参考文献

[1] Foss, N.J., 1996, "Capabilities and the theory of the firm", Revue d'Economie Industrielle, (n°77)Third quarter, 7-28.

[2] Quinn J. B., 2000, "Outsourcing innovation :the new engine of growth", Sloan Management Review, vol. 41, n°4, 13-28.

[3] Ulset S., 1996, "R&D outsourcing and contractual governance :an empirical study of commercial R&D projects", Journal of Economic Behavior & Organisation, vol.30,

n°1, 63- 82.

[4] Barrett, P., 1995, Facilities management :towards best practice, Blackwell Science.

[5] Eisenhardt K.M., 1989, "Agency theory :An assessment and review", Academy of Management Review, vol.14, n°1, 57-74.

[6] Wang N., 2003, "Measuring transaction costs :an incomplete survey", Working Paper Series, Ronald Coase Institute, Working Paper n°2, February 2003.

[7] Williamson O.E., 1991, "Strategizing, economizing, and economic organization", Strategic Management Journal, vol.12, 75-94.

[8] Djellal F. and F. Gallouj, 2000, "Le "casse-tête" de la mesure de l'innovation dans les services:enquête sur les enquêtes", Revue d'Economie Industrielle, n°93, p.7-28.

[9] Imai K. and H. Itami, 1984, "Interpenetration of organization and market :Japan's firm and market in comparison with the U.S.", International Journal of Industrial Organization, vol.2, 4, 285-310.

[10] Jensen M.C and W.H. Meckling, 1976, "Theory of the firm :Managerial behavior, agency cost and ownership structure", Journal of Financial Economics, vol.3, October, 305-360.

[11] Everaere, C., 1993, "Des coûts aux investissements de transaction. Pour un renversement de la théorie de Williamson", Revue Française d'Economie, 8(Summer), 149-203.

[12] Foray, D., 1991, "The secrets of industry are in the air :Industrial cooperation and the organizational dynamics of the innovative firm", Research Policy, 20, 393-405.

[13] Ménard, C., 1992, "Why do agents cooperate", Communication at CAESAR's workshops, Paris.

[14] Lundvall, B-A., 1993, "Explaining interfirm cooperation and innovation", in G.Grabher, The embedded firm, Routledge, London, 52-64.

[15] International Financial Services, "PFI in the UK :Progress and performance", PPP Brief, IFS, London, December 2003.

[16] Froud J., 2003, "The Private Finance Initiative :risk, uncertainty and the state", Accounting, Organizations and Society, 28, 567-589.

[17] National Audit Office, 1999, The PRIME project :The transfer of the Department of Social Security estate to the private sector, London, 23 April 1999.

[18] National Audit Office, 2004, PFI :The STEPS deal, London, 7 May 2004.

[19] Ménard C., 1996, "On clusters, hybrids, and other strange forms :The case of the French poultry industry", Journal of Institutional and Theoritical Economics, vol.152, 154-183.

[20] Reeve, T., 1990, "The firm as a nexus of internal and external contracts", in M.Aoki, B. Gustafsson and O.E. Williamson, The firm as a nexus of treaties, Sage Publications, London, 133-161.

[21] Poppo L. and T. Zenger, 1998, "Testing alternative theories of the firm :Transaction cost, knowledge-based, and measurement explanations for make-or-buy decisions in information services", Strategic management Journal, vol.19, 853-877.

[22] Aubert B.A., S. Rivard and M. Patry, 1996, "A transaction cost approach to outsourcing behaviour :Some empirical evidence", Information and Management, vol.30, 51-64.

[23] Sundbo J. and F. Gallouj, 2000, "Distributed innovation systems and instituted economic processes", in Innovation systems in the service economy, J.S. Metcalfe and I. Miles(Ed.), Kluwer Academic Publishers, 43-68.

[24] Brousseau E., 1997, "Analyse économique des pratiques liées à l'exernalisation", Colloque Aspect juridiques de l'externalisation, Centre de Droit des Contrats(Université de Lille II)et Département de Sciences Juridiques(Groupe EDHEC), 21 novembre 1997.

（公众号"中国 PPP 智库"，2017-08-28）

国际 PPP 项目争议成因及对策分析——基于多案例研究

牛耘诗　褚晓凌　冯珂　王守清

一、引言

随着我国"一带一路"倡议的提出和"走出去"战略的实施，我国企业进行 PPP 项目等海外投资的需求将日益增加。但是国际 PPP 项目相对来说在政治局势等政治风险、汇率变动等外汇风险和文化差异等社会风险方面面临的风险更多更大[1]。因此，PPP 项目特许经营协议中通常包括必要的风险分担机制，如调节（含调价）机制、再谈判触发机制等。但在现实实践中，无论公共部门和私人部门双方的经验和能力再强，都不可能完全准确预测项目全生命周期的风险[2]。PPP 本质上是公共部门与私营部门间的契约关系，但人们的有限理性和信息的不完全性，导致项目合同的不完备性是客观存在的[3]，因此在履行合同期间，往往会出现多个方面、不同程度的问题，有些问题会引发项目争议。

根据世界银行 PPI（Private Participation in Infrastructure）数据库的统计，1990—2017 年，139 个中低收入国家的 7 852 个项目中失败或取消的项目共计 542 个。瓜斯奇（Guasch）等发现，20 世纪 90 年代时拉丁美洲地区的 PPP 项目每年发生争议谈判的比例在 10%～20%，但在 2004 年以后，再谈判比例高达 61%，导致了项目成本的大幅增加[4]。

目前，已经有部分学者对 PPP 项目争议相关的问题进行了研究。孙慧等[5]提出，争议造成的再谈判不仅会影响 PPP 项目进度和管理效率，还会造成高额的交易费用。刘婷等[6]对 38 个国内案例进行分析后，总结了企业发起再谈判和政府发起再谈判的原因。但是，这些研究均是基于国内案例分析进行的，针对国际 PPP 项目争议的相关研究还很匮乏。随着我国"一带一路"的推进，我国施工企业越来越多地采取 PPP 模式进行海外工程建设与投资，针对国际 PPP 项目争议形成原因和风险应对对策的研究具有重要的现实意义。鉴于此，本文将通过多案例分析的方法，对国际 PPP 项目争议的成因及对策进行研究。

二、案例收集与描述性分析

本次研究的 PPP 项目案例主要来自世界银行的 PPI 数据库、InfraPPP 数据库和相关文献。案例的筛选遵循以下原则：项目发生过争议；由较为官方的机构发布，且具有一定的代表性；可获得的案例信息相对丰富、真实、中立。经过案例信息的搜集与筛选，本文选取了 15 个发生过争议的国际 PPP 项目，包含交通、供水、供电、污水处理、大坝等项目类型，项目所在地覆盖了欧洲、亚洲、美洲的不同发展水平国家及澳大利亚。项目争议概况如表 5-1 所示。

表 5-1 国际 PPP 项目典型争议案例概况

项目名称	争议起因	争议解决
美国加州国道 91	排他性条款导致公众增长的免费公路需求得不到满足，政府被指控在提供公共交通方面失责	2003 年当地政府以 2.075 亿美元的价格回购，发行了 1.95 亿收费公路退税债券，并与原项目公司的股东签订了 3 年管理合同，财务稳定
泰国曼谷高架道路	选址位置造成民众抗议；运营收入显著低于预期；1997 年亚洲金融危机导致泰铢汇率贬值	线路位置更换，费用由项目公司承担，且没有补偿；2008 年政府回购，估算价格为 16 亿美元，主要用于偿还项目公司债务
玻利维亚科恰班巴供水系统	私人部门设置的水价过高，超出公众承受能力	政府回购项目后，将项目及 3.5 亿美元的债务交由抗议组织管理
阿根廷图库曼省供水系统	政府换届后，新政党反对私有化，并认为该协议"有缺陷"	政府方采用"真实投资"方法估值，补偿项目公司 1.05 亿美元及相应的利息
印度安然马哈拉施特拉邦电厂	政府换届并停止使用外国公司的电厂；政府不负责项目占地拆迁问题；污染水源等环境隐患引发了大规模非暴力抗议活动	安然在"双边投资促进协定"下申请了仲裁，但最终电厂被关闭，安然损失了 5.86 亿美元。该电厂在关闭 5 年之后，于 2006 年 5 月重新开始运营
匈牙利 M1/M15 高速公路	交通增长值远低于预期；交通量的不足带来的财务困境导致无法偿还到期债务；费用过高引起公众团体提起诉讼	债务重组失败；1999 年项目公司被国有化，债务转为主权债务，股东遭受大约 6 000 万欧元的损失
墨西哥收费公路	严重的建设成本超支和过于乐观的交通流量估计造成多数项目发生违约；连续的政治事件和货币贬值加剧了国家经济衰退，项目的美元债务大幅增加	政府建立了信托基金来偿还 23 个失败的收费公路项目的银行贷款，但没有补偿股东，据估计股东总损失额在 30 亿美元左右；仍然被私营部门控制的 32 个项目的特许期从平均 10 年延长到平均 20 年
印度普纳污水处理与供水系统	项目失去政治支持；当地承包商很反对国际公司获得该合同；项目准备期间，运营方提高了水价，招致批评	项目开标前被取消
澳大利亚悉尼跨城隧道	收入不足；隧道长度比计划延长，导致成本超支，但是政府按合同约定没有进行补偿；政府关闭地面 73 条交通道路，强制性要求公众使用隧道引起公众的反对	隧道继续运营，政府从私营部门回购项目，资金足够偿还贷款，但只给私营部门提供了很小的投资回报
英国伦敦地铁	联合体的 5 家企业利益出发点各异，执行管理层变动频繁；项目的内部供应链模式、价格和服务缺乏竞争力	联合体宣布破产，并将资产和债务移交给伦敦交通局的两个下属全资子公司，并由其负责后续的运营工作

续表

项目名称	争议起因	争议解决
英国苏格兰斯凯大桥	工期延误和设计变更的问题导致建设成本严重增加；存在竞争性项目；公众抗议收费	当地政府推出了一项针对当地居民的补贴计划；1998年针对本地用户出售打折票；2004 年开始免费通行，政府以2 700 万英镑的价格回购
澳大利亚东西连接公路	政府换届后，新政府认为：项目缺乏充分的成本效益分析；会加剧某些道路的拥堵，并造成社会、健康与环境问题；会限制政府投资其他基础设施项目的能力	2015 年双方签订了终止协议，州政府支付私营部门4.24 亿美元准备项目发生的开支；同时，州政府获得了利率掉期合约，取消该合约的成本大概为 2.18 亿美元。终止协议的总成本为 6.42 亿美元左右
英国、法国英法海峡隧道	施工承包商与项目公司就成本超支问题发生争议；项目运营延误带来巨大的财务负担；轮渡和航空公司大幅度减价，迫使项目公司降低票价；总成本严重超支	政府要求加强安全管理和环保措施造成成本超支，项目公司要求政府赔偿，最终将特许经营期延长至 99 年，但财务问题依然存在，2006 年 8 月项目公司申请破产保护
土耳其比雷吉克大坝	施工造成大量的农田牧场被洪水淹没，以及很多动物和植物物种的损失。由于大坝修成后约 6 500 个当地居民需要重新安置，但补偿款远远低于重建房屋等费用，引起了当地民众的抗议	当地政府推出了一项"受比雷吉克大坝影响居民的移民、就业和经济投资"项目，项目内容包括居民补贴、引进新种植作物以及创造非农业来源收入，并且该项目获得了联合国开发计划署（UNDP）的支持
老挝 THHP 水电	程序不合规，1994 年开始建设，但1996 年才完成项目可行性研究报告；缺乏协调措施，项目在前期过程中没有与当地居民进行合适的沟通和商议	1996年双方签订协议将补偿金额定为259 万美元；并同意增大大坝下游的河流量，并负责清除河床沉积物。但其中只有 5 万美元用于重新安置和补偿当地居民

本研究选取的 15 个案例从项目类型、覆盖地域和所在国家的发展水平等方面来看具有一定的典型性和代表性。

首先，项目类型包括了交通类项目、供水项目、供电项目、污水处理项目、大坝项目等，其中交通类项目共计 9 个，占比 60%，又具体包括了公路项目、轨道交通项目、隧道项目、地铁项目、大桥项目等，其他类项目占比 40%，可见案例较为全面地覆盖了 PPP 模式下典型的项目类型，同时可以侧面反映出交通类 PPP 项目是较为常见的发生争议的项目类型。

其次，项目所在的地域覆盖了北美洲、南美洲、欧洲、亚洲及澳大利亚，分别占案例总数比例的 13.3%、13.3%、26.7%、33.3%、13.3%，除了非洲之外均有所涉及。

最后，项目所在国家的不同发展水平也均有涉及，既有美国、英国等较高发达程度的国家，也有匈牙利、阿根廷等中等发达程度的国家，还包括老挝、印度等欠发达国家。发达国家与发展中国家的案例占比分别为 46.7%、53.3%。

三、项目争议成因分析

王守清和柯永建在其书中将 PPP 项目划分为项目选择评估阶段、招投标阶段、特许权授予阶段、建设阶段、运营阶段和移交阶段共 6 个阶段[7]。PPP 项目引发争议的阶段往往集中在招投标阶段，建设阶段和运营阶段。基于对所调研案例中项目争议原因的分析，本研究将引发项目争议的关键成因按项目的阶段整理如下（见表 5-2）。

表 5-2　国际 PPP 项目典型争议成因分析

关键因素		项目编号														
		1	2	3	4	5	6	7	8	9	10	11	12	13	14	15
招投标阶段	招标过程存在问题					√									√	
	私营方存在财务问题															
	项目要求高额补贴										√	√				
	可行性研究存在问题								√				√			
	合同设计不合理	√				√	√		√		√					
建设阶段	成本超支							√		√				√		
	设计不合理或变更		√					√		√						
	工期延误							√						√		
	缺乏与政府的协调		√			√										
	影响环境						√		√						√	√
	审批与法律问题													√		
	政府未解决执行障碍		√													
运营阶段	实际需求低		√				√	√		√						
	定价不合理			√			√	√		√		√				
	收入低		√											√		
	运营不力	√								√	√					
	存在竞争性项目						√	√						√		
	项目公司管理水平差										√					
	使用者无支付意愿	√														
	缺乏与政府的协调				√	√		√		√						

综合案例信息来看，表 5-2 所示的关键因素存在相互影响、累积传导的效应，甚至项目环境层面的一些因素造成了项目争议的加剧，最终造成了项目公司、政府部门与公众之间以下几方面的后果。

（一）财务问题

私营部门参与 PPP 项目的根本驱动力是资本的逐利性，若 PPP 项目的财务出现问题，往往会造成 PPP 项目公司与政府部门之间的争议。

从引发争议的原因来看，本研究的 15 个案例中共有 5 个案例出现了项目运营期收入低的情况，而收入低往往又是工期延误、成本超支、实际市场需求低等因素造成的。此外，外部不可控的因素甚至会进一步加剧项目的财务问题，比如泰国曼谷的高架路及墨西哥收费公路计划在运营期间均遇到了金融危机，一方面，恶化了经济环境，降低了项目的收入水平；另一方面，金融危机往往导致货币贬值，以外币计价的债务大幅增加。

从争议的结果来看，项目一旦发生财务问题，往往会导致项目难以继续运营下去。本研究的 5 个案例最终均引发了政府回购或项目公司破产，且这种情况下私营部门往往要承受大量的损失，或者仅仅可以收回前期的建设投资。

而从合同设计的角度来看，也往往存在不合理的情况，5 个案例均是交通类项目，需求风险是其重要的风险因素，而其中 3 个项目的需求风险完全由项目公司承担，前期合同设计中没有实现风险的公平合理分担也是造成项目后期发生争议的一个重要原因。

（二）社会问题

PPP 项目属于公共产品或准公共产品，必须考虑公众的利益和社会的影响。即使在合同中公私双方有了明确的约定，但是政府也很可能迫于公众压力改变战略或者公众抗议对项目造成一定影响。

从引发争议的原因来看，本研究的 15 个案例中共有 10 个案例出现了公众抗议的情况，而公众抗议的诱发因素包括建设期的项目选址问题、民众迁移与补偿问题、环境破坏问题及运营期的收费过高问题。发生公众抗议后，政府部门为了维持社会稳定，或为了保证民主换届选举的选票，往往会改变立场，造成对原有协议发生一定的争议。例如，加州国道 91 项目针对排他性条款的争议，以及斯凯大桥争议，政府为了应对公众的抗议，选择终止回购项目，并向公众免费开放。

从争议的结果来看，10 个项目中有 6 个项目最终直接或间接由于公众抗议被终止，项目被政府回购，并多数按照公众的意愿重新运营。

（三）合作关系问题

PPP 项目本质上是一种公私合作关系，而项目各参与方的意志对于合作关系的成功具有重要的影响，任意一方的不合作态度都将影响到合作关系的成功。

总体来看，本研究涉及的项目参与方不愿合作的案例共有 8 个，而不愿合作的原因主要在于三方面。

第一，政府换届。8 个项目中有 6 个项目由于政府换届引发了争议或加剧了争议。新政府上台后可能会对旧协议产生异议，选择拒绝履行原合同协议，比如对于使用者付费项目，要求项目公司降低收费价格，或者对于政府付费项目，拒绝支付账单，甚至选择终止、回购项目。而这 6 个项目中由于政府拒绝合作的态度，有 5 个项目最终造成私营部门的损失。值得注意的是，根据传统的经验，经济较落后、政局不稳定的第三世界国家容易因政府换届而导致项目履行出现问题；但本研究所涉及的案例中，匈牙利 M1/M15 高速公路项目和澳大利亚东西连接公路项目，也因政府换届而导致项目履行出现障碍。进一步来说，在法治和市场经济较成熟的国家，政府换届等政治因素也可能给项目履行带来问题。

第二，合同设计不合理引发的机会主义行为。8 个项目中有 2 个项目由于风险在公私部门之间分担不合理，分别是悉尼跨城隧道项目和伦敦地铁项目，引发了政府部门或私营部门的机会主义行为，即在项目运营期间不作为，从而不断引发争议，最终项目也均以破产告终，并造成了另一方的损失，同时这种情况下降低了运营的效率，对公众的利益也造成了损害。

第三，项目的可行性研究问题。8 个项目中有 3 个项目的可行性研究存在缺陷或不合规，这一问题也与政府换届相伴相随，因为政府换届后，新政府对之前批准的项目重新审核，进而发现了项目的可行性问题，或者发现了前期准备工作的不合规，这也恶化了公私部门之间的关系，导致项目被中止甚至开标前项目就被取消。

四、项目争议对策分析

结合本研究的案例来看，PPP 项目一旦发生争议，往往会带来较为严重的后果，即使某些争议最终被合理解决，某些项目参与方也要付出一定成本和利益让步，且在争议期间项目的效率必然会降低。因此，对于我国的投资方而言，在参与项目之前，对争议的规避措施进行充分研究，是至关重要的。本研究认为在进行国际 PPP 项目投资时，应重点从法律法规分析、可行性研究、合同设计和融资结构等方面进行决策。

（一）开展全面的法律法规分析

法律法规对项目的实施有很大的影响，在投资前应该做全面详细的调查，如果盲目投资，将来可能造成巨大损失，比如英法海峡隧道项目成本超支的一个重要原因是政府对运载火车的安全要求比项目公司预期的高。因此，一方面，在进行海外投资时，尽量选择法规政策体系（含招投标、设计标准等）成熟和透明的国家；另一方面，对外投资的企业最好聘请当地的律师，当地的律师熟知东道国的法律环境，可以帮助企业避开法律"雷区"，有助于企业在投资、建设、运营 PPP 项目时少走弯路。

除了要详细分析东道国的法律对外国投资者的准入机制、PPP 招投标、特许经营程序、相关税收的政策等一些决定项目是否可以顺利进行的法律法规外，还需要了解劳动、环境等关系项目顺利进行的规章制度。我国企业在这些方面应尽量咨询当地律师，避免简单的劳动纠纷演化为劳资冲突。环保领域也不可忽视，如果一个国家的环境保护做得很好，大型的 PPP 项目很可能会影响周边的环境，一旦因为环境问题引发争议造成项目停滞，就会大大增加项目成本，影响项目收益。比如，土耳其比雷吉克大坝工程、老挝 THHP 水电项目等，都因环保问题在不同程度上引发了当地居民的抗议。

（二）深入的可行性研究

由于世界各国的风土人情、政治制度、经济状况、宗教信仰各不相同，与国内投资相比，国际 PPP 项目投资面临的各种风险因素更加复杂，对收益的预期和实际取得可能差距很大。因此，我国企业对外投资必须在政治、经济、社会等方面进行深入的可行性研究。通过对本报告的 15 个案例的分析可以发现，对需求量预测不准确引发的财务问题（如曼谷高架道路项目、匈牙利 M1/M15 高速公路项目、墨西哥收费公路项目）、政府选举引发的政治问题（如阿根廷图库曼省供水系统项目、澳大利亚东西连接公路项目）、公众态度引发的社会问题（如印度普纳污水处理与供水系统项目、玻利维亚科恰班巴供水系统项目）等，均可能导致项目争议。全面了解东道国的历史传统、制度安排、消费能力，更有利于公私双方协商制定合适的投资方案、定价机制，尽可能减小项目因为外生性因素引发争议的概率。

（三）完善的合同内容设计

合同在设计过程中应注意合理的风险分担，对于 PPP 项目的风险公平分担，目前学术界和业界已经有了很多理论研究和实践，在此不做赘述。但是针对规避争议方面，本研究认为在合同设计方面还有几点值得重点关注。

第一，设置灵活的退出机制。PPP 项目的运营周期通常很长，如果在投资过程中有相关证据表明项目进行下去就会使企业遭受更大的亏损，一定要在事前想好以合理的价格进行股权转让或政府回购等退出方式，并约定在合同中或者签订补充协议。灵活的退出机制可以帮助企业及时止损，避免长时间的争议造成无法收回投资。

第二，重点完善争议解决机制。国内的合同争议解决机制条款约定多为仲裁或是诉讼，但是国际投资与国内的争议解决机制最大的不同就在于可以有多种选择，因此企业与东道主政府双方提前约定适合的解决机制及适用的法律，可以使争议得到较快且较权威的解决，比如在阿根廷图库曼省供水系统项目中，项目公司曾将争议提交ICSID 解决。此外，企业也可根据具体需要建立相应的解决机制以便有针对性地解决具体争议。

（四）合理的融资结构

合理的融资结构对于 PPP 项目的顺利实施也有重要的作用。项目公司的股东最好引入当地有影响力的公司，以及项目公司的贷款最好获得来自中国国家开发银行、中国进出口银行等具有政府背景的政策性银行或者世界银行等国际多边金融机构，这样做的好处是：一方面可以保证融资的可获得性，避免出现融资不足造成的财务问题；另一方面在发生争议时上述参与方可以发挥其影响力，有助于争议的顺利解决。

五、结语

随着"一带一路"倡议的提出，我国企业"走出去"进行海外 PPP 项目投资的机会会日益增多。为了避免我国企业由于经验不足而在海外投资中遭受损失，本研究选取了 15 个具有一定代表性的国际 PPP 项目争议案例，对这些案例的所在国家、项目类型等信息进行了梳理，并对争议的发生原因与解决方式进行了深入剖析。根据提炼出的相关信息，本研究分析了引发争议的关键原因，并在此基础上分析了避免国际PPP 项目争议的对策建议，具有一定的指导意义。

参考文献

[1] 张水波，郭富仙. 基于风险视角的国际 PPP 项目投标决策模型研究[J]. 工程管理学报，2013（5）：59-63.

[2] 冯珂，王守清，伍迪，等. 基于案例的中国 PPP 项目特许权协议动态调节措施的研究[J]. 工程管理学报，2015（3）：88-93.

[3] 孙慧，叶秀贤. 不完全契约下 PPP 项目剩余控制权配置模型研究[J]. 系统工程学报，2013，28（2）：227-233.

[4] Guasch J L，Laffont J-J，Straub S. Renegotiation of concession contracts in Latin America：Evidence from the water and transport sectors[J]. International Journal of Industrial Organization，2008.

[5] 孙慧，孙晓鹏，范志清. PPP 项目中再谈判关键影响因素的研究[J]. 国际经济合作，2010（3）：58-61.

[6] 刘婷，赵桐，王守清. 基于案例的我国 PPP 项目再谈判情况研究[J]. 建筑经济，2016，37（9）：31-34.

[7] 王守清，柯永建. 特许经营项目融资[M]. 北京：清华大学出版社，2008.

（《建筑经济》，2018 年第 9 期）

浅析 PPP 项目的退出情形与流程

王盈盈　赵超恩　王守清

一、引言

自 2014 年以来，PPP 改革深入贯彻落实党的十九大精神，贯彻新发展理念，积极推进供给侧结构性改革，规范管理，防控风险，达到了稳中求进的效果。然而，由于现阶段政府治理能力不足、社会资本对 PPP 项目风险认知不足、金融机构对 PPP 融资评价体系不完善等，PPP 项目存在可持续发展的隐患。即使是已落地的 PPP 项目也可能在履约过程中陷入争议，而且，实践中不乏项目公司中途主动或被迫退出项目的例子，从而形成项目退出。例如，英法海峡隧道项目在隧道建成运营数年后无法实现预期收入，导致项目公司身负巨额债务，不得不宣布破产[1]；中国的武汉军山长江大桥项目在审批阶段终止了项目，分析原因是当地政府从国家安全及其他政治因素考虑，社会资本只好退出项目。

正因为双方各存优势且对项目的期望有差异，政府和社会资本在财务分析的目的和指标、风险的分担和收益的分配等方面要求不同，而且很多时候往往是政府或社会资本由于项目的紧迫性或者其他原因被迫做出了让步，缺乏详细的可行性研究，特别是政府经常由于各种原因被迫让步接受企业的要求，但在实施中也常常因为政府承诺不能兑现、发生其他未识别的风险、合同不完备或公众反对等而出现争议[2]，以至于有许多项目不能顺利完成甚至项目参与者中途退出项目。

此外，PPP 项目要求政府和社会资本之间长达 10～30 年甚至更长时间保持合作伙伴关系，不管政府和社会资本双方（及金融机构，以前他们的咨询和律师等）有多聪明、多有经验、多尽职调查，都不可能完全准确预测将来 10～30 年的风险；而且，即使合同中设计了动态风险分担机制，也不可能完全覆盖漫长的运营期内将来可能发生的各种情况，因此，在将来的执行期间必然会出现协议变更的情况，也必须安排退出情形触发机制及应对流程。

鉴于我国实践中项目落地数量的与日俱增和现阶段我国 PPP 发展环境尚不健全的现象，有必要分析研究我国 PPP 项目的退出情形与应对流程，为改进完善退出机制提出改进建议。本文首先辨析"退出"概念，包括社会资本层面的退出和项目层面的退出，然后分析退出情形，并梳理总结退出流程。本文研究形成的 PPP 项目退出机制，可用于完善 PPP 合同体系，规范项目参与者退出步骤和程序，使项目各个参与方合理分担推出过程及退出之后的风险，保证项目各个参与方的利益，将风险减小到最低程度。

二、文献综述与概念辨析

（一）文献综述

笔者通过查阅书籍杂志、网络文献检索系统等工具搜索有关 PPP 项目退出机制方面的论文及其他文献等，发现只有少量研究成果，这可能和我国大量 PPP 项目尚处于合同初期阶段有关。

刘婷等通过文献调研对我国 20 世纪 90 年代以来的 38 个发生重大再谈判的 PPP 项目进行案例分析，梳理再谈判的原因和结果，发现主要原因包括市场需求风险、政府信用问题及政策法律变更等，再谈判导致的主要结果是社会资本退出或调整投资回报机制[1]；王善才从不同的 PPP 模式中规划出适合的退出机制，认为退出机制的多样性设计可以对社会资本的参与热情有很大的提升作用，避免出现短期行为，是整个 PPP 设计中的重要一环[3]；周月萍等阐述了项目提前终止的两种情形，包括政府方违约和政府方选择终止，并分析了 3 种具体情况，包括项目建设内容和投资规模缩减、征地拆迁延误、政府人事变动等[4]；沈军结合市政工程 PPP 项目的特征，就社会资本退出现状，存在的问题和障碍，以及今后退出机制的完善进行探讨[5]；梁良分析了 PPP 产业基金的退出机制和现存缺陷，并提出法律规范和制度完善两个方面的建议[6]；黄华珍在比较分析 PPP 项目各类退出途径的基础上，探索了资产证券化的具体操作方式[7]；吴宽总结了 PPP 模式下社会资本退出的 4 种主要形式，包括到期移交、股权回购、IPO、资产证券化等，也指出退出渠道不够畅通、退出机制不够灵活等现存问题[8]；李国强也结合工作经验浅析了 PPP 退出机制[9]。

上述研究为本文提供了很好的借鉴和启发，其中一部分文献是将"退出"理解为项目结束，另一部分文献则是将"退出"理解为项目的投资者退出项目，但项目仍旧继续。而且，这些研究都是作者结合实际工作中的现象做的提炼和总结，并没有形成系统的框架。

（二）概念辨析

国外从 20 世纪 60 年代开始研究企业的进入和退出问题，我国关于企业退出的研究起步较晚，2003 年张维迎基于中关村企业的数据对我国企业退出因素做了实证分析[10]。相比于一般项目，PPP 项目有其特殊性，本文的"退出"包括两个层次：第一是社会资本层面的退出，项目本身并没有结束；第二是项目层面的退出，又包括两个主体，即政府和项目公司。本文的研究重点是后者，并且是后者中非正常退出情形。

1.　社会资本层面的退出

PPP 项目所涉及的项目公司大部分属于新设立的非上市公司，但不排除部分项目公司具备条件后上市进行股权交易。项目公司及其股东股权交易事项包括股权转让、置换、赠予、新增、减少等，也包括公开发行募集股份的情形。

为保证社会资本的投资积极性、合作效率性、资金流动性，社会资本股权原则上可以进行交易，而且各个股东由于优势不同，各自的投资战略和策略也不同，因此在 PPP 项目合作期限内，必然会产生社会资本股权转让的需求。然而，对影响到项目公司正常运转、项目建设运营效率降低或进程受阻等违法违纪、损害公众利益、社会资本合理收益的股权交易应进行约束和限制。

2.　项目层面的退出

项目层面的退出是指政府或项目公司并非由于特许期限届满而导致项目特许权协议终止，且项目主要参与者在获得特许权协议所规定的补偿后，不再享有特许权协议中任何权利及不必履行特许权协议中任何义务。从这个定义中可以看出，本文探讨的不是正常、期满退出，而是非正常、提前退出。

由于绝大多数 PPP 项目是关于一个地方基础设施建设的项目，比如水利、电力、天然气、桥梁、高速公路等项目，所以政府必然会控制和管理本国的基础设施。因此，如不加特殊说明，本文中"退出"是 PPP 协议不因合作期限届满而导致的终止情形，双方之间应完成一定的补偿或交易后，标志着完成退出整个过程，在此之后，项目公司不再享有特许权协议中任何权利且不必履行特许权协议中任何义务。

根据行为主体的行为动机，退出行为又可以分为主动退出、被动退出和通过第三方介入退出，结合两种主体则一共有 6 种退出方式。当主动退出时，项目公司或政府方单方面自愿终止特许权协议而导致；当被动退出时，项目公司被动退出项目是由项目公司违约、政府违约或者不可抗力事件终止特许权协议而导致；上述两种情况下如果无法达成双方满意的结果，则需要依靠第三方介入来实现退出，比如通过争议解决方式。根据财政部《PPP 项目合同指南（试行）》，政府方原因导致 PPP 项目提前终止的事由，通常包括发生政府方违约事件和政府方选择终止 PPP 项目两类情形，也验证了本文研究对象的合理性。

三、退出情形与流程分析

本文通过文献阅读和案例分析，归纳整理出 PPP 项目的退出情形，它包含 3 种方式，即政府或项目公司一方主动要求退出、触发违约条款而启动退出程序、因为无法获得双方的妥协而需要第三方介入。

（一）一方主动要求推出

一方面，政府方出于公共利益、项目需要改变投资模式等方面的考虑，在项目合作期限内单方面决定终止项目合同。另外，实践中还存在一种较为常见的项目合作内容变更的情况，即在项目建设期内，由于客观原因需要，政府方对项目的建设规模和内容、总投资额等进行变更、缩减，该种情形实质上是对于部分项目合作内容的终止。因此，在广义上也可以理解为项目终止的一种情形。

另一方面，项目公司向当地政府申请主动退出项目，当地政府可以根据项目实际情况来决定是否批准项目公司退出项目的申请。当当地政府批准项目公司退出项目的申请后，项目公司在获得 PPP 协议中规定的补偿后退出项目。如果当地政府没有批准项目公司的申请，按照 PPP 协议，项目公司有义务继续使项目进行。在当地政府未批准项目公司退出项目的申请的情况下，项目公司仍然退出项目，这样，与项目公司未向当地政府提出申请就退出项目公司相同，都属于项目公司违约，项目公司在获得特许权协议中规定的补偿后退出项目。

结合周月萍的分析，分析以下几种导致项目提前终止的情形：项目建设内容和投资规模缩减、征地拆迁延误、政府人事变动等。

1. 项目建设内容和投资规模缩减

PPP 项目建设内容和投资规模的缩减将会对项目的履行造成比较大的影响。由于社会资本方负责融资，项目规模的缩减对社会资本方的影响更大。如果届时社会资本方向金融机构申请的项目贷款已到位，社会资本就需要承担该部分资金的融资成本，并可能需就冗余资金的提前还款承担相应的违约金。另外，工程造价下浮率、项目预期收益、项目施工材料成本等方方面面都会受项目投资规模的影响。因此，如果发生项目投资额大幅减少的情形，可能就无法满足社会资本方当初投标时的预期收益，并给其带来较大的风险。

2．征地拆迁延误

一个 PPP 项目中，如果政府拆迁不力导致未能按照合同约定按时完成前期工作，以致项目未能按照既定计划开展施工，造成项目施工现场人、材、机长期窝工，社会资本方将遭受很大的损失。

3．政府方人事变动

政府换届、出现重大人事变动时，政府推诿责任并损害社会资本的合法权益。某基础设施 PPP 项目的社会资本方在收到中标通知书后、正式 PPP 项目合同签署前，遭遇了地方政府人事变动，地方政府新上任的领导以该项目前期论证不力、不可行为由，单方通知终止该 PPP 项目。

（二）违约情形

合同违约情形包含 3 种情况：一是当地政府或其指定执行机构违约，项目公司终止协议；二是项目公司违约，当地政府终止协议；三是不可抗力终止项目协议。

1．政府方违约

政府方违约包括以下情形。

（1）未按合同约定向项目公司付费或提供补助达到一定期限或金额的。

（2）违反 PPP 项目合同约定转让 PPP 项目合同项下义务的。

（3）发生政府方可控的对项目设施或项目公司股份的征收或征用的。

（4）发生政府方可控的法律变更导致 PPP 模式项目合同无法继续履行的。

（5）其他违反 PPP 项目合同项下义务，并导致项目公司无法履行合同的情形。

当当地政府发生违约行为时，项目公司有权通知当地政府根据项目特许权协议当地政府已经发生违约行为，并且在规定时间内如果当地政府不能采取有效的补救措施项目公司将单方面终止项目合同。如果当地政府在接到项目公司的通知后，在一定时间积极采取补救措施，并且在项目公司确认当地政府的补救措施可以使项目公司回到未发生相应事项时基本相同经济地位后，项目将继续进行。如果即使当地政府在接到项目公司通知后也采取了补救措施，但是项目公司认定当地政府的补救措施无法使项目公司回到未发生相应事项时基本相同经济地位，在这种情况下，项目公司将和当地政府在规定时间未采取任何补救措施一样，终止特许权协议，项目公司在获得特许权协议中规定的补偿后将退出项目。

2．项目公司违约

当项目公司发生违约行为时，当地政府有权通知项目公司根据项目特许权协议项目公司已经发生违约行为，并且在规定时间内如果项目公司不能采取有效的补救措施当地政府将单方面终止项目合同。如果项目公司在接到当地政府的通知后，在一定时间积极采取补救措施，并且在当地政府确认项目公司的补救措施可以使当地政府回到未发生相应事项时基本相同经济地位后，项目将继续进行。如果即使项目公司在接到当地政府通知后也采取了补救措施，但是当地政府认定项目公司的补救措施无法使当地政府回到未发生相应事项时基本相同的经济地位，在这种情况下，当地政府将和项目公司在规定时间未采取任何补救措施一样，终止特许权协议，项目公司在获得特许权协议中规定的补偿后将退出项目。

3．不可抗力事件

当不可抗力事件发生后，当地政府与项目公司可以共同协商解决办法。如果在一定时间内当地政府与项目公司双方对不可抗力事件产生的后果的解决办法达成了一致，项目可以继续进行。如果在一定时间内当地政府与项目公司双方在不可抗力事件产生的后果的解决办法问题上无法达成一致，当地政府与项目公司任何一方都有权向另一方发出通知，单方面终止项目特许权协议。在当地政府或项目公司单方面终止项目特许权协议后，项目公司获得特许权协议中规定的补偿后退出项目。

PPP 项目违约触发情形如表 5-3 所示。

表 5-3　PPP 项目违约触发情形

触发情形	具体情形
政府违约	（1）政府指定执行机构解散、关闭或资不抵债，除非该政府指定机构在本协议项下的权利和义务转让给一个能够继续履行该机构义务的、具有合法地位和相应的商业职能的受让人。 （2）根据特许权协议，项目开始运营之日前先决条件未得到满足。 （3）政府指定机构在本协议下无争议的款项到期后一定时间内未付款，并且在通知当地政府后，当地政府在其后一定时间内未能通过其提供的支持对违约进行补救。 （4）当项目公司向政府提交调价申请后，当地政府未能核定并向价格主管部门转呈项目公司提出的调价申请。 （5）当地政府对政府指定执行机构在协议下的义务的支持解除或无效。 （6）当地政府或政府指定执行机构对本协议义务有实质性违约，且在项目公司就此发出通知后的一定时间内仍未对违约采取补救措施。 （7）当地政府或其指定执行机构没收、扣押或征用了项目资产的和/或项目公司股权中的任何重要部分。 （8）当地政府或其指定执行机构在特许权协议的附属协议项下违约将被视为当地政府在本协议项下违约

续表

触发情形	具体情形
项目公司违约	（1）项目公司未能根据协议的要求向当地政府提交履约保证金。 （2）在相关重要事件日期的当日或之前没有实现该重要事件完成，并且项目公司在收到当地政府书面通知后的一定时间内仍没有实现该重要事件的完成。 （3）项目公司未能按照行业规定及当地政府规定对项目进行建设，而且项目公司在收到当地政府书面通知后的一定时间内仍未采取有效补救措施。 （4）根据协议，项目公司被视为放弃项目的建设。 （5）项目公司没有根据协议的规定对项目进行运营和维护，就该项目而言已到达严重程度，而且项目公司在收到当地政府书面通知后的一定时间内仍未采取有效补救措施。 （6）未经当地政府事先书面同意，项目公司或运营维护承包商放弃对项目的运营和维护并超过一定时间。 （7）除为重组或合并目的外（条件是该重组或合并不影响重组后或合并后的实体履行本协议项下义务的能力），项目公司将破产，或资不抵债或停止对外支付到期应支付款项。 （8）贷款人根据融资文件宣布的违约，以及根据融资文件采取其补救措施。 （9）根据协议，项目开始运营之日前先决条件未得到满足。 （10）根据协议，项目运营中技术指标未达到标准，且在一定时间内项目公司或运营维护承包商仍未采取有效补救措施。 （11）项目公司没有按照协议取得和维持所需的保险。 （12）项目公司未能根据行业标准和惯例有效地管理、运行、维护和修理项目，以至于对项目的人员和财产的安全以及向其用户提供的服务质量受到严重的不良影响。 （13）除根据协议的条款，未经当地政府同意将本协议项下项目公司的权利或义务转让，或项目公司未经当地政府事先同意对项目的所有权和经营权的移交、丧失或让予。 （14）项目公司未经当地政府同意，擅自修改了其作为一方的任何项目文件。 （15）项目公司的雇员或分包商蓄意破坏项目设施。 （16）项目公司在协议中的声明和保证被证明与提供时有严重出入，使当地政府履行本协议的能力受到严重的不利影响。 （17）项目公司对本协议的任何实质性违约，且在当地政府就此发出通知后的一定时间内仍未对违约采取补救措施。 （18）项目公司在协议的附属协议项下违约将被视为特许权协议项下项目公司违约
不可抗力	（1）任何战争行为（无论是否宣战）、入侵、武装冲突、外敌行为、封锁、暴乱、恐怖活动或军事力量的使用。 （2）闪电、地震、地沉、地隆、山崩、飓风、风暴、火灾、洪水、干旱、陨石撞击和火山爆发，或任何其他天灾。 （3）发生瘟疫和大规模流行性疾病。 （4）全国性、地区性或行业性罢工。

续表

触发情形	具体情形
不可抗力	（5）没收、征用、充公或国有化。 （6）封锁、禁运、进口限制或配额限制。 （7）法律变更。 （8）在协议的附属协议项下出现不可抗力导致的协议终止将被视为本协议项下不可抗力导致的终止

（三）通过第三方介入退出

若双方对于由于对本协议项下或与本协议有关的条款理解发生分歧，包括关于其存在、有效或终止的任何问题产生任何争议、分歧或索赔，可由双方组成的协调委员会或由协调委员会决定聘请的专家小组提出解决办法或做出裁决。这种退出方式，一般作为第（二）种退出情形的延续和补充。

1．政府提出

如果项目公司违约给当地政府的利益带来实质性影响，当地政府有权要求项目公司给予足够的补偿，以使其达到未发生这些事项之前同样的经济地位。

如果项目公司对其违约行为积极采取补救措施后，当地政府认为该补偿行为未能满足以上原则，当地政府应在收到项目公司的提议后一定时间内将其异议通知项目公司。该争议应提交双方组成的协调委员会或由协调委员会聘请的专家小组提出解决办法或做出裁决。该协调委员会专家根据未发生相应事项时基本相同的经济地位，或提出能足以使当地政府回到未发生相应事项时基本相同经济地位应补偿的数额和方式的建议。

如果项目公司的提议得到专家的肯定，且该提议可以有效执行，则当地政府有义务接受广西政府的提议，使项目继续进行。如果当地政府不接受或不履行，导致协议终止，则按有关条款进行补偿。

如果项目公司的提议没有得到专家的肯定，则认定项目公司违约导致特许权协议终止，按有关条款进行补偿。

这种情况的应对流程如图 5-3 所示。

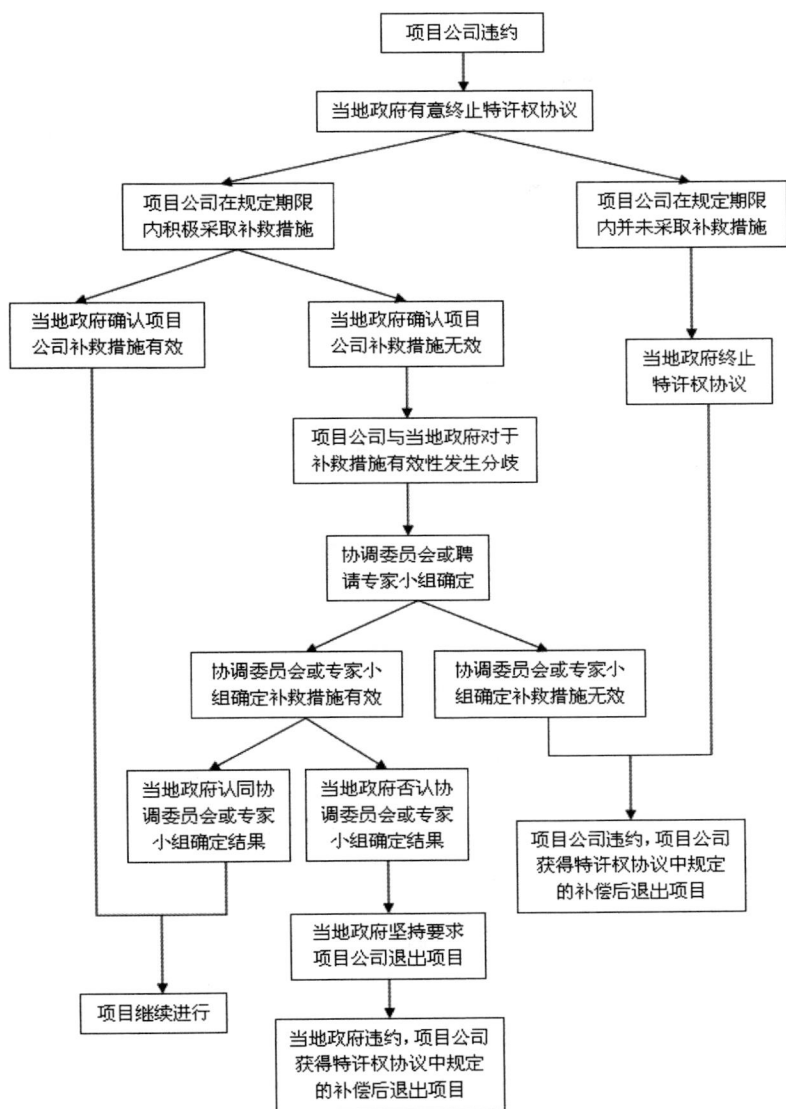

图 5-3 政府提出应对流程

2．项目公司提出

如果当地政府违约给项目公司的利益带来实质性影响，项目公司有权要求当地政府给予足够的补偿，以使其达到未发生这些事项之前同样的经济地位。

如果当地政府对其违约行为积极采取补救措施后，项目公司认为该补偿行为未能满足以上原则，项目公司应在收到项目公司的提议后一定时间内将其异议通知当地政府。该争议应提交双方组成的协调委员会或由协调委员会聘请的专家小组提出解决办法或做出裁决。该协调委员会专家根据未发生相应事项时基本相同的经济地位，或提出能足以使项目公司回到未发生相应事项时基本相同经济地位应补偿的数额和方式的建议。

如果当地政府的提议得到专家的肯定，且该提议可以有效执行，则项目公司有义务接受政府的提议，使项目继续进行。如项目公司不接受或不履行，导致协议终止，则按有关条款进行补偿。

如果当地政府的提议没有得到专家的肯定，则认定当地政府违约导致特许权协议终止，按有关条款进行补偿。

这种情况的应对流程如图 5-4 所示。

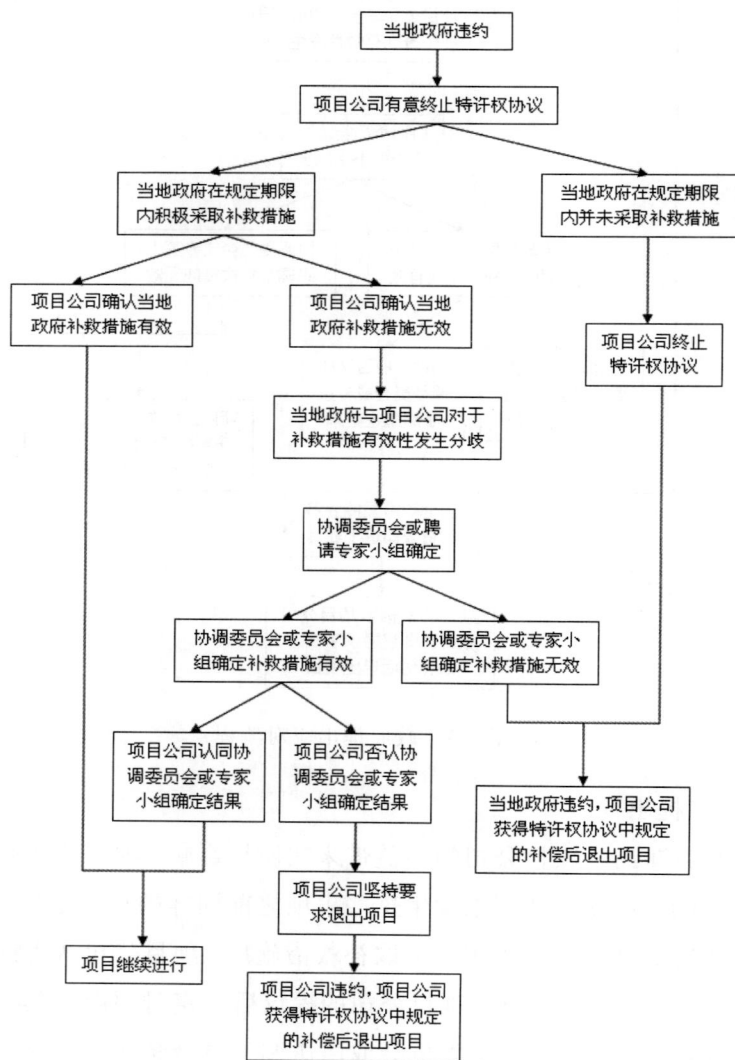

图 5-4　项目公司提出应对流程

四、结论

综上所述，PPP 项目退出机制仍有待完善，本文给出了项目层面退出的 3 种情形，以及应对流程。下一步，还可以结合 PPP 项目社会资本退出层面的研究，形成完整的 PPP 项目退出机制。

参考文献

[1] 刘婷，赵桐，王守清. 基于案例的我国 PPP 项目再谈判情况研究[J]. 建筑研究，2016（9）31-34.

[2] 柯永建，王守清，陈炳泉. 英法海峡隧道的失败对 PPP 项目风险分担的启示[J]. 土木工程学报，2008（41）：97-102.

[3] 王善才. PPP 模式退出机制多样性研究[J]. 财政监督，2017（14）：90-94.

[4] 周月萍，叶华军，樊晓丽. 因政府方原因提前终止 PPP 项目的风控策略[J]. 中国建筑装饰装修，2018（4）：98-99.

[5] 沈军. 市政工程 PPP 项目社会资本退出机制研究[J]. 产业与科技论坛，2017（16）：232-233.

[6] 梁良. PPP 产业基金退出机制法律问题研究[J]. 产业与科技论坛，2017（16）：32-34.

[7] 黄华珍. PPP 项目资产证券化退出机制的法律分析[J]. 招标采购管理，2015（11）：41-42.

[8] 吴宽. PPP 模式下社会资本退出机制浅议[J]. 中国经贸，2016（24）：110-111.

[9] 李国强. 浅析 PPP 融资模式及退出机制——基于公共基础设施建设领域的研究[J]. 经营管理者，2017（24）：327.

[10] 张维迎，周黎安，顾全林. 经济转型中的企业退出机制——关于北京市中关村科技园区的一项经验研究[J]. 经济研究，2003（10）：3-14.

（《政府采购与 PPP 评论》，2018 年第二辑）

PPP 项目提前终止下社会资本机会主义行为研究[①]

牛耘诗　褚晓凌　王守清　高雨萌

随着 PPP 模式的推广，与 PPP 项目提前终止相关的问题在实践中频繁发生。根据世界银行 PPI 数据库统计，139 个中低收入国家于 1990—2017 年的 7 852 个项目中共有 542 个项目失败或取消，都涉及提前终止。PPP 项目提前终止的原因主要包括 3 个方面：一是 PPP 项目周期长、风险多且复杂，在成本与信息的约束下，合同通常是不完备的；二是政府在 PPP 模式中身兼交易主体与监管主体双重身份使其与社会资本的关系复杂且不稳定；三是 PPP 项目受政治、法律与经济环境的稳定性影响较大。因此，在现实条件的约束下，PPP 项目提前终止的发生存在其客观可能，且常伴随着项目公司、社会资本或政府的巨大损失。

此外，PPP 项目中的机会主义行为也可能对项目、参与方和公众的利益产生损害。社会资本与政府追求的利益目标不同，而合同不完备、信息不对称等因素为其机会主义行为提供了温床。特别是当 PPP 项目提前终止时，项目收益、政企关系往往与项目稳定时期的差异巨大，参与者们对项目未来发展的预期也会随之变化，而机会主义行为的后验性决定了其不被政府察觉的概率增加，使得社会资本采取机会主义的可能性随之增加。因此，本文将研究对象确定为 PPP 项目提前终止下社会资本的机会主义行为。

一、PPP 项目提前终止下的机会主义行为

（一）机会主义行为的理论分析

机会主义行为最初由威廉姆森（Williamson）[1]在交易费用理论中提出，定义为某一参与方利用信息不对称，通过欺诈等恶性手段达到目的，损害其他方的利益[2]，认为机会主义是交易成本的来源之一。高杲等[3]将机会主义行为的两个重要构成部分进一步精练为侵犯合作方的利益和主观蓄意。

交易费用理论构建于两个基础条件之上，即人的有限理性与机会主义，而引起机

---

① 基金项目：国家自然科学基金资助项目（71572089 和 71772098）。

会主义行为的原因来自 3 个方面。首先，人的机会主义驱动人产生不受信用、承诺约束的自利行为；人的有限理性导致的信息不完全为机会主义行为提供条件。其次，机会主义的产生受到交易的不确定性、交易频率和交易资产的专用性等因素影响。最后，交易环境中的信息不完全和不确定性也会直接或间接地对机会主义行为产生影响。机会主义行为产生的逻辑可以用图 5-5 表示。

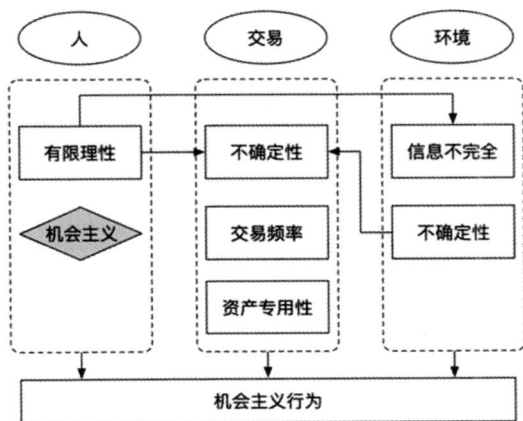

图 5-5　交易费用理论下机会主义产生的原因

萨科（Sako）[4]认为资产专用性、投资不可逆和宏观环境的不确定性是导致供应链中该行为的主要原因。斯瓦德（Sward）[5]认为在固定合作期限的战略联盟中，对未来收益的预期是导致该行为的原因，因为短视的参与者更加重视机会主义行为能够带来的眼前利益。沙什（Shash）[6]则认为不合理的风险分担将导致参与方为了预先弥补未来的损失而采取机会主义行为。但相关研究缺少对 PPP 项目这种特殊的组织形式中产生机会主义行为原因的深入分析。

在 PPP 项目中，政府和社会资本的利益不一致、角色和职能不同，在信息不对称上较一般合作项目更为严重。从交易本身来看，PPP 项目特许期一般在 10～30 年，在同样的政府与社会资本间进行高频交易的可能很小，因此仅对单一项目中机会主义行为的监管成本高昂，可能导致社会资本更高频率的采取机会主义行为；基础设施项目中的设备、原料和技术往往存在专业性和特殊性，所以常常存在敲竹杠问题。而交易与交易环境的不确定性表现在 PPP 项目在项目层面及市场、国家层面的风险，与传统采购模式相比，PPP 项目的风险更大，表现为风险事件更多、发生概率更高、风险损失更大。此外，PPP 项目中，政府与企业既存在投资上的合作关系，又存在工程建设运营上的委托代理关系，且政府带有其政治地位所赋予的特殊权利和对公众利益的代表义务，复杂的关系、治理结构的不完善加剧了 PPP 项目中机会主义行为的产生。

（二）PPP 项目提前终止对机会主义行为的影响

一般而言，PPP 项目的提前终止类型可以分为 3 种：项目公司违约终止、非违约终止（包含不可抗力、不可保风险）及政府违约或主动终止。相应地，社会资本在退出时的责任比例依次递减。对于 PPP 项目中的社会资本方，资本的回报是其投资的最终目的，因此在其退出项目时，所能获得的收益（或损失）是对其行为影响最为重要的因素之一。

在 PPP 项目提前终止的情况下，如何预防社会资本的机会主义行为成了一个值得研究的问题。赵昌平等[7]分析了战略联盟中，机会主义行为的防御机制主要有监管、激励、选择与社会化 4 类。其中，选择为交易伙伴的事前筛选，社会化为促进合作者目标的趋同，激励在项目正常运营时才可行，因此，只有监管是控制 PPP 项目提前终止下机会主义行为的合理对策。而本论文的主要研究目的是，探寻在不同的终止预期情况下，政府监管对社会资本机会主义行为的影响。

二、基于前景理论的博弈模型

机会主义行为产生的一个重要环节是在采取机会主义行为与否之间做出选择，此时交易费用理论的另一个基本条件"有限理性"会影响决策者的决策[8]。

PPP 项目中的政府与社会资本方可以看作博弈模型中的参与主体。政府可以根据实际情况选择监管或不监管机会主义行为，社会资本在 PPP 项目的运营中可以选择采取或不采取机会主义行为。但在一般的博弈模型的假设中，参与人的效用函数是博弈双方的共同知识，这与有限理性的假设是矛盾的。因此，对于这种参与人有限理性的博弈，以一般的静态博弈模型研究是不足的。为保持假设的一致性，本文将引入前景理论，以描述"有限理性人"。

前景理论（prospect theory）最初由卡尼曼（Kahneman）和特沃斯基（Tversky）[9]提出，他们通过实验证明了期望效用理论（简称"EU"）中的替代性、不变性、优势性公理与真实情况不符，作为描述性理论存在偏颇，并以修改后的模型解释了 EU 理论曾不能解释的情形。前景理论还提出了确定性效应——人们更加偏爱确定的利得；反射效应——对损失预期之间的偏好关系与对得利预期之间的偏好关系呈镜像对称；分离效应——当在不同前景间做选择时，人们会忽视前景所共有的部分。

此外，卡尼曼和特沃斯基[10]提出了一个用以描述前景理论的数学模型，将其分为给不同的概率赋予权重和给每种确定的结果赋予价值两个阶段，相对应地，给出了价值函数与权重函数，前景理论根据实验结果得出价值函数在大于参考点时是凹函数，在小于参考点时是凸函数；权重函数则是介于 0 与 1 之间的，在端点快速变化的函数。

研究证明[11, 12]，对于一般的企业，其效用偏好符合前景理论。PPP 项目中的社会资本属于一般的企业，因此，本文选择以前景理论对一般的静态博弈模型进行修正，将社会资本方有限理性纳入假设范畴，探究对双方博弈产生的影响。

三、不完全信息静态博弈模型构建

（一）基于前景理论的静态博弈模型假设

在静态博弈模型中，基于 PPP 项目和机会主义行为的特点，进行以下假设。

假设 1：设社会资本在运营阶段尚未收回的投资为 I_p，项目预计产出为 R，社会资本对收益的分配比例为 β，项目收益率为 r，社会资本未来的收益中，政府负有支付责任的部分为 $Comp$。采取机会主义行为的产出为 mR，$m \in [0，1)$，机会主义行为的成本为 C_p，机会主义行为的额外收益为 R_{ob}。

假设 2：若政府监管，则一定能发现社会资本的机会主义行为，将处以罚金 F，但政府将付出监管成本 C_g。由于 W 是社会资本未采取机会主义行为带来的社会效益，W' 是社会资本采取机会主义行为后的社会效益，当项目存在机会主义行为时，可能损害政府部门与社会公众的利益，所以 $W > W'$。

假设 3：采取机会主义行为的收益大于采取机会主义行为的成本，但是政府对社会资本机会主义行为的惩处要大于其监管成本，否则经济人的政府不会选择监管社会资本的机会主义行为。即变量之间满足：

$$mR + \beta（1 - m）R - C_p - I_p > \beta R - I_p > mR + \beta(1 - m)R - F - C_p - I_p \tag{5-1}$$

$$F > C_g \tag{5-2}$$

假设 4：基于交易费用理论，政府与社会资本均有限理性，符合前景理论的描述，且政府与社会资本具有不完全信息，即博弈参与人集合、参与人战略集、参与人支付函数对博弈参与方来说是共同知识，但是不知道其他参与人的风险厌恶程度。

假设 5：项目的未来收益与社会资本的分配比例可以满足 $\beta R =（1 + r）I_p$，即社会资本可以获得一定的收益。

假设 6：由于政府存在多种手段分散风险，因此认为政府是风险中性的；由于信息不完全，政府不知道社会资本的有限理性程度。根据 PPP 项目治理的实践经验，政府的对策往往不考虑社会资本的有限理性[13-15]。所以，政府仍以社会资本为完全理性的条件选择监管概率。

为了让模型更好的模拟有限理性这一假设，本文引入价值函数与权重函数对参与人的效用值进行修正，采用卡尼曼和特沃斯基[70]提出的价值函数：

$$v(x) = \begin{cases} (x - T)^a & (x \geqslant T) \\ -\lambda(T - x)^b & (x < T) \end{cases} \tag{5-3}$$

式中：T 表示参考点的大小；a 和 b 表示敏感性递减系数；λ 表示损失厌恶系数。

对于投资收益，学者们通常选择以 0 或者期望收益作为参考点，即投资与收入相等或者投资获得一定的回报率[16-18]，由于 PPP 项目的合理收益率并无定论，而不同项目的收益率差异较大，以平均收益率为参考点的代表意义不大，故选择 0 点作为参考点，即 $T = 0$。

前景理论中的权重函数有多种表达，本文选取由普雷莱茨（Prelec）[19]研究得出的拟合函数，该函数是众多概率权重拟合函数中，兼具优质的拟合效果与简单的数学表达的函数之一[20]，如式（5-4）和式（5-5）所示。

$$\varphi^+ (p) = e^{-(-\ln p)^\gamma} \tag{5-4}$$

$$\varphi^- (1 - p) = e^{-[-\ln(1-p)]^\gamma} \tag{5-5}$$

式中：γ 表示权重系数。

当政府以 P_g 的概率对其进行监管时，若以 0 为参考点，社会资本采取机会主义行为的前景值 V（采取 OB）为：

$$\begin{aligned} V（采取 OB） = & \varphi^- (p_g) v[rI_p + m(1 - \beta)R - F - C_p] + \varphi^+ (1 - p_g)v[rI_p \\ & + m(1 - \beta)R - C_p] \end{aligned} \tag{5-6}$$

不采取机会主义行为的前景值 V（不采取 OB）为：

$$V（不采取 OB） = \varphi^+(1)v（rI_p） \tag{5-7}$$

由前景理论的确定性效应，可得权重函数满足：

$$\varphi^+（1） = 1 \tag{5-8}$$

$$\varphi（p） + \varphi（1-p） \leqslant 1（除了 p_g 极小的情况下） \tag{5-9}$$

设 $R_{ob} = m(1-\beta)R - C_p$，则影响社会资本在 V（采取 OB）与 V（不采取 OB）之间选择的是 $rI_p + R_{ob} - F$，rI_p，$rI_p + R_{ob}$ 三者的大小关系。

（二）参数假设

为了更加具体地描述前景理论对机会主义行为的影响，本文在 Matlab 中进行模拟，通过敏感性分析研究各变量对决策的影响。

设项目的收益率 $r = 0.10$，$I_p = 1$，以项目总投资为基准，$R_{ob}/I_p \in （0，2]$，$（F - R_{ob})/I_p \in （0,2]$。设政府以期望效用理论得出的概率 $P_g = [m(1-\beta)R - C_p]/F$ 监管，模拟 V（采取 OB）$- V$（不采取 OB）值的变化。γ 值是影响博弈均衡的关键变量，对 γ 的多个研究得出其取值范围在 0.6~0.8[124, 125]，本文选取由 Wu 和 Gonzalez[125] 通过行为实验数据测算的结果，$\gamma = 0.74$。价值函数取 Tversky[68] 根据实验所得 $a = b = 0.88$，$\lambda = 2.25$。赋予 R_{ob}/I_p，$（F - R_{ob})/I_p$ 两个变量不同的取值，研究前景理论下有限理性对 $\Delta V = V$（采取 OB）$- V$（不采取 OB）的影响。

（三）不同提前终止类型的数值模拟

根据前文对提前终止的分析，可得，存在终止预期时，社会资本未来收益 βR 与未收回投资 I_p 的关系对应如表 5-4 所示。

表 5-4　终止事件与收益对应关系

项目终止情况	βR 与 I_p 的关系
情况 1：政府违约或主动回购	$\beta R > I_p$
情况 2：非违约终止	$\beta R = I_p$
情况 3：项目公司违约终止	$\beta R < I_p$

（1）情况 1：政府违约或主动回购。在该种情况下，社会资本在不采取机会主义行为时可以获得正的价值。双方博弈支付矩阵如表 5-5 所示。

表 5-5 情况 1 下政府与社会资本静态博弈支付矩阵

参与方行动		政　府	
		监　管	不　监　管
社会资本	采取 OB	$[rI_p + R_{ob} - F,\ (1-\beta)(1-m)R$ $+ F + W' - C_g$ $- Comp]$	$[rI_p + R_{ob},\ (1-\beta)(1-m)R + W'$ $- Comp]$
	不采取 OB	$[rI_p,\ (1-\beta)R + W - C_g$ $- Comp]$	$[rI_p,\ (1-\beta)R + W - Comp]$

当 $(F - R_{ob})/I_p \in (r, 1]$ 时，采取机会主义行为被政府监督处罚后，会使社会资本的收益为负。R_{ob}/I_p，$(F - R_{ob})/I_p$ 与 ΔV 之间的关系如图 5-6（a）所示。图 5-4 中的每条曲线表示当 R_{ob}/I_p 取 $(0, 2]$ 区间某一特定值时 ΔV 随 $(F - R_{ob})/I_p$ 的变化关系。

从模拟中可以看出，ΔV 在 $(F - R_{ob})/I_p$ 取值较小，且 R_{ob}/I_p 较大处发生偏离，出现少数 ΔV 大于 0 的情况，即此时政府采取静态博弈混合策略中的监管概率在某些情况下无法使社会资本以混合策略概率采取机会主义行为，而是使其选择采取机会主义行为的纯策略。

当 $(F - R_{ob})/I_p \in (0, r]$ 时，采取机会主义行为受到的惩罚并不会使社会资本的预期收益减少至参考点 0 点以下。所得模拟结果如图 5-6（b）所示。

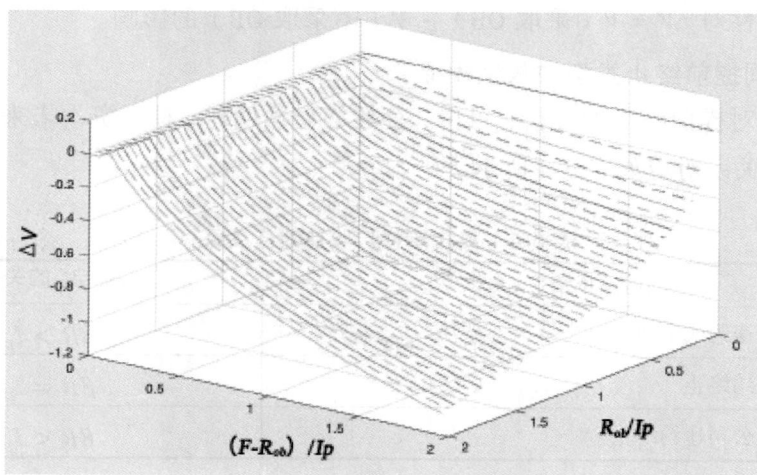

（a）

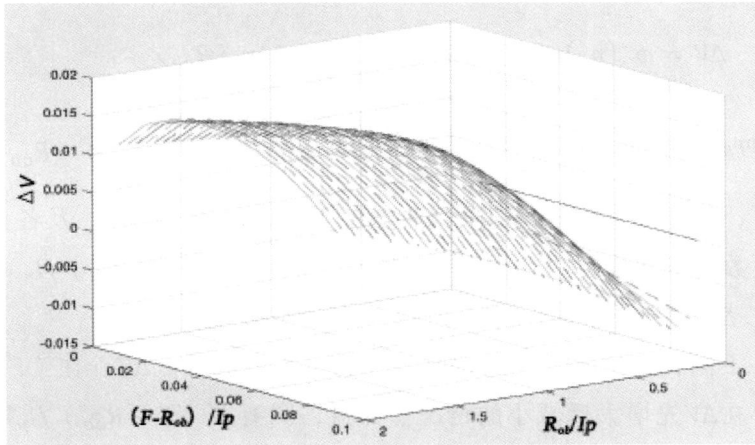

（b）

图 5-6 情况 1 下 R_{ob}/I_p，（$F-R_{ob}$）/I_p 与 ΔV 间的关系

当（$F-R_{ob}$）/$I_p < r$ 时，对于 R_{ob}/I_p 大部分取值均存在相应的（$F-R_{ob}$）/I_p 的值，使社会资本的 ΔV 出现正向偏离。小部分取值因概率的权重函数使得 V（采取 OB）< V（不采取 OB）。

无论（$F-R_{ob}$）/$I_p > r$ 还是（$F-R_{ob}$）/$I_p < r$，R_{ob}/I_p 越小，相应的 ΔV 对（$F-R_{ob}$）/I_p 的敏感度就越小，即随着惩罚力度的增加，ΔV 的变化不明显。

通过对惩罚力度与未来预期合理收益大小关系的分段模拟，本文发现在惩罚力度小于未来预期收益时，社会资本更容易采取机会主义行为，在惩罚力度大于未来预期收益时，社会资本的机会主义行为几乎可以得到完全的控制。

（2）情况 2：非违约终止。在该种情况下，V（不采取 OB）= 0，博弈矩阵变为表 5-6。

表 5-6 情况 2 下政府与社会资本静态博弈支付矩阵

参与方行动		政府	
		监 管	不 监 管
社会资本	采取 OB	$[\,R_{ob}-F,\,(1-\beta)(1-m)R+F+W'-C_g-Comp\,]$	$[\,R_{ob},\,(1-\beta)(1-m)R+W'-Comp\,]$
	不采取 OB	$[\,0,\,(1-\beta)R+W-C_g-Comp\,]$	$[\,0,\,(1-\beta)R+W-Comp\,]$

社会资本是否会偏离均衡，取决于 V（采取 OB）是否大于 0。此时的 ΔV 为：

$$\Delta V = \phi^{-}(p_g)v(R_{ob} - F) + \phi^{+}(1 - p_g)v(R_{ob}) \tag{5-10}$$

$$\Delta V = e^{-(-\ln p_g)^{\gamma}} \times \left[-\lambda \times (R_{ob} - F)^{b} \right] + e^{-[-\ln(1-p_g)]^{\gamma}} \times (R_{ob})^{a} \tag{5-11}$$

该情况下，是否产生负前景与项目收益率无关，仅和R_{ob}与F，及各参数的选取有关。本部分参数与上文保持一致，令$R_{ob}/I_p \in (0, 2]$，$(F - R_{ob})/I_p \in (0, 2]$。得到的$\Delta V$与此二者的关系模拟如图 5-7 所示。

与情况 1 不同，在情况 2 中，提高惩罚力度总能够降低ΔV。在$(F - R_{ob})/I_p$取值较小处不存在ΔV先增大后减小的情况。并且，只有在$(F - R_{ob})/I_p$取极小值［在数值模拟时$(F - R_{ob})/I_p < 0.02$，且$R_{ob}/I_p > 0.6$］时会出现偏离。即虽然政府取监管的概率接近 1，但是却缺乏有力的惩罚，那么社会资本在该种终止情况下面对可观的收益仍会选择采取机会主义行为。正如对情况 1 分析提到的政府监管力度，政府对机会主义行为的监管与惩处缺一不可，若没有有力的惩罚，那么监管将成为对公共资源的浪费。

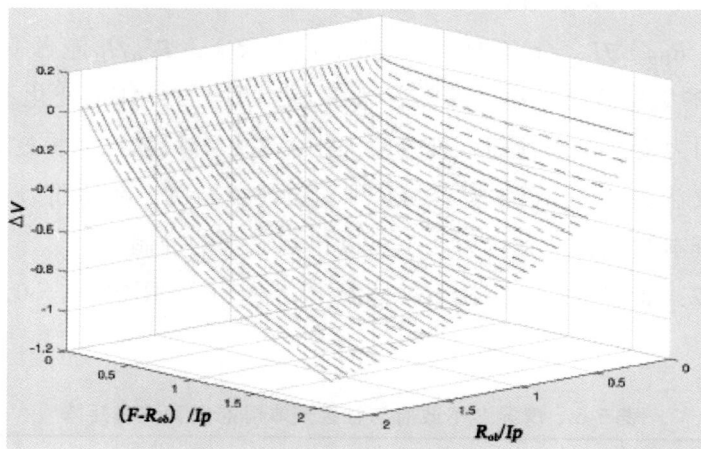

图 5-7　情况 2 下R_{ob}/I_p，$(F - R_{ob})/I_p$与ΔV间的关系

（3）情况 3：项目公司违约终止。该种情况下，社会资本未来预期收益不足以弥补未收回的投资，即项目对其为亏损状态。设$I_p - \beta R = r'I_p$（$r' > 0$），为了保持分析的对称性，取$r' = 0.1$。此时政府的监管概率依然为$p_g = [m(1 - \beta)R - C_p]/F$。双方的博弈支付矩阵如表 5-7 所示。

表 5-7　情况 3 下政府与社会资本静态博弈支付矩阵

参与方行动		政　府	
		监　管	不 监 管
社会资本	采取 OB	$[R_{ob} - F - r'I_p,\ (1-\beta)(1-m)R$ $+ F + W' - C_g]$	$[R_{ob} - r'I_p,\ (1-\beta)(1-m)R$ $+ W']$
	不采取 OB	$[-r'I_p,\ (1-\beta)R + W - C_g]$	$[-r'I_p,\ (1-\beta)R + W]$

当 $(F - R_{ob})/I_p > r'$ 时，

$$\Delta V = \phi^-(p_g)v(R_{ob} - F - r'I_p) + \phi^+(1-p_g)v(R_{ob} - r'I_p) - v(-r'I_p) \quad (5\text{-}12)$$

$$\Delta V = e^{-(-\ln p_g)^{\gamma}} \times [-\lambda \times (-R_{ob} + F + r'I_p)^b] + e^{-[-\ln(1-p_g)]^{\gamma}}$$
$$\times (R_{ob} - r'I_p)^a - [-\lambda \times (r'I_p)^b] \quad (5\text{-}13)$$

令 $R_{ob}/I_p \in (0.1, 2]$，$(F - R_{ob})/I_p \in (0, 2]$，得出 ΔV 与这两个变量间的关系如图 5-8（a）所示。

与前两种情况不同的是，只要采取机会主义行为有利可图，且政府的惩罚力度在一定范围内，社会资本总会倾向采取机会主义行为。这就是前景理论中所说的，在损失状态下，有限理性会使决策者更加偏好风险，即使期望效用更小，但是只要有机会避免损失，决策者也会放手一搏。而且，与情况 1、2 不同的是，此时在 R_{ob}/I_p 较小时，令 ΔV 等于 0 的 $(F - R_{ob})/I_p$ 值大于 R_{ob}/I_p 较大时的值。也就是说，政府的惩罚对收益较大的机会主义行为有控制效果，但因惩罚力度上升而导致的监管概率的下降使得社会资本更容易采取收益较小的机会主义行为。

当 $R_{ob}/I_p < r'$ 时，

$$\Delta V = \phi^-(p_g)v(R_{ob} - F - r'I_p) + \phi^+(1-p_g)v(R_{ob} - r'I_p) - v(-r'I_p) \quad (5\text{-}14)$$

$$\Delta V = e^{-(-\ln p_g)^{\gamma}} \times [-\lambda \times (-R_{ob} + F + r'I_p)^b] + e^{-[-\ln(1-p_g)]^{\gamma}}$$
$$\times -\lambda(-R_{ob} + r'I_p)^a - [-\lambda \times (r'I_p)^b] \quad (5\text{-}15)$$

令 $R_{ob}/I_p \in (0, 0.1]$，$(F - R_{ob})/I_p \in (0, 2]$，得出 ΔV 与这两个变量间的关系如图 5-8（b）所示。

此时，对于所有的 R_{ob}/I_p 均存在对应的 $(F - R_{ob})/I_p$ 使得社会资本的 ΔV 有正值。当社会资本处于亏损状态下，即使不能挽回所有损失，社会资本也倾向于不接受确定的损失。令 ΔV 等于 0 的 $(F-R_{ob})/I_p$ 值远高于情况 1 与 2，即在社会资本预期未来收益不足以弥补投资成本时，政府对机会主义行为的控制将更加困难。

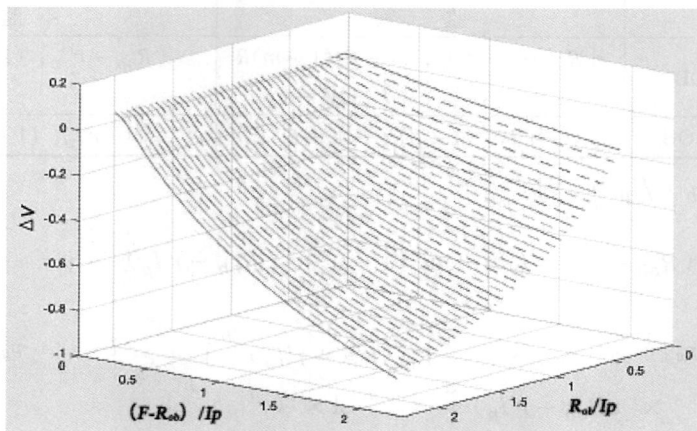

（a）

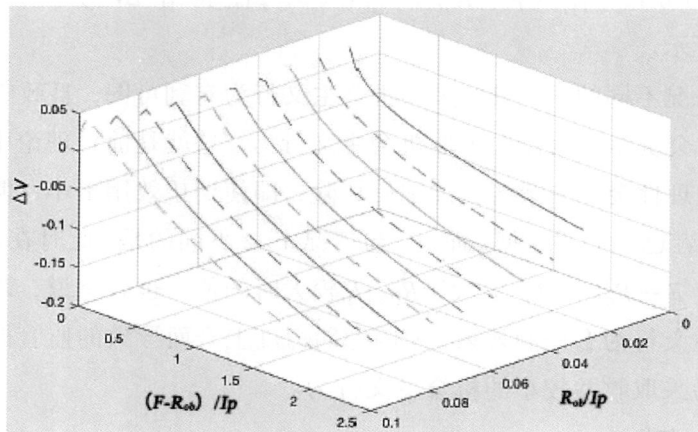

（b）

图 5-8　情况 3 下 R_{ob}/I_p，$(F-R_{ob})/I_p$ 与 ΔV 间的关系

四、结论

本文基于交易费用理论和前景理论，构建了政府与社会资本的监管——机会主义行为博弈模型，研究了提前终止对有限理性社会资本采取机会主义行为决策的影响。

研究表明，在短期中，政府具有不完全信息，对社会资本的有限理性无法进行合理的估计。在一般的研究中，政府总是采取期望效用下的混合策略纳什均衡的概率。

当在静态博弈中引入以前景理论代表的社会资本的有限理性时，在政府采取该概率时，社会资本几乎不会采取混合策略而是会选择纯策略。偏离到采取机会主义行为的纯策略现象发生在惩罚力度较小、机会主义行为收益较大的情况下。此外，社会资本对提前终止收益的预期也将影响其选择。当社会资本预期处于损失状态时，同等水平的机会主义行为与政府惩罚力度下，社会资本更多地偏离到采取机会主义行为的纯策略。

本文利用前景理论代表社会资本的有限理性，使修正后的博弈模型更加符合实际；分析了三种不同终止预期情况下，政府采取何种对策可以更有效地消除社会资本的机会主义行为，在理论和实践方面均具有一定的意义。本文也存在一定的局限性，如在建模时，假设政府是风险中性的，而仅有社会资本是有限理性的，而在现实情况中，无法保证政府在决策过程中总是完全理性的。

参考文献

[1]　Williamson O E. The Economic Institutions of Capitalism:Firms, Markets, Relational Contracting [M]. New York:The Free Press, 1985.

[2]　Williamson O E. Transaction cost economics [J]. De economist, 1998, 146(1):23-58.

[3]　高昊，徐飞. 管理学中机会主义的界定和辨析[J]. 现代管理科学，2009(10):67-69.

[4]　Sako M, Helper S. Determinants of trust in supplier relations:Evidence from the automotive industry in Japan and the United States [J]. Journal of Economic Behavior & Organization, 2002, 34(3):387-417.

[5]　Sward A R S. Trust and control in fixed duration alliances [J]. International Journal of Human Rights & Constitutional Studies, 2011, 2(1/2):41-68.

[6]　Shash A A. Factors considered in tendering decisions by top UK contractors [J]. Construction Management & Economics, 1993, 11(2):111-118.

[7]　赵昌平，葛卫华. 战略联盟中的机会主义及其防御策略[J]. 科学学与科学技术管理，2003，24（10）：114-117.

[8]　Foss N J, Weber L. Moving opportunism to the back seat:Bounded rationality, costly conflict, and hierarchical forms [J]. Academy of Management Annual Meeting Proceedings, 2013, 2013(1):14596.

[9]　Kahneman D, Tversky A. Prospect Theory. An Analysis of Decision Making Under Risk [J]. Econometrica, 1979, 47(2):140-170.

[10] Tversky A, Kahneman D. Advances in prospect theory:Cumulative representation of uncertainty [J]. Journal of Risk & Uncertainty, 1992, 5(4):297-323.

[11] Fiegenbaum A, Thomas H. Attitudes toward Risk and the Risk-Return Paradox:Prospect Theory Explanations [J]. Academy of Management Journal, 1988, 31(1):85-106.

[12] Fiegenbaum A. Prospect theory and the risk-return association:An empirical examination in 85 industries [J]. Journal of Economic Behavior & Organization, 1990, 14(2):187-203.

[13] 李兆明，孙伟成. 基于演化博弈的 PPP 项目监管行为研究 [J]. 项目管理技术，2014，12（1）：32-34.

[14] 吴孝灵，周晶，彭以忱，等. 基于公私博弈的 PPP 项目政府补偿机制研究 [J]. 中国管理科学，2013，（s1）：198-204.

[15] 张欣媛. PPP 项目中投机行为的博弈分析 [J]. 中国商论，2016，（23）：132-133.

[16] 庞易明. 基于前景理论的代建制寻租博弈分析 [D]. 成都：西南交通大学，2014.

[17] 周国华，张羽，李延来，等. 基于前景理论的施工安全管理行为演化博弈 [J]. 系统管理学报，2012，21（4）：501-509.

[18] 孙恰恰. 基于累积前景理论的污水处理 PPP 项目风险决策分析 [D]. 大连：东北财经大学，2015.

[19] Prelec D. The Probability Weighting Function[J]. Econometrica, 1998, 66(3):497-528.

[20] Blavatskyy P R. A Probability Weighting Function for Cumulative Prospect Theory and Mean-Gini Approach to Optimal Portfolio Investment[J]. Social Science Electronic Publishing, 2014.

［《系统科学理论与实践》（EI 检索），2019 年第 1 期］

我国成功 PPP 项目特征分析：基于多案例的研究①

陈秋月　王守清

随着投融资模式的创新和中央政府的鼓励，PPP 模式自 2014 年起得到了广泛应用，涌现了许多成功案例，但也有 PPP 项目以失败告终。因此，对成功 PPP 项目的特征进行分析，从中总结经验，对今后的 PPP 实践具有重要意义。

目前，对于成功 PPP 案例的研究已有不少，但一方面，过去研究的案例大多开始时间较早，对于近年来在新的法律和制度框架下开始实施的项目及未来待实施的项目而言，其经验缺乏代表性及参考价值；另一方面，由于学术界和实务界对于"什么样的项目是成功的"尚未形成统一认识，因此过去研究选取的成功案例的代表性和普适性不足。

基于此，本文首先通过文献调研和专家访谈建立 PPP 项目成功标准清单，再从财政部 PPP 中心项目库中收集 40 个 2014—2019 年的 PPP 国家示范项目的信息，将项目信息与成功标准清单进行比对，从中识别出成功项目做进一步的案例分析，而后从文献中梳理出 PPP 项目的 14 个关键成功因素，并基于这些成功因素对成功 PPP 项目的共性特征进行分析，最后基于这些共性成功特征为未来 PPP 项目的实施提出建议。

一、PPP 项目成功标准清单的建立

（一）建设项目成功标准

国内外关于建设项目的成功已有大量的研究，但是学术界和实务界对于建设项目成功的定义一直有争议，并未得出一份公认的成功标准清单。一般来说，成本、工期、质量被认为是评估项目成功的重要标准，也就是阿特金森（Atkinson）所提出的"铁三角"标准，但是阿特金森强调衡量项目的成功不应只用"铁三角"标准，应同时考虑项目交付阶段和交付后运营阶段的成功，将相关方获益等因素加以考虑[1]。

Chan A.P.C 和 Chan A.P.L 认为项目成功的评价框架应在"铁三角"标准的基础上，综合考虑安全健康、项目参与者的满意度、使用者期望、环境绩效良好、商业价

---

① 基金项目：国家自然科学基金资助项目（71772098 和 71572089）。

值等因素[2]。阿哈齐（Ahadzie）等通过对戛纳的房地产开发商的观点进行问卷调查，借助因子分析法，发现除了"铁三角"标准外，环境影响、顾客满意度也是发展中国家住房建设项目的重要成功标准[3]。特里帕蒂·K.K.（Tripathi K. K.）和杰哈·K.N.（Jha K. N.）借助实证研究的方法，从组织的角度对建设项目的绩效指标进行识别分析，发现盈利能力与资产管理、关键相关方的满意度、时间和成本的可预测性、环境健康与安全（EHS）、质量品质及较低的员工流失率是评价项目成功的重要指标[4]。

过去的研究结果显示，仅采用"铁三角"标准对建设项目的成功进行评价是片面的、不充分的，因此对于建设项目特别是提供公共产品和服务的 PPP 项目而言，建立一套合理有效的成功标准，不仅对于绩效评价有着重要意义，同时对于未来项目的发展有着指导作用。

（二）基于文献调研的 PPP 项目成功标准识别

本文从 Elsevier ScienceDirect 与 ProQuest 平台搜集 12 篇与 PPP 项目成功标准相关的文献，并进行梳理，得到 15 个成功标准（见表 5-8）。

表 5-8　PPP 项目成功标准清单统计

序号	成功标准	[5]	[6]	[7]	[8]	[9]	[10]	[11]	[12]	[13]	[14]	[15]	[16]	合计
1	合理的风险共担机制	√	√	√		√	√	√	√	√			√	9
2	满足进度要求	√	√		√	√	√	√		√	√		√	9
3	符合项目预算		√			√		√		√	√		√	8
4	满足产出要求		√			√		√		√			√	6
5	减少争议和诉讼	√		√		√		√		√			√	7
6	良好的盈利能力	√	√			√	√	√	√	√	√	√	√	10
7	环境绩效良好	√				√		√		√		√	√	6
8	项目技术可行性、可建造性与可维护性良好	√	√	√			√		√				√	6
9	有效的技术创新和转化	√	√			√		√			√	√	√	8
10	降低公共管理成本	√				√		√						3
11	合作伙伴关系良好		√	√	√								√	4
12	满足公众需要及提高生活水平	√	√			√	√	√	√	√	√	√	√	10
13	促进地区经济发展	√	√			√		√					√	6
14	社会资本管理能力与技术良好	√	√	√							√	√	√	7
15	物有所值	√	√	√		√		√		√		√	√	9

（三）基于专家访谈的 PPP 项目成功标准修正

本文采用半结构化访谈，选取 5 名工作单位覆盖高校、建设管理公司、律师事务所、银行等的财政部和/或发改委的 PPP 专家作为访谈对象，根据访谈目的设置问题，对文献调研得出的 PPP 项目成功标准清单进行修正，修正过程如表 5-9 所示。

表 5-9　访谈修正情况及依据

序号	标准名称	修　正	依　据
1	合理的风险共担机制	赘余，删除此因素	合理的风险共担机制属于影响 PPP 项目成功的因素，而非成功的体现，应归为关键成功因素，故删除
5	减少争议和诉讼	赘余，删除此因素	在 PPP 项目实施的过程中，可能会发生更多争议，且一些争议是促进项目成功的，故删除
6	良好的盈利能力	赘余，删除此因素	许多 PPP 项目不是盈利项目，不以盈利为目的
8	项目的技术可行性、可建造性与可维护性良好	赘余，删除此因素	与满足进度要求、符合项目预算及满足产出要求等标准重复，故删除
9	有效的技术创新和转化	社会资本管理能力与技术良好合并	与有效的技术创新和转化重复，建议将两者合并
10	降低公共管理成本	赘余，删除此标准	多数情况下 PPP 项目并不能降低公共管理成本，建议删除

最终得到 9 个成功标准，如表 5-10 所示。

表 5-10　PPP 项目成功标准清单

编　号	成功标准
SC1	满足进度要求
SC2	符合项目预算
SC3	满足产出要求
SC4	环境绩效良好
SC5	合作伙伴关系良好
SC6	满足公众需要及提高生活水平
SC7	促进地区经济发展
SC8	社会资本方管理能力与技术良好
SC9	物有所值

二、我国 2014—2019 年成功 PPP 项目的识别

本文从财政部的 4 批国家 PPP 示范项目中进行案例选取，挑选交通运输、水务行业、市政工程、城镇综合开发 4 个领域作为研究对象，并选择已经进入执行阶段的 PPP 项目，每个领域选取 10 个 PPP 项目作为案例进行分析，共选取 40 个国家级 PPP 示范项目。而后将成功标准清单与这些示范项目的特征一一比对，进行成功 PPP 项目的识别，最终得到 29 个成功 PPP 项目，识别过程如表 5-11 所示。

其中部分项目不能完全满足 PPP 项目成功标准，主要原因是项目进度滞后，故不被本文选为成功案例进行研究，但是许多项目也存在独特的可取之处，例如贵阳市观山湖区小湾河环境综合整治工程 PPP 项目为贵阳市唯一获评"贵州省 2017 年基础设施领域 PPP 样板工程"的项目，孝感市文化中心项目在设计方面独具一格，成为孝感市的新地标。

表 5-11　2014—2019 年成功 PPP 项目识别

编号	项目名称	项目地区	所属行业	模式	SC1	SC2	SC3	SC4	SC5	SC6	SC7	SC8	SC9	成功指标数	不成功原因
1	新机场北线高速公路（北京段）	北京	交通运输	BOT	√	√	√	√	√	√	√	√		8	项目进度滞后
2	兴延高速公路	北京	交通运输	BOT	√	√	√	√	√	√	√	√	√	9	
3	荔波至榕江高速公路	贵州	交通运输	BOT	√	√	√	√	√	√	√	√	√	9	
4	黔南州瓮安至马场坪铁路	贵州	交通运输	其他	√	√	√	√	√	√	√	√	√	9	
5	铜仁至怀化高速公路（铜仁段）	贵州	交通运输	其他	√	√	√	√	√	√	√	√	√	9	
6	延延高速公路连接线二期工程	陕西	交通运输	BOT	√	√	√	√	√	√	√	√	√	9	
7	扬州市 611 省道邗江段工程	江苏	交通运输	BOT	√	√	√	√	√	√	√	√	√	9	
8	大巫岚至冷口（秦唐界）公路	河北	交通运输	BOT				√			√		√	3	项目进度缓慢，政府已与原社会资本方解除合同并重新招标

续表

编号	项目名称	项目地区	所属行业	模式	SC1	SC2	SC3	SC4	SC5	SC6	SC7	SC8	SC9	成功指标数	不成功原因
9	赤壁长江公路大桥	湖北	交通运输	BOT				√	√		√	√	√	5	项目进度滞后
10	元江至蔓耗高速公路（红河段）	云南	交通运输	BOT				√	√		√	√	√	5	项目进度滞后
11	沛县供水项目	江苏	水务行业	ROT	√	√	√	√	√	√	√	√	√	9	
12	镇江市海绵城市建设项目	江苏	水务行业	BOT	√	√	√	√	√	√	√	√	√	9	
13	骆马湖水源地及原水管线项目	江苏	水务行业	TOT	√	√	√	√	√	√	√	√	√	9	
14	龙岩市四个县（区）乡镇污水处理厂网一体化项目	福建	水务行业	BOT	√	√	√	√	√	√	√	√	√	9	
15	南明河水环境综合整治二期项目	贵州	水务行业	BOT	√	√	√	√	√	√	√	√	√	9	
16	贵阳市观山湖区小湾河环境综合整治工程项目	贵州	水务行业	其他				√	√		√	√	√	5	项目进度滞后
17	竹排江上游植物园段流域治理	广西	水务行业	BOT	√	√	√	√	√	√	√	√	√	9	
18	海口市南渡江引水工程	海南	水务行业	BOT				√			√	√	√	4	因商务纠纷导致工程停工、机电设备采购滞后等问题导致项目进度滞后
19	临沂市中心城区水环境综合整治工程河道治理项目	山东	水务行业	BOT				√	√		√	√	√	5	项目进度滞后
20	金乡县城乡供水一体化建设工程	山东	水务行业	BOT	√	√	√	√	√	√	√	√	√	9	
21	北京市轨道交通十六号线	北京	市政工程	BOT	√	√	√	√	√	√	√	√	√	9	
22	北京市轨道交通十四号线	北京	市政工程	BOT	√	√	√	√	√	√	√	√	√	9	

续表

编号	项目名称	项目地区	所属行业	模式	SC1	SC2	SC3	SC4	SC5	SC6	SC7	SC8	SC9	成功指标数	不成功原因
23	池州市主城区污水处理及市政排水设施项目	安徽	市政工程	TOT	√	√	√	√	√	√	√	√	√	9	
24	安庆市外环北路工程	安徽	市政工程	BOT	√	√	√	√	√	√	√	√	√	9	
25	龙洲湾隧道工程	重庆	市政工程	BOT	√	√	√	√	√	√	√	√	√	9	
26	长沙市地下综合管廊（第一批）	湖南	市政工程	TOT+BOT		√	√	√	√	√	√	√	√	8	项目进度滞后
27	六盘水市地下综合管廊	贵州	市政工程	BOT		√	√	√	√	√	√	√	√	8	由于天气、地质、地理等多种因素延误工期，工程没有如期竣工
28	洛阳市市政道桥工程	河南	市政工程	BOT	√	√	√	√	√	√	√	√	√	9	
29	大理市洱海环湖截污工程	云南	市政工程	BOT	√	√	√	√	√	√	√	√	√	9	
30	南京市城东污水处理厂和仙林污水处理厂	江苏	市政工程	TOT	√	√	√	√	√	√	√	√	√	9	
31	宁国市城北新城PPP项目	安徽	综合开发	BOT	√	√	√	√	√	√	√	√	√	9	
32	岳阳市端午文化产业整体开发	湖南	综合开发	其他	√	√	√	√	√	√	√	√	√	9	
33	丽水市华东药用植物园项目	浙江	综合开发	BOT	√	√	√	√	√	√	√	√	√	9	
34	湖州市南浔区产业新城项目	浙江	综合开发	其他	√	√	√	√	√	√	√	√	√	9	
35	郑州市新郑市产业新城项目	河南	综合开发	其他	√	√	√	√	√	√	√	√	√	9	
36	孝感市文化中心项目	湖北	综合开发	其他		√	√	√	√	√	√	√	√	8	项目进度滞后

续表

编号	项目名称	项目地区	所属行业	模式	SC1	SC2	SC3	SC4	SC5	SC6	SC7	SC8	SC9	成功指标数	不成功原因
37	宜宾临港区创新孵化基地（产业总部基地）一期及配套公共服务和基础设施项目	四川	综合开发	BOT	√	√	√	√	√	√	√	√	√	9	
38	沧州市高新区产业新城项目	河北	综合开发	BOT				√	√		√	√	√	5	项目进度滞后
39	西安市徐家湾地区综合改造项目	陕西	综合开发	其他	√	√	√	√	√	√	√	√	√	9	
40	抚远市黑瞎子岛配套功能区东极小镇 PPP 项目	黑龙江	综合开发	BOT	√	√	√	√	√	√	√	√	√	9	

注　表中第 1、8、9、10、18、19、26、27、36、38 个项目是不成功项目，其他为成功项目。

三、成功 PPP 项目的特征梳理

（一）基于文献调研的 PPP 项目关键成功因素清单

本文从 Elsevier ScienceDirect 全文库搜集 12 篇与 PPP 项目关键成功因素相关的文献，并进行梳理，基于参与主体、外部环境、合同与采购 3 个维度[17]对关键成功因素进行整理，共得到 14 个 PPP 项目关键成功因素，如表 5-12 所示。

表 5-12　PPP 项目关键成功因素清单

	关键成功因素	[17]	[18]	[19]	[20]	[21]	[22]	[23]	[24]	[25]	[26]	[27]	[28]	合计
参与主体因素	强大的社会资本	√	√	√	√	√	√			√			√	8
	政府提供担保	√	√		√					√			√	5
	有效的政府监管	√	√						√	√	√			6
外部环境因素	健全完整的法律框架	√			√	√		√		√			√	8
	稳定的政治环境和社会环境	√	√			√		√		√				5
	良好的宏观经济条件和融资环境	√	√	√	√					√			√	7
	政策支持	√	√	√	√		√		√	√			√	8
	公众支持	√	√	√				√		√			√	6
	对项目的长期需求		√	√	√	√				√		√	√	7

续表

关键成功因素		[17]	[18]	[19]	[20]	[21]	[22]	[23]	[24]	[25]	[26]	[27]	[28]	合计
合同与采购因素	合理的风险分担机制	√	√	√	√	√	√	√	√	√			√	10
	合理的定价机制	√	√				√	√					√	5
	竞争、透明的采购和招标程序	√	√		√		√		√	√		√	√	8
	清晰的项目大纲		√			√				√		√		4
	有效的沟通协调机制		√							√		√		3
	政府和社会资本有力的承诺与责任	√	√		√			√		√				5
	真实有效的成本、效益评估机制	√	√		√			√	√					5

（二）成功 PPP 项目特征梳理

以表 5-12 中的 PPP 项目关键成功因素清单为基础，对识别出的 29 个成功 PPP 项目的特征进行梳理，如表 5-13 所示。

表 5-13　成功 PPP 项目的特征分析

编号	成功特征
2	强大的社会资本、有效的法律保障、政府支持、对项目的长期需求、合理的风险分担机制、合理的收益分配、合理的定价机制、竞争透明的采购和招标程序、全面的特许经营协议
3	强大的社会资本、合理的风险分担机制、政策支持、合理弹性的动态定价机制、竞争透明的采购和招标程序
4	强大的社会资本、合理的风险分担机制、竞争透明的采购和招标程序、有效的政府监管
5	合理的风险分担机制、合理灵活的动态定价机制、竞争透明的采购和招标程序、创新的 PPP 合作模式（PPP+EPC+运营期补贴）、政策支持
6	强大的社会资本、合理的风险分担机制、竞争透明的采购和招标程序、完整的项目实施方案、有效的政府监管、政府支持
7	竞争透明的采购和招标程序、政府支持、有效的政府监管
11	合理的风险分担机制、合理的定价机制、有效的竞争性磋商、政府支持
12	强大的社会资本、合理的风险分担机制、有效的政府监管、政府支持、有效的技术创新、竞争的采购过程
13	对项目的长期需求、合理的风险分担机制、合理的定价机制、竞争透明的采购和招标程序
14	合理的风险分担机制、创新的交易结构设计、竞争透明的采购和招标程序、灵活的股权融资模式、合理的定价机制、政府支持、有效的跨区域行政协调
15	合理的风险分担机制、合理的定价机制、有效的政府监管和公众监管、竞争透明的采购和招标程序、创新的付费机制（按效付费+动态调整）、政府支持、清晰的投资交易结构
17	充分的项目前期工作、合理的风险分担机制、创新的按效付费机制

编号	成功特征
20	合理的风险分担机制、专业的咨询服务、政府支持、完整的绩效考核指标及体系
21	强大的社会资本、对项目的长期需求、合理灵活的风险分担机制、创新的融资方式（股权融资+特许经营）、有效的投资控制方法
22	强大的社会资本、对项目的长期需求、合理的风险分担机制、合理的收益分配、合理的定价机制
23	强大的社会资本、完整的绩效考核体系、合理的融资安排、合理的定价机制、项目可用性付费部分在全生命周期内进行绩效考核
24	政府支持、合理的绩效考核机制、创新的项目竞价方式、合理的风险分担机制、竞争透明的采购和招标程序
25	合理的风险分担机制、政策支持、竞争透明的采购和招标程序、科学合理的决策
28	竞争透明的采购和招标程序、政府支持、有效的监管机制、合理的风险分担机制
29	政府支持、合理的风险分担机制、合理的定价机制、竞争性的采购过程
30	竞争透明的采购和招标程序、合理的定价机制（阶梯水价）、灵活的调价机制、有效的政府监管
31	竞争透明的采购和招标程序、合理的风险分担机制、分类设置回报机制、科学的调整机制
32	合理的风险分担机制、竞争透明的采购和招标程序、创新的回报机制（运营自负盈亏+超额收益分享）、合理的付费机制
33	强大的社会资本、竞争透明的采购和招标程序、完整的绩效考核体系、合理的风险分担机制、成立项目公司以隔离融资风险
34	强大的社会资本、合理的风险分担机制、合理有效的应急机制、有效的政府监管
35	强大的社会资本、对项目的长期需求、合理的风险分担机制、竞争透明的采购和招标程序、详细完整的项目实施方案、有效的政府监管
37	竞争透明的采购和招标程序、政府支持、合理的风险分担机制、合理的定价机制、有效的政府监管、完整的绩效考核体系
39	强大的社会资本、合理的定价机制、政府支持、有效的政府监管、有效的保障机制
40	竞争透明的采购和招标程序、合理的风险分担机制、合理的定价机制、完整的绩效考核体系、政府支持

注　表 5-13 中的项目编号与表 5-11 一致。

由表 5-13 可知，29 个成功 PPP 项目存在一些共性特征，将出现频率超过 1/3 的特征作为共性特征进行整理，如表 5-14 所示。

表 5-14　成功 PPP 项目的共性特征

序　号	成功特征
1	强大的社会资本
2	合理的风险分担机制

序　号	成功特征
3	竞争透明的采购程序
4	合理的定价机制
5	政府支持
6	有效的政府监管

四、结论与建议

本文通过案例分析得出了成功 PPP 项目的 5 个共性特征，可为 PPP 项目的成功实施提供以下建议。

（1）选择实力雄厚的社会资本。社会资本的实力在很大程度上影响着 PPP 项目的实施，例如，融资实力强的社会资本可以保障项目执行过程中的资金供应，从而为项目的成功实施奠定基础，其他实力为项目的实施注入了专业的人才、技术及管理能力，以及企业自身宽阔的融资渠道和多元化的业务，可为项目实施铺平道路。

（2）建立合理的风险分担机制。在项目的前期工作中就应该建立识别项目实施过程中的所有风险并合理的分配风险，应考虑参与主体控制风险的能力及控制风险的成本，让最具有控制风险能力及风险控制成本最低的参与主体进行风险的分担，同时，还应将风险和收益相匹配。

（3）保证采购程序中的竞争性与透明度。政府应面向所有社会资本方进行公平公开的招标或竞争性磋商，保证每一个环节的公开和透明，避免社会资本不正当竞争、采购机构腐败等问题的出现，让 PPP 项目的采购在阳光下进行，保证公平与效率。

（4）建立合理的定价机制。合理的定价及调价机制可以对社会资本进行激励，可将目前大多数项目所采用的项目前期就确定运营服务费的模式转变为动态调整付费依据的模式，将项目上一年的运营服务费作为下一年的付费依据，以鼓励社会资本通过提高效率来节约成本，通过创新、优化管理、提高效率等方式来获取合理的利润。

（5）加大监管力度。有效的监管是 PPP 项目成功实施的重要保证，政府在项目实施的过程中应保证全过程监管可控，同时，还应及时公开和披露项目的信息，让公众了解项目的进度，真正参与到 PPP 项目监督中。

随着 PPP 模式的推广与应用，从已经实施的成功项目中总结经验对于提高 PPP 项目的实施效率有着重要意义，未来研究可进一步跟踪研究文中所选成功案例的实施情况，从全生命周期的角度去总结 PPP 项目实施过程中的经验，为政府、社会资本及公众提供参考。

参考文献

[1] Atkinson R. Project management: Cost, time and quality, two best guesses and a phenomenon, its time to accept other success criteria [J]. International Journal of Project Management, 1999, 17(6): 337-342.

[2] Chan A P C, Chan A P L. Key performance indicators for measuring construction success [J]. Benchmarking, 2004, 11(2): 203-221.

[3] Ahadzie D K, Proverbs D G, Olomolaiye P O. Critical success criteria for mass house building projects in developing countries [J]. International Journal of Project Management, 2008, 26(6): 675-687.

[4] Tripathi K K, Jha K N. An Empirical Study on Performance Measurement Factors for Construction Organizations [J]. KSCE J Civ Eng, 2018, 22(4): 1052-1066.

[5] Zhang X Q. Factor analysis of public clients' best-value objective in public-privately partnered infrastructure projects [J]. J Constr Eng Manage-ASCE, 2006, 132(9): 956-965.

[6] Yuan J, Zeng Y A, Skibniewski M J, et al. Selection of performance objectives and key performance indicators in public-private partnership projects to achieve value for money [J]. Construction Management and Economics, 2009, 27(3): 253.

[7] Mladenovic G, Vajdic N, Wündsch B, et al. Use of key performance indicators for PPP transport projects to meet stakeholders' performance objectives [J]. Built Environment Project and Asset Management, 2013, 3(2): 228-249.

[8] Williams T. Identifying Success Factors in Construction Projects: A Case Study [J]. Project Management Journal, 2016, 47(1): 97-112.

[9] Osei-kyei R, Chan A P C, Javed A A, et al. Critical success criteria for public-private partnership projects: international experts' opinion [J]. International Journal of Strategic Property Management, 2017, 21(1): 87-100.

[10] Zhang X Q. Public clients' best value perspectives of public private partnerships in infrastructure development [J]. J Constr Eng Manage-ASCE, 2006, 132(2): 107-114.

[11] 王超, 赵新博, 王守清. 基于 CSF 和 KPI 的 PPP 项目绩效评价指标研究 [J]. 项

目管理技术, 2014, 12(8): 18-24.

[12] Liu J X, Love P E D, Davis P R, et al. Conceptual Framework for the Performance Measurement of Public-Private Partnerships [J]. Journal of Infrastructure Systems, 2015, 21(1): 15.

[13] Liyanage C, Villalba-romero F. Measuring Success of PPP Transport Projects: A Cross-Case Analysis of Toll Roads [J]. Transport Reviews, 2015, 35(2): 140-161.

[14] Liang Y, Jia H. Key Success Indicators for PPP Projects: Evidence from Hong Kong [J]. Advances in Civil Engineering, 2018.

[15] Mohamad R, Ismail S, Said J M. Performance indicators for public private partnership (PPP) projects in Malaysia [J]. J Econom Adm Sci, 2018, 34(2): 137-152.

[16] Hossain M, Guest R, Smith C. Performance indicators of public private partnership in Bangladesh An implication for developing countries [J]. International Journal of Productivity and Performance Management, 2019, 68(1): 46-68.

[17] 张余钰, 郝生跃. PPP 项目关键成功因素对绩效的影响——基于五大关键成功因素分析 [J]. 土木工程与管理学报, 2019, 36(5): 157-164.

[18] 张尚, 梁晔华, 陈静静, 等. PPP 项目关键成功要素研究——基于国内外典型案例分析 [J]. 建筑经济, 2018, 39(2): 62-69.

[19] Zhang X. Critical success factors for public-private partnerships in infrastructure development [J]. Journal of Construction Engineering and Management, 2005, 131(1): 3-14.

[20] 陈炳泉, 彭瞳. 公私合营模式在交通基础设施项目中关键性成功因素分析 [J]. 都市快轨交通, 2010, 23(3): 17-22.

[21] Ng S T, Wong Y M W, Wong J M W. Factors influencing the success of PPP at feasibility stage – A tripartite comparison study in Hong Kong [J]. Habitat International, 2012, 36(4): 423-432.

[22] Liu T, Wilkinson S. Can the pilot public-private partnerships project be applied in future urban rail development?—A case study of Beijing Metro Line 4 project [J]. Built Environment Project and Asset Management, 2013, 3(2): 250-263.

[23] 许娜. 准经营性城市基础设施 PPP 模式的关键成功因素研究 [D]. 重庆：重庆大学, 2014.

[24] Liu H, Regan M, Davis P. Life-Cycle Critical Success Factors for Public-Private

Partnership Infrastructure Projects [J]. Journal of Management in Engineering, 2015,31(5).

[25] Osei-kyei R, Chan A P C. Review of studies on the Critical Success Factors for Public‐Private Partnership (PPP) projects from 1990 to 2013 [J]. International Journal of Project Management, 2015, 33(6): 1335-1346.

[26] 张红平, 叶苏东. 基于 AHP-DEMATEL 的 PPP 项目关键成功因素相互关系研究 [J]. 科技管理研究, 2016, 36(22): 203-207.

[27] Liu T, Wang Y, Wilkinson S. Identifying critical factors affecting the effectiveness and efficiency of tendering processes in Public‐Private Partnerships (PPPs): A comparative analysis of Australia and China [J]. International Journal of Project Management, 2016, 34(4): 701-716.

[28] 代政, 吕守军. PPP 项目关键因素研究——基于政府和社会资本的比较分析 [J]. 软科学, 2019, 33(4): 16-20.

（《工程管理学报》, 2020 年第 6 期）

附录 A

PPP 英文文献中常用专业词的
建议中文翻译

英　文	中　文
Advisor	顾问
Availability	可用性
Availability payment	可用性支付
Bullet loan / Sunset payments	（期末）一次性（还本付息）贷款 / 末期还款
Business model	商务模式
Cash traps	现金配套
Consultant	咨询
Debt	贷款
Default	违约
Debt Service Coverage Ratio（DSCR）	还本付息覆盖率
Expression of Interest（EOI）	意向书、兴趣书（其意思类似于"资格预审"）
Equity	资本金
Escrow account	寄托（信托）账号
Financer	放贷方
Financial instrument	融资工具
Grace period	宽限期
International Financial Institute（IFI）	国际金融机构
Investor	投资者
Logistic	物流、后勤准备
Letter of Intent（LOI）	（放贷）意向书
Lowest spread in margins	最低的边际利润离散度

续表

英　文	中　文
Negotiated procedure	议标过程、谈判过程
Output specification	产出要求
Participants	学员
Partner	合作伙伴
Pre-feasibility study	预可行性研究、预可研
Public Sector Comparators（PSC）	公共部门比较因子/指标/基准
Public market	公共集市
Refused Derived Fuel（RDF）	垃圾衍生燃料
Readings	读物
Return	回报
Revenue	收益
Request for Proposal（RFP）	招标书
Section	节
Seniority	优先级
Shadow toll	影子价格
Shareholder	股东
Special Purpose Vehicle（SPV）	特殊目的载体、项目公司
Sponsor vs Promoter/Initiator	主办人（投资者）vs 发起人
Stakeholder	相关方（干系人）
Subordinated loans	次级贷款
Tariff	价格
Tax holiday	免税期
Termination	中止
Terms of reference	合同参考条件
Trainer general instruction	培训师须知
Trainer instruction	培训师须知
Unitary payment	分期支付
Value for Money（VfM）	物有所值（资金价值）
Zero coupon bond	零息票债券

下列是王守清改编自财政部 PPP 中心的翻译：

英　文	中　文
Accrual basis accounting	权责发生制
Advance payment guarantee	预付款担保
Affermage contracts	租赁合同

英　　文	中　　文
Annual social rate of return	年社会回报率
Annuity scheme	年付计划
Availability-based PPPs	基于可用性的（政府付费）PPP 项目
Available payment	（政府按可用性）付费
Bankability	可融资性、融资可行性
Best practice	最佳实践
Borrower	借款人
Capital-asset pricing model	资本资产定价模型
Cash basis accounting	收付实现制
Clarification sessions	澄清会
Competitive tension	竞争压力
Competitive dialogue	竞争性磋商
Concession contract	特许经营合同
Concession monitoring unit	特许经营监督中心
Consortium	联合体
Contingent liability	或有债务
Contracting agencies	签约（政府）部门
Contractor	承包商
Cost-benefit analysis	成本效益分析
Currency mismatch	货币错配
Current and capital expenditure	经常性支出和资本支出
Debt underpinning	债务融资增信
Delivery of infrastructure projects	基础设施项目交付
Delivery of outputs	产出交付
Delivery of public products and services	公共产品和服务交付
Development finance institution	开发性金融机构
Discount rate	贴现率、折现率
Environmental adviser	环保顾问
Equator principles	赤道原则
Equity investment	股权投资
European Investment Bank	欧洲投资银行
Export credit agencies	出口信贷机构
Expression of interest	意向书
Express-of-interest invitation	意向书邀请函
Final business case	最终商业方案
Financial case/assessment	商业方案/评估

续表

英　文	中　文
Financial close	融资完成、融资交割
Financial covenant	融资/财务约定/承诺（条款）
First in last out	最先进入，最后退出
Foreclose	止赎权
Foreign currency debt	外币债务
Full-credit guarantee	全额信用担保
Gateway approval	关口审批
Gateway process	关口流程
Global Partnership on Output-based Aid	产出导向型援助全球合作机制
Greenfield projects	绿地/新建项目
Independent regulator	独立监管机构
Insurance cover	保险范围
Interface risk	界面风险
International Accounting Standards Board	国际会计准则理事会
International Accounting Standards Commission	国际会计准则委员会
International Finance Corporation	国际金融公司
International Financial Reporting Interpretations Committee	国际财务报告准则解释委员会
International Financial Reporting Standards	国际财务报告准则
International Monetary Fund	国际货币基金组织
International Public Sector Accounting Standards Board	国际公共部门会计准则理事会
Least-present-value-of-revenue	最小收益净现值
Lender	放贷方
Line ministries	职能部门
Management contract	管理合同
Market assessment	市场评估
Market sounding	市场试探
Market testing	市场测试
Model contract	合同模板
Modified cash based accounting	改良收付实现制
Monoline Insurer	单一险种保险公司
Most economically advantageous tender	最经济有利投标
Optimum funding route	最优融资渠道
Ordinary liabilities	一般债务
Output-based aid	产出导向型援助
Output-based payment	基于产出（政府）付费
Paid-up capital	实收资本

续表

英　文	中　文
Partial credit guarantee	部分信用担保
Partnership	合作、伙伴关系
Pathfinder projects	探索性项目
Perceived benefit	感知利益
Perception of projects	项目认知
Performance bond	履约保函
Physical risk	自然风险
PPP reference model	PPP 参考模型
PPP Unit	PPP 中心
Preferred bidder	优选投标者
Prequalification	资格预审
Prequalification questionnaire	资格预审问卷
Private Finance Initiative	私人融资计划
Private participation in infrastructure project database	社会资本投资基础设施项目数据库
Private sector	私营部门、社会资本方
Pro forma contract	格式合同
Probity Auditor	廉洁审计人员
Project launch	项目启动
Project owner	项目业主
Project preparation	项目准备
Project sponsor	项目发起人
Public authority	政府部门
Public Sector Comparator	公共部门比较因子/基准/值
Public-Private Infrastructure Advisory Facility	公私合作基础设施咨询机构
Public-Private Partnerships	公私合作、政府和社会资本合作
Quoted blue-chip company	上市蓝筹股公司
Recognition and measurement	确认与计量
Rehabilitate	翻新、修复
Repatriation of profits	利润传回（本国）
Request for proposal	征求建议书
Request for qualification	资格预审邀请
Risk exposure	风险敞口
Risk matrix	风险矩阵
Risk mitigation	风险化解
Shadow toll	影子收费
Short list of bidders	投标人短名单

续表

英　　文	中　　文
Social infrastructure	社会基础设施
Soft market testing	软市场测试
Specific，measurable，achievable，realistic，and timely	具体、可测量、可实现、切合实际和及时的
Stand-by loan	备用贷款
State Owned Enterprise	国有企业
Strategic business case	战略商业方案
Structured dialogue	结构化/深度对话
Subordinated loan	从属贷款、附属性贷款
Syndication	银团
Take-or-pay contract	或取或付/照付不议合同
Technical evaluation	技术评估/评价
Traditionally public financed projects	传统政府投资项目
Unsolicited proposals	企业自提建议书
User-fee PPPs	使用者付费 PPP 项目
Value for Money	物有所值
Variant bid	备选标书
Viability Gap Fund	可行性缺口补贴
Whole-of-life cycle	全生命周期
Wish list	意愿清单
Withholding tax	代扣所得税

（公众号"中国 PPP 智库"，2017-08-30）

附录 B

王守清的英文论文和中文书
（2017—2020）

- 国际期刊论文（**International Referred Journal Papers**）

1．Feng Ke, Wang Shouqing, Li Nan, Wu Chunlin, Xiong Wei. Balancing Public and Private Interests through Optimization of Concession Agreement Design for User-pay PPP Projects. Journal of Civil Engineering and Management, 2018, 24(2):116-129.(SCI 检索 WOS:000429145100003)

2．Feng Ke, Wang Shouqing, Wu Chunlin, Xia Guangtao, Hu Wangyin, Optimization of Concession Period for Public Private Partnership Toll Roads, Inzinerine Ekonomika(Engineering Economics), 2019, 30(1), 24-31. (SCI 检索 WOS:000459552900003)

3．Lu Zheng；Feniosky Peña-Mora；Shouqing Wang；Ting Liu；Di Wu. Assessment Framework for Financing Public-Private Partnership Infrastructure Projects through Asset-Backed Securitization, Journal of Management in Engineering, ASCE, 2019, 35(6):04019027(SCI 检索 WOS: 000479193200005)

4．Wang Yingying, Wang Shouqing, PPP Trends in China, Project Management Review, July 2019, 1(1), 64-65, http://www.pmreview.com.cn/ english/Home/File/download/id/433.html(access on 20 Aug 2019)

5．Zhang Bo, Zhang Li, Wu Jing and Wang Shouqing. Factors Affecting Local Governments' Public-Private Partnership Adoption in Urban China[J].

Sustainability, 2019, 11(23). https://doi.org/10.3390/su11236831. (SSCI 检索, WOS: 000508186400303)

6．Yang Yongheng, Wang Yingying, Wang Shouqing, Wang Qiang, Promoting Healthy and Sustainable Development of PPP in China, in Tianyi Wang, Zhifeng Han, Yongheng Yang, Shouqing Wang, Kaimeng Li, et al. Annual Report on the Development of PPP in China, pp.1-24, Springer, Sept 2020.

7．Wang Shouqing, Pang Min, Wang Yingying, Establishment of PPP Body of Knowledge in China, in Tianyi Wang, Zhifeng Han, Yongheng Yang, Shouqing Wang, Kaimeng Li, et al Annual Report on the Development of PPP in China, pp.25-48, Springer, Sept 2020.

- **国际会议论文（International Conference Papers）**

1. Chu Xiaoling, Wang Shouqing and Feng Ke, Evaluating Demand Guarantee for PPP Projects by Real-Option Pricing, Proceedings of the International Conference on Construction and Real Estate Management(ICCREM)2017, pp. 155-162, ASCE, Guangzhou University and Harbin Institute of Technology, Nov 10-12, 2017. (EI 检索:20180104606160)

2．Zhang, Bo, Shouqing Wang, Yongjian Ke, Ke Feng. Driving Factors of Private Sectors' Participations in PPP:Impact of Contract Characteristics. The International Council for Research and Innovation in Building and Construction World Building Congress(CIB). The Hong Kong Polytechnic University, Hong Kong, June 17-20, 2019.

- **书（Books）**

1．王守清，王盈盈．政企合作（PPP）：王守清核心观点[M]．北京：中国电力出版社，2017.

2．王盈盈，冯珂，王守清．特许经营项目融资（PPP）：实务问题 1000 例 [M]．北京：清华大学出版社，2017.